TOUT SIMENON

SIMENON

ŒUVRE ROMANESQUE

4

omnibus

Note de l'éditeur

En 1945, Georges Simenon rencontre Sven Nielsen qui va devenir son éditeur et son ami. Entre 1945 et 1972 — année où le romancier prend la décision de cesser d'écrire —, paraissent aux Presses de la Cité près de 120 titres, « Maigret » et « romans » confondus, qui constituent la majeure partie de l'œuvre romanesque de Simenon. Présentés dans l'ordre de leur publication, ces romans forment les quinze premiers volumes de *Tout Simenon*.

Les dix volumes suivants regroupent les romans — et les nouvelles, dont plusieurs n'avaient pas été recueillies en volume — écrits par Georges Simenon de 1931 à 1945 et publiés à la Librairie Arthème Fayard puis aux éditions Gallimard.

Ces vingt-cinq volumes constituent l'édition complète des romans et nouvelles que Simenon signa de son nom — 25 000 pages écrites par celui en qui Gide voyait « le plus grand de tous, le plus vraiment romancier que nous ayons eu en littérature ».

© Georges Simenon Limited
ISBN 2-258-06045-1
N° Editeur : 288
Dépôt légal : septembre 2002

Sommaire

Sommaire

Un nouveau dans la ville

Première édition : Presses de la Cité, 1950.

1

Il se trouva installé dans la ville sans que personne l'eût vu arriver, et on en ressentit un malaise comparable à celui d'une famille qui apercevrait un inconnu dans un fauteuil de la salle commune sans que personne l'ait entendu entrer, ni que la porte se soit ouverte.

Il n'était pas descendu du train du matin, qui passe à huit heures, et il était là bien avant le train de nuit. Il n'était pas venu non plus par le bus.

Il n'avait pas de voiture ni de vélo. Quant à l'avion, il aurait fallu qu'un appareil privé le déposât à l'aéroport des Quatre-Vents, qui appartient au club local, car il n'y a pas d'aérodrome commercial à moins de cinquante milles.

Seule la femme de Dwight O'Brien, de la ferme des Quatre-Vents, justement, tout à côté du terrain, aurait pu connaître la vérité, et il aurait suffi pour ça qu'elle ne se retournât pas à certain moment. Elle venait d'allumer les lampes et, comme il traînait encore un peu de jour, elle n'avait pas fermé les rideaux tout de suite. Elle s'était attardée à la fenêtre, à regarder les premiers flocons de neige qui tombaient d'un ciel presque aussi bas que la cime des érables. Puis, parce que le bébé criait dans son berceau, elle s'était retournée.

L'homme l'avait vue, lui, de dos, dans la lumière dorée de la pièce. Avait-il deviné que c'était sur un berceau qu'elle était penchée ?

Il y avait encore pour quelques minutes de jour, d'un faux jour, au bout d'un après-midi d'un gris de crépuscule. L'auto venait du sud où il devait pleuvoir, car la carrosserie était étoilée de boue, il y en avait une épaisse couche, grasse et brune, sur les roues, et des taches tout autour de l'essuie-glace qui fonctionnait par saccades.

Les phares allumés avaient à peu près le même éclat assourdi que les fenêtres de la ferme O'Brien. L'auto s'était à peine arrêtée au carrefour. Le moteur avait continué à tourner, avec de la vapeur qui sortait du pot d'échappement. L'homme était descendu et s'était penché vers l'intérieur pour prendre son bagage, une petite mallette comme les joueurs de football en emportent quand ils vont disputer une partie à la ville voisine.

Le conducteur, qui fumait un cigare, avait seulement prononcé :

— Bonne chance !

L'homme ne s'était pas donné la peine de répondre. Tout de suite, il s'était orienté, avait choisi la route de droite, s'était mis à marcher de son pas que certains n'allaient pas tarder à trouver étrange, un pas sans nonchalance, mais sans fermeté, avec un curieux mouvement de côté de la jambe gauche, un pas toujours égal, si monotone et si égal qu'on arrivait à en guetter le bruit sur le trottoir comme on guette le grincement familier d'une porte ou le craquement d'une marche d'escalier.

On n'était qu'au début de novembre, mais, ici, en tout cas, c'était le premier jour de l'hiver. L'homme, s'il venait de loin, l'ignorait encore. Pendant les trois derniers jours, une tempête obsédante avait éparpillé les feuilles rousses des arbres, puis, soudain, vers midi, tout s'était immobilisé dans un grand silence, les nuages s'étaient arrêtés de rouler dans un ciel devenu sombre, uni, toujours plus massif, plus lourd, plus bas, jusqu'à l'instant où les premiers flocons s'en étaient enfin détachés.

C'étaient ces flocons-là que Lemma O'Brien avait regardés par sa fenêtre et qui tombaient maintenant un peu plus serrés, mais encore hésitants, fondaient sur le goudron de la route et sur la terre noire des champs.

La première lumière, à gauche, celle qui, mieux que la ferme de Dwight, marquait la limite de la ville, était celle des vieilles demoiselles Sprague et, à vingt mètres à peine, un peu plus bas, sur la route qui descendait, un écriteau annonçait : « Vitesse, 25 milles. » Mais les demoiselles Sprague avaient déjà fermé leurs stores vénitiens. Des enfants jouaient dans une cour, un peu plus loin, tirant la langue pour happer des flocons de neige, et ne prêtèrent pas attention à la silhouette qui passait.

Les lampes électriques, qui commençaient à hauteur de l'écriteau, étaient de plus en plus rapprochées, puis remplacées par des lampadaires à verre dépoli. La rue, ensuite, était bordée de trottoirs, et l'homme dut découvrir, en contrebas, un petit amas de lumières, comme une constellation, vers lequel il marchait toujours du même pas, sa mallette à la main.

La plupart des maisons de la colline étaient construites en bois, entourées de pelouses et d'arbres, et c'est à travers les branches qu'on apercevait les fenêtres éclairées, avec des enfants dans presque tous les intérieurs.

La rue, qui s'appelait Elm Street, était une des plus cossues de la ville. D'autres rues la croisaient, d'autres encore descendaient suivant des lignes parallèles, avec les mêmes pelouses et les mêmes arbres, les mêmes boîtes aux lettres au bord du trottoir, les mêmes maisons en forme de chalets, peintes en blanc, en jaune, en vert clair.

Puis, soudain, comme sans raison, les lumières douces cessaient et c'était, en bas de la pente, comme un trou noir où il n'y avait que quelques lampes aux rayons trop puissants et trop durs. On franchissait la voie du chemin de fer, un pont sur une rivière bouillonnante et les grandes fenêtres blafardes étaient celles de la tannerie.

On se demanda si l'homme était déjà venu dans la ville, car il ne s'arrêta nulle part pour s'informer de son chemin et il alla droit là précisément où il semblait qu'il dût aboutir.

Charlie lui-même fut longtemps persuadé que quelqu'un, dans une autre ville, lui avait donné l'adresse de son bar.

Pourquoi l'homme ne s'était-il pas arrêté à la première enseigne au néon, juste après la rivière ? C'était un bar aussi, qu'on appelait *la Cantine,* avec une façade peinte en rouge. Par la porte à claire-voie il avait dû entendre des éclats de rire, et l'odeur de bière et de whisky se sentait jusqu'au milieu de la rue.

Savait-il que *la Cantine* était pleine d'ouvriers qui, le samedi, venaient encaisser au comptoir le chèque de leur paie ?

Il ne s'était pas arrêté non plus dans Main Street, où l'*Hôtel Mose* attirait le regard, le seul hôtel convenable, où il y avait toujours un rang de voyageurs de commerce dans les fauteuils de cuir, flanqués de crachoirs, les pieds à la devanture.

Il lui avait fallu tourner à gauche après le magasin Woolworth, dans une rue encore assez commerçante, puis à droite, dans une autre rue où il n'y avait que quatre lumières en tout, pour trouver enfin le bar de Charlie.

Il en avait poussé la porte du même geste qu'il aurait pour la pousser les autres jours ; il était resté un instant immobile, un instant seulement, comme pour faire connaissance — ou pour retrouver une atmosphère jadis connue —, après quoi il s'était dirigé vers le comptoir sans saluer personne.

— Bonsoir, étranger ! avait lancé Charlie en essuyant la place devant lui.

Rien n'avait échappé à Charlie, ni la petite mallette, ni le coup de côté de la jambe gauche, ni le fait qu'il n'y avait ni train ni autobus à cette heure et que les pantalons de l'homme étaient crottés.

— Premier jour de l'hiver ! continua-t-il en fixant quelques flocons de neige sur le chapeau gris du voyageur.

Charlie était toujours cordial et familier et entendait être payé de retour.

« Il me regardait, devait-il dire plus tard, comme si j'avais été ni plus ni moins qu'un mannequin à un étalage. »

Une autre chose déplut à Charlie, un geste que fit l'homme, sans lui répondre, sans avoir eu l'air de l'entendre, pour tirer une cigarette de sa poche sans en sortir le paquet.

Il regardait les bouteilles du bar, tout comme s'il n'y avait pas eu un être humain devant lui. De la même poche, il tirait une allumette — pas une boîte — qu'il frottait sur le comptoir verni et, entre deux bouffées, prononçait :

— Bière !

Par la porte du fond, on voyait Julia qui allait et venait dans la cuisine. La radio jouait un air en sourdine et, sans savoir pourquoi, tout le monde s'était tu à l'arrivée de l'étranger.

La première voix à se faire entendre fut celle du Yougo, tout au bout du comptoir, assis sur le dernier tabouret, le dos contre le mur.

— Bienvenue ! lança-t-il de loin en tendant son verre de whisky, puis en le buvant d'un trait.

Après quoi il rit, car il était déjà passablement ivre, et adressa des clins d'œil à la ronde.

Ce qui vexait Charlie, au fond, c'est qu'en entrant l'homme n'ait pas paru le moins du monde étonné. Ailleurs, dans Main Street, par exemple, l'inconnu aurait trouvé des bars identiques à ceux qu'on voit dans toutes les villes des Etats-Unis, mais il aurait probablement fallu parcourir des centaines de milles pour rencontrer un endroit comparable à l'établissement de l'Italien.

La salle, où la lumière n'était pas assourdie comme ailleurs, mais qui, au contraire, était bien éclairée, était assez vaste, avec des cloisons de bois verni comme dans un bateau, des tables et des chaises en pitchpin clair.

Là n'était pas tellement la différence. Cette porte ouverte, au fond, par exemple, donnait sur une vraie cuisine, une cuisine familiale, où la femme de Charlie s'affairait et où tout à l'heure des enfants s'assiéraient autour de la table.

Si quelqu'un demandait à manger, on ne lui servirait pas un *hot dog* ou un sandwich, mais un vrai repas de ménage, avec de la soupe préparée à la maison.

Il n'y avait là que des habitués, des amis, et Charlie n'avait pas besoin de leur demander ce qu'ils désiraient boire. Il les servait d'office, connaissait leur histoire, leur famille, leurs soucis.

Or l'homme regardait tout ça avec ses gros yeux de poisson comme s'il n'y avait rien eu là que de banal.

— Vous venez du Canada ? lui demanda Charlie, comme par défi.

Autant jeter des cailloux dans l'eau. Et encore, les cailloux qu'on jette dans l'eau font des ronds à la surface, tandis que l'homme ne bronchait pas plus que s'il eût été sourd, à tel point que Charlie s'assura qu'il n'avait pas dans l'oreille un petit appareil, comme en portent des gens qui entendent mal.

Vexé, il s'obstina :

— Vous avez eu des ennuis avec votre auto ?

Tiens ! l'homme ouvrait la bouche. C'était pour répondre avec indifférence :

— Je ne suis pas venu en auto.

On aurait pu croire qu'il faisait exprès de se montrer étrange et désagréable. Charlie connaissait toutes les sortes de gens qui passent ou s'arrêtent dans une petite ville, et il essayait en vain de classer son nouveau client.

D'aspect, il aurait pu être de ceux qui font du porte-à-porte, dans l'espoir de vendre des brosses brevetées ou des aspirateurs électriques.

Il était petit, plutôt gras sans être gros. Il paraissait la quarantaine et quelque chose de peu soigné dans sa personne faisait penser qu'il devait être célibataire. Les deux doigts de sa main droite qui tenaient la cigarette étaient jaunis par le tabac et une demi-lune du même jaune sous la lèvre indiquait qu'il fumait ses cigarettes jusqu'à l'extrême bout.

Il était vêtu en homme des grandes villes, d'un complet bleu marine et de souliers noirs trop fins pour la région. Son pardessus de demi-saison, couleur mastic, très fripé, était trop léger aussi pour l'hiver dans le Nord.

Il y avait huit personnes à ce moment-là dans le bar et chacun avait envie de reprendre la conversation où on l'avait laissée. Pourquoi hésitait-on et regardait-on l'étranger avec embarras ? Ce fut le Yougo qui rompit le silence, se penchant sur son voisin, expliquant :

— Dans à nous pays...

Il en était toujours ainsi quand il avait bu. Il allait dévider, dans son anglais difficile à comprendre, des souvenirs sur ses montagnes natales, là-bas, quelque part dans l'est de l'Europe. On ne l'écoutait pas. Il n'avait pas besoin qu'on l'écoutât. De temps en temps, il se tournait vers Charlie et lui faisait signe de remplir son verre, qu'il buvait d'un trait, sans soda.

La musique s'était arrêtée, et Charlie, comme il le faisait toujours à l'heure des nouvelles, tournait les boutons de la petite radio encastrée dans les bouteilles. Jef Saounders, le plâtrier, avait repris sa partie de dés avec Pinky.

— Vous êtes déjà venu dans la ville ?

Charlie s'en voulait de faire autant d'avances, mais c'était plus fort que lui. La curiosité le tenaillait comme un enfant. Pourtant c'était un homme d'expérience. Ce n'était pas un immigré de fraîche date comme le Yougo, ni comme les Polonais et les Lettons qui travaillaient à la tannerie et qui fréquentaient *la Cantine* où on entendait parler toutes les langues.

Il s'appelait Moggio, mais il était né à Brooklyn et n'avait jamais vu Naples, d'où son grand-père était venu. Il avait grandi dans un magasin de fruits et, avant de se mettre à son compte, avait travaillé comme barman dans des villes telles que Detroit, Chicago et Cincinnati.

Où avait-il rencontré des hommes pareils à celui qui venait d'entrer dans son bar, il n'aurait pas pu le dire. L'étranger lui rappelait quelque chose. Charlie écoutait la radio et, en même temps, observait l'autre à la dérobée.

Il avait noté que l'homme n'avait pas d'alliance au doigt, pas de bague, que sa chemise était usée et qu'il la portait depuis plusieurs jours.

— Vous avez retenu une chambre à l'hôtel ?

— Pas encore.

— Vous n'en trouverez peut-être pas.

Cela ne parut pas émouvoir l'inconnu qui, de son côté, examinait les clients l'un après l'autre.

La radio dévidait les nouvelles du jour, un discours politique, des grèves, un ouragan qui dévastait à ce moment même les plaines du Middle West et qui avait déjà tué vingt-deux personnes.

Puis le poste de Calais, à soixante milles, transmettait les faits divers de la région.

« Le corps de Morton Price, fermier à Saint-Jean-du-Lac, a été découvert dans sa camionnette renversée au bord de la route... »

On tendait l'oreille, car cette fois il s'agissait du pays et le nom était familier à chacun. Morton Price avait été tué, au volant de sa voiture, d'une balle dans le côté droit de la poitrine. Cela s'était passé un peu après midi, alors que le fermier venait de quitter Calais où il était allé faire des emplettes.

Il avait pris la route des Lacs, presque déserte, la plus courte pour rentrer chez lui, où on l'avait découvert deux heures plus tard, et l'employé d'une station d'essence se souvenait de l'avoir vu passer avec un inconnu dans la camionnette.

— Une autre bière ? questionna Charlie avec un sourire.

— Quand j'en voudrai, je vous en demanderai.

— A votre service !

La conspiration commença tout de suite. Il n'y eut que le Yougo, qui parlait toujours, à ne pas s'en apercevoir. Ce furent, entre les consommateurs et le patron, des regards plus appuyés, de petits mouvements des yeux en direction de l'inconnu.

Le meurtre de Price avait eu lieu à une quarantaine de milles, et la radio annonçait que le criminel avait dû s'éloigner en faisant de l'auto-stop.

Il y avait un téléphone au mur, à côté du comptoir, mais on ne pouvait évidemment pas s'en servir en l'occurrence.

— Je crois que je vais rentrer dîner, annonça Saounders avec un regard significatif.

— Attends encore un moment. C'est ma tournée.

Charlie avait envie de s'occuper de ça lui-même. Après avoir rempli les verres, il se dirigea vers la cuisine, et on cessa un bon moment de le voir.

Il y avait une porte de derrière, qui donnait sur la ruelle, mais il ne resta pas assez longtemps absent pour avoir quitté la maison.

C'était difficile, en une telle circonstance, de parler sur un ton naturel. Heureusement qu'il y avait les joueurs de dés et qu'on avait l'excuse de les regarder. Est-ce que Charlie avait envoyé son gamin faire la commission ? C'était probable. Sans doute aussi était-il allé chercher son revolver dans sa chambre, car il y avait une bosse à son tablier blanc.

Il paraissait satisfait, à présent, il sifflotait.

— Je suppose que vous ne me permettez toujours pas de vous offrir la tournée de bienvenue ?

Il eut un peu peur en parlant de la sorte, car l'homme le regardait fixement et il ne voyait plus que ses gros yeux sombres. Etait-il possible que l'étranger eût deviné ce qu'il était allé faire dans la cuisine ? On voyait une drôle d'expression sur ses lèvres épaisses et rouges, une expression à la fois amusée et méprisante.

— Si vous y tenez, ce sera une bière. Mais je ne vous ai rien demandé. Je ne demande jamais rien à personne.

— Pas même votre chemin ?

Charlie craignit d'avoir été trop précis, d'avoir fait une allusion trop transparente.

— Pas même une place dans une auto !

Ces mots-là, dits d'une voix calme et neutre, suffirent à faire passer un petit vent glacé dans la pièce. Pendant un instant, on aurait pu croire que tout le monde, sauf le Yougo, s'était immobilisé, que les gestes étaient restés en suspens, après quoi on se remit gauchement à vivre.

— Whisky ?

— Bière.

Charlie n'était pas plus grand que l'homme, peut-être plus petit, et il était gras, presque chauve, avec des poils très noirs sur les avant-bras.

— Vous comptez rester longtemps en ville ?

— Je n'en sais rien.

— C'est assez joli l'été, malgré la tannerie qui abîme le paysage, mais l'hiver est très rigoureux.

Il parlait pour parler et ne pouvait s'empêcher de regarder de temps en temps le cadran de l'horloge, ni de guetter les pas dans la rue.

Quand il entendit la sirène, il devint pâle, glissa machinalement la main sous son tablier. Il n'avait pas prévu ça. Il n'avait pas pensé à ce battement de quelques instants pendant lesquels il ne serait pas en sécurité. Il avait compté que le sheriff serait plus intelligent, plus discret.

— Tiens ! remarqua le Yougo d'une voix qui parut irréelle, on se bagarre quelque part !

La sirène se rapprochait, semblant aspirer tout l'air de la ville, et soudain s'arrêtait net devant la porte. Des portières claquaient, des pas, puis de l'air frais s'engouffrait dans le bar, et Brookes, un gros revolver au poing, s'avançait, suivi de deux de ses hommes.

Pendant tout ce temps-là — qui parut une éternité — l'homme n'avait pas bougé. La cigarette était restée collée à sa lèvre inférieure. Il gardait les mains à plat sur ses genoux, des mains courtes et grosses, très blanches.

— C'est celui-ci ? questionnait Brookes en braquant son arme vers l'inconnu.

Comme il s'adressait à Charlie, il devenait évident que c'était lui qui l'avait alerté.

Les deux hommes qui accompagnaient le sheriff avaient accompli un mouvement tournant et se tenaient aux côtés de l'étranger. Sur un coup d'œil de leur chef, ils lui tâtèrent les poches, les flancs, sans trouver d'arme.

— Dans à nous pays..., commençait le Yougo, qui était descendu de son tabouret et à qui cette scène paraissait déplaire.

Pour la première fois, on vit un sourire presque entier sur les lèvres de l'homme. Il ne disait rien. Il restait assis. Il restait calme.

Le sheriff, embarrassé, ne savait comment s'y prendre.

— Accompagnez-moi au bureau.

— Si je veux bien, n'est-ce pas ?

— Et même si vous ne voulez pas.

— Si je veux, seulement. L'heure de fermeture des bars n'a pas sonné et ce n'est ni un crime, ni un délit de boire un verre de bière dans cet établissement.

Sa voix était un peu sourde, avec quelque chose, on ne savait pas quoi, qui la rendait désagréable comme le cri de certains oiseaux.

— Il a raison, approuvait le Yougo, essayant de s'interposer entre l'homme et la police.

On le repoussa tranquillement.

— Il vaudrait mieux ne pas discuter ici, grommela Kenneth Brookes, pas très à son aise.

Alors l'homme tira de la monnaie de sa poche, la compta, posa sur le comptoir le nombre de pièces voulu pour payer son verre de bière.

Puis il se laissa glisser de son tabouret, prit le temps de boutonner son pardessus, de saisir sa mallette, de redresser son chapeau qu'il avait poussé en arrière.

On revit son drôle de pas. Il marchait vers la porte, avec le petit coup de côté de la jambe gauche. Un des policiers, qui l'avait précédé, tourna le bec-de-cane.

Il sortit et, sur le trottoir, fut comme auréolé de flocons de neige. Quelques passants s'étaient attroupés, auxquels il ne prêtait pas attention.

Passant la tête par l'entrebâillement de la porte, il prononça de sa voix sans inflexions qui ne s'adressait à personne en particulier :

— A bientôt !

2

Plus tard, demain, tout cela perdrait de sa consistance, de sa réalité ; il n'en resterait que le gênant, le grotesque, et chacun s'efforcerait de n'y plus penser, honteux de ses premières impressions.

Déjà Charlie, en dessinant une allée dans la neige, devant son bar, essayait de se débarrasser de l'arrière-goût maussade de la soirée. A la fin, comme toujours en hiver, il faisait beaucoup trop chaud à l'intérieur, avec une fumée épaisse qui stagnait à hauteur des têtes. Quel ivrogne avait dit une fois que les buveurs, nimbés de fumée bleue, avaient l'air des apôtres ? On avait beaucoup bu. Et, comme on pouvait s'y attendre, on s'était excité, on avait dit des choses qu'on n'aimerait pas s'entendre répéter dans la lumière du matin.

A une heure, quand il avait fermé, la neige tombait serrée. Il y en avait déjà une couche épaisse sur le sol, mais les pas se dessinaient encore en noir. Cela avait continué et il en était tombé plus de cinq pouces. Le jour s'était levé sur une ville blanche, silencieuse, qu'on avait l'impression de contempler à travers une gaze.

Il n'y avait pas un souffle de brise. De fins flocons tombaient encore par-ci par-là, et des paquets de neige dégringolaient parfois des toits avec un bruit mou. Sur le ciel uni, d'une luminosité assourdie, des fumées montaient paisiblement de toutes les cheminées.

Charlie n'avait pas bu. Il ne buvait jamais, sauf un doigt de gin, et seulement une fois le dernier client dehors, la barre mise à la porte. Il se servait lui-même, au comptoir, qu'il contournait ensuite pour aller s'asseoir sur un des hauts tabourets, et dégustait l'alcool en jetant un coup d'œil au journal. C'était sa détente.

Un peu avant dix heures, parce que les autres l'y poussaient, il avait téléphoné à Brookes, le sheriff, qui était un client et un ami, et Brookes l'avait presque rabroué.

— Tu as du nouveau ? lui avait-il demandé en essayant de faire taire le Yougo qui gueulait une chanson de son pays.

— Quand j'aurai quelque chose à te dire, je t'appellerai ! avait laconiquement répliqué le sheriff qui, peut-être pris de remords, avait quand même ajouté : Encore rien.

A ce moment-là, il devait être occupé à questionner l'homme et quelqu'un, au bar, s'était mis à raconter avec un grand luxe de détails des histoires de « troisième degré » qu'il avait lues dans une publication à dix cents.

A chaque bulletin de nouvelles, la radio rappelait le meurtre de Morton Price. A minuit seulement, dans le dernier bulletin, elle annonça que la police était sur la piste de l'assassin, sans fournir de détails.

Etait-ce à l'étranger qu'on faisait allusion ? Avait-il fini par avouer ? Kenneth Brookes avait-il découvert des indices ?

Charlie lui téléphona une fois encore, quelques minutes avant la fermeture.

— Kenneth ? Un mot seulement. C'est lui ?

— Va dormir, Charlie, et fiche-moi la paix avec tes histoires.

Parce que c'était dimanche, la plupart des boutiques avaient leurs volets fermés. Le billard, juste en face de chez Charlie, n'ouvrirait qu'à une heure. Cependant, on servait déjà des petits déjeuners dans la *cafeteria* du coin.

Des cloches grêles sonnaient sur la colline, de l'autre côté de la rivière. C'étaient celles de la petite église catholique, toujours la première à appeler ses rares fidèles, et on devait voir quelques silhouettes frileuses se faufiler dans les rues pour la première messe. Dans les temples protestants, les services n'avaient lieu que plus tard, à dix heures.

C'était maintenant, dans la plupart des maisons, le moment des œufs au bacon et du café, des pantoufles et des robes de chambre, des disputes pour la salle de bains.

Les gamins avaient dû commencer à faire des glissades dans les rues en pente du quartier résidentiel, et Dwight O'Brien s'était sûrement envolé aux premières lueurs du jour, à bord de son petit avion bourdonnant, pour rejoindre son camp de chasse dans les montagnes.

Ils étaient au moins une douzaine, surtout parmi les gros fermiers, à se servir de leur avion le dimanche pour la pêche ou la chasse. Les autres chasseurs, ce matin, s'étaient précipités vers le lac, qui était à deux milles à peine, pour tirer le canard. Avec seulement un tout petit peu de brise, on aurait pu entendre les détonations.

— Bonjour, monsieur Moggio.

Alors que la rue était vide, Charlie, occupé à pelleter sa neige, n'avait vu venir personne, et il eut du mal à garder son sang-froid en voyant l'homme devant lui, exactement comme la veille, avec son chapeau gris, son pardessus clair sur le complet bleu marine et ses souliers noirs dans le blanc du trottoir.

— Je vous avais dit que je reviendrais, n'est-ce pas ?

— J'en suis enchanté pour vous.

— Je suppose que votre établissement est fermé et que c'est en face que je dois m'adresser pour une tasse de café ?

— La loi du comté ne nous permet d'ouvrir, le dimanche, qu'une heure après le dernier service.

— Je reviendrai.

Il ne sourit pas, mais il devait être satisfait de jouer un bon tour à Charlie qui le regarda traverser la rue, jetant sa jambe de côté, et pénétrer dans la *cafeteria*.

Charlie rentra chez lui et laissa sa pelle contre le mur du bar, tant il avait hâte d'annoncer la nouvelle à sa femme. Elle avait les cheveux sur des bigoudis, de la musique traînait dans la maison et on entendait les enfants se chamailler dans leur chambre.

— Kenneth l'a relâché.

— Il n'avait plus que ça à faire.

— Que veux-tu dire ?

Il leur arrivait, entre eux, de mêler des expressions italiennes à leurs phrases, alors qu'ils étaient aussi incapables l'un que l'autre de parler correctement cette langue.

— Ils ont arrêté l'assassin, dit-elle sans émotion. La radio vient de l'annoncer au bulletin de huit heures.

Charlie eut peur, tout à coup, plus peur que quand il avait vu l'homme devant lui sur le trottoir, et c'est encore un des moments qu'il préféra oublier. Le bacon rissolait dans la poêle, et l'air sentait le café frais. Il alla ouvrir la porte, cria quelque chose pour faire taire les enfants.

— Qui est-ce ?

— Un type qui s'est échappé de je ne sais quelle prison canadienne. Ce sont les chiens qui l'ont eu. La police avait amené les chiens. L'homme, affamé, rôdait autour d'une ferme isolée, non loin de l'endroit où Price a été tué. Il ne s'est pas défendu. On a trouvé sur lui un revolver encore chargé de quatre balles et le portefeuille du mort.

Ils gardèrent un moment le silence, et elle savait bien ce qui le préoccupait.

— Tu l'as vu ?

— Oui.

— Il t'a parlé ?

— Oui.

— Il sait que c'est toi qui as averti le sheriff ?

— Comment ne le saurait-il pas ? éclata-t-il.

— Tu crois qu'il t'en veut ?

— Qu'il m'en veuille ou qu'il ne m'en veuille pas, cela m'est égal.

Et, furieux, il se mit à table. Deux fois, pendant le petit déjeuner, il faillit se lever pour téléphoner au sheriff. Pourquoi Kenneth ne se donnait-il pas la peine de le tenir au courant ? Est-ce qu'il allait lui en vouloir, lui aussi ?

Déjà, d'une façon générale, il n'aimait pas les dimanches. C'était presque fatalement un jour où on se fâchait, et les enfants en profitaient pour être insupportables. Heureusement qu'ils s'en allaient à dix heures, sauf le dernier, et qu'on ne les revoyait pas de la journée. Quant à lui, il avait à nettoyer le bar, qui était plus sale que les autres jours. Il lui manquait de voir défiler, dès le matin, les physionomies familières.

En tout cas, il s'était trompé, tout le monde, dans la ville, s'y serait trompé, y compris Kenneth Brookes, qui n'avait d'ailleurs pas le dixième de son expérience des gens. Il venait d'être élu sheriff pour la deuxième fois seulement, alors qu'il avait près de cinquante ans, et avant cela il avait été contremaître d'une équipe de coupeurs de bois. Très jeune, il avait passé cinq ans à Providence, dans une compagnie d'assurances, et c'était à peu près tout ce qu'il avait connu des grandes villes.

A Chicago, par exemple, en pleine époque de la prohibition, Charlie, lui, avait travaillé dans un club de nuit fréquenté par la plupart des gangsters, et il lui était arrivé de servir personnellement Al Capone.

A New York, dans un secteur pas tellement tranquille du Bronx, il lui arrivait de prendre des paris pour un bookie, et, une nuit, un type, à qui il avait versé deux whiskies quelques instants plus tôt, avait été descendu au moment où il sortait du bar.

A Detroit... Il aurait pu en dévider ainsi pendant des heures et prouver qu'il avait de bonnes raisons pour se connaître en hommes, surtout en certaines sortes d'hommes.

On ne devient pas propriétaire, comme il l'était à présent, sans une certaine expérience des gens, et il restait persuadé de ne pas s'être trompé tant que ça. Et, d'abord, comment l'étranger avait-il trouvé tout de suite le quartier ? Car ce n'était pas un quartier comme un autre, même s'il fallait un certain flair pour s'en apercevoir à vue de nez.

Tout comme le bar de Charlie n'avait rien de commun avec les autres bars.

Le sheriff le fréquentait, et des hommes bien, comme le receveur des postes, des artisans du quartier, un avocat célibataire. Tous ceux que cela intéressait savaient que c'était le seul endroit en ville où on prenait les paris pour le World Series et pour les courses de chevaux. Au moment des élections, Charlie avait jusqu'à deux cents voix à vendre. Parfois, vers les dix heures du soir, des petites comme Mabel et Aurora venaient boire gentiment un verre au comptoir et faire la conversation.

Ce n'étaient pas des prostituées. Il n'y en avait pas dans la ville, à moins de compter pour telle la vieille ivrognesse qui habitait le quartier de la tannerie et que les ouvriers allaient voir le samedi, une bouteille plate dans leur poche.

Mabel et Aurora travaillaient comme manucures et habitaient la rue, dans la maison meublée tenue par Eleanor Adams, qui parlait toujours de ses malheurs, de sa faiblesse de constitution, et qui buvait du gin en cachette pour se remonter.

Comment expliquer ces détails-là et leur signification à quelqu'un qui n'est pas de la partie ? La colline, Elm Street, tout le quartier aux cottages entourés de pelouses et d'érables, cela se comprend du premier coup d'œil. On sait qu'on va y trouver des « cols blancs », des médecins, des gens de loi, des directeurs et des sous-directeurs, des familles avec des enfants et une femme de ménage qui vient une ou plusieurs fois par semaine.

Il n'y a qu'à relever la liste des noms sur les boîtes aux lettres et on sait d'avance ceux qu'on lira dans le journal à l'occasion des bals, des ventes de bienfaisance ou des mariages.

Autour de la tannerie, c'est le grouillement de gens venus de partout, cinq ou six cents hommes et femmes, dont certains parlent des langues qu'on ne comprend pas.

Depuis vingt ans, les fermiers, qui forment la base de la population et dont les familles, pour la plupart, sont là depuis plusieurs générations, essayent de supprimer la tannerie, et c'est la question la plus disputée à chaque élection.

Ces gros fermiers-là, on les voit à peine, et pour ainsi dire jamais dans les bars, car ils préfèrent se rencontrer à leur club, l'immeuble de pierre en face du parc municipal. L'hiver, quand la neige recouvre leurs terres, ils s'en vont chercher le soleil en Floride ou en Californie.

Dans la rue de Charlie, il y a d'abord son bar, puis, en face, un billard, dans une salle basse, pas très propre, que des tableaux noirs, sur les murs, rendent encore plus équivoque.

Quelques maisons plus loin, il y a la boutique d'un brocanteur qui prête sur gages, un des rares Juifs de la ville. Une des vitrines contient des fusils et des appareils photographiques d'occasion, l'autre des bijoux bon marché, et l'intérieur est encombré de vieilles malles et de valises.

Il y a aussi la maison meublée d'Eleanor Adams, et, tout au bout, en retrait, un cinéma qui n'est pas comme les autres non plus, qui est miteux, avec des affiches raccrocheuses où il est toujours question de choses sexuelles. Charlie n'y est jamais entré. Et il y a le hangar des Pompes funèbres, près de l'atelier d'un menuisier, plus un hall d'ameublements bourré de machines où on met des sous pour avoir le droit de lancer des boules dans des trous, de tirer avec une mitrailleuse sur des navires en carton, de faire une partie de base-ball automatique ou d'enregistrer sa voix sur des disques en carton.

Eh bien ! tout cela, l'homme l'a compris. Il savait d'avance ce qu'il trouverait et il y est venu tout droit, sans s'arrêter dans Main Street, sans demander son chemin.

Charlie s'est peut-être trompé, la veille. Il a été trop vite. Il s'est laissé influencer par les autres. Il n'en parierait pas moins à dix contre un que l'homme va finir chez la mère Adams.

Quant à ce qui s'est passé chez le sheriff, Charlie en a jusqu'à onze heures du matin à attendre avant d'en savoir un peu plus long. Il n'a pas téléphoné. Il en veut personnellement à Brookes, qui finit par entrer par la porte de derrière alors qu'il est, lui, occupé à astiquer les glaces du bar, tandis que les bouteilles sont rangées sur le comptoir.

Kenneth Brookes est un homme de six pieds de haut, large à l'avenant, qui adore écarter les revers de son veston pour montrer l'étoile d'argent, épinglée l'hiver à son gilet, l'été à sa chemise, et qui porte toujours le plus gros modèle de revolver à sa ceinture. Il a une femme malade qui lui rend la vie difficile. Quand il ne se sent pas en train, il vient boire un coup chez Charlie, le matin de préférence, alors qu'il n'y a personne, ou seulement des habitués.

Ce matin-là, ils se boudent, tous les deux, et Brookes se contente de grogner en repoussant son chapeau en arrière :

— Salut !

— Salut ! répond Charlie qui, normalement, selon un rite établi depuis longtemps, devrait pousser un verre devant lui pour qu'il se serve à boire, bien que ce ne soit pas encore l'heure et que le bar soit légalement fermé.

Kenneth rôde un bon moment avant de venir jouer avec les bouteilles et de soupirer :

— Tu m'as fait passer une fameuse nuit, Charlie ! Je te retiens !

— Et toi, tu m'as fait une fichue réclame en t'amenant ici toutes sirènes dehors et revolver au poing comme dans un film de gangsters.

— Si cela avait été lui, il aurait été dangereux.

— Tandis que c'est un brave type inoffensif, n'est-ce pas ?

— Je ne sais pas ce que c'est.

Au fond, ils ne sont pas plus fiers l'un que l'autre et ils se jettent à la dérobée des petits coups d'œil gênés. Plus tard, ils n'aimeront pas se rappeler cet entretien-là non plus. Avant de venir, Brookes a préparé le déjeuner de sa femme, qui est encore une fois alitée, ce qui ne rend pas son humeur plus agréable, et il a nettoyé l'appartement. Ils habitent au-dessus du bureau du sheriff et, juste au-dessous de leur chambre à coucher, il y a deux cages aux barreaux noirs, vides la plupart du temps, destinées aux prisonniers.

— En tout cas, c'est un particulier pas commode et j'aimerais autant le voir s'installer ailleurs qu'ici.

— Il s'installe en ville ?

— Je n'en sais rien. Il m'a seulement demandé l'adresse d'une maison meublée, dans le quartier, comme s'il était sûr d'avance que cela existait.

— Eleanor ?

— Je l'ai envoyé chez elle, oui.

Ainsi Charlie ne s'était pas trompé et, parce que cela lui faisait plaisir, il poussa un verre sur le comptoir.

— Qui est-ce ?

— Je ne sais pas. Quand je lui ai demandé son nom, il a répondu qu'il s'appelait Justin Ward et, comme j'insistais pour savoir si c'était son vrai nom, il a dit qu'il avait le droit de s'appeler comme bon lui semblait.

» J'ai essayé de savoir d'où il venait ; il a répondu qu'il était citoyen des Etats-Unis et que, comme tel, d'après la constitution, il n'avait aucun compte à rendre de ses allées et venues.

— Il n'a pas réclamé la présence d'un avocat ?

— Il n'en a pas le besoin. Il connaît la loi mieux que moi et n'importe qui dans la ville. Dès son entrée dans mon bureau, il a spécifié qu'il m'avait suivi de son plein gré, pour m'éviter le ridicule d'une discussion en public et que, toujours de son plein gré, il répondrait à celles de mes questions auxquelles il lui conviendrait de répondre. Puis il a demandé un verre d'eau et s'est installé dans un fauteuil. Comme par hasard, ma femme a frappé à quatre ou cinq reprises sur le plancher et chaque fois il a fallu que je monte pour lui donner à boire, border la couverture, entrouvrir la fenêtre et tout le traintrain habituel. Il attendait tranquillement, sans avoir l'air de se moquer de moi. C'est un drôle de type. Je te défie de deviner combien d'argent il a en poche. Un tout petit peu moins de cinq mille dollars ! Comme ça, en vrac, serré par un élastique.

» — D'où vient cet argent ? ai-je questionné.

» — Jusqu'à preuve du contraire, il m'appartient, a-t-il répondu en tirant une cigarette de sa poche.

» J'ai consulté, dans les derniers bulletins, les numéros des billets volés, la liste des personnes recherchées. Il me regardait faire sans se troubler avec une attention polie.

» — Je suppose que vous allez prendre mes empreintes digitales et les envoyer à Washington ?

— Tu l'as fait ?

— Je l'ai fait. J'aurai une réponse demain.

— Il n'y aura rien.

— Je sais. Pas une seule fois il n'a eu un sourire ou un mouvement d'impatience.

» — D'où venez-vous ?

» — Du sud.

» — De quelle ville ?

» — Vous me demandez quelle ville j'ai quittée ce matin ?

» — Si vous voulez.

» — Portland. Sans doute voulez-vous connaître aussi le nom de l'hôtel où j'ai passé la nuit ?

» — Si cela ne vous dérange pas.

» J'avais fait signe à Briggs, mon second, qui s'est mis à vérifier par téléphone, du bureau voisin, les renseignements ainsi fournis.

» — A Portland, vous avez pris l'autobus ?

» — Non. Une voiture m'a conduit jusqu'à Bangor, où j'ai déjeuné dans un restaurant près de City Hall.

» — Vous avez loué une voiture ?

» — Je suis monté dans une voiture qui passait.

» — En somme, vous avez fait de l'auto-stop ?

» — J'ai profité d'une occasion qui m'était offerte.

» — Et après Bangor ?

» — J'ai profité d'une autre occasion. L'auto du matin était une Pontiac grise, appartenant à un Canadien du Nouveau-Brunswick, qui portait une plaque d'immatriculation canadienne d'un jaune foncé.

— Tu lui as demandé le numéro ?

— Il ne se souvenait pas de celui de cette voiture-là. Mais il avait noté celui de l'auto de l'après-midi.

— Comme par hasard.

— Oui.

— Tu ne le lui as pas fait remarquer ?

— Si.

— Qu'a-t-il répondu ?

— Que ce n'était pas la première fois qu'il voyageait et qu'il avait l'habitude de prendre des précautions.

— Peut-être aussi a-t-il l'habitude d'être arrêté par les sheriffs ?

— C'est possible. La seconde auto, m'a-t-il dit, l'a déposé à cinq heures moins quelques minutes, juste au moment où la neige a commencé à tomber, à un carrefour qui domine la ville.

— Les Quatre-Vents.

— C'était une Chevrolet noire, conduite par un marchand de poissons en gros de Calais. C'est alors qu'il m'en a donné le numéro.

— Il l'avait inscrit ?

— Il le connaissait par cœur. Briggs a téléphoné là-bas, et la police m'a tout de suite renseigné. A minuit, j'avais le marchand de poissons au bout du fil. Il devait avoir bu, car il avait le réveil pâteux.

» — Cela ne m'étonne pas, a-t-il grogné en faisant claquer une porte derrière lui.

» — Qu'est-ce qui ne vous étonne pas ?

» — Que vous l'ayez arrêté. Je l'ai embarqué pour avoir quelqu'un avec qui bavarder en route. Pendant deux heures, j'ai essayé d'amorcer la conversation, sans qu'il se donne seulement la peine de répondre par un monosyllabe ou de faire un signe d'assentiment. Comme il y avait de la buée, en arrivant sur les hauteurs, j'ai baissé la vitre et il l'a tranquillement relevée en disant qu'il était sensible aux courants d'air. Je crois que ce sont les seuls mots qu'il ait prononcés. De temps en temps, il tirait une cigarette de sa poche, l'allumait à son mégot sans m'en offrir, et il ne m'a dit ni merci ni au revoir.

» — C'est lui qui a désigné l'endroit où il voulait descendre ?

» — Il m'a seulement dit le nom de la ville où il se rendait et, ne voulant pas faire un détour pour un coco de ce genre, je l'ai déposé au carrefour.

Les bouteilles reprenaient leur place dans les rayons, et il était l'heure, pour Charlie, d'aller s'habiller.

— J'ai continué à lui poser des questions jusqu'à deux heures du matin. Je suis même allé chercher une bouteille et deux verres, dans l'espoir de l'amadouer, et je crois qu'à la fin c'est moi qui en avais dans le nez.

» Voilà un gaillard qui refuse de dire qui il est, d'où il vient et pourquoi il est ici. Il ne fait aucune difficulté à admettre que le nom de Justin Ward pourrait ne pas être le sien. Il a près de cinq mille dollars en poche et pourtant, au lieu de prendre le train ou le bus, il fait de l'auto-stop comme un miteux.

» Quant à sa valise, elle contient du linge de rechange, du linge sale, une paire de chaussures et des pantoufles. C'est en vain que j'ai essayé, en lui parlant de choses et d'autres, de deviner son métier. Il a des mains grasses et blanches qui n'ont pas souvent manié des outils. Il doit avoir des ennuis avec sa santé, car de temps en temps il avale une petite pilule dont il a une pleine boîte dans la poche de son gilet.

» — Le foie ? ai-je essayé de plaisanter.

» — Ça ou autre chose.

» Il s'est mis à faire chaud dans le bureau et il a retiré son veston. Avec l'air de rien, j'y ai jeté un coup d'œil et j'ai remarqué qu'il a décousu la marque du tailleur ou du magasin.

» Il devinait toutes mes pensées, suivant tranquillement mes faits et gestes.

» — C'est mon droit, n'est-ce pas ?

» — C'est votre droit strict, mais vous admettrez qu'il est assez peu usuel de retirer la marque de ses vêtements.

» — Cela arrive.

» En fin de compte, je ne savais plus que faire de lui, et mes hommes étaient déjà partis. Puisqu'il roulait sur la route de Bangor avec le marchand de poissons à l'heure de l'assassinat du fermier, je n'avais aucune raison valable de le garder et, avec un type de son calibre, je me serais sans doute mis dans un mauvais cas.

» — Il est tard, a-t-il soupiré. Par votre faute, je n'ai pu retenir une chambre pour la nuit et je suppose que les hôtels sont maintenant fermés. Je vous serais donc obligé de me coucher et de me procurer un bain demain matin.

Le plus curieux, c'est que le sheriff, maté, n'avait pas osé proposer un des lits des cellules et qu'il avait fait monter l'homme avec lui dans son propre appartement. Sa femme s'était agitée, avait appelé.

— Qui est-ce ?

— Ne t'inquiète pas. C'est un ami.

— Quel ami ?

— Quelqu'un que tu ne connais pas.

— Et tu introduis chez nous quelqu'un que je ne connais pas ?

Depuis la mort de sa belle-mère, Kenneth disposait d'une chambre. Le lit n'était pas fait et il avait dû chercher des draps, un oreiller, des serviettes dans les placards.

— Quand je me suis réveillé, il était déjà dans la salle de bains. Tout ce que je sais, Charlie, c'est que ce n'est pas le meurtrier de Price. Pour le reste...

— J'étais dehors, à enlever la neige, quand il s'est arrêté pour me dire bonjour.

— Tu permets ? dit le sheriff en s'emparant pour la troisième fois, comme machinalement, de la bouteille de bourbon. Je parie qu'il reviendra tout à l'heure.

— J'en suis sûr.

— Tu ne crois pas qu'il est grand temps d'aller t'habiller ? cria Julia, de la cuisine. Vous êtes là tous les deux à bavarder comme des vieilles femmes !

Le sheriff préféra battre en retraite en s'essuyant vivement les lèvres.

— S'il te faisait des ennuis, n'hésite pas à m'appeler.

— Merci. Une expérience suffit.

C'était l'heure où les jeunes gens et les jeunes filles, en sortant des temples, allaient manger des glaces dans les *drugstores*. Les grandes personnes s'attardaient un peu sur le parvis avant de monter dans leur voiture et, à une tache jaunâtre dans le blanc du ciel, on devinait la place du soleil.

Le Yougo, qui, sur ses papiers d'immigration, s'appelait Michaël Mlejnek, mais que tout le monde appelait Mike, ou Yougo, dormait encore, tout nu, son corps énorme et musclé, à la poitrine velue et aux pieds sales, en travers d'une couche sans draps, et deux femmes et des enfants allaient et venaient sans bruit autour de lui.

Ce n'était ni sur la colline, bien sûr, ni dans le quartier ouvrier de la tannerie. Ce n'était pas non plus dans les environs de chez Charlie.

En bordure de la ville, entre celle-ci et le lac, sur la berge de la rivière, la maison du Yougo constituait à elle seule un monde à part, qui n'obéissait qu'à des lois venues de loin dans l'espace et dans le temps.

D'une bicoque abandonnée depuis des années, dont personne ne revendiquait la propriété, Mike avait fait son royaume, construit en planches, crépi et tôle ondulée.

Quand il était arrivé, quelques années plus tôt, il était seul, et, pendant un certain temps, il avait travaillé à la tannerie, en vertu d'un contrat signé avant même de quitter son pays. Déjà, à cette époque-là, il ne se saoulait qu'une fois par semaine, le samedi soir, mais c'était à *la Cantine,* d'où, la plupart du temps, des camarades devaient l'emmener dans un état voisin du coma.

Puis il s'était mis à hanter les bureaux officiels, à remplir des papiers, à verser des sommes qu'on lui réclamait et, en fin de compte, il avait triomphé : il avait pu faire venir Maria de « à nous pays ».

C'était une belle fille brune et douce qui, maintenant encore, n'entendait pas un mot d'anglais. Pourquoi l'aurait-elle parlé, puisqu'elle ne quittait jamais son domaine ?

Des pasteurs s'étaient occupés d'eux, et le plus patient avait fini par obtenir de les marier, alors que Maria était enceinte de six ou sept mois.

— Pas même église qu'à nous pays, disait Mike, qui ne croyait pas à ce mariage-là, mais qui voulait faire plaisir à tout le monde.

L'été, il était allé travailler dans les campagnes et, chaque samedi, il en ramenait quelque chose : des lapins d'abord, puis des poules, puis enfin une chèvre, pour qui il avait construit une cabane, mais qui, la plupart du temps, préférait vivre dans la maison.

Des enfants étaient nés, d'abord un, puis deux jumeaux.

Maria les portait gravement, religieusement, toujours douce et belle dans des vêtements qui n'étaient que des tissus de couleurs, drapés sur son corps.

L'hiver, le Yougo bricolait, faisait des journées chez les uns et les autres, pour des particuliers ou des commerçants, car il savait tout faire, réparer des conduites d'eau ou un toit, peindre des murs ou débiter des arbres.

Il n'avait trouvé, autour de la tannerie, personne de sa race. Certains s'en rapprochaient, avec lesquels il avait quelques traits communs, et parfois ils trouvaient des mots de leur langue qui se ressemblaient.

Comment apprit-il qu'il existait un autre Yougo dans un village de la côte, à plus de soixante milles ? Toujours est-il qu'il y alla. Il retourna, et il revenait avec d'étranges poissons fumés et des charcuteries inconnues dans la région.

Un jour, au printemps, il ramena une jeune fille aussi belle et aussi douce que Maria, mais plus vive et farouche, qui trouva tout naturellement sa place dans la maison, et quelques mois plus tard elle mettait à son tour un bébé au monde.

Les pasteurs, cette fois, préférèrent ne pas s'en occuper, faute, sans doute, de trouver une solution au problème.

Le Yougo ne demandait rien à personne. Il travaillait plus dur que quiconque. On pouvait l'appeler à n'importe quelle heure, pour n'importe quelle tâche, et il n'exigeait même pas qu'on l'écoutât quand il racontait ses histoires dans son étrange anglais poétique.

Il ne se saoulait qu'une fois par semaine, comme tout le monde, et jamais il n'avait abusé de sa force, dont il ne se servait que pour séparer des bagarreurs.

Peut-être les chèvres — il en avait maintenant trois, sans compter les chevreaux — broutaient-elles sur des terrains qui, à y regarder de près, appartenaient à la ville ?

Et c'était drôle de voir les deux femmes courbées sur le sol, coupant l'herbe avec une serpette, pour l'apporter à leurs lapins.

Maria était à nouveau enceinte. Ella, la plus jeune, qui avait un rire de petite fille et les plus belles dents du monde, ne tarderait sans doute pas à le redevenir.

Les deux femmes et les enfants partageaient une même chambre, la seule où il y eût de vrais lits, tandis que Mike dormait sur une sorte de divan, dans la salle commune, près du poêle à bois.

Il ronflait, ce matin-là, la bouche ouverte, et les enfants s'amusaient de voir sa grimace chaque fois qu'une mouche se posait sur son front ou sur son nez.

Une odeur épicée émanait de la casserole, et il y avait des bourrelets de neige étincelante autour des fenêtres.

La petite serveuse, à la *cafeteria,* avait en vain essayé de plaisanter avec l'étranger à qui elle servait son petit déjeuner.

Elle ne savait pas. Dans son uniforme blanc, avec un frais bonnet sur ses cheveux blonds frisés, elle était un peu comme l'agneau qui veut jouer avec le loup.

Il ne s'était pas donné la peine de lui répondre. Avait-il seulement remarqué la jeunesse de sa poitrine sous la blouse blanche amidonnée ?

Il avait toujours avec lui sa petite valise et, en sortant, lançait la patte gauche de côté à chaque pas.

Mrs Eleanor Adams traînait toute la journée dans sa maison le même peignoir d'un violet électrique sur lequel pendaient des mèches de cheveux gris et jaunes. Elle avait de longues dents dont elle souffrait, un visage farineux aux traits tirés et, quand elle se sentait trop lasse, elle enfonçait la tête dans sa « kitchenette », d'où elle ressortait l'haleine parfumée.

La maison était vieille, en bois peint en brun, avec une large véranda en façade et deux fauteuils à bascule sur la véranda. A l'intérieur, les cloisons étaient couvertes de papiers peints à ramages ou à fleurs, où le jaune et le vert fané dominaient.

Elle fut longtemps avant de se rendre à l'appel de la sonnette qui tremblotait au bout de son ressort, derrière la porte. Elle dit, comme d'habitude :

— Qu'est-ce que vous voulez ?

Elle n'avait pas peur. Elle aurait vécu seule n'importe où, dans le quartier le plus mal famé.

— On m'a dit que vous pourriez me louer une chambre.

— Qui vous a dit ça, jeune homme ?

— Le sheriff.

— C'est un fanfaron qui a la gueule plus grande que la cervelle. Et pour combien de temps voulez-vous louer une chambre ?

— Aussi longtemps que je resterai dans la ville.

— Cela veut dire ?

— Peut-être des années.

— Vous êtes seul ?

— Oui.

— Vous n'avez pas de chien ?

A cause des quatre ou cinq chats qui rôdaient dans la maison, elle avait les chiens en horreur, d'autant plus qu'ils avaient l'habitude de venir déposer leurs ordures sur les marches de la véranda.

— Vous avez de l'argent ? Je vous préviens qu'on paie d'avance.

— Je paierai d'avance.

— Alors entrez. On verra bien.

Elle le précéda dans l'escalier à la rampe polie par le temps, et une jeune femme en combinaison ferma vivement sa porte comme on passait devant.

— Elles prétendent qu'elles ont plus chaud la porte ouverte alors qu'il y a des bouches de chaleur dans toutes les chambres. C'est ici. La chambre à côté est habitée par un jeune homme qui travaille à la banque et qui prend ses repas dehors. Vous prenez vos repas dehors aussi ?

— Cela dépend.

— Vous êtes juif ?

— Pas que je sache.

— Ce n'est pas que j'aie quelque chose contre les Juifs, mais l'ail me soulève le cœur et ils ont la manie d'en mettre dans leur cuisine.

— Je ne mange pas d'ail.

Il ne bronchait pas, ne souriait pas, ne prononçait pas une parole inutile. C'est à peine s'il jetait un coup d'œil à la chambre. On aurait dit qu'il la connaissait, qu'il s'attendait en tout cas à la trouver telle quelle dans ses moindres détails.

Le lit était en cuivre, avec une courtepointe à l'ancienne mode, et des chromos encadrés de blanc garnissaient les murs couverts d'un papier d'une couleur indéfinissable.

C'était triste et vieillot, mais pas assez vieux pour avoir acquis une certaine poésie. Et la salle de bains étroite, qui n'était éclairée que par une lucarne dans le plafond, était garnie d'anciens appareils où l'eau avait fini par laisser des croûtes jaunâtres.

— Je vous louerai la chambre pour dix dollars par semaine.

Il ne discuta pas, tira la liasse de billets de sa poche et en fit glisser un de dessous l'élastique.

— Je vous remettrai un reçu tout à l'heure. Je suppose que vous devez aller chercher vos bagages ?

— Je n'ai pas de bagages.

Cela l'inquiéta un petit peu et, si elle n'avait vu les billets, elle aurait sans doute posé des questions.

— Cela vous regarde. Vous avez un réchaud à gaz et des casseroles dans le placard. Faites toujours attention de fermer le gaz. Je suis trop faible pour faire le service, et il est impossible de trouver des bonnes sérieuses.

Elle n'avait plus qu'à quitter la pièce, mais elle aurait voulu qu'il dît quelque chose, n'importe quoi. Elle commençait, elle aussi, à se sentir mal à l'aise.

— Vous êtes engagé à la tannerie ?

— Non.

— Vous êtes dans le commerce ?

— Non.

— Eh bien ! faites comme vous l'entendrez. Je vous laisse.

Elle faillit s'arrêter chez Mabel et Aurora pour leur annoncer la nouvelle, mais elle ne savait trop quoi leur dire et elle descendit lentement, ouvrit la kitchenette, puis alla s'asseoir dans son fauteuil d'osier où un chat sauta aussitôt dans son giron.

La porte de la chambre s'était refermée. On n'entendait aucun bruit, pas même le grincement des ressorts du lit.

Après un quart d'heure passé à guetter en regardant le plafond, Eleanor Adams appela de sa voix grinçante :

— Mabel !... Aurora !... Une de vous deux !...

Ce fut Aurora qui descendit, la plus petite, la plus boulotte, qui avait une taie sur l'œil droit, ce qui donnait quelque chose d'étrange à son regard.

— Qu'est-ce qu'il y a encore ? Si vous avez envie de vous évanouir, je vous préviens que je ne m'en occupe plus.

— J'ai un nouveau locataire.

— Je sais. J'ai entendu.

— Qu'est-ce qu'il fait ?

— Je ne suis pas allée voir dans sa chambre.

— Cela arrivera bien un jour ou l'autre.

— Cela me regarde.

— Ne commençons pas encore à nous disputer.

— C'est vous qui m'avez appelée.

— Parce qu'il ne bouge pas. Je me demande ce qu'il peut faire.

Et elles tendirent l'oreille toutes les deux, maudissant Mabel qui venait de mettre sa petite radio en marche et qui accompagnait la musique en chantant.

A une heure, Charlie ouvrit les volets du bar, et la neige, sur le sol, était brillante, avec une allée noire devant chaque seuil. Le vieux Scroggins, le tenancier du billard, lui adressa le bonjour de la main. Une légère brise se levait, qui paraissait tiède, avec parfois des bouffées plus froides.

Charlie regarda, de loin, la maison d'Eleanor, puis alla s'asseoir dans un coin de son bar et ouvrit le journal du dimanche. De temps en temps, il levait les yeux vers l'horloge.

Il attendait l'homme.

3

Il arrive que l'hiver s'y reprenne à plusieurs fois avant de s'établir, qu'un retour de l'été indien remette le froid à plus tard. Il n'en fut pas ainsi cette année. Il neigea, le dimanche soir, vers cinq heures, encore ; la neige tomba serrée toute la nuit pour cesser à l'aube et, pour un temps, il en fut ainsi chaque jour, avec, vers onze heures du matin, un moment lumineux pendant lequel le soleil tentait de percer la coupole de nuages.

Dès le début de la semaine, la vie d'hiver avait commencé ; les caoutchoucs noirs et luisants étaient sortis des placards ; les enfants portaient leurs *tuques*[1] jaunes, rouges ou vertes, avec un pompon au bout, qui soulignaient les couleurs de leurs joues, des écharpes tricotées et de gros gants de laine. A part les employés de bureau et de magasin, condamnés à une tenue plus conformiste, la plupart des hommes, dehors, endossaient par-dessus leurs vêtements des vestes de sport à grands carreaux bariolés.

Dès le début de la semaine aussi, Justin Ward s'était imposé à la ville, au quartier, et, vers le mercredi, on pouvait dire qu'il en faisait partie. Lui, le premier, le dimanche après-midi, avait appelé Charlie par son prénom, comme tous les clients, et, en s'endormant, ce soir-là, l'Italien s'était promis d'agir de même dès le lendemain.

Il l'avait fait quand, vers dix heures du matin, l'homme était venu lire ses journaux sur un coin du comptoir verni.

— *Hello !* Justin. Une magnifique journée, n'est-ce pas ?

Cela s'était fort bien passé. Ward n'avait pas sourcillé.

— Qu'est-ce que je vous sers, Justin ?

Et tous les deux avaient compris que cette question était plus importante qu'elle n'en avait l'air, que tout ce qui se passait au cours de cette première journée avait son importance, parce qu'une tradition était en train de s'établir.

— Il est encore un peu tôt et il fait trop frais pour boire de la bière, suggéra Charlie. Que diriez-vous d'un petit verre de gin avec une goutte d'angustura ?

Ward avait réfléchi, puis adopté l'idée. Mais, ce matin-là aussi, il fut établi qu'il ne boirait qu'un seul verre de dix heures à midi. Ce n'était pas un buveur. Il lui arrivait, après plusieurs cigarettes qu'il fumait jusqu'à l'extrême bout, de réclamer un verre d'eau glacée.

Il ne s'occupait pas de Charlie qui, à ce moment de la journée, montait des bouteilles de bière et de soda, sortait les vidanges, époussetait les rayons et mettait le bar en ordre.

Eleanor Adams, elle aussi, commençait à s'habituer au genre de vie de

---

1. *Tuque* — se prononce (à peu près) *touque* : bonnet en laine tricotée, avec une pointe terminée par un gland, que l'on porte dans le nord des Etats-Unis et au Canada.

son nouveau locataire. Il se levait de bonne heure, à sept heures du matin, alors que le jour n'était pas levé, si bien que, le lundi, sa première idée fut qu'il commençait tôt dans un bureau. Il préparait son petit déjeuner, et l'odeur des œufs au bacon s'infiltrait dans les couloirs. Puis il faisait couler son bain et restait si longtemps dans l'eau qu'elle crut plusieurs fois qu'il s'y était endormi ou évanoui.

Eleanor, avec son sens inné de la maladie, lui trouvait un air malsain, et c'était vrai qu'il avait le teint trop uni, d'un blanc d'ivoire. On ne sentait pas le sang circuler sous la peau. Sans être gros, il était gras, une mince couche de graisse amollissait tous ses contours.

Le dimanche après-midi, après son départ, elle avait fouillé la chambre, sûre d'y trouver des fioles pharmaceutiques, des pilules ou des seringues hypodermiques mais la mallette était fermée, les armoires aussi, tout ce qui pouvait être enfermé l'était, et le locataire avait emporté les clefs.

Est-ce qu'il laissait la liasse de billets dans sa chambre ou l'emportait-il toujours avec lui ? N'allait-il pas déposer cet argent à la banque ?

Charlie aussi se l'était demandé. Il connaissait assez d'employés dans les deux banques de la ville pour se renseigner sans peine. Ce ne fut pas nécessaire. Chaque fois qu'il avait à payer avec un billet, Ward tirait de sa poche la même liasse à élastique.

C'était le dimanche soir, vers cinq heures, qu'il avait fait son premier marché, et jusque-là il était resté assis au bar, sans rien dire, à écouter vaguement la radio. Il ne faisait pas encore partie du décor, mais déjà il ne manifestait plus la même volonté d'y rester étranger, d'y faire tache. Il s'intéressait visiblement aux conversations, et on pouvait prévoir que le moment viendrait où il y participerait.

Comment avait-il appris que le magasin du Chinois, dans Market Street, était ouvert le dimanche après-midi ? Peut-être, tout simplement, en lisant le journal, où Hung Fou avait toujours une réclame d'un quart de page ?

Au moment où il quittait le bar, on parlait de l'arrestation de l'assassin, et quelqu'un s'indignait qu'on pût employer des chiens pour chasser l'homme. Sans doute cela ne l'intéressait-il pas, car il était sorti avant la fin de la discussion.

On l'avait vu repasser une heure plus tard sous le globe électrique, suivi du fils du Chinois qui portait un colis de provisions.

Mabel et Aurora étaient au cinéma. Elles cuisinaient peu, mangeant à la *cafeteria* quand elles avaient de l'argent, au restaurant, parfois même à l'*Hôtel Mose* quand on les invitait, se contentant de saucisson ou d'une boîte de conserves lorsqu'elles restaient chez elles.

— Il fait son ménage comme une femme, avait remarqué Eleanor, le lundi soir, alors qu'elle avait pu accrocher Aurora au pied de l'escalier. Je ne crois pas que tu aies beaucoup de mal à repousser ses avances, pour le cas où tu aurais envie de les repousser. Regarde-le marcher. Il a des hanches de femme.

C'était exact. Elle était la seule que cela avait frappé. Non seulement Justin Ward avait les hanches empâtées, mais il se dandinait en marchant comme font les femmes potelées.

— Vous n'avez besoin de rien, monsieur Justin ?

— De rien, madame.

Le téléphone, qui était à la disposition des locataires, se trouvait au pied de l'escalier, sur une banquette, mais il n'avait pas l'air de vouloir s'en servir et ne bronchait pas quand il entendait la sonnerie. Il dut apprendre bien vite que c'était presque invariablement pour une des deux filles.

Il faisait son lit convenablement, pour un homme, mieux que la plupart des hommes, et ne laissait pas de miettes de pain traîner par terre. Le lundi soir, il descendit avec un paquet enveloppé de plusieurs journaux et demanda où étaient les poubelles.

Tous ses faits et gestes étaient d'une telle régularité qu'on aurait pu dire l'heure en le voyant à tel ou tel endroit. Quant à ce qu'il pouvait penser du matin au soir, en allant et venant de la sorte, personne n'en avait la moindre idée.

C'était le lundi matin encore qu'il s'était acheté un pardessus d'hiver, très épais, d'un gris souris, qui avait l'air d'un uniforme, et il devait désormais le porter tous les jours. Au même magasin, il s'était procuré des caoutchoucs et il prit l'habitude de les laisser, en entrant, à gauche de la porte, près du porte-parapluies, de sorte qu'il suffisait de jeter un coup d'œil dans cette direction pour savoir s'il était chez lui.

Il ne changea la place d'aucun meuble dans la chambre, n'ajouta rien de personnel, ne mit aucune photographie au mur ou sur la table.

Un petit fait eut l'air de confirmer Charlie dans son opinion. Il se produisit le mardi vers onze heures du matin, alors qu'il y avait déjà près d'une heure que Ward était au bar, devant son verre de gin, à lire les journaux.

C'était le moment où les habitués apportaient leurs paris pour les courses. Ils étaient assez peu nombreux, toujours les mêmes, et quand ils ne voyaient pas de physionomie suspecte, ils ne se donnaient pas la peine de passer dans la cuisine.

Rainsley, le représentant de Ford, qui avait son garage un bloc plus loin, mais qui ne circulait jamais qu'en auto, arrêta sa voiture devant le bar, sans couper le contact, entra en coup de vent et ouvrait déjà la bouche en marchant vers Charlie quand, apercevant Justin, il se ravisa.

— J'ai deux mots à te dire en particulier, Charlie !

Celui-ci hésita, comprenant que c'était en quelque sorte faire injure à Ward, mais il suivit Rainsley dans la cuisine, d'où le garagiste sortit par la porte de derrière quelques instants plus tard.

— « Carnation II » ? se contenta de prononcer Justin quand le patron du bar revint.

N'appartiendrait-il pas au F.B.I. [1] ? Charlie y pensa. Mais le F.B.I. s'occuperait-il des paris dans une petite ville perdue parmi les collines, à la

---

1. *Federal Bureau of Investigation*. Aux Etats-Unis, il y a une justice fédérale et une police fédérale, qui s'occupent des crimes fédéraux. Dans chaque Etat, il y a une justice d'Etat et une police d'Etat, qui n'ont à s'occuper que des crimes ou des délits ne tombant pas sous les lois fédérales. Certaines choses permises dans un Etat sont interdites dans un autre. Ce qui est *fédéral* est interdit (ou permis) dans la fédération entière des U.S.A. Le Bureau Fédéral des Recherches — F.B.I. — est un organisme très important. (N. de l'A.)

frontière canadienne ? Comme il prenait son temps avant de répondre, Ward continua :

— Il a gagné toutes les courses qu'il a courues cette année, mais il ne gagnera pas aujourd'hui à Miami.

— Pourquoi ?

— Parce que son propriétaire n'a pas envie qu'il gagne.

Ce fut tout sur ce sujet. Il ne fournit pas d'explication. Seulement, un peu plus tard, Charlie le fit exprès de ne pas se cacher pour téléphoner des paris au représentant du syndicat à Calais, qui lui-même les transmettait à New York.

Et, l'après-midi, Justin, qui était là quand la radio donna le résultat des courses de Miami, se contenta d'un coup d'œil à Charlie en entendant annoncer que Carnation II était battu de deux longueurs.

Est-ce que, par hasard, le syndicat se méfiait de Charlie, qui pourtant avait toujours été régulier, et envoyait quelqu'un pour l'espionner ? Non. Ces gens-là étaient trop malins, ils s'y seraient pris autrement.

C'était plus compliqué, plus trouble, et il n'y avait pas autre chose à faire qu'attendre. Kenneth Brookes, qui était passé, n'était pas moins perplexe.

— Washington me répond : « Rien à signaler », et la police de l'Etat n'a rien non plus dans ses dossiers. Qu'est-ce qu'il fait ?

— Rien. Il sort de chez Eleanor vers neuf heures et demie du matin et va tranquillement acheter ses journaux dans Main Street.

— Quels journaux lit-il ?

— Un journal de Boston, un de New York et le *Chicago Tribune*.

Il existait bien un journal local, mais qui ne paraissait qu'une fois par semaine, le samedi matin.

— Il arrive ici à dix heures et y reste jusqu'à midi.

— Il parle ?

— Non. Il boit son verre, parcourt les journaux, fume des cigarettes et regarde à travers la vitre ce qui se passe dans la rue. Il paraît s'intéresser au billard d'en face. Il m'a demandé si le vieux Scroggins faisait ses affaires et s'il avait la licence pour la bière.

— La commission l'a refusée.

— C'est ce que je lui ai répondu. Vers midi, il va déjeuner à la *cafeteria,* toujours à la même table, et je crois qu'il mange toujours la même chose : un *hamburger steak* avec des pommes frites et une tarte aux pommes pour dessert.

— Si c'est pour cela qu'il est venu s'installer ici avec des airs aussi mystérieux ! ricana le sheriff. Si encore nous étions une station de ski, ou s'il chassait, s'il pêchait dans les lacs, on pourrait comprendre. J'ai eu la curiosité d'aller au City Hall et de m'assurer qu'il n'y a jamais eu de Ward dans la région.

Justin ne s'informait de personne en particulier. Il les regardait vivre avec attention, une attention froide, dénuée de sympathie, de chaleur humaine, comme il aurait observé les allées et venues d'une ruche.

— Il connaît les chevaux ! dit Charlie, qui n'avait pas à se gêner pour le sheriff.

— Ah !

— Et il est au courant du mécanisme du syndicat.

— Un *gambler* ?

Il y a des gens comme ça, qui débarquent dans les petites villes avec l'air de n'avoir rien à faire et qui, après quelques jours, proposent innocemment une partie de dés ou de poker.

— Il se serait installé chez Mose. Dans ce quartier-ci, il ne trouverait pas de clientèle.

En outre, l'homme, au lieu de se montrer revêche et mystérieux, se serait donné des allures de bon vivant, à la tournée facile, et, dès les premiers soirs, aurait été l'ami de tout le monde.

— J'ai remarqué qu'il n'aime pas les enfants. Quand mon dernier est entré en pleurant dans le bar, ce matin, il a sursauté et m'a regardé d'un œil courroucé, comme si j'avais laissé pénétrer un chien galeux ou comme s'il craignait que le gamin vienne souiller son pantalon.

Justin Ward ne s'intéressait pas aux magasins de Main Street, où il n'était entré que pour acheter son pardessus et ses caoutchoucs. Mais il avait rôdé un après-midi dans le quartier de la tannerie et, en quittant les rues pavées, il était allé jusqu'à la maison de Mike, dont il avait fait le tour. Avait-il aperçu les deux femmes, les mioches et les chèvres ?

Il continuait à faire son marché chez le Chinois, mais portait ses provisions lui-même, marchant toujours de ce pas dont on commençait à reconnaître la cadence.

— A cinq heures, il vient boire son verre de bière et écouter le bulletin de nouvelles de la radio puis il rentre chez lui préparer son dîner et revient vers huit heures. Je ne l'ai pas encore vu sourire et, quand on l'interpelle, il se contente le plus souvent d'un petit signe de tête.

On s'y habituerait. On s'habituait déjà. C'est le mercredi, vers onze heures du soir, que les deux filles, en rentrant d'un bal à Calais, avaient vu de la lumière sous la porte de leur voisin et avaient eu la curiosité de coller l'œil à la serrure.

Elles faillirent trahir leur présence en éclatant de rire. En effet, en chemise et en caleçon long, au milieu de la chambre et juste sous la lampe, Justin Ward accomplissait gravement des exercices de culture physique.

La plus jeune, Aurora, qui était méfiante, avait tendu un cheveu maintenu par deux boulettes de cire à la porte de son placard et un autre sur la fermeture de sa boîte à bijoux. Elle le fit trois jours de suite, sans résultat. Il n'était pas curieux de ses affaires, ni d'elle-même. Il n'était pas galant non plus et ne s'effaçait pas quand il la croisait dans l'escalier.

Et lorsque Eleanor, en l'entendant rentrer, à plusieurs reprises, surgit de son living-room dans l'espoir d'un bout de conversation, il passa sans se donner la peine de la regarder.

Quant au jeune homme qui occupait la chambre au fond du couloir, il ne rentrait que pour dormir et partait le matin de bonne heure ; il ne lui était arrivé de rencontrer Ward qu'une seule fois, à la porte, et il l'avait pris pour un agent d'assurances.

Dans la maison, Justin n'avait qu'une manie, celle de descendre fermer les fenêtres dès qu'on avait l'audace de les ouvrir. Il n'aérait jamais sa chambre qui, après trois jours, était déjà imprégnée d'une odeur fade et rance.

Il faisait de même chez Charlie, non avec la fenêtre, mais avec la porte, qu'il trouvait toujours ouverte en arrivant le matin et qu'il fermait avec soin, se levant pour aller la refermer si quelqu'un la laissait à nouveau ouverte.

C'est le jeudi, vers midi, peu après la sortie de Justin, que l'Italien eut l'espoir d'apprendre quelque chose. Trois maisons plus loin que le brocanteur, à côté de la menuiserie, il y avait une boutique entièrement vitrée, un atelier plutôt, dans lequel on voyait deux hommes en manches de chemise s'affairer autour de grosses machines noires et luisantes.

C'était l'imprimerie Nordell, qui se chargeait aussi bien des faire-part que des prospectus et des documents commerciaux. Chester Nordell, en outre, était à la fois le propriétaire, le directeur et à peu près l'unique rédacteur de la *Sentinelle,* le journal local qui paraissait chaque samedi.

Il venait de temps en temps chez Charlie, en voisin, l'été pour boire un verre de bière, l'hiver pour un grog, car son atelier vitré était ou torride ou glacé. Mais ce n'était pas un homme à s'accouder à un bar, ni quelqu'un avec qui on plaisantait librement.

Il habitait sur la colline une maison assez vaste, car il avait une femme et huit enfants. Sa femme n'avait pas de bonne, pas même de femme de ménage, et la voiture de l'imprimeur était une Ford vieille de cinq ans.

Contrairement à ce qui se passe d'habitude, son journal faisait plus de tort que de bien à son commerce, parce qu'il y disait tout ce qu'il croyait de son devoir de dire, même si cela pouvait lui attirer des inimitiés, voire des haines. Depuis trois ans, en particulier, il dénonçait les abus des gens de City Hall et il n'aurait tenu qu'à lui de recevoir de larges compensations pour son silence ou, selon la formule, pour une attitude plus compréhensive.

Chose curieuse, cet homme, qui bataillait tout seul en Don Quichotte, était un grand mou, au front dégarni, à la lèvre enfantine. On s'arrêtait toujours devant son atelier parce qu'on pouvait à toute heure y lire les dernières nouvelles sur un tableau noir qui annonçait aussi les événements locaux, y compris les décès et les naissances.

Comme s'il appartenait déjà à la ville, Justin avait pris l'habitude de jeter un coup d'œil à ce tableau au cours de sa promenade du matin, mais, peut-être, n'avait-il pas eu la curiosité de regarder à l'intérieur, où Chester Nordell et un rouquin travaillaient aux presses.

En tout cas, c'était assez exceptionnel de voir Nordell se déranger pour venir questionner Charlie, avec une certaine anxiété dans la voix.

A ce moment précis, on pouvait voir Ward, suivant son horaire, pousser la porte de la *cafeteria* d'en face.

— Vous avez son nom ?

— Il prétend s'appeler Ward, Justin Ward.

Nordell cherchait visiblement dans sa mémoire et paraissait dérouté.

— Remarquez que rien ne prouve que ce soit son nom véritable. Quand il l'a donné au sheriff, il a laissé entendre avec une certaine complaisance que c'était son droit de se faire appeler comme il lui plaisait.

— Il n'a pas dit d'où il venait ?

— Il évite d'en parler et pousse même la précaution jusqu'à découdre les marques dans ses vêtements.

— C'est curieux.

— Vous le connaissez ?

— Je n'en suis pas sûr. Je cherche. Il me rappelle quelqu'un. Ne lui arrive-t-il jamais de citer des noms de villes ?

— Jamais. Peut-être cependant lui est-il arrivé de se couper. Hier, Saounders a parlé du Texas devant lui. Je l'ai observé et j'ai eu l'impression qu'il connaissait le pays.

— Il s'agissait d'une ville en particulier ?

— De Dallas. Saounders, qui n'a fait qu'y passer jadis au cours de son voyage de noces, prétendait que c'est la ville la plus riche des Etats-Unis, plus riche et plus luxueuse que New York, Chicago ou Los Angeles.

Charlie nota que Nordell était plus grave, troublé, ce qui n'était pas dans son caractère.

— Il y a du vilain sur son compte ? Je veux dire sur le compte de l'homme à qui vous pensez ?

— Au contraire.

Et, cette fois, l'imprimeur rougit bel et bien, finit son verre et s'en alla en murmurant :

— Je n'en suis pas du tout sûr.

Charlie n'avait jamais entendu dire que Nordell eût vécu au Texas. Le directeur du journal était installé dans la ville avant lui, donc plus de quinze ans auparavant, et Charlie était même persuadé qu'il y avait toujours vécu.

Tant pis s'il faisait une nouvelle gaffe. Peut-être aussi était-ce une sorte de trahison vis-à-vis d'un voisin, d'un homme qu'il connaissait depuis longtemps, mais il était incapable de résister. Quand Justin prit place au bar, à cinq heures, il dit en lui servant sa bière :

— On m'a parlé de vous, tout à l'heure. Quelqu'un qui vous connaît.

Il regretta presque d'avoir été imprudent ; soudain, son interlocuteur devint pâle. Plus exactement son teint se plomba, fut d'un gris-blanc, son visage prit une immobilité de mannequin, tandis que les yeux bruns restaient seuls à vivre un moment de panique.

Ce fut très bref, si bref que Charlie se demanda ensuite s'il ne s'était pas trompé.

— Qui est-ce ? Pas quelqu'un de la ville, je suppose ?

Et, pour la première fois, Ward s'efforçait de sourire. Qui aurait deviné qu'avant de se faire déposer, le samedi précédent, au carrefour des Quatre-Vents, il connaissait le nom de la plupart des habitants, pour avoir étudié l'annuaire des téléphones ? Charlie, qui avait beaucoup vécu et qui se croyait malin, n'avait pas pensé à ça.

— Quelqu'un qui joue un rôle important en ville, au contraire, puisque c'est l'éditeur du journal.

— Nordell ?

C'était Ward qui avait prononcé le nom, qu'il avait pu lire sur la devanture de l'imprimerie, et l'intérêt disparut de son visage. Ou alors, ce qui restait était un intérêt tout juste poli, auquel, il est vrai, on n'était pas habitué de sa part.

— Il croit vous avoir rencontré au Texas, jadis, à Dallas, lui semble-t-il.

Charlie guettait une dénégation, mais Justin ne dit ni oui ni non.

— Si vous êtes celui à qui il pense, il a l'air d'avoir gardé de vous un bon souvenir.

Aucune réaction. Pas même une phrase banale au sujet des gens qu'on croit reconnaître, ou des coïncidences.

Charlie se demandait si, le lendemain matin, Justin éviterait de s'arrêter devant le journal, mais il n'en fut rien. La couche de neige, maintenant, était épaisse et craquante sous les pas. Déjà ce n'était plus un plaisir enfantin de dégager l'allée, le matin, sur le trottoir. Chacun sortait de chez soi avec sa pelle, à peu près à la même heure, après avoir chargé son calorifère, et certains, qui avaient les oreilles sensibles au froid, s'enfonçaient sur la tête la *tuque* de leur gamin.

De son seuil, Charlie ne pouvait voir l'intérieur de l'imprimerie, qui était du même côté de la rue que le bar, mais il vit Justin et son pardessus gris souris s'arrêter longuement devant le tableau noir. Il n'y avait aucune nouvelle sensationnelle ce matin-là, et il avait eu tout le temps de lire deux ou trois fois les quelques lignes écrites à la craie.

Chester Nordell, en bras de chemise — il travaillait toujours en bras de chemise, une visière verte sur le front —, avait fini par ouvrir sa porte et par s'avancer d'un pas pour lui adresser la parole.

On ne pouvait, de si loin, entendre ce qu'ils se disaient, mais il était clair que Ward répondait à son interlocuteur, prononçait même des phrases entières.

Chester, qui devait avoir froid, n'en laissait rien paraître, et l'autre avait son chapeau sur la tête, les mains dans ses poches, un petit bout de cigarette jaunâtre entre les lèvres.

L'invitait-on à entrer ? Entrerait-il ? N'entrerait-il pas ?

De loin, Nordell semblait vouloir l'attirer chez lui, et Charlie aurait juré que, des deux, c'était l'imprimeur qui se montrait humble.

C'était lui, en tout cas, qui était sorti de chez lui, dans le froid du matin, pour amorcer l'entretien, lui qui restait dehors en bras de chemise, lui encore qui agitait la tête en parlant, comme pour être plus persuasif.

D'autre part, autant qu'on en pouvait juger à distance, c'était Justin qui mettait fin à la conversation, et, avec une urbanité qui ne lui était pas habituelle, se donnait la peine de sortir une main de sa poche pour toucher le bord de son chapeau. Cela eut-il un rapport, même lointain, avec la démarche que Ward fit au début de l'après-midi ? Alors que, suivant son horaire, il aurait dû se diriger vers le magasin du Chinois, il entra au billard d'en face, d'un pas délibéré, tandis que le vieux Scroggins faisait la partie avec trois jeunes gens aux foulards voyants.

Scroggins avait plus de soixante-quinze ans et sa bronchite chronique lui faisait envoyer partout des crachats dégoûtants dont son plancher était étoilé. On l'avait toujours connu dans son billard, où, veuf, il vivait dans une petite pièce sans air, derrière les urinoirs.

C'était certainement l'endroit le plus miteux du quartier. Un comptoir vitré était plein de chocolats bon marché, de cacahuètes, de paquets de chewing-gum, de bonbons et de cartes postales humoristiques. Une grosse boîte en fer rouge, où l'on mettait de la glace chaque matin, contenait du Coca-cola et d'autres boissons gazeuses dont les réclames couvraient les murs entre les tableaux noirs.

Contrairement à ce qu'on aurait pu croire, le billard était rarement vide, car, sur les dix mille habitants de la ville, il y en avait toujours qui ne travaillaient pas et ne savaient que faire. Il y avait surtout des jeunes gens qui aimaient venir prendre des airs affranchis et se lancer des défis autour des tables vertes.

Justin Ward eut la patience d'assister à toute la partie. C'était vendredi. De jeunes ouvriers en chômage entrèrent et occupèrent le second billard.

Puis les partenaires de Scroggins s'en allèrent, et on vit Justin se choisir une queue dans le râtelier, en garnir le bout de craie et ranger avec soin les billes en triangle. Il devait être fort à ce jeu, car, dès lors, Scroggins, dont les pantalons flasques pendaient sur les fesses, marqua les points avec mauvaise humeur et cracha plus souvent que de coutume.

Après, les deux hommes bavardèrent, debout près du comptoir, et leur conversation fut si longue que Justin arriva chez l'Italien avec un bon quart d'heure de retard, alors que la neige tombait depuis plusieurs minutes.

— Vous avez l'air d'être de première force au billard !

— Il m'est arrivé d'y jouer. Je me défends.

— Vous avez battu le vieux Scroggins, et j'aime autant vous avertir qu'il ne vous le pardonnera pas.

— Je crois, au contraire, qu'il est fort satisfait.

Il se tut un moment et une drôle de lueur passa dans ses yeux, qui fixaient la bière dans son verre.

D'une voix très neutre, il annonça :

— Je viens de lui acheter son fonds !

La première réaction de Charlie fut du dépit et il ne put s'empêcher de regarder Ward avec un certain mépris.

Justin l'avait eu, en somme ! Charlie avait fait travailler son esprit, avait échafaudé les suppositions les plus extravagantes, et c'était tout simple, tout bête, c'était sordide.

Rien de mystérieux, de prestigieux. Un vulgaire petit bonhomme comme il y en a tant, de ces solitaires qui gagnent leur vie à des métiers auxquels les autres ne pensent pas, ou que les autres dédaignent.

On en rencontre dans toutes les villes, dans tous les quartiers, et même dans les villages. Près de *la Cantine,* il y en avait un qui vendait des cacahuètes dans la rue, poussant une petite charrette et soufflant de temps en temps dans une trompette d'enfant.

On en avait connu un autre, mort à présent, qui faisait des crêpes et des pommes frites dans une baraque en planches.

Justin Ward — peu importait maintenant que ce fût son vrai nom ou que cela ne le fût pas — allait prendre la succession du vieux Scroggins qui était gâteux, qui l'avait toujours été, dont on parlait avec indulgence comme d'un drôle d'animal plutôt que comme d'un être humain.

— Une bonne affaire ! fit Charlie avec ironie.

Il avait envie de courir à la cuisine pour annoncer la nouvelle à sa femme.

— Dis donc, tu sais ce que c'est, Ward ?

Et, comme le receveur des postes entrait, il n'y tint plus.

— Vous ne jouez pas au billard, Chalmers ? Justin vient de racheter la boutique du vieux Scroggins !

On avait subitement envie de rire, de se taper de grands coups sur les cuisses. C'était un soulagement.

Un petit bricoleur de rien du tout, voilà ce que c'était. Et il n'avait pas l'excuse d'être gâteux comme Scroggins. Il devait avoir entre quarante et quarante-cinq ans. Il paraissait instruit, et sans doute avait-il vu du pays.

Il arrivait, un soir d'hiver, avec des airs énigmatiques. Il leur faisait peur à tous, on pouvait bien l'avouer. Il faisait marcher les esprits et les langues. Et puis, pfuittt !... Il rachetait le billard de Scroggins.

— Une excellente affaire, et vous allez être fort occupé !

Est-ce que l'autre sentait l'ironie ? Il n'y paraissait pas. Il restait à sa place, à regarder son verre, à les regarder, paisible, et on aurait dit, ma foi, qu'il savourait une jubilation intérieure.

— Je suppose qu'il vous cède sa chambre à coucher ? Eleanor va être dépitée de perdre un locataire.

Alors, comme si on lui avait parlé le plus sérieusement du monde, il répondait :

— Je garde Scroggins, qui continuera à habiter sa chambre.

— Cela ne s'arrose pas ?

— Si vous voulez.

— Qu'est-ce que vous prenez, Chalmers ? C'est la tournée de Justin. Un *high ball* ?

Du coup, bien que ce ne fût pas l'heure, Charlie se servit un verre de gin.

— Et pour vous, Justin ?

— Rien, merci. J'ai mon verre de bière.

— A propos de bière, je suppose que vous allez essayer d'obtenir la licence ? Scroggins n'y est jamais arrivé, mais, naturellement, il ne savait pas s'y prendre.

C'était toujours de l'ironie. Un groupe puissant, en ville, s'opposait invariablement à toute demande de licence pour la vente de la bière et des boissons alcoolisées.

— Je l'aurai.

— Vraiment ? On vous l'a promise ?

— Je sais que je l'aurai.

— Nordell va peut-être intervenir en votre faveur ?

C'était plus ironique que le reste, car, de tous les ennemis des débits de boissons, Nordell était le plus farouche et le plus virulent.

— Je crois qu'il le fera.

— C'est vrai que vous êtes de vieux amis.

Charlie eût-il voulu s'arrêter qu'il n'aurait pas pu. Il avait besoin de se venger de ses peurs et surtout de ses mouvements d'humilité. Cela lui montait comme des bulles. Il se sentait lancé, comme son gamin l'était parfois, quand on avait l'imprudence de plaisanter avec lui et qu'il n'y avait plus moyen de le calmer.

— Je commence à avoir peur pour mon commerce ! ajouta-t-il avec une gravité jouée. Il paraît que, dans certaines villes, on joue gros jeu au billard. Et ce qu'on jouera chez vous sera autant de perdu pour les courses. Ce n'est pas gentil de me faire ça, Justin !

Petit crabe, va ! Comment avait-on pu s'y tromper ? N'était-ce pas de cela qu'il avait l'air, avec son pardessus râpé, ses souliers noirs et sa mallette ? Et cette façon de s'entourer de mystère pour impressionner les gens !

Pas étonnant que le F.B.I. ne se soit jamais inquiété de lui. Ces gens-là, il n'y a que les constables à s'en occuper, quand ils mettent leur charrette en travers de la rue, qu'ils vendent des produits pas frais et qu'ils servent à boire à des mineurs.

S'ils deviennent encombrants, on les appelle dans le bureau du chef de la police et on leur fait comprendre qu'ils feraient mieux d'aller exercer leur industrie ailleurs.

On les flanque à la porte avec un coup de pied au derrière, voilà ! C'est pour cela qu'ils connaissent du pays. On les a vite assez vus et force leur est de voyager.

Ward savait compter, un point c'était tout, puisqu'il était parvenu à avoir cinq mille dollars de côté, cinq mille dollars qu'il avait sans doute mis vingt ans à gagner.

— Entre, Saounders ! Qu'est-ce que tu prends ? Justin offre une tournée.

C'était amusant de lire la surprise sur le visage de Saounders, surprise causée moins par la nouvelle que par le ton que Charlie se permettait soudain d'employer.

— Je te présente le successeur du vieux Scroggins !

Le plâtrier ne le croyait pas.

— C'est vrai ? demandait-il à Ward, sur un ton encore respectueux.

— C'est exact.

— Ah !

Il n'osait pas rire, ne savait pas quelle contenance prendre, finissait par dire gravement :

— Alors ce sera un double bourbon ! Sans eau de Seltz.

Cela n'avait même pas tenu une semaine ! Il restait à prévenir Brookes, mais pour cela il fallait attendre que Ward fût parti. D'après son horaire, il n'en avait plus que pour quelques minutes. Son horaire ! Dire que sa régularité même les avait impressionnés !

Il téléphonerait à Eleanor aussi. Mais Eleanor ne comprendrait pas si bien le sel de la chose. Elle n'était jamais entrée dans un billard. Elle ne connaissait pas Scroggins, sinon pour l'avoir aperçu de loin sur son seuil.

Justin avait quand même de l'estomac, car il ne bronchait pas, ne paraissait toujours s'apercevoir de rien et, quand les aiguilles marquèrent six heures, il se laissa glisser de son tabouret et tira la fameuse liasse de sa poche.

Cela n'aurait étonné personne, maintenant, que ce soient des billets de la sainte farce, de ceux que les acteurs se jettent à la tête au théâtre.

— Deux dollars cinquante, Justin ! Si cela avait été un samedi, cela vous aurait coûté plus cher.

Il n'avait pas refermé la porte derrière lui que Charlie était déjà au téléphone.

— Kenneth ? Bon, tu me diras ta nouvelle tout à l'heure. La mienne est plus importante et je tiens à la servir chaude. Il s'agit de Ward, oui. Tu sais ce que c'est ? Il nous a eus. Mais, oui, il t'a eu, toi aussi. Il vient d'acheter le billard de Scroggins. C'est lui qui va tenir la boutique d'en face, et il espère bien avoir la licence pour la bière...

Les autres le regardaient et s'étonnèrent de le voir soudain grave. Il écoutait maintenant sans interrompre et on entendait dans l'appareil les éclats de la grosse voix du sheriff.

— Tu es sûr ? Tu viens de recevoir la note ? Et on ne dit rien d'autre ? Essaie de passer ici tout à l'heure. Tu trouveras bien un moment. Fiche-moi la paix avec ta femme !...

Quand il raccrocha il était troublé.

— Ce n'est pas ce que tu croyais ?

— Kenneth me dit...

Il regarda autour de lui comme pour s'assurer qu'on ne pouvait pas l'entendre.

— ... Il vient de recevoir une note du F.B.I. le priant de laisser Ward tranquille.

Les verres de la tournée étaient encore sur le comptoir et Charlie se souvenait avec déplaisir de sa propre voix, tout à l'heure, quand les bulles lui montaient dans la poitrine et éclataient en plaisanteries stupides.

— Qu'est-ce que vous prenez ? demanda-t-il, le front soucieux.

4

« ... J'admets que j'ai changé plusieurs fois d'opinion à son sujet, mais une chose est certaine : c'est qu'il sait ce qu'il fait. Or il a payé au vieux Scroggins six cents dollars comptant pour son fonds, ce qui est cher pour trois billards rapiécés, un comptoir, quelques chaises et un bail qui n'a plus que deux ans à courir. En plus il s'est engagé à verser vingt dollars par semaine au bonhomme et à le laisser continuer à coucher dans l'établissement.

» Est-ce que tu comprends ça ? Ne trouves-tu pas aussi qu'il y a quelque chose de louche ?

» Voilà maintenant une semaine, le lundi qui a suivi l'achat, il a fait venir un bricoleur, que nous appelons le Yougo, qui s'est mis à repeindre la salle.

» Tiens ! Encore un détail qui montre son caractère : le Yougo vient régulièrement prendre sa cuite chez moi le samedi soir, et je tolère parce que c'est presque une curiosité du pays et qu'il est sympathique à tout le monde.

Samedi, Justin était chez moi aussi, à l'autre bout du comptoir. Il n'a pas adressé la parole au Yougo et pourtant celui-ci a commencé à travailler pour lui le lundi matin. Qu'est-ce que cela signifie, sinon qu'il est allé le trouver chez lui, en dehors de la ville, à travers un bon pied de neige, pendant la journée du dimanche ? Moi j'appelle ça des cachotteries.

» Je sais de bonne source qu'il lui donne sept dollars par jour, ce qui est encore une vacherie, car le Yougo a toujours été content de cinq dollars. Au train où vont les aménagements, ils en ont pour deux bonnes semaines.

» Veux-tu me dire comment il compte récupérer tout cet argent, même s'il obtenait la licence pour la bière, ce qui prendrait en tout cas des mois ?

» Tu me comprends. Si je te donne ces détails, c'est que, des journaux qu'il achète, il n'y en a qu'un qu'il lit de la première à la dernière ligne, y compris les petites annonces, et c'est le *Chicago Tribune.* Il y a une raison à ça, évidemment... »

Luigi, à qui la lettre était adressée, était un camarade d'enfance de Charlie, né dans la même rue de Brooklyn. Ils étaient quelques-uns, tous de souche italienne, qui, gamins, avaient fait partie des mêmes gangs et ne s'étaient jamais tout à fait perdus de vue. De tous, Luigi était celui qui avait le mieux réussi. Après avoir débuté à bord des transatlantiques, il était rentré comme chef de rang à l'*Hôtel Stevens*, à Chicago, où il était second maître d'hôtel, quand il avait décidé de monter un restaurant à son compte, le *Luigi's,* dans le quartier des théâtres.

« ... Je ne serais pas étonné si, en en parlant aux uns et aux autres autour de toi — *et tu comprends ce que je veux dire* — tu tombais sur des gars qui le connaissent.

» Lorsque j'aurai d'autres renseignements, je te les enverrai, mais la description que je t'en ai faite est aussi exacte que possible. J'oubliais de te signaler — les petits détails ont souvent leur importance, souviens-toi du doigt coupé de la fille rousse —, j'oubliais de te signaler, dis-je, qu'il a horreur des courants d'air et qu'il se lève sans cesse pour aller fermer la porte ou la fenêtre. Et aussi que, de temps en temps, il avale une pilule qu'il prend dans une boîte en carton qu'il a toujours dans la poche de son gilet. Ce sont des tics qui se remarquent. J'essayerai de savoir chez quel pharmacien il va renouveler son ordonnance et je finirai par savoir quelle maladie il a.

» Julia grossit toujours. Elle est énorme, mon vieux Luigi. Tu te souviens de la petite fille qui avait des pattes d'araignée ? Je ne m'en plains pas, car elle reste aussi alerte et m'aide beaucoup dans mon commerce. Sans tenir un restaurant, il nous arrive de servir à manger et... »

Il s'y était repris à une dizaine de fois pour écrire cette longue lettre sur le coin de son bar, au crayon violet, sans cesse interrompu par des clients et, deux fois, par Ward lui-même.

Car celui-ci, la première semaine, en tout cas, n'avait guère changé ses habitudes. Il quittait seulement un peu plus tôt la maison d'Eleanor et, avant d'aller acheter ses journaux dans Main Street, pénétrait dans son billard dont il refermait avec soin la porte. Le Yougo y arrivait avant lui et son premier travail avait été de lessiver les murs qu'il allait ensuite repeindre.

Pourquoi Charlie prit-il pour une sorte d'injure personnelle le fait que l'accord entre Justin et Mike s'était fait en dehors de lui ? A présent, les deux hommes paraissaient vivre en bonne intelligence. A travers la rue, Charlie pouvait voir Justin, d'habitude si avare en paroles, bavarder avec la grande brute qui éclatait parfois de rire. C'était pourtant difficile d'imaginer Ward faisant une plaisanterie !

Contrairement à ce qu'on aurait pu attendre, il ne modernisait pas l'établissement, ne tentait pas de l'égayer. Au lieu de choisir une couleur claire et plaisante, il faisait repeindre les murs en vert sombre et, pour le sol, avait choisi un linoléum qui imitait le marbre, dans les bruns et les jaunes. Il ne changeait pas non plus d'éclairage, fourni par des ampoules sans abat-jour qui pendaient du plafond au bout de leur fil.

Il paraissait content comme un homme en train de réaliser une excellente affaire. Le vieux Scroggins, qui, du coup, faisait plus vieux et plus cassé, déambulait d'un pas dérouté au milieu des seaux et des brosses.

A dix heures, comme d'habitude, Justin entrait chez Charlie pour son petit verre de gin et pour la lecture des journaux ; la seule différence était que, maintenant, c'était un regard satisfait de propriétaire qu'il lançait de temps en temps de l'autre côté de la rue.

La neige avait cessé de tomber. Une autre tranche d'hiver commençait, plus froide, de sorte que la neige ne fondait pas dans les rues et sur les toits, mais commençait à se salir. On avait parfois une heure ou deux de soleil et, le matin et vers le soir, des bourrasques subites happaient les passants aux carrefours. C'était l'époque des rhumes. La moitié des clients en avaient et se bourraient d'aspirine. On avait commencé, dans Main Street, les vitrines de Noël et on n'allait pas tarder à tendre au-dessus des rues les guirlandes ornées de feuillage artificiel et d'ampoules multicolores.

« *Merry Christmas !* »

Le soir, quand les enfants étaient endormis et que, le bar fermé, Charlie allait se coucher, il trouvait sa femme éveillée, lui parlant des cadeaux de Noël dont elle remettait sans cesse la liste en question.

La même semaine, en montant dans sa chambre, Chester Nordell avait trouvé, lui aussi, sa femme qui ne dormait pas encore. A quarante-deux ans, elle venait d'avoir son huitième bébé, se relevait deux fois par nuit et, dès six heures du matin, était debout, toujours alerte, vaillante, heureuse dans un univers qui se bornait aux limites de la maison.

— Je ferais peut-être mieux de te parler de quelque chose qui me tracasse, avait-il murmuré en se couchant à son côté.

Ils avaient chuchoté toute leur vie, à cause des enfants, car il leur fallait attendre qu'ils fussent tous endormis pour parler de choses sérieuses.

— J'ai commis, jadis, quand j'étais jeune, une vilaine action, dont je me suis toujours repenti, et, tout à coup, elle est venue me poursuivre ici.

— Tu as dévalisé quelqu'un ? demanda-t-elle sans inquiétude.

— J'ai fait pis. Mais je me demande si tu vas comprendre. J'avais environ dix-neuf ans et mes parents m'avaient envoyé à Dallas pour apprendre mon métier chez un frère de ma mère qui était imprimeur.

— L'oncle Bruce, je sais, celui qui avait un défaut de prononciation et qui devait te laisser sa chaîne de montre.

— Il me l'a léguée, mais ça ne fait rien. Il me traitait comme n'importe lequel de ses ouvriers, parce que c'étaient ses principes, et je gagnais tout juste de quoi payer ma chambre et ma pension en ville. Cependant, j'avais une petite amie et il m'arrivait de la sortir. Une fois, j'ai pensé l'éblouir en la conduisant dans un *night club* très chic, très exclusif, le seul de la ville, je crois bien, à cette époque en tout cas, où on n'admettait ni les gens de couleur, ni les Juifs.

— Ta petite amie était juive ?

— Non. Attends. Je nous revois, dans un coin de la salle, assis tous les deux devant une table éclairée par une lampe à abat-jour rose.

» — Tu ne trouves pas, Ches, que ce type exagère ? me dit la petite à un moment donné. Il ne cesse de me regarder. Il me dévore des yeux, sans se soucier que je sois accompagnée.

» A deux tables de nous, il y avait un jeune homme assez quelconque, plutôt laid que beau, l'air maladif, et je dois avouer qu'il ne se montrait pas le moins du monde inconvenant.

» Tu sais comment sont les petites filles qui commencent à sortir. Alice était toujours persuadée que les hommes avaient les regards fixés sur elle.

» — Je t'assure, Ches, que je ne sais plus de quel côté me tourner. Cela en devient gênant.

» Je suis persuadé, aujourd'hui, que le jeune homme, qui devait être pauvre et dont c'était peut-être la première soirée dans un *night club*, était aussi inquiet que moi de l'addition.

» — Il a de la chance, en tout cas, que tu ne sois pas de ceux qui envoient leur poing à la figure des gens, pour moins que ça !

» Tu entends d'ici la petite garce. Eh bien ! j'ai été lâche, et j'ai commis ce soir-là la plus vilaine, la plus basse action de ma vie. J'ai voulu épater cette gamine qui ne m'était rien, que je n'avais même pas encore embrassée. J'aurais pu me contenter d'aller demander des explications à l'inconnu, qui se serait probablement excusé.

» Mais, quelques jours plus tôt, j'avais entendu parler de l'ostracisme de la boîte où nous étions à l'égard des Israélites.

» — Tu vas voir que ce ne sera pas long ! dis-je avec assurance.

» Et j'appelai le maître d'hôtel, pris mon air le plus dégagé, le plus dédaigneux, dis qui j'étais : le neveu d'un homme connu dans la ville, qui possédait un journal.

» — Je m'étonne que vous ayez laissé entrer un Juif ici. On m'avait assuré que le club était le plus exclusif de la ville et même du Texas.

» Du bout du menu, je désignais le jeune homme solitaire.

» — Vous croyez qu'il est Juif ?

» Je n'en étais pas certain du tout. Il était noir de poil, certes avec un teint bilieux et un nez en somme assez proéminent, mais rien ne prouvait qu'il fût d'une autre race que moi.

» — Pas plus tard qu'hier, affirmai-je, je l'ai vu sortir de la synagogue.

» Ce fut tout simple, mais pas beau, ma pauvre Evelyn. Le maître d'hôtel s'est dirigé vers le jeune homme et s'est penché discrètement sur lui, lui a dit quelques mots à l'oreille. Tout de suite, l'inconnu m'a regardé et, dans ses yeux, je ne pouvais pas lire un reproche, mais un immense étonnement.

» Il ne m'avait jamais vu. Il n'avait jamais entendu parler de moi. Il se demandait pourquoi un jeune homme de son âge se montrait si cruel avec lui, sans raison.

» Je serais enclin à croire, maintenant, que s'il avait été israélite il aurait discuté. C'est tout juste s'il a fait un mouvement pour prendre son portefeuille dans sa poche, peut-être afin de prouver qu'il avait un nom chrétien, peut-être dans l'intention de payer ce souper qu'on ne lui laissait pas achever.

» Sans lui en donner le temps, on le conduisait vers le vestiaire et quelques instants plus tard la porte se refermait sur lui.

— C'est tout ?

— Ce serait tout si, il y a quelques jours, je n'avais cru le reconnaître à travers les vitres de l'atelier. Cent fois, en m'endormant, j'ai pensé à lui avec remords. Je connais, tout au moins de vue, les habitants de la ville et, à plus forte raison, ceux qui passent régulièrement dans ma rue. J'ai sursauté en le voyant, lui, occupé à lire les nouvelles sur le tableau noir.

» Il est revenu deux fois, trois fois, il est revenu chaque matin, à la même heure, comme un vivant reproche.

» Je suis allé questionner Charlie, car, à plusieurs reprises, j'avais aperçu l'homme sortant du bar. Charlie m'a dit qu'à sa connaissance l'inconnu, qui s'appelle Ward, a dû passer un certain temps au Texas.

» Alors je l'ai guetté et j'ai fini par ouvrir ma porte. Je l'ai interpellé sur le trottoir, et il n'a pas paru surpris. Je lui ai demandé s'il me reconnaissait, et il m'a répondu qu'il n'en était pas sûr, qu'il n'avait pas la mémoire des physionomies.

» — Vous ne vous souvenez pas de Dallas ?

» Et, comme il hésitait à répondre, j'ai continué.

» — ... D'une certaine soirée particulièrement humiliante, à Dallas ? En tout cas, si c'est vous, je vous prie de bien vouloir accepter les excuses que je vous dois. Je serais heureux de vous rendre service et, si je puis vous être utile, dans une ville où je connais tout le monde et où vous êtes étranger, je me mets à votre entière disposition.

— Qu'a-t-il répondu ?

— Rien de précis. Il m'a dit qu'il venait d'arriver et que ses projets étaient encore vagues.

— Il ne t'a pas demandé d'argent ?

— Jamais de la vie. Et, maintenant que j'ai acquis une certaine expérience, je suis certain que, si c'est lui mon jeune homme de jadis, celui-ci n'était pas Juif.

— Et si ce n'est pas lui ?

Elle ne lui laissa pas le temps de répondre.

— Dors, maintenant, Ches ! murmura-t-elle paisiblement en faisant son trou dans l'oreiller.

Trente secondes plus tard, elle était endormie, comme elle en avait l'habitude.

— Savez-vous à quoi il me fait penser ? avait dit, en regardant à travers la rue, Jef Saounders, le plâtrier, qui était un chasseur enragé. A un homme en train de préparer une trappe, et qui se frotte les mains en pensant à ce qui s'y fera bientôt prendre !

Il y avait du vrai dans l'image. Si Justin n'allait pas jusqu'à se frotter les mains, au sens littéral du mot, on lui voyait parfois, quand il ne se croyait pas observé, un air de jubilation intérieure qui ne cadrait pas avec son aspect habituel.

Evidemment, un billard n'attire pas spécialement la crème des garçons. Pendant la journée surtout, il est plutôt fréquenté par ceux qui n'ont pas un travail fixe. Il y a aussi le fait qu'on joue de l'argent, que les enjeux peuvent être importants, et enfin qu'on engage souvent des paris sur les parties.

C'est fréquemment au billard de Scroggins que Brookes, le sheriff, retrouvait les gamins coupables de menus vols, parfois de cambriolages.

Etait-ce l'intention de Justin de s'entourer d'un gang de jeunes ? Mais alors pourquoi le F.B.I. se donnait-il la peine d'envoyer à Kenneth une note lui conseillant de ne pas s'occuper de lui ?

Charlie y mettrait le temps qu'il faudrait, mais il en viendrait à bout.

Il avait encore obtenu un renseignement qui pouvait avoir sa valeur, un soir qu'Aurora, la petite brune, était venue boire un verre au bar, toute seule, alors que son amie avait sans doute un rendez-vous en ville. Avec l'air de rien, Charlie avait insinué :

— Votre voisin ne vous a pas encore fait la cour ?

— Pas à moi, Dieu merci ! avait-elle répliqué en se mettant du rouge à lèvres.

— A qui, alors ? A Mabel ?

— Ce que Mabel fait ne me regarde pas, n'est-ce pas ?

Il avait senti qu'il y avait quelque chose et il brûlait de savoir, mais il n'avait pas insisté. C'était elle qui avait remis le sujet sur le tapis, indirectement, après qu'il lui eut offert un petit verre.

— Est-ce que cela a une signification spéciale, quand un homme aime qu'une femme porte des talons très hauts ?

— Mon Dieu, je suppose que cela signifie qu'il la trouve trop petite, ou qu'il préfère se promener avec une grande fille.

— Ce n'est pas cela que je veux dire. Je veux dire *pas dans la rue*.

Il avait froncé les sourcils, car cela lui rappelait des souvenirs.

Pendant quelques mois, à Detroit, il avait géré une boutique de cigares où l'on vendait aussi de la littérature spéciale. A vrai dire, il n'avait jamais eu la curiosité de lire ces livres et ces magazines enfermés la plupart du temps dans de la cellophane et dont les titres comportaient invariablement le mot sexe. La phrase d'Aurora lui remettait soudain en mémoire certaines gravures représentant des femmes qui, même à moitié nues, portaient des chaussures à talons démesurés, parfois des bottines lacées à l'ancienne mode, ce qui l'avait surpris.

— Il y a des maniaques de toutes espèces, mon petit, s'était-il contenté de murmurer, espérant bien qu'elle reviendrait sur le sujet.

Mais, songeuse, comme vaguement inquiète, elle finit son verre, se regarda un moment dans le miroir, fit bouffer ses cheveux sur les côtés et lui dit bonsoir.

L'incident qui avait troublé Aurora datait de la nuit précédente. Les jeunes filles partageaient depuis longtemps la même chambre, afin de réduire les frais, et il leur arrivait souvent de sortir ensemble avec des garçons. Il arrivait même à la voiture où ils étaient quatre de rester longtemps arrêtée dans un coin obscur de la campagne, mais il n'existait pas moins des sujets dont elles évitaient de parler.

Quant à ce qui s'était passé la veille, Mabel avait laissé entendre assez nettement qu'elle n'avait pas l'intention d'en souffler mot.

Ce n'était pas une vilaine fille, malgré son long visage assez dur, un peu chevalin, car elle avait la fraîcheur des rousses. Plus tard, elle ressemblerait probablement à Eleanor Adams, mais les hommes n'en savaient rien et ne se souciaient d'ailleurs pas de ce qu'elle serait à cinquante ans.

Aurora était allée dîner à Calais en compagnie d'un ami propriétaire d'une voiture et elle était rentrée vers une heure du matin. Elle serait rentrée plus tard, comme d'habitude dans ces occasions-là, si les cocktails qu'ils avaient bus au bar près de la frontière ne l'avaient pas rendue malade.

En pénétrant dans la chambre, elle avait été surprise de ne pas trouver Mabel, dont le lit n'était pas défait. Puis, alors qu'elle commençait à se déshabiller, elle avait remarqué que la porte de son propre placard était ouverte. Sa première pensée fut que cette garce de Mabel avait emprunté une fois de plus une de ses robes, bien qu'elles ne fussent pas tout à fait de la même taille. Or aucune robe ne manquait. Ce qui manquait, c'était la paire de chaussures du soir, à talons très hauts, qu'Aurora avait achetée quelques semaines plus tôt à l'occasion d'un bal.

En traversant la maison endormie — on laissait toujours une légère lumière dans les couloirs —, elle n'avait pas pensé à regarder sous les portes pour savoir si les locataires étaient encore éveillés.

Elle ne se posa la question qu'en voyant que rien ne manquait dans le placard de Mabel qui, par conséquent, portait les mêmes vêtements que l'après-midi, une jupe en laine bleu marine et un sweater rouge. N'était-il pas difficile de croire, malgré tout son mauvais goût, qu'elle était sortie en sweater rouge et en souliers de soirée ?

D'ailleurs son manteau était là aussi, et son sac à main.

En culotte et en soutien-gorge, Aurora ouvrit la porte pour regarder dans le couloir et, juste à ce moment, Mabel sortait de la chambre de Justin Ward, marchant sur ses bas, portant les fameux souliers à la main. Elle était tout habillée, plus pâle que d'habitude, et ne paraissait pas dans son assiette.

— Eh bien ! ma fille !

— Toi, je t'en prie, ferme-la !

— C'est cela ! Tu me chipes mes souliers et tu me demandes de la fermer.

— Les voilà, tes souliers ! Je ne les ai pas portés un quart d'heure et je n'ai pas pu les abîmer, puisque je ne suis pas allée dehors avec. D'ailleurs, ils me font mal aux pieds.

— Alors, pourquoi les as-tu pris ? Tu te figures qu'ils vont avec ton sweater et ta jupe de tous les jours ?

— Cela me regarde.

— En tout cas, je te félicite de ton goût. L'odeur ne t'a pas écœurée ?

— Tais-toi, veux-tu !

Brusquement Mabel, toujours si calme, se jeta en travers de son lit, sans pleurer, se contentant de regarder fixement le mur et de mordre son mouchoir roulé en boule.

— Il est venu te chercher ici ?

— Je t'en supplie, Aurora !

— Comme tu voudras. En effet, cela ne me regarde pas et tu es libre de coucher avec qui te plaît.

Alors Mabel commença une phrase qu'elle n'acheva pas.

— Je n'ai pas...

Mais elle se mordit les lèvres en voyant son amie la regarder avec surprise et se tut.

— Si vous n'avez pas fait ça, qu'est-ce que vous avez fait ?

Mabel s'était ressaisie. Elle se tenait à nouveau debout, le front têtu, les traits tirés, avec toujours, cependant, quelque chose de fixe dans le regard. Avant de se déshabiller, elle se souvint d'un détail, sa main plongea vivement dans son corsage, puis fourra un objet dans son sac. Aurora, qui lui tournait le dos, mais qui voyait dans la glace, fut à peu près sûre que c'était un billet de cinquante dollars.

Or le lendemain matin Aurora était en train de téléphoner dans le hall d'entrée, et son amie l'attendait, assise sur la banquette, quand Justin Ward descendit. Il n'avait même pas regardé Mabel. Selon son habitude, il ne leur avait pas parlé et s'était contenté de toucher du doigt le bord de son chapeau.

Est-ce que Charlie savait ce que les hauts talons signifiaient ?

Etait-ce exprès qu'il ne lui avait pas dit ?

En tout cas, pendant les jours qui suivirent, Mabel ne livra rien de son secret, mais un soir qu'elle n'était pas dans sa chambre et qu'Aurora fouillait ses tiroirs elle y trouva, cachée sous du linge, une paire de chaussures en vernis noir qui n'avait pas encore été portée et dont les talons étaient encore plus hauts que les siens.

— La trappe sera bientôt prête ! ricanait chaque jour Jef Saounders, qui ne changeait pas souvent ses plaisanteries.

Il put annoncer enfin :

— La trappe est prête !

Car on ne voyait plus rien à faire au billard d'en face, où le vieux Scroggins, le fond du pantalon sur les cuisses, avait repris sa place au comptoir. Les tableaux noirs étaient là, et les rangs de chaises surélevées le long des murs pour ceux qui désiraient suivre les parties. On ne servait toujours pas de bière, mais le journal avait annoncé que le nommé Justin C. Ward, propriétaire, avait déposé sa demande et que l'enquête était ouverte.

Cela signifiait que les voisins, commerçants ou pères de famille étaient invités à faire valoir leurs objections à l'octroi de la licence. D'habitude, cela se faisait par une pétition qui circulait de main en main et se couvrait de noms.

La dernière fois, Chester Nordell s'était chargé de lancer cette pétition, et il l'avait fait résolument dans les colonnes de son journal. Or, le samedi qui suivit l'ouverture de l'enquête, il n'y avait pas un mot à ce sujet dans la *Sentinelle*.

Charlie, lui aussi, avait normalement son mot à dire. A cause de la proximité du billard, son commerce souffrirait de l'octroi d'une nouvelle licence, et il était tout désigné pour présenter une protestation à la signature de ses amis et de ses clients. Cela s'était toujours fait. C'était de bonne guerre. On lui demanda :

— Tu te laisses faire, Charlie ?

Et il répondait évasivement :

— On verra... On verra...

— Avoue que tu as eu un peu peur.

Ce n'était pas vrai. Justin l'intriguait, voilà tout. Peut-être aussi se sentait-il vaguement inquiet, d'une inquiétude impersonnelle. Certains ciels chargés d'électricité vous donnent ainsi de l'anxiété, sans parfois qu'on se rende compte de son malaise avant que l'orage éclate.

Or Justin Ward, lui aussi, était une menace vague. Une menace pour qui, pour quoi, c'est ce qu'on ne savait pas encore.

Un simple détail, peut-être ridicule, mais significatif. C'était connu que Charlie était jaloux, non pas de Julia, qui passait sa vie dans la cuisine derrière son dos et qui ne lui donnait aucune inquiétude, mais de ses amis, de ses clients, jaloux, si l'on veut, de son prestige dans le quartier. C'était légitime. Il avait conscience de son importance et n'aimait pas voir les gens s'entendre à son insu, chez lui, dans son bar.

Mike n'était pas un bon client, puisqu'il ne venait que le samedi et qu'il mettait souvent des semaines à régler son ardoise par petites sommes.

Cela choqua néanmoins Charlie, le dernier samedi, de voir le Yougo prendre vis-à-vis de lui et des autres une attitude qui ne lui était pas habituelle, et où il était difficile de ne pas voir l'influence de Ward.

Cela ne se dessina pas tout de suite. Mike était dans son coin, le dos au mur, comme d'habitude, et commençait à s'imbiber. Il parlait de la neige qui n'était pas la même, qui était plus douce dans « à nous pays », et des paysans tout blancs qui, le dimanche, s'acheminaient vers l'église.

— Tu ne vas pas prétendre que, chez toi, les paysans s'habillent de blanc, ou qu'ils vont au service en chemise de nuit, Yougo ? taquina Saounders, qui avait bu quelques verres, lui aussi.

— Blancs costumes avec la laine à nous brebis... Avec des bottes blanches jusqu'ici et des rubans...

Il montrait le haut de ses cuisses, puis parlait des cloches et des clochers couverts d'or.

— Si, dans ton pays, il y a de l'or sur les clochers, tu aurais bien dû, toi qui as tout du singe, y grimper et en mettre dans ta poche avant de partir.

Ward était là, à l'autre bout du comptoir, et Mike, qui, les autres fois, acceptait en riant les plaisanteries, regardait aujourd'hui autour de lui avec un commencement de colère. On aurait dit qu'il retroussait les babines. Mais d'autres clients étaient entrés et, pour un temps, on ne s'occupa plus de lui.

Il continuait à boire, tout seul, en se racontant des histoires, et, au lieu de son large sourire enfantin, c'était de la rancune qu'exprimait son visage assombri.

A dix heures, Justin paya ses consommations, s'en alla ; on entendit son pas s'éloigner sur le trottoir, puis la porte de la maison d'Eleanor se refermer.

— Voilà le corbeau parti ! remarqua quelqu'un.

Un autre renchérit :

— Si c'est de la charogne qu'il cherche, il n'en trouvera pas son compte par ici.

Charlie, qui, par hasard, regardait Mike, fut stupéfait de voir une vraie colère lui monter au visage, tandis que ses gros poings se serraient sur le comptoir.

Etait-ce parce que, pendant une dizaine de jours, il avait travaillé pour Ward ? Fallait-il croire qu'il vouait une fidélité de chien à qui le nourrissait ?

— Croâ !... Croâ !... Croâ !...

Tout le monde se retourna vers le Yougo qui croassait d'un air menaçant.

— Tu n'as pas fini, toi ? Qu'est-ce que tu veux dire avec tes « croâ » ? Tu ne peux pas t'exprimer comme un chrétien ?

Quand il était ivre, comme c'était le cas, Mike oubliait le peu d'anglais qu'il savait et souvent il se mettait à parler avec volubilité, dans une langue qu'on ne comprenait pas, en gesticulant de ses grands bras d'épouvantail.

— Croâ !... Croâ !... Croâ !...

— Change de disque, Yougo ! Tu nous fatigues.

— Vous autres, croâ... croâ... croâ...

On avait commencé par rire, puis les rires étaient devenus un peu gênés, et maintenant il les engueulait pour de bon, on comprenait qu'il était vraiment fâché et on en avait un peu peur, car il était fort comme quatre hommes.

— Ça va, Yougo. Finis ton verre et va te coucher.

Alors il se mit à répéter, sarcastique, avec son accent qui déformait les mots au point de les rendre méconnaissables :

— Bois-ton-verre... Bois-ton-verre... Tout-boire-tout-toi...

Frappé par l'onomatopée, il la reprenait sur des tons divers, comme une fugue.

Mais ces mots, dans sa grosse tête, avaient un sens connu de lui seul et il regardait les murs, les gens, les bouteilles, d'un œil de plus en plus sauvage, s'excitant au rythme de ses propres paroles et soudain, dans un paroxysme, il arracha une bouteille des mains de Charlie et colla ses lèvres au goulot.

Sans doute, dans tout cela, y avait-il une part de comédie. Il savait qu'il leur faisait peur, qu'ils attendaient un éclat, et il ne fallait pas les décevoir.

Mais la sueur qui lui collait les cheveux au front était réelle, et l'expression hargneuse de sa bouche quand, cessant de boire, il eut une seconde d'hésitation pendant laquelle il eut le temps de voir tous les visages. Alors, balançant la bouteille à bout de bras, il l'envoya de toutes ses forces se briser contre un mur.

— Tout-boire-tout-toi...

Vacillant, il se tournait vers la porte, et on le regardait faire, on le voyait se mettre en marche.

— Tout-boire-tout-toi...

Dans un dernier hoquet il ricana douloureusement.

— Tout-toi-esclave-à-nous-pays...

Ce fut un soulagement de sentir une bouffée d'air froid voleter dans la salle et d'entendre la porte se refermer avec fracas. Pendant un moment, on resta à se considérer, comme si on gardait la pose, puis il sembla que l'hystérie devenait contagieuse ; Saounders, qu'on ne savait pas aussi saoul, se laissa glisser de son tabouret et se mit à gueuler avec un grand geste théâtral :

— Messieurs, en voilà un dans la trappe ! Il en a eu un, le bougre ! A qui le tour ?

— Ta gueule, Jef !

— A qui le tour ?

— Ta gueule, idiot !

Plus docile que le Yougo, Saounders se calma presque automatiquement. Il rit tout seul de sa bonne blague, se hissa à nouveau, non sans peine, sur son tabouret.

— Peut-être à moi, dis donc, Charlie, vieille vache, donne-moi à boire !

C'était un peu comme si quelque chose avait craqué, ce soir-là.

5

Le ciel était sombre, venteux, et la neige commençait à pourrir. L'auto qui avait foncé dans la rue en virant sur l'aile n'avait eu qu'un bond à faire avant de s'arrêter, frémissante, dans un grand cri de klaxon, en face du bar de Charlie. Même avant de voir sa licence de New York, on savait qu'elle venait de loin. C'était une grosse Buick sombre, à la carrosserie couverte de neige fondue et de boue, de lourdes chaînes autour des roues, mais l'intérieur, tendu de drap bleu marine, était aussi net, aussi douillet qu'un salon. Sans doute avait-elle traversé un brouillard, car ses codes étaient allumés et, dans la grisaille humide de la rue, ressemblaient à de gros yeux fiévreux.

Jim Coburn, habitué à cette gymnastique, avait fait passer ses trois cents livres par la portière et, pendant qu'il se dépliait sur le trottoir, un jeune homme que Charlie ne connaissait pas était sorti à son tour de l'auto. A son nez cassé, à ses paupières presque fermées, on comprenait que Coburn l'avait ramassé, selon son habitude, dans quelque salle de boxe de quartier.

Malgré la lumière crépusculaire, il devait être à peu près onze heures et demie du matin. Un instant auparavant, Justin était encore à sa place dans le bar, avec son journal déployé et son petit verre de gin à portée de la main. Au moment où il avait reconnu à la fois l'auto et Coburn, Charlie avait ouvert la bouche pour s'écrier joyeusement :

— Jim !

Or ce peu de temps pendant lequel il avait été distrait avait suffi à Ward pour disparaître. Alors que Jim entrait, Charlie avait eu l'impression d'entendre s'ouvrir la porte des lavabos, au fond de la salle, et il avait pensé machinalement que c'était la première fois que Ward s'y rendait.

— *Hello !* Charlie, ma petite poupée !

Le monumental Coburn, toujours soigné, rasé de frais, un gros diamant au doigt, avait une voix enrouée et grinçante comme si sa gorge broyait des noix. Il présentait son compagnon, en homme pas trop mécontent de l'avoir déniché.

— Jo-la-poigne, un brave petit, qui doit te rappeler le bon vieux temps. Ta femme est là ? Elle se porte bien ? J'espère qu'elle va nous préparer un de ses spaghetti-maison et que nous allons le déguster en famille !

Tous les six mois ou tous les ans, on voyait ainsi débarquer Coburn, et c'était toujours une fête. Charlie, cependant, restait distrait.

— On dirait que quelque chose te tracasse, fiston ?

En effet, il regardait le tabouret que Justin avait abandonné, son journal encore étalé sur le bar, puis la porte des lavabos qu'il était surpris de voir entrouverte.

— Tu permets un instant ?

Il trouva les lavabos vides et passa la tête dans la cuisine.

— Tu n'as vu personne ? demanda-t-il à Julia qui, penchée en avant, mettait un gâteau au four.

— Quelqu'un vient de passer derrière moi, j'ai cru que c'était toi, ou l'homme de la bière.

— Coburn est ici ! annonça-t-il en allant ouvrir une porte qui donnait dans l'allée.

C'était les coulisses du quartier, y compris d'une partie de Main Street qui appartenait au même bloc. L'allée, non pavée, encombrée de poubelles, était juste assez large pour laisser passer un camion et il y en avait précisément un, un gros jaune, qu'on déchargeait à la porte d'un magasin à prix unique.

— Vous n'avez vu passer personne, vous autres ?

— Un bonhomme en veston bleu et en chapeau gris ?

— Oui.

On le lui désigna, mais trop tard, car, tandis que Charlie tournait la tête de son côté, Ward, qui semblait être en embuscade au bout de l'allée, se jetait vivement en arrière, comme un gamin à l'affût.

Quand Charlie rejoignit Coburn, il était songeur.

— Il n'a même pas emporté son pardessus, remarqua-t-il en voyant le gros pardessus gris souris au portemanteau.

— De qui parles-tu ?

— D'un type qui était ici quand ta voiture s'est arrêtée et qui a filé sans rien dire, comme s'il était pris de coliques.

— Qui est-ce ?

— Il se fait appeler Justin Ward et vient de racheter le billard d'en face.

— Dis donc, fiston, tant que nous sommes seuls, il vaudrait mieux qu'on en finisse avec le boulot. Mon correspondant à Calais s'est un peu trop fait remarquer et j'ai besoin de quelqu'un là-bas, pour un coup de main. Tu connais ça ?

— Cela dépend de ce qu'il y a à faire.

— Venir chercher le petit ici et le conduire de l'autre côté de la frontière. Il n'en a que pour quelques minutes là-bas, un paquet à prendre, et sera de retour avant la nuit.

Charlie n'essaya pas d'en savoir davantage.

— J'ai ça, dit-il simplement. Tu veux que je téléphone tout de suite ?

— Qu'est-ce qu'il fait, ton copain ?

— Il tient un magasin d'appareils électriques.

— Bon ! Sers-nous un verre et téléphone.

Charlie restait anxieux. Heureusement que sa femme arrivait de la cuisine en s'essuyant les mains à son tablier, et que des exclamations joyeuses éclataient.

— Allô ! le 117 à Calais, s'il vous plaît... Allô !... Manuel ?... Tu es très occupé aujourd'hui ?... Ta voiture marche ?... Bon !... Tu devrais faire un saut jusqu'ici... Tout de suite, oui... Il y aura deux voyages... Mais oui, cela vaut la peine... Je t'ai déjà parlé de Jim, n'est-ce pas ?... Le gros Jim, oui... C'est pour lui... Je crois qu'il est prudent de mettre des chaînes à tes roues...

— Il vient ?

— Il sera ici dans une heure.

— Dans ce cas, Julia, ma toute belle, donne donc un morceau à manger à ce garçon. Quand il sera parti, tu nous serviras ici, tous les trois, avec une bonne bouteille. Cela nous rappellera des souvenirs, pas vrai ?

Deux fois Charlie alla ouvrir la porte pour regarder vers les bouts de la rue et, une des deux fois, il eut l'impression de voir Justin se cacher vivement.

— Tes phares sont restés allumés.

— Tu entends, petit ?

C'était la spécialité de Coburn de découvrir des gosses dociles qui lui obéissaient comme des esclaves et qui ne posaient pas de questions.

— Un bon drôle. Avec deux sous d'intelligence, il irait loin. Pour ce qu'il a à faire aujourd'hui, ce n'est pas utile.

— Je te demande encore une seconde.

Charlie décrocha le téléphone, composa le numéro d'Eleanor Adams. Après un bon bout de temps — il la connaissait ! — il entendit sa voix lasse.

— Je voudrais parler à Justin Ward, dit-il sans se nommer.

— De la part de qui ?

— Il est chez lui ?

— Non.

Il raccrocha, de plus en plus intrigué, car il était étonnant de penser que Ward, si frileux, si effrayé par le moindre courant d'air, était toujours à patauger dehors, sans pardessus, dans la bourrasque et dans la neige fondue.

— Qu'est-ce que tu me racontais au sujet de ton client qui a eu la colique ?

— Je commence à croire que c'est à cause de toi qu'il a filé. Peut-être qu'il te connaît et que tu le connais. C'est un brun, plutôt petit, grassouillet, avec un teint mal portant, qui jette la jambe gauche de côté en marchant et qui a une peur bleue des courants d'air.

— Cela ne me dit rien.

Il n'était pas facile d'intéresser Coburn à des affaires autres que les siennes. Il allait et venait dans la salle comme chez lui, passait derrière le comptoir pour tourner les boutons de la radio.

— Ça marche, ton petit commerce ?

— Ça marche. Mais ce type-là m'intrigue.

La plupart des magasins, en ville, avaient allumé leurs lampes, comme à la fin de l'après-midi, et de temps en temps des paquets de neige se détachaient des toits et s'écrasaient sur les trottoirs. Quand les portes s'ouvraient, on recevait des bouffées de radio, avec, à tous les haut-parleurs, des cantiques de Noël.

— Cela fait déjà un certain temps que je l'observe et je ne serais pas fâché de savoir ce qu'il fricote.

Que Justin ait eu peur, c'était évident. Et, comme il n'avait pas eu le temps matériel de reconnaître les occupants de l'auto — ou alors il avait fait plus vite que Charlie ! — c'était la licence de New York qui l'avait effrayé.

— Ne fais pas attention, mon vieux Jim. Tout à l'heure je te raconterai tout ça en détail et tu comprendras.

Il se doutait que Justin continuait à surveiller la rue et la voiture sombre. Pour cela, sans doute, allait-il s'embusquer tantôt à un bout de la ruelle, tantôt à l'autre, en passant devant le camion jaune. C'est pourquoi, dans l'espoir de le surprendre, Charlie ouvrait parfois la porte du bar, regardant la rue dans les deux sens, et parfois se précipitait dans la cuisine.

Il questionna à nouveau les hommes qui déchargeaient.

— Vous l'avez revu ?

— Il est repassé il y a deux minutes.

— Dans quelle direction ?

— Par là-bas.

Il se dirigeait donc vers la maison d'Eleanor. Charlie composa à nouveau le numéro de téléphone, changea sa voix autant qu'il le pouvait.

— M. Justin Ward, s'il vous plaît ?

— Encore vous ? Je viens de vous dire qu'il n'était pas à la maison. Je voudrais pouvoir faire mon ménage tranquillement !

Le jeune garçon mangeait, servi par Julia, à la table la plus proche de la cuisine. Puis Saounders vint s'installer au comptoir, en blouse blanche de travail.

— Tu n'as pas vu Justin ?

— Je viens de le rencontrer.

— Où ça ?

— Il tournait le coin de Main Street et se dirigeait vers City Hall.

Le nom était pompeux. En réalité, c'était un immeuble d'angle composé d'un rez-de-chaussée et d'un seul étage, avec un clocheton sur le toit, et un hangar pour les pompes à incendie. Les bureaux municipaux étaient à l'étage, et le rez-de-chaussée, qui ressemblait à une boutique, servait de corps de garde aux constables, avec un comptoir derrière lequel se tenait le secrétaire de la police.

Charlie faillit téléphoner à celui-ci pour lui demander un renseignement et, s'il l'avait fait, il aurait eu la satisfaction d'apprendre qu'il ne s'était pas trompé. Ward, en effet, lassé de jouer aux quatre coins autour du pâté de maisons, gêné par la présence du camion dans l'allée, rôdait maintenant autour du poste de police. Il était toujours en veston et avait froid. De temps en temps, il tirait une cigarette de sa poche, se rapprochait d'une encoignure pour l'allumer. Les agents ne faisaient pas attention à lui, car la devanture comportait un assez large rebord de pierre et il arrivait aux passants de s'y asseoir.

— Raconte, mon joli.

— Tout à l'heure, fit Charlie en désignant Saounders du regard.

Il surveillait l'intérieur du billard où Scroggins avait allumé les lampes et où, vers midi et demi, on vit le vieux approcher du téléphone mural. Ward l'appelait, à n'en pas douter, pour savoir si l'auto de New York était toujours là. Il dut demander des renseignements supplémentaires, car Scroggins s'approcha de la vitre comme pour lire le numéro de la voiture, puis parla à nouveau dans l'appareil.

— Si tu avais une photo de lui, ce serait tout simple.

— Figure-toi, ironisa Charlie, nerveux, que je n'ai pas eu l'idée de lui en demander une.

— Ce n'est pas difficile d'en prendre une quand il passe dans la rue. Tu as bien un ami qui possède un appareil et qui s'en chargerait, non ?

C'est du *drugstore,* en face de City Hall, que Justin avait appelé le vieux Scroggins, et il en avait profité pour commander un sandwich au fromage qu'il mangeait debout, le regard fixé sur la porte.

Il ne pouvait pas deviner que Coburn, qui était un copain de Charlie — un de Brooklyn, lui aussi — avait de temps en temps des affaires à régler à la frontière canadienne et qu'il ne manquait jamais de faire un détour pour se taper un spaghetti de Julia.

A deux heures, alors qu'il avait repris sa faction aux abords de City Hall, sous la protection des revolvers qu'on voyait à la ceinture des constables, il remarqua une vieille Studebaker conduite par un homme en veste de chasse et, à côté de celui-ci, il avait reconnu le gamin au nez cassé de la Buick. Ils suivaient en sens inverse le chemin qu'il avait parcouru lui-même quand il était arrivé dans la ville, franchissant le trou sombre du quartier de la tannerie et montant Elm Street en direction des Quatre-Vents.

Il s'était à nouveau risqué dans l'allée, prudemment, prêt à faire demi-tour, et, dans la grisaille, parmi les poubelles et les détritus, il avait l'air d'un chat de gouttière.

La Buick était toujours là au bord du trottoir, en face du bar de Charlie et, en plus du bar, il y avait quatre vitrines éclairées dans la rue : celle du brocanteur, l'atelier d'imprimerie, dont la lumière était plus blanche que les autres, la *cafeteria* du coin et enfin, terne et poussiéreuse, la devanture de son propre billard.

Il avait fallu l'insistance de Jim Coburn et son autorité pour décider Julia à s'attabler avec les deux hommes, et Charlie avait posé sur la table un fiasco de chianti qui ne venait pas de Californie, mais d'Italie.

— D'abord, j'ai été tenté de le prendre pour un miteux et je n'aurais pas été surpris de lui voir faire le coup du bonneteau au coin des rues. Puis il y a eu cette lettre du F.B.I. à Kenneth.

— A propos du sheriff, il continue a te laisser tranquille ?

— C'est un ami ! Depuis tout à l'heure, j'ai la certitude que ce Ward a peur de quelque chose, peut-être de toi ?

Coburn souriait, en homme qui vient de New York et voit les choses du point de vue de la grande ville. Il se disait que Charlie était un bon garçon, qu'il n'avait pas trop mal mené sa barque, mais qu'il finissait par se laisser impressionner par l'atmosphère d'un petit patelin. Il était en train, lui, sans en avoir l'air, de faire un travail autrement sérieux, ou plutôt de le faire faire par le copain de Charlie et par le jeune boxeur, et de temps en temps il avait un coup d'œil à l'horloge.

— Il aurait tort d'avoir peur de moi, car je ne lui en veux pas du tout, à ton crabe. Je ne le connais même pas et je n'en veux à personne. Il a dû me prendre pour un autre et, s'il était ici, je lui offrirais un verre. Voilà comme je suis ! Pas vrai, Julia, ma belle ? Qu'est-ce qu'on raconte, splendide enfant ? Est-ce que, la dernière fois que je suis venu, tu n'étais pas un peu enceinte ?

Elle rougit.

— C'est vrai, mais ça n'a pas marché. Je crois que j'ai malheureusement passé l'âge.

Ward avait fini par suivre Main Street jusqu'au bout, rasant les maisons, se retournant sans cesse, regardant dans la glace des vitrines, puis, comme on se jette à l'eau, il avait foncé dans le quartier de la tannerie qu'il avait traversé en courant presque et en entendant derrière lui l'écho de ses pas sur le trottoir. Il avait dépassé les maisons plus ou moins alignées, pataugé dans un chemin creux et s'était dirigé vers une petite lumière.

Il n'avait pas pensé que les deux femmes ne le comprendraient pas. Peut-être avait-il espéré que, ne travaillant plus au billard, le Yougo serait chez lui, à se reposer ou à bricoler. Elles le regardaient toutes les deux, paisibles et sans curiosité, et la plus jeune donnait le sein à un bébé.

— Vous ne savez pas où il travaille aujourd'hui ?

Il conjuguait en vain le verbe travailler, faisait mine de peindre, de scier du bois, et tout ce qu'il obtenait, c'était un éclat de rire d'Ella.

Mike n'était pas là et, apparemment, on ne savait pas où il était, ni quand il rentrerait. Il ne fallait donc pas compter sur lui, le géant, pour le protéger, et il ne pouvait pas non plus passer sa soirée à rôder autour du poste de police.

Ce fut la première fois qu'il entra à *la Cantine,* un bar crapuleux, au plancher sale, à l'éclairage d'un rouge agressif. Tout ce qu'il voulait, c'était quelque chose de chaud et de fort à boire, et un téléphone pour appeler Scroggins une fois de plus. Pendant qu'il téléphonait, la radio lui murmurait à l'oreille un cantique de Noël.

— L'auto est toujours là, Scroggins ?

— Attendez, je regarde ! oui. On y voit moins, maintenant qu'il fait vraiment noir.

Il hésita, composa le numéro de la maison meublée, reconnut à la voix qui lui répondit qu'Eleanor était de mauvaise humeur.

— Ah ! c'est vous, enfin ! Voilà trois ou quatre fois qu'on vous appelle.

— Qui ?

— On n'a pas voulu dire de nom. Qu'est-ce que je réponds si on vous demande à nouveau ?

— Rien.

Il faillit aller errer là-haut, dans les rues paisibles et bordées d'arbres de la colline, mais il serait trop facile, à une auto roulant sans bruit dans la neige, de le traquer comme un lapin dans la lumière de ses phares. Il préféra la foule de Main Street, et, pour se réchauffer, il entrait dans les magasins où il retrouvait les mêmes cantiques douceâtres et l'odeur des sapins frais coupés.

Une idée lui vint, en passant devant le bureau du sheriff. Il y faisait sûrement chaud. Il se souvenait d'une nuit où il avait dû y retirer son veston. Il raconterait n'importe quoi à Kenneth, qui n'était pas subtil et qui avait un assez bon fauteuil.

Il entra, déjà soulagé, ne trouva que Briggs, le deputy-sheriff, qui mettait sa casquette sur la tête.

— Vous voulez voir le patron ? Il ne rentrera pas avant la nuit, et peut-être ne rentrera-t-il pas aujourd'hui. Il est hors ville. Revenez demain, à moins que je puisse faire l'affaire, mais dépêchez-vous. On m'attend.

Quand Coburn et Charlie se retrouvaient, c'était une vieille habitude de rester longtemps à table, où Coburn maniait complaisamment un cure-dent, le ventre étalé.

— Je te le répète, fais-le photographier et envoie-moi une épreuve. Je la passerai aux copains et on saura vite s'il y a du louche. A propos, tu as des nouvelles de Luigi ? Il paraît que cela marche dur, son commerce.

On entendit ouvrir et refermer le coffre arrière de la Buick. C'était Jo qui revenait déjà de Calais, de la neige sur son chapeau, et entrait au bar, suivi du copain de Charlie.

— Ça tombe à nouveau, là-haut, patron. Nous allons avoir mauvais temps pour rentrer.

— C'est fait ?

Un simple signe affirmatif, comme s'il n'était pas possible qu'il en fût autrement.

Charlie se dirigeait vers le comptoir pour remplir des verres, disait à Manuel :

— Tu as bien un moment ?

Peut-être voulait-il aussi lui parler de Justin ? Est-ce que cela tournait vraiment à la manie, comme Coburn avait l'air de le laisser entendre ?

— Pas aujourd'hui, vieux. Il faut que je rentre. J'ai dit à mon commis de m'attendre, car nous devons faire l'étalage ce soir.

Coburn l'entraîna dans un coin où on lui vit tirer un gros portefeuille de sa poche, et il serra la main de l'homme d'une façon spéciale.

— Merci. A votre service. Quand vous voudrez !

— Je ne dis pas non. Charlie vous préviendra. Maintenant, Charlie, mon tout beau, ce n'est pas que je m'ennuie avec toi, mais nous avons un bout de route à faire cette nuit.

Il alla embrasser Julia dans la cuisine, prit, en passant devant le bar, une petite bouteille plate qu'il glissa dans sa poche.

— Tu permets ?

Quand Justin se risqua à nouveau dans l'allée, l'obscurité était complète et il heurta des obstacles inattendus, des boîtes à conserves, entre autres, qui déclenchaient des vacarmes. Il risqua un œil au coin de la rue où il n'y avait plus que quatre lumières en tout, car l'imprimerie avait fermé ses portes et Chester Nordell avait regagné sa maison de la colline.

Sur les épaules de Justin, le veston était humide et glacé. Parfois il était pris de telles douleurs d'entrailles qu'il était obligé de rester un moment immobile, appuyé à un mur.

En faisant le tour de sa maison, il aperçut Eleanor, en peignoir violet, debout dans sa cuisine, tourna sans bruit la clef dans la serrure, s'engagea dans l'escalier sur la pointe des pieds et pénétra enfin dans la tiède obscurité de sa chambre où il retrouvait son odeur.

La main crispée au rideau, il regarda dehors. On ne voyait personne sur les trottoirs, personne dans la rue, pas un passant, pas une bête errante, rien que les quatre lumières devant lesquelles les flocons recommençaient à tomber, en diagonale, poussés par le vent du nord-ouest.

Il crut s'étendre pour quelques minutes seulement, les mains sur le ventre, se promettant de se lever un peu plus tard pour faire chauffer quelque chose à boire, mais il sombra dans une somnolence entrecoupée de crampes qui le faisaient sursauter sans l'arracher complètement à son hébétude.

Quand il reprit une conscience nette, la lumière d'un réverbère dessinait sur les murs de la chambre les ramages du rideau. Il courut à la fenêtre, ne vit personne, sut qu'il était plus de huit heures, car il n'y avait plus que trois vitrines d'éclairées : la *cafeteria* avait fermé ses portes à son tour. Quant au brocanteur juif, dont les vitres étaient protégées par un fort treillage, il laissait son étalage éclairé toute la nuit.

Charlie, dans son bar, avait envie de parler de Justin à quelqu'un, en particulier au receveur des postes, mais par hasard celui-ci ne vint pas ce soir-là, il ne vint presque personne, à cause du temps, évidemment, et parfois Charlie fixait le pardessus gris souris au portemanteau, puis le billard d'en face ; il finit par appeler une dernière fois Eleanor.

— Il est rentré ?

— Est-ce que vous allez me laisser tranquille, vous, ou bien vais-je être obligée de laisser l'appareil décroché pour avoir la paix ? Il n'est pas ici, non ! Et il a fait dire qu'il ne savait pas quand il rentrerait. Vous êtes content ?

Ward, collé à sa porte, écoutait. Les deux filles étaient chez elles et, selon leur habitude, parce qu'elles prétendaient que la chaleur montait, elles avaient laissé leur porte ouverte. On entendait leur radio, en sourdine, et leurs voix en premier plan, mais il ne se donnait pas la peine de mettre bout à bout les membres de phrases qui lui parvenaient.

Aurora cousait, assise sur son lit, les jambes en tailleur, tandis que Mabel écrivait une lettre dont elle ne sortait pas.

— Je ne sais vraiment pas que lui dire. Qu'est-ce que tu lui raconterais, toi ?

— Ce n'est pas ma mère. Il y a si longtemps que je n'en ai plus !

— Il faut pourtant que je lui parle de Noël.

— Au fait, qu'est-ce que nous allons faire ce soir-là ?

— Norman ne t'a pas invitée ?

— Pas encore. Il sera probablement obligé de passer la soirée en famille.

— On pourrait aller à Calais.

— A condition de trouver quelqu'un qui ait une voiture.

Elle dressa la tête, l'oreille tendue.

— Tu n'as pas entendu ?

— Non.

— Comme un craquement.

Au même moment, Aurora, la première, voyait la silhouette de Justin Ward s'encadrer dans la porte. Elle faillit pousser un cri, effrayée par son visage sans couleur, sans expression, qui paraissait flotter dans le clair-obscur du corridor.

— Mabel ! appela-t-elle.

Et Mabel se retourna à son tour. Ses yeux devinrent fixes. Elle ne dit rien, resta sans bouger, et, à toutes les deux, il faisait l'effet d'un fantôme. C'était peut-être simplement parce qu'elles ne le croyaient pas dans la maison, qu'elles venaient encore d'entendre Eleanor répondre au téléphone qu'on ne savait pas quand il rentrerait.

Il n'avait pas de cravate, pas de faux col, et son gilet déboutonné laissait voir ses bretelles. Il devait être rentré depuis un certain temps, puisqu'il avait ses pantoufles aux pieds et que ses cheveux étaient dépeignés comme ceux d'un homme qui a dormi.

Il semblait avoir de la peine à parler et on aurait dit qu'il voulait, par gestes ou simplement par son attitude, commander à Mabel de le suivre. Comme elle ne bougeait pas, son porte-plume toujours entre les doigts, il finit par ouvrir la bouche. Il prononça :

— Venez un instant, voulez-vous ?

Plus tard, Aurora devait dire à son amie :

— Tu paraissais hypnotisée. Je te faisais signe de ne pas y aller, et tu te levais quand même, tu t'avançais, tu prenais en passant ton écharpe sur le lit.

Elle portait un peignoir clair. Elle suivait Justin dans le corridor, puis

Elle était persuadée qu'il disait la vérité. De temps en temps, elle le voyait grimacer sur son lit et porter la main à son côté droit.

— Pourquoi ne voulez-vous pas que je vous prépare une boisson chaude ?

— Quand le bar de Charlie sera fermé.

— Il ne doit plus y avoir personne.

Il resta pendant plus d'une demi-heure à fixer le plafond, et chaque fois que Mabel faisait mine de lâcher le rideau il la rappelait à l'ordre.

— Charlie a éteint.

— Qui est-ce qui marche dehors ?

— Saounders. Je reconnais ses épaules. Tenez ! on l'entend ouvrir et refermer sa porte.

Car le plâtrier habitait dans la même rue, derrière son atelier encombré d'échelles.

— Je peux préparer du café, maintenant ?

— Oui.

Quand elle sortit de la kitchenette, elle le trouva, en pyjama, qui grelottait devant la fenêtre.

— Pourquoi vous êtes-vous levé ? Recouchez-vous !

Il obéit, but lentement son café et réclama les pilules qui étaient dans la poche de son gilet.

— Je peux en boire aussi ?

— Oui.

Puis ce fut le silence. On entendit Eleanor se mettre au lit, le jeune employé qui rentrait et faisait bruyamment sa toilette de nuit. Plus tard, Aurora referma sa porte et, de loin en loin seulement, des bruits de moteur parvenaient de Main Street.

Ward regardait toujours le plafond, les yeux fiévreux, les joues marquées de deux disques rouges qui devaient être brûlants, et Mabel somnolait, jetait parfois, pour lui faire plaisir, un coup d'œil sans conviction dans la rue.

Elle se demandait s'il n'allait pas s'endormir et si elle ne pourrait pas regagner sa chambre. Elle pensait toujours au billet de cinquante dollars sur la table.

— Vous les avez achetés ? murmura-t-il sans la regarder.

Elle comprit tout de suite et détourna la tête. Elle sentait qu'il attendait une réponse, qu'il restait en suspens, et elle finit par balbutier :

— Oui.

Des minutes s'écoulèrent, goutte à goutte ; une voix de plus en plus faible, craintive ou honteuse, sortit à nouveau du lit.

— Allez les chercher, voulez-vous ?

Aurora s'éveilla en entendant son amie qui tripotait dans l'obscurité de la chambre. Elle ne dit rien, ne bougea pas, sut qu'on ouvrait le tiroir aux souliers, devina même qu'on prenait dans le placard une mince ceinture de cuir. Cela lui fit un tel effet qu'elle resta tendue, raidie, sans dormir, pendant plus d'une heure, jusqu'à ce qu'elle entendît enfin un froissement de tissus dans la pièce.

— C'est toi ? questionna-t-elle, sans oser demander à Mabel de faire de la lumière.

Et Mabel répondit d'une voix lasse :
— C'est moi.
Elle ajouta :
— Il dort.

6

Charlie n'en avait parlé qu'au receveur des postes, sachant que celui-ci n'en ferait pas un sujet de plaisanterie. Il s'appelait Marshall Chalmers et était du Sud, des environs d'Atlanta, en Georgie. C'était le seul à retirer son chapeau chaque fois qu'une femme pénétrait dans le bar, et même quand Julia sortait de sa cuisine un moment pour venir donner un coup de main, et on lui sentait un petit frisson à fleur de peau chaque fois que Jenkins, le nègre qui faisait les courses pour le *drugstore,* venait s'asseoir au comptoir, tout contre lui, lui frappait l'épaule et lui lançait :
— *Hello !* vieux Marsh.
Bien que célibataire, il ne sortait pas avec les filles et fréquentait peu les « parties ». Une fois par semaine, il se rendait en voiture à Saint-Stevens, juste de l'autre côté de la frontière en face de Calais, où on prétendait qu'il avait une amie, mais il n'en parlait jamais. Il fronçait les sourcils lorsqu'on faisait certaines plaisanteries. Presque toujours, il avait sous le bras des livres de formats inusités dont les couvertures n'étaient pas bariolées.
— Cela s'appelle du masochisme, avait-il dit quand Charlie lui avait parlé des chaussures à hauts talons.
Et, retirant ses lunettes pour en essuyer les verres épais, il avait expliqué, gêné :
— Les masochistes éprouvent du plaisir à être humiliés, battus, vous comprenez ? Je me serais plutôt attendu au contraire de sa part. Je l'aurais facilement pris pour un sadique. Des gens à qui rien ne réussit et que hante la conscience de leur infériorité éprouvent souvent le besoin de prendre leur revanche sur des prostituées.
— Mabel n'est pas une prostituée.
— Vous avez raison.
On sentait que ses conceptions d'homme du Sud étaient différentes.
— En tout cas, c'est un pauvre type, et je n'aimerais pas être dans sa peau.
— Il nous hait.
— C'est possible. C'est même probable. Mais il ne nous hait pas nous en particulier, ni vous ni moi, ni ceux qu'il rencontre ici. C'est une haine plus générale, dans laquelle je ne serais pas étonné qu'il s'englobe.
— Il cherche à se venger de quelque chose, n'est-ce pas ?
— Peut-être.
Charlie, dès le lendemain, devait faire avec Chalmers une expérience humiliante. Il y avait deux jours qu'il ne voyait pas Ward, toujours enfermé

dans sa chambre chez Eleanor Adams. Il avait refusé d'appeler le médecin et ne voulait voir personne, en dehors de Mabel.

Celle-ci, le matin, était venue chercher son pardessus chez Charlie, et sa mine indiquait clairement qu'elle n'avait pas envie de parler.

— Il va mieux ?

— Un peu.

— Il pourra bientôt recommencer à sortir ?

A cause de l'histoire des talons et de ce que le receveur lui avait dit, Charlie était un peu impressionné par cette fille rousse qu'il avait l'habitude de traiter en gamine. Il avait l'air de chercher sur son visage, dans ses yeux, les stigmates de quelque chose de mystérieux et d'un peu effrayant, et c'était la façon dont Aurora aussi, à présent, regardait son amie.

— Il ne t'a pas dit de quoi il avait peur ?

— Il ne m'a pas fait de confidences.

Elle avait refusé le verre qu'il lui avait offert, et il s'était mis à penser à la photographie. Il avait déjà vu Chalmers avec un appareil perfectionné, un Leica, et quand il vint, ce soir-là, il lui demanda, sans soupçonner qu'il pourrait essuyer un refus :

— Dites donc, cela vous ennuierait de prendre la photo de Justin quand il passera dans la rue ?

Le receveur n'avait pas paru comprendre tout de suite.

— Sans le lui demander, voulez-vous dire ?

— Sans lui en demander la permission, bien sûr. Je ne pense pas que c'est un homme à se laisser volontiers photographier.

Charlie avait senti qu'il était mal engagé et avait pataugé de plus belle, expliquant :

— Par des amis, vous comprenez, en leur envoyant la photo, j'arriverai peut-être à découvrir qui il est. Nous ne savons pas s'il n'est pas dangereux. Vous avez admis hier qu'il nous détestait. Avec un bon appareil, en se tenant derrière la porte, c'est facile.

— Je ne peux pas faire ça, avait répondu simplement Chalmers.

Cette histoire de photo, toute simple au début, avait pris pour Charlie des proportions imprévues. Un homme comme Saounders, le plâtrier, aurait peut-être accepté, mais il s'y serait pris si maladroitement que Justin s'en serait aperçu. Et encore ! Charlie n'était plus aussi sûr qu'aucun de ses clients accepterait. Il devinait vaguement l'existence d'une ligne de démarcation difficile à définir.

Alors, comme il ne voulait quand même pas y renoncer, il était allé trouver le Juif Goldman, dans sa boutique de brocanteur.

— Ça marche, ces appareils-là ? avait-il questionné en montrant la vitrine de gauche.

— Ils sont tous révisés et garantis.

— Tu pourrais m'en prêter un pendant deux ou trois jours ? Je me déciderai sans doute plus tard à en acheter un pour les gosses.

Il avait déjà fixé le moment qu'il choisirait. Après sa première visite au billard, le matin, Justin avait l'habitude de rester quelques instants sur le seuil, à allumer une cigarette, puis à boutonner son pardessus, et il se trouvait du côté ensoleillé de la rue. Il suffisait de le guetter derrière la vitre et il était facile de préparer la mise au point d'avance.

Charlie n'en eut pas moins une bouffée chaude à la tête quand il fit son coup le jeudi matin, et il se précipita aussitôt après dans sa chambre pour cacher l'appareil comme s'il avait couru un réel danger.

Il se demandait si Justin reviendrait au bar et comment il serait, et il n'eut pas longtemps à attendre. Après avoir été acheter ses journaux dans Main Street, Ward entra comme d'habitude et prit place sur son tabouret, un peu pâle, avec, réellement, la mine d'un convalescent qui vient d'être sérieusement sonné. Ses paupières, en particulier, restaient bouffies, ce qui donnait une nouvelle expression à ses yeux.

— Ça va mieux ?

— Merci.

— J'ai eu de vos nouvelles par Mabel.

Ward ne tressaillit pas, comme s'il était sûr de la discrétion de la fille.

— J'ai regretté, lundi, de ne pouvoir vous présenter à mes amis.

— J'ai été pris de coliques.

— Je sais. Vous êtes parti par la ruelle.

Justin le regarda dans les yeux, et ce fut Charlie qui se montra embarrassé. C'était la première fois qu'il voyait sur le visage de Ward une telle expression de mépris, et peut-être n'avait-il jamais vu cette expression-là sur aucun visage.

— C'est tout.

Que voulait-il dire ? Etait-ce lui ordonner d'éviter certains sujets ?

— J'ai pensé que vous n'aviez pas envie de les rencontrer, pour des raisons personnelles, que vous les connaissiez peut-être.

— Ensuite ?

— Non. Cela ne me regarde pas.

— Non, cela ne vous regarde pas.

Et Justin détachait les syllabes, lentement, le regard fixe.

— Un petit gin, avec une goutte d'angustura ?

— Comme d'habitude. Qu'est-ce que vos amis vous ont dit ?

— Ils n'ont parlé que de leurs affaires.

— Qu'est-ce que vous avez demandé à Mabel ?

— De vos nouvelles et quand vous recommenceriez à sortir.

Ce n'était pas la guerre, mais pendant un moment, le silence avait été inquiétant.

— Je crois que vous vous êtes frotté à des gens trop forts pour vous, Charlie.

Ward le couvait toujours de ses prunelles sombres et la cornée, autour, était jaunâtre. Un tout petit bout de cigarette fumait, collé à sa lèvre souillée de nicotine.

— Il m'est arrivé de travailler avec des gens très forts en effet, si forts que j'en connais qui n'aimeraient pas avoir affaire à eux.

C'était idiot, il le savait. Il le savait si bien que sa lèvre se mettait à trembler et qu'il se disait pour se donner du courage : « Il a peur ! Il a peur ! »

Il se rappelait, exprès, la ruelle où il avait vu Justin se faufiler le long des poubelles comme une bête poursuivie.

Mais, dans sa tête, malgré lui, au lieu des mots « il a peur » qu'il s'efforçait de penser, c'étaient les mots « il me hait » qui se formaient.

Il lui semblait qu'il n'avait jamais vu autant de haine au monde que dans ces deux yeux qui continuaient à le fixer. Il avait assisté à des bagarres, parfois à de ces combats où un des deux hommes n'est pas sûr de se relever. Il avait vu celui qui était par terre, et que l'autre attendait de voir à nouveau debout pour lui donner le coup de grâce, fixer son adversaire avec de la bave à la bouche et du sang dans les yeux.

Les prunelles immobiles de Ward lui paraissaient plus terribles, et il se disait qu'il avait tort de s'obstiner, qu'il ferait mieux de faire la paix. Après tout, est-ce que cela le regardait ? Il tenait un bar, et l'homme était un de ses clients.

Au lieu de cela, il prononça, de telle sorte qu'il était clair qu'il n'en parlait pas par hasard :

— Le Yougo est revenu.

Il faisait juste le contraire de ce qu'il venait de décider. Il choisissait un sujet brûlant, sachant que Justin n'était pas plus bête que lui et qu'il verrait tout de suite où il voulait en venir. Et, au fait, c'est justement ce qu'il y avait de gênant avec Ward, ce que les autres ressentaient sans se donner la peine, comme Charlie, de l'analyser : Justin les voyait venir et savait ce qu'ils pensaient, quelquefois avant eux.

— Mike n'est plus le même, insista-t-il.

— Tout le monde change, n'est-ce pas.

— C'était un bon garçon, que chacun aimait, avec qui chacun plaisantait.

— Parbleu !

— Il n'aurait pas fait de mal à une mouche.

— Exactement.

— Maintenant, il se montre hargneux.

— Peut-être qu'il a fini par comprendre.

— Vous voulez dire que vous l'avez aidé à comprendre ?

— C'est possible.

— Vous lui avez parlé ?

— Un mot par-ci par-là, quand il travaillait avec moi.

— Vous lui avez dit quoi, par exemple ?

— Ce que les autres disent et pensent de lui.

— Je ne connais personne qui ne le prenne pour un bon garçon.

— Ecoutez, Charlie...

On aurait dit que Ward acceptait soudain d'abattre une partie de ses cartes et qu'il en éprouvait une volupté intime. D'un instant à l'autre naissait dans sa voix une vibration qui n'y était pas d'habitude.

— Ecoutez, Charlie... Croyez-vous qu'on laisserait quelqu'un de la ville, un authentique Américain, s'installer dans un terrain vague appartenant à la municipalité ? Ne me répondez pas tout de suite. Lorsqu'on bâtit une maison, quel est le premier soin des autorités ? D'envoyer des inspecteurs pour s'assurer que les conditions élémentaires de solidité et d'hygiène sont remplies. J'ai même lu récemment que les travaux de plomberie ne peuvent être faits que par une entreprise régulièrement accréditée.

Charlie s'attendait si peu à ce genre de discours qu'il ne cachait pas son ahurissement.

— C'est cela que vous lui avez dit ?

— Attendez. Il est interdit d'élever certains animaux dans les locaux d'habitation. Vous a-t-on dit que les chèvres de Mike vivent pêle-mêle avec les deux femmes et les enfants ? Ses deux femmes, vous entendez bien. Que se passerait-il si un citoyen de la ville introduisait une jeune fille sous son toit et lui faisait un enfant ? Ajoutez à cela qu'Ella est mineure, qu'on ne sait même pas son âge exact.

— Cela prouve...

— Cela prouve que le Yougo n'est pas considéré comme un citoyen pareil aux autres, comme l'égal d'un citoyen, mais comme un être à part, un être de deuxième ou troisième classe, moitié homme, moitié animal, ce qui est bien commode, car il sait à peu près tout faire et il travaille à bon marché, il est pittoresque et amusant par surcroît, il fait rire, même quand il s'enivre le samedi soir, et on peut le taquiner à loisir. Enfin, peut-être que de le voir vivre dans la crasse et le désordre cela donne aux autres une haute idée de l'excellence de leur genre de vie. Je crois que Mike a commencé à s'en rendre compte.

— Grâce à vous !

Il ne chercha pas à nier, eut un léger retroussis des lèvres et, satisfait, se plongea dans son journal étalé sur le comptoir.

« Il nous hait. L'autre jour, je t'ai écrit qu'il avait peur et c'était vrai, c'est probablement encore vrai, mais aujourd'hui je sais que ce n'est pas tellement cela qui compte. Ce qui compte, c'est sa haine, que j'ai devinée le premier jour, sans en soupçonner la force.

» Peut-être est-ce moi qu'il finira par haïr personnellement, je ne sais pas pourquoi, parce qu'il sent que je m'occupe de lui, ou bien parce que je suis l'homme le plus important et le plus populaire du quartier. Même quand il lit son journal dans son coin, je sens qu'il épie mes faits et gestes comme s'il me tenait au bout d'un fil invisible.

» Cela ne peut pas durer éternellement comme ça et il ne paraît pas disposé à quitter la ville, tout au contraire. Il a repris sa place au billard et chez moi comme si rien ne s'était passé samedi, comme s'il n'avait simplement eu que des coliques hépatiques. Cet après-midi, il m'a apporté une feuille toute préparée à faire signer par mes clients, une pétition *en faveur* de sa licence de bière.

» Que penses-tu que j'aie fait ? Je l'ai prise et mis ma signature en tête.

» Le receveur des postes prétend que c'est un masochiste et qu'il ne voudrait pas être dans sa peau. Moi non plus. J'aimerais encore mieux qu'il n'y soit pas lui-même.

» J'ai hâte de savoir si la photo que je t'ai envoyée a donné des résultats.

» Et je voudrais t'expliquer comment il s'y est pris avec le Yougo, dont je t'ai touché deux mots. Malheureusement, c'est trop compliqué pour moi. Cela me dépasse.

» On ne l'aime pas. On n'a aucune confiance en lui. Il est là, dans mon bar, aussi étranger qu'un poisson dans un bocal. Et cependant on ne prononce pas un mot en sa présence sans se demander ce qu'il en pense.

» C'est au point que les conversations ne sont plus les mêmes qu'autrefois et que souvent il y a des silences gênants qui n'en finissent pas.

» Il y a plus bête encore, tiens ! Saounders, le plâtrier qui habite la rue et qui est un bon vivant, avait l'habitude, avant le dîner, de faire une partie de dés avec l'un ou l'autre, souvent avec moi quand il n'avait pas de partenaire. Or il suffit que Ward soit là et regarde les dés pour que Saounders se trouble, joue de travers et finisse, découragé, par envoyer le cornet voler à travers le bar.

» Quand j'étais petit, ma mère me racontait des histoires où il était question de gens qui ont le mauvais œil. C'étaient des histoires italiennes, et tu dois les connaître aussi. Je n'y crois pas plus que toi, mais si quelqu'un a le mauvais œil, c'est cet homme-là.

» Mabel, la rousse qui habite la même maison que lui, ne se ressemble plus depuis qu'il lui a fait je ne sais quoi. On dirait qu'elle a perdu son âme. Et quelquefois son amie Aurora, qui était toujours gaie, est comme prise de panique.

» Si tu vois le gros Jim (il m'a dit qu'il irait un de ces jours à Chicago et nous avons longuement parlé de toi), il te dira peut-être que je commence à vieillir, à devenir « petite ville ». J'ai compris qu'il le pensait à la façon dont il me répondit, mais je reste persuadé qu'il y a quelque chose.

» Quoi ? Je n'en sais rien. Même les gamins qui fréquentent le billard commencent à prendre des airs mystérieux. Si j'étais Chester Nordell — je crois t'en avoir parlé aussi : c'est l'éditeur du journal local — si j'étais lui, je ne serais pas rassuré. Il a un garçon de seize ans qui n'est pas facile à élever et qui a déjà failli se faire mettre à la porte de la *High School*[1]. Or voilà deux fois que je le vois au billard d'en face, où ce n'est pas la place d'un garçon de bonne famille. Hier, il s'y trouvait en plein jour, à l'heure des classes, à deux pas de l'atelier de son père. Il est entré par la porte de derrière, comme au temps des *speakeasies*.

» Je n'ose pas en parler à Nordell. Il y en a déjà qui se moquent de moi et me lancent en rentrant :

» — Alors, *ton* Justin ?

» Peut-être ne sont-ils pas si rassurés que ça. A propos, il faut que je te demande un service. C'est la radio, à l'instant, qui m'y fait penser. Je ne trouve pas ici de train électrique convenable pour mon aîné. Je veux mettre dans les cinquante dollars et pense qu'à Chicago on doit trouver ça facilement. Tu n'as qu'à le faire expédier contre remboursement, de sorte que cela ne te donnera pas trop de mal. C'est Julia qui insiste pour que je t'en parle. Elle est allée à Calais la semaine dernière et n'a rien trouvé de bien, sinon pour les filles.

---

1. *High School :* école secondaire ou primaire supérieure.

» Tu dois être très occupé par l'approche de Noël. Ici, Santa Claus fait son entrée dans la ville demain. L'an dernier, il a débarqué d'un hélicoptère en face des magasins Kress, dans Main Street. Cette année, il descendra la colline sur un traîneau attelé de chiens, car un fermier des environs possède un attelage complet et a accepté de le prêter à la Chambre de Commerce. Ce sera très joli. Tu te souviens de nos noëls de Brooklyn, au temps où nous vendions des journaux dans la rue ?... »

Les deux lettres durent se croiser, car Charlie trouva celle de Luigi sur le bar quand, le lendemain, vers six heures, il revint de Main Street où il avait conduit les enfants voir le cortège pendant que Julia gardait l'établissement. Il avait mis son meilleur complet et son pardessus à col de castor.

Cela avait été très bien. Toute la population, même des gens venus d'assez loin, avait envahi les trottoirs qui faisaient penser à une tartine de caviar et, un peu avant cinq heures, la musique avait commencé à jouer en face de City Hall. Puis le maire — c'était O'Dowl, le quincaillier — avait solennellement poussé le bouton électrique installé sur une estrade et toutes les lumières s'étaient allumées à la fois, faisant de Main Street et de son prolongement, bien au-delà de la tannerie et la gare, jusque tout en haut d'Elm Street, un scintillement de lampes multicolores, un fouillis éclatant de drapeaux, de guirlandes et de branches de sapin.

Un vaste « Ah ! » s'était exhalé de la foule, dominé par la voix aiguë des enfants. Un canon miniature avait tonné et, là-haut, près de chez les demoiselles Sprague, le vieux Pepper, l'ancien constable, qui faisait Santa Claus chaque année depuis au moins dix ans, avait assujetti sa barbe, serré sa houppelande rouge à brandebourgs et sauté sur le traîneau, tandis que le fermier qui avait prêté l'attelage et qui craignait pour ses chiens conduisait ceux-ci lui-même, déguisé en trappeur, le fusil à pierre à l'épaule, un bonnet à quatre pointes, en chat sauvage, sur la tête.

On les voyait dévaler de loin, et la clameur de la foule gagnait en amplitude, devenait vraiment impressionnante. Charlie avait une de ses filles sur la tête. Les cuivres jouaient tout près d'eux, les enfants trépignaient dans la neige à nouveau craquante.

Il avait compté qu'il n'y aurait personne au bar et que Julia pourrait s'occuper du dîner, mais, dès le seuil, il avait aperçu Justin à sa place et son front s'était rembruni en voyant qu'il parlait à sa femme.

Elle eut la maladresse de lui annoncer :

— Une lettre pour toi !

Ward devait l'avoir vue, et peut-être lu, à l'envers, le nom et l'adresse de Luigi à Chicago.

Elle emmenait les enfants, craignant qu'ils eussent pris froid dans le courant d'air toujours glacé de Main Street. Charlie, lui, était en nage sous sa pelisse et avait hâte de se changer, mais Justin s'attarda encore un bon moment, à ne rien faire, comme s'il savait sa présence plus désagréable que jamais.

— On amuse les imbéciles ! dit-il alors qu'on entendait au loin la rumeur de la fête.

— On amuse les enfants !

— En leur faisant croire à Santa Claus !

— J'aurais bien voulu y croire toute ma vie.

Charlie, qui tournait le dos, crut entendre un ricanement, mais n'en fut pas sûr. Il sut, en tout cas, que Ward avait prononcé en glissant de son tabouret :

— Moi pas !

Il lut la lettre tout de suite, après s'être débarrassé de sa pelisse et de son chapeau, et, peut-être parce qu'il portait son beau costume, s'assit tout naturellement du côté des clients.

« Vieux Charlie,

» Il fallait le dire tout de suite que c'était de Frank Leigh que tu parlais dans tes drôles de lettres. Dès le premier coup d'œil à la photo, je l'ai reconnu, bien que l'épreuve ne soit pas fameuse et que le garçon ait engraissé. Pour être plus sûr, cependant, je suis allé la montrer à Charlebois, le Français, qui travaille toujours chez *Stevens* et qui y était déjà de notre temps. Il a reconnu Frank, lui aussi, et a fait passer la photo à d'autres anciens.

» Je ne suis pas étonné que Leigh ait changé de nom, et cela doit remonter à l'époque où il a quitté Chicago.

» A vrai dire, je crois que c'est surtout un pauvre type, bien que les avis soient partagés. Je me demande si tu étais encore ici quand l'histoire est arrivée. En tout cas, comme tu ne travaillais pas au *Stevens,* il est possible qu'on n'ait pas pensé à te la raconter.

» Leigh, qu'on appelait plus souvent Frankie, travaillait de nuit, à la réception. C'était lui qui avait demandé à faire toujours partie de l'équipe de nuit, parce qu'il préparait des examens de droit et que cela lui donnait plus de loisirs.

» Il était moins gras que sur la photo ; déjà à cette époque, cependant, il n'avait pas l'air d'un jeune homme. D'après le capitaine des *bell-boys* [1], qui est toujours le même et à qui j'en ai parlé hier, il devait venir d'une petite ville du Middle West et était très pauvre. Par économie, il couchait dans un Y.M.C.A. [2] et ne sortait jamais avec des camarades ou avec des filles.

» Moi je travaillais à la salle et l'ai peu connu, mais je tiens les renseignements de première main. L'histoire c'est qu'un jour une des filles d'ascenseur, qui faisait la nuit comme lui, une petite blonde dont je me souviens mieux que de lui, tu verras pourquoi tout à l'heure, est allée trouver la direction en prétendant qu'il lui avait fait un enfant et qu'il refusait de l'épouser.

» La direction l'a fait venir, et il a été forcé d'admettre qu'il était sorti au

---

1. Chasseurs d'hôtel et de restaurant.

2. *Y.M.C.A. : Young Men Christian Association.* Groupement de jeunes gens chrétiens, qui organisent dans leur ville un foyer où sont accueillis, nourris et parfois logés, pour une somme modique, les étudiants, les employés, les ouvriers, pourvus de faibles ressources. (N. de l'E.)

moins une fois avec la fille et qu'il l'avait conduite dans une chambre d'hôtel, car le gardien de nuit du meublé le reconnaissait formellement.

» Il n'en a pas moins juré que ce n'était pas lui qui avait fait l'enfant à la petite, ce qui ne l'a pas empêché d'être mis à la porte du *Stevens.*

» A quelque temps de là, nous avons appris que le père de la fille, un Irlandais qui était agent de police, était allé le trouver avec deux de ses camarades et l'avait emmené presque de force devant le pasteur.

» Pendant plusieurs semaines, Frankie a vécu avec toute la famille dont les garçons se relayaient pour le surveiller, car on se méfiait de lui. On le faisait travailler chez un emballeur où un des fils était employé et on le ramenait à la maison comme un écolier.

» L'enfant n'était pas né de huit jours et le baptême n'avait pas encore eu lieu quand il a trouvé malgré tout le moyen de disparaître. Où il est allé alors, on n'en sait rien. Ou, plutôt, tu vas voir qu'il serait possible de le découvrir.

» Quelques semaines plus tard, en effet, sa femme a demandé le divorce pour abandon et a obtenu une pension alimentaire pour elle et l'enfant, une cinquantaine de dollars par mois, si je me souviens bien.

» Or, alors qu'on ne savait toujours pas où le toucher, elle a commencé à recevoir des mandats qui venaient de différents endroits, et cela a duré régulièrement, avec seulement parfois des retards, jusqu'au jour où elle s'est remariée.

» Pendant ce temps-là, elle avait trouvé une place de caissière dans une brasserie, et c'est là que je l'ai connue, je t'avoue, assez intimement. Elle s'était arrondie et était vraiment appétissante. Si appétissante qu'un gros marchand de bois de la ville l'a trouvée à son goût et l'a épousée. Elle habite une magnifique maison en bordure du lac et il lui arrive encore de venir souper avec moi, en manteau de vison, des perles au cou, des diamants aux doigts et aux poignets.

» J'ai fait une expérience, hier, qui sera peut-être amusante. Autour du bar qui précède le restaurant et où les clients sont obligés d'attendre qu'une table soit libre (j'aime mieux te dire que je leur donne le temps d'avaler deux ou trois martinis), j'affiche un certain nombre de photographies de gens célèbres qui ont mangé chez moi et presque toutes les photos sont dédicacées. Il y a des vedettes d'Hollywood, des boxeurs, Maurice Chevalier, un cousin du roi d'Angleterre et tout un lot d'hommes politiques, y compris le gouverneur de l'Etat et le vice-président des U.S.A., qui est un copain.

» Mon petit photographe a agrandi ton épreuve et je l'ai mise sous verre comme les autres, mais sans aucun nom. Je me demande, quand Alice viendra, si elle reconnaîtra Frank et quelle sera sa réaction. C'est un peu vache, mais pas trop, tu ne trouves pas ?

» Ce qui m'a frappé, c'est que tu me dises qu'il lit toujours le *Chicago Tribune,* car c'est probablement par ce journal qu'il a appris jadis son divorce et sa condamnation à la pension alimentaire.

» Peut-être qu'il continue à s'intéresser à des gens de par ici ?

» C'est par les mandats qu'il a envoyés qu'on pourrait savoir où il est allé, mais je ne pense pas que cela vaille la peine de se donner tant de mal.

» Toutes mes tables sont retenues de Noël au Jour de l'An. Je vis dans les dindes au point d'en être écœuré et je viens de recevoir directement de France un champagne comme j'en ai rarement bu. C'est presque dommage qu'il soit si bon, car je n'ai pas un client sur dix capable de l'apprécier, surtout à l'époque des fêtes ! Je compte sur une bonne moitié de la verrerie et des glaces à remplacer, sans compter les réparations au piano ! Et toi ? Est-ce plus calme dans ton patelin ?

» Si tu parles d'Alice à Frankie, inutile de lui dire qu'on a passé d'agréables moments, elle et moi, dans ma voiture. Je crois que si je ne m'étais juré de ne point toucher aux clientes, elle ne serait pas fâchée de remettre ça, mais cela me gênerait un peu, à cause de son grand fils qui appartient à l'équipe de football de l'Université. Cela m'a fait un drôle d'effet, l'autre jour, de lui refuser à boire parce qu'il n'a pas tout à fait l'âge légal.

» Tu te souviens, Charlie ? De notre temps, on n'y regardait pas de si près.

» Le bonjour à Julia. Ne lui lis pas ma lettre ou alors saute des passages. Elle me prend pour un homme sérieux et je ne tiens pas à ce qu'elle pense du mal de moi.

» *Merry Christmas,* mes enfants, si je n'ai pas l'occasion de t'écrire d'ici là. Ne sois pas trop méchant avec Frankie. »

Charlie faillit se mettre à écrire tout de suite, gêné qu'il était de la lettre qu'il avait envoyée la veille et que Luigi allait recevoir le lendemain. Mais que pouvait-il dire ? Il avait pris une feuille de papier dans le tiroir, un crayon violet et, après un moment, il s'était tourné vers les rayons pour se servir un petit verre.

« *Ne sois pas trop méchant avec Frankie !* »

Il ne parvenait pas à chasser ces mots-là, surtout ce nom de Frankie qui, à lui seul, avec sa douceur innocente, était comme une condamnation de tout ce qu'il avait pensé.

Peut-être, si Ward était entré à ce moment-là, lui aurait-il fait des excuses ?

— Je me suis trompé. Pardonnez-moi. Il est probable que vous avez eu raison et que c'était une garce.

Comment Justin aurait-il réagi ? Mais non ! Ce n'était pas possible. Et Chalmers, le receveur des postes, avait tort, lui aussi.

« *Un pauvre type !* »

Chalmers ne voudrait pas être dans la peau de Ward, soit. Il lui répugnait, en gentleman — car Charlie avait fort bien compris la leçon — de le photographier à son insu.

Tout individu est présumé innocent et traité comme tel jusqu'à preuve du contraire. D'accord ! Seulement, quand on aurait enfin la preuve du contraire, il serait probablement trop tard. Attend-on qu'un serpent morde pour le déclarer nuisible ?

Au fait, les yeux de Justin — ou de Frank, ou de Frankie, il ne savait plus, maintenant —, ses yeux, quand il avait parlé du Yougo, étaient de la même froideur implacable que des yeux de serpent. Cela ne l'avait pas frappé au moment même. Il avait seulement ressenti un malaise qu'il s'expliquait après coup.

— Tu ne viens pas dîner, Charlie ?

Il roula en boule le papier sur lequel il n'avait rien écrit, et, pendant que les enfants commençaient leur soupe, il alla vite changer de costume, car il n'était pas à son aise dans ses bons vêtements.

— Qu'est-ce que Luigi raconte ?

— Il te fait ses amitiés. Il a beaucoup de travail avec les fêtes.

— Il ne te dit rien de ce que tu sais ?

Il faillit s'y tromper, mais un regard de sa femme vers le gamin lui fit comprendre qu'il s'agissait d'un train électrique.

— Il n'a pas encore reçu ma lettre. Il l'aura seulement demain matin. De quoi Ward te parlait-il ?

— Des enfants. Il n'a pas beaucoup parlé. Il laissait juste tomber quelques mots de temps en temps, en écoutant les bruits de la fête. Tu n'aurais pas dû porter la petite si longtemps. Elle est trop lourde et tu as dû t'essouffler.

C'était vrai que, depuis quelque temps, il s'essouffait facilement et qu'il avait de la peine à monter les caisses de bière de la cave. Il avait même pensé à prendre un commis.

— Qu'a-t-il dit des enfants ?

Elle le regarda pour lui faire comprendre qu'elle n'aimait pas parler de ça devant les siens.

— Tout ce que je sais, c'est qu'il ne les aime pas, pas plus, je crois, qu'il aime les femmes en général.

— Qui est-ce, *mummy,* qui n'aime pas les enfants ?

— Un monsieur.

— Quel monsieur ? Celui qui était là quand on est rentré ?

— Mais non. Un monsieur qui est parti.

— Il reviendra, dis, *mummy ?*

— Mais non.

— Il est mort ?

— Il est parti très loin.

— Aussi loin que New York ?

— Il est parti pour New York, oui.

Elle fut étonnée de voir la pâleur de son mari et s'inquiéta.

— Qu'est-ce que tu as, Charlie ?

— Rien. Cela va passer.

Il fit semblant d'avoir avalé de travers et but un verre d'eau. C'était ridicule. Sa fille, avec ses questions, venait de lui faire peur, et un instant le visage de l'homme, enfin, l'avait poursuivi jusque dans sa cuisine avec son regard immobile.

— J'espère que tu n'as pas pris froid en attendant le cortège ?

Heureusement qu'il y avait quatre ou cinq clients au bar, dont Jenkins, le nègre, quand Ward avait poussé la porte, tranquillement, et avait accroché son pardessus gris souris au portemanteau. Malgré cela, Charlie avait ouvert la bouche, comme si le besoin le démangeait de dire quelque chose de définitif, quelque chose qu'il savait qu'il ne devait dire à aucun prix. Il avait prononcé simplement, alors que d'habitude il servait les clients sans rien leur demander :

— Bière ?

Ward avait compris, Charlie en était sûr. S'était-il souvenu du nom de Luigi qu'il avait lu dans la lettre ? Avait-il deviné toute la trame que Charlie tissait autour de lui, presque à contrecœur, par une sorte d'instinct de *self-defense ?*

— Bière ! avait-il répété en se hissant sur son tabouret avec un soupir.

Un mot bête. Personne n'avait sourcillé. Ou plutôt si, Jenkins s'était retourné, surpris, avait examiné Ward sans cesser de sourire, mais avec du sérieux sous son sourire à fleur de peau.

Charlie avait peut-être eu tort de prendre la photographie. Chalmers avait raison. Cela ressemblait à un vol. C'était un vol et de quelque chose de plus intime que de l'argent ou des objets personnels, avec la circonstance aggravante qu'il ne pouvait restituer ce qu'il avait pris.

Allait-il être capable de ne pas laisser voir à Ward qu'il savait ? Même ce nom de Justin, il ne parvenait plus à le prononcer d'une voix naturelle, tant il était hanté par celui de Frankie qu'il avait peur de laisser échapper.

— Vous avez photographié les enfants ? avait questionné Goldman, quand il était allé lui reporter son appareil.

Il avait regardé ailleurs en répondant oui.

— Si les épreuves ne sont pas trop faibles, je pourrais vous en agrandir une ou deux. Pour rien, bien entendu. Je ne suis pas photographe. Je fais ça en amateur. Il faudra que vous me les laissiez voir.

Ainsi Ward l'avait déjà forcé à mentir, à tricher, et maintenant il le fixait de telle façon que Charlie, chez lui, dans son bar, ne savait plus où poser le regard.

« *Ne sois pas trop méchant avec Frankie !* » avait recommandé Luigi.

7

Le temps était brouillé, comme presque chaque année un peu avant les fêtes. Certains jours, les rues étaient jaunes de neige fondante, l'eau dégoulinait dans les gouttières, de la pluie tombait, plus froide vers le soir, et le lendemain les trottoirs étaient polis par le verglas. Puis il neigeait à nouveau, mais le ciel restait comme malade, d'un gris peu rassurant ; il fallait garder les lampes allumées la plus grande partie de la journée et, à cause de l'approche de Noël, il y avait du matin au soir des silhouettes noires qui s'agitaient dans les courants d'air de la ville.

En se levant, et encore en prenant possession de son bar, Charlie se croyait d'aplomb, puis, une heure plus tard, il se sentait enrhumé, mal dans sa peau. Il prenait de l'aspirine, des grogs dont l'odeur sucrée finissait par l'écœurer. Il avait passé une journée entière sur une échelle, à décorer le plafond et les murs de guirlandes, de petits sapins, de neige artificielle et de clochettes. L'échelle n'était pas d'aplomb. Il n'avait jamais pu avoir une échelle d'aplomb dans la maison, et Julia avait dû la lui tenir. Il s'était pincé un doigt. Le lendemain, il était persuadé qu'il s'était donné un tour de reins.

Pour un peu, il aurait grommelé : « C'est la faute à Justin ! »

Il en était insensiblement arrivé au point où un homme ne supporte plus rien d'un autre homme. En face, aussi, au billard, ils avaient garni le plafond en vue de Noël, mais ce n'était pas Justin qui était monté à l'échelle, ni le vieux Scroggins, qui devenait plus décati de jour en jour. Vu de loin, dans la mauvaise lumière du billard, il semblait ne plus avoir la force de tenir sa tête droite. On la lui voyait tomber tout à coup en avant, ou sur le côté, et il restait ainsi un bon moment avant de la redresser dans un effort.

Il n'en avait plus pour longtemps, cela se devinait. Quelqu'un, Charlie avait oublié qui, avait dit cyniquement qu'il commençait à sentir la mort. C'était peut-être le menuisier qui faisait les cercueils.

Le billard avait pourtant plus de clients que jamais, surtout des adolescents, des garçons de la *High School*. Charlie en arrivait à les épier comme si c'était son affaire, comme s'il était de la police, gêné quand quelqu'un, même Julia, le surprenait en faction. Il se hâtait alors de prononcer une phrase quelconque, d'une voix qui ne semblait pas naturelle à ses propres oreilles, et cela l'humiliait.

Il avait remarqué que les clients du billard, depuis que Ward en était le propriétaire, ne payaient pas la plupart du temps, mais que Scroggins inscrivait quelque chose dans un calepin noir qu'il glissait dans le comptoir.

Comme par hasard, le lendemain de cette découverte, quand Justin était arrivé à dix heures, Charlie était plongé dans ses comptes. Lui aussi faisait crédit aux clients réguliers et, quant aux paris, qu'on lui donnait souvent par téléphone, il se contentait de les noter dans un cahier d'écolier qu'il mettait à jour chaque semaine.

Ward, assis devant son verre de gin, le regardait faire en silence, et Charlie avait tellement conscience qu'il savait toujours ce qu'il pensait qu'il ne fut pas étonné quand l'autre prononça :

— Vous voyez que vous le faites aussi !

— Avec cette différence que, moi, je ne m'en prends pas à des enfants !

La langue lui démangeait de lui parler du fils Nordell, qui était devenu un pilier du billard. Un soir qu'il l'avait vu sortir de l'établissement d'en face, en compagnie d'un camarade, Charlie avait entendu le gamin prononcer en prenant un air dégagé :

— N'aie pas peur. Ma signature est bonne ! Je te demande seulement d'attendre après Noël.

Il avait décidé d'en parler à Chester Nordell à la première occasion, mais, comme par hasard, celui-ci n'avait pas remis les pieds au bar. Charlie n'osait pas aller le trouver à l'imprimerie, car Justin risquait de le voir entrer et comprendrait tout de suite.

Il s'en voulait de ne penser qu'à ça. Quand un client entrait, il se disait qu'il allait entendre parler d'autre chose, et neuf fois sur dix c'était de Ward qu'on finissait par l'entretenir.

— Vous avez vu ce qu'il a collé à ses murs ?

Il avait vu, de loin, à travers les vitres. C'étaient des photographies de gangsters, qui avaient paru dans les magazines à l'époque de la prohibition, tous les grands, Al Capone, Gus Moran, et surtout l'ennemi public N° 1, Dillinger, plusieurs fois représenté, notamment au moment de son arrestation, flanqué de deux policiers qui lui tenaient familièrement l'épaule et qui plaisantaient avec lui, fiers de se montrer en compagnie d'un personnage aussi célèbre. Il y avait aussi des photos extraites de films policiers et qui représentaient invariablement des mauvais garçons, des durs, et cela donnait au billard une atmosphère à la fois vulgaire et équivoque.

— Je ne les fais pas encore jouer aux courses, moi, Charlie. Je reste dans la stricte légalité !

Il prenait plaisir à l'exciter et faisait exprès, de temps en temps, de découvrir une partie de son jeu, en homme qui n'a rien à craindre.

— Vous voulez dire que vous les laissez parier, mais que vous ne vous en occupez pas ?

— Ils jouent au billard, et s'ils conviennent entre eux d'un enjeu, cela les regarde. Je ne peux pas non plus empêcher ceux qui assistent à la partie de se parler à voix basse.

— Vous espérez vraiment qu'ils vous rembourseront un jour l'argent qu'ils vous doivent ?

Il n'avait pas répondu. Il n'y comptait pas, évidemment. Il savait bien ce qu'il faisait, et il y avait des moments où Charlie avait envie de lui flanquer tout simplement sa main sur la figure.

Les jeux ne regardaient pas la police de la ville, mais le sheriff, Charlie était bien placé pour le savoir, et, depuis la note qu'il avait reçue du F.B.I., il était inutile de parler à Kenneth Brookes des affaires de Justin.

On aurait dit, d'ailleurs, que Brookes évitait le bar, ces temps-ci. Il n'y était passé qu'une fois, en coup de vent, avait paru ennuyé en voyant Ward dans son coin.

Chalmers, le receveur, était en congé, qu'il prenait toujours en hiver, et était allé faire du ski au Canada. Julia avait des courses presque tous les jours et s'était rendue deux fois à Calais avec la voiture. D'autres fois, c'était Charlie qui courait les magasins pendant qu'elle le remplaçait au bar.

Il aurait préféré voir son rhume se déclarer, quitte à rester deux ou trois jours dans son lit, mais, comme il se connaissait, il allait traîner ainsi jusqu'après les fêtes, et cela contribuait à sa mauvaise humeur. Il n'avait pas encore répondu à Luigi, remettait toujours cette lettre au lendemain, ne sachant plus que lui dire.

« *Ne sois pas trop méchant avec Frankie !* »

Justement parce qu'il était lui-même un peu en marge et parce qu'il en avait trop vu et de toutes les couleurs, cela le mettait en rage de voir les gosses aller se faire prendre dans la trappe de Ward. Pour eux, à Brooklyn, ils étaient des durs, qui n'avaient à peu près rien à perdre, mais à un certain moment un petit bourgeois bien habillé, qu'on avait d'abord appelé « la fille », s'était mêlé à leur bande. C'était le fils d'un homme dans le genre de Chester Nordell, un professeur de piano, dont Charlie revoyait la maison grise d'où sortait toujours de la musique.

Le gamin, qui s'appelait Lawrence, s'était pendu dans sa chambre, on n'avait jamais su au juste pourquoi, peut-être par crainte d'avouer à son père qu'il lui avait volé de l'argent et qu'il avait revendu des objets chipés dans la maison — et même chez une de ses tantes, ce qui l'effrayait davantage —, peut-être, simplement, parce qu'il avait respiré un air trop fort pour lui.

Le coup des photographies sur le mur était génial. Si on avait eu le temps d'observer les gosses jour par jour, on aurait pu les voir prendre peu à peu, autour des billards, les poses et les expressions de physionomie des gangsters affichés, et ils devaient imiter leur langage ; ils avaient déjà une façon particulière de se saluer, de laisser pendre un bout de cigarette à leur lèvre, de tenir leur main droite dans leur poche comme si elle serrait la crosse d'un automatique.

Ward devait les impressionner. Ils ne savaient pas, eux, que c'était par mauvaise santé qu'il avait le teint cireux ; ils ne l'avaient pas vu, jaune de peur et frissonnant dans son veston bleu, se faufiler parmi les poubelles de l'allée.

— Vous ne m'aimez pas beaucoup, Charlie, et pourtant il faut bien que vous me supportiez, n'est-ce pas ? Que vous me serviez à boire trois fois par jour. Je ne vous ai rien fait, cependant. Je ne vous ai encore rien fait.

On aurait dit qu'il désirait pousser Charlie hors de ses gonds. Il continuait à aller et venir à heure fixe, de son pas qu'on finissait par reconnaître de loin, allant de chez Eleanor au billard et de là chez le marchand de journaux de Main Street, puis au bar de Charlie, à la *cafeteria*. Il se rendait tous les après-midi au marché du Chinois et montait chez lui préparer son repas solitaire, dans la lumière jaune et la mauvaise odeur de sa chambre.

Où passerait-il Noël, sinon chez Charlie ? Il pousserait la porte, et on serait bien forcé de l'accueillir, parce qu'on ne met pas quelqu'un dehors ce jour-là, et ainsi il leur gâterait leur fête à tous.

Sawyer, qui était mécanicien dans un garage et qui, sans être un client régulier, venait de temps en temps avaler un verre de bière, demanda un soir à Charlie :

— C'est vrai que mon gamin fréquente la boîte d'en face ?

— Comment est-il ?

— Un grand rouquin, assez maigre, toujours mal fichu, avec une veste jaune couverte de taches.

— Je crois l'avoir aperçu.

— J'avais peur qu'il m'ait menti. J'ai vu un billet de vingt dollars, au moment où il vidait ses poches en se déshabillant, et il m'a dit qu'il l'avait gagné au billard. Il paraît qu'il est le plus fort joueur de la bande et qu'il leur rafle ce qu'il veut.

Il en était tout fier, l'imbécile ! Il ne savait pas qu'à deux pas de lui, au bout du bar, Justin Ward, comme un crapaud, le regardait avec des yeux sans expression.

— Ce n'est peut-être pas ce qu'il fait de mieux, suggéra Charlie.

— Compris ! Tu préférerais le voir jouer aux courses, hein, gros vicieux ? Remets-moi ça. Il est temps que je file au boulot.

Peut-être le fils de celui-là se défendrait ? Charlie n'en parlerait pas moins à Nordell. Au besoin, il irait le trouver chez lui. Pourquoi pas ?

Maintenant, quand quelqu'un l'entretenait de Justin, il avait toujours envie de dire : « Il vous hait ! »

Rien d'autre ! De la haine ressassée, de la haine concentrée et rancie, de la haine pour les riches fermiers aux maisons blanches qui possédaient des avions, de grosses voitures, et qui allaient passer l'hiver en Floride ou en Californie ; une haine déjà plus proche et comme plus intime pour les bourgeois d'Elm Street et de la colline, pour tous ceux qu'on voyait le soir, paisibles, en famille, avec des enfants autour d'eux, dans les maisons feutrées d'intimité, pour tous ceux qui, le dimanche matin, souriants et bien vêtus, s'attardaient par groupes sur le parvis des temples, pour ceux qu'on saluait dans les rues, pour ceux à qui on souriait, pour ceux qui gagnaient de l'argent dans leur commerce et pour les employés qui y travaillaient et qui étaient contents de leur sort.

Il haïssait du haut en bas, mais à mesure qu'on approchait du bas, sa haine devenait plus personnelle et plus virulente. Il haïssait ceux qui ont des femmes et des enfants, et il haïssait les femmes et les enfants. Il haïssait ceux qui passent dans la rue en se tenant par la main et ceux qui s'embrassent dans les coins d'ombre et dans les autos. Il haïssait le Yougo et son inconscience, il haïssait d'être heureux dans son invraisemblable royaume, avec ses deux femmes, ses enfants et ses chèvres, il haïssait Charlie à son bar, Julia dans sa cuisine, leur vue à tous lui faisait mal, la vue d'un homme buvant paisiblement son verre au comptoir, et la vue d'Eleanor avalant du gin à la bouteille dans son placard.

Il devait haïr l'architecture de la ville, la colline et le trou noir de la tannerie, les étalages éclairés de Main Street et jusqu'à la boutique isolée du brocanteur, avec ses fusils et ses appareils photographiques figés dans une lumière froide, haïr encore le halo qui, le soir, entourait les lumières et donnait du mystère à la rue où les pas n'avaient plus le même son.

Qu'est-ce qu'il faisait, qu'est-ce qu'il pensait, tout seul dans l'aquarium de sa chambre, quand il s'y enfermait et qu'il entendait au même étage la voix des deux filles ?

Il avait déjà sali Mabel, il l'avait détraquée comme un jouet dont on a trop tendu le ressort. Allait-il essayer maintenant avec Aurora ?

La petite serveuse frisée de la *cafeteria* en avait si peur qu'en le servant elle avait déjà cassé deux verres et une assiette.

Il les haïssait et les effrayait.

Il avait ressenti la peur, la ressentait peut-être encore, et il s'ingéniait à l'infliger aux autres, sachant le mal que ça fait, même à Charlie, qui s'était toujours cru malin et qui finissait par flancher.

Charlie irait voir Nordell, chez lui, là-haut, parce que Nordell était un homme qui comprendrait, aussi intelligent et aussi instruit que Chalmers, en moins froid, en plus accessible.

Pourquoi n'irait-il pas tout de suite ? C'était samedi, mais, à cause de l'approche des fêtes, il n'y avait personne. Tout le monde économise, en ces moments-là. Puis, le Jour de l'An passé, avec les impôts de janvier en perspective, ce serait la saison creuse, même un homme comme Saounders y regarderait à deux fois avant de renouveler sa consommation ou d'offrir une tournée.

Le Yougo n'était pas là. C'était le premier samedi soir qu'il manquait, et cela indiquait que sa colère de la semaine précédente était sérieuse et qu'il s'en était souvenu.

Ward avait dû choisir exprès un samedi pour le faire venir travailler aux guirlandes et peut-être lui avait-il glissé une bouteille plate dans la poche, car, quand Mike était sorti, il avait déjà la démarche un peu lourde. Il s'était arrêté en face du bar, non en homme qui hésite à entrer, mais pour montrer qu'il était là, qu'il n'entrait pas, qu'il allait ailleurs, et il avait craché dans la neige d'un air méprisant.

— Si tu veux garder le bar un moment, Julia ?

Charlie endossa son pardessus, sortit la voiture du garage en planches qui ouvrait sur l'allée, et cela lui fit du bien d'être dehors, de sentir l'air frais, de voir les gens aller et venir dans les lumières de Main Street. Hors de chez lui, hors de la présence de Justin, l'envoûtement disparaissait presque et, quand il commença à monter la colline, il n'était déjà plus trop sûr de ce qu'il allait dire.

Peut-être, comme les magasins restaient ouverts plus tard, Nordell était-il en train de faire des emplettes ? Charlie, en arrêtant le moteur, le souhaitait presque. Il y avait de la lumière à toutes les fenêtres du rez-de-chaussée et on apercevait une femme qui bougeait dans la cuisine. Quand il sonna, il entendit des voix d'enfants, et ce fut une fillette de huit ans qui lui ouvrit la porte comme si elle en avait l'habitude.

— Vous désirez parler à mon père ? Vous pouvez entrer, mais il faut que vous laissiez vos caoutchoucs sur le paillasson, car on a fait le grand ménage.

Deux petites tresses dures et noires pendaient sur son tablier à carreaux roses et, comme des cris de bébé leur parvenaient, elle expliqua, avant de pousser la porte du living-room :

— C'est mon petit frère. C'est l'heure de son biberon.

Un Nordell sans cravate, en pantoufles de feutre, se leva de son fauteuil, et son veston d'intérieur très usé le rendait plus mou d'apparence. Trois ou quatre enfants jouaient dans la pièce en désordre où Nordell avait laissé glisser par terre le magazine qu'il était en train de lire, et la radio continuait à fonctionner.

— Charlie ! s'étonna-t-il.

— Je m'excuse de vous déranger, Chester. J'ai hésité à venir, puis je me suis dit...

Dans la basse ville, dans son imprimerie où on avait l'habitude de le voir, Nordell donnait l'impression d'un autre homme, et Charlie était déçu de le trouver plus vieux, plus inconsistant, avec, au milieu de ses enfants, un aspect timide, effaré.

Peut-être était-ce parce qu'il était surpris par cette visite, parce que les gosses parlaient tous à la fois, que le bébé criait toujours dans une pièce voisine et que la radio continuait sa musique. Il eut l'idée de tourner le bouton, et ce fut un soulagement, les bruits eurent l'air de s'espacer, avec des possibilités de silence.

— Je passais par ici et j'ai pensé...

Alors, Nordell, ennuyé, de murmurer sans le laisser finir :

— Vous voulez me parler de la pétition ?

Charlie n'y avait pas songé et se sentit rougir, comprenant soudain comment on allait interpréter sa démarche.

— Je sais que certains sont surpris, continuait Nordell, embarrassé, lui aussi. On se demande pourquoi, cette fois, je ne proteste pas, comme je l'ai toujours fait jusqu'ici.

— J'ai été le premier à signer la pétition *pour,* s'empressa de déclarer Charlie.

— Ah !

Nordell ne comprenait plus et ramassait machinalement un bambin de deux ans qu'il posait en équilibre sur son genou.

— J'ai fort hésité, pour ma part, sur l'attitude à prendre. Dans tous les autres cas, mon journal a fait campagne *contre,* car je considère qu'il y a plus que suffisamment de débits de boissons en ville. Mais vous vous souvenez peut-être que je suis allé vous poser certaines questions au sujet de ce Ward ?

— Vous m'avez dit que vous le connaissiez.

— Que je croyais le connaître. Il est possible que je me trompe. Il est possible aussi que ce soit un homme à qui, jadis, j'ai eu le malheur de faire du tort.

— Il ne s'appelait pas Ward, jadis, mais Leigh, Frank Leigh, et il habitait Chicago.

— Ah ! fit à nouveau Chester en regardant Charlie d'un œil bizarre.

Et, dès lors, Charlie fut de plus en plus mal à l'aise. Il sentait ce que sa démarche avait d'incongru, et que n'importe qui se dirait de bonne foi qu'il s'acharnait assez peu élégamment contre un concurrent possible.

Comme toujours dans ces cas-là, il pataugea.

— Remarquez que cela ne me regarde pas et que c'est peut-être un fort honnête homme.

— Jusqu'à preuve du contraire, je ne pense pas que nous ayons le droit d'en juger autrement.

Comme Marshall Chalmers. C'était à nouveau Charlie qui ne se comportait pas en gentleman, tout comme pour la photographie.

— Je ne vois aucun inconvénient, pour ma part, à ce qu'il obtienne la licence pour la vente de la bière. Je vous ai dit que j'ai été le premier à signer une pétition favorable. Et ce qu'il a pu faire ou ne pas faire avant d'arriver ici ne me regarde pas.

Pourquoi Nordell gardait-il une attitude gênée, déçue ?

— J'aime mieux vous entendre parler ainsi, Charlie.

— Je voudrais cependant vous mettre en garde...

Il ne trouvait pas les mots. Il avait trop chaud. Il s'était assis trop près de la cheminée où des bûches flambaient et faisaient ressortir son rhume.

— Je vous écoute, Charlie. Vous voudriez me mettre en garde ?

— Cela est peut-être sans importance. J'ai été étonné, simplement, ces derniers temps, de voir votre fils fréquenter presque quotidiennement le billard.

Il y eut comme un petit déclic qui coupe le courant. Le visage de Nordell se ferma, sa voix se fit différente, impersonnelle, une voix polie qu'on adopte pour un visiteur indésirable.

— Je vous remercie.

— Vous le saviez ?

— Les garçons de seize ans, dans notre pays, jouissent d'une liberté assez large.

Humilié, Charlie s'était levé. Il n'osa pas, lui qui prenait les paris pour les courses, parler des enjeux, ni du calepin noir dans le tiroir, qui avait à ses yeux une signification sinistre.

— Ne pensez plus à ce que je vous ai dit. Je m'excuse de vous avoir dérangé.

— Pas du tout. Pas du tout.

— Ches, fit une voix dans la cuisine. Peux-tu venir tenir le bébé un instant, que je lui donne ses gouttes ?

— Dans une minute !

La gamine n'avait pas cessé d'examiner Charlie avec intérêt et elle comprit que le moment était venu d'aller lui ouvrir la porte.

— Je vous remercie de votre visite, Charlie. A un de ces jours. Nous reparlerons peut être de tout ceci.

N'était-ce pas une façon polie d'annoncer qu'on n'en reparlerait jamais ?

Charlie retrouva l'air vif, les pelouses couvertes de neige, les fenêtres éclairées sur les intérieurs où on allait se mettre à table, puis, tout de suite, le quartier de la tannerie. Il passa devant *la Cantine* juste au moment où une silhouette qui ressemblait à celle du Yougo pénétrait dans la lumière violette.

Mike s'était toujours saoulé le samedi, mais, avant, il le faisait dans un seul bar, parmi des gens qui le connaissaient, qui avaient pour lui de la sympathie. Aux yeux de Charlie, c'était comme une déchéance d'aller aujourd'hui de bar en bar, poussant les portes d'une main toujours plus hésitante ; mais s'il avait le malheur de dire cela à quelqu'un on penserait encore que c'était sa propre cause qu'il plaidait.

Il passa devant l'*Hôtel Mose,* dont le bar avait été récemment remis à neuf. C'est là que des filles comme Mabel et Aurora aimaient se faire inviter. On servait de minuscules sandwiches ou des saucisses avec les cocktails et, le soir, il y avait un piano, l'éclairage changeait de couleur selon la musique.

Tout cela était très bien, jadis, et les choses étaient à leur place, la colline sur la colline, les ouvriers de la tannerie à *la Cantine,* les bons bougres comme Saounders chez Charlie et le vieux Scroggins dans son billard presque désaffecté. Il y avait des braves gens et des gens un peu moins braves, et on n'en connaissait guère de tout à fait mauvais.

Puis un étranger était descendu d'une voiture au carrefour des Quatre-Vents et s'était dirigé vers la ville, le long de la rue en pente, avec sa ridicule petite valise à la main, et le trouble avait commencé.

Etait-ce Charlie qui se faisait des idées ? Même Julia, parfois, quand il lui parlait de Ward, prenait un air condescendant, comme si lui, Charlie, se mettait à radoter. Elle n'aimait pas Justin, parce qu'il n'aimait pas les enfants, mais elle ne se souciait guère de lui. Quant aux autres au bar, ils en parlaient pour parler, parce que c'était encore un nouveau et que cela constituait une sorte de jeu.

— Il y a longtemps qu'il est parti ? questionna Charlie en rentrant et en voyant la place vide.

— Tout de suite après toi.

Ce n'était pas son heure. Il aurait dû être encore là maintenant. Comme il n'avait pas de voiture, cependant, et qu'il n'avait pas eu le temps de faire venir un des rares taxis de la ville, il n'avait pu suivre Charlie sur la colline.

C'était presque plus inquiétant de ne pas savoir où il était que d'avoir son visage impassible en face de soi !

— Va préparer le dîner.

Un chauffeur de poids lourds, qui passait assez régulièrement, boucha toute la devanture avec son camion pendant qu'il se faisait servir un casse-croûte, et cela retarda le repas. Puis il y eut un trou, pendant que Julia mettait les enfants au lit, et Charlie s'ennuya tout seul à son comptoir. Il fut heureux de voir arriver Jef Saounders, qui avait déjà bu ailleurs et qui s'écria en regardant autour de lui, puis en fixant le tabouret de Ward :

— Tiens ! il fait vide, ce soir !

D'autres arrivaient, presque tous des gens qui avaient une petite affaire à eux dans le quartier, des artisans plutôt que des commerçants, qui venaient en voisins, dans leur tenue de travail.

Aurora passa aussi, en compagnie d'un voyageur de commerce que l'on connaissait de vue et qui allait l'emmener danser à Calais. Elle aimait venir prendre un verre ainsi quand elle était accompagnée, comme pour se montrer dans un cadre familier.

— Mabel n'est pas avec toi ?

— Elle veut passer sa soirée à se faire une robe pour les fêtes.

Il l'imagina cette fille rousse, toute seule, dans sa chambre, chez Eleanor, avec Ward allant et venant sans bruit dans la sienne comme un gros animal inquiétant.

— Tu n'as pas vu Justin ?

— Je ne m'occupe pas de lui. D'ailleurs, nous venons de dîner en ville.

Ward arriva alors qu'elle était encore là et ne la salua pas. Il se contenta de la regarder, comme il avait l'habitude de regarder les gens, avec l'air de voir à l'intérieur. Charlie lui servit sa bière, dut répondre au téléphone, régler la radio sur un poste qui donnait de la musique et encaisser la monnaie du voyageur de commerce dont on entendit l'auto s'éloigner.

Cela faisait vide, en effet, comme Saounders l'avait remarqué, même maintenant qu'ils étaient cinq au comptoir, peut-être parce que Chalmers était en vacances, peut-être surtout à cause de l'absence du Yougo.

Pas un client qui n'eût demandé en entrant :

— Mike est malade ?

On plaisantait, car on ne l'imaginait pas malade. S'il devait lui arriver quelque chose, ce serait de se briser les reins en tombant d'une échelle, d'un toit ou de la haute branche d'un arbre, ou alors d'éclater avec une de ces cartouches de dynamite qu'il maniait avec une innocence inquiétante quand il voulait faire sauter une souche.

Charlie n'avait pas encore acheté le cadeau pour Julia et il lui faudrait aller à Calais, car il ne voulait pas déranger Luigi une fois de plus pour faire venir quelque chose de Chicago, et Jim Coburn, à New York, était un homme qui chargeait volontiers les autres de ses commissions, mais qui ne faisait pas les leurs.

Est-ce que Ward savait où Charlie était allé tout à l'heure ? Allait-il profiter, ce soir, en rentrant, de ce que Mabel était seule ?

De cela encore, Charlie ne pouvait plus parler, car on lui répondrait qu'il avait couché avec Mabel, lui aussi, et c'était vrai, cela s'était passé dans la cuisine, un soir que Julia était sortie et que les enfants étaient au lit. Seulement, il sentait que ce n'était pas la même chose.

— Tiens ! voilà Kenneth !

Le sheriff entrait, tout frais de l'air du dehors, tout rose, et lui aussi avait déjà plusieurs verres dans le nez, cela se reconnaissait à son haleine ; il distribuait quelques tapes sur les épaules, touchait le bord de son chapeau, avec peut-être une petite pointe d'ironie, en apercevant Justin.

— Dis donc, Charlie, mon vieux... Sers-moi d'abord un bourbon. Je viens de voir ton client, le Yougo, au poste de police de City Hall, et je te fiche mon billet qu'ils l'ont mis dans un drôle d'état.

Deux regards se rencontrèrent, celui de Charlie et celui, immobile, pensant, de Justin Ward. Ainsi, c'était cela ! Il y avait plus d'une heure que Charlie ne se sentait pas dans son assiette, qu'il avait comme un pressentiment. Maintenant, il avait presque peur de demander des détails à Kenneth, mais les autres s'en chargeaient pour lui.

— Qui a-t-il assommé ?

— Je ne sais pas au juste ce qu'il a fait, car je ne suis pas entré. Quand je suis passé, il y avait au moins une trentaine de curieux, le nez collé aux vitres de City Hall. J'ai seulement entendu ce que les gens racontaient, car ce qui arrive en ville n'est pas de mon ressort. J'ai pu l'apercevoir, lui, un œil presque hors de la tête, la lèvre ouverte, du sang dégoulinant de partout. Il paraît qu'ils ont dû se mettre à cinq ou six pour lui passer les menottes et qu'il a fallu taper dessus à tour de bras pour le maîtriser. Julius est en train de l'interroger avant de le fourrer en tôle.

— Où cela est-il arrivé ?

Il ne pouvait être question d'une bagarre. Le Yougo, ici même, le samedi précédent, s'était montré agressif et, s'il n'avait été entouré de gens qui le connaissaient, cela aurait pu tourner mal.

— A ce que j'ai compris, il était très excité d'avoir de l'argent en poche et il était déjà mûr quand il est arrivé à *la Cantine*.

Charlie se souvint de la silhouette aperçue dans la lumière du néon et ressentit comme un remords.

— Là-bas, des types se sont amusés à le faire boire et parler. Trois ou quatre d'entre eux, le voyant plein aux as, se sont accrochés à lui. J'ignore qui lui a fourré dans la tête l'idée d'entrer dans l'*Hôtel Mose,* surtout quand on connaît le vieux Mose et qu'on a vu comment il vient d'arranger son établissement. Il paraît que les trois qui étaient avec lui marquaient plutôt mal et on a essayé de les empêcher d'entrer. Ce qui s'est passé ensuite est facile à imaginer. Le Yougo s'est fâché. Les autres ont dû filer à temps, car on ne les a pas arrêtés.

» Quand la police est arrivée, le grabuge battait son plein, il y avait des femmes tapies sous les guéridons, le Yougo envoyait les bouteilles et les tabourets autour de lui, tandis que le barman perdait tout le sang qu'il voulait par une blessure au front.

Que serait-il arrivé, qu'arriverait-il, ici, si Charlie, comme il en avait une furieuse envie, saisissait une bouteille par le goulot, une bouteille bien lourde, bien pleine, et l'écrasait sur la gueule de Justin qui jubilait silencieusement dans son coin et qui avait l'air de jouir ?

Charlie s'en voulait de ne pas le faire. Cela l'aurait soulagé une bonne fois.

— Ça va lui coûter cher, remarqua le menuisier qui faisait des cercueils pour les Pompes funèbres.

— Soixante jours pour ce qui s'est passé au bar, répliqua le sheriff sans hésitation. C'est le tarif. Mais, s'il a eu le malheur de frapper les types de la police, comme ça en a bien l'air, il est possible qu'on lui colle six mois ou plus. Et, après, cela ne fera que commencer.

Il en parlait avec le détachement d'un homme dont c'est le métier d'envoyer les gens en prison.

— Est-ce qu'il a sa naturalisation, Charlie ?

— Je n'en suis pas sûr, je crois que oui.

— Ce serait déjà ça. Sinon, il peut s'attendre à être expulsé du territoire des U.S.A. De toute façon, on va fourrer le nez dans ses affaires. Jusqu'ici, on n'a rien dit, parce qu'il se tenait tranquille, mais je prévois que les ligues de femmes vont s'en occuper sérieusement. On commencera par l'histoire de la petite à qui il a fait un enfant et qui n'est pas majeure.

— Il paraît que ses parents étaient d'accord, prononça Charlie qui, tout en parlant, se rendit compte de l'énormité de ce qu'il disait.

On le regarda, en effet, avec une certaine surprise — comme Chalmers l'avait regardé quand il avait parlé de la photographie, comme Nordell, tout à l'heure, avait accueilli ses révélations—, et il décida de se taire.

— La commission d'hygiène, à son tour, ira fureter dans sa maison, et la ville lui demandera de quel droit il s'est approprié une parcelle du terrain communal. Je dois en oublier. Je ne sais pas si les coups qu'il a reçus l'ont dessoûlé, sinon je serais curieux de voir sa tête quand il se réveillera demain matin au violon.

» Ce n'était pas un méchant type. Le malheur, avec ces gens-là, c'est qu'on ne sait jamais à quoi s'attendre.

Charlie préféra tourner la tête vers les bouteilles. Le sheriff avait commencé. Les autres continueraient. Tout le monde finirait par s'y mettre.

— Une bière, Charlie, s'il vous plaît !

Justin en avait eu un, jusqu'au bout ! Charlie en avait vu d'autres, dans des situations semblables, mettre des années à se dépêtrer. A tout le moins Mike devrait quitter la ville, avec une note de police qui le suivrait partout.

— Attention, Charlie !

C'était Ward, la crapule, qui lui disait ça, d'une voix doucereuse au moment où Charlie, le sang soudain à la tête, allait peut-être faire une bêtise à son tour.

— Qu'est-ce que tu as ? questionna Kenneth.

— Rien. J'ai failli me couper en ouvrant la bouteille.

Il allait neiger toute la nuit et demain les deux femmes s'étonneraient de ne pas voir leur grand mâle affalé sur la paillasse. Les enfants demi-nus, les bêtes à l'haleine chaude se mettraient à tourner en rond, et il n'y aurait personne, dans deux jours, dans trois jours, pour leur donner la pâtée.

Des dames viendraient sans doute, dans leur voiture, suffoquées et apitoyées, qui enverraient la douce fille dans une maison de redressement, les bêtes, Dieu sait où, les enfants dans quelque institution charitable bien lugubre.

Ward en avait eu un, le plus faible, le plus vulnérable, peut-être celui qu'il enviait le plus à cause de la chaleur de sa tanière et de son grand rire innocent.

Presque sans transition, les buveurs du samedi, dans le bar, étaient redevenus des citoyens.

— Cela devait arriver un jour ou l'autre.

— C'est étonnant que cela ne soit pas arrivé plus tôt, car, en somme...

— Oui ! C'était assez fort de café !

— Sa femme ne s'est jamais plainte ?

— Au contraire. Elles étaient toutes les deux comme des nonnes dans un couvent.

— Dis donc, Saounders !

Saounders, à tort ou à raison, avait la réputation d'un trousseur de jupons.

— Je pense que, dans pas bien longtemps, on va te voir rôder plus souvent qu'à ton tour autour de ce couvent-là.

La radio, en sourdine, jouait un chant de Noël, un joyeux chœur d'enfants, et là-bas, à un coin de Main Street, sous la neige qui se posait délicatement sur les épaules, les derniers curieux se détachaient des vitres de City Hall.

Une porte s'était fermée sur le Yougo, qui avait maintenant des barreaux autour de lui, comme un grand fauve dont il avait la mine.

Chez Charlie, un homme vêtu de bleu prenait une boîte ronde dans la poche de son gilet, saisissait une pilule entre ses doigts et la posait sur une langue jaunie par la nicotine.

Quand il se coucha et repoussa Julia vers le mur d'un coup de derrière, Charlie grogna :

— Il l'a eu ! Mike est en tôle !

Mais elle dormait profondément et ne l'entendit pas.

8

Le dimanche matin, Charlie avait téléphoné à Bob Cancannon, qui s'était déjà mis au lit pour tout l'hiver, comme il le faisait chaque année, et il avait fini par lui arracher la promesse qu'il serait au County House le lundi matin.

Dès les beaux jours, et jusqu'à la fin de l'automne, Bob venait en moyenne trois fois par jour chez Charlie, et il lui arrivait de ne pas quitter le bar de la journée. Sa grande joie était de passer pour quelqu'un de la maison et il répondait volontiers au téléphone, donnant gravement la cote des chevaux et prenant les paris.

C'était l'héritier de la plus vieille famille du comté, et le parc municipal, qui avait été le jardin de leur maison, s'appelait le parc Cancannon. Il habitait, seul avec une respectable gouvernante qui l'avait connu gamin, une maison qui comportait au moins douze chambres, bourrées d'objets anciens, qu'il ne se donnait pas la peine d'entretenir.

On le voyait rarement tout à fait à jeun. Il commençait à boire dès le matin, dans sa chambre, dans son lit, à se gargariser, comme il disait. Il ne buvait que du cognac et il y avait une certaine marque de cognac que, grâce à lui, on pouvait trouver dans tous les bars de la région. Dans certains on disait : la bouteille de Cancannon.

Il était avocat, mais ne plaidait pour ainsi dire pas ; à une certaine époque, il s'était laissé pousser dans la politique et avait été élu maire, mais, vite écœuré, il avait donné sa démission.

Grand et gros, il portait sur presque tout le visage une barbe rousse taillée court et, comme elle était fort drue, cela lui donnait l'air d'un sanglier. Il grognait, toussait, crachait, racontait des énormités d'une voix claironnante, n'aimait rien autant que scandaliser la partie puritaine de la population dont sa famille faisait partie.

— ... Toutes les deux ? Et la petite a un enfant aussi ? C'est un gaillard, dis donc, ton Yougo ? Les vieilles madames vont en baver comme les limaces !

C'est ainsi que Charlie, qui le connaissait bien, l'avait eu. Cela ne dépendait plus maintenant que d'un peu plus ou un peu moins de cognac, du temps qu'il ferait le lundi matin et du livre que Bob aurait eu à sa portée le dimanche soir.

Car c'était pour lire en paix qu'il se cantonnait ainsi dans son lit. Tous les libraires de Boston, dont il était le meilleur client, lui envoyaient leur catalogue, et il faisait venir des livres directement d'Europe, il en traînait partout dans la maison, sur les meubles et sur les planchers, sans que la vieille gouvernante eût le droit d'y toucher.

— Je suis victime de l'intelligence humaine ! lui arrivait-il de dire comiquement.

A sept heures, le lundi matin, Mike fut transféré de City Hall à la prison aménagée derrière County House et, après avoir été douché, il avait dû endosser un complet en toile brune décolorée portant un numéro et les initiales du comté.

C'est dans cette tenue qu'à neuf heures et demie, menottes aux poignets, entre deux gardes, on le conduisit à la Justice de Paix, où une dizaine de personnes arrêtées pour excès de vitesse, ou pour avoir conduit en état d'ébriété, attendaient.

Il y avait quelques bancs vernis, comme dans une classe ; la pièce, avec ses murs blancs, et son drapeau étoilé, faisait penser à une école. Mike avait un œil complètement fermé, la bouche déformée. Il détourna la tête quand il aperçut Charlie en compagnie d'un grand bonhomme barbu qui avait toujours l'air de rouler des pensées féroces dans sa tête, et il fut encore plus gêné quand l'Italien le rejoignit à son banc.

— Ecoute, Mike, car c'est important. Quand on te demandera si tu as un avocat, tu répondras que tu as choisi Bob Cancannon. D'ailleurs, il sera là et parlera pour toi. C'est lui qui est avec moi.

Le Yougo avait eu un geste de protestation et sans doute aurait-il donné gros pour ne pas être vu en si piteuse posture, surtout par Charlie.

— Ne t'inquiète pas pour les frais. Cancannon est riche et ne te fera pas payer. C'est un ami. Maintenant, retiens ce que je te dis. Tout ce que fera cet homme, ce sera pour ton bien. Tu entends ! Tu ne connais pas la loi et il la connaît. Tu n'as pas envie qu'Ella aille dans une maison de correction jusqu'à vingt et un ans, n'est-ce pas ? Ni que ton bébé soit mis dans un orphelinat ?

Mike ne comprenait pas très bien, ne faisait même pas d'effort pour comprendre, inquiet qu'il était des allées et venues autour de lui, et surtout d'une petite porte entrouverte sur laquelle il était marqué « privé ».

— Peu importe. Ne t'inquiète pas. Laisse faire Bob et tout ira bien.

Charlie craignait un peu la venue de Justin, et le Yougo paraissait s'y attendre aussi, mais on ne le vit pas, le juge prit place à son banc, l'air distrait, et cela alla très vite. Il lut rapidement quelques phrases que personne ne comprit, regarda Mike, puis, comme Cancannon s'avançait, en pelisse, son chapeau à la main, se tourna vers lui.

— Je prends la cause et demande la remise en janvier.

Et, à mi-voix, au juge qui était un de ses petits-cousins :

— Cela t'épate, vieux Dick ?

Le juge feuilletait un agenda.

— 19 janvier ?

— Ça colle.

— Je suppose que vous ne réclamez pas la liberté sous caution ?

Cancannon fit signe que non, et ce fut tout. Mike, à qui on retira les menottes, traça une croix à un endroit qu'on lui désignait et retourna dans sa prison, qui était au bout du couloir, séparée par une grille du reste de County House.

L'avocat avait à la porte une vieille limousine qu'il gardait depuis quinze ans et pour laquelle on devait faire venir les pièces de rechange de Detroit.

Les coussins étaient encore en vrai cuir, les phares en cuivre, et de minuscules initiales étaient peintes sur les portières.

— Je crois qu'elles seront moins effrayées si vous y allez seul, lui dit Charlie sur le perron. Toute la question sera de vous faire comprendre.

Rentré au bar, il trouva Justin à sa place et se contenta de le saluer vaguement, puis, parce qu'il avait l'impression, comme Cancannon, de lui jouer un bon tour, il se mit à fredonner tout en rangeant ses tiroirs et en époussetant les rayons.

Il devint plus anxieux à mesure que les heures passaient, mais enfin, vers une heure, il reçut un appel de longue distance.

— La jeune demoiselle est en train de casser la croûte dans une *cafeteria,* annonça Bob, qui appelait d'une petite ville de la côte où il s'était arrêté. Pour ma part, j'ai déniché un endroit où l'on sert autre chose que du lait, du café et du Coca-cola, et je recharge mes accus. Le bébé se porte bien, merci. Il a tété le sein de sa maman pendant une bonne partie du trajet, et je devais avoir l'air fin. Si je n'ai pas téléphoné plus tôt, c'est que je n'en ai pas eu l'occasion. Comme il fallait s'y attendre, je me suis trompé de route et nous n'avons traversé que des patelins qui défient toute description.

— Elle s'est laissé facilement emmener ?

— Moins difficilement que je n'aurais cru. J'ai fait beaucoup de gestes et employé tous les mots de langue étrangère que je connais, y compris le grec et le latin. Elle a fini par m'écrire le nom et l'adresse de son papa sur un morceau de papier. L'autre ne voulait pas la laisser partir, et j'ai cru un moment que c'était elle qui l'emporterait. Je crois que la petite a fini par comprendre qu'elle avait toutes les chances d'être séparée de son bébé, et peut-être a-t-elle cru qu'on la mettrait en prison. En tout cas, elle n'est pas loin de nous considérer comme des sauvages.

» — *Pas faire de mal. Pas faire de mal personne !* répétait-elle. *Nous venir à pays libre.*

» Je t'en fiche ! La même chose, jeune homme !

— Qu'est-ce que tu dis ?

— Je parle au jeune crabe qui tient lieu de barman ici et je lui fais signe de m'apporter du remontant. Le plus surprenant, c'est que nous n'avons pas eu une seule panne. Je trimbale trois ou quatre poulets vivants dans un cageot, des lapins dans un autre, et j'ai évité la chèvre de justesse.

» Elles se sont embrassées en pleurant, et j'avoue que c'était rigolo de voir celle qui restait, toute seule, sur un monticule de détritus, à nous faire de grands signes silencieux.

» Je ne sais pas si je vais trouver le village dont elle m'a écrit le nom, car personne, par ici, n'a l'air de connaître le patelin, et depuis une heure je navigue dans le brouillard. Je voudrais bien être de retour avant la nuit. La dernière fois que j'ai pris la bagnole, je crois me souvenir que les phares ne fonctionnaient pas.

» Un autre, jeune homme. Mais oui ! Dans le même verre, sacrebleu. Je ne suis pas dégoûté !

» A tout à l'heure, vieux Charlie. Et, si tu te décides à empoisonner le crocodile, je te défendrai gratis !

Ainsi, on avait paré au plus pressé. Grâce à Cancannon, qui reprocherait toute sa vie à Charlie de l'avoir arraché de son lit en plein décembre pour lui faire jouer les Santa Claus, Ella serait loin, dans un autre comté, quand la police irait fourrer le nez au domicile du Yougo, à qui une des charges les plus grosses de conséquences serait ainsi probablement évitée.

La neige tournait à nouveau en boue, et le billard d'en face n'avait jamais paru plus sinistre, avec le vieux Scroggins qui se vidait les bronches à grands bruits rauques et, dès quatre heures de l'après-midi, des gosses qui jouaient les gangsters autour du billard.

Ce n'est que vers cinq heures, par Saounders, que Charlie fut au courant du nouvel événement, et Justin était présent pendant le récit :

— Tu sais ce qui s'est passé chez Goldman ?

Parce qu'il s'était absenté le matin pour se rendre au County House, Charlie n'avait pas vu deux policiers en civil pénétrer chez le brocanteur, vers neuf heures et demie, et ensuite il n'avait plus mis le nez dehors de la journée.

— On l'a cambriolé ?

— La nuit dernière.

Goldman n'habitait pas dans la rue, où il n'avait que son magasin, mais vivait dans le vieux quartier, non loin de chez Bob Cancannon. Il partait le soir, confiant dans les grillages de ses vitrines et dans un système d'alerte électrique qu'il avait fait installer deux ans plus tôt.

— On n'a pas essayé d'ouvrir le coffre-fort, où il n'y a jamais, la nuit, que de vieilles montres et quelques bijoux anciens sans grande valeur. La porte n'a pas été forcée et on n'a pas touché à la devanture. J'étais dans ma cour, à côté, quand les détectives discutaient le coup dans l'allée. D'après eux, le voleur s'est introduit par une lucarne, plus exactement par un simple trou d'aération qui se trouve à une dizaine de pieds du sol. Même en grimpant sur une des poubelles, qui encombrent l'allée, un homme ne peut atteindre le trou, et surtout il ne pourrait s'y introduire, faute d'un passage suffisant. C'est pourtant par là, paraît-il, que le cambrioleur est passé. Pour remonter, de l'intérieur, il savait probablement trouver une échelle pliante dans le magasin.

— Qu'est-ce qu'on a volé ?

— Une demi-douzaine de revolvers et des cartouches. On a choisi les armes les plus modernes, du plus gros calibre, rien que des automatiques. Une serviette en cuir a disparu aussi, et on ne l'avait vraisemblablement emportée que pour y mettre les armes et les munitions. Il y avait dans la vitrine plusieurs fusils de valeur, auxquels on n'a pas touché. Il y avait aussi des appareils photographiques, dont certains pourraient se revendre jusqu'à cent cinquante dollars pièce.

Charlie ne se donna pas la peine de regarder dans la direction de Ward, qui restait immobile devant son verre de bière. Combien de fois il avait connu ça, dans les faubourgs populeux où il avait travaillé à ses débuts ! Cela commençait invariablement par un vol d'armes. C'était la base même d'un gang.

Ils étaient quelques-uns, maintenant, qui possédaient les moyens d'essayer leur sang-froid et qui devaient brûler du désir de commencer.

— Pas d'empreintes digitales, bien entendu ?

Ces gosses-là lisaient tous les romans policiers à deux sous et des magazines spécialisés dans les histoires de détectives. Sans doute, sur le plan technique, en remontreraient-ils aux constables locaux.

— Je finis par me réjouir, souffla Saounders en guise de conclusion, de n'avoir que des filles.

Pauvre Saounders, qui avait tant rêvé d'avoir un garçon et qui avait cinq filles, toutes charpentées comme lui, avec les traits mal dégrossis et les bons yeux de leur père.

Julia avait écouté à la porte de la cuisine, comme chaque fois qu'il était question d'enfants.

— On ferait mieux de fermer les endroits où on leur apprend à jouer de l'argent ! lança-t-elle, de loin, avec un vilain regard à Justin.

A quoi bon ? Charlie sentait que celui-ci avait gagné la partie et il avait fait, lui, tout ce qu'il pouvait faire, il avait réveillé le gros Cancannon, qui, à tout le moins en ce qui concernait Mike, limiterait les dégâts.

Il commençait à nouveau à s'inquiéter de Bob quand, au moment où il se mettait à table pour dîner, l'avocat l'appela au téléphone et le maudit d'abord de l'avoir embarqué dans cette aventure.

— Où es-tu ?

— Dans un bar, évidemment, où ils n'ont que du mauvais whisky.

— Mais où ?

— Sais pas. C'est marqué nulle part. Au bord d'une route où il y a une pincée de maisons. On m'a expliqué combien de fois je dois tourner à droite, puis à gauche, puis encore à droite, pour me retrouver sur une route numérotée.

— Ella ?

— C'est fait. Elle est chez ses vieux.

— Comment cela s'est-il passé ?

— Très bien ! Il a fallu que toute la famille s'y mette pour dégager ma voiture que j'ai embourbée à trois cents pieds de chez eux. C'est quelque part au bord de la mer, dans une sorte de marais où on ne reconnaît pas l'eau de la terre ferme.

Charlie imaginait une bicoque dans le genre de celle du Yougo.

— Ce sont des gens très bien, sauf qu'à part les plus jeunes ils ne parlent pas un traître mot d'anglais. Le père a assez l'air d'un pirate d'opéra, mais il se contente de pêcher des *clams* et de poser des casiers à langoustes. Dis donc, Charlie, je veux bien raconter, mais je te préviens que j'ai fait mettre la communication à ton compte.

— Je sais.

Cela amusait Bob de passer pour avare et il affectait volontiers de compter la menue monnaie qu'on lui rendait, discutait l'addition dans les restaurants et, aux stations d'essence, criait d'une voix forte : « La moins chère ! »

— Tout ça s'est embrassé, et le bébé a commencé à passer de main en main. Il y en a, des mains ! Ils sont au moins une douzaine, là-dedans, peut-être davantage, avec des filles mariées, tous de la même race, et leur cuisine ne sent pas mauvais du tout. Ils m'ont fait boire un verre d'alcool de leur pays qui a un drôle de goût et qui est plus fort que ce que j'ai jamais bu. Un des gamins, qui va à l'école, a traduit ce que j'avais à dire au père, qui m'a promis en retour de garder la fille et le bébé chez lui et de ne s'occuper de rien. Si on vient l'interroger, il fera l'idiot, et le gamin me tiendra au courant. A présent, je vais essayer de partir et de retrouver ma route, et demain matin je m'éveillerai certainement avec une pneumonie mortelle.

Jusqu'au moment de la fermeture, Charlie espéra le voir arriver, tressaillant chaque fois qu'il entendait une voiture qui avait des ratés ou qui faisait un bruit de ferraille. Mais sans doute Cancannon rencontrerait encore bien des bars en bordure de routes mystérieuses avant de retrouver le chemin de la ville et de la vaste maison où sa gouvernante l'attendait.

Par acquit de conscience, Charlie appela celle-ci au bout du fil.

— Bob n'est pas rentré ? Je m'en doutais et je vous appelle justement pour vous dire de ne pas vous inquiéter. Il rentrera sans doute très tard dans la nuit.

— Vous n'avez pas honte de l'envoyer dans la campagne par un temps comme celui-là ? Je sais qui vous êtes, allez ! Peu vous importe, à vous, ce qui arrivera, car ce n'est pas vous qui le soignerez !

Charlie soigna son propre rhume, ce soir-là, prit de l'aspirine, un double grog, se fit badigeonner la gorge par Julia et transpira tant qu'elle dut se relever au milieu de la nuit pour changer les draps. Quelle heure pouvait-il être ? Cela devrait rester pour Charlie la journée et la nuit des téléphones. Debout, enveloppé d'une couverture, pendant que Julia refaisait le lit, il entendit la sonnerie, en bas, et, dans son demi-sommeil, crut d'abord que c'était le réveille-matin de la cuisine. Puis il se dit qu'il était peut-être arrivé quelque chose à Cancannon et rejeta la couverture, chercha sa robe de chambre, s'engagea dans l'escalier, tandis que Julia lui criait :

— Mets au moins tes chaussettes !

La sonnerie insistait tellement, d'une façon si dramatique, qu'il ne prit pas la peine de tourner le commutateur, de sorte que le bar n'était éclairé que par l'imposte, au-dessus de la porte, qui laissait passer la lumière d'un réverbère.

— *Hello !* vieux Charlie.

C'était la voix, non de Bob Cancannon, mais de Luigi, qui avait l'air amusé en entendant Charlie questionner :

— Quelle heure est-il ?

— Ici, il est onze heures et demie. Chez toi, il doit être passé une heure du matin, si je ne me trompe. Dis donc, je t'ai réveillé ? Cela ne fait rien.

Luigi paraissait alerte, très gai, et on entendait de la musique, des chocs de verre, un murmure de voix, parmi lesquelles des voix et des rires de femmes.

— Tu ne connais pas Gus, mais ça n'a pas d'importance. C'est un de mes meilleurs clients et un de mes amis. Allô ! Tu es toujours là ?

Julia était descendue avec la couverture dont elle essayait d'entourer les épaules de son mari, qu'elle voulait faire asseoir pour lui mettre ses chaussettes.

— Gus est un gars de Saint-Louis, qui a fait son chemin et qui vient boire une bouteille chez moi chaque fois qu'il monte à Chicago. C'est lui qui veut te parler. Je te le passe.

— *Hello !* Charlie. Les amis de mes amis sont mes amis, et je suis sûr que tu dois avoir une bonne bouille. Dommage qu'on ne puisse pas trinquer par téléphone, car nous sommes en train de déguster un de ces champagnes comme je n'en ai jamais bu de ma vie.

Une voix de femme éméchée cria dans l'appareil :

— Il est fameux !

— Ne fais pas attention, Charlie. C'est Dorothy... Non, Dorothy, laisse-moi parler affaires avec ce vieux Charlie... C'est à propos de ton copain, Charlie, tu sais, celui dont Luigi a accroché la photo dans le bar... Une jolie crapule, dis donc, cette punaise-là... J'ai dit tout de suite à Luigi :

» — Méfie-toi de cet oiseau, mon pote. Nous, à Saint-Louis, on est payé pour le connaître. Je ne sais plus pendant combien d'années on l'a eu, mais en tout cas on en a eu son compte. L'Avocat, qu'on l'appelait. Et il paraît qu'il est vraiment calé en droit. Il ne peut pas pratiquer, mais il donnait quand même des consultations, surtout dans les bars, les dancings et les *night clubs* miteux. Tu vois le genre ?... Il y en a toujours qui ont besoin de renseignements et qui n'aiment pas s'adresser à des bureaux sérieux... Allô !... Tu es là, Charlie ?

On l'entendit qui demandait, sans doute à Luigi :

— C'est bien Charlie qu'on l'appelle, le mec ?

» Allô ! Alors, c'est pour te dire de te tenir à carreau. Avec son truc de consultations, il s'arrange pour tirer les vers du nez aux gens et, ensuite, ne se gêne pas pour les faire chanter. Ici, il s'occupait surtout des pauvres filles qui ne sont pas en règle ou qui ont des ennuis... Qu'est-ce que tu dis, Luigi ? De ne pas parler de ça au téléphone ? Comme si je ne parlais pas à mots couverts !... Tu me comprends, Charlie ? Bon ! Moi, je n'ai rien à voir avec ces trucs-là. Je suis dans un business tout ce qu'il y a de régulier, dans la construction, avec des *bulldozers* et tout le tremblement. Mais j'ai un ami qui s'intéressait à une petite de dix-sept ans. Il a eu le malheur, une seule fois, de l'inscrire à l'hôtel comme sa femme, de l'autre côté du Missouri, et il a craché je ne sais combien à l'Avocat pour s'en tirer. S'il est encore dans tes parages, casse-lui la gueule tout de suite. C'est le seul moyen. C'est pour cela que je te téléphone. C'est ce qu'ils ont fait chez nous. Ils se sont mis à trois pour lui apprendre à vivre. Ils l'ont déshabillé, une nuit, l'ont rossé copieusement et l'ont lancé dans la rivière en lui promettant que, si on le revoyait, ils auraient soin, la prochaine fois, de lui attacher un caillou aux pieds.

» C'est après ça qu'il a disparu.

— Il y a combien de temps ?

— Dans les deux ans. Mais oui, ma cocotte, je te laisse poser ta question...

Et la voix de femme de prononcer :

— Quel temps fait-il, là-bas ? Vous êtes au bord de la mer ?

— La mer est à quarante milles et il neige.

— Merci.

— Allô ! Charlie, disait Luigi. Te voilà renseigné. Je t'en écrirai plus long quand j'en aurai l'occasion. Je commence à croire, en tout cas, que c'était Alice qui avait raison. A propos, elle est revenue ici. Elle a regardé la photographie un moment, puis, sans faire de réflexions, a commandé un double *manhattan*. Bonne nuit, frère !

— Bonne nuit, cria le client de Saint-Louis qui devait être occupé à se verser du champagne.

Le matin, Charlie dut rester couché pour de bon, car il se réveilla avec de la température, et Julia téléphona au médecin sans lui en demander la permission. De sorte qu'il eut sur sa table de nuit des drogues à prendre toutes les deux heures, un immense pot de limonade qui lui rappelait les grippes de son enfance et du bouillon de légumes écœurant.

Il en était réduit à imaginer les allées et venues d'après les bruits qui montaient jusqu'à lui, et la porte d'entrée ne s'ouvrait pas une fois sans le tirer de la somnolence où il lui arrivait de se laisser glisser. Aux heures où il savait que Ward était venu, il donnait des coups sur le plancher pour appeler Julia qui arrivait tout essoufflée d'avoir hissé ses cent soixante ou cent soixante-dix livres dans l'escalier en colimaçon.

— Qu'est-ce qu'il a dit ?

— Il m'a demandé si tu étais parti en voyage et j'ai répondu que non.

— Il sait que je suis couché ?

— Oui. Il te souhaite d'être guéri pour les fêtes.

— Qu'est-ce que ça peut lui faire ?

— Il a lu tout son journal et il est parti.

Il, c'était nécessairement Ward, dont Charlie évitait autant que possible de prononcer le nom.

— *Il* ne t'a parlé de rien d'autre ?

— Non.

— Tu n'as pas été grossière avec lui ?

— Je lui ai simplement fait remarquer qu'il y avait suffisamment de cendriers sur le bar pour ne pas jeter ses mégots par terre.

— Saounders n'est pas venu ?

— Pas ce matin.

— Ni Goldman ?

— Je n'ai eu que des déménageurs qui ont bu le coup sur le pouce et le livreur de bière. Tout est en ordre dans la cave. On a téléphoné au sujet des courses, et j'ai répondu qu'il n'y en avait pas aujourd'hui.

— Mais il y en a !

— Cela ne fait rien. Dans un moment, je te monterai ton bouillon. Essaie de ne pas te découvrir.

— Passe-moi seulement mes cigarettes.

— Qu'est-ce que le docteur t'a dit ?

— J'en tirerai deux bouffées, juste pour enlever le mauvais goût du médicament.

Il s'endormit après un bouillon et rêva de Mike, qu'il voyait en tenue de prisonnier. Mais c'était un uniforme de fantaisie, à rayures, qui lui donnait l'air d'une guêpe, et la prison n'était pas non plus une vraie prison. C'était dans une maison immense, au bord de la mer, vitrée comme un casino. On y voyait un grand nombre de femmes et d'enfants, quelques adolescents aussi, et un vieillard qui paraissait être le chef et ressemblait à l'Abraham des bibles illustrées.

Mike aussi, à certains moments, paraissait avoir une barbe. Tous parlaient un langage inconnu, d'une voix douce comme une musique, et Charlie crut apercevoir des enfants nus qui jouaient de la harpe dans les coins.

Sans doute le Yougo était-il une sorte de chef également, peut-être même supérieur au patriarche, car toutes les femmes et tous les enfants lui appartenaient, et il circulait parmi eux avec une souple aisance de danseur.

Un bruit, pourtant pas très fort, le réveilla en sursaut et, en regardant l'heure, il comprit que c'était Ward qui venait d'ouvrir la porte du bar. Justement, il l'attendait dans son rêve, il ne savait pas pourquoi, ni sous quelle forme, et il fut déçu d'avoir été interrompu par la réalité.

En tout cas, Luigi n'avait pas répété :

— *Ne sois pas trop méchant avec Frankie !*

Il admettait maintenant que, jadis, c'était la petite de l'ascenseur qui avait probablement raison.

Luigi avait une belle vie, là-bas, à Chicago. Il voyait tout le monde défiler chez lui, les gens les plus intéressants des quatre coins de l'Amérique, car tout le monde passe par l'*Hôtel Stevens,* et il est bien rare qu'on y descende sans aller manger un spaghetti, au moins un soir, après le théâtre, chez Luigi.

Il devait être riche, à présent qu'il avait eu le temps de rembourser l'argent emprunté, pour lequel il s'était fait tant de soucis. Cependant, Charlie ne l'enviait pas. Il avait fait son chemin lui aussi, quelques étages plus bas ; il était à son compte et personne ne le commandait. Luigi était pour ainsi dire seul. Il avait perdu bêtement sa femme, dans un accident, quinze ans plus tôt, et sa fille, qui s'était mis en tête de faire du cinéma à Hollywood, ne lui écrivait que pour lui réclamer de l'argent.

— Tu devrais téléphoner à Bob pour avoir de ses nouvelles, Julia. Cela m'inquiète qu'il ne m'ait pas appelé depuis ce matin.

Quand elle remonta, il questionna :

— Qu'est-ce qu'il a dit ?

— Que tu ailles au diable ! Il est resté en panne jusqu'à six heures du matin à huit milles de la ville et a dormi dans le fond de sa voiture.

— Tu ne lui as pas appris que j'étais malade ?

— Il a répondu que c'était bien fait pour toi et qu'il ne se lèverait plus que pour ton enterrement.

— Il n'est venu personne ?

— Kenneth est passé.

— Il n'avait pas à me parler ?

— Je ne pense pas. Ils sont tous alertés, à ce qu'il m'a dit, à cause des maudits revolvers. On s'attend à des *hold up* dans la région. Alors ils ont doublé les patrouilles.

— Il y a des gosses au billard ?

— Je n'ai pas regardé.

— *Il* est venu ?

— Il était là quand j'ai téléphoné à Cancannon.

— Il est sûrement au courant du départ d'Ella, et cela doit le faire enrager. J'aurais voulu pouvoir parler de lui à Bob. Demain, j'irai le voir.

— Demain, tu resteras au lit.

— Demain, je serai guéri.

— Et tu descendras sans doute pour donner la grippe aux enfants ?

Ça lui manquait d'être à son bar, d'avoir par les uns et les autres, à toute heure de la journée, les échos de la ville. Il lui semblait qu'on allait profiter de ce qu'il était bouclé dans sa chambre pour déclencher des catastrophes.

— Ce soir, je te mettrai des cataplasmes.

— Le docteur ne l'a pas dit.

— Il ne t'a pas dit non plus de fumer, et tu le fais.

— Sais-tu, Julia, que je commence à mieux *le* comprendre ?

— La belle avance !

— Sa force, vois-tu, c'est de savoir ce que pensent les autres avant qu'ils s'en rendent compte eux-mêmes. Ou, plutôt, c'est de découvrir les saletés cachées, les petites saletés qu'on ne s'avoue pas volontiers. Tiens ! Il me fait penser à Eleanor, qui n'a qu'à renifler quelqu'un pour savoir de quelle maladie il souffre.

— Au besoin, elle en invente.

— Peut-être qu'il en invente aussi. Il doit savoir tous les vices et il les devine chez les gens.

— Si tu essayais de dormir encore un peu ?

— Je ne parle pas seulement des gros vices, tu comprends, mais des petites choses malpropres, ou même douteuses...

— Mais oui. Mais oui.

— Dès qu'il y a quoi que ce soit d'un peu trouble, il le sent...

— Ça doit être bien agréable !

— Ne te moque pas, Julia. Cela explique que tout le monde soit plus ou moins gêné devant lui.

— Toi aussi ?

— Cela explique aussi que les gosses, qui rêvent d'être des terreurs, soient impressionnés.

Elle le couvrit jusqu'au cou, lui mit un bout de couverture sur la bouche, descendit le pot de limonade vide, installa autour de la table, dans la cuisine, avec des livres d'images, les enfants qui venaient de rentrer.

— Surtout, essayez de ne pas faire de bruit. Votre père dort.

Tout était simple avant que l'homme vînt rôder dans le quartier en jetant sa jambe gauche de travers, en avalant des pilules et en refermant les portes derrière lui comme s'il avait peur de voir entrer le diable !

Charlie ferait mieux de ne plus s'en occuper, car cela ne pouvait rien amener de bon. Vous voulez un verre de bière ? Voilà ! Je suis là pour ça. C'est vingt-cinq *cents*. Bonjour ! Bonsoir !

Tandis qu'à force de se tracasser il finirait par faire des bêtises. Et

Cancannon n'était pas l'homme à l'en empêcher. Au contraire ! Il était riche, lui, tellement riche, disait-on, qu'il n'y avait pas à Boston même de fortune égale à la sienne. Il pouvait s'amuser à vivre autrement que les autres, à se moquer des politiciens et à faire enrager les vieilles dames de la société qui étaient toutes plus ou moins ses tantes ou ses cousines.

— Allô ! Non, c'est Julia. Sa femme, oui. Il est dans son lit avec la fièvre. Qui parle ?

Elle n'entendit pas le nom. Cela paraissait venir de loin. Puis on avait raccroché.

— Qui était-ce ?

— Je ne sais pas. Sans doute quelqu'un qui s'est trompé de numéro.

— Je t'ai entendue répondre que j'étais au lit.

— C'est vrai. Je n'y pensais plus. Alors c'est qu'on a coupé la communication. Peut-être va-t-on rappeler ?

— C'était de la ville ?

— Je ne sais pas. On entendait mal.

— C'était peut-être Luigi ?

— Tu ne t'attends pas à ce que Luigi t'appelle tous les jours en longue distance pour te parler d'une histoire qui ne l'intéresse pas ?

Ce coup de téléphone le chiffonnait. Il restait aux aguets. On ne rappelait pas, et les heures passaient, les enfants dînaient en bas, puis on les mettait au lit et, tour à tour, ils lui criaient le bonsoir dans le corridor.

— Bonsoir, daddy !

— Bonsoir, Sophie... Bonsoir, John... Bonsoir, Martha...

Pourquoi ne rappelait-on pas ? Pourquoi avait-on raccroché en entendant la voix de Julia ?

— *Il* est en bas ?

— Depuis un quart d'heure.

— Qu'est-ce qu'il fait ?

— Il est en train de discuter avec le sheriff.

— Kenneth est revenu ?

— Il vient d'arriver. Il prétend que tout est calme, qu'il ne se passera rien aujourd'hui ni les prochains jours, que ce sont probablement des garçons de Calais qui sont venus voler les armes.

— Il sait bien que ce n'est pas vrai.

— Pourquoi n'est-ce pas vrai ?

— Parce que des gens de Calais n'auraient pas connu le trou d'aération et n'auraient pas su qu'il y avait une échelle à l'intérieur pour remonter.

— C'est possible. Je répète ce que j'ai entendu.

— Et *l'autre* ?

— Je n'ai pas pu écouter tout le temps. Je crois qu'il a dit à peu près la même chose que toi, puis il a parlé de l'allée.

— Ils sont toujours au bar tous les deux ?

— Je crois. A moins qu'ils ne soient partis depuis que je suis montée.

— Qui est-ce qui paie ?

— Ward a offert une tournée.

— Descends et écoute, puis reviens me dire tout. Essaie de retenir.

Mais quand elle remonta, un quart d'heure plus tard, elle avait à peu près les mains vides.

— Kenneth est parti presque tout de suite après que je suis arrivée. Je l'ai entendu qui murmurait :

» — *Ce n'est peut-être pas bête. On pense toujours aux autres et pas à ceux-là, qui sont souvent les plus enragés.*

» Il a ajouté, la main déjà sur la poignée de la porte :

» — *De toute façon, cela regarde la police locale. J'en toucherai un mot au chef si je le vois. Mes fonctions, à moi, commencent aux portes de la ville.*

— Et *lui* ?

— Quoi, lui ? Il est toujours sur son tabouret, et il n'y a personne d'autre dans la salle, qu'Aurora qui vient d'entrer et qui est allée s'asseoir ostensiblement au bout opposé du comptoir.

— Tu n'entends pas le téléphone ?

— Non.

— Descends vite. Il serait capable de décrocher et de répondre.

— Quand je remonterai, ce sera pour ton cataplasme, Charlie ! Je te préviens afin que tu t'y prépares.

Elle ne se plaignait pas d'avoir grimpé plus de vingt fois l'étage ce jour-là.

9

Il dut rester au lit trois jours, pendant lesquels il n'eut des nouvelles de l'extérieur que par l'intermédiaire de Julia. Le second jour, qui était le mercredi, il fut si accablé qu'il s'occupa peu de ce qui se passait autour de lui. Il était rouge, les cheveux collés au front, la respiration bruyante, et quand sa femme, vers quatre heures, appela à nouveau le médecin, celui-ci lui fit une injection de pénicilline.

Pendant tout ce temps-là, pourtant, il ne fut jamais débarrassé de Justin Ward et, dans ses cauchemars, il y eut des luttes farouches, qui le laissaient haletant, mais dont il ne gardait qu'un assez vague souvenir au réveil. Il essaya encore de questionner Julia, le soir, sur ceux qui étaient venus au bar ce jour-là et sur ce qu'ils avaient dit, mais elle l'assomma d'une bonne dose de somnifère que le médecin avait ordonnée, et il dormit paisiblement jusqu'au matin.

Il s'éveilla avec une barbe d'un demi-pouce, noire et blanche, et se sentit faible. A neuf heures, le médecin lui fit une seconde piqûre en annonçant que cela suffirait probablement et, quand Charlie lui demanda des nouvelles de la ville, répondit tout naturellement :

— Cela ne décroît pas, au contraire. J'en ai soixante comme vous à voir ce matin. Et maintenant, avec la pluie, ce sera pis !

Par la fenêtre, il voyait les toits redevenus noirs, des gouttes limpides qui glissaient sur les vitres, et il entendait toute la journée des glouglous de gouttière.

— Ecoute, Julia, si tu ne montes pas me parler plus souvent, si tu continues à ne rien me raconter, je t'avertis que je m'habille et que je descends.

— Qu'est-ce que tu veux savoir ?

— *Il* est venu ?

— Il est là aux heures habituelles, ni plus ni moins. Il demande chaque fois de tes nouvelles. Quand le docteur est descendu, ce matin, il l'a questionné.

— Il ne s'est rien passé dans la ville ?

— Tu veux dire ce qu'on craignait après le vol des revolvers ? Non. J'ai vu Kenneth. Ils continuent à faire des patrouilles. Au fait, ce matin, j'ai appris quelque chose, mais je ne sais par qui. Attends. C'est par quelqu'un qui venait pour les courses et qui n'a pas arrêté son moteur.

— Rainsley.

— Il paraît que voilà deux soirs de suite que la femme de Mike vient le voir, vers six heures, sur la petite place, derrière la prison, avec ses enfants, et ils restent tous là à le regarder à travers sa fenêtre grillagée et à parler leur langue.

Charlie connaissait bien cette place entourée de façades aveugles, derrière County House, qui servait de parc à autos et qui, le soir, était déserte. Les fenêtres de la prison étaient élevées, mais, quand elles étaient éclairées, on pouvait voir ce qui se passait dans les cellules. Souvent des amis des prisonniers, ou des femmes, venaient ainsi leur parler de loin.

Ce qui le surprenait, c'est que, ne connaissant pour ainsi dire pas la ville, où elle ne venait jamais, la femme de Mike y eût pensé. Il l'imaginait, avec ses gosses derrière elle, traversant le quartier de la tannerie, puis une bonne partie de Main Street, poussée par son instinct, dans le froid du soir, avec les chants de Noël qui sortaient de tous les magasins dont les vitrines devaient lui paraître d'une prodigieuse richesse.

Le Yougo les distinguait à peine, car la petite place n'était pas éclairée, et sans doute y avait-il des moments de silence, des moments où ils ne savaient que dire, où ils se contentaient de regarder chacun dans la direction de l'autre en se concentrant tout entier.

— Le billard ?

— Un policier y est entré hier soir à trois heures de l'après-midi et a fait sortir deux élèves de la *High School* qui auraient dû être à l'école.

— Cancannon n'a pas téléphoné ?

— Il est venu hier soir, un peu avant la fermeture. Il était déçu de ne pas te trouver. Il prétend que, maintenant que tu as interrompu sa neuvaine, il n'a plus le courage de se recoucher.

— Il a bu beaucoup ?

— Cinq ou six cognacs, dans de grands verres. Puis il a entamé une longue discussion avec Ward.

— Au sujet de quoi ?

— Au sujet des courants d'air. Ça l'énervait de voir Justin aller tout le temps refermer la porte. Alors il l'a attaqué, et ils se sont tous les deux renvoyé des répliques que je n'ai pas toujours comprises. Les autres riaient. Il ne m'a pas semblé que Ward ait eu le dessus, mais il ne s'est pas démonté et est resté jusqu'à son heure habituelle. A propos, Mabel est partie. Il paraît qu'elle a décidé en fin de compte d'aller passer les fêtes chez sa mère, dans le Vermont.

Ça le mettait de mauvaise humeur d'apprendre tout cela de seconde main, et il en voulait un peu à Julia de n'être pas plus curieuse, surtout de n'attacher aucune importance aux détails.

— Tu ne sais toujours pas qui a essayé de téléphoner avant-hier ? Personne n'a rappelé ?

— J'ai eu une communication de Calais, ton copain qui s'étonnait de ne pas recevoir de paris. Je lui ai répondu que tu étais au lit et que je ne connaissais rien aux courses. Au fait, j'y pense, c'est probablement lui.

— Pourquoi ?

— Parce qu'il m'a dit qu'il avait essayé de te joindre.

Charlie était déçu. Il est vrai que ce n'était pas certain. Il avait hâte de descendre, mais il sentait bien qu'il en avait encore pour vingt-quatre heures au moins à garder le lit. Quand il s'était levé, vers onze heures, dans l'espoir de se raser, il avait découvert qu'il était si faible qu'il s'était recouché sans insister.

Il n'oubliait pas le cadeau qu'il devait acheter pour Julia et avait décidé que ce serait un bracelet en or. Elle avait beau mettre la radio en sourdine, il entendait les cantiques de Noël qu'on émettait du matin au soir. Une violente tempête de neige, annonçait-on, balayait les Etats du Middle West et, comme chaque année, des centaines d'autos étaient bloquées sur les routes, deux trains transcontinentaux étaient arrêtés dans les villages.

Ce fut Saounders, qui le tenait d'un constable, qui apporta la nouvelle au sujet du revolver, vers la fin de l'après-midi. Le matin, le chef de la police avait reçu, par courrier ordinaire, une boîte en carton dont l'adresse était tapée à la machine et qui contenait un des revolvers volés chez Goldman, ainsi qu'un paquet de cartouches.

On avait enquêté aussitôt au bureau de poste, et on avait établi que le paquet avait été jeté dans la boîte du bureau principal la veille après huit heures du soir.

L'emballage était en carton ordinaire, qui avait dû contenir un jouet acheté dans un Woolworth. L'adresse était correctement composée et un détail avait frappé le receveur qui remplaçait Marshall Chalmers pendant les vacances de celui-ci.

— L'affranchissement est rigoureusement correct. Comme il n'a pas été fait au guichet, par un des employés, cela indique que l'expéditeur est un commerçant, ou quelqu'un d'habitué à envoyer des paquets, car il a dû peser celui-là sur une balance spéciale et il connaît les tarifs postaux.

— Que dit Saounders ?

— Il voulait monter te voir. Tu dormais. Je lui ai promis de le laisser venir ce soir si tu es reposé. L'avis général, c'est qu'un père, qui a trouvé le revolver dans le tiroir de son fils, a voulu le restituer sans compromettre le gamin.

Charlie pensa machinalement à Chester Nordell. Puis il réfléchit et se dit que Nordell était trop scrupuleux pour agir ainsi. Plus probablement, il aurait conduit lui-même son gamin au chef de la police et aurait aidé à le questionner pour découvrir le reste du gang.

Combien de pères, dans la ville, ces jours-ci, devaient épier leur garçon avec angoisse !

— Il y a toujours du monde au billard ?

— Quelques-uns. Je ne sais pas si je me trompe, mais, tout à l'heure, j'ai vu le vieux Scroggins qui gesticulait en parlant à Ward et j'ai eu l'impression qu'ils se disputaient.

— *Il* est au bar ?

— Il vient d'arriver. Il est enrhumé, lui aussi. Si seulement il pouvait attraper une bonne pneumonie, qu'on n'ait pas à le voir de longtemps !

— Il tousse ?

— Je ne sais pas s'il tousse, mais il a une façon dégoûtante de se moucher, en regardant soigneusement, après, dans son mouchoir. J'en ai le cœur soulevé chaque fois. Quelqu'un lui a dit, un petit maigre qui travaille à la quincaillerie, de garder ses microbes pour lui et de bien vouloir les remettre dans sa poche.

— Qu'est-ce que Ward a répondu ?

— Rien. Il ne répond rien. Tout ce qu'on peut lui dire lui est égal.

Charlie se faisait une fête de voir Saounders, mais il ne vint pas et, à cause de la pluie battante, il n'y eut à peu près personne au bar de la soirée. La pluie tomba toute la nuit, transformant l'allée en torrent, et le matin, malgré le chauffage central, la maison était glacée, il fallut habiller les enfants près du poêle de la cuisine, et Julia décida de ne pas envoyer le plus jeune à l'école.

A huit heures et demie, alors qu'il était en train de prendre sa température, il entendit la porte du bar qui s'ouvrait et se refermait presque tout de suite, et devina que c'était le facteur, s'apprêta à appeler Julia pour lui réclamer le courrier, l'entendit presque aussitôt qui s'engageait dans l'escalier. Pourquoi s'arrêtait-elle par deux fois sur les marches, comme si elle lisait quelque chose ou comme si elle hésitait ? Il vit qu'elle était préoccupée. Elle posa sur le couvre-lit un paquet de prospectus et des factures, lui tendit sans rien dire une enveloppe marquée « Air Mail » qui portait le timbre de Chicago et, en rouge, la mention « Special Delivery ».

— Tu as signé le reçu ?

— J'ai signé pour toi.

Elle attendait, sans poser de question. Ils auraient eu de la peine à dire pourquoi ils étaient aussi impressionnés tous les deux. Ils avaient reconnu l'un comme l'autre l'écriture de Luigi, et celui-ci n'avait-il pas annoncé par téléphone qu'il écrirait prochainement ? Peut-être étaient-ce les lettres rouges de « Special Delivery » qui les troublaient, car ils n'en avaient pas l'habitude.

— Tu n'ouvres pas ?

— Si.

Elle l'avait rarement vu aussi pâle, aussi sévère de sa vie que pendant la lecture de cette lettre. Il était impressionnant ainsi, la respiration suspendue, assis dans son lit, avec son visage envahi de barbe tranchant sur le tas d'oreillers.

« Charlie. »

Déjà celui-ci comprenait que c'était sérieux, car Luigi avait l'habitude de commencer ses lettres par un petit mot d'amitié ou par une plaisanterie.

« J'ai d'abord pensé te téléphoner, puis je me suis dit que ce n'était pas prudent. Je n'aime pas beaucoup écrire cette lettre non plus, d'ailleurs, et je compte sur toi pour la *brûler* tout de suite après l'avoir lue.

» Je croyais faire une bonne blague en accrochant au mur de mon bar la photographie que tu sais, et voilà qu'en fin de compte cela déclenche une histoire terrible.

» J'espère que cette lettre t'arrivera à temps. Je ne sais pas ce qu'ils vont faire, mais, autant que je sache, ils ne prendront pas l'avion, qui les obligerait à louer une voiture pour le reste du trajet.

» C'est arrivé il y a un peu plus de deux heures — il est maintenant trois heures de l'après-midi — mais je ne posterai cette lettre que quand je serai sûr qu'ils ne sont plus dans les parages. S'ils font la route en auto, comme je le prévois — je n'ai pas pu voir leur voiture, qui devait être dans un parking —, tu auras probablement quelques heures devant toi, peut-être une journée de bon après la réception de cette lettre.

» Que je te dise tout de suite que tu avais raison et que Frank est une dangereuse canaille. C'est encore pis que ce que tu penses, *mais ce sera à toi de décider et je ne veux pas t'influencer.*

» Lis ma lettre calmement et ne m'en veuille pas trop vite. Tu comprendras que j'ai été forcé de parler. *Je ne pouvais pas faire autrement.* J'espère que tu te rendras compte de ma situation et que tu me pardonneras.

» Je vais essayer de tout t'expliquer, ce qui n'est pas facile, car il y a certaines choses, certains mots que je ne peux pas écrire. Je compte sur toi pour deviner. Tu n'as qu'à te reporter à certaine atmosphère que tu connais, à une certaine époque que tu n'as pas oubliée. J'étais autour de mon bar, vers une heure, à surveiller le service, quand un des barmen m'a fait signe. Il était en conversation avec deux hommes en train de le questionner au sujet de la photographie que tu sais.

» —Vous êtes le patron ? m'ont-ils demandé avec une politesse glacée qui m'a renseigné tout de suite. C'est un de vos amis ?

» Ils me regardaient droit dans les yeux avec comme l'envie de me pousser dans un coin, mais je croyais encore que c'était une histoire dans le genre de Gus. A propos, excuse-moi si on t'a dérangé l'autre nuit, mais le client était assez chaud et tenait absolument à te parler.

» Donc, j'ai répondu :

» — Il n'est pas spécialement de mes amis, et je crois même que c'est un drôle de coco.

» — Vous savez son nom ?

» — Jadis, quand je l'ai connu au *Stevens,* où nous travaillions tous les deux, il s'appelait Frank Leigh, mais j'ai appris depuis qu'il avait changé de nom.

» — Comment s'appelle-t-il à présent ?

» — La dernière fois qu'on m'en a parlé, c'était sous le nom de Ward, Justin Ward.

» — Quand ?

» — Assez récemment.

» Ils avaient déjà retiré le cadre de la photo et repéré, au dos, le cachet du photographe de Chicago chez qui j'ai fait développer la pellicule que tu m'as envoyée et commandé l'agrandissement.

» — D'après ceci, il doit être en ville.

» — Non. Je crois au contraire qu'il est assez loin d'ici.

» — Ecoutez, Luigi. Nous, on n'a rien contre vous. On n'est pas de par ici, mais des copains nous ont recommandé la boîte et tous nous ont dit que vous étiez un type bien.

» — Qu'est-ce que je vous offre, messieurs ?

» — Pas si vite ! Pas avant que nous nous soyons compris. On pourrait s'y prendre autrement et on s'y décidera si cela devient nécessaire. Pas besoin de faire un dessin, non ? Bon ! On veut savoir où est ce type-là.

» — Je comprends.

» — Où est-il ?

» — Supposez que je ne le sache pas, mais que j'aie le moyen de l'apprendre rapidement.

» — Alors grouillez-vous.

» — Supposez aussi que, pour le savoir, j'aie besoin de mettre une autre personne dans le coup, un ami que j'aime beaucoup, qui est tout ce qu'il y a de plus régulier, et que je ne veuille pas le faire sans en savoir un petit peu plus long ?

» Ils se sont regardés. Le plus grand des deux — je préfère ne pas trop les décrire — a fini par faire un signe d'assentiment.

» Alors, après un nouveau coup d'œil entre eux, ils m'ont proposé d'aller faire un tour sur le trottoir, et je les ai suivis. On a parcouru au moins trente fois la longueur du bloc, comme si on attendait quelqu'un, ou qu'une table soit libre chez moi.

» — Vous avez entendu parler d'Edwin Abbott, pas vrai ?

» Je suppose que tu as le temps de lire les journaux. Cela s'est passé à Las Vegas il y a environ deux mois, peut-être un peu plus. Un certain Antonetti, un *gambler* connu, a été descendu au moment où il sortait d'un casino de la ville et on n'a même pas essayé de prendre l'argent dont il avait les poches bourrées. On a prétendu qu'il avait été tué à la suite d'une rivalité entre deux bandes puissantes, tu devines lesquelles. Je passe. La police, bien entendu, n'a rien trouvé, s'est contentée d'arrêter coup sur coup une dizaine de crabes qu'on relâchait au fur et à mesure faute de preuves.

» C'est alors que le F.B.I. a annoncé une récompense de cinq mille dollars pour qui ferait prendre le meurtrier d'Antonetti.

» Or, cinq jours plus tard, Edwin Abbott, à qui personne n'aurait jamais pensé, un type qui a de grosses affaires de textiles dans le New Jersey et en Californie, et qui compte des tas d'amis parmi les gros bonzes de la politique, a été bouclé. Sans hésiter, sans se donner de mal, la police est allée droit à l'endroit où les preuves de son activité étaient cachées.

» C'est une affaire énorme et elle aura encore des rebondissements pendant un an ou deux.

» Eh bien ! le gars qui a vendu Abbott et qui a touché les cinq mille dollars du F.B.I. n'est autre que son secrétaire, un petit bonhomme sans envergure, dont on ne se méfiait pas et qui se faisait appeler Kennedy.

» Kennedy, c'est Justin Ward. C'est Frankie.

» Tu comprends maintenant pourquoi il a débarqué sans tambour ni trompette dans un petit patelin qu'il a dû choisir sur la carte, aussi loin que possible du Nevada et des endroits où il a travaillé, en ayant soin d'effacer les moindres traces de son voyage.

» Tu comprends aussi pourquoi ton sheriff, quand il a voulu faire du zèle, a reçu une note du F.B.I. lui conseillant de le laisser tranquille.

» C'est tout, mon vieux Charlie. Ne m'en veux pas. Les gens qui me parlaient ne sont pas de ceux avec qui on joue au plus fin. Ils voulaient l'adresse à tout prix, et je ne pouvais pas prétendre que la photographie était venue s'accrocher toute seule dans mon bar.

» J'ai essayé de gagner du temps pour te téléphoner, mais ils ne m'ont pas lâché d'un pouce et ont commencé à s'impatienter.

» Je leur ai tout raconté. Comme ils refusaient encore de rentrer et de trinquer avec moi, je leur ai donné ta dernière lettre, que je venais de recevoir, et ils ont bien vu que ce n'était pas du flan.

» Si Frankie en avait valu la peine, j'aurais peut-être agi autrement, mais je t'avoue que je ne suis pas tellement fâché de ce qui arrive.

» Nous avons déjeuné ensemble. Un des hommes a téléphoné longuement, de la cabine, à Las Vegas, puis à New York, et ils sont repartis il y a une demi-heure.

» Ils ne m'ont pas dit ce qu'ils comptent faire. Je ne sais pas s'ils iront eux-mêmes là-bas ou s'ils enverront quelqu'un. Ce qui est certain, c'est qu'il se passera bientôt quelque chose dans les environs de chez toi.

» Je n'ai pas de conseil à te donner. Si ma lettre arrive à temps, tu as évidemment encore le choix. La frontière n'est pas loin, mais, à vrai dire, cela m'étonnerait qu'on ne l'atteigne pas un jour ou l'autre, même au Canada. Pour moi, c'est un oiseau pour le chat.

» Dès que tu auras du nouveau, écris-moi. N'oublie pas de brûler cette lettre *tout de suite*. N'en parle à personne, pas même à Julia. Embrasse-la de ma part.

» Ton Luigi. »

— Qu'est-ce qu'il te dit ?
— Je t'en parlerai plus tard. Rien d'important. Aide-moi à me lever.

— Jamais de la vie ! Tu passeras la journée au lit et peut-être celle de demain. Tu ne vois pas ta tête !

Mais il était déjà debout, avec un regard auquel elle n'osa pas résister.

— Tu ne veux pas me dire ce qu'il t'écrit ?

— Non, Julia. Pas maintenant.

— C'est au sujet de Justin ?

— C'est une histoire très compliquée. Descends. *Il* ne va pas tarder à arriver.

Il la rappela, alors qu'elle était déjà dans l'escalier.

— Ecoute, Julia, il est important que tu sois tout à fait naturelle avec lui, tu entends ? Ne va pas lui chercher querelle. Sois patiente encore quelques heures.

— Pourquoi quelques heures ?

— Parce que je vais reprendre ma place au bar. J'aurais dû dire quelques minutes.

— Ce n'est pas ce que tu as pensé. Tu mens, n'est-ce pas ?

— Non.

— Jure-moi au moins que tu ne cours aucun danger ?

— Je le jure.

Elle le crut, et il se rasa nerveusement, se coupa la joue, prit un bain, s'habilla, l'oreille aux aguets, puis il brûla au-dessus de la cuvette du cabinet la lettre de Luigi, y compris l'enveloppe ; la chasse d'eau emporta les cendres.

Dans l'escalier, il se sentait encore vacillant, avec une vague envie de dormir, les jambes hésitantes, et il s'arrêta un instant comme pour prendre son élan avant d'entrer dans le bar.

— Va me faire du café, veux-tu ?

Il n'avait pas regardé tout de suite vers l'endroit où il savait que Ward était assis, et il se pencha pour ramasser un torchon, essuya le comptoir que Julia avait déjà nettoyé.

— Ça va mieux, Charlie ?

Ce fut plus difficile encore qu'il n'avait pensé de tourner la tête et de le regarder en face. Chose curieuse, Justin avait le visage bouffi par la grippe, le nez rouge, les yeux luisants. Il en était à la phase montante, alors que Charlie, pâle et tiré, en était à la phase descendante.

— Vous n'êtes pas dans votre lit ? questionna-t-il au lieu de répondre.

— Je n'ai aucune envie de me mettre au lit.

Cela changerait-il quelque chose s'il était dans son lit ? Hésiterait-on à pénétrer dans la maison d'Eleanor ? Peut-être gagnerait-il quelques heures, le temps qu'il faudrait aux hommes pour se renseigner. Cela ferait ensuite plus de bruit et ce serait plus sale et plus laid.

— Je suppose que vous savez que quelqu'un a renvoyé un revolver au chef de la police ?

Charlie aurait eu de la peine à dire pourquoi il parlait ainsi, le front préoccupé, et peut-être les quelques répliques qu'ils échangèrent à ce moment-là avaient-elles pour lui, presque à son insu, un sens profond, une importance capitale.

— J'en ai entendu parler.

— Il y a des hommes qui ont des fils, dit lentement Charlie. J'en ai un aussi, mais il est encore jeune pour que je m'inquiète. Il vient un moment où les hommes tremblent pour leur fils. Vous n'avez jamais eu de fils, Justin ?

Ce fut de justesse que, cette fois, il évita de prononcer Frankie.

— Je ne crois pas à l'utilité de faire des enfants.

— Vous n'y croyez pas, n'est-ce pas ?

Il avait la gorge serrée. Un épais rideau de pluie s'interposait entre lui et le billard d'en face dont la devanture ruisselait.

A onze heures, un bus partait du coin de City Hall en direction de Calais, où il s'arrêterait juste en face de la grille de la frontière. Et, au-dessus de l'appareil téléphonique, Charlie pouvait voir, sur un carton, le numéro d'appel des trois taxis de la ville.

« *Ne sois pas trop méchant avec Frankie !* »

Luigi avait pris sa décision, laissant à Charlie le soin de prendre la sienne.

— Je ne vous aime pas, Ward.

— Je sais. Je ne vous aime pas non plus.

— Mais vous, vous faites tout ce que vous pouvez pour qu'on ne vous aime pas.

— C'est peut-être vrai.

— Vous n'aimez personne. Vous ne vous contentez pas de ne pas aimer : vous haïssez.

— Je ne prétends pas le contraire.

— Et vous faites aux gens tout le mal possible, même à ceux que vous ne connaissez pas.

Ward se contenta de le regarder de son regard fixe.

— A quel âge avez-vous commencé, Justin ?

— Commencé quoi ?

— La haine.

— Cela vous intéresse tout à coup ?

Peut-être, dans ces derniers mots, y avait-il une pointe de méfiance.

— Oui. Aujourd'hui, cela m'intéresse.

— Parce que vous avez l'intention de me réformer ? Si vous tenez à le savoir, j'ai toujours eu la même opinion des hommes, aussi loin que je me souvienne.

— Même enfant ?

— Même enfant.

— Vous tenez à rester dans cette ville ?

— J'y resterai jusqu'à ce que j'aie le désir d'en partir.

— Il ne vous est pas encore venu ? Il ne vous vient pas ?

— Non.

— Vous êtes décidé à y achever votre besogne ?

— Cela ne regarde que moi.

Ce fut tout. Il y avait comme un vide froid autour d'eux. C'était si vrai que deux ou trois fois Ward se retourna pour s'assurer que la porte était fermée. Puis il se moucha longuement, regarda dans son mouchoir qu'il roula en boule et ouvrit le journal de Chicago.

— Je t'apporte ton café. Tu ne veux vraiment pas aller te reposer un moment ?

— Non.

Un peu plus tard, Kenneth arrêta sa voiture devant le bar et traversa vivement le trottoir.

— Content de te voir debout, Charlie. Sers-moi un double bourbon, veux-tu ? Alors tu as repris le collier ? Plus de fièvre ?

Cela pouvait aussi bien se passer maintenant, en présence du sheriff, et Charlie tendait l'oreille au bruit des autos.

— Sais-tu que, si cela continue, nous allons bientôt récupérer toutes les armes volées ?

— La police a reçu un nouveau colis ?

— Non. Ce matin, c'est moi qui ai trouvé un automatique non enveloppé sur le seuil de mon bureau, et le numéro correspond à un de ceux qui ont été volés chez Goldman.

Le sheriff se tourna vers Ward.

— Cela semble indiquer que vous aviez raison, Justin. Des gens du peuple se contenteraient de jeter l'arme dans la rivière, ce qui leur paraîtrait plus prudent. J'en ai discuté avec mon collègue de la ville et il a dressé une liste des jeunes gens appartenant à un certain milieu. Il reste quatre revolvers en circulation.

— Quatre de trop ! prononça Charlie qui ne pouvait s'empêcher de fixer Ward.

Peut-être Kenneth eut-il un léger soupçon, non de ce qui se passait réellement entre les deux hommes, mais comme de liens étranges entre eux, très subtils ; il préféra ne pas se tracasser, but son verre et s'essuya la bouche.

— On verra bien, pas vrai ? Peut-être à ce soir, Charlie.

— Très probablement à ce soir, oui.

Ward aussi, à ce mot-là, parut flairer quelque chose. Il fronça les sourcils et il y eut de l'inquiétude dans le regard qu'il lança vers lui.

Heureusement pour Charlie, qui avait les nerfs trop tendus, la sonnerie du téléphone fit diversion. C'était un pari pour les courses, qu'il nota à la volée et transcrivit ensuite dans le cahier d'écolier. Quand il redressa la tête, les gros yeux de Justin le regardaient et on aurait dit qu'il se posait une question. Il ouvrit même la bouche pour parler, et Charlie aurait voulu l'aider. Il y avait plus d'une heure qu'il attendait un mot, un seul ou même moins que cela, une simple expression de physionomie qui aurait peut-être suffi à tout changer.

Il l'aurait presque mendiée. Mais Ward se contenta de jeter de la monnaie sur le comptoir et ce fut tout pour ce matin-là, car c'était son heure d'aller manger un *hamburger steak* et une tarte aux pommes à la *cafeteria* d'en face où, à cause de l'humidité, la petite serveuse blonde était plus frisée que jamais.

— Tu ne manges rien, Charlie ?

— Je n'ai pas faim.

— Il faut que tu manges. Je ne t'ai jamais vu une si vilaine tête. Avoue que tu as reçu de mauvaises nouvelles de Luigi.

Il réfléchit un instant, honnêtement.

— Pas mauvaises, non.

— Tu es inquiet ?

— Pas inquiet non plus. J'ai hâte d'être à ce soir, ou à demain matin.

— Qu'est-ce que tu attends ?

Il eut envie de pleurer, soudain, sans raison, là, dans la cuisine, devant sa femme, parce qu'il sentait que ses nerfs étaient sur le point de flancher, parce qu'il ne savait plus, peut-être parce que Justin s'obstinait à ne pas l'aider. Il désira, pour se remonter, entendre la bonne grosse voix de Bob Cancannon et l'appela chez lui.

— Ah ! C'est vous ! fit la vieille gouvernante de son ton le plus agressif. Eh bien ! je vous félicite et vous remercie ! Grâce à vous, je ne vois pour ainsi dire plus Bob et, si vous tenez à le rencontrer, à vous de savoir où aller le chercher.

S'il n'avait pas éprouvé une telle gêne quand il était allé voir Chester Nordell dans sa maison de la colline, il se serait peut-être rendu à l'imprimerie pour bavarder avec lui. Il n'aurait probablement rien dit de ce qu'il savait, rien d'essentiel, mais qui sait s'il n'aurait pas eu l'impression d'être appuyé et si cela ne l'aurait pas aidé à attendre ?

— Tu crois que je suis un honnête homme, Julia ?

— Tu es le meilleur mari et le meilleur père de la terre.

Cela ne répondait pas tout à fait à sa question. Et encore ? Peut-être était-ce justement la réponse qu'il lui fallait ?

— La semaine prochaine, il faudra que j'aille à Calais.

— Je sais.

— Comment le sais-tu ?

— Parce que tu dois acheter mon cadeau de Noël. Quand me diras-tu ce que Luigi t'a écrit de si important que tu as cru nécessaire de brûler sa lettre ?

Ainsi elle était allée voir là-haut. Aurait-elle lu la lettre si elle l'avait trouvée ?

— Pourquoi regardes-tu tout le temps l'heure ? Il doit venir quelqu'un ? Pouvait-il lui annoncer ce qui allait venir ?

— Nous aurons une journée creuse. Les gens d'ici, dès qu'il neige ou qu'il gèle, on les voit sortir de leur trou, mais ils n'aiment pas la pluie.

Saounders, pourtant, vint boire un petit verre après son déjeuner, et, pour franchir le bout de trottoir, il avait mis un sac sur sa tête et sur ses épaules.

— *Hello !* vieux Charlie, cela fait plaisir de te trouver debout.

Il se retourna, étonné, sur son tabouret.

— Qu'est-ce que tu regardes ?

— Rien.

Une auto était passée, simplement. Elle portait une plaque d'immatriculation du Massachusetts. Cela ne devait pas être ça.

— Tu sais à quoi je passe le plus clair des journées, dans mon atelier ? A fabriquer un guignol pour mes filles. Cinq pieds de haut, avec un vrai rideau qui s'ouvre et assez de place pour que je m'accroupisse derrière. Le menuisier enrage, parce que je suis tout le temps à lui emprunter des clous ou de la colle. Tu attends quelqu'un ?

— Pourquoi ?

— Tu as l'air d'attendre quelqu'un ou quelque chose. A propos de Justin, je l'ai rencontré hier soir à un endroit où il n'aimerait pas avoir été vu.

— Où ?

— Il entrait chez la vieille derrière la tannerie, tu sais ? Il ne m'a pas aperçu et j'aime autant ça. Il n'est pas dégoûté, dis donc !... Charlie !

— Oui.

— Qu'est-ce que je viens de dire ?

— ... pas dégoûté, dis donc...

— Pas dégoûté de quoi ?

— Je ne sais pas. Excuse-moi, Jef. Ce sont probablement les drogues qu'on m'a données.

Il passait sous la pluie. *Il* se rendait chez le Chinois. *Il* allait faire son marché, acheter des choses qu'il ne mangerait probablement jamais et *il* repasserait dans une vingtaine de minutes, le chapeau dégoulinant, le pardessus détrempé.

Cela aurait sans doute lieu dans la rue, comme d'habitude, et il y aurait par terre un tas sombre et mouillé.

— Ecoute, Jef.

— Quoi ?

— Je ne me sens pas bien. Je crois que je vais prendre un petit verre de gin avec toi.

Il suffirait de composer sur le cadran du téléphone le numéro du Chinois, qu'il connaissait par cœur ; de faire venir Justin à l'appareil et de lui dire...

Il éprouva tout à coup le besoin d'aller voir Julia dans la cuisine.

— Tu cherches quelque chose ?

— Non.

Il regardait seulement la dernière photo des enfants qui était au mur au-dessus de la table. Tout à l'heure, ils reviendraient de l'école.

— Où est la petite ?

— Elle s'endormait et je l'ai mise au lit avec sa poupée.

Quand il revint au bar, Saounders était parti. On le laissait seul. Il y avait encore des heures à passer. Le billard d'en face était vide et, dans un fauteuil d'osier, la bouche ouverte, le vieux Scroggins, qui faisait la sieste, avait l'air d'un mort.

Il eut l'idée de téléphoner à Luigi, mais il savait qu'il ne devait pas le faire. A aucun prix. La nuit tombait vite. *Ils* étaient peut-être déjà dans la ville, à se renseigner, à attendre l'obscurité complète. La sonnerie du téléphone le fit tressaillir et il se demanda si c'était eux.

C'était une amie de Julia, qui avait besoin de la recette d'un gâteau, et la conversation n'en finissait pas. Julia, tout en parlant, souriait comme aux anges et tripotait le coin de son tablier.

Ward était repassé. Il entrait chez Eleanor. Il refermait la porte, s'engageait dans l'escalier lugubre, déposait ses paquets dans sa chambre. Est-ce qu'il se regardait dans la glace ? Il repartait, et la vieille Adams ouvrait la porte derrière lui pour lui reprocher de ne pas avoir enlevé ses caoutchoucs et d'avoir laissé des traînées d'eau et de boue dans l'escalier.

Il marchait maintenant en frôlant les maisons, traversait la rue, tête basse, entrait au billard et parlait au vieux Scroggins qui n'était pas mort, mais qui ne se donnait pas la peine de quitter son fauteuil. Il y avait le téléphone aussi au billard. Les deux hommes pouvaient se voir à travers la rue. Justin ne retirait pas son pardessus, ce qui indiquait qu'il allait venir. C'était à nouveau son heure.

Dans les deux établissements, les lampes étaient allumées, et la vitrine de Goldman était éclairée aussi d'un blanc plus cru que les autres, parce qu'il se servait d'ampoules spéciales.

Charlie demanda à Julia, qui avait fini de téléphoner :

— Tu ne veux pas regarder si tu vois une voiture ? J'ai peur de prendre à nouveau froid.

Il sentit le courant d'air, et elle referma presque aussitôt la porte.

— Il y en a une un peu plus loin que chez Goldman.

— Son moteur tourne ?

— Je n'ai pas entendu.

Elle allait rentrer dans la cuisine quand il s'écria brusquement en regardant l'horloge :

— Les enfants !

— Quoi, les enfants ?

— Ils vont revenir de l'école ?

Il décida de mettre son pardessus, son chapeau, d'aller tout de suite à leur rencontre. Mais il n'en avait plus le temps. Justin Ward, en face, avalait une pilule, reboutonnait son veston, son manteau, disait encore quelques mots à Scroggins, la main posée sur le bec-de-cane. Il ouvrait la porte, relevait les revers de son pardessus et baissait la tête pour plonger à travers la pluie de la rue.

On aurait dit que Julia avait deviné, tant elle regardait son mari intensément, mais c'est parce qu'il était devenu d'une immobilité de pierre.

C'est à peine si on entendit le bruit de l'auto, et les quatre détonations eurent l'air de rebondir sur les murs des maisons. Ce qui fut le plus dramatique, ce fut le grincement que la voiture fit entendre en virant à toute vitesse au coin de chez Eleanor pour s'élancer vers Main Street et vers la colline.

Ils ne bougeaient ni l'un ni l'autre. Julia n'avait eu qu'un coup d'œil distrait vers le tas sombre qu'on voyait affalé au bord du trottoir, avec la blancheur d'une main qui pendait dans le ruisseau.

Elle dit d'abord :

— Tu savais ?

Puis ce fut son tour de crier :

— Les enfants ?

Des silhouettes s'agitaient dans l'obscurité du dehors, et Charlie achevait de passer son pardessus. Julia courait après lui pour lui donner son chapeau et son écharpe.

Elle savait bien que ce n'était pas vers l'attroupement qu'il allait, mais vers le coin de la rue où les enfants allaient apparaître d'un instant à l'autre.

On entendit les sirènes de l'ambulance, celles des autos de la police qui déchiraient l'air et, à certain moment, Kenneth Brookes, surexcité, ouvrit la porte en demandant :

— Charlie ?

Alors du seuil, simplement, elle lui montra sur le trottoir son mari qui passait dans la lumière de chez Goldman, tenant un enfant à chaque main.

Tucson (Arizona), le 20 octobre 1949.

Maigret et la vieille dame

Première édition : Presses de la Cité, 1950.

La châtelaine de « La Bicoque »

Il descendit du Paris-Le Havre dans une petite gare maussade, Bréauté-Beuzeville. Il avait dû se lever à cinq heures et, faute de trouver un taxi, prendre le premier métro pour se rendre à la gare Saint-Lazare. Maintenant, il attendait la correspondance.

— Le train pour Etretat, s'il vous plaît ?

Il était plus de huit heures du matin, et il faisait grand jour depuis longtemps ; mais ici, à cause du crachin et de la fraîcheur humide, on avait l'impression de l'aube.

Il n'y avait pas de restaurant à la gare, pas de buvette, seulement une sorte d'estaminet, en face, de l'autre côté de la route, où stationnaient des carrioles de marchands de bestiaux.

— Etretat ? Vous avez le temps. Il est là-bas, votre train.

On lui désignait, loin du quai, des wagons sans locomotive, des wagons d'un ancien modèle, au vert duquel on n'était plus habitué, avec, derrière les vitres, quelques voyageurs figés qui semblaient attendre depuis la veille. Cela ne faisait pas sérieux. Cela ressemblait à un jouet, à un dessin d'enfant.

Une famille — des Parisiens, évidemment ! — courait à perdre haleine, Dieu sait pourquoi, enjambait les rails, se précipitait vers le train sans machine, et les trois enfants portaient des filets à crevettes.

C'est ce qui déclencha le déclic. Pendant un moment, Maigret n'eut plus d'âge et, alors qu'on était à vingt kilomètres au moins de la mer, il eut l'impression d'en sentir l'odeur, d'en percevoir le bruit rythmé ; il leva la tête et regarda avec un certain respect les nuages gris qui devaient venir du large.

Car la mer, pour lui qui était né et avait passé son enfance loin dans les terres, c'était resté ça : des filets à crevettes, un train-jouet, des hommes en pantalon de flanelle, des parasols sur la plage, des marchands de coquillages et de souvenirs, des bistros où l'on boit du vin blanc en dégustant des huîtres et des pensions de famille qui ont toutes la même odeur, une odeur qu'on ne trouve nulle part ailleurs, des pensions de famille où, après quelques jours, Mme Maigret était si malheureuse de ne rien faire de ses mains qu'elle aurait volontiers proposé d'aider à la vaisselle.

Il savait bien que ce n'était pas vrai, évidemment, mais cela lui revenait malgré lui chaque fois qu'il approchait de la mer, l'impression d'un monde artificiel, pas sérieux, où rien de grave ne pouvait advenir.

Dans sa carrière, il avait fait plusieurs enquêtes sur le littoral et y avait connu de vrais drames. Pourtant, cette fois encore, en buvant un calvados au comptoir de l'estaminet, il fut tenté de sourire de la vieille dame qui s'appelait Valentine et de son beau-fils, qui s'appelait Besson.

On était en septembre, le mercredi 6 septembre, et c'était encore une année où il n'avait pas eu le loisir d'aller en vacances. Vers onze heures, la veille, le vieil huissier était entré dans son bureau, au Quai des Orfèvres, et lui avait tendu une carte de visite bordée de noir.

Mme Veuve Ferdinand BESSON
La Bicoque
Etretat

— C'est moi qu'elle demande personnellement ?

— Elle insiste pour vous voir, ne fût-ce qu'un instant. Elle prétend qu'elle vient d'Etretat tout exprès.

— Comment est-elle ?

— C'est une vieille dame, une charmante vieille dame.

Il la fit entrer, et c'était, en effet, la plus délicieuse vieille dame qui se pût imaginer, fine et menue, le visage rose et délicat sous des cheveux d'un blanc immaculé, si vive et si gracieuse qu'elle avait plutôt l'air d'une actrice jouant une vieille marquise que d'une vieille dame véritable.

— Vous ne me connaissez probablement pas, monsieur le commissaire, et j'en apprécie d'autant plus la faveur que vous me faites en me recevant, car, moi, je vous connais pour avoir suivi pendant tant d'années vos passionnantes enquêtes. Si vous venez chez moi, comme je l'espère, je pourrai même vous montrer des quantités d'articles de journaux qui parlent de vous.

— Je vous remercie.

— Je m'appelle Valentine Besson, un nom qui ne vous dit sans doute rien, mais vous saurez qui je suis quand j'aurai ajouté que mon mari, Ferdinand Besson, était le créateur des produits « Juva ».

Maigret était assez âgé pour que ce mot « Juva » lui fût familier. Tout jeune, il l'avait vu dans les pages publicitaires des journaux et sur les panneaux-réclame, et il croyait se souvenir que sa mère se servait de crème « Juva » les jours où elle se mettait en grande toilette.

La vieille dame, devant lui, était habillée avec une élégance recherchée, un peu démodée, une profusion de bijoux.

— Depuis la mort de mon mari, voilà cinq ans, je vis seule dans une petite maison que je possède à Etretat. Plus exactement, jusqu'à dimanche soir j'y vivais seule avec une bonne, que j'avais à mon service depuis plusieurs années et qui était une fille du pays. Elle est morte pendant la nuit de dimanche à lundi, monsieur le commissaire ; elle est morte en quelque sorte à ma place, et c'est à cause de cela que je suis venue vous supplier de m'accorder votre aide.

Elle ne prenait pas un ton dramatique. D'un fin sourire, elle paraissait s'excuser de parler de choses tragiques.

— Je ne suis pas folle, ne craignez rien. Je ne suis même pas ce qu'on appelle une vieille toquée. Quand je dis que Rose — c'est le nom de ma bonne — est morte à ma place, je suis à peu près sûre de ne pas me tromper. Me permettez-vous de vous raconter la chose en quelques mots ?

— Je vous en prie.

— Depuis au moins vingt ans, j'ai l'habitude, chaque soir, de prendre un médicament pour m'endormir, car j'ai le sommeil difficile. C'est un somnifère liquide, assez amer, dont l'amertume est compensée par un fort goût d'anis. J'en parle en connaissance de cause, car mon mari était pharmacien.

» Dimanche, comme les autres soirs, j'ai préparé mon verre de médicament avant de me coucher et Rose était près de moi lorsque, déjà au lit, j'ai voulu le prendre.

» J'en ai bu une gorgée et lui ai trouvé un goût plus amer que d'ordinaire.

» — J'ai dû en mettre plus de douze gouttes, Rose. Je n'en boirai pas davantage.

» — Bonne nuit, madame !

» Elle a emporté le verre, selon son habitude. A-t-elle eu la curiosité d'y goûter ? L'a-t-elle vidé en entier ? C'est probable, puisqu'on a retrouvé le verre vide dans sa chambre.

» Pendant la nuit, vers deux heures du matin, j'ai été éveillée par des gémissements, car la villa n'est pas grande. Je me suis levée et ai trouvé ma fille, qui s'était levée aussi.

— Je croyais que vous viviez seule avec la bonne.

— Dimanche était le jour de mon anniversaire, le 3 septembre, et ma fille, venue de Paris pour me voir, est restée coucher chez moi.

» Je ne veux pas abuser de votre temps, monsieur le commissaire. Nous avons trouvé la Rose mourante dans son lit. Ma fille a couru avertir le docteur Jolly et, quand celui-ci est arrivé, Rose était morte dans des convulsions caractéristiques.

» Le médecin n'a pas hésité à déclarer qu'elle avait été empoisonnée à l'arsenic.

» Comme ce n'était pas une fille à se suicider, comme elle a mangé exactement la même chose que nous, il est à peu près évident que le poison se trouvait dans le médicament qui m'était destiné.

— Soupçonnez-vous quelqu'un d'avoir tenté de vous tuer ?

— Comment voulez-vous que je soupçonne quelqu'un ? Le docteur Jolly, qui est un vieil ami, et qui a soigné autrefois mon mari, a téléphoné à la police du Havre, et un inspecteur est venu dès lundi matin.

— Vous connaissez son nom ?

— L'inspecteur Castaing. Un brun, au visage sanguin.

— Je sais. Qu'est-ce qu'il dit ?

— Il ne dit rien. Il questionne les gens dans le pays. On a emporté le corps au Havre pour l'autopsie.

La sonnerie du téléphone l'interrompit. Maigret décrocha. C'était le directeur de la P.J.

— Vous pouvez venir me parler un instant dans mon bureau, Maigret ?

— Tout de suite ?

— Si possible.

Il s'était excusé auprès de la vieille dame. Le chef l'attendait.

— Cela vous tenterait d'aller passer quelques jours à la mer ?

Pourquoi Maigret lança-t-il à tout hasard :

— A Etretat ?

— Vous êtes au courant ?

— Je ne sais pas. Dites toujours.

— Je viens de recevoir un coup de téléphone du cabinet du ministre. Vous connaissez Charles Besson ?

— Des crèmes « Juva » aussi ?

— Pas exactement. C'est son fils. Charles Besson, qui habite Fécamp, a été élu, il y a deux ans, député de la Seine-Inférieure.

— Et sa mère vit à Etretat.

— Pas sa mère, mais sa belle-mère, car elle est la seconde femme de son père. Ce que je vous en dis, remarquez-le, je viens de l'apprendre par téléphone. Charles Besson s'est en effet adressé au ministre, afin d'obtenir que, bien que ce ne soit pas dans vos attributions, vous acceptiez de vous occuper d'une affaire à Etretat.

— La servante de sa belle-mère a été empoisonnée dans la nuit de dimanche à lundi.

— Vous lisez les journaux normands ?

— Non. La vieille dame est dans mon bureau.

— Pour vous demander, elle aussi, de vous rendre à Etretat ?

— Exactement. Elle a fait le voyage tout exprès, ce qui donnerait à penser qu'elle ignore la démarche de son beau-fils.

— Qu'avez-vous décidé ?

— Cela dépend de vous, patron.

Voilà pourquoi, le mercredi, un peu après huit heures et demie du matin, à Bréauté-Beuzeville, Maigret montait enfin dans un petit train qu'il était difficile de prendre au sérieux et se penchait à la portière afin d'apercevoir plus vite la mer.

A mesure qu'on s'en rapprochait, le ciel devenait plus clair, et, quand on émergea d'entre les collines couvertes de pâturages, il était d'un bleu lavé, avec juste quelques nuages légers et candides.

Maigret avait téléphoné à la Brigade Mobile du Havre, la veille, pour qu'on avertisse l'inspecteur Castaing de son arrivée, mais c'est en vain qu'il le chercha des yeux. Des femmes en robes d'été, des enfants demi-nus attendaient quelqu'un mettaient une note gaie sur le quai. Le chef de gare, qui semblait examiner avec embarras les voyageurs, s'approcha du commissaire :

— Vous ne seriez pas, par hasard, M. Maigret ?

— Par hasard, oui.

— Dans ce cas, j'ai un message pour vous.

Il lui remit une enveloppe. Castaing lui écrivait :

« Excusez-moi de ne pas être là pour vous accueillir. Je suis à Yport, à l'enterrement. Je vous recommande l'*Hôtel des Anglais*, où j'espère rentrer pour déjeuner. Je vous mettrai au courant. »

Il n'était que dix heures du matin, et Maigret, qui avait emporté seulement une valise légère, se dirigea à pied vers l'hôtel, proche de la plage.

Mais avant d'y entrer, et malgré sa valise, il alla regarder la mer, les falaises blanches des deux côtés de la plage de galets ; il y avait des adolescents, des jeunes filles qui dansaient dans les vagues et d'autres, derrière l'hôtel, qui jouaient au tennis ; il y avait, dans des fauteuils transatlantiques, des mères de famille qui tricotaient et, sur la plage, des couples de vieillards qui marchaient à petits pas.

Pendant des années, alors qu'il était au collège, il avait vu des camarades revenir de vacances, brunis, avec plein d'histoires à raconter et des coquillages dans les poches, et il gagnait sa vie depuis longtemps quand il avait contemplé la mer à son tour.

Cela l'attrista un peu de constater qu'il ne recevait plus le petit choc, qu'il regardait d'un œil indifférent l'écume éblouissante des flots, et, dans sa barque, qui disparaissait parfois derrière une grosse vague, le maître baigneur aux bras nus et tatoués.

L'odeur de l'hôtel était si bien celle qu'il connaissait que Mme Maigret lui manqua soudain, car c'était toujours avec elle qu'il avait reniflé cette odeur-là.

— Vous comptez rester longtemps ? lui demanda-t-on.

— Je n'en sais rien.

— Si je vous pose la question, c'est que nous fermons le 15 septembre et que nous voilà déjà le 6.

Tout serait fermé, comme un théâtre ; les boutiques de souvenirs, les pâtisseries ; il y aurait des volets partout, et la plage déserte serait rendue à la mer et aux mouettes.

— Vous connaissez Mme Besson ?

— Valentine ? Certainement que je la connais. C'est une enfant du pays. Elle est née ici, où son père était pêcheur. Je ne l'ai pas connue enfant, car je suis plus jeune qu'elle, mais je la revois quand elle était vendeuse chez les demoiselles Seuret, qui tenaient alors une pâtisserie. Une des deux demoiselles est morte. L'autre vit encore. Elle a quatre-vingt-douze ans. Vous verrez sa maison, non loin de chez Valentine, justement, avec une barrière bleue qui entoure le jardin. Puis-je vous demander de bien vouloir remplir votre fiche ?

Le gérant — c'était peut-être le propriétaire ? — la lut, regarda Maigret avec plus d'intérêt.

— Vous êtes le Maigret de la police ? Et vous venez de Paris tout exprès pour cette affaire ?

— L'inspecteur Castaing est descendu ici, n'est-ce pas ?

— C'est-à-dire que, depuis lundi, il prend la plupart de ses repas ici, mais il retourne chaque soir au Havre.

— Je l'attends.

— Il est à l'enterrement, à Yport.

— Je sais.

— Vous croyez qu'on a réellement tenté d'empoisonner Valentine ?

— Je n'ai pas eu le temps de me faire une opinion.

— Si on l'a fait, le coup ne peut venir que de la famille.

— Vous voulez parler de sa fille ?

— Je ne parle de personne en particulier. Je ne sais rien. Ils étaient nombreux, à *La Bicoque*, dimanche dernier. Et je ne vois pas qui, dans le pays, en voudrait à Valentine. Vous ne pouvez pas savoir le bien que cette femme-là a fait quand elle en avait encore les moyens, du vivant de son mari. Elle continue et, bien qu'elle soit loin d'être riche, ne pense qu'à donner. C'est une vilaine histoire, croyez-moi ; Etretat a toujours été un endroit tranquille. Notre politique est de nous en tenir à un public choisi, surtout aux familles, de préférence d'un certain niveau social. Je pourrais vous citer...

Maigret préféra se promener dans les rues ensoleillées et, place de la Mairie, lut au-dessus d'une devanture blanche : « Pâtisserie Maurin — ancienne maison Seuret ».

Il demanda à un livreur de lui indiquer « La Bicoque », et on lui désigna un chemin qui serpentait en pente douce au flanc de la colline, bordé de quelques villas entourées de jardins. Il s'arrêta à une certaine distance d'une maison enfouie dans la verdure, où l'on voyait un filet de fumée monter lentement de la cheminée sur le bleu pâle du ciel, et, quand il revint à l'hôtel, l'inspecteur Castaing était arrivé ; sa petite Simca noire stationnait devant la porte, il attendait lui-même, en haut des marches.

— Vous avez fait bon voyage, monsieur le commissaire ? Je suis désolé de n'avoir pu me trouver à la gare. J'ai pensé qu'il serait intéressant d'assister à l'enterrement. Si ce qu'on raconte est exact, c'est votre méthode aussi.

— Comment cela s'est-il passé ?

Ils se mirent à marcher le long de la mer.

— Je ne sais pas. J'ai envie de répondre : plutôt mal. Il y avait quelque chose de sourd dans l'air. Le corps de la petite a été ramené du Havre ce matin, et les parents attendaient à la gare avec une camionnette qui les a conduits à Yport. C'est la famille Trochu. Vous en entendrez parler. Il y a plein de Trochu par ici, presque tous pêcheurs. Le père a fait longtemps le hareng à Fécamp, comme le font encore les deux aînés. Rose était la plus âgée des filles. Il en reste deux ou trois autres, dont une qui travaille dans un café du Havre.

Castaing avait les cheveux drus, le front bas, et il suivait son idée aussi farouchement qu'il aurait poussé la charrue.

— Voilà six ans que je suis au Havre et que je sillonne le pays. On rencontre encore, dans les villages, surtout autour des châteaux, des gens respectueux et humbles qui parlent de « not' maître ». Il y en a d'autres qui se montrent plus durs, méfiants, parfois hargneux. Je ne sais pas encore dans quelle catégorie classer les Trochu, mais ce matin, autour de Valentine Besson, l'atmosphère était plutôt froide, presque menaçante.

— On m'a affirmé tout à l'heure qu'elle était adorée à Etretat.

— Yport n'est pas Etretat. Et *la* Rose, comme on dit ici, est morte.

— La vieille dame était à l'enterrement ?

— Au premier rang. Certains l'appellent la Châtelaine, peut-être parce

qu'elle a possédé un château dans l'Orne, ou en Sologne, je ne sais plus.
Vous l'avez vue ?

— Elle est venue me trouver à Paris.

— Elle m'a annoncé qu'elle se rendait à Paris, mais j'ignorais que c'était
pour vous voir. Que pensez-vous d'elle ?

— Encore rien.

— Elle a été colossalement riche. Pendant des années, elle a eu son hôtel
particulier avenue d'Iéna, son château, son yacht, et *La Bicoque* n'était
qu'un pied-à-terre.

» Elle y venait dans une grosse limousine, conduite par un chauffeur, et
une autre voiture suivait avec les bagages. Elle faisait sensation le dimanche,
quand elle assistait à la messe, au premier rang (elle a toujours son banc à
l'église), et elle distribuait l'argent à pleines mains. Si quelqu'un se trouvait
dans l'embarras, on avait l'habitude de dire :

» — Va donc trouver Valentine.

» Car beaucoup, surtout parmi les vieux, l'appellent encore ainsi.

» Ce matin, elle est arrivée à Yport en taxi, comme jadis elle débarquait
de son auto, et c'est elle qui avait l'air de conduire le deuil. Elle a apporté
une gerbe immense, qui écrasait les autres.

» Je me suis peut-être trompé, mais j'ai eu l'impression que les Trochu
étaient agacés et la regardaient de travers. Elle a tenu à leur serrer la main à
tous, et le père n'a tendu la sienne que de mauvaise grâce, en évitant de la
regarder. Un de ses fils, Henri, l'aîné, lui a carrément tourné le dos.

— La fille de Mme Besson l'accompagnait ?

— Elle est rentrée à Paris lundi par le train de l'après-midi. Je n'avais
aucune autorité pour la retenir. Vous devez déjà vous être aperçu que je
nage. Je pense pourtant qu'il sera nécessaire de la questionner à nouveau.

— Comment est-elle ?

— Comme sa mère devait être à son âge, c'est-à-dire à trente-huit ans.
Elle en paraît vingt-cinq. Elle est menue et fine, très jolie, avec d'immenses
yeux qui ont presque toujours une expression enfantine. Cela n'a pas
empêché que, pendant la nuit de dimanche à lundi, un homme, qui n'était
pas son mari, a couché dans sa chambre, à *La Bicoque*.

— Elle vous l'a dit ?

— Je l'ai découvert, mais trop tard pour lui réclamer les détails. Il faudra
que je vous raconte tout cela par le menu. L'affaire est beaucoup plus
compliquée qu'elle ne paraît, et j'ai été obligé de prendre des notes. Vous
permettez ?

Il tira de sa poche un joli carnet recouvert de cuir rouge, qui ne ressemblait
guère au calepin de blanchisseuse que Maigret employait d'habitude.

— Nous avons été avertis, au Havre, lundi à sept heures du matin, et j'ai
trouvé une note sur mon bureau quand j'y suis arrivé à huit heures. J'ai pris
la Simca et j'étais ici un peu après neuf heures. Charles Besson descendait
de voiture juste devant moi.

— Il habite Fécamp ?

— Il y a sa maison, et sa famille y vit toute l'année ; mais, depuis qu'il a
été élu député, il passe une partie de son temps à Paris, où il a un appartement

dans un hôtel du boulevard Raspail. Il a passé ici toute la journée de dimanche avec les siens, c'est-à-dire sa femme et ses quatre enfants.

— Ce n'est pas le fils de Valentine, n'est-ce pas ?

— Valentine n'a pas de fils, seulement une fille, Arlette, celle dont je vous ai parlé, et qui est mariée à un dentiste de Paris.

— Le dentiste était ici aussi, dimanche ?

— Non. Arlette est venue seule. C'était l'anniversaire de sa mère. C'est paraît-il une tradition dans la famille de lui rendre visite ce jour-là. Quand je lui ai demandé par quel train elle était venue, elle m'a répondu par celui du matin, le même que vous avez pris.

» Vous allez voir que ce n'est pas vrai. La première chose que j'ai faite, lundi, dès que le corps a été emmené au Havre, a été d'examiner toutes les pièces de la maison. Ce n'est pas un mince travail, car, si c'est petit et coquet, c'est plein de recoins, de meubles fragiles et de bibelots.

» En dehors de la chambre de Valentine et de la chambre de la bonne, toutes deux au premier étage, il n'y a qu'une chambre d'amis, au rez-de-chaussée, qu'Arlette occupait. En remuant la table de nuit, j'ai découvert un mouchoir d'homme, et j'ai eu l'impression que la jeune femme, qui me regardait faire, était soudain fort émue. Elle me l'a vivement repris des mains.

» — J'ai encore pris un mouchoir de mon mari !

» Je ne sais pas pourquoi, c'est seulement le soir que j'ai pensé à la lettre brodée, un H. Arlette venait de repartir. Je lui avais offert de la conduire à la gare dans ma voiture, et je l'avais vue prendre son billet au guichet.

» C'est idiot, je le sais. Au moment de remonter en auto, j'ai été frappé qu'elle ne soit pas venue avec un billet d'aller et retour. Je suis retourné dans la salle d'attente. J'ai questionné l'employé du portillon.

» — Cette dame est arrivée par le train de dix heures dimanche matin, n'est-ce pas ?

» — Quelle dame ?

» — Celle que je viens d'accompagner.

» — Mme Arlette ? Non, monsieur.

» — Elle n'est pas arrivée dimanche ?

» — Elle est peut-être arrivée dimanche, mais pas par le train. C'est moi qui ramassais les billets, je l'aurais reconnue.

Castaing regarda Maigret avec une certaine inquiétude.

— Vous m'écoutez ?

— Mais oui. Mais oui.

— Je vous donne peut-être des détails inutiles ?

— Mais non. Il faut que je m'habitue.

— A quoi ?

— A tout, à la gare, à Valentine, à Arlette, à l'homme qui ramasse les billets, aux Trochu. Hier encore, je ne connaissais rien de tout ça.

— Quand je suis retourné à *La Bicoque*, j'ai demandé à la vieille dame le nom de son gendre. Il s'appelle Julien Sudre, deux mots qui ne commencent pas par H. Ses deux beaux-fils s'appellent Théo et Charles Besson. Il n'y a que le jardinier, qui travaille pour elle trois jours par semaine, à s'appeler Honoré ; mais d'abord il n'était pas là dimanche, ensuite je me suis assuré qu'il n'emploie que de grands mouchoirs à ramages rouges.

» Ne sachant par quel bout prendre l'enquête, je me suis mis à questionner les gens de la ville, et c'est ainsi que j'ai appris, grâce au marchand de journaux, qu'Arlette était arrivée non par le train, mais en auto, dans une voiture grand sport à carrosserie verte.

» Cela devenait facile. Le propriétaire de l'auto verte a retenu une chambre, pour dimanche soir, à l'hôtel où je vous ai conseillé de descendre.

» C'est un certain Hervé Peyrot, qui a inscrit sur sa fiche la profession de marchand de vins et qui habite Paris, quai des Grands-Augustins.

— Il a découché ?

— Il est resté au bar de l'hôtel jusqu'à la fermeture, un peu avant minuit, après quoi, au lieu de monter se coucher, il est parti à pied en disant qu'il allait voir la mer. D'après le gardien de nuit, il n'est rentré que vers deux heures et demie du matin. J'ai questionné le valet qui cire les chaussures, et il m'a dit que les souliers de Peyrot avaient les semelles maculées de terre rouge.

» Le mardi matin, je suis retourné à *La Bicoque* et, sous la fenêtre de la chambre occupée par Arlette, j'ai relevé des empreintes dans une plate-bande.

» Qu'est-ce que vous en pensez ?

— Rien.

— Quant à Théo Besson...

— Il était là aussi ?

— Pas pendant la nuit. Vous avez bien compris, n'est-ce pas, que les deux fils Besson sont les enfants d'un premier mariage et que Valentine n'est pas leur mère ? J'ai noté tout le pedigree de la famille et, si vous voulez...

— Pas maintenant, j'ai faim.

— Bref, Théo Besson, qui a quarante-huit ans et qui est célibataire, est en vacances à Etretat depuis deux semaines.

— Chez sa belle-mère ?

— Non. Il ne la voyait pas. Je crois qu'ils étaient brouillés. Il a sa chambre aux *Roches Blanches*, l'hôtel que vous apercevez d'ici.

— Il n'est donc pas allé à *La Bicoque* ?

— Attendez. Quand Charles Besson...

Le pauvre Castaing soupira, désespérant de présenter un tableau clair de la situation, surtout à un Maigret qui n'avait pas l'air d'écouter.

— Dimanche matin, Charles Besson est arrivé à onze heures avec sa femme et ses quatre enfants. Ils possèdent une auto, une grosse Panhard d'ancien modèle. Arlette était là avant eux. Ils ont tous déjeuné à *La Bicoque*. Puis Charles Besson est descendu vers la plage avec ses aînés, un garçon de quinze ans et une fille de douze, pendant que ces dames papotaient.

— Il a rencontré son frère ?

— C'est cela. Je soupçonne Charles Besson d'avoir proposé cette promenade pour aller boire un verre au bar du casino. Il lève assez volontiers le coude, si j'en crois les racontars. Il a rencontré Théo, qu'il ne savait pas à

Etretat, a insisté pour le ramener à *La Bicoque*, et Théo a fini par se laisser faire. La famille était donc au complet pour le dîner, un dîner froid, composé de langouste et de gigot.

— Personne n'a été malade ?

— Non. En dehors de la famille, il n'y avait que la bonne dans la maison. Charles Besson est parti avec les siens vers neuf heures et demie. Un gamin de cinq ans, Claude, avait dormi jusque-là dans la chambre de la vieille dame, et, alors qu'on allait monter en voiture, il avait fallu donner le biberon au dernier-né, qui n'a que six mois et qui criait.

— Comment s'appelle la femme de Charles Besson ?

— Je suppose que son nom est Emilienne, mais on l'appelle Mimi.

— Mimi, répéta gravement Maigret, comme s'il apprenait une leçon par cœur.

— C'est une forte brune d'une quarantaine d'années.

— Forte brune, bon ! Ils sont partis dans leur Panhard vers neuf heures.

— C'est cela. Théo est resté quelques minutes encore, et il n'y a plus eu que les trois femmes dans la maison.

— Valentine, sa fille Arlette et la Rose.

— C'est exact. La Rose a fait la vaisselle dans la cuisine pendant que la mère et la fille bavardaient au salon.

— Les chambres sont toutes à l'étage ?

— Sauf la chambre d'amis, comme je vous l'ai dit, qui est au rez-de-chaussée, et dont les fenêtres donnent sur le jardin. Vous verrez. C'est une vraie maison de poupée, avec de toutes petites pièces.

— Arlette n'est pas montée dans la chambre de sa mère ?

— Elles y sont montées ensemble vers dix heures, car la vieille dame voulait montrer à sa fille une robe qu'elle vient de se faire faire.

— Elles sont redescendues toutes les deux ?

— Oui. Puis Valentine est montée à nouveau pour la nuit, suivie, à quelques minutes, par la Rose. Celle-ci avait l'habitude de mettre sa patronne au lit et de lui servir son médicament.

— C'est elle qui le prépare ?

— Non. Valentine met les gouttes d'avance dans le verre d'eau.

— Arlette n'est pas remontée ?

— Non. Il était onze heures et demie environ quand la Rose s'est couchée à son tour.

— Et c'est vers deux heures qu'elle a commencé à gémir.

— C'est l'heure que donnent Arlette et sa mère.

— Et, selon vous, entre minuit et deux heures, il y avait un homme dans la chambre d'Arlette, un homme avec qui elle est venue de Paris. Vous ne savez pas ce que Théo a fait de sa soirée ?

— Je n'ai pas eu le temps de m'en occuper jusqu'ici. Je vous avoue même que je n'y ai pas pensé.

— Si nous allions déjeuner ?

— Avec plaisir.

— Vous croyez que je pourrai avoir des moules ?

— C'est possible, mais je n'y compte pas. Je commence à connaître le menu.

— Ce matin, vous êtes entré dans la maison des parents de Rose ?

— Seulement dans la première pièce, transformée en chapelle ardente.

— Vous ne savez pas s'ils ont un bon portrait d'elle ?

— Je puis le leur demander.

— Faites-le. Autant de portraits que vous en pourrez trouver, même des portraits d'enfant, à tous les âges. Au fait, quel âge avait-elle ?

— Vingt-deux ou vingt-trois ans. Ce n'est pas moi qui ai rédigé le rapport et...

— Je croyais qu'elle était avec la vieille dame depuis très longtemps.

— Depuis sept ans. Elle est entrée toute jeune à son service, du vivant de Ferdinand Besson. C'était une forte fille, au visage sanguin, aux gros seins.

— Elle n'a jamais été malade ?

— Le docteur Jolly ne m'en a rien dit. Il me semble qu'il m'en aurait parlé.

— J'aimerais savoir si elle avait des amoureux ou un amant.

— J'y ai pensé. Il paraît que non. Elle était très sérieuse, ne sortait pour ainsi dire jamais.

— Parce qu'on ne la laissait pas sortir ?

— Je crois, mais je puis me tromper, que Valentine la tenait serrée et ne lui accordait pas volontiers de congés.

Ils s'étaient promenés tout ce temps-là le long de la mer. Maigret avait eu sans cesse les yeux sur elle et n'y avait pas pensé un seul instant.

C'était déjà fini. Il avait eu le petit choc le matin, à Bréauté-Beuzeville. Le train-jouet lui avait donné des bouffées de vacances d'autrefois.

Maintenant, il ne remarquait plus les maillots clairs des baigneuses, les enfants accroupis dans les galets ; il ne sentait pas l'odeur iodée du varech.

A peine s'était-il préoccupé de savoir s'il y aurait des moules à déjeuner ! Il était là, la tête bourrée de noms nouveaux qu'il essayait de caser dans sa mémoire comme il l'aurait fait dans son bureau du Quai des Orfèvres, et il prit place avec Castaing devant une table blanche où des glaïeuls trempaient dans une flûte en faux cristal.

Peut-être était-ce un signe qu'il vieillissait ? Il penchait la tête pour apercevoir encore les crêtes blanches des vagues, et cela l'assombrissait de n'en ressentir aucune allégresse.

— Il y avait beaucoup de monde à l'enterrement ?

— Tout Yport y était, sans compter les gens venus d'Etretat, des Loges, de Vaucottes, puis les pêcheurs de Fécamp.

Il se souvint des enterrements de campagne, crut sentir une bouffée de calvados et prononça très sérieusement :

— Les hommes vont tous être saouls ce soir.

— C'est assez probable ! concéda Castaing un peu surpris par le cours des pensées du fameux commissaire.

Il n'y avait pas de moules au menu, et ils mangèrent des sardines à l'huile et du céleri rémoulade comme hors-d'œuvre.

2

Les débuts de Valentine

Il poussa la barrière, qui n'était pas fermée, et, ne voyant pas de sonnette, pénétra dans le jardin. Nulle part encore il n'avait vu une telle profusion de plantes dans un espace aussi restreint. Les buissons fleuris étaient si serrés qu'ils donnaient l'impression d'une jungle et, dans le moindre espace laissé libre, jaillissaient des dahlias, des lupins, des chrysanthèmes, d'autres fleurs que Maigret ne connaissait que pour les avoir vues reproduites en couleurs vives sur les sachets de graines, dans les vitrines ; et on aurait dit que la vieille dame avait tenu à utiliser tous les sachets.

Il ne voyait plus la maison dont, de la route, il avait aperçu le toit d'ardoise au-dessus de la verdure. Le chemin zigzaguait et, à certain moment, il dut prendre à droite au lieu de prendre à gauche, car il émergea, après quelques pas, dans une cour aux larges dalles roses sur laquelle donnaient la cuisine et la buanderie.

Là, une forte paysanne vêtue de noir, les cheveux noirs à peine mêlés d'argent, la chair et le regard durs, était occupée à battre un matelas. Autour d'elle, en plein air, s'étalait pêle-mêle le mobilier d'une chambre à coucher, la table de nuit ouverte, les rideaux et les couvertures qui pendaient sur une corde à linge, une chaise à fond de paille, le lit démonté.

La femme le regardait sans interrompre son travail.

— Mme Besson est ici ?

Elle se contenta de lui désigner des fenêtres à petits carreaux entourées de vigne vierge ; en s'approchant des vitres, il vit Valentine dans son salon. Elle ne savait pas qu'il était là, ne s'attendant pas à le voir arriver par la cour, et elle était visiblement en train de se préparer à le recevoir. Ayant posé sur un guéridon un plateau en argent avec un flacon de cristal et des verres, elle prenait du recul pour juger de l'effet produit, puis se regardait elle-même et arrangeait ses cheveux devant un miroir ancien au cadre sculpté.

— Vous n'avez qu'à frapper, dit la paysanne, sans aménité.

Il n'avait pas remarqué qu'une des fenêtres était une porte-fenêtre, et il y frappa. Valentine se retourna, surprise, trouva tout de suite un sourire à son intention.

— Je savais bien que vous viendriez, mais j'espérais vous accueillir à la grande entrée, pour autant qu'on puisse employer le mot « grand » quand il s'agit de cette maison.

Dès le premier abord, il eut à nouveau la même impression qu'à Paris. Elle était si vive, si pétillante qu'elle faisait penser à une femme encore jeune, et même très jeune, déguisée en vieille dame pour un spectacle d'amateurs. Et pourtant elle ne tentait pas de se rajeunir. Au contraire, la coupe de sa robe de soie noire, l'arrangement de sa coiffure, le large ruban de velours qu'elle portait autour du cou, tout cela était bien de son âge.

Et, en l'observant de près, il distinguait les fines rides de la peau, le flétrissement du cou, une certaine sécheresse des mains qui ne trompe pas.

— Voulez-vous me confier votre chapeau, monsieur le commissaire, et voir s'il y a ici un fauteuil à votre taille ? Vous devez vous sentir mal à l'aise dans ma maison de poupée, n'est-ce pas ?

Ce qui faisait son charme, c'était peut-être qu'elle paraissait toujours se moquer d'elle-même.

— On a dû vous dire, ou on vous dira, que je suis maniaque, et c'est vrai que je suis bourrée de manies. Vous ne pouvez pas savoir comme les manies occupent, quand on vit seule. Si vous essayiez ce fauteuil-ci, près de la fenêtre ? Faites-moi le plaisir de fumer votre pipe. Mon mari fumait le cigare du matin au soir, et rien n'imprègne la maison comme la fumée de cigare. Entre nous, je crois qu'il n'aimait pas ça. Il ne s'est mis au cigare que très tard, bien après la quarantaine, exactement quand la crème « Juva » est devenue célèbre.

Et vite, comme pour excuser sa rosserie :

— Nous avons chacun nos faiblesses. Je suppose que vous avez pris le café à l'hôtel ? Peut-être me permettrez-vous de vous servir un calvados qui a un peu plus de trente ans ?

Il avait compris que c'étaient ses yeux qui, autant que sa vivacité, lui donnaient cet air de jeunesse. Ils étaient d'un bleu plus clair que le ciel de septembre au-dessus de la mer et gardaient toujours une expression étonnée, émerveillée, l'expression qu'on imagine à « Alice au pays des merveilles ».

— J'en prendrai une goutte aussi pour ne pas vous laisser boire seul, à condition que cela ne vous choque pas. Vous voyez que je ne cache pas mes menus défauts. Vous trouvez la maison sens dessus dessous. Je suis à peine rentrée de l'enterrement de cette pauvre Rose. J'ai eu toutes les peines du monde à décider la mère Leroy à venir me donner un coup de main. Je suppose que vous avez compris que ce sont les meubles de la chambre de Rose que vous avez vus dehors. J'ai horreur de la mort, monsieur le commissaire, et de tout ce qui s'y rapporte. Tant que la maison n'aura pas été nettoyée de fond en comble et aérée pendant quelques jours, il me semble que j'y sentirai une odeur de mort.

Des fuseaux de soleil, passant entre les branches d'un tilleul, pénétraient dans la pièce à travers les petits carreaux et mettaient sur les objets des taches sautillantes.

— Je ne me doutais pas qu'un jour le fameux commissaire Maigret serait assis dans ce fauteuil.

— Au fait, ne m'avez-vous pas dit que vous aviez gardé des articles à mon sujet ?

— C'est exact. Il m'est arrivé souvent d'en découper, comme, jeune fille, je découpais le feuilleton dans le journal de mon père.

— Vous les avez ici ?

— Je pense que je vais les trouver.

Il avait senti une hésitation dans sa voix. Elle se dirigea avec trop de naturel vers un secrétaire ancien, dont elle fouilla en vain les tiroirs, puis vers un bahut sculpté.

— Je crois que je les ai mis dans ma chambre.

Elle voulait monter l'escalier.

— Ne vous dérangez pas.

— Mais si ! Je tiens à les retrouver. Je devine ce que vous pensez. Vous vous figurez que je vous ai dit cela à Paris pour vous flatter et vous décider à venir. C'est vrai qu'il m'arrive de mentir, comme à toutes les femmes, mais je vous jure que ce n'est pas le cas.

Il l'entendit aller et venir au premier étage et, quand elle redescendit, elle joua assez gauchement la comédie de la déception.

— Entre nous, Rose n'avait pas beaucoup d'ordre, c'était même ce que j'appelle un brouillon. Demain, j'irai fouiller le grenier. En tout cas, je mettrai la main sur ces papiers avant que vous quittiez Etretat. Maintenant, je suppose que vous avez des tas de questions à me poser, et je vais m'asseoir tranquillement dans mon fauteuil de grand-mère. A votre santé, monsieur Maigret.

— A votre santé, madame.

— Vous ne me trouvez pas trop ridicule ?

Il fit poliment non de la tête.

— Vous ne m'en voulez pas de vous avoir arraché à votre Quai des Orfèvres ? C'est drôle que mon beau-fils ait eu la même idée que moi, n'est-ce pas ? En député qu'il est, et qu'il est tellement fier d'être, il s'y est pris autrement et s'est adressé au ministre. Dites-moi franchement : est-ce à cause de lui ou de moi que vous êtes venu ?

— A cause de vous, certainement.

— Vous croyez que j'ai quelque chose à craindre ? C'est drôle ! Je ne parviens pas à prendre cette menace au sérieux. On prétend que les vieilles femmes sont peureuses ; je me demande pourquoi, car combien de vieilles femmes, comme moi, vivent seules dans des endroits isolés ? Rose couchait ici, mais c'était elle qui avait peur et venait m'éveiller la nuit quand elle croyait avoir entendu du bruit. S'il y avait un orage, elle refusait de quitter ma chambre et restait toute la nuit en chemise dans ma bergère à marmotter des prières et à trembler.

» Si je n'ai jamais eu peur, c'est peut-être parce que je ne vois pas qui pourrait m'en vouloir. Je ne suis même plus riche. Tout le monde, dans le pays, sait que je vis d'une modeste rente viagère qui a survécu au naufrage. Cette maison aussi est en viager, et personne n'en héritera. Je ne pense pas avoir jamais fait de mal à personne...

— Pourtant Rose est morte.

— C'est vrai. Tant pis si vous me trouvez stupide ou égoïste, mais à mesure que le temps passe, et à présent qu'elle est enterrée, je parviens difficilement à y croire. Tout à l'heure, sans doute, visiterez-vous la maison. Vous voyez la salle à manger, à côté. Cette autre porte donne sur la chambre d'amis, où ma fille a dormi. En dehors de la cuisine, de la buanderie et de la remise à outils, c'est tout pour le rez-de-chaussée, et l'étage est encore plus petit, car il n'y a rien au-dessus de la cuisine et de la buanderie.

— Votre fille vient souvent vous voir ?

Elle eut une petite moue comme résignée.

— Une fois par an, le jour de mon anniversaire. Le reste du temps, je ne la vois ni n'entends parler d'elle. Elle ne m'écrit guère non plus.

— Elle est mariée à un dentiste, je crois ?

— Je suppose qu'il vous va falloir connaître toute l'histoire de la famille, et c'est normal. Est-ce que vous aimez la franchise, monsieur Maigret, ou préférez-vous que je vous réponde en femme bien élevée ?

— La question est-elle nécessaire ?

— Vous n'avez pas encore vu Arlette ?

— Pas encore.

Elle alla chercher dans un tiroir de vieilles enveloppes qui contenaient des photographies, chaque enveloppe étant réservée à une certaine catégorie de portraits.

— Tenez ! La voilà à dix-huit ans. On prétend qu'elle me ressemble et, pour ce qui est des traits, je suis bien obligée de le reconnaître.

C'était frappant, en effet. Aussi menue que sa mère, la jeune fille avait la même finesse de traits et surtout les mêmes grands yeux clairs.

— Comme on dit vulgairement, on lui donnerait le Bon Dieu sans confession, n'est-ce pas ? Ce pauvre Julien y a cru et l'a épousée malgré mes avertissements, car c'est un brave garçon, un travailleur ; il est parti de rien, a eu beaucoup de mal à terminer ses études et travaille dix heures par jour et plus dans son cabinet à bon marché de la rue Saint-Antoine.

— Vous pensez qu'ils ne sont pas heureux ?

— Il est peut-être heureux, après tout. Il y a des gens qui font leur bonheur tout seuls. Chaque dimanche, il va planter son chevalet quelque part au bord de la Seine, et il peint. Ils ont un canoë du côté de Corbeil.

— Votre fille aime son mari ?

— Regardez ses photos et répondez vous-même. Peut-être est-elle capable d'aimer quelqu'un, mais pour ma part, je ne m'en suis jamais aperçue. Quand je travaillais à la pâtisserie des demoiselles Seuret — on a dû déjà vous en parler — il lui arrivait de me lancer :

» — Si tu crois que c'est agréable d'avoir une mère qui vend des gâteaux à mes petites amies !

» Elle avait sept ans quand elle parlait ainsi. Nous vivions toutes les deux dans une petite chambre, au-dessus d'une boutique d'horlogerie qui existe encore.

» Lorsque je me suis remariée, sa vie a changé…

— Cela vous ennuierait-il de parler d'abord de votre premier mari ?

» Comme d'autres le feront probablement, j'aime autant tenir les renseignements de vous.

Elle lui remplit son verre, pas choquée du tout par la question.

— Autant commencer par mes parents, dans ce cas. Je suis née Fouque, un nom que vous trouverez encore dans le pays. Mon père était pêcheur ici, à Etretat. Ma mère faisait des journées dans des maisons comme celle-ci, pendant l'été seulement, car, en ce temps-là, personne ne restait l'hiver. J'ai eu trois frères et une sœur, qui sont tous morts. Un de mes frères a été tué pendant la guerre de 1914, et l'autre a succombé aux suites d'un accident de bateau. Ma sœur s'est mariée et est morte en couches. Quant à mon troisième frère, Lucien, qui travaillait à Paris comme garçon coiffeur, il a mal tourné et s'est fait descendre d'un coup de couteau dans un café des environs de la Bastille.

» Je n'en ai pas honte. Je n'ai jamais renié mes origines. Si j'avais eu honte, je ne serais pas venue finir mes jours ici, où tout le monde est au courant.

— Vous avez travaillé, du vivant de vos parents ?

— J'ai été bonne d'enfants à quatorze ans, puis femme de chambre à l'*Hôtel de la Plage*. Ma mère est morte, à cette époque, d'un cancer au sein. Mon père, lui, vécut assez vieux, mais il buvait tellement, dans les derniers temps, que c'était comme s'il n'existait plus. J'ai rencontré un jeune homme de Rouen qui était employé au bureau de poste, Henri Poujolle, et l'ai épousé. Il était gentil, très doux, bien élevé, et je ne savais pas encore ce que le rose-bonbon de ses joues signifiait. Pendant quatre ans, j'ai joué à la petite madame, dans un appartement de trois pièces, puis à la maman. J'allais le chercher au bureau en poussant la voiture de Bébé. Le dimanche nous achetions un gâteau chez les demoiselles Seuret.

» Une fois l'an, nous nous rendions à Rouen, chez mes beaux-parents, qui tenaient une petite épicerie dans la haute ville.

» Puis Henri s'est mis à tousser, et il est parti en quelques mois, me laissant seule avec Arlette.

» J'ai changé de logement, me contentant d'une seule chambre. Je suis allée trouver les demoiselles Seuret, qui m'ont engagée comme vendeuse.

» On prétend que j'étais fraîche et jolie, et que cela attirait les clients.

» Un jour, au magasin, j'ai fait la connaissance de Ferdinand Besson.

— Vous aviez quel âge ?

— Quand nous nous sommes mariés, quelques mois plus tard, j'avais trente ans.

— Et lui ?

— Cinquante-cinq ans environ. Il était veuf depuis plusieurs années, avec deux garçons de seize et dix-huit ans, et c'est ce qui m'a fait le plus drôle d'effet, car il me semblait toujours qu'ils allaient tomber amoureux.

— Ils ne l'ont pas été ?

— Théo, peut-être, au début. Puis il m'a prise en grippe, mais je ne lui en ai jamais voulu. Vous connaissez l'histoire de Besson ?

— Je sais qu'il était le propriétaire des produits « Juva ».

— Alors vous vous imaginez quelqu'un d'extraordinaire ? Or la vérité est très différente. C'était un petit pharmacien du Havre, un tout petit pharmacien de quartier, à la boutique étroite et sombre, avec un bocal vert et un bocal jaune à la vitrine. Lui-même, à quarante ans, comme vous allez le voir sur sa photo, avait plutôt l'air d'un employé du gaz, et sa femme ressemblait à une femme de ménage.

» A cette époque-là, il n'existait pas autant de spécialités qu'aujourd'hui, et il lui arrivait de faire toutes sortes de préparations pour ses clients. C'est ainsi qu'il a composé une crème pour une jeune fille qui avait toujours des boutons sur la figure. Elle s'en est bien trouvée. Cela s'est su dans le quartier, puis en ville.

» Un beau-frère de Besson lui a conseillé de lancer le produit sous un nom prestigieux et, à eux deux, ils ont trouvé l'étiquette. C'est le beau-frère qui a mis les premiers fonds.

» Presque du jour au lendemain, cela a été la fortune. Il a fallu créer des laboratoires, d'abord au Havre, puis à Pantin, dans la banlieue de Paris. On a lu le nom « Juva » dans tous les journaux, puis il a surgi sur les murs, en lettres énormes.

» Vous ne pouvez vous figurer ce que ces produits-là rapportent, une fois lancés.

» La première femme de Besson n'en a guère profité, car elle est morte peu de temps après.

» Lui s'est mis à changer de vie. Quand je l'ai rencontré, c'était déjà un homme très riche, mais qui n'avait pas l'habitude de l'argent et qui ne savait pas trop qu'en faire.

» Je crois que c'est à cause de cela qu'il m'a épousée.

— Que voulez-vous dire ?

— Qu'il avait besoin d'une jolie femme à parer et à exhiber. Les Parisiennes lui faisaient peur. Les grandes bourgeoises du Havre l'impressionnaient. Il s'est senti plus à son aise avec une fille rencontrée derrière le comptoir d'une pâtisserie. Je pense même qu'il n'était pas fâché que je sois veuve, que j'aie moi-même un enfant.

» Je ne sais pas si vous me comprenez ?

Il comprenait, mais, ce qui l'étonnait, c'est qu'elle l'eût si bien compris et qu'elle en convînt si gentiment.

— Tout de suite après notre mariage, il a acheté un hôtel particulier, avenue d'Iéna, et, quelques années plus tard, le château d'Anzi, en Sologne. Il me couvrait de bijoux, m'envoyait chez les couturiers, me conduisait au théâtre et aux courses. Il a même fait construire un yacht, dont il ne s'est jamais servi, car il souffrait du mal de mer.

— Vous croyez qu'il était heureux ?

— Je ne sais pas. A son bureau, rue Tronchet, il l'était probablement, parce qu'il était entouré d'inférieurs. Je crois qu'ailleurs il avait toujours l'impression qu'on se moquait de lui. Pourtant c'était un brave homme, aussi intelligent que la plupart de ceux qui brassent des affaires. Peut-être avait-il commencé trop tard à avoir beaucoup d'argent.

» Il s'est mis en tête de devenir un grand capitaine d'industrie et, à côté de la crème « Juva », qui était une mine d'or, il a voulu créer d'autres produits : un dentifrice, un savon, que sais-je, pour la publicité desquels il a dépensé des millions. Il a édifié des usines non seulement pour les produits eux-mêmes, mais pour les emballages, et Théo, qui est entré dans l'affaire, voyait peut-être encore plus grand que lui.

» Cela a duré vingt-cinq ans, monsieur Maigret. Maintenant, j'en garde à peine le souvenir, tellement cela a passé vite. Nous étions toujours pressés. Nous allions de notre maison de Paris à notre château, et de là à Cannes ou à Nice, pour revenir à Paris dare-dare, avec deux autos dont une emmenait les bagages, le maître d'hôtel, les femmes de chambre, la cuisinière.

» Puis il a décidé de faire un voyage chaque année, et nous sommes allés à Londres et en Ecosse, en Turquie, en Egypte, toujours en courant, parce que ses affaires le réclamaient, toujours avec de pleines malles de robes et mes bijoux que, dans chaque ville, il fallait mettre en sûreté dans une banque.

» Arlette s'est mariée, je n'ai jamais su pourquoi. Ou plutôt je n'ai jamais su pourquoi elle a soudain épousé ce garçon que nous ne connaissions même pas, alors qu'elle aurait pu choisir parmi les jeunes gens riches qui fréquentaient notre maison.

— Votre mari n'avait-il pas un faible pour votre fille ?

— Avouez que vous vous demandez si ce n'était pas plus qu'un faible, n'est-ce pas ? Je me le suis demandé aussi. Cela paraît naturel qu'un homme d'un certain âge, vivant avec une jeune fille qui n'est pas la sienne, en devienne amoureux. Je les ai observés tous les deux. C'est exact qu'il la comblait de cadeaux et qu'il faisait tous ses caprices. Je n'ai jamais rien découvert d'autre. Non ! Et j'ignore pourquoi Arlette s'est mariée, à vingt ans, avec le premier venu. Je comprends beaucoup de gens, mais je n'ai jamais compris ma propre fille.

— Vous vous entendiez bien avec vos beaux-fils ?

— Théo, l'aîné, n'a pas tardé à me battre plutôt froid, mais Charles s'est toujours comporté avec moi comme si j'étais sa mère. Théo ne s'est jamais marié. Il a vécu, en somme, pendant un certain nombre d'années, la vie que son père n'a pas pu vivre, faute d'y être préparé. Pourquoi me regardez-vous comme ça ?

Toujours à cause du contraste. Elle parlait légèrement, un sourire épars sur ses traits, avec la même expression candide dans ses yeux clairs, et il s'étonnait des paroles qu'elle prononçait.

— J'ai eu le temps de réfléchir, vous savez, depuis cinq ans que je vis seule ici ! Théo, donc, fréquentait les champs de courses, le *Maxim's*, le *Fouquet's*, tous les endroits à la mode, et passait ses étés à Deauville. A cette époque-là, il tenait table ouverte, toujours entouré de jeunes gens qui avaient de grands noms, mais pas d'argent. Il continue à mener la même vie, ou plutôt à fréquenter les mêmes endroits, mais c'est son tour d'être désargenté et de se faire inviter. Je ne sais pas comment il s'y prend.

— Vous n'avez pas été surprise de le savoir à Etretat ?

— Il y a longtemps que nous ne nous parlons plus. Je l'ai aperçu en ville, il y a deux semaines, et j'ai pensé qu'il était de passage. Puis, dimanche, Charles me l'a amené, en nous demandant à tous les deux de faire la paix, et je lui ai tendu la main.

— Il ne vous a fourni aucune raison de sa présence ici ?

— Il a simplement dit qu'il éprouvait le besoin de se reposer. Mais vous m'avez coupé le fil. J'en étais à l'époque où mon mari vivait encore, et les dix dernières années n'ont pas toujours été drôles.

— Quand vous a-t-il acheté cette maison ?

— Avant le commencement de la dégringolade, alors que nous avions l'hôtel particulier de Paris, le château, et tout le tremblement. J'avoue que c'est moi qui lui ai demandé d'avoir un pied-à-terre ici, où je me sens plus chez moi qu'ailleurs.

Eut-il un involontaire sourire ? Elle dit très vite :

— Je sais ce que vous pensez, et vous n'avez peut-être pas tout à fait tort. A Anzi, je jouais à la châtelaine, comme Ferdinand me priait de le faire. Je présidais toutes les bonnes œuvres, toutes les cérémonies, mais personne ne savait qui j'étais. Cela m'a paru injuste qu'on ne me voie pas sous mon nouveau jour dans la ville où j'ai été pauvre et humiliée. Ce n'est peut-être pas joli, mais je crois que c'est humain.

» Autant le dire moi-même, puisque tout le monde vous le dira et que certains, justement, non sans ironie, m'appellent la Châtelaine.

» Derrière mon dos, ils préfèrent m'appeler simplement Valentine !

» Je n'ai jamais rien connu aux affaires, mais il est évident que Ferdinand a trop entrepris, pas toujours à propos, peut-être pas tant pour épater les autres que pour se prouver à lui-même qu'il était un grand financier.

» On a commencé par vendre le yacht, puis le château. Un soir qu'après le bal je lui remettais mes perles pour les placer dans le coffre, il m'a dit avec un sourire amer :

» — Cela vaut mieux, en effet, pour les gens. Mais ce ne serait pas un grand malheur qu'on les vole, car ce ne sont plus que des répliques.

» Il est devenu taciturne, solitaire. La crème « Juva » gardait seule quelque valeur, tandis que les affaires nouvelles s'écroulaient les unes après les autres.

— Il aimait ses fils ?

— Je ne sais pas. Cela vous semble drôle que je vous réponde ça ? On imagine que les parents aiment leurs enfants. Cela paraît naturel. Je me demande maintenant si le contraire n'est pas plus fréquent qu'on ne pense.

» Il a certainement été flatté de voir Théo reçu dans des cercles fermés où il n'osait pas rêver d'être reçu lui-même. Il a dû se rendre compte, d'autre part, que Théo n'avait aucune valeur personnelle et que ses idées prestigieuses étaient pour beaucoup dans la dégringolade.

» Quant à Charles, il ne lui a jamais pardonné d'être un mou, car il affectait une extrême horreur pour les mous, les faibles.

— Parce qu'il en était un, au fond, est-ce bien ce que vous voulez dire ?

— Oui. Toujours est-il que ses dernières années ont été tristes, à voir crouler son domaine pièce par pièce. Peut-être m'aimait-il vraiment ? Ce n'était pas un homme expansif, et je ne me souviens pas de l'avoir entendu m'appeler « chérie ». Il a voulu que je sois à l'abri du besoin et a mis cette maison en viager, m'a assuré une petite rente avant de mourir. C'est à peu près tout ce qu'il a laissé. Ses enfants n'ont eu que quelques souvenirs sans valeur, tout comme ma fille, avec qui il n'a fait aucune distinction.

— Il est mort ici ?

— Non. Il est mort tout seul, dans une chambre d'hôtel, à Paris, où il était allé dans l'espoir de négocier une nouvelle affaire. Il avait soixante-dix ans. A présent, vous commencez à connaître la famille. Je ne sais pas au juste ce que fait Théo, mais il a toujours une petite auto ; il est bien habillé et vit dans les endroits élégants. Quant à Charles, qui a quatre enfants et une femme pas fort agréable, il a essayé plusieurs métiers sans succès. Sa marotte était de fonder un journal. Cela a raté à Rouen et au Havre. Alors, il s'est mis, à Fécamp, dans une affaire d'engrais tirés des déchets de poisson, puis, comme cela ne marchait pas trop mal, il s'est inscrit sur je ne sais quelle liste pour les élections.

» Il a été élu par le plus grand des hasards, et le voilà député depuis deux ans.

» Ils ne sont des saints ni les uns ni les autres, mais ils ne sont pas non plus méchants.

» S'ils n'ont pas pour moi un amour aveugle, je ne pense pas non plus qu'ils me détestent, et ma mort ne leur serait profitable ni aux uns ni aux autres.

» Les bibelots que vous voyez ne feraient pas une grosse somme dans une salle des ventes, et c'est, avec les répliques de mes anciens bijoux, tout ce qui m'appartient en propre.

» Quant aux gens du pays, ils se sont habitués à la vieille femme que je suis et me considèrent un peu comme faisant partie du paysage.

» Presque tous ceux que j'ai connus dans ma jeunesse ont disparu. Il reste quelques vieilles personnes, comme l'aînée des demoiselles Seuret, à qui je rends visite de temps en temps.

» Que quelqu'un puisse avoir l'idée de m'empoisonner, cela me paraît tellement impossible, tellement absurde que je suis un peu gênée de vous voir ici et que j'ai honte, à présent, d'être allée vous chercher à Paris.

» Vous avez dû me prendre pour une vieille toquée, avouez-le !

— Non.

— Pourquoi ? Qu'est-ce qui vous fait penser que c'était sérieux ?

— La Rose est morte !

— C'est vrai.

Elle jeta un coup d'œil par la fenêtre, vit les meubles éparpillés dans la cour, les couvertures qui pendaient sur la corde à linge.

— Votre jardinier est ici aujourd'hui ?

— Non. C'était hier son jour.

— La femme de ménage a descendu seule les meubles ?

— Nous les avons démontés et descendus à nous deux, ce matin, de bonne heure, avant que je me rende à Yport.

Ils étaient lourds et l'escalier était étroit, avec un tournant difficile.

— Je suis plus forte qu'il n'y paraît, monsieur Maigret. J'ai l'air d'avoir des os d'oiseau, et en effet ils ne sont pas gros. Mais Rose, malgré toute sa chair, n'était pas plus vigoureuse que moi.

Elle se leva pour lui remplir son verre et prit elle-même une goutte du vieux calvados doré dont le parfum imprégnait la pièce.

Elle fut surprise par la question que Maigret lui posa alors, tranquillement, en tirant doucement sur sa pipe.

— Croyez-vous que votre gendre — Julien Sudre, n'est-ce pas ? — soit un mari complaisant ?

Etonnée, elle rit.

— Je ne me suis jamais posé la question.

— Vous ne vous êtes jamais demandé non plus si votre fille avait un ou des amants ?

— Mon Dieu, je n'en serais pas surprise.

— Il y avait un homme ici, dans la chambre d'amis, avec votre fille, la nuit de dimanche à lundi.

Elle fronça les sourcils, réfléchit.

— Je comprends, à présent.

— Qu'est-ce que vous comprenez ?

— Certains détails qui ne m'avaient pas frappée sur le moment. Toute la journée, Arlette a été distraite, préoccupée. Après le déjeuner, elle a proposé d'aller promener les enfants de Charles sur la plage et a paru déçue quand il a voulu y aller lui-même. Lorsque je lui ai demandé pourquoi son mari ne l'avait pas accompagnée, elle m'a répondu qu'il avait un paysage à finir au bord de la Seine.

» — Tu restes à coucher ?

» — Je ne sais pas. Je ne crois pas. Il vaut peut-être mieux que je prenne le train du soir.

» J'ai insisté. Plusieurs fois, je l'ai surprise regardant par la fenêtre, et je me souviens maintenant qu'à la tombée de la nuit une auto est passée à deux ou trois reprises, presque au pas, sur la route.

— De quoi avez-vous parlé ?

— C'est difficile à dire. Mimi avait à soigner son bébé, qu'il a fallu changer plusieurs fois. Elle a dû aussi préparer le biberon, calmer Claude, qui a cinq ans, et qui abîmait les plates-bandes. On a parlé des enfants, naturellement. Arlette a fait remarquer à Mimi que le dernier avait dû être une surprise pour elle, après cinq ans, alors que l'aîné a déjà quinze ans, et Mimi a répondu que Charles n'en faisait jamais d'autres, que ce n'était pas lui qui avait les ennuis...

» Vous voyez ça d'ici ! On a échangé des recettes de cuisine.

— Arlette n'est-elle pas montée dans votre chambre, après le dîner ?

— Oui. Je voulais lui montrer une robe que je me suis fait faire récemment, et je l'ai essayée devant elle.

— Où se tenait-elle ?

— Elle était assise sur le lit.

— Est-elle restée seule ?

— Peut-être quelques instants, pendant que je prenais la robe dans la petite pièce qui me sert de lingerie. Mais je n'imagine pas Arlette versant du poison dans la bouteille de médicament. Il aurait fallu d'ailleurs qu'elle ouvre la pharmacie, et celle-ci se trouve dans la salle de bains. Je l'aurais entendue. Pourquoi Arlette aurait-elle fait ça ? Ainsi, ce pauvre Julien est cocu ?

— Un homme a rejoint Arlette dans sa chambre après minuit et a dû s'en aller précipitamment par la fenêtre quand il a entendu les gémissements de Rose.

Elle ne put s'empêcher de rire.

— Cela tombait mal !

Mais cela ne lui faisait pas peur rétrospectivement.

— Qui est-ce ? Quelqu'un d'ici ?

— Quelqu'un qui l'a amenée de Paris en auto, un certain Hervé Peyrot, qui est dans les vins.

— Jeune ?

— Une quarantaine d'années.

— Cela m'étonnait aussi qu'elle vienne par le train, alors que son mari a une voiture et qu'elle conduit. Tout cela est drôle, monsieur Maigret. Au fond, je suis contente que vous soyez là. L'inspecteur a emporté le verre et la bouteille de médicament, ainsi que divers objets qui se trouvaient dans ma chambre et dans la salle de bains. Je suis curieuse de savoir ce que les gens du laboratoire découvriront. Il est venu également des policiers en civil, qui ont pris des photos. Si la Rose n'avait pas été si têtue, aussi ! Je lui ai dit que le médicament avait un drôle de goût et, une fois derrière la porte, elle n'en a pas moins avalé ce qui restait dans le verre. Elle n'avait pas besoin de somnifère, je vous assure. Combien de fois, à travers la cloison, l'ai-je entendue ronfler, à peine couchée ! Peut-être aimeriez-vous visiter la maison ?

Il s'y trouvait depuis une heure à peine, et il lui semblait déjà qu'il la connaissait, qu'elle lui était familière. La rigide silhouette de la femme de ménage — une veuve, certainement — s'encadra dans la porte.

— Est-ce que vous mangerez le reste de ragoût ce soir, ou est-ce que je le donne au chat ?

Elle disait cela presque méchamment, sans un sourire.

— Je le mangerai, madame Leroy.

— J'ai fini dehors. Tout est propre. Quand vous voudrez m'aider à remonter les meubles...

Valentine sourit en coin à Maigret.

— Tout à l'heure.

— C'est que je n'ai plus rien à faire.

— Alors, reposez-vous un moment.

Et elle le précéda dans l'escalier étroit qui sentait l'encaustique.

3

Les amants d'Arlette

— Passez me voir quand il vous plaira, monsieur Maigret. C'est bien le moins que je sois toujours à votre disposition, après vous avoir demandé de venir de Paris. Vous ne m'en voulez pas trop de vous avoir dérangé pour cette histoire abracadabrante ?

C'était dans le jardin, au moment de la quitter. La veuve Leroy attendait toujours sa patronne pour l'aider à remonter les meubles dans la chambre de Rose. Un instant, Maigret avait failli offrir un coup de main, tant on voyait mal Valentine coltiner de lourds fardeaux.

— Je suis surprise maintenant d'avoir tant insisté pour que vous veniez, car je n'ai même pas peur.

— Mme Leroy va coucher chez vous ?

— Oh ! non, elle sera partie dans une heure. Elle a un fils de vingt-quatre ans qui travaille au chemin de fer et qu'elle dorlote comme un bébé. C'est parce qu'il va bientôt rentrer qu'elle ne tient pas en place.

— Vous dormirez seule dans la maison ?

— Ce ne sera pas la première fois.

Il avait traversé le jardinet, poussé la barrière qui grinçait un peu. Le soleil déclinait du côté de la mer et inondait le chemin de lumière jaune, déjà rougeâtre. C'était une vraie route comme dans son enfance, non goudronnée, où les pieds butaient dans la poussière moelleuse, avec des haies et des orties en bordure.

Un tournant s'amorçait, un peu plus bas, et c'est à ce tournant qu'il aperçut, venant en sens inverse, une silhouette de femme qui montait lentement la pente.

Elle était à contre-jour, vêtue de sombre, et il la reconnut sans l'avoir jamais vue, c'était incontestablement Arlette, la fille de la vieille dame. Elle paraissait moins petite et moins menue que sa mère, mais elle avait la même délicatesse, semblait faite comme elle, d'une matière fine et précieuse, et elle avait les mêmes yeux immenses, d'un bleu irréel.

Reconnut-elle le commissaire, dont la photographie avait paru si souvent dans les journaux ? Se dit-elle simplement, en voyant sur ce chemin un inconnu vêtu en citadin, que cela ne pouvait être qu'un policier ?

Il sembla à Maigret que, pendant le court moment qu'ils mirent à se croiser, elle hésitait à lui adresser la parole. Il hésita, lui aussi. Il avait envie de lui parler, mais le moment et le lieu étaient mal choisis.

Ils ne firent donc que se regarder en silence, et les yeux d'Arlette n'exprimaient aucun sentiment. Ils étaient graves, avec quelque chose d'absent, d'impersonnel. Maigret se retourna alors qu'elle avait disparu derrière la haie, puis il continua son chemin jusqu'aux premières rues d'Etretat.

Il rencontra l'inspecteur Castaing devant un étalage de cartes postales.

— Je vous attendais, commissaire. On vient de m'apporter les rapports. Je les ai en poche. Vous voulez les lire ?

— J'aimerais, avant tout, m'asseoir à une terrasse et boire un verre de bière fraîche.

— Elle ne vous a rien offert ?

— Elle m'a offert un calvados tellement vieux, tellement fameux que cela m'a donné soif de quelque chose de plus vulgaire et de plus désaltérant.

Ce soleil qui, dès le milieu de l'après-midi, descendait sous forme d'une énorme boule rouge, annonçait l'arrière-saison, comme aussi les baigneurs plus rares qui portaient déjà des vêtements de laine et qui, chassés de la plage par la fraîcheur, ne savaient que faire dans les rues.

— Arlette vient d'arriver, dit Maigret quand ils furent installés devant un guéridon, place de la Mairie.

— Vous l'avez vue ?

— Je suppose que, cette fois, elle est venue par le train.

— Elle s'est rendue chez sa mère ? Vous lui avez parlé ?

— Nous n'avons fait que nous croiser, à une centaine de mètres de *La Bicoque*.

— Vous croyez qu'elle va y coucher ?

— Cela me paraît probable.

— Il n'y a personne d'autre dans la maison, n'est-ce pas ?

— Il n'y aura, cette nuit, que la mère et la fille.

Cela préoccupait l'inspecteur.

— Vous n'allez pas me condamner à lire tous ces papiers ? fit Maigret en repoussant la grosse enveloppe jaune bourrée de documents. Parlez-moi du verre, d'abord. C'est vous qui l'avez trouvé et emballé ?

— Oui. Il était dans la chambre de la bonne, sur la table de nuit. J'ai demandé à Mme Besson si c'était bien le verre qui avait contenu le médicament. Il paraît qu'on ne peut pas s'y tromper, parce que c'est un verre légèrement teinté, le seul qui reste d'un service ancien.

— Empreintes ?

— Celles de la vieille dame et celles de Rose.

— La bouteille ?

— J'ai trouvé la bouteille de somnifère dans la pharmacie de la salle de bains, à la place qu'on m'a désignée. Elle ne porte que les empreintes de la vieille dame. A propos, vous avez visité sa chambre ?

Castaing avait été surpris, lui aussi, comme Maigret, en entrant dans la chambre de Valentine. Celle-ci l'avait ouverte au commissaire avec une simplicité enjouée, sans un mot, mais elle devait savoir l'effet que la pièce produirait.

En effet, si le reste de la maison était joli, de bon goût, marqué d'une certaine recherche, on ne s'attendait cependant pas à se trouver soudain dans une chambre de grande coquette, toute tendue de satin crème. Au milieu de l'immense lit, un chat persan au pelage bleuté faisait la sieste, et il avait à peine entrouvert ses yeux dorés en l'honneur de l'intrus.

— C'est peut-être un cadre un peu ridicule pour une vieille femme, n'est-ce pas ?

Quand ils étaient passés dans la salle de bains aux carreaux jaunes, elle avait ajouté :

— Cela tient probablement à ce que, jeune fille, je n'ai jamais eu ma chambre, que je couchais avec mes sœurs dans une mansarde et qu'il fallait aller nous laver dans la cour, sur la margelle du puits. Avenue d'Iéna, Ferdinand m'avait aménagé une salle de bains en marbre rose, où tous les accessoires étaient de vermeil, et où l'on descendait dans la vasque par trois marches.

La chambre de Rose était vide, avec un courant d'air qui gonflait les rideaux de cretonne comme des crinolines, un plancher ciré, un papier à fleurs sur les murs.

— Que dit le médecin légiste ?

— L'empoisonnement est indiscutable. Arsenic à forte dose. Le somnifère n'est pour rien dans la mort de la domestique. Le rapport ajoute que le liquide devait avoir un goût très amer.

— Valentine l'a dit aussi.

— Et la Rose a bu quand même. Regardez la personne qui vient sur l'autre trottoir et se dirige vers la papeterie. C'est Théo Besson.

C'était un homme grand et osseux, aux traits vigoureusement dessinés, qui paraissait la cinquantaine. Il portait un vêtement de tweed de couleur rouille qui faisait très anglais. Il était tête nue, les cheveux gris et clairsemés.

Il aperçut les deux hommes. Il connaissait déjà l'inspecteur et, sans doute, reconnut-il le commissaire Maigret. Comme Arlette l'avait fait, il hésita, esquissa un léger salut de tête et pénétra dans la papeterie.

— Vous l'avez questionné ?

— Incidemment. Je lui ai demandé s'il n'avait aucune déclaration à me faire et s'il comptait rester longtemps à Etretat. Il m'a répondu qu'il n'avait pas l'intention de quitter la ville avant la fermeture de l'hôtel, le 15 septembre.

— A quoi passe-t-il ses journées ?

— Il marche beaucoup, le long de la mer, tout seul, d'un grand pas régulier, comme les gens d'un certain âge qui veulent se tenir en forme.

» Il se baigne, vers onze heures, et traîne, le reste du temps, au bar du casino ou dans les bistros.

— Il boit beaucoup ?

— Une dizaine de whiskies par jour, mais je ne pense pas qu'il s'enivre. Il lit quatre ou cinq journaux. Parfois il joue, sans jamais s'asseoir à une des tables.

— Rien d'autre dans ces rapports ?

— Rien d'intéressant.

— Théo Besson n'a pas revu sa belle-mère depuis dimanche ?

— Pas que je sache.

— Qui l'a revue ? Donnez-moi donc un résumé de la journée de lundi. J'ai à peu près celle du dimanche, mais je vois mal le déroulement de celle du lundi.

Il connaissait l'emploi du temps de Valentine le mardi. Elle le lui avait dit. Elle avait quitté *La Bicoque* de bonne heure, laissant Mme Leroy seule, et avait pris le premier train pour Paris. Un taxi l'avait conduite quai des Orfèvres, où elle avait eu son entretien avec le commissaire.

— Vous êtes ensuite allée voir votre fille ? lui avait-il demandé tout à l'heure.

— Non. Pourquoi ?

— Vous n'allez jamais la voir quand vous êtes à Paris ?

— Rarement. Ils ont leur vie, et j'ai la mienne. En outre, je n'aime pas le quartier Saint-Antoine où ils habitent, ni leur appartement de petits bourgeois.

— Qu'est-ce que vous avez fait ?

— J'ai déjeuné dans un restaurant de la rue Duphot, où j'ai toujours aimé manger, j'ai fait deux ou trois emplettes dans le quartier de la Madeleine, et j'ai repris mon train.

— Votre fille vous savait à Paris ?

— Non.

— Votre beau-fils Charles non plus ?

— Je ne lui ai pas parlé de mon idée.

Il avait envie, maintenant, de savoir ce qui s'était passé le lundi.

— Quand je suis arrivé, vers huit heures, dit Castaing, j'ai trouvé la maison dans une certaine effervescence, comme vous pouvez le penser.

— Qui s'y trouvait ?

— Mme Besson, bien entendu.

— Dans quelle tenue ?

— Dans sa tenue habituelle. Sa fille était là aussi, non coiffée, en pantoufles. Le docteur Jolly leur tenait compagnie, un homme d'un certain âge, un ami de la famille, calme, pondéré, et le vieux jardinier venait d'arriver. Quant à Charles Besson, il me précédait de quelques pas.

— Qui vous a donné les renseignements ?

— Valentine. De temps en temps, le docteur l'interrompait pour lui demander un détail important. Elle m'a dit que c'était elle qui avait fait téléphoner à son beau-fils pour l'avertir. Il était très ému, très « catastrophé ». Il a paru soulagé de voir que les journalistes n'étaient pas encore sur place et que la population ne savait rien. Vous venez de rencontrer son frère. Il lui ressemble, en plus gros et en plus mou.

» Le fait qu'il n'y a pas le téléphone dans la maison a compliqué mon travail, car j'ai dû appeler plusieurs fois Le Havre et, chaque fois, j'ai été obligé de venir en ville.

» Le docteur, qui avait des malades à voir, est parti le premier.

— Les parents de la Rose n'étaient pas prévenus ?

— Non. On ne paraissait pas penser à eux. C'est moi qui suis allé les mettre au courant, à Yport. Le père était en mer. C'est un frère qui m'a accompagné, avec sa mère.

— Comment cela s'est-il passé ?

— Plutôt mal. La mère a regardé Mme Besson comme si elle la rendait responsable de ce qui était arrivé et ne lui a pas adressé la parole. Quant au frère, à qui Charles Besson disait je ne sais quoi, il s'est emballé.

» — Il faudra bien qu'on sache la vérité, et ne comptez pas que je laisserai étouffer l'affaire parce que vous avez le bras long !

» Ils voulaient emporter le corps à Yport. J'ai eu du mal à les convaincre qu'il fallait tout d'abord le transporter au Havre pour l'autopsie.

» Sur ces entrefaites, le père est arrivé, en vélo. Il n'a rien dit à personne. C'est un petit, trapu, très fort, très charpenté. Dès que le corps a été chargé dans le fourgon, il a emmené sa famille. Charles Besson a proposé de les reconduire dans sa voiture, mais ils ont refusé, et ils sont partis tous les trois à pied, le vieux poussant sa bicyclette.

» Je ne peux pas vous garantir l'ordre chronologique exact de ce que je vous raconte. Des voisins ont commencé à arriver, puis des gens de la ville ont envahi le jardin. J'étais en haut, avec Cornu, de l'Identité Judiciaire, qui prenait des photos et relevait les empreintes.

» Quand je suis redescendu, vers midi, je n'ai plus vu Arlette, et sa mère m'a appris qu'elle était repartie pour Paris, par crainte que son mari s'inquiétât.

» Charles Besson est resté jusqu'à trois heures de l'après-midi et est rentré à Fécamp.

— Il vous a parlé de moi ?

— Non. Pourquoi ?

— Il ne vous a pas dit qu'il comptait demander au ministre de me charger de l'enquête ?

— Il ne m'a parlé de rien, sinon qu'il ferait le nécessaire auprès des journaux. Je ne vois rien d'autre lundi. Ah si ! Dans la soirée, j'ai aperçu dans la rue Théo Besson, qu'on m'avait désigné, et je me suis arrêté pour échanger quelques mots avec lui.

» — Vous êtes au courant de ce qui est arrivé à *La Bicoque* ?

» — On m'en a parlé.

» — Vous n'avez aucun renseignement qui puisse m'aider dans mon enquête ?

» — Absolument aucun.

» Il était très froid, lointain. C'est alors que je lui ai demandé s'il comptait quitter Etretat et qu'il m'a répondu ce que vous savez. Maintenant, si vous n'avez pas besoin de moi ce soir, je vais rentrer au Havre pour rédiger mon rapport. J'ai promis à ma femme de dîner avec elle si possible, car nous avons des amis à la maison.

Il avait laissé sa voiture devant l'hôtel, et Maigret l'accompagna par les rues paisibles où parfois, à un tournant, on découvrait un pan de mer.

— Cela ne vous inquiète pas un peu qu'Arlette couche chez sa mère cette nuit et que les deux femmes soient seules dans la maison ?

On le sentait préoccupé et, peut-être à cause du calme de Maigret, trouvait-il que celui-ci prenait légèrement la chose.

A mesure que le soleil devenait plus rouge, que les toits des maisons semblaient flamber, la mer prenait, par places, une couleur d'un vert glacé, et on aurait dit que le monde, du côté opposé au couchant, commençait à se figer dans une éternité inhumaine.

— A quelle heure voulez-vous que je vienne demain matin ?

— Pas avant neuf heures. Peut-être pourriez-vous téléphoner de ma part à la P.J., afin d'avoir tous les renseignements possibles sur Arlette Sudre et sur son mari. J'aimerais savoir aussi quelle est la vie de Charles Besson quand il est à Paris et, ma foi, tant que vous y êtes, demandez des tuyaux sur Théo. Tâchez de parler à Lucas. Je n'aime pas téléphoner ces choses-là d'ici.

La plupart des passants se retournaient sur eux et on les épiait par les vitres des devantures. Maigret ignorait encore ce qu'il ferait de sa soirée, et par quel bout il prendrait l'enquête. De temps en temps, il se répétait machinalement :

« La Rose est morte. »

C'était la seule personne dont il ne savait encore rien, sinon qu'elle était dodue et qu'elle avait de gros seins.

— Au fait, demanda-t-il à Castaing, qui poussait le démarreur, elle devait avoir des objets personnels dans sa chambre, chez Valentine. Qu'est-ce qu'on en a fait ?

— Ses parents les ont fourrés dans sa valise qu'ils ont emportée.

— Vous avez demandé à les voir ?

— Je n'ai pas osé. Si vous allez là-bas, vous comprendrez. Leur accueil n'a rien d'amical. Ils vous regardent d'un air méfiant et se regardent les uns et les autres avant de répondre par monosyllabes.

— J'irai sans doute les voir demain.

— Cela m'étonnerait que Charles Besson ne vienne pas vous rendre visite. Puisqu'il a tant fait que de déranger le ministre pour vous avoir dans l'affaire !

Castaing lâcha sa petite auto sur la route du Havre, et Maigret, avant d'entrer à son hôtel, se dirigea vers le casino, dont la terrasse dominait la plage. C'était machinal. Il obéissait à cette sorte d'impulsion qui pousse les gens des villes, quand ils sont au bord de la mer, à aller regarder le soleil se coucher.

En effet, ce qu'il restait de baigneurs à Etretat était là, des jeunes filles en robes claires, quelques vieilles dames, à guetter le fameux rayon vert qui jaillirait des flots à l'instant précis où la boule rouge plongerait derrière l'horizon.

Maigret s'en fit mal aux yeux, ne vit pas le rayon vert et entra au bar, où une voix familière lui lança :

— Qu'est-ce que ce sera, commissaire ?

— Tiens ! Charlie !

Un barman qu'il avait connu dans un établissement de la rue Daunou et qu'il était surpris de retrouver ici.

— Je ne me doutais pas que ce serait vous qui viendriez vous occuper de cette histoire. Qu'est-ce que vous en pensez ?

— Et vous ?

— Je pense que la vieille dame a eu une fameuse chance et que la boniche a joué de malheur.

Maigret but un calvados, parce qu'il était en Normandie et qu'il avait commencé. Charlie s'occupa d'autres clients. Théo Besson vint s'asseoir sur un des hauts tabourets et déploya un journal de Paris qu'il venait probablement d'aller chercher à la gare.

A part quelques petits nuages qui restaient roses, le monde, dehors, avait perdu toute couleur, avec l'infini indifférent du ciel formant couvercle sur l'infini de la mer.

« La Rose est morte. »

Morte d'avoir bu un médicament qui ne lui était pas destiné et dont elle n'avait aucun besoin.

Il traîna encore un peu, alourdi par le calvados, puis se dirigea vers son hôtel, dont la façade, dans le crépuscule, était d'un blanc crayeux. Il passa entre les plantes vertes du perron, poussa la porte et suivit la carpette rouge jusqu'au bureau, où il comptait prendre sa clef. Le gérant se pencha sur lui, confidentiel :

— Il y a une dame qui vous attend depuis un bon moment.

Et du regard, il lui désignait un coin du hall, aux fauteuils recouverts de velours rouge.

— Je lui ai dit que je ne savais pas quand vous rentreriez, et elle m'a répondu qu'elle attendrait. C'est...

Il balbutia un nom si bas que Maigret n'entendit pas. Mais, en se retournant, il reconnut Arlette Sudre qui, à ce moment, se leva de son fauteuil.

Mieux que l'après-midi, il remarqua son élégance, peut-être parce qu'elle était seule ici en tenue de ville, avec un chapeau très parisien qui faisait penser à un cinq à sept dans le quartier de la Madeleine.

Il s'avança vers elle, pas trop à son aise.

— C'est moi que vous attendez, je pense ? Commissaire Maigret.

— Comme vous le savez, je suis Arlette Sudre.

Il fit signe de la tête qu'en effet il ne l'ignorait pas. Puis tous deux se turent un moment. Elle regarda autour d'elle, afin de lui faire comprendre qu'il était difficile de parler dans ce hall, où un vieux couple les dévisageait en tendant l'oreille.

— Je suppose que vous désirez me parler en particulier ? Malheureusement, nous ne sommes pas au Quai des Orfèvres. Je ne vois pas où...

Il regardait autour de lui, lui aussi. Il ne pouvait pas l'inviter à monter dans sa chambre. On voyait les serveuses mettre les couverts dans la salle à manger prévue pour deux cents personnes et où il n'y avait guère qu'une vingtaine de dîneurs.

— Peut-être le plus simple serait-il que vous mangiez un morceau avec moi ? Je pourrais choisir une table isolée...

Plus à son aise que lui, elle accepta la proposition, naturellement, sans le remercier, et le suivit dans la salle encore vide.

— On peut dîner ? demanda-t-il à la serveuse.

— Dans quelques minutes. Vous pouvez déjà vous asseoir. Deux couverts ?

— Un instant. Est-il possible d'avoir quelque chose à boire ?

Il se tourna, interrogateur, vers Arlette.

— Martini, dit-elle du bout des lèvres.

— Deux martinis.

Il se sentait toujours gêné, et cela ne venait pas seulement de ce qu'un homme, le dimanche précédent, avait passé une partie de la nuit dans la chambre d'Arlette. Celle-ci était le type même de la jolie femme avec qui un homme dîne en bonne fortune, en tête à tête, épiant les gens qui entrent avec la crainte d'être reconnu. Et il allait dîner ici, avec elle.

Elle ne l'aidait pas, le regardait tranquillement, comme si c'était à lui de parler et non à elle.

— Ainsi, vous êtes revenue de Paris ! dit-il, de guerre lasse.

— Vous devez deviner pourquoi ?

Probablement était-elle plus jolie que sa mère n'avait jamais été, mais, contrairement à Valentine, elle ne faisait rien pour plaire, restait distante, sans mettre de chaleur dans son regard.

— Si vous ne le savez pas encore, je vais vous le dire.

— Vous voulez parler d'Hervé ?

On leur apportait les martinis, et elle trempa les lèvres dans le sien, tira un mouchoir de son sac en daim noir, saisit machinalement un bâton de rouge, mais ne s'en servit pas.

— Qu'est-ce que vous comptez faire ? questionna-t-elle en le regardant droit dans les yeux.

— Je ne comprends pas bien la question.

— Je n'ai pas beaucoup l'expérience de ces sortes de choses, mais il m'est arrivé de lire les journaux. Lorsqu'un accident comme celui de dimanche soir survient, la police, d'habitude, fouille la vie privée de tous ceux qui y sont mêlés de près ou de loin, et il n'est pas beaucoup plus avantageux d'être innocent que coupable. Comme je suis mariée et que j'ai beaucoup d'affection pour mon mari, je vous demande ce que vous comptez faire.

— Au sujet du mouchoir ?

— Si vous voulez.

— Votre mari n'est pas au courant ?

Il vit sa lèvre frémir, d'impatience ou de colère, et elle laissa tomber :

— Vous parlez comme ma mère.

— Parce que votre mère a pensé que votre mari était peut-être au courant de votre vie extra-conjugale ?

Elle eut un petit rire méprisant.

— Vous choisissez vos mots avec soin, n'est-ce pas ?

— Si vous le préférez, je ne les choisirai plus. D'après ce que vous venez de me dire, votre mère a pensé que votre mari était ce qu'on appelle un mari complaisant.

— Si elle ne l'a pas pensé, elle l'a dit.

— Comme je ne le connais ni d'Eve ni d'Adam, je n'ai pas eu l'occasion de me faire une opinion. Maintenant...

Elle avait toujours les yeux fixés sur lui, et il éprouva le besoin d'être méchant :

— Maintenant, ne vous en prenez qu'à vous-même si cette idée vient à quelqu'un. Vous avez trente-huit ans, je pense ? Vous êtes mariée depuis l'âge de vingt ans. Il est assez difficile de croire que votre expérience de dimanche est la première du genre.

Elle répliqua du tac au tac :

— Ce n'est pas la première, en effet.

— Vous aviez une seule nuit à passer dans la maison de votre mère, et vous avez éprouvé le besoin d'y introduire votre amant.

— Peut-être n'avons-nous pas souvent l'occasion de passer la nuit ensemble ?

— Je ne juge pas. Je constate. De là à penser que votre mari est au courant...

— Il ne l'était pas et il ne l'est pas encore. C'est pour cela que je suis revenue après être partie précipitamment.

— Pourquoi êtes-vous partie dès lundi midi ?

— Je ne savais pas ce que Hervé était devenu après avoir quitté la maison au moment où Rose a commencé à gémir. J'ignorais ce que mon mari ferait en apprenant la nouvelle. J'ai voulu éviter qu'il vienne ici.

— Je comprends. Et, une fois à Paris, vous vous êtes inquiétée ?

— Oui. J'ai téléphoné à Charles, qui m'a appris que vous vous chargiez de l'enquête.

— Cela vous a rassurée ?

— Non.

— Je peux servir, messieur-dame ?

Il fit signe que oui, et ils ne reprirent l'entretien qu'une fois le potage sur la table.

— Mon mari saura-t-il ?

— C'est improbable. Pas si ce n'est pas indispensable.

— Vous me soupçonnez d'avoir tenté d'empoisonner ma mère ?

Sa cuiller resta un moment en suspens, et il la regarda avec une stupeur mêlée d'une pointe d'admiration.

— Pourquoi me demandez-vous cela ?

— Parce que j'étais la seule personne dans la maison à pouvoir mettre du poison dans le verre. Plus exactement, j'étais la seule qui se trouvait encore dans la maison quand c'est arrivé.

— Vous voulez dire que Mimi aurait pu le faire avant son départ ?

— Mimi ou Charles, ou même Théo. Seulement, c'est fatalement à moi qu'on pensera.

— Pourquoi fatalement ?,

— Parce que tout le monde est persuadé que je n'aime pas ma mère.

— Et c'est vrai ?

— C'est à peu près vrai.

— Cela vous ennuierait beaucoup que je vous pose quelques questions ? Remarquez que je ne le fais pas officiellement. C'est vous qui êtes venue au-devant de moi.

— Vous me les auriez quand même posées un jour ou l'autre, n'est-ce pas ?

— C'est possible, et même probable.

Le couple de vieux mangeait à trois tables d'eux, et il y avait ailleurs une femme d'âge moyen qui couvait du regard son fils de dix-huit ans, qu'elle servait comme un enfant. On riait haut et fort à une table de jeunes filles, par vagues, aurait-on dit.

Maigret et sa compagne parlaient à mi-voix, sur un ton en apparence tranquille, indifférent, tout en mangeant.

— Il y a longtemps que vous n'aimez pas votre mère ?

— Depuis le jour où j'ai compris qu'elle ne m'avait jamais aimée, que je n'avais été qu'un accident et qu'elle considérait que je lui avais gâché sa vie.

— Cela s'est passé quand, cette découverte ?

— Alors que j'étais encore petite fille. J'ai tort, d'ailleurs, de parler de moi en particulier. Je devrais dire que maman n'a jamais aimé personne, pas même moi.

— Elle n'a pas aimé votre père non plus ?

— Du jour où il a été mort, il n'a plus été question de lui. Je vous défie de trouver une seule photographie de mon père dans la maison. Vous l'avez visitée, tout à l'heure. Vous avez vu la chambre de maman. Aucun détail ne vous a frappé ?

Il fit un effort de mémoire, avoua :

— Non.

— C'est peut-être que vous n'avez pas beaucoup fréquenté les maisons des vieilles femmes. Dans la plupart, vous verrez sur les murs et sur les meubles des quantités de photographies.

Elle avait raison. Pourtant, il se souvenait d'un portrait, un portrait de vieillard, dans un magnifique cadre en argent, sur la table de nuit de la chambre.

— Mon beau-père, répondit-elle à l'objection. D'abord, on l'a surtout mis là à cause du cadre. Ensuite, il est quand même l'ex-propriétaire des produits « Juva », ce qui compte. Enfin, il a passé la moitié de sa vie à faire les quatre volontés de ma mère et à lui donner tout ce qu'elle a eu. Avez-vous vu un portrait de moi ? En avez-vous vu de mes beaux-frères ? Charles, par exemple, a la manie de faire photographier ses enfants à tous les âges et d'envoyer des épreuves à la famille. Chez maman, tous ces portraits-là sont dans un tiroir, avec des bouts de crayon, de vieilles lettres, des bobines, que sais-je ? Mais il y a sur les murs des photos d'elle, de ses autos, de son château, de son yacht, de ses chats, surtout de ses chats.

— Je vois, en effet, que vous ne l'aimez pas !

— Je crois que je ne lui en veux même plus.

— De quoi ?

— Peu importe. Cependant, si on a essayé de l'empoisonner...

— Pardon. Vous venez de dire si.

— Mettons que ce soit une façon de parler. Encore qu'avec maman on ne sache jamais.

— Voulez-vous insinuer qu'elle aurait pu faire semblant d'être empoisonnée ?

— Cela ne tiendrait pas debout, en effet, surtout qu'il y avait du poison dans le verre, et en quantité suffisante pour tuer, puisque la pauvre Rose est morte.

— Vos beaux-frères et votre belle-sœur partageaient votre... mettons votre indifférence, sinon votre aversion, pour votre mère ?

— Ils n'ont pas les mêmes raisons que moi. Mimi ne l'aime pas beaucoup parce qu'elle pense que, sans elle, mon beau-père n'aurait pas perdu sa fortune.

— C'est exact ?

— Je ne sais pas. Il est certain que c'est pour elle qu'il a dépensé le plus d'argent et que c'est surtout elle qu'il voulait étonner.

— Quelles étaient vos relations avec votre beau-père ?

— Presque tout de suite après son mariage maman m'a mise dans une pension très chic, très chère, en Suisse, sous prétexte que mon père était tuberculeux et que mes poumons devaient être surveillés.

— Sous prétexte ?

— Je n'ai jamais toussé de ma vie. Seulement, la présence d'une grande fille la gênait. Peut-être aussi était-elle jalouse.

— De quoi ?

— Ferdinand avait tendance à me gâter, à me dorloter. Quand je suis revenue à Paris, à dix-sept ans, il s'est mis à tourner autour de moi avec insistance.

— Vous voulez dire... ?

— Non. Pas tout de suite. J'avais dix-huit ans et demi quand c'est arrivé, un soir que je m'habillais pour le théâtre ; il est entré dans ma chambre alors que je n'étais pas tout à fait prête.

— Que s'est-il passé ?

— Rien. Il a perdu la tête, et je l'ai giflé. Alors il est tombé à mes genoux et s'est mis à pleurer en me suppliant de ne rien dire à mamam, de ne pas partir. Il m'a juré qu'il avait eu un instant de folie et qu'il ne recommencerait plus jamais.

Elle ajouta froidement :

— Il était ridicule, en habit, avec son plastron qui avait jailli du gilet. Il a dû se relever précipitamment parce que la femme de chambre entrait.

— Vous êtes restée ?

— Oui.

— Vous étiez amoureuse de quelqu'un ?

— Oui.

— De qui ?

— De Théo.

— Et il était amoureux de vous ?

— Il ne faisait pas attention à moi. Il avait sa garçonnière au rez-de-chaussée, et je savais que, malgré la défense de son père, il y introduisait des femmes. J'ai passé des nuits à l'épier. Il y en avait une, une petite danseuse du Châtelet, qui, à une certaine époque, venait presque chaque nuit. Je me suis cachée dans l'appartement.

— Et vous lui avez fait une scène ?

— Je ne sais pas ce que j'ai fait exactement, mais elle est partie, furieuse, et je suis restée seule avec Théo.

— Et alors ?

— Il ne voulait pas. Je l'ai presque forcé.

Elle parlait à mi-voix, sur un ton si naturel que c'était un peu hallucinant, surtout dans ce cadre pour petits bourgeois en vacances, avec la serveuse en robe noire et en tablier blanc qui les interrompait de temps en temps.

— Après ? répéta-t-il.

— Il n'y a pas eu d'après. Nous nous sommes évités.

— Pourquoi ?

— Lui, sans doute, parce qu'il était gêné.

— Et vous ?

— Parce que j'étais dégoûtée des hommes.

— C'est pour cela que vous vous êtes mariée si brusquement ?

— Pas tout de suite. Pendant plus d'un an, j'ai couché avec tous les hommes qui m'approchaient.

— Par dégoût ?

— Oui. Vous ne pouvez pas comprendre.

— Ensuite ?

— J'ai compris que cela tournerait mal ; j'étais écœurée, j'ai voulu en finir.

— En vous mariant ?

— En essayant de vivre comme tout le monde.

— Et vous avez continué, une fois mariée ?

Elle le regarda gravement, prononça :

— Oui.

Il y eut un long silence, pendant lequel on entendit le rire des jeunes filles à l'autre table.

— Dès la première année ?

— Dès le premier mois.

— Pourquoi ?

— Je ne sais pas. Parce que je ne peux pas faire autrement. Julien ne s'en est jamais douté, et j'accepterais n'importe quoi pour qu'il continue de l'ignorer.

— Vous l'aimez ?

— Tant pis si cela vous fait rire. *Oui !* C'est, en tout cas, le seul homme que je respecte. Vous avez d'autres questions à me poser ?

— Quand j'aurai digéré tout ce que vous venez de me dire, j'en aurai probablement.

— Prenez votre temps.

— Vous comptez passer la nuit à *La Bicoque ?*

— Il n'y a pas moyen de faire autrement. Les gens ne comprendraient pas que j'aille à l'hôtel, et je n'ai pas de train avant demain matin.

— Vous vous êtes disputées, votre mère et vous ?

— Quand ?

— Cet après-midi.

— Nous nous sommes dit quelques vérités, froidement, comme d'habitude. C'est devenu presque un jeu dès que nous sommes ensemble.

Elle n'avait pas pris de dessert et, avant de se lever de table, elle se passait son bâton de rouge sur les lèvres, en se regardant dans un petit miroir, secouait une minuscule houppette de poudre.

Ses yeux étaient les plus clairs du monde, plus clairs, d'un bleu plus limpide encore que ceux de Valentine, mais aussi vides que le ciel, tout à l'heure, quand Maigret y avait en vain cherché le rayon vert.

4

Le sentier de la falaise

Maigret se demandait si la fin du repas marquerait aussi la fin de leur entretien ou s'ils allaient le reprendre ailleurs, et Arlette était occupée à allumer une cigarette quand le gérant s'approcha du commissaire et lui parla à voix exagérément basse, si basse que Maigret dut le faire répéter.

— On vous demande au téléphone.

— Qui ?

Alors le gérant regarda la jeune femme d'une façon significative, si bien que tous deux se méprirent. Les traits d'Arlette se durcirent, sans perdre pourtant leur expression indifférente.

— Voulez-vous me dire qui me demande à l'appareil ? fit le commissaire avec impatience.

Et l'homme, vexé, comme obligé malgré lui de lâcher un secret d'Etat :

— M. Charles Besson.

Maigret sourit furtivement à Arlette, qui avait dû croire qu'il s'agissait de son mari, se leva en questionnant :

— Vous m'attendez ?

Et après qu'elle eut battu des paupières en signe d'assentiment, il se dirigea vers la cabine, accompagné par le gérant qui expliquait :

— J'aurais mieux fait de vous passer une note, n'est-ce pas ? Il vaut mieux que je m'excuse de la faute d'un de mes employés. Il paraît que M. Besson vous a appelé deux ou trois fois pendant la journée, et on a oublié de vous en avertir quand vous êtes rentré pour dîner.

Une voix sonore, au bout du fil, une de ces voix qui font vibrer les appareils.

— Commissaire Maigret ? Je suis désolé, confus. Je ne sais pas comment me faire pardonner, mais peut-être ne m'en voudrez-vous pas trop quand je vous aurai appris ce qui m'arrive.

Maigret n'eut pas le temps de placer un mot. La voix enchaînait :

— Je vous arrache à vos travaux, à votre famille. Je vous fais venir à Etretat et ne suis même pas là pour vous accueillir. Sachez, en tout cas, que j'avais l'intention de me trouver à la gare ce matin, que j'ai essayé en vain de joindre le chef de gare au bout du fil pour qu'il vous passe un message. Allô !...

— Oui.

— Figurez-vous que, la nuit dernière, j'ai dû partir précipitamment pour Dieppe, où la mère de ma femme était à la mort.

— Elle est morte ?

— Cet après-midi seulement et, comme elle n'a que des filles et que je me trouvais être le seul homme dans la maison, j'ai été forcé de rester. Vous savez comment ces choses-là se passent. Il faut penser à tout. Il y a des imprévus. Je ne pouvais pas vous téléphoner de la maison où la mourante ne supportait pas le moindre bruit, et je me suis échappé par trois fois pendant quelques minutes pour vous appeler d'un bar voisin. Cela a été horrible.

— Elle a beaucoup souffert ?

— Pas spécialement, mais elle se voyait mourir.

— Quel âge avait-elle ?

— Quatre-vingt-huit ans. Maintenant, je suis rentré à Fécamp, où je m'occupe des enfants, car j'ai laissé ma femme là-bas. Elle n'a que le bébé avec elle. Si vous le désirez, cependant, je peux prendre ma voiture et aller vous voir dès ce soir. Autrement, dites-moi à quelle heure, demain matin, je vous dérangerai le moins, et je me ferai un devoir d'être là-bas.

— Vous avez une communication à me faire ?

— Vous voulez dire au sujet de ce qui s'est passé dimanche ?

» Je ne sais rien de plus que ce que vous avez appris. Ah ! je voulais cependant vous annoncer que j'ai obtenu de tous les journaux normands, tant du Havre que de Rouen, qu'ils ne parlent pas de l'affaire. Par le fait, il n'en sera pas question à Paris non plus. Cela n'a pas été sans peine. J'ai dû me rendre personnellement à Rouen, mardi matin. Ils ont signalé la chose en trois lignes, disant qu'on suppose qu'il s'agit d'un accident.

Il soufflait enfin, mais le commissaire n'avait rien à dire.

— Vous êtes bien installé ? On vous a donné une bonne chambre ? J'espère que vous allez tirer au clair cette histoire navrante. Je ne sais pas si vous vous levez de bonne heure. Voulez-vous que je sois à votre hôtel à neuf heures ?

— Si cela vous arrange.

— Je vous remercie et vous présente encore une fois toutes mes excuses.

Quand Maigret sortit de la cabine, il aperçut Arlette qui restait seule dans la salle à manger, les coudes sur la table, tandis que l'on desservait.

— Il a dû aller à Dieppe, dit-il.

— Elle est morte, enfin ?

— Elle était malade ?

— Il y a vingt ou trente ans qu'elle se prétendait mourante. Charles doit être enchanté.

— Il ne l'aimait pas ?

— Il va être tiré d'affaire pour un bout de temps, car il fera un gros héritage. Vous ne connaissez pas Dieppe ?

— Assez peu.

— Les Montet possèdent à peu près le quart des maisons de la ville. Il va être riche, mais il trouvera bien le moyen de perdre tout cet argent dans quelque affaire extravagante. A moins que Mimi ne le laisse pas faire, car, après tout, c'est son argent à elle, et je la crois capable de se défendre.

C'était curieux : elle disait ces choses-là sans animosité ; on ne sentait pas de méchanceté dans sa voix, pas d'envie ; on aurait dit qu'elle parlait simplement des gens tels qu'elle les voyait et ils apparaissaient sous un jour plus cru que sur les photos du Service anthropométrique.

Maigret s'était rassis en face d'elle et avait bourré sa pipe, qu'il hésitait à allumer.

— Vous me direz quand je commencerai à vous gêner.

— Vous ne paraissez pas pressée de rentrer à *La Bicoque*.

— Je ne le suis pas.

— De sorte que vous préférez n'importe quelle compagnie ?

Il savait que ce n'était pas cela, que, maintenant qu'elle avait commencé à parler d'elle, elle avait probablement envie d'en dire davantage. Mais, dans cette salle démesurée où on venait d'éteindre les trois quarts des lampes et où le personnel leur faisait comprendre qu'ils gênaient, il était difficile de reprendre l'entretien là où ils l'avaient laissé.

— Voulez-vous que nous allions ailleurs ?

— Où ? Dans un bar, nous risquons de rencontrer Théo, que je préférerais éviter.

— Vous l'aimez encore ?

— Non. Je ne sais pas.

— Vous lui en voulez ?

— Je ne sais pas. Venez. Nous pourrons toujours marcher.

Dehors, ils trouvèrent la nuit sombre, avec du brouillard qui mettait un large halo autour des rares lampes électriques. On entendait beaucoup plus que pendant la journée le bruit régulier de la mer, qui devenait un vacarme.

— Me permettez-vous de continuer mes questions ?

Elle avait des talons très hauts, et il évitait pour elle les rues sans trottoirs, surtout celles aux gros pavés inégaux où elle se tordait les chevilles.

— C'est pour cela que je suis ici. Il faudra bien que vous les posiez un jour ou l'autre, n'est-ce pas ? J'aimerais rentrer demain à Paris l'esprit tranquille.

C'était rarement arrivé à Maigret, depuis son adolescence, d'errer ainsi, le soir, dans les rues sombres et froides d'une petite ville en compagnie d'une jolie femme, et il éprouvait presque un sentiment de culpabilité. Les passants étaient rares. On entendait leurs pas longtemps avant de distinguer leur silhouette, et la plupart se retournaient sur ce couple attardé, peut-être aussi les observait-on derrière les rideaux des fenêtres éclairées.

— C'était dimanche l'anniversaire de votre mère, si j'ai bien compris.

— Le 3 septembre, oui. Mon beau-père avait fait de ce jour-là quelque chose d'aussi important qu'une fête nationale et n'admettait pas que quelqu'un de la famille y manquât. Nous avons gardé l'habitude de nous réunir autour de ma mère. C'est devenu une tradition, vous comprenez ?

— Sauf Théo, à ce que vous m'avez dit tout à l'heure.

— Sauf Théo, depuis la mort de son père.

— Vous avez apporté des cadeaux ? Puis-je savoir lesquels ?

— Par une curieuse coïncidence, nous avons apporté presque le même cadeau, Mimi et moi : un col de dentelle. C'est difficile d'offrir quelque chose à ma mère, qui a eu tout ce qu'elle a pu désirer, les objets les plus chers et les plus rares. Lorsqu'on lui donne une babiole, elle éclate de rire, un rire qui fait mal, et remercie avec une effusion exagérée. Comme elle raffole des dentelles, nous y avons pensé l'une et l'autre.

— Pas de chocolats, de bonbons, de friandises ?

— Je devine ce que vous pensez. Non. L'idée ne viendrait à personne de lui offrir des chocolats ou des sucreries, qu'elle a en horreur. Voyez-vous, maman est une de ces femmes d'apparence fragile et délicate qui préfèrent un hareng grillé ou mariné, un bocal de cornichons ou un beau morceau de lard salé à toutes les friandises.

— Et vous ?

— Non.

— Quelqu'un, dans la famille, a-t-il jamais soupçonné ce qui s'est passé jadis entre votre beau-père et vous ?

— Franchement, je n'en suis pas sûre, mais je jurerais que maman a toujours été au courant.

— Par qui l'aurait-elle été ?

— Elle n'a besoin de personne. Excusez-moi d'avoir encore l'air de médire, mais elle a toujours écouté aux portes. C'est une manie. Elle m'a épiée avant d'épier Ferdinand. Elle épiait tout ce qui vivait dans la maison, dans *sa* maison, y compris le maître d'hôtel, le chauffeur et les bonnes.

— Pourquoi ?

— Pour savoir. Parce que c'était *chez elle*.

— Et vous croyez qu'elle a su aussi, pour Théo ?

— J'en suis à peu près sûre.

— Elle ne vous en a jamais rien dit, n'y a fait aucune allusion ? Vous n'aviez pas vingt ans, n'est-ce pas ? Elle aurait pu vous mettre en garde.

— Pour quelle raison ?

— Lorsque vous avez annoncé votre intention d'épouser Julien Sudre, n'a-t-elle pas essayé de vous en détourner ? En somme, à cette époque-là, cela pouvait passer pour une mésalliance. Ferdinand Besson était à son apogée. Vous viviez dans le luxe et vous épousiez un dentiste sans fortune et sans avenir.

— Maman n'a rien dit.

— Et votre beau-père ?

— Il n'a pas osé. Il était gêné vis-à-vis de moi. Je crois qu'il avait des remords. Au fond, je pense que c'était un fort honnête homme et même un homme scrupuleux. Il a dû être persuadé que j'agissais ainsi à cause de lui. Il a voulu me donner une dot importante, que Julien a refusée.

— Sur votre conseil ?

— Oui.

— Votre mère n'a jamais rien soupçonné ?

— Non.

Ils se trouvaient maintenant dans un sentier qui gravissait la falaise d'amont ; ils voyaient à intervalles réguliers le phare d'Antifer fouillant le ciel, et ils entendaient quelque part le son lugubre de la sirène de brume. Une forte odeur de varech montait jusqu'à eux. Malgré ses talons hauts et ses vêtements de Parisienne, Arlette ne manifestait pas de fatigue, ne se plaignait pas du froid.

— Je passe à une autre question, plus personnelle.

— Je prévois à peu près toutes les questions que vous me posez.

— Quand avez-vous su que vous ne pouviez pas avoir d'enfants ? Avant de vous marier ?

— Oui.

— Comment ?

— Vous avez oublié ce que je vous ai avoué tout à l'heure ?

— Je n'ai pas oublié, mais...

— Non, je n'ai pris de précautions d'aucune sorte et je n'ai pas permis aux hommes d'en prendre.

— Pourquoi ?

— Je ne sais pas. Peut-être par une sorte de propreté.

Il lui sembla qu'elle avait rougi dans l'obscurité, et il y avait eu quelque chose de différent dans le son de sa voix.

— Comment avez-vous su de façon certaine ?

— Par un jeune médecin, un interne de Lariboisière.

— Qui était votre amant ?

— Comme les autres. Il m'a examinée et m'a fait examiner par des camarades.

Il hésita, gêné par la question qui lui venait aux lèvres. Elle le sentit.

— Dites ! Au point où j'en suis...

— Cette réunion avec ses amis, se passait-elle sur un plan strictement médical, ou bien...

— *Ou bien,* oui !

— Je comprends, maintenant.

— Que j'aie éprouvé le besoin d'arrêter tout ça, n'est-ce pas ?

Elle parlait toujours avec le même sang-froid, d'une voix égale, comme s'il n'avait pas été question d'elle, mais d'un cas pathologique.

— Posez l'autre question.

— Mon Dieu, oui. Au cours de ces... de ces expériences amoureuses, ou plus tard, avec votre mari ou avec d'autres, avez-vous déjà éprouvé la...

— ... jouissance normale. C'est ce que vous vouliez dire ?

— J'allais employer le mot satisfaction.

— Ni l'un ni l'autre. Voyez-vous, vous n'êtes pas le premier à me demander ça. S'il m'arrive de suivre un passant dans la rue, il m'arrive aussi de coucher avec des gens intelligents et même des gens, des hommes supérieurs...

— Hervé Peyrot en est un ?

— C'est un imbécile et un fat.

— Quelle serait votre réaction si votre mère, tout à coup, vous disait qu'elle est au courant de cette partie de votre vie ?

— Je lui répondrais de se mêler de ses affaires.

— Supposez que, croyant que c'est son devoir, espérant vous sauver, elle vous annonce qu'elle va en parler à votre mari ?

Un silence. Elle s'était arrêtée de marcher.

— C'est là que vous vouliez en venir ? dit-elle avec un reproche dans la voix.

— J'y suis venu sans le vouloir.

— Je ne sais pas. Je vous ai dit que pour rien au monde je ne voudrais que Julien sache.

— Pourquoi ?

— Vous n'avez pas compris ?

— Parce que vous craignez de lui faire de la peine ?

— Il y a de cela. Julien est heureux. C'est un des hommes les plus heureux que je connaisse. On n'a pas le droit de lui voler son bonheur. Puis...

— Puis ?...

— C'est probablement le seul homme qui me respecte, qui me traite autrement que... que ce que vous savez.

— Et vous avez besoin de cela ?

— Peut-être.

— De sorte que si votre mère...

— Si elle me menaçait de me salir à ses yeux, je ferais n'importe quoi pour l'en empêcher.

— Y compris la tuer ?

— Oui.

Elle ajouta :

— Je puis vous affirmer que le cas ne s'est pas encore présenté.

— Pourquoi dites-vous *pas encore* ?

— Parce que, maintenant, non seulement elle sait, mais elle tient une preuve. Elle m'a parlé de Hervé cet après-midi.

— Que vous a-t-elle dit ?

— Vous seriez sans doute fort étonné si je vous répétais les paroles qu'elle a prononcées. Voyez-vous, avec ses airs de petite marquise, maman est restée très peuple, très fille de pêcheur, et, dans l'intimité, elle se montre volontiers mal embouchée. Elle m'a dit que j'aurais pu me contenter d'aller faire la grue ailleurs que sous son toit, en ajoutant, pour désigner ce qui s'est passé entre Hervé et moi, les mots les plus orduriers. Elle a parlé de Julien dans des termes aussi brutaux, employant pour lui un nom de poisson, car elle est persuadée qu'il est au courant et en profite...

— Vous l'avez défendu ?

— J'ai ordonné à ma mère de se taire.

— Comment ?

— En la regardant dans les yeux et en lui disant que je *voulais* qu'elle se taise. Comme elle continuait, je l'ai giflée, et elle en a été si stupéfaite qu'elle s'est calmée subitement.

— Elle vous attend ?

— Elle ne se couchera sûrement pas avant mon retour.

— Vous tenez vraiment à aller dormir chez elle ?

— Vous connaissez la situation, et vous devez admettre qu'il m'est difficile de faire autrement. Il faut que je sois sûre, avant de partir, qu'elle ne dira rien à Julien, qu'elle ne fera rien qui puisse l'inquiéter.

Après un silence, devinant peut-être l'anxiété de Maigret, elle eut un petit rire sec.

— Ne craignez rien. Il n'y aura pas de drame !

Ils étaient arrivés tout en haut de la falaise, et une masse laiteuse de brouillard s'interposait entre eux et la mer dont on entendait le martèlement sur les rochers.

— Nous pouvons prendre à droite pour redescendre. Le chemin est meilleur et nous mène presque en face de *La Bicoque*. Vous êtes sûr que vous n'avez plus de question à me poser ?

La lune devait s'être levée au-delà de la brume qui, maintenant, était faiblement lumineuse, et, quand Arlette s'arrêta, il vit la tache claire de son visage, avec le large trait saignant de la bouche.

— Pas pour le moment, répondit-il.

Alors, toujours immobile devant lui, elle ajouta d'une voix différente, qui faisait mal à entendre :

— Et... vous ne voulez pas en profiter, comme les autres ?

Il faillit faire le même geste qu'elle avait eu le jour même pour sa mère, la gifler comme une petite fille perverse. Il se contenta de lui saisir le bras entre deux doigts durs, et il la força à s'engager dans la descente.

— Remarquez que, ce que j'en disais, c'était pour vous.

— Taisez-vous !

— Avouez que vous êtes tenté.

Il serra son bras davantage, méchamment.

— Vous êtes sûr que vous n'aurez pas de regrets ?

Sa voix avait monté d'un ton, s'était faite cruelle, sarcastique.

— Réfléchissez bien, commissaire !

Il la lâcha brusquement, bourra sa pipe en continuant son chemin sans plus se préoccuper d'elle. Il entendit qu'elle s'arrêtait de nouveau, puis se remettait en route lentement et marchait enfin à pas précipités, pour le rejoindre.

Le visage de Maigret, à ce moment, était éclairé par la lueur de l'allumette qu'il tenait au-dessus du fourneau de sa pipe.

— Je vous demande pardon. Je viens de me conduire comme une idiote.

— Oui.

— Vous m'en voulez beaucoup ?

— Ne parlons plus de cet incident.

— Vous croyez vraiment que j'ai voulu ?

— Non.

— Ce que j'ai voulu, après avoir été forcée de m'humilier comme je l'ai fait, c'est de vous faire mal à mon tour, vous humilier.

— Je sais.

— Cela m'aurait vengée, de vous voir couché sur moi comme une bête.

— Venez.

— Avouez que vous croyez que j'ai essayé de tuer ma mère ?

— Pas encore.

— Vous voulez dire que vous n'en êtes pas sûr ?

— Je veux dire, tout simplement, ce que les mots signifient, c'est-à-dire que je ne sais rien.

— Lorsque vous me croirez coupable, vous me le direz ?

— C'est probable.

— Vous me le direz seul à seule ?

— Je vous le promets.

— Mais je ne suis pas coupable.

— Je le souhaite.

Il en avait assez, maintenant, de cette conversation trop tendue. L'insistance d'Arlette l'agaçait. Il lui semblait qu'elle apportait trop de complaisance à s'analyser et à se salir.

— Maman n'est pas couchée.

— Comment le savez-vous ?

— La petite lumière que vous voyez est celle du salon.

— A quelle heure est votre train, demain ?

— J'aurais aimé prendre celui de huit heures du matin. A moins que vous me reteniez ici. Dans ce cas, je téléphonerai à Julien que maman a besoin de moi.

— Il sait que vous détestez votre mère ?

— Je ne la déteste pas. Je ne l'aime pas, un point, c'est tout. Je pourrai prendre le train de huit heures ?

— Oui.

— Je ne vous reverrai pas avant mon départ ?

— Je n'en sais encore rien.

— Peut-être voudrez-vous vous assurer, avant mon départ, que maman est bien vivante ?

— Peut-être.

Ils venaient de dévaler une pente plus raide, une sorte de talus, et ils se trouvaient sur la route, à cinquante mètres de la barrière de *La Bicoque.*

— Vous n'entrez pas ?

— Non.

On ne pouvait voir les fenêtres, dont on ne faisait que deviner la lumière à travers l'épais rideau d'arbustes.

— Bonsoir, monsieur Maigret !

— Bonsoir !

Elle hésitait à s'en aller.

— Vous m'en voulez toujours ?

— Je ne sais pas. Allez dormir !

Et, enfonçant les mains dans ses poches, il s'éloigna à grands pas dans la direction de la ville.

Des pensées confuses roulaient dans sa tête et, maintenant qu'il l'avait quittée, cent questions lui venaient, qu'il n'avait pas eu l'idée de lui poser. Il se reprochait de lui avoir permis de s'en aller le lendemain matin et fut sur le point de revenir sur ses pas pour lui donner l'ordre de rester.

N'avait-il pas eu tort aussi de laisser les deux femmes ensemble pendant la nuit ? La scène de l'après-midi n'allait-elle pas se reproduire avec une acuité nouvelle, une violence plus dangereuse ?

Il se réjouissait de revoir Valentine, de lui parler, d'être à nouveau assis dans son salon minuscule au milieu des bibelots innocents.

A neuf heures, il rencontrerait ce bruyant Charles Besson, qui allait lui casser les oreilles.

La ville était comme morte, et le casino, faute de clients, avait déjà éteint ses lumières. A un coin de la rue, il n'y avait qu'un bar éclairé, un bistro plutôt, qui devait rester ouvert l'hiver pour les gens du pays.

Maigret marqua un temps d'arrêt sur le trottoir, parce qu'il avait soif. Dans la lumière jaunâtre qui régnait à l'intérieur, il aperçut la silhouette qui lui devenait familière de Théo Besson, toujours aussi anglais d'aspect dans un complet de tweed.

Il tenait un verre à la main, parlait à quelqu'un debout à côté de lui, un homme assez jeune, en costume noir, comme les paysans en portent le dimanche, avec une chemise blanche et une cravate sombre, un garçon au teint violemment coloré, à la nuque tannée.

Maigret tourna le bec-de-cane, s'approcha du comptoir sans les regarder et commanda un demi.

Maintenant, il les voyait tous les deux dans le miroir qui se trouvait derrière les bouteilles, et il crut surprendre un regard de Théo qui ordonnait à son interlocuteur de se taire.

De sorte que le silence pesa dans le bar où, le patron compris, ils n'étaient que quatre, plus un chat noir couché en rond sur une chaise devant le poêle.

— Nous avons encore du brouillard, finit par dire le tenancier. C'est la saison qui veut ça. Les journées n'en sont pas moins ensoleillées.

Le jeune homme se retourna pour dévisager Maigret qui vidait sa pipe en la frappant contre son talon et qui écrasait les cendres chaudes dans la sciure.

Il y avait une expression arrogante dans son regard, et il faisait penser à ces coqs de village qui, ayant quelques verres dans le nez un soir de noce ou d'enterrement, cherchent à provoquer une bagarre.

— Ce n'est pas vous qui êtes venu de Paris ce matin ? questionna le patron, pour parler.

Maigret se contenta de faire signe que oui, et le jeune faraud le regarda plus fixement encore.

Cela dura quelques minutes, pendant lesquelles Théo Besson, lui, se contenta de considérer mollement les bouteilles devant lui. Il avait le teint, les yeux, surtout les poches sous les yeux, de ceux qui boivent beaucoup, régulièrement, dès leur réveil. Il en avait aussi l'expression indifférente et la démarche un peu molle.

— La même chose ! commanda-t-il.

Le patron regarda le jeune homme, qui fit un signe d'acquiescement. Ils étaient donc ensemble.

Théo but son verre d'un trait. L'autre l'imita et, quand l'aîné des Besson eut jeté quelques billets sur le comptoir, ils sortirent tous deux, non sans que le jeune homme se fût retourné deux fois sur le commissaire.

— Qui est-ce ?

— Vous ne le connaissez pas ? C'est M. Théo, le beau-fils de Valentine.

— Et le jeune ?

— Un des frères de la Rose, qui est morte, la pauvre fille, en prenant le poison destiné à sa patronne.

— Le frère aîné ?

— Henri, oui, qui fait le hareng à Fécamp.

— Ils sont entrés ici ensemble ?

— Je crois, oui. Attendez. A ce moment, il y avait plusieurs personnes au bar. En tout cas, s'ils ne sont pas entrés ensemble, ils se sont suivis de près.

— Vous ne savez pas de quoi ils ont parlé ?

— Non. D'abord, il y avait du bruit, plusieurs conversations à la fois. Puis je suis descendu pour mettre un tonneau en perce.

— Vous les aviez déjà vus ensemble auparavant ?

— Je ne pense pas. Je n'en suis pas sûr. Mais, ce que j'ai vu, c'est M. Théo avec la demoiselle.

— Quelle demoiselle ?

— La Rose.

— Vous les avez vus dans la rue ?

— Je les ai vus ici, à mon bar, au moins deux fois.

— Il lui faisait la cour ?

— Cela dépend de ce que vous appelez faire la cour. Ils ne se sont pas embrassés et il n'avait pas les mains sur elle, si c'est ce que vous voulez dire. Mais ils bavardaient gentiment, ils riaient et j'ai bien compris qu'il s'arrangeait pour la faire boire. Ce n'était pas difficile, avec la Rose, qui éclatait de rire après un verre de vin et qui était paf après le second.

— Il y a combien de temps de cela ?

— Attendez. La dernière fois, c'était il y a environ une semaine. Tenez ! c'était mercredi, car c'est le jour où ma femme est allée au Havre, et elle y va tous les mercredis.

— Et la première fois ?

— Peut-être une semaine ou deux avant.

— M. Théo est un bon client ?

— Ce n'est pas mon client en particulier. Il est le client de tous ceux qui servent à boire. Il n'a rien à faire de toute la journée, et il se promène. Seulement il ne peut pas voir un café ou un bar ouvert sans y entrer pour un moment. Il n'est jamais bruyant. Il ne s'en prend à personne. Quelquefois, le soir, il a un cheveu sur la langue et il y a des mots qu'il a de la peine à prononcer, mais c'est tout.

Le patron eut l'air, soudain, de regretter d'en avoir trop dit.

— J'espère que vous ne le soupçonnez pas d'avoir voulu empoisonner sa belle-mère ? S'il y en a un auquel je me fierais, c'est celui-là. D'ailleurs, les gens qui boivent comme il le fait ne sont jamais dangereux. Les pires, ce sont ceux qui s'enivrent une fois à l'occasion et qui ne savent plus ce qu'ils font.

— Vous avez souvent vu le frère de la Rose ?

— Rarement. Ceux d'Yport ne viennent pas volontiers à Etretat. Ce sont des gens à part. Ils se rendent plus facilement à Fécamp, qui est tout près, et davantage dans leur genre. Un petit calvados, pour faire passer la bière ? C'est ma tournée.

— Non. Un autre demi.

La bière n'était pas bonne, et Maigret la garda sur l'estomac une partie de la nuit, eut des réveils brusques, des rêves pénibles, dont il ne se souvint même pas, mais qui lui laissèrent une impression d'accablement. Quand il se leva enfin, la corne de brume lançait toujours ses appels rauques du côté de la mer, et la marée devait être haute, car l'hôtel frémissait à chaque coup de bélier des vagues.

5

Les opinions d'un brave homme

Il n'y avait déjà presque plus de brouillard entre la terre et le soleil, mais la mer, très calme, à peine soulevée par une respiration lente, continuait à fumer, et des arcs-en-ciel brillaient dans ce nuage ténu.

Quant aux maisons de la ville, elles commençaient à se dorer au soleil nouveau, et l'air était frais, d'une fraîcheur savoureuse qu'on respirait par tous les pores. Les étalages de légumiers sentaient bon, des bouteilles de lait attendaient encore sur les seuils et, dans les boulangeries, c'était l'heure chaude et croustillante.

Cette fois encore, cela ressemblait à un souvenir d'enfance, à une image du monde tel qu'on voudrait qu'il soit, tel qu'on se figure volontiers qu'il est. Etretat apparaissait, candide, innocent, avec ses maisons trop petites, trop jolies, trop fraîchement peintes pour un drame, et les falaises émergeaient de la brume exactement comme sur les cartes postales exposées à la porte du bazar ; le boucher, le boulanger, la marchande de légumes auraient pu devenir les personnages d'un conte pour enfants.

Etait-ce une particularité de Maigret ? Ou bien d'autres, qui avaient les mêmes nostalgies, évitaient-ils de l'avouer ? Il aurait tant voulu que le monde soit comme on le découvre quand on est petit. Dans son esprit, il disait : « Comme sur les images. »

Et pas seulement les décors extérieurs, mais les gens, le père, la mère, les enfants sages, les bons grands-parents à cheveux blancs...

Pendant tout un temps, par exemple, quand il débutait dans la police, Le Vésinet avait représenté à ses yeux l'endroit le plus harmonieux du monde. Ce n'était qu'à deux pas de Paris, mais, avant 1914, les autos étaient rares. Les gros bourgeois avaient encore leur maison de campagne au Vésinet, des maisons en briques, larges et confortables, aux jardins bien entretenus, garnis de jets d'eau, d'escarpolettes et de grosses boules argentées. Les valets de chambre portaient des gilets rayés de jaune et les bonnes des bonnets blancs et des tabliers ornés de dentelle.

Il semblait que ne pouvaient habiter là que des familles heureuses et vertueuses, pour qui tout était paix et joie, et il avait été secrètement déçu quand une affaire malpropre avait éclaté dans une de ces villas aux allées ratissées — le meurtre sordide d'une belle-mère, pour des questions d'intérêt.

Maintenant, bien sûr, il savait. Il passait sa vie, en quelque sorte, à voir l'envers du décor, mais il gardait le regret enfantin d'un monde « comme sur les images ».

La petite gare était jolie, peinte à l'aquarelle par un bon élève, avec un petit nuage encore rose presque au-dessus de sa cheminée. Il retrouvait le train-jouet, l'homme qui poinçonnait les billets — gamin, il avait rêvé de poinçonner un jour les billets de chemin de fer — et il voyait arriver Arlette aussi fine, aussi élégante que la veille dans sa robe de Parisienne, portant à la main un sac de voyage en crocodile.

Tout à l'heure, il avait failli aller à sa rencontre sur le chemin poudreux qui devait sentir bon les haies et les herbes folles, mais il avait eu peur de paraître courir à un rendez-vous. En descendant ce chemin à petits pas, perchée sur ses hauts talons, elle devait faire très « jeune dame du château ».

Pourquoi la réalité est-elle toujours si différente ? Ou alors pourquoi met-on dans la tête des enfants l'illusion d'un monde qui n'existe pas, que toute leur vie ils tenteront de confronter avec cette réalité ?

Elle le vit tout de suite, qui l'attendait sur le quai, près du kiosque à journaux, et elle lui sourit en tendant son billet à l'employé, d'un sourire un peu las. Elle paraissait fatiguée. On lisait une certaine anxiété dans son regard.

— Je pensais bien que vous seriez là, dit-elle.

— Comment cela s'est-il passé ?

— Cela a été plutôt pénible.

Elle cherchait un compartiment des yeux, car les wagons étaient sans couloir. Il n'y avait qu'un seul compartiment de première classe où elle n'eût pas de compagnon.

— Votre mère ?

— Elle est vivante. En tout cas, elle vivait quand je suis partie.

Ils n'avaient que quelques instants avant le départ du train et, sa mallette posée sur la banquette, elle se tenait debout à côté du marchepied.

— Vous avez encore eu une discussion ?

— Nous ne nous sommes pas couchées avant le milieu de la nuit. Il faut que je vous dise quelque chose, monsieur Maigret. Ce n'est qu'une impression, mais cela me tracasse. Rose est morte, mais j'ai l'intuition que ce n'est pas fini, qu'un autre drame se prépare.

— A cause de ce que votre mère vous a dit ?

— Non. Je ne sais pas à cause de quoi.

— Vous croyez qu'elle est toujours menacée ?

Elle ne répondit pas. Ses yeux clairs regardaient vers le kiosque.

— L'inspecteur est là, qui vous attend, remarqua-t-elle, comme si le charme était rompu.

Et elle monta dans son compartiment, cependant que le chef de gare portait son sifflet à ses lèvres et que la locomotive commençait à cracher de la vapeur.

Castaing était là, en effet. Il était arrivé plus tôt qu'il l'avait annoncé la veille et, ne trouvant pas Maigret à l'hôtel, avait pensé à le chercher à la gare. C'était un peu gênant. Pourquoi, au fait, était-ce gênant ?

Le train partait, tout doucement, s'arrêtait dans une grande secousse après quelques mètres, cependant que le commissaire serrait la main de l'inspecteur.

— Du nouveau ?

— Rien de spécial, répondit Castaing. Mais j'étais inquiet, sans raison précise. J'ai rêvé des deux femmes, la mère et la fille, seules dans la petite maison.

— Laquelle tuait l'autre ?

Ce fut au tour de Castaing d'être confus.

— Comment savez-vous ? Dans mon rêve, c'était la mère qui tuait la fille. Et devinez avec quoi. Avec une bûche prise dans l'âtre !

— Charles Besson doit arriver à neuf heures. Sa belle-mère est morte. Lucas ne vous a pas encore téléphoné des renseignements ?

— Assez peu, mais il rappellera le bureau quand il en aura davantage, et j'ai laissé des instructions pour qu'on nous touche à votre hôtel.

— Rien sur Théo ?

— Il a eu plusieurs fois des ennuis pour des chèques sans provision. Il a toujours fini par payer avant de comparaître. La plupart de ses amis sont riches. Ce sont des gens qui font la noce et aiment avoir du monde avec eux. De temps en temps, il accroche une petite affaire, sert surtout d'intermédiaire dans quelques transactions.

— Pas de femmes ?

— Il ne paraît pas très porté sur les femmes. Il a parfois une amie, jamais pour longtemps.

— C'est tout ?

Un petit bar sentait si bon le café et le « fil-en-six » qu'ils ne résistèrent ni l'un ni l'autre, entrèrent et s'accoudèrent devant de grosses tasses qui fleuraient l'alcool.

— Ce n'est pas tant mon rêve qui m'a inquiété, continua l'inspecteur à mi-voix, qu'un raisonnnement que je me suis tenu avant de m'endormir. Je l'ai même tenu à ma femme, car je pense mieux tout haut que tout bas, et elle a été de mon avis. Il y a cinq ans maintenant que le vieux Besson, Ferdinand, est mort, n'est-ce pas ?

— A peu près.

— Et depuis, à ce que nous sachions, la situation n'a pas changé. Or c'est seulement dimanche dernier que quelqu'un a essayé d'empoisonner Valentine. Remarquez qu'on a choisi le seul jour où il y a assez de gens dans la maison pour disperser les soupçons.

— Cela se tient. Ensuite ?

— Ce n'est pas Valentine qui est morte, mais la pauvre Rose. Donc, si on avait une raison de supprimer Valentine, cette raison existe encore. Donc, tant que nous ne connaîtrons pas cette raison...

— La menace est toujours présente, c'est ce que vous voulez dire ?

— Oui. Peut-être cette menace est-elle plus grave que jamais, justement à cause de votre présence. Valentine n'a pas de fortune. Ce n'est donc pas pour l'argent qu'on a tenté de la tuer. N'est-ce pas parce qu'elle sait quelque chose qu'on veut l'empêcher de révéler ? Dans ce cas...

Maigret écoutait ce raisonnement sans avoir l'air trop emballé. Il regardait dehors cette lumière si savoureuse du matin, surtout quand l'humidité de la nuit met encore comme un frémissement dans les rayons de soleil.

— Lucas n'a pas parlé de Julien ?

— Les Sudre vivent en très petits bourgeois, dans une maison de rapport à loyers modérés. Appartement de cinq pièces. Ils ont une bonne, une voiture et passent leurs week-ends à la campagne.

— Je le savais.

— Hervé Peyrot, le marchand de vins, est riche. Il a une grosse affaire quai de Bercy et perd le plus clair de son temps avec les femmes, tous les genres de femmes ; il possède trois autos, dont une Bugatti.

« Plage de famille », avait-il lu quelque part sur un prospectus. Et c'était vrai. Des mamans avec des enfants, des maris qui venaient les rejoindre le samedi soir ; de vieux messieurs et de vieilles dames qui avaient leur bouteille d'eau minérale et leur boîte de pilules sur leur table à l'hôtel et qui se retrouvaient dans les mêmes fauteuils du casino ; la pâtisserie des demoiselles Seuret, où on allait manger des gâteaux et des glaces ; les vieux pêcheurs, toujours les mêmes, qu'on photographiait, à côté des bateaux tirés sur les galets...

Ferdinand Besson, lui aussi, avait été un vieux monsieur à l'air respectable, et Valentine était la plus adorable des vieilles dames ; Arlette, ce matin, aurait pu servir de modèle pour une carte postale, son mari était un brave petit dentiste, et Théo était le type même du gentleman à qui on pardonne de boire un peu trop parce qu'il est toujours si calme et si distingué.

Charles Besson arrivait à son tour, qui avait une femme, quatre enfants, dont un bébé de quelques mois, et qui, en attendant que ses vêtements de deuil fussent prêts, venait de coudre un crêpe à sa manche, parce que sa belle-mère était morte.

Il était député, tutoyait déjà le ministre. Lors de sa campagne électorale, il devait serrer familièrement les mains, embrasser les marmots, trinquer avec les pêcheurs et les paysans.

Lui aussi était ce qu'on appelle un bel homme — ce que la mère de Maigret, par exemple, aurait appelé un bel homme — grand et large d'épaules, un peu gras, bedonnant, les yeux presque naïfs et la lèvre charnue sous les moustaches.

— Je ne vous ai pas fait attendre, commissaire ? Bonjour, Castaing. Content de vous rencontrer à nouveau.

Sa voiture avait été récemment repeinte à neuf.

— Pas de mauvaises nouvelles ?

— Rien.

— Ma belle-mère ?

— Semble aller très bien. Arlette vient de partir.

— Ah ! elle était revenue ? C'est gentil de sa part. J'ai bien pensé qu'elle viendrait consoler sa mère.

— Vous permettez un instant, monsieur Besson ?

Et Maigret prit Castaing à part, l'envoya à Yport, éventuellement à Fécamp.

— Excusez-moi. J'avais des instructions à lui donner. Je vous avoue que je ne sais pas trop où vous recevoir. A cette heure, ma chambre ne doit pas être faite.

— Je boirais volontiers quelque chose. Après quoi, si le grand air ne vous effraie pas, nous pourrions nous asseoir à la terrasse du casino. J'espère que

vous ne m'en voulez pas trop de n'avoir pas été ici pour vous accueillir ?
Ma femme est terriblement affectée. Sa sœur vient d'arriver de Marseille,
où elle est la femme d'un armateur. Elles ne sont plus que deux. Les Montet
n'ont pas eu de garçon, et c'est sur moi que les complications vont retomber.

— Vous vous attendez à des complications ?

— Je n'ai pas de mal à dire de ma belle-mère Montet. C'était une femme
méritante mais, surtout sur le tard, elle avait ses manies. Vous a-t-on dit que
son mari était entrepreneur de constructions ? Il a bâti la moitié des maisons
de Dieppe et de nombreux bâtiments publics. Le plus clair de la fortune
qu'il a laissée est en immeubles. Ma belle-mère les gérait personnellement
depuis la mort de son mari. Or elle n'a jamais accepté de faire des réparations.
D'où un nombre incalculable de procès avec les locataires, avec la municipalité et même avec le fisc.

— Une question, monsieur Besson. Votre belle-mère Montet et Valentine
se voyaient-elles ?

Maigret buvait à nouveau un café arrosé, en observant son interlocuteur
qui, de près, paraissait plus mou, plus inconsistant.

— Malheureusement non. Elles n'ont jamais accepté de se rencontrer.

— Ni l'une ni l'autre ?

— C'est-à-dire que c'est la mère de ma femme qui refusait de voir
Valentine. C'est une histoire ridicule. Quand je lui ai présenté Mimi,
Valentine a regardé ses mains avec attention et a dit quelque chose comme :

» — Sans doute n'avez-vous pas les mains de votre père ?

» — Pourquoi ?

» — Parce que j'imagine que des mains de maçon, cela doit être plus
grand et plus large que ça.

» C'est idiot, vous voyez ! Mon beau-père a débuté comme maçon, en
effet, mais l'a été très peu de temps. Il n'en était pas moins resté assez mal
embouché. Je crois qu'il le faisait exprès, car il était très riche ; il était
devenu un personnage important à Dieppe et dans toute la région, et cela
l'amusait de choquer les gens par sa tenue et par son langage.

» Quand ma belle-mère a appris cela, elle s'est piquée au jeu.

» — Cela vaut mieux que d'être la fille d'un pêcheur, qui est mort de
s'être enivré dans tous les bistros !

» Puis elle a parlé du temps où Valentine était vendeuse à la pâtisserie
Seuret.

— En l'accusant de n'avoir pas eu une conduite exemplaire ?

— Oui. Elle a souligné la différence d'âge entre elle et son mari. Bref,
elles ont toujours refusé de se voir.

Il ajouta en haussant les épaules :

— Il y a des histoires de ce genre dans toutes les familles, n'est-ce pas ?
N'empêche que chacune dans son genre est une brave femme.

— Vous aimez beaucoup Valentine ?

— Beaucoup. Elle a toujours été très gentille avec moi.

— Et votre femme ?

— Mimi l'apprécie moins, naturellement.

— Elles se disputent ?

— Elles se voient peu, une fois par an en moyenne. Avant de venir, je recommande toujours à Mimi d'être patiente, en lui faisant remarquer que Valentine est une vieille personne. Elle promet, mais il y a toujours des propos aigres-doux.

— Dimanche dernier aussi ?

— Je ne sais pas. Je suis allé me promener avec les enfants.

A propos d'enfants, qu'est-ce que ceux-là pensaient de leur père ? Probablement, comme la plupart des enfants, que c'était un homme fort, intelligent, capable de les protéger et de les guider dans l'existence. Ils ne voyaient pas, eux, que c'était un mou, mal ajusté à la réalité.

Mimi devait dire :

— Il est si bon !

Parce qu'il aimait tout le monde, contemplait le déroulement de la vie avec de gros yeux naïfs et gourmands. Il aurait voulu, en effet, être fort, être intelligent, être le meilleur des hommes !

Et il avait ses idées, il était plein d'idées. S'il ne les réalisait pas toutes, et si, quand il les avait réalisées, cela avait généralement abouti à des fiascos, c'était que les événements étaient contre lui.

Mais n'était-il pas parvenu à se faire nommer député ? Maintenant, on allait reconnaître sa valeur. Le pays tout entier entendrait parler de lui, en ferait un ministre, un grand homme d'Etat.

— Quand vous étiez jeune, il ne vous est jamais arrivé d'être amoureux de Valentine ? Elle n'avait guère que dix ans de plus que vous.

Il prenait un air offensé, indigné.

— Jamais de la vie !

— Et après, vous n'avez pas été amoureux d'Arlette ?

— J'ai toujours pensé à elle comme à une sœur.

Celui-là voyait encore l'univers et les hommes comme sur une image. Il tirait un cigare de sa poche, étonné que Maigret n'en fumât pas un aussi, l'allumait avec soin, méticuleusement, et aspirait lentement la fumée, qu'il regardait ensuite monter dans l'air doré.

— Vous voulez que nous allions nous asseoir sur la terrasse ? Il y a de bons fauteuils, face à la plage. Nous verrons la mer.

Il vivait toute l'année près de la mer, mais éprouvait toujours le même plaisir à la regarder, d'un fauteuil confortable — bien vêtu, bien rasé, avec toutes les apparences d'un homme important et prospère.

— Et votre frère Théo ?

— Vous me demandez s'il a été amoureux de Valentine ?

— Oui.

— Certainement pas. Je n'ai jamais rien remarqué de ce genre.

— Et d'Arlette ?

— Encore moins. J'étais encore un gamin que Théo avait déjà des aventures, surtout avec ce que j'appelle des « petites femmes ».

— Arlette n'en était pas amoureuse non plus ?

— Peut-être a-t-elle « flambé », comme dit ma femme en parlant des amourettes de petites filles. Vous savez comment ça va. C'est sans conséquence. La preuve, c'est qu'elle n'a pas tardé à se marier.

— Vous n'en avez pas été surpris ?

— De quoi ?

— De son mariage avec Julien Sudre.

— Non. Peut-être un tout petit peu, parce qu'il n'était pas riche et que nous nous imaginions qu'Arlette ne pouvait pas vivre sans luxe. Il y a eu un temps où elle était assez snob. Cela lui a passé. Je crois qu'avec Julien cela a été le grand amour. Il a été très chic. Mon père a voulu donner une dot importante, car, à cette époque-là, nous étions fort riches, et il l'a refusée.

— Elle aussi ?

— Oui. De sorte que, du jour au lendemain, elle a dû s'habituer à une existence modeste. Nous avons été forcés de nous y faire aussi, mais plus tard.

— Votre femme et Arlette s'entendent bien ?

— Je crois que oui. Encore qu'elles soient très différentes. Mimi a des enfants, toute une maison à tenir. Elle sort peu.

— Elle n'aimerait pas sortir ? Elle n'a jamais souhaité que vous viviez à Paris ?

— Elle a horreur de Paris.

— Elle ne regrette pas Dieppe non plus ?

— Peut-être un peu. Malheureusement, maintenant que je suis député, nous ne pouvons pas aller y vivre. Mes électeurs ne comprendraient pas.

Les paroles de Charles Besson étaient en parfaite harmonie avec le décor, avec la mer d'un bleu de carte postale, avec les falaises qui commençaient à scintiller, avec les baigneurs qui venaient prendre leur place les uns après les autres comme pour une photographie.

En fin de compte, est-ce que tout cela existait ou n'était-ce qu'un faux-semblant ? Etait-ce ce gros garçon content de soi qui avait raison ?

Est-ce que, oui ou non, la Rose était morte ?

— Vous n'avez pas été surpris, dimanche, de trouver votre frère ici ?

— Un peu, au premier abord. Je le croyais à Deauville, ou plutôt, comme nous voilà au début de septembre et que la chasse est ouverte, dans quelque château de Sologne. Théo, vous savez, est resté mondain. Quand il avait encore de la fortune, il menait la vie à grandes guides et traitait ses amis largement. Ceux-ci s'en souviennent et le reçoivent à leur tour.

Les choses changeaient tout de suite d'aspect ! Quelques mots, et ce n'était plus du même Théo qu'il s'agissait.

— Il a des ressources ?

— Des ressources financières ? Je ne sais pas. Très peu, s'il en a. Mais il n'a pas de frais. Il est célibataire.

Une petite pointe d'envie quand même, dans la voix du gros homme encombré de ses quatre gosses.

— Il est toujours très élégant, mais c'est parce qu'il garde ses vêtements longtemps. Il est fréquemment invité dans la haute société. Je pense qu'il fait, à l'occasion, de petites affaires... Vous savez que c'est un garçon très intelligent et que, s'il avait voulu...

Charles aussi, sans doute, s'il avait voulu...

— Il a tout de suite accepté de vous suivre chez Valentine ?

— Pas tout de suite.

— Il vous a dit pourquoi il était ici ?

— J'espère, commissaire, que vous ne soupçonnez pas Théo ?

— Je ne soupçonne personne, monsieur Besson. Nous causons, simplement. J'essaie de me faire une idée aussi exacte que possible de la famille.

— Eh bien ! si vous voulez mon opinion, Théo, encore qu'il s'en défende, est un sentimental. Il a eu la nostalgie d'Etretat, où nous avons passé nos vacances étant enfants. Savez-vous que nous y venions déjà du vivant de ma mère ?

— Je comprends.

— Je lui ai fait remarquer qu'il n'avait aucune raison de rester brouillé avec Valentine et qu'elle ne lui en voulait pas non plus. Il a fini par me suivre.

— Comment s'est-il comporté ?

— En homme du monde. Un peu gêné, au début. Quand il a vu nos cadeaux, il s'est excusé d'avoir les mains vides.

— Et avec Arlette ?

— Quoi ? Il n'y a jamais rien eu entre lui et Arlette.

— De sorte que, lorsque vous avez dîné, la famille était au complet.

— Sauf Sudre, qui n'a pas pu venir.

— J'oubliais. Et vous n'avez rien remarqué, aucun petit détail qui puisse laisser soupçonner un drame ?

— Absolument rien. Or je suis assez observateur de nature.

Ballot, va ! Mais quel bonheur, parfois, d'être un ballot !

— Il faut dire que Mimi et moi avons été fort occupés par les enfants. A la maison, ils sont relativement calmes. Si on a le malheur de les sortir, ils s'énervent. Vous avez vu que la maison de Valentine est toute petite. La salle à manger était si pleine qu'on ne pouvait pas se tourner sur sa chaise. Le bébé, lui, qui dort la plupart du temps, en a profité pour crier pendant plus d'une heure, et cela nous résonnait dans les oreilles. Il a fallu coucher le gamin sur le lit de ma belle-mère, et on ne savait que faire des aînés.

— Vous connaissiez bien la Rose ?

— Je l'ai vue chaque fois que je suis venu à La Bicoque. Elle avait l'air d'une brave fille, un peu renfermée, comme beaucoup de gens de par ici. Mais quand on les connaît...

— Vous l'avez donc vue en tout une demi-douzaine de fois ?

— Un peu plus.

— Vous avez eu des conversations avec elle ?

— Comme on en a avec une domestique, sur le temps, sur la cuisine. Elle était bonne cuisinière. Je me demande ce que Valentine, qui est gourmande, va faire à présent. Voyez-vous, commissaire, depuis que je vous écoute et que je réponds à vos questions, j'ai un peu peur que vous fassiez fausse route.

Maigret ne broncha pas, continua à tirer doucement sur sa pipe en regardant un navire minuscule qui gravitait insensiblement sur la courbe de l'horizon.

— C'est d'ailleurs parce que je le prévoyais, je veux dire parce que je prévoyais dans quel sens la police orienterait ses recherches que je me suis adressé au ministre et que je lui ai demandé la faveur de vous voir prendre l'enquête en main.

— Je vous en remercie.

— Pas du tout ! C'est moi qui vous remercie d'être venu.

» Bien que j'aie toujours été un homme fort occupé, il m'est arrivé, comme à tout le monde, de lire des romans policiers.

» Inutile de vous demander si vous les prenez au sérieux. Dans les romans policiers, chacun a quelque chose à cacher, chacun a la conscience plus ou moins trouble, et on s'aperçoit que les gens les plus simples en apparence ont en réalité une existence compliquée.

» Maintenant que vous connaissez un peu la famille, je veux croire que vous comprenez qu'aucun de nous n'avait de raison d'en vouloir à ma belle-mère, surtout de lui en vouloir assez pour envisager de sang-froid de la tuer.

» De l'arsenic a été retrouvé dans l'estomac de la Rose, et il me semble indiscutable, si j'ai bien compris ce qu'on m'a dit, qu'il était dans le verre de médicament destiné à Valentine.

» Je ne discute pas les conclusions des experts, qui doivent connaître leur métier, encore qu'on les ait vus souvent se tromper, et même ne pas être d'accord entre eux.

» Vous avez rencontré Arlette. Vous avez aperçu Théo. Vous me voyez. Quant à Mimi, sans le malheur qui vient de s'abattre sur elle, je vous l'aurais amenée, et vous vous seriez rendu compte qu'elle ne ferait de mal à personne.

» Nous étions tous heureux, dimanche. Et je prétends, même si on doit rire de moi, que seul un accident a pu occasionner la catastrophe.

» Est-ce que vous croyez aux fantômes ?

Il était enchanté de son apostrophe, qu'il lançait avec un sourire entendu, comme il aurait lancé, à la Chambre, une colle à son adversaire.

— Je n'y crois pas.

— Moi non plus. Cependant, chaque année, quelque part en France, on découvre une maison hantée et pendant plusieurs jours, parfois plusieurs semaines, la population est en émoi. J'ai vu, dans une localité de ma circonscription, une véritable mobilisation de gendarmes et de policiers, avec des spécialistes, qui ne trouvaient aucune explication à l'agitation qui s'emparait, chaque nuit, de certains meubles. Or, invariablement, tout cela s'explique un beau jour, le plus souvent d'une façon si simple que l'histoire finit par un éclat de rire.

— Rose est morte, n'est-ce pas ?

— Je sais. Je ne vais pas jusqu'à prétendre qu'elle a pu s'empoisonner elle-même.

— Le docteur Jolly, qui l'a toujours soignée, affirme qu'elle était saine de corps et d'esprit. Rien, dans ses relations ni dans sa vie, ne permet de supposer qu'elle ait voulu se suicider. N'oubliez pas que le poison était dans le verre quand Valentine a voulu prendre son médicament, puisqu'elle l'a trouvé trop amer et ne l'a pas bu.

— D'accord. Je ne suggère rien. Je dis seulement ceci : aucune des personnes présentes n'avait intérêt à supprimer une vieille femme inoffensive.

— Savez-vous qu'il y avait, la nuit, un homme dans la maison ?

Il rougit un peu, fit un geste comme pour chasser une mouche importune.

— On me l'a appris. J'ai eu de la peine à le croire. Mais, après tout, Arlette a trente-huit ans. Elle est remarquablement belle et est soumise à plus de tentations que d'autres. Peut-être est-ce moins grave que nous le pensons ? J'espère, en tout cas, que Julien ne saura jamais.

— C'est probable.

— Voyez-vous, monsieur Maigret, soupçonner les personnes présentes, c'est ce que n'importe qui aurait fait. Mais vous, justement, d'après ce que je sais, vous irez au fond des choses ; vous irez plus loin que les apparences, et je suis persuadé que, comme pour les fantômes, vous allez découvrir une vérité toute simple.

— Que Rose n'est pas morte, par exemple ?

Charles Besson rit, pas trop sûr, pourtant, que c'était une plaisanterie.

— Et, d'abord, comment se procurer de l'arsenic ? Sous quelle forme ?

— N'oubliez pas que votre père était pharmacien, que Théo, à ce qu'on m'a dit, a fait des études de chimie, que vous-même avez, à un certain moment, travaillé au laboratoire, que tout le monde, en somme, dans la famille, a quelques connaissances pharmaceutiques.

— Je n'y avais pas pensé, mais cela ne change rien à mon raisonnement.

— Evidemment.

— Cela n'indique pas non plus que quelqu'un n'est pas venu du dehors.

— Un vagabond, par exemple ?

— Pourquoi pas ?

— Quelqu'un qui aurait attendu de voir la maison pleine pour s'introduire au premier étage par une fenêtre et verser du poison dans un verre ? Car c'est aussi un aspect important de la question. Le poison n'a pas été mis dans la bouteille de somnifère, où on n'en a pas trouvé trace, mais dans le verre.

— Vous voyez bien que c'est incohérent !

— La Rose est morte.

— Alors, qu'est-ce que vous en pensez ? Dites-moi votre opinion, d'homme à homme. Je vous promets bien entendu de ne rien faire, de ne rien répéter qui puisse gêner votre enquête. Qui ?

— Je ne sais pas.

— Pourquoi ?

— Je l'ignore encore.

— Comment ?

— Nous l'apprendrons quand j'aurai répondu aux deux premières questions.

— Vous avez des soupçons ?

Il était mal à l'aise, maintenant, dans son fauteuil, mâchonnant son bout de cigare éteint qui devait lui mettre de l'amertume à la bouche. Peut-être, comme cela arrivait à Maigret, se raccrochait-il à ses illusions, à l'image qu'il s'était faite de la vie et qu'on était en train de lui abîmer. C'était presque pathétique de le voir, anxieux, chaviré, guetter les moindres expressions du commissaire.

— On a tué, dit celui-ci.

— Cela paraît indiscutable.

— On ne tue pas sans raison, surtout par le poison, qui est incompatible avec un mouvement de colère ou de passion. Dans ma carrière, je n'ai pas vu un seul drame du poison qui ne fût un drame d'intérêt.

— Mais quel intérêt voulez-vous qu'il y ait, que diable ?

Il s'emportait, à la fin.

— Je ne l'ai pas découvert.

— Tout ce que ma belle-mère possède est en viager, à part quelques meubles et bibelots.

— Je sais.

— Je n'ai pas besoin d'argent, surtout à présent. Arlette non plus. Théo ne s'en soucie pas.

— On m'a répété tout cela.

— Alors ?

— Alors, rien. Je ne fais que commencer mon enquête, monsieur Besson. Vous m'avez appelé et je suis venu. Valentine, elle aussi, m'a demandé de m'occuper de l'affaire.

— Elle vous a écrit ?

— Ni écrit, ni téléphoné. Elle est venue me voir à Paris.

— Je savais qu'elle était allée à Paris, mais je croyais que c'était pour aller voir sa fille.

— Elle est venue à la P.J. et se trouvait dans mon bureau quand on m'a transmis la communication du ministre.

— C'est curieux.

— Pourquoi ?

— Parce que je ne me doutais pas qu'elle connût votre nom.

— Elle m'a dit qu'elle suivait la plupart de mes enquêtes dans les journaux et qu'elle avait découpé certains articles. Qu'est-ce qui vous chiffonne ?

— Rien.

— Vous préférez vous taire ?

— Rien de précis, je vous assure, sauf que je n'ai jamais vu ma belle-mère lire un journal. Elle n'est abonnée à aucun, a toujours refusé d'avoir un appareil de radio et n'a même pas le téléphone. Elle ne s'intéresse pas du tout à ce qui se passe ailleurs.

— Vous voyez que l'on peut faire des découvertes.

— A quoi celle-ci nous mène-t-elle ?

— Nous le saurons plus tard. Peut-être à rien. Vous n'avez pas soif ?

— Théo est toujours à Etretat ?

— Je l'ai encore aperçu hier au soir.

— Dans ce cas, nous avons des chances de le rencontrer au bar. Vous lui avez parlé ?

— Je n'en ai pas eu l'occasion.

— Je vous présenterai.

On sentait que quelque chose le tracassait et, cette fois, il se contenta de couper le bout de son cigare avec les dents, de l'allumer n'importe comment.

Des adolescents jouaient avec un gros ballon rouge dans les vagues...

6

La Rose et ses problèmes

Besson ne s'était pas trompé. Il n'y avait qu'une seule personne au bar, en dehors de Charlie, qui n'avait pas fini son mastic : c'était Théo qui, faute d'un partenaire, jouait tout seul au *poker dice*.

Charles s'avançait, heureux et fier de présenter son aîné, et celui-ci les regardait venir avec des yeux sans expression, descendait à regret de son tabouret.

— Tu connais le commissaire Maigret ?

Théo aurait pu dire « De nom seulement », ou « Comme tout le monde », n'importe quoi qui donne à entendre que ce n'était pas pour lui un nom quelconque, mais il se contenta, sans tendre la main, d'incliner le buste d'une façon très officielle en murmurant :

— Enchanté.

De près, il paraissait plus âgé, car on découvrait de fines rides qui ressemblaient à des craquelures. Il devait passer un long moment chaque matin au salon de coiffure et se faire donner des soins compliqués, probablement des massages faciaux, car il avait une peau de vieille coquette.

— Tu sais sans doute que, sur mon intervention et sur celle de Valentine, qui est allée à Paris tout exprès, le commissaire a accepté de s'occuper de l'enquête ?

Charles était un peu déçu de voir son frère les accueillir avec la froideur polie d'un souverain en voyage.

— Nous ne te dérangeons pas ?

— Pas du tout.

— Nous venons de passer une heure au soleil, sur la plage, et nous avons soif, Charlie !

Celui-ci adressa un clin d'œil amical à Maigret.

— Qu'est-ce que tu es en train de boire, Théo ?

— Scotch.

— Je déteste le whisky. Qu'est-ce que vous prendrez, commissaire ? Moi, ce sera un picon-grenadine.

Pourquoi Maigret en prit-il aussi ? Cela ne lui était pas arrivé depuis longtemps, et, pour quelque raison mystérieuse, cela lui rappela des vacances.

— Tu as revu Valentine, depuis dimanche ?

— Non.

Théo avait de grandes mains très soignées, mais blêmes, avec des poils roux et une grosse chevalière. Il ne portait pas un seul vêtement que l'on aurait trouvé dans un magasin ordinaire. On comprenait qu'il s'était créé un type, une fois pour toutes. Quelqu'un l'avait frappé, probablement un aristocrate anglais, et il avait étudié ses gestes, sa démarche, sa façon de s'habiller et jusqu'à ses expressions de physionomie. De temps en temps, avec nonchalance, il portait la main à sa bouche comme s'il allait bâiller, mais il ne bâillait pas.

— Tu restes encore longtemps à Etretat ?

— Je ne sais pas.

Charles s'efforçait de mettre quand même son frère en valeur, expliquait au commissaire :

— C'est un curieux garçon. Il ne sait jamais la veille ce qu'il fera le lendemain. Sans raison, comme ça, en sortant du *Fouquet's* ou du *Maxim's* il rentre boucler sa valise et prend l'avion pour Cannes ou pour Chamonix, pour Londres ou pour Bruxelles. N'est-ce pas, Théo ?

Alors Maigret attaqua directement :

— Vous permettez que je vous pose une question, monsieur Besson ? Quand avez-vous eu rendez-vous avec Rose pour la dernière fois ?

Le pauvre Charles les regarda tous deux avec stupeur, ouvrit la bouche comme pour une protestation, eut l'air d'attendre une énergique dénégation de son aîné.

Or Théo ne nia pas. Il parut embêté, fixa un moment le fond de son verre avant de lever les yeux vers le commissaire.

— C'est une date exacte que vous désirez ?

— Autant que possible.

— Charles vous dira que je ne connais jamais la date et que, souvent, je me trompe sur le jour de la semaine.

— Il y a plus de huit jours ?

— A peu près huit jours.

— C'était un dimanche ?

— Non. S'il s'agissait d'un témoignage sous serment, j'y réfléchirais à deux fois, mais, à vue de nez, je réponds que c'était mercredi ou jeudi dernier.

— Vous avez eu de nombreux rendez-vous avec elle ?

— Je ne sais pas au juste. Deux ou trois.

— C'est chez votre belle-mère que vous avez fait sa connaissance ?

— On a dû vous dire que je ne voyais pas ma belle-mère. Lorsque j'ai rencontré cette fille, j'ignorais où elle travaillait.

— Où était-ce ?

— A la fête de Vaucottes.

— Tu te mets à courir les boniches ? plaisanta Charles, pour montrer que ce n'était pas une habitude de son aîné.

— Je regardais les courses en sac. Elle était à côté de moi, et je ne sais plus, d'elle ou de moi, qui a parlé le premier. En tout cas, elle a remarqué que ces fêtes de village étaient toutes les mêmes, que c'était idiot et qu'elle préférait s'en aller, et, comme j'allais partir moi-même, je lui ai poliment proposé une place dans ma voiture.

— C'est tout ?

— La même chose, Charlie !

Celui-ci, d'autorité, remplit les trois verres, et Maigret ne pensa pas à protester.

— Elle m'a raconté qu'elle lisait beaucoup, m'a parlé de ce qu'elle lisait, des ouvrages qu'elle ne pouvait pas comprendre et qui la troublaient. Dois-je considérer ceci comme un interrogatoire, monsieur le commissaire ? Remarquez que je m'y plierais docilement, mais, étant donné l'endroit...

— Voyons, Théo ! protesta Charles. Je te rappelle que c'est *moi* qui ai demandé à M. Maigret de venir.

— Vous êtes la première personne que je rencontre, ajouta le commissaire, qui paraisse connaître un peu cette fille, en tout cas la première à m'en parler.

— Que désirez-vous encore savoir ?

— Ce que vous pensez d'elle.

— Une petite paysanne qui avait trop lu et qui posait des questions biscornues.

— Sur quoi ?

— Sur tout, sur la bonté, sur l'égoïsme, sur les rapports des humains entre eux, sur l'intelligence, que sais-je ?

— Sur l'amour ?

— Elle m'a déclaré qu'elle n'y croyait pas et qu'elle ne s'abaisserait jamais à se livrer à un homme.

— Même mariée ?

— Elle considérait le mariage comme quelque chose de très sale, selon son expression.

— De sorte qu'il n'y a rien eu entre vous ?

— Absolument rien.

— Aucune privauté ?

— Elle me prenait la main, quand nous marchions, ou bien, quand il nous est arrivé de rouler en auto, s'appuyait un peu à mon épaule.

— Elle ne vous a jamais parlé de la haine ?

— Non. Ses marottes étaient l'égoïsme et l'orgueil, et elle prononçait ce dernier mot avec un fort accent normand. Charlie !

— En somme, intervint son frère, tu t'es amusé à faire une étude de caractère ?

Mais Théo ne se donna pas la peine de lui répondre.

— C'est tout, monsieur le commissaire ?

— Avant la mort de Rose, vous connaissiez déjà Henri ?

Cette fois, Charles s'agita avec une réelle inquiétude. Comment Maigret, qui ne lui avait parlé de rien, savait-il tout cela ? L'attitude de Théo commençait à lui paraître moins naturelle, et surtout son séjour prolongé à Etretat.

— Je ne le connaissais que de nom, car elle m'avait entretenu de toute sa famille, qu'elle n'aimait pas, bien entendu, sous prétexte qu'on ne la comprenait pas.

— C'est après sa mort que vous avez rencontré Henri Trochu ?

— Il m'a interpellé dans la rue, m'a demandé si j'étais bien celui qui sortait avec sa sœur, et il avait l'air de vouloir se battre. Je lui ai répondu posément et il s'est calmé.

— Vous l'avez revu ?

— Hier soir, en effet.

— Pourquoi ?

— Parce que nous nous sommes rencontrés.

— Il en veut à votre famille ?

— Il en veut surtout à Valentine.

— Pour quelle raison ?

— C'est son affaire. Je suppose que vous pouvez le questionner, comme vous me questionnez. Charlie !

Maigret venait de découvrir soudain à qui Théo s'efforçait laborieusement de ressembler : c'était au duc de Windsor.

— Deux ou trois questions encore, puisque vous avez l'amabilité de vous y prêter. Vous n'êtes jamais allé voir Rose à *La Bicoque* ?

— Jamais.

— Vous ne l'avez pas non plus attendue à proximité ?

— C'est elle qui venait ici.

— Ne s'est-elle pas enivrée en votre compagnie ?

— Après un verre ou deux, elle était très énervée.

— Elle ne manifestait pas l'intention de mourir ?

— Elle avait une peur bleue de la mort et, en auto, me suppliait toujours de ralentir.

— Elle aimait votre belle-mère ? Elle lui était dévouée ?

— Je ne crois pas que deux femmes qui vivent ensemble du matin au soir puissent s'aimer.

— Vous pensez qu'elles se haïssent fatalement ?

— Je n'ai pas prononcé ce mot-là.

— Au fait, intervint Charles Besson, cela me rappelle que je dois rendre visite à Valentine. Ce ne serait pas gentil d'être venu à Etretat et de ne pas avoir pris de ses nouvelles. Vous m'accompagnez, monsieur le commissaire ?

— Merci.

— Vous restez avec mon frère ?

— Je reste ici encore un moment.

— Vous n'avez plus besoin de moi aujourd'hui ? Demain, je serai à Dieppe, pour l'enterrement. A propos, Théo, ma belle-mère est morte.

— Mes compliments.

Il s'en alla, très rouge, sans qu'on pût savoir si c'était à cause des apéritifs ou de l'attitude de son frère.

— L'idiot ! murmura Théo entre ses dents. Ainsi, il vous a fait venir exprès de Paris ?

Il haussa les épaules, tendit la main vers les dés, comme pour faire comprendre qu'il n'avait plus rien à dire. Maigret prit son portefeuille dans sa poche, se tourna vers Charlie, mais Théo se contenta de murmurer à celui-ci :

— Mets ça sur mon compte.

En sortant du casino, Maigret aperçut la voiture de Castaing et, près de l'hôtel, l'inspecteur qui le cherchait.

— Vous avez un moment ? Nous prenons un verre ?

— J'aimerais autant pas. Je crois que je viens d'avaler trois apéritifs coup sur coup, et je préférerais me mettre tout de suite à table.

Il se sentait engourdi. Il avait tendance, tout à coup, à voir l'affaire sous un jour plutôt comique, et même Castaing, avec son air sérieux et affairé, lui apparaissait comme un personnage amusant.

— J'ai l'impression que vous feriez bien d'aller faire un tour à Yport. Depuis cinq ans que je suis dans le pays, je croyais connaître les Normands, mais je ne me sens pas de taille à me mesurer avec cette famille-là.

— Qu'est-ce qu'ils disent ?

— Rien. Ni oui ni non, ni ceci ni cela. Ils me regardent en dessous, ne m'offrent pas de m'asseoir, ont l'air d'attendre que je m'en aille. Parfois ils se jettent des petits coups d'œil, comme s'ils se disaient :

» — On lui parle ?

» — Décide, toi !

» — Non, décide !

» Puis c'est la mère qui lâche un mot qui ne veut peut-être rien dire, mais qui est peut-être gros de sens.

— Quel genre de mot ?

— Par exemple : « Ces gens-là, cela se tient et il n'y en a pas un qui parlera. »

— Quoi encore ?

— « Ils devaient bien avoir une raison pour empêcher ma fille de venir ici. »

— Elle n'allait plus les voir ?

— Rarement, à ce que j'ai compris. Car, avec eux, on peut comprendre ce qu'on veut. On dirait que les mots n'ont pas le même sens qu'ailleurs. Ils en prononcent un et, tout de suite, se rétractent. Ce qui en ressort, c'est que nous sommes ici non pour découvrir la vérité, mais pour empêcher « *ces gens-là* » d'avoir des ennuis.

» Ils n'ont pas l'air de croire que la Rose est morte par erreur. A les entendre, c'est elle, et non Valentine, que l'on visait.

» Le père, quand il est rentré, m'a quand même offert un verre de cidre, parce que j'étais sous son toit, mais après avoir longtemps hésité. Le fils qui était présent, car il ne part pour la pêche que cette nuit, n'a pas trinqué avec nous.

— L'aîné, Henri ?

— Oui. Il n'a pas prononcé un mot. Je crois qu'il leur faisait signe de se taire. Peut-être que si je rencontrais le père à Fécamp, dans un bistro, avec quelques verres dans le nez, il en dirait davantage. Qu'est-ce que vous avez fait de votre côté ?

— J'ai bavardé avec les deux Besson, Charles d'abord, puis Théo.

Ils se mirent à table. Il y avait une bouteille de vin blanc devant eux, et l'inspecteur remplit les deux verres. Maigret n'y prit pas garde et, lorsqu'ils quittèrent la salle à manger, il fut tenté d'aller faire la sieste, fenêtres larges ouvertes sur le soleil et sur la mer.

Une pudeur le retint. Cela aussi était un héritage de son enfance, une sorte de sentiment du devoir qu'il exagérait volontiers, l'impression qu'il n'en faisait jamais assez pour gagner son pain, au point que, quand il était en vacances, ce qui ne lui arrivait pas tous les ans — exemple : cette année encore —, il n'était pas loin d'éprouver un sentiment de culpabilité.

— Qu'est-ce que je fais ? questionna Castaing, surpris de voir le commissaire somnolent et indécis.

— Ce que tu voudras, mon petit. Fouille. Je ne sais pas où. Peut-être que tu pourrais revoir le docteur ?

— Le docteur Jolly ?

— Oui. Et les gens ! N'importe qui ! Au petit bonheur. La vieille demoiselle Seuret est probablement bavarde et doit s'ennuyer toute seule.

— Je vous dépose quelque part ?

— Merci.

Il savait qu'il y avait un moment comme celui-là à passer au cours de chaque enquête, et que, comme par hasard — ou bien était-ce un instinct qui le poussait ? — presque chaque fois il lui arrivait de boire un peu trop.

C'était quand, comme il disait à part lui, cela « se mettait à grouiller ».

Au début, il ne savait rien, que des faits précis, ce qu'on écrit dans les rapports. Puis il se trouvait en présence de gens qu'il n'avait jamais vus, qu'il ne connaissait pas la veille, et il les regardait comme on regarde des photographies dans un album.

Il fallait faire connaissance aussi rapidement que possible, poser des questions, croire ou ne pas croire aux réponses, éviter d'adopter trop vite une opinion.

C'était la période où les gens et les choses étaient nets, mais un peu lointains, encore anonymes, impersonnels.

Puis, à un moment donné, comme sans raison, cela « se mettait à grouiller ». Les personnages devenaient à la fois plus flous et plus humains, plus compliqués surtout, et il fallait faire attention.

En somme, il commençait à les voir par le dedans, tâtonnait, mal à l'aise, avec l'impression qu'il ne faudrait plus qu'un petit effort pour que tout se précise et pour que la vérité apparaisse d'elle-même.

Les mains dans les poches, la pipe aux dents, il marchait lentement le long de la route poudreuse qui lui était déjà familière, et un détail le frappait, tout bête, mais qui avait peut-être son importance. Il était habitué à Paris, où l'on dispose de moyens de transport à tous les coins de rue.

Quelle distance y avait-il entre *La Bicoque* et le centre d'Etretat ? Environ un kilomètre. Valentine n'avait pas le téléphone. Elle n'avait plus d'auto. Il était probable qu'elle ne roulait pas à bicyclette.

C'était donc, pour la vieille dame, tout un trajet pour prendre contact avec d'autres humains, et elle devait être parfois des journées entières sans voir personne. Sa plus proche voisine était Mlle Seuret, qui avait près de quatre-vingt-dix ans et qui ne quittait sans doute plus son fauteuil.

Est-ce que Valentine faisait elle-même son marché ? Etait-ce la Rose qui s'en chargeait ?

Il y avait de grosses mûres noires sur les haies, mais il ne s'arrêta pas pour en cueillir, pas plus qu'il ne s'arrêta pour couper une baguette, il en avait malheureusement passé l'âge. Cela l'amusait d'y penser. Il pensait également à Charles, à son frère Théo, se promettait d'aller, lui aussi, boire un verre de cidre chez les Trochu. Est-ce qu'on lui en offrirait ?

Il poussa la barrière peinte en vert et aspira l'odeur complexe de toutes les fleurs et de tous les arbustes du jardin, entendit un grattement régulier et, au détour du sentier, aperçut un vieillard en train de biner le pied des rosiers. C'était évidemment Honoré, le jardinier, qui venait travailler pour Valentine trois jours par semaine et qu'employait également Mlle Seuret.

L'homme se redressa pour regarder l'intrus, leva une main jusqu'à son front sans qu'on pût savoir si c'était pour saluer ou pour abriter les yeux du soleil.

C'était bien un jardinier « comme sur les images », presque bossu à force de s'être courbé sur la terre, aux petits yeux de fouine, l'air méfiant des bêtes qui sortent la tête de leur terrier.

Il ne dit rien, suivit Maigret du regard et, seulement quand il entendit s'ouvrir la porte, reprit son grattement monotone.

Ce n'était pas Mme Leroy qui s'était dérangée pour venir ouvrir, mais Valentine elle-même, avec l'air d'accueillir quelqu'un qu'elle connaissait depuis longtemps.

— J'ai eu de la visite aujourd'hui, annonça-t-elle, toute animée. Charles est venu me voir. Il paraissait déçu de la façon dont son frère vous a reçu.

— Il vous a parlé de notre conversation ?

— De quelle conversation ? Attendez. Il m'a surtout parlé de la vieille Mme Montet, qui est morte, ce qui va changer sa situation. Il est riche à présent, plus riche qu'il n'a jamais été, car la vieille chipie avait plus de soixante maisons à elle, sans compter les titres et plus que probablement un magot en pièces d'or. Qu'est-ce que vous prenez ?

— Un verre d'eau, aussi glacé que possible.

— A la condition que vous preniez un petit quelque chose avec. Faites cela pour moi. Je ne bois jamais seule. Ce serait affreux, n'est-ce pas ? Voyez-vous une vieille femme s'offrir des verres de calvados ? Mais, quand il vient quelqu'un, je vous avoue que je me réjouis de l'occasion.

Tant pis, après tout ! Il se sentait bien. Il avait un peu chaud, dans la pièce trop petite où les rayons du soleil l'atteignaient sur une épaule. Valentine, qui lui avait désigné son fauteuil, le servait, vive et alerte, une flamme presque gamine dans les yeux.

— Charles ne vous a parlé de rien d'autre ?

— A quel sujet ?

— Au sujet de son frère.

— Il m'a simplement dit qu'il ne comprenait pas Théo de s'être montré sous un mauvais jour, ajoutant qu'il avait l'air de le faire exprès. Il était dépité. Il admire énormément Théo, et il a très fort l'esprit de famille. Je parie que ce n'est pas lui qui vous a dit du mal de moi.

— C'est exact.

— Qui ?

Il n'y avait pas trois minutes qu'il était dans la maison, et c'était lui qui subissait, sans presque s'en rendre compte, un interrogatoire.

— Ma fille, n'est-ce pas ?

Mais elle disait cela en souriant.

— Ne craignez pas de la trahir. Elle n'a pas essayé de me le cacher. Elle m'a appris qu'elle vous avait mis au courant de tout ce qu'elle pensait.

— Je ne crois pas que votre fille soit très heureuse.

— Vous vous figurez qu'elle a envie de l'être ?

Elle souriait à son verre, à Maigret.

— Je ne sais pas si vous avez beaucoup fréquenté les femmes. La Rose, par exemple, aurait été horriblement malheureuse si elle n'avait pas eu sans cesse des problèmes à poser, des problèmes philosophiques, vous comprenez, auxquels elle se mettait soudain à penser, l'air buté, me répondant à peine quand je lui parlais, faisant la vaisselle à grand fracas, comme si on l'empêchait de découvrir une solution dont le sort du monde dépendait.

— Est-il exact qu'elle n'allait plus chez ses parents ?

— Elle y allait rarement parce que, chaque fois, il y avait des scènes.

— Pourquoi ?

— Vous ne devinez pas ? Elle leur arrivait avec ses problèmes, leur donnait des conseils d'après les derniers livres qu'elle avait lus et, naturellement, on la traitait de sotte.

— Elle n'avait pas d'amies ?

— Pour la même raison. Et, pour la même raison toujours, elle ne fréquentait pas les gars du pays, trop frustes et trop terre à terre à son gré.

— De sorte qu'en dehors de vous elle ne parlait pour ainsi dire à personne ?

— Elle faisait le marché, mais elle ne devait pas beaucoup desserrer les dents. Pardon ! J'oubliais le docteur. Car Rose avait découvert dans ma bibliothèque un livre de médecine dans lequel elle se plongeait de temps en temps, après quoi elle me posait des colles.

» — Avouez que vous savez que je n'en ai pas pour longtemps ?

» — Tu es malade, Rose ?

» Elle venait de se découvrir un cancer ou, de préférence, une maladie rare. Ça la travaillait quelques jours, puis elle me demandait une heure de liberté pour courir chez le médecin.

» Peut-être aussi était-ce l'occasion pour elle de parler de ses problèmes, car Jolly l'écoutait patiemment, sans rire, sans jamais la contredire.

— Elle passait ses soirées avec vous ?

— Jamais je ne l'ai vue s'asseoir dans le salon, et cela ne m'aurait d'ailleurs pas fait plaisir. Vous me trouvez vieux jeu ? Aussitôt après sa vaisselle, elle montait dans sa chambre et, sans se déshabiller, se couchait sur son lit avec un livre et fumait des cigarettes. Elle n'aimait certainement pas le goût du tabac. Elle ne savait pas fumer. Elle était sans cesse obligée de fermer les yeux, mais cela faisait partie de sa notion de la poésie. Je suis cruelle ? Pas autant que vous le pensez. Quand je montais, je la voyais apparaître, le visage congestionné, les yeux brillants, et elle attendait que je sois couchée pour me tendre mon médicament.

» — N'oubliez pas d'aérer votre chambre avant de vous mettre au lit.

» C'était ma phrase rituelle, à cause de la fumée de cigarettes qui s'infiltrait par-dessous les portes. Elle répondait :

» — Non, madame. Bonsoir, madame.

» Puis elle faisait autant de bruit en se déshabillant que doit en faire toute une chambrée.

Mme Leroy, elle aussi, faisait du bruit dans la cuisine, mais on aurait dit que c'était par plaisir, pour manifester son indépendance. Elle vint ouvrir la porte, revêche, avec un regard de poisson à Maigret qu'elle n'avait pas l'air de voir.

— Je mets la soupe au feu ?

— N'oubliez pas l'os à moelle.

Et se tournant vers le commissaire :

— En somme, en dehors de Julien, mon gendre, vous avez rencontré toute la famille. Ce n'est pas particulièrement brillant, mais ce n'est pas bien méchant non plus, n'est-ce pas ?

Il essayait, sans y parvenir, de se souvenir des phrases d'Arlette au sujet de sa mère.

— Je finirai par croire, comme ce brave Charles, qu'il y eut seulement un accident inexplicable. Vous voyez que je suis toujours en vie et, si quelqu'un a décidé, à un certain moment, de me supprimer — pourquoi, mon Dieu ? — il semble qu'il se soit découragé. Qu'en pensez-vous ?

Il ne pensait pas du tout. Il la regardait, les yeux un peu troubles, avec du soleil qui jouait entre eux deux. Un vague sourire flottait sur ses lèvres — Mme Maigret aurait dit qu'il était béat — tandis qu'il se demandait, sans rien prendre au tragique, comme un jeu, s'il était possible de démonter une femme comme celle-là.

Il prenait son temps, la laissait parler encore, portant parfois à ses lèvres son verre de calvados, et l'odeur fruitée de l'alcool devenait pour lui l'odeur de la maison, avec un fumet de bonne cuisine, une pointe d'encaustique et de « propre ».

Elle ne devait pas se fier aux bonnes pour le nettoyage, et il l'imaginait le matin, un bonnet sur la tête, prenant elle-même les poussières sur la multitude de bibelots fragiles.

— Vous me trouvez originale ? Allez-vous décider, comme certains dans le pays, que je suis une vieille folle ? Vous verrez plus tard ! Quand on devient vieux, on ne s'occupe plus de l'opinion des gens, et on fait ce qu'on a envie de faire.

— Vous n'avez pas revu Théo ?

— Non. Pourquoi ?

— Vous savez dans quel hôtel il est descendu ?

— Je crois lui avoir entendu dire dimanche qu'il avait sa chambre à l'*Hôtel des Anglais*.

— Non. C'est à l'*Hôtel de la Plage*.

— Pourquoi pensez-vous qu'il serait revenu me voir ?

— Je ne sais pas. Il connaissait bien la Rose.

— Théo ?

— Il est sorti plusieurs fois avec elle.

— Cela n'a pas dû arriver souvent, car elle ne sortait guère.

— Vous l'en empêchiez ?

— Je ne lui permettais évidemment pas de courir les rues le soir.

— Elle l'a pourtant fait. Combien de jours de sortie avait-elle ?

— Deux dimanches par mois. Elle partait après la vaisselle du déjeuner et, quand elle allait chez ses parents, ne rentrait que le lundi matin par le premier autobus.

— De sorte que vous étiez seule à la maison ?

— Je vous ai déjà dit que je n'ai pas peur. Vous prétendiez qu'il y avait quelque chose entre elle et Théo ?

— D'après lui, elle se contentait de lui parler, à lui aussi, de ses problèmes. Et il ajouta un peu perfidement :

— ... en le tenant par la main ou en posant la tête sur son épaule !

Elle rit, elle rit de si bon cœur qu'elle perdit le souffle.

— Dites-moi bien vite que ce n'est pas vrai.

— C'est absolument exact. C'est même la raison pour laquelle, aujourd'hui, Charles n'était pas très fier de son frère.

— Théo vous a parlé de ça devant lui ?

— Il a bien fallu. Il a compris que je savais.

— Et comment saviez-vous ?

— D'abord, parce que je l'ai rencontré hier en compagnie du frère de Rose.

— Henri ?

— Oui. Ils étaient en grande conversation dans un café de la ville.

— Où l'a-t-il connu ?

— Je l'ignore. D'après lui, Henri savait, lui aussi, et est venu lui demander des explications.

— C'est trop drôle ! Si ce n'était pas vous qui me l'affirmiez... Voyez-vous, monsieur Maigret, il faut connaître Théo pour apprécier le sel de ce que vous m'apprenez. C'est l'être le plus snob de la terre. C'est devenu presque sa seule raison d'être. Il s'ennuierait à mort n'importe où, pourvu que ce soit select, et ferait des centaines de kilomètres pour être vu en compagnie de quelqu'un de reluisant.

— Je le sais.

— Qu'il se promène avec la Rose la main dans la main... Ecoutez ! Il y a un détail que vous ne connaissez pas, qu'on n'a pas dû penser à vous dire au sujet de ma bonne. C'est dommage que ses parents aient emporté ses effets. Je vous aurais montré ses robes, surtout ses chapeaux. Imaginez les couleurs les plus extravagantes, celles qui jurent le plus les unes avec les autres. Rose avait une très forte poitrine. Or, quand elle sortait, car je ne lui aurais pas permis de s'habiller comme cela ici, elle portait des vêtements si collants qu'elle en avait de la peine à respirer. Et, ces jours-là, elle m'évitait en partant et en rentrant, à cause de son maquillage, si outrancier, si maladroit qu'elle avait l'air d'une de ces filles qu'on rencontre au coin de certaines rues de Paris. Théo et elle. Seigneur !

Et elle riait à nouveau, plus nerveusement.

— Dites-moi, où allaient-ils ainsi ?

— Je sais seulement qu'ils se sont rencontrés à la fête de Vaucottes et qu'il leur est arrivé de boire un verre dans un petit café d'Etretat.

— Il y a longtemps ?

Il paraissait à moitié endormi, maintenant. Un vague sourire aux lèvres, il l'observait à travers ses cils.

— La dernière fois, c'était mercredi dernier.

— Théo vous l'a avoué ?

— Pas de fort bon gré, mais il l'a avoué quand même.

— On aura tout vu. J'espère, au moins, qu'il ne venait pas la retrouver dans ma maison, comme l'amant de ma fille, en passant par la fenêtre ?

— Il affirme que non.

— Théo... répétait-elle, encore incrédule.

Puis elle se leva pour remplir les verres.

— Je vois Henri, le dur de la famille, venant lui réclamer des comptes ! Mais...

Son visage passait de l'ironie au sérieux, puis à un air amusé.

— Ce serait le bouquet... Il y a deux mois, n'est-ce pas ? que Théo est à Etretat... Supposez... Non ! c'est trop extravagant...

— Vous pensez qu'il aurait pu lui faire un enfant ?

— Non ! Pardonnez-moi. Cela m'est passé par la tête, mais... Vous y aviez songé aussi ?

— Incidemment.

— Cela n'expliquerait d'ailleurs rien.

Le jardinier paraissait derrière la porte vitrée et attendait sans bouger, sûr qu'on finirait par le voir.

— Vous m'excusez un instant ? Il faut que j'aille lui donner des instructions.

Tiens ! Il y avait un tic tac d'horloge auquel il n'avait pas encore pris garde, et il finit par identifier le bruit régulier qui venait du premier étage : c'était le ronron du chat, sans doute couché sur le lit de sa maîtresse, qui s'entendait à travers le plafond léger de cette maison-joujou.

Le soleil, que les carreaux découpaient en menus morceaux, dansait sur les bibelots, où il mettait des reflets, et dessinait sur le vernis de la table la forme très nette d'une feuille de tilleul. Mme Leroy, dans la cuisine, faisait assez de vacarme pour que l'on pût croire qu'elle changeait le mobilier de place. Le grattement reprit dans le jardin.

Maigret eut l'impression de n'avoir pas cessé d'entendre le grattement, et pourtant, quand il ouvrit les yeux, il fut surpris de voir le visage de Valentine à un mètre de lui.

Elle s'empressa de lui sourire, pour éviter qu'il se sente mal à l'aise, cependant qu'il murmurait, la bouche pâteuse :

— Je crois que j'ai sommeillé.

7

Les prédictions de l'almanach

Au moment de se quitter, Maigret et la vieille dame étaient d'humeur si enjouée qu'on aurait à peine été surpris de les voir se donner des claques dans le dos.

Est-ce que Valentine, une fois la porte refermée, avait gardé son sourire ? Ou bien, comme après certains fous rires, avait-elle soudain changé d'humeur en se retrouvant seule à seule avec la froide Mme Leroy ?

C'est un Maigret soucieux, en tout cas, au pas un peu lourd, qui avait regagné la ville et s'était dirigé vers la maison du docteur Jolly. A un certain moment, Castaing était sorti comme du mur, mais ce mur était un estaminet, point stratégique où l'inspecteur attendait depuis un bon moment en jouant aux cartes.

— J'ai vu le docteur, patron. Rose n'avait aucune maladie. Elle éclatait de santé. Elle allait quand même voir le médecin de temps en temps et, pour lui faire plaisir, il lui ordonnait des médicaments inoffensifs.

— Qui étaient... ?

— Des hormones. C'était elle qui en voulait, qui ne parlait plus que de ses glandes.

Et Castaing, marchant à côté du commissaire, de s'étonner.

— Vous y retournez ?

— Seulement une question à lui poser. Tu peux m'attendre.

C'était le premier jour qu'il tutoyait l'inspecteur, qui n'appartenait pas à son service, et c'était un signe. On apercevait une grosse maison carrée, aux murs couverts de lierre, dans un jardin aux allures de petit parc.

— C'est chez lui, dit Castaing. Mais il est dans le pavillon, à gauche, où il reçoit ses malades.

Le pavillon ressemblait à un hangar. Sans doute existait-il une Mme Jolly qui n'aimait pas les malades et les odeurs pharmaceutiques, et qui avait flanqué tout cela hors de chez elle.

— Arrangez-vous pour qu'il vous reconnaisse en ouvrant sa porte. Autrement, vous en avez pour des heures.

Les murs étaient blanchis à la chaux. Tout autour, sur des bancs, des femmes, des enfants, des vieillards attendaient. Il y avait bien douze personnes.

Un gamin avait un gros pansement autour de la tête, et une femme couverte d'un châle essayait en vain de faire taire un bébé dans ses bras. Tous les regards étaient tournés vers une porte, au fond, derrière laquelle on entendait un murmure de voix, et Maigret eut la chance de voir cette porte s'ouvrir presque tout de suite : une grosse fermière sortit, le docteur regarda autour de la pièce et aperçut le commissaire.

— Entrez donc, je vous en prie. Vous permettez un instant ?

Il comptait les patients, séparait le bon grain de l'ivraie, c'est-à-dire désignait trois ou quatre personnes auxquelles il annonçait :

— Je ne pourrai pas vous voir aujourd'hui. Revenez après-demain à la même heure.

Il refermait la porte.

— Allons à la maison. Vous prendrez bien un verre ?

— J'ai tout juste une question à vous poser.

— Mais, moi, je suis content de vous voir et je ne vous laisserai pas partir si vite.

Il ouvrait une porte latérale et, à travers le jardin, emmenait le commissaire vers la grosse maison carrée.

— C'est dommage que ma femme soit justement au Havre aujourd'hui. Elle aurait été si heureuse de faire votre connaissance !

C'était cossu, confortable, un peu sombre, à cause des grands arbres du jardin.

— L'inspecteur est venu tout à l'heure et je lui ai dit que, loin d'être malade, la Rose était bâtie pour faire une centenaire. J'ai rarement rencontré une famille aussi solide que la sienne. J'aurais voulu que vous voyiez sa charpente.

— Elle n'était pas enceinte ?

— Qu'est-ce que vous me demandez là ? C'est bien la dernière question que je me serais posée. Il n'y a pas longtemps qu'elle est venue, et elle ne m'a parlé de rien de semblable. Voilà à peu près trois mois, je lui ai fait un examen complet et je pourrais presque jurer qu'à ce moment-là elle n'avait jamais eu de rapports sexuels. Qu'est-ce que je vous offre ?

— Rien. Je sors de chez Valentine, où j'ai été obligé de boire plus que je n'aurais voulu.

— Comment va-t-elle ? Encore une qui est solide et qui pourrait se passer de médecin. Une femme attachante, n'est-ce pas ? Je l'ai connue avant son second mariage, et même avant le premier. C'est moi qui l'ai accouchée.

— Vous la jugez tout à fait normale ?

— Vous parlez du point de vue mental ? Parce qu'elle se montre parfois originale ? Méfiez-vous de ces gens-là, commissaire. Ce sont généralement les têtes les plus solides. Elle sait ce qu'elle fait, allez ! Elle l'a toujours su. Elle aime sa petite vie, sa petite maison, son petit confort. Peut-on lui en vouloir ? Je ne suis pas en peine pour elle, allez !

— Et la Rose ?

Maigret pensait aux malades qui attendaient, à la femme avec son bébé dans les bras, au gamin à la grosse tête. Mais le docteur, qui ne paraissait pas pressé, avait allumé un cigare, s'était installé dans un fauteuil comme si la conversation devait durer longtemps.

— Il existe en France des milliers de filles comme la Rose. Vous savez d'où elle sort. Elle a peut-être passé trois ans en tout à l'école de son village. Elle s'est trouvée soudain dans un autre milieu. On lui a trop parlé. Elle a trop lu. Savez-vous ce qu'elle m'a demandé lors d'une de ses visites ? Ce que je pensais des théories de Freud. Elle s'inquiétait aussi de savoir si son système glandulaire n'était pas déficient, que sais-je encore ?

» Je feignais de la prendre au sérieux. Je la laissais parler. Je lui ordonnais des médicaments qui lui faisaient autant d'effet que de l'eau.

— Elle était d'humeur chagrine ?

— Pas du tout. Elle était très gaie, au contraire, quand elle se laissait aller. Puis elle se mettait à penser, comme elle disait, et alors elle se prenait au sérieux. C'est chez Valentine qu'elle a dû dénicher Dostoïevski, et elle l'a lu de bout en bout.

— Aucune des drogues que vous lui avez ordonnées ne contenait de l'arsenic ?

— Aucune, rassurez-vous.

— Je vous remercie.

— Vous partez déjà ? Je voudrais tellement vous avoir pour un bon moment.

— Je reviendrai sans doute.

— Si vous me le promettez...

Il soupirait, vexé d'être obligé déjà de retourner à son travail.

Castaing attendait dehors.

— Qu'est-ce que vous faites, maintenant ?

— Je vais aller faire un tour à Yport.

— Je vous y conduis avec la Simca ?

— Non. Je me demande si tu ne ferais pas bien de téléphoner à ta femme pour lui annoncer que tu risques de rentrer tard, peut-être de ne pas rentrer du tout.

— Elle en a l'habitude. Comment allez-vous vous rendre là-bas ? Il n'y a pas d'autobus à cette heure-ci. Vous ne pouvez pas faire la route à pied.

— Je prendrai un taxi.

— Si l'un des deux est libre. Car il en existe tout juste deux, à Etretat. Tenez ! le bureau est au coin de cette ruelle. Que voulez-vous que je fasse pendant ce temps ?

— Tu vas te mettre à la recherche de Théo Besson.

— Ce ne sera pas difficile. Je n'ai qu'à faire le tour des bars. Ensuite ?

— Rien. Tu le surveilleras.

— Discrètement ?

— Peu importe s'il te voit. Ce qui compte, c'est que tu ne le quittes pas. S'il sortait de la ville en voiture, tu as ton auto. Gare-la non loin de la sienne, qui doit se trouver à l'hôtel. Dans ce cas, essaie de me laisser un mot ou d'envoyer un message à mon hôtel. Je ne pense pas qu'il aille loin.

— Si vous allez voir les Trochu, je vous souhaite bien du plaisir.

Le soleil commençait à se coucher quand Maigret quitta la ville dans un taxi dont le chauffeur se retournait sans cesse sur son siège pour lui parler. Le commissaire paraissait toujours somnoler, tirant parfois une bouffée de sa pipe, regardant la campagne qui devenait d'un vert sombre et triste, avec des lumières qui s'illuminaient dans les fermes et des vaches qui beuglaient aux barrières.

Yport n'était qu'un village de pêcheurs avec, comme partout au bord de la mer, quelques maisons où on louait des chambres aux estivants. Le chauffeur dut se renseigner, car il ne connaissait pas les Trochu. Il s'arrêta devant une maison sans étage autour de laquelle séchaient des filets.

— Je vous attends ?

— S'il vous plaît.

Un visage qu'on distinguait mal se profila à la fenêtre et, quand Maigret frappa à la porte peinte en brun, il entendit des bruits de fourchettes qui indiquaient que la famille était à table.

Ce fut Henri qui ouvrit la porte, la bouche pleine, et qui le regarda en silence sans l'inviter à entrer. Derrière lui flambait un feu d'âtre qui éclairait la pièce et au-dessus duquel pendait une grosse marmite. Il y avait un poêle à côté, un beau poêle presque neuf, mais on devinait que c'était un objet de luxe, dont on ne se servait qu'en de rares occasions.

— Je pourrais parler à votre père ?

Celui-ci le voyait aussi, mais n'avait encore rien dit. Ils étaient cinq ou six, assis autour d'une longue table sans nappe, avec des assiettes fumantes devant eux et, au milieu, un immense plat de pommes de terre et de morue à la crème. La mère tournait le dos à la porte. Un petit garçon blond se dévissait la tête pour apercevoir l'intrus.

— Fais entrer, Henri, dit enfin le père.

Et, s'essuyant les lèvres du revers de sa manche, il se leva si lentement que ce geste en devenait presque solennel. Il semblait dire aux autres, à sa couvée :

« — Ne craignez rien. Je suis là et il ne peut rien vous arriver. »

Henri ne reprit pas sa place et resta debout près d'un lit de fer, sous un chromo qui représentait *L'Angélus* de Millet.

— Je suppose que vous êtes le patron de celui qui est déjà venu ?

— Je suis le commissaire Maigret.

— Et qu'est-ce que vous nous voulez encore ?

Il avait une belle tête de marin, comme les peintres du dimanche les aiment, et, même chez lui, sa casquette ne le quittait pas. Il paraissait aussi large que haut, dans son chandail bleu qui exagérait l'épaisseur de son torse.

— Je m'efforce de découvrir qui a tué...

— ...ma fille ! acheva Trochu, tenant à spécifier que c'était sa fille, et nulle autre, qui était morte.

— Exactement. Je regrette que cela m'oblige à vous déranger et je ne pensais pas vous trouver à table.

— A quelle heure mange-t-on la soupe, chez vous ? Plus tard, bien sûr, comme chez les gens qui ne se lèvent pas à quatre heures et demie du matin.

— Voulez-vous me faire le plaisir de continuer votre repas ?

— J'ai fini.

Les autres mangeaient toujours en silence, avec des gestes compassés, sans quitter Maigret des yeux, sans perdre un mot des paroles de leur père. Henri avait allumé une cigarette, peut-être d'un geste de défi. On n'avait pas encore offert une chaise au commissaire, qui paraissait énorme, dans la maison basse de plafond, où des saucisses pendaient aux poutres.

Il n'y avait pas seulement un, mais deux lits, dont un lit d'enfant, dans la pièce, et une porte ouverte laissait voir une chambre où il y en avait trois autres, mais pas de table de toilette, ce qui semblait indiquer que tout le monde allait se laver dehors, sur la margelle du puits.

— Vous avez repris les affaires de votre fille ?

— C'était mon droit, non ?

— Je ne vous le reproche pas. Cela m'aiderait peut-être dans ma tâche de savoir ce qu'elles contenaient exactement.

Trochu se tourna vers sa femme, dont Maigret vit enfin le visage. Elle paraissait jeune pour avoir une aussi nombreuse famille et de si grands enfants que la Rose et Henri. Elle était maigre, vêtue de noir, avec un médaillon au milieu de la poitrine.

Embarrassés, ils se regardaient, et les enfants s'agitaient sur leur banc.

— C'est qu'on a déjà fait le partage.

— Tous les objets ne se trouvent plus ici ?

— Jeanne, qui travaille au Havre, a emporté les robes et le linge qu'elle pouvait mettre. Elle n'a pas pu prendre les souliers, qui étaient trop petits pour elle.

— C'est moi qui les ai ! annonça une gamine d'environ quatorze ans, aux grosses tresses roussâtres.

— Tais-toi !

— Ce ne sont pas tant les vêtements qui m'intéressent que les menus objets. Il n'y avait pas de correspondance ?

C'est vers Henri, cette fois, que les parents se tournèrent, et Henri ne paraissait pas fort disposé à répondre. Maigret répéta sa question.

— Non, laissa-t-il tomber.

— Pas de carnet, non plus, pas de notes ?

— Je n'ai trouvé que l'almanach.

— Quel almanach ?

Il se décida à aller le chercher dans la chambre voisine. Maigret se souvenait, que, quand il était jeune et qu'il vivait à la campagne, lui aussi, il avait vu de ces almanachs, mal imprimés, sur du mauvais papier, avec des illustrations naïves. Il était surpris que cela existât encore.

Chaque jour du mois était suivi d'une prédiction. On lisait, par exemple :

« 17 août. Mélancolie.
18 août. Ne rien entreprendre. Ne pas voyager.
19 août. La matinée sera gaie, mais gare à la soirée. »

Il ne sourit pas, feuilletant gravement le petit livre qui avait été beaucoup manié. Mais il ne trouva rien de spécial au mois de septembre, ni à la fin du mois précédent.

— Vous n'avez pas trouvé d'autres papiers ?

Alors, la mère se décida à se lever à son tour, à prendre la parole, et on sentit que tous les siens étaient derrière elle, applaudissaient la réponse qu'ils attendaient.

— Croyez-vous vraiment que c'est ici que vous devez venir poser ces questions-là ? Je voudrais qu'on me dise enfin si c'est ma fille qui est morte, oui ou non. Dans ce cas, il me semble que ce n'est pas nous qu'il faut tracasser, mais d'autres, qu'on a soin de laisser tranquilles.

Il y avait comme un soulagement dans l'air. C'est tout juste si la gamine de quatorze ans ne battit pas des mains.

— Parce que nous sommes de pauvres gens, continua-t-elle, parce que certaines personnes font des manières...

— Je puis vous affirmer, madame, que je questionne indifféremment les riches et les pauvres.

— Et aussi ceux qui jouent les riches sans l'être ? Et celles qui font les grandes dames et sont sorties de plus bas que nous ?

Maigret ne broncha pas, espérant qu'elle continuerait, et elle le fit, après avoir regardé autour d'elle pour se donner du courage.

— Savez-vous ce que c'est, cette femme-là ? Moi, je vais vous le dire. Quand ma pauvre mère s'est mariée, elle a épousé un brave garçon qui avait été amoureux d'une autre pendant longtemps, de la mère de Valentine, justement, et elles habitaient toutes les deux presque porte à porte. Eh bien ! les parents du garçon n'ont jamais voulu qu'il l'épouse. C'est vous dire quelle sorte de fille c'était...

Si Maigret comprenait bien, c'était la mère de Valentine qui était une fille qu'on n'épouse pas.

— Elle s'est mariée, me direz-vous, mais elle n'a trouvé qu'un ivrogne, qu'un propre à rien, et c'est de ces deux-là que Madame est sortie !

Trochu, le père, avait tiré une courte pipe de sa poche et la bourrait dans une blague à tabac faite d'une vessie de porc.

— Je n'ai jamais été d'accord que ma fille travaille chez une femme pareille, qui a peut-être été pire que sa mère. Si on m'avait écoutée...

Un coup d'œil plein de reproches au dos de son mari, qui avait dû, jadis, permettre à Rose d'entrer au service de Valentine.

— Elle est méchante, par-dessus le marché. Ne souriez pas. Je sais ce que je dis. Elle vous a probablement eu avec ses faux airs. Je vous répète, moi, qu'elle est méchante, qu'elle envie tout le monde, qu'elle a toujours détesté ma Rose.

— Pourquoi votre fille est-elle restée chez elle ?

— Je me le demande encore. Car elle ne l'aimait pas, elle non plus.

— Elle vous l'a dit ?

— Elle ne m'a rien dit. Elle ne parlait jamais de ses patrons. A la fin, elle ne nous parlait pour ainsi dire plus du tout. Nous n'étions plus assez bons pour elle, vous comprenez ? Voilà ce que cette femme-là a fait. Elle lui a appris à mépriser ses parents, et cela je ne le lui pardonnerai jamais. Maintenant, Rose est morte, et l'autre est venue prendre des grands airs à son enterrement, alors que sa place serait peut-être en prison !

Son mari la regarda avec, cette fois, l'air de vouloir la calmer.

— En tout cas, ce n'est pas ici qu'il faut venir chercher ! conclut-elle avec force.

— Vous me permettez de dire un mot ?

— Laissez-le parler, intervint Henri à son tour.

— Nous ne sommes pas des magiciens, à la police. Comment pourrions-nous découvrir qui a commis un crime si nous ignorons pourquoi le crime a été commis ?

Il leur parlait doucement, gentiment.

— Votre fille a été empoisonnée. Par qui ? Je le saurai probablement quand je découvrirai *pourquoi* elle a été empoisonnée.

— Je vous dis que cette femme-là la détestait.

— Ce n'est peut-être pas suffisant. N'oubliez pas que tuer est un acte très grave, où on joue sa propre tête et en tout cas sa liberté.

— Les malins ne risquent pas grand-chose.

— Je crois que votre fils me comprendra quand j'ajouterai que d'autres personnes ont approché Rose.

Henri parut gêné.

— Et il en existe peut-être d'autres encore, que nous ne connaissons pas. C'est pourquoi j'espérais examiner ses affaires. Il aurait pu y avoir des lettres, des adresses, voire des objets qu'elle aurait reçus en cadeau.

A ce mot-là, le silence se fit, les regards s'échangèrent. Ils semblaient s'interroger les uns les autres, et enfin la mère dit, avec un reste de méfiance :

— Tu lui montres la bague ?

Elle s'adressait à son mari, qui se décida, comme à regret, à tirer un gros porte-monnaie usé de la poche de son pantalon. Il comportait de multiples compartiments, dont un fermait avec un bouton-pression. Il en tira un objet enveloppé de papier de soie qu'il tendit à Maigret. C'était une bague de style ancien, dont le chaton était orné d'une pierre verte.

— Je suppose que votre fille avait d'autres bijoux ?

— Il y en avait plein une petite boîte, des choses qu'elle s'était achetées elle-même dans les foires de Fécamp. On les a déjà partagées. Il en reste ici...

La gamine, sans rien dire, courut dans la chambre et en revint avec un bracelet d'argent garni de pierres bleues en porcelaine.

— C'est ma part ! dit-elle fièrement.

Tout cela ne valait pas lourd, des bagues, des médailles, des souvenirs de première communion.

— Cette bague-ci se trouvait avec les autres ?

— Non.

Le pêcheur se tourna vers sa femme, qui hésita encore un peu.

— Je l'ai trouvée tout au fond d'un soulier, dans une petite boule de papier de soie. C'étaient ses souliers du dimanche, qu'elle n'a pas portés plus de deux fois.

L'éclairage donné par le foyer n'était pas favorable à une expertise et Maigret n'était pas expert en pierres précieuses, mais il était flagrant que ce bijou-ci était d'une autre qualité que ceux dont on lui parlait.

— Je le dis, fit enfin Trochu, qui était devenu rouge. Cette chose-là me tracassait. Hier, je suis allé à Fécamp, et j'en ai profité pour entrer chez le bijoutier qui m'a vendu jadis nos alliances de mariage. J'ai écrit le mot qu'il m'a dit sur un morceau de papier. C'est une émeraude. Il a ajouté que cela valait aussi cher qu'un bateau et que, si je l'avais trouvée, je ferais mieux de la porter à la police.

Maigret se tourna vers Henri.

— C'est à cause de ça ? lui demanda-t-il.

Henri fit signe que oui. La mère questionna, méfiante :

— Qu'est-ce que vous manigancez, tous les deux ? Vous vous êtes déjà rencontrés ?

— Je pense qu'il est préférable de vous mettre au courant. J'ai aperçu votre fils en compagnie de Théo Besson. Cela m'a surpris, mais je comprends à présent. En effet, Théo est sorti deux ou trois fois en compagnie de Rose.

— C'est vrai ? demanda-t-elle à Henri.

— C'est vrai.

— Tu le savais ? Et tu ne me disais rien ?

— Je suis allé lui demander si c'était lui qui avait donné une bague à ma sœur et ce qu'il y avait exactement entre eux.

— Qu'est-ce qu'il a répondu ?

— Il m'a demandé à voir la bague. Je ne pouvais pas la lui montrer, puisque papa l'avait en poche. Je lui ai expliqué comment elle était. Je ne savais pas encore que c'était une émeraude, mais il a dit tout de suite ce mot-là.

— C'est lui ?

— Non. Il m'a juré qu'il ne lui avait jamais fait de cadeau. Il m'a expliqué qu'elle était pour lui une camarade, avec qui il aimait bavarder, parce qu'elle était intelligente.

— Tu l'as cru ? Tu crois quelque chose qui vient de cette famille-là ?

Henri regarda le commissaire, continua :

— Il essaie de découvrir la vérité, lui aussi. Il prétend que ce n'est pas la police qui la trouvera. Il prétend même — sa lèvre trembla un peu — que c'est Valentine qui vous a fait venir et que c'est comme si vous étiez à son service.

— Je ne suis au service de personne.

— Je répète ses paroles.

— Tu es sûr, Henri, que ce n'est pas lui qui a donné la bague à ta sœur ? questionna le père, embarrassé.

— Il m'a paru sincère. Il a ajouté qu'il n'était pas riche et que, même en revendant son auto, il ne pourrait pas acheter une bague comme celle-là, pour autant que la pierre soit authentique.

— D'où prétend-il qu'elle vienne ? fit Maigret à son tour.

— Il ne sait pas non plus.

— Rose allait-elle parfois à Paris ?

— Elle n'y a jamais mis les pieds de sa vie.

— Moi non plus, intervint la mère. Et je n'ai aucune envie d'y aller. C'est bien assez d'être obligée de faire parfois le voyage du Havre.

— Elle allait au Havre ?

— Il lui est arrivé de rendre visite à sa sœur.

— A Dieppe aussi ?

— Je ne crois pas. Qu'est-ce qu'elle serait allée faire à Dieppe ?

— La vérité, intervint à nouveau Mme Trochu, c'est que, les derniers temps, on ne savait à peu près plus rien d'elle. Quand elle venait nous voir, c'était en coup de vent, pour critiquer tout ce que nous faisions, tout ce que nous disions. Si elle ouvrait la bouche, elle ne parlait plus comme nous lui avons appris, mais employait des mots incompréhensibles.

— Elle était attachée à Valentine ?

— Vous voulez dire si elle l'aimait ? Mon idée, c'est qu'elle la détestait. Je l'ai compris à quelques mots qui lui ont échappé.

— Lesquels ?

— Cela ne me revient pas sur le moment, mais cela m'a frappée.

— Pourquoi restait-elle à son service ?

— C'est ce que je lui ai souvent demandé. Elle n'a pas répondu.

Trochu se décidait à accomplir la démarche que l'inspecteur Castaing avait annoncé pour la dernière heure.

— On ne vous a rien offert. Vous accepterez peut-être un verre de cidre ? Comme vous n'avez pas mangé, je ne vous propose pas d'alcool.

Il sortit pour aller le tirer au tonneau, dans le hangar, revint avec un plein broc en grès bleuâtre et prit une serviette dans un tiroir pour essuyer deux verres.

— Pouvez-vous me confier cette bague pendant un jour ou deux ?

— Elle n'est pas à nous. Je ne considère pas qu'elle a jamais appartenu à ma fille. Seulement, si vous l'emportez, il faudra me donner un reçu.

Maigret le rédigea sur un coin de la table, qu'on débarrassa à son intention. Il but le cidre, qui était un peu vert, mais dont il dit tout le bien possible, car Trochu le faisait lui-même chaque automne.

— Croyez-moi, disait la femme en le reconduisant vers la porte. C'est bien la Rose qu'on a voulu tuer. Et, si on essaie de faire croire le contraire, c'est qu'on a de bonnes raisons pour cela.

— J'espère que nous le saurons bientôt.

— Vous croyez que ce sera si vite que ça ?

— Peut-être plus vite que vous ne pensez.

Il avait poussé le papier de soie avec la bague dans la poche de son gilet. Il regardait le lit-cage dans lequel Rose avait sans doute dormi quand elle était petite, la chambre où elle avait couché plus tard avec ses sœurs, l'âtre devant lequel elle s'était accroupie pour faire la soupe.

S'il n'était plus tout à fait un ennemi, il restait un étranger, et on le regardait partir en gardant la réserve. Seul Henri accompagna le commissaire jusqu'à sa voiture.

— Cela ne vous ferait rien de m'emmener à Etretat ?

— J'en serais enchanté.

— Le temps de prendre ma casquette et mon sac.

Il l'entendit expliquer aux siens :

— Je profite de l'auto du commissaire. D'Etretat, j'irai directement à Fécamp pour m'embarquer.

Il revint avec un sac de toile à voile, qui devait contenir ses effets pour la pêche. L'auto démarra. En se retournant, Maigret vit encore des personnages se découper devant la porte restée ouverte.

190 MAIGRET ET LA VIEILLE DAME

— Vous croyez qu'il m'a menti ? questionna Henri en allumant une cigarette.

Ses vêtements répandaient dans la voiture une forte odeur de marée.

— Je ne sais pas.

— Vous allez lui montrer la bague ?

— Peut-être.

— Quand je suis allé le trouver. la première fois, c'était pour lui casser la gueule.

— Je l'ai bien compris. Ce que je me demande, c'est comment il s'y est pris pour vous retourner.

Henri se mit à réfléchir.

— Je me le demande aussi. Il n'est pas comme je me l'étais figuré, et je suis sûr qu'il n'a pas essayé de coucher avec ma sœur.

— D'autres ont essayé ?

— Le fils Babœuf, quand elle avait dix-sept ans, et je vous jure qu'il ne l'a pas emporté en paradis.

— Rose n'a jamais parlé de se marier ?

— Avec qui ?

Lui aussi devait avoir l'impression qu'il n'y avait personne pour sa sœur dans le pays.

— Vous avez envie de me dire quelque chose ?

— Non.

— Pourquoi m'avez-vous accompagné ?

— Je ne sais pas. J'ai envie de le revoir.

— Pour lui parler à nouveau de la bague ?

— De cela et de tout. Je n'ai pas d'instruction comme vous, mais je devine qu'il y a des choses pas naturelles.

— Vous espérez le trouver dans le petit bar où je vous ai aperçus tous les deux ?

— Là ou ailleurs. Mais je préférerais descendre de l'auto avant.

Il descendit en effet à l'entrée de la ville et s'éloigna, son sac sur l'épaule, après un vague merci.

Maigret passa d'abord à son hôtel, où il n'y avait pas de message pour lui, et il poussa ensuite la porte du bar de Charlie, au casino.

— Pas vu mon inspecteur ?

— Il est passé à l'heure de l'apéritif.

Charlie regarda l'horloge qui marquait neuf heures, ajouta :

— Il y a un bon bout de temps.

— Théo Besson ?

— Ils sont entrés et sortis l'un derrière l'autre.

Il montra d'un clin d'œil qu'il avait compris.

— Vous ne prenez rien ?

— Merci.

Henri semblait avoir fait inutilement le voyage à Etretat, car Maigret trouva Castaing en faction devant l'*Hôtel de la Plage*.

— Il est là ?

— Voilà un quart d'heure qu'il est monté dans sa chambre.

L'inspecteur désignait une lumière à une fenêtre du second étage.

8

La lumière du jardin

Deux ou trois fois, ce soir-là, Castaing regarda Maigret en coin en se demandant si celui-ci savait où il allait, s'il était vraiment le grand bonhomme à qui les jeunes inspecteurs s'efforçaient de ressembler ou si, aujourd'hui en tout cas, il n'était pas en train de battre un beurre, à tout le moins de se laisser pousser par les événements.

— Allons nous asseoir un moment, avait dit le commissaire quand il l'avait rejoint en face de l'hôtel où il faisait le guet.

Les citoyens vertueux qui protestent contre le nombre des débits de boisson ne se doutent pas que ceux-ci sont la providence des policiers. Comme par hasard, il y en avait un à cinquante mètres de l'*Hôtel de la Plage* et, en penchant la tête, on pouvait surveiller les fenêtres de Théo.

Castaing avait cru que le commissaire voulait lui parler, lui donner des instructions.

— J'ai envie d'un café arrosé, avoua Maigret. Il ne fait pas chaud, ce soir.

— Vous avez dîné ?

— Au fait, non.

— Vous n'allez pas dîner ?

— Pas maintenant.

Il n'était pourtant pas ivre. Il devait avoir beaucoup bu depuis le matin, ici et là, et c'est sans doute pourquoi il paraissait si pesant.

— Il est peut-être en train de se coucher, remarqua-t-il en regardant la fenêtre.

— Je continue quand même la planque ?

— Tu continues, fiston. Mais, du moment que tu ne quittes pas des yeux la porte de l'hôtel, qui est plus importante que la fenêtre, tu peux rester assis ici. Moi, je crois que je vais aller dire un petit bonsoir à Valentine.

Mais il resta assis un bon quart d'heure, sans rien dire, à regarder vaguement devant lui. Il se leva enfin en soupirant, s'en alla, la pipe aux dents, les mains dans les poches, dans les rues désertes, où Castaing entendit son pas s'éloigner.

Il était dix heures moins quelques minutes quand Maigret arriva devant la barrière de *La Bicoque*, sur la route qu'éclairait un croissant de lune entouré d'un épais halo. Il n'avait rencontré personne. Il n'y avait pas eu un chien pour aboyer, un chat pour bondir dans une haie à son passage. On entendait seulement, dans quelque mare, le chant rythmé des grenouilles.

En se soulevant sur la pointe des pieds, il essaya de voir s'il y avait encore de la lumière chez la vieille dame, crut en apercevoir au rez-de-chaussée et se dirigea vers la barrière, qui était ouverte.

Il faisait humide, dans le jardin, avec une forte odeur de terreau. On ne pouvait suivre le sentier sans accrocher quelques branches, et le froissement du feuillage devait s'entendre de l'intérieur.

Il atteignait la partie pavée, près de la maison, vit le salon éclairé et, dans celui-ci, Valentine, qui se levait de son fauteuil, l'oreille tendue, restait un instant immobile avant de se diriger vers le mur et, au moment où il s'y attendait le moins, d'éteindre la lumière.

Il éternua, juste à ce moment-là. Un grincement lui indiqua qu'on ouvrait un des battants de la fenêtre.

— Qui est là ?

— C'est moi, Maigret.

Un petit rire, non sans une pointe de nervosité, comme celui de quelqu'un qui, malgré tout, a eu peur.

— Excusez-moi. Je rallume tout de suite.

Et, plus bas, comme pour elle-même :

— Le plus bête, c'est que je ne retrouve pas le commutateur. Ah ! voilà...

Elle dut en tourner deux, car non seulement le salon fut à nouveau éclairé, mais une lampe s'alluma dans le jardin, presque au-dessus de la tête du commissaire.

— Je vais vous ouvrir la porte.

Elle était vêtue comme il avait l'habitude de la voir et, sur un guéridon, devant le fauteuil où il l'avait surprise, des cartes étaient étalées pour une réussite.

Elle trottait menu dans la maison vide, passait d'une pièce à l'autre, tournait une clef, tirait des verrous.

— Vous voyez que je ne suis pas si brave que je le prétends et que je me barricade. Je ne m'attendais pas à votre visite.

Elle ne voulait pas lui poser de questions, mais elle était intriguée.

— Vous avez un moment ? Entrez vous asseoir.

Et comme il jetait un coup d'œil aux cartes :

— Il faut bien s'amuser toute seule, n'est-ce pas ? Qu'est-ce que je vous offre ?

— Savez-vous que, depuis que je suis à Etretat, je bois du matin au soir ? Votre beau-fils Charles arrive le matin et me fait boire des picon-grenadine. Théo nous rejoint, et c'est pour offrir une tournée. Que je rencontre l'inspecteur, et nous entrons dans un café à bavarder. Je viens ici et la bouteille de calvados apparaît automatiquement sur la table. Le docteur n'est pas moins hospitalier. Les Trochu m'offrent du cidre.

— Ils vous ont bien reçu ?

— Pas trop mal.

— Ils vous ont appris quelque chose d'intéressant ?

— Peut-être. Il est difficile, avant la fin, de démêler ce qui est intéressant et ce qui ne l'est pas. Vous n'avez pas eu de visite depuis mon départ ?

— Personne. C'est moi qui en ai rendu une. Je suis allée dire bonsoir à la vieille demoiselle Seuret. Elle est si âgée, en effet, que tout le monde la

— Pourquoi pas ?

— Vous croyez qu'il va sortir ?

— Je ne le sais pas. C'est possible.

Alors, pour la seconde fois, Castaing se demanda si la réputation du commissaire n'était pas surfaite. En tout cas, il avait tort de boire.

— Va t'informer à l'hôtel si on est venu le demander et si on n'est pas monté chez lui...

Castaing revint quelques instants plus tard avec une réponse négative.

— Tu es sûr que, pendant que tu le suivais dans les bars, il n'a appelé personne ?

— Seulement pour commander à boire. Il me savait sur ses talons. Il me regardait de temps en temps d'un air hésitant. Je crois qu'il se demandait si ce ne serait pas plus simple de boire ensemble.

— On ne lui a pas remis de lettre ?

— Je n'ai rien vu de pareil. Vous ne pensez pas que vous feriez mieux d'aller manger un sandwich ?

Maigret ne parut pas entendre, prit une pipe froide dans sa poche et la bourra lentement. Le halo autour du croissant de lune allait s'épaississant et on voyait comme une fumée venir du large et envahir peu à peu les rues.

Ce n'était pas encore le vrai brouillard, car la sirène ne se mettait pas à hurler.

— Dans huit jours, remarqua Castaing, il n'y aura plus ici que les gens du pays. Le personnel des hôtels s'en ira dans le Midi pour commencer une nouvelle saison, avec de nouveaux clients.

— Quelle heure as-tu ?

— Onze heures moins vingt.

Quelque chose devait inquiéter Maigret qui, après un bon moment, annonça :

— Je te laisse un instant. Je passe à mon hôtel pour un coup de téléphone.

Il le donna de la cabine, appela, à Fécamp, le domicile de Charles Besson.

— Ici, Maigret. Je m'excuse de vous déranger. J'espère que vous n'étiez pas couché ?

— Non. Vous avez du nouveau ? Voilà maintenant ma femme qui a attrapé une bronchite et qui veut, quand même, assister demain à l'enterrement.

— Dites-moi, monsieur Besson. Votre femme n'a jamais possédé une bague ornée d'une grosse émeraude ?

— Une quoi ?

Il répéta.

— Non.

— Vous n'avez jamais vu de bague semblable autour de vous ? Arlette, par exemple ?

— Je ne pense pas !

— Je vous remercie.

— Allô ! monsieur Maigret...

— Oui.

— Quelle est cette histoire de bague ? Vous en avez trouvé une ?

— Je ne sais pas encore. Je vous en reparlerai un de ces jours.

— Tout va bien, là-bas ?

— Tout est calme en ce moment.

Maigret raccrocha, hésita, finit par demander le numéro d'Arlette, à Paris. Il eut la communication tout de suite, plus vite que la première. Ce fut une voix d'homme qui répondit, et c'était son premier contact avec Julien.

— Julien Sudre écoute, disait la voix calme et assez grave. Qui est à l'appareil ?

— Commissaire Maigret. Je voudrais dire un mot à Mme Sudre.

Il l'entendit qui disait sans se troubler :

— C'est pour toi. Le commissaire.

— Allô ! Il y a du nouveau ?

— Je ne crois pas. Pas encore. Je voudrais seulement vous poser une question. On ne vous a jamais volé de bijoux ?

— Pourquoi me demandez-vous ça ?

— Répondez.

— Non. Je ne crois pas.

— Vous en avez beaucoup ?

— Quelques-uns. Ils m'ont été donnés par mon mari.

— Avez-vous jamais possédé une bague ornée d'une émeraude de taille respectable ?

Il y eut un court silence.

— Non.

— Vous ne vous souvenez pas d'une bague de ce genre ?

— Je ne vois pas, non.

— Je vous remercie.

— Vous n'avez rien d'autre à me dire ?

— Rien ce soir.

Elle n'avait pas envie qu'il raccroche. Elle aurait voulu, cela se sentait, qu'il parlât encore. Peut-être aurait-elle aimé parler, elle aussi, mais elle ne pouvait le faire en présence de son mari.

— Rien de désagréable ? questionna-t-elle seulement.

— Rien. Bonne nuit. Je suppose que vous alliez vous coucher, tous les deux ?

Elle crut à de l'ironie et laissa sèchement tomber :

— Oui. Bonsoir.

Il n'y avait personne que le gardien de nuit dans le hall de l'hôtel. Tout au bout était le fauteuil dans lequel il avait trouvé Arlette qui l'attendait le premier soir. Il ne la connaissait pas encore, à ce moment-là. Il ne connaissait encore personne.

Il regretta de n'avoir pas emporté son pardessus, faillit téléphoner à Mme Maigret pour lui dire bonsoir, haussa les épaules et alla rejoindre Castaing, qui continuait mélancoliquement sa planque. Dans cet hôtel-ci aussi, le hall était désert. Presque toutes les fenêtres, à l'exception de deux ou trois, étaient obscures, et une lumière s'éteignit encore, mais pas chez Théo.

— Je me demande ce qu'il peut faire, murmura Castaing. Sans doute lit-il dans son lit ? A moins qu'il se soit endormi en oubliant d'éteindre ?

— Quelle heure ?

— Minuit.

— Tu es sûr que personne...

Et voilà que l'inspecteur se frappait le front, poussait un juron, grondait :

— Imbécile que je suis ! J'ai oublié de vous dire...

— Quoi ?

— Personne ne lui a parlé, c'est vrai. On ne lui a pas non plus remis de lettre. Mais, alors que nous étions au bar de la Poste, le second où il est entré, le patron, à un certain moment, lui a lancé :

» — On vous demande au téléphone.

— Quelle heure était-il ?

— Un peu plus de huit heures.

— On n'a pas dit qui l'appelait ?

— Non. Il est entré dans la cabine. Je l'ai observé à travers la vitre. Ce n'était pas lui qui parlait. Il écoutait, en disant parfois : « Oui... oui... »

— C'est tout ?

— Je me demande comment cela a pu me sortir de la tête. J'espère que ce n'est pas grave, patron ?

— Nous allons le savoir. Quelle tête avait-il en sortant de la cabine ?

— Je ne pourrais pas dire exactement. Peut-être un peu surpris ? peut-être intrigué ? Mais pas fâché.

— Viens. Attends-moi dans le hall.

Il demanda au portier :

— La chambre de M. Besson ?

— Le 29, au second étage. Je crois qu'il dort. Il a recommandé de ne pas le déranger.

Maigret passa sans fournir d'explication, s'engagea dans l'escalier, s'arrêta pour souffler et fut bientôt devant la porte blanche qui portait le numéro 29 en chiffres de cuivre. Il frappa, et on ne répondit pas. Il frappa plus fort, longtemps, se pencha sur la rampe.

— Castaing ?

— Oui, patron.

— Demande un passe-partout. Ils doivent avoir un outil qui ouvre toutes les chambres.

Cela prit du temps. Maigret vida sa pipe sur le tapis, juste à côté d'un gros pot de faïence qui contenait du sable et des bouts de cigarettes.

Le portier marchait le premier, de mauvaise humeur.

— Comme vous voudrez ! Vous vous expliquerez demain avec le patron. Police ou pas police, ce ne sont pas des manières.

Il choisit une clef dans un trousseau qui pendait au bout d'une chaîne, mais, avant d'ouvrir, frappa discrètement, colla l'oreille à la porte.

On vit enfin la chambre qui était vide, et dont le lit n'avait pas été défait. Maigret ouvrit un placard, aperçut un costume bleu marine, des souliers noirs et une gabardine. Le rasoir, la brosse à dents étaient dans la salle de bains.

— Ce monsieur a le droit de sortir, n'est-ce pas ?

— Vous savez si son auto est au garage ?

— C'est facile à contrôler.

Ils redescendirent. Au lieu de se diriger vers la grande entrée, ils suivirent un couloir, franchirent quelques marches, et Maigret constata qu'une petite porte, qui n'était pas fermée à clef, donnait directement dans le garage.

Celui-ci était grand ouvert sur une place déserte.

— C'est celle-ci.

Le pauvre Castaing avait l'air d'un écolier qui se demande quelles seront les conséquences d'une bêtise.

— Où allons-nous ?

— Où est ta voiture ?

— En face de l'hôtel.

C'était à deux pas. Au moment où ils allaient s'y installer, le gardien de nuit se précipita sur le perron.

— Monsieur Maigret ! Monsieur Maigret !... On vient de téléphoner pour vous.

— Qui ?

— Je ne sais pas.

— Une femme ?

— C'était une voix d'homme. On vous demande de passer tout de suite chez la vieille dame. Il paraît que vous comprendrez.

Le trajet ne prit que quelques instants. Il y avait déjà une auto devant la barrière.

— La voiture du docteur, remarqua Castaing.

Mais, même en approchant de la maison, on n'entendait aucune voix. Toutes les pièces étaient éclairées, y compris celles de l'étage. Ce fut Théo Besson, très calme, qui ouvrit la porte, et le commissaire le regarda avec stupeur.

— Qui est blessé ?

Ses narines frémirent. Il reconnaissait, dans le salon, l'odeur de la poudre refroidie. Sur le guéridon, où les cartes étaient encore éparses, il y avait un gros revolver de l'armée.

Il passa dans la chambre d'amis où il entendait bouger, faillit renverser Valentine qui avait les mains pleines de linges sanglants et qui le regarda comme une somnambule.

Sur le lit qu'Arlette avait occupé, un homme était étendu, le torse nu. Il portait encore son pantalon, ses souliers. Le dos du docteur Jolly, penché sur lui, cachait son visage, mais le gros tissu bleu du pantalon avait déjà renseigné Maigret.

— Mort ? questionna-t-il.

Le docteur tressaillit, se retourna, se redressa comme avec soulagement.

— J'ai fait ce que j'ai pu, soupira-t-il.

Il y avait une seringue hypodermique sur la table de nuit. La trousse du médecin, par terre, était ouverte et en désordre. On voyait du sang partout, et Maigret devait constater par la suite qu'il y en avait une traînée dans le salon, et, dehors, dans le jardin.

— Quand Valentine m'a téléphoné, je suis accouru tout de suite, mais il était déjà trop tard. Il a fallu que la balle se loge dans l'aorte ! Même une transfusion, si on avait pu la faire à temps, aurait été inutile.

— C'est vous qui avez alerté mon hôtel ?

— Oui, elle m'avait demandé de vous prévenir.

Elle était tout près d'eux, dans l'encadrement de la porte, du sang sur les mains, du sang sur sa robe.

— C'est épouvantable, dit-elle. Je me doutais peu de ce qui arriverait quand vous êtes venu ce soir. Tout cela parce que j'ai encore oublié de pousser le second commutateur, celui qui allume la lampe du jardin.

Il évitait de la regarder, poussait un soupir en apercevant le visage d'Henri Trochu, qui était mort à son tour. Peut-être pensait-il déjà à ce qu'il allait dire à la famille, aux réactions de celle-ci ?

— Je vais vous expliquer.

— Je sais.

— Vous ne pouvez pas savoir. J'étais montée. J'étais dans mon lit.

C'était la première fois, au fait, qu'il la voyait en négligé. Ses cheveux étaient sur des bigoudis, et elle avait glissé en hâte une robe sur ses vêtements de nuit, qui dépassaient.

— Je crois que j'avais fini par m'endormir quand le chat a sauté brusquement à bas de mon lit. C'est ce qui m'a réveillée. J'ai écouté. J'ai entendu du bruit dehors, comme quand vous êtes venu ce soir.

— Où était le revolver ?

— Dans ma table de nuit. C'est le revolver de mon mari. Il m'a donné l'habitude d'en avoir toujours un, la nuit, à portée de la main. Je crois vous l'avoir dit.

— Non. Peu importe.

— J'ai d'abord regardé par la fenêtre, mais il faisait trop noir. J'ai passé une robe et je suis descendue.

— Sans éclairer ?

— Oui. Je ne voyais rien, mais j'entendais quelqu'un qui essayait d'ouvrir la porte. J'ai demandé :

» — Qui est là ?

» On n'a pas répondu.

— Vous avez tiré tout de suite ?

— Je ne sais plus. J'ai dû poser la question plusieurs fois pendant qu'on tripotait toujours la serrure. J'ai tiré à travers les vitres. J'ai entendu l'homme s'écrouler, et je suis encore restée un certain temps sans oser sortir.

— Vous ne saviez pas qui il était ?

— Je ne m'en doutais pas. C'est alors seulement que l'idée m'est venue d'allumer dehors. A travers la vitre brisée, j'ai vu un corps et, tout près, un gros baluchon. Ma première idée a été que c'était un rôdeur. Je suis enfin sortie par la porte de la cuisine, et ce n'est qu'en m'approchant que j'ai reconnu Henri.

— Il était en vie ?

— Je ne sais pas. J'ai couru chez Mlle Seuret, toujours le revolver à la main. Je lui ai crié de se lever, que j'avais besoin de téléphoner tout de suite, et elle a fini par venir ouvrir. J'ai appelé le docteur Jolly et lui ai demandé de vous avertir, ou de vous prendre en passant.

— Et Théo ?

— Je l'ai trouvé devant la porte en revenant.

— Vous êtes revenue seule ?

— Non. J'ai attendu le docteur sur la route.

Le docteur venait de recouvrir d'un pan de drap le visage du mort et, tenant ses deux mains sanglantes devant lui, se dirigeait vers la salle de bains.

Maigret et Valentine étaient seuls près du corps, dans la chambre trop petite où ils ne pouvaient remuer, et le commissaire avait toujours sa pipe aux dents.

— Qu'est-ce que Théo vous a dit ?

— Je ne sais plus. Il n'a rien dit.

— Vous n'avez pas été surprise de le voir ici ?

— Probablement. Je ne sais pas. N'oubliez pas que je venais de tuer un homme. Pourquoi croyez-vous que Henri ait tenté de s'introduire chez moi ?

Il ne répondit pas, se dirigea vers le salon, où il trouva Castaing et Théo face à face, debout, aussi silencieux l'un que l'autre. Des deux, c'était l'inspecteur le plus anxieux, et c'est un regard désespéré qu'il lança au commissaire.

— C'est ma faute, n'est-ce pas ?

— Ce n'est pas sûr.

Théo Besson avait l'air ennuyé d'un homme du monde surpris dans une situation gênante.

— Vous vous trouviez par hasard dans les environs, je suppose ?

Il ne répondit pas, et il paraissait excuser Maigret de l'interpeller aussi grossièrement.

— Viens par ici, toi.

Il entraîna Castaing dehors, où il vit du sang sur les pavés, le sac de pêcheur resté où il était tombé.

— Tu vas filer à son hôtel. J'ai besoin de savoir si Théo a reçu un coup de téléphone pendant la soirée. Si, par hasard, on ne pouvait pas te répondre, fais le tour des bars où Henri a traîné.

— Ils sont fermés.

— Sonne !

— Qu'est-ce que je dois demander ?

— S'il a téléphoné.

Castaing ne comprenait pas, mais il avait à cœur de réparer sa bévue dans la mesure du possible, et il se précipita vers la Simca, qu'on entendit bientôt s'éloigner.

Le docteur Jolly et Valentine descendaient de la salle de bains, et les mains du médecin étaient blanches, sentaient encore le savon.

— C'est en vain que j'insiste pour qu'elle se couche et qu'elle se laisse faire une piqûre. Pour le moment, elle vit sur ses nerfs. Elle se croit forte. Je ne serai pas parti d'un quart d'heure qu'elle va s'écrouler. Je ne comprends d'ailleurs pas comment elle a pu faire tout ce qu'elle a fait.

— J'ai tué ce pauvre garçon, murmura Valentine en regardant tour à tour Maigret et Théo, qui restait immobile et silencieux dans son coin.

— Vous ne voulez pas insister ? Elle dormirait quelques heures d'un sommeil de plomb et, demain, serait d'attaque.

— Je ne pense pas que ce soit nécessaire.

Jolly fronça les sourcils, mais s'inclina, chercha son chapeau autour de lui.

— Je suppose que je téléphone au Havre, comme dimanche dernier, pour qu'on vienne prendre le corps ? Il y aura probablement autopsie ?

— Certainement.

— Vous ne voulez pas que je passe un message de votre part ?

— Merci.

Il alla s'incliner devant la vieille dame et on put croire qu'il allait lui baiser la main.

— Vous avez tort ! J'ai laissé à tout hasard quelques tablettes dans votre chambre. Vous pouvez en prendre une toutes les deux heures.

Il salua Théo de la tête, revint vers Maigret, ne sut que dire.

— Je suis, bien entendu, à votre disposition quand il vous plaira.

Il s'en alla, et ce fut le silence. Quand on cessa d'entendre le moteur de l'auto, Valentine, comme par contenance, ouvrit l'armoire et prit la carafe de calvados. Elle allait la poser sur la table quand Maigret la lui arracha brutalement des mains, d'un geste inattendu, et la lança violemment sur le sol.

— Asseyez-vous, vous deux ! dit-il alors d'une voix qui frémissait de colère.

Ils durent à peine se rendre compte qu'ils obéissaient, tandis qu'il restait debout, les mains derrière le dos, puis se mettait à marcher de long en large, comme il avait l'habitude de le faire dans son bureau du Quai des Orfèvres.

Castaing revenait déjà, et la sirène de brume commençait à lancer son appel lugubre dans la nuit.

9

Le crime de Théo

On entendait Castaing arrêter son moteur, descendre de voiture, rester un moment sur la route avant de pousser la barrière, et Maigret ne disait toujours rien. Théo, assis dans le fauteuil que le commissaire occupait quelques heures plus tôt, s'efforçait de ressembler malgré tout au duc de Windsor, tandis que Valentine regardait tour à tour les deux hommes, son regard allant si vivement de l'un à l'autre qu'il faisait penser à celui d'un jeune animal.

Castaing traversait le jardin, pénétrait dans la maison et, surpris par le silence, par la bouteille cassée, se demandait ce qu'il devait faire, où il devait se mettre. N'appartenant pas au Quai des Orfèvres, il n'avait jamais vu Maigret dans ces circonstances-là.

— Eh bien ! mon petit ?

— J'ai eu le patron de l'hôtel, qui était couché, mais qui m'a parlé au bout du fil. C'est lui qui, du bureau, a passé la communication à Théo, non pas dans la chambre, car il n'y a pas le téléphone dans les chambres, mais à l'appareil qui est au fond du corridor de chaque étage. Il était environ dix heures et demie. Celui qui parlait était ivre.

— Tu as du papier, un crayon ?

— J'ai mon carnet de notes.

— Assieds-toi devant cette table. Mets-toi à ton aise, car tu en as probablement pour un bout de temps. Tu enregistreras leurs réponses.

Il se remit en marche, toujours suivi par le regard de la vieille dame, tandis que Théo fixait le bout de ses chaussures.

C'est devant lui qu'il finit par se camper, non plus en colère, mais avec du mépris dans la voix.

— Vous vous attendiez à ce que Henri vînt à Etretat ce soir ?

— Non.

— S'il ne vous avait pas téléphoné, vous seriez venu à *La Bicoque* ?

— Je ne sais pas. C'est possible.

— Où étiez-vous quand il a été abattu ? Sur la route ? Dans le jardin ?

— Dans le jardin, près de la barrière.

Valentine sursauta en apprenant qu'elle était passée tout près de son beau-fils alors qu'elle courait chez la vieille Mlle Seuret pour téléphoner au docteur.

— Vous étiez fier de vous ?

— Cela me regarde.

— Vous saviez qu'elle possédait un revolver ?

— Je savais qu'elle avait gardé le revolver de mon père. Dites-moi, monsieur le commissaire, voulez-vous me dire si...

— Rien du tout ! Les questions, c'est moi qui les pose.

— Et si je refusais de répondre ?

— Cela ne changerait absolument rien, sauf que cela me déciderait peut-être à vous flanquer ma main sur la figure, comme j'en ai envie depuis un quart d'heure.

Malgré le tragique des circonstances, malgré le mort qui était encore dans la pièce voisine, Valentine ne put s'empêcher d'avoir un petit sourire satisfait, presque joyeux.

— Depuis quand savez-vous ?

— De quoi parlez-vous ?

— Ecoutez, Besson. Je vous conseille de ne pas faire l'imbécile. Depuis quand savez-vous que les bijoux de votre belle-mère n'ont jamais été vendus et que ce sont les originaux qu'elle a conservés, et non pas des répliques, comme on a essayé de le faire croire ?

Elle tressaillit à son tour, regarda Maigret avec stupeur, avec une involontaire admiration, s'agita dans son fauteuil comme si elle voulait prendre la parole, mais il ne lui accorda pas la moindre attention.

— Je m'en suis toujours douté.

— Pourquoi ?

— Parce que je la connaissais et que je connaissais mon père.

— Vous voulez dire qu'elle avait peur de la misère et qu'elle n'était pas femme à ne pas prendre ses précautions ?

— Oui. Et mon père faisait toutes ses volontés.

— Ils étaient mariés sous le régime de la communauté des biens ?

— Oui.

— A combien évaluez-vous la valeur des bijoux ?

— Probablement à plusieurs millions au cours actuel. Il doit y en avoir dont nous ne connaissons pas l'existence, car mon père était gêné devant nous de tant dépenser pour elle.

— Lorsqu'il est mort et que l'on vous a dit que les bijoux étaient vendus depuis longtemps, vous n'en avez pas parlé à votre frère, ni à Arlette ?

— Non.

— Pourquoi ?

— Je n'étais pas sûr.

— N'est-ce pas, plus exactement, parce que vous comptiez vous arranger avec Valentine ?

Celle-ci ne perdait pas une des syllabes prononcées, pas un geste de Maigret, pas une expression de Théo. Elle enregistrait tout, beaucoup mieux que Castaing, dont la sténographie était rudimentaire.

— Je ne répondrai pas à cette question.

— Qui est indigne de vous, n'est-ce pas ? Vous en avez parlé à Valentine elle-même ?

— Pas davantage.

— Parce que vous la saviez plus fortiche que vous et que vous attendiez de posséder une preuve. Comment avez-vous obtenu cette preuve ? Depuis quand ?

— Je me suis renseigné auprès d'amis que j'ai dans le monde des diamantaires au sujet de certains des bijoux qui ne peuvent pas passer inaperçus, et c'est ainsi que j'ai appris qu'ils n'avaient pas été remis dans le commerce, en tout cas pas en France, et probablement pas en Europe.

— Vous avez patiemment attendu cinq ans.

— J'avais encore un peu d'argent. J'ai réussi quelques affaires.

— Cette année, comme vous trouviez au bout de votre rouleau, vous êtes venu passer vos vacances à Etretat. Ce n'est pas par hasard que vous avez fait la connaissance de la Rose et que vous vous êtes mis à flatter ses manies ?

Silence. Valentine tendait le cou, comme un oiseau, et c'était la première fois que Maigret voyait à nu son cou de vieille femme, généralement caché par un large ruban de velours noir orné d'une perle.

— Maintenant, réfléchissez avant de répondre. Est-ce que, quand vous l'avez rencontrée, la Rose savait déjà, ou est-ce à votre instigation qu'elle s'est mise à fureter dans la maison ?

— Elle furetait avant de me connaître.

— Pourquoi ?

— Par curiosité, et parce qu'elle détestait ma belle-mère.

— Elle avait une raison de la détester ?

— Elle la trouvait dure et orgueilleuse. Elles vivaient toutes les deux, dans cette maison, pour ainsi dire sur le pied de guerre, et c'est à peine si elles se le cachaient, l'une et l'autre.

— Rose avait pensé aux bijoux ?

— Non. Elle a fait un trou, avec une vrille, dans la cloison qui sépare les deux chambres.

Valentine s'agita, indignée, et on aurait pu croire qu'elle allait monter tout de suite pour s'assurer de cette énormité.

— Quand était-ce ?

— Il y a une quinzaine de jours, un après-midi que Valentine prenait le thé chez Mlle Seuret.

— Qu'a-t-elle vu par le trou ?

— Rien tout de suite. Il a fallu attendre plusieurs jours. Un soir, après avoir fait semblant de dormir et de ronfler, elle s'est relevée sans bruit, et elle a vu Valentine ouvrir le bahut en face de son lit.

— Rose n'avait jamais regardé à l'intérieur ?

— Tous les tiroirs, toutes les armoires de la maison sont fermés à clef, et Valentine garde les clefs sur elle. Même pour prendre une boîte de sardines, Rose devait faire appel à elle.

— Comment, dans ce cas, a-t-elle pu s'emparer d'une des bagues ?

— Pendant que Valentine prenait son bain. Elle ne m'en avait pas parlé d'avance. Elle a dû préparer son coup avec soin, le minuter, pour ainsi dire.

— Vous avez vu la bague ?

— Oui.

— Que comptait-elle en faire ?

— Rien. Elle ne pouvait pas la porter sans se trahir. C'était plutôt, de sa part, une sorte de vengeance.

— Vous n'avez pas pensé que votre belle-mère s'en apercevrait ?

— Peut-être.

— Avouez que vous avez laissé faire, pour voir quelle serait sa réaction ?

— C'est possible.

— Vous vous seriez contenté de partager, n'est-ce pas, sans en parler à Charles et à Arlette ?

— Je ne répondrai pas.

— Je suppose que vous êtes persuadé que l'on n'a aucun recours contre vous ?

— Je n'ai tué personne.

Elle s'agita encore, avec l'envie de lever la main, comme à l'école pour avoir la parole.

— C'est tout ce que j'ai à vous demander.

— Je dois sortir ?

— Vous pouvez rester.

— Je suis libre ?

— Pas jusqu'à nouvel ordre.

Maigret se remit en marche, un peu rouge, à présent qu'il allait s'en prendre à la vieille dame.

— Vous avez entendu ?

— Tout ce qu'il a dit est faux.

Il tira la bague de la poche de son gilet, la lui montra.

— Vous niez que les véritables bijoux sont dans votre chambre ? Vous voulez que je prenne vos clefs et que j'aille les chercher ?

— C'était mon droit. Mon mari était d'accord. Il trouvait que ses fils étaient assez grands pour se débrouiller, et il ne voulait pas laisser une vieille femme comme moi sans ressources. Si les enfants avaient su, ils auraient fait vendre et, un an plus tard, se seraient quand même trouvés aussi mal en point.

Il évitait de la regarder.

— Pourquoi détestiez-vous la Rose ?

— Je ne la détestais pas. Je m'en méfiais, et les événements prouvent que j'avais raison. C'est elle qui m'avait prise en grippe, alors que j'avais tout fait pour elle.

— Quand avez-vous découvert que la bague manquait ?

Elle ouvrit la bouche, faillit répondre, puis son regard se durcit.

— Je ne répondrai plus à vos questions.

— Comme vous l'entendrez.

Il se tourna vers Castaing.

— Continue quand même à prendre note.

Et, arpentant lourdement la pièce, dont il faisait trembler les bibelots, il monologua :

— C'est probablement la semaine dernière, avant mercredi, que vous avez fait cette découverte. La Rose était la seule personne qui pouvait vous avoir vue et s'être emparée de la bague. Sans doute avez-vous fouillé ses affaires, sans rien trouver. Quand elle est sortie, mercredi, vous l'avez suivie et l'avez vue rejoindre Théo à Etretat.

» Vous avez commncé à avoir vraiment peur.

» Vous ne saviez pas si elle lui en avait parlé. Vous soupçonniez que c'était à cause des bijoux qu'il était ici.

Malgré sa résolution de se taire, elle ne put s'empêcher de lancer :

— Du jour où il aurait su, ma vie aurait été en danger.

— C'est fort possible. Remarquez que je ne vous ai rien demandé. Interrompez-moi si vous le désirez, mais je n'ai pas besoin de confirmation.

» Vous avez décidé de supprimer la Rose avant qu'elle ait le temps de vous trahir — tout au moins vous l'espériez — et vous avez profité d'une occasion unique qui vous était offerte. Le fameux 3 septembre ! Le seul jour de l'année où toute la famille se trouve réunie ici, cette famille que vous haïssez, y compris votre fille.

Elle ouvrit la bouche une fois encore, mais il ne lui laissa pas le temps d'intervenir.

— Vous connaissiez, vous, la passion de votre bonne pour les médicaments, quels qu'ils fussent. Sans doute l'aviez-vous vue en chiper dans votre pharmacie. Le soir, elle devait avoir l'habitude de finir votre verre quand vous laissiez un fond de somnifère.

» Voyez-vous, ce crime-là est un crime de femme, et même un crime de vieille femme solitaire. C'est un de ces crimes mijotés auxquels on pense amoureusement pendant des heures et des heures, en ajoutant sans cesse des fioritures.

» Comment vous soupçonner, alors que c'était à vous que le poison était apparemment destiné ?

» C'était sur votre fille, sur les autres que les soupçons retomberaient fatalement.

» Il vous suffisait de déclarer que vous aviez trouvé la potion amère, que vous l'aviez dit à votre servante. Or je suis sûr que vous vous en êtes bien gardée.

— Elle l'aurait bue quand même !

Elle n'était pas abattue, comme on aurait pu le croire. Elle restait là, tendue, sans perdre un mot de ce qui se disait, et sans doute préparait-elle d'avance sa riposte.

— Vous étiez persuadée que l'enquête serait faite par la police locale, qui n'y verrait que du feu. Vous n'avez commencé à avoir peur que quand vous avez appris que Charles Besson s'était arrangé pour que je sois envoyé de Paris.

— Vous êtes modeste, monsieur Maigret.

— Je ne sais pas si je suis modeste, mais vous avez commis la faute d'accourir au Quai des Orfèvres afin de vous donner le mérite de vous être adressée à moi.

— Et comment, voulez-vous me le dire, ai-je su que Charles avait pensé à vous ?

— Je l'ignore. C'est un détail qui s'éclairera par la suite.

— Il y aura beaucoup de détails à éclaircir, car vous n'avez aucune preuve de ce que vous avancez avec tant d'assurance.

Maigret ignora le défi.

— C'est comme pour les bijoux. Voici mes clefs. Elles sont devant vous sur la table. Montez là-haut et cherchez.

Il s'arrêta de marcher, la regarda dans les yeux, intrigué par ce nouveau problème, eut l'air de parler pour lui-même.

— Peut-être avez-vous profité de votre voyage à Paris pour les déposer quelque part ? Non ! Vous ne les auriez pas cachés si loin. Vous ne les avez pas déposés dans une banque, où cela laisse des traces.

Elle souriait d'un sourire narquois.

— Cherchez !

— Je trouverai.

— Si vous ne les trouvez pas, rien de ce que vous affirmez ne tient debout.

— Nous y reviendrons en temps voulu.

Il regrettait amèrement d'avoir brisé la bouteille d'alcool dans un mouvement de colère, car il en aurait bu volontiers une gorgée.

— Ce n'est pas par hasard que, tout à l'heure, quand je suis passé vous dire bonsoir, je vous ai parlé des relations entre la Rose et Théo Besson, ni de leur rencontre de mercredi. Je savais que cela amènerait une réaction de votre part et que, par crainte que je questionne Théo et qu'il parle, vous essayeriez de le voir, peut-être de le faire taire définitivement. Je me demandais comment vous vous y prendriez pour le rejoindre sans être vue. Je n'ai pas pensé au téléphone. Plus exactement, je n'ai pas pensé à la vieille Mlle Seuret qui habite à deux pas et à qui vous avez l'habitude de rendre visite.

Il se tourna vers Théo.

— Vous la connaissez ?

— Il y a plusieurs années que je ne l'ai vue.

— Elle est infirme ?

— Elle était déjà à moitié sourde et aveugle à cette époque-là.

— Dans ce cas, c'est chez elle que nous avons toutes les chances de trouver les bijoux.

— Vous êtes en train d'inventer une histoire de toutes pièces, dit-elle rageusement. Vous parlez, vous parlez, en vous disant qu'il vous arrivera bien une fois de tomber juste. Si vous croyez que c'est malin !

— C'est de chez elle que vous avez téléphoné à Théo, et sans doute avez-vous dû appeler plusieurs numéros, puisque c'est dans un bar que vous l'avez enfin trouvé. Vous lui avez dit que vous vouliez lui parler, et il a compris. Or vous n'aviez aucune intention de lui parler.

» Voyez-vous, vos deux crimes ne sont pas seulement des crimes de solitaire, mais des crimes de vieille femme.

» Vous êtes intelligente, Valentine !

Elle se rengorgea, sensible, malgré tout, au compliment.

— Il fallait faire taire Théo, et cependant éviter de me mettre la puce à l'oreille. Il y avait bien un moyen, qui aurait probablement marché, mais que vous répugniez à choisir : c'était de lui offrir de partager.

» Vous avez trop le sens de la propriété pour cela. L'idée de vous séparer d'une partie de ces fameux bijoux qui ne vous aident même pas à vivre, qui ne vous serviront jamais à rien, vous a paru tellement monstrueuse que vous avez préféré tuer une seconde fois.

» Vous avez demandé à Théo de venir vous voir à minuit sans en parler à personne.

» C'est bien ce qu'elle vous a demandé, monsieur Besson ?

— Vous comprendrez qu'il soit délicat pour moi de répondre à cette question. Un gentleman...

— Canaille ! Un gentleman mêle-t-il une boniche à ses affaires de famille et l'incite-t-il à commettre un vol parce que ça l'arrange ? Un gentleman envoie-t-il quelqu'un se faire tuer à sa place ?

» Au fond, monsieur Besson, après le coup de téléphone de Valentine, vous étiez à la fois triomphant et effrayé. Triomphant, parce que vous aviez gagné la partie, parce que son appel indiquait qu'elle était prête à composer. Effrayé, parce que vous la connaissiez, parce que vous vous êtes rendu compte que ce n'était pas de gaieté de cœur qu'elle allait acheter votre silence.

» Vous avez flairé un piège. Ce rendez-vous, ici à minuit, ne vous disait rien de bon.

» Vous êtes rentré à votre hôtel pour réfléchir. Vous avez eu la veine que ce pauvre Henri, qui avait bu, vous appelle au téléphone.

» Je venais d'avoir avec lui une conversation qui lui faisait travailler l'esprit. Il s'était mis à boire, et il avait envie de vous voir, je ne sais pas pourquoi au juste ; peut-être ne le savait-il pas trop lui-même.

» Alors vous l'avez envoyé en éclaireur, en lui disant de se trouver ici à minuit exactement.

» De sorte que c'est lui qui s'est fait prendre au piège de Valentine.

» Je vous tire mon chapeau, madame. Le meurtre de Rose était admirablement conçu, mais celui-ci est d'une habileté diabolique.

» Jusqu'au coup du commutateur, que vous m'avez fait ce soir, qui vous donnait l'excuse d'avoir, dans votre émoi, tiré sans allumer dehors.

» Seulement, c'est Henri qui est mort. Le frère et la sœur la même semaine !...

» Savez-vous ce que je ferais, si je n'appartenais pas à la police ?

» Je vous laisserais ici sous la garde de l'inspecteur, pendant que j'irais à Yport raconter cette histoire à un certain Trochu et à sa femme.

» Je leur dirais comment, pourquoi, pour quels intérêts sordides ils ont perdu deux enfants dans la force de l'âge, en l'espace de quelques jours.

» Je les ramènerais ici, eux et les frères et sœurs de vos victimes, avec leurs voisins et amis.

Il put voir Théo, devenu livide, serrer convulsivement les doigts sur les bras de son fauteuil. Quant à Valentine, elle bondit, affolée :

— Vous n'avez pas le droit de faire ça ! Qu'est-ce que vous attendez pour nous emmener au Havre ? Vous êtes obligé de nous arrêter, de m'arrêter en tout cas.

— Vous avouez ?

— Je n'avoue pas ; mais vous m'accusez, et vous n'avez pas le droit de me laisser ici.

Qui sait si les Trochu n'étaient pas déjà alertés et s'ils n'allaient pas accourir ?

— Nous sommes dans un pays civilisé, et tout le monde a le droit d'être jugé.

Elle tendait maintenant l'oreille aux bruits du dehors, faillit se jeter contre Maigret comme pour se protéger quand elle entendit le bruit d'une auto, puis des pas dans le jardin.

On la sentait tout près de la crise nerveuse. Son visage avait perdu sa joliesse et ses yeux exprimaient la panique, ses ongles s'enfonçaient dans les poignets du commissaire.

— Vous n'avez pas le droit ! Vous n'avez pas...

Ce n'étaient pas les Trochu, qui ne savaient rien encore, mais le fourgon qu'on envoyait du Havre, ainsi qu'une voiture de policiers et de spécialistes.

Pendant une demi-heure, la maison leur fut livrée. Le corps d'Henri fut emporté sur une civière, tandis qu'un expert prenait, par acquit de conscience, des photographies des lieux, y compris de la vitre que la balle avait fracassée.

— Vous pouvez aller vous habiller.

— Et moi ? questionna un Théo Besson dégonflé, qui ne savait où se mettre.

— Vous, je pense que c'est avec votre conscience qu'il faudra essayer de vous arranger.

Une autre auto s'arrêtait sur la route, et Charles Besson se précipita dans la maison.

— Que s'est-il passé ?

— Je vous attendais plus tôt, lui répondit sèchement Maigret.

Comme sans comprendre ce que cette phrase impliquait, le député s'excusa :

— J'ai crevé un pneu sur la route.

— Qu'est-ce qui vous a décidé à venir ?

— Quand vous m'avez parlé au téléphone de la bague, tout à l'heure.

— Je sais. Vous l'avez reconnue à sa description.

— J'ai compris que c'était Théo qui avait raison.

— Parce que vous saviez que Théo soupçonnait votre belle-mère d'avoir conservé les bijoux ? Il vous l'avait dit ?

Les deux frères se regardaient froidement.

— Il ne me l'a pas dit, mais je l'ai compris à son attitude quand on a effectué le partage.

— Vous êtes accouru pour avoir votre part ? Vous en avez oublié l'enterrement de votre belle-mère Montet, demain matin ?

— Pourquoi me parlez-vous durement ? Je ne sais rien. Qui vient-on de transporter dans le fourgon ?

— Dites-moi d'abord ce que vous êtes venu faire ?

— Je ne sais pas. Quand vous m'avez parlé de la bague, j'ai compris qu'il y aurait du vilain, que Théo tenterait quelque chose et que Valentine ne se laisserait pas faire.

— Eh bien ! il s'est passé quelque chose, en effet, mais votre aîné a eu soin d'envoyer quelqu'un se faire tuer à sa place.

— Qui ?

— Henri Trochu.

— Les parents savent ?

— Pas encore, et je me demande si je ne vais pas vous charger d'aller leur annoncer la nouvelle. Après tout, vous êtes leur député.

— Je ne le serai probablement plus après ce scandale. Et la Rose ? Qui est-ce... ?

— Vous ne l'avez pas deviné ?

— Quand vous m'avez parlé de la pierre, j'ai pensé...

— A votre belle-mère ! C'est elle. Vous expliquerez tout cela à vos électeurs.

— Mais je n'ai rien fait, moi !

Il y avait longtemps que Castaing, qui ne prenait plus de notes, regardait Maigret avec stupeur, tout en tendant l'oreille aux bruits du premier étage.

— Vous êtes prête ? cria le commissaire dans l'escalier.

Et, comme elle ne répondait pas tout de suite, il lut la crainte sur le visage de l'inspecteur.

— N'aie pas peur ! Ces femmes-là, ça ne se tue pas. Elle se défendra jusqu'au bout, avec bec et ongles, et trouvera le moyen de s'offrir les meilleurs avocats. Et elle sait qu'on ne coupe plus les têtes des vieilles femmes.

Valentine descendait, en effet, aussi petite marquise que quand il l'avait vue pour la première fois, avec ses cheveux immaculés, ses grands yeux clairs, sa robe noire sans un faux pli et un gros diamant à son corsage : une des « répliques », évidemment.

— Vous me passez les menottes ?

— Je commence à croire que vous en seriez enchantée, parce que ça ferait plus théâtral et que cela vous donnerait l'air d'une victime. Emmène-la, toi.

— Vous ne nous accompagnez pas au Havre ?

— Non.

— Vous rentrez à Paris ?

— Demain matin, quand je serai allé chercher les bijoux.

— Vous enverrez le rapport ?

— Tu le rédigeras toi-même. Tu en connais autant que moi.

Castaing ne savait plus trop bien où il en était.

— Et celui-là ?

Il désignait Théo, qui venait d'allumer une cigarette et qui évitait de s'approcher de son frère.

— Il n'a commis aucun crime qui tombe sous le coup de la loi. Il est trop lâche. Tu le retrouveras toujours quand tu en auras besoin.

— Je peux quitter Etretat ? fit Théo avec soulagement.

— Quand vous voudrez.

— Pouvez-vous me faire accompagner jusqu'à l'hôtel, afin que j'y prenne ma voiture et mes affaires ?

Comme Valentine, il avait une peur bleue des Trochu. Maigret désigna un des inspecteurs du Havre.

— Va avec monsieur. Je t'autorise, en guise d'adieu, à lui botter le derrière.

Au moment de quitter *La Bicoque*, Valentine se retourna vers Maigret et lui lança, la lèvre retroussée :

— Vous vous croyez malin, mais vous n'avez pas encore le dernier mot.

Quand il regarda sa montre, il était trois heures et demie du matin, et la sirène de brume hurlait toujours dans la nuit. Il n'avait plus avec lui qu'un inspecteur du Havre, qui achevait de mettre les scellés sur les portes, et Charles Besson, qui ne savait que faire de son grand corps.

— Je me demande pourquoi vous avez été si méchant avec moi, tout à l'heure, alors que je n'ai rien fait ?

C'était vrai, et Maigret eut presque un remords.

— Je vous jure que je ne me suis jamais imaginé que Valentine...

— Vous voulez m'accompagner ?

— Où ça ?

— A Yport.

— Vous y tenez vraiment ?

— Cela m'évitera d'aller chercher un taxi, ce qui ne doit pas être facile à cette heure-ci.

Il le regretta un peu, car Charles, nerveux, donnait des coups de volant alarmants. Il arrêta l'auto aussi loin que possible de la petite maison, qui n'était qu'une tache dans le brouillard.

— Il faut que je vous attende ?

— S'il vous plaît.

Besson, à l'abri dans l'obscurité de l'auto, entendit les coups frappés à la porte, la voix du commissaire qui disait :

— C'est moi, Maigret.

Charles vit une lampe s'allumer, la porte s'ouvrir et il coupa du bout des dents la pointe d'un cigare.

Une demi-heure s'écoula, pendant laquelle il fut plus d'une fois tenté de partir. Puis la porte s'ouvrit à nouveau. Trois personnages se dirigèrent lentement vers la voiture. Maigret ouvrit la portière, parla d'une voix basse, feutrée :

— Vous me laisserez tomber à Etretat en passant, et vous les conduirez au Havre.

De temps en temps, la mère, qui portait ses voiles du jour de l'enterrement, étouffait un sanglot dans son mouchoir.

Quant au père, il ne prononça pas un mot. Maigret ne dit rien non plus.

Lorsqu'il descendit de l'auto, à Etretat, devant son hôtel, il se retourna vers l'intérieur, ouvrit la bouche, ne trouva pas de paroles et tira lentement son chapeau.

Il ne se déshabilla pas, ne se coucha pas. A sept heures du matin, il se faisait conduire en taxi chez la vieille demoiselle Seuret, et le même taxi le déposa à la gare, à temps, pour le train de huit heures. Outre ses valises, il avait à la main un petit sac en maroquin, recouvert d'une housse du même bleu candide que les yeux de Valentine.

Carmel by the Sea (Californie), le 8 décembre 1949.

1

La petite dame du square d'Anvers

La poule était au feu, avec une belle carotte rouge, un gros oignon et un bouquet de persil dont les queues dépassaient. Mme Maigret se pencha pour s'assurer que le gaz, au plus bas, ne risquait pas de s'éteindre. Puis elle ferma les fenêtres, sauf celle de la chambre à coucher, se demanda si elle n'avait rien oublié, jeta un coup d'œil vers la glace et, satisfaite, sortit de l'appartement, ferma la porte à clef et mit la clef dans son sac.

Il était un peu plus de dix heures du matin, d'un matin de mars. L'air était vif, avec, sur Paris, un soleil pétillant. En marchant jusqu'à la place de la République, elle aurait pu avoir un autobus qui l'aurait conduite boulevard Barbès et elle serait arrivée place d'Anvers bien à temps pour son rendez-vous de onze heures.

A cause de la petite dame, elle descendit l'escalier du métro « Richard-Lenoir », à deux pas de chez elle, et fit tout le trajet sous terre, regardant vaguement, à chaque station, sur les murs crémeux, les affiches familières.

Maigret s'était moqué d'elle, mais pas trop, car, depuis trois semaines, il avait de graves préoccupations.

— Tu es sûre qu'il n'y a pas de bon dentiste plus près de chez nous ?

Mme Maigret n'avait jamais eu à se faire soigner les dents. Mme Roblin, la locataire du quatrième — la dame au chien —, lui avait tant et tant parlé du docteur Floresco qu'elle s'était décidée à aller le voir.

— Il a des doigts de pianiste. Vous ne sentirez même pas qu'il travaille dans votre bouche. Et, si vous venez de ma part, il vous prendra moitié moins cher qu'un autre.

C'était un Roumain, qui avait son cabinet au troisième étage d'un immeuble situé au coin de la rue Turgot et de l'avenue Trudaine, juste en face du square d'Anvers. Mme Maigret y allait-elle pour la septième ou huitième fois ? Elle avait toujours son rendez-vous à onze heures. C'était devenu une routine.

Le premier jour, elle était arrivée un bon quart d'heure en avance, à cause de sa peur maladive de faire attendre, et elle s'était morfondue dans une pièce surchauffée par un poêle à gaz. A la seconde visite, elle avait encore attendu. Les deux fois, elle n'avait été introduite dans le cabinet qu'à onze heures et quart.

Au troisième rendez-vous, parce qu'il y avait un gai soleil et que le square, en face, était bruissant d'oiseaux, elle avait décidé de s'asseoir sur un banc en attendant son heure. C'est ainsi qu'elle avait fait la connaissance de la dame au petit garçon.

Maintenant, c'était si bien entré dans ses habitudes qu'elle le faisait exprès de partir tôt et de prendre le métro pour gagner du temps.

C'était agréable de voir du gazon, des bourgeons à demi éclatés déjà aux branches des quelques arbres qui se découpaient sur le mur du lycée. Du banc, en plein soleil, on suivait des yeux le mouvement du boulevard Rochechouart, les autobus vert et blanc qui avaient l'air de grosses bêtes et les taxis qui se faufilaient.

La dame était là, en tailleur bleu, comme les autres matins, avec son petit chapeau blanc qui lui seyait si bien et qui était si printanier. Elle recula pour faire plus de place à Mme Maigret qui avait apporté une barre de chocolat et la tendit à l'enfant.

— Dis merci, Charles.

Il avait deux ans, et ce qui frappait le plus c'étaient ses grands yeux noirs, aux cils immenses qui lui donnaient un regard de fille. Au début, Mme Maigret s'était demandé s'il parlait, si les syllabes qu'il prononçait appartenaient à un langage. Puis elle avait compris, sans oser s'informer de leur nationalité, que la dame et lui étaient étrangers.

— Pour moi, mars reste le plus beau mois de Paris, en dépit des giboulées, disait Mme Maigret. Certains préfèrent mai ou juin, mais mars a tellement plus de fraîcheur.

Elle se retournait parfois pour surveiller les fenêtres du dentiste car, d'où elle était, elle apercevait la tête du client qui passait d'habitude avant elle. C'était un homme d'une cinquantaine d'années, assez grognon, à qui on avait entrepris d'enlever toutes les dents. Elle avait fait sa connaissance aussi. Il était originaire de Dunkerque, vivait chez sa fille, mariée dans le quartier, mais n'aimait pas son gendre.

Le gamin, ce matin, muni d'un petit seau rouge et d'une pelle, jouait avec le gravier. Il était toujours très propre, très bien tenu.

— Je crois que je n'en ai plus que pour deux visites, soupira Mme Maigret. D'après ce que le docteur Floresco m'a dit, il commencera aujourd'hui la dernière dent.

La dame souriait en l'écoutant. Elle parlait un français excellent, avec une pointe d'accent qui y ajoutait du charme. A onze heures moins six ou sept minutes, elle souriait encore à l'enfant tout surpris de s'être envoyé de la poussière dans la figure, puis soudain elle eut l'air de regarder quelque chose dans l'avenue Trudaine, parut hésiter, se leva, en disant vivement :

— Vous voulez bien le garder une minute ? Je reviens tout de suite.

Sur le moment, Mme Maigret n'avait pas été trop surprise. Simplement, en pensant à son rendez-vous, elle avait souhaité que la maman revienne à temps et, par délicatesse, elle ne s'était pas retournée pour voir où elle allait.

Le garçonnet ne s'était aperçu de rien. Accroupi, il jouait toujours à remplir de cailloux son seau rouge qu'il renversait ensuite, pour recommencer sans se lasser.

Mme Maigret n'avait pas de montre sur elle. Sa montre ne marchait plus depuis des années et elle ne pensait jamais à la porter à l'horloger. Un vieillard vint s'asseoir sur le banc ; il devait être du quartier, car elle l'avait déjà aperçu.

— Auriez-vous l'obligeance de me dire l'heure, monsieur ?

Il ne devait pas avoir de montre non plus, car il se contenta de répondre :

— Environ onze heures.

On ne voyait plus la tête à la fenêtre du dentiste. Mme Maigret commençait à s'inquiéter. Elle avait honte de faire attendre le docteur Floresco, qui était si gentil, si doux, et dont la patience ne se démentait jamais.

Elle fit des yeux le tour du square sans apercevoir la jeune dame au chapeau blanc. Est-ce que tout à coup, celle-ci s'était sentie mal ? Ou avait-elle aperçu quelqu'un à qui elle avait besoin de parler ?

Un sergent de ville traversait le square et Mme Maigret se leva pour lui demander l'heure. Il était bien onze heures.

La dame ne revenait pas et les minutes passaient. L'enfant avait levé les yeux vers le banc, avait vu que sa mère n'était plus là, mais n'avait pas paru s'en inquiéter.

Si seulement Mme Maigret pouvait avertir le dentiste ! Il y avait juste la rue à traverser, trois étages à monter. Elle faillit demander à son tour au vieux monsieur de garder le gamin, le temps d'aller prévenir le docteur Floresco, n'osa pas, resta debout à regarder tout autour d'elle avec une impatience grandissante.

La seconde fois qu'elle demanda l'heure à un passant, il était onze heures vingt. Le vieux monsieur était parti. Il n'y avait plus qu'elle sur le banc. Elle avait vu le patient qui la précédait sortir de l'immeuble du coin et se diriger vers la rue Rochechouart.

Que devait-elle faire ? Était-il arrivé quelque chose à la petite dame ? Si elle avait été renversée par une auto, on aurait vu un attroupement, des gens courir. Peut-être, maintenant, l'enfant allait-il commencer à s'affoler ?

C'était une situation ridicule. Maigret se moquerait encore d'elle. Tout à l'heure, elle téléphonerait au dentiste pour s'excuser. Oserait-elle lui raconter ce qui s'était passé ?

Elle avait chaud soudain, parce que sa nervosité lui mettait le sang à la peau.

— Comment t'appelle-t-on ? demanda-t-elle à l'enfant.

Mais il se contenta de la regarder de ses yeux sombres sans répondre.

— Tu sais où tu habites ?

Il ne l'écoutait pas. L'idée était déjà venue à Mme Maigret qu'il ne comprenait pas le français.

— Pardon, monsieur. Pourriez-vous me dire l'heure, s'il vous plaît ?

— Midi moins vingt-deux, madame.

La maman ne revenait pas. A midi, quand des sirènes hurlèrent dans le quartier et que des maçons envahirent un bar voisin, elle n'était toujours pas là.

Le docteur Floresco sortit de l'immeuble et se mit au volant d'une petite auto noire sans qu'elle osât quitter le gamin pour aller s'excuser.

Ce qui la tracassait à présent, c'était sa poule qui était au feu. Maigret lui avait annoncé qu'il ne rentrerait plus que probablement déjeuner vers une heure.

Ferait-elle mieux d'avertir la police ? Pour cela encore il fallait s'éloigner du square. Si elle emmenait l'enfant et que la mère revînt entre-temps, celle-ci serait folle d'inquiétude. Dieu sait où elle courrait à son tour et où elles finiraient par se retrouver ! Elle ne pouvait pas non plus laisser un bambin de deux ans seul au milieu du square, à deux pas des autobus et des autos qui passaient sans répit.

— Pardon, monsieur, voudriez-vous me dire l'heure qu'il est ?

— Midi et demi.

La poule commençait certainement à brûler ; Maigret allait rentrer. Ce serait la première fois, en tant d'années de mariage, qu'il ne la trouverait pas à la maison.

Lui téléphoner était impossible aussi, car il faudrait s'éloigner du square, pénétrer dans un bar. Si seulement elle revoyait l'agent de police de tout à l'heure, ou un autre agent, elle dirait qui elle était, lui demanderait de bien vouloir téléphoner à son mari. Comme par un fait exprès, il n'y en avait plus un seul en vue. Elle regardait dans tous les sens, s'asseyait, se relevait, croyait toujours apercevoir le chapeau blanc, mais ce n'était jamais celui qu'elle attendait.

Elle compta plus de vingt chapeaux blancs en une demi-heure, et quatre d'entre eux étaient portés par des jeunes femmes en tailleur bleu.

A onze heures, tandis que Mme Maigret commençait à s'inquiéter, retenue au milieu du square par la garde d'un enfant dont elle ne savait même pas le nom, Maigret mettait son chapeau sur sa tête, sortait de son bureau, adressait quelques mots à Lucas, et se dirigeait, grognon, vers la petite porte qui fait communiquer les locaux de la P.J. avec le Palais de Justice.

C'était devenu une routine, à peu près depuis le même temps que Mme Maigret allait voir son dentiste dans le 9e arrondissement. Le commissaire atteignait le couloir des juges d'instruction où il y avait toujours d'étranges personnages à attendre sur les bancs, certains entre deux gendarmes, et frappait à la porte sur laquelle était inscrit le nom du juge Dossin.

— Entrez.

Par la taille, M. Dossin était le plus grand magistrat de Paris et il paraissait toujours gêné d'être si long, s'excuser d'avoir une silhouette aristocratique de lévrier russe.

— Asseyez-vous, Maigret. Fumez votre pipe. Vous avez lu l'article de ce matin ?

— Je n'ai pas encore vu les journaux.

Le juge en poussait un devant lui, avec un gros titre, en première page, qui disait :

L'AFFAIRE STEUVELS

Me Philippe Liotard s'adresse
à la Ligue des Droits de l'Homme.

— J'ai eu un long entretien avec le procureur, dit Dossin. Il est du même avis que moi. Nous ne pouvons pas remettre le relieur en liberté. C'est

Liotard lui-même qui, si nous en avions envie, nous en empêcherait par sa virulence.

Quelques semaines plus tôt, ce nom était à peu près inconnu au Palais. Philippe Liotard, qui avait à peine dépassé la trentaine, n'avait jamais plaidé de cause importante. Après avoir été pendant cinq ans un des secrétaires d'un avocat fameux, il commençait seulement à voler de ses propres ailes et habitait encore une garçonnière dénuée de prestige, rue Bergère, à côté d'une maison de passe.

Depuis que l'affaire Steuvels avait éclaté, les journaux parlaient de lui chaque jour, il donnait des interviews retentissantes, envoyait des communiqués, passait même, la mèche en bataille et le sourire sarcastique, sur les écrans dans les actualités.

— Chez vous, rien de nouveau ?

— Rien qui vaille d'être signalé, monsieur le juge.

— Vous espérez retrouver l'homme qui a déposé le télégramme ?

— Torrence est à Concarneau. C'est un débrouillard.

Depuis trois semaines qu'elle passionnait l'opinion, l'affaire Steuvels avait déjà eu un certain nombre de sous-titres, comme un roman-feuilleton.

Cela avait commencé par :

La cave de la rue de Turenne.

Par hasard, cela se passait dans un quartier que Maigret connaissait bien, qu'il rêvait même d'habiter, à moins de cinquante mètres de la place des Vosges.

En quittant l'étroite rue des Francs-Bourgeois, au coin de la place, et en remontant la rue de Turenne vers la République, on trouve d'abord, à main gauche, un bistrot peint en jaune, puis une crémerie, la crémerie Salmon. Tout à côté, c'est un atelier vitré, bas de plafond, à la devanture poussiéreuse, sur laquelle on lit en lettres ternies : *Reliure d'Art*. Dans la boutique suivante, Mme Veuve Rancé tient commerce de parapluies.

Entre l'atelier et la vitrine de parapluies, il y a une porte cochère, une voûte, avec la loge de la concierge, et, au fond de la cour, un ancien hôtel particulier, grouillant maintenant de bureaux et de logements.

Un cadavre dans le calorifère ?

Ce que le public ignorait, ce qu'on avait eu soin de ne pas dire à la presse, c'est que l'affaire avait éclaté par le plus grand des hasards. Un matin, on avait trouvé dans la boîte aux lettres de la P.J., quai des Orfèvres, un méchant morceau de papier d'emballage sur lequel il était écrit :

Le relieur de la rue de Turenne a fait brûler un cadavre dans son calorifère.

Ce n'était pas signé, bien entendu. Le papier avait abouti au bureau de Maigret qui, sceptique, n'avait pas dérangé un de ses anciens inspecteurs, mais avait envoyé le petit Lapointe, un jeune qui brûlait de se distinguer.

Lapointe avait découvert qu'il y avait bien un relieur rue de Turenne, un Flamand installé en France depuis plus de vingt-cinq ans, Frans Steuvels.

Se donnant pour un employé des services d'hygiène, l'inspecteur avait visité ses locaux et était revenu avec un plan minutieux.

— Steuvels travaille pour ainsi dire dans la vitrine, monsieur le commissaire. L'atelier, en profondeur, plus obscur à mesure qu'on s'éloigne de la rue, est coupé par une cloison en bois derrière laquelle les Steuvels ont aménagé leur chambre à coucher.

» Un escalier conduit au sous-sol, où il y a une cuisine, puis une petite pièce qu'il faut éclairer toute la journée et qui sert de salle à manger, et enfin une cave.

— Avec un calorifère ?

— Oui. Un vieux modèle, qui ne paraît pas être en fort bon état.

— Il fonctionne ?

— Il n'était pas allumé ce matin.

C'était Lucas qui, vers cinq heures de l'après-midi, était allé rue de Turenne pour une perquisition officielle. Heureusement qu'il avait pris la précaution d'emporter un mandat, car le relieur s'était réclamé de l'inviolabilité du domicile.

Le brigadier Lucas avait failli repartir bredouille et on lui en voulait presque, maintenant que l'affaire était devenue le cauchemar de la Police Judiciaire, d'avoir partiellement réussi.

Tout au fond du calorifère, en tamisant les cendres, il avait déniché deux dents, deux dents humaines, qu'il avait portées aussitôt au laboratoire.

— Quel genre d'homme, ce relieur ? avait questionné Maigret qui, à ce moment-là, ne s'occupait de l'affaire que de très loin.

— Il doit avoir environ quarante-cinq ans. Il est roux, la peau marquée de petite vérole, avec des yeux bleus et un air très doux. Sa femme, bien que plus jeune que lui, le couve des yeux comme un enfant.

On savait, maintenant, que Fernande, devenue célèbre à son tour, était arrivée à Paris comme bonne à tout faire et qu'ensuite elle avait traîné la semelle pendant plusieurs années le long du boulevard de Sébastopol.

Elle avait trente-six ans, vivait avec Steuvels depuis dix ans et il y avait trois ans, sans raison apparente, ils s'étaient mariés à la mairie du 3e arrondissement.

Le laboratoire avait envoyé son rapport. Les dents étaient celles d'un homme d'une trentaine d'années, probablement assez corpulent, qui devait être encore en vie quelques jours plus tôt.

Steuvels avait été amené dans le bureau de Maigret, gentiment, et la « chansonnette » avait commencé. Il était assis dans le fauteuil couvert de velours vert, face à la fenêtre qui donnait sur la Seine, et, ce soir-là, il pleuvait à torrents. Pendant les dix ou douze heures qu'avait duré l'interrogatoire, on avait entendu la pluie battre les vitres et le glouglou de l'eau dans la gouttière. Le relieur portait des lunettes à verres épais, à monture d'acier. Ses cheveux drus, assez longs, étaient en broussailles et sa cravate était de travers.

C'était un homme cultivé, qui avait beaucoup lu. Il se montrait calme, réfléchi, sa peau fine et colorée de roux s'enflammait facilement.

— Comment expliquez-vous que des dents humaines se soient trouvées dans votre calorifère ?

— Je ne l'explique pas.

— Vous n'avez pas perdu de dents ces derniers temps ? Votre femme non plus ?

— Ni l'un ni l'autre. Les miennes sont fausses.

Il avait retiré son râtelier de sa bouche, puis l'avait remis en place d'un geste familier.

— Pouvez-vous me donner votre emploi du temps pendant les soirées des 16, 17 et 18 février ?

L'interrogatoire avait lieu le soir du 21, après les visites de Lapointe et de Lucas rue de Turenne.

— Y a-t-il un vendredi parmi ces jours-là ?

— Le 16.

— Dans ce cas, je suis allé au cinéma Saint-Paul, rue Saint-Antoine, comme tous les vendredis.

— Avec votre femme ?

— Oui.

— Et les deux autres jours ?

— C'est samedi midi que Fernande est partie.

— Où est-elle allée ?

— A Concarneau.

— Le voyage était décidé depuis longtemps ?

— Sa mère, qui est impotente, vit avec sa fille et son gendre à Concarneau. Samedi matin nous avons reçu un télégramme de la sœur, Louise, annonçant que leur mère était gravement malade, et Fernande a pris le premier train.

— Sans téléphoner ?

— Ils n'ont pas le téléphone.

— La mère était très mal ?

— Elle n'était pas malade du tout. Le télégramme ne venait pas de Louise.

— Alors de qui ?

— Nous l'ignorons.

— Vous avez déjà été victime de mystifications de ce genre ?

— Jamais.

— Quand votre femme est-elle revenue ?

— Le mardi. Elle a profité de ce qu'elle était là-bas pour rester deux jours avec les siens.

— Qu'avez-vous fait pendant ce temps-là ?

— J'ai travaillé.

— Un locataire prétend qu'une fumée épaisse s'est échappée de votre cheminée pendant toute la journée du dimanche.

— C'est possible. Il faisait froid.

C'était exact. La journée du dimanche et celle du lundi avaient été très froides et on avait signalé des gelées sévères dans la banlieue.

— Quel vêtement portiez-vous samedi soir ?

— Celui que je porte aujourd'hui.

— Personne ne vous a rendu visite après la fermeture ?

— Personne, sauf un client qui est venu chercher un livre. Vous voulez son nom et son adresse ?

C'était un homme connu, membre des « Cent Bibliophiles ». Grâce à Liotard, on allait entendre parler de ceux-ci qui presque tous étaient des personnages importants.

— Votre concierge, Mme Salazar, a entendu frapper à votre porte, ce soir-là, vers neuf heures. Plusieurs personnes s'entretenaient avec animation.

— Des gens qui parlaient sur le trottoir peut-être, mais pas chez moi. Il est fort possible, s'ils étaient animés, comme le prétend Mme Salazar, qu'ils aient heurté la devanture.

— Combien de costumes possédez-vous ?

— De même que je n'ai qu'un corps et une tête, je ne possède qu'un complet et un chapeau, en dehors du vieux pantalon et du chandail que je porte pour travailler.

On lui avait montré alors un costume bleu marine trouvé dans l'armoire de sa chambre.

— Et ceci ?

— Cela ne m'appartient pas.

— Comment se fait-il que ce complet se soit trouvé chez vous ?

— Je ne l'ai jamais vu. N'importe qui a pu l'y placer en mon absence. Voilà déjà six heures que je suis ici.

— Voulez-vous passer le veston, s'il vous plaît ?

Il était à sa taille.

— Remarquez-vous ces taches, qui ressemblent à des taches de rouille ? C'est du sang, du sang humain, selon les experts. On a tenté en vain de les effacer.

— Je ne connais pas ce vêtement.

— Mme Rancé, la marchande de parapluies, prétend vous avoir vu souvent en bleu, en particulier quand, le vendredi, vous allez au cinéma.

— J'ai eu un autre complet, qui était bleu, mais je m'en suis débarrassé il y a plus de deux mois.

Maigret, après ce premier interrogatoire, était maussade. Il avait eu un long entretien avec le juge Dossin, après quoi tous deux s'étaient rendus chez le procureur.

C'est celui-ci qui avait pris la responsabilité de l'arrestation.

— Les experts sont d'accord, n'est-ce pas ? Le reste, Maigret, c'est votre affaire. Allez-y. On ne peut pas remettre ce gaillard-là en liberté.

Dès le lendemain, Me Liotard était sorti de l'ombre, et, depuis, Maigret l'avait à ses trousses comme un roquet hargneux.

Parmi les sous-titres des journaux, il y en avait un qui avait obtenu son petit succès :

La valise fantôme.

Le jeune Lapointe, en effet, affirmait que, lorsqu'il avait visité les lieux sous les apparences d'un employé des services sanitaires, il avait vu une valise d'un brun rougeâtre sous une table de l'atelier.

— C'était une valise ordinaire, bon marché, que j'ai heurtée par mégarde. J'ai été surpris de me faire si mal et j'ai compris quand j'ai voulu la déplacer, car elle était anormalement lourde.

Or, à cinq heures de l'après-midi, lors de la perquisition de Lucas, la valise n'était plus là. Plus exactement, il y avait encore une valise, brune aussi, bon marché aussi, mais que Lapointe affirmait n'être plus la même.

— C'est la valise avec laquelle je suis allée à Concarneau, avait dit Fernande. Nous n'en avons jamais possédé d'autre. Nous ne voyageons pour ainsi dire pas.

Lapointe s'obstinait, jurait que ce n'était pas la même valise, que la première était plus claire, avec une poignée réparée à l'aide d'une ficelle.

— Si j'avais eu une valise à réparer, rétorquait Steuvels, je ne me serais pas servi de ficelle. N'oubliez pas que je suis relieur et que c'est mon métier de travailler le cuir.

Alors Philippe Liotard était allé solliciter des attestations de bibliophiles, et on avait appris que Steuvels était un des meilleurs relieurs de Paris, le meilleur peut-être, à qui les collectionneurs confiaient leurs travaux délicats, en particulier la remise en état de reliures anciennes.

Tout le monde s'accordait à dire que c'était un homme calme qui passait à peu près toute sa vie dans son atelier, et c'est en vain que la police fouillait son passé pour y trouver quoi que ce fût d'équivoque.

Il y avait bien l'histoire de Fernande. Il l'avait connue alors qu'elle faisait le trottoir et c'était lui qui l'en avait tirée. Mais, sur Fernande non plus, depuis cette époque déjà lointaine, il n'y avait absolument rien à dire.

Torrence était à Concarneau depuis quatre jours. Au bureau de poste, on avait trouvé l'original du télégramme, écrit à la main en caractères d'imprimerie. La postière croyait se souvenir que c'était une femme qui l'avait déposé au guichet, et Torrence cherchait toujours, dressant une liste des voyageurs venus récemment de Paris, questionnant deux cents personnes par jour.

— *Nous en avons assez de la soi-disant infaillibilité du commissaire Maigret !* avait déclaré Me Liotard à un journaliste.

Et il parlait d'une histoire d'élections partielles dans le 3e arrondissement qui aurait fort bien pu décider certaines personnes à déclencher un scandale dans le quartier pour des fins politiques.

Le juge Dossin en prenait pour son grade, lui aussi, et ces attaques, pas toujours délicates, le faisaient rougir.

— Vous n'avez pas le moindre indice nouveau ?

— Je cherche. Nous sommes dix, parfois davantage à chercher, et il y a des gens que nous interrogeons pour la vingtième fois. Lucas espère retrouver le tailleur qui a confectionné le complet bleu.

Comme toujours, quand une affaire passionne l'opinion, ils recevaient journellement des centaines de lettres qui, presque toutes, les lançaient sur de fausses pistes, leur faisant perdre un temps considérable. Tout n'en était pas moins scrupuleusement vérifié et on écoutait même les fous qui prétendaient savoir quelque chose.

A une heure moins dix, Maigret descendit de l'autobus au coin du boulevard Voltaire et, jetant comme d'habitude un coup d'œil à ses fenêtres, fut un peu surpris de voir que celle de la salle à manger, malgré le clair soleil qui la frappait en plein, était fermée.

Il monta lourdement l'escalier et tourna le bouton de la porte, qui ne s'ouvrit pas. Il arrivait à Mme Maigret, quand elle s'habillait ou se déshabillait, de donner un tour de clef. Il ouvrit avec la sienne, se trouva dans un nuage de fumée bleue et se précipita dans la cuisine, pour fermer le gaz. Dans la casserole, la poule, la carotte, l'oignon n'étaient plus qu'une croûte noirâtre.

Il ouvrit toutes les fenêtres et, quand Mme Maigret, essoufflée, poussa la porte, une demi-heure plus tard, elle le trouva installé devant un quignon de pain et un morceau de fromage.

— Quelle heure est-il ?

— Une heure et demie, dit-il calmement.

Il ne l'avait jamais vue dans un pareil état, le chapeau de travers, la lèvre agitée d'un tremblement.

— Surtout, ne ris pas.

— Je ne ris pas.

— Ne me gronde pas non plus. Je ne pouvais pas faire autrement et j'aurais bien voulu te voir à ma place. Quand je pense que tu es en train de manger un morceau de fromage pour déjeuner !

— Le dentiste ?

— Je n'ai pas vu le dentiste. Je suis, depuis onze heures moins le quart, au milieu du square d'Anvers sans pouvoir en bouger.

— Tu t'es sentie mal ?

— Est-ce que je me suis jamais sentie mal de ma vie ? Non. C'est à cause du petit. Et, à la fin quand il s'est mis à pleurer et à trépigner, je regardais les gens comme une voleuse.

— Quel petit ? Un petit quoi ?

— Je t'ai parlé de la dame en bleu et de son enfant, mais tu ne m'écoutes jamais. Celle dont j'ai fait la connaissance sur le banc en attendant mon tour chez le dentiste. Ce matin elle s'est levée précipitamment et s'est éloignée en me demandant de garder l'enfant un instant.

— Et elle n'est pas revenue ? Qu'as-tu fait du garçon ?

— Elle a fini par revenir, il y a tout juste un quart d'heure. Je suis rentrée en taxi.

— Que t'a-t-elle dit en revenant ?

— Le plus beau, c'est qu'elle ne m'a rien dit. J'étais au milieu du square, plantée comme une girouette, avec le gamin qui criait à ameuter les passants.

» J'ai enfin vu un taxi qui s'arrêtait au coin de l'avenue Trudaine et j'ai reconnu le chapeau blanc. Elle ne s'est même pas donné la peine d'en sortir. Elle a entrouvert la portière, m'a fait signe. Le gamin courait devant moi et j'avais peur qu'il se fasse écraser. Il est arrivé au taxi le premier et la portière se refermait quand j'ai pu m'approcher à mon tour.

» — Demain, m'a-t-elle crié. Je vous expliquerai demain. Pardonnez-moi...

» Elle ne m'a pas dit merci. Déjà le taxi s'éloignait dans la direction du boulevard Rochechouart et il a tourné à gauche vers Pigalle.

Elle se tut, à bout de souffle, retira son chapeau d'un geste si brusque qu'elle en eut les cheveux ébouriffés.

— Tu ris ?

— Mais non.

— Avoue que cela te fait rire. N'empêche qu'elle a abandonné son enfant pendant plus de deux heures entre les mains d'une étrangère. Elle ne sait même pas mon nom.

— Et toi ? Tu connais le sien ?

— Non.

— Tu sais où elle habite ?

— Je ne sais rien du tout, sinon que j'ai raté mon rendez-vous, que ma bonne poule est brûlée et que tu es en train de manger du fromage sur un coin de table comme un... comme un...

Alors, ne trouvant pas le mot, elle se mit à pleurer, en se dirigeant vers la chambre à coucher pour aller se changer.

2

Les soucis du Grand Turenne

Maigret avait une façon à lui de monter les deux étages du Quai des Orfèvres, l'air encore assez indifférent au début, dans le bas de la cage d'escalier, là où la lumière du dehors arrivait presque pure, puis plus préoccupé à mesure qu'il pénétrait dans la grisaille du vieil immeuble, comme si les soucis du bureau l'imprégnaient à mesure qu'il s'en approchait.

Quand il passait devant l'huissier, il était déjà le patron. Ces derniers temps, il avait pris l'habitude avant de pousser sa porte, que ce fût le matin ou l'après-midi, de faire un tour dans le bureau des inspecteurs et, le chapeau sur la tête, le pardessus sur le dos, d'entrer chez le Grand Turenne.

C'était la nouvelle « scie » du Quai, et elle était révélatrice de l'ampleur que l'affaire Steuvels avait prise. Lucas, qui s'était vu confier la charge de centraliser les renseignements, de les confronter et de les tenir à jour, n'avait pas tardé à être débordé, car c'était lui aussi qui prenait les coups de téléphone, dépouillait le courrier concernant l'affaire et recevait les informateurs.

Incapable de travailler dans le bureau des inspecteurs, où le va-et-vient était continuel, il s'était réfugié dans une pièce adjacente sur la porte de laquelle une main facétieuse n'avait pas tardé à écrire : *Le Grand Turenne*.

Dès qu'un inspecteur en avait fini avec une affaire quelconque, dès que quelqu'un rentrait de mission, il y avait un collègue pour lui demander :

— Tu es libre ?

— Oui.

— Va voir le Grand Turenne ! Il embauche !

C'était vrai. Le petit Lucas n'avait jamais assez de personnel pour ses vérifications et il n'y avait probablement plus personne dans le service qui ne fût allé au moins une fois faire un tour rue de Turenne.

Tous connaissaient le carrefour, près de chez le relieur, avec ses trois cafés : d'abord le café-restaurant, au coin de la rue des Francs-Bourgeois, puis *Le Grand Turenne,* en face, et enfin, à trente mètres, au coin de la place des Vosges, le *Tabac des Vosges,* que les reporters avaient adopté comme quartier général.

Car ils étaient aussi sur l'affaire. Les policiers, eux, buvaient le coup au *Grand Turenne,* par les vitres duquel on pouvait voir l'atelier du Flamand. C'était *leur* quartier général, dont le bureau de Lucas était en quelque sorte devenu une succursale.

Le plus étonnant, c'est que le brave Lucas, retenu par son travail de classification, était probablement le seul à n'avoir pas encore mis les pieds sur les lieux, depuis sa visite du premier jour.

De tous, ce n'en était pas moins lui qui connaissait le mieux le coin. Il savait qu'après *Le Grand Turenne* (le café !) il y avait un magasin de vins fins, *Les Caves de Bourgogne,* et il en connaissait les propriétaires, il n'avait qu'une fiche à consulter pour dire ce qu'ils avaient répondu à chaque enquêteur.

Non. Ceux-là n'avaient rien vu. Mais, le samedi soir, ils partaient pour la vallée de Chevreuse, où ils passaient le week-end dans un pavillon qu'ils s'étaient fait construire.

Après *Les Caves de Bourgogne,* c'était l'échoppe d'un cordonnier qui s'appelait M. Bousquet.

Celui-ci parlait trop, au contraire, mais il avait le défaut de ne pas dire la même chose à tout le monde. Cela dépendait du moment de la journée auquel on l'interrogeait, du nombre d'apéritifs et de petits verres qu'il était allé boire à un des trois coins, indifféremment.

Puis c'était la papeterie Frère, un commerce de demi-gros, et, dans la cour, derrière, il y avait une cartonnerie.

Au-dessus de l'atelier de Frans Steuvels, au premier étage de l'ancien hôtel particulier, on fabriquait des bijoux en série. C'était la maison « Sass et Lapinsky », qui employait une vingtaine d'ouvrières et quatre ou cinq ouvriers mâles, ces derniers titulaires de noms impossibles.

Tout le monde avait été questionné, certains quatre ou cinq fois, par des inspecteurs différents, sans parler des multiples enquêtes des journalistes. Deux tables en bois blanc, dans le bureau de Lucas, étaient couvertes de papiers, de plans, d'aide-mémoire dans le fatras desquels il était seul à se retrouver.

Et, inlassablement, Lucas remettait ses notes à jour. Cet après-midi encore, Maigret venait se camper sans rien dire derrière son dos, en tirant doucement sur sa pipe.

Une page intitulée « Motifs » était noircie de notations qu'on avait biffées les unes après les autres.

On avait cherché du côté de la politique. Non pas dans le sens indiqué par Me Liotard, car cela ne tenait pas debout. Mais Steuvels, qui vivait en solitaire, aurait pu appartenir à quelque organisation subversive.

Cela n'avait rien donné. Plus on fouillait sa vie et plus on constatait qu'elle était sans histoire. Les livres de sa bibliothèque, examinés un à un, étaient des livres choisis parmi les meilleurs auteurs du monde entier, par un homme intelligent, particulièrement cultivé. Non seulement il les lisait et les relisait, mais il annotait en marge.

La jalousie ? Fernande ne sortait jamais sans lui, sinon pour faire son marché dans le quartier et, de sa place, il pouvait presque la suivre des yeux dans les boutiques où elle se fournissait.

On s'était demandé s'il n'y avait pas un rapport entre le meurtre supposé et la proximité des établissements « Sass et Lapinsky ». Rien n'avait été volé chez les fabricants de bijoux. Ni les patrons ni les ouvriers ne connaissaient le relieur, sinon pour l'avoir aperçu derrière sa vitre.

Rien non plus du côté de la Belgique. Steuvels l'avait quittée à l'âge de dix-huit ans et n'y était jamais retourné. Il ne s'occupait pas de politique et il n'y avait aucune apparence qu'il appartînt à un mouvement extrémiste flamand.

On avait tout envisagé. Lucas acceptait les suggestions les plus folles, par acquit de conscience, ouvrait la porte du bureau des inspecteurs, en appelait un au petit bonheur.

On savait ce que cela signifiait. Une nouvelle vérification à faire, rue de Turenne ou ailleurs.

— Je tiens peut-être quelque chose, dit-il cette fois à Maigret en piquant un feuillet parmi les dossiers épars. J'avais fait passer une note à tous les chauffeurs de taxi. Il y en a un qui sort d'ici, un Russe naturalisé. Je ferai vérifier.

C'était le mot à la mode. *Vérifier !*

— Je voulais savoir si, le samedi 17 février, aucun taxi n'avait conduit une ou plusieurs personnes chez le relieur après la tombée de la nuit. Le chauffeur, un nommé Georges Peskine, a été hélé par trois clients, ce samedi-là, vers huit heures et quart, aux environs de la gare Saint-Lazare, et ils se sont fait conduire au coin de la rue de Turenne et de la rue des Francs-Bourgeois. Il était donc plus de huit heures et demie quand il les a déposés, ce qui ne colle pas trop mal avec le témoignage de la concierge au sujet des bruits entendus. Le chauffeur ne connaît pas ses clients. Cependant, d'après lui, celui qui paraissait le plus important des trois, et qui lui a parlé, était un Levantin.

— Quelle langue employaient-ils entre eux ?

— Le français. Un autre, un grand blond assez corpulent, d'une trentaine d'années, doué d'un fort accent hongrois, paraissait inquiet, mal à l'aise. Le troisième, un Français entre deux âges, moins bien habillé que ses compagnons, ne semblait pas appartenir au même milieu social.

» En descendant de l'auto, le Levantin a payé, et tous trois ont remonté la rue de Turenne dans la direction de chez le relieur.

Sans cette histoire de taxi, Maigret n'aurait peut-être pas pensé à l'aventure de sa femme.

— Tant que tu es dans les chauffeurs, tu pourrais peut-être te renseigner sur un petit fait qui s'est produit ce matin. Çela n'a rien à voir avec notre affaire, mais cela m'intrigue.

Lucas n'allait pas être aussi convaincu que cela n'avait rien à voir avec son affaire, car il était prêt à y rattacher les événements les plus lointains, les plus fortuits. Dès la première heure, le matin, il se faisait communiquer tous les rapports de la police municipale pour s'assurer qu'ils ne contenaient rien de susceptible d'entrer dans son champ d'activité.

Il abattait, seul dans son bureau, une besogne énorme, que le public, qui lisait les journaux et suivait l'affaire Steuvels comme un feuilleton, était loin de soupçonner.

Maigret racontait en quelques mots l'histoire de la dame au chapeau blanc et du petit garçon.

— Tu pourrais téléphoner aussi à la police du 9e arrondissement. Le fait qu'elle était chaque matin sur le même banc du square d'Anvers laisse supposer qu'elle habite le quartier. Qu'ils vérifient dans les environs, chez les commerçants, dans les hôtels et les meublés.

Vérifications ! En temps normal, on trouvait jusqu'à dix inspecteurs à la fois, fumant, rédigeant des rapports, lisant les journaux ou même jouant aux cartes, dans le bureau voisin. Maintenant, il était rare d'en voir deux en même temps. A peine étaient-ils entrés que le Grand Turenne ouvrait la porte de sa tanière.

— Tu es libre, petit ? Viens un instant.

Et c'en était un de plus qui partait sur une piste.

On avait cherché la valise disparue dans toutes les consignes de gare et chez tous les brocanteurs.

Le petit Lapointe était peut-être inexpérimenté, mais c'était un garçon sérieux, incapable d'inventer une histoire.

Il y avait donc, dans l'atelier de Steuvels, le matin du 21 février, une valise qui ne s'y trouvait plus quand Lucas y était allé à cinq heures.

Or, autant que les voisins s'en souvenaient, Steuvels n'était pas sorti de chez lui ce jour-là et personne n'avait vu Fernande s'éloigner avec une valise ou un colis.

Était-on venu prendre livraison d'ouvrages reliés ? Cela avait été « vérifié » aussi. L'ambassade d'Argentine avait fait chercher un document pour lequel Steuvels avait réussi une reliure somptueuse, mais ce n'était pas volumineux et le porteur l'avait sous le bras en sortant.

Martin, l'homme le plus cultivé de la P.J., avait travaillé près d'une semaine dans l'atelier du relieur, épluchant ses livres, étudiant les travaux réalisés par lui durant les derniers mois, se mettant en rapport téléphonique avec les clients.

— C'est un homme étonnant, avait-il conclu. Il a la clientèle la plus choisie qui soit. Tout le monde a pleine confiance en lui. Il travaille, notamment, pour plusieurs ambassades.

Mais, de ce côté encore, il n'y avait rien de mystérieux. Si les ambassades lui confiaient leurs travaux, c'est qu'il était héraldiste et possédait les fers d'un grand nombre de blasons, ce qui lui permettait de relier livres ou documents aux armes des divers pays.

— Vous n'avez pas l'air content, patron. Vous verrez pourtant qu'il finira par sortir quelque chose de tout cela.

Et le brave Lucas, qui ne se décourageait pas, désignait les centaines de papiers qu'il amassait allégrement.

— On a retrouvé des dents dans le calorifère, n'est-ce pas ? Elles n'y sont pas venues toutes seules. Et quelqu'un a déposé un télégramme à Concarneau pour y attirer la femme de Steuvels. Le complet bleu accroché dans l'armoire avait des taches de sang humain qu'on avait en vain essayé de faire disparaître. Me Liotard aura beau dire et beau faire, moi, je ne sors pas de là.

Mais ces paperasses, dont s'enivrait le brigadier, accablaient le commissaire, qui les regardait d'un œil glauque.

— A quoi pensez-vous, patron ?

— A rien. J'hésite.

— A le faire relâcher ?

— Non. Cela regarde le juge d'instruction.

— Autrement, vous le feriez relâcher ?

— Je ne sais pas. J'hésite à reprendre toute l'affaire depuis le début.

— Comme vous voudrez, répliqua Lucas, un peu vexé.

— Cela ne t'empêche pas de continuer ton travail, au contraire. Si nous tardons trop on ne s'y retrouvera plus. C'est toujours la même chose : une fois que la presse s'en mêle, tout le monde a quelque chose à dire et nous sommes submergés.

— Je n'en ai pas moins retrouvé le chauffeur, comme je vais retrouver celui de Mme Maigret.

Le commissaire bourra une nouvelle pipe, ouvrit la porte. Il n'y avait pas un seul inspecteur à côté. Tous étaient quelque part, à s'occuper du Flamand.

— Vous vous décidez ?

— Je crois que oui.

Il n'entra même pas dans son bureau, quitta le Quai des Orfèvres et héla tout de suite un taxi.

— Au coin de la rue de Turenne et de la rue des Francs-Bourgeois !

Ces mots-là, qu'on entendait du matin au soir, en devenaient écœurants.

Les gens du quartier, eux, n'avaient jamais été à pareille fête. Tous, les uns après les autres, avaient eu leur nom dans les journaux. Commerçants, artisans, il leur suffisait d'aller boire un verre au *Grand Turenne* pour rencontrer des policiers et, s'ils traversaient la rue pour entrer au *Tabac des Vosges,* où le vin blanc était renommé, c'étaient des reporters qui les accueillaient.

Dix fois, vingt fois on leur avait demandé leur opinion sur Steuvels, sur Fernande, des détails sur leurs faits et gestes.

Comme il n'y avait même pas de cadavre, en définitive, mais seulement deux dents, ce n'était pas du tout dramatique et cela ressemblait plutôt à un jeu.

Maigret descendit de voiture en face du *Grand Turenne,* jeta un coup d'œil à l'intérieur, n'y vit personne de la Maison, fit quelques pas et se trouva devant l'atelier du relieur où, depuis trois semaines, le volet était accroché et la porte fermée. Il n'y avait pas de bouton de sonnerie et il frappa, sachant que Fernande devait être chez elle.

C'était le matin qu'elle s'absentait. Chaque jour, en effet, depuis l'arrestation de Frans, elle sortait à dix heures, portant trois petites casseroles qui s'emboîtaient et que maintenait une ferrure finissant par une poignée.

C'était le repas de son mari, qu'elle portait ainsi à la Santé, en métro.

Maigret dut frapper une seconde fois et la vit émerger de l'escalier qui réunissait l'atelier au sous-sol. Elle le reconnut, se retourna pour parler à quelqu'un d'invisible et vint enfin lui ouvrir.

Elle était en pantoufles et portait un tablier à carreaux. A la voir ainsi, un peu engraissée, le visage sans maquillage, personne n'aurait reconnu la femme qui avait jadis fait le trottoir dans les petites rues avoisinant le boulevard de Sébastopol. Elle avait toutes les apparences d'une femme d'intérieur, d'une ménagère méticuleuse et, en temps normal, elle devait être d'humeur gaie.

— C'est moi que vous voulez voir ? questionna-t-elle non sans une pointe de lassitude.

— Il y a quelqu'un chez vous ?

Elle ne répondit pas, et Maigret se dirigea vers l'escalier, en descendit quelques marches, se pencha et fronça les sourcils.

On lui avait déjà signalé dans les environs la présence d'Alfonsi qui prenait volontiers l'apéritif avec les journalistes au *Tabac des Vosges,* évitant de mettre les pieds au *Grand Turenne.*

Il se tenait debout, en familier des lieux, dans la cuisine où quelque chose mijotait sur le feu, et, bien qu'un peu gêné, il eut un sourire ironique à l'adresse du commissaire.

— Qu'est-ce que tu fais ici, toi ?

— Vous le voyez : une visite, comme vous. C'est mon droit, n'est-ce pas ?

Alfonsi avait fait partie de la P.J., mais pas de la brigade de Maigret. Pendant quelques années, il avait appartenu à la police des mœurs, où on avait fini par lui faire comprendre qu'en dépit de ses protections politiques il était indésirable.

De petite taille, il portait des talons très hauts pour se grandir, peut-être un jeu de cartes dans ses souliers, comme certains l'insinuaient, et il était toujours vêtu avec une recherche exagérée, un gros diamant vrai ou faux au doigt.

Il avait ouvert, rue Notre-Dame-de-Lorette, une agence de police privée dont il était à la fois le patron et l'unique employé, assisté seulement d'une vague secrétaire qui était surtout sa maîtresse et avec qui on le rencontrait la nuit dans les cabarets.

Quand on avait signalé à Maigret sa présence rue de Turenne, le commissaire avait d'abord cru que l'ex-inspecteur essayait de pêcher quelques renseignements qu'il vendrait ensuite aux journaux.

Puis il avait découvert que Philippe Liotard l'avait pris à sa solde.

C'était la première fois qu'il le trouvait personnellement sur sa route et il grommela :

— J'attends.

— Qu'est-ce que vous attendez ?

— Que tu t'en ailles.

— C'est dommage, car je n'ai pas fini.

— Comme tu voudras.

Maigret fit mine de se diriger vers la sortie.

— Qu'allez-vous faire ?

— Appeler un de mes hommes et te le mettre sur les talons jour et nuit. C'est mon droit aussi.

— Bon ! Ça va ! Inutile de faire le méchant, monsieur Maigret !

Il s'engagea dans l'escalier, avec des airs de gars du milieu, adressant avant de partir un clin d'œil à Fernande.

— Il vient souvent ? demanda Maigret.

— C'est la seconde fois.

— Je vous conseille de vous méfier.

— Je sais. Je connais ces gens-là.

Etait-ce une allusion discrète à l'époque où elle dépendait des hommes de la police des mœurs ?

— Comment est Steuvels ?

— Bien. Il lit toute la journée. Il a confiance.

— Et vous ?

Y eut-il réellement une hésitation ?

— Moi aussi.

On la sentait cependant un peu lasse.

— Quels livres lui portez-vous en ce moment ?

— Il est en train de relire Marcel Proust de bout en bout.

— Vous l'avez lu aussi ?

— Oui.

Steuvels, en somme, avait fait l'éducation de sa femme jadis ramassée sur le trottoir.

— Vous auriez tort de croire que je viens vous voir en ennemi. Vous connaissez la situation aussi bien que moi. Je veux comprendre. Pour l'instant, je ne comprends rien. Et vous ?

— Je suis sûre que Frans n'a pas commis un crime.

— Vous l'aimez ?

— Ce mot-là ne veut rien dire. Il en faudrait un autre, un mot fait exprès, qui n'existe pas.

Il était remonté dans l'atelier où, sur la longue table faisant face à la fenêtre, étaient rangés les outils du relieur. Les presses se trouvaient derrière, dans la pénombre, et, sur les rayons, des livres attendaient leur tour parmi les travaux commencés.

— Il avait des habitudes régulières, n'est-ce pas ? J'aimerais que vous me donniez, aussi exactement que possible, l'emploi d'une de ses journées.

— On m'a déjà demandé la même chose.

— Qui ?

— Mᵉ Liotard.

— L'idée vous est-elle venue que les intérêts de Mᵉ Liotard ne sont pas nécessairement les vôtres ? Inconnu il y a trois semaines, ce qu'il cherche c'est à obtenir le plus de bruit possible autour·de son nom. Peu lui importe que votre mari soit innocent ou coupable.

— Pardon. S'il prouve son innocence, cela lui fera une réclame immense et sa réputation sera établie.

— Et s'il obtient sa liberté sans avoir prouvé cette innocence d'une façon irréfutable ? Il passera pour un malin. Tout le monde s'adressera à lui. De votre mari, on dira :

» — Il a eu de la chance que Liotard l'en ait tiré !

» Autrement dit, plus Steuvels paraîtra coupable, et plus l'avocat aura de mérite. Comprenez-vous ça ?

— Frans, surtout, le comprend.

— Il vous l'a dit ?

— Oui.

— Il n'aime pas Liotard ? Pourquoi l'a-t-il choisi ?

— Il ne l'a pas choisi. C'est lui qui...

— Un instant. Vous venez de dire une chose importante.

— Je sais.

— Vous l'avez fait exprès ?

— Peut-être. Je suis fatiguée de tout ce bruit autour de nous et je comprends d'où cela vient. Je n'ai pas l'impression de nuire à Frans en disant ce que je dis.

— Quand le brigadier Lucas est venu perquisitionner, le 21 février, vers cinq heures, il n'est pas reparti seul, mais il a emmené votre mari.

— Et vous l'avez interrogé toute la nuit, dit-elle avec reproche.

— C'est mon métier. A ce moment, Steuvels n'avait pas encore d'avocat, puisqu'il ne savait pas qu'il serait poursuivi. Et, depuis, il n'a pas été relâché. Il n'est revenu ici qu'en compagnie d'inspecteurs, et pendant très peu de temps. Or, lorsque je lui ai demandé de choisir un avocat, il a prononcé sans hésiter le nom de Mᵉ Liotard.

— Je vois ce que vous voulez dire.

— L'avocat a donc vu Steuvels ici *avant* le brigadier Lucas ?

— Oui.

— Par conséquent, le 21 dans l'après-midi, entre la visite de Lapointe et celle du brigadier ?

— Oui.

— Vous avez assisté à l'entretien ?

— Non, j'étais en bas à faire le grand ménage, car j'avais été trois jours absente.

— Vous ne savez pas ce qu'ils se sont dit ? Ils ne se connaissaient pas auparavant ?

— Non.

— Ce n'est pas votre mari qui lui a téléphoné pour lui demander de venir ?

— J'en suis à peu près sûre.

Des gamins du quartier venaient coller leur visage à la devanture, et Maigret proposa :

— Vous ne préférez pas que nous descendions ?

Elle lui fit traverser la cuisine et ils entrèrent dans la petite pièce sans fenêtre qui était très coquette, très intime, avec, tout autour, des rayonnages chargés de livres, la table sur laquelle le couple mangeait et, dans un coin, une autre table qui servait de secrétaire.

— Vous me demandiez l'emploi du temps de mon mari. Il se levait chaque jour à six heures, hiver comme été, et, l'hiver, son premier soin était d'aller charger le calorifère.

— Pourquoi n'était-il pas allumé le 21 ?

— Il ne faisait pas assez froid. Après quelques jours de gelée, le temps s'était remis au beau et nous ne sommes frileux ni l'un ni l'autre. Dans la cuisine, j'ai le réchaud à gaz qui chauffe suffisamment et, dans l'atelier, il y en a un autre dont Frans se sert pour sa colle et ses outils.

» Avant de faire sa toilette, il allait chercher des croissants à la boulangerie pendant que je préparais le café, et nous prenions notre petit déjeuner.

» Puis il se lavait et se mettait tout de suite au travail. Je quittais la maison vers neuf heures, le plus gros du ménage fini, pour aller faire le marché.

— Il ne sortait jamais pour des livraisons ?

— Rarement. On lui apportait les travaux, on venait les reprendre. Quand il devait se déranger, je l'accompagnais, car c'étaient à peu près nos seules sorties.

» Nous déjeunions à midi et demi.

— Il se remettait au travail immédiatement ?

— Presque toujours, après un moment passé sur le seuil pour fumer une cigarette, car il ne fumait pas en travaillant.

» Cela durait jusqu'à sept heures, parfois sept heures et demie. Je ne savais jamais à quelle heure on mangerait, car il tenait à finir le travail en cours. Ensuite il mettait les volets, se lavait les mains et, après le dîner, nous lisions, dans cette pièce, jusqu'à dix ou onze heures.

» Sauf le vendredi soir, où nous allions au cinéma Saint-Paul.

— Il ne buvait pas ?

— Un verre d'alcool, chaque soir, après le dîner. Juste un petit verre, qui lui durait bien une heure, car il ne faisait chaque fois qu'y tremper les lèvres.

— Le dimanche ? Vous alliez à la campagne ?

— Jamais. Il avait horreur de la campagne. Nous traînions toute la matinée sans nous habiller. Il bricolait. C'est lui qui a fait ces rayonnages et à peu près tout ce qu'il y a chez nous. L'après-midi, nous allions nous promener à pied dans le quartier des Francs-Bourgeois, dans l'île Saint-Louis, et nous dînions souvent dans un petit restaurant près du Pont-Neuf.

— Il est avare ?

Elle rougit et répondit avec moins de naturel, par une question, comme font les femmes embarrassées :

— Pourquoi me demandez-vous ça ?

— Il y a plus de vingt ans qu'il travaille de la sorte, n'est-ce pas ?

— Il a travaillé toute sa vie. Sa mère était très pauvre. Il a eu une enfance malheureuse.

— Or il passe pour le relieur le plus cher de Paris et il refuse plutôt des commandes qu'il n'en sollicite.

— C'est vrai.

— Avec ce qu'il gagne, vous pourriez avoir une vie confortable, un appartement moderne et même une auto.

— Pour quoi faire ?

— Il prétend qu'il n'a jamais qu'un complet à la fois et votre garde-robe ne paraît pas mieux fournie.

— Je n'ai besoin de rien. Nous mangeons bien.

— Vous ne devez pas dépenser pour vivre le tiers de ce qu'il gagne ?

— Je ne m'occupe pas des questions d'argent.

— La plupart des hommes travaillent dans un but déterminé. Les uns ont envie d'une maison de campagne, d'autres rêvent de prendre leur retraite, d'autres se dévouent pour leurs enfants. Il n'avait pas d'enfants ?

— Je ne peux malheureusement pas en avoir.

— Et avant vous ?

— Non. Il n'avait pour ainsi dire pas connu de femmes. Il se contentait de ce que vous savez, et c'est grâce à ça que je l'ai rencontré.

— Que fait-il de son argent ?

— Je ne sais pas. Sans doute qu'il le place.

On avait en effet retrouvé un compte en banque au nom de Steuvels, à l'Agence O de la Société Générale, rue Saint-Antoine. Presque chaque semaine le relieur y faisait des dépôts peu importants, qui correspondaient aux sommes encaissées de ses clients.

— Il travaillait pour le plaisir de travailler. C'est un Flamand. Je commence à savoir ce que cela veut dire. Il pourrait passer des heures sur une reliure pour la joie de réussir une chose remarquable.

C'était curieux : parfois elle parlait de lui au passé, comme si les murs de la Santé l'avaient déjà séparé du monde, parfois au présent, comme s'il allait rentrer d'un moment à l'autre.

— Il restait en rapport avec sa famille ?

— Il n'a jamais connu son père. Il a été élevé par un oncle, qui l'a placé, très jeune, dans une institution charitable, heureusement pour lui, car c'est là qu'il a appris son métier. On les menait durement, et il n'aime guère en parler.

Il n'y avait pas d'autre issue au logement que la porte de l'atelier. Pour gagner la cour, il fallait sortir par la rue et passer sous la voûte, devant la loge de la concierge.

C'était étonnant, quai des Orfèvres, d'entendre Lucas jongler avec tous ces noms dans lesquels Maigret se retrouvait à peine, Mme Salazar, la concierge, Mlle Béguin la locataire du quatrième, le cordonnier, la marchande de parapluies, la crémière et sa bonne, tous et toutes dont il parlait comme s'il les connaissait depuis toujours et dont il énumérait les manies.

— Qu'est-ce que vous êtes en train de lui préparer pour demain ?

— Un ragoût d'agneau. Il aime manger. Vous aviez l'air, tout à l'heure, de me demander quelle est sa passion, en dehors du travail. C'est probablement la nourriture. Et, bien qu'il soit assis toute la journée, qu'il ne prenne ni air ni exercice, je n'ai jamais vu un homme avoir autant d'appétit.

— Avant de vous connaître, il n'avait pas d'amis ?

— Je ne crois pas. Il ne m'en a pas parlé.

— Il habitait déjà ici ?

— Oui. Il faisait lui-même son ménage. Une fois par semaine, seulement, Mme Salazar venait nettoyer à fond. C'est peut-être parce qu'on n'a plus eu besoin d'elle qu'elle ne m'a jamais aimée.

— Les voisins savent ?

— Ce que je faisais avant ? Non, je veux dire pas jusqu'à l'arrestation de Frans. Ce sont les journalistes qui en ont parlé.

— Ils vous ont battu froid ?

— Certains. Mais Frans était tellement aimé qu'ils ont plutôt tendance à nous plaindre.

C'était vrai, d'une façon générale. Si l'on avait fait, dans la rue, le compte des « pour » et des « contre », les « pour » l'auraient certainement emporté.

Mais les gens du quartier, pas plus que les lecteurs des journaux, n'avaient envie que cela finisse trop tôt. Plus le mystère s'épaississait, plus la lutte était farouche entre la P.J. et Philippe Liotard, plus les gens étaient contents.

— Qu'est-ce qu'Alfonsi vous voulait ?

— Il n'a pas eu le temps de me le dire. Il venait d'arriver quand vous êtes entré. Je n'aime pas sa façon de pénétrer ici comme dans un endroit public, le chapeau sur la tête, de me tutoyer en m'appelant par mon prénom. Si Frans était là, il y a longtemps qu'il l'aurait flanqué à la porte.

— Il est jaloux ?

— Il n'aime pas les familiarités.

— Il vous aime ?

— Je crois que oui.

— Pourquoi ?

— Je ne sais pas. Peut-être parce que je l'aime.

Il ne sourit pas. Il n'avait pas, comme Alfonsi, gardé son chapeau sur sa tête. Il ne se montrait pas brutal et ne prenait pas non plus son air rusé.

Il paraissait vraiment, dans ce sous-sol, un gros homme qui essaie honnêtement de comprendre.

— Vous ne direz évidemment rien qui puisse se tourner contre lui.

— Sûrement non. Je n'ai d'ailleurs rien à dire de ce genre.

— Il n'en est pas moins évident qu'un homme a été tué dans ce sous-sol.

— Les experts l'affirment et je n'ai pas assez d'instruction pour les contredire. En tout cas, ce n'est pas par Frans.

— Il semble impossible que cela se soit passé à son insu.

— Je sais ce que vous allez dire, mais je répète qu'il est innocent.

Maigret se leva en soupirant. Il était content qu'elle ne lui eût rien offert à boire, comme croient devoir le faire tant de gens en pareille circonstance.

— J'essaie de recommencer à zéro, avoua-t-il. Mon intention, en venant ici, était d'examiner à nouveau les lieux centimètre par centimètre.

— Vous ne le faites pas ? On a tout bouleversé tant de fois !

— Je n'en ai pas le courage. Je reviendrai peut-être. J'aurai sans doute d'autres questions à vous poser.

— Vous savez que je répète tout à Frans les jours de visite ?

— Oui, je vous comprends.

Il s'engagea dans l'escalier étroit, et elle le suivit dans l'atelier devenu presque obscur dont elle lui ouvrit la porte. Tous deux aperçurent en même temps Alfonsi qui attendait au coin de la rue.

— Vous allez le recevoir ?

— Je me le demande. Je suis lasse.

— Vous voulez que je lui ordonne de vous laisser tranquille ?

— Ce soir, en tout cas.

— Bonsoir.

Elle lui dit bonsoir aussi, et il marcha lourdement vers l'ancien inspecteur des mœurs. Quand il le rejoignit, au coin, deux jeunes reporters les observaient à travers les vitres du *Tabac des Vosges*.

— File !

— Pourquoi ?

— Pour rien. Parce qu'elle n'a pas envie que tu la déranges à nouveau aujourd'hui. Compris ?

— Pourquoi êtes-vous méchant avec moi ?

— Simplement parce que ta figure me déplaît.

Et, lui tournant le dos, il se conforma à la tradition en entrant au *Grand Turenne* pour boire un verre de bière.

3

L'hôtel meublé de la rue Lepic

Il faisait toujours un clair soleil, avec un petit froid sec qui mettait de la vapeur devant les lèvres et vous gelait le bout des doigts. Maigret n'en était pas moins resté debout sur la plate-forme de l'autobus et tantôt il grognait, tantôt il souriait malgré lui, en lisant le journal du matin.

Il était en avance. Sa montre marquait à peine huit heures et demie quand il pénétra dans le bureau des inspecteurs au moment précis où Janvier, assis sur une table, essayait d'en descendre en cachant le journal qu'il lisait à voix haute.

Ils étaient là cinq ou six, surtout des jeunes ; ils attendaient que Lucas leur assigne leur tâche de la journée. Ils évitaient de regarder le commissaire et certains, en l'observant à la dérobée, avaient peine à garder leur sérieux.

Ils ne pouvaient pas savoir que l'article l'avait amusé autant qu'eux et que c'était pour leur faire plaisir, parce qu'ils s'attendaient à cela, qu'il prenait son air bourru.

Un titre s'étalait sur trois colonnes, en première page :

La mésaventure de Mme Maigret.

L'aventure arrivée la veille à la femme du commissaire, place d'Anvers, était racontée dans ses moindres détails et il n'y manquait qu'une photographie de Mme Maigret elle-même, avec le garçonnet dont on l'avait si cavalièrement chargée.

Il poussa la porte de Lucas, qui avait lu l'article, lui aussi, et qui avait ses raisons de prendre la chose plus sérieusement.

— J'espère que vous n'avez pas pensé que cela vient de moi ? J'ai été stupéfait, ce matin, en ouvrant le journal. En effet, je n'ai parlé à aucun reporter. Hier, peu de temps après notre conversation, j'ai téléphoné à Lamballe, au 9ᵉ arrondissement, à qui j'ai bien dû raconter l'histoire, mais sans citer votre femme, en le chargeant de rechercher le taxi. A propos, il vient de me téléphoner qu'il a déjà trouvé le chauffeur, par le plus grand des hasards. Il vous l'envoie. L'homme sera ici dans quelques minutes.

— Y avait-il quelqu'un dans ton bureau quand tu as appelé Lamballe ?

— Probablement. Il y a toujours quelqu'un. Et sans doute la porte du bureau des inspecteurs était-elle ouverte. Mais qui ? Cela m'effraie de penser qu'il y a une fuite, ici même.

— Je m'en doutais hier. Une fuite s'est déjà produite le 21 février, car, quand tu es allé rue de Turenne pour perquisitionner chez le relieur, Philippe Liotard avait été averti.

— Par qui ?

— Je ne sais pas. Cela ne peut être que par quelqu'un de la Maison.

— C'est pour cela qu'à mon arrivée la valise avait disparu ?

— Plus que probablement.

— Dans ce cas, pourquoi n'ont-ils pas sauvé aussi le complet aux taches de sang ?

— Peut-être n'y ont-ils pas pensé, ou se sont-ils dit qu'on ne déterminerait pas la nature des taches ? Peut-être n'ont-ils pas eu le temps ?

— Vous voulez que je questionne les inspecteurs, patron ?

— Je m'en chargerai.

Lucas n'avait pas fini de dépouiller son courrier entassé sur la longue table qu'il avait adoptée comme bureau.

— Rien d'intéressant ?

— Je ne sais pas encore. Il faut que je fasse vérifier. Plusieurs tuyaux au sujet de la valise, justement. Une lettre anonyme dit simplement qu'elle n'a pas quitté la rue de Turenne et que nous devons être aveugles pour ne pas la trouver. Une autre prétend que le nœud de l'affaire est à Concarneau. Une lettre de cinq pages, écrite serrée, expose à grand renfort de raisonnements que c'est le gouvernement qui a monté l'affaire de toutes pièces pour détourner l'attention du coût de la vie.

Maigret passa dans son bureau, retira son chapeau et son pardessus, bourra de charbon, malgré la douceur du temps, le seul poêle encore existant au Quai des Orfèvres et qu'il avait eu tant de mal à conserver lorsqu'on avait installé le chauffage central.

Entrouvrant la porte des inspecteurs, il appela le petit Lapointe qui venait d'arriver.

— Assieds-toi.

Il referma la porte avec soin, répéta au jeune homme de s'asseoir et tourna deux ou trois fois autour de lui en lui jetant des coups d'œil curieux.

— Tu es ambitieux ?

— Oui, monsieur le commissaire. Je voudrais faire une carrière comme la vôtre. C'est même de la prétention que cela s'appelle, n'est-ce pas ?

— Tes parents ont de l'argent ?

— Non. Mon père est employé de banque, à Meulan, il a eu du mal à nous élever convenablement, mes sœurs et moi.

— Tu es amoureux ?

Il ne rougit pas, ne se troubla pas.

— Non. Pas encore. J'ai le temps. Je n'ai que vingt-quatre ans et ne veux pas me marier avant d'avoir assuré ma situation.

— Tu vis seul en meublé ?

— Heureusement, non. Ma plus jeune sœur, Germaine, est à Paris aussi. Elle travaille dans une maison d'édition de la rive gauche. Nous vivons ensemble et, le soir, elle trouve le temps de nous faire la cuisine, cela fait une économie.

— Elle a un amoureux ?

— Elle n'a que dix-huit ans.

— Quand tu es allé rue de Turenne, la première fois, es-tu revenu ici tout de suite ?

Il rougit soudain, hésita un bon moment avant de répondre.

— Non, avoua-t-il enfin. J'étais tellement fier et heureux d'avoir découvert quelque chose que je me suis payé un taxi et que je suis passé par la rue du Bac pour mettre Germaine au courant.

— C'est bien, mon petit. Merci.

Lapointe, troublé, inquiet, hésitait à s'en aller.

— Pourquoi m'avez-vous demandé cela ?

— C'est moi qui interroge, n'est-ce pas ? Plus tard, peut-être poseras-tu des questions à ton tour. Tu te trouvais hier dans le bureau du brigadier Lucas quand il a téléphoné au 9e arrondissement ?

— J'étais dans le bureau voisin et la porte de communication était ouverte.

— A quelle heure as-tu parlé à ta sœur ?

— Comment le savez-vous ?

— Réponds.

— Elle finit à cinq heures. Elle m'a attendu, comme cela lui arrive souvent, au *Bar de la Grosse Horloge,* et nous avons pris l'apéritif ensemble avant de rentrer.

— Tu ne l'as pas quittée de la soirée ?

— Elle est allée au cinéma avec une amie.

— Tu as vu l'amie ?

— Non. Mais je la connais.

— C'est tout. Va.

Il aurait voulu s'expliquer, mais on venait annoncer au commissaire qu'un chauffeur de taxi demandait à le voir. C'était un gros homme sanguin, d'une cinquantaine d'années, qui avait dû être cocher de fiacre dans son jeune temps et qui, à en juger par son haleine, avait certainement bu quelques vins blancs pour tuer le ver avant de venir.

— L'inspecteur Lamballe m'a dit de venir vous voir au sujet de la petite dame.

— Comment a-t-il appris que c'est toi qui l'as conduite ?

— Je stationne d'habitude place Pigalle et il est venu me parler hier soir, comme il parlait à tous les collègues. C'est moi qui l'ai chargée.

— A quelle heure ? Où ?

— Il devait être dans les environs d'une heure. Je finissais de manger, dans un restaurant de la rue Lepic. Ma voiture était à la porte. J'ai vu un couple sortir de l'hôtel d'en face, et la femme s'est tout de suite précipitée vers mon taxi. Elle a paru déçue quand elle a vu le chapeau noir sur le drapeau. Comme j'en étais au pousse-café, je me suis levé et, à travers la rue, je lui ai crié d'attendre.

— Comment était son compagnon ?

— Un petit gros, très bien habillé, l'air d'un étranger. Entre quarante et cinquante ans, je ne sais pas au juste. Je ne l'ai pas beaucoup regardé. Il était tourné vers elle et lui parlait dans une langue étrangère.

— Quelle langue ?

— Je ne sais pas. Je suis de Pantin et n'ai jamais pu m'y reconnaître dans les jargons.

— Quelle adresse a-t-elle donnée ?

— Elle était nerveuse, impatiente. Elle m'a demandé de passer d'abord place d'Anvers et de ralentir. Elle regardait par la portière.

» — Arrêtez-vous un moment, m'a-t-elle recommandé alors, et repartez aussitôt que je vous le dirai.

» Elle adressait des signes à quelqu'un. Une grosse « mémère » avec un petit garçon s'est approchée. La dame a ouvert la portière, a fait monter le gamin et m'a donné l'ordre de repartir.

— Cela ne vous a pas eu l'air d'un enlèvement ?

— Non, car elle a parlé à la dame. Pas longtemps. Juste quelques mots. Et celle-ci avait plutôt l'air soulagé.

— Où avez-vous conduit la mère et l'enfant ?

— D'abord à la porte de Neuilly. Là, elle s'est ravisée et m'a prié d'aller à la gare Saint-Lazare.

— Elle y est descendue ?

— Non. Elle m'a arrêté place Saint-Augustin. Grâce à ce que j'ai été pris ensuite dans un embarras de voiture, j'ai vu, dans mon rétroviseur, qu'elle hélait un autre taxi, un de l'« Urbaine », dont je n'ai pas eu le temps de relever le numéro.

— Vous aviez envie de le faire ?

— Par habitude. Elle était vraiment surexcitée. Et ce n'est pas naturel, après m'avoir promené à la porte de Neuilly, de m'arrêter place Saint-Augustin pour monter dans une autre voiture.

— Elle a parlé à l'enfant, en route ?

— Deux ou trois phrases, pour le faire tenir tranquille. Il y a une récompense ?

— Peut-être. Je ne sais pas encore.

— C'est que j'ai perdu une matinée.

Maigret lui tendit un billet et, quelques minutes plus tard, il poussait la porte du bureau du directeur de la P.J., où le « rapport » avait commencé. Les chefs de service étaient là, autour du grand bureau d'acajou, à parler tranquillement des affaires en cours.

— Et vous, Maigret ? Votre Steuvels ?

A leurs sourires, on voyait qu'ils avaient tous lu l'article du matin ; à nouveau, et, toujours pour faire plaisir, il se montra grognon.

Il était neuf heures et demie. La sonnerie du téléphone retentissait, le directeur répondait, tendait l'écouteur à Maigret.

— Torrence veut vous parler.

La voix de Torrence, à l'autre bout du fil, était excitée.

— C'est vous, patron ? Vous n'avez pas retrouvé la dame en chapeau blanc ? Le journal de Paris vient d'arriver et j'ai lu l'article. Or la description correspond à quelqu'un dont j'ai retrouvé la trace ici.

— Raconte !

— Comme il n'y a rien moyen de tirer de cette dinde de postière, qui prétend n'avoir pas de mémoire, je me suis mis à chercher dans les hôtels, dans les meublés, à questionner les garagistes et les employés de la gare.

— Je sais.

— Nous ne sommes pas en saison et la plupart des gens qui débarquent à Concarneau sont des habitants de la région ou des personnes qu'on connaît plus ou moins, des voyageurs de commerce, des…

— Abrège.

Car la conversation s'était interrompue autour de lui.

— Je me suis dit que, si quelqu'un était venu de Paris ou d'ailleurs pour expédier le télégramme…

— Figure-toi que j'ai déjà compris.

— Eh bien ! il y a une petite dame en tailleur bleu et en chapeau blanc qui est arrivée le soir même où le télégramme a été expédié. Elle a débarqué du train à quatre heures et la dépêche a été déposée à cinq heures moins le quart.

— Elle avait des bagages ?

— Non. Attendez. Elle n'est pas descendue à l'hôtel. Vous connaissez l'*Hôtel du Chien Jaune,* au bout du quai ? Elle y a dîné et est ensuite restée assise dans un coin de la salle du café jusqu'à onze heures. Autrement dit, elle a repris le train de onze heures quarante.

— Tu t'en es assuré ?

— Je n'en ai pas encore eu le temps, mais j'en suis sûr, car elle a quitté le café juste à point, et elle avait réclamé l'indicateur des chemins de fer tout de suite après son dîner.

— Elle n'a parlé à personne ?

— Seulement à la serveuse. Elle a lu sans arrêt, même en mangeant.

— Tu n'as pas pu apprendre quelle sorte de livre elle lisait ?

— Non. La serveuse prétend qu'elle a un accent, mais ne sait pas lequel. Qu'est-ce que je fais ?

— Tu revois la postière, évidemment.

— Ensuite ?

— Tu me téléphones ou tu téléphones à Lucas si je ne suis pas au bureau, puis tu reviens.

— Bien, patron. Vous croyez aussi que c'est elle ?

En raccrochant, Maigret avait une petite lueur de gaieté dans les yeux.

— C'est peut-être Mme Maigret qui va nous mettre sur la piste, dit-il. Vous permettez, patron ? J'ai quelques vérifications à faire d'urgence, moi-même.

Lapointe, par chance, était encore dans le bureau des inspecteurs, visiblement inquiet.

— Viens avec moi, toi !

Ils prirent un des taxis qui stationnaient sur le quai, et le jeune Lapointe n'était toujours pas rassuré, car c'était la première fois que le commissaire l'emmenait de la sorte.

— Au coin de la place Blanche et de la rue Lepic.

C'était l'heure où, à Montmartre, et rue Lepic en particulier, les voitures des quatre-saisons encombraient les bords des trottoirs avec leurs monceaux de légumes et de fruits qui sentaient bon la terre et le printemps.

Maigret reconnut, à gauche, le petit restaurant à prix fixe où le chauffeur avait déjeuné et, en face, l'*Hôtel Beauséjour,* dont on ne voyait que la porte étroite entre deux boutiques, une charcuterie et une épicerie.

Chambres au mois, à la semaine et à la journée.
Eau courante. Chauffage central. Prix modérés.

Il y avait une porte vitrée au fond du corridor, puis un escalier flanqué d'un écriteau : *Bureau.* Une main peinte en noir pointait vers le haut des marches.

Le bureau était à l'entresol, une pièce étroite qui donnait sur la rue et où des clefs pendaient à un tableau.

— Quelqu'un ! appela-t-il.

L'odeur lui rappelait l'époque où, à peu près à l'âge de Lapointe, il faisait partie de la brigade des garnis et passait ses journées à aller de meublé en meublé. Cela sentait à la fois la lessive et la sueur, les lits pas faits, les seaux de toilette et la cuisine réchauffée sur une lampe à alcool.

Une femme rousse, débraillée, se pencha sur la rampe.

— Qu'est-ce que c'est ?

Puis, tout de suite, comprenant que c'était la police, elle annonça, revêche :

— Je viens !

Elle fut un certain temps encore à marcher là-haut, à remuer des seaux et des brosses ; enfin on la vit paraître, boutonnant son corsage sur une poitrine débordante. De près, on découvrait que ses cheveux étaient presque blancs à la racine.

— Qu'est-ce qu'il y a ? J'ai encore été vérifiée hier et je n'ai que des locataires tranquilles. Vous n'êtes pas des « garnis », n'est-ce pas ?

Sans répondre, il lui décrivit, autant que le témoignage du chauffeur le lui permettait, le compagnon de la dame au chapeau blanc.

— Vous le connaissez ?

— Peut-être. Je ne suis pas sûre. Comment s'appelle-t-il ?

— C'est justement ce que je désirerais savoir.

— Vous voulez voir mon livre ?

— Je veux d'abord que vous me disiez si vous avez un client qui lui ressemble.

— Je ne vois que M. Levine.

— Qui est-ce ?

— Je ne sais pas. Quelqu'un de bien, en tout cas, qui a payé une semaine d'avance.

— Il est toujours ici ?

— Non. Il est parti hier.

— Seul ?

— Avec le gamin, bien entendu.

— Et la dame ?

— Vous voulez dire la nurse ?

— Un instant. Nous allons commencer par le commencement et cela nous fera gagner du temps.

— Cela vaudra mieux, car je n'en ai pas à revendre. Qu'est-ce qu'il a fait, M. Levine ?

— Répondez à mes questions, voulez-vous ? Quand est-il arrivé ?

— Il y a quatre jours. Vous pouvez vérifier dans mon livre. Je lui ai dit que je n'avais pas de chambre et c'était vrai. Il a insisté. Je lui ai demandé pour combien de temps c'était et il a répondu qu'il payerait une semaine d'avance.

— Comment avez-vous pu le loger, si vous n'aviez pas de chambre ?

Maigret connaissait la réponse, mais il voulait la lui faire dire. Dans ces hôtels-là, on réserve le plus souvent les chambres du premier étage pour les couples de rencontre, qui montent pour un moment ou pour une heure.

— Il y a toujours les chambres du « casuel », répondit-elle, employant le terme consacré.

— L'enfant était-il avec lui ?

— Pas à ce moment-là. Il est allé le chercher et est revenu avec lui une heure plus tard. Je lui ai demandé comment il allait s'y prendre avec un enfant si jeune et il m'a appris qu'une nurse qu'il connaissait s'en chargerait la plus grande partie de la journée.

— Il vous a montré son passeport, sa carte d'identité ?

Elle aurait dû, selon les règlements, réclamer ces documents, mais elle n'était évidemment pas en règle.

— Il a rempli lui-même sa fiche. J'ai vu tout de suite que c'était un homme comme il faut. Vous allez me faire des histoires pour ça ?

— Pas nécessairement. Comment la nurse était-elle habillée ?

— En tailleur bleu.

— Avec un chapeau blanc ?

— Oui. Elle venait le matin donner le bain du petit, puis sortait avec lui.

— Et M. Levine ?

— Il traînait dans sa chambre jusqu'à onze heures ou midi. Je crois qu'il se recouchait. Puis il sortait et je ne le revoyais pas de la journée.

— L'enfant ?

— Non plus. Guère avant sept heures du soir. C'était elle qui le ramenait et qui le couchait. Elle s'étendait tout habillée sur le lit en attendant que M. Levine rentre.

— A quelle heure rentrait-il ?

— Pas avant une heure du matin.

— Elle repartait alors ?

— Oui.

— Vous ne savez pas où elle habitait ?

— Non. Je sais seulement, parce que je l'ai vu, qu'elle prenait un taxi en sortant.

— Elle était intime avec votre locataire ?

— Vous voulez savoir s'ils couchaient ensemble ? Je n'en suis pas sûre. D'après certains indices, je pense que c'est arrivé. C'est leur droit, n'est-ce pas ?

— Quelle nationalité M. Levine a-t-il inscrite sur sa fiche ?

— Français. Il m'a dit qu'il était en France depuis longtemps et naturalisé.

— D'où venait-il ?

— Je ne m'en souviens pas. Votre collègue des garnis a emporté les fiches hier, comme tous les mardis. De Bordeaux, si je ne me trompe.

— Que s'est-il passé hier à midi ?

— A midi, je ne sais pas.

— Dans la matinée ?

— Quelqu'un est venu le demander vers dix heures. La dame et le gamin étaient partis depuis un bon moment.

— Qui est venu ?

— Je ne lui ai pas demandé son nom. Un bonhomme pas très bien habillé, pas reluisant.

— Français ?

— Sûrement. Je lui ai dit le numéro de la chambre.

— Il n'était jamais venu ?

— Il n'était jamais venu personne, sauf la nurse.

— Il n'avait pas l'accent du Midi ?

— Plutôt l'accent parisien. Vous savez, un de ces types qui vous arrêtent sur les boulevards pour vous vendre des cartes postales transparentes ou pour vous conduire je sais bien où.

— Il est resté longtemps ?

— C'est-à-dire qu'il est resté tout seul pendant que M. Levine s'en allait.

— Avec ses bagages ?

— Comment le savez-vous ? Cela m'a étonnée de le voir emporter ses bagages.

— Il en avait beaucoup ?

— Quatre valises.

— Brunes ?

— Presque toutes les valises sont brunes, non ? En tout cas, c'était de la bonne qualité et il y en avait au moins deux en vrai cuir.

— Que vous a-t-il dit ?

— Qu'il devait partir précipitamment, qu'il quittait Paris le jour même, mais qu'il allait revenir dans un moment pour prendre les affaires de l'enfant.

— Combien de temps après est-il revenu ?

— Environ une heure. La dame l'accompagnait.

— Cela ne vous a pas étonnée de ne pas voir le gamin ?

— Vous savez cela aussi ?

Elle devenait plus prudente, car elle commençait à se douter que l'affaire était d'importance, que la police en savait plus long que Maigret ne voulait lui dire.

— Ils sont restés un bon moment tous les trois dans la chambre et ils parlaient assez fort.

— Comme s'ils se disputaient ?

— En tout cas comme s'ils discutaient.

— En français ?

— Non.

— Le Parisien prenait part à la conversation ?

— Peu. Il est d'ailleurs sorti le premier, et je ne l'ai pas revu. Puis M. Levine et la dame sont partis à leur tour. Comme j'étais sur leur chemin il m'a remerciée et m'a annoncé qu'il comptait revenir dans quelques jours.

— Cela ne vous a pas paru étrange ?

— Si vous teniez depuis dix-huit ans un hôtel comme celui-ci, plus rien ne vous paraîtrait étrange.

— C'est vous qui avez fait leur chambre, après ?

— J'y suis allée avec la bonne.

— Vous n'avez rien trouvé ?

— Des bouts de cigarettes partout. Il en fumait plus de cinquante par jour. Des américaines. Puis des journaux. Il achetait presque tous les journaux qui paraissent à Paris.

— Pas de journaux étrangers ?

— Non. J'y ai pensé.

— Vous étiez donc intriguée ?

— On aime toujours savoir.

— Quoi d'autre ?

— Des saletés, comme d'habitude, un peigne cassé, du linge déchiré...

— Avec des initiales ?

— Non. C'était du linge de gamin.

— Du linge fin ?

— Assez fin, oui. Plus fin que je n'ai l'habitude d'en voir ici.

— Je reviendrai vous voir.

— Pourquoi ?

— Parce que des détails qui vous échappent à présent vous reviendront certainement à la réflexion. Vous avez toujours été en bons termes avec la police ? Les « garnis » ne vous font pas trop d'ennuis ?

— J'ai compris. Mais je ne sais rien d'autre.

— Au revoir.

Ils se retrouvèrent, Lapointe et lui, sur le trottoir ensoleillé, au milieu du brouhaha.

— Un petit apéritif ? proposa le commissaire.

— Je ne bois jamais.

— Cela vaut mieux. Tu as réfléchi, depuis tout à l'heure ?

Le jeune homme comprit que ce n'était pas de ce qu'ils venaient d'apprendre à l'hôtel qu'il s'agissait.

— Oui.

— Et alors ?

— Je lui parlerai ce soir.

— Tu sais qui c'est ?

— J'ai un camarade qui est reporter, justement dans le journal où a paru l'article de ce matin, mais je ne l'ai pas vu hier. Je ne lui parle d'ailleurs jamais de ce qui se passe au Quai et il me taquine volontiers là-dessus.

— Ta sœur le connaît ?

— Oui. Je ne croyais pas qu'ils sortaient ensemble. Si je l'apprends à mon père, il la fera revenir à Meulan.

— Comment s'appelle le reporter ?

— Bizard, Antoine Bizard. Il est seul à Paris aussi. Sa famille vit en Corrèze. Il a deux ans de moins que moi et il signe déjà certains de ses articles.

— Tu vois ta sœur à l'heure de midi ?

— Cela dépend. Quand je suis libre et que je ne me trouve pas trop loin de la rue du Bac, je vais déjeuner avec elle dans une crémerie, près de son bureau.

— Vas-y aujourd'hui. Raconte-lui ce que nous avons appris ce matin.

— Je dois ?

— Oui.

— Et si elle le répète encore ?

— Elle le répétera.

— C'est ce que vous voulez ?

— Va. Surtout, sois gentil avec elle. N'aie pas l'air de la soupçonner.

— Je ne peux cependant pas la laisser sortir avec un jeune homme. Mon père m'a bien recommandé…

— Va.

Maigret, par plaisir, descendit à pied la rue Notre-Dame-de-Lorette et ne prit un taxi qu'au faubourg Montmartre, après être entré dans une brasserie pour avaler un demi.

— Au quai des Orfèvres.

Puis il se ravisa, frappa à la vitre.

— Passez donc par la rue de Turenne.

Il vit la boutique de Steuvels dont la porte était fermée, car Fernande devait être, comme chaque matin, en route pour la Santé, avec ses casseroles emboîtées.

— Arrêtez-vous un instant.

Janvier était au bar du *Grand Turenne* et, le reconnaissant, lui adressa un clin d'œil. De quelle nouvelle vérification Lucas l'avait-il chargé ? Il était en grande conversation avec le cordonnier et deux plâtriers en blouse blanche, et on reconnaissait de loin la couleur laiteuse des pernods.

— Tournez à gauche. Prenez par la place des Vosges et la rue de Birague.

Cela le faisait passer devant le *Tabac des Vosges,* où Alfonsi était attablé seul à un guéridon, près de la vitre.

— Vous descendez ?

— Oui. Attendez-moi un instant.

C'est au *Grand Turenne* qu'il entra, en fin de compte, pour dire deux mots à Janvier.

— Alfonsi est en face. Tu y as vu des journalistes, ce matin ?

— Deux ou trois.

— Tu les connais ?

— Pas tous.

— Tu es occupé pour longtemps ?

— Rien de bien grave. Et si vous avez autre chose à me faire faire, je suis libre. Je voulais parler au cordonnier.

Ils s'étaient suffisamment éloignés du groupe et s'entretenaient à voix basse.

— Une idée qui m'est venue tout à l'heure, après avoir lu l'article. Évidemment, le bonhomme parle beaucoup. Il tient à être un personnage important et il en inventerait au besoin. Sans compter que, chaque fois qu'il a quelque chose à dire, cela lui rapporte des petits verres. Comme il habite juste en face de l'atelier de Steuvels et que, lui aussi, travaille à sa fenêtre, je lui ai demandé si des femmes venaient parfois voir le relieur.

— Qu'a-t-il répondu ?

— Pas beaucoup. Il se rappelle surtout une vieille dame ; elle doit être riche et vient en limousine, avec un chauffeur en livrée qui dépose ses livres, puis, il y a un mois environ, une petite dame très élégante, en manteau de vison. Attendez ! J'ai insisté pour savoir si elle n'était venue qu'une fois. Il prétend que non, qu'elle est revenue il y a environ deux semaines, en tailleur bleu, avec un chapeau blanc. C'était un jour où il faisait très beau et où, paraît-il, il y avait dans le journal un article sur le marronnier du boulevard Saint-Germain.

— Cela se retrouve.

— C'est ce que j'ai pensé.

— Elle est donc descendue dans le sous-sol ?

— Non. Mais je me méfie un peu. Il a lu l'article aussi, c'est évident, et il est fort possible qu'il invente pour se rendre intéressant. Qu'est-ce que vous voulez que je fasse ?

— Tenir Alfonsi à l'œil. Ne le lâche pas de la journée. Tu établiras une liste des personnes à qui il adressera la parole.

— Il ne doit pas savoir que je le surveille ?

— Peu importe s'il le sait.

— Et s'il me parle ?

— Tu lui répondras.

Maigret sortit avec l'odeur du pernod dans les narires et son taxi le déposa au Quai, où il trouva Lucas occupé à déjeuner de sandwiches. Il y avait deux verres de bière sur le bureau et le commissaire en prit un sans vergogne.

— Torrence vient de téléphoner. La postière croit se souvenir d'une cliente en chapeau blanc, mais elle ne peut affirmer que c'est elle qui a déposé le télégramme. D'après Torrence, même si elle avait une certitude, elle ne le dirait pas.

— Il revient ?

— Il sera à Paris cette nuit.

— Appelle l'« Urbaine », veux-tu ? Il y a un nouveau taxi à retrouver, peut-être deux ?

Est-ce que Mme Maigret, qui avait encore rendez-vous chez son dentiste, était partie en avance, comme les autres jours, pour passer quelques minutes sur le banc du square d'Anvers ?

Maigret ne rentra pas déjeuner boulevard Richard-Lenoir. Les sandwiches de Lucas le tentaient et il en fit monter pour lui aussi de la *Brasserie Dauphine*.

D'habitude, c'était bon signe.

4

L'aventure de Fernande

Le jeune Lapointe, les yeux rouges et la mine défaite comme quelqu'un qui aurait dormi sur le banc d'une salle d'attente de troisième classe, avait jeté à Maigret un tel regard de détresse, quand celui-ci était entré dans le bureau des inspecteurs, que le commissaire l'avait tout de suite entraîné dans le sien.

— Toute l'histoire de l'*Hôtel Beauséjour* est dans le journal, dit lugubrement le jeune homme.

— Tant mieux ! J'aurais été déçu qu'elle n'y soit pas.

Alors Maigret l'avait fait exprès de lui parler comme à un ancien, à un Lucas ou à un Torrence, par exemple.

— Voilà des gens dont nous ne savons à peu près rien, pas même s'ils ont réellement joué un rôle dans l'affaire. Il y a une femme, un petit garçon, un homme assez corpulent et un autre qui marque plutôt mal. Sont-ils encore à Paris ? Nous l'ignorons. S'ils y sont, ils se sont probablement séparés. Que la femme retire son chapeau blanc, se sépare de l'enfant, et nous ne la reconnaissons plus. Tu me suis !

— Oui, monsieur le commissaire. Je crois que je comprends. C'est quand même dur de penser que ma sœur est allée retrouver ce garçon-là hier soir encore.

— Tu t'occuperas plus tard de ta sœur. A présent, tu travailles avec moi. L'article de ce matin va leur faire peur. De deux choses l'une : ou ils vont rester dans leur trou, s'ils en ont un, ou ils chercheront un abri plus sûr. De toute façon, notre seule chance est qu'ils fassent quelque chose pour se trahir.

— Oui.

Le juge Dossin téléphonait au même moment pour s'étonner des révélations du journal, et Maigret recommençait son raisonnement.

— Tout le monde est alerté, monsieur le juge, les gares, les aéroports, les garnis, la police de la route. Moers, là-haut, à l'Identité Judiciaire, est en train de me chercher les photos qui pourraient correspondre à nos gens. On questionne les chauffeurs de taxi et, pour le cas où nos lascars auraient une voiture, les garagistes.

— Vous avez l'impression que cela a un rapport avec l'affaire Steuvels ?

— C'est une piste, après tant d'autres qui ne nous ont menés nulle part.

— J'ai convoqué Steuvels pour ce matin, à onze heures. Son avocat sera ici, comme d'habitude, car il ne me laisse pas échanger deux mots en dehors de sa présence.

— M'autorisez-vous à monter un moment pendant votre interrogatoire ?

— Liotard protestera, mais montez quand même. Que cela n'ait pas l'air prémédité.

Chose curieuse, Maigret n'avait encore jamais rencontré ce Liotard qui était devenu, dans la presse tout au moins, quelque chose comme son ennemi particulier.

Ce matin encore, tous les journaux publiaient un commentaire du jeune avocat sur les derniers rebondissements de l'affaire.

Maigret est un policier de la vieille école, de l'époque où ces messieurs du Quai des Orfèvres pouvaient à leur gré passer un homme à tabac jusqu'à ce que la lassitude le fasse avouer, le garder à leur disposition pendant des semaines, fouiller sans vergogne dans la vie privée des gens, et où toutes les ruses étaient considérées comme de bonne guerre.

Il est seul à ne pas se rendre compte que ces ruses-là, aujourd'hui, ne sont plus, pour un public averti, que de grosses ficelles.

De quoi s'agit-il, en définitive ?

Il s'est laissé gourer par une lettre anonyme, œuvre d'un farceur. Il a fait enfermer un honnête homme et, depuis, est incapable d'émettre une charge sérieuse contre lui.

Il s'obstine. Plutôt que de s'avouer battu, il essaie de gagner du temps, amuse la galerie, appelle Mme Maigret à la rescousse, sert au public des tranches de roman populaire.

Croyez-moi, messieurs, Maigret est un homme qui date !

— Reste avec moi, petit, disait le commissaire au jeune Lapointe. Seulement, le soir, avant de me quitter, tu me demanderas ce que tu peux raconter à ta sœur, n'est-ce pas ?

— Je ne lui dirai plus rien.

— Tu lui diras ce que je te prierai de lui dire.

Et Lapointe lui servait désormais d'officier d'ordonnance. Ce n'était pas inutile, car la P.J. ressemblait de plus en plus à un quartier général.

Le bureau de Lucas, le Grand Turenne, en restait le P.C. et des estafettes y venaient de tous les étages. En bas, aux garnis, ils étaient plusieurs à compulser les fiches des hôtels, à la recherche d'un Levine ou de n'importe quoi pouvant se rapporter au trio et à l'enfant.

La nuit précédente, dans la plupart des meublés, les locataires avaient eu la désagréable surprise d'être réveillés par la police, qui avait épluché leurs pièces d'identité, ce qui avait valu à une cinquantaine d'hommes et de femmes qui n'étaient pas en règle de finir la nuit au Dépôt, où ils faisaient maintenant la queue pour passer à l'anthropométrie.

Dans les gares, les voyageurs étaient examinés à leur insu et, deux heures après la parution du journal, les coups de téléphone commençaient, bientôt si nombreux que Lucas dut affecter un inspecteur à ce travail.

Des gens avaient vu le gamin partout, dans les coins les plus divers de Paris et de la banlieue, les uns avec la dame au chapeau blanc, d'autres avec le monsieur à l'accent étranger.

Des passants se précipitaient soudain vers un sergent de ville.

— Venez vite ! L'enfant est au coin de la rue.

Tout était vérifié, tout devait être vérifié si on ne voulait laisser passer aucune chance. Trois inspecteurs étaient partis à la première heure pour interroger les garagistes.

Et, toute la nuit, les hommes de la Mondaine s'étaient occupés de l'affaire, eux aussi. La tenancière du *Beauséjour* n'avait-elle pas dit que son locataire ne rentrait guère, d'habitude, avant une heure du matin ?

Il s'agissait de savoir si c'était un habitué des boîtes de nuit, de questionner les barmen, les entraîneuses.

Maigret, après avoir assisté au « rapport » dans le bureau du chef, allait et venait, presque toujours flanqué de Lapointe, à travers tout le bâtiment, descendant aux garnis, montant voir Moers à l'Identité Judiciaire, écoutant ici un coup de téléphone, là une déposition.

Il était un peu plus de dix heures quand un chauffeur de l'« Urbaine » téléphona. Il n'avait pas appelé plus tôt parce qu'il avait fait un voyage hors ville, à Dreux, pour conduire une vieille dame malade qui ne voulait pas prendre le train.

C'était lui qui avait embarqué la jeune dame et le petit garçon place Saint-Augustin, il s'en souvenait parfaitement.

— Où les avez-vous conduits ?

— Au coin de la rue Montmartre et des Grands Boulevards.

— Y avait-il quelqu'un qui les attendait ?

— Je n'ai remarqué personne.

— Vous ne savez pas de quel côté ils se sont dirigés ?

— Je les ai tout de suite perdus de vue dans la foule.

On comptait plusieurs hôtels dans les environs.

— Appelle à nouveau les garnis ! dit Maigret à Lapointe. Qu'on passe au tamis le secteur qui entoure le carrefour Montmartre. Comprends-tu maintenant que, s'ils ne s'affolent pas, s'ils ne bougent pas, nous n'avons aucune chance de les trouver ?

Torrence, rentré de Concarneau, était allé faire un tour rue de Turenne, pour se remettre dans l'ambiance, comme il disait.

Quant à Janvier, il avait envoyé son rapport de filature et restait sur les talons d'Alfonsi.

Celui-ci, la veille, avait rejoint Philippe Liotard dans un restaurant de la rue Richelieu où ils avaient fait un bon dîner, en bavardant tranquillement. Deux femmes les avaient rejoints ensuite, qui ne ressemblaient en rien à la petite dame au chapeau blanc. L'une était la secrétaire de l'avocat, une grande blonde aux allures de *starlet* de cinéma. L'autre était partie avec Alfonsi.

Ils étaient allés tous les deux au cinéma, près de l'Opéra, puis dans un cabaret de la rue Blanche où ils étaient restés jusqu'à deux heures du matin.

Après quoi, l'ex-inspecteur avait emmené sa compagne à l'hôtel où il habitait, rue de Douai.

Janvier avait pris une chambre au même hôtel. Il venait de téléphoner :

— Ils ne sont pas levés. J'attends.

Un peu avant onze heures, Lapointe devait découvrir, en suivant Maigret, des locaux qu'il ne connaissait pas, au rez-de-chaussée du Quai des Orfèvres. Ils avaient longé un corridor désert dont les fenêtres donnaient sur la cour et, à un tournant, Maigret s'était arrêté, faisant signe au jeune homme de se taire.

Une voiture cellulaire, passant sous la voûte du Dépôt, pénétrait dans la cour. Trois ou quatre gendarmes attendaient en fumant leur cigarette. Deux autres descendaient du panier à salade d'où ils faisaient d'abord sortir une grande brute au front bas, menottes aux poignets. Maigret ne le connaissait pas. Celui-là n'était pas passé par chez lui.

Puis ce fut le tour d'une vieille femme à l'air fragile qui aurait pu être chaisière dans une église mais qu'il avait arrêtée au moins vingt fois pour vol à la tire. Elle suivait son gendarme en habituée, trottant menu dans ses jupes trop larges, se dirigeant d'elle-même vers le quartier des juges d'instruction.

Le soleil était clair, l'air bleuté dans les pans d'ombre, avec des bouffées de printemps, quelques mouches déjà écloses qui bourdonnaient.

On vit la tête rousse de Frans Steuvels, sans chapeau ni casquette ; son complet était un peu fripé. Il s'arrêta, comme surpris par le soleil, et on devinait que ses yeux se fermaient à demi derrière ses grosses lunettes.

On lui avait passé les menottes, comme à la brute : règlement strictement observé, depuis que plusieurs prévenus s'étaient échappés dans cette même cour, le dernier en date par les couloirs du Palais de Justice.

Avec son dos rond, sa silhouette molle, Steuvels était bien le type de ces artisans intellectuels qui lisent tout ce qui leur tombe sous la main et n'ont aucune autre passion en dehors de leur travail.

Un des gardes lui tendit une cigarette allumée et il remercia, en tira quelques bouffées avec satisfaction, s'emplissant les poumons d'air et de tabac.

Il devait être docile, car on se montrait gentil avec lui, on lui donnait le temps de se détendre avant de le conduire vers les bâtiments et, de son côté, il ne paraissait pas en vouloir à ses gardiens, ne manifestait aucune rancœur, aucune fièvre.

Il y avait un petit fond de vérité dans l'interview de Me Liotard. En d'autres temps, c'est Maigret qui, avant de remettre l'homme entre les mains du juge d'instruction, aurait mené son enquête jusqu'au bout.

Sans l'avocat, d'ailleurs, accouru dès la fin du premier interrogatoire, Maigret aurait revu Steuvels plusieurs fois, ce qui lui aurait donné l'opportunité de l'étudier.

Il le connaissait à peine, n'ayant été en tête à tête avec le relieur que pendant une dizaine ou une douzaine d'heures, alors qu'il ne savait encore rien de lui ni de l'affaire.

Rarement il avait eu devant lui un prévenu aussi calme, aussi maître de lui, sans que cela parût une attitude apprise.

Steuvels attendait les questions, la tête penchée, l'air de vouloir comprendre, et il regardait Maigret comme il aurait regardé un conférencier exposant des idées compliquées.

Puis il prenait le temps de réfléchir, parlait d'une voix douce, un peu assourdie, en phrases soignées mais sans y mettre d'affectation.

Il ne s'impatientait pas, comme la plupart des prévenus, et, quand une même question revenait pour la vingtième fois, il y répondait dans les mêmes termes, avec une tranquillité remarquable.

Maigret aurait aimé le connaître davantage, mais, depuis trois semaines, l'homme ne lui appartenait plus, appartenait à Dossin qui le convoquait, avec son avocat, en moyenne deux fois par semaine.

Au fond, Steuvels devait être un timide. Le plus curieux, c'est que le juge était un timide aussi. Voyant l'initiale G. devant son nom, le commissaire s'était risqué un jour à lui demander son prénom et le long magistrat distingué avait rougi.

— Ne le répétez pas, car on m'appellerait à nouveau l'Ange, comme mes condisciples le faisaient au collège, puis plus tard à l'École de Droit. Mon prénom est Gabriel !

— Viens, maintenant, disait Maigret à Lapointe. Tu vas t'installer dans mon bureau et prendre toutes les communications en m'attendant.

Il ne monta pas immédiatement, erra un peu dans les couloirs, la pipe aux dents, les mains dans les poches, en homme qui est chez lui, serrant une main par-ci, une main par-là.

Quand il jugea que l'interrogatoire devait être en train, il gagna la section des juges d'instruction, frappa à la porte de Dossin.

— Vous permettez ?

— Entrez, monsieur le commissaire.

Un homme s'était levé, petit et mince, très mince, d'une élégance trop voulue, que Maigret reconnut tout de suite pour avoir vu récemment ses photographies dans les journaux. Il était jeune et prenait un air important pour se vieillir, affectant une assurance qui n'était pas de son âge.

Assez joli garçon, au teint mat et aux cheveux noirs, il avait de longues narines qui frémissaient parfois, et il regardait les gens dans les yeux comme s'il était décidé à leur faire baisser le regard.

— M. Maigret, probablement ?

— Moi-même, maître Liotard.

— Si c'est moi que vous cherchez, je vous verrai volontiers après l'interrogatoire.

Frans Steuvels, resté assis en face du juge, attendait. Il s'était contenté d'un coup d'œil au commissaire, puis au greffier qui, au bout du bureau, gardait la plume à la main.

— Je ne vous cherche pas particulièrement. Je cherche une chaise, figurez-vous.

Il en prit une par le dossier et s'y installa à califourchon, fumant toujours sa pipe.

— Vous comptez rester ici ?

— A moins que monsieur le juge me demande de sortir.

— Restez, Maigret.

— Je proteste. Si l'interrogatoire doit se poursuivre dans de telles conditions, je fais toutes mes réserves, car la présence d'un policier dans ce cabinet tend évidemment à impressionner mon client.

Maigret se retenait de murmurer : « Chante, Fifi ! »

Et il couvrait le jeune avocat d'un regard ironique. Celui-ci ne pensait évidemment pas un mot de ce qu'il disait. Cela faisait partie de son système. A chaque interrogatoire, jusqu'ici, il avait soulevé des incidents, pour les raisons les plus futiles ou les plus extravagantes.

— Aucun règlement n'interdit à un officier de police judiciaire d'assister à un interrogatoire. Si vous voulez bien, nous allons donc reprendre où nous en étions.

Dossin n'en était pas moins influencé par la présence de Maigret et il fut un bon moment avant de s'y retrouver dans ses notes.

— Je vous demandais, monsieur Steuvels, si vous avez l'habitude d'acheter vos vêtements tout faits ou si vous avez un tailleur.

— Cela dépend, répondit le prévenu après réflexion.

— De quoi ?

— Je n'attache guère d'importance à l'habillement. Quand j'ai besoin d'un costume, il m'arrive de l'acheter tout fait, comme il m'est arrivé d'en faire faire.

— Par quel tailleur ?

— J'ai eu un costume il y a plusieurs années, coupé par un voisin, un Juif polonais, qui a disparu depuis. Je pense qu'il est allé en Amérique.

— C'était un complet bleu ?

— Non. Il était gris.

— Combien de temps l'avez-vous porté ?

— Deux ou trois ans. Je ne sais plus.

— Et votre complet bleu ?

— Il doit y avoir dix ans que je ne me suis pas acheté un complet bleu.

— Des voisins vous ont cependant vu en bleu il n'y a pas si longtemps.

— Ils ont dû confondre mon costume et mon pardessus.

C'était exact qu'on avait retrouvé un pardessus bleu marine dans le logement.

— Quand avez-vous acheté ce pardessus ?

— L'hiver dernier.

— N'est-ce pas improbable que vous ayez acheté un pardessus bleu si vous ne possédiez qu'un complet brun ? Les deux couleurs ne sont pas particulièrement assorties.

— Je ne suis pas coquet.

Pendant ce temps, Mᵉ Philippe Liotard regardait Maigret d'un air de défi, si fixement qu'il semblait vouloir l'hypnotiser. Puis, comme il l'aurait fait à l'audience pour impressionner les jurés, il haussa les épaules, un sourire sarcastique aux lèvres.

— Pourquoi n'avouez-vous pas que le costume trouvé dans le placard vous appartient ?

— Parce qu'il ne m'appartient pas.

— Comment expliquez-vous qu'on ait pu le déposer à cet endroit alors que vous ne quittez pour ainsi dire pas votre domicile et qu'on ne peut atteindre votre chambre qu'en traversant l'atelier ?

— Je n'explique pas.

— Parlons raisonnablement, monsieur Steuvels. Je ne vous tends aucun piège. C'est la troisième fois au moins que nous abordons ce sujet. S'il fallait vous croire, quelqu'un s'est introduit chez vous, à votre insu, pour déposer deux dents humaines dans les cendres de votre calorifère. Remarquez que ce quelqu'un a choisi le jour où votre femme était absente et que, pour qu'elle soit absente, il a fallu aller à Concarneau — ou y envoyer un compère — afin d'expédier un télégramme parlant de sa mère malade. Attendez ! Ce n'est pas tout.

» Non seulement vous étiez seul chez vous, ce qui n'arrive pratiquement jamais, mais encore vous avez fait un tel feu, ce jour-là et le lendemain, dans le calorifère, que vous avez dû vous y reprendre à cinq fois pour aller porter les cendres dans les poubelles.

» Nous avons sur ce point le témoignage de votre concierge, Mme Salazar, qui n'a aucune raison de mentir, et qui est bien placée, dans sa loge, pour suivre les allées et venues de ses locataires. Le dimanche matin vous avez effectué cinq voyages, chaque fois avec un grand seau plein de cendres.

» Elle a cru que vous aviez fait le nettoyage à fond et brûlé de vieux papiers.

» Nous avons un autre témoignage, celui de Mlle Béguin, qui habite le dernier étage, et qui prétend que votre cheminée n'a pas cessé de fumer pendant toute la journée de dimanche. Une fumée noire, a-t-elle précisé. Elle a ouvert sa fenêtre, à un moment donné, et a remarqué une odeur désagréable.

— Est-ce que cette demoiselle Béguin, âgée de soixante-huit ans, ne passe pas, dans le quartier, pour simple d'esprit ? intervint l'avocat en écrasant sa cigarette dans le cendrier et en en choisissant une autre dans un étui d'argent. Permettez-moi aussi de vous faire remarquer que, pendant quatre jours, comme les bulletins météorologiques des 15, 16, 17 et 18 février le prouvent, la température à Paris et dans la région parisienne a été anormalement basse.

— Cela n'explique pas les dents. Cela n'explique pas non plus la présence du complet bleu dans l'armoire, ni des taches de sang qui s'y trouvent.

— Vous accusez et c'est à vous de faire la preuve. Or vous ne parvenez même pas à prouver que ce costume appartient réellement à mon client.

— Vous permettez que je pose une question, monsieur le juge ?

Celui-ci se tourna vers l'avocat, qui n'eut pas le temps de protester, car Maigret, se tournant vers le Flamand, continuait déjà :

— Quand avez-vous entendu parler pour la première fois de Mᵉ Philippe Liotard ?

L'avocat se leva pour riposter, et Maigret, impassible, poursuivait :

— Lorsque j'ai fini de vous interroger, le soir de votre arrestation, ou plutôt aux premières heures du matin, et que je vous ai demandé si vous désiriez l'assistance d'un avocat, vous m'avez répondu affirmativement et vous avez désigné Mᵉ Liotard.

— Le droit le plus strict du prévenu est de choisir l'avocat qui lui plaît, et si cette question est posée à nouveau, je me verrai obligé de saisir le Conseil de l'Ordre.

— Saisissez ! Saisissez ! C'est à vous que je m'adresse, Steuvels. Vous ne m'avez pas répondu.

» Il n'y aurait rien eu de surprenant à ce que vous prononciez le nom d'un maître du Barreau, d'un avocat célèbre, mais ce n'est pas le cas.

» Dans mon bureau, vous n'avez consulté aucun annuaire, vous n'avez questionné personne.

» Mᵉ Liotard n'habite pas votre quartier. Je crois bien que, jusqu'à il y a trois semaines, son nom n'avait jamais paru dans les journaux.

— Je proteste !

— Je vous en prie. Quant à vous, Steuvels, dites-moi si, le matin du 21, avant la visite de mon inspecteur, vous aviez jamais entendu parler de Mᵉ Liotard. Si oui, dites-moi quand et où.

— Ne répondez pas.

Le Flamand hésita, le dos rond, observant Maigret à travers ses grosses lunettes.

— Vous refusez de répondre ? Bien. Je vous pose une autre question. Vous a-t-on téléphoné, le même 21, dans l'après-midi, pour vous parler de Mᵉ Liotard ?

Frans Steuvels hésitait toujours.

— Ou, si vous préférez, avez-vous téléphoné à quelqu'un ? Je vais vous remettre dans l'atmosphère de ce jour-là, qui avait commencé comme un autre jour. Il y avait du soleil et il faisait très doux, de sorte que vous n'aviez pas allumé votre calorifère. Vous étiez à votre travail, devant votre fenêtre, lorsque mon inspecteur s'est présenté et vous a demandé de visiter les locaux sous un prétexte quelconque.

— Vous l'admettez ! intervint Liotard.

— J'admets, maître. Ce n'est pas vous que j'interroge.

» Vous avez tout de suite compris que la police s'occupait de vous, Steuvels.

» A ce moment, il y avait, dans votre atelier, une valise brune qui ne s'y trouvait plus le soir quand le brigadier Lucas est venu avec un mandat de perquisition.

» Qui vous a téléphoné ? Qui avez-vous alerté ? Qui est venu vous voir entre la visite de Lapointe et celle de Lucas ?

» J'ai fait vérifier la liste des gens à qui vous avez l'habitude de téléphoner et dont vous avez noté les numéros sur un carnet. J'ai vérifié moi-même votre annuaire. Le nom de Liotard ne figure pas non plus parmi vos clients.

» Or il est venu vous voir ce jour-là. Est-ce vous qui l'avez appelé ou quelqu'un que vous connaissez vous l'a-t-il envoyé ?

— Je vous interdis de répondre.

Mais le Flamand fit un geste d'impatience.

— Il est venu de lui-même.

— C'est bien de Me Liotard que vous parlez, n'est-ce pas ?

Alors le relieur regarda chacun autour de lui et ses yeux pétillèrent, comme s'il avait une certaine délectation personnelle à mettre son avocat dans l'embarras.

— De Me Liotard, oui.

Celui-ci se tourna vers le greffier qui écrivait.

— Vous n'avez pas le droit d'enregistrer au procès-verbal ces réponses qui n'ont rien à voir avec l'affaire. Je suis, en effet, allé chez Steuvels dont je connaissais la réputation, pour lui demander s'il pouvait me faire un travail de reliure. Est-ce exact ?

— C'est exact !

Pourquoi diable une petite flamme maligne dansait-elle dans les prunelles claires du Flamand ?

— Il s'agit d'un *ex-libris,* avec le blason de la famille — parfaitement, monsieur Maigret, car mon grand-père s'appelait le comte de Liotard et c'est de son plein gré que, ruiné, il a renoncé à employer son titre. Je voulais donc un blason de la famille et je me suis adressé à Steuvels, que je savais être le meilleur relieur de Paris, mais qu'on m'avait dit fort occupé.

— Vous ne lui avez parlé que de votre blason ?

— Pardon. Il me semble que vous êtes en train de m'interroger. Monsieur le juge, nous sommes ici dans votre cabinet et je n'entends pas être pris à partie par un policier. Déjà lorsqu'il s'agissait de mon client, j'ai fait toutes mes réserves. Mais qu'un membre du Barreau...

— Vous avez d'autres questions à poser à Steuvels, monsieur le commissaire ?

— Aucune, je vous remercie.

C'était drôle. Il lui semblait toujours que le relieur n'était pas fâché de ce qui s'était passé et qu'il le regardait même avec une sympathie nouvelle.

Quant à l'avocat, il se rasseyait, saisissait un dossier dans lequel il feignait de se plonger.

— Vous me trouverez quand vous voudrez, maître Liotard. Vous connaissez mon bureau ? L'avant-dernier à gauche, au fond du couloir.

Il sourit au juge Dossin qui n'était pas très à son aise et se dirigea vers la petite porte par quoi la P.J. communique avec le Palais de Justice.

C'était la ruche, plus que jamais, les téléphones qui fonctionnaient derrière les portes, les gens qui attendaient dans tous les coins, les inspecteurs qui couraient le long des couloirs.

— Je crois que quelqu'un vous attend dans votre bureau, commissaire.

Quand il poussa la porte, il trouva Fernande en tête à tête avec le jeune Lapointe qui, assis à la place de Maigret, l'écoutait en prenant des notes. Confus, il se leva. La femme du relieur portait une gabardine beige à ceinture et un chapeau en même tissu, sans coquetterie.

— Comment va-t-il ? questionna-t-elle. Vous venez de le voir ? Il est toujours là-haut ?

— Il va très bien. Il admet que Liotard est passé à l'atelier dans l'après-midi du 21.

— Il vient de se passer un événement plus grave, dit-elle. Surtout, je vous supplie de prendre ce que je vais vous dire au sérieux. Ce matin, j'ai quitté la rue de Turenne comme d'habitude pour porter son dîner à la Santé. Vous connaissez les petites casseroles émaillées dans lesquelles je le mets.

» J'ai pris le métro à la station Saint-Paul et ai changé au Châtelet. J'avais acheté le journal en passant, car je n'avais pas encore eu le temps de le lire.

» Il y avait une place assise, près de la porte. Je m'y suis installée et ai commencé l'article que vous savez.

» J'avais posé les casseroles superposées sur le plancher, à côté de moi, et je pouvais en sentir la chaleur contre ma jambe.

» Cela devait être l'heure d'un train, car, quelques sations avant Montparnasse, beaucoup de monde est monté dans le wagon, beaucoup de gens avec des valises.

» Prise par ma lecture, je ne faisais pas attention à ce qui se passait autour de moi quand j'ai eu l'impression qu'on touchait à mes casseroles.

» J'ai eu juste le temps d'apercevoir une main qui essayait de remettre la poignée de métal.

» Je me suis levée, en me tournant vers mon voisin. On arrivait à Montparnasse, où je devais changer. Presque tout le monde descendait.

» Je ne sais pas comment il s'y est pris, mais il est parvenu à renverser l'appareil et à se faufiler sur le quai avant que je le voie en face.

» La nourriture s'est répandue. Je vous ai apporté les casseroles qui, à part celle du dessous, sont à peu près vides.

» Regardez vous-même. Une lame de métal, munie d'une poignée, les tient emboîtées.

» Cela ne s'est pas ouvert tout seul.

» Je suis sûre que quelqu'un me suivait et a essayé de glisser du poison dans les aliments destinés à Frans.

— Porte ça au laboratoire, dit Maigret à Lapointe.

— On ne trouvera peut-être rien, car c'est fatalement dans la casserole du dessus qu'on a tenté de mettre le poison et elle est vide. Vous me croyez quand même, monsieur le commissaire ? Vous avez pu vous rendre compte que j'étais franche avec vous.

— Toujours ?

— Dans la mesure du possible. Cette fois il s'agit de la vie de Frans. On essaie de le supprimer, et ces salauds ont voulu se servir de moi à mon insu.

Elle regorgeait d'amertume.

— Si seulement je n'avais pas été plongée dans mon journal, j'aurais pu observer l'homme. Tout ce que je sais, c'est qu'il portait un imperméable à peu près de la même couleur que le mien et que ses souliers noirs étaient usés.

— Jeune ?

— Pas très jeune. Pas vieux non plus. Entre deux âges. Ou plutôt un homme sans âge, vous savez ce que je veux dire ? Il y avait une tache près de l'épaule, à son imperméable, je l'ai remarquée pendant qu'il se faufilait.

— Grand ? Maigre ?

— Plutôt petit. Moyen, tout au plus. L'air d'un rat, si vous voulez mon impression.

— Et vous êtes sûre de ne l'avoir jamais vu ?

Elle réfléchit.

— Non. Il ne me rappelle rien.

Puis, se ravisant :

— Cela me revient. J'étais justement en train de lire l'article de l'histoire de la dame au petit garçon et de l'*Hôtel Beauséjour*. Il m'a fait penser à un des deux hommes, celui dont la tenancière a dit qu'il ressemblait à un marchand de cartes transparentes. Vous ne vous moquez pas de moi ?

— Non.

— Vous ne croyez pas que j'invente ?

— Non.

— Vous pensez qu'on a essayé de le tuer ?

— C'est possible.

— Qu'est-ce que vous allez faire ?

— Je ne sais pas encore.

Lapointe rentrait et annonçait que le laboratoire ne pourrait pas donner son rapport avant plusieurs heures.

— Vous croyez préférable qu'il se contente de la nourriture de la prison ?

— Ce serait prudent.

— Il va se demander pourquoi je ne lui ai pas envoyé son repas. Je ne le verrai que dans deux jours à la visite.

Elle ne pleurait pas, ne faisait pas de manières, mais ses yeux sombres, très cernés, étaient remplis d'inquiétude et de détresse.

— Venez avec moi.

Il adressa un clin d'œil à Lapointe, la précéda dans les escaliers, dans les couloirs qui devenaient de plus en plus déserts à mesure qu'ils avançaient. Il eut de la peine à ouvrir une petite fenêtre qui donnait sur la cour où une voiture cellulaire attendait.

— Il ne va pas tarder à descendre. Vous permettez ? J'ai à faire là-haut...

Du geste, il désignait les combles.

Elle le suivit des yeux, incrédule, puis s'accrocha des deux mains aux barreaux en essayant de voir aussi loin que possible dans la direction d'où Steuvels allait surgir.

5

Une histoire de chapeau

C'était reposant, en quittant les bureaux dont les portes claquaient sans cesse au passage des inspecteurs et où tous les téléphones fonctionnaient en même temps, de s'acheminer, par un escalier toujours désert, vers les combles du Palais de Justice où étaient installés les laboratoires et les sommiers.

Il faisait déjà presque noir et, dans l'escalier mal éclairé, qui ressemblait à quelque escalier dérobé du château, Maigret était précédé par son ombre gigantesque.

Dans un coin d'une pièce mansardée, Moers, une visière verte sur le front, ses grosses lunettes devant les yeux, travaillait sous une lampe qu'il approchait ou reculait de son travail en tirant sur un fil de fer.

Celui-là n'était pas allé rue de Turenne pour questionner les voisins, ni boire des pernods et du vin blanc dans un des trois bars. Il n'avait jamais filé personne dans la rue, ni passé la nuit planqué devant une porte close.

Il ne s'emballait jamais, ne s'énervait pas, mais, peut-être serait-il encore penché sur son bureau demain matin ? Il lui était arrivé, une fois, d'y passer trois jours et trois nuits de suite.

Maigret, sans rien dire, avait saisi une chaise à fond de paille, était venu s'asseoir près de l'inspecteur et avait allumé sa pipe sur laquelle il tirait doucement. En entendant un bruit régulier sur un vasistas, au-dessus de sa tête, il apprit que le temps avait changé et qu'il s'était mis à pleuvoir.

— Regardez celles-ci, patron, disait Moers en lui tendant, comme un jeu de cartes, un lot de photographies.

C'était un travail magnifique qu'il avait accompli là, seul dans son coin. Avec les vagues signalements qu'on lui avait fournis, il avait en quelque sorte animé, doué d'une personnalité trois personnages dont on ne savait à peu près rien : l'étranger gras et brun, aux vêtements raffinés ; la jeune femme au chapeau blanc et enfin le complice qui ressemblait « à un marchand de cartes postales transparentes ».

Pour ce faire, il disposait des centaines de milliers de fiches des sommiers, mais sans doute était-il le seul à en garder un souvenir suffisant pour réaliser ce qu'il venait de réaliser patiemment.

Le premier paquet, que Maigret examinait, comportait une quarantaine de photographies d'hommes gras et soignés, genre Grecs ou Levantins, au poil lisse, aux doigts bagués.

— Je ne suis pas trop content de ceux-là, soupirait Moers, comme si on l'avait chargé de découvrir la distribution idéale d'un film. Vous pouvez essayer quand même. Pour ma part, je préfère ceux-ci.

Il n'y avait qu'une quinzaine de photos dans le second paquet, et à chacune on avait envie d'applaudir, tant elles ressemblaient à l'idée qu'on se faisait du personnage décrit par la tenancière du *Beauséjour*.

En regardant au dos, Maigret apprenait la profession des personnages. Deux ou trois étaient marchands de tuyaux aux courses. Il y avait un voleur à l'esbroufe, qu'il connaissait d'autant mieux qu'il l'avait arrêté personnellement dans un autobus, et un individu qui faisait la retape à la porte des grands hôtels pour certains établissements spéciaux.

Une petite flamme satisfaite dansait dans les yeux de Moers.

— C'est amusant, n'est-ce pas ? Pour la femme je n'ai presque rien, parce que nos photographies ne comportent pas de chapeau. Je continue, pourtant.

Maigret, qui avait glissé les photos dans sa poche, resta encore un moment, par plaisir, puis, en soupirant, passa dans le laboratoire voisin où on travaillait toujours sur les aliments contenus dans les casseroles de Fernande.

On n'avait rien découvert. Ou bien l'histoire était inventée de toutes pièces, dans un but qu'il ne devinait pas, ou on n'avait pas eu le temps de verser le poison, ou encore celui-ci était tombé dans la partie qui s'était entièrement renversée dans le wagon du métro.

Maigret évita de repasser par les bureaux de la P.J. et déboucha dans la pluie quai des Orfèvres, releva le col de son pardessus, marcha vers le pont Saint-Michel et dut tendre le bras une dizaine de fois avant qu'un taxi s'arrêtât.

— Place Blanche. Au coin de la rue Lepic.

Il n'était pas en train, mécontent de lui et de la tournure de l'enquête. Il en voulait en particulier à Philippe Liotard, qui l'avait obligé à abandonner ses méthodes habituelles et à mettre, dès le début, tous les services en mouvement.

Maintenant trop de gens s'occupaient de l'affaire, qu'il ne pouvait contrôler personnellement, et celle-ci se compliquait comme à plaisir, de nouveaux personnages surgissaient, dont il ne savait à peu près rien et dont il était incapable de deviner le rôle.

Par deux fois, il avait eu envie de reprendre l'enquête à son début, tout seul, lentement, pesamment, selon sa méthode favorite, mais ce n'était plus possible, la machine était en marche et il n'y avait plus moyen de l'arrêter.

Il aurait aimé, par exemple, questionner à nouveau la concierge, le cordonnier d'en face, la vieille demoiselle du quatrième. Mais à quoi bon ? Tout le monde les avait questionnés à présent, les inspecteurs, les journalistes, les détectives amateurs, les gens de la rue. Leurs déclarations avaient paru dans les journaux et ils ne pouvaient plus en démordre. C'était comme une piste que cinquante personnes auraient piétinée à plaisir.

— Vous croyez que le relieur a tué, monsieur Maigret ?

C'était le chauffeur, qui l'avait reconnu et qui l'interrogeait familièrement.

— Je ne sais pas.

— Si j'étais vous, je m'occuperais surtout du petit garçon. Pour moi, c'est le bon bout, et je ne parle pas ainsi parce que j'ai un gamin de son âge. Même les chauffeurs s'y mettaient ! Il descendit à l'angle de la rue Lepic et entra au bar du coin pour boire un verre. La pluie ruisselait en grosses gouttes du vélum tout autour de la terrasse où quelques femmes étaient figées comme dans un musée de cire. Il les connaissait pour la plupart. Quelques-unes devaient emmener leurs clients à l'*Hôtel Beauséjour*.

Il y en avait une, très grosse, à la porte même de l'hôtel qu'elle obstruait, et elle sourit en croyant qu'il venait pour elle, puis le reconnut et s'excusa.

Il gravit l'escalier, mal éclairé, trouva la tenancière dans le bureau, vêtue cette fois de soie noire avec des lunettes à monture d'or, les cheveux d'un roux flamboyant.

— Asseyez-vous. Vous permettez un instant ?

Elle alla crier dans l'escalier :

— Une serviette au 17, Emma !

Elle revint.

— Vous avez trouvé quelque chose ?

— Je voudrais que vous examiniez ces photos avec attention.

Il lui tendit d'abord les quelques photographies de femmes sélectionnées par Moers. Elle les regarda une à une, hochant chaque fois la tête, lui rendit le paquet.

— Non. Ce n'est pas du tout le genre. Elle est quand même plus distinguée que ces femmes-là. Peut-être pas tellement distinguée. Ce que je veux dire, c'est « comme il faut ». Vous comprenez ? Elle a l'air d'une petite femme convenable, tandis que celles que vous me montrez pourraient être de mes clientes.

— Et ceux-ci ?

C'étaient les hommes à cheveux noirs. Elle hochait toujours la tête.

— Non. Ce n'est pas cela du tout. Je ne sais pas comment vous expliquer. Ceux-ci font trop métèque. Voyez-vous, M. Levine aurait pu descendre dans un grand hôtel des Champs-Élysées sans se faire remarquer.

— Celles-ci ?

Il tendit le dernier paquet en soupirant et, dès la troisième photographie, elle s'immobilisa, lança au commissaire un petit regard en dessous. Hésitait-elle à parler ?

— C'est lui ?

— Peut-être. Attendez que je m'approche de la lumière.

Une fille montait, avec un client qui se tenait dans l'ombre de l'escalier.

— Prends le 7, Clémence. On vient de faire la chambre.

Elle changeait ses lunettes de place sur son nez.

— Je jurerais que c'est lui, oui. C'est dommage qu'il ne bouge pas. En le voyant marcher, même de dos, je le reconnaîtrais tout de suite. Mais il y a peu de chance que je me trompe.

Derrière la photographie, Moers avait écrit un résumé de la carrière de l'homme. Maigret fut frappé de constater que c'était probablement un Belge, comme le relieur. *Probablement,* car il était connu sous plusieurs noms différents et on n'avait jamais été sûr de son identité véritable.

— Je vous remercie.

— J'espère que vous m'en tiendrez compte. J'aurais pu faire semblant de ne pas le reconnaître. Après tout, ce sont peut-être des gens dangereux et je risque gros.

Elle était tellement parfumée, les odeurs de la maison étaient si tenaces qu'il fut heureux de se retrouver sur le trottoir et de respirer l'odeur des rues sous la pluie.

Il n'était pas sept heures. Le petit Lapointe devait être allé retrouver sa sœur pour lui raconter, comme Maigret le lui avait conseillé, ce qui s'était passé au Quai pendant la journée.

C'était un bon garçon, encore trop nerveux, trop émotif, mais on en ferait probablement quelque chose. Lucas, dans son bureau, jouait toujours au chef d'orchestre, relié par téléphone à tous les services, à tous les coins de Paris et d'ailleurs où on cherchait le trio.

Quant à Janvier, il ne quittait plus Alfonsi, qui était retourné rue de Turenne et était resté près d'une heure dans le sous-sol avec Fernande.

Le commissaire but encore un verre de bière, le temps de lire les notes de Moers, qui lui rappelaient quelque chose.

Alfred Moss, nationalité belge (?). Environ quarante-deux ans. A été, pendant une dizaine d'années, artiste de music-hall. Appartenait à un numéro d'acrobates aux barres fixes : Moss, Jef and Joe.

Maigret s'en souvenait. Il se souvenait surtout de celui des trois qui tenait le rôle de clown en vêtements noirs trop amples et souliers interminables, le menton bleu, la bouche immense et la perruque verte.

L'homme paraissait complètement désarticulé et, après chaque voltige, il retombait si lourdement en apparence qu'il semblait impossible qu'il ne se fût pas cassé quelque chose.

A travaillé dans la plupart des pays d'Europe et même aux Etats-Unis où il a suivi le cirque Barnum pendant quatre ans. A abandonné son métier à la suite d'un accident.

Suivaient les noms sous lesquels la police l'avait connu ensuite : Mosselaer, Van Vlanderen, Paterson, Smith, Thomas... Il avait été arrêté successivement à Londres, à Manchester, à Bruxelles, à Amsterdam, et trois ou quatre fois à Paris.

Cependant il n'avait jamais été condamné, faute de preuves. Que ce fût sous une identité ou sous une autre, il possédait invariablement des papiers en règle et il parlait avec assez de perfection quatre ou cinq langues pour changer de nationalité à son gré.

La première fois qu'il avait été poursuivi, c'était à Londres, où il se donnait comme citoyen suisse et où il travaillait en qualité d'interprète dans un palace. Une mallette de bijoux avait disparu d'un appartement dont on l'avait vu sortir, mais la propriétaire des bijoux, une vieille Américaine, témoigna que c'était elle qui l'avait appelé dans son appartement pour se faire traduire une lettre reçue d'Allemagne.

A Amsterdam, il avait été soupçonné, quatre ans plus tard, de vol à l'américaine. Pas plus que la première fois, on ne put en établir la preuve, et il disparut de la circulation pendant un certain temps.

C'étaient ensuite les Renseignements Généraux, à Paris, qui s'étaient occupés de lui, toujours en vain, à une époque où le trafic d'or, aux frontières, se pratiquait sur une grande échelle et où Moss, devenu Joseph Thomas, faisait la navette entre la France et la Belgique.

Il connaissait des hauts et des bas, vivait tantôt dans un hôtel de premier ordre, voire un palace, et tantôt dans un meublé miteux.

Depuis trois ans, on ne le signalait nulle part. On ne savait ni dans quel pays, ni sous quel nom il opérait, s'il opérait encore.

Maigret se dirigea vers la cabine et appela Lucas au bout du fil.

— Monte voir Moers et demande-lui tous les tuyaux sur un certain Moss. Oui. Dis-lui que c'est un de nos hommes. Il te donnera son signalement et le reste. Fais un appel général. Mais qu'on ne l'arrête pas. Qu'on essaie même, si on le trouve, de ne pas l'inquiéter. Tu comprends ?

— Compris, patron. On vient encore de me signaler un enfant.

— Où ?

— Avenue Denfert-Rochereau. J'ai envoyé quelqu'un. J'attends. Je n'ai plus assez d'hommes sous la main. Il y a eu aussi un appel de la gare du Nord. Torrence y est allé.

Il eut envie de marcher un peu, sous la pluie, et passa place d'Anvers, où il regarda le banc, en ce moment dégoulinant d'eau, où Mme Maigret avait attendu. En face, sur l'immeuble d'angle de l'avenue Trudaine, un panneau portait en grandes lettres blafardes le mot : *Dentiste*.

Il reviendrait. Il y avait des tas de choses qu'il voulait faire et que la bousculade l'obligeait toujours à remettre au lendemain.

Il sauta dans un autobus. Quand il arriva devant sa porte, il fut étonné de ne pas entendre de bruit dans la cuisine, de ne sentir aucune odeur. Il entra, traversa la salle à manger où les couverts n'étaient pas mis et vit enfin Mme Maigret, en combinaison, occupée à retirer ses bas.

Cela lui ressemblait si peu qu'il ne trouva rien à dire et qu'elle éclata de rire en voyant ses gros yeux ronds.

— Tu es fâché, Maigret.

Il y avait dans sa voix une bonne humeur presque agressive qu'il ne lui connaissait pas, et il voyait sur le lit sa meilleure robe, son chapeau des grands jours.

— Il va falloir que tu te contentes d'un dîner froid. Figure-toi que j'ai été tellement occupée que je n'ai eu le temps de rien préparer. D'ailleurs, c'est si rare que tu rentres pour les repas, ces jours-ci !

Et, assise dans la bergère, elle se massait les pieds avec un soupir de satisfaction.

— Je crois que je n'ai jamais autant marché de ma vie !

Il restait là, en pardessus, son chapeau mouillé sur la tête, à la regarder et à attendre, et elle le laissait languir exprès.

— J'ai commencé par les grands magasins, bien que je fusse à peu près certaine que c'était inutile. Mais on ne sait jamais ; et je ne voulais pas me reprocher ensuite ma négligence. Puis j'ai fait toute la rue La Fayette, je suis remontée par la rue Notre-Dame-de-Lorette et je me suis promenée rue Blanche, rue de Clichy. Je suis redescendue vers l'Opéra, tout cela à pied, même quand il a commencé à pleuvoir. Il faut te dire qu'hier, sans t'en parler, j'avais déjà « fait » le quartier des Ternes et les Champs-Élysées.

» Par acquit de conscience aussi, car je me doutais que de ce côté-là c'était trop cher.

Il prononçait enfin la phrase qu'elle attendait, qu'elle essayait de provoquer depuis un bon moment.

— Qu'est-ce que tu cherchais ?

— Le chapeau, tiens ! Tu n'avais pas compris ? Cela me tracassait, cette histoire-là. J'ai pensé que ce n'était pas un travail pour des hommes. Un tailleur, c'est un tailleur, surtout un tailleur bleu. Mais un chapeau, c'est différent, et j'avais bien regardé celui-là. Les chapeaux blancs sont à la mode depuis quelques semaines. Seulement un chapeau ne ressemble jamais tout à fait à un autre chapeau. Tu comprends ? Cela ne t'ennuie pas de manger froid ? J'ai apporté des charcuteries de la maison italienne, du jambon de Parme, des cèpes au vinaigre et un tas de petits hors-d'œuvre préparés.

— Le chapeau ?

— Cela t'intéresse, Maigret ? En attendant le tien est en train d'égoutter sur le tapis. Tu ferais mieux de l'enlever.

Elle avait réussi, car autrement elle ne serait pas d'humeur si taquine et elle ne se permettrait pas de jouer ainsi avec lui. Il valait mieux la laisser venir, garder son air grognon, car cela lui faisait plaisir.

Pendant qu'elle passait une robe de laine, il s'assit au bord du lit.

— Je savais bien que ce n'était pas un chapeau de toute grande modiste et que ce n'était pas la peine de chercher rue de la Paix, rue Saint-Honoré ou avenue Matignon. D'ailleurs, dans ces maisons-là, on ne met rien aux étalages et il aurait fallu que j'entre et que je joue à la cliente. Tu me vois essayer des chapeaux chez Caroline Reboux ou chez Rose Valois ?

» Mais ce n'était pas non plus un chapeau des Galeries ou du Printemps.

» Entre les deux. Un chapeau de modiste quand même, et de modiste qui a du goût.

» C'est pour cela que j'ai fait toutes les petites maisons, surtout dans les environs de la place d'Anvers, enfin pas trop loin.

» J'ai vu une bonne centaine de chapeaux blancs, et pourtant c'est devant un chapeau gris perle que je me suis enfin arrêtée, rue Caumartin, chez « Hélène et Rosine ».

» C'était exactement le même chapeau, dans un autre ton, et je suis sûre de ne pas me tromper. Je t'ai dit que celui de la dame au petit garçon avait un bout de voilette, large de trois ou quatre doigts, tombant juste sur les yeux.

» Le chapeau gris avait la même.

— Tu es entrée ?

Maigret devait faire un effort pour ne pas sourire, car c'était bien la première fois que la timide Mme Maigret se mêlait d'une enquête, sans doute la première fois aussi qu'elle pénétrait dans une boutique de modiste du quartier de l'Opéra.

— Cela t'étonne ? Tu trouves que je fais trop grosse mémère ? Je suis entrée, oui. J'avais peur que ce soit fermé. J'ai demandé le plus naturellement du monde s'ils n'avaient pas le même chapeau en blanc.

» La dame m'a répondu que non, qu'ils l'avaient en bleu pâle, en jaune et en vert jade. Elle a ajouté qu'elle avait eu le même en blanc, mais qu'elle l'avait vendu il y a plus d'un mois.

— Qu'est-ce que tu as fait ? questionna-t-il, intrigué.

— Je lui ai dit, après avoir respiré un grand coup :

» — C'est celui-là que j'ai vu porté par une de mes amies.

» Je me voyais dans les glaces, car il y a des miroirs tout autour de la boutique, et j'avais le visage cramoisi.

» — Vous connaissez la comtesse Panetti ? m'a-t-elle demandé avec un étonnement pas flatteur.

» — Je l'ai rencontrée. Je serais bien contente de la revoir, car j'ai obtenu un renseignement qu'elle m'avait demandé et j'ai égaré son adresse.

» — Je suppose qu'elle est toujours...

» Elle a failli s'arrêter. Elle n'avait pas tout à fait confiance en moi. Mais elle n'a pas osé ne pas finir sa phrase.

» — Je suppose qu'elle est toujours au *Claridge*.

Mme Maigret le regardait, triomphante et narquoise à la fois, avec, malgré tout, un tremblement inquiet des lèvres. Il joua le jeu jusqu'au bout, grogna :

— J'espère que tu n'es pas allée interroger le portier du *Claridge* ?

— Je suis revenue tout de suite. Tu es fâché ?

— Non.

— Je t'ai donné assez de mal avec cette histoire pour que j'essaie de t'aider. Maintenant, viens manger, car j'espère que tu vas prendre le temps d'avaler un morceau avant d'aller là-bas.

Ce dîner lui rappela leurs premiers repas en commun, quand elle découvrait Paris et qu'elle s'émerveillait de tous les petits plats préparés qu'on vend dans les maisons italiennes. C'était plus une dînette qu'un dîner.

— Tu crois que le renseignement est bon ?

— A condition que tu ne te sois pas trompée de chapeau.

— De cela, je suis certaine. Pour les souliers, je n'avais pas tant confiance.

— Quelle est encore cette histoire de souliers ?

— Quand on est assise sur un banc, dans un square, on a naturellement devant les yeux les souliers de sa voisine. Une fois que je les regardais avec attention, j'ai vu qu'elle était gênée et essayait de mettre ses pieds sous le banc.

— Pourquoi ?

— Je vais t'expliquer, Maigret. Ne fais pas cette tête-là. Ce n'est pas ta faute si tu ne comprends rien aux affaires de femmes. Suppose qu'une personne habituée aux grands couturiers veuille avoir l'air d'une petite bourgeoise et passer inaperçue ? Elle s'achète un tailleur tout fait, ce qui est facile. Elle peut aussi s'acheter un chapeau qui ne soit pas de grand luxe, quoique je ne sois pas aussi sûre du chapeau.

— Que veux-tu dire ?

— Qu'elle l'avait avant, mais qu'elle a pensé qu'il ressemblait suffisamment aux autres chapeaux blancs portés cette saison par les midinettes. Elle enlève ses bijoux, bon ! Mais il y a une chose à quoi elle aura de la peine à s'habituer : les souliers tout faits. De se chausser chez les grands bottiers, cela rend les pieds délicats. Tu m'as assez entendue gémir pour savoir que les femmes ont naturellement les pieds sensibles. De sorte que la dame garde ses souliers en pensant qu'on ne les remarquera pas. C'est une erreur, car, moi, c'est toujours la première chose que je regarde. D'habitude, c'est le contraire qui se passe : on voit des jolies femmes élégantes, avec une robe chère ou un manteau de fourrure, qui portent des souliers de quatre sous.

— Elle avait des souliers chers ?

— Des souliers faits sur mesure, sûrement. Je ne m'y connais pas assez pour savoir de quel bottier ils venaient. D'autres femmes auraient sans doute pu le dire.

Il prit le temps, après avoir mangé, de se servir un petit verre de prunelle et de fumer une pipe presque entière.

— Tu vas au *Claridge* ? Tu ne rentreras pas trop tard ?

Il prit un taxi, descendit en face du palace, aux Champs-Élysées, et se dirigea vers le bureau du portier. C'était déjà le portier de nuit, qu'il connaissait depuis des années, et cela valait mieux, car les portiers de nuit en savent régulièrement plus long sur les clients que ceux de jour.

Son arrivée dans un endroit de ce genre produisait toujours le même effet. Il pouvait voir les employés de la réception, le sous-directeur et même le garçon d'ascenseur froncer les sourcils en se demandant ce qui clochait. On n'aime pas les scandales, dans les hôtels de luxe, et la présence d'un commissaire de la P.J. annonce rarement quelque chose de bon.

— Comment allez-vous, Benoît ?

— Pas mal, monsieur Maigret. Les Américains commencent à donner.

— La comtesse Panetti est toujours ici ?

— Il y a bien un mois qu'elle est partie. Voulez-vous que je vérifie la date exacte ?

— Sa famille l'a accompagnée ?

— Quelle famille ?

C'était l'heure calme. La plupart des locataires étaient dehors, au théâtre ou à dîner. Dans la lumière dorée, les chasseurs se tenaient les bras ballants près des colonnes de marbre et observaient de loin le commissaire, que tous connaissaient de vue.

— Je ne lui ai jamais connu de famille. Voilà des années qu'elle descend ici... et...

— Dites-moi. Avez-vous déjà vu la comtesse avec un chapeau blanc ?

— Certainement. Elle en a reçu un quelques jours avant son départ.

— Elle portait aussi un tailleur bleu ?

— Non. Vous devez confondre, monsieur Maigret. Le tailleur bleu, c'est sa femme de chambre, ou sa cameriste, si vous préférez, enfin la demoiselle qui voyage avec elle.

— Vous n'avez jamais vu la comtesse Panetti en tailleur bleu ?

— Si vous la connaissiez, vous ne me demanderiez pas ça.

Maigret, à tout hasard, tendit les photographies de femmes sélectionnées par Moers.

— Y en a-t-il une qui lui ressemble ?

Benoît regarda le commissaire avec stupeur.

— Vous êtes sûr que vous ne vous trompez pas ? Vous me montrez des portraits de femmes qui n'ont pas trente ans et la comtesse n'en a pas loin de soixante-dix. Tenez ! vous devriez vous renseigner sur elle auprès de vos collègues de la Mondaine, car ils doivent la connaître.

» Nous en voyons de toutes les couleurs, n'est-ce pas ? Eh bien ! la comtesse est une de nos clientes les plus originales.

— D'abord savez-vous qui elle est ?

— C'est la veuve du comte Panetti, l'homme des munitions et de l'industrie lourde en Italie.

» Elle vit un peu partout, à Paris, à Cannes, en Égypte. Je crois qu'elle fait aussi chaque année une saison à Vichy.

— Elle boit ?

— C'est-à-dire qu'elle remplace l'eau par du champagne et je ne serais pas étonné qu'elle se lave les dents au Pommery brut ! Elle s'habille comme une jeune fille, se maquille comme une poupée et passe la plus grande partie de ses nuits dans les cabarets.

— Sa femme de chambre ?

— Je ne la connais pas beaucoup. Elle en change souvent. Je n'ai vu celle-ci que cette année. L'an dernier, elle avait une grande fille rousse, une masseuse de profession, car elle se fait masser chaque jour.

— Vous connaissez le nom de la jeune fille ?

— Gloria quelque chose. Je n'ai plus sa fiche, mais on vous le dira au bureau. J'ignore si elle est Italienne ou simplement du Midi, peut-être même de Toulouse ?

— Une petite brune ?

— Oui, élégante, convenable, jolie. Je la voyais peu. Elle n'occupait pas une chambre de courrier, mais vivait dans l'appartement où elle prenait ses repas avec sa patronne.

— Pas d'hommes ?

— Seulement le gendre, qui est venu les voir de temps en temps.

— Quand ?

— Peu avant leur départ. Pour les dates, interrogez la réception. Il n'habitait pas l'hôtel.

— Vous savez son nom ?

— Krynker, je crois. C'est un Tchèque ou un Hongrois.

— Un brun, assez gras, d'une quarantaine d'années ?

— Non. Très blond, au contraire, et beaucoup plus jeune. Je lui donne à peine trente ans.

Ils furent interrompus par un groupe d'Américaines en robe du soir qui remettaient leurs clefs et réclamaient un taxi.

— Quant à vous jurer que c'est un vrai gendre...

— Elle avait des aventures ?

— Je ne sais pas. Je ne dis ni oui ni non.

— Il lui est arrivé, au gendre, de passer la nuit ici ?

— Non. Mais ils sont sortis ensemble plusieurs fois.

— Avec la cameriste ?

— Elle ne sortait jamais le soir avec la comtesse. Je ne l'ai même jamais vue en robe habillée.

— Vous savez où elles sont allées ?

— A Londres, si je me souviens bien. Mais attendez donc. Je crois me rappeler quelque chose. Ernest ! Viens ici. N'aie pas peur. Est-ce que la comtesse Panetti n'a pas laissé ses gros bagages ?

— Oui, monsieur.

Le concierge expliqua :

— Il arrive souvent que nos clients, qui ont à se déplacer pour un temps plus ou moins long, laissent ici une partie de leurs bagages. Nous avons une remise tout exprès. La comtesse y a laissé ses malles.

— Elle n'a pas dit quand elle reviendrait ?

— Pas que je sache.

— Elle est partie seule ?

— Avec sa femme de chambre.

— En taxi ?

— Pour cela, il faudrait questionner mon collègue de jour. Vous le trouverez demain matin à partir de huit heures.

Maigret sortit de sa poche la photographie de Moss. Le concierge ne fit qu'y jeter un coup d'œil, esquissa une grimace.

— Vous ne trouverez pas celui-là ici.

— Vous le connaissez ?

— Paterson. Je l'ai connu sous le nom de Mosselaer, alors que je travaillais à Milan, il y a bien quinze ans de ça. Il est fiché dans tous les palaces et ne s'aventure plus à s'y présenter. Il sait qu'on ne lui donnerait pas de chambre, qu'on ne l'autoriserait même pas à traverser le hall.

— Vous ne l'avez pas aperçu ces derniers temps ?

— Non. Si je le rencontrais, je commencerais par lui réclamer les cent lires qu'il m'a empruntées autrefois et qu'il ne m'a jamais rendues.

— Votre collègue de jour a le téléphone ?

— Vous pouvez toujours essayer de l'appeler à sa villa de Saint-Cloud, mais c'est rare qu'il réponde. Il n'aime pas être dérangé le soir et, la plupart du temps, il décroche son appareil.

Il répondit cependant, et on entendait en même temps la musique de la T.S.F. dans l'appareil.

— Le bagagiste-chef pourrait sans doute être plus précis. Je ne me souviens pas de lui avoir fait appeler un taxi. D'habitude, quand elle quitte l'hôtel, c'est moi qui prends les billets de pullman ou d'avion.

— Vous ne l'avez pas fait cette fois-ci ?

— Non. Voilà seulement que cela me frappe. Peut-être est-elle partie dans une voiture particulière ?

— Vous ne savez pas si le gendre, Krynker, possédait une voiture ?

— Certainement. Une grosse auto américaine de couleur chocolat.

— Je vous remercie. Je vous verrai probablement demain matin.

Il passa à la réception où le sous-directeur en veston noir et pantalon rayé tint à rechercher personnellement les fiches.

— Elle a quitté l'hôtel le 16 février, dans la soirée. J'ai sa note sous les yeux.

— Elle était seule ?

— Je vois deux lunchs ce jour-là. Elle a donc mangé avec sa dame de compagnie.

— Voulez-vous me confier cette note ?

On y trouvait, jour par jour, les dépenses que la comtesse avait faites à l'hôtel, et Maigret désirait les étudier à tête reposée.

— A condition que vous me la retourniez ! Sinon, cela nous fera des histoires avec ces messieurs du fisc. Au fait, à quel propos la police enquête-t-elle sur une personnalité telle que la comtesse Panetti ?

Maigret, préoccupé, faillit répondre : « C'est à cause de ma femme ! » Il se reprit à temps et grommela :

— Je ne sais pas encore. Une histoire de chapeau.

6

Le bateau-lavoir du Vert-Galant

Maigret poussait la porte tournante, découvrait les guirlandes de lumières des Champs-Élysées qui, sous la pluie, l'avaient toujours fait penser à des regards mouillés ; il se disposait à descendre à pied vers le rond-point quand il fronça les sourcils. Debout contre le tronc d'un arbre, non loin d'une marchande de fleurs qui se protégeait de la pluie, Janvier le regardait, piteux, comique, avec l'air de vouloir lui faire comprendre quelque chose.

Il alla vers lui.

— Qu'est-ce que tu fabriques ici ?

L'inspecteur lui désigna une silhouette se dessinant devant une des rares vitrines éclairées. C'était Alfonsi, qui paraissait profondément intéressé par un étalage de malles.

— Il vous suit. De sorte qu'il se fait que je vous suis aussi.

— Il a vu Liotard, après la visite rue de Turenne ?

— Non. Il lui a téléphoné.

— Laisse tomber. Tu veux que je te dépose chez toi ?

Janvier habitait presque sur son chemin, rue Réaumur.

Alfonsi les regarda partir tous les deux, parut surpris, dérouté, puis, comme Maigret hélait un taxi, se décida à faire demi-tour et s'éloigna en direction de l'Étoile.

— Du nouveau ?

— En vrac. Presque trop.

— Je m'occupe encore d'Alfonsi, demain matin ?

— Non. Passe au bureau. Il y aura probablement du travail pour tout le monde.

Quand l'inspecteur fut descendu, Maigret dit au chauffeur :

— Passez par la rue de Turenne.

Il n'était pas tard. Il espérait vaguement qu'il verrait de la lumière chez le relieur. Cela aurait été le moment idéal pour bavarder longuement avec Fernande, comme il avait depuis longtemps envie de le faire.

A cause d'un reflet sur la vitre, il descendit de voiture, mais constata que tout était obscur à l'intérieur, hésita à frapper, repartit en direction du quai des Orfèvres où Torrence était de garde et il lui donna des instructions.

Mme Maigret venait de se coucher quand il rentra sur la pointe des pieds. Comme il se déshabillait dans l'obscurité, pour ne pas l'éveiller, elle lui demanda :

— Le chapeau ?

— Il a effectivement été acheté par la comtesse Panetti.

— Tu l'as vue ?

— Non. Mais elle a environ soixante-quinze ans.

Il se coucha, de mauvaise humeur, ou préoccupé, et il pleuvait toujours quand il s'éveilla, puis il se coupa en se rasant.

— Tu continues ton enquête ? demanda-t-il à sa femme, qui, en bigoudis, lui servait son petit déjeuner.

— J'ai autre chose à faire ? s'informa-t-elle sérieusement.

— Je ne sais pas. Maintenant que tu as commencé...

Il acheta son journal au coin du boulevard Voltaire, n'y trouva aucune nouvelle déclaration de Philippe Liotard, aucun nouveau défi. Le concierge de nuit du *Claridge* avait été discret, car on ne parlait pas non plus de la comtesse.

Là-bas, au Quai, Lucas, en relayant Torrence, avait reçu ses instructions, et la machine fonctionnait ; on cherchait maintenant la comtesse italienne sur la Côte d'Azur et dans les capitales étrangères, en même temps qu'on s'intéressait au dénommé Krynker et à la femme de chambre.

Sur la plate-forme de l'autobus entourée de pluie fine, un voyageur lisait son journal en face de lui, et ce journal portait un titre qui fit rêver le commissaire.

L'enquête piétine.

Combien de personnes, à l'heure même, étaient en train de s'en occuper ? On surveillait toujours les gares, les ports, les aérodromes. On continuait à fouiller les hôtels et les meublés. Non seulement à Paris et en France, mais à Londres, à Bruxelles, à Amsterdam, à Rome, on cherchait la trace d'Alfred Moss.

Maigret descendit rue de Turenne, entra au *Tabac des Vosges* pour acheter un paquet de gris et, par la même occasion, but un verre de vin blanc. Il n'y avait pas de journalistes, mais seulement des gens du quartier qui commençaient à déchanter.

La porte du relieur était fermée. Il frappa, vit bientôt Fernande émerger du sous-sol par l'escalier en colimaçon. En bigoudis, comme Mme Maigret, elle hésita en le reconnaissant à travers la vitre, et vint enfin lui ouvrir la porte.

— Je voudrais bavarder avec vous un moment.

Il faisait frais dans l'escalier, car le calorifère n'avait pas été rallumé.

— Vous préférez descendre ?

Il la suivit dans la cuisine, dont elle était occupée à faire le ménage quand il l'avait dérangée.

Elle paraissait fatiguée, elle aussi, avec comme du découragement dans le regard.

— Vous voulez une tasse de café ? J'en ai du chaud.

Il accepta, s'assit près de la table, et elle finit par s'asseoir en face de lui, en ramenant les pans de son peignoir sur ses jambes nues.

— Alfonsi est encore venu vous voir hier. Qu'est-ce qu'il veut ?

— Je ne sais pas. Il s'intéresse surtout aux questions que vous me posez, me recommande de me méfier de vous.

— Vous lui avez parlé de la tentative d'empoisonnement ?

— Oui.

— Pourquoi ?

— Vous ne m'aviez pas dit de me taire. Je ne sais plus comment c'est venu dans la conversation. Il travaille pour Liotard et il est normal que celui-ci soit au courant.

— Personne d'autre ne vous a rendu visite ?

Il lui sembla qu'elle hésitait, mais c'était peut-être l'effet de la fatigue qui accablait la femme du Flamand. Elle s'était servi un plein bol de café. Elle devait se soutenir à grand renfort de café noir.

— Non. Personne.

— Vous avez dit à votre mari pourquoi vous ne lui portiez plus ses repas ?

— J'ai pu l'avertir. Je vous remercie.

— On ne vous a pas téléphoné ?

— Non. Je ne crois pas. Il arrive que j'entende la sonnerie. Mais, le temps de monter, il n'y a plus personne à l'appareil.

Alors il tira de sa poche la photographie d'Alfred Moss.

— Vous connaissez cet homme ?

Elle regarda le portrait, puis Maigret, et dit tout naturellement :

— Bien sûr.

— Qui est-ce ?

— C'est Alfred, le frère de mon mari.

— Il y a longtemps que vous l'avez vu ?

— Je le vois rarement. Quelquefois, il est plus d'un an sans venir. Il vit le plus souvent à l'étranger.

— Vous savez ce qu'il fait ?

— Pas exactement. Frans dit que c'est un pauvre type, un raté, qui n'a jamais eu de chance.

— Il ne vous a pas parlé de sa profession ?

— Je sais qu'il a travaillé dans un cirque, qu'il était acrobate et qu'il s'est cassé l'épine dorsale en tombant.

— Et depuis ?

— Est-ce qu'il n'est pas une sorte d'imprésario ?

— On vous a dit qu'il ne s'appelait pas Steuvels comme son frère, mais Moss ? On vous a expliqué pourquoi ?

— Oui.

Elle hésitait à continuer, regardait le portrait que Maigret avait laissé sur la table de la cuisine, près des bols de café, puis elle se leva pour éteindre le gaz sous une casserole d'eau.

— J'ai dû deviner en partie. Peut-être que si vous interrogiez Frans à ce sujet il vous en dirait davantage. Vous savez que ses parents étaient très pauvres, mais ce n'est pas toute la vérité. En réalité, sa mère faisait à Gand, ou plutôt dans un faubourg mal famé de la ville, le métier que je faisais moi-même avant.

» Elle buvait, par-dessus le marché. Je me demande si elle n'était pas à moitié folle. Elle a eu sept ou huit enfants dont, la plupart du temps, elle ne connaissait pas le père.

» C'est Frans qui, plus tard, a choisi le nom de Steuvels. Sa mère s'appelait Mosselaer.

— Elle est morte ?

— Je crois que oui. Il évite d'en parler.

— Il est resté en contact avec ses frères et sœurs ?

— Je ne le pense pas. Il n'y a qu'Alfred qui vienne de temps en temps le voir, rarement. Il doit avoir des hauts et des bas, car, parfois, il paraît prospère, est bien habillé, descend de taxi devant la maison et apporte des cadeaux, alors que d'autres fois il est plutôt miteux.

— Quand l'avez-vous vu pour la dernière fois ?

— Laissez-moi réfléchir. Il y a en tout cas deux mois de ça pour le moins.

— Il est resté à dîner ?

— Comme d'habitude.

— Dites-moi, lors de ces visites, votre mari n'essayait-il jamais de vous éloigner sous un prétexte quelconque ?

— Non. Pourquoi ? Il leur arrivait de rester seuls dans l'atelier, mais, d'en bas, où je faisais la cuisine, j'aurais pu entendre ce qu'ils disaient.

— De quoi parlaient-ils ?

— De rien en particulier. Moss évoquait volontiers le temps où il était acrobate et les pays où il a vécu. C'est lui aussi qui faisait presque toujours des allusions à leur enfance et à leur mère, et c'est ainsi que j'ai quelques renseignements.

— Alfred est le plus jeune, je suppose ?

— De trois ou quatre ans. Après, il arrivait à Frans d'aller le reconduire jusqu'au coin de la rue. C'est le seul moment où je n'étais pas avec eux.

— Il n'était jamais question d'affaires ?

— Jamais.

— Alfred n'est pas venu non plus avec des amis, ou avec des amies ?

— Je l'ai toujours vu seul. Je crois qu'il a été marié, jadis. Je n'en suis pas sûre. Il me semble qu'il y a fait allusion. En tout cas, il a aimé une femme et en a souffert.

Il faisait tiède et calme dans la petite cuisine d'où on ne voyait rien du dehors et où il fallait éclairer toute la journée. Maigret aurait aimé y avoir Frans Steuvels en face de lui, lui parler comme il parlait à sa femme.

— Vous m'avez dit, lors de ma dernière visite, qu'il ne sortait pour ainsi dire jamais sans vous. Pourtant, il allait de temps en temps à la banque.

— Je n'appelle pas ça sortir. C'est à deux pas. Il avait juste la place des Vosges à traverser.

— Autrement, vous étiez ensemble du matin au soir ?

— A peu près. J'allais faire mon marché, bien entendu, mais toujours dans le quartier. Une fois au bout d'une lune, il m'arrivait d'aller dans le centre de la ville pour quelques achats. Je ne suis pas très coquette, vous avez pu vous en rendre compte.

— Vous n'alliez jamais voir de la famille ?

— Je n'ai que ma mère et ma sœur, à Concarneau, et il a fallu le hasard d'un faux télégramme pour que je leur rende visite.

On aurait dit que quelque chose chiffonnait Maigret.

— Il n'y avait pas de jour fixe où vous sortiez ?

Elle semblait, de son côté, faire un effort pour saisir sa pensée et pour y répondre.

— Non. A part le jour de lessive, évidemment.

— Parce que vous ne faites pas la lessive ici ?

— Où la ferais-je ? Je dois aller chercher l'eau au rez-de-chaussée. Je ne peux pas mettre le linge à sécher dans l'atelier et il ne sécherait pas dans un sous-sol. Une fois par semaine, en été, une fois par quinzaine, en hiver, je vais au bateau-lavoir, sur la Seine.

— A quel endroit ?

— Square du Vert-Galant. Vous savez, juste en dessous du Pont-Neuf. J'en ai pour une demi-journée. Le lendemain matin, je vais rechercher le linge qui est sec, prêt à repasser.

Maigret, visiblement, se détendait, fumait sa pipe avec plus de plaisir, le regard devenu plus vif.

— En somme, un jour par semaine en été, un jour par quinzaine en hiver, Frans était seul ici.

— Pas toute la journée.

— Alliez-vous au bateau-lavoir le matin, ou l'après-midi ?

— L'après-midi. J'ai essayé d'y aller le matin, mais c'était difficile, à cause du ménage et de la cuisine.

— Vous aviez une clef de la maison ?

— Naturellement.

— Avez-vous eu souvent à vous en servir ?

— Que voulez-vous dire ?

— Vous est-il arrivé, en rentrant, de ne pas trouver votre mari dans l'atelier ?

— Rarement.

— C'est arrivé ?

— Je crois. Oui.

— Récemment ?

Elle venait d'y penser aussi, car elle hésitait.

— La semaine de mon départ pour Concarneau.

— Quel est votre jour de lessive ?

— Le lundi.

— Il est rentré longtemps après vous ?

— Pas longtemps. Peut-être une heure.

— Vous lui avez demandé où il était allé ?

— Je ne lui demande jamais rien. Il est libre. Ce n'est pas à moi à lui poser des questions.

— Vous ne savez pas s'il avait quitté le quartier ? Vous ne vous êtes pas inquiétée ?

— J'étais sur le seuil quand il est revenu. Je l'ai vu descendre de l'autobus au coin de la rue des Francs-Bourgeois.

— L'autobus venant du centre ou de la Bastille ?

— Du centre.

— Autant que j'en puisse juger d'après cette photo, les deux frères sont de la même taille ?

— Oui. Alfred paraît plus maigre, parce qu'il a le visage mince, mais son corps est plus musclé. Ils ne se ressemblent pas de physionomie, sauf qu'ils ont les cheveux roux tous les deux. De dos, cependant, la ressemblance est frappante et il m'est arrivé de les prendre l'un pour l'autre.

— Les fois que vous avez vu Alfred, comment était-il habillé ?

— Cela dépendait, je vous l'ai déjà dit.

— Croyez-vous qu'il lui soit arrivé d'emprunter de l'argent à son frère ?

— J'y ai pensé, mais cela ne me paraît pas probable. Pas devant moi, en tout cas.

— Lors de sa dernière visite, ne portait-il pas un complet bleu ?

Elle le regarda dans les yeux. Elle avait compris.

— Je suis presque sûre qu'il portait un vêtement sombre, mais plutôt gris que bleu. A vivre dans la lumière artificielle, on ne fait plus attention aux couleurs.

— Comment vous arrangiez-vous pour l'argent, votre mari et vous ?

— Quel argent ?

— Il vous remettait chaque mois l'argent du ménage ?

— Non. Quand je n'en avais plus, je lui en demandais.

— Il ne protestait jamais ?

Elle devint un peu rose.

— Il était distrait. Il avait toujours l'impression de m'avoir remis de l'argent la veille. Alors il disait, étonné :

» — Encore !

— Et pour vos effets personnels, pour vos robes, vos chapeaux ?

— Je dépense si peu, vous savez !

Elle lui posa des questions à son tour, comme si elle avait attendu ce moment-là depuis longtemps.

— Écoutez, monsieur le commissaire, je ne suis pas très intelligente, mais je ne suis pas tellement bête. Vous m'avez interrogée, vos inspecteurs m'ont interrogée, les journalistes aussi, sans compter les fournisseurs et les gens du quartier. Un petit jeune homme de dix-sept ans, qui joue les détectives amateurs, m'a même arrêtée dans la rue et m'a lu des questions préparées dans un petit carnet.

» Avant tout, répondez-moi franchement : croyez-vous que Frans soit coupable ?

— Coupable de quoi ?

— Vous le savez bien : d'avoir tué un homme et d'avoir brûlé le corps dans le calorifère.

Il hésita. Il aurait pu lui dire n'importe quoi, mais il tenait à être sincère.

— Je n'en sais rien.

— Dans ce cas, pourquoi le garde-t-on en prison ?

— D'abord ce n'est pas de moi que cela dépend, mais du juge d'instruction. Ensuite il ne faut pas perdre de vue que toutes les charges matérielles sont contre lui.

— Les dents ! riposta-t-elle avec ironie.

— Et surtout les taches de sang sur le complet bleu. N'oubliez pas non plus la valise qui a disparu.

— Et que je n'ai jamais vue !

— Peu importe. D'autres l'ont vue, un inspecteur à tout le moins. Il y a encore le fait que, comme par hasard, vous avez été appelée en province à ce moment-là par un faux télégramme. Maintenant, entre nous, j'ajoute que, si c'était de mon ressort, j'aimerais mieux avoir votre mari en liberté, mais que j'hésiterais à le relâcher, pour son bien. Vous avez vu ce qui s'est passé hier ?

— Oui. C'est justement à quoi je pense.

— Qu'il soit coupable ou innocent, il semble y avoir des gens qu'il gêne.

— Pourquoi m'avez-vous apporté la photographie de son frère ?

— Parce que contrairement à ce que vous pensez, celui-ci est un assez dangereux malfaiteur.

— Il a tué ?

— C'est improbable. Ces sortes d'hommes tuent rarement. Mais il est recherché par la police de trois ou quatre pays et il y a plus de quinze ans qu'il vit de vols et d'escroquerie. Cela vous étonne ?

— Non.

— Vous y aviez déjà pensé ?

— Quand Frans m'a dit que son frère était malheureux, j'ai cru comprendre qu'il n'employait pas le mot malheureux dans son sens habituel. Vous pensez qu'Alfred aurait été capable de *kidnapper* un enfant ?

— Je vous réponds une fois encore que je n'en sais rien. Au fait, avez-vous déjà entendu parler de la comtesse Panetti ?

— Qui est-ce ?

— Une Italienne fort riche qui vivait au *Claridge*.

— Elle a été tuée aussi ?

— C'est possible, comme il est possible qu'elle soit simplement en train de passer la saison du Carnaval à Cannes ou à Nice. Je le saurai ce soir. Je voudrais jeter un coup d'œil, une fois encore, aux livres de comptes de votre mari.

— Venez. J'ai des tas de questions à vous poser, qui ne se présentent pas à mon esprit. C'est quand vous n'êtes pas là que j'y pense. Je devrais les noter, comme le jeune homme qui joue au détective.

Elle le fit passer devant elle dans l'escalier, alla prendre dans un rayon un gros livre noir que la police avait examiné cinq ou six fois.

Tout à la fin, un index comportait le nom des clients anciens ou nouveaux du relieur par ordre alphabétique. Le nom de Panetti n'y figurait pas. Celui de Krynker non plus.

Steuvels avait une écriture menue, hachée, avec des lettres qui se chevauchaient, une étrange façon de faire les *r* et les *t*.

— Vous n'avez jamais entendu le nom de Krynker ?

— Pas que je me souvienne. Voyez-vous, nous vivions ensemble toute la journée, mais je ne me reconnaissais pas le droit de lui poser des questions. Vous semblez parfois oublier, monsieur le commissaire, que je ne suis pas une femme comme une autre. Rappelez-vous où il m'a prise. Son geste m'a toujours étonnée. Et, maintenant, l'idée me vient tout à coup, à cause de notre conversation, que, s'il a fait ça, c'est peut-être en pensant à ce que sa mère avait été.

Maigret, comme s'il n'écoutait plus, marchait à grands pas vers la porte, l'ouvrait d'un mouvement brusque et attrapait Alfonsi par le col de son pardessus en poil de chameau.

— Viens ici, toi. Tu recommences. Tu as décidé de passer tes journées sur mes talons ?

L'autre essaya de crâner, mais la poigne du commissaire lui serrait le collet, le secouait comme un mannequin.

— Qu'est-ce que tu fais ici, veux-tu me le dire ?

— J'attendais que vous soyez parti.

— Pour venir embêter cette femme ?

— C'est mon droit. Du moment qu'elle accepte de me recevoir...

— Qu'est-ce que tu cherches ?

— Demandez-le à Me Liotard.

— Liotard ou pas Liotard, je t'avertis d'une chose : la première fois que je te trouve sur mes talons, je te fais boucler pour vagabondage spécial, tu entends !

Ce n'était pas une menace en l'air. Maigret n'ignorait pas que la femme avec qui vivait Alfonsi passait la plupart de ses nuits dans les cabarets de Montmartre et qu'elle n'hésitait pas à suivre à l'hôtel les étrangers de passage.

Quand il revint vers Fernande, il était comme soulagé, et on voyait la silhouette de l'ex-inspecteur filer sous la pluie vers la place des Vosges.

— Quel genre de questions vous pose-t-il ?

— Toujours les mêmes. Il veut savoir ce que vous me demandez, ce que je vous ai répondu, à quoi vous vous intéressez, les objets que vous avez examinés.

— Je pense qu'il vous laissera tranquille dorénavant.

— Vous croyez que Me Liotard fait du tort à mon mari ?

— En tout cas, au point où nous en sommes, il n'y a qu'à le laisser faire.

Il dut redescendre, car il avait oublié la photographie de Moss sur la table de la cuisine. Au lieu de se diriger vers le quai des Orfèvres, il traversa la rue et pénétra dans l'échoppe du cordonnier.

Celui-ci, à neuf heures du matin, avait déjà plusieurs verres dans le nez et sentait le vin blanc.

— Alors, monsieur le commissaire, ça boulotte ?

Les deux boutiques étaient exactement en face l'une de l'autre. Le cordonnier et le relieur, quand ils levaient les yeux, ne pouvaient pas ne pas se voir, chacun penché sur son travail, avec seulement la largeur de la rue entre eux.

— Vous vous souvenez de quelques clients du relieur ?

— De quelques-uns, oui.

— De celui-ci ?

Il lui mit la photographie sous le nez pendant que Fernande, en face, les observait avec inquiétude.

— Je l'appelle le clown.

— Pourquoi ?

— Je ne sais pas. Parce que je trouve qu'il a une tête de clown.

Soudain, il se gratta la tête, parut faire une découverte réjouissante.

— Dites donc, payez-moi un verre et je crois que je vais vous en donner pour votre argent. Une chance que vous m'ayez montré ce portrait-là. Je vous ai parlé de clown et le mot m'a fait penser brusquement à une valise. Pourquoi ? Mais oui ! Parce que les clowns ont l'habitude d'entrer en piste avec une valise.

— Ce sont plutôt les augustes.

— Auguste ou clown, c'est la même chose. On va boire le coup ?

— Après.

— Vous vous méfiez ? Vous avez tort. Franc comme l'or, c'est ce que je dis toujours. Eh bien ! votre type, c'est sûrement l'homme à la valise.

— Quel homme à la valise ?

Le cordonnier lui adressa un clin d'œil qui voulait être malin.

— Vous n'allez pas jouer au plus fin avec moi, non ? Je ne lis pas les journaux, non ? Alors de quoi était-il question dans les journaux, les premiers temps ? N'est-on pas venu me demander si je n'avais pas vu Frans sortir avec une valise, ou sa femme, ou quelqu'un d'autre ?

— Et vous avez vu l'homme de la photo sortir avec la valise ?

— Pas ce jour-là. Enfin cela ne m'a pas frappé. Mais je pense aux autres fois.

— Il venait souvent ?

— Souvent, oui.

— Une fois par semaine, par exemple ? Ou par quinzaine ?

— C'est possible. Je ne veux pas inventer, car je ne connais pas la musique que les avocats me feront le jour où l'affaire passera aux assises. Il venait souvent, voilà ce que je dis.

— Le matin ? L'après-midi ?

— Je réponds : l'après-midi. Savez-vous pourquoi ? Parce que je me souviens l'avoir vu quand les lampes étaient allumées, donc l'après-midi. Il arrivait toujours avec une petite valise.

— Brune ?

— Probablement. Est-ce que la plupart des valises ne sont pas brunes ? Il s'asseyait dans un coin de l'atelier, attendait que le travail soit fini et repartait avec la valise.

— Cela durait longtemps ?

— Je ne sais pas. Sûrement plus d'une heure. Parfois j'avais l'impression qu'il restait là tout l'après-midi.

— Il venait à jour fixe ?

— Je ne sais pas non plus.

— Réfléchissez avant de répondre. Avez-vous déjà vu cet homme dans l'atelier en même temps que Mme Steuvels ?

— En même temps que Fernande ? Attendez. Cela ne me revient pas. Une fois, en tout cas, les deux hommes sont partis ensemble, et Frans a fermé sa boutique.

— Récemment ?

— Il faudra que j'y réfléchisse. Quand est-ce qu'on va boire le coup ?

Force fut à Maigret de le suivre au *Grand Turenne* où le cordonnier prit des allures triomphantes.

— Deux vieux marcs. C'est la tournée du commissaire !

Il en but trois coup sur coup et voulait recommencer son histoire de clown, quand Maigret parvint à s'en débarrasser. Lorsqu'il passa devant l'atelier du relieur, Fernande, à travers la vitre, le regardait d'un air de reproche.

Mais il devait accomplir sa tâche jusqu'au bout. Il pénétra dans la loge de la concierge, occupée à éplucher des pommes de terre.

— Tiens ! on vous revoit dans le quartier ! lança-t-elle avec aigreur, vexée qu'on l'eût longtemps délaissée.

— Vous connaissez cet homme ?

Elle alla prendre des lunettes dans le tiroir.

— Je ne sais pas son nom, si c'est cela que vous voulez, mais je l'ai déjà vu. Le cordonnier ne vous a-t-il pas renseigné ?

Elle était jalouse que d'autres aient été questionnés avant elle.

— Vous l'avez vu souvent ?

— Je l'ai vu, c'est tout ce que je sais.

— C'était un client du relieur ?

— Il faut croire, puisqu'il fréquentait sa boutique.

— Il n'est pas venu à d'autres occasions ?

— Je pense qu'il lui est arrivé de dîner chez eux, mais je m'occupe si peu de mes locataires !

La papeterie d'en face, le cartonnier, la marchande de parapluies, la routine, enfin, toujours la même question, le même geste, le portrait que les gens examinaient gravement. Certains hésitaient. D'autres avaient vu l'homme, sans se rappeler où ni dans quelles circonstances.

Au moment de quitter le quartier, Maigret eut l'idée de pousser une fois de plus la porte du *Tabac des Vosges*.

— Vous avez déjà vu cette tête-là, patron ?

Le marchand de vin n'hésita pas.

— L'homme à la valise ! dit-il.

— Expliquez.

— Je ne sais pas ce qu'il vend, mais il doit faire du porte-à-porte. Il est venu assez souvent, toujours un peu après le déjeuner. Il prenait un vichy-fraise et il m'a expliqué qu'il avait un ulcère à l'estomac.

— Il restait longtemps ?

— Parfois un quart d'heure, parfois plus. Tenez, il se mettait toujours à cette place, près de la vitre.

D'où on pouvait observer le coin de la rue de Turenne !

— Il devait attendre l'heure de son rendez-vous avec un client. Une fois, il n'y a pas très longtemps, il est resté près d'une heure et a fini par demander un jeton de téléphone.

— Vous ne savez pas qui il a appelé ?

— Non. Quand il est revenu, cela a été pour repartir tout de suite.

— Dans quelle direction ?

— Je n'ai pas fait attention.

Comme un reporter entrait, le patron demanda à mi-voix à Maigret :

— On peut en parler ?

Celui-ci haussa les épaules. Il était inutile de faire des mystères, maintenant que le cordonnier était au courant.

— Si vous voulez.

Lorsqu'il pénétra dans le bureau de Lucas, celui-ci se débattait entre deux appareils téléphoniques, et Maigret dut attendre un bon moment.

— Je suis toujours à courir après la comtesse, soupira le brigadier en s'épongeant. La Compagnie des Wagons-Lits, qui la connaît fort bien, ne l'a pas vue depuis plusieurs mois sur une de ses lignes. J'ai eu au bout du fil la plupart des grands hôtels de Cannes, de Nice, d'Antibes et de Villefranche. Rien. J'ai eu aussi les casinos, où elle n'a pas mis les pieds. Lapointe, qui parle l'anglais, est en train de téléphoner à Scotland Yard et je ne sais plus qui s'occupe des Italiens.

Avant de se rendre chez le juge Dossin, Maigret alla dire bonjour à Moers là-haut, et lui rendre les photographies inutiles.

— Pas de résultats ? questionna le pauvre Moers.

— Un sur trois, ce n'est pas mal, il ne reste plus qu'à mettre la main sur les deux autres, mais il est possible que ceux-là n'aient jamais passé à l'anthropométrie.

A midi, on n'avait toujours pas retrouvé la trace de la comtesse Panetti, et deux journalistes italiens, alertés, attendaient, fort agités, à la porte du bureau de Maigret.

7

Le dimanche de Maigret

Mme Maigret avait été un peu surprise quand le samedi, vers trois heures, son mari lui avait téléphoné pour lui demander si le dîner était au feu.

— Pas encore. Pourquoi ?... Comment dis-tu ? Moi, je veux bien, évidemment. Si tu es sûr que tu seras libre. Sûr, sûr ? C'est entendu. Je m'habillerai. J'y serai. Près de l'horloge, oui. Non, pas de choucroute pour moi, mais je mangerai volontiers une potée lorraine. Hein ? Tu ne plaisantes pas ? Tu es sérieux, Maigret ? Où je veux ? C'est trop beau pour être vrai et je prévois que tu vas me rappeler d'ici une heure pour m'annoncer que tu ne rentreras ni dîner ni coucher. Enfin ! Je me prépare quand même !

Si bien qu'au lieu de sentir la cuisine, ce samedi-là, l'appartement du boulevard Richard-Lenoir avait senti le bain, l'eau de Cologne et le parfum un peu sucré que Mme Maigret réservait pour les grands jours.

Maigret était au rendez-vous, presque à l'heure, à cinq minutes près, au restaurant alsacien de la rue d'Enghien où ils allaient parfois dîner et, détendu, avec l'air de penser aux mêmes choses que les autres hommes, il avait mangé une choucroute comme il les aimait.

— Tu as choisi le cinéma ?

Car, c'était ce qui avait rendu Mme Maigret si incrédule tout à l'heure au téléphone, il l'avait invitée à passer la soirée dans le cinéma qu'elle voudrait.

Ils allèrent au *Paramount,* boulevard des Italiens, et le commissaire fit la queue sans grogner pour les tickets, vida en passant sa pipe dans un énorme crachoir.

Ils entendirent les orgues électriques, virent l'orchestre jaillir du sol sur une plate-forme, tandis qu'un rideau se transformait en une sorte de coucher de soleil synthétique. Ce n'est qu'après les dessins animés que Mme Maigret comprit. On venait de projeter des extraits du prochain film, puis de courtes bandes publicitaires pour un déjeuner sucré et des meubles à crédit.

La Préfecture de Police nous communique...

C'était la première fois qu'elle voyait cette mention sur un écran et, tout de suite après, on projeta une photographie anthropométrique de face, puis de profil, celle d'Alfred Moss, dont on énumérait les identités successives.

Toute personne ayant rencontré cet homme au cours des deux derniers mois est priée de téléphoner d'urgence à...

— C'était pour ça ? dit-elle, une fois dans la rue, alors qu'ils faisaient une partie du chemin de retour à pied pour prendre l'air.

— Pas seulement pour ça. L'idée, d'ailleurs, n'est pas de moi. Il y a longtemps qu'elle a été proposée au préfet, mais on n'avait pas encore eu l'occasion de la réaliser. Moers avait remarqué que les photos publiées par les journaux sont toujours plus ou moins déformées, à cause de la trame des clichés, de l'encrage. Le cinéma, au contraire, en agrandissant les moindres caractéristiques, frappe davantage.

— Enfin, que ce soit pour ça, ou pour autre chose, j'en ai profité. Il y a combien de temps que cela ne nous était pas arrivé ?

— Trois semaines ? fit-il, sincère.

— Exactement deux mois et demi !

Ils s'étaient un peu chamaillés, pour jouer. Et, le matin, à cause du soleil, qui était à nouveau brillant et printanier, Maigret avait chanté dans son bain. Il avait fait tout le trajet à pied jusqu'au Quai, par les rues presque désertes, et c'était toujours un plaisir de trouver les larges couloirs de la P.J. avec les portes ouvertes sur des bureaux inoccupés.

Lucas venait à peine d'arriver. Torrence était là aussi, ainsi que Janvier ; le petit Lapointe ne tarda pas à se montrer mais, parce que c'était dimanche, on avait l'air de travailler en amateurs. Peut-être aussi, parce que c'était dimanche, on laissait les portes ouvertes entre les bureaux et, de temps en temps, en guise de musique, on avait les cloches des églises du quartier.

Lapointe avait été le seul à apporter un renseignement nouveau. La veille, avant de partir, Maigret lui avait demandé :

— Au fait, où habite le jeune journaliste qui fait la cour à ta sœur ?

— Il ne la lui fait plus. Vous parlez d'Antoine Bizard.

— Ils sont brouillés ?

— Je ne sais pas. Peut-être a-t-il peur de moi ?

— Je voudrais son adresse.

— Je ne la connais pas. Je sais où il prend la plupart de ses repas et je doute que ma sœur en sache davantage. Je me renseignerai au journal.

En arrivant, il avait tendu un bout de papier à Maigret. C'était l'adresse en question, rue de Provence, dans le même immeuble que Philippe Liotard.

— C'est bien, mon petit. Merci, avait dit simplement le commissaire sans ajouter de commentaires.

S'il avait fait un peu plus chaud, il aurait retiré son veston, pour être en bras de chemise, comme les gens qui bricolent le dimanche, car c'était justement de bricoler qu'il avait envie. Toutes ses pipes étaient rangées sur son bureau et il avait tiré de sa poche son gros calepin noir qu'il bourrait toujours de notes, mais qu'il ne consultait pour ainsi dire jamais.

Deux ou trois fois, il avait jeté au panier les grandes feuilles de papier sur lesquelles il avait crayonné. Tracé des colonnes pour commencer. Puis changé d'avis.

En fin de compte, son travail avait pris tournure.

Jeudi 15 février. — *La comtesse Panetti, en compagnie de sa femme de chambre, Gloria Lotti, quitte le* Claridge *dans la Chrysler chocolat de son gendre Krynker.*

La date avait été confirmée par le concierge de jour. Quant à l'auto, le renseignement avait été fourni par un des voituriers de l'hôtel qui avait indiqué l'heure du départ à sept heures du soir. Il avait ajouté que la vieille dame paraissait soucieuse et que son gendre la pressait, comme s'ils allaient rater un train ou un rendez-vous important.

Toujours pas de traces de la comtesse. Il alla s'en assurer dans le bureau de Lucas, qui continuait à recevoir des rapports de partout.

Les journalistes italiens, la veille, s'ils n'avaient obtenu à la P.J. que peu d'indications, en avaient fourni quelques-unes, ils connaissaient, en effet, la comtesse Panetti. Le mariage de sa fille unique, Bella, avait fait beaucoup de bruit en Italie, car, faute du consentement de sa mère, la jeune fille s'était enfuie de chez elle pour aller se marier à Monte-Carlo.

Il y avait cinq ans de cela, et depuis les deux femmes ne se voyaient pas.

— Si Krynker était à Paris, disaient les journalistes italiens, c'était probablement pour tenter, une fois de plus, un rapprochement.

Vendredi 16 février. — Gloria Lotti, qui porte le chapeau blanc de la comtesse, se rend à Concarneau, d'où elle envoie un télégramme à Fernande Steuvels et d'où elle revient la nuit même sans avoir rencontré personne.

En marge, Maigret s'était amusé à dessiner un chapeau de femme avec un bout de voilette.

Samedi 17 février. — A midi, Fernande quitte la rue de Turenne et part pour Concarneau. Son mari ne l'accompagne pas à la gare. Vers quatre heures, un client vient rechercher un travail commandé et trouve Frans Steuvels dans son atelier, où rien ne paraît anormal. Questionné au sujet de la valise, il ne se souvient pas l'avoir vue.

A huit heures et quelques minutes, trois personnages, dont Alfred Moss, et probablement celui qui, rue Lepic, s'inscrira sous le nom de Levine, se font conduire en taxi de la gare Saint-Lazare à l'angle de la rue de Turenne et de la rue des Francs-Bourgeois.

La concierge, un peu avant neuf heures, entend frapper à la porte de Steuvels. Elle a l'impression que les trois hommes sont entrés.

En marge, au crayon rouge, il écrivit : *Le troisième personnage est-il Krynker ?*

Dimanche 18 février. — Le calorifère, éteint les derniers temps, a fonctionné toute la nuit, et Frans Steuvels doit faire au moins cinq voyages dans la cour pour porter les cendres aux poubelles.

Mlle Béguin, la locataire du quatrième, a été incommodée par la fumée « qui avait une drôle d'odeur ».

Lundi 19 février. — Le calorifère fonctionne toujours. Le relieur est seul chez lui toute la journée.

Mardi 20 février. — La P.J. reçoit un avis anonyme parlant d'un homme brûlé dans le calorifère du relieur. Fernande revient de Concarneau.

Mercredi 21 février. — Visite de Lapointe rue de Turenne. Il voit la valise à la poignée réparée à l'aide de ficelle, sous une table de l'atelier. Lapointe

quitte l'atelier vers midi. Déjeune avec sa sœur et lui parle de l'affaire.
*Mlle Lapointe rencontre-t-elle son amoureux, Antoine Bizard, qui habite la
même maison que l'avocat sans causes Liotard ? ou lui téléphone-t-elle ?*
    *Dans l'après-midi, avant cinq heures, l'avocat passe rue de Turenne sous
prétexte de commander un ex-libris.*
    Quand Lucas perquisitionne, à cinq heures, la valise a disparu.
    *Interrogatoire de Steuvels à la P.J. — Vers la fin de la nuit, il désigne
Me Liotard comme son avocat.*

Maigret alla faire un petit tour, jeta un coup d'œil sur les notes que les
inspecteurs prenaient au téléphone. Il n'était pas encore temps de faire
monter de la bière et il se contenta de bourrer une nouvelle pipe.

Jeudi 22 février.
Vendredi 23 février.
Samedi...

Toute une colonne de dates, avec rien en regard, sinon que l'enquête
piétinait, que les journaux se déchaînaient, que Liotard, rageur comme un
roquet, s'attaquait à la police en général et à Maigret en particulier. La
colonne de droite restait vide jusqu'au :

*Dimanche 10 mars. — Un nommé Levine loue une chambre à l'Hôtel
Beauséjour, rue Lepic, et s'y installe avec un garçonnet de deux ans environ.*
    *Gloria Lotti, qui passe pour la nurse, s'occupe de l'enfant, qu'elle conduit
chaque matin prendre l'air place d'Anvers pendant que Levine dort.*
    *Elle ne couche pas à l'hôtel, qu'elle quitte très tard dans la nuit, au retour
de Levine.*

Lundi 11 mars. — Idem.

*Mardi 12 mars. — Neuf heures et demie. Gloria et l'enfant quittent comme
d'habitude l'Hôtel Beauséjour. Dix heures et quart : Moss se présente à
l'hôtel et demande Levine. Celui-ci boucle aussitôt ses bagages et les descend
pendant que Moss reste seul dans la chambre.*
    *Onze heures moins cinq : Gloria aperçoit Levine et quitte précipitamment
l'enfant qui reste à la garde de Mme Maigret.*
    *Un peu après onze heures, elle entre au Beauséjour avec son compagnon.
Ils retrouvent Moss et discutent tous les trois pendant plus d'une heure.
Moss part le premier. A midi quarante-cinq, Gloria et Levine quittent l'hôtel,
et Gloria monte seule dans un taxi.*
    Elle repasse square d'Anvers et reprend l'enfant.
    *Elle se fait conduire à la porte de Neuilly, puis donne comme adresse la
gare Saint-Lazare et s'arrête brusquement place Saint-Augustin, où elle
monte dans un autre taxi. Elle descend de celui-ci, toujours avec le gamin,
au coin du faubourg Montmartre et des Grands Boulevards.*

La page était pittoresque, car Maigret l'agrémentait de dessins qui ressemblaient à des dessins d'enfant.

Sur une autre feuille, il nota la date à laquelle on perdait la trace des divers personnages.

Comtesse Panetti. — 16 février.

Le voiturier du *Claridge* l'avait vue le dernier, quand elle est montée dans la Chrysler chocolat de son gendre.

Krynker ?

Maigret hésitait à inscrire la date du samedi 17 février, car on n'avait aucune preuve qu'il était le troisième personnage déposé par le taxi au coin de la rue de Turenne.

Si ce n'était pas lui, sa trace s'évanouissait en même temps que celle de la vieille dame.

Alfred Moss. — Mardi 12 mars.

Il avait été le premier à quitter l'*Hôtel Beauséjour,* vers midi.

Levine. — Mardi 12 mars.

Une demi-heure après le précédent, alors qu'il mettait Gloria en taxi.

Gloria et l'enfant. — Même date.

Deux heures plus tard dans la foule, au carrefour Montmartre.

On était le dimanche 17 mars. Depuis le 12, il n'y avait à nouveau rien à signaler. L'enquête, seulement.

Ou, plutôt, il restait une date à noter, qu'il ajouta à la colonne :

Vendredi 15 mars. — Quelqu'un, dans le métro, essaye (?) *de verser du poison dans le dîner préparé pour Frans Steuvels.*

Mais cela restait douteux. Les experts n'avaient découvert aucune trace de poison. Dans l'état d'énervement où Fernande se trouvait ces derniers temps, elle avait fort bien pu prendre la maladresse d'un voyageur pour un geste équivoque.

En tout cas, ce n'était pas Moss qui revenait à la surface, car elle l'aurait reconnu.

Levine ?

Et si, au lieu de poison, c'était un message qu'on avait tenté de glisser dans la casserole ?

Maigret, qu'un rayon de soleil atteignait au visage, fit encore quelques petits dessins, en clignant des yeux, puis il alla regarder un train de bateaux qui passait sur la Seine, le pont Saint-Michel, que franchissaient des familles endimanchées.

Mme Maigret avait dû se recoucher, comme elle le faisait parfois le dimanche, uniquement pour que ce soit dimanche davantage, car elle était incapable de se rendormir.

— Janvier ! Si on commandait de la bière ?

Janvier téléphona à la *Brasserie Dauphine,* dont le patron demanda tout naturellement :

— Et des sandwiches ?

Par un coup de téléphone timide, Maigret apprit que le juge Dossin, scrupuleux, était à son bureau, lui aussi, sans doute, comme le commissaire, pour faire le point à tête reposée.

— Vous n'avez toujours pas de nouvelles de l'auto ?

C'était amusant de penser que, par ce beau dimanche qui sentait le printemps, il y avait, dans les villages, à la sortie des messes et des petits cafés, de braves gendarmes qui épiaient les voitures et qui cherchaient la Chrysler chocolat.

— Je peux voir, patron ? questionna Lucas, venu faire un petit tour chez Maigret entre deux appels téléphoniques.

Il examina attentivement le travail du commissaire, hocha la tête.

— Pourquoi ne me l'avez-vous pas demandé ? J'ai dressé le même tableau, en plus complet.

— Mais sans les petits dessins ! plaisanta Maigret. Qu'est-ce qui donne le plus, au téléphone ? Les autos ? Moss ?

— Les autos, pour le moment. Beaucoup de voitures chocolat. Malheureusement, quand j'insiste, elles ne sont plus tout à fait chocolat, deviennent marron, ou bien ce sont des Citroën, des Peugeot. On vérifie quand même. La banlieue commence à appeler et cela arrive de plus loin, d'une centaine de kilomètres de Paris.

Tout à l'heure, grâce à la radio, la France entière s'y mettait. Il n'y avait plus qu'à attendre, et ce n'était pas tellement désagréable. Le garçon de la brasserie apporta un immense plateau couvert de demis, de piles de sandwiches, et il y avait des chances qu'il fasse d'autres voyages ce jour-là.

On était justement à manger et à boire, et on venait d'ouvrir les fenêtres, car le soleil était tiède, quand on vit Moers entrer en battant des paupières, comme s'il sortait d'un endroit obscur.

On ne le savait pas dans la maison, où, théoriquement, il n'avait rien à faire. Il arrivait de là-haut pourtant, où il devait se trouver seul dans les laboratoires.

— Je vous demande pardon de vous déranger.

— Un verre de bière ? Il en reste un.

— Non, merci. En m'endormant, une idée m'a tracassé. On a tellement pensé que le complet bleu appartenait sans contestation à Steuvels qu'on ne l'a étudié que du point de vue des taches de sang. Comme le costume est toujours là-haut, je suis venu, ce matin, pour l'analyse des poussières.

C'était une routine, en effet, à laquelle, dans le cas présent, personne n'avait pensé. Moers avait enfermé chaque pièce de vêtement dans un sac en fort papier qu'il avait battu longuement, afin de faire sortir du tissu les moindres poussières.

— Tu as trouvé quelque chose ?

— De la sciure de bois, très fine, en quantité remarquable. Je dirais plutôt de la poudre de bois.

— Comme dans une scierie ?

— Non. La sciure serait moins fine, moins pénétrante. La poudre est produite par des travaux délicats.

— Des travaux d'ébénisterie, par exemple ?

— Peut-être. Je n'en suis pas sûr. C'est encore plus fin, à mon avis, mais je voudrais, avant de me prononcer, en parler demain au chef du laboratoire.

Sans attendre la fin, Janvier avait saisi un volume du Bottin et il était en train d'étudier toutes les adresses de la rue de Turenne.

On y trouvait les corps de métiers les plus divers, quelques-uns inattendus, mais, comme par hasard, cela se rapportait presque toujours aux métaux, ou aux cartonnages.

— Je voulais simplement vous dire ça en passant. Je ne sais pas si cela peut servir.

Maigret non plus. Dans une enquête comme celle-ci, on ne prévoit jamais ce qui pourra servir. En tout cas, cela renforçait plutôt l'affirmation de Frans Steuvels, qui avait toujours nié être le propriétaire du complet bleu.

Mais alors, pourquoi avait-il un pardessus bleu, assez mal choisi pour accompagner un complet brun ?

Téléphone ! Parfois, six appareils marchaient en même temps, et le standardiste ne savait où donner de la tête, car il n'y avait pas assez de monde pour prendre les communications.

— Qu'est-ce que c'est ?

— Lagny.

Maigret y était allé autrefois. C'est une petite ville au bord de la Marne, avec beaucoup de pêcheurs à la ligne, et des canoës vernis. Il ne savait plus quelle affaire l'avait conduit là-bas, mais c'était l'été et il avait bu un petit vin blanc dont le souvenir persistait.

Lucas prenait les notes, faisait signe au commissaire que cela paraissait sérieux.

— Nous tenons peut-être un bout, soupira-t-il en raccrochant. C'est la gendarmerie de Lagny qui téléphone. Depuis un mois, ils sont assez excités, là-bas, par une histoire de voiture tombée dans la Marne.

— Elle est tombée dans la Marne il y a un mois ?

— A ce que j'ai saisi, oui. Le brigadier que j'ai eu à l'appareil voulait tellement expliquer et fournir des détails qu'à la fin je n'y comprenais plus rien. En plus, il me citait des noms que je ne connais pas, comme s'il s'agissait de Jésus-Christ ou de Pasteur, revenait sans cesse à la mère Hébart ou Hobart, qui est ivre tous les soirs, mais qui, paraît-il, est incapable d'inventer.

» En bref, il y a un mois environ...

— Il t'a dit la date exacte ?

— Le 15 février.

Maigret, tout fier d'avoir à s'en servir, consulta la liste qu'il venait d'établir.

15 février : La comtesse Panetti et Gloria quittent le Claridge *à sept heures du soir dans la voiture de Krynker.*

— J'y ai pensé. Vous allez voir que cela paraît sérieux. Cette vieille femme, donc, qui habite une maison isolée au bord de l'eau et qui, l'été, loue des canots aux pêcheurs, est allée boire à l'estaminet, comme les autres soirs. En rentrant chez elle, elle prétend qu'elle a entendu un grand bruit dans l'obscurité, et qu'elle est sûre que c'était le bruit d'une auto tombant dans la Marne.

» C'était la crue, à ce moment-là. Un petit chemin, qui vient de la grand-route, s'arrête au bord de l'eau et la boue devait le rendre glissant.

— Elle en a parlé tout de suite à la gendarmerie ?

— Elle en a parlé au café, le lendemain. Cela a mis du temps à se répandre. C'est enfin venu aux oreilles d'un gendarme, qui l'a questionnée.

» Le gendarme est allé voir, mais les rives étaient en partie submergées et le courant si violent que la navigation a dû être interrompue pendant quinze jours. Voilà seulement, paraît-il, que le niveau redevient à peu près normal.

» Je crois surtout qu'on ne prenait pas l'affaire très au sérieux.

» Hier, après qu'ils ont reçu notre appel au sujet de la voiture chocolat, ils ont eu un coup de téléphone de quelqu'un qui habite au coin de la grand-route et du chemin en question, et qui prétend avoir vu, le mois dernier, dans l'obscurité, une auto de cette couleur tourner devant sa maison.

» C'est un marchand d'essence qui était en train de faire le plein pour un client, ce qui explique qu'il était dehors à cette heure-là.

— Quelle heure ?

— Un peu plus de neuf heures du soir.

Il ne faut pas deux heures pour se rendre des Champs-Élysées à Lagny, mais rien n'empêchait Krynker, évidemment, d'avoir fait un détour.

— La suite ?

— La gendarmerie a demandé la grue aux Ponts et Chaussées.

— Hier ?

— Hier après-midi. Il y a eu du monde à la regarder fonctionner. Toujours est-il que, dans la soirée, ils ont accroché quelque chose, mais la nuit les a empêchés de continuer. On m'a même dit le nom du trou, car tous les trous de la rivière sont connus par les pêcheurs et les gens du pays : il en existe un de dix mètres de profondeur.

— Ils ont repêché la voiture ?

— Ce matin. C'est une Chrysler, couleur chocolat, en effet, qui porte un numéro minéralogique des Alpes-Maritimes. Ce n'est pas tout. Il y a un cadavre à l'intérieur.

— D'homme ?

— De femme. Il est terriblement décomposé. La plupart des vêtements ont été arrachés par le courant. Les cheveux sont longs et gris.

— La comtesse ?

— Je ne sais pas. Ils viennent tout juste de faire cette découverte. Le corps est toujours sur la berge, sous une bâche, et ils demandent ce qu'ils doivent faire. Je leur ai répondu que j'allais les rappeler.

Moers était parti quelques minutes trop tôt, car c'était l'homme qui aurait été précieux au commissaire, et on avait peu de chance de le trouver chez lui.

— Tu veux appeler le docteur Paul ?

Celui-ci répondit lui-même.

— Vous n'êtes pas occupé ? Vous n'aviez pas de projets pour la journée ? Cela ne vous ennuierait pas trop que je passe vous prendre et que je vous emmène à Lagny ? Avec votre trousse, oui. Non. Cela ne doit pas être beau. Une vieille femme qui séjourne dans la Marne depuis un mois.

Maigret regarda autour de lui et vit Lapointe détourner la tête en rougissant. Le jeune homme brûlait évidemment du désir d'accompagner le patron.

— Tu n'as pas de bonne amie à voir cet après-midi ?

— Oh ! non, monsieur le commissaire.

— Tu sais conduire ?

— Il y a deux ans que j'ai mon permis.

— Va chercher la Peugeot bleue et attends-moi en bas. Assure-toi qu'il y a de l'essence.

Et, à Janvier, déçu :

— Toi, prends une autre voiture et fais la route au ralenti, en questionnant les garagistes, les marchands de vin, tout ce que tu voudras. Il est possible que quelqu'un d'autre ait remarqué l'auto chocolat. Je te verrai à Lagny.

Il but le verre de bière de rabiot, et, quelques minutes plus tard, la barbe joyeuse du docteur Paul s'installait dans l'auto que Lapointe conduisait fièrement.

— Je prends au plus court ?

— De préférence, jeune homme.

C'était un des premiers beaux jours et il y avait beaucoup de voitures sur la route, avec des familles entassées, des paniers à pique-nique.

Le docteur Paul racontait des histoires d'autopsies qui, dans sa bouche, devenaient aussi drôles que des histoires juives ou des histoires de fous.

A Lagny, ils durent se renseigner, sortir de la petite ville, faire de longs détours avant d'atteindre un coude de la rivière où une grue était entourée de cent personnes pour le moins. Les gendarmes avaient autant de mal qu'un jour de foire. Un lieutenant était sur les lieux, qui parut soulagé en reconnaissant le commissaire.

L'auto chocolat, couverte de boue, d'herbes et de détritus difficiles à identifier, était là, en travers, sur le talus, avec encore de l'eau qui dégoulinait de toutes ses fissures. La carrosserie était déformée, une des vitres brisée, les deux phares étaient en miettes, mais, par extraordinaire, une portière fonctionnait encore, par laquelle on avait retiré le cadavre.

Celui-ci formait, sous une bâche, un petit tas dont les curieux ne s'approchaient qu'avec un haut-le-cœur.

— Je vous laisse travailler, docteur.

— Ici ?

Le docteur Paul l'aurait fait volontiers. On l'avait vu, son éternelle cigarette à la bouche, pratiquer des autopsies dans les endroits les plus invraisemblables, et même s'interrompre et retirer ses gants de caoutchouc pour manger un morceau.

— Vous pouvez transporter le corps à la gendarmerie, lieutenant ?

— Mes hommes vont s'en charger. Reculez, vous autres. Et les enfants ! Qui est-ce qui laisse des enfants approcher ?

Maigret examinait l'auto, quand une vieille femme le tira par la manche en disant fièrement :

— C'est moi qui l'ai trouvée.

— Vous êtes la veuve Hébart ?

— Hubart, monsieur. La maison que vous apercevez derrière les frênes est la mienne.

— Racontez-moi ce que vous avez vu ?

— Je n'ai rien vu à proprement parler, mais j'ai entendu. Je revenais par le chemin de halage. C'est le chemin où nous sommes.

— Vous aviez beaucoup bu ?

— Juste deux ou trois petits verres.

— Vous étiez où ?

— A cinquante mètres d'ici, plus loin, vers ma maison. J'ai entendu une auto qui arrivait de la grand-route et je me suis dit que c'était encore des braconniers. Car il faisait trop froid pour des amoureux, et par-dessus le marché, il pleuvait. Tout ce que j'ai vu, en me retournant, c'est la lumière des phares.

» Je ne pouvais pas prévoir que cela aurait un jour de l'importance, vous comprenez ? J'ai continué à marcher et j'ai eu l'impression que l'auto était arrêtée.

— Parce que vous n'entendiez plus le moteur ?

— Oui.

— Vous tourniez le dos au chemin ?

— Oui. Puis j'ai de nouveau entendu le moteur et j'ai pensé que la voiture faisait demi-tour. Pas du tout ! Immédiatement après, il y a eu un grand « plouf » et, quand je me suis retournée, l'auto n'était plus là.

— Vous n'avez pas entendu de cris ?

— Non.

— Vous n'êtes pas revenue sur vos pas ?

— J'aurais dû ? Qu'est-ce que j'aurais pu faire, toute seule ? Cela m'avait impressionnée. J'ai pensé que les pauvres gens étaient noyés et je me suis précipitée chez moi pour boire un bon coup afin de me remettre.

— Vous n'êtes pas restée au bord de l'eau ?

— Non, monsieur.

— Vous n'avez rien entendu après le « plouf » ?

— J'ai cru entendre quelque chose, comme des pas, mais je me suis dit que c'était un lapin que le bruit avait effrayé.

— C'est tout ?

— Vous trouvez que ce n'est pas assez ? Si on m'avait écoutée au lieu de me traiter de vieille folle, il y a longtemps que la dame serait hors de l'eau. Vous l'avez vue ?

Maigret, non sans une moue de dégoût, imagina cette vieille femme contemplant l'autre vieille femme décomposée.

La veuve Hubart se rendait-elle compte qu'elle n'était là que par miracle et que, si la curiosité l'avait poussée à faire demi-tour, ce fameux soir, elle aurait probablement suivi l'autre dans la Marne ?

— Les journalistes ne vont pas arriver ?

C'étaient eux qu'elle attendait, pour avoir son portrait dans les journaux.

Lapointe, couvert de boue, sortait de la Chrysler qu'il avait examinée.

— Je n'ai rien trouvé, dit-il. Les outils sont à leur place dans le coffre arrière, avec le pneu de rechange. Il n'y a pas de bagages, pas de sac à main. Il y avait seulement un soulier de femme coincé dans le fond de la banquette et, dans la boîte du tableau de bord, cette paire de gants et cette torche électrique.

Les gants, en pécari, étaient des gants d'homme autant qu'on en pouvait encore juger.

— File à la gare. Quelqu'un a dû prendre le train ce soir-là. A moins qu'il existe des taxis en ville. Tu me rejoindras à la gendarmerie.

Il préféra attendre dans la cour, en fumant sa pipe, que le docteur Paul, installé dans le garage, eût terminé son travail.

8

La famille aux jouets

— Vous êtes déçu, monsieur Maigret ?

Le jeune Lapointe aurait bien voulu dire patron comme Lucas, Torrence, et la plupart de ceux de l'équipe, mais il se sentait trop nouveau pour cela ; il lui semblait que c'était un privilège qu'il devait acquérir comme on gagne ses galons.

Ils venaient de reconduire le docteur Paul chez lui et rentraient au Quai des Orfèvres, dans un Paris qui leur paraissait plus lumineux après les heures passées à patauger dans l'obscurité de Lagny. Du pont Saint-Michel, Maigret pouvait voir de la lumière dans son propre bureau.

— Je ne suis pas déçu. Je ne m'attendais pas à ce que les employés de la gare se souviennent des voyageurs dont ils ont poinçonné les billets il y a un mois.

— Je me demandais à quoi vous pensiez ?

Il répondit tout naturellement :

— A la valise.

— Je vous jure qu'elle était dans l'atelier quand je suis allé pour la première fois chez le relieur.

— Je n'en doute pas.

— J'ai la certitude que ce n'était pas la valise que le brigadier Lucas a trouvée l'après-midi dans le sous-sol.

— Je n'en doute pas non plus. Laisse la voiture dans la cour et monte.

On sentait, à l'animation des quelques hommes de garde, qu'il y avait du nouveau et Lucas, en entendant Maigret entrer, ouvrit vivement la porte de son bureau.

— Des renseignements sur Moss, patron. Une jeune fille et son père sont venus tout à l'heure. Ils voulaient vous parler personnellement, mais, après avoir attendu près de deux heures, ils se sont décidés à me faire la commission. La jeune fille est une belle fille de seize ou dix-sept ans, ronde et rose, qui regarde franchement les gens dans les yeux. Le père est un sculpteur qui, si j'ai bien compris, a décroché jadis le prix de Rome. Il y a une autre jeune fille un peu plus âgée et une mère. Ils habitent boulevard Pasteur, où ils travaillent à confectionner des jouets. Ou je me trompe fort, ou la demoiselle a accompagné son père pour l'empêcher de boire en chemin, ce qui paraît son péché mignon. Il porte un grand chapeau noir et une lavallière. C'est chez eux que Moss, sous le nom de Peeters, a passé les derniers mois.

— Il y est toujours ?

— S'il y était, j'aurais déjà envoyé des inspecteurs pour l'arrêter ou plutôt j'y serais allé moi-même. Il les a quittés le 12 mars.

— Autrement dit, le jour où Levine, Gloria et l'enfant ont disparu de la circulation après la scène du square d'Anvers.

— Il ne leur a pas annoncé qu'il partait. Il est sorti le matin comme d'habitude et, depuis, n'a plus remis les pieds dans l'appartement. J'ai pensé que vous préféreriez les interroger vous-même. Ah ! autre chose. Philippe Liotard a déjà téléphoné deux fois.

— Que veut-il ?

— Vous parler. Il a demandé que, si vous rentriez avant onze heures du soir, vous l'appeliez à la *Chope du Nègre*.

Une brasserie que Maigret connaissait, boulevard Bonne-Nouvelle.

— Donne-moi la *Chope !*

Ce fut la caissière qui répondit. Elle fit chercher l'avocat.

— C'est vous, commissaire ? Je suppose que vous devez être débordé de travail. L'avez-vous trouvé ?

— Qui ?

— Moss. Je suis allé au cinéma cet après-midi et j'ai compris. Est-ce que vous ne croyez pas qu'une conversation officieuse, en tête à tête, pourrait nous être utile à l'un comme à l'autre ?

Cela se fit par hasard. Un peu plus tôt, dans la voiture, Maigret pensait à la valise. Or, au moment où Liotard lui parlait, le petit Lapointe entrait dans le bureau.

— Vous êtes avec des amis ? demanda le commissaire à Liotard.

— Cela n'a pas d'importance. Quand vous arriverez, je m'en séparerai.

— Votre amie ?

— Oui.

— Personne d'autre ?

— Quelqu'un que vous n'aimez pas beaucoup, je me demande pourquoi, et qui en est très affecté.

C'était Alfonsi. Ils devaient être à nouveau quatre, les deux hommes et leurs petites amies.

— Vous aurez la patience de m'attendre si j'arrive un peu en retard ?

— Je vous attendrai aussi longtemps que vous voudrez. C'est dimanche.

— Dites à Alfonsi que j'aimerais le voir aussi.

— Il sera enchanté.

— A tout à l'heure.

Il alla fermer les deux portes de son bureau, faisant rester Lapointe qui, par discrétion, voulait sortir.

— Viens ici, toi. Assieds-toi. Tu tiens à faire ton chemin dans la police, n'est-ce pas ?

— J'y tiens plus qu'à n'importe quoi.

— Tu as fait la bêtise de trop parler, le premier jour, et cela a entraîné des conséquences que tu ne soupçonnes pas encore.

— Je vous demande pardon. J'avais tellement confiance en ma sœur.

— Veux-tu essayer quelque chose de difficile ? Un instant. Ne réponds pas trop vite. Il ne s'agit pas d'une action reluisante, qui te vaudra ton nom dans les journaux. Au contraire. Si tu réussis, il n'y aura que nous deux à le savoir. Si tu rates, je serai obligé de te désavouer et de prétendre que tu as fait du zèle en agissant en dehors de mes instructions.

— Je comprends.

— Tu ne comprends rien du tout, mais ça ne fait rien. Si je procédais moi-même à l'opération et que je rate, ce serait toute la police qui serait mise en cause. Tu es assez nouveau dans la maison pour qu'il n'en aille pas de même si c'est toi.

Lapointe ne se tenait pas d'impatience.

— M⁰ Liotard et Alfonsi sont en ce moment à la *Chope du Nègre* où ils m'attendent.

— Vous allez les rejoindre ?

— Pas tout de suite. Je veux d'abord passer boulevard Pasteur et je suis sûr qu'ils ne bougeront pas de la brasserie avant mon arrivée. Mettons que j'aille les retrouver dans une heure au plus tôt. Il est neuf heures. Tu connais le domicile de l'avocat, rue Bergère ? C'est au troisième étage à gauche. Comme un certain nombre de petites femmes habitent la maison, la concierge ne doit pas faire trop attention aux allées et venues.

— Vous voulez que...

— Oui. On t'a appris à ouvrir une porte. Cela ne tire pas à conséquence si tu laisses des traces. Au contraire. Inutile de fouiller les tiroirs et les papiers. Tu dois t'assurer d'une seule chose : que la valise n'est pas là.

— Je n'y avais pas pensé.

— Bon. Il est possible et même probable qu'elle n'y est pas, car Liotard est un garçon prudent. C'est pourquoi tu ne dois pas perdre de temps. De la rue Bergère, tu fileras rue de Douai, où Alfonsi occupe la chambre 33 à l'*Hôtel du Massif Central*.

— Je connais.

— Tu agiras de même. La valise. Rien d'autre. Tu me téléphoneras dès que tu en auras terminé.

— Je peux partir ?

— Va d'abord dans le couloir. Je vais fermer ma porte à clef et tu essaieras de l'ouvrir. Demande les outils à Lucas.

Lapointe ne s'en tira pas trop mal et, quelques minutes plus tard, il se précipitait dehors, au comble de la joie.

Maigret passa chez les inspecteurs.

— Tu es libre, Janvier ?

Les téléphones fonctionnaient toujours, mais, à cause de l'heure, avec moins de virulence.

— Je donnais un coup de main à Lucas, mais...

Ils descendirent tous les deux, et ce fut Janvier qui se mit au volant de la petite auto de la P.J. Un quart d'heure plus tard, ils atteignirent la partie la plus calme, la moins éclairée du boulevard Pasteur, qui, dans la paix d'un beau dimanche soir, avait l'air d'un mail de petite ville.

— Monte avec moi.

Ils demandèrent le sculpteur, qui s'appelait Grossot, et on les envoya au sixième étage. L'immeuble était vieux, mais très décent, probablement habité par des petits fonctionnaires. Quand ils frappèrent à la porte du sixième, des bruits de dispute cessèrent soudain et une jeune fille aux joues pleines ouvrit, s'effaça.

— C'est vous qui êtes venue tout à l'heure à mon bureau ?

— C'est ma sœur. Le commissaire Maigret ? Entrez. Ne faites pas attention au désordre. Nous finissions seulement de dîner.

Elle les conduisait dans un vaste atelier, au plafond en pente, en partie vitré, au-delà duquel on voyait les étoiles. Il y avait des restes de charcuterie sur une longue table en bois blanc, un litre de vin entamé, une autre jeune fille qui semblait la jumelle de celle qui avait ouvert s'arrangeait les cheveux d'un geste furtif, cependant qu'un homme en veste de velours s'avançait vers les visiteurs avec une solennité exagérée.

— Soyez le bienvenu dans mon modeste logis, monsieur Maigret. J'espère que vous allez me faire l'honneur de trinquer avec moi.

Depuis sa sortie de la P.J., le vieux sculpteur avait dû trouver le moyen de boire autre chose que le vin du repas, car il avait la prononciation difficile, la démarche hésitante.

— Ne faites pas attention, intervint une des filles. Il s'est encore une fois mis dans tous ses états.

Elle disait cela sans aigreur, et c'était un regard affectueux, presque un regard de maman, qu'elle lançait à son père.

Dans les coins les plus sombres de la grande pièce, on devinait des sculptures et il était clair qu'elles étaient là depuis longtemps.

Ce qui était plus récent, ce qui faisait partie de la vie actuelle, c'étaient des jouets en bois découpé qui encombraient les meubles et qui répandaient dans la pièce une bonne odeur de bois frais.

— Quand l'art ne fait plus vivre un homme et sa famille, déclamait Grossot, il n'y a pas de honte, n'est-ce pas ? à demander au commerce le pain de tous les jours.

Mme Grossot parut, qui avait dû aller s'arranger en entendant sonner. C'était une maigre, une triste, aux yeux sans cesse aux aguets, qui devait toujours prévoir les malheurs.

— Tu ne donnes pas une chaise au commissaire et à ce monsieur, Hélène ?

— Le commissaire sait bien qu'il peut faire ici comme chez lui, maman. N'est-ce pas, monsieur Maigret ?

— Tu n'as rien offert ?

— Vous voulez un verre de vin ? Il n'y a rien d'autre à la maison, à cause de papa.

C'était elle qui avait l'air de diriger la famille, qui, en tout cas, prenait la direction de l'entretien.

— Nous sommes allés au cinéma hier soir, dans le quartier, et nous avons reconnu celui que vous cherchez. Il ne se faisait pas appeler Moss, mais Peeters. Si nous ne sommes pas allés vous trouver plus tôt, c'est que papa hésitait à le trahir, objectant qu'il a été notre hôte et mangé maintes fois à notre table.

— Il vivait ici depuis longtemps ?

— Environ un an. L'appartement couvre tout l'étage. Mes parents l'habitent depuis plus de trente ans et j'y suis née ainsi que ma sœur. Outre l'atelier et la cuisine, il y a trois chambres. L'an dernier, les jouets n'ont pas donné beaucoup, à cause de la crise, et nous avons décidé de prendre un locataire. Nous avons mis une annonce dans le journal.

» C'est ainsi que nous avons connu M. Peeters.

— Quelle profession a-t-il prétendu exercer ?

— Il nous a dit qu'il représentait une grosse manufacture anglaise, qu'il avait sa clientèle, de sorte que cela lui demandait assez peu de déplacements. Il lui arrivait de passer toute sa journée à la maison et, en bras de chemise, de venir nous donner un coup de main. Car nous travaillons tous aux jouets dont mon père fait les maquettes. Pour le dernier Noël, nous avons obtenu la commande du Printemps, et nous avons travaillé jour et nuit.

Grossot louchait d'une façon si pitoyable vers le litre à moitié vide que Maigret lui dit :

— Ma foi, versez-m'en un demi-verre, histoire de trinquer.

Il reçut en retour un regard de gratitude, tandis que la jeune fille continuait, sans cesser de surveiller son père pour s'assurer qu'il ne se servait pas trop largement :

— Il sortait surtout vers la fin de l'après-midi et il lui arrivait de rentrer assez tard. Certaines fois, il emportait sa valise à échantillons.

— Il a laissé ses bagages ici ?

— Il a laissé sa grosse malle.

— Pas sa valise ?

— Non. Au fait, Olga, avait-il sa valise en partant ?

— Non. Il ne l'avait pas rapportée la dernière fois qu'il était sorti avec.

— Quel genre d'homme était-ce ?

— Il était tranquille, très doux, peut-être un peu triste. Parfois il restait enfermé des heures entières dans sa chambre et on finissait par aller lui demander s'il était malade. D'autres fois, il partageait notre petit déjeuner et nous aidait toute la journée.

» Il lui arrivait de disparaître pendant plusieurs jours et il nous avait prévenus de ne pas nous inquiéter.

— Comment l'appeliez-vous ?

— M. Jean. Il nous appelait par notre prénom, sauf ma mère, naturellement. Il nous apportait parfois des chocolats, de menus cadeaux.

— Jamais des cadeaux de valeur ?

— Nous ne les aurions pas acceptés.

— Il ne recevait pas ?

— Il n'est jamais venu personne. Il ne recevait pas de courrier non plus. Comme cela m'étonnait qu'un représentant de commerce ne reçoive pas de lettres, il m'a expliqué qu'il avait un associé en ville, avec un bureau, où sa correspondance était adressée.

— Il ne vous a jamais paru bizarre ?

Alors elle jeta un coup d'œil autour d'elle, murmura sans insister :

— Ici, vous savez !

— A votre santé, monsieur Maigret. A votre enquête ! Comme vous pouvez le voir, je ne suis plus rien, non seulement dans le domaine de l'art, mais dans ma propre maison. Je ne proteste pas. Je ne dis rien. Elles sont bien gentilles, mais, pour un homme qui...

— Laisse parler le commissaire, papa.

— Vous voyez ?

— Vous ne savez pas quand votre locataire est sorti avec sa valise pour la dernière fois ?

Ce fut Olga, l'aînée, qui répondit :

— Le dernier samedi avant...

Elle se demanda si elle devait continuer.

— Avant quoi ?

La benjamine reprit la direction de l'entretien.

— Ne rougis pas, Olga. Nous taquinions toujours ma sœur, qui avait un petit béguin pour M. Jean. Il n'était pas de son âge et il n'était pas beau, mais...

— Et toi ?

— Passons. Un samedi, vers six heures, il est parti avec sa valise, ce qui nous a étonnés, car c'était surtout le lundi qu'il l'emportait avec lui.

— Le lundi après-midi ?

— Oui. Nous ne nous attendions pas à ce qu'il rentre, pensant qu'il allait passer le week-end quelque part, et nous nous moquions d'Olga qui faisait une tête longue.

— Ce n'est pas vrai.

— A quelle heure est-il rentré, nous n'en savons rien. D'habitude, nous l'entendions ouvrir la porte. Le dimanche matin, nous croyions l'appartement vide et nous parlions justement de lui quand il est sorti de sa chambre, l'air malade, et a demandé à mon père de bien vouloir lui procurer une bouteille d'alcool. Il prétendait avoir pris froid. Il est resté au lit une partie de la journée. Olga, qui a fait sa chambre, a remarqué que la valise n'y était pas. Elle a remarqué autre chose, en tout cas elle le prétend.

— J'en suis sûre.

— C'est possible. Tu le regardais de plus près que nous.

— Je suis sûre que son costume n'était plus le même. C'était un complet bleu aussi, mais pas le sien, et quand il l'a mis j'ai constaté qu'il était un peu trop large d'épaules.

— Il n'en a jamais parlé ?

— Non. Nous n'y avons pas fait allusion non plus. C'est alors qu'il s'est plaint d'avoir la grippe et qu'il est resté une semaine entière sans sortir.

— Il lisait les journaux ?

— Le journal du matin et celui du soir, comme nous.

— Vous n'avez rien noté de particulier ?

— Non. Sauf qu'il allait s'enfermer dans sa chambre dès que quelqu'un frappait à la porte.

— Quand a-t-il recommencé à sortir ?

— A peu près une semaine plus tard. La dernière fois qu'il a couché ici, c'était la nuit du 11 au 12 mars. C'est facile à savoir, grâce au calendrier de sa chambre dont on n'a pas arraché les feuillets depuis.

— Qu'est-ce que nous devons faire, monsieur le commissaire ? questionna la mère avec inquiétude. Vous croyez vraiment qu'il a commis un crime ?

— Je ne sais pas, madame.

— Si la police le recherche...

— Vous permettez que nous visitions sa chambre ?

Elle était au bout d'un corridor. Spacieuse, sans luxe, mais propre, avec de vieux meubles cirés et, sur les murs, des reproductions de Michel-Ange. Une énorme malle noire, du type le plus courant, se trouvait dans le coin droit, entourée d'une corde.

— Veux-tu ouvrir, Janvier ?

— Je dois sortir ? questionna la jeune fille.

Il n'en voyait pas la nécessité. Janvier eut plus de mal avec la corde qu'avec la serrure, qui était banale. Une forte odeur de naphtaline envahit la pièce et ce furent des complets, des souliers, du linge qu'on commença à entasser sur le lit.

On aurait dit la garde-robe d'un acteur, tant les vêtements étaient variés de qualité et d'origine. Un habit et un smoking portaient la marque d'un grand tailleur de Londres, et un autre habit avait été fait à Milan.

Il y avait aussi des complets en toile blanche comme on en porte surtout dans les pays chauds, des costumes assez voyants, d'autres, au contraire, qui auraient pu servir à un caissier de banque et, pour tous, on trouvait des chaussures assorties, provenant de Paris, de Nice, de Bruxelles, de Rotterdam ou de Berlin.

Enfin, tout en dessous, séparée du reste par une feuille de papier brun, on dénicha une défroque de clown que la jeune fille regarda avec plus de stupeur que le reste.

— C'est un acteur ?

— A sa façon.

Il n'y avait rien d'autre de révélateur dans la chambre. Le complet bleu dont on venait de parler n'était pas là, car Peeters-Moss le portait lors de son départ ; il le portait peut-être encore.

Dans les tiroirs, des menus objets, étuis à cigarettes, portefeuilles, boutons de manchettes et de faux col, des clefs, une pipe cassée, mais pas un papier, pas un carnet d'adresses.

— Je vous remercie, mademoiselle. Vous avez sagement fait de nous avertir et je suis persuadé que vous n'aurez aucun ennui. Je suppose que vous n'avez pas le téléphone ?

— Nous l'avions il y a plusieurs années, mais...

Et, à voix basse :

— Papa n'a pas toujours été comme ça. C'est pourquoi nous ne pouvons pas lui en vouloir. Avant il ne buvait pas du tout. Puis il a rencontré des camarades des Beaux-Arts qui sont à peu près au même point que lui et il a pris l'habitude d'aller les retrouver dans un petit café du quartier Saint-Germain. Cela leur fait du tort.

Un établi, dans l'atelier, comportait plusieurs machines de précision, pour scier, limer, raboter les pièces de bois parfois minuscules dont on faisait de pimpants jouets.

— Emporte un peu de sciure dans un papier, Janvier.

Cela ferait plaisir à Moers. C'était amusant de penser qu'on aurait toujours fini par aboutir à cet appartement perché dans un immeuble du boulevard Pasteur rien que par les analyses de Moers. Cela aurait pris des semaines, peut-être des mois, mais on y serait quand même arrivé.

Il était dix heures. La bouteille de vin était vide, et Grossot proposa d'accompagner ces « messieurs » jusqu'en bas, ce qui ne lui fut pas permis.

— Je reviendrai probablement.

— Et lui ?

— Cela m'étonnerait. En tout cas, je ne pense pas que vous ayez quoi que ce soit à craindre de sa part.

— Où est-ce que je vous conduis, patron ? questionna Janvier en prenant le volant de la voiture.

— Boulevard Bonne-Nouvelle. Pas trop près de la *Chope du Nègre*. Tu m'attendras.

C'était une de ces grandes brasseries à choucroute et à saucisses où, le samedi et le dimanche soir, quatre musiciens faméliques jouent sur une estrade. Maigret repéra tout de suite les deux couples, non loin de la devanture, remarqua que les dames avaient commandé des menthes vertes.

Alfonsi se leva le premier, pas trop rassuré, en homme qui s'attend à recevoir un coup de pied au derrière, tandis que l'avocat, souriant, maître de lui, tendait sa main soignée.

— Je vous présente nos amies ?

Il le fit avec condescendance.

— Préférez-vous vous asseoir un moment à cette table ou voulez-vous que nous nous installions tout de suite à l'écart ?

— A condition qu'Alfonsi tienne compagnie aux dames et m'attende, je préfère vous écouter dès maintenant.

Une table était libre près de la caisse. La clientèle était surtout composée de commerçants du quartier qui, comme Maigret l'avait fait la veille, s'étaient offert en famille un dîner au restaurant. Il y avait aussi les clients de tous les jours, les célibataires ou les mal mariés, jouant aux cartes ou aux échecs.

— Qu'est-ce que vous prenez ? Un demi ? Un demi et une fine à l'eau, garçon.

Dans quelque temps, Liotard fréquenterait sans doute les bars de l'Opéra et des Champs-Élysées, mais il en était encore à se sentir plus à l'aise dans ce quartier où il pouvait regarder les gens avec un grand air de supériorité.

— Votre appel a donné des résultats ?

— C'est pour me questionner, maître Liotard, que vous m'avez invité à venir vous voir ?

— C'est peut-être pour faire la paix. Qu'en penseriez-vous ? Il est possible que je me sois montré un peu brusque avec vous. N'oubliez pas que nous sommes chacun d'un côté de la barrière. Votre métier est d'accabler mon client, le mien de le sauver.

— Même en vous faisant son complice ?

Le coup porta. Le jeune avocat aux narines longues et pincées battit deux ou trois fois des paupières.

— Je ne sais pas ce que vous voulez dire. Mais puisque vous préférez ça, j'irai droit au but. Le hasard veut, commissaire, que vous puissiez me faire beaucoup de tort, et même retarder, sinon interrompre, une carrière que tout le monde s'accorde à prévoir brillante.

— Je n'en doute pas.

— Merci. Le Conseil de l'Ordre est assez strict sur certaines règles, et j'avoue que, dans ma hâte d'arriver, je ne les ai pas toujours suivies.

Maigret buvait sa bière de l'air le plus innocent du monde en regardant la caissière, et celle-ci aurait pu le prendre pour le chapelier du coin.

— J'attends, monsieur Liotard.

— J'espérais que vous m'aideriez, car vous savez fort bien à quoi je fais allusion.

Il ne broncha toujours pas.

— Voyez-vous, monsieur le commissaire, j'appartiens à une famille pauvre, très pauvre...

— Les comtes de Liotard ?

— J'ai dit très pauvre et non pas roturière. J'ai eu beaucoup de mal à payer mes études et j'ai été obligé de faire, comme étudiant, un certain nombre de métiers. J'ai même porté l'uniforme dans un cinéma des Grands Boulevards.

— Je vous en félicite.

— Il y a un mois encore, je ne mangeais pas tous les jours. J'attendais, comme tous les confrères de mon âge, et comme certains confrères plus âgés, l'affaire qui me permettrait de me faire remarquer.

— Vous l'avez trouvée.

— Je l'ai trouvée. C'est là que je veux en venir. Vendredi, dans le cabinet de M. Dossin, vous avez prononcé certaines paroles qui m'ont fait penser que vous en saviez long là-dessus et que vous n'hésiteriez pas à vous en servir contre moi.

— Contre vous ?

— Contre mon client, si vous préférez.

— Je ne comprends pas.

De lui-même, il commanda un autre demi, car il avait rarement bu d'aussi bonne bière, d'autant qu'elle contrastait avec le vin tiède du sculpteur. Il regardait toujours la caissière, comme s'il se réjouissait qu'elle fût tellement pareille aux caissières des cafés d'antan, avec sa forte poitrine remontée par le corset, son corsage de soie noire orné d'un camée, sa chevelure qui formait une pièce montée.

— Vous disiez ?

— Comme vous voudrez. Vous tenez à ce que je parle tout seul et vous tenez le bon bout. J'ai commis une faute professionnelle en sollicitant Frans Steuvels.

— Une seule ?

— J'ai été alerté de la façon la plus banale du monde et j'espère que personne n'aura d'ennuis à cause de moi. Je suis assez intime avec un certain Antoine Bizard, nous habitons le même immeuble. Nous avons mangé tous les deux de la vache enragée. Il nous est arrivé de partager une boîte de sardines ou un camembert. Depuis peu de temps, Bizard travaille régulièrement dans un journal. Il a une petite amie.

— La sœur d'un de mes inspecteurs.

— Vous voyez que vous savez.

— J'aime vous l'entendre dire.

— Par ses fonctions au journal, où il fait les chiens écrasés, Bizard est à même de connaître certains faits avant le public...

— Les crimes, par exemple.

— Si vous voulez. Il a pris l'habitude de me téléphoner.

— Afin de vous permettre d'aller offrir vos services ?

— Vous êtes un vainqueur cruel, monsieur Maigret.

— Continuez.

Il regardait toujours la caissière, tout en s'assurant qu'Alfonsi tenait compagnie aux deux femmes.

— J'ai été prévenu que la police s'occupait d'un relieur de la rue de Turenne.

— Le 21 février, dans le début de l'après-midi.

— C'est exact. Je me suis rendu là-bas et j'ai réellement parlé d'un *ex-libris* avant d'aborder un sujet plus brûlant.

— Le calorifère.

— C'est tout. J'ai dit à Steuvels que, s'il avait des ennuis, je serais heureux de le défendre. Tout cela, vous le savez. Et ce n'est pas tellement pour moi que j'ai provoqué l'entretien que nous avons ce soir, sur un plan, j'espère, tout à fait privé, que pour mon client. Ce qui me ferait du tort en ce moment lui ferait du tort par ricochet. Voilà, monsieur Maigret. A vous de décider. Je peux être, demain matin, suspendu du Barreau. Il vous suffit pour cela d'aller trouver le bâtonnier et de lui dire ce que vous savez.

— Vous êtes resté longtemps chez le relieur ?

— Un quart d'heure au plus.

— Vous avez vu sa femme ?

— Je crois qu'à un certain moment elle a passé la tête au-dessus de l'escalier.

— Steuvels vous a fait des confidences ?

— Non. Je suis prêt à vous en donner ma parole.

— Encore une question, maître. Depuis quand Alfonsi est-il à votre service ?

— Il n'est pas à mon service. Il tient une agence de police privée.

— Dont il est le seul employé !

— Cela ne me regarde pas. Pour défendre mon client avec quelques chances de succès, j'ai besoin de certains renseignements que je ne peux dignement aller récolter moi-même.

— Vous aviez surtout besoin d'apprendre au jour le jour ce que je sais.

— C'est de bonne guerre, non ?

La caissière décrochait l'appareil téléphonique dont la sonnerie venait de résonner et répondait :

— Un moment. Je ne sais pas. Je vais voir.

Et, comme elle ouvrait la bouche pour dire un nom au garçon, le commissaire se leva :

— C'est pour moi ?

— Comment vous appelez-vous ?

— Maigret.

— Vous voulez que je vous passe la communication dans la cabine ?

— Ce n'est pas la peine. J'en ai pour quelques secondes.

C'était l'appel qu'il attendait du jeune Lapointe. La voix de celui-ci était vibrante d'émotion.

— C'est vous, monsieur le commissaire ? *Je l'ai !*

— Où ?

— Je n'ai rien trouvé chez l'avocat, où j'ai failli être surpris par la concierge. Comme vous me l'aviez dit, je me suis rendu rue de Douai. Là, tout le monde entre et sort. C'était facile. Je n'ai eu aucune peine à ouvrir la porte. La valise était sous le lit. Qu'est-ce que je fais ?

— Où es-tu ?

— Au tabac qui fait le coin de la rue de Douai.

— Prends un taxi et fais-toi conduire au Quai. Je t'y retrouverai.

— Bien, patron. Vous êtes content ?

Emporté par son enthousiasme et sa fierté, il se permettait le « mot » pour la première fois... pas trop rassuré pourtant...

— Tu as bien travaillé.

L'avocat observait Maigret avec inquiétude. Le commissaire reprit sa place sur la banquette avec un soupir d'aise, fit signe au garçon.

— Un autre demi. Peut-être feriez-vous bien de servir une fine à Monsieur.

— Mais...

— Tranquille, mon petit.

Ce mot-là suffit à faire sursauter l'avocat.

— Voyez-vous, ce n'est pas au Conseil de l'Ordre que je vais m'adresser à votre sujet. C'est au procureur de la République. Demain matin, il est probable que je lui demanderai deux mandats d'arrêt, un à votre nom, et un à celui de votre compère Alfonsi.

— Vous plaisantez ?

— Qu'est-ce que cela va chercher, une conviction de recel dans une affaire de meurtre ? Il faudra que je consulte le Code. Je réfléchirai. Je vous laisse l'addition ?

Déjà debout, il ajouta doucement, confidentiellement, en se penchant sur l'épaule de Philippe Liotard :

— J'ai la valise !

9

L'instantané de Dieppe

Une première fois, vers neuf heures et demie, Maigret avait appelé le cabinet du juge et parlé au greffier :

— Voulez-vous demander à M. Dossin s'il peut me recevoir ?

— Le voici justement.

— Du nouveau ? avait questionné celui-ci. Je veux dire en dehors de ce que raconte la presse de ce matin ?

Il était très excité. Les journaux relataient la découverte de l'auto chocolat et du cadavre de la vieille femme à Lagny.

— Je crois. Je vais venir vous en parler.

Or depuis, chaque fois que le commissaire se dirigeait vers la porte de son bureau, quelque chose le retardait, un coup de téléphone, l'arrivée d'un inspecteur qui avait un rapport à lui faire. Discrètement, le juge avait rappelé, demandé à Lucas :

— Le commissaire est toujours là ?

— Oui. Vous voulez que je vous le passe ?

— Non. Je suppose qu'il est occupé. Il montera certainement dans un moment.

A dix heures et quart, il s'était enfin décidé à réclamer Maigret au bout du fil.

— Excusez-moi de vous déranger. J'imagine que vous êtes débordé. Mais j'ai convoqué Frans Steuvels pour onze heures et je ne voudrais pas commencer l'interrogatoire sans vous avoir vu.

— Cela vous ennuierait-il que votre interrogatoire devienne une confrontation ?

— Avec qui ?

— Avec sa femme, probablement. Si vous le permettez, je la fais chercher à tout hasard par un inspecteur.

— Vous voulez une convocation régulière ?

— Ce ne sera pas nécessaire.

M. Dossin attendit encore dix bonnes minutes en feignant d'étudier le dossier. Enfin on frappa à la porte, il faillit se précipiter et vit Maigret qui se profilait, une valise à la main.

— Vous partez ?

Le sourire du commissaire le renseigna, et il murmura, n'en pouvant croire ses yeux :

— La valise ?

— Elle est lourde, je vous assure.

— Nous avions donc raison ?

Il était soulagé d'un grand poids. La campagne systématique de Philippe Liotard avait fini par l'ébranler, et c'était lui, en définitive, qui avait pris la responsabilité de garder Steuvels en prison.

— Il est coupable ?

— Suffisamment pour être mis à l'ombre pendant quelques années.

Maigret connaissait, depuis la veille au soir, le contenu de la valise, mais il en fit à nouveau l'inventaire, avec le même plaisir qu'un enfant étale ses cadeaux de Noël.

Ce qui rendait si lourde la valise brune, à la poignée réparée à l'aide de ficelle, c'étaient des pièces de métal qui ressemblaient quelque peu à des fers de relieur, mais qui étaient en réalité des sceaux de divers États.

Il y en avait en particulier des États-Unis et de toutes les républiques de l'Amérique du Sud.

On voyait aussi des tampons de caoutchouc comme ceux dont on se sert dans les mairies et dans les administrations, tout cela classé aussi soigneusement que les échantillons d'un voyageur de commerce.

— C'est le travail de Steuvels, expliqua Maigret. Son frère Alfred lui fournissait les modèles et les passeports en blanc. Ceux-ci, autant que j'en peux juger par ces exemplaires, n'ont pas été imités, mais proviennent de vols dans les consulats.

— Il y a longtemps qu'ils se livraient à ce trafic ?

— Je ne le pense pas. Deux ans à peu près, d'après les comptes de banque. Ce matin, en effet, j'ai fait téléphoner à la plupart des banques de Paris et c'est en partie ce qui m'a empêché de monter vous voir plus tôt.

— Steuvels a son compte à la Société Générale, rue Saint-Antoine, n'est-ce pas ?

— Il en possède un autre dans une banque américaine de la place Vendôme, un autre encore dans une banque anglaise du boulevard. Jusqu'ici, nous avons retrouvé cinq comptes différents. Cela a commencé il y a deux ans, ce qui correspond à la date à laquelle son frère s'est réinstallé à Paris.

Il pleuvait. Le temps était gris et doux. Maigret était assis près de la fenêtre, fumant sa pipe.

— Voyez-vous, monsieur le juge, Alfred Moss n'appartient pas à la catégorie des malfaiteurs professionnels. Ceux-ci ont une spécialité à laquelle, la plupart du temps, ils se tiennent. Je n'ai jamais vu un pickpocket devenir cambrioleur, ni un cambrioleur laver les chèques ou se lancer dans le vol à l'américaine.

» Alfred Moss est un clown, avant tout, un acrobate.

» C'est à la suite d'une chute qu'il est entré dans la carrière. Ou je me trompe fort, ou il a fait son premier coup par hasard, quand, usant de sa connaissance des langues, il est entré comme interprète dans un grand hôtel de Londres. L'occasion s'est présentée de voler des bijoux et il l'a fait.

» Cela lui a permis de vivre un certain temps. Pas longtemps, car il a un vice, je le sais depuis ce matin aussi, par le tenancier du P.M.U. de son quartier : il joue aux courses.

» Comme tout amateur, il ne s'en est pas tenu à un type de vols, mais il a voulu tout essayer.

» Il l'a fait avec une adresse et un bonheur rares, puisqu'on n'a jamais pu le condamner.

» Il connaissait des hauts et des bas. Un vol à l'américaine succédait à un lavage de chèques.

» Il a pris de l'âge, s'est vu brûlé dans la plupart des capitales, inscrit sur la liste noire des grands hôtels où il avait l'habitude d'opérer.

— C'est alors qu'il s'est souvenu de son frère ?

— Oui. Il y a deux ans, le trafic de l'or, qui était sa précédente activité, ne rapportait plus. Au contraire, les faux passeports, en particulier pour l'Amérique, commençaient à atteindre des sommes astronomiques. Il s'est dit qu'un relieur, habitué à faire des blasons au petit fer, ne s'en tirerait pas plus mal avec des sceaux officiels.

— Ce qui m'étonne, c'est que Steuvels, qui n'a pas de besoins, ait accepté. A moins qu'il ait une double vie que nous n'avons pas découverte.

— Il n'a pas de double vie. La misère, la vraie, celle qu'il a connue dans son enfance et dans son adolescence, produit deux sortes de gens : des prodigues et des avares. Elle produit plus souvent des avares, et ceux-là ont une telle peur de voir revenir les mauvais jours qu'ils sont capables de tout pour s'assurer contre eux.

» Ou je me trompe fort, ou c'est le cas de Steuvels. La liste des banques où il a fait des dépôts nous en fournit d'ailleurs la preuve. Je suis persuadé que ce n'était pas une façon de cacher son bien, car l'idée ne lui venait pas qu'il pourrait être découvert. Mais il se méfiait des banques, des nationalisations, des dévaluations et il faisait des petits tas dans des établissements différents.

— Je croyais qu'il ne quittait pratiquement jamais sa femme.

— C'est exact. C'était elle qui le quittait et j'ai mis du temps à le découvrir. Chaque lundi après-midi, elle se rendait au lavoir du Vert-Galant pour faire sa lessive. Presque chaque lundi, Moss arrivait avec sa valise et, lorsqu'il était en avance, attendait au *Tabac des Vosges* le départ de sa belle-sœur.

» Les deux frères avaient l'après-midi devant eux pour travailler. Les outils et les documents compromettants ne restaient jamais rue de Turenne. Moss les emportait avec lui.

» Certains lundis, Steuvels trouvait encore le temps de courir dans l'une de ses banques pour faire un dépôt.

— Je ne vois pas le rôle de la jeune femme à l'enfant, ni celui de la comtesse Panetti, ni...

— J'y viens, monsieur le juge. Si je vous ai parlé d'abord de la valise, c'est parce que c'est ce qui, dès le début, m'a le plus tracassé. Depuis que je connais l'existence de Moss et que je soupçonne son activité, une autre question me préoccupait.

» *Pourquoi, le mardi 12 mars, tout à coup, alors que la bande paraissait tranquille, y a-t-il eu une effervescence inaccoutumée qui s'est terminée par l'éparpillement de ses membres ?*

» Je parle de l'incident du square d'Anvers, dont ma femme a été par hasard le témoin.

» La veille encore, Moss vivait paisiblement dans sa chambre meublée du boulevard Pasteur.

» Levine et l'enfant habitaient l'*Hôtel Beauséjour*, où Gloria venait prendre l'enfant chaque jour pour l'emmener en promenade.

» Or, ce mardi-là, vers dix heures du matin, Moss pénètre à l'*Hôtel Beauséjour* où, par précaution sans doute, il n'avait jamais mis les pieds.

» Tout de suite, Levine boucle ses valises, se précipite place d'Anvers, appelle Gloria, qui laisse l'enfant en plan pour le suivre.

» L'après-midi, tous ont disparu sans laisser de trace.

» *Que s'est-il produit le 12 mars au matin ?*

» Moss n'a pas reçu de coup de téléphone, car il n'y a pas le téléphone dans la maison où il habite.

» Mes inspecteurs et moi, à ce moment-là, n'avons fait aucune démarche capable d'effrayer la bande, que nous ne soupçonnions même pas.

» Quant à Frans Steuvels, il était à la Santé.

» Pourtant il s'est passé quelque chose.

» Et c'est seulement hier soir, en rentrant chez moi, que j'ai eu, par le plus grand des hasards, la réponse à cette question.

M. Dossin était tellement soulagé de savoir que l'homme qu'il avait mis en prison n'était pas innocent qu'il écoutait avec l'air de sourire aux anges, comme il aurait écouté une histoire.

— Ma femme a passé la soirée à m'attendre et en a profité pour se livrer à un petit travail qu'elle accomplit une fois de temps en temps. Elle conserve en effet, dans des cahiers, les articles de journaux où il est question de moi, et elle le fait avec plus de soin encore depuis qu'un ancien directeur de la P.J. a publié ses Mémoires.

» — Il est possible que tu écrives les tiens un jour, quand tu seras à la retraite et que nous vivrons à la campagne, répond-elle quand je me moque de sa manie.

» Toujours est-il que, quand je suis rentré hier au soir, le pot de colle et les ciseaux étaient sur la table. Tout en me mettant à mon aise, il m'est arrivé de jeter un coup d'œil par-dessus l'épaule de ma femme, et j'ai vu, sur une des coupures qu'elle était en train de coller, une photo dont je ne me souvenais plus.

» Elle a été prise, il y a trois ans, par un petit journaliste normand : nous passions quelques jours à Dieppe, et nous avons été surpris, ma femme et moi, sur le seuil de notre pension de famille.

» Ce qui m'a étonné, c'est de voir cet instantané sur une page de magazine illustré.

» — Tu n'as pas lu ? C'est paru récemment : un article de quatre pages sur tes débuts et tes méthodes.

» Il y avait d'autres photographies, dont une quand j'étais secrétaire dans un commissariat de police et que je portais de longues moustaches.

» — De quand cela date-t-il ?

» — L'article ? De la semaine dernière. Je n'ai pas eu le temps de te le montrer. Tu n'as presque jamais été à la maison ces temps-ci.

» Bref, monsieur Dossin, l'article a paru dans un hebdomadaire parisien qui a été mis en vente le mardi 12 mars au matin.

» J'ai immédiatement envoyé quelqu'un chez les gens qui hébergeaient encore Moss à cette date et on nous a confirmé que la plus jeune des filles avait monté le magazine, en même temps que le lait, vers huit heures et demie, et que Moss y avait jeté un coup d'œil en prenant son petit déjeuner.

» Dès lors, tout devient simple. Cela explique même les longues stations de Gloria sur le banc du square d'Anvers.

» Après ses deux meurtres et l'arrestation de Steuvels, la bande, dispersée, se cachait. Sans doute Levine a-t-il changé plusieurs fois d'hôtel avant de s'installer rue Lepic. Par prudence, il ne se montrait pas dehors avec Gloria et ils allaient jusqu'à éviter de coucher tous les deux au même endroit.

» Moss devait chaque matin se rendre aux nouvelles place d'Anvers, où il suffisait de prendre place sur le bout du banc.

» Or, vous le savez, ma femme s'est assise trois ou quatre fois sur le même banc en attendant l'heure de monter chez son dentiste. Les deux femmes avaient fait connaissance et bavardaient ensemble. Moss avait probablement vu Mme Maigret, à qui il n'avait pas prêté attention.

» Jugez de sa réaction en découvrant, par le magazine, que la bonne dame du banc n'était autre que la femme du commissaire chargé de l'enquête !

» Il ne pouvait pas croire à un hasard, n'est-ce pas ? Il a pensé tout naturellement que nous étions sur la piste et que j'avais chargé ma femme de cette partie délicate de l'enquête.

» Il s'est précipité rue Lepic, a alerté Levine qui a couru avertir Gloria.

— Pourquoi se sont-ils disputés ?

— Peut-être à cause de l'enfant ? Peut-être Levine ne voulait-il pas que Gloria aille le reprendre, risquant ainsi de se faire arrêter. Elle a tenu à y aller, mais en prenant le maximum de précautions.

» Ceci m'incline à penser, d'ailleurs, que, quand nous les retrouverons, ils ne seront pas ensemble. Ils se disent que nous connaissons Gloria et le gamin, alors que nous ne savons rien de Levine. Celui-ci doit être parti de son côté, Moss du sien.

— Vous comptez mettre la main sur eux ?

— Demain ou dans un an. Vous savez comment cela se passe.

— Vous ne m'avez toujours pas dit où vous aviez découvert la valise ?

— Peut-être préféreriez-vous ignorer *comment* nous sommes entrés en sa possession ? J'ai été forcé, en effet, d'employer des moyens peu légaux, dont je prends l'entière responsabilité, mais que vous ne pouvez pas approuver.

» Sachez seulement que c'est Liotard qui a débarrassé Steuvels de la valise compromettante.

» Pour une raison ou pour une autre, la nuit du samedi au dimanche, Moss avait emporté la valise rue de Turenne et l'y avait laissée.

» Frans Steuvels l'avait simplement poussée sous une table de son atelier, pensant que personne ne s'en occuperait.

» Le 21 février, Lapointe s'est présenté sous un prétexte et a visité les lieux.

» Remarquez que Steuvels ne pouvait atteindre son frère, ni probablement personne de la bande pour les mettre au courant. J'ai mon idée là-dessus.

» Il devait se demander comment se débarrasser de la valise et sans doute attendre la nuit pour s'en occuper quand Liotard, dont il n'avait jamais entendu parler, s'est présenté.

— Comment Liotard a-t-il su ?

— Par une indiscrétion de mon service.

— Un de vos inspecteurs ?

— Je ne lui en veux pas et il y a peu de chances que cela se reproduise. Toujours est-il que Liotard a proposé ses services et même un peu plus que ceux qu'on peut attendre d'un membre du Barreau, puisqu'il a emporté la valise.

— C'est chez lui que vous l'avez trouvée ?

— Chez Alfonsi, à qui il l'a repassée.

— Voyons où nous en sommes...

— Nulle part. Je veux dire que nous ne savons rien du principal, c'est-à-dire des deux meurtres. Un homme a été tué rue de Turenne et, auparavant, la comtesse Panetti a été tuée dans sa voiture, nous ignorons où. Vous devez avoir reçu le rapport du docteur Paul, qui a retrouvé une balle dans la boîte crânienne de la vieille dame.

» Un petit renseignement, cependant, m'est arrivé d'Italie. Il y a plus d'un an que les Krynker ont divorcé en Suisse, car le divorce n'existe pas en Italie. La fille de la comtesse Panetti a repris sa liberté pour épouser un Américain avec qui elle vit actuellement au Texas.

— Elle ne s'est pas réconciliée avec sa mère ?

— Au contraire. Celle-ci lui en voulait plus que jamais. Krynker est un Hongrois de bonne famille, mais pauvre. Il a passé une partie de l'hiver à Monte-Carlo, à essayer, sans y réussir, de faire fortune au jeu.

» Il est arrivé à Paris trois semaines avant la mort de son ex-belle-mère et a vécu au *Commodore*, puis dans un petit hôtel de la rue Caumartin.

— Depuis combien de temps Gloria Lotti était-elle au service de la vieille dame ?

— Quatre ou cinq mois. Ce n'est pas exactement établi.

On entendit du bruit dans le couloir, et l'huissier vint annoncer que l'inculpé était arrivé.

— Je lui dis tout ça ? questionna M. Dossin, que ses responsabilités embarrassaient à nouveau.

— De deux choses l'une : ou bien il va parler, ou bien il continuera à se taire. J'ai eu à m'occuper de quelques Flamands dans ma vie, et j'ai appris qu'ils sont durs à la détente. S'il se tait, nous en avons pour des semaines ou davantage. Il faudra attendre, en effet, que nous dénichions un des quatre personnages terrés Dieu sait où.

— Quatre ?

— Moss, Levine, la femme et l'enfant, et c'est peut-être l'enfant qui nous donne le plus de chances.

— A moins qu'ils s'en soient débarrassés.

— Si Gloria est allée le reprendre des mains de ma femme, au risque de se faire arrêter, c'est qu'elle y tient.

— Vous croyez que c'est son fils ?

— J'en ai la conviction. L'erreur, c'est de croire que les malfaiteurs ne sont pas des gens comme les autres, qui peuvent avoir des enfants et les aimer.

— Un fils de Levine ?

— Probablement.

Dossin, en se levant, eut un faible sourire qui n'était pas sans malice, ni sans humilité.

— Ce serait le moment d'un interrogatoire à la « chansonnette », n'est-ce pas ? Malheureusement, je n'y excelle pas.

— Si vous le permettez, je puis essayer de parler à Liotard.

— Pour qu'il conseille à son client de parler ?

— Au point où nous en sommes, c'est leur intérêt à tous les deux.

— Je ne les fais pas entrer tout de suite ?

— Dans un instant.

Maigret sortit et dit cordialement à l'homme assis, à droite de la porte, sur le banc poli par l'usage :

— Bonjour, Steuvels.

Juste à ce moment, Janvier débouchait dans le corridor, en compagnie d'une Fernande très émue. L'inspecteur hésitait à laisser la femme rejoindre son mari.

— Vous avez le temps de bavarder tous les deux, leur dit Maigret. Le juge n'est pas tout à fait prêt.

Il fit signe à Liotard de le suivre et ils parlèrent à mi-voix, en arpentant le couloir grisâtre où il y avait des gendarmes devant la plupart des portes. Cela dura cinq minutes à peine.

— Quand vous voudrez, vous n'aurez qu'à frapper.

Maigret entra seul chez M. Dossin, laissant Liotard, Steuvels et Fernande en conversation.

— Résultat ?

— Nous allons le savoir. Liotard marche, évidemment. Je vous cuisinerai un bon petit rapport où j'arriverai à parler de la valise, sans le mettre en cause.

— Ce n'est pas très régulier, n'est-ce pas ?

— Voulez-vous mettre la main sur les meurtriers ?

— Je vous comprends, Maigret. Mais mon père et mon grand-père étaient dans la magistrature assise et je crois que c'est là que je finirai aussi.

Il rougissait, attendant avec impatience et crainte tout à la fois qu'on frappât à la porte.

Celle-ci s'ouvrit, enfin.

— Je fais entrer Mme Steuvels en même temps ? questionna l'avocat.

Fernande avait pleuré et tenait son mouchoir à la main. Tout de suite, elle chercha Maigret des yeux pour lui lancer un regard de détresse, comme si elle s'attendait à ce qu'il pût encore arranger les choses.

Steuvels, lui, n'avait pas changé. Il gardait son air doux et buté tout ensemble, et il alla s'asseoir docilement sur la chaise qu'on lui désignait.

Quand le greffier voulut prendre sa place, M. Dossin lui dit :

— Tout à l'heure. Je vous appellerai quand l'interrogatoire deviendra officiel. Vous êtes d'accord, maître Liotard ?

— Tout à fait d'accord. Je vous remercie.

Il n'y avait plus que Maigret debout, face à la fenêtre sur laquelle roulaient des gouttelettes de pluie. La Seine était grise comme le ciel ; les péniches, les toits, les trottoirs avaient des reflets mouillés.

Alors, après deux ou trois toussotements, on entendit la voix du juge Dossin qui prononçait, hésitante :

— Je crois, Steuvels, que le commissaire aimerait vous poser quelques questions.

Force fut à Maigret, qui venait d'allumer sa pipe, de se retourner, en essayant d'effacer un sourire amusé.

— Je suppose, commença-t-il, toujours debout, avec l'air de faire la classe, que votre défenseur, en quelques mots, vous a mis au courant ? Nous connaissons votre activité et celle de votre frère. Il est possible qu'en ce qui vous concerne personnellement nous n'ayons rien d'autre à vous reprocher.

» En effet, ce n'est pas votre costume qui portait des traces de sang, mais celui de votre frère, qui a laissé le sien chez vous et a emporté le vôtre.

— Mon frère n'a pas tué non plus.

— C'est probable. Voulez-vous que je vous interroge, ou préférez-vous nous raconter ce que vous savez ?

Non seulement il avait à présent un allié en Me Liotard, mais Fernande, du regard, encourageait Frans à parler.

— Questionnez-moi. Je verrai si je peux répondre.

Il essuya les verres épais de ses lunettes et attendit, les épaules rondes, la tête un peu penchée en avant, comme si elle était trop lourde.

— Quand avez-vous appris que la comtesse Panetti avait été tuée ?

— Au cours de la nuit du samedi au dimanche.

— Vous voulez bien dire la nuit où Moss, Levine et un troisième personnage qui est probablement Krynker sont venus chez vous ?

— Oui.

— Est-ce vous qui avez pensé à faire envoyer un télégramme pour éloigner votre femme ?

— Je n'étais même pas au courant.

C'était plausible. Alfred Moss connaissait suffisamment les habitudes de la maison et la vie du ménage.

— De sorte que, quand on a frappé à votre porte, vers neuf heures du soir, vous ignoriez de quoi il s'agissait ?

— Oui. Je ne voulais d'ailleurs pas les laisser entrer. J'étais en train de lire paisiblement au sous-sol.

— Que vous a dit votre frère ?

— Qu'un de ses compagnons avait besoin d'un passeport le soir même, qu'il avait apporté le nécessaire et que je devais m'y mettre immédiatement.

— C'était la première fois qu'il amenait des étrangers chez vous ?

— Il savait que je ne voulais voir personne.

— Mais vous n'ignoriez pas qu'il avait des complices ?

— Il m'avait dit qu'il travaillait avec un nommé Schwartz.

— Celui qui, rue Lepic, se faisait appeler Levine ? Un homme assez gras, très brun ?

— Oui.

— Vous êtes descendus tous ensemble au sous-sol ?

— Oui. Je ne pouvais pas travailler dans l'atelier à cette heure-là, car les voisins se seraient étonnés.

— Parlez-moi du troisième personnage ?

— Je ne le connais pas.

— Avait-il l'accent étranger ?

— Oui. Il était Hongrois. Il paraissait anxieux de partir et insistait pour savoir s'il n'aurait pas d'ennuis avec le faux passeport.

— Pour quel pays ?

— Les Etats-Unis. Ce sont les plus difficiles à imiter, à cause de certaines marques spéciales qui sont de convention entre les consuls et les services de l'immigration.

— Vous vous êtes mis au travail ?

— Je n'en ai pas eu le temps.

— Que s'est-il passé ?

— Schwartz était en train de faire le tour du logement, comme pour s'assurer qu'on ne pouvait pas nous surprendre. Soudain, alors que j'avais le dos tourné — j'étais penché sur la valise placée sur une chaise —, j'ai entendu une détonation et j'ai vu le Hongrois qui s'affalait.

— C'est Schwartz qui avait tiré ?

— Oui.

— Votre frère a paru surpris ?

Une seconde d'hésitation.

— Oui.

— Que s'est-il passé ensuite ?

— Schwartz nous a déclaré que c'était la seule solution possible et qu'il n'y pouvait rien. D'après lui, Krynker était à bout de nerfs et se serait fatalement fait prendre. Une fois pris, il aurait parlé.

» — J'ai eu tort de le considérer comme un homme, a-t-il ajouté.

» Puis il m'a demandé où était le calorifère.

— Il savait qu'il y en avait un ?

— Je crois.

Par Moss, c'était évident, comme il était évident aussi que Frans ne voulait pas charger son frère.

— Il a ordonné à Alfred d'allumer du feu, m'a prié d'apporter des outils bien tranchants.

» — Nous sommes tous dans le même bain, mes enfants. Si je n'avais pas abattu cet imbécile, nous aurions été arrêtés avant une semaine. Personne ne l'a vu avec nous. Personne ne sait qu'il est ici. Il n'a aucune famille pour le réclamer. Qu'il disparaisse et nous sommes tranquilles.

Ce n'était pas le moment de demander au relieur si chacun avait aidé au dépeçage.

— Vous a-t-il parlé de la mort de la vieille dame ?

— Oui.

— C'était la première fois que vous en aviez connaissance ?

— Je n'avais vu personne depuis l'histoire du départ en auto.

Il devenait plus réticent, tandis que le regard de Fernande allait du visage de son mari à celui de Maigret.

— Parle, Frans. Ce sont eux qui t'ont mis dedans et qui se sont garés. Quel intérêt aurais-tu à te taire ?

Me Liotard ajoutait :

— En ma qualité de défenseur, je puis vous dire qu'il est non seulement de votre devoir, mais de votre intérêt de parler. Je pense que la Justice vous tiendra compte de votre franchise.

Frans le regarda avec de gros yeux troubles et haussa légèrement les épaules.

— Ils ont passé chez moi une partie de la nuit, prononça-t-il enfin. C'était très long.

Fernande, à cause d'un haut-le-cœur, porta son mouchoir à la bouche.

— Schwartz, ou Levine, peu importe son nom, avait une bouteille d'alcool dans la poche de son pardessus et mon frère a beaucoup bu.

» A certain moment, Schwartz lui a dit, l'air furieux :

» — C'est la seconde fois que tu me fais ce coup-là !

» Et c'est alors qu'Alfred m'a raconté l'histoire de la vieille dame.

— Un instant, l'interrompit Maigret. Que savez-vous exactement de Schwartz ?

— Que c'est l'homme pour qui mon frère travaillait. Il m'en avait parlé plusieurs fois. Il le trouvait très fort, mais dangereux. Il a un enfant d'une jolie fille, une Italienne, avec qui il vit la plupart du temps.

— Gloria ?

— Oui. Schwartz travaillait surtout dans les grands hôtels. Il avait repéré une femme très riche, excentrique, dont il espérait tirer gros, et il avait fait entrer Gloria à son service.

— Et Krynker ?

— Je ne l'ai pour ainsi dire vu que mort, car le coup de feu a éclaté alors qu'il n'était chez moi que depuis quelques instants. Il y a des choses que je n'ai comprises qu'après, en réfléchissant.

— Par exemple ?

— Que Schwartz avait minutieusement préparé son coup. Il voulait faire disparaître Krynker et il avait trouvé ce moyen-là de s'en débarrasser sans courir de risques. Il savait, en venant chez moi, ce qui allait se passer. Il avait envoyé Gloria à Concarneau pour expédier le télégramme à Fernande.

— La vieille dame ?

— Je n'ai pas été mêlé à cette histoire. Je sais seulement que, depuis son divorce, Krynker, qui était à la côte, avait essayé de se rapprocher d'elle. Les derniers temps, il y était parvenu et elle lui donnait parfois des petites sommes. Cela fondait immédiatement, car il aimait mener large vie. Ce qu'il voulait, c'était assez d'argent pour passer aux Etats-Unis.

— Il aimait encore sa femme ?

— Je l'ignore. Il a fait la connaissance de Schwartz, ou plutôt celui-ci, averti par Gloria, s'est arrangé pour le rencontrer dans un bar et ils sont devenus plus ou moins amis.

— C'est la nuit de la mort de Krynker et du calorifère qu'ils vous ont raconté tout ça ?

— Nous en avions pour des heures à attendre que...

— Compris.

— On ne m'a pas dit si l'idée était de Krynker ou si Schwartz la lui a suggérée. La vieille dame avait, paraît-il, l'habitude de voyager avec une mallette qui contenait pour une fortune de bijoux.

» C'était à peu près la saison où elle se rendait chaque année sur la Côte d'Azur. Il s'agissait de la décider à partir dans la voiture de Krynker.

» Sur la route, à un point donné, on attaquerait l'auto et on s'emparerait de la mallette.

» Dans l'esprit de Krynker, cela devait se passer sans effusion de sang. Il était persuadé qu'il ne risquait rien, puisqu'il serait dans l'auto avec son ex-belle-mère.

» Pour une raison ou pour une autre, Schwartz a tiré, et je pense qu'il l'a fait exprès, que c'était pour lui un moyen d'avoir les deux autres à sa merci.

— Y compris votre frère ?

— Oui.

» L'attaque a eu lieu sur la route de Fontainebleau, après quoi ils sont allés jusqu'à Lagny pour se débarrasser de la voiture. Schwartz, à une certaine époque, a habité un pavillon dans cette région et connaissait les lieux. Que voulez-vous encore savoir ?

— Où sont les bijoux ?

— Ils ont bien trouvé la mallette, mais les bijoux n'étaient pas dedans. Sans doute, la comtesse se méfiait-elle quand même ? Gloria, qui l'accompagnait, n'en savait rien non plus. Peut-être les a-t-elle déposés dans une banque ?

— C'est alors que Krynker s'est affolé.

— Il voulait tenter tout de suite de passer la frontière, avec ses vrais papiers, mais Schwartz lui a déclaré qu'il se ferait prendre. Il ne dormait plus, buvait beaucoup. Cela tournait à la panique, et Schwartz a décidé que le seul moyen d'être à peu près tranquille était de s'en débarrasser. Il l'a amené chez moi sous le prétexte de lui procurer un faux passeport.

— Comment se fait-il que le complet de votre frère...

— Je comprends. A certain moment, Alfred a trébuché, juste à l'endroit où...

— Alors, vous lui avez donné votre complet bleu et vous avez gardé le sien que vous avez nettoyé le lendemain ?

Fernande devait avoir la tête pleine d'images sanglantes. Elle regardait son mari comme si elle le voyait pour la première fois, essayant sans doute de l'imaginer pendant les journées et les nuits qu'il avait ensuite passées seul dans le sous-sol et dans l'atelier.

Maigret la vit frissonner, mais l'instant d'après elle tendait une main hésitante qui allait se poser sur la grosse patte du relieur.

— Peut-être qu'à « Centrale » ils ont un atelier de reliure, murmura-t-elle en s'efforçant de sourire.

Levine, qui ne s'appelait ni Schwartz, ni Levine, mais Sarkistian, et qui était recherché par les parquets de trois pays, fut arrêté un mois plus tard, dans un petit village aux environs d'Orléans, où il passait son temps à pêcher à la ligne.

Deux jours plus tard, on retrouvait Gloria Lotti dans une maison close d'Orléans, et elle refusa toujours de révéler le nom des paysans à qui elle avait confié son fils.

Quant à Alfred Moss, son signalement resta dans les bulletins de police pendant quatre ans.

Une nuit, un clown miteux se pendit dans un petit cirque qui allait de village en village, le long des routes du Nord, et c'est en examinant les papiers trouvés dans sa valise que la gendarmerie apprit son identité.

Les bijoux de la comtesse Panetti n'avaient pas quitté le *Claridge*, enfermés qu'ils étaient dans une des malles laissées en consigne, et le cordonnier de la rue de Turenne n'avoua jamais, même ivre mort, qu'il avait écrit le billet anonyme.

Carmel by the Sea (Californie), le 22 décembre 1949.

L'enterrement de Monsieur Bouvet

Première édition : Presses de la Cité, 1950.

L'arroseuse passa, avec le crissement de son balai tournant qui remuait l'eau sur l'asphalte, et c'était comme si on avait peint en sombre la moitié de la chaussée. Un gros chien jaune était monté sur une toute petite chienne blanche qui restait immobile.

Le vieux monsieur portait un veston clair, presque blanc, comme les coloniaux, et avait un chapeau de paille sur la tête.

Les choses penaient leur place, comme pour une apothéose. Les tours de Notre-Dame, dans le ciel, s'entouraient d'une auréole de chaleur, et, là-haut, des moineaux, figurants presque invisibles de la rue, se casaient près des gargouilles. Un train de péniches, avec un remorqueur au triangle blanc et doré, avait traversé tout Paris, et le remorqueur baissait sa cheminée pour saluer ou pour passer sous le pont Saint-Louis.

Le soleil se répandait, gras et luxuriant, fluide et doré comme une huile, mettant des reflets sur la Seine, sur le pavé mouillé par l'arroseuse, à une lucarne et sur un toit d'ardoise, dans l'île Saint-Louis ; une vie sourde, juteuse, émanait de la matière, les ombres étaient violettes comme sur les toiles impressionnistes, les taxis plus rouges sur le pont blanc, et les autobus plus verts.

Une brise légère communiqua un frémissement au feuillage d'un marron-nier, et ce fut, tout le long des quais, un frisson qui gagnait de proche en proche, voluptueux, une haleine rafraîchissante qui soulevait les gravures épinglées aux boîtes des bouquinistes.

Des gens étaient venus de très loin, des quatre coins du monde, pour vivre cette minute-là. Des cars s'alignaient sur le parvis de Notre-Dame, et un petit homme agité parlait dans un mégaphone.

Plus près du vieux monsieur, de la grosse marchande de livres vêtue de noir, un étudiant américain regardait l'univers à travers le viseur de son Leica.

Paris était immense et calme, presque silencieux, avec des gerbes de lumière, des pans d'ombre aux bons endroits, des bruits qui pénétraient le silence au moment opportun.

Le vieux monsieur à la veste claire avait ouvert un carton rempli d'images et, pour les regarder, appuyé le carton sur le parapet de pierre.

L'étudiant américain portait une chemise à carreaux rouges et n'avait pas de veston.

La marchande, assise sur un pliant, remuait les lèvres, sans regarder son client, à qui elle parlait comme une eau coule. Elle tricotait. De la laine rouge glissait entre ses doigts.

La chienne blanche courbait l'échine sous le poids du gros mâle qui sortait une langue mouillée.

Et alors, quand tout fut en place, quand la perfection de ce matin-là atteignit un degré presque effrayant, le vieux monsieur mourut, sans rien dire, sans une plainte, sans une contorsion, en regardant ses images, en écoutant la voix de la marchande qui coulait toujours, le pépiement des moineaux, les klaxons dispersés des taxis.

Il dut mourir debout, un coude sur le rebord de pierre, et sans étonnement dans ses yeux bleus. Il oscilla et tomba sur le trottoir, entraînant le carton dont les images s'éparpillèrent autour de lui.

Le chien mâle n'eut pas peur, ne s'arrêta pas. La femme laissa sa pelote de laine rouge rouler de son giron et se leva précipitamment en s'écriant :

— Monsieur Bouvet !

Il y avait d'autres boutiquiers, sur des pliants, et d'autres encore qui arrangeaient les livres dans leurs boîtes, car il n'était que dix heures et demie du matin. On voyait l'heure, deux aiguilles noires, sur le cadran blanc de l'horloge, au milieu du pont.

— Monsieur Hamelin ! Venez vite !

C'était le bouquiniste voisin, aux grosses moustaches et vêtu d'une blouse grise. L'étudiant au Leica avait braqué son appareil sur le vieux monsieur couché parmi les images d'Epinal.

— Je n'ose pas le toucher, monsieur Hamelin. Vous ne voulez pas voir si...

C'était curieux que, tout à coup, ils aient peur du vieux monsieur qu'ils connaissaient si bien et avec qui, depuis longtemps, ils étaient familiers.

Cela tenait peut-être à ce qu'il n'avait pas l'air d'un mort, ni d'un malade. Son visage restait aussi calme que quand il regardait les images, et ses lèvres minces continuaient à sourire. Il ne souriait jamais davantage. Juste un léger retroussis des commissures.

Et on lui avait toujours connu la peau aussi blanche, d'un blanc ivoirin de papier de luxe.

Un taxi s'était arrêté, et le chauffeur regardait sans descendre de son siège. Trois, quatre personnes, qu'on n'avait pas vues venir, debout autour du corps, l'entouraient de leurs jambes.

— Il y a un pharmacien juste en face.

— Prenez-le par les pieds.

— Peut-être est-ce dangereux de le remuer ?

D'où sortaient ces gens-là ? C'était le jeune Américain qui soulevait M. Bouvet par les épaules, et on traversait la rue en un petit groupe que le pharmacien regardait venir de son seuil.

— Qu'est-ce que c'est ? questionna un jeune agent de police.

Dans l'uniforme dont ses muscles tendaient le tissu, il avait l'air d'un athlète.

— Un vieux monsieur qui s'est senti mal...

Et, au moment où on faisait pénétrer le corps dans l'ombre odorante de la pharmacie, un petit garçon que sa mère tenait par la main demanda d'une voix pointue :

Le médecin ouvrit sa trousse et resta un moment dans la chambre, tandis que le commissaire posait quelques questions à la concierge.

— Cela m'étonnerait que des héritiers ne sortent pas de quelque part. Savez-vous s'il bénéficiait d'une pension ?

— Il n'en a jamais parlé.

— Il recevait du courrier ?

— Même pas de prospectus.

— Des journaux ?

— Il les achetait lui-même au kiosque.

— Il avait des moyens d'existence ?

— Sans doute. Il ne faisait pas de folies, mais ne se laissait manquer de rien.

— Où prenait-il ses repas ?

— Souvent ici. Il aimait cuisiner. Il y a une petite cuisine derrière cette porte, avec un réchaud à gaz. D'autres fois, il mangeait dans un restaurant de l'île Saint-Louis à *La Belle Etoile.*

Le médecin revint avec l'air de dire que tout était parfait.

— Je vais te signer immédiatement le permis d'inhumer.

— Le cœur ?

— Simplement. Qui va s'en occuper ?

La concierge les regarda tour à tour, prit son parti.

— C'est nous.

— Qui, vous ?

— Moi et les locataires. Tout le monde l'aimait bien. Il y en a de partis en vacances, mais on s'arrangera.

— Et l'argent ?

— Peut-être qu'on pourra se servir de celui qui est dans son portefeuille ?

— Je pense que vous n'aurez pas à vous en donner la peine et que, dès que la nouvelle paraîtra dans le journal, la famille se présentera.

Elle devait avoir son idée là-dessus, car elle haussa les épaules.

— Voulez-vous prendre dans l'armoire le linge dont vous avez besoin, car je vais apposer les scellés.

Le médecin s'en allait. Le commissaire hésitait à enfermer les images d'Epinal pour les mettre également sous scellés, mais il décida que cela n'en valait pas la peine.

— J'enverrai probablement quelqu'un cet après-midi, ou demain matin, pour vous donner des instructions.

C'était l'heure de l'apéritif, et tous les petits cafés de Paris sentaient l'anis. On voyait toujours des silhouettes minuscules au sommet des tours de Notre-Dame, et des autocars étaient toujours rangés sur le parvis.

Rue Réaumur, le jeune Américain sortait d'un ascenseur et se perdait dans les couloirs d'un grand journal du soir. On le renvoyait d'une porte à l'autre sans bien comprendre ce qu'il s'efforçait d'expliquer, mais il n'en arriva pas moins, entêté, devant un petit jeune homme pressé qui examina la photographie qu'il lui tendait.

Le jeune homme s'élança à son tour vers d'autres bureaux, et ce ne fut qu'une demi-heure plus tard que l'Américain le revit.

— Ah ! oui. C'est vous ! On va vous signer un bon. Suivez-moi.

A un autre étage, au bout d'une autre file de couloirs. Le bon était de cent francs, payable à la caisse, au rez-de-chaussée, dans le hall surchargé de dorures.

Ce n'était pas la première fois que Mme Léliard, la concierge, que tout le monde appelait Mme Jeanne, faisait la toilette d'un mort.

Elle était petite, mais M. Bouvet n'était pas plus gros ni plus lourd qu'elle. Mme Sardot avait envoyé son gamin jouer dehors et, de temps en temps, elle le surveillait par la fenêtre.

— A la morgue, que l'agent disait !

La tache blanche et rouge des scellés, sur les meubles, l'humiliait comme une insulte.

Elle était montée au cinquième pour dire à M. Francis de ne pas jouer de l'accordéon ce jour-là. C'était un jeune homme aux cheveux bruns, très gentil, très bien élevé, qui jouait le soir dans un bal musette et qui répétait ses morceaux des heures durant.

— Vous ne voulez pas venir le voir ? Il est tout propre. On jurerait qu'il dort.

Il était descendu un moment, pour faire plaisir à la concierge. Puis on avait envoyé le gamin de Mme Sardot avec une bouteille chercher un peu d'eau bénite à l'église la plus proche. Il avait onze ans et était habitué à faire les commissions. Pour le buis, Mme Jeanne en avait un brin à la tête de son lit et elle l'avait apporté.

— C'est tout de même mieux que la morgue. Dès ce soir, je vais faire circuler une liste.

C'est la coutume, quand un locataire est mort, de donner chacun quelque chose pour acheter une couronne. Les bouquinistes des quais donneraient aussi, car M. Bouvet était leur client et passait une partie de ses journées à bavarder avec eux.

— J'espère qu'il ne va pas nous arriver une pimbêche de belle-fille, ou quelqu'un de ce genre qui voudra tout arranger à sa guise !

Elle avait prévenu Mme Ohrel, qui ne quittait plus son appartement, au second étage, à cause de ses grosses jambes.

— On poussera votre fauteuil près de la fenêtre, et vous pourrez voir l'enterrement.

Tout à l'heure, les locataires qui ne prenaient pas de vacances, ou qui n'étaient pas encore partis, rentreraient les uns après les autres, et tout était prêt, la chambre était propre, les volets fermés avec, sur le guéridon recouvert d'une nappe blanche, un bol d'eau bénite et le buis, entre deux bougies qu'il suffisait d'allumer en entrant.

La photographie ne parut pas dans la première édition du journal, à une heure et demie, ni dans celle de trois heures, mais seulement dans la troisième édition, qui sortait presque tout de suite après, et parce qu'elle était pittoresque, on l'avait mise en première page.

M. Bouvet était étendu sur le trottoir, un bras replié, et tout autour de lui étaient éparpillées des images d'Epinal si nettes qu'on en reconnaissait le sujet.

— Vous avez vu, madame Jeanne ?

— Vous auriez le cœur, vous, de photographier un homme qui vient de mourir, qui n'est peut-être pas encore tout à fait mort ?

M. René Bouvet, un vieux bibliophile bien connu sur les quais, est surpris par la mort au moment où il feuillette des gravures.

Dans un coin du cliché, on distinguait la jupe de la marchande et même sa pelote de laine.

A cinq heures, il faisait lourd, et le drapeau pendait sans vie devant les pierres grises du commissariat de police, rue de Poissy. Un taxi bleu s'arrêta. L'agent en faction en vit sortir une dame d'un certain âge qui paraissait très agitée.

— Je désire voir le commissaire.

Il la laissa passer. Il savait que le commissaire venait de sortir, mais cela ne le regardait pas. Des gens attendaient, dans le bureau, sur le banc adossé au mur orné d'affiches administratives.

— Voulez-vous m'annoncer au commissaire ?

Elle était fort bien habillée, portait des bijoux au cou, aux oreilles et aux doigts, mais l'agent leva à peine la tête de dessus le registre dans lequel il écrivait avec application.

— Le commissaire n'est pas ici.

— Qui le remplace ?

— Son secrétaire. Il est occupé. Asseyez-vous.

Elle ne s'assit pas, parce que les personnes installées sur le banc lui paraissaient d'une propreté douteuse. Elle resta debout, à tambouriner sur l'espèce de comptoir qui la séparait des sergents de ville.

Elle attendit une demi-heure, si impatiente, à la fin, que tout le monde s'en amusait, surtout que c'était le genre de femme dont on s'amuse volontiers, une femme largement sur le retour, qui avait été belle et s'efforçait de mettre ses restes en valeur.

— De quoi s'agit-il, madame ?

— Vous êtes le secrétaire ? Je puis vous parler en particulier ?

Il hésita, la fit passer dans le bureau voisin, où il y avait une garniture en marbre noir sur la cheminée.

— Je vous écoute.

— Je suis Mrs Mary Marsh.

Elle avait une pointe d'accent étranger, mais légère, et le secrétaire ne fit qu'incliner poliment la tête.

— Je vous écoute, répéta-t-il en lui désignant un fauteuil.

— Vous avez vu ce journal.

Elle lui tendit la feuille qui publiait, en première page, la photographie de M. Bouvet.

— Non. Je ne l'avais pas vu, répondit-il avec indifférence.

— Cet homme ne s'appelle pas Bouvet.

Le secrétaire, particulièrement calme et froid, avait l'air de penser à autre chose.

— Vraiment ?

— C'est mon mari, Samuel Marsh, des mines d'Ouagi.

Il en avait vu défiler tant d'autres !

— Je vous écoute toujours. Vous dites que c'est votre mari. Et vous désirez ?

— Il ne s'est jamais appelé Bouvet.

— Vous êtes sûre de ne pas vous tromper ? Les photographies de journaux, vous savez, ne sont pas toujours très reconnaissables.

— Je suis sûre, mais je serai tout à fait affirmative quand je l'aurai vu.

— En somme, ce que vous désirez, c'est voir le corps ?

— Je veux aussi vous dire tout de suite quelque chose qui ne peut pas tromper. S'il y a une cicatrice en forme d'étoile sur la jambe droite, un peu en dessous du genou, c'est que c'est bien lui.

— Il y a longtemps que vous ne l'avez vu ?

— La dernière fois, c'était en 1932.

— A Paris ?

— Au Congo belge, où il s'occupait de sa mine.

— Vous vous êtes séparés ?

— Il n'y a jamais eu de séparation entre nous. Il a disparu du jour au lendemain, sans laisser la moindre trace, et, depuis, je me ruine en avocats pour faire reconnaître mes droits.

Le secrétaire soupira, alla ouvrir la porte, appela un inspecteur en civil qui avait retiré son veston.

— Tu devrais aller avec madame. Attends que je te donne l'adresse. C'est quai de la Tournelle. Tu trouveras le numéro au rapport. Il s'agit de reconnaître un vieux bonhomme qui est mort ce matin.

Il essaya de rattraper le « vieux bonhomme », mais il était trop tard, et la dame n'y avait pas fait attention.

— Je reviens tout de suite, annonça l'inspecteur. Si vous voulez me suivre, madame, c'est à deux pas.

— J'ai mon taxi à la porte.

— Très bien.

Il remit son veston, attrapa son chapeau au vol.

— Quai de la Tournelle !

C'était une journée d'été tellement parfaite qu'il semblait saugrenu de s'occuper de n'importe quoi.

Ils virent la maison blanche, dont le blanc était un peu bleuté maintenant que le soleil ne la frappait plus en plein.

— Je suis sûre que c'est lui ! affirmait Mrs Marsh. Et, ce qu'il y a de plus extraordinaire, c'est que nous habitions la même ville, peut-être depuis longtemps, sans le savoir ! On l'a cherché partout. Si vous aviez la moitié de l'argent que j'ai dépensé à ça...

L'inspecteur attendit d'être sorti de la voiture pour allumer la cigarette collée à sa lèvre.

La dame regardait la maison de bas en haut, se précipitait dans le vestibule, reculait, parce qu'une vieille femme énorme lui barrait le passage et qu'il fallut la laisser sortir avant d'entrer.

D'abord, elle ne s'en occupa pas. C'était une vieille en noir, une vieille femme assez pauvre, comme on en rencontre tant dans certains quartiers. Elle avait des cheveux blancs, le visage lunaire.

Un instinct fit se retourner Mrs Marsh alors que la vieille gagnait le trottoir et longeait les maisons comme une ombre monstrueuse.

— Qui est-ce ?

— Je ne sais pas, madame. Je ne suis pas de la maison, répondit l'inspecteur.

La concierge sortait de sa loge, le regard méfiant.

— Où allez-vous ? Qui demandez-vous ?

— C'est pour le mort, dit le policier. Madame prétend qu'elle a reconnu son mari dans le journal.

On aurait dit qu'entre elles deux cela faisait déjà des étincelles.

— Elle se trompe sûrement.

— Et moi, je suis certaine de ne pas me tromper.

— Suivez-moi.

La maigre Mme Jeanne s'engagea la première dans l'escalier qu'elle n'avait jamais tant monté de sa vie que ce jour-là. De temps en temps, elle se retournait pour regarder la visiteuse avec une sorte de défi.

— Je ne vais pas trop vite pour vous ?

Ils étaient essoufflés, tous les trois, en atteignant le troisième étage.

— Attendez un instant, que j'aille allumer les bougies.

Elle avait, tout exprès, depuis le matin, une boîte d'allumettes dans la poche de son tablier, et on avait déjà déposé deux bouquets au pied du lit, de sorte que la pièce commençait à sentir la chambre mortuaire.

— Venez.

Les narines de M. Bouvet s'étaient pincées et son visage s'était un peu creusé, la peau était devenue encore plus blanche, comme diaphane, et le vague sourire qui flottait sur ses lèvres, quand on l'avait ramassé pour le transporter à la pharmacie, s'était précisé, en changeant de qualité, était devenu presque sarcastique.

Mrs Marsh ne disait plus rien, impressionnée peut-être par la demi-obscurité, par les deux bougies et le brin de buis. Elle saisit celui-ci, machinalement, et traça une croix dans le vide.

— Eh bien ? questionna l'inspecteur.

Elle hésita.

— Je suis sûre que c'est lui, prononça-t-elle enfin d'une voix mal affermie.

Elle se hâta d'ajouter :

— Regardez sa jambe droite. Si l'étoile y est...

2

Au moment de rabattre le drap de lit, l'inspecteur se sentit gêné par cette atmosphère de chapelle, par la présence de ces deux femmes qui ne se connaissaient pas quelques minutes plus tôt et qui étaient déjà de féroces ennemies.

— Vous ne croyez pas qu'on pourrait ouvrir un volet ?

Et la concierge de répondre, avec un regard de défi à Mrs Marsh :

— Je ne pense pas que ce serait décent.

Il tourna le commutateur électrique, et ce fut pis, cela donna une fausse lumière dans laquelle la flamme des bougies continuait à danser. L'inspecteur avait trente ans, une petite fille de trois ans, et sa femme attendait un bébé d'un moment à l'autre ; peut-être lui téléphonerait-on la nouvelle au poste de police pendant qu'il était ici.

C'était la concierge qui, des deux, se montrait la plus agressive, et elle se glissa entre l'étrangère et le lit quand le policier découvrit enfin le mort.

Etait-ce elle qui l'avait revêtu d'une chemise de nuit blanche et d'un pantalon noir d'habit ou de smoking ? Il faillit se tromper de jambe, fut surpris de la peine qu'il avait à retrousser le pantalon, parce que l'homme, qui paraissait menu et fluet, avait en réalité des muscles étonnants.

— Il porte une cicatrice en dessous du genou, annonça-t-il.

— Qu'est-ce que je vous avais dit ? En forme d'étoile !

Le mot pouvait s'employer. C'était une cicatrice à plusieurs branches. La concierge ne soufflait mot, mais, comme pour montrer qu'elle n'était pas encore dépossédée, elle éteignit la lumière électrique et remit le drap.

— Il doit y avoir des papiers, poursuivit Mrs Marsh en se dirigeant vers le salon plongé dans l'ombre aussi, avec seulement quelques traits lumineux aux fentes des volets.

Mme Jeanne se précipita sur ses talons.

— On n'a le droit de rien ouvrir. Il y a les scellés.

— Qui a mis les scellés ? Pourquoi a-t-on mis des scellés ? C'est mon mari. Nous n'avons jamais divorcé. Par conséquent...

L'autre, petite et maigre comme le mort, avait l'air, après avoir éteint les bougies, de les balayer hors de l'appartement, l'inspecteur et l'étrangère. Et, sur le palier, comme la porte de Mme Sardot était entrouverte, elle dit à voix haute :

— En tout cas, quant à présent, il reste M. Bouvet, comme c'est inscrit sur ses papiers.

Elle remonta quelques minutes plus tard pour s'assurer que tout était en ordre dans la chambre, puis une autre fois pour y amener un locataire du quatrième, un employé des postes, qui venait de rentrer.

— J'ai fait de mon mieux. J'espère qu'on ne viendra pas nous le prendre.

C'était incroyable de retrouver dehors le soleil qui faisait flamber certains toits, les quais avec leur goût de poussière chaude.

— Quand croyez-vous que je pourrai voir le commissaire ?

— Je ne pense pas que vous le voyiez aujourd'hui, madame. Il passera probablement au bureau pour donner des signatures, mais il est difficile de prévoir à quelle heure, et ce sera en coup de vent.

— Je vais donc aller chez mon avocat.

— Si vous voulez.

Le taxi s'éloigna, et l'inspecteur se dirigea, à pied, vers la rue de Poissy, où il but un bock dans un bistrot avant de rentrer au commissariat.

Les terrasses, boulevard Saint-Michel et partout dans Paris, étaient pleines d'une foule paresseuse, et l'odeur aigrelette de la bière flottait dans l'air ; dans certaines rues, le bitume avait molli vers le début de l'après-midi et gardait des traces de roues.

Là liste, dans la loge de Mme Jeanne, se couvrait de noms et de chiffres. Elle avait vu le marchand de musique, les bouquinistes les plus proches.

— Je l'ai arrangé du mieux que j'ai pu. Ils voulaient l'emmener à la morgue. Demain, il faudra venir le voir.

Elle ne savait encore que penser de l'autre visite qu'elle avait reçue, juste avant l'arrivée de Mrs Marsh. Ce n'était pas une visite à proprement parler. Elle avait vu la grosse femme en noir rôder autour de la porte, l'air hésitant, avec le journal de l'après-midi et un bouquet de violettes à la main.

C'était le genre de personne qui aurait pu habiter l'immeuble. En plus gros, en plus mou, elle ressemblait à Mme Ohrel qui ne quittait plus son appartement, et on sentait qu'elle portait la même robe, propre et luisante d'usure, depuis des années.

Ferdinand, qui était parvenu à boire, comme sa femme l'avait prévu, était couché, tout habillé, dans l'espèce d'alcôve qui leur servait de chambre à coucher et qui sentait déjà la vinasse.

Par le petit carreau, Mme Jeanne surveillait la vieille, et celle-ci avait fini par s'avancer sur le seuil, mais sans rien dire, restant là, à attendre, comme une mendiante.

— Qu'est-ce que vous cherchez ?

— Je vous demande pardon. J'ai appris...

Elle souriait pour s'excuser. Elle aurait voulu, énorme qu'elle était, bouchant le vestibule, se faire toute petite, et, peut-être à cause de son humilité, Mme Jeanne lui avait ouvert la porte de sa loge.

Elle pouvait y faire entrer n'importe qui : c'était propre. Le plancher était ciré avec soin, ainsi que les meubles Henri II aux angles ornés de têtes de lions sculptées. Il y avait un napperon de dentelle sur la table, un vase blanc et rose.

— Vous connaissez M. Bouvet ?

Ce n'était pas encore la méfiance qu'elle allait marquer peu après à l'étrangère, celle qui l'avait regardée de haut comme si la maison lui eût appartenu.

— Je crois, oui.

— Vous l'avez rencontré autrefois ?

— Je crois. Ainsi, il n'a pas souffert ?

Elle remuait le journal, pour montrer qu'elle se référait à l'article.

— Pas du tout. Il est parti sans s'en rendre compte.

— J'ai apporté un petit bouquet.

— Vous voulez monter le voir ?

— Je crains que ce soit difficile, à cause de mes jambes.

Elle portait des pantoufles en feutre noir, parce qu'aucune chaussure n'aurait pu lui aller, et les chevilles formaient un bourrelet de graisse dans les bas de laine.

— Je porterai les fleurs. Je peux vous dire qu'il est bien, qu'il a l'air de sourire. Il y a longtemps que vous l'avez vu pour la dernière fois ?

Peut-être la vieille femme allait-elle répondre ? Ce n'est pas sûr. Elle avait toujours les lèvres et les doigts qui bougeaient, comme si elle récitait son chapelet à voix basse. Elle avait vu le taxi s'arrêter.

— Il vient du monde. Il faut que je m'en aille.

— Revenez me voir. N'ayez pas peur de revenir.

C'est alors que Mrs Marsh s'était heurtée à elle dans le vestibule.

Maintenant, l'étrangère descendait de son taxi boulevard Haussmann, à la porte de son avocat qui s'appelait Rigal. Elle passait du soleil à l'ombre du porche, puis à l'ascenseur, sonnait à une porte qui en s'ouvrant, laissait voir des bagages entassés.

— Me Rigal n'est pas parti ?

La bonne hésitait. Apercevant le dos d'un homme dans l'enfilade des pièces, Mrs Marsh s'avançait.

— Je suis heureuse que vous ne soyez pas parti.

— Je prends le train pour Arcachon dans une heure.

— Il faut d'abord que je vous parle. J'ai retrouvé mon mari.

Alors, sa femme, qui écoutait derrière une porte, sut qu'il ne partirait pas, qu'elle s'en irait seule avec les enfants.

Le soleil finit par mourir en beauté après avoir jeté des flammes rouges qui, se reflétant sur les visages des passants, leur donnaient un air étrangement excité. L'ombre des arbres devint plus dense. On entendit couler la Seine. Les bruits portèrent plus loin, et les personnes couchées perçurent, comme chaque nuit, le frémissement du sol au passage des autobus.

Quatre fois, Mme Jeanne monta chez M. Bouvet, bien calme dans son appartement clos. Chaque fois, elle éprouvait la même satisfaction, car elle avait la conviction que c'était comme cela qu'il aurait voulu être. Demain matin, elle enlèverait les poussières et donnerait un coup de chiffon sur les carreaux rouges. Elle entrouvrirait une fenêtre, juste un moment.

A chacune de ses visites, elle pilotait un ou plusieurs locataires, mais le petit vieux ne traversa pas la rue, et elle n'osa pas aller lui demander ce qu'il voulait.

C'est vers neuf heures qu'elle l'aperçut pour la première fois, alors qu'il ne faisait pas tout à fait nuit. Il était de l'autre côté de la chaussée, sur le quai, adossé au parapet de pierre, et regardait la maison.

Il était aussi petit que M. Bouvet, en plus large, en plus épais, avec une barbe d'un blanc-jaune qui lui mangeait la figure, des yeux rougeâtres et un chapeau déformé qu'il avait dû ramasser dans la rue.

Il ressemblait à un clochard. Il devait en être un. On en voyait beaucoup, dans le quartier, qui allaient passer la nuit dans les taudis autour de la place Maubert.

Mais il ne se trouvait pas ici par hasard. Il avait un journal chiffonné dans sa poche et ne détachait pas les yeux des volets du troisième étage.

Elle alla sur le seuil, espérant qu'il lui adresserait la parole, le regarda en face, avec l'air d'attendre, mais il se contenta de détourner la tête vers les péniches amarrées.

Déjà la visite de la grosse vieille la préoccupait un peu. Pas de la même façon que celle de Mrs Marsh. Celle-ci, c'était une ennemie, quelqu'un contre qui elle se défendrait. L'autre, avec son visage lunaire, semblait avoir bien connu M. Bouvet et se montrait humble, comme si elle craignait de lui faire tort.

Le clochard aussi. Il attendit qu'elle fût rentrée pour se tourner à nouveau vers la maison et fixer à nouveau les fenêtres. Maintenant, l'obscurité était presque totale, le ciel devenait d'un bleu sombre, avec déjà des étoiles.

Ferdinand était parti. Elle jeta un coup d'œil au-dehors et vit le vieux qui s'éloignait à regret, traînant la patte gauche, se tournant de temps en temps.

Elle ferma les rideaux, baissa la lumière, alla se déshabiller dans l'alcôve, arrangea ses cheveux pour la nuit. Avant de se coucher, elle entrouvrit encore les rideaux pour regarder une dernière fois dehors, et la lune éclairait le paysage presque comme en plein jour, découpant en blanc laiteux les gargouilles de Notre-Dame.

Le vieux était là, assis sur le parapet, un litre de vin à la main, avec, sur la pierre, à côté de lui, un papier qui devait contenir de la mangeaille.

Elle n'eut pas le courage de se rhabiller pour aller lui demander ce qu'il voulait. Tous les locataires étaient rentrés, sauf M. Francis. Les lumières s'éteignaient les unes après les autres. Les bruits s'effaçaient, et Mme Jeanne tourna le commutateur à son tour, s'endormit, ne s'éveilla à moitié que pour tirer le cordon, vers trois heures du matin, à l'accordéoniste qui rentrait de son travail et qui lui dit bonsoir d'une voix feutrée.

Après quoi le soleil se leva à nouveau du côté de Charenton ; Ferdinand, les paupières bouffies, rentra avec la petite boîte en fer-blanc dans laquelle il emportait son manger.

Elle traîna les poubelles sur le trottoir, annonça la nouvelle à l'homme du lait, n'attendit pas que le café fût préparé pour aller jeter un petit coup d'œil à M. Bouvet qui n'avait pas bougé et qui avait toujours l'air de sourire.

A dix heures, un taxi s'arrêta boulevard Haussmann en face de chez l'avocat, celui-ci descendit tout de suite et rejoignit Mrs Marsh qui l'attendait.

— Quai des Orfèvres !

C'était à deux pas du quai de la Tournelle. On aurait presque pu voir la maison blanche.

Me Rigal était un homme important, pas un des plus grands maîtres du Barreau, mais un homme important.

— Nous avons rendez-vous avec le directeur de la Police Judiciaire.

On les fit à peine attendre. Mrs Marsh s'était habillée de noir des pieds à la tête, mais elle était violemment parfumée et portait encore des bijoux.

— Entrez, mon cher maître. Entrez, madame. Asseyez-vous.

Les fenêtres étaient ouvertes sur la Seine, sur le pont Saint-Michel, où les passants, tout petits, avaient l'air de marcher d'une façon désordonnée, comme dans les films de 1910.

— Ma cliente, Mrs Marsh, vient de retrouver son mari, qui avait disparu voilà environ vingt ans.

— Mes félicitations, madame.

— Il est mort.

Le directeur exprima son regret par un geste vague.

— Il est mort sous un autre nom et c'est pourquoi, mon cher directeur, nous allons avoir besoin de votre aide.

— Cela s'est passé à Paris ?

Car, si M. Bouvet était mort en dehors du département de la Seine, cela ne regardait plus la P.J., mais le ministère de l'Intérieur, et on aurait été débarrassé de cette dame qui, sans avoir ouvert la bouche, s'avérait peu commode. Rigal aussi avait la réputation d'être assez mauvais coucheur.

— Le décès a eu lieu à deux pas d'ici, quai de la Tournelle, où le mari de ma cliente vivait, paraît-il, depuis quatorze ans, sous le nom de René Bouvet.

— Il est donc difficile de parler d'amnésie.

— Pourquoi il a disparu sans laisser de traces, pourquoi il a pris l'identité de Bouvet, et comment, ce sera à établir. Le plus urgent, c'est que l'acte de décès soit dressé à son véritable nom et que ma cliente rentre en possession de ses droits.

— Il est riche ?

— Il l'était.

— Sur quel pied vivait-il quai de la Tournelle ?

— Autant que je sache, comme un modeste retraité. Vous avez probablement vu sa photographie, hier, dans un journal du soir. C'est grâce à cette photo que ma cliente...

— Elle ne peut pas s'être trompée ?

— Elle s'est rendue sur place en compagnie d'un inspecteur du Ve arrondissement. Sur les indications de Mrs Marsh, celui-ci a regardé la jambe droite du mort et y a trouvé la cicatrice très particulière décrite par ma cliente.

Il faisait déjà très chaud. L'avocat s'épongeait. Le directeur soupirait.

— Il est indispensable que l'identification officielle soit faite dans le plus bref délai et, bien entendu, nous réservons tous nos droits...

— Voulez-vous, madame, me donner quelques renseignements sur votre mari ? C'était un Français ?

— Un Américain. Je l'ai connu à Panama, en 1918. Alors que j'étais toute jeune.

— Quelle profession exerçait-il ?

— Il était riche. Je l'étais aussi. Mes parents possédaient des plantations de cacao en Colombie.

— Ensuite ?

— Nous nous sommes mariés. Nous avons fait un voyage d'une année en Amérique du Sud, et j'ai eu une fille.

— Elle vit toujours ?

— Elle doit être en France en ce moment.

— Vous ne la voyez plus ?

— Le plus rarement possible.

Il prenait des notes, ou faisait semblant d'en prendre.

— Comment était votre mari à cette époque ?

— C'était un homme étonnant. Toutes les femmes en étaient amoureuses.

— Quel âge avait-il ?

— Quarante-cinq ans. Il connaissait le monde entier, parlait trois ou quatre langues.

— Dont le français ?

— Il le parlait sans accent. Je suis à moitié française par ma mère. Mon père était colombien.

— Et vous ne savez rien de l'activité de votre mari avant de vous connaître ?

— Je vous l'ai dit : il a beaucoup voyagé. Il a vécu longtemps, je crois, à San Francisco. Il connaissait aussi très bien l'Orient. Nous sommes allés en Louisiane, où j'ai donné naissance à ma fille.

— C'est alors qu'il a disparu ?

— Pas tout de suite. Il a rencontré un homme, un Belge dont le nom m'échappe, qui lui a parlé du Congo et de ses possibilités. Il a décidé d'aller voir par lui-même s'il était intéressant d'y monter une affaire.

— Il est parti seul ?

— Oui. Il m'écrivait régulièrement. Il s'est installé à la frontière du Kenya et du Soudan égyptien, dans une province qu'on appelle l'Ouélé, et il y a exploité une mine d'or.

— Vous ne l'avez pas revu depuis ?

— Pardon. Je suis allée le voir deux ou trois fois.

— Deux fois, ou trois fois ?

— Attendez. Deux. La seconde fois, c'était en 1932, avec ma fille, qui avait alors quatorze ans. Nous y sommes allées en avion.

— Il vous a bien reçues ?

— Il nous a installées dans le seul hôtel de l'endroit, un endroit horrible où l'on est assailli par les moustiques et où on doit porter le casque sur la tête du matin au soir. La nuit, les léopards rôdent sous les fenêtres, et mon petit chien a été dévoré.

— Permettez-moi une question, madame. Pendant tout ce temps-là votre mari vous envoyait de l'argent ?

— Autant que j'en voulais.

— C'est-à-dire beaucoup ?

— De quoi vivre comme j'ai été habituée à vivre.

— Vous viviez où ?

— Sur la Riviera, à Paris, à Londres, à Capri.

— Avec votre fille ?

— Ma fille a été élevée dans un couvent des environs de Paris, le Sacré-Cœur, que vous connaissez certainement.

— Votre mari ne s'intéressait pas à elle ?

— Il avait changé.

— Que voulez-vous dire ?

— Que l'homme que j'ai retrouvé au Congo la première fois que j'y suis allée, sans prévenir...

— Vous êtes allée le surprendre ?

— Oui. Il y avait un an qu'il ne m'avait pas écrit.

— Il ne vous a jamais proposé le divorce ?

— Jamais ! Je n'aurais pas accepté.

— Vous disiez que l'homme que vous avez retrouvé là-bas...

— Il faut que vous sachiez d'abord que Samuel était un homme du monde dans toute l'acception du mot, un raffiné, même pour l'Amérique du Sud, où les hommes le sont plus qu'ailleurs. Il avait au moins cinquante complets dans sa garde-robe, et personne d'autre que son valet de chambre n'avait le droit de cirer ses chaussures.

— Il a emmené son valet de chambre au Congo ?

— Non. En Afrique, j'ai retrouvé un Samuel vêtu d'une sorte de vieux pyjama, un casque sur la tête, conduisant une auto démantibulée à travers la brousse. La plupart du temps, il ne couchait pas à l'hôtel, mais dans des huttes indigènes. Il avait sa hutte à lui dans la plupart des villages d'alentour et...

— Continuez !

— Dans chaque hutte, il possédait une ou plusieurs négresses dont quelques-unes avaient des enfants café au lait.

— Vous lui avez fait une scène de jalousie ?

— Non. J'ai compris que nous restions bons amis. J'ai été seulement triste de le voir réduit à cet état.

— Il gagnait toujours beaucoup d'argent ?

— Beaucoup. La mine d'Ouagi travaillait à plein rendement, et Samuel avait même fondé une sorte de petite ville, un centre important, avec un hôpital, une école...

— Vous vous êtes donc quittés en bons termes ?

— Oui.

— Il n'a pas été intéressé par votre fille, que vous lui aviez amenée ?

— Il l'a trouvée gentille, m'a dit que le climat ne lui valait rien et que je ferais mieux de la reconduire bien vite au Sacré-Cœur.

— Dans quelles conditions a-t-il disparu ?

— Dans aucune condition. Il a disparu simplement. Je lui ai écrit et je n'ai pas reçu de réponse. J'ai envoyé plusieurs lettres. Ma banque aussi, qui ne recevait plus d'argent. Nous nous sommes adressés à l'administrateur de l'Ouélé, qui nous a appris que Samuel Marsh avait quitté le pays sans avertir qui que ce fût.

— Et la mine ?

— Nous y sommes ! intervint l'avocat. Il y a dix-huit ans que ma cliente et moi essayons de rentrer en possession de la mine. C'est une question compliquée, cela me prendrait des heures pour vous l'exposer en détail. L'affaire était en effet une société anonyme, et Marsh possédait la majorité des actions. Nous avons essayé d'établir qu'il avait eu un accident dans la brousse, ce qui n'aurait rien eu de surprenant, mais on nous a objecté que, du Caire, quelques semaines après sa disparition, il avait fait d'assez gros retraits bancaires.

— La police belge n'a pas enquêté ?

— Je connais assez bien la question, encore que je ne sois pas allé sur place. Sachez que, là-bas, il faut parfois plusieurs journées en chaise à porteur, en *tipoie,* comme ils disent, pour se rendre d'un village à un autre. L'administrateur blanc le plus proche vivait à cent cinquante kilomètres.

— Bref ?...

— Bref, Mrs Marsh, aujourd'hui, n'est pas encore parvenue à entrer en possession de la fortune à laquelle elle a droit.

— Ne m'a-t-elle pas dit que, de son côté, elle était riche ?

— Ses parents l'étaient. Ils sont morts, et son père avait eu le temps de perdre au jeu la plus grande partie de ses biens. En outre, voilà quelques années, la maladie du cacao a sévi en Colombie et l'a aux trois quarts ruinée.

— Elle n'est pas sans ressources ?

— Mettons qu'elle soit dans la gêne.

— Vous habitez, madame ?

— L'*Hôtel Napoléon,* avenue Friedland. Cela me revient moins cher que d'entretenir une maison montée.

Une affaire comme celle-là, au début du mois d'août, alors que la moitié du personnel se trouvait en vacances, était plus désagréable qu'un crime sensationnel. Les visiteurs regardèrent le directeur d'un œil sévère, comme pour lui couper toute retraite.

— Nous allons ouvrir une enquête, naturellement.

Cela s'appelait, en langage de métier, « recherches dans l'intérêt des familles ».

— Au fait, vous avez l'adresse de votre fille ?

— J'ignore où elle habite à présent.

— Quel âge a-t-elle ?

— Elle doit avoir trente et un ou trente-deux ans. Elle est mariée.

— A qui ?

— Un hurluberlu, nommé Frank Gervais, qui tire le diable par la queue. Ils ont essayé, au début, de me soutirer de l'argent.

— Je suppose que votre fille hérite de son père, elle aussi ?

— Cela regarde Me Rigal.

— Ce que nous demandons, mon cher directeur, n'est pas d'entrer dans ces détails, qui seront étudiés en temps voulu, mais d'empêcher que Samuel

Marsh, dont nous nous faisons fort d'établir l'identité sans contestation possible, soit enterré sous un nom qui n'est pas le sien.

— Vous avez apporté les pièces ?

Il en était sûr. L'avocat avait sa serviette de maroquin avec lui.

— Voici l'acte de mariage. J'ai joint copie de deux lettres écrites par Marsh au début de sa vie conjugale.

— Et celles envoyées du Congo ?

— Ma cliente n'a pas cru nécessaire de les conserver. La plupart étaient écrites au crayon, sur des bouts de papier.

— Je vous tiendrai au courant, maître. Car je suppose que c'est à vous que je m'adresserai ?

— Ce sera plus simple. Je devais partir en vacances, mais j'ai envoyé ma femme et les enfants à la mer sans moi. Je les rejoindrai plus tard. Il est de toute première importance que...

— Je sais.

Ils s'en allaient tous les deux, pas complètement rassurés, et Rigal se promettait de ne pas laisser en paix le directeur de la P.J.

Pour empêcher l'affaire de traîner, il emmena aussitôt Mrs Marsh, rue Réaumur, aux bureaux du journal qui avait, la veille, publié la photographie de M. Bouvet entouré d'images d'Epinal.

— Annoncez-moi au rédacteur en chef. Dites-lui que je lui apporte une information sensationnelle.

Il tirait de son portefeuille une carte de visite gravée, s'assurait d'un coup d'œil que sa cliente était en forme.

— Parlez le moins possible de l'époque congolaise, mais étendez-vous sur votre vie en Amérique du Sud. N'oubliez pas les cinquante complets, le valet de chambre, tout ce qui frappe l'imagination.

— Asseyez-vous, monsieur Beaupère.

C'était le seul inspecteur du quai des Orfèvres qu'on n'appelait jamais par son nom sans ajouter le « monsieur », peut-être à cause de son âge, de sa dignité triste de vieil employé de confiance qui a des charges et des soucis.

Il était vêtu de noir, au mois d'août, et peut-être était-il encore une fois en deuil, peut-être simplement usait-il son complet du deuil précédent.

Il s'était tellement identifié avec les « recherches dans l'intérêt des familles » qu'on n'aurait pas eu l'idée de confier une de ces affaires à un autre.

— Un certain René Bouvet est mort, hier matin, devant une boîte des quais.

— J'ai vu sa photographie dans le journal.

— Il paraît qu'il ne s'appelle pas Bouvet, mais Marsh, qu'il est en réalité de nationalité américaine et qu'il a passé une partie de sa vie à diriger une mine d'or au Congo.

M. Beaupère ne bronchait pas, continuait à sucer son cachou, car il ne fumait pas, ne buvait pas, suçait des cachous toute la journée, ce qui jaunissait ses longues dents de vieux cheval.

— Voyez la mairie du Ve arrondissement. C'est la police du quartier qui a fait les constatations.

— Compris, monsieur le directeur.

— Il a une femme à Paris, une certaine Mrs Marsh, qui habite l'*Hôtel Napoléon*. Il a aussi une fille, mariée à un certain Frank Gervais, dont je ne connais pas l'adresse.

— Bien, monsieur le directeur.

Et il s'en alla, lugubre, entra dans le bureau des inspecteurs pour y décrocher son chapeau de paille noire, émergea un peu plus tard, avec la mine d'un grand corbeau, dans le soleil qui inondait le quai.

M. Beaupère était sans doute, de toute la P.J., celui qui parcourait le plus de kilomètres à pied, car il ne prenait jamais de taxi, à cause des notes de frais, évitait autant que possible les autobus, ne descendait dans le métro que quand c'était indispensable.

Il n'eut pas un coup d'œil aux terrasses du boulevard Saint-Michel, ni aux marchandes de fleurs, ni aux femmes qui se promenaient en robes claires et légères.

La pénombre le happa, place du Panthéon, dans les bureaux de la mairie du Ve arrondissement. Les mairies n'avaient pas de secrets pour lui, il n'avait pas besoin des flèches rouges ou noires indiquant les divers bureaux. Sans déranger les employés, il coltinait lui-même les lourds registres noirs de l'état civil.

Boulevard... Bouvat-Martin... Bouveau... Bouverat... Bouveret... Bouveric... Bouvet.

Bouvet Albert... Bouvet Armand... Bouvet H... Bouvet M... Bouvet P... Bouvet René...

Il était sans fièvre, sans impatience. Son fils était sergent dans l'armée. Sa fille était mariée. Sa maison, à Puteaux, lui appartenait.

Pour obtenir sa carte d'identité, Bouvet, René Hubert Émile, avait fourni un extrait d'acte de naissance signé par le secrétaire de la mairie de Wimille, Pas-de-Calais, le donnant comme fils de Bouvet Jean, cultivateur, et de Marie-Ernestine Méresse, sans profession.

La mairie du Ve arrondissement ne lui avait pas distribué de cartes de ravitaillement pendant les année 1940, 1941, 1942 et 1943, mais seulement en 1944, quand René Bouvet était revenu d'un séjour à Langeac, par Sarlat, Dordogne.

Il était midi quand M. Beaupère, qui ne s'était arrêté nulle part pour se rafraîchir, même d'un verre d'eau, pénétra dans la maison blanche du quai de la Tournelle.

Il n'avait pas eu la curiosité de jeter un coup d'œil vers les volets verts du troisième, derrière lesquels M. Bouvet reposait dans un silence tel que le vol de quelques mouches y faisait l'effet d'un vacarme.

Il entra dans la loge de la concierge avant d'y être invité, mais retira poliment son chapeau, s'assit sur une des chaises Henri II, cependant que Mme Jeanne, qui savait à quoi s'attendre, s'asseyait de l'autre côté de la table.

— Ne parlez pas trop fort. Mon mari dort. Il travaille de nuit.

Il fit signe qu'il avait compris, et l'entretien se déroula en chuchotements, de sorte que, du dehors, en les regardant par la vitre, ils avaient l'air de deux poissons et qu'on s'attendait à les voir faire des bulles.

M. Beaupère déjeuna dans un « prix fixe » des environs du Châtelet où il avait sa serviette dans un casier. Puis il retourna au bureau et demanda la communication téléphonique avec la mairie de Wimille.

Il était un peu plus de trois heures quand le secrétaire, qui était en même temps l'instituteur, lui apprit que René Bouvet était mort deux ans plus tôt en Indochine, où il vivait depuis quarante ans, ne faisant en France que de rares apparitions.

— Quand lui avez-vous délivré pour la dernière fois un extrait de naissance ?

L'autre chercha dans son bureau d'où il voyait probablement la mer, tandis que ses élèves en profitaient pour s'amuser en classe.

— En 1939, Bouvet nous a écrit de Paris pour nous demander cette pièce, et, comme d'habitude, nous l'avons envoyée en deux exemplaires.

C'était l'époque où les cartes d'identité étaient devenues nécessaires. Jusque-là, l'homme n'en avait pas eu besoin.

— Vous êtes certain qu'il est mort voilà deux ans ?

— Nous avons reçu son certificat de décès de Saigon il y a exactement dix-huit mois. Il n'a d'ailleurs plus d'héritiers dans la contrée.

— Je vous remercie.

Le journal était sorti de presse et s'était répandu dans la ville, avec la même photographie de Bouvet, en plus petit que la veille, mais flanquée d'un plus long article.

Le mystère du millionnaire américain.

A cinq heures, un taxi s'arrêtait devant la maison blanche du quai de la Tournelle, et un couple assez excité en descendait, que Mme Jeanne regardait traverser le trottoir d'un œil froid et méfiant.

C'en étaient encore, sûrement, qui venaient essayer de lui chiper son mort.

3

Avant même qu'ils pénètrent dans le vestibule, elle alla ouvrir la porte et resta debout, à les y attendre, le regard fixé sur eux, les lèvres pincées.

C'était sans doute le couple le plus élégant qui eût jamais mis les pieds dans la maison. Ils avaient l'air, tous les deux, de sortir d'un film ou d'un restaurant des Champs-Elysées.

Très brune, elle portait un costume de soie crème sur lequel son sac à main mettait une tache rouge — comme ses lèvres en mettaient une sur la peau mate de son visage.

Il la faisait passer devant elle. Elle hésitait, battait de ses grands cils qui devaient être artificiels. Comme les autres, elle montrait gauchement un journal qu'elle tenait à la main.

— C'est bien ici, n'est-ce pas ?

— C'est ici.

— Et vous êtes la concierge ?

— Je suis la concierge.

Elle eut un coup d'œil un peu découragé à son compagnon, à qui elle semblait dire que c'était plus difficile qu'ils n'avaient prévu, ou que la concierge était coriace.

— Serait-il possible de vous parler quelques minutes ?

Peut-être avait-elle préparé son coup ? Ou bien improvisait-elle, à cause de l'accueil inattendu ? Elle ouvrit son sac, comme si elle allait tout à coup se repoudrer, et saisit un billet qu'elle froissa dans sa main.

— Je vous écoute.

La jeune femme jetait un coup d'œil vers la cage de l'escalier, où Vincent, le fils Sardot, était assis sur une marche.

— Vous nous permettriez peut-être d'entrer un instant ?

— A condition que vous parliez bas. Mon mari dort.

— Ma mère est venue vous voir, mais je n'ai plus de relations avec elle. Je vous présente mon mari.

— Enchantée.

— Vous comprenez, n'est-ce pas, que je suis la fille de monsieur... de monsieur...

— De M. Bouvet, oui, bien que vous ne lui ressembliez pas du tout. Vous ressemblez plutôt à votre mère.

— Vous permettez que je m'assoie ?

Son mari était grand, noir de poil comme elle, vêtu comme on ne l'est pas dans le quartier, tout en gris, les épaules creuses.

— Il y a près de vingt ans, dit-il, que ma femme est sans nouvelles de son père. Vous pouvez imaginer son émotion quand, tout à l'heure, elle a lu le journal.

— Elle n'avait pas vu celui d'hier ?

— Il se fait que nous étions à la campagne, chez des amis. Ce n'est que cet après-midi, en rentrant...

Mme Jeanne restait debout, à les observer l'un et l'autre, à essayer de deviner ce qu'ils allaient lui demander.

— Je suppose qu'il n'est pas permis de le voir ?

— Qui est-ce qui le défendrait ? J'ai les clefs. C'est moi qui me suis occupée de tout avec les voisines.

— Je ne savais pas. J'avais pensé que, peut-être, à cause des circonstances...

Elle jeta un coup d'œil à son mari, comme pour lui demander conseil.

— Ma femme voudrait que vous lui permettiez de vous poser quelques questions. Elle est très bouleversée et ne sait pas comment s'y prendre.

Elle avait ouvert la main, en tout cas, et le billet chiffonné se trouvait maintenant sur la table.

— D'après le journal, c'est vous qui faisiez son ménage. Je suis sûre qu'il avait confiance en vous et qu'il vous parlait librement. Est-ce qu'il vous a jamais parlé de moi ?

— Jamais.

— Ni de ma mère ?

— Ni de votre mère, ni de personne.

— Vous voulez dire qu'il ne parlait pas ?

— Il parlait comme tout le monde, du soleil, de la pluie, de Paris, des choses qui se passaient dans le monde, des locataires, du jeune Vincent que vous avez vu dans l'escalier.

— Il était triste, renfermé ?

— Non, madame. Il paraissait fort heureux.

— Il recevait beaucoup de lettres ?

— Il n'en recevait jamais.

— Et... comment dirai-je... il vivait pauvrement ?

En prononçant ce mot, elle ne pouvait s'empêcher de jeter un coup d'œil à la loge. Ferdinand venait de se lever dans l'alcôve, et on l'apercevait en caleçon, qui se dirigeait vers la table de toilette. La concierge alla tirer le rideau.

— Il ne manquait de rien. Il était heureux. Le matin, j'allais lui préparer son petit déjeuner, qu'il prenait dans son lit en lisant le journal. Puis il s'habillait, descendait, me disait un petit bonjour en passant et allait faire sa promenade. Pendant ce temps-là, je rangeais chez lui. Il ne mettait pas beaucoup de désordre. La plupart du temps, je pouvais l'apercevoir, par la fenêtre, devant les boîtes des quais. Il connaissait tous les bouquinistes et allait faire la parlote avec eux.

— Il achetait des livres rares ? demanda le mari.

— Pas de livres. Seulement des images, et qui ne lui coûtaient pas bien cher, de celles qu'on vendait à l'épicerie de mon village quand j'étais gamine. Le plus souvent, il allait jusqu'au boulevard Saint-Michel pour acheter de la charcuterie et revenait avec son petit paquet, montait, mangeait devant la fenêtre.

— Il buvait du vin ?

— Ni vin, ni alcool. Rien que de l'eau. Et du café. Jamais plus de deux tasses par jour.

— Il était malade ?

— Il prenait des pilules, dont il avait toujours une petite boîte dans sa poche, mais je ne l'ai jamais vu vraiment malade, sauf du rhume qu'il a fait il y a deux ans et qui l'a tenu trois jours au lit. Après le déjeuner, il s'offrait une petite sieste, puis, l'été, allait se promener à nouveau et presque toujours était rentré à neuf heures.

— Il ne recevait pas de visite ?

— Jamais.

— Vous êtes sûre qu'il ne vous a jamais parlé de moi ? Mon prénom est Nadine.

— Non, madame.

— Vous n'avez pas vu, dans ses affaires, une photographie de petite fille ?

— Non, madame.

— Il vous est arrivé, pourtant, de jeter un coup d'œil sur ses papiers ?

— Quels papiers ?

— Tout le monde a des papiers, des pièces officielles, de vieilles lettres, que sais-je ?

— Il n'en avait pas.

— Ma mère est montée dans l'appartement ?

— Avec l'inspecteur de police, oui.

— Vous nous permettriez de monter aussi ?

Bien sûr ! Mme Jeanne était même contente de « leur » montrer la chambre et le mort, comme par défi. Mais ils se trompaient s'ils pensaient qu'ils allaient pouvoir toucher à quoi que ce fût.

Elle les précéda dans l'escalier. C'était devenu un rite. Puis elle les fit attendre sur le palier pendant qu'elle allait allumer les bougies.

Elle les introduisit enfin par le salon, où elle était venue prendre les poussières le matin, s'effaça devant la porte de la chambre, où il y avait toujours les trois mouches qu'elle avait en vain essayé d'attraper et où commençait à régner une odeur fade.

Elle n'était pas fâchée qu'ils voient qu'elle était à son aise, que le mort ne lui faisait pas peur, qu'ils étaient amis tous les deux.

— Il est bien tranquille. Il sourit.

Elle surprenait leurs regards aux meubles dont les portes et les tiroirs étaient barrés par des scellés.

— Je suis certaine que mon père a cherché à me retrouver. Quand je pense que nous vivions dans la même ville !

Mme Jeanne remarqua que la jeune femme ne faisait pas le signe de la croix avec le brin de buis, dont elle semblait ignorer l'usage. Son mari non plus. Elle se tamponnait inutilement les yeux de son mouchoir, au risque d'y laisser quelques-uns des longs cils collés à ses paupières.

— Je suppose que vous ignorez quand l'enterrement aura lieu ?

— Nous avions tout arrangé pour demain, un enterrement très convenable, avec une absoute à l'église, mais la police est venue tout à l'heure me dire d'attendre.

Ils se regardèrent encore. Ils avaient hâte de sortir, de retrouver le soleil, l'air pur du dehors, mais en même temps ils étaient déçus, ils traînaient, comme s'ils espéraient toujours que quelque chose allait se produire.

— Je suppose que je dois, comme l'a fait ma mère, aller donner mon adresse, à la police ?

— Peut-être bien. C'est votre affaire.

— Vous êtes sûre qu'il n'était pas malheureux ?

— Oui, madame.

— Je vous remercie.

Ils descendaient, pendant que la concierge refermait la porte à clef et mettait celle-ci dans la poche de son jupon, s'attardaient dans l'escalier, passaient devant le gamin toujours assis qui les regardait de bas en haut d'un œil encore plus méfiant que la concierge.

Dans le vestibule, ils s'arrêtaient, hésitants.

— Si, par hasard, vous vous souveniez d'un détail qui pourrait nous intéresser...

Le mari tenait à la main une carte de visite qu'il se préparait à tendre. C'est lui qui parlait :

— ... Je veux dire qui pourrait intéresser ma femme... Elle est brouillée depuis longtemps avec sa mère et, si vous avez vu celle-ci, vous devez le comprendre. C'est à cause de sa mère que ma femme n'a presque pas connu son père. Il est à peu près impossible qu'il ne se soit pas souvenu d'elle et n'ait pas cherché à la retrouver.

Il remit enfin sa carte.

— Je vous en saurais un gré infini. De jour, vous pouvez me téléphoner à mon bureau. A droite, vous avez notre adresse personnelle.

Ils s'en allèrent, elle juchée sur ses hauts talons, lui, les épaules rentrées, tirant une cigarette d'un étui d'argent, et la portière du taxi se referma.

La voiture n'avait pas démarré qu'ils avaient l'air de se disputer, comme pour se reprocher mutuellement leur maladresse.

La concierge lut sur la carte :

FRANK GERVAIS ET WILLY GOLDSTEIN
Tableaux anciens
135 bis, rue Saint-Honoré

On avait biffé Goldstein. D'autre part, on avait ajouté l'adresse privée : *62, quai de Passy*.

Paris était aussi glorieux que la veille, avec les mêmes bouffées chaudes, le même frémissement dans le feuillage lourd des arbres, la même poussière fine et odorante, les mêmes éclaboussures de soleil dans les vitres et sur les toits.

Un homme terne, qui avait l'air d'un démarcheur d'assurances ou d'un placier en aspirateurs électriques, frappa discrètement à la vitre de la loge, alors que Ferdinand était en train de dîner dans la cuisine avant de se rendre à son travail. C'était M. Beaupère.

— Je ne vous dérange pas, madame Léliard ?

— Entrez. Asseyez-vous. Vous avez des nouvelles ?

— Pas beaucoup. Je suis plutôt venu en chercher.

Il la regardait comme s'il savait qu'elle avait quelque chose à lui apprendre.

— Sa fille vient de passer en compagnie de son mari. Ils m'ont laissé leur carte. Ils ont même mis cent francs sur la table.

— Elle n'a rien dit ?

— Elle a parlé de papiers, de photographies. Ils sont montés.

— Il n'est venu personne d'autre ?

M. Beaupère copiait soigneusement l'adresse dans un gros calepin noir qui fermait à l'aide d'un élastique.

— Non, à part des voisins.

— Voyez-vous, madame Léliard, ces gens-là ont raison.

— En quoi ont-ils raison ? se rebiffa-t-elle.

— Le vrai Bouvet est mort, il y a deux ans, en Indochine.

— Il ne peut pas y avoir deux Bouvet ?

— Pas avec le même état civil. J'aimerais être sûr que personne n'est venu rôder par ici, car il est probable que quelqu'un connaît la vérité.

— A part la vieille demoiselle...

— Quelle vieille demoiselle ?

— Je lui ai dit « madame » et elle m'a reprise en disant qu'elle était demoiselle. Elle a au moins soixante-dix ans.

— Justement.

— Pourquoi : justement ?

— Parce que les gens qui ont connu M. Bouvet jadis sont nécessairement de vieilles gens.

— Je n'y avais pas pensé.

— Quand est-elle venue ?

— Hier après-midi. Elle a été la première. Je croyais qu'elle cherchait une chambre, car c'est le genre à chercher une petite chambre sur la cour.

— Vous voulez dire qu'elle était modestement habillée ?

— Pauvrement. Elle n'osait pas entrer. Je suis allée au-devant d'elle.

— Que vous a-t-elle dit ?

— Presque rien. D'abord sa lèvre tremblait si fort qu'elle ne pouvait parler. Elle est très grosse, avec une figure ronde et pâle, de gros yeux d'enfant. Elle a montré le journal, comme ils font tous en murmurant :

» — C'est bien ici ?

» Et j'ai vu qu'elle avait un bouquet de violettes à la main. J'ai été touchée. J'ai demandé :

» — Vous le connaissiez ?

» Mon idée était qu'elle habitait dans le quartier, qu'elle lui avait parlé quand il faisait son petit tour du matin ou de l'après-midi.

» — Vous voudriez le voir ?

» Elle a fait non de la tête. Elle était sur le point de pleurer.

» — C'est vrai qu'il n'a pas souffert ?

» Puis elle a encore posé une question :

» — Il y aura de quoi, pour l'enterrement ?

» Je lui ai répondu que oui, qu'il avait de l'argent dans sa poche, que j'avais déjà commencé à passer une liste et elle a cherché dans son sac à main comme pour y prendre de la monnaie.

» Elle n'en a pas eu le temps, car c'est à ce moment-là que la vampire est arrivée.

— La quoi ?

— La vampire. Ce n'est pas ainsi qu'on dit ? La femme qui est venue avec l'inspecteur et qui aurait fracturé les meubles si on l'avait laissée un instant toute seule.

— Vous êtes sûre de n'avoir jamais vu auparavant cette vieille demoiselle dont vous parlez ?

— Je connais presque tout le monde dans le quartier. J'y suis depuis quarante ans. Elle ne me rappelle rien.

— Elle est partie à pied ?

— En pantoufles. J'ai remarqué ses pantoufles. Ce sont les mêmes que les miennes.

— S'est-elle dirigée vers le boulevard Saint-Michel ?

— Non. Vers le pont de la Tournelle.

— C'est la seule personne qui soit venue ?

— A part le vieux, mais lui ne m'a pas adressé la parole.

M. Beaupère lui inspirait confiance. Il n'avait pas du tout l'air d'un policier et il devait avoir des petits-enfants. On sentait qu'il gagnait honnêtement, durement sa vie. Il n'essayait pas de la prendre en traître.

— Quel vieux ?

— Celui-là, c'est une tête que j'ai déjà vue quelque part, une sorte de clochard comme il en rôde toujours par ici. C'était hier soir aussi, mais plus tard. Mon mari était parti. Je l'ai vu juste en face, adossé au parapet, et il regardait la maison, les fenêtres de M. Bouvet en particulier. Je l'ai observé un bout de temps en me demandant s'il se déciderait à traverser la rue.

— Il ne l'a pas fait ?

— Non. Il est parti. Puis je l'ai revu qui cassait la croûte à la même place, avec un litre de vin à côté de lui. Vous croyez qu'on va me le laisser ?

— Qui ?

— M. Bouvet. Je me suis donné la peine de tout arranger avec les locataires et les voisins. Tout le monde s'est montré généreux. Puis, tout à coup... Vous croyez, vous, que c'était le mari de cette femme ?

— Je ne sais pas.

— De toute façon, il l'a quittée, n'est-ce pas ? Et il devait avoir ses raisons. Ce n'est pas pour être embêté par elle une fois mort. Il est si bien, là-haut. Vous ne voulez pas monter un moment ?

M. Beaupère n'avait pas le temps. Il devait encore téléphoner à la mairie de Langeac, où, tout à l'heure, il n'avait trouvé personne pour lui répondre. Il avait d'autres vérifications à effectuer, lentement, soigneusement, comme il faisait toutes choses, en suçant ses cachous et en hochant la tête d'un air attristé.

— Si vous revoyez la vieille demoiselle ou le clochard, essayez de savoir leur nom, leur adresse. Cela pourrait nous aider.

— Vous ne boirez pas une tasse de café ?

— Merci. Je ne prends jamais rien entre les repas.

La soirée fut calme pour Mme Jeanne. Quelques parlotes avec des locataires qui rentraient et qu'elle mettait au courant. A neuf heures, elle monta, toute seule, chez M. Bouvet, comme pour lui dire bonsoir. Elle n'avait pas peur de rester en tête à tête avec le mort. Elle fit la croix avec l'eau bénite, en remuant les lèvres comme pour lui parler.

Tout était en ordre. Elle parvint à attraper une des mouches, collée au chambranle de la porte, mais ne trouva pas les deux autres, qui avaient dû se cacher.

Elle referma la porte à clef, entra chez les Sardot où le gamin était couché et où le mari lisait le journal pendant que la femme lavait des couches. Leur fenêtre était ouverte sur le bleuté du soir. Toutes les fenêtres de Paris étaient ouvertes. Dans certains quartiers, des gens couchaient sur leur balcon, et, la nuit, on entendait de partout le sifflet des trains dans les gares.

— Elle a épousé un marchand de vieux tableaux. A mon avis, il doit être tuberculeux. Elle a tiré son mouchoir de son sac, mais j'ai bien observé ses yeux et je peux jurer qu'elle n'a pas pleuré.

— Evidemment, si c'est son père, elle ne l'a pas beaucoup connu.

L'accordéoniste sortit de la maison. Mme Jeanne descendit faire son petit ménage du soir, ferma les rideaux, se déshabilla, regarda le vide laissé au milieu de sa bouche par une dent qui manquait et se dit qu'il faudrait se décider à la faire remplacer.

Elle s'endormit, et il ne se passa rien jusqu'au retour du musicien. Elle ne regarda pas l'heure, car elle savait qu'il devait être deux ou trois heures du matin.

Elle fit des rêves compliqués où M. Beaupère jouait un rôle important, où, même, il était son mari, et elle en était un peu gênée, elle lui demandait comment ça se pouvait, puisqu'elle n'était pas veuve et que Ferdinand travaillait toujours comme gardien de nuit au garage de la rue Saint-Antoine. Alors M. Beaupère répondait avec un sourire qui ne lui allait pas du tout :

— Justement !

Justement quoi ? Est-ce que l'accordéoniste était rentré ? Elle ne s'en souvenait plus. Elle était éveillée et il lui sembla que les aiguilles lumineuses de son réveil ne marquaient qu'une heure du matin.

Il faisait étouffant dans l'alcôve et ce fut vraiment une mauvaise nuit. En se réveillant, le matin, elle avait l'intuition, Dieu sait pourquoi, qu'il s'était produit un événement déplaisant, que les choses n'étaient pas comme elles devaient être, et elle se sentait coupable, sans savoir au juste de quoi.

Le ciel était un peu plus voilé que les jours précédents, avec une légère brume qui flottait au-dessus de la Seine où les péniches commençaient à se mettre en mouvement.

Elle alla chercher les poubelles dans la cour, les rangea au bord du trottoir, rentra se préparer du café et se coiffa pendant que l'eau chauffait.

Elle n'avait jamais eu de chance, mais elle ne se plaignait jamais non plus. Quand elle avait épousé Léliard, qui, à cette époque-là, était sergent dans l'armée, elle ne savait pas qu'il était épileptique, et il ne s'était pas encore mis à boire. Ce n'était pas un homme. Trois fois, elle avait été enceinte et, trois fois, elle avait eu un enfant mort-né. La dernière fois, elle avait failli y rester, et le médecin lui avait recommandé de ne plus essayer.

Elle avait passé cinquante ans et elle ne se sentait pas vieille ; toute petite et maigre qu'elle était, elle n'avait pas trop de mal à coltiner ses poubelles.

Elle poussa un soupir en pensant à l'appartement qui allait être loué à de nouveaux locataires et, comme prise de panique, elle éprouva le besoin d'y monter tout de suite.

Elle dut redescendre, une fois au premier, parce qu'elle avait oublié sa clef. Elle remonta, poussa la clef dans la serrure, se demanda si elle avait déjà tourné un tour sans s'en rendre compte ou si, la veille, elle avait oublié de fermer, car il lui semblait que la porte s'ouvrait trop facilement.

Elle traversa le salon sans regarder, pénétra dans la chambre et, tout de suite, sentit qu'il y avait quelque chose de changé. Le corps de M. Bouvet était à sa place dans le lit, mais elle était sûre que sa position n'était pas tout à fait la même, qu'il était plus à droite, ou plus à gauche, ou plus haut, ou plus bas. Il n'avait pas pu bouger tout seul. Quelqu'un était venu. Quelqu'un avait touché au lit. Il y avait des plumes par terre, qui provenaient ou du matelas ou des oreillers. Elle tourna la tête et vit que les scellés avaient été coupés.

On avait refermé les portes des armoires, refermé les tiroirs.

Alors elle ne se sentit plus en sécurité. Elle gagna vivement le palier, appela à mi-voix :

— Madame Sardot !... Madame Sardot !...

Elle oubliait qu'il était six heures du matin et que les Sardot dormaient encore.

— Madame Sardot !... C'est moi !... Venez !... Vous ou votre mari...

C'est le mari qui ouvrit la porte après avoir passé un pantalon sombre. Il était pieds nus.

— On est entré chez M. Bouvet.

La femme suivait, puis le gamin, qui paraissait beaucoup plus grand dans son pyjama.

— Quelqu'un a fait sauter les scellés et a touché au lit.

Ils entraient dans le logement, craintifs, soudain plus respectueux.

— Il faudrait avertir la police.

Personne n'avait le téléphone dans la maison.

— Vous ne voulez pas y aller, monsieur Sardot ?

Il s'habilla rapidement, mit une casquette sur sa tête, tandis que la mère essayait en vain de faire recoucher son fils.

— Vous n'ouvrez pas les volets ?

— Je pense qu'il vaut mieux ne toucher à rien.

Elle se sentait coupable. Se rappelant sa mauvaise nuit, elle était presque sûre, à présent, d'avoir tiré deux fois le cordon pour le musicien.

— Vous restez ici un moment ?

Elle monta au cinquième, réveilla l'accordéoniste qui lui parla d'abord à travers la porte.

— Excusez-moi de vous déranger. Il se passe des choses dans la maison, et j'ai besoin de savoir à quelle heure vous êtes rentré.

— Vers deux heures et demie, madame Jeanne.

Il les rejoignit sur le palier du troisième. Un agent cycliste arriva, bientôt suivi par Sardot.

— Nul ne doit entrer dans l'appartement. J'ai des ordres. C'est vous, la concierge ? Retournez à votre loge et ne laissez personne pénétrer dans la maison. Je veux dire personne qui n'ait pas à s'y trouver.

Ce ne fut pas l'inspecteur de l'avant-veille qui vint ensuite, mais un gros qui s'assit dans la loge et qui, par ses questions, prouva qu'il n'était au courant de rien.

— La Police Judiciaire est avertie. Ils seront ici d'un moment à l'autre.

Ce n'était pas non plus M. Beaupère, qui devait dormir encore dans son pavillon de Puteaux.

Il en descendit d'abord quatre d'une voiture, avec d'énormes appareils, sans doute des appareils photographiques. Puis, un quart d'heure plus tard, alors que ceux-là étaient en haut, où ils ne se gênaient pas pour mener grand tapage, il en vint deux autres en taxi.

— Vous êtes la concierge ? Montez avec moi.

Enfin ! Elle souffrait assez d'être retenue en bas alors que des gens s'agitaient chez M. Bouvet. Le sang se porta à son visage quand elle vit ce qu'ils étaient en train de faire.

Les trois fenêtres étaient larges ouvertes. Un appareil photographique, plus volumineux et plus lourd que chez n'importe quel photographe, était installé sur un trépied. Ils avaient pris, dans la garde-robe, les vêtements de M. Bouvet et les avaient étalés un peu partout.

— Comment était-il habillé quand il est mort ?

Elle leur désigna le veston crème, le pantalon gris. Quand elle regarda dans la chambre, un cri lui sortit de la gorge, car on avait retiré le matelas, et le corps, maintenant, était étendu à même le sommier, sans drap, sans rien.

Assis sur une chaise, dans un coin de la pièce, un des hommes comptait à mi-voix des pièces d'or.

— Combien ?

— J'en suis à neuf cents, chef. Il en reste quelques-unes.

Et il se remettait à compter en remuant les lèvres.

Cela sortait du matelas éventré. Il devait l'être avant l'arrivée de la police, puisque la concierge avait remarqué quelques plumes qui n'avaient pu venir d'ailleurs.

Deux des hommes, comme ils l'auraient fait d'un mannequin, étaient occupés à habiller le corps et, leur travail achevé, l'un d'eux le prit carrément sur son épaule et l'amena dans le salon en pleine lumière.

— Combien de fois avez-vous tiré le cordon cette nuit ?

— Un seul locataire est rentré après que je me suis couchée.

— Je vous demande combien de fois vous avez tiré le cordon ?

— Une fois.

— Vous en êtes sûre ?

Elle regarda M. Bouvet qu'ils étaient en train d'installer sur une chaise, devant l'appareil photographique, et n'eut pas le courage de mentir.

— Je n'en suis pas tout à fait certaine. J'ai passé une mauvaise nuit. Il faisait chaud. J'ai rêvé. Après que j'ai eu tiré le cordon, je me suis rendormie et, plus tard, en me réveillant, j'ai eu l'impression qu'il n'était pas l'heure.

— L'heure de quoi ?

— Je veux dire que M. Francis n'aurait pas dû être rentré.

— Et vous lui avez à nouveau ouvert la porte ?

— Je ne me souviens pas. J'ai essayé de me rappeler. Peut-être l'ai-je fait machinalement ? C'est devenu une telle habitude, n'est-ce pas ?

— Où est-il ?

— M. Francis ? Au cinquième, à gauche. Il vient de remonter.

On envoya quelqu'un le questionner.

— Est-ce que les objets, dans la pièce, sont à peu près comme vous les avez vus hier ?

— A peu près.

Elle regardait autour d'elle d'un air inquiet, en essayant de ne pas voir M. Bouvet qui, sur sa chaise, avait l'air presque vivant. Cela lui paraissait sacrilège et elle avait envie de s'en aller.

— Regardez bien sur tous les meubles.

— Il me semble qu'on a touché aux images.

Elle n'en était pas sûre non plus. Elle ne savait plus rien. Le soleil lui frappait le visage, entrant à flots par les fenêtres, comme quand elle venait faire le ménage, et soudain elle éclata en sanglots, tandis que l'homme qui lui parlait lui tapotait gentiment l'épaule.

— Allons ! Allons ! Calmez-vous. Ce n'est pas votre faute, après tout. Mais il est indispensable que nous sachions. Descendez boire quelque chose. J'irai vous poser quelques questions tout à l'heure.

C'était comme une trahison, et pourtant elle était incapable de rester plus longtemps dans cette pièce. A la porte, un agent empêchait les locataires de stationner sur le palier. La porte des Sardot bougeait. Sardot devait déjeuner, car il était l'heure de partir à son travail.

La vieille Mme Ohrel l'appela à travers sa porte, jusqu'où elle s'était traînée dans son fauteuil à roulettes.

— Que se passe-t-il ?

— Je ne sais plus. Ne me demandez rien. C'est la fin de tout. Si vous voyiez ce qu'ils sont en train de faire !

Cette sale bête de Ferdinand avait trouvé le temps d'aller boire et, sans doute, de raconter les nouvelles au bistrot du coin. Il y avait des gens sur le trottoir, avec le jeune agent de l'avant-veille, qui les tenait en respect.

A neuf heures, seulement, les premiers journalistes arrivèrent, et après ce fut la cohue ; Mme Jeanne renonça à se tenir au courant. Elle n'était plus chez elle. Des inconnus entraient et sortaient, montaient l'escalier, redescendaient, pénétraient dans sa loge comme dans un endroit public. Trois fois, en moins de cinq minutes, on fit éclater du magnésium sous son nez pour la photographier, et elle ne se souciait plus de ce que pouvait faire Ferdinand, qui en profitait largement.

Ce n'était pourtant qu'un début. Le directeur de la P. J. venait à peine de prendre connaissance des premiers rapports téléphoniques. Il avait fait appeler M. Beaupère et l'attendait dans son bureau dont les fenêtres étaient ouvertes.

Au moment où l'inspecteur frappait à la porte, on apporta un télégramme marqué « urgent », et il fit attendre M. Beaupère un instant pour le lire.

Très important retarder obsèques Bouvet Alias Samuel Marsh jusque mon arrivée stop Apporte preuve identité Marsh aussi fausse que Bouvet stop Serai Paris midi quarante, salutations.

Joris Costermans.

La dépêche venait d'Anvers, où le journal qui parlait de Marsh avait dû arriver la veille au soir, probablement assez tard.

— Entrez, monsieur Beaupère. Vous avez du nouveau ?

— J'ai retrouvé le clochard.

— Quel clochard ?

— Celui que la concierge a vu rôder autour de la maison le soir du décès. Il est connu dans le quartier Maubert sous le sobriquet du Professeur.

— Qu'est-ce qu'il vous a dit ?

— Encore rien. Quand je l'ai découvert, hier, vers onze heures du soir, il était complètement ivre. Je l'ai fait conduire au Dépôt. Je m'y rendais pour le voir quand vous m'avez fait appeler.

Il n'ajouta pas qu'il n'avait guère dormi ; cela se voyait à son teint plus gris que jamais, à ses yeux soulignés de grandes poches molles.

4

Le Professeur dormait encore quand M. Beaupère était allé le chercher au Dépôt.

— C'est pour toi ! T'hérites de Rockefeller ! lui avait hurlé un de ses voisins dans l'oreille en voyant approcher l'homme des recherches dans l'intérêt des familles.

Le vieux avait regardé l'inspecteur sans effroi, sans étonnement, mais cela ne voulait pas dire qu'il reconnaissait celui qui l'avait arrêté la veille. Il s'était mis à chercher ses souliers autour de lui, ce qui était autrement important, car ce qu'on se chipe le plus facilement, entre pauvres types, ce sont les souliers.

Il les avait retrouvés, les avait mis lentement sans sortir complètement du monde inconnu d'où on venait si brusquement de l'arracher.

Maintenant, sans demander où on allait, il suivait le policier lugubre. En passant devant le corps de garde, il signait le registre, puis il fermait les yeux, surpris par le soleil.

Afin d'éviter le souterrain, M. Beaupère avait préféré faire le tour par l'extérieur du Palais, mais le grand air ne valait pas mieux pour le vieux clochard qui n'y mettait pourtant pas de mauvaise volonté, qui faisait son possible pour le suivre. Il était visible qu'il était pris de vertige, que le sol n'était pas sûr sous ses pas.

— Faim ?

Le vieux n'osa pas dire non, expliquer que la nourriture, au point où il en était, n'avait plus d'importance, mais il faut croire que l'inspecteur avait compris, car, au lieu de s'engager tout de suite sur le quai des Orfèvres, il conduisit son compagnon dans un petit bar de la place Dauphine.

— Rouge ?

L'homme n'était pas plus surpris par cette générosité qu'il ne l'avait été de se réveiller au Dépôt. Il savait que c'était la vie. Un jour on tombait sur un comme celui-là, un autre jour sur un dur qui vous flanquait des coups de pied dans les tibias.

Le marchand de vin, sans qu'on eût besoin de lui faire un dessin, questionnait avec un clin d'œil :

— Un litre ?

Du gros vin bleu, dont le vieux prit aussitôt une lampée au goulot. Après quoi, il remit le bouchon et, d'un geste familier, glissa la bouteille dans une de ses poches flasques.

Il reprenait vie à vue d'œil, comme une plante qu'on arrose. Sa démarche restait hésitante, mais il devait être toujours comme ça, et il dut s'arrêter plusieurs fois en montant l'escalier de la P.J.

Le problème pour M. Beaupère, chaque fois qu'il avait quelqu'un à recevoir ou à interroger, était de trouver un bureau vide, car, après trente ans de service, il n'avait jamais eu son bureau à lui. Il frappait à quelques portes, au petit bonheur, n'insistait pas quand il entendait un grognement.

Ce jour-là, il n'eut pas trop de mal à s'installer, car une bonne moitié du personnel était en vacances.

— Asseyez-vous.

Il ne tutoyait pas le vieux, comme les autres l'auraient fait. Il ne prenait pas non plus un air important, ou mystérieux. Il tirait son gros calepin de sa poche de la même façon qu'un démarcheur qui va prendre une commande.

— Je peux ? questionna le Professeur en désignant la bouteille dans sa poche.

Cette fois, après avoir bu, il avait l'air d'exhaler dans un soupir les dernières confusions de la nuit.

— Votre nom ?

— Ils m'appellent le Professeur.

— Vous avez une carte d'identité ?

Il la sortit, non d'une de ses poches, mais de son chapeau, une carte crasseuse, un carton fendillé, sur laquelle on déchiffrait difficilement : Félix Legalle.

Comme profession, on avait écrit chiffonnier, sans doute parce qu'il passait une partie de ses nuits à fouiller les poubelles. Contrairement à ce qu'on aurait pu penser, il n'avait pas tout à fait soixante-cinq ans.

— Vous connaissiez René Bouvet ?

Le vieux le regardait en reniflant, sans paraître comprendre.

— Je vous demande si vous connaissiez un certain René Bouvet ?

— Qu'est-ce qu'il fait ?

— Avant-hier soir…, essaya l'inspecteur.

Il comprit aussitôt que ces mots-là posaient un nouveau problème à l'esprit trouble de son interlocuteur qui devait avoir cessé depuis longtemps de compter en jours et en nuits et qui comptait plutôt en litres de rouge.

— Vous m'écoutez ?

— Oui, monsieur. Je peux ?

Cette fois, il garda la bouteille à la main, sans la reboucher.

— Essayez de me suivre. Avant-hier est le jour où un certain M. Bouvet est mort sur les quais, devant une boîte de bouquiniste.

En disant cela, il tendait le journal qui avait publié la première photographie.

— Vous le reconnaissez ?

— Oui.

— Pourquoi, le même soir, êtes-vous allé rôder devant sa maison, quai de la Tournelle ?

— Je l'aimais bien.

— Vous aviez des rapports amicaux avec lui ?

A chaque question, le clochard fronçait les sourcils, comme s'il craignait de ne pas bien comprendre le sens des mots. Ceux-ci ne devaient arriver à son cerveau qu'à travers une sorte de brouillard qui risquait de les déformer.

— Vous saviez qu'il s'appelait Bouvet ?

— Non.

— Vous saviez comment il s'appelait ?

— Non.

— Vous saviez qu'il s'appelait autrement ?

Il ne comprenait plus du tout. M. Beaupère était allé beaucoup trop vite.

— Vous l'aviez souvent rencontré ?

— Assez souvent.

— Depuis combien de temps ?

— Je ne sais pas. Il y a longtemps.

— Un an ?

— Plus que ça.

— Dix ans ?

— Je ne crois pas.

— Comment vous appelait-il ?

— Il ne m'appelait pas. Je peux ?

Il y apportait une certaine discrétion, ne prenait plus qu'une gorgée à la fois, s'essuyait la bouche du revers de la main, mais il restait du bleuté dans la grisaille de sa barbe.

— Où avez-vous fait sa connaissance ? Réfléchissez avant de répondre. Je vous demande : où l'avez-vous vu pour la première fois ?

Le Professeur regarda fixement la fenêtre, et son front se plissa ; il devait se faire mal à force de réfléchir.

— Je ne sais pas.

— C'était à Paris ?

— C'était sûrement dans le quartier Maubert. Peut-être que j'étais en train de pêcher et qu'il m'a parlé ? Il m'arrive quelquefois de pêcher. Plus maintenant, mais il n'y a pas si longtemps.

— Il vous a dit sa profession ?

— Pourquoi ?

— Ecoutez-moi bien. Quand vous avez appris par le journal qu'il était mort, vous êtes allé rôder autour de sa maison. Est-ce que vous avez eu envie d'y entrer ?

On aurait dit que les mots avaient un chemin immense à parcourir pour aller de l'un à l'autre de ces deux hommes. Par-dessus le marché, il y avait dans la pièce — un simple bureau, pourtant — mille choses qui accrochaient le regard du clochard et faisaient dévier sa pensée, un presse-papier, en particulier, auquel il revenait sans cesse, et il avait l'air, comme un enfant, de se retenir de le prendre dans sa main pour agiter la neige dans la boule de verre.

— Est-ce que vous avez eu envie d'entrer ?

— J'aurais bien aimé le voir.

— Pourquoi n'avez-vous pas demandé la permission à la concierge ?

Ce fut le premier sourire du Professeur. Pas un sourire entier, mais quelque chose qui y ressemblait, qui était moqueur. Est-ce qu'un homme de la police, à l'âge de celui-là, ne savait vraiment pas comment les concierges reçoivent les gens dans le genre du Professeur ?

— Vous n'avez pas non plus essayé d'entrer sans être vu ? Vous n'êtes jamais entré dans la maison ? Il ne vous a jamais invité à l'y suivre ?

Ils parlaient le français tous les deux, bien sûr, mais ce n'était pourtant pas la même langue. Le vieux commençait à se décourager, alors qu'il était si décidé au début à faire son possible.

— Autrement dit, vous ne le voyiez que dans la rue ?

— Dans la rue, sur le quai...

— De quoi vous parlait-il ?

— Je ne sais pas.

— Il vous traitait comme un ami ?

Cela devenait toujours plus difficile, et pourtant M. Beaupère, lui aussi, était plein de bonne volonté et de patience.

— Il vous donnait de l'argent ?

— Souvent.

— Beaucoup d'argent ?

— Pas beaucoup. De quoi acheter un litre ou deux.

— Il savait que c'était pour boire ?

— Oui.

— Il n'est jamais allé boire avec vous dans un bistrot ?

— Il ne buvait pas. ·

— Comment le savez-vous ?

— Parce qu'il me l'a dit. Cela le rendait malade. C'est même à cause de ça...

Il se tut comme décidé à garder pour lui ce qu'il avait eu sur le bout de la langue.

— C'est à cause de ça que quoi ?

— Je ne sais pas.

— Vous refusez de répondre ?

— Je ne refuse pas. Je ne sais pas.

— Vous a-t-il raconté ce qu'il avait fait autrefois ?

— Pas exactement. Non.

— Saviez-vous qu'il a été très riche ?

— Je m'en doutais.

— Pourquoi ?

— Parce qu'il parlait comme quelqu'un qui a été riche.

— Expliquez-vous.

— L'argent ne l'intéressait pas.

— Qu'est-ce qui l'intéressait ?

Il eut un regard presque suppliant à son tortionnaire et, sans attendre la permission, avala une large lampée de vin. Puis il se mit à parler, comme s'il parlait tout seul.

— Ce n'est pas facile à expliquer, et je ne suis pas sûr. Il me posait des questions. Il m'observait, observait les autres...

— Les autres quoi ?

— Les autres comme moi.

— Qu'est-ce qu'il voulait savoir ?

— Si c'était difficile, si quelquefois l'envie me prenait de changer de vie... Comment on nous recevait sur la péniche de l'Armée du Salut... Si c'était vrai qu'il arrive à la police de nous passer à tabac... Je ne sais pas... C'est compliqué... Je n'ai plus l'habitude... Je sentais qu'il aurait bien voulu venir...

— Où ?

— Avec nous. Et puis, je me trompe peut-être. C'est à cause de ses questions... Et aussi parce que c'était toujours lui qui courait après moi... Parfois il m'attendait pendant plus d'une heure...

— Où ?

— Place Maubert, ou ailleurs...

— Il n'aimait pas la société ?

— Quelle société ?

— Il vous a parlé de sa femme, de sa fille, de ses affaires ?

— Je sais qu'il a eu tout ça. Il y a fait allusion.

— Pourquoi a-t-il brusquement tout quitté ?

Le vieux le regarda, surpris.

— Si vous ne comprenez pas...

— Quelle raison a-t-il pu avoir de tout lâcher et de vivre en petit retraité de la Tournelle ? Vous m'avez dit qu'il ne buvait pas...

— Parce qu'il ne pouvait pas.

— Et s'il avait pu boire ?

— Je pense qu'il serait venu.

— Qu'il serait devenu clochard ?

Le Professeur fit signe que oui, timidement, mais avec une pointe de malice dans le regard.

— Comme je le lui ai souvent dit, il n'y a guère que le froid qui soit vraiment douloureux.

— Et la faim ?

— Non. Il savait tout ça.

— En somme, selon vous, si M. Bouvet recherchait votre compagnie, c'est parce qu'il avait le désir plus ou moins avoué de vivre de la même façon que vous ?

— Peut-être. Je crois qu'il y en a d'autres dans le même cas.

— Vous avez réellement été professeur ?

— Peut-être pas tout à fait.

— Instituteur ?

— Cela remonte si loin.

— Buvez un coup si vous voulez, Legalle, mais écoutez-moi. Il est important, non pas tant pour la police, mais pour plusieurs personnes, de découvrir le passé de M. Bouvet. Il est plus que probable qu'il a vécu sous un autre nom, peut-être sous plusieurs.

» Jusqu'ici, vous êtes le seul avec qui il semble qu'il ait parlé à peu près librement. Vous me suivez ? Il ne s'agit pas de le trahir. D'abord, il est mort. Ensuite, nous ne l'accusons de rien. Il importe de savoir qui il était réellement.

— Pourquoi ?

— Parce qu'il a une femme, une fille, des associés, de l'argent et qu'il y a des dispositions à prendre. Il ne vous a jamais parlé de sa femme et de sa fille ?

— Peut-être.

— En quels termes ?

— Il a fait allusion à l'« emmerdeuse ». J'ai supposé que c'était sa femme.

— Et sa fille ?

— Il m'a demandé si j'avais eu des enfants. Je lui ai répondu que je ne savais pas. On ne sait jamais, n'est-ce pas ?

— Et qu'a-t-il dit ?

— Que cela ne changeait pas nécessairement la question de savoir ou de ne pas savoir.

— Qu'en avez-vous conclu ?

— Tout.

— Tout quoi ?

— Qu'il en était revenu. Je crois aussi qu'il a eu un bateau, ou qu'il a vécu en bateau. Je ne me souviens pas des mots, mais il avait une façon spéciale de regarder les péniches.

— Vous croyez qu'il était malheureux ?

De l'étonnement, à nouveau, dans les yeux du Professeur.

— Pourquoi ?

— Il ne regrettait pas son ancien genre de vie ?

Allons ! Il valait mieux boire. Et, maintenant, un pinceau de soleil atteignait le vieux en plein visage, lui faisait fermer les paupières sur ses prunelles plus habituées à la nuit.

— Vous ne l'avez jamais rencontré en compagnie d'une vieille femme mise assez pauvrement, au gros visage blafard ?

Il secoua la tête.

— Vous ne l'avez jamais vu entrer dans une maison, prendre un autobus, se diriger vers un autre quartier ?

— Une fois que j'étais sur un banc, place des Vosges, il est passé.

— Dans quelle direction ?

— J'ai oublié. Il s'est arrêté un moment pour regarder les fenêtres d'une maison.

— Laquelle ?

— Celle qui fait le coin de la place et de la rue des Francs-Bourgeois, en face du bureau de tabac.

— Vous êtes sûr que vous n'avez rien d'autre à me dire ?

— Sûr. Vous êtes bien honnête. J'ai fait de mon mieux.

Le pauvre M. Beaupère n'avait pas eu beaucoup de notes à inscrire sur son calepin.

Et, pendant ce temps-là, la concierge, dans sa loge, était aux prises avec un policier, de grade supérieur, qui avait l'air bon enfant et qui jouait avec elle comme un chat avec une souris.

Là-haut, dans le logement, c'était déjà le troisième complet, un complet bleu marine, qu'on passait au mort pour le photographier. Mme Jeanne aurait sans doute hurlé d'indignation si elle avait pu voir un des hommes maquiller le mort tout comme un acteur de théâtre pour lui donner l'air moins mort.

On fouillait tout. On photographiait tout. C'était une usine. Il y avait des reporters à tous les étages, qui frappaient aux portes pour questionner les locataires. L'un d'eux avait essayé de donner des bonbons au jeune Sardot pour lui tirer les vers du nez ; le gamin avait lancé les bonbons dans l'escalier et l'avait regardé d'un œil féroce en déclarant :

— C'était mon ami !

A midi quarante, deux hommes descendirent du train à la gare du Nord, un très gros et un moins gros, chacun porteur d'une serviette de cuir, et ils se précipitèrent vers le premier taxi.

— Quai des Orfèvres. A la Police Judiciaire. En vitesse.

Ils avaient l'air important, fumaient d'énormes cigares et parlaient flamand entre eux, de sorte que le chauffeur ne comprit rien à leur conversation.

A la P.J., on ne les fit pas attendre, et ce fut le plus gros qui pénétra le premier dans le bureau du directeur.

— Joris Costermans, se présenta-t-il. Enchanté. Je me suis fait accompagner par notre avocat-conseil, Cornélius De Greef, qui ne parle malheureusement pas le français. Vous avez reçu mon télégramme ? On ne l'a pas encore enterré ?

Il avait les cheveux gris coupés en brosse, le teint fleuri, sentait le cigare des pieds à la tête et tendait son étui au directeur qui s'excusa de ne fumer que la pipe.

— Je m'attendais à ça un jour ou l'autre, vous comprenez, parce que je suis de la vieille, n'est-ce pas ?

De la vieille quoi, il ne précisait pas, mais il était certainement content de lui, cela se sentait à sa façon de se caler dans un fauteuil et de croiser ses courtes jambes.

— D'abord, comme vous l'aurez découvert, si j'en crois le journal, il n'est pas plus Bouvet que moi. Bon ! Un point ! Ensuite, comme moi, je l'ai découvert il y a dix ans, il n'est pas Marsh non plus. Second point ! Et vous allez voir que c'est beaucoup plus compliqué que ça en a l'air, ainsi que Cornélius vous l'expliquerait s'il parlait le français. Première conséquence, en effet, Mrs Marsh n'est pas Mrs Marsh, car c'est sous ce nom-là qu'ils se sont mariés à Panama. Le mariage, contracté sous un faux état civil, est automatiquement nul. Donc, Mlle Marsh n'est pas non plus Mlle Marsh.

Cela paraissait l'enchanter.

— Vous me suivez bien ?

— Je vous suis. Ce que j'aimerais savoir, c'est comment vous avez appris que Marsh n'est pas son véritable nom.

Costermans fit un clin d'œil, en adressa également un à Cornélius, à qui il dut traduire la question du directeur.

— C'est tout simple, mais, en même temps, c'est une longue histoire. J'ai soixante-six ans, monsieur. Je sais que je ne les parais pas, mais je les ai quand même, n'est-ce pas ? Et j'ai passé vingt ans de ma vie au Congo. Vous connaissez le Congo ? Non ? Tant pis. J'y suis parti que j'avais trente ans, pour la Compagnie des Métaux. Je gagnais bien ma vie, mais je dépensais tout ce que je gagnais. Je n'étais pas marié. Je vivais dans la brousse et, quand je descendais à Stanleyville, c'était pour m'offrir une nouba dont je ne vous dis que ça.

— C'est au Congo que vous avez rencontré Marsh ?

— Marsh qui n'est pas Marsh, mais qui, à cette époque-là, se faisait appeler Marsh. C'est exact. Il serait encore plus exact de dire que c'est lui qui m'a couru après parce qu'il avait besoin de moi. Il avait obtenu la concession d'une mine d'or dans l'Ouélé, et des gens qui se croyaient malins lui avaient vendu un gisement qu'ils croyaient, eux, sans valeur.

— C'était en quelle année ?

— En 1920, pas très longtemps après la première guerre. Il avait alors quarante-sept ou quarante-huit ans.

— Quel genre d'homme était-ce ?

— Un homme qui ne parlait pas beaucoup, qui prenait parfois l'accent américain, mais qui l'oubliait souvent.

— Il buvait ?

— De l'eau minérale. Il disposait d'assez gros capitaux qu'il voulait investir. Je crois surtout qu'il avait envie de vivre dans la brousse, de s'encanaquer, comme nous disions là-bas. Vous ne connaissez pas ça. Il y a des Blancs qui restent des Blancs où que ce soit, des civilisés. Certains, comme les Anglais, se mettent en smoking pour dîner seuls sous leur tente. D'autres vivent avec une indigène ou avec plusieurs. Beaucoup boivent. Enfin, il y a ceux qui s'encanaquent, perdent le souci de leur toilette et de leurs manières et qui, après quelques années, se comportent à peu près comme les nègres.

— Marsh appartenait à cette catégorie ?

— La catégorie juste au-dessus. Mettons qu'il vivait comme un roi nègre. Nous avons vu un avocat, à Stanleyville, qui nous a établi les statuts d'une société anonyme dont les fonds étaient versés presque entièrement par le soi-disant Marsh. Cette société existe toujours, et j'en suis l'actuel président. La *Société des Mines d'Ouagi*. Cornélius est notre avocat-conseil.

Celui-ci dut comprendre, car il hocha la tête en signe d'assentiment.

— Il s'est fait que la mine était une bonne mine. Pas une mine extraordinaire. Pas de quoi nous rendre tous riches, mais une affaire rentable, à condition d'être convenablement exploitée. Pendant cinq ans — je suis resté cinq ans sur place avec Marsh — le plus dur a été de dresser un nombre suffisant de travailleurs, puis de les garder ! La sixième année, d'accord avec lui, je suis retourné en Belgique pour diriger les bureaux de la compagnie et je n'ai eu qu'une seule fois l'occasion de retourner au Congo alors qu'il s'y trouvait encore.

— Vous saviez qu'il était marié ?

— J'ai même vu sa femme. Une créature splendide. Peut-être pas commode, mais splendide. Je ne sais pas comment elle est maintenant, tout le monde se retournait sur elle.

— Il l'aimait ?

— Pardon ? Excusez-moi, mais on voit que vous ne l'avez pas connu. Je me suis même demandé si ce n'était pas pour la fuir, elle et ses pareilles, qu'il était allé vivre au Congo. Il lui donnait tout l'argent qu'elle voulait, afin d'avoir la paix. De son côté, elle était heureuse ainsi, vivait luxueusement dans les différents palaces d'Europe.

— Il ne vous a jamais parlé de sa fille ?

— Je pense qu'elle ne l'intéressait pas. Comme enfants, il préférait les bébés café au lait que lui donnaient ses compagnes indigènes. A la fin, il n'était plus présentable, et un Noir n'aurait pas ramassé son casque sur la piste.

— Et que savez-vous de sa disparition ?

— Au début, nous ne nous sommes pas inquiétés, pensant qu'il reviendrait un jour ou l'autre. C'est assez difficile, là-bas, de savoir ce que les gens sont devenus. Rien ne permettait de croire à un accident, mais rien non plus n'indiquait qu'il était parti volontairement.

» Ce n'est qu'après deux ans que j'ai commencé à avoir des inquiétudes, des soupçons, et je me suis adressé à une agence américaine pour obtenir plus de renseignements sur lui. Ses papiers portaient qu'il était né à Santa Cruz, en Californie, non loin de San Francisco. Je savais qu'il avait habité cette dernière ville. L'agence m'a pris très cher pour m'affirmer en fin de compte qu'aucun Marsh n'était jamais allé à Santa Cruz, ni dans la région, et que l'homme s'était évidemment fabriqué une fausse identité.

Cornélius De Greef devait comprendre le sens général de la conversation, car il commençait à s'agiter.

— Vous allez me demander à présent pourquoi nous n'avons rien révélé à cette époque. Remarquez tout d'abord que cela ne nous regardait pas. Notre société est une société anonyme dont la majorité des actions appartient à un certain Samuel Marsh.

» Ces actions, nous ne nous les sommes pas appropriées. Elles ont été déposées en banque en son nom, le seul que nous connaissions, et les intérêts ont été bloqués au fur et à mesure.

» Mrs Marsh a essayé de nous susciter des difficultés. Elle a réclamé l'argent, à cor et à cri, par l'intermédiaire de trois hommes de loi pour le moins.

» Ils ont tous été obligés de trouver notre attitude correcte.

» Quant à déclarer à cette dame : « Marsh n'est pas Marsh, et vous n'êtes donc pas Mrs Marsh... », ce n'était pas notre affaire, avouez-le.

» Nous avons attendu, monsieur le directeur. Vous voyez que nous avons bien fait.

» Le reste est l'affaire des tribunaux. C'est à vous, je suppose, de découvrir qui était réellement Samuel Marsh et pourquoi il a disparu.

» Quand nous le saurons, Cornélius se présentera à la barre avec nos livres, et on discutera.

Il tira son mouchoir de sa poche, s'épongea minutieusement, épousseta son veston où était tombée la cendre de son cigare.

— Vous avez avec vous le rapport de l'agence américaine ?

Costermans s'adressa en flamand à Cornélius, qui ouvrit la serviette posée sur ses genoux et en tira un dossier jaune.

— Ce sont des « photostats ». Vous comprendrez que nous ne puissions nous déposséder des originaux. Vous y trouverez la réponse de la mairie de Santa Cruz, ainsi que des traductions certifiées des différents documents.

— Dites-moi, monsieur Costermans, de quelle importance était l'apport de Marsh dans la société ?

— Environ deux millions de francs belges de cette époque. Calculez ce que cela représente aujourd'hui. Lorsque l'affaire arrivera devant les tribunaux et que nous rendrons nos comptes, vous vous apercevrez que la somme déposée actuellement au nom de Marsh dépasse largement cinquante millions.

— Il n'a jamais essayé d'entrer en possession de cet argent, en tout ou en partie ?

— Jamais.

— Il n'avait pas prévu, lorsqu'il était au Congo, de versements à faire automatiquement à sa femme et à sa fille ?

— Pas automatiquement. Il nous écrivait pour nous dire de virer telle ou telle somme au compte de Mrs Marsh à Paris, à Londres ou ailleurs.

— De sorte qu'elle n'a plus rien reçu de la société depuis 1933 ?

— C'est exact.

— Vous avez beaucoup connu Samuel Marsh ? Si vous le voulez bien, en effet, nous continuerons jusqu'à nouvel ordre de l'appeler ainsi.

— C'est plus facile, n'est-ce pas ? Je l'ai bien connu, oui. Je l'ai vu plusieurs fois par semaine pendant cinq ans, et nous avons vécu dans la même bicoque pendant quelques mois.

— Quel homme était-ce ?

— Il ne parlait pas beaucoup.

— Il était vigoureux ?

— Plus vigoureux que son aspect ne le laissait supposer. Sans en avoir l'air, il était musclé.

— Il se montrait triste, mélancolique ? Il avait des crises de cafard ?

— Il n'était ni triste, ni gai, ni cafardeux. Il n'avait besoin de personne. Il nous est arrivé de passer des soirées entières sans dire un mot.

— Vous aussi ?

— Si je parlais, il ne répondait guère.

— Il était instruit ?

— Il a fait des études.

— Quelles études ?

— Je ne sais pas. Il parlait couramment plusieurs langues.

— Lesquelles ?

— Le français...

— Sans accent ?

— Sans aucun accent. L'anglais, bien entendu. Je l'ai vu parler à des Anglais, au Kenya, car nous étions à la frontière du Kenya, et on lui a demandé s'il avait longtemps vécu à Londres.

— Qu'a-t-il répondu ?

— Qu'il connaissait bien l'Angleterre. Il parlait aussi le turc, je l'ai appris par hasard.

— L'espagnol ?

— Couramment.

— Il lisait beaucoup ?

— Je ne l'ai jamais vu lire, sinon les journaux.

— Et il ne parlait ni de sa famille, ni de son enfance, ni du collège ou de l'Université ?

— Non.

— De quoi parlait-il ?

— Je vous l'ai déjà dit : il ne parlait pas. Il passait le plus clair de son temps avec les jeunes négresses dont il possédait tout un harem. Les Noirs lui avaient même donné un surnom qui faisait allusion à ses appétits et à une certaine particularité anatomique dont d'autres se seraient vantés.

— En somme, vous ignorez complètement d'où il a pu sortir ?

— Oui, monsieur.

— Vous n'avez pas la moindre idée de quel pays il était ?

— Pas la moindre, monsieur, je suppose que, maintenant, cela va être facile de le découvrir. C'est pourquoi j'avais si peur qu'on l'enterre trop vite et je vous ai télégraphié.

— Vous comptez passer quelques jours à Paris ?

— Seulement jusqu'à demain. Cornélius a des rendez-vous importants à Anvers, et moi-même je dois m'occuper sérieusement de cette affaire. Le directeur de la banque m'attend demain.

— En somme, vous n'êtes pas très sûr d'avoir agi régulièrement ?

— C'est l'affaire de Cornélius. Nous verrons ça devant le tribunal. Pour ma part, je suis bien tranquille.

— Pouvez-vous me dire où vous comptez descendre ?

— A l'*Hôtel des Italiens*, sur les Boulevards. C'est toujours là que je descends.

Il oublia que son interlocuteur avait déjà refusé un cigare et lui tendit à nouveau l'étui. Puis il sortit, digne, important, toujours avec Cornélius en laisse.

Le directeur entra vivement dans le bureau des inspecteurs, en piqua un au hasard.

— Libre ?

— Oui, monsieur le directeur,

— Suis les deux hommes qui viennent de sortir. Ils ne doivent pas encore être en bas. De toute façon, ils doivent se rendre à l'*Hôtel des Italiens*.

Il rentra dans son bureau, préoccupé, maussade, car il n'avait presque personne sous la main à cette époque de l'année et il prévoyait que le mort du quai de la Tournelle allait lui compliquer l'existence.

Il décrocha le téléphone, demanda :

— Qui s'occupe de l'affaire Bouvet ?

— Lucas est parti ce matin avec des inspecteurs.

Dix minutes ne s'étaient pas écoulées que Lucas, justement, le demandait au bout au fil.

— Je ne sais pas ce que je dois faire, patron. Les photographes prétendent qu'ils ne peuvent pas travailler sérieusement ici et voudraient emmener le corps à l'Identité Judiciaire.

Alors le directeur, qui n'avait jamais vu la maison blanche, qui ne connaissait même pas l'existence de la concierge, prononça les mots fatidiques :

— Emmenez-le ! Vous viendrez me voir ensuite.

5

L'orage n'éclata même pas, qui lui aurait peut-être détendu les nerfs. Toute la matinée, elle avait été comme une chatte anxieuse qui tourne autour de ses petits.

Elle était polie, répondait de son mieux aux questions qu'on lui posait. Dès son enfance, elle avait été dressée à obéir, et ces gens qui avaient envahi la maison représentaient tous une autorité quelconque, comme sa mère en représentait une quand elle était petite, puis le vicaire, puis son contremaître, la propriétaire, et tant d'autres de moindre grandeur, y compris les hommes en uniforme qui viennent encaisser l'argent ou relever les compteurs.

Quand quelqu'un était monté, à certain moment, elle avait entendu dire sur son passage :

— Monsieur le substitut...

Car ce n'était même plus à elle qu'on s'adressait pour pénétrer dans l'immeuble. Elle n'avait plus rien d'autre à faire qu'à répondre aux questions qu'ils lui posaient tour à tour et qu'à essayer de se souvenir.

— Faites un effort ! *Essayez de vous souvenir.*

C'est tout juste s'ils ne la soupçonnaient pas de leur cacher quelque chose.

— Tout homme a des papiers, si peu que ce soit.

Cela semblait logique. Elle en avait aussi. Ils étaient dans la soupière du service, dont on ne se servait pas. Il y avait le livret de mariage et le livret militaire de son mari, puis des certificats déjà jaunis.

— Je vous jure que je n'ai jamais rien vu.

Ils avaient saoulé Ferdinand, probablement les journalistes qui couraient tout le temps téléphoner au bistrot du coin. Et l'imbécile se prenait au sérieux, pérorait au milieu du trottoir, le visage cramoisi, les yeux hors de la tête, se croyant pour de bon devenu un personnage important.

— Quand il s'est installé dans la maison, il ne vous a pas dit pourquoi il avait choisi ce quartier plutôt qu'un autre ?

— Il ne m'a rien dit du tout.

Elle se souvenait qu'elle avait été impressionnée la première fois parce qu'il lui avait paru si froid, si distant. Comme on se trompe sur les gens !

N'empêche qu'avec toutes leurs questions ils venaient de lui révéler quelque chose qu'elle n'avait fait jusqu'alors que sentir confusément.

Les autres, que ce fussent les Sardot, les Massuet, les Buteau ou l'accordéoniste, vivaient tous là par hasard ou par nécessité. Elle se comprenait. Certains étaient nés dans le quartier et ne voulaient pas le quitter. D'autres y avaient leur travail. Il en était plus ou moins de même des voisins. Elle connaissait presque tout le quai. Quelques-uns étaient venus uniquement parce qu'un logement s'était trouvé libre, à un prix qui leur convenait.

La vie qu'ils menaient, non plus, ils ne l'avaient pas tellement choisie, pas plus que Mme Jeanne, quand elle était petite, n'avait décidé de devenir concierge.

Ce n'était pas encore très net dans son esprit, mais cela lui faisait quand même l'effet d'une découverte, et d'une découverte émouvante.

Plus on allait, et plus il était évident que M. Bouvet, lui, était là par choix. Avec tous ses moyens, avec ses pièces d'or, son éducation, il aurait pu s'installer n'importe où, dans une villa de la Côte d'Azur, dans un château à la campagne ou dans un grand hôtel des Champs-Elysées.

Il aurait pu habiter un appartement moderne, dans une maison neuve, avec une salle de bains aux appareils nickelés et le chauffage central. Il aurait même pu se faire servir par un valet de chambre.

Or, c'est ici qu'il était venu, sur ce quai, dans cette vieille maison blanche, qu'elle tenait aussi propre que possible et où elle essayait de n'avoir que de braves gens, des petites gens qui faisaient de leur mieux pour vivre en paix côte à côte et qui ne se détestaient pas trop.

Elle avait hâte d'être seule pour y penser à loisir, mais lui laisseraient-ils encore le loisir d'y penser ? Depuis le matin, depuis la veille, elle appréhendait ce qui se préparait et, quand ils lui donnaient quelques minutes de répit, elle courait là-haut, redescendait, posait des questions à son tour.

Il s'en était fallu de si peu ! Le hasard avait amené un jeune étudiant américain sur le quai tel jour, à un moment précis, et le hasard encore avait voulu qu'il eût justement son appareil photographique à la main. Si les images d'Epinal ne s'étaient pas répandues autour de M. Bouvet donnant un caractère pittoresque à la scène, l'étudiant n'aurait probablement pas eu l'idée de prendre un cliché.

S'il avait eu plus d'argent en poche, il ne serait sans doute pas allé vendre la pellicule à un journal de l'après-midi.

Il était parfaitement innocent. Depuis deux jours, il roulait vers Rome, qu'il tenait à visiter avant de retraverser l'Atlantique, arrêtant les autos au bord de la route, et ne pensait plus au petit vieillard en veston clair qui s'était affaissé sur le trottoir en face des tours de Notre-Dame.

Sans cette photographie-là, que personne n'avait prévue, à laquelle

M. Bouvet n'avait certainement jamais pu penser, les choses se seraient passées autrement et, maintenant, ce serait déjà presque fini.

C'est aujourd'hui, en effet, qu'aurait eu lieu l'enterrement. M. Sardot avait demandé congé à son imprimerie pour la matinée. Mme Jeanne s'était arrangée pour avoir une remplaçante dans sa loge pendant quelques heures.

Tout le monde aurait été là, autant que c'est possible au mois d'août, les locataires, les voisins, les commerçants du quartier, les bouquinistes des quais.

Il n'y aurait pas eu de chapelle ardente, mais la chambre, là-haut, était assez bien arrangée, et Mme Jeanne avait emprunté deux chandeliers à plusieurs branches, en argent, et acheté d'autres bougies. La couronne était commandée aussi.

Peut-être, au retour, pour rester dans la tradition, la concierge aurait-elle offert un petit verre aux hommes ?

Non seulement il n'y eut pas d'orage, mais le ciel resta radieux, sans un nuage, cependant que la chaleur devenait plus lourde, l'air collant, sans un souffle de brise. Parfois, des femmes qui passaient en robe légère avaient dans le dos des lignes tracées par la sueur.

On ne la prévint même pas. Vers une heure, alors que certains étaient allés casser la croûte, mais qu'il en restait assez pour mettre la maison sens dessus dessous, elle vit s'arrêter une affreuse voiture dont la vue, à travers les rideaux, lui causa un choc ; c'était une sorte de fourgon peint en vert sombre, dont il était facile de deviner la destination.

Deux grandes brutes en descendirent, prirent une lourde civière à l'intérieur, demandèrent à celui qui était en faction à la porte :

— C'est haut ?

— Troisième.

Elle aurait voulu savoir au moins comment on l'habillait, comment on l'arrangeait, mais elle avait les jambes coupées et elle fut obligée de s'asseoir.

Un des policiers s'adressa au gamin des Sardot qui rôdait dans le vestibule, sombre et sournois...

— Dites-moi, mon ami...

— Je ne suis pas votre ami.

Son ami, à lui aussi, c'était le vieux monsieur qu'ils traitaient si durement et qu'ils allaient leur arracher.

On les entendait redescendre comme s'ils coltinaient un meuble, un piano, en heurtant les murs avec les coins de la civière, et ils avaient recouvert le corps d'un vilain drap noir qui avait dû servir pour les morts qu'ils ramassaient dans tous les coins de Paris.

Elle entrouvrit sa porte, demanda à Lucas :

— Où le conduisez-vous ?

— Quai des Orfèvres, à l'Identité Judiciaire. Il y a des constatations qu'il était impossible de faire ici.

— Et après ? Quand est-ce que vous le ramènerez ?

Il regarda ailleurs.

— Vous ne le ramènerez pas ?

— Ce n'est pas de moi que cela dépend.

— Et l'enterrement. Qu'est-ce qu'on va en faire ?

On refermait le fourgon avec fracas, et le moteur se mettait à tourner.

— On ne pourra sans doute pas l'enterrer d'ici quelque temps. En attendant, on le déposera à l'Institut médico-légal.

Elle lisait les journaux, savait aussi que c'était le nouveau nom pour la morgue. Elle savait aussi que ce n'était plus comme autrefois, quand elle y était allée pour reconnaître une locataire qui s'était jetée à l'eau. Il n'y avait plus de dalles avec des corps nus et des robinets qui coulaient jour et nuit pour les rafraîchir.

Peut-être que c'était pis. On les mettait maintenant dans les tiroirs numérotés d'un immense frigorifique.

Le petit Sardot ne pleurait pas, et elle ne pleura pas non plus.

— Il ne faut pas nous en vouloir. Nous faisons notre devoir.

Même pas ça ! Il prenait un air plus gêné.

— Je peux monter arranger la chambre ?

— J'ai été obligé d'apposer les scellés sur la porte.

— Et tout est resté en désordre ?

— Cela n'a pas d'importance, croyez-moi. Je reviendrai sans doute. Voyez-vous, c'est une histoire très compliquée, qui risque d'avoir des rebondissements.

M. Bouvet était parti tout seul dans ce fourgon qui n'était même pas un corbillard, et la maison se vidait en quelques minutes, des journalistes traînaient encore un peu, posaient d'ultimes questions, avec l'espoir de glaner une information oubliée.

Ferdinand vacillait, sur le trottoir, et elle fut obligée d'aller le chercher et de le coucher de force sur son lit. Il se débattait. C'était la première fois que tant de gens le prenaient au sérieux. Il leur avait parlé de M. Bouvet comme s'il l'avait toujours connu, comme s'ils étaient des amis intimes. Dieu sait quelles bêtises il avait pu leur dire ! Est-ce qu'on lirait tout ça dans les journaux ?

— Ne remue pas, que j'enlève tes souliers.

Il avait peur d'elle et savait qu'elle était capable de le battre, mais il était bien décidé à s'échapper pour aller boire encore et raconter ses merveilleuses histoires dans les bistrots du quartier. Tout à l'heure, il en était presque sûr — en tout cas on le lui avait promis —, sa photographie paraîtrait dans le journal.

— Tu es beau, va ! Et tu peux t'attendre à avoir ta crise !

Elle rangea ses souliers dans l'armoire qu'elle ferma à clef, afin qu'il ne puisse pas s'en aller si par hasard elle avait à quitter la loge. Par la fenêtre, elle revit le petit vieux qui passait lentement, le goulot d'un litre sortant de la poche flasque de son veston.

Il lui fallait écrire tout ça à la propriétaire, qui était en vacances à Biarritz, mais elle devait d'abord manger, sur un coin de la table. Elle se contenta d'un morceau de fromage avec du pain et du café, et elle n'était pas au milieu de son repas que Ferdinand ronflait déjà.

Mrs Marsh, qui passait le plus clair de son temps dans les bars des Champs-Elysées avec des petits jeunes gens, avait dit à Me Rigal :

— Le Congo l'a rendu fou, vous comprenez ? Je suis sûre qu'il ne savait plus ce qu'il disait ni qui il était.

Rigal n'avait pas protesté, parce que c'était superflu de se disputer avec une cliente qui pouvait devenir intéressante, mais il avait sa petite idée làdessus. Pas une idée très nette, pourtant. Il avait une femme, des enfants, un cabinet important ; longtemps, il avait entretenu une maîtresse qui lui avait causé des tas d'ennuis et, certains soirs, dans son lit, il lui était arrivé d'avoir envie de tout laisser en plan et de s'en aller.

Mais cela était vague. Cela devait arriver à d'autres que lui.

Qui sait si, pour d'aucuns, ces rêveries-là ne prenaient pas à un certain moment une forme plus tangible ?

Costermans ne cherchait pas si loin. Il s'agissait d'abord de prouver que Mrs Marsh n'avait aucun droit à l'héritage, de s'assurer ensuite que Cornélius avait pris toutes ses précautions pour que la Société des Mines d'Ouagi n'eût aucun ennui.

Lucas était intrigué par le cambriolage de la nuit, qui ne ressemblait pas à un cambriolage ordinaire, qui avait été réalisé avec une élégance peu commune.

Et c'était bien préparé, comme le prouvait le fait que le visiteur nocturne s'était fait passer pour l'accordéoniste. Mme Jeanne, il est vrai, n'était pas sûre qu'il eût prononcé un nom en passant.

Cela revenait au même. Il avait choisi son heure, persuadé que la concierge, dans son premier sommeil, ne s'inquiéterait pas. Il avait ouvert la porte de l'appartement sans faire une éraflure et n'avait pas laissé une seule empreinte.

Découvrant les pièces d'or, il ne les avait pas emportées. Avait-il emporté autre chose ?

Une question se posait, à laquelle il aurait été intéressant de pouvoir répondre : est-ce M. René Bouvet, né à Wimille, qu'il était venu cambrioler ? ou Samuel Marsh, de Santa Cruz et des mines d'Ouagi ?

— Je crains que nous ne soyons pas près d'en voir la fin, mon pauvre Lucas, disait le directeur de la P.J.

Pour lui, c'était un surcroît de travail et aussi de désagréables responsabilités, à un moment où ses services étaient surmenés à cause des vacances. Il y avait déjà deux avocats dans l'affaire, celui de Mrs Marsh et ce Flamand arrivé d'Anvers sur les pas de M. Costermans.

Lucas expliquait :

— Les journaux commenceront à publier cet après-midi les premières photographies. La concierge ne sait rien. Dans l'appartement, il n'y a pas un indice, pas un objet qui puisse nous mettre sur une piste. Les vêtements, le linge, les chaussures, tout a été acheté à Paris. Les images d'Epinal proviennent des quais ou des bouquinistes de la rive gauche.

— M. Beaupère a questionné un clochard qui n'a pas l'air d'en savoir davantage.

Ils allèrent déjeuner, l'un chez lui, l'autre à la *Brasserie Dauphine*, à deux pas du quai des Orfèvres, et M. Beaupère, en attendant qu'on lui retire des mains une affaire qui devenait trop importante pour lui, y travaillait à sa façon.

C'était un besogneux, qui n'essayait pas d'avoir une vue d'ensemble des choses, encore moins une vue en profondeur. Il avait appris consciencieusement son métier, à la sueur de son front — et de ses pieds —, et cela lui valait, dans sa famille et dans son quartier, d'être une sorte de personnage.

De ce que le clochard lui avait dit le matin, il n'avait retenu qu'un détail, le petit fait tangible, et il était déjà place des Vosges, devant l'immeuble qui fait le coin de la rue des Francs-Bourgeois.

La concierge n'appartenait pas au même type que celle du quai de la Tournelle. C'était une femme à lunettes, vêtue de soie noire, qui avait eu des malheurs et prenait un air pincé.

Il lui montra sa médaille de policier.

— Je ne crois pas que nous ayons dans la maison rien qui vous intéresse.

— Connaissez-vous un certain M. Bouvet ?

— Jamais entendu parler.

— Et un M. Marsh ?

— Nous avons un Marchal, au quatrième, qui vit ici depuis vingt-cinq ans et dont la fille s'est mariée la semaine dernière.

C'était toujours le journal qui servait, avec la photographie prise par l'étudiant américain.

— Avez-vous déjà vu cet homme ?

Elle l'examina attentivement, changea même de lunettes, hocha la tête.

— Vous avez beaucoup de locataires ?

— Trente-deux. La plupart sont en vacances.

— Y a-t-il parmi eux une vieille dame ou une vieille demoiselle vêtue de noir ?

— Vous voulez parler de Mme Lair ?

— Elle est à Paris ?

— Il y a trois ans qu'elle ne quitte plus la ville.

— Qui est Mme Lair ?

— Une dame très bien, originaire du Nord, qui habite le grand appartement à gauche, au premier étage. Elle est dans la maison depuis quinze ans.

— Elle a un large visage assez pâle ?

— Elle est assez pâle, oui, surtout quand elle a ses douleurs.

— Elle a de mauvais pieds ?

— Comme toutes les vieilles femmes. Il n'y a d'ailleurs pas que les femmes à souffrir des pieds !

Elle disait cela avec un regard aux vastes chaussures noires de l'inspecteur.

— Elle est là-haut en ce moment ?

— Elle ne sort pour ainsi dire pas.

— Savez-vous si elle est sortie avant-hier dans l'après-midi ?

— Je ne surveille pas mes locataires.

— Elle a une bonne ?

— Elle a une cuisinière et une femme de chambre. Mme Lair est riche. Ses filles sont mariées. Avant la guerre, elle avait aussi un chauffeur.

M. Beaupère hésita, décida de faire son devoir, quitte à être mal reçu, s'engagea dans l'escalier en glissant un cachou dans sa bouche comme il aurait glissé un sou dans une tirelire.

L'escalier était sombre, avec une rampe en bois sculpté, la porte ancienne, très haute, très large, à deux battants, comme dans un ministère. Il tira le bouton de cuivre et attendit. Il n'avait pas l'habitude d'entendre les pas venir de si loin, comme si on avait à traverser toute une enfilade de pièces pour arriver jusqu'à lui.

Et c'était le cas. Il découvrait deux salons immenses, puis une bibliothèque à peine moins grande, et la femme d'une quarantaine d'années qui lui avait ouvert la porte portait un bonnet de dentelle sur la tête.

— Mme Lair est ici ?
— Vous avez rendez-vous ?
— C'est-à-dire...
— Mme Lair ne reçoit pas.

Il faillit avancer son pied trop tard, et, lugubre, sachant ce que ça pouvait lui coûter avec des gens de cette classe-là, il sortit à nouveau sa médaille.

— Je suis de la police.
— Vous voulez lui parler personnellement ?

On le laissa sur le palier pendant qu'on allait prévenir la maîtresse de maison, et un long moment s'écoula avant qu'on lui ouvrît à nouveau la porte.

— Madame faisait sa sieste. Elle vous demande de bien vouloir attendre.

On ne lui disait pas de s'asseoir, et il n'osait pas poser son derrière sur ces fauteuils garnis de tapisseries et de velours qui l'impressionnaient. Il restait debout, avec un peu le sentiment d'être dans une sacristie, à regarder les reflets de lumière sur les meubles, sur les cristaux.

C'était, jusqu'ici, ce qu'il avait vu de plus riche. Dans son pavillon, avec la même hauteur de plafond, on aurait fait deux étages. Les murs, ici, n'étaient pas recouverts de papier peint, mais de panneaux sculptés, avec des peintures encastrées, des appliques de bronze qui sortaient des lampes.

Il entendait trois tic-tac à la fois, ceux des pendules des trois pièces, et la chambre où Mme Lair faisait la sieste devait être très loin, les cuisines plus loin encore, car aucun bruit ne lui parvenait.

Aucun bruit de la rue non plus. On ne devait jamais les entendre. C'était un monde à part, hermétique, où le soleil lui-même avait une couleur différente, où ses rayons, triés par les rideaux, avaient quelque chose de plus grave, de majestueux.

Il tressaillit en entendant s'ouvrir à sa gauche une porte qu'il n'avait pas remarquée et en voyant devant lui une vieille dame aux cheveux d'une merveilleuse blancheur.

Il comprit tout de suite qu'il s'était trompé, que ce n'était pas cette femme-là qui était allée quai de la Tournelle, les pieds dans des pantoufles, pour glisser un bouquet de violettes dans les mains de la concierge.

— On me dit que vous désirez me parler ?

Elle lui désigna, non un fauteuil, mais une chaise dont la fragilité lui fit peur et qu'il ne fit, par docilité, qu'effleurer de ses cuisses.

— Vous êtes de la police ?

Il voulut tendre encore sa médaille, gêné qu'on pût le prendre pour un imposteur, mais elle lui fit signe que c'était inutile, qu'elle acceptait de le croire sur parole.

— Je m'excuse de vous déranger. Je mène en ce moment une enquête assez délicate au sujet d'un homme qui est mort subitement quai de la Tournelle et dont nous essayons d'établir l'identité.

C'est probablement parce qu'il n'osait pas la regarder en face qu'il fit une découverte, car il est probable qu'elle avait gardé le visage impassible. Mais ses mains, qu'il fixait, et qui étaient curieusement gantées de mitaines blanches ne laissant dépasser que la moitié des doigts, s'étaient brusquement jointes, et il les voyait se serrer très fort.

— Peut-être avez-vous vu sa photographie dans le journal ?

Il levait les yeux, par petits coups, et il la voyait troublée, hésitante. Puis il baissait le regard pour regarder les pieds qui étaient chaussés de pantoufles de satin noir.

— Je vous demande encore pardon. Je suis obligé de faire mon métier, n'est-ce pas ? Permettez-moi d'insister et de vous montrer cette photographie.

Il se levait, tendait le journal plié de telle sorte que la photographie fût visible.

— Il vivait, dans une maison du quai de la Tournelle, sous le nom de René Bouvet.

La main de la vieille dame ne tremblait pas en saisissant le journal. On aurait dit que son émotion était passée.

— Vous êtes inspecteur, je suppose ?

— Oui, madame. Je m'occupe plus particulièrement des recherches dans l'intérêt des familles.

— Et c'est le cas ?

— Probablement. Quand ce portrait a paru, une dame a prétendu reconnaître son mari, un certain Samuel Marsh, qui a disparu depuis de nombreuses années.

— Dans ces conditions...

— Seulement, nous avons des raisons de croire que Marsh n'était pas davantage son vrai nom.

— Je suppose qu'il laisse une fortune importante ?

— On n'est pas encore fixé sur son importance. Il laisse une certaine fortune, en effet.

— Asseyez-vous, voulez-vous ? Cela me fatigue de parler à un homme debout.

— Je vous demande pardon.

— Pouvez-vous me dire ce qui vous a donné l'idée de vous présenter chez moi ? Car j'ai tout lieu de penser que vous n'êtes pas venu par hasard, que la police n'est pas en train de sonner à toutes les portes de Paris ?

Il ne rougit pas, parce que le sang ne circulait jamais assez violemment dans ses veines pour affleurer à sa peau, mais sa lèvre trembla un petit peu et il comprit que le moment était arrivé.

Il ne fallait pas se laisser intimider. Il n'était plus en face d'une concierge ni d'un clochard, mais en face d'une femme intelligente devant laquelle il avait le sentiment de son humble condition.

S'il lui disait la vérité, il ne saurait probablement jamais rien. Et il n'ignorait pas qu'il mentait mal, qu'elle s'en apercevrait.

Alors il essaya de fixer un vague sourire sur ses lèvres, comme il l'avait vu faire à certains de ses collègues, et il hocha la tête sans rien dire.

— Vous ne voulez pas me répondre ?

— Je m'excuse, madame, mais je n'ai pas le droit de divulguer les secrets de l'enquête. Je ne fais que mon devoir, comprenez-moi.

Au lieu de se fâcher, de le prendre de haut, elle le regarda curieusement, avec un certain respect.

— En somme, vous ne pouvez pas me dire ce que vous savez.

— Non, madame.

— D'autre part, vous êtes venu pour apprendre quelque chose. Je vous écoute, que désirez-vous de moi ?

Tant pis ! C'était sa chance. Jamais, dans toute sa carrière, il n'avait été dans une position comme celle-là, il avait souvent rêvé qu'il jouait au plus fin avec quelqu'un de très subtil et qu'il gagnait la partie, mais les parties qu'il avait réellement gagnées étaient plus faciles, et il n'avait eu qu'à suivre la routine, qu'à user de patience, d'obstination.

— Vous connaissez M. Bouvet ? Je veux dire la personne dont vous voyez la photographie dans le journal.

— Vous avez une raison de croire que je le connais ?

— Dites-moi, madame, avez-vous lu, avant cet après-midi, le journal que vous tenez à la main ?

— C'est possible.

— M. Bouvet avait, à la jambe droite, un peu au-dessous du genou, une cicatrice en forme d'étoile qui est assez caractéristique.

— Et je suis censée avoir vu cette cicatrice ?

— Je ne sais pas.

— Comment est cette Mrs Marsh dont vous m'avez parlé tout à l'heure ?

— Je ne l'ai pas vue. Je sais que c'est une femme d'un certain âge, qui a été fort belle et qui est encore coquette.

— C'est une personne bien ?

— Je l'ignore.

— Vous n'avez pas rencontré sa fille non plus ?

— Je ne me suis pas occupé de cette partie de l'enquête.

— Qui vous a donné mon adresse ?

Elle y revenait, intriguée. Elle s'était ressaisie et parlait légèrement, du bout des lèvres, comme si les mots n'avaient pas grande importance.

— Que savez-vous de moi ?

Allait-il lui répondre qu'il ne savait rien du tout et que, tout à l'heure, il était persuadé qu'il avait frappé à sa porte par erreur.

— Mon mari, qui s'appelait Lair, bien entendu, est mort voilà une quinzaine d'années.

— Oui, madame.

— Il était, entre autres choses, administrateur de la Compagnie des Chemins de fer du Nord.

— Oui, madame.

— Mon père s'appelait Lamblot. Désiré Lamblot. Vous en avez entendu parler ?

— Non, madame.

— Votre femme ne tricote pas ?

Il n'avait pas pensé à faire le rapprochement. Les Laines Lamblot !

— C'est moi qui ai hérité des tissages et des filatures, à Roubaix.

— Oui, madame.

— Et c'est mon gendre, maintenant, qui les dirige. Je pensais que vous vous étiez renseigné avant de venir.

— C'est-à-dire...

— Je vous écoute.

— Rien, madame. Je m'excuse si j'ai commis une gaffe. Je voulais être sûr que vous ne connaissiez pas M. Bouvet.

— Quelle heure est-il, monsieur...

Elle attendait qu'il voulût bien dire son nom.

— Beaupère.

— Quelle heure est-il, monsieur Beaupère ?

Au lieu de regarder la pendule sur la cheminée, il tira sa montre en argent de sa poche pour se donner une contenance, fit mine de s'assurer qu'elle marchait.

— Deux heures vingt-cinq.

— Dans cinq minutes, à deux heures et demie, mon avoué, Me Guichard, sera ici.

Il y avait déjà deux avocats dans l'affaire et voilà maintenant qu'il était question d'un avoué.

— Vous devinez pourquoi il vient me voir ?

Il parvint encore à se taire.

— Comment s'appelle l'actuel directeur de la Police Judiciaire ?

— M. Guillaume.

— Eh bien ! nous devons, mon avoué et moi, rendre visite à M. Guillaume. A cette heure, mon avoué lui a probablement téléphoné pour prendre rendez-vous.

Il dit, si naïvement qu'elle ne put s'empêcher de sourire :

— Vous le connaissez, n'est-ce pas ?

— Qui ?

— M. Bouvet.

— Autant que j'en puisse juger d'après cette photographie, et surtout d'après la description de la cicatrice, c'est mon frère.

Il ne bougea pas. Un frisson de joie, d'orgueil, lui parcourait le dos, car enfin, lui, M. Beaupère, était venu, tout seul, par ses propres moyens, à la suite de ses propres investigations, dans cet appartement qui l'avait tant impressionné.

— Vous le saviez ?

— Non, madame.

— Alors, maintenant, entre nous, dites-moi ce que vous saviez ?

Il ne pouvait pas, décemment, lui répondre : « Rien du tout. »

Il dit :

— Quelqu'un a vu M. Bouvet stationner longuement devant cette maison.

— Ah ! Vous êtes sûr ? Il y a longtemps de cela ?

— Je vérifierai. Plusieurs semaines, probablement.

— C'est tout ?

— J'ai appris aussi que, presque tout de suite après la publication de la photographie par le journal, vous vous êtes rendue quai de la Tournelle.

— Et quelqu'un m'a vue ?

— La concierge, à qui vous avez parlé.

— Elle m'a reconnue ? Elle vous a donné mon adresse ?

— Non, mais...

Il sentait qu'il s'enferrait. Mais cela n'avait plus d'importance. Le coup de sonnette de l'avoué allait, d'un instant à l'autre, mettre fin à son supplice. Il n'en avait pas moins découvert la véritable identité de René Bouvet, qui s'appelait Lamblot.

— Voyez-vous, monsieur... Comment est-ce encore votre nom ?

— Beaupère.

— Voyez-vous, monsieur Beaupère, tout ceci est beaucoup plus curieux que vous ne supposez, car je n'ai jamais mis les pieds quai de la Tournelle et je n'ai lu le journal que le soir, dans mon lit. J'ai d'ailleurs cru à une simple ressemblance, car je n'ai pas vu mon frère depuis de nombreuses années ; la dernière fois, il avait vingt-trois ans. Ce n'est qu'hier, quand on a parlé de la cicatrice, que j'ai compris que c'était probablement lui et que j'ai téléphoné à mon avoué. Il est venu me voir ce matin, et nous avons décidé de...

— Vous n'avez pas porté de violettes ?

Il se mordit la langue. Comme si c'était une femme à aller, en rasant les murs, porter un bouquet de violettes quai de la Tournelle et à le glisser dans la main de Mme Jeanne !

On sonnait. L'avoué était à l'heure.

Il y avait ailleurs une autre vieille femme aux mauvais pieds qui...

6

De passer de la P.J. à l'Identité Judiciaire, dans les combles du Palais de Justice, c'était un peu comme, dans un grand restaurant, de passer de la salle à manger à la cuisine. Pas plus, d'ailleurs, que dans la cuisine d'un grand restaurant, le public n'était admis. On pouvait travailler en manches de chemise et parler le langage du métier.

Pour les gens de l'étage en dessous, ceux de la P.J., le mort du quai de la

Tournelle, avec les problèmes qu'il posait et les recherches qu'il allait provoquer, était « un emmerdeur ».

Pour ceux du grenier, c'était du « nanan », qui leur donnait l'occasion de se livrer à des tas de petits travaux, certains délicats, presque artistiques, dont ils étaient friands. Déjà dans la maison blanche, les spécialistes s'étaient payé du bon temps, mais ils ne s'y sentaient pas à leur aise, ils ne disposaient pas de tous leurs instruments ni de la place nécessaire.

— Vous n'avez pas fini avec mon macchabée ? venait de temps en temps demander le type du fourgon, qui devait conduire M. Bouvet à l'Institut médico-légal.

Chaque fois, il lui jetait un coup d'œil inquiet, car il faisait chaud et il avait peur qu'on lui « fatigue » son mort. Depuis le matin, celui-ci avait été photographié sur toutes les faces, dans toutes les poses, tout nu et vêtu de ses différents complets, assis et couché.

Le travail le plus artistique avait été de lui donner l'aspect qu'il devait avoir une vingtaine d'années plus tôt, en procédant exactement comme le maquilleur et le perruquier de théâtre avec un vieil acteur.

C'était vrai que ça fatiguait le mort. Quand, à peu près vers le moment où M. Beaupère quittait la place des Vosges, on le rendit au type de l'Institut médico-légal, il était temps. La mâchoire s'était ouverte une fois de plus, qu'on ne se donnait plus la peine de maintenir fermée à présent qu'il n'y avait plus de photos à prendre, et le corps paraissait flasque.

On le posa sur sa civière et on l'emporta, non sans que quelqu'un eût remarqué, sans méchanceté, d'ailleurs :

— Ça cocotte, ici !

Les vasistas étaient ouverts. La plupart des spécialistes avaient cassé la croûte en travaillant. Les premières photographies paraissaient dans les journaux, mais ils allaient en développer d'autres, plus soignées, une sorte de reconstitution de M. Bouvet à différentes étapes de sa vie.

Mme Lair et l'avoué n'avaient pas invité M. Beaupère à les suivre à la P.J. Sans doute, ayant rendez-vous avec le directeur, auraient-ils considéré comme indélicat d'emmener un simple inspecteur avec eux. C'est du bureau de tabac, au coin de la rue des Francs-Bourgeois, que M. Beaupère avait téléphoné à son chef.Il n'avait rien à lui dire que celui-ci ne sût déjà, mais il tenait à établir que, tout seul, peu importe par quel moyen, il était arrivé à la vérité.

— Sa sœur et l'avoué viennent de partir.

— Vous lui avez parlé ? Comment est-elle ?

— Une vieille dame distinguée.

— Vous n'avez plus rien à faire ?

— J'ai encore une vieille femme à retrouver dans le quartier. A moins que quelqu'un d'autre, maintenant, s'occupe de l'affaire.

— Vous pouvez continuer, monsieur Beaupère.

On voulait éviter de lui faire de la peine. L'affaire avait pris des proportions qui nécessitaient des mesures plus importantes, et c'est sans y croire qu'on laissait le vieil inspecteur au visage triste continuer son enquête.

Cela lui suffisait. Il allait pouvoir marcher à nouveau, entrer dans les boutiques, dans les loges de concierges, tenace, posant son éternelle question, insensible aux quolibets autant qu'un courtier en aspirateurs électriques.

— Connaissez-vous une vieille femme très grosse, au visage lunaire, vêtue de noir, assez pauvrement, qui a de mauvais pieds et porte des pantoufles de feutre ?

On haussait les épaules, ou bien c'était son visage à lui qu'on regardait curieusement, ou encore on l'envoyait chez quelque vieille fille au sixième ou au septième étage.

Il lui était arrivé de mener une enquête de ce genre-là pendant des semaines, sans se laisser écœurer, et l'idée lui vint de questionner aussi les marchandes de fleurs des petites charrettes, de rechercher celles qui vendaient des violettes.

Tout le monde avait soif, sauf lui. Les gens se précipitaient dans les bars en s'épongeant, buvaient du vin blanc ou de la bière avec des airs de satisfaction intense. Il n'y avait pas une place libre aux terrasses, et les enfants accrochés à la main de leur mère suçaient des cornets de crème glacée.

Ce qui l'aidait, ce qui l'avait aidé toute sa vie, c'est que jamais il n'avait l'impression de se livrer à une tâche futile. Il avait beau n'être qu'un obscur rouage de la machine policière, il avait pour celle-ci un tel respect que ce respect déteignait sur lui-même et sur ses propres faits et gestes. Sa femme l'aidait, qui disait aux gens en parlant de lui :

— Mon mari l'inspecteur.

L'avoué, Mᵉ Guichard, était un homme d'âge, à l'air froid, respectable, qui avait baisé la main de Mme Lair en entrant. Il avait certainement dépassé soixante-cinq ans, et M. Beaupère, qui n'en avait que cinquante-deux, s'était mis à penser que tous ces gens-là vivaient déjà alors qu'il n'était pas né.

M. Bouvet, lui, était un homme fait à l'époque où l'inspecteur vagissait encore.

C'était beaucoup plus subtil que ça n'en avait l'air. Il se comprenait, regardait les rues, autour de lui, avec d'autres yeux, imaginant les passants habillés autrement, à la mode de 1900 et même d'avant, les fiacres, les omnibus, les becs de gaz.

Or, à cinquante-deux ans, M. Beaupère ne se sentait pas vieux du tout. Il lui arrivait même, tout au fond de lui, quand il se laissait aller à rêver, d'avoir l'impression qu'il était encore enfant.

En était-il de même pour les autres ?

Arrivait-il à M. Bouvet de se prendre pour un gamin ?

C'était assez compliqué. Il y reviendrait quand il en aurait le loisir. Il fallait d'abord retrouver la vieille demoiselle au bouquet de violettes et c'était inouï le nombre de vieilles personnes seules, la plupart de condition modeste, qu'il découvrait dans le quartier. On aurait presque pu dire que chaque maison possédait la sienne, comme chaque maison possède sa concierge, et beaucoup avaient un surnom, un sobriquet, on parlait de certaines d'entre elles avec un sourire entendu, en laissant supposer qu'elles n'avaient plus toute leur tête, d'autres avec commisération, à cause de leurs infirmités.

Certaines étaient impotentes, ne quittaient plus leur chambre, mais il y en avait du même âge qui faisaient encore des ménages chez des gens plus jeunes, ou qui gardaient des enfants.

On en voyait aussi sur les bancs des squares, qui se chauffaient au soleil avec l'air de ne penser à rien.

— Dites-moi, madame, connaîtriez-vous une vieille demoiselle qui...

Il l'aurait, il en était sûr, à moins, bien entendu, qu'on décide de lui retirer l'affaire.

Les photographies toutes fraîches étaient étalées sur le bureau du directeur, et Mme Lair les avait regardées sans croire nécessaire de manifester une émotion qu'elle ne ressentait pas.

— Mettez-vous à ma place. Quand je l'ai vu pour la dernière fois, il avait vingt-trois ans. J'en avais dix-huit. Je suis surprise, pourtant, de constater combien, en toute sa vie, un homme change peu. Sur cette photo-ci, par exemple, j'ai l'impression de le revoir. Sans la cicatrice, néanmoins, je ne me permettrais pas d'être aussi affirmative.

On lui avait montré un agrandissement de la jambe nue, avec la cicatrice nettement visible.

— Il est tombé d'un arbre alors qu'il avait quatorze ans et qu'il jouait avec des camarades. Sa jambe droite a porté sur une souche, et la blessure était très vilaine. L'infection s'y était mise. Je me souviens qu'il est resté près de deux mois étendu. Je crois que le tibia était fêlé. C'est ce qu'il m'a raconté. Est-ce que cela peut se retrouver ?

— Probablement. Je ferai faire le nécessaire.

— Je m'excuse d'avoir demandé à Me Guichard de m'accompagner, mais c'est en ami plutôt qu'en avoué. J'ai pensé qu'il y aurait sans doute des formalités à remplir et je n'y connais pas grand-chose.

Le directeur, lui aussi, avait une cinquantaine d'années. Il était même un peu moins âgé que M. Beaupère.

— Voudriez-vous avoir l'obligeance de parler de votre famille ? Cela peut éventuellement nous aider.

— Que voulez-vous savoir ?

— Tout ce que vous me direz.

— Vous avez entendu parler de mon père, qui a fondé les filatures Lamblot.

Elle regrettait presque de n'avoir pas apporté son album de photographies, où elle aurait pu montrer Désiré Lamblot, en redingote boutonnée presque jusqu'au cou, son large visage encore élargi par des favoris.

— Il n'a eu que deux enfants, mon frère et moi. C'était un homme sévère, comme ils l'étaient tous à cette époque, du moins parmi les gros industriels de Roubaix.

— Je suppose qu'il désirait que son fils prît sa succession ?

— Il n'était pas question d'une autre carrière. Et je crois qu'il en est encore ainsi à Roubaix, à Tourcoing et à Lille, tout au moins pour ceux qui sont dans la laine.

— Vous avez des fils, madame Lair ?

— Rien que des filles, malheureusement. C'est un de mes gendres qui dirige les filatures.

— Que savez-vous de votre frère ?

— Ce qu'on sait d'habitude d'un frère aîné, c'est-à-dire à peu près rien. Il m'impressionnait, d'abord parce qu'il était plus âgé que moi, ensuite parce que je le trouvais beau et plus intelligent que qui que ce fût. Enfin, je prenais, dans mon for intérieur, son parti contre mon père.

— Il ne s'entendait pas avec votre père ?

— Ils ne se sont jamais compris.

— Et vous ?

— Je considérais que mon père était dur. Même à la maison, la vie était réglée comme à l'usine et, à douze ans, je n'avais pas le droit de parler à table. Quand mon frère, à dix-sept ans, descendait avec une minute de retard dans la salle à manger, mon père le regardait, sans rien dire, et Gaston, sachant ce que cela signifiait, montait dans sa chambre et se couchait sans manger.

— Quelles études a-t-il faites ?

— Il est allé au collège. D'abord, il a été bon élève, le meilleur élève de sa classe. Mon père l'exigeait.

— L'exigeait ?

— Oui, j'ai été obligée d'être toujours la première aussi. Gaston a obéi, si je puis dire, jusqu'à l'âge de seize ans environ. Puis, brusquement, il a reculé de plusieurs places et a dû recommencer la dernière année, ne passant enfin son bachot que de justesse.

— Il avait des petites amies ?

— Oui.

— Il vous racontait ses aventures ?

— Oui. Je n'étais qu'une gamine, mais il me disait tout. Il a été longtemps amoureux d'une fille, qui chantait dans une sorte de cabaret à Lille, près de la gare. Quand elle est repartie pour Paris, il avait décidé de l'accompagner et il avait déjà fait sa valise.

— Qu'est-ce qui l'a empêché de partir ?

— Ma mère est entrée dans sa chambre et a vu les bagages. Elle n'a rien dit à mon père, car elle en avait aussi peur que nous, mais Gaston lui a promis de rester.

— Votre frère était violent, emporté ?

— Au contraire, lorsqu'il se disputait avec papa — car, à la fin, il se permettait de lui répondre —, c'était lui, des deux, qui gardait son sang-froid. Ce que je me rappelle le mieux, c'est son sourire, d'un seul côté du visage, un sourire que je n'ai vu qu'à lui, le coin de la lèvre qui se retroussait légèrement. Quand il m'adressait ce sourire-là, je piétinais de rage en l'accusant de faire sa « tête à gifles ».

— Il avait de l'affection pour vous ?

— Je ne sais pas. Tout jeune, il avait l'air de se suffire à lui-même, de vivre en marge de nous et des autres. Il lisait beaucoup, des livres que mon père brûlait quand il lui arrivait de les trouver, de sorte que parfois Gaston les cachait dans ma chambre.

— Vous me disiez tout à l'heure qu'il vous faisait des confidences ?

— Je vous ai dit qu'il me racontait ses aventures. Je crois, pourtant, que ce n'était pas à moi qu'il s'adressait réellement, qu'il éprouvait seulement le besoin de les commenter pour lui-même, de mettre son personnage au point.

C'était curieux : depuis quelques instants, un léger sourire détendait le visage des trois interlocuteurs. Peut-être le sourire des deux hommes n'était-il que le reflet de celui de la vieille dame ? Les fenêtres étaient toujours ouvertes. Mais ils étaient loin de Paris, loin de cet après-midi d'août, dans le temps et dans l'espace.

Ils avaient une impression de grisaille, de vieille maison de pierre bâtie comme une forteresse, de préau d'école, de rues étroites par des soirs d'hiver.

— Qu'entendez-vous par son personnage ?

— Je peux me tromper...

Elle les regardait, un peu confuse.

— Je crois... Je suppose qu'il en est de même pour chacun... A un certain âge, nous nous croyons obligés de nous donner un type déterminé... Quand j'étais au couvent...

Une pudeur l'arrêta.

— Vous comprenez ce que je veux dire. Pendant les années que j'ai vécues avec Gaston, je lui ai connu plusieurs personnages successifs. A certain moment, il était très soucieux de son élégance et prenait des airs d'intellectuel blasé.

— A quel âge ?

— Quinze ans. Puis je pense qu'il s'est mis à lire des romans russes, et il refusait de se nettoyer les ongles, portait les cheveux longs et regardait notre père d'un œil haineux.

— Il avait des amis ?

— Jamais pour longtemps. Jamais intimes. Ma mère a essayé de réunir ses camarades à la maison, mais, quand elle lui demandait qui inviter, il répondait :

» — Personne !

» Il ajoutait, selon son humeur :

» — Ce sont des larves !

» ou :

» — Ce sont des marionnettes...

— Quelle était son ambition ?

— Toutes.

— C'est-à-dire ?

— Il voulait être tout, sans rien ambitionner de particulier. Une chose était certaine : il n'a jamais eu l'intention de s'occuper de la filature et disait de mon père :

» — Un esclave ! Heureusement pour lui qu'il ne le sait pas !

— Quand vous a-t-il quittés ?

— Il est venu à Paris pour continuer ses études. Mon père exigeait qu'il fît son droit avant de commencer son apprentissage à la filature.

— Il lui donnait beaucoup d'argent ?

— Très peu. Au début, Gaston revenait à Roubaix chaque samedi, comme mon père l'exigeait. Puis il est revenu plus rarement, et des scènes ont éclaté.

— Votre frère avait changé ?

— J'aurais de la peine à vous le dire. J'étais devenue une jeune fille et je vivais dans un cercle différent qui n'intéressait pas Gaston. Il ne me racontait plus rien, répondait à peine à mes questions, en m'appelant « petite fille » d'un ton protecteur. Certaines fois, il était sombre, avec ce que j'appelais sa tête d'anarchiste ; d'autres fois, au contraire, il paraissait plus jeune et il s'amusait à nous faire des farces.

— Ses relations avec votre père ?

— Je pense que ce que je vous dis ici n'est pas destiné à la publicité ? J'ai encore, en effet, un certain sens de la famille. Les derniers temps, Gaston appelait notre père « le vieil hypocrite ». Il a dû faire une découverte dont il n'a pas parlé, sinon à demi-mot. Je suppose qu'il y avait un secret dans la vie de notre père, probablement une aventure. On a parlé, dans le pays, plus tard, d'une liaison qu'il aurait eue, à Lille, avec une femme assez connue.

» Toujours est-il que mon père n'osait plus se montrer aussi cassant, qu'il lui arrivait de baisser les yeux devant son fils.

» Excusez-moi de vous donner ces détails sans intérêt. Toute cette période n'a pas été gaie, et je crois qu'il en est ainsi dans la plupart des familles. On dirait que tout le bon de la vie est réservé à l'époque où les enfants sont jeunes et qu'une fois qu'ils sont élevés la débandade commence.

» C'est peut-être la raison pour laquelle je vois assez peu mes enfants et mes petits-enfants. Il ne faut pas mélanger la jeunesse et les vieillards.

» Maman était malade. Un de mes oncles, qui habitait la ville, s'était mis à boire, et on en parlait comme de la honte des Lamblot.

» Gaston était presque toujours absent, et ses visites devenaient une gêne, on se réjouissait presque, à la fin, de le voir repartir.

» Alors, un beau jour, il est parti pour de bon, sans rien dire.

— C'est-à-dire ?

— Il a disparu. On n'a plus reçu de ses nouvelles. Mon père a envoyé son comptable à Paris pour se renseigner, et le comptable n'a trouvé aucune trace de Gaston. Sa dernière adresse était dans un hôtel meublé rue Monsieur-le-Prince, où on a appris qu'il vivait avec une fille dont je ne me rappelle pas le nom.

— Et la fille ?

— Disparue aussi. Peut-être, si vous cherchiez dans vos dossiers, pour autant que vous possédiez encore les dossiers de cette époque, trouveriez-vous trace des recherches qui ont été effectuées. Car mon père est venu à Paris à son tour. Contrairement à notre attente, à ma mère et à moi, il ne s'est pas mis en colère, mais, du jour au lendemain, presque d'une heure à l'autre, il a paru se dégonfler.

» Notre première idée a été que Gaston s'était embarqué et on a fait des recherches dans les ports.

» A la Faculté de Droit, on a appris qu'il y avait un an qu'il ne suivait plus les cours. Il avait même perdu ses camarades de vue.

— De sorte que vous ne savez rien de son activité à Paris pendant la dernière année ?

— Rien. J'étais fiancée et je m'occupais davantage de moi-même que des autres. Ce qui me reste le plus présent à l'esprit, c'est l'effondrement de notre père, qui a continué à vivre comme par le passé, en suivant strictement l'horaire qu'il s'était imposé une fois pour toutes, mais qui avait davantage l'air d'une ombre que d'un homme. Il accomplissait les mêmes besognes, prononçait les mêmes mots. Nous avons su, plus tard, par le comptable, qu'il avait fait insérer des annonces dans les « avis personnels » des journaux, non seulement en France, mais dans plusieurs pays étrangers :

Gaston L. — Reviens. Aucun reproche.
Toute liberté assurée. — Désiré.

» On avait toujours cru que ma mère, qui souffrait depuis longtemps, mourrait la première. Je n'étais pas née qu'on la considérait, à ce qu'on disait, comme un oiseau pour le chat. Me Guichard l'a connue, car elle est morte à quatre-vingt-onze ans, ici, à Paris, dans mon appartement de la place des Vosges.

» C'est mon père qui est mort subitement un an et demi après le départ de Gaston, et, jusqu'à ce que mon mari pût prendre l'affaire en main, cela a entraîné des tas de complications à la filature.

— Si j'ai bien compris, la dernière visite de votre frère à Roubaix a eu lieu vers...

— Juillet 1897, je peux vous le dire exactement, car j'ai eu le temps de rechercher la date. Je me souviens même qu'il faisait un temps radieux comme aujourd'hui.

— A votre avis, il savait qu'il allait partir ?

— Le malheur, c'est que je n'ai pas fait attention à lui. Je devais quitter Roubaix le lendemain pour Le Touquet, où nous avions l'habitude de passer les vacances et où mon fiancé viendrait me retrouver. Ce sont des distractions dont on se sent coupable, après coup. Pour moi, ce n'était qu'une visite en coup de vent, comme les autres, un dîner silencieux, car notre père se montrait toujours plus sombre en présence de son fils.

— Vous ne croyez pas qu'ils aient eu une explication tous les deux ?

— Je jurerais le contraire. Ce n'était leur genre ni à l'un ni à l'autre.

— Vous avez déjà envisagé la situation d'un point de vue légal, maître Guichard ?

— Je n'ai fait qu'en toucher deux mots à ma cliente et amie, et celle-ci, permettez-moi de le dire pour elle, ne voudrait pas qu'on se méprenne sur le sens de sa visite. Les journaux ont parlé d'une certaine Mrs Marsh et de sa fille, qui serait donc la fille de... Gaston Lamblot.

C'était curieux. Tout le monde hésitait au moment de prononcer son nom, car on ne savait plus s'il fallait dire Marsh, Lamblot ou Bouvet. Peut-être, inconsciemment, était-on gêné de ne pas employer ce dernier nom, sous lequel le locataire de Mme Jeanne était mort.

N'était-ce pas lui qui l'avait choisi, comme il avait choisi délibérément sa façon de vivre — et presque sa façon de mourir ?

— Mrs Marsh est venue me voir en compagnie de son avocat, dit le directeur.

— J'ai lu ça aussi dans le journal. Légalement, sa position est délicate.

— J'ai reçu aussi, ce matin, la visite de l'associé de Samuel Marsh — puisque c'est sous ce nom qu'il a fondé les mines d'Ouagi.

Il se tourna vers Mme Lair.

— Savez-vous que votre frère semble laisser une fortune assez considérable ?

— Je puis vous affirmer que je ne m'en soucie pas.

— Outre les neuf cents et quelques pièces d'or trouvées dans son matelas...

Cela la fit sourire, d'un sourire où il y avait de la tendresse. Elle était la seule des trois qui pouvait évoquer, derrière la silhouette de M. Bouvet, du bonhomme qui avait vécu si longtemps quai de la Tournelle, le gamin, puis l'adolescent qu'il avait été.

— C'est probablement ce qui me surprend le plus et ce qui, sans la cicatrice, m'aurait fait hésiter, dit-elle.

— Les pièces d'or ?

— Dans le matelas ! Cela va si mal à Gaston !

— En dehors de cette petite fortune, il reste riche, très riche, si j'en juge par les renseignements que je viens d'obtenir d'une banque belge. Il est presque le seul propriétaire des mines d'Ouagi, dont la valeur est évaluée à plus de cent millions de francs belges.

— Je le reconnais mieux là !

— Que voulez-vous dire ?

— Que, disposant de cette fortune, il se soit fait un petit magot en pièces d'or et qu'il ait dormi dessus, prenant une pièce de temps en temps, à mesure de ses besoins. Vous ne comprenez pas ?

— Pas tout à fait.

— Il devait avoir son sourire du coin de la lèvre. Cela ressemblait à une farce, n'est-ce pas ?

— Vous croyez qu'à soixante-seize ans il avait conservé le goût des farces ?

— Je ne pense pas qu'on change autant qu'on le croit avant d'être vieux soi-même.

Et elle souriait presque gaminement à une pensée qu'elle gardait pour elle seule, qui devait concerner, non son frère, mais elle.

— Les prétentions de Mrs Marsh sont discutables, et j'ignore ce que les tribunaux décideront. Si le mariage est déclaré nul, si la paternité n'est pas démontrée...

— Je vous en prie, monsieur le directeur. Je ne suis pas venue pour cela, je le répète. Il est juste que, si cette jeune femme est vraiment la fille de mon frère...

— Ceci est de mon domaine, intervint l'avoué. Laissez ces questions-là aux hommes de loi. Ils auront assez fort à faire !

Elle se leva. Elle n'avait pas cru nécessaire de se mettre en deuil, ni de retirer ses bijoux. Elle n'avait pas pleuré non plus. Elle n'avait rien dit qui pût assombrir cet entretien et il y avait presque autant de légèreté dans son humeur que dans l'air de Paris.

— Est-ce que... je pourrais le voir ?

— Je me demande s'il est toujours là-haut.

— Parce qu'on l'a enlevé de son appartement ?

Elle en marquait du dépit. Sa voix contenait un reproche.

— Nous y avons été obligés. Peut-être ne savez-vous pas encore qu'on s'est introduit la nuit dernière dans cet appartement ?

— Qui ?

— Nous n'en avons pas, entre nous soit dit, la moindre idée. Celui qui y est entré, en tout cas, a fait une visite minutieuse des lieux et c'est lui qui a découvert des pièces d'or dans le matelas.

— Sans les emporter ?

— Il paraît n'avoir rien emporté et c'est assez troublant. La concierge, qui a fait chaque jour le ménage de votre frère pendant ces dernières années, a été interrogée à trois reprises. Elle connaît ou croit connaître tout ce que contenait le logement. On a fait appel à sa mémoire de toutes les façons. Elle ne se rappelle avoir vu aucun papier, aucun document, rien qui aurait pu tenter quelqu'un. Cette absence de papiers est un des traits particuliers de l'affaire. Tous, autant que nous sommes, traînons avec nous, à mesure que nous avançons en âge, un bagage toujours plus important de pièces officielles ou de papiers intimes, de lettres, de photographies, que sais-je ?

Pourquoi souriait-elle à nouveau ?

— Or, chez cet homme de soixante-seize ans, il n'y avait rien, qu'une carte d'identité à un nom qui, nous le savons maintenant, n'est pas le sien.

— Il a toujours été comme ça. Il avait horreur des paperasses et, quant aux photographies, la seule vue de l'album de famille, que ma mère tenait soigneusement à jour et que je possède encore, le mettait en colère.

» — On n'a pas idée de conserver un cimetière dans l'armoire, s'écriait-il alors qu'il n'avait pas quinze ans. Des morts à la première page ! Des morts aux pages suivantes ! Puis des gens qui ne sont pas encore tout à fait morts, mais presque. D'autres qui le seront un jour...

— Vous croyez qu'il avait peur de mourir ?

— A quinze ans, oui. Moi aussi, à cet âge-là, et, parfois, rien que d'y penser m'empêchait de m'endormir ; j'aurais donné gros, si mon père ne l'avait pas interdit, pour aller me glisser dans le lit de ma mère.

Avait-il encore peur de mourir quand il habitait quai de la Tournelle ? Sans doute cela lui était-il passé, car, malgré une santé défaillante, il vivait seul.

— Allô ! l'Identité Judiciaire ? Le corps de René Bouvet est-il encore chez vous ? On l'a emmené il y a une heure ? Je vous remercie, Benoît.

Il s'excusa.

— Je crains que, si vous voulez le voir, vous ne soyez obligée de vous rendre à l'Institut médico-légal. Peut-être n'est-ce pas un spectacle très recommandable ?

— J'irai, dit-elle.

Elle ajouta :

— Je suppose que je peux visiter aussi son logement ?

— Les scellés ont dû être apposés. Si vous le désirez, je demanderai à un de mes hommes de vous accompagner. Vous voulez vous y rendre aujourd'hui ?

— Si cela ne vous dérange pas trop.

Elle se tourna vers l'avoué.

— Je pense que, pendant ce temps-là, vous aurez des formalités à accomplir ?

Elle questionna encore :

— Mrs Marsh est-elle vraiment très désagréable ?

— Qui vous l'a dit ?

— Je l'ai compris en lisant le journal.

— Elle a dû être fort belle, dit le directeur sans se compromettre, mais avec un geste vague qui signifiait tout ce qu'on voulait. Vous voulez commencer par le quai de la Tournelle ?

— Si vous le permettez.

M. Beaupère n'était pas là, sinon c'est probablement lui qui aurait accompagné Mme Lair. Il en était arrivé à la rue du Minage et allait commencer le faubourg Saint-Antoine, sans souci de l'orage qui s'annonçait, des coups de vent subits qui soulevaient la poussière des rues et qui, sur la Seine, devaient faire clapoter l'eau au flanc des péniches.

— Vous êtes libre, Jussiaume ?

Le directeur sortit un moment pour donner ses instructions à l'inspecteur, cependant que, debout devant la fenêtre, Mme Lair regardait, en face, les quais où son frère avait vécu.

On aurait dit qu'elle se réjouissait comme une petite fille, qu'il y avait dans cette aventure un peu de merveilleux dont elle était si friande autrefois quand, par exemple, son frère lui racontait qu'il était rentré par la fenêtre à trois heures du matin.

Elle avait mené une existence paisible, pour la plus grande partie à Roubaix, dans les mêmes décors, dans les mêmes meubles, avec les soucis dont elle avait toujours entendu parler. Son mari était un brave homme qui ne l'avait pas rendue malheureuse. Elle avait élevé ses filles, était devenue grand-mère.

Cela paraissait si court ! Au point qu'elle se demandait si c'étaient vraiment ses petites-filles à elle qui étaient aujourd'hui au couvent — le couvent où elle était allée elle-même — avec l'aînée qui songeait à se marier.

Et voilà qu'elle retrouvait Gaston, comme si tout cela n'avait été qu'un rêve, Gaston, qui, lui, ne les avait pas pris au sérieux, n'avait rien pris au sérieux, s'était moqué de tout le monde en s'échappant une fois de plus par la fenêtre.

— L'inspecteur Jussiaume vous attend, madame. Je n'ai pas besoin de vous recommander de ne rien emporter.

— Je vous le promets.

Il ne put s'empêcher de sourire à ses yeux de petite fille. Le mort n'était pas mort, c'était ce qu'il y avait d'extraordinaire. On aurait dit qu'il n'y avait pas seulement elle à le savoir, que tout le monde l'avait su dès le début.

Personne n'avait pris l'aventure des quais au tragique. M. Bouvet avait glissé sur le trottoir, parmi les images d'Epinal. L'Américain n'avait pas hésité à le photographier, parce que c'était plus pittoresque que les tours de Notre-Dame. Et le journal avait publié le cliché parce que c'était justement un de ces morts qui ne font pas peur au lecteur, qui ne l'attristent pas.

Est-ce que Mme Jeanne, en procédant à la toilette du corps avec Mme Sardot, ne lui avait pas parlé comme s'il était vivant ?

— Je vous remercie, monsieur le directeur.

Et l'avoué :

— Vous m'excusez si je ne vous accompagne pas ? Je voudrais bavarder encore un moment avec M. Guillaume.

Orage ? Pas orage ? Il y avait des bouffées chaudes, des bouffées plus fraîches. Le taxi était découvert. L'inspecteur, qui avait une quarantaine d'années, n'osait pas allumer sa cigarette.

— Fumez, je vous en prie.

Elle avait hâte de connaître cette concierge qui faisait le ménage de son frère, persuadée qu'elle allait fort bien s'entendre avec elle.

7

Aussitôt après le départ de l'avoué, avec qui il avait discuté la situation du point de vue technique, le directeur avait demandé à Lucas de passer le voir.

— Je crois que votre M. Bouvet est identifié, lui annonça-t-il. Ou je me trompe fort, ou c'est bien sa sœur qui se trouvait dans mon bureau tout à l'heure.

Puis, quand il eut raconté l'entretien à l'inspecteur :

— Il va falloir nous mettre en rapport avec Roubaix. Il ne suffit évidemment pas qu'une vieille dame vienne nous déclarer en désignant une photographie : « Ceci est mon frère, que je n'ai pas vu depuis 1897 ; il avait d'ailleurs la même cicatrice à la jambe droite. »

— Soixante-seize ans ! soupira Lucas.

— Que voulez-vous dire ?

— Rien. Je vais téléphoner à la brigade mobile de Lille de rechercher, à Roubaix et dans la région, tous les vieillards ayant pu, jadis, jouer aux billes avec le jeune Lamblot. Il est possible que le collège conserve les listes des anciens élèves, et cela aidera. De mon côté, j'irai jeter un coup d'œil aux registres de l'École de Droit et trouverai sans doute quelque vieil avocat ou notaire qui a fait ses études en même temps que notre homme. En somme son âge simplifie les choses ; pas besoin de chercher en dessous de soixante-quinze ans, mettons soixante-douze, et, dans ces eaux-là, les gens se raréfient.

— Cela ne nous donnera pas encore d'indications sur ce qu'il a pu faire depuis l'âge de vingt-trois ou vingt-quatre ans, âge auquel il semble avoir quitté Paris, jusqu'à celui de quarante-cinq ans où, devenu Samuel Marsh et possesseur d'une fortune importante, il se marie à Panama.

— Vous croyez que la vieille dame de tout à l'heure est sincère ?

— J'en suis persuadé, mais elle peut se tromper.

— Je serais surpris s'il n'y en avait pas, dans les jours qui suivent, quelques autres pour le reconnaître. Du moment que les journaux ont parlé des pièces d'or ! Vous vous souvenez de l'amnésique qui avait cent mille francs dans son portefeuille ? Ce n'était que cent mille francs ! Cinq femmes se le sont férocement disputé.

— Je ne pense pas que ce soit le cas de Mme Lair. Peut-être le cambriolage fournira-t-il une indication ?

— J'en doute. J'ai passé toute la matinée là-dessus et je ne suis pas plus avancé qu'en commençant. Savez-vous quelle impression je finis par avoir ? C'est que ce travail-là ressemble à un travail qui aurait été fait par la rue des Saussaies.

M. Guillaume sourit. Il y avait une vieille rivalité, pour ne pas dire davantage, entre la Police Judiciaire et la rue des Saussaies, c'est-à-dire la Sûreté Nationale. Il est vrai que les gens de la rue des Saussaies n'étaient pas tout à fait les mêmes que ceux du Quai des Orfèvres. Ils avaient à s'occuper davantage d'affaires politiques. Il était question, parfois, d'un député ou d'un sénateur cambriolé, et les gens du métier savaient ce que cela voulait dire.

— Comprenez-moi bien, patron. C'est du travail de professionnel. D'un côté, l'homme a pris ses précautions pour ne laisser aucune trace permettant de l'identifier. Un cambrioleur aurait fait la même chose, mais un cambrioleur n'aurait sans doute pas négligé les pièces d'or. D'autre part, on ne s'est pas soucié d'empêcher que cette visite nocturne soit connue, ce qui aurait été facile. Remarquez que ce n'est qu'une impression, une intuition.

— Ce serait drôle, non ?

— Ce n'est certainement pas le clochard qui a pénétré dans la maison. Il n'aurait pas eu de quoi se payer les gants de caoutchouc qui ont été utilisés et qu'on m'a rapportés tout à l'heure. Un gamin les a retrouvés sur le quai, à cent cinquante mètres de la maison. Je ne vois pas non plus Mrs Marsh faire preuve d'assez de sang-froid pour accomplir cette besogne. J'ai pensé à sa fille, à son gendre.

— Quelle est la profession de son gendre ?

— Marchand de tableaux. Ce serait peut-être le seul suspect possible. Le couple vit largement, tout en tirant le diable par la queue. Ils ont, quai de Passy, un appartement moderne dont les meubles ne sont pas payés ; ils sont de deux ans en retard pour leurs impôts. Ils doivent de l'argent partout, mangent le plus souvent dans les restaurants des Champs-Elysées et passent leurs nuits dans les cabarets. Vous connaissez ça !

— Oui.

— La galerie n'a aucun peintre attitré. Ils ne possèdent que de vieux tableaux plus ou moins authentiques, pas de toiles de maîtres importantes, mais des ébauches, des croquis, des pièces non signées et douteuses. Depuis trois ans, ils attendent la fortune d'un jour à l'autre, car ils ont déniché un Rembrandt inconnu, et toute leur activité, tous leurs espoirs tournent autour de cette toile-là. Je ne sais pas d'où elle sort ni à qui elle appartient au juste. D'abord, il leur a fallu la faire authentifier par des experts, et cela a pris des mois. Ils ont fini par en découvrir deux qui ont accepté de reconnaître la toile pour un Rembrandt, mais ce sont des experts de seconde zone.

» Maintenant, ils courent après l'acheteur. C'est pour cela qu'ils sortent tant, surtout dans les endroits où ils ont des chances de rencontrer un millionnaire américain.

» Ils ont envoyé des photographies du tableau à New York, à Boston, à Chicago.

» Il paraît que je ne sais quel musée de là-bas serait décidé à le leur acheter pour cent ou deux cent mille dollars si trois des plus grands experts américains se mettaient d'accord sur son authenticité.

» Comme je vous l'ai dit, cela dure depuis trois ans. Il y a trois ans, en quelque sorte, qu'ils en vivent, qu'ils s'attendent toujours à réussir la semaine suivante. Un des experts est passé par Paris et n'a dit ni oui ni non. L'autre doit arriver à Bruxelles dans quelques jours.

» Remarquez qu'en outre l'affaire ne doit pas s'ébruiter, car le gouverne-ment ne laisserait pas sortir le tableau de France.

» Cela m'a amené à penser que le mari, Frank Gervais, était peut-être homme à s'introduire dans un appartement avec des gants de caoutchouc.

» Seulement, au point où ils en sont, il n'aurait certainement pas résisté à l'attrait des pièces d'or.

— A moins qu'il n'ait été sûr de voir sa femme en hériter.

— Je sais. J'y ai pensé. De toute façon, ce n'est pas lui, car le jeune Marette a vérifié son emploi du temps. Il n'a pas pu être quai de la Tournelle cette nuit-là. *Votre* vieille dame n'a pas dû y être non plus, et il nous reste la vieille de M. Beaupère.

— Il l'a trouvée ?

— Pas encore. Il la trouvera. Et d'autres viendront d'elles-mêmes. Et je devais partir en vacances dans trois jours ! Si ce maudit étudiant n'avait pas été amateur de photographies... Vous n'avez pas l'impression, vous, que ce Bouvet, ou Lamblot, appelez-le comme vous voudrez, a passé sa vie à se moquer du monde ?

Lucas allait sortir, bougon, peut-être pas si fâché, au fond, qu'il s'amusait à en prendre l'air, quand la sonnerie du téléphone retentit.

— Allô !... C'est moi, oui...

Il attendit, près de la porte, la fin de la conversation du patron.

— Vous êtes sûr ?... En quelle année ?... 1897... Parbleu ! Voyez aux sommiers... Faites-moi déjà descendre la fiche...

Quand il raccrocha, il regarda Lucas d'un œil malicieux.

— Ils ont fait le boulot habituel, là-haut, car ils ne savent pas au juste de quoi il s'agit.

Puisqu'on leur avait donné un corps, ils l'avaient soumis à toutes les épreuves de routine. Or, contre toute attente, les empreintes digitales avaient donné des résultats.

— Sa fiche existe dans nos dossiers depuis 1897. C'est même une des plus anciennes, et il y a beaucoup de chances pour que les empreintes aient été prises par Bertillon en personne.

Ils n'attendirent pas longtemps. Un employé leur apporta une fiche sur laquelle on voyait trois empreintes digitales assez peu nettes, et M. Guillaume retourna immédiatement, anxieux de lire ce qu'il y avait au dos.

Affaire Mancelli 28 février 1897. Empreintes relevées sur le couteau ayant servi au meurtre. L'arme a été déposée au Greffe.

Il n'y avait personne, dans la maison, pour se souvenir de l'affaire Mancelli. Ceux qui avaient pu la connaître étaient morts depuis longtemps, ou à la retraite.

Cette fiche-là était d'ailleurs assez émouvante, car elle était d'un format qu'on n'employait plus depuis longtemps et, comme M. Guillaume l'avait dit, il y avait des chances pour qu'elle ait été rédigée par Bertillon lui-même, alors qu'on venait de lui confier le service de l'Identité Judiciaire.

Le téléphone, à nouveau.

— Allô !... Oui... Vous êtes sûr ?... Je vous remercie...

— Dommage, dit-il à Lucas. Il a dû exister un dossier Mancelli, mais il ne se trouve pas aux Sommiers.

— Je vais envoyer quelqu'un au Palais de Justice.

— Ils mettront huit jours à fouiller les greniers ! Je crois que vous seriez plus vite renseigné en allant feuilleter la collection d'un des journaux de l'époque.

Il sourit à une pensée soudaine.

— Je me demande quelle va être l'attitude des femmes, à présent. Mme Lair doit encore se trouver quai de la Tournelle, sans se douter que le frère, qu'elle vient de reconnaître si joyeusement, a laissé jadis ses empreintes sur un couteau et a été recherché par la police.

Elle était là-bas, en effet, en compagnie de l'inspecteur qu'elle avait tout de suite mis à son aise. C'était elle qui avait frappé à la loge de Mme Jeanne et lui avait adressé un gracieux sourire teinté de mélancolie.

— Je vous demande pardon de vous déranger.

Le mot n'était pas de trop, car elle interrompait une scène de ménage dans laquelle Ferdinand, qui ne dessaoulait pas depuis deux jours, avait évidemment le dessous.

— Je suis la sœur de votre locataire et, sachant ce que vous avez été pour lui, j'aimerais avoir un entretien avec vous. J'ai pensé que vous accepteriez de monter avec moi dans l'appartement dont l'inspecteur va nous ouvrir la porte.

La concierge avait fermé le rideau de l'alcôve dans laquelle elle avait forcé Ferdinand à se recoucher, avait pris le temps de passer un tablier propre, puis elle avait fermé à clef la porte de la loge, emportant la clef avec elle.

Elle se méfiait encore un peu, mais celle-ci ne ressemblait pas à l'Américaine impétueuse et, selon son expression, « elle lui parlait comme à une personne humaine ».

— Vous voulez que je vous montre le chemin ?

Cela ne la choquait pas que M. Bouvet soit le frère d'une femme comme Mme Lair, et même, au fond, ce n'était pas sans la flatter.

— Vous allez malheureusement trouver du désordre là-haut, car ces messieurs ne m'ont pas permis de faire le ménage. Si vous saviez le crève-cœur que cela a été pour moi de le voir partir ! Peut-être, à présent qu'on sait qui il est, nous le rendra-t-on ? Vous allez faire quelque chose, n'est-ce pas ?

L'inspecteur suivait, silencieux, comprenant qu'elles étaient entre femmes et qu'il n'avait pas à intervenir, que le mieux était de s'effacer dans la mesure du possible. Il retira délicatement les scellés de la porte et resta près de celle-ci, sans entrer plus avant dans le logement où le soleil pénétrait à flots.

— C'était si coquet la semaine dernière encore ! Mais, dites-moi, vous êtes sûre de l'avoir reconnu ?

— J'en suis certaine. Il y a longtemps que je ne l'ai vu, mais les physionomies ne changent pas autant qu'on le croit, et je me souviens si nettement de la cicatrice.

— Je l'ai vue aussi, car, quand il a été malade, l'année dernière c'est moi qui l'ai soigné, et je le lavais chaque matin.

— Il devait vous aimer beaucoup.

Lucas s'était fait conduire en taxi dans les bureaux d'un grand journal du boulevard Poissonnière. Quand il demanda à voir les collections, on le conduisit dans une pièce tapissée d'immenses reliures noires, mais il s'aperçut vite que celles-ci ne contenaient que les journaux datant de 1900 ou plus récents.

On dut déranger un secrétaire, et cela prit du temps, on ne trouvait pas certaine clef, on l'emmenait enfin, par un escalier en colimaçon qui lui donnait l'impression de circuler dans les coulisses, vers une région grise et froide des bâtiments.

— Cela doit être ici. Attention à la poussière.

Cela sentait bon le vieux papier, la moisissure, et les journaux, d'un format dont on était déshabitué, étaient pleins d'annonces pour des produits qui n'existaient plus depuis longtemps, mais dont, pour certains, Lucas avait entendu parler dans sa jeunesse.

— L'administrateur vous demande de faire très attention, car le papier, après tant d'années, est devenu fragile. Je suis d'ailleurs ici pour vous aider. Quelle date avez-vous dit ?

— 28 février 1897.

Il n'y avait rien, ce jour-là, qu'une interpellation à la Chambre. On parlait d'un certain Briand et des Congrégations. Les faits divers étaient imprimés en très petits caractères, sans titre gras, les uns à la suite des autres, dans la même page que le feuilleton de Pierre Decourcelle.

— Regardez le journal de la veille.

Ils trouvèrent. Le titre, à lui seul, était d'une autre époque, évoquait un Paris que Lucas n'avait pas connu, mais dont il avait entendu parler par son père et par les aînés de la P.J.

QUERELLE D'APACHES

Un certain Pierre Mancelli, sans profession, qui a été condamné à plusieurs reprises pour vagabondage spécial, a reçu un coup de couteau en pleine poitrine, hier, vers minuit, à quelques pas du Moulin de la Galette. La scène, rapide, s'est déroulée dans l'obscurité. Autant qu'on en puisse juger par les rares témoignages, Mancelli guettait un couple dont il s'est approché au moment où celui-ci quittait le célèbre établissement. Une brève dispute a éclaté, suivie d'une lutte, et, quand les passants ont pu s'approcher, ils ont trouvé Mancelli, un couteau planté dans la poitrine, baignant dans le sang. Il est mort une demi-heure plus tard à l'hôpital sans avoir pu parler.

Quant au couple, qui s'est éloigné en courant dans les petites rues de Montmartre, il n'a pas été rejoint, et la police ignore encore son identité.

La police croit à un règlement de comptes. L'enquête se poursuit.

Il n'y avait rien les jours suivants. L'affaire était peu sensationnelle et n'avait pas fait de bruit.

Lucas quitta le journal, et un nouveau taxi le conduisit au commissariat de police du XVIIIᵉ arrondissement, mais on n'y avait pas gardé les procès-verbaux aussi anciens.

— Peut-être que le vieux Louette se souviendrait ! lui dit-on en plaisantant.

— Qui est-ce ?

— Il a travaillé cinquante ans ici. Il a pris sa retraite il y a seulement sept ans et vit toujours dans le quartier, du côté de la rue Lamarck. De temps en temps, quand il souffre d'insomnie, il vient faire une partie de cartes avec les hommes du poste et leur raconte des histoires. Ce sont le plus souvent des histoires dans le genre de celle-là.

Il alla rue Lamarck. Il n'y croyait pas, mais il ne voulait rien laisser au hasard. Le vieux Louette vivait toujours, en effet, et avait à peu près l'âge de M. Bouvet, mais il était parti huit jours plus tôt pour passer des vacances chez sa fille, à Rambouillet.

Les deux femmes, quai de la Tournelle, avaient fini par oublier la présence de l'inspecteur, qui était entré en conversation, sur le palier, avec le gamin des Sardot. Mme Lair avait eu le bon goût de parler la première.

— Je crois qu'il était heureux, lui disait Mme Jeanne. Ce n'était pas ce qu'on appelle un homme gai, vous savez, de ceux qui éprouvent toujours le besoin de raconter des plaisanteries. Mais il ne se tracassait pas. Même sa santé ne le tourmentait pas. Je lui ai demandé plusieurs fois pourquoi il n'allait pas voir un docteur et je lui ai recommandé le nôtre, qui est très bon et qui ne prend pas cher.

» Il m'a répondu qu'il se connaissait mieux que tous les médecins du monde et qu'il n'était pas inquiet.

» Quand il a été malade, l'année dernière, j'ai voulu savoir si je ne devais pas prévenir quelqu'un.

» — Personne, m'a-t-il répondu. A quoi bon ?

» Regardez les trois fauteuils. Ils sont à peu près à leur place. Il tenait à ce qu'ils fussent à leur place, parce que, selon le soleil, il s'asseyait tantôt dans l'un, tantôt dans l'autre. Le matin, par exemple, il choisissait celui-ci.

» Il avait des manies, comme tout le monde, mais qui n'étaient pas bien méchantes. Il était difficile pour le café et, s'il y en avait une goutte dans la soucoupe, se montrait mécontent.

» Il était très propre, méticuleux même. Je n'ai jamais vu un homme aussi propre.

» Il aimait préparer son repas de midi, et, quand je montais ensuite, il n'y avait pas une miette de pain par terre.

» Quant à ses images...

— Il ne vous a jamais parlé de la vie qu'il menait avant de s'installer ici ?

— Non. Mais je me rappelle son angoisse quand les Allemands se sont rapprochés de Paris. Il n'avait pas cru qu'ils viendraient jusqu'ici. Pendant tout le temps qu'a duré leur avance, il était dehors du matin au soir. J'ignore où il allait, mais il paraissait mieux renseigné que les journaux.

» Un matin, vers onze heures, alors qu'il venait à peine de sortir, il est rentré en hâte et m'a demandé de monter avec lui pour préparer sa valise.

» Il y avait déjà d'autres locataires de partis. Cela commençait à être la cohue dans les gares. Je ne sais pas si vous étiez à Paris et si vous vous souvenez.

» Peut-être sans raison, j'ai été surprise, peinée, qu'il s'en aille aussi. J'aurais cru qu'il resterait avec nous.

» — Où allez-vous, monsieur Bouvet ? Ils n'oseront pas faire de mal à un homme de votre âge.

» Il ne m'a pas répondu, et je l'ai vu partir avec sa valise à la main, car il était déjà impossible de trouver un taxi.

» Pendant toute la guerre, je n'ai pas eu de ses nouvelles. Il n'a pas envoyé d'argent pour son loyer, mais j'étais tranquille et je montais de temps en temps pour faire son ménage, car il n'avait emporté que quelques vêtements et du linge.

» Un matin, un homme qui avait les cheveux plats sur le front et qui portait un gros pardessus — c'était en hiver — a frappé à la vitre de la loge et m'a demandé si M. Bouvet était chez lui.

» Je ne sais pas pourquoi je me suis méfiée. Il n'avait pas d'accent. Je sentais pourtant que c'était un étranger.

» Il a essayé de me poser des questions, mais je répondais évasivement, vous savez comment.

Elle avait l'air de dire :

« Vous êtes une femme aussi et donc vous savez comment ! »

Entendant du bruit, elle courut sur le palier, se pencha sur la rampe, cria d'une voix aiguë qu'on ne lui soupçonnait pas :

— Qu'est-ce que c'est... Non ! Ils ne sont pas ici, ils sont en vacances... Quand ils rentreront ?... Le 28 septembre...

Elle sourit, en passant, au policier qui s'était assis sur une des marches en compagnie du gamin.

— Comme par hasard, trois jours après, il en est venu un autre, mais celui-ci, j'en suis sûre, avait l'accent allemand. Et, la semaine suivante, une auto de la kommandantur s'est arrêtée devant la maison. Un lieutenant en est descendu avec trois hommes en uniforme.

» C'est à peine s'ils m'ont adressé la parole. Ils savaient où ils allaient. Ils sont montés ici tout de suite. Moi, je les suivais. Quand j'ai vu qu'ils allaient défoncer la porte, je leur ai dit que j'avais la clef, et ils ont attendu que j'aille la chercher.

» Mais ils ne m'ont pas laissée entrer. Ils m'ont refermé la porte au nez. Ils sont restés quatre heures dans la pièce, à faire Dieu sait quoi, car il y avait aussi peu de chose que maintenant.

» Enfin, le lieutenant est descendu, seul, est entré dans la loge, s'est assis sans y être invité. Il parlait un peu le français.

» Il s'est mis à me questionner au sujet de M. Bouvet, insistant pour savoir où il était allé. Il répétait tout le temps :

» — *Vous savez, madame !*

» — Même si je le savais, je ne le dirais pas.

» — *C'est très mauvais, madame !*

» C'était un grand blond, beau garçon, qui avait l'air de porter un corset.

» Il en a appelé un autre, resté dans l'auto, et s'est mis à fouiller mes tiroirs. On recevait déjà des cartes de zone libre, où plusieurs locataires s'étaient réfugiés. Il les a emportées toutes.

» Et, vous le croirez si vous voulez, ils sont revenus trois fois, comme si cette affaire-là leur causait beaucoup de souci.

» Cela me faisait plaisir, au fond, parce que cela me prouvait que M. Bouvet ne les aimait pas.

» En même temps, j'étais inquiète. Je ne savais pas s'il était parvenu de l'autre côté et ce n'est que trois mois après la Libération que je l'ai vu descendre, devant la maison, d'un camion qui venait de la Dordogne et qui était plein de réfugiés.

— Qu'est-ce qu'il vous a dit ?

— Rien. Il m'a demandé si son appartement était toujours libre et si je n'avais pas eu trop faim.

— Et quand vous lui avez parlé des visites des Allemands ?

— Il a souri. Ç'avait l'air de l'amuser. Il m'a raconté, après, qu'il avait passé les années de la guerre dans une ferme de la Dordogne. Il paraît qu'il les aidait à la culture, et je le crois, car ses mains étaient devenues plus dures et il portait encore de gros souliers de cultivateur. Il m'a parlé souvent de la fermière, même que j'étais un peu jalouse. Dites-moi ! Je suppose, maintenant, qu'on va nous le rendre ? Puisque c'est votre frère, ils n'ont plus de raison de le garder.

Son regard devenait méfiant.

— Est-ce que vous ne croyez pas que c'est ici qu'il serait le mieux pour...

Elle cherchait le mot. Cela la gênait de prononcer : obsèques. Et enterrement lui paraissait trop vulgaire.

— Mon avoué a dû s'en occuper cet après-midi. Je ne pense pas que les choses aillent si vite que cela. Mon témoignage ne suffit pas et il faudra en trouver d'autres.

— Ah !

— Le médecin qui l'a soigné quand il est tombé de l'arbre est malheureusement mort. Sans doute plusieurs de ses anciens camarades vivent-ils encore.

— Vous croyez qu'il a réellement épousé cette femme ?

— C'est possible. C'est même probable.

— Mais il l'a quittée, n'est-ce pas ? Donc...

L'inspecteur, debout dans l'encadrement de la porte, toussait plus ou moins discrètement, et Mme Jeanne en profitait, bien que le corps ne fût plus là, pour fermer les fenêtres, les volets. Elle se précipitait vers le lit, était toute émue de voir Mme Lair l'aider à le refaire.

— Si je n'avais pas été si bavarde, j'aurais pensé à prendre les poussières. Vous remettez les scellés, inspecteur ?

— Ce sont mes instructions.

— Quand je pense que c'est moi qui ai dû donner le cordon deux fois sans le savoir !

Sur le palier, elle s'adressa au jeune Sardot.

— Tu sais qui est cette dame ? C'est la sœur de ton grand ami M. Bouvet. Dis-lui bonjour.

Et le gamin de prononcer en tendant la main :

— Bonjour, madame Bouvet.

La pluie commença à tomber à cinq heures et demie par gouttes larges et lourdes qui rebondissaient sur le pavé avant de s'écraser en taches noires. En même temps, le tonnerre grondait du côté de Charenton, et un souffle de vent soulevait la poussière, enlevait les chapeaux des passants qui se mettaient à courir et qui, après quelques instants de désarroi, étaient tous à l'abri sous les portes cochères ou sous le vélum des terrasses.

Les marchandes des quatre-saisons, faubourg Saint-Antoine, fuyaient, le tablier ou un sac sur la tête, poussant leur charrette en essayant de courir, et déjà les ruisseaux commençaient à couler des deux côtés de la rue, les gouttières chantaient, on voyait à tous les étages des gens fermer précipitamment leurs fenêtres.

M. Beaupère avait trouvé abri dans une sorte d'allée obscure, entre un marchand de légumes et un boucher, et lisait machinalement les noms sur les plaques vissées au mur. Il y avait un dentiste au premier, un dentiste miteux sans doute, une masseuse au second et, quelque part dans la maison, quelqu'un qui s'occupait de fleurs artificielles.

Il avait interrogé une bonne quarantaine de vieilles femmes, mais les unes étaient petites et maigres, les autres ne quittaient plus leur chambre, d'autres enfin le regardaient avec stupeur quand il leur parlait du quai de la Tournelle.

— Qu'est-ce que je serais allée faire quai de la Tournelle ?

Il y en avait même une qui lui avait répondu avec volubilité dans une langue qu'il ne connaissait pas et qu'il supposait être du polonais.

A mesure, il biffait les adresses dans son calepin et, puisque la pluie l'empêchait de circuler, il s'enfonçait maintenant dans le couloir au bout duquel il y avait une cour, trouva une nouvelle plaque d'émail portant le mot « concierge ».

A cause de l'orage, il faisait presque noir, et on avait allumé une mauvaise ampoule électrique qui donnait un faux jour.

Il entra, vit une femme couchée sur un lit, une autre qui n'était qu'une masse noire, dans un coin, avec, devant elle, un seau dans lequel elle laissait tomber les pommes de terre qu'elle épluchait.

— Police Judiciaire.

Une odeur écœurante régnait, de sueur et d'un médicament qui lui rappelait son opération de l'appendicite.

— Voyez ce qu'il veut, mademoiselle Blanche, fit une voix faible au fond du lit.

Et une voix étrangement enfantine questionna :

— Qu'est-ce que vous voulez ?

Il n'avait pas encore pensé à la regarder. Il lui fallait s'habituer à cet éclairage.

— Je veux seulement vous demander si vous n'avez pas dans la maison une locataire d'un certain âge qui s'habille de noir et qui a de mauvais pieds.

Au moment où il disait cela, il fixait soudain les pieds de la vieille femme, qu'elle avait sortis de ses pantoufles, qui semblaient énormes, informes dans les bas de laine noire.

— Vous habitez l'immeuble ? ajouta-t-il.

Et, comme la vieille ne répondait pas, ce fut la femme du lit qui prononça avec lassitude :

— Elle habite ici, oui. Depuis plus de trente ans. Elle me donne de temps en temps un coup de main. Qu'est-ce que vous lui voulez ?

Des roulements de tonnerre couvraient parfois les voix. La lumière sautait. L'électricité menaçait de s'éteindre. La vieille femme le regardait, apeurée, son couteau d'une main, une pomme de terre à moitié épluchée dans l'autre.

Sa face était large et blême comme une pleine lune, avec des yeux pâles, des lèvres sans couleur, comme si tout le visage avait été modelé d'une même matière.

— Connaissez-vous M. Bouvet ? lui demanda-t-il tout à coup.

Il eut le sentiment qu'il en avait fini de marcher dans les rues de quartier. Elle avait levé la tête. Elle le regardait, étonnée, elle dit :

— Il est mort.

— Vous le connaissiez ?

Elle dit encore :

— Je lui ai porté des fleurs.

— Je sais.

— J'ai vu son portrait dans le journal et je l'ai tout de suite reconnu.

Il n'avait jamais entendu une voix comme celle-là, pâle comme son visage, unie, impersonnelle. Elle se tournait vers le lit pour demander conseil, effrayée de répondre à un homme.

— Il y a longtemps que vous l'avez vu pour la dernière fois ?

— Longtemps, oui.

— Vingt ans ?

— Plus.

— Trente ans ?

— Plus.

— C'était à Paris ?

— Je l'ai vu à Paris.

— Vous l'avez revu ailleurs ?

— Je suis partie pour Bruxelles avec lui, et nous y avons vécu un an. Peut-être moins. Je ne sais plus.

— Il s'appelait déjà Bouvet ?

— Non. Je n'ai jamais entendu ce nom-là. Je l'ai lu pour la première fois dans le journal. C'est bien lui quand même.

— Comment s'appelait-il quand vous l'avez connu ?

Inquiète, elle regardait à nouveau le lit.

— Je crois que vous feriez mieux de lui répondre, mademoiselle Blanche.

— Il a changé de nom.

— Quand ?

— Avant que nous quittions Paris.

— Sous quel nom l'avez-vous connu d'abord ?

— Gaston... Gaston Lamblot...

— Et ensuite ?

— Il s'est appelé Pierron.

— Pourquoi ?

— Je ne sais pas.

— Et vous ?

— A Bruxelles, on m'appelait Mme Pierron.

— Vous étiez mariés ?

Elle hésita. Elle n'avait toujours pas lâché la pomme de terre ni le couteau, et M. Beaupère avait peur qu'elle se coupe.

— Non. Mais les gens le croyaient.

— Quels gens ?

— Les gens du café.

Elle n'y mettait aucune mauvaise volonté. Elle répondait sincèrement, mais les idées étaient lentes à venir, et c'étaient des idées toutes simples, qu'elle ne pouvait pas exprimer autrement.

— Vous travailliez dans un café ?

— Je servais, et il était à la cave.

— Vous êtes sûre que vous me dites la vérité, que vous n'avez jamais été mariés ?

— Oui. On le faisait croire.

— Vous n'avez pas eu d'enfant ?

Elle hocha la tête, étonnée, puis attristée.

— Qu'est-il arrivé ensuite ?

— Il est parti.

— Pourquoi ?

— Je ne sais pas.

— Où est-il allé ?

— Il est parti.

Il était inutile de chercher un téléphone dans la loge, et M. Beaupère, préoccupé, se résigna à se mouiller pour gagner le bar le plus proche.

— Amenez-la, lui répondit M. Guillaume.

— C'est que je ne sais pas si je peux.

— Elle est malade ?

— Non. C'est la concierge qui est malade. Elle la garde.

— Retournez auprès d'elle et attendez. Je vais vous envoyer quelqu'un.

Il ne but rien, se contenta de glisser un cachou dans sa bouche et, relevant le col de son veston, se glissa le long des devantures. Ses souliers étaient percés et ses chaussettes s'imbibaient.

— On va m'envoyer quelqu'un, annonça-t-il.

Et la vieille femme, qui épluchait les pommes de terre, questionna simplement :

— Pour quoi faire ?

8

A l'Institut médico-légal, où les lampes étaient allumées aussi, elle ne savait pas où elle était. Elle avait dû se croire d'abord dans une grande administration, puis, à cause des tiroirs numérotés, dans quelque étrange magasin de gros.

C'était toujours M. Beaupère qui l'accompagnait. On leur avait envoyé une infirmière qui était restée avec la concierge. Ce n'était pas seulement dans la loge qu'il faisait noir, mais partout dans Paris. Les nuages s'étaient amoncelés, si serrés, d'un gris si sombre, qu'on avait l'impression d'un soir d'hiver. Et la pluie, qui tombait toujours aussi drue, nettoyant les rues des passants, n'arrivait pas à vider le ciel.

Ils étaient mouillés tous les deux, bien qu'ils fussent venus en taxi. Et il se passait quelque chose de curieux : Mlle Blanche s'était coiffée d'un petit chapeau noir à l'ancienne mode qui ne couvrait que le sommet de sa tête, et, tout autour, ses cheveux blancs s'étaient mis à friser, lui faisant une auréole de cette matière presque impalpable avec laquelle on imite la neige sur les arbres de Noël.

De découvrir que les tiroirs métalliques contenaient des corps humains l'avait tellement stupéfiée qu'elle était restée un long moment sans réaction. Puis, petit à petit, elle avait compris, son regard avait détaillé le visage de M. Bouvet, ses doigts s'étaient emmêlés comme sur un chapelet.

Elle n'avait rien dit. M. Bouvet, ici, n'avait plus la même physionomie que dans le logement du quai de la Tournelle, ni qu'au quai des Orfèvres. Il n'avait plus de physionomie du tout. Ce n'était plus qu'une forme, des traits quelconques, et personne n'aurait songé à voir un sourire dans le pli de ses lèvres.

Le gardien attendait pour refermer le tiroir, et elle le regardait toujours de ses yeux incolores qui se remplissaient lentement d'eau. Elle devait le voir trouble, maintenant, comme si elle le contemplait à travers les gouttes qui tremblaient à ses cheveux. Ses lèvres remuaient à vide.

Les larmes se détachaient, cherchaient leur chemin sur le visage et faisaient un long zigzag avant d'atteindre le menton.

— Vous le reconnaissez ?

Elle hocha affirmativement la tête, et les larmes emplissaient toujours ses paupières ; M. Beaupère dut lui prendre le bras, doucement, gauchement, pour la faire reculer pendant qu'on refermait le casier.

Le taxi les attendait à la porte, mais, avant de sortir, Mlle Blanche jeta un coup d'œil furtif aux autres cases qui contenaient des morts aussi, comme si elle s'était attendue à ce qu'on les ouvrît toutes.

Leurs pieds laissaient des traînées sur le dallage du sol. Ils durent traverser un rideau de pluie avant de se retrouver à l'abri dans le taxi et ils se mouillèrent à nouveau quai des Orfèvres.

Là, comme pour la dérouter davantage, on lui avait retiré l'homme auquel elle avait eu le temps de s'habituer et qui comptait peut-être quelques points communs avec elle.

Considérait-on que M. Beaupère manquait d'une subtilité suffisante pour mener l'interrogatoire ? La décision venait-elle de ce qu'il était spécialisé dans les recherches dans l'intérêt des familles et que l'affaire semblait prendre un autre tour ?

— Je vais vous relayer. Rentrez chez vous et allez vous sécher, mon vieux.

Il n'insista pas. Il n'avait pas envie de rentrer chez lui. Il n'était pas fatigué. Mlle Blanche le suivit d'un regard désolé, comme s'il la trahissait en la laissant seule avec un nouvel inconnu.

Lucas, pourtant, n'était pas méchant. La P. J. était moins impressionnante à présent que presque tout le monde en était parti. C'était le soir, et la plupart des bureaux étaient vides, des portes restaient ouvertes sur le grand corridor désert. Sur un plateau, il y avait des verres à bière vides et un verre presque plein, auquel l'inspecteur but une gorgée.

Il commença par un petit discours, après avoir fait asseoir la vieille demoiselle dans un fauteuil recouvert de velours rouge.

— Vous comprenez qu'on ne vous veut pas de mal, n'est-ce pas ? Quoi qu'il arrive, tout à l'heure, on vous reconduira chez vous, où une infirmière, qui est une infirmière très compétente, très dévouée, s'occupe de la concierge.

Elle balbutia du bout de ses lèvres, sans avoir l'air de penser ce qu'elle disait — ni même de penser, tout court :

— Merci, monsieur.

— J'aurais pu vous convoquer demain, mais tant de gens sont intéressés à l'affaire que, plus tôt elle sera éclaircie, mieux cela vaudra. Vous n'avez pas faim ?

— Non, monsieur.

— Pas soif ? Bon. Vous ne désirez pas que je ferme la fenêtre ?

Celle-ci était ouverte sur la grisaille qui était maintenant celle du crépuscule en même temps que celle de l'orage, et de grands éclairs avaient l'air, invariablement, de venir mourir dans la Seine, comme si la foudre, à chaque coup, y tombait, éclairant un instant le pont où passaient des taxis et des autobus, mais d'où avaient disparu les silhouettes humaines.

— Vous n'avez pas peur de l'orage ?

Elle n'osa pas dire que oui, mais il le comprit, alla fermer la fenêtre, tira les rideaux, s'assit devant elle et alluma une cigarette.

— Vous vous appelez Mlle Blanche. Blanche qui ? Quel est votre nom de famille ?

Les mots mettaient du temps à l'atteindre et, une fois dans son esprit, devaient encore se réassembler pour donner naissance à une idée cohérente.

— Mon vrai nom ?

— Celui de vos parents ? Où êtes-vous née ?

— A Concarneau. Mon père s'appelait Barbelin.

— Et votre prénom est Blanche ?

— Mon prénom était Charlotte. C'est lui, quand nous sommes partis pour Bruxelles, qui...

— Vous n'avez jamais été mariée ?

Elle secoua la tête.

— Que faisiez-vous quand vous avez rencontré l'homme qui est mort et qui, à cette époque, si je ne me trompe, s'appelait Gaston Lamblot ?

Elle ne répondit pas tout de suite, et il l'aida. Il s'était armé de patience, prévoyant qu'il en aurait besoin.

— Dans quel quartier de Paris habitiez-vous ?

— Près de la place Blanche.

— Seule ?

Cela lui semblait extraordinaire qu'on vînt soudain remuer un passé si lointain. Peut-être qu'elle ne se souvenait plus très bien ? Peut-être son cerveau s'était-il alourdi ?

— Ne viviez-vous pas avec un certain Pierre Mancelli ?

Elle soupira, fit oui de la tête.

— Et vous vous livriez à la prostitution ? Vous étiez en carte ?

Elle ne pleura pas, ne protesta pas, ne manifesta pas non plus de honte. Elle continua de le regarder, ahurie, un peu effrayée.

— Si je vous dis quelque chose d'inexact, n'ayez pas peur de protester.

— Non, monsieur.

— Ce que j'ai dit n'est pas inexact ?

— Non.

— Vous êtes devenue la maîtresse de Lamblot ?

— Oui.

— Qu'est-ce qu'il faisait, à ce moment-là ?

— Je ne sais pas.

— Il était encore étudiant ?

— Je ne sais pas.

— Où vivait-il ?

— Avec moi.

— Dans les environs de la rue Blanche ?

— Dans un petit hôtel d'une rue dont j'ai oublié le nom, qui donne sur le boulevard des Batignolles, près de la place Clichy.

— Il y vivait avant de vous connaître ?

— Il avait habité rue Monsieur-le-Prince.

— C'est à cause de lui que vous avez quitté Mancelli ?

Elle remuait, mal à l'aise. Lucas croyait comprendre que ce qu'il disait n'était pas tout à fait juste, qu'elle aurait voulu rectifier, qu'elle ne trouvait pas les mots, que les idées aussi, peut-être, étaient floues dans sa vieille tête.

— Prenez votre temps. Vous ne désirez pas que je vous fasse monter du café ?

Il vit qu'il tenait le bon bout. Au mot café, un peu de vie avait éclairé ses yeux, et il décrocha le téléphone, appela la *Brasserie Dauphine.*

— Dites donc, Firmin, avez-vous le courage de vous élancer sous la pluie pour m'apporter du café et de la bière ? Beaucoup de café. Le meilleur possible.

Il la laissa se reposer, passa dans un bureau voisin, dénicha un inspecteur qu'il chargea de consulter les vieilles listes au service des mœurs.

Quand il revint, elle n'avait pas bougé. Elle devait pouvoir rester des heures immobile à la même place, tandis qu'un brouillard de pensées l'habitait. Puis il alla guetter dans le couloir le garçon de la *Brasserie Dauphine* qui arriva avec un plateau. Firmin s'était armé d'un vaste parapluie rouge qui servait à aller chercher les clients au bord du trottoir et se montrait fort gai, comme si l'orage le surexcitait.

— Un crime ?

Il désignait la porte du bureau.

— C'est un malabar ?

— Une vieille fille.

Lucas lui sucra son café, demanda si elle prenait du lait, la servit gentiment.

— Peut-être dois-je vous annoncer d'abord que, quoi qu'il se soit passé jadis, il y a prescription. Vous comprenez ? Non ? Cela veut dire que la justice ne peut rien contre vous, qu'elle ne pourrait plus rien non plus contre votre ancien amant, Lamblot, s'il vivait encore. Ce n'est pas à cause de l'affaire Mancelli que je vous interroge, mais parce que nous avons besoin, pour des raisons très différentes, de reconstituer sa vie.

Il avait parlé avec lenteur, mais c'était encore trop vite, trop compliqué, et, malgré les rideaux tirés, elle continuait à sursauter à chaque fracas de tonnerre ; peut-être, pendant tout le temps qu'il discourait, ne faisait-elle que guetter les prochains coups ?

Elle tenait sa tasse délicatement, buvait à toutes toutes petites gorgées, comme une dame en visite.

— Quand Lamblot est devenu votre amant, vous avez quitté Mancelli ?

Il répéta la question deux fois, en changeant les mots.

— Je ne sais pas. Pas tout de suite.

— Il était pour vous comme un client ?

— Non. Je ne crois pas.

— Il vous payait ?

— Probablement que non.

— C'est lui qui vous a proposé d'aller vivre avec lui ?

— Oui.

— Il voulait vous empêcher de faire le trottoir ?

Ce n'était pas tout à fait cela non plus. Il fallait ne pas cesser de guetter son visage, y lire au fur et à mesure sa pensée, ses hésitations, ses scrupules. Car elle avait l'air, elle aussi, de s'efforcer d'atteindre la vérité.

— Lamblot avait-il de l'argent ?

— Pas beaucoup.

— Qu'est-ce qu'il faisait de ses journées ? Donnait-il l'impression de quelqu'un qui travaille, qui va à un bureau ou à un atelier ?

— Non.

— Il se levait tard ? Il traînait une partie de la journée ?

— Oui.

— Avait-il parfois besoin de votre argent ?

— Je crois.

Lucas n'avait pas prévu cette époque-là, qu'il connaissait par ce qu'on lui avait raconté quand il avait débuté dans la police. La place Clichy, le boulevard des Batignolles, c'était presque la zone rouge, en un temps où l'on parlait beaucoup des apaches. Les filles portaient la jupe plissée et le chignon haut dressé sur la tête ; les mâles se les disputaient à coups de couteau.

— Lamblot était comme les autres ?

— Non.

— Mais il n'essayait pas de vous faire changer de vie ?

— Pas tout de suite.

— Et Mancelli voulait vous ravoir ?

— Sans doute.

— Arrivait-il à Lamblot de vous conduire au bal ?

— Quelquefois. Le plus souvent, on allait dans les cabarets, où on chantait et où on récitait des vers, du côté du boulevard Rochechouart.

— On l'y connaissait ? Il avait des amis ?

— Oui.

Elle ne se souvenait malheureusement pas des noms de ces cabarets. Si la plupart n'essayaient que d'émoustiller les bourgeois, il en existait un ou deux où l'on frondait plus dur, où l'on commençait à parler de justice sociale et où, à peu près vers ce moment-là, commençaient à se réunir des anarchistes.

— Vous n'avez jamais entendu parler de bombes ?

— Oui.

— Par Lamblot ?

— Par lui et par les autres.

On frappa à la porte, et l'inspecteur apporta à Lucas une vieille carte rose que la femme regarda avec un soudain effroi.

— N'ayez pas peur. Ceci restera entre nous.

Elle était venue à la visite, deux fois la semaine, dans ces mêmes bâtiments, et, sans doute, comme c'était la coutume, l'avait-on envoyée quelquefois passer une semaine ou deux à Saint-Lazare.

— Lamblot n'était pas malade ?

Avec la carte dans la main de l'inspecteur, elle savait ce que cela voulait dire.

— Non.

— Et vous ?

— J'ai eu de la chance.

— Lamblot vous aimait ?

— Je ne sais pas.

Ce n'était pas indispensable. Sans doute avait-il quitté le Quartier latin comme il avait quitté Roubaix, dans un mouvement de révolte, ou de fatigue, ou de dégoût.

Le glissement vers la place Clichy n'était pas tellement extraordinaire. D'autres fils de bourgeois, à la même époque, étaient allés, aux confins de Montmartre, se frotter, non seulement aux artistes et aux chansonniers, mais aux marlous qui exerçaient sur eux leur prestige.

Quelques-uns, dans le lot, s'étaient enfoncés plus avant, avaient appartenu à des groupes clandestins qui complotaient de jeter des bombes sur la voiture présidentielle et sur les landaus des souverains étrangers.

— Il écrivait ? eut-il l'idée de demander.

— Oui.

— Des livres ?

— Je ne sais pas. Il écrivait beaucoup. Il lisait tout haut à ses camarades ce qu'il écrivait.

— Cela ne paraissait jamais dans les journaux ? Réfléchissez. Rappelez vos souvenirs.

Malgré les pantoufles charentaises à dessus de feutre, ses pieds, à cause de la chaleur, commençaient à lui faire mal, et elle se demandait si elle oserait les déchausser sous le bureau qui les cachait.

Lucas, qui connaissait ses classiques, l'aida à fouiller dans sa mémoire.

— Il ne fréquentait pas la rue Montmartre ?

Elle avait libéré un pied. Elle répéta, troublée, à cause de ce qu'elle venait de faire et non de ce qu'il avait dit :

— La rue Montmartre ?

Et ce mot l'éclaira.

— Oui. Une petite librairie...

Peut-être existait-elle encore ? Ç'avait été, en tout cas, le rendez-vous des anarchistes, ou plutôt des libertaires, qui y vendaient des brochures et y imprimaient un petit journal.

— Vous êtes entrée avec lui ?

— Oui.

— Qu'est-ce qu'ils faisaient ?

— Ils discutaient. Lamblot leur a lu quelque chose.

Elle n'avait pas compris. Elle ne comprenait déjà pas, en ce temps-là. Son amant ne lui demandait pas de comprendre. Il lui demandait, parce que cela cadrait avec ses idées du moment, d'être une fille publique, la dernière des dernières, et sans doute est-ce pour ça, pour rompre lui-même davantage avec les conventions, qu'il lui avait encore fait faire le trottoir et qu'il lui était arrivé de lui prendre son argent.

— Mancelli l'a menacé ?

C'était évident. Elle ne crut pas devoir répondre.

— Et Lamblot était armé ?

D'un grand couteau à cran d'arrêt, évidemment, car la mode n'était pas encore au revolver.

— Vous êtes allée avec lui au Moulin de la Galette ?

— C'est la seule fois que nous y sommes allés.

— Mancelli vous guettait tous les deux, dehors. Lamblot l'a frappé, et vous vous êtes enfuis. Qu'avez-vous fait le reste de la nuit ?

— Nous avons marché.

— Dans Paris ?

— Dans Paris, puis hors de Paris. Nous sommes sortis de la ville par la porte de Flandre. Nous sommes arrivés à la campagne, puis, alors qu'il faisait jour depuis longtemps, dans une petite gare où nous avons pris le train.

— Pour la Belgique ?

— Oui.

— Vous aviez de l'argent tous les deux ?

— Presque pas. De quoi payer l'hôtel pendant deux ou trois jours.

Ils s'étaient à peine cachés, et pourtant on ne les avait jamais retrouvés.

— Vous avez changé de nom ?

— Oui. Il m'a dit de m'appeler Blanche et de laisser croire que j'étais sa femme.

— Vous l'aimiez ?

Elle le regarda sans répondre, et ce fut la première fois, depuis qu'elle était dans le bureau, qu'il y eut à nouveau du liquide dans ses yeux.

— Vous avez travaillé dans un café ?

— Dans une grande brasserie, place de Brouckère. Je servais dans la salle, et il travaillait à la cave.

— Il paraissait malheureux ?

Ces mots parurent l'effrayer, et elle fut longue à se rassurer ; elle dut, dans son for intérieur, faire appel à ses souvenirs.

— Je ne crois pas. Quand nous avions congé, nous allions à la campagne, au bois de la Cambre. Est-ce ainsi que cela s'appelle ?

Elle était presque joyeuse d'avoir retrouvé ce nom-là, qui devait, pour elle, s'accompagner d'images ensoleillées.

— Il vous a quittée pour une autre femme ?

— Je ne sais pas. Je ne crois pas. Il est parti.

— Sans vous prévenir ?

— Il m'a dit qu'il allait en Angleterre.

— Il ne vous a pas proposé de l'accompagner ?

— Non.

— Il ne vous a pas promis de revenir ?

Ces questions-là l'étonnaient, comme si elles ne cadraient pas avec la réalité, et elle le lui dit à sa façon.

— *Ce n'était pas comme ça.*

Sans doute ne se permettait-elle pas de l'interroger, de chercher à avoir une influence quelconque sur sa vie ? Il l'avait ramassée sur le trottoir. Il avait vécu plus d'un an avec elle. Peut-être croyait-elle que c'était pour elle, ou à cause d'elle, qu'il avait tué ?

Maintenant, il s'en allait, et elle n'avait jamais espéré qu'ils passeraient toute leur vie ensemble.

— Il ne vous a jamais écrit ?

— Il m'a seulement envoyé une carte postale non signée, avec une vue de Londres, une colonne.

— Trafalgar Square ?

— Je crois que c'est cela qui est écrit. Je l'ai encore.

— C'est tout ce que vous possédez de lui ?

— Avec une chaussette.

— Vous êtes revenue à Paris ?

— Pas tout de suite. Je suis d'abord allée à Anvers.

— Dans une autre brasserie ?

— Une brasserie à femmes.

Il connaissait cela aussi, qui, dans le nord de la Belgique, remplace les maisons de tolérance, de grosses filles à chair rose servant de la bière aux clients et buvant sur leurs genoux avant de les emmener dans la coulisse.

— Vous êtes restée longtemps ?

— Assez longtemps.

— Combien d'années ?

Elle ferma les yeux pour compter, et ses lèvres remuaient.

— A peu près seize ans.

— Dans la même maison ?

Dans la même ! Elle n'avait pas, comme Lamblot, besoin de changement. Sans doute avait-elle perdu sa place quand elle était devenue trop grosse, même pour les Anversois, ou défraîchie.

— Vous aviez gardé le nom qu'il vous avait donné ? Pierron ?

— Oui. Je suis revenue en France, d'abord à Lille.

Une sorte de pudeur l'empêcha de lui demander ce qu'elle y avait fait.

— A Paris, j'ai tenu le lavabo dans un café de la Bastille, puis, quand on m'a trouvée trop vieille, je me suis mise à faire des ménages.

Elle en faisait toujours. Pour des pauvres. Pour d'autres vieilles femmes comme elle, pour des malades qui n'avaient personne pour les aider.

— Vous avez reconnu sa photographie sur le journal ?

— Oui. J'aurais bien voulu le voir, mais je n'ai pas osé. Une dame est arrivée lorsque je parlais à la concierge, et j'ai laissé les violettes.

Il restait un peu de café dans la verseuse et il le lui servit, attendit qu'elle eût fini de le boire, finissant lui-même son verre de bière.

— Eh bien ! Je vais vous reconduire chez vous.

— On aura plus besoin de moi ?

— Je ne le pense pas. Ou, plutôt, on ira vous faire signer à domicile le rapport que j'établirai demain matin.

— Quand est-ce qu'on va l'enterrer ?

— Je vous promets de vous avertir.

— C'est vrai ?

Il la reconduisit, en effet, dans une petite voiture de la Préfecture de Police, et ils trouvèrent, dans la loge, l'infirmière qui avait essayé de mettre un peu d'ordre.

Lucas reconduisit celle-ci chez elle aussi, car il pleuvait toujours et, sur tous les journaux détrempés qui traînaient sur les trottoirs et que les ruisseaux emportaient les uns après les autres, on voyait la photographie de René Bouvet.

La concierge, quai de la Tournelle, était couchée et, depuis l'incident des deux personnes qui avaient pénétré dans la maison alors qu'elle croyait n'avoir tiré qu'une fois le cordon, elle avait le sommeil agité, allumait quand l'accordéoniste rentrait vers deux heures du matin, regardait par la vitre pour être sûre que c'était lui.

Les Sardot se préparaient à partir en vacances. Ils avaient leurs chambres retenues dans une pension de famille de Riva-Bella, et les bagages étaient presque bouclés, les billets de chemin de fer achetés pour le surlendemain, malgré les protestations du gamin, Vincent, qui ne voulait pas s'en aller sans assister à l'enterrement de « son ami ».

— On ne l'enterrera peut-être pas avant la fin des vacances.

— Qui est-ce qui dit ça ?

— Il faut que l'enquête soit finie, que plus personne ne le réclame.

— Et si on l'enterrait quand même ?

Vers huit heures, Mᵉ Guichard avait donné un coup de téléphone place des Vosges.

— Excusez-moi de vous déranger, chère amie, mais je tiens à vous mettre au courant d'un petit fait significatif qui vient de se produire. Je vous ai dit que j'avais eu jadis des relations d'affaires avec Mᵉ Rigal. Juste avant le dîner, il m'a appelé au bout du fil et il paraissait embarrassé en me demandant de mes nouvelles.

» Il m'a annoncé qu'il se trouvait seul à Paris, que sa famille était à la mer, qu'une affaire le retenait et, justement, il venait d'apprendre que j'avais à m'en occuper de mon côté.

» Je l'ai laissé venir, sans l'aider. Ce qui m'amusait, c'est que j'entendais parfois une voix de femme derrière lui, Mrs Marsh, plus que probablement, qui le poussait à risquer cette démarche.

» Je ne vous répéterai pas toutes ses paroles par téléphone et je vous demanderai la permission de passer vous voir demain.

» Son premier souci était de connaître vos intentions.

» — C'est une affaire horriblement compliquée, a-t-il dit, qui peut nous donner du travail et des tracas pour des années. Dieu sait combien de personnes, dans les prochains jours ou les prochaines semaines, vont se réclamer de Samuel Marsh ou de Lamblot, pour ne pas parler d'autres noms que nous ne connaissons pas encore. Ne serait-il pas de l'intérêt des deux parties les plus directement intéressées de prendre contact ?

» Vous avez compris ? Il voudrait que nous ne contestions pas la validité du mariage. Il s'est déjà mis en rapport avec un confrère de Panama, étant donné que le mariage a eu lieu là-bas, et, par conséquent, sous les lois panamiennes.

» Je ne me suis engagé en aucune façon. Mais, au dernier moment, je lui ai appris gentiment ce que la police vient de découvrir, à savoir que celui qui devait devenir Samuel Marsh a été recherché pour meurtre en 1897.

» Il doit y avoir un second écouteur à son appareil, car j'ai entendu une exclamation féminine.

» C'est tout. Vous m'écoutez ?

— Oui. Je pense à cette femme, à sa fille.

— Qu'est-ce que vous en pensez ?

— Que cela va être, entre elles, une bataille affreuse. Vous ne le croyez pas ?

— C'est à prévoir. Maintenant, je vous souhaite une bonne nuit. Pleut-il autant dans votre quartier que dans le mien ?

— La femme de chambre m'a dit il y a un instant que je ne sais quel tuyau est bouché, en bas, et que la cour est inondée.

— Bonne nuit...

— Bonne nuit...

Il ne pleuvait plus du tout quand Paris s'éveilla, et le ciel, d'un bleu plus pâle que les jours précédents, avait un regard candide. Les toits s'égouttaient. Les trottoirs séchaient, par plaques. L'eau de la Seine était boueuse, le courant, plus fort, dessinait de grandes moustaches à l'avant des péniches.

— Demain, vacances, avait annoncé M. Sardot en passant devant la loge, la boîte contenant son déjeuner sous le bras. Demain après-midi, je me baignerai dans la mer.

La concierge mit Ferdinand au lit et commença à balayer le vestibule, toujours plus sale les lendemains de grandes pluies. Peut-être pensait-elle à M. Bouvet ? Peut-être ne pensait-elle à rien ?

Il était un peu plus de huit heures. On commençait à voir des gens aller à leur travail et on levait les volets de quelques boutiques.

Justement, le marchand de musique levait les siens, alors que Mme Jeanne se trouvait sur le seuil, et elle cessa un instant de balayer pour échanger quelques mots avec lui sur l'orage de la veille.

— La foudre a dû tomber dans le quartier. Pourvu qu'elle n'ait pas fait de dégâts !

Il allait lui répondre quand il la vit regarder quelqu'un sur le quai, de l'autre côté de la chaussée.

Et, soudain, elle se précipita en lui criant :

— Appelez un agent !

Le marchand commença par ne pas bouger tant il était surpris de la voir se jeter sur un passant et se cramponner à son bras.

— Un agent ! continua-t-elle à crier à travers la rue. Vite !...

L'inconnu qu'elle malmenait était vêtu d'un complet gris d'une coupe indéterminée. Il portait un chapeau brun et il avait l'air tout à fait quelconque.

— Je vous en prie, disait-il en essayant de se dégager, sans y mettre de brutalité, ni même de force. Je ne cherche pas à fuir, ni à vous frapper.

— Mais, moi, je vous reconnais et je sais qui vous êtes. Vous êtes un Boche !

Elle cria le mot de toutes ses forces, pour attirer les deux ou trois personnes qui se trouvaient à portée de voix. On sentait que, si l'homme avait essayé de lui échapper, elle ne l'aurait pas lâché, se serait plutôt laissé traîner sur le sol.

— C'est un Boche ! Un sale Boche ! répétait-elle. C'est lui qui est venu me questionner, pendant la guerre, au sujet de M. Bouvet et qui voulait l'arrêter.

Le marchand de musique avait trouvé un agent près du pont, et celui-ci s'approchait à grands pas.

— Vite, monsieur l'agent. On ne sait pas de quoi ces gens-là sont capables. C'est un Boche ! C'est lui qui est venu pendant la guerre pour arrêter un de mes locataires...

L'inconnu paraissait embarrassé, mais calme. Quand elle lui lâcha le bras, il rajusta son veston, sa cravate.

— Vous avez des papiers ? lui demanda durement le sergent de ville.

D'autres gens étaient venus se joindre au petit groupe, et il y avait maintenant une douzaine de personnes sur le quai.

— Je vous les montrerai au commissariat, si vous le voulez bien.

— Vous entendez son accent ? Je suis sûre de ne pas me tromper. A cette époque-là, il avait les cheveux coupés presque ras.

L'agent lui retira son chapeau, et l'homme rit, parce qu'en réalité il n'avait à peu près plus de cheveux du tout.

— Vous admettez que vous avez déjà vu cette femme ?

— Je répondrai à votre chef, sergent.

— Attendez seulement que j'éveille mon mari pour qu'il garde la loge. Je veux aller avec vous. Il faut que j'explique au commissaire...

Et elle courut chez elle, arracha son tablier en un tournemain, reparut après quelques instants, un chapeau sur la tête.

— Un Boche ! répétait-elle comme pour elle-même. Si M. Bouvet avait été ici, ils l'auraient sans doute fusillé.

9

En chemin, il n'essaya pas de fournir d'explications. L'agent de police le tenait serré par un bras et le poussait, un peu comme un mannequin, lui imprimant parfois une secousse, sans raison sérieuse en réalité, mais, peut-être inconsciemment, parce que c'était le genre d'homme à se faire lyncher par la foule.

La concierge, beaucoup plus petite, marchait au premier rang, elle aussi, à menus pas précipités, sans cesser de parler pour elle-même, et quelques curieux suivaient, dont certains ne savaient pas de quoi il s'agissait.

L'homme était banal, pourtant, mais d'une banalité louche. Si quelqu'un avait crié au voleur, dans n'importe quel endroit public, c'est vers lui que les regards se seraient tournés.

Et on l'imaginait encore mieux guettant les petites filles à la sortie des écoles.

Peut-être cela tenait-il à sa peau très blanche sur laquelle tranchaient d'épais sourcils noirs, à ses yeux globuleux, un peu fixes, à ses lèvres trop rouges qui avaient l'air peintes ?

On ne le voyait pas faisant partie d'une famille, comme tout le monde, rentrant chez lui retrouver une femme et des enfants. C'était un solitaire, un triste, qu'on aurait juré mal lavé.

Il se laissait bousculer comme s'il en avait l'habitude et ce n'est qu'au commissariat, dans la première pièce partagée en deux par une balustrade, qu'il rajusta une fois encore son veston, son col, sa cravate, prononça avec une autorité inattendue :

— Je désire parler au commissaire.

L'employé regarda l'horloge, alla à tout hasard ouvrir la porte de son chef et fut surpris de le trouver dans son bureau. Il lui parla à mi-voix. Le commissaire se leva, passa la tête par l'entrebâillement de la porte, regarda curieusement l'homme et haussa les épaules.

— C'est un Allemand, monsieur le commissaire, lui cria la concierge. Il est venu une première fois, pendant la guerre, pour s'assurer que c'était bien dans l'immeuble que M. Bouvet habitait, et, deux jours après, nous avons été infestés de Gestapo. Je suis sûre que c'est lui qui s'est introduit dans la maison il y a deux nuits et qui a fouillé l'appartement. Regardez-le ! Il n'oserait pas prétendre que ce n'est pas vrai.

La placidité du personnage la tirait hors de ses gonds, et elle avait envie de le griffer, de lui faire mal, pour obtenir de lui autre chose que ce regard calme, indifférent, presque bienveillant.

— Je voudrais vous dire deux mots en particulier, monsieur le commissaire.

Avant de le laisser pénétrer dans le bureau, l'agent s'assura, en tâtant ses vêtements, qu'il n'était pas armé. La porte se referma. Les curieux étaient restés dehors. Personne ne posait de questions à Mme Jeanne qui se mit à raconter l'histoire à une femme qui attendait Dieu sait quels papiers tout en allaitant son bébé. Elle avait un beau sein blanc, plus gros que la tête de l'enfant.

Le commissaire, à côté, réclama une communication téléphonique, puis il appela un des inspecteurs du bureau, et la porte se referma à nouveau.

Enfin, après un bon quart d'heure, on fit entrer la concierge, et l'homme ni l'inspecteur n'étaient plus là.

— Vous avez bien agi, et je vous remercie, madame. Vous pouvez rentrer chez vous l'esprit tranquille.

— Vous l'avez arrêté ? Il est en prison ?

— Nous ferons le nécessaire, croyez-le.

Il était inutile de lui avouer que, sur la demande de l'inconnu, qui parlait d'une voix posée, il avait téléphoné au directeur de la Police Judiciaire en lui répétant textuellement la phrase qu'on l'avait prié de dire :

— J'ai ici « l'homme que vous avez rencontré le 14 juillet ». Il voudrait vous voir.

Sans une hésitation, M. Guillaume avait répondu :

— Envoyez-le-moi.

Il n'avait pas ajouté de le faire accompagner par un inspecteur, et le commissaire avait pris cette précaution de lui-même.

Les deux hommes étaient en taxi découvert. Ils en avaient pour trois ou quatre minutes. Puis ils montaient l'un à côté de l'autre le large escalier toujours poussiéreux du quai des Orfèvres.

Le directeur regardait l'inspecteur avec un certain étonnement, comprenant sans doute, lui disait :

— Vous pouvez aller. Je vous remercie.

— Je ne dois pas attendre ?

— C'est inutile.

Il alla fermer sa porte à clef, s'assit, sourit à son visiteur en questionnant :

— Comment se fait-il qu'on vous ait arrêté ?

— J'ai eu le tort, ce matin, par désœuvrement plutôt que par véritable curiosité, d'aller jeter un coup d'œil à certaine maison du quai de la Tournelle, et la concierge m'a reconnu.

— Elle vous connaissait donc ?

M. Guillaume avait rencontré le personnage sous le nom d'O'Brien, mais probablement en avait-il quelques autres, outre le sien propre. Il s'était trouvé en rapports avec lui un 14 juillet, deux ans plus tôt, lors d'une affaire qui intéressait à la fois le Deuxième Bureau et l'Intelligence Service, et c'était O'Brien qui avait participé à la conférence pour les Anglais.

— Soyez gentil, et donnez-moi quelques indications, car je vous avoue que je nage. Vous étiez en France pendant la guerre ?

— Non seulement j'y étais, mais je travaillais comme interprète dans un bureau allemand.

Il n'avait pas du tout le type anglais et sans doute était-il irlandais.

— C'est pour les Allemands que vous vous êtes occupé de M. Bouvet ?

— Plus exactement, c'est par eux que j'en ai entendu parler. Par la suite, j'ai eu l'occasion de vérifier les renseignements obtenus.

— Un instant. Est-ce vous qui, voilà deux nuits, vous êtes introduit dans l'appartement du quai de la Tournelle ?

— C'est moi. J'aurais pu vous mettre au courant, mais j'ai cru qu'il était préférable de ne pas le faire.

Ainsi, Lucas ne s'était pas tellement trompé quand il avait prétendu que cela lui donnait l'impression d'un travail fait par quelqu'un de la maison.

O'Brien était du « bâtiment », lui aussi. Ce qu'il faisait ne regardait pas la Sûreté Nationale, ni la Police Judiciaire, mais il lui arrivait d'entrer en contact avec ces organismes, en confrère.

— Vous avez le temps, monsieur le directeur ?

— J'ai vingt bonnes minutes devant moi avant le rapport.

Alors O'Brien alluma sa pipe et alla s'asseoir sur le rebord de la fenêtre. M. Guillaume, pensant qu'il était parvenu pendant quatre ans à tromper les Allemands, le regardait avec un étonnement mêlé d'admiration.

— C'est une histoire qui date de l'autre guerre, celle de 1914. J'en avais entendu parler à Londres il y a une dizaine d'années, car elle est presque classique dans nos services, mais ce n'est que par les Allemands eux-mêmes que j'ai appris toute la vérité.

» Il s'agit d'un homme que nous appelions l'agent Corsico et dont nous ne savions à peu près rien d'autre, sinon qu'il a été, à coup sûr, l'espion le mieux payé de la guerre 1914-1918.

» Cela vous intéresse ?

— C'est M. Bouvet ?

— C'est, en tout cas, l'homme qui est mort sous ce nom. Souvenez-vous de l'atmosphère de la Première Guerre mondiale, de l'importance qu'avait prise la ville de Madrid qui, l'Espagne étant neutre, était à peu près la dernière place au monde où les représentants officiels des Allemands et ceux des Alliés se rencontraient quotidiennement.

» L'espionnage y sévissait. Les deux camps y entretenaient une nuée d'agents dont le rôle était d'autant plus important que la guerre sous-marine battait son plein et que la plupart des bases clandestines de ravitaillement des sous-marins allemands se trouvaient sur les côtes espagnoles.

» Après quelques semaines, parfois après quelques jours, nos hommes étaient invariablement repérés, et on les retrouvait morts dans un terrain vague, à moins qu'on ne les retrouve pas du tout.

— J'en ai entendu parler.

— J'étais malheureusement trop jeune à ce moment-là, mais les anciens nous ont raconté toutes ces histoires à longueur de soirées.

» Sachez qu'un soir un petit homme qui ne payait pas de mine s'est présenté dans les bureaux de la firme commerciale servant de paravent à l'Intelligence Service.

» Refusant de dire son nom, il a annoncé qu'il était en mesure de nous fournir, au jour le jour, la photographie de tous les documents passant par le coffre-fort de l'ambassade d'Allemagne.

» Cela parut tellement incroyable qu'on faillit l'éconduire. Il avait pris ses précautions. Il avait apporté avec lui la reproduction d'une note dont on connaissait l'existence, mais dont nul ne savait la teneur.

» Alors, tranquillement, il dit son chiffre. Mille livres sterling en or, pour chaque photographie.

» Il exposa son plan. Quelqu'un de chez nous devrait se trouver chaque soir, en auto, dans un endroit désert, près des remblais, muni d'une somme suffisante, et attendre sa venue.

» Nos hommes ont, sans succès, essayé de le suivre.

» Car, dès ce jour-là, le système a fonctionné, et il a fonctionné à la perfection la plus grande partie de la guerre.

» C'est par ce canal que nous sont venus les renseignements les plus précieux.

» Quant à celui qui nous les fournissait, il a amassé de la sorte une fortune considérable, à tel point qu'il a fallu une réunion du cabinet de Londres pour octroyer à notre représentation à Madrid les crédits nécessaires.

— L'Intelligence Service, à l'époque, n'a pas soupçonné qui il était ?

— Pas même à quelle nationalité il appartenait. La guerre finie, il a disparu de la circulation sans laisser de traces. Je connaissais l'anecdote, comme tout le monde chez nous, quand, pendant la dernière guerre, je me suis trouvé en contact avec les gens de la Gestapo.

» C'est une autre histoire, qui n'a pas d'intérêt en elle-même.

Il dit cela simplement, sans fausse modestie, en tirant sur sa pipe.

— Or j'ai de nouveau entendu parler de l'agent Corsico. Car j'ai oublié de vous dire qu'autrefois, faute d'un autre nom, nous avions donné celui-là au mystérieux agent de Madrid.

» Certains des hommes de la Gestapo, à Paris, faisaient partie des services secrets du Kaiser pendant la guerre de 1914.

» Un nommé Klein, qui a dû être fusillé depuis, m'a parlé de l'agent Corsico, dont ces messieurs possédaient d'excellentes photographies et qu'ils auraient été satisfaits de retrouver.

» Comment savaient-ils qu'il était probablement à Paris, je l'ignore.

» Mais ils avaient fini par découvrir comment, jadis, les fuites s'étaient produites, et Corsico avait disparu à temps.

» C'est une histoire fort amusante.

Il bourra une nouvelle pipe, jeta un coup d'œil sur la Seine.

— L'homme avait d'autant moins de peine à photographier les documents qu'il était le propre valet de chambre de l'ambassadeur d'Allemagne. Ce qu'il y a de plus étonnant, c'est qu'il n'avait pas pris ce poste pour la circonstance, mais qu'il faisait déjà ce métier-là avant la guerre. On ne s'en méfiait donc pas. L'ambassadeur s'en méfiait d'autant moins que, pour certains services, c'était son homme de confiance. Je parle de sa vie privée. L'ambassadeur, en effet, avait une vie sexuelle assez compliquée, des exigences qu'il n'était pas toujours facile de satisfaire discrètement, ni sans danger.

» Une femme à la fois ne lui suffisait pas. Il lui fallait des groupes et...

» Je n'insiste pas. Le valet de chambre, paraît-il, était un organisateur étonnant de ces sortes d'orgies qui se déroulaient dans une petite maison louée à cet effet dans un quartier éloigné.

» C'est tout.

» Il ne lui était pas difficile, à ces occasions-là, de s'emparer de la clef du coffre et de travailler en sachant exactement de combien de temps il disposait.

» Les Allemands ont mis un temps considérable à découvrir le pot aux roses, et Klein, pour sa part, soupçonnait fort l'ambassadeur lui-même d'avoir prévenu le valet de chambre de son arrestation imminente afin d'éviter des révélations humiliantes.

— Comment l'avez-vous retrouvé à Paris ?

— Ce n'est pas moi qui l'ai retrouvé. Ce sont les Allemands.

» Ces gens-là ont une mémoire d'éléphant et sont bourrés de rancune. Ils possédaient des photographies du personnage et, je ne sais pourquoi, des raisons de croire qu'il s'était installé à Paris.

» Désiraient-ils simplement se venger ? Voulaient-ils s'assurer qu'il n'avait pas gardé des documents désagréables pour eux ?

» Toujours est-il qu'ils ont fini par retrouver sa trace et que c'est dans leurs bureaux que j'ai appris que le Corsico de jadis était un petit bourgeois connu dans sa maison du quai de la Tournelle sous le nom de M. Bouvet.

» J'ai donc devancé ces messieurs afin de l'avertir et de lui conseiller de prendre le large.

» De là ma visite à la concierge, qui m'a d'autant plus facilement pris pour un Allemand que je portais les cheveux coupés à la mode germanique.

» J'ai été rassuré en apprenant qu'il n'était pas à Paris, qu'il avait plus que probablement gagné la zone libre.

» Deux ou trois jours plus tard, la Gestapo se rendait à son tour quai de la Tournelle.

— La guerre finie, l'Intelligence Service n'a pas eu la curiosité de s'occuper de M. Bouvet ?

— A quoi bon ? J'ai fait un rapport à mes chefs. J'ai eu beaucoup de travail en Allemagne pendant les quelques années qui ont suivi la chute de Hitler. Klein et quelques autres ont été fusillés ou pendus.

» Je suis revenu à Paris de temps à autre, toujours chargé de missions différentes qui réclamaient toute mon activité.

» C'est par hasard, l'autre jour, que j'ai vu la photographie dans le journal. J'ai agi de mon propre chef, jugeant préférable de ne pas mettre en mouvement les rouages officiels.

» Il ne s'agissait, en somme, que d'une simple vérification. Je voulais m'assurer que M. Bouvet n'avait pas, chez lui, de papiers qui risqueraient de faire du bruit dans la presse.

» Je vous avoue tout de suite que je n'ai rien trouvé, pas le moindre document.

» J'ai commis la faute, ce matin, de passer par là, et la brave concierge m'a sauté dessus comme sur un voleur.

» Elle va être bien déçue en ne lisant pas dans les journaux le récit de mon arrestation.

On frappait à la porte.

— Excusez-moi, patron, je vous croyais seul.

— Venez, Lucas. C'est vous que cela regarde. Il s'agit de M. Bouvet.

Il ne put s'empêcher de rire.

— Un nouveau nom à ajouter à votre liste : Corsico ! Et une nouvelle profession : valet de chambre.

— Il y a justement quelqu'un dans mon bureau qui a connu l'homme à Tanger, en 1908, alors qu'il tenait un bar près du quartier réservé.

— Il y en aura d'autres. Sans doute aussi des femmes. A propos, Mme Lair m'a téléphoné ce matin à la première heure.

— Elle a du nouveau ?

— Elle a décidé, d'accord avec son avoué, de ne pas contester le mariage de son frère et de laisser l'héritage à Mrs Marsh et à sa fille.

— Elles se feront un procès toutes les deux.

— C'est à prévoir. Elle me demande aussi quand les obsèques pourront avoir lieu.

— Et vous avez répondu ?

— Quand elle voudra. Nous avons assez de photographies et de documents pour ne pas garder plus longtemps le vieil homme dans son tiroir. Voulez-vous aller avertir la concierge ?

Il n'avait pas présenté O'Brien à l'inspecteur, et l'homme de l'Intelligence Service s'éclipsa, redevint, dans la rue, un solitaire dont la tête et les allures ne plaisaient pas aux passants.

10

Ce ne fut pas tout à fait comme la concierge l'avait espéré, mais Mme Lair fut si discrète qu'elle lui laissa l'impression que c'était son mort quand même.

La concierge eut le temps, avant qu'on apportât le cercueil, de nettoyer à fond le logement du troisième et de l'aérer. A cause du gamin, qui ne voulait pas entendre raison, les Sardot avaient remis leur départ d'un jour, et M. Sardot avait dû aller à la gare pour échanger ses billets.

— Vous ne croyez pas, avait dit Mme Jeanne, qu'une chapelle ardente ferait trop riche dans le quartier ? Je pense, pour ma part, qu'une tenture à la porte...

Il y en avait une, avec une grosse initiale en argent et des franges. Le cercueil était magnifique, et Mme Jeanne avait remplacé les bougies par de vrais cierges, il était venu d'énormes gerbes de fleurs qu'on ne savait plus où poser.

Il faisait beau, aussi beau que le matin où M. Bouvet était mort en feuilletant des images d'Epinal qui s'étaient éparpillées autour de lui sur le trottoir.

Mrs Marsh avait voulu soulever des difficultés, organiser des obsèques à sa guise, mais son avocat l'en avait doucement dissuadée.

Elle n'arriva même pas la première. Trop nerveuse sans doute, elle avait perdu du temps à sa toilette, et, quand elle descendit de taxi, Mme Lair était déjà dans la chambre mortuaire où les Gervais venaient d'entrer.

Aucune des femmes ne salua les autres. La mère et la fille eurent l'air de ne pas se connaître, et le gendre fut seul à adresser à sa belle-mère un léger signe auquel elle ne répondit pas.

On ne pouvait plus voir M. Bouvet, enfermé dans son lourd cercueil, écrasé par surcroît sous le poids des fleurs et des couronnes.

Une fois de plus, Mme Jeanne avait enfermé les souliers de Ferdinand, et même ses pantoufles, le laissant en chaussettes, lui faisant jurer qu'il ne sortirait pas de l'immeuble, car cela lui était arrivé une fois d'aller pieds nus jusqu'au prochain bistrot.

Elle était affairée. Elle avait acheté un nouveau chapeau la veille au soir. La question des voitures la préoccupait, et il arrivait maintenant des gens qu'elle ne connaissait pas, qui venaient de Roubaix et d'ailleurs. M. Costermans et son avocat, des curieux, des journalistes, des photographes.

— Vous êtes sûr que tout se passera bien pour les voitures ? insistait-elle auprès du représentant des Pompes funèbres.

A dix heures exactement, on entendit des bruits sourds dans l'escalier et on vit bientôt les croque-morts qui descendaient le cercueil.

Cette fois, M. Bouvet quittait la maison pour de bon, et un sanglot éclata dans la gorge de Mme Jeanne, tandis qu'à côté d'elle une vieille femme au visage lunaire se mettait à pleurer doucement.

Ce fut Mrs Marsh qui, d'autorité, monta dans la première voiture, où le maître des cérémonies essaya en vain de faire pénétrer sa fille et son gendre et où Costermans s'installa tranquillement après avoir fait monter M. de Greef.

— Voulez-vous venir, madame ?

Mme Lair hésita, regarda sa propre fille et ses deux gendres qui la suivaient. Par erreur, on l'appareillait aux Gervais, et elle ne protesta pas. A quoi bon ? Est-ce que son frère, lui, avait fait des distinctions ?

Elles n'étaient là que quelques-unes et il y en avait eu d'autres dans sa vie, y compris toutes les petites négresses de l'Ouélé à qui il avait fait des enfants.

Il les avait quittées, les unes après les autres. Il était parti. Il avait passé sa vie à partir, et c'était maintenant son dernier départ, qui ne s'était pas organisé sans peine, qu'on avait failli lui faire rater.

Lorsque la dernière voiture s'avança, il restait trois personnes au bord du trottoir, et ces trois personnes-là ne se préoccupaient pas de préséance.

La concierge fit passer la grosse Mlle Blanche la première, puis elle fut pour monter à son tour, se ravisa, dit au petit vieux qui s'apprêtait à rester en plan :

— A vous.

Peut-être avait-il espéré cette invitation, car il s'était fait raser, et son costume était propre ; il avait même quelque chose de noir autour du cou en guise de cravate.

Les Sardot et l'accordéoniste étaient dans la voiture qui roulait devant la leur.

Dans la dernière voiture, chacun hésitait à se mettre à son aise sur les coussins. Mlle Blanche ne pleurait plus.

— Dire qu'il habitait si près et que je ne le savais pas, soupira-t-elle. J'aurais pu le rencontrer dans la rue. Il est vrai qu'il ne m'aurait pas reconnue, qu'il n'aurait peut-être pas aimé me revoir.

Alors Mme Jeanne regarda le Professeur d'un air entendu. Car, en somme, ils avaient beau être tout au bout de la file, ils étaient à peu près les seuls que M. Bouvet s'attendait à avoir à son enterrement.

Il ne les avait pas fuis. Il était venu vers eux. Il les avait choisis.

Les yeux du clochard étaient plus pétillants que ceux de la concierge ; il savait, lui, qu'il s'en serait fallu de peu que M. Bouvet parte une fois de plus, qu'il vienne le retrouver place Maubert et sur les quais.

Il était comme le dernier chaînon. Ceux des premières voitures, qu'on ne voyait même pas, représentaient des époques révolues, presque oubliées, et n'avaient que l'importance que leur conféraient des papiers.

Est-ce que Mlle Blanche le sentit ? Comprit-elle qu'elle occupait une place qui ne lui appartenait pas, qu'au mieux elle aurait dû être, elle aussi, dans les voitures du lointain passé ?

L'eau monta à ses yeux, tandis que les cahots faisaient sursauter sa grosse tête blafarde, et le Professeur, bon prince, lui sourit gentiment.

— Je le connaissais bien, allez ! Je suis sûr qu'il vous aurait fait monter avec nous.

Mme Jeanne hésita une seconde à peine, tira son mouchoir de son sac, car elle ne pouvait voir des larmes sans que ses yeux se mouillent, et dit d'une voix brouillée :

— J'en suis persuadée aussi.

Un camion rouge les dépassa, se rangea dans la file et, presque jusqu'au cimetière, où l'absoute devait avoir lieu dans la chapelle, la dernière voiture se trouva séparée des autres, comme si elle ne suivait pas le même enterrement.

Carmel by the Sea (Californie), 28 février 1950.

Maigret et les petits cochons sans queue

Première édition : Presses de la Cité, 1950.

Première édition : Presses de la Cité, 1950.

LES PETITS COCHONS SANS QUEUE

1

Les jeunes mariées aiment recoudre les boutons

Pour le coup de téléphone de sept heures, il n'y avait pas de doute : Marcel l'avait bien donné de son journal. Germaine venait à peine d'arriver au restaurant *Franco-Italien,* boulevard de Clichy, où ils avaient l'habitude de dîner et où ils se retrouvaient automatiquement quand ils ne s'étaient pas donné rendez-vous ailleurs. Ils y avaient leur table réservée, près de la fenêtre. Cela faisait partie de leur home.

Elle avait eu juste le temps de s'asseoir et de constater qu'il était sept heures moins trois minutes quand Lisette, la petite du vestiaire, qui la regardait d'un air si curieusement ému depuis qu'elle était mariée et qui avait tant de plaisir à l'appeler madame, s'était approchée.

— Madame Blanc... C'est Monsieur qui vous demande au téléphone...

Elle ne disait pas M. Blanc. Elle disait *monsieur,* et elle prenait un air si complice que c'était un peu comme si ce *monsieur* eût été *leur* monsieur à elles deux.

Changement de programme, sans doute. Avec Marcel, il fallait toujours s'attendre à des changements de programme. Probablement allait-il lui dire :

— Va vite te mettre en tenue et prépare mon smoking... Nous allons à telle première, ou à tel gala...

Combien de fois, depuis un mois qu'ils étaient mariés, étaient-ils restés chez eux le soir ? Deux fois, elle n'avait pas de peine à les compter.

— C'est toi, Marcel ?

Ce n'était pas lui qui était au bout du fil. C'était la téléphoniste du journal, dont elle connaissait bien la voix, qui reconnaissait la sienne aussi, et qui lui disait, avant de pousser sa fiche dans une case du standard :

— Je vous passe votre mari, madame Blanc.

Donc, il se trouvait au journal. Et il n'avait pas bu. Même quand il n'avait pris que deux ou trois apéritifs, elle s'en apercevait à sa façon de parler, car il avait très vite un petit cheveu sur la langue. C'était charmant, d'ailleurs. Elle ne le lui avouait pas, mais elle aimait quand il était ainsi, un tout petit peu éméché, pas trop, et qu'il zézayait.

— C'est toi, mon chou ? Il faut que je te demande de dîner sans moi. J'ai dans mon bureau John Dickson... Oui, le manager de Turner... Il veut absolument m'emmener dîner avant le match, et je ne peux pas lui refuser ça...

Elle avait oublié que Marcel avait un match de boxe ce soir-là. Elle n'aimait pas la boxe. En outre, elle avait cru comprendre, dès le début, que, comme il assistait à ces réunions pour le « business », selon son mot, il préférait ne pas l'y voir.

— Tu sais, dans ce milieu-là, il y a un certain nombre de types mal embouchés à qui je risquerais de devoir flanquer mon poing sur la gueule.

» Qu'est-ce que tu vas faire, mon chou ? Cinéma ?

— Je ne sais pas encore. Je crois que je rentrerai.

— Je serai à la maison à onze heures et demie. Mettons minuit au plus tard... J'écrirai mon papier chez nous et nous irons ensemble le porter au journal. A moins que tu ne préfères qu'on se retrouve à minuit à la brasserie *Graff*...

— Non, à la maison...

Elle n'était pas triste. Pas gaie non plus, bien sûr. Mais il fallait bien qu'elle s'habitue. C'était son métier, à Marcel. Elle mangea toute seule. Deux ou trois fois, le nez baissé sur son assiette, elle fut sur le point de parler, tant elle avait déjà l'habitude de penser à voix haute, l'habitude qu'il fût là en face d'elle, avec son sourire toujours à moitié goguenard et à moitié attendri.

— Pas de dessert ? Pas de café, madame Blanc ?

— Merci... Je n'ai plus faim...

En passant devant un cinéma illuminé, elle se demanda si elle avait eu raison d'annoncer qu'elle rentrerait. Puis, soudain, elle eut hâte d'être chez eux, elle se fit presque une fête de cette solitude, d'attendre, dans leur appartement, qu'il revienne. Jusqu'ici, quand elle l'avait attendu, c'était toujours dans des bars, dans des brasseries qu'il lui donnait rendez-vous. C'est à peine s'ils avaient eu le temps de faire connaissance avec leur intérieur.

Elle montait à pied la rue Caulaincourt qui devenait plus calme, plus provinciale à mesure qu'on s'éloignait des boulevards de Montmartre. Le soir était mou, pas trop froid pour le mois de décembre, mais pluvieux. Un brouillard plutôt, très fin, très subtil, qui enveloppait les lumières d'un tissu léger.

Leur maison faisait le coin de la rue Caulaincourt et de la rue Lamarck, près de la place Constantin-Pecqueur. Elle la voyait de loin, distinguait, au sixième étage, le balcon à rampe de fer noir qui contournait l'immeuble et dont une petite portion, limitée par des grillages, était leur domaine exclusif.

Pourquoi cela la rassura-t-il de voir des lumières aux fenêtres voisines de leur appartement ? En passant le corridor, elle aperçut la concierge qui lavait son fils avant de le coucher et elle leur cria le bonsoir. Il n'y avait pas d'ascenseur. C'était le seul ennui. Elle découvrait, en montant, de la lumière sous les portes, des rumeurs de radio, de conversations au coin du feu, et on croyait sentir l'odeur particulière de tous ces foyers que l'on frôlait.

— Vous avez un appartement, vous ? lui avait-il demandé un jour, de cette voix qui n'appartenait qu'à lui, qui faisait qu'on ne savait pas toujours s'il parlait sérieusement ou s'il plaisantait.

C'était à Morsang, au bord de la Seine, à la fin de l'été. Il y avait des années que Germaine y allait avec toute une bande passer ses week-ends. Un camarade avait amené Marcel, et celui-ci était revenu plusieurs fois.

— J'habite un meublé, avait-elle répondu.

— Moi aussi. Vous aimez ça ?

— Faute de mieux, n'est-ce pas ?

— Eh bien ! je viens de trouver un appartement...

Le miracle des miracles ! Le rêve de cinq cent mille Parisiens !

— Attendez ! C'est à Montmartre. De toutes les fenêtres on contemple le panorama de Paris. Il y a un balcon comme trois mouchoirs de poche, où l'on peut prendre son petit déjeuner au soleil. Quand il y a du soleil.

Il avait ajouté :

— J'ai loué. Maintenant, je cherche une femme. C'est urgent, parce que j'emménage le 15 octobre.

Enfin, toujours avec l'air de rigoler :

— Cela ne vous dit rien, à vous ? Une chambre, cuisine, salle à manger, salle de bain et balcon...

C'était toujours une joie pour elle, en arrivant sur le palier, de plonger la main dans son sac pour y chercher sa clef, une joie aussi, dès qu'elle avait tourné le commutateur, d'apercevoir sur les meubles des objets qui appartenaient à Marcel, une pipe, un pardessus et, dans la chambre, ses pantoufles.

— Dommage que tu ne sois pas là, mon chéri. On aurait passé une si bonne soirée...

Elle parlait toute seule, à mi-voix, pour se tenir compagnie.

— Il est vrai que, si tu avais été là, nous serions sortis.

— Tu comprends, lui disait-il plaisamment, je ne suis pas *encore* un homme d'intérieur, mais ça viendra, plus tard, quand j'aurai... quand j'aurai quel âge, au fait ?... Cinquante ? Soixante-dix ?

Elle essaya de lire. Puis elle décida de mettre de l'ordre dans ses vêtements, recousant un bouton par-ci, faisant un point ailleurs. A neuf heures, elle leva les yeux vers l'horloge et elle pensa que la séance commençait à la salle Wagram ; elle imagina le ring, les lumières crues, la foule, les boxeurs, Marcel à la table des journalistes.

A dix heures et demie, elle cousait toujours quand elle sursauta. Une sonnerie emplissait l'appartement de vacarme. C'était la sonnerie du téléphone, à laquelle elle n'était pas encore habituée, car l'appareil n'avait été placé que la semaine précédente.

— C'est toi, mon chou ?

Et elle pensa que c'était la première fois que Marcel lui téléphonait chez eux. Pendant la journée, elle était à son magasin, chez Corot Sœurs, faubourg Saint-Honoré, et c'était là qu'il l'appelait, qu'il l'appelait même un peu trop souvent au gré des demoiselles Corot.

— Qu'est-ce que tu fais ?

— Je couds...

Pourquoi fronçait-elle les sourcils ? Il y avait quelque chose qui lui déplaisait dans ce coup de téléphone, mais elle était incapable de définir ce quelque chose. Il n'avait toujours pas bu, et pourtant sa voix n'avait pas sa netteté habituelle. Il paraissait embarrassé, comme il l'était quand il se croyait forcé de mentir.

— Tu mens tellement mal !... lui avait-elle souvent répété.

— Je voulais te dire bonsoir... murmura-t-il. Le grand combat va commencer... Il y a foule... Tu dois l'entendre...

Non. Elle n'avait pas l'impression d'entendre la rumeur d'une salle pleine de spectateurs excités.

— J'espère toujours être rentré avant minuit... Allô !... Pourquoi ne dis-tu rien ?

— Je t'écoute...

— Tu es de mauvaise humeur ?

— Mais non...

— Tu t'ennuies ?

— Mais non, chéri... Je ne comprends pas pourquoi tu t'inquiètes...

— Je ne m'inquiète pas... Dis donc...

Elle comprit qu'elle allait enfin savoir le pourquoi de cet appel.

— Si par hasard j'étais un peu en retard...

— Tu comptes rentrer plus tard ?

— Non... Mais tu sais comment ça va... Il se peut que je sois obligé de boire un verre avec les organisateurs...

— Très tard ?

— Mais non... A tout à l'heure... Bise...

Docilement, elle imita dans l'appareil le bruit d'un baiser. Puis elle voulut parler, elle commença :

— Marcel, je...

Mais il avait déjà raccroché et elle était toute seule dans leur appartement, avec de la lingerie et des robes autour d'elle.

Si elle était sûre que le premier coup de téléphone était bien du journal, à cause de la standardiste qui lui avait parlé, rien ne prouvait que le second, celui de dix heures et demie, avait été donné de la salle Wagram, et par la suite elle devait être persuadée du contraire.

A onze heures, elle avait rangé ses affaires dans les armoires. Elle cherchait quelque chose à faire. Elle fut sur le point de prendre un livre. Par hasard, elle vit sur un fauteuil le manteau en poil de chameau de Marcel, et elle se souvint d'avoir remarqué quelques jours plus tôt qu'un des boutons était sur le point de tomber. Comme c'était en ville, elle ne l'avait pas recousu tout de suite. Et maintenant cette histoire de bouton la faisait sourire, car elle lui rappelait un souvenir.

Marcel était très coquet, d'une coquetterie parfois un tantinet voyante. Il affectionnait les tons clairs, les cravates de couleurs vives. Un dimanche matin, à Morsang, elle avait remarqué :

— Vous avez perdu un bouton de votre sweater...

— Je ne l'ai pas perdu. Je l'ai dans ma poche.

— Alors, donnez-le-moi, que je vous le recouse...

C'était bien avant qu'il lui parle de l'appartement. Il avait dit, pourtant :
— Ce que vous allez vous en donner quand vous serez mariée, vous !
— Pourquoi ?
— C'est une remarque que je fais chaque fois qu'un de mes amis se met
en ménage. Les jeunes mariées adorent recoudre les boutons de leur mari.
Je les soupçonne même de les découdre exprès pour pouvoir les recoudre.
Si vous avez déjà ce vice-là *avant*...

Elle souriait donc en étendant le poil de chameau sur ses genoux. Elle
enfilait son aiguille, puis, au moment de coudre, elle sentait dans la poche
un objet d'une grosseur inaccoutumée.

Jamais elle n'aurait pensé à fouiller les poches de Marcel. Elle n'était pas
encore jalouse. Peut-être même ne le serait-elle jamais, tant elle avait
confiance en lui, et surtout dans son sourire de gamin tendre.

L'objet était dur. Il ne ressemblait à rien de ce qu'on a l'habitude de
mettre en poche, et c'est pour ainsi dire sans curiosité, exactement par goût
de l'ordre, qu'elle l'en retira.

Alors, tandis que ses doigts écartaient le papier de soie, son visage changea
et elle resta un bon moment immobile, sidérée, à fixer, de ses yeux où il y
avait de la terreur, un petit cochon en porcelaine.

Il était onze heures et demie, elle voyait l'heure à l'horloge. Le petit
cochon rose était sur la table, devant elle. Le pardessus avait glissé sur
le tapis. Fébrilement, elle formait un chiffre sur le cadran de l'appareil
téléphonique, mais, à chaque fois, une sonnerie hachée lui annonçait que la
ligne était occupée.

Ses doigts se crispaient comme si c'eût été une question de vie ou de mort
en même temps qu'une question de secondes. Sans répit, elle recommençait
à former le numéro. Puis elle se leva, feuilleta l'annuaire des téléphones
pour s'assurer qu'elle ne s'était pas trompée.

Quand il l'avait appelée, à dix heures et demie, le grand combat allait
commencer. Combien de temps dure un combat de poids lourds ? Cela
dépend, évidemment. Et après ? Est-ce que les gens s'en allaient tout de
suite ? Est-ce que les organisateurs quittaient la salle aussitôt ?

— Allô ! Salle Wagram... ?
— Oui, madame.
— Dites-moi, monsieur... La séance est-elle terminée ?...
— Il y a près d'une demi-heure, madame...
— Tout le monde est parti ?... Qui est à l'appareil ?
— Le chef électricien... Il y a encore plusieurs messieurs ici...
— Voulez-vous leur demander si M. Marcel Blanc... Oui, Blanc...
Comme la couleur blanche... Le journaliste, oui... Voulez-vous leur deman-
der s'il est avec eux ?... Il doit se trouver en compagnie des organisateurs...
C'est très important... Je vous supplie de faire l'impossible pour mettre la
main sur lui... Allô !... Oui, s'il y est, qu'il vienne me parler à l'appareil...

Puis, dans le silence soudain, l'écouteur à l'oreille, elle regretta de s'être
affolée de la sorte et d'avoir dérangé Marcel. Qu'est-ce qu'elle dirait ?

Il allait peut-être rentrer alors qu'elle attendait à l'appareil. On entendait des pas dans l'escalier. Non, c'était pour le quatrième. S'il avait pris un taxi tout de suite ?... Or Marcel n'aimait pas attendre les autobus ; il avait horreur du métro... Pour un oui ou un non, il sautait dans un taxi...

— Allô... Vous dites ?... Il n'est pas avec ces messieurs ?... Vous ne savez pas si...

On avait raccroché. Le vide, à nouveau. Et le petit cochon rose sur la table, le petit cochon *sans queue.*

— Écoute, Marcel, il faut que tu me dises...

Mais Marcel n'était pas là. Elle était seule et elle avait tout à coup peur de cette solitude, si peur qu'elle marcha vers la porte-fenêtre et qu'elle l'ouvrit.

Dehors, c'était la nuit d'un gris bleuâtre, des toits mouillés qui se découpaient avec netteté, des cheminées, les tranchées profondes des rues piquetées de réverbères et là-bas, brillante, la coulée des boulevards de Montmartre, la place Blanche, la place Pigalle, le Moulin-Rouge, mille boîtes de nuit d'où émanait un brouillard phosphorescent.

Des taxis montaient la rue Caulaincourt et changeaient de vitesse à cause de la côte. A chacun, elle croyait qu'il allait s'arrêter, que Marcel en descendrait, qu'elle verrait sa silhouette se tourner négligemment vers le chauffeur, puis qu'il lèverait la tête vers *leurs* fenêtres. Des autobus aussi, au toit argenté, qui stoppaient juste devant la maison et d'où descendaient deux ou trois personnes qui s'en allaient en relevant le col de leur pardessus.

— Ce n'est pas possible, Marcel... disait-elle à mi-voix.

Brusquement, il lui fut insupportable d'être en tenue d'intérieur, car elle s'était déshabillée en arrivant chez elle, comme elle en avait l'habitude. Elle se précipita vers la chambre, saisit une robe de laine, au petit bonheur. Une robe qui se boutonnait dans le dos. Une robe que Marcel avait l'habitude de lui boutonner en mettant de petits baisers sur sa nuque.

De quoi avait-elle peur ? Il y avait peut-être plusieurs jours ou plusieurs semaines que le petit cochon de porcelaine était dans la poche du manteau. Quand Marcel avait-il mis ce vêtement pour la dernière fois ? Il ne possédait que deux pardessus. Elle aurait dû se souvenir. Elle l'aimait. Cent fois par jour, elle le regardait à la dérobée pour l'admirer, pour contempler sa silhouette, reconnaître un geste qui lui plaisait, simplement, par exemple, le geste de sa main quand il éteignait sa cigarette.

Ils avaient encore déjeuné ensemble à midi, non pas au *Franco-Italien,* où ils n'allaient que le soir, mais dans un restaurant proche des grands boulevards, chez la *Mère Catherine.* Elle était incapable de dire quand il avait mis son poil de chameau pour la dernière fois !

Il y avait moins de huit jours, en tout cas, car elle l'avait porté au dégraisseur la semaine précédente.

Et elle croyait tout savoir de ses faits et gestes ! Il lui racontait tout, y compris les blagues qu'on racontait au journal. Il lui téléphonait sans cesse. Ils se retrouvaient. Quand il avait une minute, il n'hésitait pas à venir lui dire bonjour au magasin.

Elle était retournée sur le balcon, toujours agitée, et elle pâlissait une fois de plus.

— Tu n'es jamais allée aux sports d'hiver, n'est-ce pas ?

Elle y était allée une fois, mais comme vendeuse, car la maison Corot Sœurs ouvrait une succursale à Megève pendant la saison.

— Tu aimerais ça ? Tu obtiendrais quinze jours de congé ? Il suffirait que je fasse une bonne affaire et on filerait tous les deux...

Pourquoi n'avait-elle pas protesté ? Elle s'était montrée ravie, en réalité parce qu'elle n'y croyait pas. Il faisait ainsi les projets les plus abracadabrants, tous plus coûteux les uns que les autres, comme s'ils n'avaient pas eu à compter, alors qu'il n'avait que ses articles pour vivre.

Ne lui avait-elle pas dit :

— Tu es né pour être riche. Tu as envie de tout...

— Surtout pour toi... avait-il riposté avec une certaine gravité qui ne lui était pas habituelle. Tiens, depuis que je te connais, j'ai une envie folle d'une voiture...

— Tu sais conduire ?

— J'en ai eu une, jadis...

Elle n'avait pas osé lui demander quand. En somme, ils ne savaient presque rien l'un de l'autre, sinon qu'ils s'aimaient. Leur mariage avait été une sorte de jeu, un jeu délicieux.

— Tu as des parents ?

— Mon père...

Et lui-même avait décidé :

— En province, évidemment !... Mais tu es majeure... Moi, je n'ai plus personne... Occupe-toi des papiers... On se mariera à la mairie du IXe...

Parce que c'était dans le IXe arrondissement, près du square Saint-Georges, qu'avant son mariage Germaine avait une chambre meublée.

— Elle n'est pas trop moche, la mairie du IXe ? Il est vrai que, pour le temps qu'on y restera...

Un taxi. Non. Il continuait sa route. Elle revint voir l'heure. Il était passé minuit et, maintenant, les passants étaient si rares qu'on entendait longtemps leurs pas résonner dans le dédale des rues.

— J'aurais dû te rencontrer trois ans plus tôt...

— Pourquoi ?

— Parce que, quand on est jeune, on perd son temps...

C'est inouï le nombre de petites phrases de ce genre auxquelles elle n'avait pas attaché d'importance, et qui lui revenaient à présent. Jusqu'à sa gaieté, qui prenait un autre accent. Il était exubérant, sans que cela parût forcé. Il était naturellement gai, enjoué. Et pourtant il y avait toujours, dans son regard, comme un cran d'arrêt.

— Tu verras que je ne suis pas si mauvais que ça...

— Pourquoi serais-tu mauvais ?

Il souriait, ou il riait, ou il l'embrassait.

— Au fond, vois-tu, je crois que je suis un type comme les autres... Du bon et du mauvais bien mélangés, si bien mélangés que je ne m'y retrouve pas toujours moi-même...

S'il pouvait revenir ! Si seulement il était là, s'il descendait d'un taxi, s'il tournait le coin de la rue, si elle entendait son pas dans l'escalier !

Pourquoi avait-il téléphoné, à dix heures et demie, et pourquoi avait-il une voix embarrassée comme si, pour la première fois, il lui avait caché quelque chose ?

Elle avait eu tort, elle, d'appeler la salle Wagram. Elle s'en rendait compte maintenant. Cela pouvait devenir extrêmement grave. Est-ce qu'elle avait dit au chef électricien qu'elle était la femme de Marcel ? Elle ne s'en souvenait plus.

Mais non ! Ce n'était pas possible. Pourquoi ce soir-là, justement ?

Mais pourquoi aussi lui avait-il parlé des sports d'hiver et même d'acheter une auto ? Quelle affaire pouvait-il espérer réussir ? De temps en temps, en dehors de ses chroniques sportives, un contrat de publicité, sur lequel il touchait dix pour cent. Quelques milliers de francs, pas plus.

Elle revint vers le téléphone. Non. Elle repartait vers le balcon et c'était maintenant une pluie fine et bruissante qui tombait du ciel bas. C'était très doux, très feutré. Le panorama nocturne de Paris en devenait plus intime. Pourquoi Marcel ne rentrait-il pas ?

Le téléphone... Elle y revenait sans cesse, s'en éloignait, y revenait encore.

— Allô... L'interurbain ?... Voulez-vous me donner le 147 à Joinville, s'il vous plaît, mademoiselle...

Elle n'avait pas eu besoin de consulter l'annuaire. La sonnerie, à l'autre bout, retentissait longtemps et donnait l'impression, Dieu sait pourquoi, de réveiller les échos d'une grande maison vide.

— On ne répond pas...

— Veuillez insister, mademoiselle... Je suis sûre qu'il y a quelqu'un... Mais il dort sans doute à cette heure... Sonnez encore, voulez-vous ?

La sonnerie... Elle guettait les bruits de l'escalier, ceux de la rue, les freins des taxis, des autobus...

— Allô... Ici, c'est Germaine... Tu dormais ?... Tu es sûr que tu dormais ?... Il n'y a personne chez toi ?

Ses traits étaient devenus durs et graves.

— Je te demande pardon de t'avoir réveillé... Comment ?... Ta goutte ?... Excuse-moi, je ne savais pas... Mais non, rien...

L'autre voix, au bout du fil, était grognonne. Celle d'un homme qui fait une attaque de goutte et qu'on oblige à sortir de son lit et à descendre un étage en pyjama.

— J'ai absolument besoin que tu me donnes un renseignement... Dis-moi franchement si tu connais un Marcel Blanc...

Et l'autre voix, furieuse :

— Je croyais qu'on ne prononçait pas les noms de famille...

— Il le faut bien... Tu as entendu ?... Marcel...

— Et après ?

— Tu le connais ?

Un silence.

— Il faut que tu me répondes tout de suite... C'est très important... C'est la dernière chose que je te demanderai... Tu le connais ?

— Comment est-il ?

— Vingt-cinq ans... Beau garçon... Brun, élégant...

Elle eut une inspiration.

— Il porte souvent un manteau en poil de chameau, très clair...

Silence à l'autre bout.

— Tu le connais ?

— Et toi ?

— Peu importe. Réponds. Tu le connais ?

— Et après ?

— Rien... J'ai besoin de savoir... C'est oui, n'est-ce pas ?

Elle crut qu'on montait. C'était seulement un chat qui miaulait sur un paillasson.

— Viens me voir quand tu voudras...

— Ne raccroche pas... Attends... Ce que je veux que tu me dises, c'est si ce soir...

— Quoi ?

— Tu ne me comprends pas ?

— Je croyais que tu étais mariée...

— Justement... C'est...

Et dans un mouvement irrésistible :

— C'est mon mari.

Pourquoi croyait-elle voir de l'autre côté l'homme hausser les épaules ? Il se contenta de laisser tomber :

— Va te coucher...

Puis elle eut beau parler dans l'appareil. A Joinville, le 147 avait raccroché.

Il était une heure et demie du matin et Marcel n'était toujours pas rentré. Le petit cochon sans queue mettait des reflets roses sur la table où était ouverte la boîte à couture, et le poil de chameau gisait toujours sur le tapis.

2

Le marchand de petits cochons

Quatre heures. De toutes les fenêtres qu'on pouvait apercevoir du balcon, il n'y en avait plus qu'une éclairée et parfois, derrière le rideau, une silhouette passait, celle de quelqu'un, sans doute, qui soignait un malade.

Marcel n'était pas rentré. Marcel n'avait pas téléphoné, n'avait envoyé aucun message, et alors, quand la grande aiguille fut exactement verticale sur le cadran de l'horloge, Germaine se décida à un nouvel appel téléphonique.

— Allô... C'est toi, Yvette ?... Tu dormais, ma pauvre fille ?... Il ne faut pas m'en vouloir... Ici, Germaine... Oui... Tu veux me rendre un grand service ?... Comment dis-tu ?

La grande bringue, à l'autre bout du fil, s'était contentée de murmurer :

— Déjà...

C'était une vendeuse de chez Corot Sœurs, une immense fille de vingt-huit ans, sans aucun charme physique. Elle le savait, n'essayait pas de se faire d'illusion et réalisait ce miracle de rester la copine la plus gaie et la plus bienveillante du monde.

— Habille-toi en vitesse, n'importe comment. Pour gagner du temps, je vais téléphoner pour t'envoyer un taxi. Tu viendras ici tout de suite...

A part son « déjà », Yvette ne manifesta ni surprise ni curiosité, et un quart d'heure plus tard un taxi s'arrêtait au coin de la rue, la grande bringue montait l'escalier, Germaine lui ouvrait la porte.

— Tu as dû être étonnée...

— Ce sont des choses qui arrivent, ma fille...

— Marcel n'est pas ici...

— Je m'en doutais. S'il y était, tu ne m'aurais pas appelée...

— Je t'expliquerai plus tard, ou plutôt, je te le dis franchement, ce sont des choses que je ne peux pas expliquer, même à toi...

— Où faut-il que j'aille le chercher ? Est-ce que je dois lui dire que tu es malade, ou que tu t'es tiré une balle dans la tête ?

— Tu vas rester ici... C'est moi qui dois sortir... Seulement, écoute... Tu veilleras au téléphone... Si on appelait, tu noterais soigneusement les messages... Si c'était Marcel, tu lui dirais qui tu es... Il te connaît... Ajoute que je suis sortie, que je ne tarderai pas à rentrer... Et, ma foi, s'il revenait, dis-lui la même chose, dis-lui que j'ai été inquiète, que... que je suis partie à sa recherche...

— Quatre heures et demie... remarqua la grande bringue. Ce n'est plus la peine que je me déshabille... Je peux m'étendre sur le divan ?... Tu n'as rien à boire...

— Il doit y avoir une bouteille de cognac dans le placard...

Germaine était déjà à la porte. Un peu plus tard, elle sautait dans le taxi qui l'avait attendue.

— A Joinville... Suivez le bord de la Marne... Je vous arrêterai...

Elle devenait plus calme, plus lucide, depuis qu'au lieu d'attendre elle agissait. Elle continuait à parler à mi-voix, par habitude de femme qui a vécu longtemps seule. Les rues étaient désertes, à part quelques camions de légumes qui se dirigeaient vers les Halles. Le taxi ne mit pas une demi-heure à atteindre Joinville et, un peu plus tard, Germaine l'arrêtait devant une grosse villa isolée, au bord de l'eau.

— Vous m'attendrez...

Elle sonna. Elle savait que ce serait long. Elle dut sonner plusieurs fois avant d'entendre, de deviner plutôt des pas feutrés derrière la porte. Elle n'ignorait pas qu'on allait ouvrir le judas pour la dévisager en silence. Elle s'impatienta. Il pleuvait. Elle commençait à sentir ses épaules humides.

— C'est moi, dit-elle. Ouvre.

Et la voix grognonne de son père, de l'autre côté de la porte, de grommeler :

— Tu ferais mieux d'aller au diable...

Il ouvrit quand même. Puis, la porte refermée il tourna le commutateur, poussa la porte de droite, qui était celle d'un grand salon poussiéreux et sans feu. Un froid humide vous y enveloppait, en même temps que des relents de moisi, qu'une odeur fade de ménage pas fait.

— Il n'est pas rentré ? questionna-t-il en se serrant dans sa robe de chambre et en se blottissant dans un vieux fauteuil.

— S'il était rentré, je ne serais pas ici.

L'homme était énorme et mou, avec un visage couperosé, des yeux soulignés par de larges poches. De temps en temps, il portait la main à sa jambe, enflée par la goutte, qui le faisait souffrir.

Il regardait sa fille avec une curiosité non exempte d'ironie, ni de satisfaction.

— Tu es bien attrapée, hein ? Ce n'était pas la peine de monter sur tes grands chevaux... Quand je pense à tout ce que tu m'as dit...

— Je suis venue pour te parler sérieusement... Tu connais Marcel...

— Je connais *au moins* un Marcel... Si tu m'avais seulement appris le nom de l'homme que tu épousais, au lieu de me faire signer une autorisation en blanc... Qu'est-ce qu'il lui est arrivé, à ton mari ?... On l'a coffré ?

Sans essayer de crâner, elle murmura :

— Je ne sais pas... Il n'est pas encore rentré... Dans sa poche, par hasard, j'ai trouvé un de tes petits cochons... Quand est-il allé te voir ?

L'homme, que tout le monde appelait M. François, ne passait que ses nuits et ses dimanches dans la grosse villa en briques de Joinville. Près de l'église Notre-Dame-de-Lorette, en plein cœur de Paris, à deux pas de la salle Drouot, il possédait un vaste magasin d'antiquités qui ressemblait davantage à un bric-à-brac, et où on trouvait de tout : des fauteuils anciens, des bonheurs-du-jour, des estampes jaunies, des tableaux plus ou moins authentiques et des chinoiseries de jade ou d'ivoire.

Tout cela, comme la maison de Joinville, était poussiéreux, archaïque et le patron lui-même, M. François, était toujours vêtu d'un vieux costume trop ample aux coudes usés, au col gras et couvert de taches.

— Il y a trois ou quatre jours, répondit-il.

Tout au fond du magasin, sur un rayon, il y avait quelques-uns de ces petits cochons sans queue dont la vue avait si fort ému Germaine, et ailleurs, dans l'arrière-boutique, il en existait une pleine caisse.

Ils étaient au début, mille petits cochons en porcelaine, tous pareils, tous dépourvus de la joyeuse queue en tire-bouchon qui est l'apanage des cochons.

Un voyageur de commerce, il y avait déjà des années, était entré un jour dans le magasin et avait tiré un de ces bibelots de sa serviette.

— C'est du véritable Limoges, avait-il expliqué. Il y en a mille, exactement pareils. Inutile de vous faire remarquer la finesse de la pâte et des coloris, car vous vous y connaissez. Cela faisait partie d'une grosse commande de divers animaux destinée à l'exportation... Que s'est-il passé ? A quoi a pensé l'artiste ? Comment personne, au moulage, puis à la cuisson, ne s'est-il aperçu de son oubli ? Toujours est-il que le lot était terminé quand on s'est avisé que les petits cochons n'avaient pas de queue... Eh bien ! Monsieur François, vous le croirez si vous voulez, cela a suffi pour qu'il soit impossible de les vendre... Je vous offre tout le lot, les mille petits cochons... Dites un prix...

M. François avait cité un chiffre dérisoire, et le lendemain on lui livrait les caisses. Un an plus tard, il n'en avait pas vendu deux exemplaires, car, chaque fois qu'il mettait un des bibelots dans la main d'un client, celui-ci ne manquait pas de remarquer :

— Dommage que sa queue soit cassée...

— Elle n'est pas cassée. Il n'a jamais eu de queue...

Et pourtant, depuis, les petits cochons disparaissaient les uns après les autres de la boutique. Mieux : ceux qui les emportaient ne marchandaient pas, ne fouillaient pas le magasin, demandaient tout de suite, en entrant :

— Vous avez des petits cochons de porcelaine ?

Il se passait à leur sujet quelque chose d'encore plus bizarre. Lorsque le client demandait le prix, M. François réfléchissait plus longtemps qu'il n'est coutume et citait un chiffre presque toujours différent.

— Vingt-deux francs...

Ou vingt et un, ou vingt-trois, rarement moins de vingt. Mais une fois, par exemple, il avait dit simplement :

— Un franc.

Vingt-deux francs, cela signifiait vingt-deux heures, soit dix heures du soir. Un franc, c'était une heure du matin. Et cela voulait dire que M. François attendrait son interlocuteur à cette heure-là dans sa villa de Joinville.

Les initiés n'étaient pas nombreux. C'étaient presque toujours les mêmes, des hommes jeunes, pour la plupart, généralement bien habillés. Certains arrivaient avec leur voiture, qu'ils laissaient au bord du trottoir, mais il y avait quelques miteux qu'on aurait pu s'étonner de voir acheter des objets aussi superflus que des petits cochons en porcelaine.

Ainsi, il pouvait y avoir du monde dans le magasin, personne ne se doutait de rien. Et l'inconnu qui s'y présentait pour la première fois n'avait pas besoin de montrer ses références : du moment qu'il demandait un petit cochon, c'est qu'il était envoyé par quelqu'un de sûr, et il serait temps de s'expliquer à Joinville.

— Il t'a apporté quelque chose ? questionnait Germaine en regardant durement son père qui caressait sa jambe malade.

— Pas cette fois-ci...

C'était trois ou quatre jours plus tôt. Et il y avait cinq ou six jours que Marcel avait parlé des sports d'hiver.

— Qu'est-ce qu'il est venu faire ?

— Ce qu'ils font tous quand ils sont dans la purée... Me demander de l'argent... Lorsqu'ils ont quelque chose à *laver,* ils sont tout doux et ils acceptent mon prix sans trop discuter... Quand ils se sentent à la côte, ils reviennent et le ton change... Tu connais la chanson :

» — Vous avez gagné assez d'argent avec moi... La dernière fois encore, vous m'avez eu... Vous pouvez bien me prêter quelques billets de mille en attendant que je fasse un bon coup...

» Et les voilà qui me parlent de coups sensationnels, de toiles extraordinaires, des Renoir, des Cézanne, quand ce ne sont pas des maîtres anciens.

» — Dans huit jours, dans cinq jours, je vous les apporte... Il faut que j'attende l'occasion propice, vous comprenez ?... C'est autant votre intérêt que le mien, puisque vous y gagnez plus gros que moi...

M. François parlait d'une voix lasse et méprisante.

— Tous les mêmes ! soupira-t-il. Ils se figurent que je suis avare. Je me demande même comment pas un seul d'entre eux n'a eu assez de cran pour venir m'assassiner ici et me voler mon magot... Car ils s'imaginent que j'ai un magot, que je dors dessus, que mon matelas est rempli de gros billets ou de pièces d'or...

Or c'était exact qu'il n'était pas avare, Germaine le savait ; elle était peut-être le seul être au monde à le savoir. Il n'était pas avare : il était maniaque.

Ces toiles, ces objets précieux que des imbéciles, comme disait M. François qui les méprisait intensément, allaient voler dans des villas ou dans des appartements riches, il y en avait bien peu dont il consentait à se dessaisir. Seulement les pièces douteuses, ou de second ordre.

On croyait qu'elles partaient pour l'Amérique, alors que la plupart restaient dans la villa de Joinville, où le vieil homme était seul, le soir, à les contempler.

— Tu lui en as donné ?

— Non.

— Que lui as-tu dit ?

Elle connaissait son père. C'était justement parce qu'elle le connaissait qu'un jour, alors qu'elle avait à peine vingt ans, elle s'était définitivement séparée de lui.

Un homme était mort, à cause de la passion du vieil antiquaire, un garçon qui avait vingt-deux ans. Il avait acheté un petit cochon sans queue, lui aussi, et ce n'était sans doute pas le premier. Il était venu dans cette même pièce où il n'y avait pas une œuvre d'art, où les murs étaient ornés d'horribles lithographies encadrées de noir. Les chefs-d'œuvre, qui aurait pensé à aller les chercher dans la cave ?

Germaine, par hasard, sans le vouloir, avait assisté à leur entretien.

— Deux mille seulement... suppliait le jeune homme. Je vous jure que j'en ai *absolument* besoin... Mon amie est malade... Il faut que je la fasse opérer... Je ne veux pas l'envoyer à l'hôpital gratuit... Comprenez-vous ?...

Et son père soupirait :

— Qu'est-ce que tu m'as apporté la dernière fois ?

— Un petit Monticelli, vous le savez bien... Vous m'avez donné tout juste le prix du cadre... Je me suis renseigné depuis, et je sais qu'il valait au bas mot cent mille francs...

— A condition de le vendre et de ne pas se faire prendre... Vois-tu, mon petit, je ne suis qu'un pauvre homme, moi aussi... Apporte-moi quelque chose, et je te le payerai au plus juste prix... Je ne suis pas assez riche pour jouer les philanthropes...

— Mais puisque ce n'est qu'une avance...

— Une avance sur quoi ?

— Sur ce que je vous apporterai un de ces jours...

— Tu as une affaire en vue ?

Il était clair que non. Le gosse hésitait, tout rouge.

— Ah ! si tu m'apportais un Manet... Ne fût-ce qu'un petit Manet...

A cette époque, M. François avait la passion des Manet. Car, périodiquement, il avait ainsi une passion dominante.

— Où est-ce qu'il y en a ?

— Je ne sais pas, moi... Un peu partout... Évidemment, il en existe dans les galeries, mais c'est difficile...

— Les galeries sont gardées la nuit... Sans compter qu'il y a des avertisseurs électriques et tout un tas d'appareils nouveaux...

— La semaine dernière, à la salle des Ventes, un banquier en a acheté un qui me plairait...

— Comment s'appelle-t-il ?

— Lucas-Morton... Remarque que ce que je t'en dis...

— Si je vous apportais son Manet, combien me donneriez-vous ?

— J'irais jusqu'à vingt mille... Mettons trente...

Le surlendemain, on lisait dans les journaux du matin qu'un cambrioleur de vingt-deux ans avait été abattu, dans la propriété de M. Lucas-Morton, à Versailles, par le gardien de nuit, au moment où il tentait de pénétrer avec effraction dans la galerie.

— Tu as lu ?

Il avait lu l'article sans manifester d'émotion.

— Cela ne te fait aucun effet ?

— Je n'y suis pour rien, n'est-ce pas ?

Elle avait trop de choses à lui dire. Elle avait préféré se taire. Elle était partie. Et, un mois plus tard, après avoir couru les bureaux de placement, frappé à des centaines de portes, elle entrait comme vendeuse chez Corot Sœurs.

Elle n'avait revu son père qu'une fois, au magasin.

— Signe... lui avait-elle dit en lui tendant un papier.

— Qu'est-ce que c'est ?

— L'autorisation de me marier.

— Avec qui ?

— Peu importe...

Il avait baissé la tête et avait signé. En soupirant :

— Comme tu voudras...

Il l'avait suivie des yeux tandis qu'elle sortait du magasin, mais elle ne s'était pas retournée et elle n'avait pas vu son visage bouleversé.

Maintenant, elle était toute froide, toute dure devant lui. Elle questionnait, comme un juge :

— Qu'est-ce que tu lui as dit encore ?

Elle pensait plus que jamais au gamin qui s'était fait tuer à Versailles faute de deux mille francs pour payer l'opération de son amie. Où son père, cette fois, avait-il envoyé Marcel ? Marcel qui, lui, n'avait besoin d'argent que parce qu'il venait de se mettre en ménage et qu'il ne résistait pas au désir de conduire sa femme aux sports d'hiver.

— Je ne sais plus... Qu'il fallait évidemment qu'il apporte quelque chose pour avoir de l'argent...

— Il était venu souvent, avant ça ?

— Cinq ou six fois...

— En combien de temps ?

— En trois ans... Toujours de belles pièces... Ce n'est pas n'importe qui... Il s'y connaît... Et il ne fait pas le détail...

Marcel ne lui avait-il pas dit, avec l'air de se moquer de lui-même qu'il prenait chaque fois qu'il parlait de choses sérieuses :

— Dommage que je t'aie rencontrée trois ans trop tard...

Elle avait cru qu'il plaisantait. Au fond, elle ne l'avait jamais pris tout à fait au sérieux, et maintenant c'était à elle qu'elle en voulait.

— Je ne suis pas une crapule... avait-il dit une autre fois.

Et elle reprenait l'interrogatoire de son père.

— Ces derniers mois ?

— Il y avait bien un an que je ne l'avais vu, quand il est venu l'autre jour au magasin...

— Maintenant, j'ai besoin de savoir ce que tu lui as demandé, tu entends ?

Un receleur vulgaire prend ce qu'on lui apporte, tout ce qui a de la valeur, tout ce qui est plus ou moins facile à écouler. Mais M. François n'était pas un receleur vulgaire. C'était l'homme d'une passion, d'une passion dévorante.

Il avait parlé du Manet au petit qui était mort. C'était lui, en somme, qui l'avait envoyé chez le banquier, à Versailles.

— Réponds...

— En ce moment, je m'intéresse surtout aux Renoir... Pas aux grandes machines, qui d'ailleurs sont presque toutes dans les musées, mais aux petits Renoir, aux têtes de femmes, aux natures mortes... Il y a des natures mortes qui...

— Tu as cité un nom ?

— Je ne crois pas...

— Réfléchis...

— Non... D'ailleurs, avec Marcel, ce n'est pas nécessaire... C'est un garçon qui sort assez pour savoir où les belles pièces se trouvent...

— Attends que je donne un coup de téléphone...

Elle appela son propre numéro. Elle tressaillit en entendant la voix d'Yvette qui était tout émue, croyant sans doute que c'était Marcel qui était à l'appareil.

— Ce n'est que toi ?... Bon... Rien, ma fille... J'aurais été contente de t'annoncer une bonne nouvelle, mais il n'y a rien... Dis donc... Je viens de lire un bouquin dont je ne trouve pas le tome 2... *La Chartreuse de Parme*... Tu ne sais pas où tu l'as fourré ?...

Cela rappelait à Germaine que Marcel, quelques jours plus tôt, lisait au lit, à côté d'elle, le second volume de *La Chartreuse de Parme*.

— Tu ne rentres pas ?

— Je crois que je vais rentrer... Le livre doit être dans la chambre... il y a une petite bibliothèque à côté du lit...

— Merci... Bonne chance !...

En raccrochant, Germaine parlait à mi-voix, sans se soucier de son père qui avait hâte de se recoucher.

— Je ne peux pas téléphoner au journal, car, s'il n'a pas été pris, cela pourrait être dangereux... Je me demande s'il a envoyé son article... S'il l'a envoyé, il a dû rester à la salle Wagram jusqu'à la fin, c'est-à-dire jusque vers onze heures... Puis écrire son papier, le porter ou le faire porter... Dans ce cas...

Il était cinq heures et demie du matin. Le compteur du taxi tournait toujours, tel un rat rongeur, devant la villa, mais elle n'en avait cure.

— Des Renoir...

— Il y a tant de gens qui en ont !... soupira son père. Tu ferais mieux d'aller te coucher... Rien ne prouve qu'il se soit fait pincer... Au surplus, ce ne serait pas trop grave pour lui, parce qu'il n'a jamais été condamné... Tu comprends ? Ce n'est pas comme un récidiviste... Avec un bon avocat...

Elle répétait en se levant :

— Des Renoir...

Pourquoi avait-elle l'impression que c'était d'elle que le salut de Marcel dépendait ? Pas un instant elle n'avait pensé à lui en vouloir. Et comment lui en aurait-elle voulu ? Est-ce qu'elle ne lui avait pas caché, elle aussi, sa véritable personnalité ? Est-ce qu'elle n'était pas la fille de M. François ?

Et, parce qu'elle était sa fille, elle savait comment ces choses-là se passent. Tout d'abord, il fallait écarter l'idée d'un coup mûrement préparé. S'il en avait été ainsi, ce n'était pas au second coup de téléphone seulement, à dix heures et demie, qu'elle aurait senti dans la voix de son mari quelque chose d'anormal.

Il venait seulement de prendre une décision. Pourquoi à dix heures et demie ? Et pourquoi à la salle Wagram ?

— Rue Caulaincourt... dit-elle au chauffeur, tandis que M. François remettait les verrous à sa porte et montait se coucher.

Il pleuvait toujours, toujours aussi fin. Elle avait froid, dans le fond du taxi dont la vitre ne fermait pas hermétiquement.

Marcel, comme la plupart des « clients » de son père, ne devait opérer que dans les appartements vides. C'est assez facile, dans Paris, parce que les domestiques, presque toujours, ne couchent pas dans l'appartement, mais au sixième ou au septième étage, où se trouvent les chambres de bonnes.

Le petit qui s'était fait tuer à Versailles avait eu le tort, lui, d'opérer dans un hôtel particulier.

Elle revenait toujours, avec une obstination machinale, à son point de départ :

— A dix heures et demie...

La salle Wagram. Le ring entouré de cordes. Les milliers de spectateurs, dans la poussière de lumière crue. Marcel à la table de la presse...

Or c'est là que, soudain, l'idée lui était venue... Les Renoir... Il avait donc vu, dans la foule, quelqu'un qui possédait des Renoir, quelqu'un dont l'appartement, vraisemblablement, serait vide jusqu'à la fin de la soirée...

Cela lui paraissait tellement évident qu'elle ne mettait pas en doute cette reconstitution des faits.

La salle Wagram... Les sports d'hiver, peut-être l'auto dont il avait tant envie... Cette vieille canaille de M. François qui refusait de lui prêter quelques billets, mais qui en donnerait beaucoup contre un ou plusieurs petits Renoir...

Et, parmi les rangs de têtes qu'éclairaient les projecteurs, dans les premiers rangs, sans doute, quelqu'un qui concrétisait tout cela, quelqu'un qui représentait les Renoir, la neige, la voiture rapide...

Tant que ce quelqu'un serait là, à regarder les boxeurs, il n'y aurait pas de danger...

Mais pourquoi Marcel avait-il téléphoné à Germaine ? Pressentiment ? Avait-il l'impression, lui qui n'avait jamais été pris, qu'il pourrait rater son coup ? Voulait-il, pour se rassurer, entendre sa voix ? Hésitait-il encore ? Si, par exemple, elle avait insisté pour qu'il rentre le plus tôt possible, si elle s'était plainte de la solitude... ?

Mais non ! Elle avait crâné, au contraire ! Elle ne voulait jamais avoir l'air d'être pour lui un empêchement à quoi que ce fût. Il était libre. Elle avait décidé, dès le premier jour, qu'elle lui laisserait la sensation de sa liberté.

Elle ne lui avait même pas dit, comme le font toutes les femmes, comme elle en avait envie :

— Ne rentre pas trop tard...

Elle ne lui avait pas avoué que cette soirée solitaire était pour elle lourde de mélancolie.

C'était sa faute. Il avait environ une heure devant lui. Où était-il allé ? Vers quel quartier de Paris s'était-il précipité ?

Il y avait la question de la clef. D'habitude, cela demande une longue préparation : se procurer la clef d'un appartement ou prendre les empreintes de la serrure et fabriquer une fausse clef.

Il n'en avait pas eu le temps. Elle était sûre, elle voulait l'être, qu'il n'avait rien préparé à l'avance. D'ailleurs, n'était-il pas resté un an sans rien apporter à M. François ?

Pour une raison ou pour une autre, peut-être parce qu'il était dégoûté, peut-être parce qu'il avait peur, il avait voulu changer de vie. La preuve, c'est qu'il l'avait épousée. Le plus vite possible. Afin d'éviter toute nouvelle tentation ?

Cela arrive qu'on réussisse trois ou quatre coups brillants et que soudain on soit pris de panique. On se dit qu'on a eu une veine insolente, que cela ne peut pas durer, qu'à la fois suivante on payera.

Dangereux état d'esprit, si on a le malheur de recommencer, parce que c'est alors qu'on se fait pincer. Faute d'avoir la foi. Ou l'insouciance. On se fait posséder bêtement, on bute sur un détail idiot...

Elle ne pouvait quand même pas téléphoner à la police. Les journaux ne paraîtraient que dans une heure. Et souvent les journaux du matin n'ont pas tous les faits divers de la nuit.

Elle le voyait à la P.J., dans le bureau de quelque inspecteur occupé à l'interroger après lui avoir enlevé sa cravate et ses lacets de souliers... Elle le voyait à l'hôpital, à la...

Non, pas à la morgue ! Rien que ce mot-là lui donnait envie de crier.

— Des Renoir...

Chose curieuse, il lui semblait qu'elle n'avait qu'un petit effort à accomplir, qu'elle était tout près de la vérité. Pourquoi ce mot Renoir lui était-il familier, non à cause du peintre, dont elle connaissait évidemment les œuvres, mais comme un mot qu'on a lu ou entendu récemment ?

Mieux : elle aurait juré que c'était la voix de Marcel qui l'avait prononcé. Mais quand ? Mais où ? A quelle occasion ?

Le taxi s'arrêtait au coin de la rue Caulaincourt, et elle voyait ses fenêtres éclairées, fouillait dans son sac. Elle n'avait pas assez d'argent sur elle. Elle avait pensé à tout, sauf à ça.

— Attendez-moi un instant. Je monte chercher de la monnaie...

Elle courait dans l'escalier. Elle rougissait en se souvenant que, la veille, elle avait payé le tapissier avec ce qui restait d'argent liquide à la maison.

— Écoute, ma pauvre Yvette...

Elle avait honte. Jamais elle n'avait été aussi honteuse de sa vie. Yvette, qui avait retiré sa robe pour être plus à son aise et qui était en combinaison, lisait, étendue sur le divan du salon.

— Est-ce que tu as de l'argent ?

— Il t'en faut beaucoup ?

— De quoi payer le taxi... Je ne sais plus combien... Marcel n'est pas ici et c'est lui qui a notre fortune dans son portefeuille...

Yvette fouillait dans son sac, en tirait quatre cents francs.

— Cela suffira ?

— Je pense...

Elle redescendait les six étages en parlant toute seule, s'excusait auprès du chauffeur ; elle se sentait très misérable ce soir-là, comme coupable vis-à-vis de tout le monde.

Elle remonta plus lentement, essoufflée. Yvette avait remis sa robe et, tenant déjà son chapeau à la main, se dirigeait vers le miroir.

— Je suppose que tu n'as plus besoin de moi ?

Elle faillit dire que si, qu'elle avait peur de rester seule, mais elle n'osa pas.

— Je te remercie et je te demande encore pardon... Tu peux cependant me rendre un autre service... Si tu ne me vois pas à neuf heures au magasin, veux-tu dire aux demoiselles Corot que je ne suis pas bien, que je viendrai plus tard, que je ne viendrai peut-être pas du tout ?... Je t'expliquerai un jour... C'est beaucoup plus terrible que tu ne le penses...

— Toutes les femmes mariées disent ça !... Même celles qui ne sont pas mariées...

— Tu ne peux pas comprendre...

— Je sais... On ne peut jamais comprendre...

Puis, au moment de passer son manteau :

— Tu ne préfères pas que je reste ?

— Merci... Tu es bien gentille... Je vais essayer de dormir un peu...

— Tu parles !... Enfin !... Tout ça finira par se tasser... Je t'ai laissé un peu de cognac... Tu ferais bien de le boire...

Elle avait, ce matin-là, avec son visage pâle et ses paupières un peu rouges, une vraie tête de clown, et la grimace qu'elle fit pour prendre congé, un drôle de sourire qui voulait être encourageant, accentua la ressemblance.

— Bonne nuit, ma fille !... Si on peut dire...

Germaine faillit la rappeler, parce qu'à peine seule il lui semblait entendre la voix de Marcel qui l'appelait, de Marcel qui, quelque part, avait besoin d'elle, de Marcel qui réclamait du secours.

Mais d'où ?

Dans une demi-heure, les toits s'éclairciraient, deviendraient d'un gris luisant, et on verrait monter la fumée de toutes les cheminées de Paris, on devinerait les rues profondes entre les blocs de maisons, le vrombissement des autobus, les pas de centaines de milliers de petits hommes commençant à s'agiter dans une journée de décembre froide et mouillée.

Marcel était quelque part, et Germaine, cramponnée à la rampe froide de son balcon, regardait en tous sens ce panorama gigantesque comme si soudain son regard devait s'arrêter sur un point précis, comme si elle allait pouvoir se dire, inspirée :

— C'est là...

3

Le grand vase de Sèvres et l'oncle de la comtesse

Sept heures et demie. Du balcon, on voit la camionnette des Messageries Hachette qui fait le tour des dépôts de journaux et qui s'arrête un instant devant le bistrot d'en face. Le chauffeur en casquette de cuir traverse le trottoir en portant un gros tas de quotidiens à l'encre encore fraîche.

Germaine descend, en cheveux. La concierge est en train de passer un torchon mouillé dans le corridor. Elle ne la connaît pas encore très bien, cette femme qui louche légèrement. Il y a un mois qu'elle essaie de l'amadouer, parce qu'à Paris il est indispensable d'être dans les bonnes grâces de sa concierge. Celle-ci, peut-être à cause de son œil, a l'air méfiant.

— Il me semble que vous avez eu de la visite, cette nuit, remarque-t-elle. J'ai tiré trois ou quatre fois le cordon pour chez vous. Il n'y a rien qui n'aille pas, au moins ?

Certaines gens ont le sens du malheur. Celle-ci en est. Attention ! Germaine s'efforce d'être souriante pour répondre :

— C'est mon mari qui m'a envoyé une des secrétaires du journal pour me dire qu'il devait partir tout de suite pour Londres... Il y a aujourd'hui un grand match... Il a été désigné au dernier moment... J'ai dû lui porter ses affaires à son bureau...

— Ah ! bien... J'avais pensé que vous aviez peut-être quelqu'un de malade...

Et d'une ! Le journal, maintenant. Elle l'achète. Elle entre dans le petit bar et boit un café au comptoir, trempe un croissant, en tournant les pages le plus naturellement possible.

Le match de la salle Wagram... Un article de trois quarts de colonne... Signé Marcel Blanc.

Cela fait une drôle d'impression, comme de recevoir, quand on est loin, la lettre de quelqu'un qui est mort entre-temps, ou de voir parler au cinéma un homme qu'on sait enterré depuis longtemps.

Mais non ! Marcel n'est pas mort ! Elle mange un, deux, trois croissants. Elle en a honte, mais elle a faim. Quatre croissants ! Elle lit l'article. Elle sait bien qu'il n'est pas de lui. Il y a dans ses phrases quelque chose qui lui appartient en propre, des tics, des tournures... Elle n'ignore pas qu'entre journalistes on se rend volontiers, à charge de revanche, de ces petits services.

— Tu feras mon papier et tu l'enverras au journal...

Dactylographié, probablement.

Elle remonte chez elle. Yvette a presque vidé la bouteille de fine. Elle l'a toujours soupçonnée de ne pas détester l'alcool. Elle boit le reste. Elle s'étend, parce qu'elle a mal aux reins. Elle en aura encore plus honte que son appétit, mais elle s'endort. Il n'y avait aucun cambriolage dans le journal, aucun fait divers pouvant se rapporter à Marcel. Cela ne signifie rien.

Dix heures. Pas de téléphone. Dans une demi-heure, sur les grands boulevards, qui sont desservis les premiers, on commencera à vendre le journal de midi. Elle s'habille. Bien qu'elle n'ait bu qu'un fond de bouteille, pour se remonter, elle a la gueule de bois, comme après une véritable orgie. Elle pense à Yvette qui a vidé les trois quarts de la bouteille. Il lui reste un peu moins de cent francs dans son sac. Tant pis ! Elle prend un taxi !

Elle achète à un camelot le journal de midi. Elle a les jambes molles. Elle a vraiment la gueule de bois, et cela lui rappelle un souvenir. Cela lui est arrivé une fois de trop boire, avec Marcel, quand ils sont allés à une soirée chez les...

Elle s'assied au café *Mazarin,* et voilà qu'elle trouve à la première page le nom qu'elle cherchait :

Tentative de cambriolage chez le comte de Nieul.

Chez le comte et chez la Petite Comtesse, parbleu, comme on appelle celle-ci, parce qu'elle est mignonne et remuante en diable ! Des gens qui s'occupent de tout, de sport, d'art, de cinéma, qui sortent toutes les nuits ou qui reçoivent beaucoup dans leur appartement de l'avenue d'Iéna. Ils y sont allés ensemble, Marcel et elle, un soir que s'y pressaient au moins trois cents personnes, des journalistes, des actrices, des médecins et des avocats célèbres. C'était la cohue.

— Regarde, lui avait fait observer Marcel, ils ont les plus beaux Renoir de la période rose...

Elle n'a à peu près rien vu. Il y avait trop de monde. On vous mettait sans cesse des verres de champagne ou de whisky dans la main. Une maison où l'on boit ferme...

Voilà ce qu'elle avait tant cherché pendant la nuit : le comte et la comtesse de Nieul. Ils ne ratent pas un match de boxe, ni une première de cinéma, ni... Et la Petite Comtesse écervelée...

Une curieuse tentative de cambriolage, qui a failli se terminer tragiquement, a eu lieu cette nuit au domicile du comte et de la comtesse de Nieul, bien connus du Tout-Paris, tandis que ceux-ci se trouvaient à la séance de la salle Wagram. Un détail, qui n'a été connu que par la suite, donne à penser que le cambriolage a été fortuit, car, en rentrant chez elle, vers deux heures du matin, la comtesse de Nieul s'est aperçue qu'elle avait perdu, pendant la soirée, la clef de son appartement, qu'elle avait dans son sac en sortant.

Or l'inconnu...

Il y eut soudain moins de pâleur sur les joues de Germaine.

... qui s'était introduit dans son appartement, en se servant de la clef, vers onze heures dix, n'a pu se procurer celle-ci qu'à la salle Wagram. Il est impossible que cette clef ait été volée sciemment par un audacieux pickpocket, le sac étant muni d'une fermeture éclair.

La Petite Comtesse, comme le Tout-Paris l'appelle, se souvient que dans la cohue, alors qu'elle se dirigeait vers sa place, il lui est arrivé de prendre son mouchoir. La clef est-elle tombée à ce moment ? Celui qui l'a ramassée, en tout cas, savait à qui il avait affaire et le parti qu'il pouvait en tirer.

C'est ce qui restreint le champ des investigations. Toujours est-il que vers onze heures l'homme pénétrait dans l'appartement qu'il croyait vide et qui aurait dû l'être. C'est un hasard que M. Martineau, l'oncle de la comtesse de Nieul soit arrivé le soir même et se soit senti trop fatigué pour accompagner ses hôtes à la salle Wagram.

Il venait de s'endormir, quand il entendit un fracas dans le grand hall d'entrée où sont accrochées les plus belles toiles de la maison. Effrayé, comme bien on le pense, il se munit d'un revolver...

Les mots, les lettres dansaient. Malgré son désir de savoir la fin, Germaine était obligée de relire deux ou trois fois la même ligne, tandis qu'un garçon posait sur son guéridon un mandarin-curaçao.

Dans le hall, rien que le faisceau d'une lampe électrique de poche. Un homme encore debout sur une chaise. L'oncle entre, son revolver à la main. L'homme bondit, court dans l'obscurité, le renverse d'un coup de poing.

M. Martineau a tiré, sans le savoir, affirme-t-il, sous le coup de l'émotion. On a tout lieu de croire que la balle, par hasard, a atteint son but, car on a retrouvé des traces de sang sur le tapis et jusque dans l'escalier.

Le cambrioleur a-t-il été grièvement blessé ? Il n'est pas encore possible de le savoir, mais son arrestation n'est sans doute qu'une question d'heures. M. Martineau, qui est un homme âgé, était trop ému, par surcroît, pour le poursuivre avec toute la célérité nécessaire.

Probablement s'agissait-il d'un novice ou d'un amateur. Ce qui donne à le penser, c'est que le fracas entendu par l'oncle de la Petite Comtesse a été produit par l'éclatement d'un gros vase de Sèvres, un vase quasi historique, de très grande valeur, datant de l'époque napoléonienne. Ce vase se trouvait sous un adorable Renoir, une « Baigneuse » rose que l'amateur, trop ému, a laissé tomber au moment de le décrocher.

Cela restreint le champ des recherches. Mais il y avait quand même six mille personnes à la salle Wagram et...

Elle but son mandarin-curaçao sans s'en rendre compte, plia le journal tout menu et le glissa dans son sac.

Pourquoi, malgré tout, tandis qu'elle sortait du café, y avait-il dans ses yeux une lueur de satisfaction ? Parce que Marcel n'était pas pris, certes ! Mais aussi parce qu'elle ne s'était pas trompée.

Cette histoire de clef... Ne l'avait-elle pas presque devinée, grâce au coup de téléphone de dix heures et demie ? Il avait vu la Petite Comtesse laisser tomber sa clef. Il se souvenait du Renoir, lui aussi.

Et, ce qui faisait le plus plaisir à Germaine, *il avait été maladroit !* Il avait laissé choir le tableau sur le vase de Sèvres. Est-ce que sa main tremblait ? En tout cas, il avait peur. Il se conduisait comme un novice, ou comme quelqu'un qui se dit :

— Encore une fois... Une seule !

En sentant que ce n'était plus son affaire, qu'il n'était plus l'homme de ces sortes de besogne...

— Idiot... fit-elle à mi-voix, dans la foule des grands boulevards.

Cher idiot, oui ! Il était bien avancé. Qu'est-ce qu'il avait fait, une fois dans la rue, blessé, avec son sang qu'il perdait et qui suffisait à le trahir ? Il avait couru pour s'éloigner de la maison. Bon. Il s'était peut-être reposé dans une encoignure. Et après ?

— Pourvu qu'il n'ait pas commis la sottise de prendre un taxi...

Parce que la police interrogerait tous les chauffeurs de taxi. C'était sans doute déjà commencé. Même ému Marcel devait être plus malin que ça.

— Idiot !

Oui, idiot, de n'être pas venu tout de suite à la maison. Elle l'aurait soigné, elle. Elle aurait trouvé un médecin ami, n'importe quel médecin qu'elle lui aurait amené en se réclamant du secret professionnel. Ils ne peuvent pas refuser ça.

Il avait eu honte, évidemment.

— Au fond, je ne suis pas une crapule...

Elle avait l'impression de lui parler tout en marchant, et elle n'avait jamais été aussi tendre avec lui. Elle aurait mieux fait de commencer plus tôt, de ne pas le prendre au sérieux, de comprendre qu'avec ses sourires malins ce n'était jamais qu'un gosse, un sale gosse qui avait besoin d'elle pour le tirer du mauvais pas où il s'était fourvoyé.

Idiot, oui !... Comme tous ces gamins qui venaient trouver son père, qui faisaient les braves et qui, au fond, tremblaient dans leurs culottes.

Monsieur voulait lui offrir les sports d'hiver et la promener en auto ! Et elle n'avait pas protesté. Est-ce qu'elle n'aurait pas dû lui dire :

— T'es fou, mon petit... On verra ça plus tard... En attendant, écris tes articles sur la boxe ou sur le rugby...

Bien sûr qu'elle ne s'était pas trompée quand, cette nuit, elle pensait qu'il l'appelait. Il avait besoin d'elle, parbleu ! Seulement, il n'avait pas osé venir lui demander du secours.

— Monsieur est trop fier...

Bougre de bougre d'idiot chéri ! Il était capable, à présent, de faire des bêtises. Il n'était pas resté dans la rue, sous la pluie qui tombait toujours, depuis la veille à onze heures dix. Où était-il allé se faire soigner ?

Et il se demandait ce qu'elle pensait ! Il la voyait en larmes, se croyant déjà trompée ou abandonnée.

Petit idiot...

C'est pour cela qu'elle n'arrivait pas à désespérer, qu'il y avait malgré tout en elle une sorte de joie : parce qu'elle le découvrait tout petit, et qu'il avait besoin d'elle.

Au début, c'était elle qui avait tremblé. Tremblé qu'il découvrît qui elle était réellement, tremblé qu'il sache un jour ce que faisait son père, tremblé de n'être rien à côté de lui...

Et c'était lui...

Elle marchait toujours et elle pensait, elle s'efforçait de ne pas penser à mi-voix selon son habitude de vieille fille.

Au fait, il fallait parer au plus pressé. Quelqu'un pouvant l'avoir vu, salle Wagram, dans le sillage de la Petite Comtesse. Maintenant, il y a déjà une heure qu'il aurait dû être au journal. Elle entra dans un autre café. Tant pis : encore un mandarin-curaçao. Téléphone.

— Allô, mademoiselle, voulez-vous avoir la gentillesse de me passer le rédacteur en chef ? Ici, c'est Mme Blanc...

Comme cela, on ne s'inquiéterait pas. Elle ne savait pas si elle avait tort ou raison, mais il fallait éviter qu'on s'inquiète.

— Allô ? Monsieur Manche ?... Ici, Mme Blanc... Mon mari vous demande de l'excuser... Quand il est rentré, cette nuit, après vous avoir envoyé son article, je l'attendais avec un télégramme d'une de ses tantes dont le mari vient de mourir en province... Il est parti par le premier train du matin... Il sera quelques jours absent...

Elle se sentait forte, à présent, surtout qu'en téléphonant elle venait de penser à Jules.

Marcel était venu deux fois à Morsang avec lui. C'était un médecin. Il avait passé sa thèse de médecine l'année précédente, mais, faute d'argent pour s'établir, il travaillait comme préparateur dans une grande pharmacie du boulevard Sébastopol. Un grand garçon osseux, un peu chevalin, avec des cheveux frisés, d'un blond chérubin, qui n'allaient pas du tout avec le reste de sa physionomie.

Il fallait retrouver Jules. Elle ne se souvenait même pas de son nom de famille. Elle n'avait jamais connu son adresse.

Taxi. Tant pis pour les cent francs qui lui restaient. Déjà écornés, au surplus !

— Pardon, monsieur, je voudrais parler à M. Jules... Vous savez, le grand blond qui est souvent à ce rayon...

— Le docteur Belloir ?

— C'est ça... Oui... Un blond frisé, avec un grand nez.

Cela prit du temps. On ne voulait pas lui donner l'adresse.

— Le docteur Belloir n'est pas venu ce matin et n'a pas le téléphone. Revenez cet après-midi. Peut-être sera-t-il là.

— J'ai absolument besoin de le voir tout de suite. Je suis sa cousine. Je viens d'arriver à Paris, et il devait m'attendre à la gare. Il m'a sans doute ratée...

Conciliabules. Enfin :

— Si vous êtes vraiment sa cousine...

— Je vous jure... Mon père et le sien...

— 246, rue du Mont-Cenis...

Tout en haut de Montmartre. Près du Sacré-Cœur. Quinze francs de taxi. Une drôle de cour, presque une cour de ferme. Au fond, un petit pavillon d'un étage avec un menuisier au rez-de-chaussée et un escalier de fer à l'extérieur.

— M. Belloir ?

— Au premier...

Elle grimpa, frappa à une porte vitrée, faute de sonnette.

— Qu'est-ce que c'est ? cria une voix qu'elle ne reconnaissait pas.

Et elle, froidement :

— C'est moi !

Parce que cela prend toujours. En effet, il y eut des pas traînants ; le visage chevalin se colla à la vitre, se retourna. Elle eut la certitude que Jules parlait à quelqu'un. Son cœur battait.

— Ouvrez...

Il n'avait qu'un pantalon flasque et une chemise sur le corps. Il n'était pas rasé.

— Excusez-moi. Je ne vous avais pas reconnue. Qu'est-ce qui me vaut l'honneur ?...

— Où est Marcel ?

Ce n'était pas une vraie chambre. C'était tout ce qu'on voulait, une vaste pièce, sorte d'atelier comme celui du menuisier d'en bas, mais qu'on avait séparée en deux à l'aide d'un rideau de jute. En avant du rideau, c'était ce qu'on appelait sans doute le salon, deux vieux fauteuils défoncés, une table, des bouquins, une lampe.

— Mais... je ne sais pas...

— Écoutez, Jules...

Quand il l'avait reconnue à travers la vitre, il avait parlé à quelqu'un, n'est-il pas vrai ? Donc, il y avait quelqu'un derrière le rideau. Tant pis si c'était une femme. Et peu importait de savoir si c'était les mandarins-curaçao qui lui donnaient son assurance.

Elle fit trois pas. Il n'en fallait pas plus. Elle souleva la tenture.

Et Marcel était là, qui la regardait avec un air tellement effrayé qu'elle faillit éclater de rire tout en fondant en larmes et qu'elle ne trouva qu'un mot à dire :

— Idiot !...

Elle pleurait vraiment tout en riant. Elle n'osait pas le toucher, parce qu'il était très pâle et qu'un énorme pansement entourait sa poitrine.

— Tu t'es cru malin, n'est-ce pas ?

— Chérie...

— Idiot...

— Écoute, chérie...

— Moi qui ai horreur de la neige...

— Je te jure...

— Et d'abord, tu vas rentrer tout de suite à la maison...

— Il ne veut pas...

— Qui ?

— Jules...

Jules était resté dehors, par discrétion, dans l'escalier, où il grelottait, sans veston.

— Jure-moi que... disait-elle.

— Ce n'est pas la peine...

— Pourquoi ?

— Parce que c'est fait...

— Avoue que tu avais peur...

Il détourna la tête vers le mur blanchi à la chaux.

— J'avoue...

— Demande-moi pardon...

— Pardon...

— Dis que tu ne recommenceras plus et que je t'accompagnerai à tous les matches de boxe...

— Je dis...

— Et si jamais je trouve encore un petit cochon sans queue dans tes poches...

Alors seulement on parla sérieusement.

Bradenton Beach (Floride), le 28 novembre 1946.

SOUS PEINE DE MORT

1

L'œil de l'un et la jambe de l'autre

Le premier message, une carte postale en couleurs qui représentait le palais du Négus, à Addis-Abéba, et qui portait un timbre d'Éthiopie, disait :

« *On finit par se retrouver, crapule. Sous peine de mort, te souviens-tu ?*
                          Ton vieux : JULES. »

Cela datait de sept mois. Au fait, Oscar Labro avait reçu cette carte quelques semaines après le mariage de sa fille. A cette époque-là, il avait encore l'habitude de se lever à cinq heures du matin pour aller à la pêche à bord de son bateau. Quand il en revenait, vers onze heures, le facteur était presque toujours passé et avait posé le courrier sur la tablette du portemanteau, dans le corridor.

C'était l'heure aussi à laquelle Mme Labro, au premier étage, faisait les chambres. Était-elle descendue alors que la carte se trouvait, bien en évidence, avec ses couleurs violentes, sur la tablette ? Elle ne lui en dit rien. Il l'épia en vain. Est-ce que le facteur — qui était menuisier dans l'après-midi — avait lu la carte ? Et la postière, Mlle Marthe ?

M. Labro alla encore quelquefois à la pêche, mais il en revenait plus tôt et, dès dix heures, avant le départ du facteur pour sa tournée, il était au bureau de poste, à attendre que Mlle Marthe eût fini de trier le courrier. Il la regardait faire à travers le grillage.

— Rien pour moi ?

— Les journaux et des prospectus, monsieur Labro. Une lettre de votre fille...

Donc, elle avait le temps d'examiner les enveloppes, de lire ce qui y était écrit, de reconnaître les écritures.

Enfin, le quinzième jour, il y eut une seconde carte postale et la postière prononça le plus naturellement du monde en la lui tendant :

— Tiens ! C'est du fou...

Donc, elle avait lu la première. Celle-ci ne venait plus d'Éthiopie, mais de Djibouti, dont elle représentait la gare blanche inondée de soleil.

« *Espère, mon cochon. On se reverra un jour. Sous peine de mort, tu
comprends. Bien le bonjour de*

JULES. »

— C'est un ami qui vous fait une farce, n'est-ce pas ?
— Une farce qui n'est même pas spirituelle, répliqua-t-il.
En tout cas, Jules se rapprochait. Un mois plus tard, il s'était rapproché
davantage, puisque sa troisième carte, une vue de port, cette fois, était datée
de Port-Saïd.

« *Je ne t'oublie pas, va ! Sous peine de mort, mon vieux. C'est le cas de
le dire, pas vrai ? Ton sacré*

JULES. »

Et, de ce jour, M. Labro cessa d'aller à la pêche. De Port-Saïd à Marseille,
il n'y a guère que quatre ou cinq jours de navigation, selon les bateaux. De
Marseille à Porquerolles, on en a pour quelques heures seulement, par le
train ou par l'autocar.

Chaque matin, désormais, on vit M. Labro sortir de chez lui vers huit
heures, en pyjama, en robe de chambre, les pieds nus dans ses savates. Si la
place de Porquerolles est une des plus ravissantes du monde, avec son
encadrement de petites maisons claires, peintes en vert pâle, en bleu, en
jaune, en rose, la maison de M. Labro était la plus jolie maison de la place,
et on la reconnaissait de loin à sa véranda encadrée de géraniums rouges.

En fumant sa première pipe, M. Labro descendait vers le port, c'est-à-
dire qu'il parcourait cent mètres à peine, tournait à droite devant l'hôtel et
découvrait la mer.

Il avait l'air, déambulant ainsi, d'un paisible bourgeois, d'un heureux
retraité qui flâne. Ils étaient quelques-uns, d'ailleurs, à se grouper à cette
heure-là près de la jetée. Les pêcheurs qui venaient de rentrer triaient le
poisson ou commençaient à réparer les filets. Le gérant de la Coopérative
attendait avec sa charrette à bras. L'homme de peine de l'*Hôtel du Langous-
tier,* situé au bout du pays, stationnait avec sa charrette tirée par un âne.

Dans une île qui ne compte que quatre cents habitants, tout le monde se
connaît, tout le monde s'interpelle par son nom ou par son prénom. Il n'y
avait guère que Labro qu'on appelait monsieur, parce qu'il ne faisait rien,
parce qu'il avait de l'argent, et aussi parce qu'il avait été pendant quatre
ans le maire de l'île.

— Pas à la pêche, monsieur Labro ?
Et lui grognait quelque chose, n'importe quoi. A cette heure-là, le
Cormoran, qui avait quitté Porquerolles une demi-heure plus tôt, abordait
à la pointe de Giens, là-bas, de l'autre côté de l'eau miroitante, sur le
continent, en France, comme disaient les gens de l'île. On le voyait, petite
tache blanche. Selon le temps qu'il restait amarré, on savait s'il embarquait
beaucoup de passagers et de marchandises ou s'il revenait presque à vide.

Cent soixante-huit fois, matin après matin, M. Labro était venu de la
sorte à son mystérieux rendez-vous. Chaque matin, il avait vu le *Cormoran*
se détacher de la pointe de Giens et piquer vers l'île, dans le soleil ; il l'avait

vu grossir, il avait distingué peu à peu les silhouettes sur le pont. Et, à la fin, on reconnaissait tous les visages, on commençait à s'interpeller pendant la manœuvre d'accostage.

Le gérant de la Coopérative montait à bord pour décharger ses caisses et ses barils, le facteur entassait ses sacs de courrier sur une brouette, des familles de touristes prenaient déjà des photographies et suivaient le pisteur de l'hôtel.

Cent soixante-huit fois ! Sous peine de mort, comme disait Jules !

Tout à côté de l'emplacement réservé au *Cormoran*, il y avait, au bout d'un filin qui se tendait et se détendait, selon la respiration de la mer, le bateau de M. Labro, un bateau qu'il avait fait construire sur le continent, le plus joli bateau de pêche qui fût, si joli, si méticuleusement verni, si bien astiqué, tellement garni de glaces et de cuivres qu'on l'avait surnommé *l'Armoire à Glace*.

Pendant des années, mois après mois, M. Labro y avait apporté des perfectionnements pour le rendre plus plaisant à l'œil et plus confortable. Bien que le bateau ne mesurât que cinq mètres, il l'avait surmonté d'une cabine où il pouvait se tenir debout, d'une cabine aux glaces biseautées — vraiment comme un buffet plutôt que comme une armoire.

Cent soixante-huit jours que son bateau ne servait plus, que lui-même venait là, en pyjama, en savates, qu'il suivait ensuite la brouette du facteur pour être le premier servi à la poste.

Il dut attendre près de six mois une quatrième carte, d'Alexandrie, Égypte.

« *Désespère pas, vieille branche ! Sous peine de mort, plus que jamais ! Le soleil tape dur, ici.*

JULES. »

Qu'est-ce qu'il pouvait bien faire en route ? Et d'abord, qu'est-ce qu'il faisait dans la vie ? Comment était-il ? Quel âge avait-il ? Une cinquantaine d'années au moins, puisque M. Labro avait cinquante ans.

Naples. Puis Gênes. Il devait cheminer en prenant successivement des cargos. Mais pourquoi s'arrêter plusieurs semaines à chaque escale ?

« *J'arrive, voyou de mon cœur. Sous peine de mort, évidemment.*

JULES. »

Un timbre portugais, tout à coup. Ainsi, Jules ne s'était pas arrêté à Marseille. Il faisait un détour. Il s'éloignait.

Aïe ! Bordeaux... Il se rapprochait à nouveau. Une nuit en chemin de fer. Mais non, puisque la carte suivante venait de Boulogne et qu'ensuite c'était Anvers.

« *T'impatiente pas, mignon chéri. On a le temps. Sous peine de mort.*

JULES. »

— Il est rigolo, votre ami, disait la postière qui en était venue à guetter les cartes postales.

Est-ce qu'elle en parlait à d'autres ?

Or voilà que, ce mercredi-là, par un matin merveilleux, par une mer d'huile, sans une ride sur l'eau d'un bleu exaltant, l'événement se produisit soudain.

Jules était là ! Labro en eut la certitude alors que le *Cormoran* était encore à plus d'un mille de la jetée et qu'on ne le voyait guère plus gros qu'un bateau d'enfant. On distinguait une silhouette sombre à l'avant comme une figure de poupe, une silhouette qui, à cette distance, paraissait énorme.

Pourquoi Labro avait-il toujours pensé que l'homme serait énorme ? Et il grandissait à vue d'œil. Il se tenait toujours immobile, debout au-dessus de l'étrave qui fendait l'eau et s'en faisait des moustaches d'argent.

Un instant, l'ancien maire de Porquerolles retira ses lunettes noires, qu'il posait sur la table de nuit en se couchant et qu'il mettait dès son réveil. Pendant le temps qu'il essuya ses verres embués, on put voir son œil qui vivait, l'autre, à moitié fermé, qui était mort depuis longtemps.

Il rajusta les lunettes d'un mouvement lent, presque solennel, et il tira machinalement sur sa pipe éteinte.

Il était grand et large, lui aussi, puissant, mais empâté. L'homme, à la proue du *Cormoran,* était plus grand que lui et plus épais, coiffé d'un large chapeau de paille, vêtu d'un pantalon de toile brune et d'un veston noir en alpaga. Ces vêtements, très amples et très mous, le faisaient paraître encore plus massif. Et aussi son immobilité qui n'était pas celle de tout le monde.

Quand le bateau fut assez près, quand on put se voir en détail, il bougea enfin, comme s'il se détachait de son socle. Il marcha sur le pont et, pour marcher, il soulevait très haut l'épaule droite. Tout son côté droit se soulevait d'un même bloc qu'il laissait retomber ensuite.

Il s'approchait de Baptiste, le capitaine du *Cormoran,* visible dans sa cabine de verre. Il lui parlait, et déjà Labro aurait voulu entendre le son de sa voix. Il désignait d'un mouvement de la tête les silhouettes rangées sur le quai et Baptiste étendait la main, le montrant du doigt, lui, Labro, en prononçant sans doute :

— C'est celui-là.

Puis Baptiste visait autre chose du bout de son index, *l'Armoire à Glace,* expliquant vraisemblablement :

— Et voilà son bateau...

Les gens faisaient leurs gestes, disaient les mots de tous les jours. On lançait l'aussière qu'un pêcheur fixait à sa bitte. Le *Cormoran* battait en arrière, accostait enfin, et l'homme attendait tranquillement, immobile, avec l'air de ne rien regarder de précis.

Pour descendre à terre, il dut lever très haut sa jambe droite, et l'on comprit alors que c'était un pilon de bois. Il en martela le sol de la jetée. Il se retourna pendant qu'un matelot faisait glisser une vieille malle qui paraissait très lourde et qui avait été si malmenée pendant sa longue existence qu'on avait dû la consolider avec des cordes.

M. Labro ne remuait pas plus qu'un lapin hypnotisé par un serpent. Ils étaient à quelques mètres l'un de l'autre, celui qui n'avait qu'une jambe et celui qui n'avait qu'un œil, et leurs silhouettes se ressemblaient : c'étaient deux hommes du même âge, de même carrure, de même force.

De sa démarche, que la jambe de bois rendait si caractéristique, Jules fit encore quelques pas. Il devait y avoir là une quarantaine de personnes, les pêcheurs dans leurs barques, l'homme de la Coopérative, quelques curieux, Maurice, de *l'Arche de Noé,* qui attendait du ravitaillement pour son restaurant. Il y avait aussi une petite fille en rouge, la fille de l'ancien légionnaire, qui suçait un bonbon vert.

Jules, qui s'était arrêté, tirait quelque chose de sa poche, un énorme couteau à cran d'arrêt. Il avait l'air de le caresser. Il l'ouvrait. Puis il se penchait. Il devait avoir perdu la jambe jusqu'au haut de la cuisse, car il était obligé de se plier en deux comme un pantin.

A travers ses lunettes noires, Labro regardait, sidéré, sans comprendre. Il pensait seulement, dans ce matin idéalement clair et tout peuplé de bruits familiers :

— Sous peine de mort...

L'amarre de *l'Armoire à Glace* était lovée au quai. D'un seul coup de son couteau à lame monstrueusement large, Jules la trancha et le bateau esquissa un petit saut avant de dériver sur l'eau calme.

Alors on les regarda tous les deux, l'homme à l'œil unique et l'homme à la jambe de bois. On les regarda et on sentit confusément qu'ils avaient un compte à régler entre eux.

Si saugrenu qu'eût été le geste, et justement peut-être parce qu'il était saugrenu, parce que c'était le geste le plus inattendu et le plus ridicule du monde, ceux qui étaient là furent impressionnés et seule la petite fille en rouge commença un éclat de rire qu'elle ne finit pas.

Jambe de Bois s'était redressé, satisfait, semblait-il. Il les regardait avec satisfaction, tout en refermant lentement son gros couteau, et, quand un pêcheur voulut rattraper avec sa gaffe le bateau qui commençait à s'éloigner, il se contenta de prononcer :

— Laisse ça, petit...

Pas méchamment. Pas durement. Et pourtant c'était si catégorique que l'homme n'insista pas, que personne ne chercha à empêcher *l'Armoire à Glace* de dériver.

Surtout que, tout de suite après, M. Labro prononçait :

— Laisse, Vial...

On se rendait compte aussi, vaguement, de quelque chose d'extraordinaire. Ils avaient parlé, N'a-qu'un-œil et N'a-qu'une-jambe, sur le même ton, d'une voix presque pareille, et tous les deux avaient le même accent, l'accent du Midi.

Même Labro, dont le front était couvert de gouttes de sueur, avait enregistré cet accent, et cela lui était allé jusqu'au cœur.

Trois pas... Quatre pas... Le mouvement de l'épaule et de la hanche, le heurt du pilon, la voix, à nouveau, qu'on aurait pu croire cordiale, qu'on aurait pu croire joyeuse, et qui lançait :

— Salut, Oscar !

La pipe ne quitta pas les dents de Labro, qui fut pendant quelques instants changé en statue.

— Je suis venu, tu vois !

Est-ce que tous les gestes étaient vraiment suspendus autour d'eux ? Du fond de la gorge arriva la voix de l'homme aux lunettes noires.

— Venez chez moi.

— Tu ne me tutoies pas ?

Un silence. La pomme d'Adam qui montait et descendait. La pipe qui tremblait.

— Viens chez moi.

— A la bonne heure !… C'est plus gentil…

Et l'autre examinait des pieds à la tête, avançait le bras pour toucher le pyjama, désignait les sandales.

— Tu te lèves tard, dis donc !… Pas encore fait ta toilette…

On put croire que Labro allait faire des excuses.

— Cela ne fait rien. Cela ne fait rien. Dites donc, vous, le petit, là… Oui, le cuisinier…

C'était Maurice, le propriétaire de *l'Arche,* qui était en effet de petite taille et qui portait un costume blanc de cuisinier, qu'il interpellait de la sorte.

— Vous ferez porter ma malle chez vous et vous me donnerez votre meilleure chambre…

Maurice regarda Labro. Labro lui fit signe d'accepter.

— Bien, monsieur…

— Jules…

— Pardon ?

— Je dis que je m'appelle Jules… Dis-leur, Oscar, que je m'appelle Jules…

— Il s'appelle Jules, répéta docilement l'ancien maire.

— Tu viens, Oscar ?

— Je viens…

— T'as de mauvais yeux, dis donc ! Retire un moment tes verres, que je les voie…

Il hésita, les retira, montrant son œil crevé. L'autre émit un petit sifflement comme admiratif.

— C'est rigolo, tu ne trouves pas ? T'as qu'un œil, et moi je n'ai qu'une jambe…

Il avait pris le bras de son compagnon, comme on fait avec un vieil ami. Il s'était mis en route, de sa démarche saccadée dont Labro ressentait à chaque pas le contrecoup.

— J'aime mieux être à *l'Arche* que chez toi, tu comprends ? J'ai horreur de déranger les gens. Puis ta femme n'est pas rigolote.

Sa voix résonnait, formidable, avec quelque chose d'agressif, de méchant et de comique tout ensemble dans le calme absolu de l'air.

— Je me suis renseigné à bord… C'est ce vieux singe-là qui m'a donné des tuyaux…

Le vieux singe, c'était Baptiste, le capitaine du *Cormoran,* au visage brique couvert de poils grisâtres. Baptiste grogna. Labro n'osa pas le regarder.

— Tu sais, tu peux leur dire de ramener ton bateau… Nous en aurons

besoin tous les deux... Parce que, moi aussi, j'aime la pêche... Dis-leur !...
Qu'est-ce que tu attends pour leur dire ?

— Vial !... Tu ramèneras mon bateau !

La sueur lui coulait sur le front, sur le visage, entre les omoplates. Ses
lunettes en glissaient sur l'arête mouillée de son nez.

— On va casser la croûte, dis ?... C'est joli, ici...

Un petit bout de route en pente, qu'ils gravissaient lentement, lourdement,
comme pour donner plus de poids à cette minute. La place, avec ses rangs
d'eucalyptus devant les maisons de couleur tendre.

— Montre-moi la tienne... C'est celle-ci ? Tu aimes les géraniums, à ce
que je vois... Dis donc, il y a ta femme qui nous regarde...

On voyait Mme Labro, en bigoudis, à la fenêtre du premier étage où elle
venait d'étendre la literie pour l'aérer.

— C'est vrai, qu'elle n'est pas commode ?... Est-ce qu'elle sera furieuse
si nous allons fêter ça par un coup de blanc ?

A ce moment-là, M. Labro, malgré ses cinquante ans, malgré sa taille,
son poids, sa force, malgré la considération dont il jouissait comme homme
riche et comme ancien maire, à ce moment-là, à huit heures et demie
exactement, devant la petite église jaune qui avait l'air d'un jeu de cubes,
devant tout le monde, M. Labro eut envie de se laisser tomber à genoux et
de balbutier :

— Pitié...

Il faillit faire pis. Il en eut vraiment la tentation. Il fut sur le point de
supplier :

— Tuez-moi tout de suite...

Ce n'est pas par respect humain qu'il ne le fit pas. C'est parce qu'il ne
savait plus où il en était, parce qu'il n'était plus le maître de son corps ni de
ses pensées, parce que l'autre lui tenait toujours le bras, s'y appuyant à
chaque pas et l'entraînant lentement, inexorablement, vers la terrasse rouge
et verte de *l'Arche de Noé*.

— Tu dois venir souvent ici, pas vrai ?

Et lui, comme un élève répond à son instituteur :

— Plusieurs fois par jour.

— Tu bois ?

— Non... Pas beaucoup...

— Tu te saoules ?

— Jamais...

— Moi, cela m'arrive... Tu verras... N'aie pas peur... Quelqu'un, là-
dedans !

Et il poussait son compagnon devant lui dans la salle du café, vers le bar
dont les nickels brillaient dans la pénombre. Une jeune serveuse jaillissait
de la cuisine et ne savait encore rien.

— Bonjour, monsieur Labro...

— Moi, on m'appelle Jules... Donne-nous une bouteille de vin blanc,
petite... Et quelque chose à manger...

Elle regarda Labro.

— Des anchois ? questionna-t-elle.

— Bon. Je vois qu'Oscar aime les anchois. Va pour des anchois. Sers-nous sur la terrasse...

Pour s'asseoir, ou plutôt pour se laisser tomber dans un fauteuil d'osier, il allongea sa jambe de bois qui resta inerte en travers du chemin. Il s'épongea avec un grand mouchoir rouge, car il avait chaud, lui aussi.

Puis il cracha, se racla longuement la gorge, comme d'autres se gargarisent ou se lavent les dents, en faisant des bruits incongrus.

Enfin, il parut satisfait, porta le verre à ses lèvres, regarda le vin blanc en transparence et soupira :

— Ça va mieux !... A la tienne, Oscar... Je me suis toujours dit que je te retrouverais un jour... Sous peine de mort, tu te souviens ?... C'est marrant... Je ne savais pas du tout comment tu étais...

Il le regarda à nouveau, avec une sorte de satisfaction, voire de jubilation.

— T'es plus gras que moi... Car moi, ce n'est que du muscle...

Et il bombait ses biceps.

— Tâte... Mais si... N'aie pas peur de tâter... Je ne connaissais que ton nom et ton prénom... ce que tu avais écrit sur la pancarte. Et tu n'es pas un homme célèbre dont on parle dans les journaux... Il y a quarante millions de Français... Devine comment je t'ai retrouvé... Allons !... Devine...

— Je ne sais pas...

Labro s'efforçait de sourire, comme pour apaiser le dragon.

— A cause de ta fille, Yvonne...

Il fut encore plus inquiet, un moment, se demanda comment sa fille...

— Quand tu l'as mariée, il y a environ neuf mois... Tiens, au fait, pas encore de résultats ?... Je disais que, quand tu l'as mariée, tu as voulu offrir une noce à tout casser et on en a parlé en première page d'un journal qui s'appelle *Le Petit Var*... Ça s'imprime à Toulon, n'est-ce pas ?... Eh bien ! figure-toi que, là-bas, à Addis-Abéba, vit un type de par ici qui, après vingt ans d'Afrique, est encore abonné au *Petit Var*... J'ai lu un numéro qui traînait chez lui... J'ai lu ton nom... Je me suis souvenu de la pancarte...

Il avait froncé les sourcils. Son visage était devenu plus dur. Il regardait l'autre en face, férocement, avec toujours, dans sa physionomie, quelque chose de sarcastique.

— Tu te souviens, toi ?

Puis, avec une cordialité bourrue :

— Bois ton verre... Sous peine de mort, hein !... Je ne m'en dédis pas... Bois, te dis-je... Ce n'est pas encore le petit coup de rhum... Comment s'appelle-t-elle, la petite qui nous sert ?

— Jojo...

— Jojo !... Viens ici, ma jolie... Et apporte-nous une nouvelle bouteille... Oscar a soif...

2

La pancarte dans l'Umbolé

Toutes les cinq minutes, l'homme à la jambe de bois saisissait son verre qu'il vidait d'un trait, et commandait d'un ton sans réplique :

— Bois ton verre, Oscar.

Et M. Labro buvait, de sorte qu'à la troisième bouteille il voyait peu distinctement, à travers l'embrasement de la place, les aiguilles de l'horloge au clocher de la petite église. Était-il dix heures ? Onze heures ? Renversé en arrière, fumant jusqu'à l'extrême bout des cigarettes qu'il roulait lui-même, Jules questionnait d'une voix bourrue :

— D'où es-tu ?

— Du Pont-du-Las, dans la banlieue de Toulon.

— Connais ! Moi, je suis de Marseille, quartier Saint-Charles.

Il éprouvait une joie évidente à faire cette constatation. Mais sa joie, comme toutes les manifestations de sa vitalité, avait quelque chose d'effrayant. Même quand il paraissait s'attendrir sur son compagnon, il le regardait un peu avec la commisération qu'on éprouverait pour un insecte qu'on va écraser.

— Parents riches ?

— Pauvres... Moyens... Enfin, plutôt pauvres...

— Comme moi. Mauvais élève, je parie.

— Je n'ai jamais été fort en mathématiques.

— Toujours comme moi. Bois ton verre. Je te dis de boire ton verre ! Comment es-tu parti là-bas ?

— Pour une compagnie de Marseille, la S. A. C. O. Tout de suite après mon service militaire.

Il s'inquiéta aussi de savoir lequel des deux était le plus vieux. C'était M. Labro, d'un an, et cela parut lui faire plaisir.

— En somme, nous aurions pu nous rencontrer sur le bateau, comme, avant, nous aurions pu nous rencontrer au régiment. Crevant, hein ? Une autre bouteille, Jojo chérie...

Et, parce que l'autre tressaillait :

— T'en fais pas ! J'ai l'habitude. Sans compter qu'il vaut mieux pour toi que je sois saoul, parce qu'alors je deviens sentimental...

Des gens allaient et venaient autour d'eux : des pêcheurs entraient chez Maurice pour boire un coup, d'autres jouaient aux boules dans le soleil ; tout le monde connaissait Labro qui était là, à une place à laquelle on était habitué à le voir. Or personne ne pouvait lui venir en aide. On lui adressait le bonjour de la main, on l'interpellait et, tout ce qu'il avait le droit de faire, c'était d'étirer ses lèvres dans un semblant de sourire.

— En somme, quand tu as fait ton sale coup, tu avais vingt-deux ans...
Qu'est-ce que tu fricotais dans le marais d'Umbolé ?

— La Société m'avait chargé, parce que j'étais jeune et vigoureux, de
prospecter les villages les plus éloignés pour organiser le ramassage de l'huile
de palme. Au Gabon, au plus chaud, au plus malsain, au plus mauvais de
la forêt équatoriale.

— T'étais quand même pas seul ?

— Un cuisinier et deux pagayeurs m'accompagnaient.

— Et t'avais perdu ta pirogue ?... Réponds... Attends... Bois d'abord...
Bois, ou je te casse la gueule !

Il but et faillit s'étrangler. C'était tout son corps, à présent, qui était
couvert de sueur, comme là-bas, au Gabon, mais cette sueur-ci était froide.
Pourtant, il n'eut pas le courage de mentir. Il y avait trop pensé depuis, des
nuits et des nuits, quand il ne trouvait pas le sommeil. Sans « cela », il aurait
été un honnête homme et, par surcroît, un homme heureux. Cela lui venait
tous les deux ou trois mois, à l'improviste, et c'était toujours tellement la
même chose qu'il appelait ça *son cauchemar*.

— Je n'avais pas perdu ma pirogue, avoua-t-il.

L'autre le regardait en fronçant les sourcils, hésitant à comprendre, à
croire.

— Alors ?

— Alors rien... Il faisait chaud... Je crois que j'avais la fièvre... Nous
nous battions depuis trois jours avec les insectes...

— Moi aussi...

— J'avais vingt-deux ans...

— Moi aussi... Encore moins...

— Je ne connaissais pas l'Afrique...

— Et moi ?... Bois !... Bois vite, sacrebleu !... Tu avais ta pirogue et,
malgré cela...

Comment M. Labro, ancien maire de Porquerolles, allait-il pouvoir
expliquer, ici, dans la quiète atmosphère de son île, cette chose inconcevable ?

— J'avais un nègre, le pagayeur, qui se tenait le plus près de moi, un
Pahouin, qui sentait mauvais...

C'était la vraie cause de son crime. Car il avait conscience d'avoir commis
un crime et il ne se cherchait pas d'excuses. S'il avait simplement tué un
homme trente ans plus tôt, il n'y penserait peut-être plus. Il avait fait pis, il
le savait.

— Continue... Ainsi, tu ne supportais pas l'odeur des Pahouins, petite
nature !...

Les marais d'Umbolé... Des canaux, des rivières d'une eau bourbeuse où
de grosses bulles éclataient sans cesse à la surface, où grouillaient des bêtes
de toutes sortes... Et pas un coin de vraie terre ferme, des rives basses,
couvertes d'une végétation si serrée qu'on pouvait à peine y pénétrer... Les
insectes, nuit et jour, si féroces qu'il vivait la plupart du temps le visage
entouré d'une moustiquaire sous laquelle il étouffait...

On pouvait naviguer des journées sans rencontrer une hutte, un être humain, et voilà qu'entre les racines d'un palétuvier il apercevait une pirogue et, sur cette pirogue, un écriteau :

Défense de chiper cette embarcation, sous peine de mort.

Signé : *Jules.*

— Et aussi, dit-il rêveusement, parce que les mots « sous peine de mort » étaient soulignés deux fois.

Ces mots absurdes, en lettres qui imitaient l'imprimé, là, en pleine forêt équatoriale, à des centaines de kilomètres de toute civilisation, de tout gendarme ! Alors, il lui était venu une idée absurde aussi, comme il vous en pousse par cinquante-cinq degrés à l'ombre. Son nègre puait. Ses jambes, qu'il devait tenir repliées, s'ankylosaient. S'il prenait cette pirogue et s'il l'attachait à la première, il serait seul, royalement, pour la suite du voyage, et il ne sentirait plus l'odeur.

Sous peine de mort ? Tant pis ! Justement parce que c'était sous peine de mort !

— Et tu l'as prise...

— Je vous demande pardon...

— Je t'ai déjà dit de me tutoyer. Entre nous, c'est plus convenable. Moi, quand je suis revenu après avoir chassé de quoi manger, car je crevais de faim depuis plusieurs jours, je me suis trouvé prisonnier dans une sorte d'île...

— Je ne savais pas...

Non seulement il l'avait prise, mais son démon l'avait poussé à répondre à l'injonction de l'inconnu par une grossièreté. Sur la pancarte même, qu'il avait laissée bien en évidence à la place de la pirogue, il avait écrit :

Je t'emmerde !

Et il avait signé bravement : *Oscar Labro.*

— Je vous demande pardon, répétait maintenant l'homme de cinquante ans qu'il était devenu.

— ... avec des crocodiles dans l'eau tout autour...

— Oui...

— ... des serpents et de sales araignées à terre... Et mes porteurs noirs qui m'avaient lâché depuis plusieurs jours... J'étais tout seul, fiston !

— Je vous demande encore pardon...

— Tu es une crapule, Oscar.

— Oui.

— Une fameuse, une immense, une gigantesque crapule. Et pourtant, t'es heureux...

En disant cela, il regardait la jolie maison rose entourée de géraniums, et Mme Labro, qui venait de temps en temps jeter un coup d'œil à la fenêtre. Est-ce que Labro allait nier ? Allait-il répondre qu'il n'était pas si heureux que ça ? Il n'osait pas. Cela lui paraissait lâche.

Tapant sur sa jambe de bois, Jules grondait.

— J'y ai laissé ça...

Et Labro n'osait pas non plus demander comment, si c'était en cherchant à fuir, dans la gueule d'un crocodile, par exemple, ou si sa jambe s'était infectée.

— Depuis, je suis fichu... Tu ne t'es pas demandé pourquoi, après ma première carte, celle d'Addis-Abéba, je ne suis pas venu tout de suite ?... Cela a dû te donner de l'espoir, je parie... Eh bien ! c'est que je n'avais pas un sou, que je devais tirer mon plan pour gagner ma croûte en chemin... Avec mon pilon, tu comprends ?

Chose curieuse, il était beaucoup moins menaçant que tout à l'heure et, par instants, à les voir, on eût pu les prendre pour deux vieux amis. Il se penchait sur Labro, saisissait le revers de sa robe de chambre, approchait son visage du sien.

— Une autre bouteille !... Mais oui, je bois... Et tu boiras avec moi chaque fois que j'en aurai envie... C'est bien le moins, n'est-ce pas ? Ton œil, à toi ?

— Un accident... répondit Labro, honteux de n'avoir pas perdu son œil dans la forêt où l'autre avait laissé sa jambe.

— Un accident de quoi ?

— En débouchant une bouteille... Une bouteille de vinaigre, pour ma femme... Le goulot a éclaté et j'ai reçu un morceau de verre dans l'œil...

— Bien fait ! T'es resté longtemps en Afrique ?

— Dix ans... Trois termes de trois ans, avec les congés... Puis on m'a nommé à Marseille...

— Où tu es devenu quelque chose comme directeur ?

— Sous-directeur adjoint... J'ai pris ma retraite il y a cinq ans, à cause de mon œil...

— T'es riche ? Prospère ?

Alors, M. Labro eut un espoir. Un espoir et en même temps une inquiétude. L'espoir de s'en tirer avec de l'argent. Pourquoi pas, après tout ? Même au tribunal, quand on parle de peine de mort, cela ne veut pas toujours dire qu'on exécute les condamnés. Il y a le bagne, la prison, les amendes.

Pourquoi pas une amende ? Seulement, il n'osait pas citer de chiffres, craignant que l'autre ne devînt trop gourmand.

— Je vis à mon aise...

— Tu as des rentes, quoi ! Combien de dot as-tu donné à ton Yvonne de fille ?

— Une petite maison à Hyères...

— Tu en as d'autres, des maisons ?

— Deux autres... Elles ne sont pas grandes...

— T'es avare ?

— Je ne sais pas...

— D'ailleurs, cela n'a pas d'importance, car ça ne change rien...

Que voulait-il dire ? Qu'il ne voulait pas d'argent ? Qu'il s'en tenait à son invraisemblable peine de mort ?

— Tu comprends, Oscar, moi, je ne reviens jamais sur ce que j'ai décidé. Une seule parole ! Seulement, j'ai le temps...

Il ne rêvait pas. La place était bien là, un peu trouble, mais elle était là. Les voix qu'il entendait autour de lui, à la terrasse et dans le café, étaient les voix de ses amis. Vial, pieds nus, un filet de pêche sur le dos, lui lança en passant :

— Le bateau est en ordre, monsieur Labro.

Et il répondit sans le savoir :

— Merci, Vial...

Personne, pas un homme ne se doutait qu'il était condamné à mort. Devant les juges, tout au moins, il existe des recours. On a des avocats. Les journalistes sont là, qui mettent l'opinion publique au courant. La pire des crapules parvient à inspirer des sympathies ou de la pitié.

— En somme, cela dépendra surtout de ton île, tu comprends ?

Non, il ne comprenait pas. Et il voyait à nouveau la bouteille se pencher, son verre se remplir ; un regard irrésistible lui enjoignait de le porter à ses lèvres et de boire.

— La même chose, Jojo !...

Il se débattait. Cinq bouteilles, c'était impossible. Il n'en avait jamais autant bu en une semaine. En outre, son estomac n'était pas, n'avait jamais été fameux, surtout depuis l'Afrique.

— Elle est bien, la chambre ? J'espère qu'elle donne sur la place ?

— Sûrement. Je vais le demander à Maurice...

Une chance de s'éloigner un instant, d'entrer seul dans l'ombre fraîche du café, de respirer ailleurs que sous l'œil féroce et sarcastique de Jules. Mais l'autre le fit rasseoir en lui posant sur l'épaule une main lourde comme du plomb.

— On verra ça tout à l'heure... Il est possible que je me plaise ici et, dans ce cas, ça nous laissera un bout de temps devant nous...

Est-ce que Labro pouvait voir dans ces paroles une petite lueur d'espoir ? A bien y réfléchir, Jules n'avait aucun intérêt à le tuer. Il cherchait à se faire entretenir, simplement, à vivre ici à ses crochets.

— Ne pense pas ça, Oscar. Tu ne me connais pas encore.

Labro n'avait rien dit. Les traits de son visage n'avaient pas bougé et on ne pouvait voir ses yeux, son œil plutôt, à travers ses lunettes sombres. Comment son interlocuteur avait-il deviné ?

— J'ai dit *sous peine de mort,* pas vrai ? Mais, en attendant, cela ne nous empêche pas de faire connaissance. Au fond, nous ne savions rien l'un de l'autre. Tu aurais pu être petit et maigre, ou chauve, ou roux... Tu aurais pu être une crapule encore plus crapule que jadis... Tu aurais pu être aussi un type du Nord, ou un Breton... Et voilà que c'est tout juste si nous ne sommes pas allés à l'école ensemble !... C'est vrai, que ta femme n'est pas commode ?... Je parie qu'elle va t'engueuler parce que tu sens le bouchon et que tu es resté jusqu'à midi en pyjama à la terrasse... C'est marrant, d'ailleurs, de te voir comme ça à cette heure-ci... Jojo !...

— Je vous en supplie...

— La dernière... Une bouteille, Jojo !... Qu'est-ce que je te disais ?...

Ah ! oui, que nous avons le temps de lier connaissance... Tiens, la pêche...
Je n'ai jamais eu le temps d'aller à la pêche, ni l'occasion... Demain, tu
m'apprendras... On prend vraiment du poisson ?

— Vraiment.

— Tu en prends, toi ?

— Moi aussi... Comme les autres...

— Nous irons... Nous emporterons des bouteilles... Tu joues aux boules ?... Bon... je l'aurais parié... Tu m'apprendras à jouer aux boules
également... C'est toujours autant de temps de gagné, hein ?... A ta
santé !... Sous peine de mort, ne l'oublie pas... Et maintenant, je monte me
coucher...

— Sans manger ? ne put s'empêcher de s'exclamer M. Labro.

— Cette petite Jojo me montera à déjeuner dans ma chambre...

Il se leva, souffla, amorça son balancement, se mit en branle en direction
de la porte qu'il faillit rater. Un rire fusa de quelque part et il se retourna,
l'œil féroce, puis s'adressa enfin à Labro.

— Faudra voir à ce que cela n'arrive plus...

Il traversa le café, entra dans la cuisine, sans s'inquiéter de ceux qui le
regardaient, souleva le couvercle des casseroles et commanda :

— Ma chambre...

— Bien, monsieur Jules...

On entendit son pilon sur les marches, puis sur le plancher. On écoutait,
il devait s'écraser de tout son poids sur le lit, sans se donner la peine de se
déshabiller.

— D'où sort-il ? questionna Maurice en redescendant. Si ce type-là
compte rester ici...

Alors on vit M. Labro prendre presque la silhouette de l'autre, parler
comme l'autre, d'un ton qui n'admettait pas de réplique ; on l'entendit qui
disait :

— Il faudra bien...

Après quoi il fit demi-tour et, toujours en pyjama et en savates, traversa
la place sous le chaud soleil de midi. Une tache claire, sur son seuil, parmi
les géraniums : sa femme qui l'attendait. Et, bien qu'il ne cessât de la fixer
et qu'il bandât toute sa volonté pour marcher droit, bien qu'il visât aussi
exactement que possible, il décrivit plusieurs courbes avant de l'atteindre.

— Qu'est-ce qui t'a pris ? Qu'est-ce que tu faisais à la terrasse dans cette
tenue ? Quelle est cette histoire d'amarre coupée que le marchand de légumes
m'a racontée ? Qui est ce type ?

Comme il ne pouvait pas répondre à toutes ces questions à la fois, il se
contenta de répondre à la dernière.

— C'est un ami, dit-il.

Et, parce que le vin le rendait emphatique, il ajouta, appuyant sur les
syllabes avec une obstination d'ivrogne :

— C'est mon meilleur ami... C'est plus qu'un ami... C'est un frère, tu
entends ?... Je ne permettrai à personne...

S'il l'avait pu, il serait monté se coucher sans manger, lui aussi, mais sa
femme ne l'eût pas permis.

A cinq heures de l'après-midi, ce jour-là, à *l'Arche de Noé,* on n'entendait toujours aucun bruit dans la chambre du nouveau locataire, sinon un ronflement.

Et quand, à la même heure, les habitués de la partie de boules vinrent frapper chez M. Labro, ce fut Mme Labro qui entr'ouvrit la porte et qui murmura, honteuse :

— Chut !... Il dort... Il n'est pas dans son assiette, aujourd'hui...

3

Les idées du bourreau

— Accroche-moi une nouvelle piade, Oscar.

Les deux hommes étaient dans le bateau que la respiration régulière et lente de la mer soulevait à un rythme lénifiant. A cette heure-là, presque toujours, l'eau était lisse comme du satin, car la brise ne se levait que longtemps après le soleil, vers le milieu de la matinée. Mer et ciel avaient des tons irisés qui faisaient penser à l'intérieur d'une écaille d'huître, et non loin de *l'Armoire à Glace,* à quelque distance de la pointe de l'île, se dressait le rocher tout blanc des Mèdes.

Comme il l'avait annoncé, Jambe de Bois s'était pris de passion pour la pêche. C'était lui qui sifflait, éveillait le plus souvent Labro vers les cinq heures du matin.

— N'oublie pas le vin... lui recommandait-il.

Puis le petit moteur bourdonnait, *l'Armoire à Glace* traçait son sillage mousseux le long des plages et des calanques jusqu'au rocher des Mèdes.

Par contre, Jules répugnait à casser les piades. On appelle ainsi, à Porquerolles, les bernard-l'ermite dont on se sert pour escher. Il faut casser la coquille avec un marteau ou avec une grosse pierre, décortiquer méticuleusement l'animal sans le blesser, et enfin l'enfiler sur l'hameçon.

C'était le travail de Labro qui, à force de s'occuper de la ligne de son compagnon, n'avait guère le temps de pêcher. L'autre le regardait faire en roulant une cigarette, en l'allumant.

— Dis donc, Oscar, j'ai pensé à quelque chose...

Chaque jour il avait une idée nouvelle, et il en parlait sur un ton naturel, cordial, comme on fait des confidences à un ami. Une fois, il avait dit :

— Mon premier projet a été de t'étrangler. Tu sais pourquoi ? Parce qu'un jour, dans un bar, je ne sais plus où, une femme a prétendu que j'avais des mains d'étrangleur. C'est une occasion d'essayer, pas vrai ?

Il regardait le cou d'Oscar, puis ses propres mains, hochait la tête.

— Je ne crois pas, en fin de compte, que c'est ce que je choisirai.

Il passait tous les genres de mort en revue.

— Si je te noie, tu seras tellement laid quand on te repêchera que cela me dégoûte... Tu as déjà vu un noyé, Oscar ?... Toi qui n'es pas beau comme ça...

Il laissait descendre son hameçon au bout du boulantin, s'impatientait quand il restait cinq minutes sans une touche. Et alors, par crainte de le voir se dégoûter de la pêche, Labro, qui n'avait pas prié depuis longtemps, suppliait le bon Dieu de faire prendre du poisson à son bourreau.

« — Faites qu'il pêche, Seigneur, je vous en conjure. Peu importe que je n'attrape rien. Mais lui... »

— Dis donc, Oscar... Passe-moi d'abord une bouteille, tiens... C'est l'heure...

Chaque jour il devançait un peu plus l'heure de commencer à boire.

— Sais-tu que cela devient de plus en plus compliqué ? Avant, je pensais que je te tuerais, n'importe comment, puis que, ma foi, adviendrait ce qui adviendrait... Tu comprends ce que je veux dire ? Je n'avais pas beaucoup de raisons de me raccrocher à la vie... Au fond, je peux bien te l'avouer, cela m'aurait amusé d'être arrêté, de déranger des tas de gens, la police, les juges, les jolies madames, les journalistes... Un grand procès, quoi ! Je leur aurais raconté tout ce que j'avais sur le cœur... Et Dieu sait si j'en ai !... Je suis bien sûr qu'ils ne m'auraient pas coupé la tête... Et la prison ne me déplaisait pas non plus...

» Maintenant, figure-toi que j'ai repris goût à la vie... Et c'est ce qui complique tout, car il faut que je te tue sans me faire pincer... Tu vois le problème, fiston ?

» J'ai déjà échafaudé trois ou quatre plans dans ma tête... J'y pense pendant des heures... C'est assez rigolo... Je fignole, j'essaie de tout prévoir... Puis, à l'instant où j'ai l'impression que c'est au point, crac ! Il me revient un petit détail qui flanque tout par terre...

» Comment t'y prendrais-tu, toi ?

Il y avait bien trois semaines qu'il était dans l'île, quand il avait prononcé cette petite phrase si banale en apparence :

— Comment t'y prendrais-tu, toi ?

Au même moment, Labro devait s'en souvenir, il sortait de l'eau une belle rascasse de deux livres.

— Ce n'est peut-être pas indispensable de me tuer ? avait-il insinué.

Mais alors l'autre l'avait regardé avec étonnement, comme avec peine, avec reproche.

— Voyons, Oscar !... Tu sais bien que j'ai écrit *sous peine de mort*...

— Il y a si longtemps...

Jules frappa sa jambe de bois de sa main.

— Et ça, est-ce que ça a repoussé ?

— On ne se connaissait pas...

— A plus forte raison, mon vieux... Non ! Il faut que je trouve une combinaison... Ce qui m'est venu tout de suite à l'esprit, c'est que cela arrive quand nous serons en mer, comme maintenant... Qui est-ce qui peut nous voir, maintenant ? Personne. Est-ce que tu sais nager ?

— Un peu...

Il se repentit aussitôt de cet « un peu » tentateur et corrigea :

— J'ai toujours nagé assez bien...

— Mais tu ne nagerais pas si tu avais reçu un coup de poing sur le crâne. Et un coup de poing sur le crâne, ça ne laisse pas de trace. Il faudra que j'apprenne à conduire le bateau, si je dois retourner seul au port... Mets-moi une autre piade...

Quand il ne prenait pas de poisson, il était de méchante humeur, et il le faisait exprès d'être cruel.

— Tu crois t'en tirer en m'entretenant, n'est-ce pas ? Et tu es tout le temps à compter les bouteilles de vin que je bois... Tu es avare, Oscar ! Tu es égoïste ! Tu es lâche ! Tu ne feras même pas un beau mort. Veux-tu que je te dise ? Tu me répugnes. Donne-moi à boire...

Il fallait boire avec lui. Labro vivait dans une sorte de cauchemar, alourdi par le vin dès dix heures du matin, ivre à midi. Et l'autre ne le laissait même pas cuver son vin en paix, il le réveillait dès quatre ou cinq heures de l'après-midi pour la partie de boules.

Il ne savait pas jouer. Il s'obstinait à gagner. Il discutait les coups, accusait les autres de tricher. Et, si quelqu'un se permettait une réflexion ou un sourire, c'était Labro qu'il écrasait d'un regard furieux.

— J'espère que tu vas cesser de voir ce type ! disait Mme Labro. Je veux croire aussi que ce n'est pas toi qui paies ces tournées que vous buvez à longueur de journée...

— Mais non... Mais non...

Si elle avait su qu'il payait non seulement les tournées, mais la pension de Jules à *l'Arche de Noé* !

— Écoutez, monsieur Labro, disait le patron de *l'Arche*. Nous avons eu ici toutes sortes de clients. Mais celui-ci est impossible. Hier au soir, il poursuivait ma femme dans les corridors... Avant-hier, c'était Jojo, qui ne veut plus entrer dans sa chambre... Il nous réveille au beau milieu de la nuit en donnant de grands coups de son pilon sur le plancher pour réclamer un verre d'eau et de l'aspirine. Il rouspète à tout propos, renvoie les plats qui ne lui plaisent pas, fait des réflexions désagréables devant les pensionnaires... Je n'en peux plus...

— Je t'en prie, Maurice... Si tu as un peu d'amitié pour moi...

— Pour vous, oui, monsieur Labro... Mais pour lui, non...

— Garde-le encore quinze jours...

Quinze jours... Huit jours... Gagner du temps... Éviter la catastrophe... Et il fallait courir après les joueurs de boules. Car ils ne voulaient plus faire la partie avec cet énergumène qui grognait sans cesse et n'hésitait pas à les injurier.

— Il faut que tu joues ce soir, Vial... Demande à Guercy de venir... Dis-lui de ma part que c'est très important, qu'il faut *absolument* qu'il vienne...

Il en avait les larmes aux yeux de devoir s'humilier de la sorte. Parfois, il se disait que Jules était fou. Mais cela n'arrangeait rien. Est-ce qu'il pouvait le faire enfermer ?

Il ne pouvait pas non plus aller trouver la police et déclarer :

— Cet homme me menace de mort...

D'abord, parce qu'il ne possédait aucune preuve, pas même les cartes postales, dont on se moquerait. Ensuite, parce qu'il avait des scrupules. Cet homme-là, tel qu'il était, c'était un peu son œuvre, en somme... C'était lui Labro, le responsable.

Est-ce qu'il devait se laisser tuer. Pis ! Est-ce qu'il devait vivre des semaines, peut-être des mois, avec la pensée que, d'une heure à l'autre, au moment où il s'y attendrait le moins, Jules lui dirait, de sa voix à la fois cordiale et gouailleuse :

— C'est l'heure, Oscar...

Il était sadique. Il entretenait avec soin les frayeurs de son compagnon. Dès qu'il voyait celui-ci se détendre quelque peu, il insinuait doucement :

— Si nous faisions ça maintenant ?...

Jusqu'à ce *nous* qui était féroce. Comme s'il eût été entendu une fois pour toutes que Labro était consentant, que, comme le fils d'Abraham, il marcherait de bon cœur au supplice...

— Tu sais, Oscar, je te ferai souffrir le moins possible... Je ne suis pas aussi méchant que j'en ai l'air... Tu en auras à peine pour trois minutes...

Labro était obligé de se pincer pour s'assurer qu'il ne dormait pas, qu'il ne faisait pas un cauchemar ahurissant.

— Passe-moi d'abord la bouteille...

Puis on parlait d'autre chose, des poissons, des boules, de Mme Labro, que Jules, qui ne l'avait vue que de loin, détestait.

— Tu n'as jamais eu l'idée de divorcer ?... Tu devrais... Avoue que tu n'es pas heureux, qu'elle te fait marcher comme un petit chien... Mais si !... Avoue !...

Il avouait. Ce n'était pas tout à fait vrai. Seulement un peu. Mais il valait mieux ne pas contredire Jules, parce qu'alors il piquait des colères terribles.

— Si tu divorçais, je crois que j'irais m'installer chez toi... On engagerait Jojo comme servante...

Les ongles de M. Labro lui entraient dans les paumes. Il y avait des moments où, n'importe où, sur son bateau, à la terrasse de chez Maurice, sur la place où ils jouaient aux boules, il avait envie de se dresser de toute sa taille et de hurler, de hurler comme un chien hurle à la lune.

Était-ce lui qui devenait fou ?

— J'ai remarqué que tu fais la cuisine...

— Je prépare seulement le poisson...

— N'empêche que tu sais faire la cuisine... On dit même que tu laves la vaisselle. Qu'est-ce que tu penses de mon idée ?

— Elle ne voudra pas...

Jules y revenait trois ou quatre jours plus tard.

— Réfléchis... Cela pourrait me donner l'envie d'attendre plus long-temps... Au fond, moi qui ai passé toute ma vie dans les hôtels, je crois que je suis né pour avoir mon chez moi...

— Et si je vous donnais de l'argent pour vous installer ailleurs ?

— Oscar !

Un dur rappel à l'ordre.

— Prends garde de ne jamais plus me parler ainsi, parce que, si cela t'arrive encore, ce sera pour tout de suite. Tu entends ? Pour tout de suite !

Labro le lui demanda. L'autre le regarda, étonné.

— Mais... Chapus... Tu ne le savais pas ?... Jules Chapus... Ça vaut bien Labro, non ?... Je parie qu'il y a des Chapus qui sont des gens très bien... Passe-moi la bouteille... Non... Tiens... Je me demande...

Pourquoi se soulevait-il sur son siège ?

Labro se cramponna au sien. Il s'y cramponna de toute son énergie, mais la sueur ne lui gicla de la peau qu'après coup, quand il s'aperçut que Jules ne s'était levé que pour satisfaire un petit besoin.

La peur d'abord... La réaction ensuite... Il se mit à trembler... Il trembla de toutes les frayeurs dans lesquelles il vivait depuis des mois et, soudain, il se leva, à son tour fit deux pas en avant...

4

Le naufrage de « l'Armoire à Glace »

Il avait oublié tout ce qu'il avait si soigneusement combiné, la question du quartier-maître de la marine, du retour des pêcheurs, du vieux retraité au casque colonial.

Malgré cela, la chance fut avec lui. Le gardien du sémaphore, justement, observait la mer avec ses jumelles et déposa comme suit :

— A certain moment, vers huit heures moins dix minutes, j'ai regardé vers les Mèdes et j'ai vu deux hommes qui se tenaient étroitement embrassés à bord de *l'Armoire à Glace*. J'ai d'abord pensé que l'un d'eux était malade et que l'autre l'empêchait de tomber à l'eau. Puis j'ai compris qu'ils luttaient. Séparé d'eux par plusieurs centaines de mètres, je ne pouvais pas intervenir. A un moment donné, ils sont tombés tous les deux sur le plat-bord, et le bateau a chaviré...

Vial, le pêcheur, avec ses deux fils, contournait à cet instant précis la pointe des Mèdes.

— J'ai vu un bateau sens dessus dessous et j'ai reconnu *l'Armoire à Glace*. J'ai toujours prédit qu'il finirait par chavirer, car on l'avait trop chargé de superstructures... A l'instant où nous avons aperçu les deux hommes dans l'eau, ils ne formaient encore qu'une masse indistincte... Je crois que M. Labro, qui est bon nageur, essayait de maintenir son compagnon à la surface... Ou bien c'était celui-ci qui, comme cela arrive souvent, se cramponnait à lui...

Le retraité n'avait rien vu.

— J'étais justement en train de sortir une daurade... J'ai entendu du bruit, mais je n'y ai pas pris garde... D'ailleurs, le bateau de M. Labro était du côté du soleil et je ne pouvais pas distinguer grand-chose, car j'étais ébloui...

Personne n'avait donc vu ce qui s'était passé exactement. Personne, sauf Labro. Quand il était arrivé près de Jules, à le toucher, celui-ci s'était tourné vers lui et son visage avait exprimé, non plus la menace, ni la colère, mais une frayeur *incroyable*.

Incroyable parce que c'était presque un autre homme que Labro avait devant lui, un homme qui avait peur, un homme dont les yeux suppliaient, un homme dont les lèvres tremblaient et qui balbutiait :

— Ne faites pas ça, monsieur Labro !

Oui, il avait dit :

— *Ne faites pas ça, monsieur Labro...*

Et non :

— *Ne fais pas ça, Oscar...*

Il l'avait dit d'une voix que l'autre ne lui connaissait pas, d'une voix qui l'avait remué. Mais il était trop tard. Il ne pouvait plus reculer. D'abord parce que l'élan était pris. Ensuite parce que, après, que serait-il arrivé ? Quelle contenance prendre devant un homme qu'on vient d'essayer de tuer ? Ce n'était pas, ce n'était plus possible.

D'ailleurs, cela ne dura que quelques secondes. Labro donna un coup d'épaule qui aurait dû suffire, mais Jules se raccrocha à lui, Dieu sait comment. Dieu sait comment ils se maintinrent plusieurs secondes en équilibre sur l'embarcation que leurs mouvements faisaient tanguer.

Ils soufflaient. Tous les deux soufflaient. Ils ne s'étaient jamais vus de si près, et tous les deux avaient peur.

Ils étaient aussi grands, aussi larges, aussi forts l'un que l'autre, et ils se tenaient embrassés, comme devait le confirmer l'homme du sémaphore. Jules haletait :

— Écoutez, je...

Trop tard ! Trop tard pour entendre quoi que ce soit ! Il fallait que l'un des deux se détache, que l'un des deux bascule.

Et ils basculèrent tous les deux, en même temps que l'*Armoire à Glace* qui se retournait.

Dans l'eau, ils se raccrochaient encore l'un à l'autre, ou, plus exactement, c'était Jambe de Bois qui se raccrochait et dont les yeux exprimaient la terreur.

Est-ce qu'il n'essayait pas de parler ? Sa bouche s'ouvrait en vain. C'était l'eau salée, à chaque coup, qui l'envahissait.

Un bruit de moteur. Un bateau approchait. Comment Labro reconnut-il, malgré tout, que c'était celui de Vial ? Son subconscient le lui disait sans doute. Il frappait, pour se dégager. Il atteignit le visage de son compagnon, en plein, et l'os du nez lui fit mal au poing.

Puis ce fut tout. Vial lui criait :

— Tenez bon, monsieur Labro...

Est-ce qu'il nageait ? Est-ce qu'il saignait ? Il avait perdu ses lunettes. Une ligne de pêche s'était entortillée à ses jambes.

— Attrape-le, Ferdinand...

La voix de Vial, qui parlait à un de ses fils. On le saisissait comme un gros paquet trop lourd. On le rattrapait avec une gaffe qui lui faisait une entaille à hauteur de la ceinture.

— Tiens ferme, papa... Attends que j'attrape sa jambe...

Et il s'aplatit au fond du bateau de Vial, tout mou, tout giclant d'eau, avec, Dieu sait pourquoi, des larmes dans les yeux. Les autres croyaient que c'était de l'eau de mer, mais lui savait bien que c'étaient des larmes.

C'est à peine s'il eut besoin de mentir. Tout le monde mentait pour lui, sans le savoir. Tout le village, toute l'île avait reconstitué l'histoire à sa manière avant même qu'on l'interrogeât.

— Vous le connaissiez bien ? lui demandait un commissaire d'un air entendu.

— Je l'ai rencontré en Afrique, autrefois...

— Et vous avez été trop bon de l'héberger... Il a usé et abusé de vous de toutes les façons... Les témoignages ne manquent pas sur ce point... Il rendait à tout le monde la vie impossible...

— Mais...

— Non seulement il était ivre dès le matin, mais il prenait un malin plaisir à se montrer désagréable, sinon menaçant... Lorsque l'accident est arrivé, il avait déjà bu deux bouteilles, n'est-ce pas ?

— Je ne sais plus...

— C'est plus que probable, d'après la moyenne des autres jours... Il vous a injurié... Peut-être vous a-t-il attaqué... En tout cas, vous vous êtes battus...

— Nous nous sommes battus...

— Vous n'étiez pas armé ?

— Non... Je n'avais même pas pris le marteau...

Personne ne fit attention à cette réponse dont il se repentit aussitôt, car elle aurait pu être révélatrice.

— Il a basculé et le bateau s'est retourné... Il s'est accroché à vous...

Et l'enquêteur de conclure :

— C'est pénible, évidemment, mais c'est un bon débarras...

Est-ce que Labro rêvait toujours ? Était-ce son cauchemar des dernières semaines qui se transformait soudain en un songe tout de douceur et de facilité ?

C'était même trop facile. Cela ne lui paraissait pas naturel.

— Je demande bien pardon de ce que j'ai fait...

— Mais non ! Mais non ! Vous vous êtes défendu et vous avez eu raison. Avec des individus de cette espèce...

Il fronçait les sourcils. Pourquoi lui semblait-il qu'il y avait quelque chose qui ne tournait pas rond ? C'était trop facile, vraiment. Il se sentait inquiet, malheureux. Et, comme il avait un peu de fièvre, il mélangeait le passé et le présent, employait des raccourcis que les autres ne pouvaient pas comprendre, confondait la pirogue de l'Umbolé et *l'Armoire à Glace*.

— Je sais bien que je n'aurais pas dû...

— Votre femme, Maurice, Vial et les autres nous ont tout raconté...

Comment ces gens-là, qui ne savaient rien, avaient-ils pu raconter quoi que ce soit ?

— Vous avez été trop généreux, trop hospitalier. Ce n'est pas parce que, jadis, on a bu quelques verres avec un individu qu'on doit le recueillir quand il est à la côte. Voyez-vous, monsieur Labro, votre seul tort a été de ne pas vous renseigner sur lui. Si vous étiez venu nous trouver...

Hein ? Qu'est-ce qu'on lui racontait à présent ? Se renseigner sur quoi ?

— Cet homme-là était recherché par cinq pays au moins pour escroqueries... Il était au bout de son rouleau. Où qu'il aille, il risquait de se faire prendre. C'est pourquoi je répète que c'est un bon débarras. On ne parlera plus de cette crapule de Marelier...

M. Labro resta un instant immobile, sans comprendre. Il était dans son lit. Il reconnaissait sur le mur le dessin qu'y mettait le soleil traversant les rideaux.

— Pardon... demanda-t-il poliment, d'une voix comme lointaine. Vous avez dit ?

— Marelier... Jules Marelier... Il y a vingt ans qu'il écume l'Afrique du Nord et le Levant, où il n'a jamais vécu que d'escroqueries et d'expédients. Avant cela, il a purgé dix ans à Fresnes pour vol avec effraction...

— Un instant... Un instant... Vous êtes sûr qu'il s'appelle Jules Marelier ?

— Non seulement nous avons retrouvé ses papiers dans sa malle, mais nous possédons ses empreintes digitales et sa fiche anthropométrique...

— ... et il était à Fresnes il y a ... Attention... Je vous demande pardon... Oh ! ma tête... Il y a combien de temps exactement ?

— Trente ans...

— Sa jambe...

— Quoi, sa jambe ?

— Comment a-t-il perdu sa jambe ?

— Lors d'une tentative d'évasion... Il est tombé de dix mètres de haut sur des pointes de fer dont il ignorait l'existence... Vous paraissez fatigué, monsieur Labro... Le docteur est à côté avec votre femme... Je vais l'appeler...

— Non... Attendez... Quand est-il allé au Gabon ?...

— Jamais... Nous avons tout son *curriculum vitae*. Le plus bas qu'il soit descendu en Afrique est Dakar... Vous vous sentez mal ?

— Ne faites pas attention... Il n'est jamais allé dans les marais de l'Umbolé ?

— Pardon ?

— Une région du Gabon...

— Puisque je vous dis...

Et on entendit la voix désespérée de M. Labro qui frémissait :

— Alors, ce n'est pas lui ! Ce n'est pas le même Jules...

La porte s'ouvrit. Le commissaire de police appelait avec anxiété :

— Docteur !... Je crois qu'il se trouve mal...

— Mais non ! Laissez-moi... criait-il en se débattant. Vous ne pouvez pas comprendre... C'était un autre Jules... J'ai tué un autre Jules... Un autre Jules qui...

— Reste tranquille. Ne t'agite pas. Tu as déliré, mon pauvre Oscar...

— Qu'est-ce que j'ai dit ?

— Des bêtises... Mais tu nous a effrayés quand même... On s'est demandé si tu n'allais pas faire une congestion cérébrale...

— Qu'est-ce que j'ai dit ?

— Toujours les Jules, les deux Jules... Car, dans ton cauchemar, tu en voyais deux...

Il esquissa un sourire amer.

— Va toujours.

— Tu prétendais que tu avais tué pour rien... Non. Reste calme... Prends ta potion... Ce n'est pas mauvais du tout... Cela te fera dormir...

Il préféra prendre sa potion et dormir, parce que c'était trop affreux. Il avait tué pour rien ! Il avait tué un Jules qui n'était pas le vrai Jules, un pauvre type qui ne lui voulait sans doute aucun mal, un vulgaire escroc qui ne cherchait, en le menaçant de temps en temps, qu'à vivre à ses crochets et qu'à couler à Porquerolles des jours paisibles.

Il entendait encore sa voix, à Jambe de Bois, quand celui-ci lui avait crié, au comble de la terreur :

— *Ne faites pas ça, monsieur Labro !*

Sans le tutoyer. Sans grossièreté. Presque respectueusement. Et tout le reste était de la frime.

Lui, Labro, avait eu peur pour rien, avait tué pour rien.

— Alors, monsieur Labro, bon débarras, hein ? On va pouvoir faire la partie de boules en paix...

Et la paix régnait aussi chez Maurice, à *l'Arche de Noé,* où on n'entendait plus le bruit menaçant du pilon de bois sur les planchers et dans les escaliers.

— Et vous qui nous recommandiez d'être patients avec lui parce qu'il avait beaucoup souffert, là-bas, au Gabon, où il n'a jamais mis les pieds !... Un coup de blanc, monsieur Labro ?

— Merci...

— Ça ne va pas ?

— Ça ira...

Il faudrait bien qu'il s'habitue à être un assassin. Et à quoi bon aller le crier sur les toits ?

Tout cela parce qu'un vague escroc, qui en avait marre de traîner la patte à travers le monde, pourchassé par la police, avait entendu un soir, dans un bar, Dieu sait où, les coloniaux raconter l'histoire de la pirogue, l'histoire du vrai Jules Chapus, lequel Chapus était mort, lui, de sa belle mort, si l'on peut dire, quinze ans après l'Umbolé, dans un poste d'Indochine où sa compagnie l'avait envoyé.

Tout cela aussi parce que cet escroc, un jour, à Addis-Abéba, avait mis la main par hasard sur *Le Petit Var* et y avait lu le nom d'Oscar Labro.

... Et que cela lui avait donné l'idée d'aller finir ses jours en paix dans l'île de Porquerolles.

Bradenton Beach (Floride), le 24 novembre 1946.

LE PETIT TAILLEUR ET LE CHAPELIER [1]

1

*Où le petit tailleur a peur
et se raccroche à son voisin le chapelier*

Kachoudas, le petit tailleur de la rue des Prémontrés, avait peur, c'était un fait incontestable. Mille personnes, dix mille personnes plus exactement — puisqu'il y avait dix mille personnes dans la ville — avaient peur aussi, sauf les enfants en très bas âge, mais la plupart ne l'avouaient pas, n'osaient même pas se l'avouer devant la glace.

Il y avait déjà plusieurs minutes que Kachoudas avait allumé l'ampoule électrique qu'un fil de fer lui permettrait d'attirer et de maintenir juste au-dessus de son travail. Il n'était pas encore quatre heures de l'après-midi, mais il commençait à faire noir, car on était en novembre. Il pleuvait. Il pleuvait depuis quinze jours. A cent mètres de la boutique, au cinéma éclairé en mauve dont on entendait trembloter la sonnerie, on pouvait voir, dans les actualités de France et de l'étranger, des gens circulant en barque dans les rues, des fermes isolées au milieu de véritables torrents qui charriaient des arbres entiers.

Tout cela compte. Tout compte. Si on n'avait pas été en automne, s'il n'avait pas fait noir dès trois heures et demie, si la pluie n'avait pas dégringolé du ciel du matin au soir et du soir au matin, au point que bien des gens n'avaient plus rien de sec à se mettre sur le dos, s'il n'y avait eu par surcroît des bourrasques qui s'engouffraient dans les rues étroites et qui retournaient les parapluies comme des gants, Kachoudas n'aurait pas eu peur, et, d'ailleurs, rien ne serait probablement arrivé.

Il était assis en tailleur — c'était son métier — sur une grande table qu'il avait polie avec ses cuisses depuis trente ans qu'il s'y tenait de la sorte toute la journée. Il se trouvait à l'entresol, juste au-dessus de sa boutique. Le plafond était très bas. En face de lui, de l'autre côté de la rue, il y avait, suspendu au-dessus du trottoir, un énorme chapeau haut de forme rouge qui servait d'enseigne au chapelier. En dessous du chapeau, le regard

---

1. Cette nouvelle, dans sa version anglaise, a gagné, sous le titre *Blessed are the Meek (Bénis soient les humbles)*, le prix américain Ellery Queen de la meilleure nouvelle policière. Sa traduction a été publiée en France par *Mystère Magazine*.

Nous croyons bien faire, cependant, d'en donner ici la version originale française, qui est assez différente.

du. tailleur Kachoudas plongeait, à travers la vitrine, dans le magasin de M. Labbé.

Le magasin était mal éclairé. Les ampoules électriques étaient couvertes d'une poussière qui ternissait la lumière. La glace de la vitrine n'avait pas été lavée depuis longtemps. Ces détails ont moins d'importance, mais ils jouent leur rôle aussi. La chapellerie était une vieille chapellerie. La rue était une vieille rue qui avait été l'artère commerçante jadis, au temps lointain où les magasins modernes, les *Prisunics* et autres, avec leurs étalages rutilants, ne s'étaient pas encore installés ailleurs, à plus de cinq cents mètres ; de sorte que les boutiques qui subsistaient dans ce bout de rue mal éclairée étaient de vieilles boutiques et qu'on pouvait se demander s'il y entrait jamais personne.

Raison de plus pour avoir peur. Enfin, c'était l'heure. A ce moment-là de la journée, Kachoudas commençait à ressentir un vague malaise qui signifiait qu'il avait envie de son verre de vin blanc, que son organisme, qui y était habitué depuis longtemps, le réclamait impérieusement.

Et l'organisme de M. Labbé, en face, en avait besoin aussi. C'était l'heure, pour lui aussi. La preuve, c'est qu'on voyait le chapelier adresser quelques mots à Alfred, son commis roux, et endosser un lourd pardessus à col de velours.

Le petit tailleur sauta de sa table, mit son veston, noua sa cravate et descendit l'escalier en colimaçon tout en criant à la cantonade :

— Je reviens dans un quart d'heure...

Ce n'était pas vrai. Il restait toujours une demi-heure, souvent une heure absent, mais il y avait des années qu'il annonçait ainsi son retour pour dans un quart d'heure.

Au moment où il enfilait un imperméable qu'un client avait oublié chez lui et n'avait jamais réclamé, il entendit la sonnerie de la porte d'en face. M. Labbé, les mains dans les poches, le col relevé, se dirigea vers la place Gambetta en rasant les maisons.

La sonnette du petit tailleur tinta à son tour. Kachoudas s'élança, dans la pluie qui le giflait, à dix mètres à peine derrière son imposant voisin. *Il n'y avait rigoureusement qu'eux dans la rue, où les becs de gaz étaient très espacés et où l'on passait d'un trou noir à un autre trou noir.*

Kachoudas aurait pu faire quelques pas précipitamment pour rejoindre le chapelier. Ils se connaissaient. Ils se disaient bonjour quand il leur arrivait de lever leurs volets en même temps. Ils se parlaient, au *Café de la Paix* où ils allaient se trouver ensemble dans quelques minutes.

Il n'en existait pas moins entre eux des différences hiérarchiques. M. Labbé était M. Labbé et Kachoudas n'était que Kachoudas. Ce dernier le suivait donc, ce qui suffisait à le rassurer, car, si on l'attaquait à ce moment-là, il lui suffisait de crier pour alerter le chapelier.

Et si le chapelier se sauvait à toutes jambes ? Kachoudas y pensa. Cela lui fit froid dans le dos et, par crainte des encoignures sombres, des ruelles borgnes propices à un guet-apens, il se mit à marcher au beau milieu de la rue.

Il n'y en avait d'ailleurs que pour quelques minutes. Au bout de la rue des Prémontrés, c'était la place, ses lumières, ses passants plus nombreux malgré la tempête, et on y voyait d'habitude un sergent de ville en faction.

Les deux hommes, l'un derrière l'autre, tournèrent à gauche. Le troisième immeuble, déjà, c'était le *Café de la Paix*, avec ses deux vitrines brillamment éclairées, sa chaleur rassurante, ses habitués à leur place et le garçon, Firmin, qui les regardait jouer aux cartes.

M. Labbé retira son pardessus et le secoua. Firmin prit le vêtement, qu'il suspendit au portemanteau. Kachoudas entra à son tour, mais on ne l'aida pas à se débarrasser de son imperméable. Cela n'avait pas d'importance. C'était naturel. Il n'était que Kachoudas.

Les joueurs et les clients qui suivaient la partie serrèrent la main du chapelier, qui s'assit juste derrière le docteur. Les mêmes adressèrent un signe de tête — ou rien du tout — à Kachoudas, qui ne trouva qu'une chaise contre le poêle et dont le bas du pantalon se mit à fumer.

C'est même à cause de ces pantalons, qui exhalaient leur eau en vapeur, que le petit tailleur fit sa découverte. Il les regarda un bon moment en se disant que l'étoffe, qui n'était pas de première qualité, allait encore rétrécir. Puis il regarda les pantalons de M. Labbé, d'un œil de tailleur, pour voir si le tissu en était meilleur. Car, bien entendu, M. Labbé ne s'habillait pas chez lui. Personne, parmi les habitués de quatre heures, qui étaient tous des notables, ne s'habillait chez le petit tailleur. Tout au plus lui confiait-on les réparations ou des vêtements à retourner.

Il y avait de la sciure de bois par terre. Les pieds mouillés y avaient laissé d'étranges dessins, avec des petits tas de boue par-ci par-là. M. Labbé portait des souliers fins. Ses pantalons étaient d'un gris presque noir.

Or, juste au revers de la jambe gauche, il y avait un petit point blanc. Si Kachoudas n'avait pas été tailleur, il ne s'en serait sans doute pas occupé. Il dut penser que c'était un fil. Parce que les tailleurs ont l'habitude de retirer les fils. S'il n'avait pas été aussi humble, il n'aurait pas eu non plus l'idée de se pencher.

Le chapelier le regarda faire, un peu surpris. Kachoudas saisit la chose blanche qui s'était glissée dans le revers et qui n'était pas un fil, mais un minuscule morceau de papier.

— Excusez-moi... murmura-t-il.

Car il s'excusait toujours. Les Kachoudas s'étaient toujours excusés. Il y avait des siècles que, transportés comme des colis d'Arménie à Smyrne ou en Syrie, ils avaient pris cette prudente habitude.

Ce qu'il convient de souligner, c'est que, tandis qu'il se redressait avec le petit bout de papier entre le pouce et l'index, il ne pensait à rien. Plus exactement, il pensait :

« — Ce n'est pas un fil... »

Il voyait les jambes et les pieds des joueurs, les pieds en fonte des tables de marbre, le tablier blanc de Firmin. Au lieu de jeter le bout de papier par terre, il le tendit au chapelier en répétant :

— Excusez-moi...

Parce que le chapelier aurait pu se demander ce qu'il était venu chercher dans le revers de son pantalon.

Alors, au moment précis où M. Labbé le saisissait à son tour — le papier n'était guère plus grand qu'un confetti —, Kachoudas sentit tout son être se figer et un frisson extrêmement désagréable traversa sa nuque de part en part.

Le plus terrible, c'est qu'il regardait justement le chapelier et que le chapelier le regardait. Ils restèrent ainsi un bon moment à se fixer. Personne ne s'occupait d'eux. Les joueurs et les autres suivaient leur jeu. M. Labbé était un homme qui avait été gros et qui s'était dégonflé. Il restait encore assez volumineux, mais on le sentait flasque. Ses traits mous ne bougeaient pas beaucoup, et ils ne bougèrent pas en cette circonstance capitale.

Il prit le bout de papier et, en le triturant dans ses doigts, en fit une boulette guère plus grosse qu'une tête d'épingle.

— Merci, Kachoudas.

De cela, on pourrait discuter à l'infini, et le petit tailleur devait y penser pendant des jours et des nuits : est-ce que la voix du chapelier était naturelle ? Ironique ? Menaçante ? Sarcastique ?

Le tailleur tremblait et faillit renverser son verre, qu'il avait saisi par contenance.

Il ne fallait plus regarder M. Labbé. C'était trop dangereux. C'était une question de vie ou de mort. Pour autant qu'il puisse encore être question de vie pour Kachoudas !

Il resta sur sa chaise, immobile en apparence, et cependant il avait l'impression de faire de véritables bonds ; il y avait des moments où il était forcé de se retenir de toutes ses forces pour ne pas se mettre à courir à toutes jambes.

Que serait-il arrivé s'il s'était levé en criant :

— C'est lui !

Il avait chaud et froid. La chaleur du poêle lui brûlait la peau, et il aurait pu tout aussi bien claquer des dents. Il se souvenait soudain de la rue des Prémontrés et de lui, Kachoudas qui, parce qu'il avait peur, suivait le chapelier d'aussi près que possible. C'était arrivé plusieurs fois. C'était arrivé un quart d'heure plus tôt encore. *Il n'y avait qu'eux dans la rue où il faisait noir.*

Or c'était LUI ! Le petit tailleur aurait bien voulu le regarder à la dérobée, mais il n'osait pas. Est-ce qu'un seul regard ne pouvait pas être sa condamnation ?

Il ne fallait surtout pas qu'il se passe la main sur le cou, comme il en avait tellement envie, au point que cela en devenait angoissant, comme quand on résiste au désir de se gratter.

— Un autre vin blanc, Firmin...

Encore une faute. Les autres jours, il laissait passer une demi-heure environ avant de commander son second verre. Qu'est-ce qu'il devait faire ? Qu'est-ce qu'il pouvait faire ?

Le *Café de la Paix* était tout entouré de glaces où on voyait monter la fumée des pipes et des cigarettes. Il n'y avait que M. Labbé à fumer le cigare, et Kachoudas en respirait parfois des bouffées. Il y avait, au fond, à droite, près des lavabos, une cabine téléphonique. Ne pouvait-il pas, avec l'air de se rendre au lavabo, pénétrer dans cette cabine ?

— Allô... La police ?... Il est ici...

Et si M. Labbé entrait dans la cabine derrière lui ? On n'entendrait rien. Cela se passait toujours sans bruit. Pas une des victimes, pas une, sur six, n'avait crié. C'étaient des vieilles femmes, soit. Le tueur ne s'en était jamais pris qu'à des vieilles femmes. C'est pour cela que les hommes faisaient les farauds, se risquaient plus volontiers dans les rues. Mais qu'est-ce qui l'empêchait de faire une exception ?

— IL est ici !... Venez vite le prendre...

Au fait, il toucherait vingt mille francs. C'était le montant de la prime que tant de gens essayaient de gagner, au point que la police ne savait plus où donner de la tête, accablée qu'elle était par les accusations les plus fantaisistes.

Avec vingt mille francs, il pourrait...

Mais d'abord, qui le croirait ? Il affirmerait :

— C'est le chapelier !

On lui répliquerait :

— Prouvez-le.

— J'ai vu deux lettres...

— Quelles lettres ?

— Un *n* et un *t*.

Il n'était même pas sûr du *t*.

— Expliquez-vous, Kachoudas...

On lui parlerait sévèrement ; on parle toujours sévèrement à tous les Kachoudas de la terre...

— ... dans le pli de son pantalon... IL en a fait une boulette...

Et où était-elle, maintenant, la boulette grosse comme une tête d'épingle ? Allez la retrouver ! Peut-être qu'il l'avait laissée tomber par terre et écrasée dans la sciure sous son talon ? Peut-être qu'il l'avait avalée ?

Qu'est-ce que cela prouvait, d'ailleurs ? Que le chapelier avait découpé deux lettres dans une page du journal ? Même pas. Ce bout de papier, il pouvait l'avoir ramassé ailleurs, sans le savoir. Et si cela lui plaisait de découper des lettres dans un journal ?

Il y avait de quoi donner la fièvre à un homme plus solide que le petit tailleur, à n'importe lequel de ceux qui étaient là, des gens bien, pourtant, des gros commerçants, un médecin, un assureur, un négociant en vins — des gens assez prospères pour pouvoir jouer aux cartes une bonne partie de l'après-midi et s'offrir plusieurs apéritifs quotidiens.

Ils ne savaient pas. Personne ne savait, sauf Kachoudas.

Et l'homme savait que Kachoudas...

Il en suait, comme s'il avait bu plusieurs grogs et avalé force aspirine. Est-ce que le chapelier avait remarqué son trouble ? Est-ce que le tailleur avait eu l'air de se rendre compte de la nature du petit papier ?

Essayez de penser à des choses aussi capitales sans en avoir l'air, alors que l'autre est à fumer son cigare à moins de deux mètres de vous et que vous êtes censé regarder les joueurs de belote !

— Un vin blanc, Firmin...

Sans le vouloir. Il avait parlé sans le vouloir, parce qu'il avait la gorge sèche. Trois vins blancs, c'était trop. D'abord parce que cela ne lui arrivait pour ainsi dire jamais, seulement à la naissance de ses enfants. Il en avait huit, des enfants. Il en attendait un neuvième. A peine en naissait-il un qu'il en attendait un suivant. Ce n'était pas sa faute. Des gens le regardaient chaque fois d'un air réprobateur.

Est-ce qu'on tue un homme qui a huit enfants et qui en attend un neuvième, qui en attendra un dixième tout de suite après ?

Quelqu'un — l'assureur — qui donnait les cartes, disait à ce moment-là :

— C'est curieux... Voilà trois jours qu'*il* n'a pas tué de vieille femme... *Il* doit commencer à avoir peur...

Entendre ça, savoir ce que Kachoudas savait et parvenir à ne pas regarder le chapelier ! Mais c'était bien sa veine : il regardait droit devant lui, exprès, au prix d'un douloureux effort, et voilà que, devant lui, dans la glace, c'était le visage de M. Labbé que ses yeux rencontraient.

M. Labbé le fixait. Il était placide, mais il le fixait, lui Kachoudas, et il semblait au petit tailleur qu'un sourire vague flottait sur les lèvres du chapelier. Il se demanda même si celui-ci n'allait pas lui adresser un clin d'œil, un clin d'œil complice, bien entendu, comme pour dire :

— C'est rigolo, hein ?

Kachoudas entendit sa propre voix qui articulait :

— Garçon...

Il ne fallait pas. Trois verres, c'était assez, plus qu'assez. Surtout qu'il ne supportait pas la boisson.

— Monsieur ?

— Rien... Merci...

Il y avait une explication possible, après tout. C'était un peu vague dans l'esprit du petit tailleur, mais cela se tenait. A supposer qu'il y ait deux hommes au lieu d'un : d'une part, le tueur de vieilles femmes, dont on ne savait absolument rien, sinon qu'il en était, en trois semaines, à sa sixième victime ; d'autre part, quelqu'un qui voulait s'amuser, mystifier ses concitoyens, peut-être un maniaque, qui écrivait au *Courrier de la Loire* les fameuses lettres composées de caractères découpés dans les journaux ?

Pourquoi pas ? Cela se voit. Il y a des gens à qui ces choses-là tournent la tête.

Mais alors, s'il existait deux hommes au lieu d'un, comment le second, celui des lettres découpées, pouvait-il prévoir ce que ferait le premier ?

Car trois des assassinats au moins avaient été annoncés. Toujours de la même manière. Les lettres étaient envoyées par la poste au *Courrier de la Loire* et, la plupart du temps, les mots imprimés étaient découpés dans le même *Courrier de la Loire*, collés avec soin les uns à côté des autres.

« *On a inutilement fait appel à la brigade mobile. Demain, troisième vieille femme.* »

Certaines missives étaient plus longues. Cela devait prendre du temps pour trouver tous les mots voulus dans le journal, pour les assembler comme un puzzle.

« *Le commissaire Micou, parce qu'il arrive de Paris, se croit très malin alors qu'il n'est qu'un enfant de chœur. Il a tort de boire trop de marc de Bourgogne, qui lui rougit le nez...* »

Au fait, est-ce que le commissaire Micou, que la Sûreté Nationale avait envoyé pour diriger l'enquête, ne venait pas de temps en temps boire un verre au *Café de la Paix* ? Le petit tailleur l'y avait vu. On interrogeait familièrement le policier, qui avait, en effet, un penchant pour le marc de Bourgogne.

— Alors, monsieur le commissaire ?

— Nous l'aurons, n'ayez pas peur. Ces maniaques-là finissent toujours par commettre une faute. Ils sont trop contents d'eux. Il faut qu'ils parlent de leurs exploits.

Et le chapelier était présent quand le policier prononçait ces mots.

« *Des imbéciles, qui ne savent rien de rien, prétendent que c'est par lâcheté que je ne m'en prends qu'aux vieilles femmes. Et si j'ai horreur des vieilles femmes ? Est-ce mon droit ? Qu'ils insistent encore et, pour leur faire plaisir, je tuerai un homme. Même un grand. Même un fort. Cela m'est égal. Ils verront bien, alors...* »

Et Kachoudas qui était tout petit, malingre, pas plus fort qu'un gamin de quinze ans !

— Voyez-vous, monsieur le commissaire...

Le tailleur sursauta. Le commissaire Micou venait d'entrer, en compagnie de Pijolet, le dentiste. Il était gras et optimiste. Il retournait une chaise pour s'asseoir à califourchon, face aux joueurs, à qui il disait, condescendant :

— Ne vous dérangez pas...

» Elle avance, elle avance.

— Vous avez une piste ?

Dans la glace, Kachoudas voyait M. Labbé qui le regardait toujours, et alors il fut pris d'une autre peur. Et si M. Labbé était innocent, innocent de tout, des vieilles femmes et des lettres ? S'il avait attrapé le bout de papier dans le repli de son pantalon par hasard, Dieu sait où, comme on attrape une puce ?

Il fallait se mettre à sa place. Kachoudas se penchait et ramassait quelque chose. M. Labbé ne savait même pas au juste où ce bout de papier avait été ramassé. Qu'est-ce qui prouvait que ce n'était pas le petit tailleur lui-même qui l'avait laissé tomber, qui essayait de le faire disparaître, qui se troublait, le tendait à son interlocuteur ?

Oui, qu'est-ce qui empêchait le chapelier de soupçonner son voisin Kachoudas ?

— Un vin blanc...

Tant pis ? Il en avait déjà trop bu, mais il en avait besoin d'un autre. Il lui semblait qu'il y avait beaucoup plus de fumée que d'habitude dans le café, que les visages étaient plus estompés ; parfois la table des joueurs lui apparaissait comme étrangement lointaine.

Ça, par exemple... S'il soupçonnait M. Labbé et que M. Labbé le soupçonne ?... Est-ce que le chapelier, lui aussi, penserait à la prime de vingt mille francs ?

On prétendait qu'il était riche, que c'était parce qu'il n'avait pas besoin d'argent qu'il laissait péricliter son commerce. Car il aurait fallu nettoyer les vitrines, les moderniser de préférence, augmenter l'éclairage et renouveler tout le stock. Il ne pouvait pas espérer que les gens viendraient lui acheter les chapeaux à la mode d'il y a vingt ans qui encombraient ses rayons et sur lesquels la poussière s'amoncelait.

S'il était avare, les vingt mille francs le tenteraient peut-être ?

Qu'il accuse Kachoudas... Bon ! Au premier abord, tout le monde lui donnerait raison. Parce que Kachoudas, justement, était de ces gens dont on se méfie volontiers. Parce qu'il n'était pas de la ville, pas même du pays. Parce qu'il avait une drôle de tête qu'il tenait de travers. Parce qu'il vivait au milieu d'une marmaille toujours accrue et que sa femme parlait à peine le français...

Mais après ? Pourquoi le petit tailleur se serait-il attaqué à des vieilles femmes, dans la rue, sans se donner la peine de leur voler leurs bijoux ou leur sac à main ?

Il se disait cela, Kachoudas, puis aussitôt après il objectait :

— Et pourquoi M. Labbé, lui, à soixante et des ans, après une vie de citoyen modèle, serait-il pris soudain du besoin d'étrangler les gens dans les rues sombres ?

C'était affreusement compliqué. Même l'ambiance familière du *Café de la Paix* n'était plus rassurante, ni la présence du commissaire Micou.

Qu'on affirme à Micou que c'était Kachoudas et Micou le croirait.

Qu'on lui dise que c'était M. Labbé...

Il fallait y réfléchir sérieusement. C'était une question de vie ou de mort. Est-ce que le tueur n'avait pas annoncé par la voix du journal qu'il pourrait bien s'attaquer à un homme ?

Et il y avait cette rue des Prémontrés à peine éclairée, à parcourir ! Et il habitait juste en face de la chapellerie, d'où on pouvait épier ses moindres faits et gestes !

Enfin, il fallait tenir compte de la question des vingt mille francs. Vingt mille ! Plus qu'il ne gagnait, sur sa table, en six mois...

— Dites donc, Kachoudas...

Il eut l'impression d'atterrir, venant d'un monde lointain, parmi des gens dont, plusieurs minutes, il avait oublié la présence. Comme il n'avait pas reconnu la voix, son réflexe fut de se tourner vers le chapelier qui l'observait en mâchonnant son cigare. Mais ce n'était pas le chapelier qui l'avait interpellé. C'était le commissaire.

— Est-il vrai que vous travaillez vite et pas cher ?

En un éclair, il entrevit une chance inespérée et il faillit se tourner une fois de plus vers M. Labbé pour s'assurer que celui-ci ne lisait pas sa joie sur son visage.

Aller à la police, il n'aurait pas osé le faire. Écrire, il aurait hésité, car les lettres restent et peuvent vous attirer des ennuis. Mais voilà que par miracle le grand chef, le représentant de l'ordre, de la loi, offrait en quelque sorte de venir chez lui.

— Pour les deuils, je livre un complet en vingt-quatre heures, dit-il en baissant modestement les yeux.

— Alors, mettons que ce soit pour le deuil des six vieilles femmes et faites-m'en un aussi vite. Je n'ai presque rien apporté avec moi de Paris, et cette pluie a mis mes deux costumes en mauvais état. Vous avez du drap pure laine, au moins ?

— Vous aurez le meilleur drap d'Elbeuf.

Mon Dieu ! Comme la pensée du petit tailleur marchait vite ! C'était peut-être l'effet des quatre verres de vin blanc ? Tant pis ! Il en commandait un cinquième, d'une voix plus assurée que d'habitude. Il allait se passer quelque chose de merveilleux. Au lieu de rentrer chez lui — ne serait-il pas mort de peur en pensant à M. Labbé et en passant devant les recoins sombres de la rue des Prémontrés ? — il se ferait accompagner par le commissaire, afin de lui prendre ses mesures. Une fois chez lui, la porte fermée...

C'était magnifique, inespéré. Il toucherait la prime. Vingt mille francs ! Sans courir aucun risque !

— Si vous avez cinq minutes pour me suivre à la maison, qui est tout à côté...

Sa voix tremblait un peu. Il y a des chances sur lesquelles on compte sans oser trop y compter, quand on est un Kachoudas et qu'on a l'habitude, depuis des siècles, des coups de pied au derrière et des entourloupettes du destin.

— ... Je vous prendrai vos mesures et je vous promets que demain soir, à la même heure...

Que c'est bon de s'envoler de la sorte ! Toutes les difficultés sont aplanies. Tout s'arrange, comme dans un conte de fées.

Des gens qui jouent aux cartes... La bonne tête de Firmin — toutes les têtes deviennent bonnes aussi à ces moments-là — qui suit la partie... Le chapelier qu'on s'efforce de ne pas regarder...

Le commissaire va venir... On sort ensemble... On pousse la porte de la boutique... Personne ne peut entendre...

— Écoutez, monsieur le commissaire, le tueur, c'est...

Patatras ! Il suffit d'une petite phrase pour flanquer tout par terre.

— Je n'en suis pas à une heure près...

Le commissaire a envie de jouer à la belote, lui aussi, et il sait que quelqu'un va lui céder sa place dès que la partie en cours sera terminée.

— J'irai vous voir demain dans la matinée... Je suppose que vous êtes toujours chez vous ?... D'ailleurs, avec ce temps...

Plus rien, la belle histoire fichue. C'était si facile, pourtant ! Et demain matin Kachoudas sera peut-être mort. Sa femme et ses enfants ne toucheront pas les vingt mille francs auxquels il a droit.

Car, de plus en plus, il sent qu'il y a droit. Il en a conscience. Il se révolte.

— Si vous veniez ce soir, je pourrais profiter de...

Cela ne lui réussit pas. Le chapelier doit rire. La partie finit justement et l'assureur donne sa place autour du tapis au commissaire Micou. Les commissaires ne devraient pas avoir le droit de jouer aux cartes. Ils devraient comprendre à demi-mot. Kachoudas ne peut quand même pas le supplier de venir faire prendre ses mesures ?

Comment s'en aller, maintenant ? D'habitude, il ne reste qu'une demi-heure, parfois un peu plus, mais pas beaucoup, au *Café de la Paix*. C'est sa seule distraction, sa folie à lui. Puis il rentre. La marmaille est au complet — les petits rentrés de l'école — et fait un bruit infernal. La maison sent la cuisine. Dolphine — elle porte un prénom ridiculement français, alors qu'elle parle à peine cette langue — Dolphine crie après les petits d'une voix aiguë. Lui, sur sa table, à l'entresol, approchant la lampe de son ouvrage, coud à longueur d'heures...

Il sent mauvais, il le sait bien. Il sent à la fois l'ail, dont on fait une grande consommation dans la maison et le suint des tissus qu'il manie. Il y a des gens, au *Café de la Paix*, qui reculent leur chaise quand il s'assied autour de la table des habitués.

Est-ce une raison pour que le commissaire ne vienne pas tout de suite ? Si seulement quelqu'un s'en allait dans sa direction ? Mais tous, qui sont là, habitent vers la rue du Palais. Tous tournent à gauche, tandis qu'il doit tourner à droite.

Question de vie ou de mort...

— La même chose, Firmin...

Un autre verre de vin blanc. Il a tellement peur que le chapelier sorte sur ses talons ! Puis, alors qu'il a déjà commandé, il pense que, si M. Labbé sort le premier, ce sera peut-être pour lui tendre un piège dans un des coins sombres de la rue des Prémontrés.

Partir avant, c'est dangereux.

Partir après, c'est encore plus dangereux.

Et il ne peut quand même pas rester là toute sa vie ?

— Firmin...

Il hésite. Il sait qu'il a tort, qu'il va être ivre, mais il n'est plus capable de faire autrement.

— La même chose...

Est-ce que ce n'est pas lui qu'on va regarder d'un œil soupçonneux ?

2

Où le petit tailleur assiste
à la fin d'une vieille demoiselle

— Comment va Mathilde ?

Quelqu'un a prononcé ce petit bout de phrase. Mais qui ? A ce moment-là, Kachoudas avait déjà la tête lourde et peut-être même avait-il commandé son septième verre de vin blanc ? Au point qu'on lui a demandé s'il fêtait une nouvelle naissance. C'est probablement Germain, l'épicier, qui a parlé. Cela n'a d'ailleurs aucune importance. Ils sont tous à peu près du même âge, entre soixante et soixante-cinq ans. La plupart ont été ensemble, à l'école d'abord, au collège ensuite. Ils ont joué aux billes ensemble. Ils se tutoient. Ils ont assisté au mariage les uns des autres. Sans doute chacun a-t-il eu plus ou moins comme petite amie, à quinze ou à dix-sept ans, celle qui est devenue la femme de son ami.

Il y en a d'autres, un groupe de quarante à cinquante ans qui se préparent pour la relève, pour quand les aînés n'y seront plus, et qui jouent aux cartes dans le coin gauche du *Café de la Paix*. Ils sont un peu plus bruyants, mais ils arrivent plus tard, vers cinq heures, parce qu'ils n'ont pas encore conquis tous leurs grades.

— Comment va Mathilde ?

C'est un bout de phrase que le petit tailleur a entendu presque tous les jours. On a demandé cela du bout des lèvres, comme on aurait dit :

— Il pleut toujours ?

Parce qu'il y a des éternités que Mathilde, la femme du chapelier, est devenue une sorte de mythe. Elle a dû être une jeune fille comme les autres. Peut-être certains des joueurs l'ont-ils courtisée et embrassée dans les coins. Puis elle a été mariée et sans doute est-elle allée chaque dimanche, en grande tenue, à la messe de dix heures.

Depuis quinze ans, elle vit dans un entresol tout pareil à celui de Kachoudas, juste en face de celui-ci, et dont on écarte rarement les rideaux. Lui-même ne la voit pas, devine à peine la tache laiteuse de son visage les jours de grand nettoyage.

— Mathilde va bien...

Autrement dit, elle ne va pas plus mal, elle est toujours paralysée, on continue à la mettre chaque matin dans son fauteuil, chaque soir dans son lit, mais elle n'est pas encore morte.

On a parlé de Mathilde et d'autres choses. Pas beaucoup du tueur, parce que, au *Café de la Paix*, on feint de ne s'intéresser que de très haut à ces choses-là.

Kachoudas n'a pas osé s'en aller, par crainte de voir le chapelier sortir derrière lui et le suivre. Alors, il a bu. Il a eu tort, mais c'était plus fort que lui. Deux ou trois fois il a remarqué que M. Labbé regardait l'heure à l'horloge blême qui pend entre deux glaces, et il ne s'est pas demandé pourquoi. C'est ainsi seulement qu'il a su qu'il était cinq heures dix-sept exactement quand le chapelier s'est levé et a frappé la table de marbre avec une pièce de monnaie, ce qui est son habitude pour appeler Firmin.

— Combien ?

Si, à l'arrivée, on serre les mains, on se contente, au départ, d'un adieu à la ronde. Certains disent « A demain », d'autres « A ce soir », car il y en a qui se retrouvent après le dîner pour une autre partie.

— Il va m'attendre dans une encoignure de la rue des Prémontrés et me sauter dessus au passage...

Pourvu qu'il puisse payer ses consommations à temps, sortir sur les talons du chapelier et ne pas le perdre des yeux ! Il est le plus petit et le plus maigre des deux. Il y a des chances pour qu'il coure le plus vite. Il vaut mieux suivre l'autre à courte distance, quitte à s'enfuir au moindre geste suspect.

Les deux hommes sortirent à quelques secondes d'intervalle. Chose curieuse, les joueurs ne se retournèrent pas sur le chapelier, mais bien sur le petit tailleur qui ne leur semblait pas être dans son assiette. Qui sait ? Quelqu'un ne murmura-t-il pas :

— Si c'était lui ?

Il ventait de plus belle. Au coin des rues, on recevait le vent comme une claque magistrale, et on en était plié en deux, ou à moitié renversé en arrière. Il pleuvait. Le petit tailleur avait déjà le visage détrempé et grelottait sous son imperméable sans épaisseur.

Peu importe. Il emboîtait le pas à l'autre. Il fallait le suivre de près. C'était sa seule planche de salut. Encore trois cents mètres, deux cents mètres, cent mètres, et il serait chez lui, il pourrait s'enfermer, se barricader en attendant la visite du commissaire, le lendemain matin.

Il comptait les secondes et voilà que le chapelier dépassait son magasin où on entrevoyait vaguement le commis à cheveux roux derrière le comptoir. Kachoudas, lui aussi, dépassait sa boutique, presque sans le savoir, parce qu'une force le poussait à suivre toujours.

Comme tout à l'heure, il n'y avait qu'eux dans la rue, il n'y avait qu'eux dans les rues du quartier de plus en plus désert où ils s'enfonçaient. Chacun entendait nettement les pas de l'autre, comme les échos de son propre pas. Donc, le chapelier savait qu'il était suivi.

Et Kachoudas était mort de peur. Il aurait pu s'arrêter, faire demi-tour, rentrer chez lui ? Sans doute. Peut-être. Seulement, il n'y pensait pas. Si étrange que cela paraisse, il avait trop peur pour ça.

Il suivait. Il marchait à une vingtaine de mètres en arrière de son compagnon. Il lui arrivait de parler tout seul, dans la pluie et dans le vent :

— Si c'est lui...

Est-ce qu'il doutait encore ? Était-ce pour en avoir le cœur net qu'il entreprenait cette poursuite ?

De temps en temps, les deux hommes, à quelques secondes d'intervalle, passaient devant une boutique éclairée. Puis, tour à tour, chacun s'enfonçait à nouveau dans le noir, et ils n'avaient plus comme repère que le bruit de leurs pas.

— S'il s'arrête, je m'arrête...

Le chapelier s'arrêta et il s'arrêta. Le chapelier repartit, et le petit tailleur se remit en marche avec un soupir de soulagement.

Il y avait des rondes dans la ville, des quantités de rondes, s'il fallait en croire le journal. Pour calmer la population, la police avait mis sur pied un système soi-disant infaillible de surveillance. En effet, on croisa — toujours l'un derrière l'autre — trois hommes en uniforme qui marchaient lourdement au pas et Kachoudas entendit :

— Bonsoir, monsieur Labbé !

Lui, on lui braqua au visage le faisceau d'une lampe de poche et on ne lui dit rien.

Pas de vieilles femmes dans les rues. C'était à se demander où le tueur allait chercher ses vieilles femmes pour les assassiner. Elles devaient se terrer chez elles, ne sortir qu'en plein jour, accompagnées autant que possible. On passa devant l'église Saint-Jean, dont le portail était faiblement lumineux. Mais les vieilles, depuis trois semaines, ne devaient plus aller au salut.

Les rues devenaient de plus en plus étroites. Il y avait des terrains vagues et des palissades entre certaines maisons.

— Il m'attire en dehors de la ville pour me tuer...

Kachoudas n'était pas brave. Il avait de plus en plus peur. Il était prêt à crier au secours au moindre mouvement du chapelier. S'il suivait, ce n'était pas de son plein gré.

Une rue tranquille, avec des maisons neuves, les pas, toujours, puis, brusquement, plus rien. Plus rien parce que Kachoudas s'était arrêté en même temps que l'homme qu'il suivait et qu'il ne voyait pas.

Où le chapelier était-il passé ? Les trottoirs étaient obscurs. Il n'y avait que trois réverbères dans la rue, loin l'un de l'autre. Il y avait aussi quelques fenêtres éclairées et d'une des maisons sourdaient des accords de piano.

Toujours la même phrase, une étude sans doute — Kachoudas ne s'y connaissait pas en musique —, que l'élève reprenait sans cesse, avec invariablement la même faute à la fin.

Est-ce que la pluie avait cessé ? En tout cas, il ne s'apercevait plus qu'il pleuvait. Il n'osait ni avancer ni reculer. Il était anxieux du moindre bruit. Il avait peur que ce piano maudit l'empêche d'entendre les pas.

La phrase, cinq fois, dix fois, puis soudain le claquement sec du couvercle du piano. C'était clair. La leçon était finie. Il y avait du bruit, des cris dans la maison, une petite fille, délivrée, devait aller retrouver ses frères et sœurs.

Il y avait quelqu'un qui s'habillait pour sortir, qui disait sans doute à la maman :

— Elle a fait des progrès... Mais la main gauche... Il faut absolument qu'elle travaille sa main gauche...

Et ce quelqu'un — la porte s'ouvrait, dessinait un rectangle de lumière jaune — ce quelqu'un était une vieille demoiselle.

— ... Je vous assure, madame Bardon... Pour les cent mètres que j'ai à faire...

Kachoudas n'osait plus respirer. L'idée ne lui vint pas de crier :

— Restez où vous êtes... Surtout, ne bougez pas !...

Pourtant, il savait déjà. Il comprenait maintenant comment cela se passait. La porte se refermait. La vieille demoiselle, qui devait quand même être un peu émue, descendait le seuil de trois marches et se mettait à trottiner en rasant les maisons.

C'était sa rue, n'est-ce pas ? Elle était presque chez elle. Elle y était née, elle, dans cette rue-là. Elle avait joué sur tous les seuils, sur les trottoirs, elle en connaissait les moindres pierres.

Son pas rapide, léger... puis plus de pas !

C'est à peu près tout ce qu'on entendit. *L'absence de pas.* Le silence. Quelque chose de vague, comme un bruissement de vêtements. Est-ce qu'il aurait été capable de bouger ? Est-ce que cela aurait servi à quelque chose ? Et, s'il avait crié, quelqu'un aurait-il eu l'héroïsme de sortir de sa maison ?

Il se serrait contre son mur, et sa chemise lui collait au corps non pas à cause de la pluie qui avait percé l'imperméable, mais à cause de sa sueur.

Ouf !... C'était lui qui avait poussé un soupir. Peut-être la vieille demoiselle aussi — le dernier alors — ou l'assassin ?

On percevait à nouveau des pas, des pas d'homme, en sens inverse. Des pas qui venaient vers Kachoudas, Kachoudas qui était si sûr de courir plus vite que le chapelier et qui ne parvenait pas seulement à décoller ses semelles du trottoir !

L'autre allait le voir. Mais l'autre ne savait-il pas déjà qu'il était là, l'autre ne l'avait-il pas senti derrière lui depuis le *Café de la Paix* ?

Cela n'avait pas d'importance. De toute façon, le petit tailleur était à sa merci. C'était exactement son impression, qu'il n'essayait pas de discuter. Le chapelier prenait soudain à ses yeux des proportions surhumaines et Kachoudas était prêt à lui jurer à genoux, s'il le fallait, de se taire toute sa vie. Malgré les vingt mille francs !

Il ne bougeait pas et M. Labbé se rapprochait. Ils allaient se frôler. Est-ce qu'à la dernière minute Kachoudas aurait la force de se mettre à courir ?

Et, s'il le faisait, n'est-ce pas lui qui serait accusé du meurtre ? Le chapelier n'aurait qu'à appeler au secours. On suivrait le fuyard à la piste. On le rattraperait.

« — Pourquoi vous sauviez-vous ? »

« — Parce que... »

« — Avouez que vous avez assassiné la vieille demoiselle... »

Ils n'étaient que deux dans la rue et rien n'indiquait, en somme, que c'était l'un le coupable plutôt que l'autre. M. Labbé était plus intelligent que le petit tailleur. C'était un homme important, qui était né dans la ville, qui tutoyait les gens en place, qui avait un cousin député.

— Bonne nuit, Kachoudas !...

Si invraisemblable que cela paraisse, c'est tout ce qui se passa. M. Labbé dut à peine distinguer sa silhouette blottie dans l'ombre. Pour dire la vérité entière, Kachoudas était monté sur un seuil et tenait le cordon de sonnette à la main, prêt à tirer de toutes ses forces.

Or voilà que le tueur le saluait tranquillement en passant, d'une voix un peu sourde, mais pas spécialement menaçante.

— Bonne nuit, Kachoudas !...

Il essaya de parler aussi. Il fallait être poli. Il sentait la nécessité impérieuse d'être poli avec un homme comme celui-là et de lui rendre son salut. Il ouvrait en vain la bouche. Aucun son n'en sortait. Les pas s'éloignaient déjà.

— Bonne nuit, monsieur le chapelier !...

Il s'entendit dire cela, il le dit, trop tard, quand le chapelier était déjà loin. Il n'avait pas prononcé de nom par délicatesse, pour ne pas compromettre M. Labbé. Parfaitement !

Il restait sur son seuil. Il n'avait aucune envie d'aller voir la vieille demoiselle, qui, une demi-heure plus tôt, donnait encore une leçon de piano et qui devait être passée définitivement dans un autre monde.

M. Labbé était loin.

Alors, tout à coup, la panique. Il ne pouvait rester là. Il avait peur. Il éprouvait le besoin de s'éloigner de toute la vitesse de ses jambes, mais en même temps il craignait de se heurter au chapelier.

Il risquait d'être arrêté d'une seconde à l'autre. Une patrouille, tout à l'heure, lui avait braqué une torche électrique dans la figure. On l'avait vu, reconnu. Comment expliquerait-il sa présence dans ce quartier où il n'avait rien à faire et où on venait d'assassiner quelqu'un ?

Tant pis ! Il valait mieux aller tout dire à la police. Il marchait. Il marchait vite, en remuant les lèvres.

— Je ne suis qu'un pauvre petit tailleur, monsieur le commissaire, mais je vous jure sur la tête de mes enfants...

Il sursautait au moindre bruit. Pourquoi le chapelier ne l'attendrait-il pas dans un coin sombre comme il l'avait fait pour la vieille demoiselle ?

Il s'imposait des détours, se perdait dans un dédale de petites rues où il n'avait jamais mis les pieds.

— Il n'a pas pu prévoir que je prendrais ce chemin... Il n'était pas si bête que ça, après tout.

— Je veux bien vous dire la vérité, mais il faudra que vous me donniez un ou deux de vos hommes pour me garder jusqu'à ce qu'*il* soit en prison...

Au besoin, il attendrait au commissariat. Les postes de police ne sont pas confortables, mais il en avait vu d'autres au cours de sa vie d'émigrant. Il n'entendrait pas les criailleries de ses enfants, c'était toujours ça de gagné.

Ce n'était pas tellement loin de chez lui. Deux rues plus loin que la rue des Prémontrés. Il apercevait déjà la lanterne rouge portant le mot « Police ». Il devait y avoir, comme toujours, un ou deux agents sur le seuil. Il ne risquait plus rien. Il était sauvé.

— Vous auriez tort, monsieur Kachoudas...

Il s'arrêta net. C'était une vraie voix qui avait dit ça, la voix d'un homme en chair et en os, la voix du chapelier. Et le chapelier était là, contre le mur, son visage placide à peine distinct dans l'obscurité.

Est-ce qu'on sait ce qu'on fait dans ces moments-là ? Il balbutia :

— Je vous demande pardon...

Comme s'il avait bousculé quelqu'un dans la rue. Comme s'il avait marché sur le pied d'une dame.

Puis, comme on ne lui disait rien, comme on le laissait tranquille, il fit demi-tour. Tranquillement. Il ne fallait pas avoir l'air de fuir. Il fallait au contraire marcher comme un homme normal. On ne le suivait pas tout de suite. On lui donnait le temps de prendre le large. Les pas, enfin, ni plus, ni moins rapides que les siens. Donc, le chapelier n'aurait plus le temps de le rattraper.

Sa rue. Sa boutique, avec des tissus sombres dans la vitrine et quelques gravures de mode. L'autre boutique, en face.

Il ouvrit la porte, la referma, chercha la clef qu'il tourna dans la serrure.

— C'est toi ? criait sa femme d'en haut.

Comme si ça aurait pu être quelqu'un d'autre à cette heure et par ce temps !

— Essuie bien tes pieds...

C'est alors qu'il se demanda s'il était bien éveillé. Elle lui avait dit, à lui, à lui qui venait de vivre ce qu'il avait vécu, cependant que sur le trottoir d'en face l'épaisse silhouette du chapelier se dessinait devant la porte de son magasin :

— *Essuie bien tes pieds.*

Il aurait pu tout aussi bien s'évanouir. Quels mots aurait-elle prononcés, dans ce cas ?

3

Des décisions de Kachoudas
et de la sollicitude du chapelier

Kachoudas était à genoux par terre, tournant le dos à la fenêtre, avec en face de lui, à quelques centimètres de son nez, les deux grosses jambes et le gros ventre d'un homme debout. L'homme debout, c'était le commissaire Micou, à qui le nouveau drame de la veille au soir n'avait pas fait oublier son complet.

Le petit tailleur mesurait le tour de taille, le tour de hanches, mouillait son crayon de salive, inscrivait des chiffres dans un calepin crasseux posé sur le plancher près de lui, mesurait ensuite la hauteur du pantalon, l'entre-jambe. Et M. Labbé, pendant ce temps-là, se tenait derrière les rideaux en guipure de sa fenêtre, juste en face, à la même hauteur. Est-ce que huit mètres les séparaient ? A peine.

Kachoudas avait malgré tout une petite sensation de froid à la nuque. Le chapelier ne tirerait pas, il en était persuadé. Mais peut-on jamais être vraiment sûr ? Il ne tirerait pas, d'abord, parce que ce n'était pas un homme qui tue avec des armes à feu. Et les gens qui tuent ont leurs manies, comme les autres. Ils ne changent pas volontiers de méthode. Ensuite, s'il tirait, il se ferait fatalement prendre.

Enfin, et surtout, le chapelier avait confiance en Kachoudas. Là était le fond de la question. Est-ce que le petit tailleur, dans la position où il se trouvait, n'aurait pas pu murmurer à cette sorte de statue un peu graisseuse dont il prenait les mesures :

— Ne bronchez pas. N'ayez l'air de rien. Le tueur, c'est le chapelier d'en face. Il est derrière sa fenêtre, à nous épier...

Il n'en fit rien. Il se comporta en petit tailleur modeste et innocent. L'entresol sentait mauvais, mais Kachoudas n'en était pas incommodé, car il était habitué à l'odeur de suint que répandent les tissus, et il était tellement imprégné de cette odeur qu'il la véhiculait partout avec lui. Chez M. Labbé, en face, cela devait sentir le feutre et la colle, ce qui est encore plus désagréable, parce que plus fade. Chaque métier a son odeur.

A ce compte-là, qu'est-ce qu'un commissaire de police devait sentir ? Voilà très exactement ce qu'il pensait à ce moment-là, ce qui indique qu'il avait retrouvé une certaine liberté d'esprit.

— Si vous pouvez venir vers la fin de l'après-midi pour l'essayer, j'espère vous livrer le costume demain matin...

Et il descendit derrière le commissaire, passa devant celui-ci, dans la boutique, pour lui ouvrir la porte dont le timbre résonna. Ils n'avaient même pas fait allusion au tueur, ni à la vieille demoiselle de la veille qui s'appelait Mlle Mollard (Irène Mollard), à laquelle le journal consacrait toute sa première page.

Il avait pourtant passé une nuit agitée, si agitée que sa femme l'avait éveillé pour lui dire :

— Essaie de te tenir tranquille. Tu n'arrêtes pas de me donner des coups de pied.

Il ne s'était pas rendormi. Il avait réfléchi, pendant des heures, à en avoir la tête serrée dans un cercle de fer. A six heures du matin, il en avait eu assez de penser dans son lit et il s'était levé. Après s'être préparé une tasse de café sur le réchaud, il était venu dans son atelier et avait allumé le feu.

Il avait dû faire de la lumière, bien entendu, car le jour n'était pas levé. Juste en face, il y avait de la lumière aussi. Depuis des années, le chapelier se levait à cinq heures et demie du matin. On ne le voyait pas, c'était dommage, à cause des rideaux, mais on devinait ce qu'il faisait.

Sa femme ne voulait voir personne. Il était rare qu'une amie parvînt à franchir sa porte et elle ne restait pas longtemps. Elle refusait aussi de se laisser soigner par la femme de ménage, qui venait le matin à sept heures et repartait le soir.

C'était M. Labbé qui était obligé de tout faire, mettre la chambre en ordre, épousseter, monter les repas. C'était lui qui devait porter sa femme de son lit à son fauteuil et qui, vingt fois par jour, se précipitait dans l'escalier en colimaçon conduisant du magasin au premier étage. Au signal ! Car il y avait un signal ! Une canne était posée près du fauteuil et la main gauche de l'infirme avait encore la force de la saisir pour en frapper le plancher.

Le petit tailleur travaillait, assis sur sa table. Il pensait mieux en travaillant.

— Attention, Kachoudas, se disait-il. Vingt mille francs, c'est bon à prendre et ce serait un crime de les laisser passer. Mais la vie, c'est quelque chose aussi, même la vie d'un petit tailleur venu des confins de l'Arménie. Le chapelier, serait-il fou, est plus intelligent que toi. Si on l'arrête, il est probable qu'on le relâchera faute de preuves. Ce n'est pas un homme qui doit s'amuser à laisser traîner des bouts de papier découpés dans sa maison...

Il avait raison de penser comme ça, sans se presser, tout en tirant l'aiguille, car voilà déjà que cela lui donnait une idée. Certaines des lettres envoyées au *Courrier de la Loire* comportaient une page entière de texte. Le temps de trouver les mots, parfois les lettres séparées, de les découper, de les coller, cela représentait des heures de patience.

Or, en bas, dans la boutique du chapelier, il y avait toute la journée le commis à cheveux roux, Alfred. Derrière la boutique existait un atelier avec des têtes de bois sur lesquelles M. Labbé mettait les chapeaux en forme, mais un judas vitré faisait communiquer magasin et atelier.

Dans la cuisine et dans les autres pièces régnait la femme de ménage. Il ne restait qu'un seul endroit où le tueur pût se livrer en paix à son travail de patience : la chambre de sa femme qui était aussi sa chambre et où personne n'avait le droit de pénétrer.

Et Mme Labbé était incapable de bouger, incapable de parler autrement que par onomatopées. Qu'est-ce qu'elle pensait en voyant son mari s'amuser à découper des bouts de papier ?

— D'ailleurs, mon petit Kachoudas, si tu le dénonces à présent et qu'on finisse par découvrir une preuve, ces gens-là (il pensait à ceux de la police, y compris à son nouveau client le commissaire) prétendront que c'est eux qui ont tout fait et te chiperont la plus grosse part des vingt mille francs...

La peur de perdre les vingt mille francs et la peur de M. Labbé, tels étaient désormais ses sentiments essentiels.

Or, dès neuf heures, il n'eut presque plus peur du chapelier. Au milieu de la nuit, tout à coup, on avait cessé d'entendre le vacarme de l'eau dans les gouttières, le tambourinement de la pluie sur les toits, le sifflement du vent dans les volets. Comme par miracle, après quinze jours, la pluie et la tempête venaient de cesser. Tout au plus, à six heures, une pluie fine tombait-elle encore, mais si fine qu'elle était silencieuse et presque invisible.

Maintenant, les pavés des trottoirs, par plaques, reprenaient leur couleur grise et les gens circulaient dans les rues sans parapluie. C'était samedi, jour de marché. Le marché se tenait sur une petite place vieillotte, au bout de la rue.

A neuf heures, Kachoudas descendit, retira les barres de sa porte, se trouva sur le trottoir et se mit en devoir de retirer les lourds panneaux de bois peints en vert sombre qui servaient de volets.

Il en était au troisième panneau — il fallait les rentrer l'un après l'autre dans la boutique — quand il entendit le bruit des panneaux du même genre que l'on retirait en face, à la vitrine du chapelier. Il évita de se retourner. Il n'avait pas trop peur, car le charcutier, sur son seuil, bavardait avec le marchand de sabots.

Des pas traversèrent la rue. Une voix fit :

— Bonjour, Kachoudas !...

Et lui, un panneau à la main, parvint à prononcer d'une voix presque naturelle :

— Bonjour, monsieur Labbé.

— Dites-moi, Kachoudas...

— Oui, monsieur Labbé...

— Est-ce qu'il y a déjà eu des fous dans votre famille ?

Le plus fort, c'est que sa première réaction fut de chercher dans sa mémoire, de penser aux frères et sœurs de son père et de sa mère.

— Je ne crois pas...

Alors M. Labbé prononçait avant de faire demi-tour, avec, sur le visage, une expression de satisfaction :

— Cela ne fait rien... Cela ne fait rien...

Ils avaient pris contact, tout simplement. Peu importe ce qu'ils s'étaient dit. Ils avaient échangé quelques mots, comme de bons voisins. Kachoudas n'avait pas tremblé. Est-ce que le charcutier, par exemple, qui était plus grand et beaucoup plus fort que lui — il portait un cochon entier sur son dos —, n'aurait pas blêmi si on lui avait déclaré :

— Cet homme-là, qui vous regarde avec de gros yeux graves et rêveurs, c'est l'assassin des sept vieilles femmes.

Kachoudas, lui, ne pensait plus qu'aux vingt mille francs. A sa peau, bien sûr, mais davantage aux vingt mille francs.

Les plus petits étaient à l'école. Son aînée était partie pour les magasins *Prisunics*, où elle était vendeuse. Sa femme s'en allait au marché.

Il remonta dans son cagibi, à l'entresol, grimpa sur la table, où il s'installa, et commença à travailler.

Ce n'était qu'un petit tailleur arménien, turc ou syrien — il n'en savait rien lui-même tant, là-bas, on leur avait fait traverser de fois les frontières, par centaines de pauvres types, par milliers, comme on transvase des liquides. Il n'était pour ainsi dire pas allé à l'école, et personne ne l'avait jamais considéré comme un homme intelligent.

M. Labbé, en face, était occupé à mettre des chapeaux sur forme. S'il n'en vendait pas beaucoup, ses amis du *Café de la Paix* lui donnaient tout au moins leurs chapeaux à remettre à neuf. De temps en temps, on le voyait paraître dans le magasin, en gilet, en bras de chemise. De temps en temps aussi il se précipitait à l'entresol, par l'escalier en colimaçon, appelé par un coup de canne sur le plancher.

Quand Mme Kachoudas revint du marché et commença, selon son habitude, à parler toute seule dans la cuisine, le petit tailleur avait déjà un commencement de sourire.

Qu'est-ce que le journal avait écrit, la veille, entre autres choses plus ou moins pertinentes ? Car le journal menait son enquête parallèlement à celle de la police. Il y avait aussi des reporters de Paris qui travaillaient de leur côté à la découverte du tueur.

Si on reprend les crimes un à un on constate...

Premièrement qu'ils étaient commis non dans un quartier déterminé de la ville, mais sur les points les plus opposés de celle-ci. *Donc,* concluait le journaliste, *le tueur peut se déplacer sans attirer l'attention. Donc, c'est un homme d'aspect banal ou rassurant, car malgré l'obscurité dans laquelle il opère, force lui est de passer parfois sous des becs de gaz ou devant des vitrines.*

C'est un homme qui n'a pas besoin d'argent, puisqu'il ne vole pas.

C'est un homme méticuleux, car il ne laisse rien au hasard.

C'est sans doute un musicien, car il se sert, pour étrangler ses victimes, qu'il surprend par-derrière, d'une corde de violon ou de violoncelle.

Si, maintenant, on reprend la liste des femmes qu'il a tuées...

Et cela devenait plus intéressant aux yeux de Kachoudas.

... on constate, entre elles, comme un certain air de famille. C'est assez difficile à préciser. Certes, leur état civil est fort différent. La première était veuve d'un officier à la retraite, mère de deux enfants, tous deux mariés à Paris. La seconde tenait un petit magasin de mercerie et son mari est encore employé à la mairie. La troisième...

Une sage-femme, une libraire, une rentière assez riche habitant toute seule un hôtel particulier, une demi-folle — riche aussi — qui ne s'habillait qu'en mauve, et enfin Mlle Mollard, Irène Mollard, le professeur de piano.

La plupart de ces femmes, remarquait le journaliste, *avaient de soixante-trois à soixante-cinq ans, et toutes, sans exception, sont originaires de notre ville.*

C'est le prénom d'Irène qui frappa le petit tailleur. On ne s'attend pas, d'habitude, à ce qu'une vieille femme ou une vieille fille s'appelle Irène, encore moins Chouchou ou Lili... Parce qu'on oublie qu'avant d'être une vieille femme elle a été une jeune fille, avant encore une petite fille.

Voilà ! Ce n'était rien d'extraordinaire. Et pourtant, pendant des heures, Kachoudas, qui travaillait au complet du commissaire, tourna autour de cette petite idée-là.

Qu'est-ce qui se passait au *Café de la Paix,* par exemple ? Ils étaient une bonne dizaine à se retrouver chaque après-midi. Ils occupaient des situations diverses. La plupart étaient à leur aise, parce qu'il est naturel d'être à son aise passé la soixantaine.

Or presque tous se tutoyaient. Non seulement ils se tutoyaient, mais ils avaient un vocabulaire à eux, des bouts de phrases qui n'avaient de sens que pour eux, des plaisanteries qui ne faisaient rire que les initiés.

Parce qu'ils étaient allés à l'école, ou au collège, ou au service militaire ensemble !

C'est à cause de cela, justement, que Kachoudas était et resterait pour eux un étranger, et qu'on ne l'invitait à prendre les cartes que si d'aventure on manquait d'un quatrième à une table. En somme, pendant des mois, il attendait patiemment l'occasion de faire le quatrième.

— Comprenez-vous, monsieur le commissaire ? Je parierais que les sept victimes du tueur se connaissaient comme ces messieurs du *Café de la Paix* se connaissent. Seulement, les vieilles femmes ne vont pas au café, ce qui fait qu'elles se perdent peut-être plus facilement de vue. Il faudrait savoir si elles se voyaient encore. Elles avaient à peu près le même âge, monsieur le commissaire. Et tenez, il y a un détail qui me revient, qui a été donné aussi par le journal. Pour chacune d'elles, on a employé les mêmes mots, on a dit qu'elles étaient *de bonne famille* et qu'elles avaient reçu *une excellente éducation...*

Il ne parlait pas au commissaire Micou, ni à aucun policier, bien entendu, mais il parlait tout seul ; comme sa femme, comme toujours quand il était content de lui.

— Supposez qu'on sache enfin comment le tueur — je veux dire le chapelier — choisissait ses victimes...

Car il les choisissait à l'avance, Kachoudas l'avait bien vu. Il ne se promenait pas par les rues, le soir, au petit bonheur, pour sauter sur la première vieille femme venue. La preuve, c'est qu'il était allé droit à la maison où Mlle Mollard (Irène) donnait sa leçon de piano.

Il avait dû en être de même pour les précédentes. Dès lors, qu'on sache comment il établissait son plan, comment il établissait ses listes...

Mais oui ! Pourquoi pas ? Il agissait exactement comme s'il avait établi une liste complète et définitive. Kachoudas l'imaginait fort bien rentrant chez lui le soir et barrant un nom, lisant le suivant, préparant son coup pour un des jours prochains.

Combien de vieilles femmes ou de vieilles filles figuraient sur la liste ? Combien y avait-il dans la ville de femmes de soixante-deux à soixante-cinq ans, *de bonne famille*, ayant reçu *une excellente éducation ?*

Qu'on connaisse les autres, celles qui restaient, en somme, qu'on les surveille discrètement et, fatalement, on prendrait le chapelier sur le fait.

Voilà ce que le petit tailleur avait trouvé, tout seul, dans son cagibi, assis sur sa table. Non parce qu'il était un homme intelligent ou subtil, mais parce qu'il avait décidé de gagner les vingt mille francs. Et aussi, un petit peu, parce qu'il avait peur.

A midi, avant de se mettre à table, il descendit un moment pour prendre l'air sur le trottoir et pour acheter des cigarettes au tabac du coin.

M. Labbé sortait de chez lui, les mains dans les poches de son pardessus, et, à la vue du petit tailleur, il retira une de ses mains pour lui adresser un signe amical.

C'était très bien ainsi. Ils se saluaient. Ils se souriaient.

Le chapelier, sans doute, avait une lettre dans sa poche et allait la jeter dans une boîte. Après chaque assassinat de vieille femme, il écrivait une lettre qu'il envoyait au journal.

Celle-ci, que Kachoudas put lire le soir dans le *Courrier de la Loire*, disait :

M. le commissaire Micou a tort de se monter une garde-robe comme s'il devait séjourner des mois parmi nous. Encore deux et ce sera fini.
Bien le bonjour à mon petit ami d'en face.

C'est au *Café de la Paix* que Kachoudas lut le journal. Le commissaire était là, un peu inquiet pour son complet en voyant que le tailleur ne travaillait pas. Le chapelier était là aussi, et, cette fois, il faisait la partie avec le docteur, l'agent d'assurances et l'épicier.

Il trouva cependant le moyen de regarder Kachoudas et de lui sourire, d'un sourire presque sans arrière-pensée, peut-être sans arrière-pensée du tout, comme s'ils étaient vraiment devenus des amis.

Alors le petit tailleur comprit que cela faisait plaisir au chapelier d'avoir au moins un témoin, quelqu'un qui savait, qui l'avait vu à l'œuvre.

Quelqu'un pour l'admirer, en somme !

Il sourit, lui aussi, d'un sourire un tantinet contraint.

— Il faut que j'aille travailler à votre complet, monsieur le commissaire... Vous pourrez l'essayer dans une heure... Justin !...

Il hésita. Oui ou non ? Oui ! Un vin blanc, en vitesse ! Un homme qui va gagner vingt mille francs peut bien se payer deux verres de vin blanc.

4

Où un petit tailleur pas chrétien
sauve Mère Sainte-Ursule

C'était impressionnant. Déjà la cloche, que le petit tailleur avait déclenchée en tirant la sonnette et dont les ondes n'en finissaient pas de se répercuter dans la grande bâtisse qui paraissait déserte. Cette immense façade en pierres grises, ces fenêtres aux volets clos d'où filtrait une faible lumière. La porte lourde et bien vernie, aux boutons de cuivre astiqués. Heureusement qu'il ne pleuvait plus et qu'il n'avait pas les pieds crottés !

Des pas feutrés. Un judas qui s'ouvrait, grillagé, comme dans une prison, un visage gras et blafard qu'on devinait, un bruit léger qui n'était pas un bruit de chaînes, mais le bruissement d'un chapelet.

On l'observait sans rien dire, et il finissait par bégayer :

— Je voudrais parler à la Supérieure, s'il vous plaît...

A ce moment, il eut peur. Il trembla. La rue était déserte. Il avait compté sur la partie de cartes. Mais M. Labbé pouvait avoir cédé sa place ? Or c'était ici que Kachoudas courait le plus grand risque.

Si le chapelier l'avait suivi, si le chapelier était quelque part dans l'ombre, cette fois, il n'hésiterait pas, malgré son sourire de tout à l'heure, à en finir avec lui comme avec les vieilles femmes.

— Mère Sainte-Ursule est au réfectoire.

— Voulez-vous lui dire que c'est urgent, que c'est une question de vie ou de mort...

Bien sûr que son profil n'était pas un profil de chrétien, et il ne l'avait jamais tant regretté de sa vie. Il piétinait, comme un homme pris d'un besoin urgent.

— Qui dois-je annoncer ?

Mais qu'elle ouvre donc la porte, bon Dieu !

— Mon nom ne lui dira rien. Expliquez-lui que c'est de toute première importance...

Pour lui ! Pour les vingt mille francs !

Elle s'en allait à pas feutrés, restait un temps infini absente, se décidait enfin à revenir et à manier trois ou quatre verrous bien huilés.

— Si vous voulez me suivre au parloir...

L'air était tiède, fade, un peu sucré. Tout était couleur d'ivoire, avec des meubles noirs, le silence tel qu'on entendait le tic tac de quatre ou cinq horloges dont certaines devaient être loin.

Il n'osait pas s'asseoir. Il ne savait comment se tenir. On le laissait attendre longtemps, et soudain il tressaillait en voyant devant lui une vieille religieuse qu'il n'avait pas entendue venir.

— Quel âge a-t-elle ? se demanda-t-il, car il est difficile de deviner l'âge d'une bonne sœur en cornette.

— Vous avez demandé à me parler ?

Il avait téléphoné d'abord, de chez lui, à M. Cujas, le mari de la deuxième vieille femme tuée, celui qui était employé à la mairie. M. Cujas était encore à son bureau, aux « objets trouvés ».

— Qui est à l'appareil ? hurlait-il avec impatience.

Kachoudas avait mis un bon bout de temps à oser déclarer :

— Un des inspecteurs du commissaire Micou... C'est pour vous demander, monsieur Cujas, si vous savez où votre femme a fait ses études...

Au couvent de l'Immaculée-Conception, parbleu ! C'était fatal, puisqu'on avait parlé d'excellente éducation.

— Excusez-moi, ma Mère...

Il bafouillait. Il n'avait jamais été aussi mal à l'aise de sa vie.

— J'aimerais avoir la liste des élèves qui ont passé par votre institution et qui auraient aujourd'hui soixante-trois ans... Ou soixante-quatre... Ou...

— J'en ai soixante-cinq...

Elle montrait un visage de cire rose, des yeux bleu clair. Tout en l'observant, elle jouait avec les grains du lourd chapelet qui pendait à sa ceinture.

— Vous pourriez être morte, ma Mère...

Il s'y prenait mal. Il s'affolait. Il s'affolait surtout parce qu'il commençait à avoir la certitude de toucher les vingt mille francs.

— Mlle Mollard a fait ses études ici, n'est-ce pas ?

— C'était une de nos plus brillantes élèves...

— Et Mme Cujas...

— Desjardins, de son nom de jeune fille...

— Écoutez, ma sœur... Si ces personnes étaient dans la même classe...

— Nous étions dans la même classe... C'est pourquoi, ces temps-ci...

Mais il n'avait pas le temps de l'écouter.

— Si je pouvais avoir une liste des demoiselles qui, à cette époque...

— Vous êtes de la police ?

— Non, madame... Je veux dire, ma Mère... Mais c'est tout comme... Figurez-vous que je sais !

— Vous savez quoi ?

— C'est-à-dire que je crois que je vais savoir... Est-ce qu'il vous arrive de sortir ?

— Chaque lundi, pour me rendre à l'Évêché...

— A quelle heure ?

— A quatre heures...

— Si vous acceptiez de m'établir la liste...

Qui sait ? Elle le prenait peut-être pour le tueur ? Mais non ! Elle restait calme, sereine même.

— Il ne reste pas beaucoup d'élèves de cette année-là... Certaines sont mortes, hélas !... Quelques-unes récemment...

— Je sais, ma Mère...

— A part Armandine et moi...

— Qui est Armandine, ma Mère ?

— Armandine d'Hautebois... Vous devez en avoir entendu parler... D'autres ont quitté la ville et nous avons perdu leur trace... Mais tenez !... Attendez-moi un instant...

Peut-être qu'après tout les religieuses sont heureuses, elles aussi, de trouver une distraction. Elle ne resta que quelques instants absente. Elle revint avec une photographie jaunie, un groupe de jeunes filles, sur deux rangs, portant toutes le même uniforme, le même ruban avec une médaille en sautoir.

Il y en avait de grasses et de maigres, de laides et de jolies, il y en avait une énorme, semblable à une poupée de son, et Mère Sainte-Ursule disait modestement :

— Celle-ci, c'est moi...

Puis, désignant du doigt une jeune fille malingre :

— Celle-ci est Mme Labbé, la femme du chapelier... Celle-là qui louche un peu, c'est...

Le chapelier avait raison. De celles qui vivaient encore, qui avaient continué à habiter la ville, il n'en restait que deux, sans compter sa propre femme : Mère Ursule et Mme d'Hautebois.

— Mme Labbé est très malade... Il faudra que j'aille la voir samedi, comme chaque année, car c'est samedi prochain son anniversaire, et nous avons gardé l'habitude, nous, mes amies de pension, de...

— Merci, ma Mère...

Il avait trouvé ! Il avait gagné ses vingt mille francs ! En tout cas, il allait les gagner ! Toutes les victimes du chapelier figuraient sur la photographie. Et les deux qui vivaient encore, en dehors de Mme Labbé, c'étaient évidemment celles dont le tueur annonçait la fin prochaine.

— Je vous remercie, ma Mère... Il est indispensable que je parte aussitôt... On m'attend...

C'était vrai d'ailleurs. Le commissaire Micou n'allait pas tarder à venir chez lui pour essayer son complet. Le petit tailleur ne se comportait peut-être pas comme il aurait dû le faire. Il n'avait pas l'habitude des couvents. Tant pis si on le prenait pour un fou ou pour un mal élevé.

Il remerciait, faisait des révérences, gagnait la porte à reculons ; il était pris de peur, au moment de franchir le portail, à l'idée que le chapelier le guettait peut-être dans l'ombre. Et maintenant, sortant d'où il sortait, son compte était bon.

— Je peux vous dire, monsieur le commissaire, qui sera la prochaine victime... Ce sera en tout cas une des deux femmes que je vais vous citer... Auparavant, je désirerais que vous me donniez quelques garanties au sujet des vingt mille francs...

Voilà ce qu'il allait déclarer. Carrément, en homme qui ne tient pas à se laisser jouer. Était-ce lui, oui ou non, qui avait tout découvert ?

Et pas seulement par hasard, il saurait bien le souligner devant les journalistes. Le bout de papier dans le repli du pantalon, certes ! Mais le reste ? Mais le couvent ? Qui avait pensé au couvent ? Kachoudas, et personne d'autre ! Si bien que Mère Sainte-Ursule lui devrait la vie. Et aussi Mme d'Hautebois, qui habitait un château des environs et qui était très riche...

Il marchait vite. Il courait. De temps en temps, il se retournait pour regarder derrière lui. Il voyait déjà sa maison, sa boutique. Il y entrait en coup de vent. Il avait envie de crier :

— J'ai gagné vingt mille francs !

Il grimpait à l'entresol. Il allumait. Il se précipitait à la fenêtre pour fermer les rideaux.

Et alors il restait là, figé, les genoux tremblants. Les rideaux, en face, étaient largement ouverts, ce qui n'était jamais arrivé. La chambre était éclairée. On découvrait un grand lit en noyer, une courtepointe blanche, un édredon rouge. On voyait aussi une armoire à glace, une toilette, deux fauteuils recouverts de tapisserie et des agrandissements photographiques au mur.

Sur l'édredon, il y avait une tête de bois.

Et, debout au milieu de la pièce, deux hommes qui s'entretenaient paisiblement : le commissaire Micou et Alfred, le jeune commis roux de la chapellerie.

Cela devait sentir le renfermé, car ils avaient non seulement ouvert les rideaux, mais les fenêtres.

— Monsieur le commissaire... appela Kachoudas, à travers la rue, en ouvrant la sienne.

— Un instant, mon ami...

— Venez... Je sais tout...

— Moi aussi.

Ce n'était pas vrai. Ce n'était pas possible. Ou plutôt, si. En regardant attentivement une des photographies, un peu à droite du lit, Kachoudas reconnaissait le groupe des jeunes filles du couvent.

Il se pencha par la fenêtre, constata qu'il y avait un agent devant la porte. Il dégringola l'escalier, traversa la rue.

— Où vas-tu ? lui cria sa femme.

Défendre ses vingt mille francs !

— Qu'est-ce que vous désirez ?

— Le commissaire m'attend...

Il pénétrait dans la boutique du chapelier, gravissait l'escalier en colimaçon. Il entendait des voix. Celle du commissaire :

— En somme, depuis quand avez-vous l'impression que Mme Labbé était morte ?

Une voix de femme pointue :

— Depuis longtemps je m'en doutais... Je m'en doutais sans m'en douter... C'est surtout à cause du poisson...

C'était la femme de ménage, que Kachoudas n'avait pas vue d'en face, parce qu'elle lui était cachée par le mur.

— De quel poisson ?

— De tous les poissons : du hareng, du merlan, de la morue...

— Expliquez-vous...

— Elle ne pouvait pas manger de poisson...

— Pourquoi ?

— Parce que cela lui faisait du mal... Il paraît qu'il y a des gens comme ça... Moi, ce sont les fraises et les tomates qui me donnent de l'urticaire... J'en mange, parce que je les aime, surtout les fraises, mais je me gratte toute la nuit...

— Alors ?

— Vous me promettez que j'aurai mes vingt mille francs ?

Kachoudas, debout sur le palier, fut écœuré.

— Étant donné que c'est vous qui nous avez avertis la première...

— Remarquez que j'hésitais, étant donné qu'on a toujours peur de se tromper... Sans compter que je suis une vieille femme, moi aussi... Vous comprenez ?... Il m'en a fallu du courage, allez, pour continuer à venir ici... Bien que je me disais qu'à moi, qui travaille chez eux depuis quinze ans, il n'oserait pas faire de mal...

— Le poisson ?...

— Ah ! oui, j'oubliais... Eh bien ! une première fois que j'avais préparé du poisson pour lui et que je voulais faire de la viande pour Madame, il m'a dit que ce n'était pas la peine, qu'elle mangerait la même chose... C'est lui qui lui montait ses repas...

— Je sais... Il était avare ?

— Il était *regardant*...

— Qu'est-ce que vous voulez, Kachoudas ?

— Rien, monsieur le commissaire... Je savais tout...

— Que Mme Labbé était morte ?

— Non, mais que Mère Sainte-Ursule et Mme d'Hautebois...

— Qu'est-ce que vous me chantez ?

— Qu'il allait les tuer...

— Pourquoi ?

A quoi bon lui expliquer, lui montrer la photo des jeunes filles en rang, avec leur médaille sur la poitrine, maintenant qu'il ne pouvait plus espérer toucher les vingt mille francs ?

Si encore on partageait ? Il hésita, épia la vieille femme de ménage, mais comprit qu'elle était coriace et qu'elle ne se laisserait pas faire.

— Il y a aussi eu la ficelle...

— Quelle ficelle ?

— Celle que j'ai découverte l'autre jour en faisant le ménage de son atelier. Il ne voulait jamais que je nettoie cette pièce-là. Je l'ai fait en son absence, parce que c'était crasseux. Et, derrière les chapeaux, j'ai découvert une ficelle qui descendait du plafond. J'ai tiré dessus et j'ai entendu le même bruit que quand Madame frappait sur le plancher d'en haut avec sa canne... Alors, je vous ai écrit...

— Mon costume, Kachoudas ?

— Il sera prêt, monsieur le commissaire... Mais qu'est-ce que vous avez fait du chapelier ?

— J'ai laissé deux hommes à la porte du *Café de la Paix* pour le cas où il interromprait sa partie... Nous avons reçu la lettre de cette brave femme ce matin... Reste maintenant à découvrir le corps de Mme Labbé qui est probablement enterré dans le jardin ou dans la cave...

On le mit au jour une heure plus tard, non dans le jardin, mais dans la cave, où il était scellé sous une couche de béton. Il y avait du monde, maintenant, dans la maison du chapelier, le commissaire du quartier, le juge, le substitut, deux médecins — dont l'habitué du *Café de la Paix* — sans compter des gens qui n'avaient rien à y faire et qui s'étaient introduits Dieu sait comment.

On allait et venait à travers la maison, on touchait à tout, les tiroirs étaient ouverts, vidés de leur contenu, les matelas et les oreillers éventrés. Dans la rue, à sept heures, on comptait plus de mille personnes et, à huit heures, la gendarmerie était obligée de contenir une foule furieuse qui criait à mort.

M. Labbé était là aussi, calme et digne, l'air un peu absent, menottes aux poings.

— Vous avez commencé par tuer votre femme...

Il haussait les épaules.

— Vous l'avez étranglée comme les autres...

Alors, il précisait :

— Pas comme les autres... Avec mes mains... Elle souffrait trop...

— Ou, plus exactement, vous en aviez assez de la soigner...

— Si vous voulez... Vous êtes trop bête...

— Ensuite, vous vous êtes mis à tuer les amies de votre femme... Pourquoi ?

Haussement d'épaules. Silence.

— Parce qu'elles avaient l'habitude de venir la voir de temps en temps, et que vous ne pouviez pas toujours leur répondre qu'elle ne voulait recevoir personne...

— Si vous y tenez... Du moment que vous vous croyez si malin !

Son regard croisa celui de Kachoudas et le chapelier eut l'air de prendre le petit tailleur à témoin. Si bien que Kachoudas rougit. Il avait honte de cette sorte d'intimité qui s'était établie entre eux.

— L'anniversaire... aurait pu souffler Kachoudas au commissaire.

L'anniversaire de Mme Labbé, qui tombait le samedi suivant. Or chaque année, à la même date, toutes ses amies, y compris Mère Sainte-Ursule, venaient lui rendre visite en groupe.

Est-ce qu'il ne fallait pas qu'elles soient toutes liquidées pour ce jour-là ?

— Il est fou ? questionnait crûment, devant M. Labbé, le commissaire, s'adressant aux deux médecins. Dites donc, Labbé, vous êtes fou, n'est-ce pas ?

— C'est fort possible, monsieur le commissaire, répondait l'autre d'une voix douce.

Et il adressa un clin d'œil à Kachoudas. Aucun doute là-dessus : il lui adressa un clin d'œil complice.

— Les imbéciles !... semblait-il dire. Nous deux, on se comprend...

Or, le petit tailleur, qui venait de perdre vingt mille francs — car enfin, il venait bel et bien de perdre vingt mille francs qui lui étaient presque dus — ne put faire autre chose que sourire, d'un sourire un peu jaune, mais amical, en tout cas bienveillant, parce qu'il y avait malgré tout des choses qu'ils venaient de vivre ensemble.

Les autres, ceux du *Café de la Paix*, avaient sans doute été à l'école avec le chapelier ; certains avaient peut-être partagé sa chambrée à la caserne.

Kachoudas, lui, c'était un crime qu'il avait pour ainsi dire partagé.

Et cela crée quand même une autre intimité !

Bradenton Beach (Floride), mars 1947.

UN CERTAIN MONSIEUR BERQUIN

La voiture qui suivait était occupée par un homme, sa femme et leurs deux enfants — le mari était associé à un mandataire aux Halles — et la famille se rendait dans un village des environs d'Elbeuf pour l'enterrement d'une tante. Il pleuvait depuis Paris, mais il pleuvait plus dru depuis qu'on approchait de la Normandie. L'essuie-glace marchait par saccades, avec des arrêts qui faisaient croire qu'il allait s'immobiliser, définitivement, puis il repartait au ralenti, reprenait enfin pour un moment son rythme de métronome, effaçant les sillons de mouillé.

La route descendait depuis un certain temps entre des bois sombres. Deux ou trois fois, quand elle était à peu près droite, on avait aperçu le feu arrière de la première auto. Celle-ci ne roulait pas particulièrement vite. A bonne allure. Mais on ne pouvait pas dire qu'elle faisait de la vitesse.

Justement, alors qu'on distinguait de la sorte le petit feu rouge, assez loin, à un kilomètre environ, ce feu parut se déplacer d'une façon anormale à un endroit où la route décrivait une grande courbe.

On n'a pas beaucoup le temps de réfléchir, dans ces circonstances-là. M. Bidus — c'était le nom du conducteur de la seconde voiture — pensa d'abord que la première auto avait été un peu déportée sur la droite à la suite d'un dérapage, mais qu'elle avait pu franchir le virage. Sa femme, elle, lui mit machinalement la main sur le bras.

On ne voyait presque rien au-delà des hachures de pluie. On faillit passer. Le mari et la femme distinguèrent en même temps, dans le fossé, une auto complètement retournée dont un des phares, encore allumé, éclairait drôlement les herbes à ras de terre, et ce spectacle avait quelque chose d'incongru, de presque indécent, comme celui d'un homme qui aurait mis son pantalon sur sa tête.

— Tu ferais mieux de continuer, dit-elle. A cause des enfants...

Mais il avait déjà serré ses freins. Il prononçait à son tour :

— Reste près d'eux...

Et, dehors, il entendait soudain le bruissement monotone de la pluie, le ronron de son propre moteur qu'il n'avait pas arrêté. Pourquoi hésitait-il à s'avancer ? On aurait pu croire qu'il avait peur. Il appelait, comme un enfant dans le noir :

— Quelqu'un...

Il se mouillait les pieds et le bas du pantalon dans les herbes folles qui, à la lumière des phares, étaient d'un vert pâle.

— Vous avez besoin de quelque chose ?

Le silence, que la pluie épaississait au lieu de rompre, était impressionnant. M. Bidus retourna à sa voiture, pour y prendre une torche électrique, chuchota :

— Personne ne répond.

— Dis, papa...

— Chut !... Dormez, vous autres... Laissez votre père tranquille...

Quand la torche électrique éclaira les abords de l'auto, il y avait un homme, assis par terre, à côté de celle-ci. Cet homme regardait M. Bidus. Il le regardait calmement, avec l'air de réfléchir.

— Vous êtes blessé ?

L'autre le fixait toujours sans mot dire, mécontent, eût-on dit, d'être dérangé dans sa méditation. Le second automobiliste s'approcha davantage, et alors il vit que la tête de son interlocuteur avait une drôle de forme, que quelque chose pendait sur l'oreille droite, quelque chose qui était de la peau avec des cheveux.

— Vous souffrez ?

Est-ce que le blessé l'entendait ? Il continuait à le regarder avec une souveraine indifférence, avec l'air de suivre son rêve intérieur.

— Restez ici... Ne bougez pas... Je vais aller chercher du secours... Y a-t-il d'autres personnes dans la voiture ?

C'est impressionnant de voir, les roues en l'air, un véhicule qu'on est plus habitué à rencontrer dans sa position normale. L'homme dut entendre, regarda la machine autour de laquelle scintillaient des débris de vitre et haussa les épaules.

— Je reviens tout de suite...

M. Bidus rejoignit sa femme et murmura :

— Je crois qu'il a pris un fameux coup...

Puis il roula doucement jusqu'à ce qu'il découvrît une maison, à deux cents mètres à peine, sur la gauche.

Il faisait froid. Tout était mouillé et froid. Les gens de la maison hésitaient à répondre, et pourtant il y avait un rideau qui remuait. Les enfants posaient des questions. Enfin le dialogue s'engageait à travers la fenêtre close.

— Il y a un accident... hurlait M. Bidus.

— Vous avez un accident ?

— Il y a un accident... Là-bas... Plus haut...

Il fallait gueuler. Combien de temps s'écoula-t-il avant que la porte s'ouvrît enfin sur le décor d'un estaminet de campagne ? Il y avait une pompe à essence devant, une étable derrière.

— Toujours dans le virage ! soupirait l'homme qu'on venait de réveiller.

Il s'habillait, chaussait des bottes de caoutchouc.

— Il faudrait téléphoner au médecin...

— Cela pourrait se faire si j'avais le téléphone...

Il buvait un coup de calvados sur son propre zinc avant de sortir et allumait une lanterne d'écurie.

— Il y a des morts ?

— Je ne crois pas... Je suppose que je peux continuer ma route ?

— Ah ! non, par exemple !... Faut m'aider... Ou alors, je les laisse en plan, moi aussi...

Il fut question, entre les deux hommes qui s'avançaient sur la route, de l'enterrement de la tante, des automobilistes qui avaient la rage, depuis des années, de prendre ce virage-là de travers.

— Tenez !... Le type est resté à la même place...

Toujours avec le même air rêveur ou ahuri. Seulement son visage était couvert de sang, il était maintenant tout rouge, ce dont l'homme ne paraissait pas se douter.

— Vous êtes capable de marcher ?

Il se leva en soupirant et on dut le soutenir, car il vacillait.

— C'est... c'est... commençait-il d'une voix étrange.

— Ça va !... Accrochez-vous à mon épaule...

Un homme plutôt petit, râblé, bien habillé, entre deux âges.

— Dites donc, vous autres...

Une voix partait de la voiture renversée dont on s'éloignait : une voix de femme.

— Vous allez me laisser en plan, peut-être ? Et ce zigoto-là qui ne dit rien, qui s'en va en me laissant en carafe...

Une longue jambe passait par la portière. Il y avait du sang sur le bas de soie, du sang sur la robe.

— Ne tirez pas si fort... Pas comme ça... Vous ne voyez pas que vous me faites mal ?...

Quand on l'eut extraite de l'auto, elle essaya de se tenir debout, retomba sur le côté en grommelant :

— Merde ! Je dois avoir quelque chose de cassé...

A cause des enfants, la femme qui tenait la petite ferme-estaminet avait fait entrer chez elle le reste de la famille Bidus. Elle avait les cheveux filasse, les yeux clairs, les seins énormes et mous. Elle disait d'une voix morne :

— C'est comme ça toutes les semaines...

Les deux hommes entrèrent en portant la jeune femme qui avait toute sa connaissance et qui n'arrêtait pas de les apostropher. L'autre suivait, la peau du crâne sur une oreille, le visage rouge de sang, avec toujours l'air de ne se douter de rien, comme un somnambule.

— Ne regardez pas, mes enfants...

On parla à nouveau de l'enterrement, qui obligeait les Bidus à repartir, du docteur qui habitait à six kilomètres, pas tout à fait sur la grand-route — il fallait faire un crochet d'un kilomètre sur une route secondaire à droite — et qui ne se dérangeait plus volontiers, parce qu'il lui était arrivé de ne trouver personne à son arrivée, les blessés étant repartis par leurs propres moyens. De sorte qu'il en était pour son dérangement.

— Je vous promets d'aller lui parler... Au besoin, je reviendrai avec lui...

La jeune femme — car elle était jeune — avait des écorchures un peu partout, peut-être des os cassés ou, comme on dit, des contusions internes.

Quand on voulut lui verser un verre de calvados pour la remonter, elle riposta :

— Ah ! non, merci... J'en ai assez bu avec lui...

Les gens de la seconde auto s'en allèrent. Ils se trompèrent d'abord de chemin, finirent par découvrir le médecin. Après quoi ils continuèrent leur route avec, derrière eux, les deux enfants surexcités par l'événement et Mme Bidus qui répétait à tout bout de champ :

— Tu vas trop vite, Victor...

Dans l'estaminet, on dut faire chauffer de l'eau, sur les ordres du docteur. La femme s'évanouit quand on lui fit des points de suture. Quant à l'homme, on lui pansa la tête, on le coucha et il s'endormit, ou bien il entra dans le coma, on ne savait pas au juste.

On les avait mis tous les deux dans le même lit, le lit du patron et de la patronne, encore tiède de leur chaleur.

— Elbeuf ne m'enverra pas une ambulance avant demain matin... Gardez-les jusqu'alors... J'ai fait tout ce que je pouvais faire... En rentrant chez moi, je téléphonerai à la gendarmerie...

Des lampes électriques trop faibles éclairaient mal la maison qu'imprégnait une odeur composite d'estaminet et d'étable.

— Vous croyez qu'il a une fracture du crâne ?

— Nous saurons ça demain matin... Ils n'ont qu'à dormir en attendant...

La petite auto du docteur repartit dans les hachures de pluie. La patronne alla dormir dans le lit de sa fille aînée, tandis que le patron s'assoupissait dans un fauteuil. A deux heures du matin, on frappa aux contrevents. C'étaient deux gendarmes à vélo à qui il fallut servir, pour commencer, des verres de calvados, car, dans leur visage ruisselant de pluie, leurs lèvres étaient bleues et ils traçaient en marchant des sillons mouillés dans la maison.

— Il vous a dit qui il était ?

— Il n'a pas prononcé une parole...

L'homme dormait, la tête entourée d'un pansement qui lui faisait comme un turban oriental.

— Il pue l'alcool... dit un des gendarmes qui venait de vider deux grands verres.

— C'est possible. On lui en a fait boire quand il est arrivé...

On fouilla ses poches. On trouva un portefeuille, une carte d'identité au nom de M. Joseph Berquin, géomètre-arpenteur, à Caen, Calvados.

Les gendarmes, par acquit de conscience, allèrent contempler l'auto retournée, notèrent son numéro dans un calepin dont la pluie amollissait les pages, et s'en allèrent.

Le patron de l'estaminet, fatigué, était allé s'étendre près de sa femme dans le lit où ils étaient maintenant trois, avec la fille aînée que tout ce remue-ménage n'avait pas troublée.

Dans la grande chambre, on n'avait laissé qu'une veilleuse à pétrole, celle qui servait quand il y avait un malade.

Tout le monde dormait à poings fermés. Le docteur s'était recouché après avoir téléphoné à Elbeuf et à la gendarmerie. Un des gendarmes, qui se faisait de petits suppléments en donnant les informations au journal local, avait téléphoné ce qu'il savait au *Nouvelliste*.

A quelle heure l'homme sortit-il de sa prostration ? Vers quatre ou cinq heures du matin, sans doute. Combien de temps resta-t-il assis dans ce lit inconnu, où il y avait une femme endormie, à contempler un décor qui lui parut peut-être hallucinant ? Pensa-t-il à une autre chambre où il aurait dû se trouver, à un autre lit, une autre femme dont c'était la place consacrée à ses côtés sous les couvertures ?

Toujours est-il qu'il ne fit aucun bruit. La veilleuse n'éclairait pas assez pour qu'il puisse se voir dans le miroir déformant suspendu au-dessus de la commode. S'il tâta sa tête, il dut la trouver monstrueusement grossie par toutes les épaisseurs du pansement qui l'aurait empêché de mettre n'importe quel chapeau.

En tout cas, il parvint à se rhabiller tout seul, à descendre sans bruit l'escalier dont deux marches au moins craquaient et à tirer la chaîne de la porte.

Avait-il, avant de partir, contemplé une dernière fois, dans la chambre aux lueurs de pétrole, cette jeune femme blonde qui avait deux bandes de taffetas gommé sur ses joues et une autre sur la tempe et qui, dans son sommeil, montrait candidement un sein ?

Ce fut le patron de l'estaminet qui découvrit la chose quand il se leva, un peu après cinq heures, pour aller tirer ses vaches.

— Il a filé... vint-il annoncer à sa femme et à sa fille qui s'habillaient.

On éveilla la blonde.

— Dites donc... Il y a votre mari qui...

— Mon mari ?

— Enfin le monsieur avec qui...

— Mon Dieu ! que j'ai mal à la tête... Laissez-moi dormir... Fichez-moi la paix avec ce type-là...

Il valait mieux faire sortir la fille aînée, car il y a des choses qu'une demoiselle ne doit pas entendre, même s'il lui arrive de mener les vaches au taureau.

— Vous ne le connaissiez pas ?

— Seulement depuis hier soir à dix heures du soir... Si j'avais su !... Quand je pense que j'avais un bon train à onze heures trente-trois...

Et on les avait fourrés dans le même lit, dans le lit conjugal !

— C'était à Mantes... J'avais encore une heure avant mon train pour Caen, où je suis engagée comme danseuse à la *Boule Rouge*... Je mangeais un morceau dans un petit restaurant près de la gare quand ce type-là...

Un petit restaurant aux murs peints en un mauve agressif, avec un comptoir de zinc et un patron en bras de chemise.

— Il était tout excité... Il venait d'aller à Paris prendre livraison d'une nouvelle voiture. Je crois qu'il avait déjà bu quelques petits verres... Il a aperçu ma valise près de moi... Il m'a demandé où j'allais et, quand je lui ai dit Caen... Je voudrais tant qu'on me laisse dormir...

Elle raconterait le reste plus tard, si on le lui demandait. Les femmes qui dansent dans des endroits comme la *Boule Rouge* s'y connaissent mieux en hommes que n'importe qui.

Il était très excité. Il était heureux, en pleine euphorie. A cause de sa nouvelle voiture. Et aussi, sans doute, parce que, pour une fois, il était tout seul.

S'il n'avait pas été tout seul, il ne serait pas venu manger un morceau dans le petit bouchon aux murs mauves, mais il se serait rendu au buffet de la gare ou dans un restaurant de tout repos.

Et s'il n'avait pas bu quelques petits verres...

Qu'est-ce qu'il avait raconté en route ?... Des tas de choses... C'était, à l'entendre, un type épatant... Et rigolo... Et, même en pilotant l'auto, il se conduisait comme un collégien, à tel point qu'il fallait sans cesse remettre sa main droite sur le volant...

— Il en a quand même pris un fameux coup !... disait le patron de l'estaminet en tirant sa vache dans l'étable où sa femme et sa fille tiraient chacune la leur. Je me demande où il peut bien être allé...

On l'apprit un peu plus tard. L'homme avait marché, tout seul, avec son gros pansement sur la tête, le long de la route. Des ouvriers du four à chaux l'avaient rencontré, puis un employé des chemins de fer qui passait à vélo. Il allait droit devant lui dans le jour pluvieux qui se levait, sans regarder personne.

Il y avait un village à sept kilomètres, un petit café en face de la gare, qui ouvrait de bonne heure. Le train d'Elbeuf venait d'arriver. On avait posé une pile de journaux frais sur une chaise.

L'homme était là. Il buvait un café arrosé. Tous les matineux qui venaient avaler leur jus le regardaient, à cause de sa tête entourée de pansements, et lui, lugubre, ne paraissait pas s'en apercevoir.

— Je peux prendre un journal ? avait-il demandé timidement, la main sur le tas encore frais du *Nouvelliste d'Elbeuf*.

La blonde dormait, à ce moment-là. Le docteur ouvrait son cabinet de consultations. Une ambulance s'arrêtait près du lieu de l'accident.

— Il a lu le journal, puis il est sorti après avoir payé... Il a pris à gauche...

Il fut aisé de retrouver sa piste, à cause de sa grosse tête blanche. Il marchait dans le village. Il tournait ici, puis là. Il n'adressait la parole à personne. Le journal dépassait de sa poche.

Et, dans le journal, il y avait un entrefilet, fruit des cogitations du gendarme :

« *Cette nuit, une auto venant de Paris a fait une embardée à mi-hauteur de la côte de Méchin. La voiture s'est retournée complètement, blessant plus ou moins grièvement deux honorables citoyens de Caen, M. Joseph Berquin, géomètre-arpenteur, et sa femme, Mme Berquin, qui ont été recueillis par...* »

Après l'ambulance, c'était un taxi qui arrivait, de Caen cette fois, avec une dame qui posait question sur question sur un ton à la fois agressif et soupçonneux.

— Vous êtes sûr qu'il est parti de ce côté ?...

Sûr ou pas sûr, il fallait bien se débarrasser d'elle. Les gens qui vivent un drame ont tendance à oublier que les autres ont leurs tâches quotidiennes à remplir et que les vaches continuent à donner du lait en dépit des gens qui viennent se casser la gueule dans le virage et qui profitent de ce que tout le monde est endormi pour f... le camp.

— Il est parti par là, oui, madame...

— Il avait bu, n'est-ce pas ?

— Je n'en sais rien, madame.

— Vous n'avez pas remarqué s'il sentait l'alcool ?

Elle alla droit devant elle, celle-là. Elle ne perdit pas la piste un instant. Elle la suivit, avec son taxi, arrêtant de temps en temps le chauffeur.

— Dites-moi, bonnes gens, est-ce que vous n'auriez pas vu un homme qui...

Et on retrouvait la trace du pansement tout le long du chemin.

— Un type qui était en foire... disait la blonde au même instant. Et qui ne devait pas en avoir l'habitude. Je parie que c'était la première fois qu'il emmenait une autre femme que la sienne dans son auto...

On cherchait toujours l'homme à la tête de momie qui n'avait pas encore, depuis son accident, prononcé deux paroles, sinon pour commander un café arrosé et pour acheter le journal.

La gendarmerie s'était mise en chasse, mais le taxi de Mme Berquin gardait son avance et gagna la partie : il arriva juste à temps, près d'un moulin, à cinq cents mètres du village, pour voir une forme sombre qu'on retirait de la rivière.

— C'est bien lui... déclara la femme.

Et, comme le noyé avait un tressaillement des paupières, elle poursuivit d'une autre voix :

— Joseph !... Joseph !... Tu m'entends ?... Tu n'as pas honte ?...

Il fit encore le mort, comme ça, jusqu'à l'hôpital, où le transporta l'ambulance qui pouvait enfin servir.

— Tout à l'heure, madame... De grâce, laissez-le tranquille... suppliaient les médecins.

On pouvait encore croire qu'il avait une fracture du crâne. Il pouvait encore espérer qu'il avait une fracture du crâne, et il les regardait faire, le regard presque implorant.

Mais il n'avait rien que, selon les termes du rapport, une plaie contuse au cuir chevelu.

Si bien qu'on le rendit à sa femme.

Qui avait déjà téléphoné à son avoué de Caen et à son assureur au sujet des dommages-intérêts réclamés par la blonde.

Et quand, plus tard, des gens, faisant allusion à la noyade, parlaient du choc consécutif à l'accident d'auto, Mme Berquin avait une façon catégorique de répliquer :

— Tss !... Tss !... Dites donc tout simplement qu'il a eu honte !...

N'était-ce pas, plus simplement encore, que l'homme au pansement avait peur ? En tout cas, il fut assez prudent pour ne jamais l'avouer et il se contentait de balancer sa grosse tête, qui resta déformée.

En somme, il avait eu sa nuit quand même !

Et il y a tant d'hommes qui ne l'ont jamais...

Saint Andrews (Canada), le 28 août 1946.

L'ESCALE DE BUENAVENTURA

Quand le Français poussa la porte-moustiquaire au treillage métallique rouillé, il n'était pas neuf heures du matin et pourtant sa veste de toile jaunâtre avait déjà sous les bras deux larges demi-lunes de sueur. Il traînait un peu la jambe gauche, comme toujours. Comme toujours, aussi, il paraissait en colère et c'est d'un geste quasi menaçant qu'il repoussa sur sa nuque son chapeau de paille qui avait la forme d'un casque colonial, avec de petits trous d'aération.

Il n'y avait personne dans le hall de l'hôtel. Il n'y avait jamais personne : un comptoir de bois peint en noir, avec, derrière, des casiers vides au-dessus desquels pendaient des clefs, et, à gauche, un tourniquet rempli de cartes postales ternies par l'humidité.

Le Français n'appela pas. Il avait l'habitude de la maison. Il contourna une colonne de fer, pénétra dans la grande salle qui, avec ses larges baies vitrées, avait l'air d'un aquarium.

L'autre était déjà planté devant la machine à sous, dans laquelle il introduisait les jetons un par un, l'œil fixé sur la petite ouverture qui, selon les coups, laissait apparaître des cerises, des prunes ou des citrons.

— Salut !... grogna le Français, plutôt comme une injure que comme une politesse.

Une voix grinçait quelque part, avec beaucoup de friture autour, dans un appareil de radio. Et Joe, le nègre, frottait avec un torchon sale les verres du bar.

Le bateau était encore loin, dans l'estuaire. On le voyait sans le voir. Est-ce qu'on voyait jamais quelque chose avec netteté dans ce maudit pays où le brouillard collait tellement aux vitres qu'elles en perdaient leur transparence ?

— Whisky, Joe...

Et il ajouta, comme une menace, parce qu'il ne pouvait rien dire autrement :

— Cette fois-ci, je veux être pendu par les pieds si je ne n'embarque pas...

Il y avait vingt ans qu'il annonçait la même chose dans des termes à peu près identiques, chaque fois qu'un bateau français faisait escale à Buenaventura, c'est-à-dire une fois par mois, vingt ans qu'il s'en venait dès le matin, ces jours-là, de la ville en bois qui était derrière, assez loin, et qu'on n'apercevait pas de l'hôtel. Certaines fois, il avait apporté avec lui sa valise.

— Quand j'en ai assez, j'en ai assez...

Joe mesura le whisky dans un gobelet de métal blanc et poussa le verre sur le comptoir. L'autre, pendant ce temps-là, gardait le regard fixé sur les cerises, les prunes et les citrons qui s'immobilisaient dans le voyant de la machine à sous.

Il n'avait encore rien dit. A quoi bon ? La radio grésillait comme une côtelette sur un feu de charbon. L'espace était trop vaste autour des trois hommes, le nègre et les deux blancs qui continuaient, chacun pour soi, leur vie machinale.

Et le bateau, un cargo mixte, comme d'habitude, avec la petite pétrolette des pilotes en avant, se frayait tout doucement un chemin dans la brume chaude et dans une eau qui ressemblait à de la vase.

— Beaucoup de balles, Joe ?

Des balles de café. Pas de fusil ou de mitrailleuse. Parce que, à Buenaventura, les bateaux qui viennent du Chili, du Pérou et de l'Équateur ne font escale que pour charger du café colombien. On compte sur les doigts les passagers qui descendent pour de bon ou qui embarquent. Ce qui importe, ce sont les balles de café. Tant de balles signifient tant d'heures d'escale. Deux heures. Dix heures. Cela dépend.

Après quoi il n'y a plus rien que les murs vides de l'hôtel, blanchis à la chaux, d'immenses murs crus, des escaliers, des colonnes de fer, des portes ouvertes sur des chambres où les lits n'attendent personne.

— La même chose, Joe, si infect soit-il !

Toujours deux pour commencer, afin de se mettre en train. Et Joe expliquait :

— Ils en ont pour deux heures au plus à charger... On les verra à peine...

— Je partirai avec eux... Je parie que je connais le capitaine...

Le Français connaissait tous les capitaines. Comment ne les aurait-il pas connus ?

— A ta santé, Pedro... Si tu fais tomber la cagnotte, c'est toi qui paies...

Et l'autre jouait toujours. Et autour d'eux il y avait des tables, avec des nappes, des verres et tout, pour servir à manger à cent personnes au moins, à cent personnes qui ne viendraient jamais. Et des lits, dans les chambres, pour presque autant de voyageurs hypothétiques.

Qu'est-ce qu'on aurait fait s'il en était débarqué de quoi remplir la maison ? Les draps devaient sentir le moisi. Il n'y avait pas de provisions dans la cuisine. Il n'y avait même plus de cuisinier.

Cela n'avait pas l'air d'un véritable hôtel, pas plus que le port n'avait l'air d'un vrai port. Il y avait bien un wharf, avec des pilotis et des blocs de béton. Il y avait un entrepôt, sorte de baraque en planches couverte de tôle ondulée. Il y avait même des rails, l'amorce d'une gare qui n'avait jamais été achevée et, autour de tout ça, le désordre d'un terrain vague au sommet duquel se dressait l'hôtel.

La ville était plus loin, derrière, à plusieurs kilomètres. On ne la voyait pas. On ne la soupçonnait pas. Et cette brume chaude, collante, tout autour, si épaisse qu'on ne pouvait pas savoir si c'était ou non de la pluie.

— Tu gagnes, Pedro ? raillait le Français.

Et Pedro lui lançait un noir regard avant de continuer sa lutte solitaire contre la machine à sous.

Il y avait un rocking-chair en osier dans lequel le Français se mit à se balancer. Le rocking-chair grinçait. Les ventilateurs suspendus au plafond grinçaient. La radio grinçait.

Et ce sacré bateau allait accoster, avec des gens qui n'auraient rien à faire pendant deux heures ou pendant dix — cela dépendrait du nombre de balles — et qui envahiraient la maison.

Deux cerises... Trois prunes... Tantôt la main gauche de Pedro était pleine de jetons dorés et tantôt elle se vidait.

— On annonce de New York que José Amarillo, ex-dictateur du Paraguay, est arrivé hier dans cette ville, où il a accordé une entrevue à la presse. L'ancien président compte acheter un ranch dans le Texas et se consacrer à l'élevage...

C'était la radio qui disait ça, et le Français grinçait :

— T'entends, Pedro ?

Pedro jouait toujours, l'œil las et farouche tout ensemble ; quand il n'eut plus de jetons, il s'approcha du bar et s'adressa au nègre :

— Donne-m'en cinquante... Et une menthe verte...

L'un buvait des whiskies, l'autre des menthes vertes. Tous les deux étaient gras de cette graisse jaune et molle que donnent le séjour sous les tropiques et le mauvais fonctionnement du foie. Tous les deux étaient vêtus de cette toile jaunâtre qui est l'uniforme des pays du Sud.

Le joueur avait le poil noir, les joues bleues de barbe mal rasée, une cravate rouge sang sur sa chemise blanche.

Ce bateau, qui arrivait à sa date, à son heure, c'était la menace habituelle, la rupture incongrue d'un calme qui, ensuite, mettait des heures ou des jours à reprendre son épaisseur.

— Il y aura peut-être de jolies filles... ricanait le Français.

Certains l'appelaient le Professeur. D'autres le Docteur. Quelques-uns encore le Bagnard, car le bruit avait couru jadis qu'il s'était évadé de Cayenne avant de trouver refuge en Colombie.

— T'as entendu, Pedro ?... José Amarillo s'achète un ranch au Texas et reçoit la presse américaine... La même chose, Joe !... Amarillo qui se retire des affaires, hein !... Après fortune faite... Et moi qui, ce soir, vais quitter définitivement ce sale pays pour aller planter mes choux en Touraine.

Le bateau était presque à quai. Il commençait les manœuvres d'accostage et, à travers les vitres glauques, on distinguait maintenant les silhouettes des passagers penchés sur le bastingage.

— Et je reverrai Paname, dis donc !... Et je rencontrerai peut-être Iturbi, qui possède un hôtel particulier avenue du Bois...

Encore un dictateur. Un dictateur qui s'était enfui de justesse au moment d'être pendu, mais qui s'était ménagé de confortables positions de retraite et qui, à présent, faisait courir à Longchamp.

— Toi qui ne réussis même pas à faire tomber la cagnotte !

Deux cerises... Deux prunes... Trois citrons...

Le bateau était à quai. On voyait un petit groupe s'acheminer vers l'hôtel, deux femmes en robe claire, quelques hommes.

— Ma parole, ils ont sorti les parapluies...

Parce qu'il pleuvait. Ou, s'il ne pleuvait pas vraiment, le brouillard mouillait autant que la pluie. Les femmes, perchées sur leurs hauts talons, cherchaient où poser les pieds dans le chaos de gravats qui conduisait à l'hôtel. Des indigènes commençaient à charger les balles de café qu'ils portaient sur leur nuque, s'élançant, comme des danseurs de corde, sur l'étroite planche qui reliait le navire à la terre.

— Je te jure, Pedro, que, cette fois-ci, pour peu que le capitaine ait une gueule sympathique, je disparais de ton univers...

Un univers qui sentait effroyablement le vide, vide de l'hôtel, de la salle à manger trop vaste, avec toutes ses tables et ses chaises, vide des chambres, des lits, des armoires qui ne servaient à rien, vide du port où il n'y avait que ce petit bateau noir qu'on allait, pendant deux heures à peine, charger, à dos d'hommes, de balles de café, vide de la gare inachevée, des voies qui ne conduisaient nulle part.

— Des jetons, Joe...

Le joueur était aussi gras, mais pas de la même graisse que le Français. D'une graisse comme plus fluide, plus huileuse, aristocratique. La vraie graisse du Sud, aux reflets à la fois jaunes et bleutés.

— La même chose, Joe, avant que ces messieurs-dames arrivent...

Car il allait leur jouer sa petite comédie, toujours la même, celle qu'il jouait invariablement au passage de chaque bateau.

— « Français, messieurs-dames, pour vous servir... Depuis vingt ans, dans ce pays qui ressemble à une éponge en décomposition et qui... »

Combien cela ferait-il de whiskies ? Ce n'étaient d'ailleurs pas tant les whiskies qui comptaient. Ce n'était pas l'intérêt qui poussait Labro — le seul nom sous lequel on le connût — mais plutôt le besoin de se frotter à des gens de chez lui, de bavarder, de parader, de les éblouir ou de les écœurer.

— « Je me demande, en vérité, si je ne vais pas partir avec vous. Avouez que ce serait drôle ! Sans bagages. Est-ce que j'ai besoin de bagages, moi ? »

Il leur disait pis que pendre des maisons en bois où l'on se bat avec les rats, les cancrelats gros comme ça, les scorpions et les serpents.

Sa purge mensuelle, en somme.

— « Demandez aux gens d'ici ce qu'ils pensent de Labro, pour autant que vous en trouviez qui soient capables de penser... »

Il buvait. Un fait indéniable, c'est qu'il buvait. Et que, sans rien faire de précis, il parvenait à être ivre chaque soir.

— Les voilà, Pedro !...

L'autre jouait toujours, obstiné, l'œil méchant, et de temps en temps il allait chercher de nouveaux jetons au bar, où il s'envoyait d'un trait une menthe verte dans le gosier.

— L'aînée est un peu fanée, mais la fille pourrait encore servir...

Chose curieuse, il y avait fatalement une jolie fille et une dame mûre par bateau. Toujours aussi un type plus ou moins ridicule.

— Ils vont réclamer des cartes postales, tu verras !

Ils en réclamèrent. Ils étaient une dizaine à se dégourdir les jambes à l'escale, et, rituellement, sur les dix, il y en eut un qui voulait goûter la cuisine du pays.

Cela regardait le Chinois qui faisait fonction de maître d'hôtel et de cuisinier tout ensemble et qui ne disposait que de boîtes de conserves.

Pedro, rageur, jouait toujours. Les officiers du bord ne viendraient que les derniers, à leur habitude, pour chercher leurs passagers, comme on va chercher les moutons au pré.

— Si le capitaine a une bonne gueule, répétait Labro, je file avec eux, et, cette fois, c'est pour de bon...

On entendait, dans le hall où le nègre s'était précipité :

— Pardon, monsieur, pourriez-vous me dire...

— Est-ce qu'il est possible de se procurer...

La radio grinçait toujours. Le brouillard de pluie était devenu plus lumineux, ce qui signifie, dans le pays, plus jaune, mais plus transparent. Et plus chaud. A faire suer les murs.

Trois cerises... Deux prunes... Trois citrons...

— « Mais oui, madame, je suis Français... Et nous allons plus que probablement faire la traversée ensemble... C'est votre mari ?... Enchanté... Vous avez une bonne tête... Deux whiskies, Joe, et quelque chose de plus doux pour Madame... »

L'autre, Pedro, jouait de plus belle et, à un moment, comme la machine avait avalé sa provision de jetons il se dirigea vers le bar.

Jetons et menthe verte...

Pendant ce temps-là, un petit monsieur tout rond, un passager, s'était approché de l'appareil et avait glissé un sou dans la fente.

— Pardon... grommela Pedro en reprenant sa place.

— Mais...

— Je jouais avant vous...

Le petit monsieur, interloqué, avala sa salive, recula, resta là à attendre son tour, sans même soupçonner que sa présence à elle seule était exaspérante.

Cerises... citrons... prunes... Deux prunes, un citron... Deux citrons, trois prunes...

— « Vous comprenez, mesdames, que pour un type comme moi... »

Le Français parlait. L'autre jouait. Aux autres, aux inconnus, aux gêneurs, aux passants qui venaient de débarquer et qui rembarqueraient tout à l'heure, on servait plus ou moins poliment ce qu'ils demandaient, quand il y en avait dans la maison.

Il y avait quelque chose de dur, d'excédé dans le regard de Pedro et, chaque fois qu'il tournait la manette de l'appareil à sous, ses prunelles devenaient immobiles, comme si son sort eût dépendu des petites images coloriées qui allaient apparaître.

Il dut aller chercher de nouveaux jetons au bar. Et boire, par la même occasion, une menthe verte. Si vite, si anxieusement qu'il fît, quand il revint vers sa machine, le petit monsieur avait eu le temps de glisser un jeton dans la fente.

— Non, monsieur, prononça-t-il.

— Pardon ?

— Je dis non... C'est ma partie...

— Je vous ferai remarquer...

— Rien du tout...

Il y avait tant de passion dans son regard, tant de décision quasi dramatique dans son attitude, que la dame mûre intervint, de sa place, à la table du Français.

— Grégoire... Puisque ce monsieur était là avant toi.

Et Grégoire recula. Seulement, il était mordu à son tour par le jeu des cerises, des prunes et des citrons. Il attendait son heure, avec la mine anxieuse d'un enfant exclu de la récréation. Il suivait les coups, comptait mentalement les jetons qui restaient dans la main du joueur.

Sans bruit, sans se faire remarquer, il se dirigea vers le bar.

— Donnez-m'en une vingtaine, dit-il à mi-voix à Joe.

Pedro avait fait tomber quatre pièces, mais il les reperdait.

Une cerise, une prune, un citron... Sa main était vide. Était-il conscient du danger ?... Avait-il suivi le manège clandestin de son adversaire ?... Il faillit se faire apporter des jetons par Joe, afin de ne pas bouger de place, mais il avait soif aussi...

Il s'éloigna très vite. Il ne tourna le dos qu'un instant. Le petit monsieur était vif aussi, et surtout il avait une telle envie de jouer sa chance !

Le temps de porter la menthe verte à ses lèvres et Pedro tressaillait, pâlissait, devenait d'un jaune plus terne, refusant d'en croire ses oreilles. Derrière lui, un bruit s'était fait entendre, un bruit que Pedro attendait depuis des semaines, depuis des mois, la dégringolade triomphante des jetons, de tous les jetons amassés dans le ventre de la machine et qui, débordant de la sébile, jaillissaient jusqu'au milieu de la salle.

— Regarde, Pauline...

Pedro avait posé son verre. Pedro s'était retourné. Sa main, soudain dure comme de l'acier, s'était posée sur l'épaule du petit homme qui se penchait, sa voix faisait, tranchante :

— Non, monsieur...

— Pardon ?

— Je dis non...

— Vous n'allez pas prétendre que je n'ai pas le droit...

— Non, monsieur... Veuillez me rendre ma place...

— Mais...

— Je dis que vous allez me rendre...

— Grégoire, intervint Pauline, pourquoi insistes-tu ?

— Mais parce que j'ai gagné ! s'écria Grégoire qui en avait presque les larmes aux yeux.

— Qu'est-ce que ça peut te faire ? Puisque Monsieur...

— Il a joué et j'ai joué... Il a perdu et j'ai gagné...

Ce qui se passa alors fut si rapide que chacun, dans la salle, y compris les acteurs, en resta interdit. Une main se leva, celle de Pedro, s'abattit vivement sur un visage, celui du petit monsieur, et le bruit mat de la gifle résonna dans le vide de l'immense pièce aux baies vitrées.

Tout de suite après, d'ailleurs, Pedro redevint un gentleman, prononça d'une voix âpre et concentrée :

— Je vous fais mes excuses...

Un coup d'œil à la machine. Son pied repoussa quelques jetons sur les carreaux du sol.

— Je n'aurais pas dû vous gifler... Mais vous n'auriez pas dû, vous...

Il parlait maintenant comme pour lui-même, très vite, presque bas.

— Parce que cette machine est à moi, comprenez-vous... Et parce que...

Il n'acheva pas, sortit précipitamment et on l'entendit qui montait l'escalier vers le premier étage aux portes ouvertes sur un labyrinthe de chambres vides.

— Je parie, madame, disait Labro, sarcastique, que vous n'y comprenez rien.

— Il y a quelque chose à comprendre ?

— Ce type-là...

— C'est un type, en effet !

— ... n'est pas ce que vous croyez...

— C'est un goujat ou un fou...

— Alors, nous sommes tous plus ou moins fous, en tout cas ici... C'est l'ancien dictateur du...

— Qu'est-ce que vous dites ?

— Oui, madame... Et il y a quelques milliers de personnes...

— Comment ?

— ... parmi les parents de ceux qu'il a fait fusiller quand il était au pouvoir, il y a quelques milliers de personnes, dis-je, qui payeraient cher pour savoir où il se trouve...

— Je ne vois pas ce que...

— Cela n'a pas d'importance !... La même chose, Joe... Pendant ce temps-là, certains de ses collègues...

— Des collègues de quoi ?

— Je parle de ceux qui ont conquis le pouvoir pour un temps plus ou moins long dans les différentes républiques de l'Amérique du Sud... Certains de ceux-là, dis-je, et la radio en citait encore ce matin, sont à New York ou à Paris, riches et tranquilles...

» Lui, ici, il est le patron, et c'est la seule chose qui lui reste...

— Qu'est-ce que cela peut faire ?

— Il joue sa chance...

— Contre qui ?

— Contre la machine à sous...

— C'est idiot...

— La machine à sous est à lui...

— Ce n'est pas une raison...

— Ce n'en est pas moins un hôtel...

— L'hôtel aussi...
— Où vous venez le déranger...
— Comment ?
— Où vous venez nous déranger...
— Hein ?
— Et votre mari...
— Mon mari, monsieur, est un honnête homme, et si je savais où trouver un agent de police... Viens ici, Grégoire...
— Votre mari a fait tomber la cagnotte, comme ça, d'un seul coup, avec un seul jeton...
— Et après ?
— Rien, madame, rien... Pedro a joué des parties terribles... Il a gagné... Il a été très puissant, couvert de décorations, les rois l'appelaient mon cousin et il lui fallait pendre des gens, vivre jour et nuit entouré de gardes... Il a gagné, puis il a perdu... Puis il a joué contre la machine...
— Est-ce que mon mari a gagné, oui ou non ?
— Il a gagné, madame... Vous permettez ? Je ne crois pas que je prendrai ce bateau-ci...

Et, traînant la jambe gauche, Labro, après avoir bu un dernier whisky au comptoir, s'engagea dans l'escalier pour aller voir ce qui se passait là-haut.

Saint Andrews (Canada), le 31 août 1946.

L'HOMME DANS LA RUE

Les quatre hommes étaient serrés dans le taxi. Il gelait sur Paris. A sept heures et demie du matin, la ville était livide, le vent faisait courir au ras du sol de la poussière de glace.

Le plus maigre des quatre, sur un strapontin, avait une cigarette collée à la lèvre inférieure et des menottes aux poignets. Le plus important, vêtu d'un lourd pardessus, la mâchoire pesante, un melon sur la tête, fumait la pipe en regardant défiler les grilles du Bois de Boulogne.

— Vous voulez que je vous offre une belle scène de rouscaille ? proposa gentiment l'homme aux menottes. Avec contorsions, bave à la bouche, injures et tout ?...

Et Maigret de grommeler, en lui prenant la cigarette des lèvres et en ouvrant la portière, car on était arrivé à la Porte de Bagatelle :

— Fais pas trop le mariole !

Les allées du Bois étaient désertes, blanches comme de la pierre de taille, et aussi dures. Une dizaine de personnes battaient la semelle au coin d'une allée cavalière, et un photographe voulut opérer sur le groupe qui s'approchait. Mais P'tit Louis, comme on le lui avait recommandé, leva les bras devant son visage.

Maigret, l'air grognon, tournait la tête à la façon d'un ours, observant tout, les immeubles neufs du boulevard Richard-Wallace, aux volets encore clos, quelques ouvriers en vélo qui venaient de Puteaux, un tram éclairé, deux concierges qui s'approchaient, les mains violettes de froid.

— Ça y est ? questionna-t-il.

La veille, il avait laissé paraître dans les journaux l'information suivante :

LE CRIME DE BAGATELLE

La police, cette fois, n'aura pas été longue à éclaircir une affaire qui paraissait présenter d'insurmontables difficultés. On sait que lundi matin un garde du Bois de Boulogne a découvert, dans une allée, à une centaine de mètres de la Porte de Bagatelle, un cadavre qui a pu être identifié sur-le-champ.

Il s'agit d'Ernest Borms, médecin viennois assez connu, installé à Neuilly depuis plusieurs années. Borms était en tenue de soirée. Il a dû être attaqué dans la nuit de dimanche à lundi alors qu'il regagnait son appartement du boulevard Richard-Wallace.

Une balle, tirée à bout portant avec un revolver de petit calibre, l'a atteint en plein cœur.

Borms, qui était encore jeune, beau garçon, très élégant, menait une existence assez mondaine.

Quarante-huit heures à peine après ce meurtre, la police judiciaire vient de procéder à une arrestation. Demain matin, entre sept et huit heures, il sera procédé sur les lieux à la reconstitution du crime.

Par la suite, quai des Orfèvres, on devait citer cette affaire comme la plus caractéristique, peut-être, de la manière de Maigret ; mais, quand on en parlait devant lui, il avait une étrange façon de détourner la tête en poussant un grognement.

Allons ! Tout était en place. Presque pas de badauds, comme prévu. Ce n'était pas pour rien qu'il avait choisi cette heure matinale. Encore, parmi les dix à quinze personnes qui battaient la semelle, pouvait-on reconnaître des inspecteurs qui prenaient leur air le plus innocent, et l'un d'eux, Torrence, qui adorait les déguisements, s'était vêtu en garçon laitier, ce qui fit hausser les épaules à son chef.

Pourvu que P'tit Louis n'exagère pas !... Un vieux client, arrêté la veille pour vol à la tire dans le métro...

— Tu vas nous donner un coup de main, demain matin, et on verra à ce que, cette fois, tu ne sois pas trop salé...

On l'avait extrait du Dépôt.

— Allons-y ! grogna Maigret. Quand tu as entendu des pas, tu étais caché dans ce coin-ci, n'est-ce pas ?

— Comme vous dites, monsieur le commissaire... J'avais la dent, vous comprenez... Raide comme un passe-lacet !... Alors, je me suis dit qu'un type qui rentrait chez lui en *smokinge* devait en avoir plein le portefeuille... « La bourse ou la vie ! » que je lui ai glissé dans le tuyau de l'oreille... Et je vous jure que c'est pas ma faute si le coup est parti... Je crois bien que c'est le froid qui m'a fait pousser le doigt sur la gâchette...

Onze heures du matin. Maigret arpentait son bureau, quai des Orfèvres, fumait des pipes, tripotait sans cesse le téléphone.

— Allô ! C'est vous, patron ?... Ici, Lucas... J'ai suivi le vieux qui avait l'air de s'intéresser à la reconstitution... Rien de ce côté... C'est un maniaque qui fait chaque matin sa petite promenade au Bois...

— Ça va ! Tu peux rentrer...

Onze heures et quart.

— Allô, le patron ?... Torrence !... J'ai filé le jeune homme que vous m'avez désigné du coin de l'œil... Il prend part à tous les concours de détectives... Il est vendeur dans un magasin des Champs-Élysées... Je rentre ?

À midi moins cinq, seulement, un coup de téléphone de Janvier.

— Je fais vite, patron... J'ai peur que l'oiseau ne s'envole... Je le surveille par la petite glace encastrée dans la porte de la cabine... Je suis au bar du *Nain Jaune,* boulevard Rochechouart... Oui... Il m'a repéré... Il n'a pas la conscience tranquille... En traversant la Seine, il a jeté quelque chose dans le fleuve... Il a essayé dix fois de me semer... Je vous attends ?

Ainsi commença une chasse qui devait durer cinq jours et cinq nuits, parmi les passants qui marchaient vite, à travers un Paris qui ne se rendait compte de rien, de bar en bar, de bistro en bistro, un homme seul d'une part, d'autre part Maigret et ses inspecteurs qui se relayaient et qui, en fin de compte, étaient aussi harassés que celui qu'ils traquaient.

Maigret descendit de taxi en face du *Nain Jaune,* à l'heure de l'apéritif, et trouva Janvier accoudé au bar. Il ne se donna pas la peine de prendre un air innocent. Au contraire !

— Lequel est-ce ?

Du menton, l'inspecteur lui désigna un homme assis dans un coin devant un guéridon. L'homme les regardait de ses prunelles claires, d'un bleu gris, qui donnait à sa physionomie un caractère étranger. Un Nordique ? Un Slave ? Plutôt un Slave. Il portait un pardessus gris, un complet bien coupé, un feutre souple.

Trente-cinq ans environ, autant qu'on en pouvait juger. Il était pâle, rasé de près.

— Qu'est-ce que vous prenez, patron ? Un picon chaud ?

— Va pour un picon chaud... Qu'est-ce qu'il boit, lui ?

— Une fine... C'est la cinquième depuis le matin... Il ne faut pas faire attention si j'ai un cheveu sur la langue, mais j'ai dû le suivre dans tous les bistros... Il est fort, vous savez... Regardez-le... C'est comme ça depuis le matin... Il ne baisserait pas les yeux pour un empire...

C'était vrai. Et c'était étrange. On ne pouvait pas appeler ça de la morgue, ni du défi. L'homme les regardait, simplement. S'il était en proie à l'inquiétude, cela se passait à l'intérieur. Son visage exprimait plutôt de la tristesse, mais une tristesse calme, réfléchie.

— A Bagatelle, quand il a remarqué que vous l'observiez, il s'est tout de suite éloigné et je lui ai emboîté le pas. Il n'avait pas parcouru cent mètres qu'il se retournait. Alors, au lieu de sortir du Bois comme il semblait en avoir l'intention, il s'est élancé à grandes enjambées dans la première allée venue. Il s'est retourné à nouveau. Il m'a reconnu. Il s'est assis sur un banc, malgré le froid, et je me suis arrêté... A plusieurs reprises, j'ai eu l'impression qu'il voulait m'adresser la parole, mais il a fini par s'éloigner en haussant les épaules...

» A la porte Dauphine, j'ai failli le perdre, car il sauta dans un taxi, et c'est par hasard que j'en trouvai un presque immédiatement. Il est descendu place de l'Opéra, s'est précipité dans le métro... L'un derrière l'autre, nous avons changé cinq fois de ligne, et il a commencé à comprendre qu'il ne m'aurait pas de cette façon...

» Nous sommes remontés à la surface. Nous étions place Clichy. Depuis lors nous allons de bar en bar... J'attendais un endroit favorable, avec une cabine téléphonique d'où je puisse le surveiller. Quand il m'a vu téléphoner, il a eu un petit ricanement amer... Ma parole, on aurait juré, ensuite, qu'il vous attendait...

— Téléphone à la « maison »... Que Lucas et Torrence se tiennent prêts à me rejoindre au premier appel... Et aussi un photographe de l'Identité judiciaire, avec un très petit appareil...

— Garçon ! appela l'inconnu. Qu'est-ce que je vous dois ?

— Trois cinquante...

— Je parie que c'est un Polonais... souffla Maigret à Janvier. En route...

Ils n'allèrent pas loin. Place Blanche, ils entrèrent derrière l'homme dans un petit restaurant, s'assirent à la table voisine de la sienne. C'était un restaurant italien, et ils mangèrent des pâtes.

A trois heures, Lucas vint relayer Janvier alors que celui-ci se trouvait avec Maigret dans une brasserie en face de la gare du Nord.

— Le photographe ? questionna Maigret.

— Il attend dehors pour le chiper à la sortie...

Et, en effet, quand le Polonais quitta l'établissement, après avoir lu les journaux, un inspecteur s'approcha vivement de lui. A moins d'un mètre, il déclencha un déclic. L'homme porta vivement la main à son visage, mais déjà il était trop tard, et alors prouvant qu'il comprenait, il jeta à Maigret un regard chargé de reproche.

— Toi, mon bonhomme, soliloquait le commissaire, tu as de bonnes raisons pour ne pas nous conduire à ton domicile. Mais, si tu as de la patience, j'en ai au moins autant que toi...

Le soir, quelques flocons de neige voltigèrent dans les rues tandis que l'inconnu marchait, les mains dans les poches, en attendant l'heure de se coucher.

— Je vous relaie pour la nuit, patron ? proposa Lucas.

— Non ! J'aime mieux que tu t'occupes de la photographie. Consulte les fiches, d'abord. Ensuite vois dans les milieux étrangers. Ce garçon-là connaît Paris. Il n'y est pas arrivé d'hier. Des gens doivent le connaître...

— Si on faisait paraître son portrait dans les journaux ?

Maigret regarda son subordonné avec mépris. Ainsi Lucas, qui travaillait avec lui depuis tant d'années, ne comprenait pas ? Est-ce que la police possédait un seul indice ? Rien ! Pas un témoignage ! Un homme tué la nuit au Bois de Boulogne. On ne retrouve pas d'arme. Pas d'empreintes. Le docteur Borms vit seul, et son unique domestique ignore où il s'est rendu la veille.

— Fais ce que je te dis ! File...

A minuit, enfin, l'homme se décide à franchir le seuil d'un hôtel. Maigret le franchit derrière lui. C'est un hôtel de second et même de troisième ordre.

— Vous me donnerez une chambre...

— Voulez-vous remplir votre fiche ?

Il la remplit, en hésitant, les doigts gourds de froid.

Il regarde Maigret de haut en bas, comme pour dire :

— Si vous croyez que ça me gêne !... Je n'ai qu'à écrire n'importe quoi...

Et, en effet, il a écrit le premier nom venu, Nicolas Slaatkovitch, domicilié à Cracovie, arrivé la veille à Paris.

C'est faux, évidemment. Maigret téléphone à la P.J. On fouille les dossiers des garnis, les registres d'étrangers, on alerte les postes frontières. Pas de Nicolas Slaatkovitch.

— Une chambre pour vous aussi ? questionne le patron avec une moue, car il a flairé un policier.

— Merci. Je passerai la nuit dans l'escalier.

C'est plus sûr. Il s'assied sur une marche, devant la porte du 7. Deux fois, cette porte s'ouvre. L'homme fouille l'obscurité du regard, aperçoit la silhouette de Maigret, et finit par se coucher. Le matin, sa barbe a poussé, ses joues sont râpeuses. Il n'a pas pu changer de linge. Il n'a même pas de peigne, et ses cheveux sont en désordre.

Lucas vient d'arriver.

— Je prends la suite, patron ?

Maigret ne se résigne pas à quitter son inconnu. Il l'a regardé payer sa chambre. Il l'a vu pâlir. Et il devine.

Un peu plus tard, en effet, dans un bar où ils boivent pour ainsi dire côte à côte un café-crème et mangent des croissants, l'homme fait sans se cacher le compte de sa fortune. Un billet de cent francs, deux pièces de vingt, une de dix et de la menue monnaie. Ses lèvres s'étirent en une grimace d'amertume.

Allons ! Il n'ira pas loin avec ça. Quand il est arrivé au Bois de Boulogne, il sortait de chez lui, car il était rasé de frais, sans un grain de poussière, sans un faux pli à ses vêtements. Sans doute comptait-il rentrer un peu plus tard ? Il n'a même pas regardé ce qu'il avait d'argent en poche.

Ce qu'il a jeté dans la Seine, Maigret le devine, ce sont des papiers d'identité, peut-être des cartes de visite.

Il veut éviter, coûte que coûte, qu'on découvre son domicile.

Et la balade de ceux qui n'ont pas de toit recommence, les stations devant les magasins, devant les camelots, les bars où il faut bien entrer de temps en temps, ne fût-ce que pour s'asseoir, surtout qu'il fait froid dehors, les journaux qu'on lit dans les brasseries.

Cent cinquante francs ! Plus de restaurant à midi. L'homme se contente d'œufs durs, qu'il mange debout devant un zinc, arrosés d'un bock, tandis que Maigret engloutit des sandwiches.

L'autre a hésité longtemps à pénétrer dans un cinéma. Sa main, dans la poche, joue avec la monnaie. Il vaut mieux durer... Il marche... Il marche...

Au fait ! Un détail frappe Maigret. C'est toujours dans les mêmes quartiers que se poursuit cette déambulation harassante ; de la Trinité à la place Clichy... De la place Clichy à Barbès, en passant par la rue Caulaincourt... De Barbès à la gare du Nord et à la rue La Fayette...

Est-ce que l'homme ne craint pas, ailleurs, d'être reconnu ? Sûrement il a choisi les quartiers les plus éloignés de son domicile ou de son hôtel, ceux qu'il ne fréquentait pas d'habitude...

Comme beaucoup d'étrangers, hante-t-il le quartier Montparnasse ? Les environs du Panthéon ?

Ses vêtements indiquent une situation moyenne. Ils sont confortables, sobres, bien coupés. Profession libérale, sans doute. Tiens ! Il porte une alliance ! Donc marié !

Maigret a dû se résigner à céder la place à Torrence. Il a fait un bond chez lui. Mme Maigret est mécontente, parce que sa sœur est venue d'Orléans, qu'elle a préparé un dîner soigné et que son mari, après s'être rasé et changé, repart déjà en annonçant qu'il ignore quand il reviendra.

Il saute au quai des Orfèvres.

— Lucas n'a rien laissé pour moi ?

Si ! Il y a un mot du brigadier. Celui-ci a montré la photo dans de nombreux milieux polonais et russes. L'homme est inconnu. Rien non plus du côté des groupements politiques. En désespoir de cause, il a fait tirer la fameuse photographie en un grand nombre d'exemplaires. Dans tous les quartiers de Paris, des agents vont de porte en porte, de concierge en concierge, exhibant le document aux patrons de bars et aux garçons de café.

— Allô ! Le commissaire Maigret ? Ici, une ouvreuse de « Ciné-Actualités », boulevard de Strasbourg... C'est un monsieur... M. Torrence... Il m'a dit de vous téléphoner pour vous annoncer qu'il est ici, mais qu'il n'ose pas quitter la salle...

Pas si bête, l'homme ! Il a calculé que c'était le meilleur endroit chauffé pour passer à bon marché un certain nombre d'heures... Deux francs l'entrée... Et on a droit de rester à plusieurs séances !...

Une curieuse intimité s'est établie entre suiveur et suivi, entre l'homme dont la barbe pousse, dont les vêtements se fripent et Maigret qui ne lâche pas la piste un instant. Il y a même un détail cocasse. Ils ont attrapé un rhume l'un comme l'autre. Ils ont le nez rouge. C'est presque en cadence qu'ils tirent leur mouchoir de leur poche et une fois l'homme, malgré lui, a vaguement souri en voyant Maigret aligner une série d'éternuements.

Un sale hôtel, boulevard de la Chapelle, après cinq séances consécutives de ciné-actualités. Même nom sur le registre. Et Maigret, à nouveau, s'installe sur une marche d'escalier. Mais, comme c'est un hôtel de passe, il est dérangé toutes les dix minutes par des couples qui le regardent curieusement, et les femmes ne sont pas rassurées.

Est-ce que l'homme, quand il sera au bout de son rouleau, ou à bout de nerfs, se décidera à rentrer chez lui ? Dans une brasserie, où il est resté assez longtemps et où il a retiré son pardessus gris, Maigret n'a pas hésité à saisir le vêtement et à regarder à l'intérieur du col. Le pardessus vient de l'*Old England,* boulevard des Italiens. C'est de la confection, et la maison a dû vendre des douzaines de pardessus semblables. Une indication, cependant. Il est de l'hiver précédent. Donc, l'inconnu est à Paris depuis un an au moins. Et pendant un an il a bien dû nicher quelque part...

Maigret s'est mis à boire des grogs, pour tuer le rhume. L'autre ne lâche plus son argent qu'au compte-gouttes. Il boit des cafés, pas même des cafés arrosés. Il se nourrit de croissants et d'œufs durs.

Les nouvelles de la « maison » sont toujours les mêmes : rien à signaler ! Personne ne reconnaît la photographie du Polonais. On ne parle d'aucune disparition.

Du côté du mort, rien non plus. Cabinet important. Il gagnait largement sa vie, ne s'occupait pas de politique, sortait beaucoup et, comme il soignait les maladies nerveuses, il recevait surtout des femmes.

C'était une expérience que Maigret n'avait pas encore eu l'occasion de poursuivre jusqu'au bout : en combien de temps un homme bien élevé, bien soigné, bien vêtu, perd-il son vernis extérieur lorsqu'il est lâché dans la rue ?

Quatre jours ! Il le savait, maintenant. La barbe d'abord. Le premier matin, l'homme avait l'air d'un avocat, ou d'un médecin, d'un architecte, d'un industriel, et on l'imaginait sortant d'un appartement douillet. Une barbe de quatre jours le transformait au point que, si on avait publié son portrait dans les journaux en évoquant l'affaire du Bois de Boulogne, les gens auraient déclaré :

— On voit bien qu'il a une tête d'assassin !

Le froid, le mauvais sommeil avaient rougi le bord de ses paupières et le rhume lui mettait de la fièvre aux pommettes. Ses souliers, qui n'étaient plus cirés, paraissaient informes. Son pardessus se fatiguait et ses pantalons avaient des poches aux genoux.

Jusqu'à l'allure... Il ne marchait plus de la même façon... Il rasait les murs... Il baissait les yeux quand les passants le regardaient... Un détail encore : il détournait la tête lorsqu'il passait devant un restaurant où l'on voyait des clients attablés devant des plats copieux...

— Tes derniers vingt francs, pauvre vieux ! calculait Maigret. Et après ?...

Lucas, Torrence, Janvier le relayaient de temps en temps, mais il leur cédait la place le moins souvent possible. Il arrivait en trombe quai des Orfèvres, voyait le chef.

— Vous feriez mieux de vous reposer, Maigret...

Un Maigret hargneux, susceptible, comme en proie à des sentiments contradictoires.

— Est-ce que c'est mon devoir de découvrir l'assassin, oui ou non ?

— Évidemment...

— Alors, en route ! soupirait-il avec une sorte de rancœur dans la voix. Je me demande où on va coucher ce soir...

Plus que vingt francs ! Même pas ! Quand il rejoignit Torrence, celui-ci déclara que l'homme avait mangé trois œufs durs et bu deux cafés arrosés dans un bar du coin de la rue Montmartre.

— Huit francs cinquante... Reste onze francs cinquante...

Il l'admirait. Loin de se cacher, il marchait à sa hauteur, parfois tout à côté de lui, et il devait se retenir pour ne pas lui adresser la parole.

— Allons, vieux !... Vous ne croyez pas qu'il serait temps de vous mettre à table ?... Il y a quelque part une maison chaude qui vous attend, un lit, des pantoufles, un rasoir... Hein ?... Et un bon dîner...

Mais non ! L'homme rôda sous les lampes à arc des Halles, comme ceux qui ne savent plus où aller, parmi les monceaux de choux et de carottes, en se garant au sifflet du train, au passage des camions de maraîchers.

— Plus moyen de te payer une chambre !

L'O.N.M. enregistrait ce soir-là huit degrés sous zéro. L'homme se paya des saucisses chaudes qu'une marchande préparait en plein vent. Il allait puer l'ail et le graillon toute la nuit !

Il essaya, à certain moment, de se faufiler dans un pavillon et de s'étendre dans un coin. Un agent, à qui Maigret n'eut pas le temps de donner ses instructions, lui fit prendre le large. Maintenant, il clopinait. Les quais. Le pont des Arts. Pourvu qu'il ne lui prenne pas la fantaisie de se jeter dans la Seine ! Maigret ne se sentait pas le courage de sauter après lui dans l'eau noire qui commençait à charrier des glaçons.

Il suivait le quai de halage. Des clochards grognaient. Sous les ponts, les bonnes places étaient prises.

Dans une petite rue, près de la place Maubert, on voyait à travers les vitres d'un étrange bistro des vieux qui dormaient, la tête sur la table. Pour vingt sous, coup de rouge compris ! L'homme le regarda à travers l'obscurité. Il esquissa un geste fataliste et poussa la porte. Le temps pour celle-ci de s'ouvrir et de se refermer, et Maigret reçut une bouffée écœurante au visage. Il préféra rester dehors. Il appela un agent, le mit en faction à sa place, sur le trottoir, tandis qu'il allait téléphoner à Lucas de garde cette nuit-là.

— Il y a une heure qu'on vous cherche, patron. Nous avons trouvé ! Grâce à une concierge... Le type s'appelle Stéphan Strevzki, architecte, 34 ans, né à Varsovie, installé en France depuis trois ans... Il travaille chez un ensemblier du faubourg Saint-Honoré... Marié à une Hongroise, une fille splendide qui répond au prénom de Dora... Occupant à Passy, rue de la Pompe, un appartement d'un loyer de douze mille francs... Pas de politique... La concierge n'a jamais vu la victime... Stéphan est parti lundi matin plus tôt que d'habitude... Elle a été étonnée de ne pas le voir rentrer, mais elle ne s'est pas inquiétée en constatant que...

— Quelle heure est-il ?

— Trois heures et demie... Je suis seul à la P.J... J'ai fait monter de la bière, mais elle est bien froide...

— Écoute, Lucas... Tu vas... Oui ! Je sais ! Trop tard pour ceux du matin... Mais dans ceux du soir... Compris ?...

L'homme avait, ce matin-là, collée à ses vêtements, une sourde odeur de misère. Ses yeux plus enfoncés. Le regard qu'il lança à Maigret, dans le matin pâle, contenait le plus pathétique des reproches.

Est-ce qu'on ne l'avait pas amené, petit à petit, mais à une vitesse pourtant vertigineuse, jusqu'au dernier degré de l'échelle ? Il releva le col de son pardessus. Il ne quitta pas le quartier. Dans un bistro qui venait d'ouvrir, il s'engouffra, la bouche amère, et but coup sur coup quatre verres d'alcool, comme pour chasser l'effroyable arrière-goût que cette nuit lui laissait dans la gorge et dans la poitrine.

Tant pis ! Désormais, il n'avait plus rien ! Il ne lui restait qu'à marcher, le long des rues que le verglas rendait glissantes. Il devait être courbatu. Il boitillait de la jambe gauche. De temps en temps, il s'arrêtait et regardait autour de lui avec désespoir.

Du moment qu'il n'entrait dans aucun café où il y avait le téléphone, Maigret ne pouvait plus se faire relayer. Les quais, encore ! Et ce geste machinal de l'homme tripotant les livres d'occasion, tournant les pages, s'assurant parfois de l'authenticité d'une gravure ou d'une estampe ! Un vent glacé balayait la Seine. Devant les péniches en marche, l'eau cliquetait, parce que de menus glaçons s'entrechoquaient comme des paillettes.

De loin, Maigret aperçut la P.J., la fenêtre de son bureau. Sa belle-sœur était repartie pour Orléans. Pourvu que Lucas...

Il ne savait pas encore que cette enquête atroce deviendrait classique et que des générations d'inspecteurs en répéteraient les détails aux nouveaux. Le plus bête, c'est que c'était un détail ridicule qui le bouleversait le plus : l'homme avait un bouton sur le front, un bouton qui, à y regarder de près, devait être un furoncle, et qui passait du rouge au violet ?

Pourvu que Lucas...

A midi, l'homme qui, décidément, connaissait bien son Paris, s'avança vers la soupe populaire qui se trouve tout au bout du boulevard Saint-Germain. Il prit place dans la file de loqueteux. Un vieux lui adressa la parole, mais il fit semblant de ne pas comprendre. Alors un autre, au visage criblé de petite vérole, lui parla en russe.

Maigret gagna le trottoir d'en face, hésita, fut bien forcé de manger des sandwiches dans un bistro, et il se tournait à demi pour que l'autre, à travers les vitres, ne le vît pas manger.

Les pauvres types avançaient lentement, entraient par quatre ou par six dans la pièce où on leur servait des bols de soupe chaude. La queue s'allongeait. De temps en temps on poussait, derrière, et il y en avait qui protestaient.

Une heure... Le gamin arriva de tout au bout de la rue... Il courait, le corps en avant...

— Demandez l'*Intran*... L'*Intran*...

Lui aussi essayait d'arriver avant les autres. Il reconnaissait de loin les passants qui achèteraient. Il ne s'inquiétait pas de la file de gueux.

— Demandez...

Humblement, l'homme leva la main, fit :

— Pssssttt !...

Les autres le regardèrent. Ainsi, il avait encore quelques sous pour s'acheter un journal ?

Maigret héla à son tour le vendeur, déploya la feuille, trouva avec soulagement, à la première page, ce qu'il cherchait, une photographie de femme, jeune, belle, souriante.

UNE INQUIÉTANTE DISPARITION

On nous signale la disparition, depuis quatre jours, d'une jeune Polonaise, Mme Dora Strevzki, qui n'a pas reparu à son domicile de Passy, 17, rue de la Pompe.

Détail troublant, le mari de la disparue, M. Stéphan Strevzki, a disparu lui-même de son domicile la veille, c'est-à-dire lundi, et la concierge, qui a alerté la police, déclare...

L'homme n'avait plus que cinq ou six mètres à parcourir, dans la file qui le portait, pour avoir droit à son bol de soupe fumante. A ce moment, il sortit du rang, traversa la rue, faillit se faire happer par un autobus, atteignit le trottoir juste au moment où Maigret se trouvait en face de lui.

— Je suis à votre disposition ! déclara-t-il simplement. Emmenez-moi... Je répondrai à toutes vos questions...

Ils étaient tous dans le couloir de la P.J., Lucas, Janvier, Torrence, d'autres encore qui n'avaient pas travaillé l'affaire, mais qui étaient au courant. Au passage, Lucas adressa à Maigret un signe qui voulait dire :

— Ça y est !

Une porte qui s'ouvre et se referme. De la bière et des sandwiches sur la table.

— Mangez d'abord un morceau...

De la gêne. Des bouchées qui ne passent pas. Puis l'homme enfin...

— Du moment qu'elle est partie et qu'elle est quelque part en sûreté...

Maigret éprouva le besoin de tisonner le poêle.

— Quand j'ai lu dans les journaux le récit du meurtre... Il y avait déjà longtemps que je soupçonnais Dora de me tromper avec cet homme... Je savais aussi qu'elle n'était pas sa seule maîtresse... Je connaissais Dora, son caractère impétueux... Vous comprenez ?... S'il a voulu se débarrasser d'elle, je la savais capable de... Et elle avait toujours un revolver de nacre dans son sac... Lorsque les journaux ont annoncé l'arrestation de l'assassin et la reconstitution du crime, j'ai voulu voir...

Maigret aurait voulu, lui, pouvoir dire, comme les policiers anglais :

— Je vous avertis que tout ce que vous allez déclarer pourra être retenu contre vous...

Il n'avait pas retiré son pardessus. Il avait toujours son chapeau sur la tête.

— Maintenant qu'elle est en sûreté... Car je suppose...

Il regarda autour de lui avec angoisse. Un soupçon lui traversa l'esprit.

— Elle a dû comprendre, en ne me voyant pas rentrer... Je savais que cela finirait ainsi, que Borms n'était pas un homme pour elle, qu'elle n'accepterait pas de lui servir de passe-temps et qu'alors elle me reviendrait... Elle est sortie seule, le dimanche soir, comme cela lui arrivait les derniers temps... Elle a dû le tuer alors que...

Maigret se moucha. Il se moucha longtemps. Un rayon de soleil, de ce pointu soleil d'hiver qui accompagne les grands froids, entrait par la vitre. Le bouton, le furoncle, luisait sur le front de celui qu'il ne pouvait appeler autrement que l'homme.

— Votre femme l'a tué, oui... Quand elle a compris qu'il s'était moqué d'elle... Et vous, vous avez compris qu'elle avait tué... Et vous n'avez pas voulu...

Il s'approcha soudain du Polonais.

— Je vous demande pardon, vieux, grommela-t-il comme s'il parlait à un ancien camarade. J'étais chargé de découvrir la vérité, n'est-ce pas ?... Mon devoir était de...

Il ouvrit la porte.

— Faites entrer Mme Dora Strevzki... Lucas, tu continueras, je...

Et personne ne le revit, pendant deux jours, à la P.J. Le chef lui téléphona, chez lui.

— Dites donc, Maigret... Vous savez qu'elle a tout avoué et que... A propos, comment va votre rhume... On me dit...

— Rien du tout, chef ! Ça va très bien... Dans vingt-quatre heures... Et lui ?

— Comment ?... Qui ?...

— Lui !

— Ah ! je comprends... Il s'est adressé au meilleur avocat de Paris... Il espère... Vous savez, les crimes passionnels...

Maigret se recoucha et s'abrutit à grand renfort de grogs et de cachets d'aspirine. Quand, ensuite, on voulut lui parler de l'enquête...

— Quelle enquête ?... grognait-il de façon à décourager les questionneurs.

Et l'homme venait le voir une fois ou deux par semaine, le tenait au courant des espoirs de l'avocat.

Ce ne fut pas tout à fait l'acquittement : un an avec sursis.

Et ce fut l'homme qui apprit à Maigret à jouer aux échecs.

Nieul-sur-Mer, 1939.

VENTE A LA BOUGIE

Maigret repoussa son assiette, sa table, se leva, grogna, s'ébroua, souleva machinalement le couvercle du poêle.

— Au travail, mes enfants ! Nous irons nous coucher de bonne heure !

Et les autres, autour de la grande table de l'auberge, tournèrent vers lui des visages résignés. Frédéric Michaux, le patron, dont la barbe avait poussé dru en trois jours, se leva le premier et se dirigea vers le comptoir.

— Qu'est-ce que je...

— Non ! Assez ! cria Maigret. Assez de vin blanc, puis de calvados, puis encore de vin blanc et de...

Ils en étaient tous arrivés à ce degré de fatigue où les paupières picotent et où tout le corps vous fait mal. Julia, qui était en somme la femme de Frédéric, porta dans la cuisine un plat où stagnait un reste de haricots rouges. Thérèse, la petite bonne, s'essuya les yeux, mais ce n'était pas parce qu'elle pleurait. C'était parce qu'elle avait un rhume de cerveau.

— On recommence à quel moment ? demanda-t-elle. Quand j'ai desservi ?

— Il est huit heures. On recommence donc à huit heures du soir.

— Alors, j'apporte le tapis et les cartes...

Dans l'auberge il faisait chaud, même trop chaud, mais dehors le vent charriait dans la nuit des rafales de pluie glacée.

— Asseyez-vous où vous étiez, père Nicolas... Vous, monsieur Groux, vous n'étiez pas encore arrivé...

Le patron intervint.

— C'est quand j'ai entendu les pas de Groux dehors que j'ai dit à Thérèse : « Mets les cartes à table... »

— Faut-il que je fasse encore une fois semblant d'entrer ? grogna Groux, un paysan d'un mètre quatre-vingts de haut, large comme un buffet rustique.

On aurait dit des acteurs qui répètent pour la vingtième fois une scène, la tête vide, les gestes mous, les yeux sans regard. Maigret lui-même, qui faisait figure de régisseur, avait parfois de la peine à se convaincre que tout cela était réel. Jusqu'au lieu où il se trouvait ! Avait-on idée de passer trois jours dans une auberge perdue à des kilomètres de tout village, en plein marais vendéen ?

Cela s'appelait le Pont-du-Grau, et il y avait un pont, en effet, un long pont de bois sur une sorte de canal vaseux que la mer gonflait deux fois par jour. Mais on ne voyait pas la mer. On ne voyait que des prés-marais coupés d'une multitude de rigoles, et très loin, sur la ligne d'horizon, des toits plats, des fermes qu'on appelait ici des cabanes.

Pourquoi cette auberge sur le bord du chemin ? Pour les chasseurs de canards et de vanneaux ? Il y avait une pompe à essence peinte en rouge, tandis que sur le pignon figurait une grande réclame en bleu pour une marque de chocolat.

De l'autre côté du pont, une masure, une vraie cabane à lapins, la maison du vieux Nicolas, qui était pêcheur d'anguilles. A trois cents mètres, une ferme assez vaste, de longs bâtiments sans étage : la propriété de Groux.

... le 15 janvier... 13 heures précises... au lieudit la Mulatière... vente aux enchères publiques d'une cabane... trente hectares de prés-marais... cheptel mort et vif... matériel agricole... mobilier, vaisselle...
La vente se fera au comptant.

Tout était parti de là. Depuis des années, la vie, à l'auberge, était la même chaque soir. Le père Nicolas arrivait, toujours à moitié ivre, et, avant de s'asseoir devant sa chopine, il allait boire un petit verre au comptoir. Puis c'était Groux qui s'en venait de sa cabane. Thérèse étalait un tapis rouge sur la table, apportait les cartes, les jetons. Il fallait encore attendre le douanier pour faire le quatrième, ou alors, quand il manquait, c'était Julia qui le remplaçait.

Or, le 14 janvier, la veille de la vente, il y avait deux clients de plus à l'auberge, des paysans qui venaient de loin pour les enchères, l'un, Borchain, des environs d'Angoulême, l'autre, Canut, de Saint-Jean-d'Angély.

Minute ! fit Maigret comme le patron allait battre les cartes. Borchain est allé se coucher avant huit heures, soit tout de suite après avoir mangé. Qui est-ce qui l'a conduit dans sa chambre ?

— C'est moi ! répliqua Frédéric.

— Il avait bu ?

— Pas trop. Sûrement un peu. Il m'a demandé qui était le type qui avait l'air si lugubre, et je lui ai dit que c'était Groux, dont on allait vendre le bien... Alors il m'a demandé comment Groux s'y était pris pour perdre de l'argent avec d'aussi bons prés-marais, et je...

— Ça va ! gronda Groux.

Le colosse était sombre. Il ne voulait pas admettre qu'il ne s'était jamais occupé sérieusement de sa terre et de ses bêtes, et il en voulait au ciel de sa déchéance.

— Bon ! A ce moment, qui avait vu son portefeuille ?

— Tout le monde. Il l'avait sorti de sa poche en mangeant, pour montrer une photo de sa femme... On a donc vu que c'était plein de billets... Même si on ne l'avait pas vu, on le savait, puisqu'il venait dans l'intention d'acheter, et que la vente était annoncée au comptant...

— Si bien que vous, Canut, vous aviez aussi plus de cent mille francs sur vous ?

— Cent cinquante mille... Je ne voulais pas monter plus haut...

Dès son arrivée sur les lieux, Maigret, qui dirigeait à cette époque la brigade mobile de Nantes, avait sourcillé en examinant Frédéric Michaux des pieds à la tête. Michaux, qui avait environ quarante-cinq ans, ne ressemblait pas précisément, avec son chandail de boxeur et son nez cassé, à un aubergiste de campagne.

— Dites donc... Vous n'avez pas l'impression que nous nous sommes déjà vus quelque part ?

— Pas la peine de perdre du temps... Vous avez raison, commissaire... Mais, maintenant, je suis en règle...

Vagabondage spécial dans le quartier des Ternes, coups et blessures, paris clandestins, machines à sous... Bref, Frédéric Michaux, aubergiste au Pont-du-Grau, au plus lointain de la Vendée, était plus connu de la police sous le nom de Fred le Boxeur.

— Vous reconnaîtrez sans doute Julia aussi... Vous nous avez coffrés ensemble, voilà dix ans... Mais vous verrez ce qu'elle a pu devenir bourgeoise...

C'était vrai. Julia, empâtée, bouffie, mal soignée, les cheveux gras, traînant ses pantoufles de la cuisine au bistro et du bistro à la cuisine, ne rappelait en rien la Julia de la place des Ternes et, ce qu'il y avait de plus inattendu, c'est qu'elle faisait une cuisine de tout premier ordre.

— On a pris Thérèse avec nous... C'est une pupille de l'Assistance...

Dix-huit ans, un corps mince et long, un nez pointu, une drôle de bouche et un regard effronté.

— Il faut jouer pour de bon ? questionna le douanier qui s'appelait Gentil.

— Jouez comme l'autre fois. Vous, Canut, pourquoi n'êtes-vous pas allé vous coucher ?

— Je regardais la partie... murmura le paysan.

— C'est-à-dire qu'il était tout le temps à me courir après, précisa Thérèse, hargneuse, et à me faire promettre que j'irais le retrouver dans sa chambre...

Maigret remarqua que Fred lançait un vilain coup d'œil au bonhomme et que Julia regardait Fred.

Bon... Ils étaient en place... Et, ce soir-là, il pleuvait aussi... La chambre de Borchain était au rez-de-chaussée, au fond du couloir... Dans ce même couloir, trois portes : une qui permettait de gagner la cuisine, une autre qui ouvrait sur l'escalier de la cave et une troisième marquée 100.

Maigret soupirait et se passait la main sur le front avec lassitude. Depuis trois jours qu'il était là, l'odeur de la maison l'imprégnait, l'atmosphère lui collait à la peau jusqu'à lui donner la nausée.

Et pourtant, que faire d'autre que ce qu'il faisait ? Le 14, un peu avant minuit, alors que la partie de cartes se poursuivait mollement, Fred avait reniflé à plusieurs reprises. Il avait appelé Julia qui était dans la cuisine.

— Il n'y a rien qui brûle dans le poêle ?

Il s'était levé, avait ouvert la porte du couloir.

— Mais, sacrebleu, ça pue le brûlé, par ici !

Groux l'avait suivi, et Thérèse. Ça venait de la chambre du locataire. Il avait frappé. Puis il avait ouvert, car la porte ne comportait pas de serrure.

C'était le matelas qui se consumait lentement, un matelas de laine, et qui répandait une âcre odeur de suint. Sur ce matelas, Borchain, en chemise et en caleçon, était étendu, le crâne fracassé.

Il y avait le téléphone. A une heure du matin, Maigret était alerté. A quatre heures, il arrivait à travers un déluge, le nez rouge, les mains glacées.

Le portefeuille de Borchain avait disparu. La fenêtre de la chambre était fermée. Personne n'avait pu venir du dehors, car Michaux possédait un berger allemand peu commode.

Impossible de les arrêter tous. Or tous étaient suspects, sauf Canut, le seul à n'avoir pas quitté la salle d'auberge de toute la soirée.

— Allons-y, mes enfants !... Je vous écoute, moi... Je vous regarde... Faites exactement ce que vous avez fait le 14 à la même heure...

La vente avait été remise à une date ultérieure. Toute la journée du 15, des gens avaient défilé devant la maison dont le commissaire avait fait fermer les portes.

Maintenant, on était le 16. Maigret n'avait pour ainsi dire pas quitté cette pièce, sinon pour dormir quelques heures. De même pour chacun. Ils étaient écœurés de se voir du matin au soir, d'entendre répéter les mêmes questions, de recommencer les mêmes gestes.

Julia faisait la cuisine. On oubliait le reste du monde. Il fallait un effort pour réaliser que des gens vivaient ailleurs, dans des villes, qui ne répétaient pas inlassablement :

— Voyons... Je venais de couper cœur... Groux a abattu son jeu en disant :

» — C'est pas la peine de jouer... Je ne vois pas une carte... Toujours ma chance !...

» Il s'est levé...

— Levez-vous, Groux ! commanda Maigret. Faites comme l'autre jour...

Le colosse haussa les épaules.

— Combien de fois allez-vous encore m'envoyer au petit endroit ? grogna-t-il. Demandez à Frédéric... Demandez à Nicolas... Est-ce que, les autres soirs, je n'y vais pas au moins deux fois ?... Hein ?... Qu'est-ce que vous croyez que je fais des quatre ou cinq bouteilles de vin blanc que je bois dans ma journée ?

Il cracha et se dirigea vers la porte, longea le corridor, poussa d'un coup de poing la porte marquée 100.

— Voilà ! Faut-il que j'y reste, à cette heure ?

— Le temps nécessaire, oui... Vous autres, qu'est-ce que vous avez fait pendant qu'il était absent ?

Le douanier riait nerveusement de la colère de Groux, et son rire avait quelque chose de fêlé. C'était le moins résistant de tous. Il avait les nerfs à fleur de peau.

— J'ai dit à Gentil et à Nicolas que cela ferait du vilain ! avoua Fred.

— Que quoi ferait du vilain ?

— Groux et la cabane... Il avait toujours cru que la vente n'aurait pas lieu, qu'il trouverait à emprunter de l'argent... Quand on est venu coller l'affiche, il a menacé l'huissier de son fusil... A son âge, quand on a toujours été propriétaire, il n'est pas facile de retourner comme valet chez les autres...

Groux était revenu sans rien dire et les regardait durement.

— Après ? cria-t-il. Est-ce que c'est fini, oui ? Est-ce que c'est moi qui ai tué l'homme et qui ai mis le feu au matelas ? Qu'on le dise tout de suite et qu'on me fourre en prison... Au point où on en est...

— Où étiez-vous, Julia ?... Il me semble que vous n'êtes pas à votre place...

— J'épluchais des légumes dans la cuisine... On comptait sur du monde à déjeuner, à cause de la vente... J'avais commandé deux gigots, et nous venons seulement d'en finir un...

— Thérèse ?

— Je suis montée dans ma chambre...

— A quel moment ?

— Un peu après que M. Groux est revenu...

— Eh bien ! nous allons y aller ensemble... Vous autres, continuez... Vous vous êtes remis à jouer ?

— Pas tout de suite... Groux ne voulait pas... On a parlé... Je suis allé prendre un paquet de gauloises dans le comptoir...

— Venez, Thérèse...

La chambre où Borchain était mort était vraiment un point stratégique. L'escalier n'en était qu'à deux mètres. Thérèse avait donc pu...

Une chambre étroite, un lit de fer, du linge et des vêtements sur une chaise.

— Qu'est-ce que vous êtes venue faire ?

— Écrire...

— Écrire quoi ?

— Que nous ne serions sûrement pas un instant seuls le lendemain...

Elle le regardait dans les yeux, elle le défiait.

— Vous savez très bien de quoi je parle... J'ai compris, à vos coups d'œil et à vos questions... La vieille se méfie... Elle est toujours sur notre dos... J'ai supplié Fred de m'emmener, et on avait décidé de filer au printemps...

— Pourquoi au printemps ?

— Je n'en sais rien... C'est Fred qui a fixé la date... Nous devions aller à Panama, où il a vécu dans le temps et où nous aurions monté un bistro...

— Combien de temps êtes-vous restée dans votre chambre ?

— Pas longtemps... J'ai entendu la vieille qui montait... Elle m'a demandé ce que je faisais... J'ai répondu *rien*... Elle me déteste et je la déteste... Je jurerais qu'elle soupçonnait notre projet...

Et Thérèse soutenait le regard de Maigret. C'était une de ces filles qui savent ce qu'elles veulent et qui le veulent bien.

— Vous ne pensez pas que Julia préférerait voir Fred en prison que le savoir parti avec vous ?

— Elle en est capable !

— Qu'allait-elle faire dans sa chambre ?

— Retirer sa ceinture... Elle a besoin d'une ceinture en caoutchouc pour maintenir ses restes...

Les dents pointues de Thérèse faisaient penser à celles d'un petit animal dont elle avait la cruauté inconsciente. En parlant de celle qui l'avait précédée dans le cœur de Fred, ses lèvres se retroussaient.

— Le soir, surtout quand elle a trop mangé — elle se gave que c'en est dégoûtant ! — sa ceinture l'étouffe et elle monte pour l'enlever...

— Combien de temps est-elle restée ?

— Peut-être dix minutes... Quand elle est redescendue, je l'ai aidée à éplucher les légumes... Les autres jouaient toujours aux cartes...

— La porte était ouverte entre la cuisine et la salle ?

— Elle est toujours ouverte...

Maigret la regarda encore une fois, descendit pesamment l'escalier qui craquait. On entendait le chien qui, dans la cour, tirait sur sa chaîne.

Quand on ouvrait la porte de la cave, on trouvait, juste derrière, un tas de charbon, et c'est sur ce tas que l'arme du crime avait été prise : un lourd marteau à charbon.

Pas d'empreintes digitales. L'assassin avait dû saisir l'outil avec un chiffon. Ailleurs, dans la maison, y compris sur le bouton de la porte de la chambre, des empreintes multiples, confuses, celles de tous ceux qui étaient là le 14 au soir.

Quant au portefeuille, ils s'étaient mis à dix pour le chercher, dans les endroits les plus invraisemblables, des hommes qui avaient l'habitude de ces sortes de fouilles et, la veille, on avait fait appel aux vidangeurs pour vider la fosse d'aisances.

Le pauvre Borchain était venu de sa campagne pour acheter la cabane de Groux. Jusqu'alors, il n'avait été que fermier. Il voulait devenir propriétaire. Il était marié et il avait trois filles. Il avait dîné à une des tables. Il avait bavardé avec Canut, qui était un acheteur éventuel, lui aussi. Il lui avait montré la photographie de sa femme.

Engourdi par un repas trop copieux et largement arrosé, il s'était dirigé vers son lit, de cette démarche des paysans quand vient l'heure du sommeil. Sans doute avait-il glissé le portefeuille sous son oreiller ?

Dans la salle, quatre hommes jouant à la belote, comme tous les soirs, en buvant du vin blanc : Fred, Groux, le vieux Nicolas qui, quand il avait son plein d'alcool, tournait au violet, et le douanier Gentil, qui aurait mieux fait d'effectuer sa tournée.

Derrière eux, à califourchon sur une chaise, Canut qui regardait tantôt les cartes et tantôt Thérèse, avec l'espoir que cette nuit passée hors de chez lui serait marquée par une aventure.

Dans la cuisine, deux femmes : Julia et la petite de l'Assistance, autour d'un seau à légumes.

Un de ces personnages, à un moment donné, était passé dans le corridor, sous un prétexte ou sous un autre, avait ouvert d'abord la porte de la cave pour y prendre le marteau à charbon, puis la porte de Borchain.

On n'avait rien entendu. L'absence n'avait pu être longue, puisqu'elle n'avait pas paru anormale.

Et cependant il avait encore fallu que l'assassin mette le portefeuille en lieu sûr !

Car, puisqu'il avait mis le feu au matelas, l'alerte ne tarderait pas à être donnée. On téléphonerait à la police. Chacun serait fouillé !

— Quand je pense que vous n'avez même pas de bière buvable ! se plaignit Maigret en rentrant dans le bistro.

Un verre de bière fraîche, mousseuse, tirée au tonneau ! Alors qu'il n'y avait dans la maison que d'ignobles canettes d'une bière dite des familles !

— Et cette partie ?

Fred regarda l'heure à l'horloge réclame entourée de faïence bleu ciel. Il avait l'habitude de la police. Il était fatigué, comme les autres, mais plutôt moins fiévreux.

— Dix heures moins vingt... pas encore... On parlait toujours... C'est toi, Nicolas, qui as redemandé du vin ?

— C'est possible...

— J'ai crié à Thérèse : « Va tirer du vin... »

» Puis je me suis levé et je suis descendu moi-même à la cave.

— Pourquoi ?

Il haussa les épaules.

— Tant pis, n'est-ce pas ? Qu'elle entende, après tout ! Quand tout ceci sera fini, la vie ne reprendra quand même plus comme elle était... J'avais entendu Thérèse monter dans sa chambre... Je me doutais qu'elle m'avait écrit un billet... Il devait se trouver dans la serrure de la porte de la cave... Tu entends, Julia ? Je n'y peux rien, ma vieille !... Tu m'as fait assez de scènes pour payer nos rares moments de plaisir...

Canut rougit. Nicolas ricana tout seul dans ses poils roussâtres. M. Gentil regarda ailleurs, car il avait, lui aussi, fait des avances à Thérèse.

— Il y avait un billet ?

— Oui... Je l'ai lu en bas, pendant que le vin coulait dans la bouteille. Thérèse disait simplement qu'on ne serait sans doute pas un instant seuls le lendemain...

Chose étrange, on sentait chez Fred une passion sincère et même une qualité assez inattendue d'émotion. Dans la cuisine, Thérèse se leva soudain, vint vers la table des joueurs.

— C'est fini, oui ? prononça-t-elle, les lèvres tremblantes. J'aime encore mieux qu'on nous arrête tous et qu'on nous conduise en prison. On verra bien... Mais tourner comme ça autour du pot, avec l'air... avec l'air...

Elle éclata en sanglots et alla se coller les bras au mur, la tête dans les bras.

— Vous êtes donc resté plusieurs minutes dans la cave, poursuivit Maigret, imperturbable.

— Trois ou quatre minutes, oui...

— Qu'avez-vous fait du billet ?

— Je l'ai brûlé à la flamme de la bougie...

— Vous avez peur de Julia ?

Fred en voulut à Maigret de ce mot-là.

— Vous ne comprenez pas, non ? Vous qui nous avez arrêtés voilà dix ans !... Vous ne comprenez pas que, quand on a vécu certaines choses ensemble... Enfin ! Comme vous voudrez !... T'en fais pas, ma pauvre Julia...

Et une voix calme vint de la cuisine :

— Je ne m'en fais pas...

Le mobile, le fameux mobile dont parlent les cours de criminologie ? Il existait pour tout le monde, le mobile ! Pour Groux plus encore que pour les autres, pour Groux qui était au bout de son rouleau, qui serait vendu le lendemain, mis à la porte de chez lui, sans même ses meubles ni ses hardes, et qui n'avait comme ressource que de se louer comme valet de ferme !

Il connaissait les lieux, l'entrée de la cave, le tas de charbon, le marteau...

Et Nicolas ? Un vieil ivrogne, soit. Il vivait misérablement. Mais il avait une fille à Niort. Elle était placée comme domestique, et tout ce qu'elle gagnait servait à payer la pension de son enfant. Est-ce qu'il n'aurait pas pu...

Sans compter, Fred l'avait dit tout à l'heure, que c'était lui qui venait chaque semaine fendre le bois et casser le charbon !

Or, vers dix heures, Nicolas était allé au petit endroit, en zigzaguant comme un ivrogne. Gentil avait remarqué :

— Pourvu qu'il ne se trompe pas de porte !

Il y a de ces hasards ! Pourquoi Gentil avait-il dit ça en jouant machinalement avec les cartes ?

Et pourquoi Gentil n'aurait-il pas eu l'idée du crime quand, quelques instants plus tard, il avait imité le vieux Nicolas ?

C'était un douanier, soit, mais tout le monde savait qu'il n'était pas sérieux, qu'il faisait ses rondes au café et qu'on pouvait toujours s'arranger avec lui.

— Dites donc, commissaire... commença Fred.

— Pardon... Il est dix heures cinq... Où en étions-nous, l'autre nuit ?

Alors, Thérèse, qui reniflait, vint s'asseoir derrière son patron, dont elle frôlait le dos de son épaule.

— Vous étiez là ?

— Oui... J'avais fini les légumes... J'ai pris le chandail que je suis en train de tricoter, mais je n'ai pas travaillé...

Julia était toujours dans la cuisine, mais on ne la voyait pas.

— Qu'est-ce que vous vouliez dire, Fred ?

— Une idée qui me passe par la tête... Il me semble qu'il y a un détail qui prouve que ce n'est pas quelqu'un de la maison qui a tué le bonhomme... Parce que... Supposez... Non ! ce n'est pas ce que je veux dire... Si je tuais quelqu'un, chez moi, est-ce que vous croyez que j'aurais l'idée de mettre le feu ?... Pour quoi faire ?... Pour attirer l'attention ?...

Maigret venait de bourrer sa nouvelle pipe et l'allumait lentement.

— Donnez-moi quand même un petit calvados, Thérèse !... Quant à vous, Fred, pourquoi n'auriez-vous pas mis le feu ?

— Mais, parce que...

Il était interloqué.

— Sans ce commencement d'incendie, on ne se serait pas inquiété du type... Les autres seraient rentrés chez eux... Et...

Maigret souriait, les lèvres étrangement étirées autour du tuyau de sa pipe.

— Dommage que vous prouviez exactement le contraire de ce que vous avez voulu prouver, Fred... Ce commencement d'incendie, c'est le seul indice sérieux, et j'en ai été frappé dès mon arrivée... Supposons que vous tuez le vieux bonhomme, comme vous dites... Tout le monde sait qu'il est chez vous... vous ne pouvez donc songer à faire disparaître le cadavre... Il faudra bien, le lendemain matin, ouvrir la porte de sa chambre et donner l'alerte... Au fait, à quelle heure avait-il demandé à être réveillé ?

— A six heures... Il voulait visiter la cabane et les terres avant la vente...

— Si donc le cadavre était découvert à six heures, il n'y avait dans la maison que vous, Julia et Thérèse, car je ne parle pas de M. Canut, que nul n'aurait soupçonné... Personne n'aurait pensé non plus que le crime pouvait avoir été commis pendant la partie de cartes...

Fred suivait avec attention le raisonnement du commissaire, et il semblait à Maigret qu'il était devenu plus pâle. Il déchira même machinalement une carte dont il laissa tomber les morceaux sur le plancher.

— Attention, si tout à l'heure vous essayez de jouer, vous chercherez en vain l'as de pique... Je disais donc... Ah ! oui... Comment faire découvrir le crime avant le départ de Groux, de Nicolas et de M. Gentil, de façon que les soupçons puissent se porter sur eux ?... Aucun prétexte pour entrer dans la chambre... Si ! Un seul... L'incendie...

Cette fois, Fred se dressa d'une détente, les poings serrés, l'œil dur, et il gueula :

— Tonnerre de Dieu !

Tout le monde se taisait. On venait de recevoir comme un choc. Jusquelà, on avait fini, tant la lassitude était grande, par ne plus croire au criminel. On ne réalisait plus qu'il était là, dans la maison, qu'on lui parlait, qu'on mangeait à la même table, qu'on jouait peut-être aux cartes avec lui, qu'on trinquait.

Fred arpentait la salle d'auberge à grands pas tandis que Maigret, comme tassé sur lui-même, faisait de tout petits yeux. Est-ce qu'il allait enfin réussir ? Depuis trois jours il les tenait en haleine, minute par minute, leur faisait répéter dix fois les mêmes gestes, les mêmes mots, avec l'espoir, certes, qu'un détail oublié apparaîtrait tout à coup, mais surtout dans le but de leur casser les nerfs, de pousser l'assassin à bout.

On entendit sa voix paisible, les syllabes entrecoupées par les petits coups qu'il tirait sur sa pipe.

— Toute la question est de savoir qui avait à sa portée une cachette assez sûre pour qu'il soit impossible de retrouver le portefeuille...

Chacun avait été fouillé. L'un après l'autre, la fameuse nuit, ils avaient été mis nus comme des vers. Le charbon de l'entrée de la cave avait été remué. On avait sondé les murs, les barriques. N'empêche qu'un gros portefeuille contenant plus de cent billets de mille francs...

— Vous me donnez le mal de mer à vous agiter de la sorte, Fred...

— Mais, sacrebleu, vous ne comprenez donc pas que...

— Que quoi ?

— Que je ne l'ai pas tué ! Que je ne suis pas assez fou pour ça ! Que j'ai un casier judiciaire assez chargé pour...

— C'est bien au printemps que vous vouliez partir avec Thérèse pour l'Amérique du Sud et acheter un bistro ?

Fred se tourna vers la porte de la cuisine, questionna, les dents serrées :

— Après ?

— Avec quel argent ?

Son regard s'enfonça dans les yeux de Maigret.

— C'est là que vous vouliez en venir ? Vous faites fausse route, commissaire. De l'argent, j'en aurai le 15 mai. Une idée de bourgeois qui m'est venue, alors que je gagnais gentiment ma vie en organisant des combats de boxe. J'ai pris une assurance de cent mille francs que je dois toucher à cinquante ans. Ces cinquante ans, je les aurai le 15 mai... Eh ! oui, Thérèse, j'ai un peu plus de bouteille que je n'avoue d'habitude...

— Julia était au courant de cette assurance ?

— Cela ne regarde pas les femmes !

— Ainsi, Julia, vous ignoriez que Fred allait toucher cent mille francs ?

— Je le savais.

— Hein ? s'écria Fred en sursautant.

— Je savais aussi qu'il voulait s'en aller avec cette raclure...

— Et vous les auriez laissés partir ?

Julia resta immobile, le regard fixé sur son amant, et il y avait en elle une étrange quiétude.

— Vous ne m'avez pas répondu ! insista Maigret.

Elle le regarda à son tour. Ses lèvres remuèrent. Peut-être allait-elle dire quelque chose d'important ? Mais elle haussa les épaules.

— Est-ce qu'on peut savoir ce que fera un homme ?

Fred n'écoutait pas. On aurait dit que soudain un autre sujet le préoccupait. Les sourcils froncés, il réfléchissait, et Maigret eut l'impression que leurs pensées suivaient le même cours.

— Dites donc, Fred !

— Quoi ?

C'était comme si on l'eût tiré d'un rêve.

— A propos de cette police d'assurance... de cette police que Julia a vue à votre insu... J'aimerais y jeter un coup d'œil, moi aussi...

Quel chemin capricieux la vérité prenait pour se faire jour ! Maigret croyait avoir pensé à tout. Thérèse, dans sa chambre, lui parlait de départ, donc argent... Fred avouait l'existence de l'assurance...

Or... C'était tellement simple, tellement bête qu'il faillit éclater de rire : on avait fouillé dix fois la maison et cependant on n'avait trouvé ni police d'assurance, ni papiers d'identité, ni livret militaire !

— A votre disposition, commissaire, soupirait Fred avec calme. Par la même occasion vous allez connaître le chiffre de mes économies...

Il se dirigea vers la cuisine.

— Vous pouvez entrer... Quand on vit dans un bled comme celui-ci... Sans compter que j'ai quelques papelards que des copains de jadis ne seraient pas fâchés de me chiper...

Thérèse les suivait, étonnée. On entendait les pas lourds de Groux, et Canut se levait à son tour.

— Ne croyez pas que ce soit bien malin... C'est un hasard que j'aie été chaudronnier dans mon jeune temps...

A droite du fourneau, il y avait un énorme seau à ordures en tôle galvanisée. Fred en renversa le contenu au beau milieu de la pièce et fit sauter un double fond. Il fut le premier à regarder. Lentement ses sourcils se froncèrent. Lentement il leva la tête, ouvrit la bouche...

Un gros portefeuille tout gris d'usure, fermé par une bande de caoutchouc rouge découpée dans un pneu, était là, parmi d'autres papiers.

— *Eh bien ! Julia ?* questionna doucement Maigret.

Alors il eut l'impression de voir, à travers les traits empâtés de la maîtresse, revivre quelque chose de la Julia qu'elle avait été. Elle les regarda tous. Sa lèvre supérieure se souleva dans une moue dédaigneuse. On aurait pu croire qu'il y avait un sanglot derrière. Mais il n'éclata pas. Ce fut une voix mate qui laissa tomber :

— Et après ? Je suis faite...

Le plus extraordinaire, c'est que ce fut Thérèse qui pleura, brusquement, comme un chien hurle à la mort, tandis que celle qui avait tué questionnait :

— Je suppose que vous m'emmenez tout de suite, puisque vous avez l'auto ?... Est-ce que je peux emporter mes affaires ?...

Il lui laissa faire son baluchon. Il était triste : la réaction, après une longue tension nerveuse.

Depuis quand Julia avait-elle découvert la cachette de Fred ? A la vue de la police d'assurance, dont il ne lui avait jamais parlé, n'avait-elle pas compris que, le jour où il toucherait cet argent, il s'en irait avec Thérèse ?

Une occasion s'était présentée : plus d'argent encore que ce que Fred toucherait ! Et c'était elle qui le lui apporterait, dans quelques jours, dans quelques semaines, quand on aurait classé l'affaire !

— Regarde, Fred... J'étais au courant de tout... Tu voulais partir avec elle, n'est-ce pas ?... Tu croyais que je n'étais plus bonne à rien... Ouvre ta cachette... C'est moi, la vieille, comme tu m'appelles, qui...

Maigret, à tout hasard, la surveillait tandis qu'elle allait et venait dans la chambre où il n'y avait qu'un grand lit d'acajou surmonté de la photographie de Fred en boxeur.

— Faut que je remette ma ceinture... dit-elle. Autant que vous ne regardiez pas... Ce n'est pas si joli...

Ce n'est que dans l'auto qu'elle s'effondra, tandis que Maigret regardait fixement les gouttes de pluie sur les vitres. Qu'est-ce qu'ils faisaient, maintenant, les autres, dans l'auberge ? Et à qui serait adjugée la cabane de Groux quand, pour la troisième fois, la bougie des enchères s'éteindrait ?

Nieul-sur-Mer, 1939.

LE DEUIL DE FONSINE

On ne comptait plus les fois qu'elles étaient allées devant le juge de paix, à Pouzauges, presque aussi facilement que d'autres vont à la foire le jeudi, tantôt l'une comme plaignante, tantôt l'autre. Six mois avant, elles avaient fait le voyage de Fontenay par le car pour passer en correctionnelle. Mais cela, le nouveau président ne le savait pas.

Il appelait les noms, machinalement, en pointant la liste sur son bureau :

— Fernande Sirouet, propriétaire à Saint-Mesmin... Alphonsine Sirouet, veuve Brécard, propriétaire à Saint-Mesmin...

Puis les noms des témoins. Puis il levait la tête et il les regardait qui s'étaient avancées devant la petite grille semi-circulaire, et qui se tenaient roides côte à côte.

— Voyons... Laquelle de vous deux est Fernande Sirouet ?

C'était la plus massive, une femme courte, carrée, au visage carré, aux mâchoires puissantes, au teint du même gris mat que ses cheveux. Elle lâcha d'une main son sac en velours à fermoir d'argent et leva discrètement un doigt.

Le président s'adressa à la seconde.

— Vous êtes donc l'accusée, Alphonsine Sirouet, veuve Brécard...

— Oui, monsieur le président.

Celle-ci, de même taille, était plus maigre, avec des épaules rentrées, un visage doux et mélancolique. De temps en temps, elle toussait en portant la main à sa bouche.

— Vous êtes parentes ?

Aucune réponse ne fut formulée. Les deux femmes ne bougèrent pas, ne bronchèrent pas, fixant le vide devant elles.

— Je vous demande si vous êtes parentes ?

Cette fois, les deux têtes obliquèrent, mais à peine, juste assez pour un muet défi, sans qu'une parole tombât de leurs lèvres. C'est l'homme de loi de Fernande, la plaignante, qui vint à la rescousse en boitillant.

— Elles sont sœurs, monsieur le président.

Toutes les deux, de grand matin, avaient quitté la même maison de Saint-Mesmin et s'étaient dirigées vers le car stationnant sur la place de l'église. Ou plutôt chacune d'elles était sortie de *sa* maison, car l'immeuble, depuis des années, était divisé en deux. Chacune des sœurs avait sa porte, ses trois fenêtres en façade. Chacune avait marché sur un trottoir. Chacune avait rejoint, sur la place, ses deux témoins endimanchés et du coup les témoins avaient cessé de se connaître. Qui les eût vues, qui les eût observées ensuite dans le car pendant le voyage se serait sans doute demandé quel vertigineux abîme, quel vide incolore et glacé séparait ces deux femmes vieillissantes dont, pas une fois, les regards ne se croisèrent.

— Alphonsine Sirouet, restez à votre place... Quant à la plaignante et aux témoins...

L'avoué, qui était depuis des années *l'homme de loi* de Fernande, jouait les maîtres de cérémonie et plaçait les acteurs selon les rites.

— Vous êtes accusée d'avoir, le 1er janvier, lancé un fait-tout dans la direction de Fernande Sirouet, votre voisine, et, ce que j'ignorais, votre sœur...

Alphonsine, qu'on avait toujours appelée Fonsine, secoua douloureusement la tête en signe de dénégation.

— Votre jardin et celui de... votre sœur, puisque sœur il y a, ce qui, entre parenthèses, rend votre geste encore plus incompréhensible, les deux jardins, dis-je, sont séparés par un mur mitoyen d'une hauteur de...

— Deux mètres dix, intervint l'avocat de Fonsine pour aider le président qui picorait dans son dossier.

Et ce chiffre devait avoir de l'importance, car il le soulignait avec malice.

— Deux mètres dix, soit... Le fait-tout a atteint la plaignante à la tête, occasionnant une plaie contuse au cuir chevelu...

L'avocat ricanait, jouait à son banc une petite comédie qui devait être très drôle pour les rares initiés.

— Reconnaissez-vous les faits ?

— Non, monsieur le président.

— Pardon. Je vois qu'à l'instruction vous avez avoué que vous...

— J'ai lancé la casserole. Car c'était une vieille casserole, trouée comme une passoire, et non pas un fait-tout... Je me demande pourquoi on a éprouvé le besoin de parler de fait-tout...

Le président se tourna vers Fernande, qui se leva à son banc.

— C'était un fait-tout, affirma-t-elle. Un fait-tout en fonte comme tous les fait-tout...

Le procureur somnolait derrière son pupitre de chêne clair. Les assesseurs écoutaient vaguement en laissant errer leurs regards sur les quelque soixante personnes entassées derrière la barrière et attendant pour la plupart leur tour de comparaître.

— On pourrait peut-être, insinua le défenseur de Fonsine, interroger sur ce point le garde champêtre de Saint-Mesmin, que notre adversaire a cité, je ne sais pourquoi, et qui tient justement une quincaillerie...

Un gaillard placide et immense se leva à son tour.

— On ne peut pas tout à fait dire que ce soit un fait-tout, à cause de la forme... D'autre part... C'était une casserole si l'on veut, une casserole en fonte...

— Bref, un objet lourd... Est-ce que, à votre avis, cette casserole ou ce fait-tout était susceptible de blesser grièvement ?

Et l'avocat d'intervenir avec une fusante ironie :

— A la condition de l'atteindre, peut-être !

— Je ne vous comprends pas, maître. Il est établi que la plaignante a bien été...

— ... n'a jamais été atteinte par la casserole. C'est ce que je me réserve de démontrer tout à l'heure.

Et il se rassit, jubilant.

— Voyons... Voyons... Alphonsine Sirouet... Levez-vous. Vous reconnaissez avoir lancé une casserole par-dessus le mur qui sépare votre jardin de celui de votre sœur ?

— J'ai rendu à César ce qui était à César.

— Pardon ?

— Je dis que cette casserole a été jetée dans mon jardin et que je l'ai renvoyée d'où elle venait. Certaine personne, depuis longtemps, toutes les honnêtes gens du bourg vous le diront, a pris l'habitude de déverser ses détritus dans ma cour et dans mon potager. Il n'était donc que juste...

— Vous prétendez, en somme, avoir ignoré la présence de votre sœur derrière le mur ?

— Cette personne n'y était pas.

Comment le président, qui ne connaissait pas les sœurs Sirouet, ni la maison du coin de la grand'route, ni même Saint-Mesmin, un président qui n'avait jamais entendu parler d'Antonin Brécard, comment un tel homme s'y fût-il retrouvé dans cette affaire ?

Les gens de loi, tout à l'heure, allaient bien essayer de la lui expliquer, l'avoué pour Fernande, l'avocat pour Fonsine, mais chacun, comme c'était son rôle, présenterait les choses à sa manière, sans se donner la peine de remonter assez loin.

A la vérité, il aurait fallu remonter à la première communion des deux sœurs — car elles l'avaient faite ensemble. Fernande, qui était l'aînée de deux ans, avait dû attendre sa cadette, car le père, un entêté s'il en fut jamais, un original par surcroît, avait décidé de s'en tirer avec une seule cérémonie.

Fernande enragea pendant ces deux années d'attente d'abord, puis pendant les mois qui suivirent, et jusqu'à la confirmation. Puis ce fut le tour de Fonsine d'enrager parce qu'elle devenait coquette et qu'on taillait invariablement ses robes et ses manteaux dans les vieux vêtements de sa sœur.

La mère mourut, et Fernande, en sa qualité d'aînée, fut vouée au ménage du père Sirouet pendant que Fonsine allait étudier la couture et la coupe à Fontenay, ce qui était injuste.

Ils étaient à l'aise. Le vieux Sirouet était un gros marchand de bestiaux très porté sur le vin blanc et sur la nourriture. Il n'avait jamais imaginé que ses deux filles pussent se marier, car, du moment qu'il était veuf, il lui en fallait une au moins pour tenir la maison. Cela, c'était comme de l'Évangile. Quant à savoir laquelle des deux, il s'en moquait, il n'avait pas de préférence. Qu'elles s'arrangent entre elles !

Or, justement, elles ne s'arrangeaient pas du tout.

— C'est toujours à l'aînée de se marier la première. Donc, c'est moi qui...

— Pardon ! Quand la mère meurt, c'est l'aînée qui prend sa place à la maison et qui y reste. C'est moi, par conséquent, qui...

Elles ne se mariaient ni l'une ni l'autre pour la bonne raison que nul ne s'avisait de les demander en mariage.

L'aînée avait trente ans, la cadette vingt-huit, quand un nouvel instituteur fut nommé à Saint-Mesmin. Il avait, lui, quarante-cinq ans bien sonnés et il négligeait tout particulièrement sa toilette, méprisant les règles les plus essentielles de la propreté. Il s'appelait Brécard, Antonin Brécard, et tout de suite il parut avoir du goût pour une des filles Sirouet. Mais laquelle ? On n'en savait rien.

Ce fut Fonsine qu'il épousa. Au petit bonheur, prétendait-on. A la suite de basses manœuvres de la jeune fille, affirma Fernande.

Ce qu'il convient de retenir, c'est que, pendant deux ans, Fonsine quitta la maison paternelle pour aller vivre à l'école avec son mari. Oui ou non, avait-elle quitté de son plein gré la maison de son père ? Oui !

Or son mari mourut, à peu près dans le même temps que le père Sirouet, de qui le vin blanc du pays avait fini par avoir raison.

Que fit alors Fonsine, *qui avait quitté d'elle-même le foyer de ses parents et qui n'avait pas eu à soigner dans ses derniers moments un père qu'elle avait pour ainsi dire abandonné ?* Elle prétendit réintégrer la maison et y régner sinon en maîtresse, tout au moins en égale de Fernande.

Il y avait combien de temps de cela ? Près de vingt ans. Dix-huit exactement.

Eh bien ! depuis lors, les deux sœurs vivaient entre les pierres qui les avaient vues naître. Seulement la maison, heureusement toute en longueur, avait été partagée. Le partage s'était effectué en présence de deux experts et des hommes de loi. Il y avait des pièces qui tenaient au cœur de chacune des sœurs et qu'on ne pouvait couper en deux, comme la cuisine avec sa grande cheminée de pierre. On l'avait tirée au sort. On avait percé une seconde entrée, dressé des cloisons, construit un escalier.

Bref, il y avait maintenant deux maisons et, pour que cela ne fasse aucun doute, Fonsine avait peint sa moitié de façade en bleu pâle, tandis que Fernande gardait la sienne couleur de pierre sale.

Bien entendu, elles ne s'étaient jamais plus adressé la parole. Elles ne se connaissaient pas. Elles se rencontraient vingt fois par jour, et chacune regardait l'autre comme si elle eût été transparente.

Fernande avait son avoué à Pouzauges, Fonsine son homme de loi à Fontenay, et c'étaient eux qui entretenaient les rapports indispensables.

Que d'histoires, depuis ! On ne comptait pas les chats empoisonnés qui avaient tous fait l'objet de débats en justice de paix. Ensuite, pendant deux ans environ, cela avait été la rage des lettres anonymes. Tout Saint-Mesmin en recevait, et le curé avait été obligé d'en parler sévèrement en chaire, car des tiers étaient mis en cause, des hommes mariés étaient accusés de se livrer à la débauche la plus crapuleuse dans l'une ou l'autre des deux maisons.

Les sœurs Sirouet se seraient crues déshonorées d'aller chez le même fournisseur, et chacune avait son épicier, son boucher, son charcutier.

— Je ne porte pas mon argent chez des commerçants qui ont assez peu d'honneur pour servir n'importe qui...

L'histoire du lavoir encore... Un ruisseau coulait au bas du jardin désormais partagé en deux. Au fond de chaque jardinet, on avait édifié un lavoir fait de quelques planches. Mais l'égalité absolue était impossible, le ruisseau s'obstinait à couler toujours dans le même sens. Bref, Fonsine ne recevait l'eau qu'après que celle-ci eut passé chez sa sœur.

Fernande l'épiait, s'arrangeait pour laver le même jour qu'elle, de sorte que Fonsine ne voyait arriver à son lavoir que l'eau empoisonnée par le linge sale de « cette femme ».

Il lui arriva de se lever la nuit pour faire son linge dans de l'eau propre. Pour se venger, Fernande alla acheter d'énormes flacons d'encre chez la mercière qui tenait toutes sortes d'articles, et elle les versa dans l'eau au moment où le linge de sa sœur y trempait. C'était prouvé. Même qu'elle avait dit à la mercière :

« — Vous n'auriez pas de la vieille encre ?... Cela ne fait rien si elle est un peu tournée... Ce n'est pas pour écrire... »

Quant au mur, malgré ses deux mètres dix, il était franchi quotidiennement par les objets les plus disparates et de préférence les plus répugnants, vieilles savates, ouate usagée, rats crevés, pots de chambre ébréchés... Dieu sait où elles allaient glaner tout ça, sans doute à la nuit tombée !

Maintenant, les deux femmes étaient côte à côte, la pâle et dure Fernande, la maigre et dolente Fonsine, chacune flanquée de ses témoins, et, comme le président essayait de soutirer un peu de vérité au garde champêtre, celui-ci déclara avec une simplicité qui le rendit sympathique :

— Ça n'en a peut-être pas l'air, mais je me demande parfois si ce n'est pas encore Fonsine la plus féroce des deux...

Fonsine qui toussait à fendre l'âme et qui avait une façon si modeste d'effacer les épaules, comme pour se glisser dans un confessionnal ! Il est vrai que le garde appartenait théoriquement au parti de Fernande !

— Voyons ! Vous étiez bien dans votre jardin quand votre sœur a lancé...

— Oui, monsieur le président.

— Non, monsieur le président, rectifiait doucement, respectueusement, mais fermement, Fonsine. A ce moment-là, elle était sur son seuil de devant et la preuve, c'est que la charcutière, que je vous ai amenée, lui parlait...

— Ce n'est pas vrai... Le ferblantier, qui travaillait dans son jardin, m'a vue tout près du mur et...

— Tout le monde sait qu'elle se rendrait malade à force de mentir ! Quant au ferblantier, si je ne me retenais pas, je pourrais raconter une histoire. Qu'on fasse plutôt interroger la femme du garde et on verra bien si...

Elle était bien embarrassée, la femme du garde. Elle n'aurait pas demandé mieux que de parler, mais elle aurait bien voulu se taire aussi.

— Que savez-vous de l'affaire ?

— Autant dire que je n'en sais rien, monsieur le président.

Elle ne savait rien, mais elle avait entendu dire que Fernande avait dit à quelqu'un... Qu'est-ce qu'elle avait dit au juste ?

— Que sa sœur lui payerait cher l'histoire du fait-tout et toutes ses canailleries, et que maintenant elle tenait le bon bout...

— Quel bout ?

— Je ne sais pas...

— C'était après le lancement de la casserole ?

— Il était cinq heures de l'après-midi...

— Donc, après, puisque la casserole a été jetée vers les quatre heures...

— Qu'elle dit !

— Est-ce que Fernande Sirouet était blessée à ce moment-là ?

Mutisme.

— Savez-vous si elle était blessée ?

— Cela ne se voyait pas...

Bref, selon certains témoins, Fernande Sirouet n'aurait nullement été atteinte par le fait-tout — ou la casserole — mais, ruminant sa colère, saisissant l'occasion, elle était rentrée chez elle et s'était blessée elle-même afin de traîner sa sœur en correctionnelle.

— Vous n'avez qu'à interroger le docteur... Il est ici...

Seulement le médecin était plus embarrassé que tous les autres, car, si les sœurs Sirouet avaient chacune son charcutier et son épicier, force leur était d'avoir recours au même praticien.

— Vous avez examiné Fernande Sirouet quand elle a été blessée... Pouvez-vous nous dire si...

Il ne savait pas, non. La blessure pouvait avoir été causée par la casserole, mais elle pouvait aussi avoir été faite à l'aide d'un instrument quelconque, un marteau, par exemple, ou par un choc contre un angle de mur...

Comment ?... Si la plaignante avait pu se blesser elle-même de cette façon ?... Ce n'était pas impossible, matériellement... Tout était possible... Douloureux ?... Un peu, oui... Assez... Mais enfin...

Mais enfin, pour une Sirouet, que représentait cette petite douleur passagère en regard de l'ivresse de faire condamner l'autre en correctionnelle, de la faire peut-être jeter en prison ?

Vous ne comprenez donc pas, monsieur le président ? Vous venez de Poitiers, cela se voit. Vous n'avez pas vécu à Saint-Mesmin. Vous ignorez que depuis vingt ans — pardon, dix-huit ! — les deux sœurs n'ont rien à faire de toute la journée, que d'entretenir leur haine.

Une haine *intime,* voyons ! Une haine qui est une sorte d'amour, d'amour à l'envers, soit, mais d'amour malgré tout.

Et le qu'en-dira-t-on ? Tout le bourg suspendu aux faits et gestes des deux femmes, prenant parti pour ou contre celle-ci ou celle-là, applaudissant ou s'indignant !

Qui est-ce qui, la première, a traîné l'autre en correctionnelle ? Fonsine, n'est-ce pas ? Seulement, elle n'avait trouvé qu'une banale accusation de bris de clôture... Elle avait parlé aussi, mais vaguement, sans apporter de preuves, de vol de poireaux, et de lapins morts les uns après les autres dans son clapier parce qu'on leur avait donné criminellement de la mauvaise herbe qui fait enfler le ventre...

Votre prédécesseur, monsieur le président, a acquitté Fernande, sous le naïf prétexte de conciliation, car il ne savait pas, lui non plus... Et Fernande, acquittée après une admonestation plus ou moins paternelle, n'en a ressenti que plus cruellement l'injure... Elle aurait préféré être condamnée, voyez-vous !

— Ah ! ma fille, tu veux de la correctionnelle... Attends que j'en aie l'occasion et je t'en donnerai, moi.

L'occasion du fait-tout, qui n'était peut-être qu'une casserole, mais qui était assez lourd pour causer une blessure au cuir chevelu, même sans atteindre personne.

Vous dites ? Vous vous y perdez ? Vous bredouillez, pour en finir, parce que d'autres attendent, pas fier de votre verdict, après vous être penché professionnellement sur vos assesseurs :

— Cinq cents francs d'amende et les frais...

Et vous croyez que ce sera fini ?

Cela a été fini en effet, mais pas par la grâce du magistrat de Fontenay, ni peut-être par la faute du médecin, qui vint six fois la même semaine à la maison, à peu de temps de là.

Fonsine, qui n'était pas forte de la poitrine, mourut d'une pneumonie quelques jours avant Pâques.

Sa sœur l'ignora. Des voisins vinrent la veiller. Son homme d'affaires s'occupa de l'enterrement. Fernande ne s'y montra pas et profita du moment où le convoi se formait pour laver son seuil à grande eau. Pas moyen de dire plus clairement :

— Bon débarras !

Les yeux secs. A peine bordés de rouge, mais il y avait longtemps qu'elle avait le bord des paupières un peu irrité. C'était même la seule tache de couleur dans son visage en pierre de taille.

Il arriva à des voisines de lui demander :

— Tu ne portes pas le deuil de Fonsine ?

— Moi ? Est-ce que je la connais ?

Elle se serait plutôt habillée en jaune canari. Elle se demandait seulement qui allait racheter la maison de sa sœur. Car il n'était pas question d'en hériter. Elles le savaient l'une et l'autre depuis toujours. Quand on entretient une pareille haine, la première précaution à prendre, c'est de s'assurer que l'objet de cette haine n'héritera en aucun cas de votre bien.

Voilà pourquoi les deux sœurs, chacune de son côté, avaient mis ce qu'elles possédaient en viager, maison comprise. De sorte que Fernande, à présent, n'avait pas d'argent disponible pour racheter cette moitié de maison qui avait appartenu à sa sœur et sur laquelle on avait déjà collé une affiche jaune annonçant la vente.

Cela même lui servit. Tout lui servait. On la voyait souvent préoccupée, sans entrain, comme quelqu'un que ronge un chagrin caché, et des gens auraient pu s'y tromper. On lui disait :

— Tu vois bien que cela te fait quelque chose, malgré tout !

— A moi ?... Ha ! Ha !...

— Tu n'es plus la même depuis que Fonsine...

— Voulez-vous bien vous taire !... Je n'ai jamais été si heureuse de ma vie... Enfin, sur mes vieux jours, je respire !

— Tu te tracasses...

— Je me tracasse parce que la moitié de la maison de mes parents va sortir de la famille et que je me demande qui je vais avoir pour voisins...

Cela la tracassait à tel point qu'elle maigrissait, que son teint blanc tournait au gris sale ; que des mèches de cheveux lui pendaient souvent sur les joues. Elle n'avait de goût à rien. Elle était désœuvrée. Dix fois par jour, elle traversait la route pour entrer dans l'épicerie, non qu'elle eût besoin de quoi que ce fût, mais parce qu'on y trouvait toujours quelqu'un à qui parler.

Quels beaux étés elle avait passés dans son jardin, où elle ne mettait plus les pieds ! Toutes ces mauvaises herbes, ces limaces, ces courtilières, ces tessons de bouteilles, ces cailloux qu'elle avait plaisir à lancer par-dessus le mur !...

La maison fut vendue à la fin de l'été et, dès la Toussaint, les nouveaux propriétaires emménageaient, des petits retraités de la ville, des gens calmes, qui ne faisaient pas de bruit, qui disaient poliment bonjour au monde, mais qui ne cherchaient pas à engager la conversation.

Il n'y avait rien à dire sur eux.

C'était lugubre.

C'était mortel.

— Le jour des Morts, quand même, Fernande !... Je sais bien que tu ne portes pas le deuil de Fonsine... Cependant, puisqu'il y a un bon Dieu...

— Je ne veux seulement pas savoir où elle est enterrée...

Et, pour éviter de passer, fût-ce par mégarde, devant une croix portant le nom détesté, elle ne se rendit pas sur la tombe de ses parents qui, cette année-là, resta nue, sans une fleur.

D'ailleurs, elle n'avait le courage de rien. Il lui arrivait, à midi, de n'être pas encore débarbouillée, ses vêtements de nuit sous sa robe.

— Veux-tu que je te dise ? Tu t'ennuies, ma fille !

S'ennuyer, elle !

On lui donna un jeune chat qui ne courait plus le risque d'être empoisonné et elle oublia maintes fois de lui donner à manger.

Voilà comment elle était devenue ! Le regard terne. Bien des soirs, elle n'avait pas le goût de se faire à manger, ni d'allumer la lampe. Les voisins avaient installé un poste de T.S.F., et les murs, ses murs à elle, en avaient comme une sueur étrangère.

Le deuil de Fonsine ? Est-ce qu'il n'y en avait pas qui s'étonnaient qu'elle ne portât pas le deuil de Fonsine ?

Combien de temps dure le deuil, pour une sœur ? Un an, n'est-ce pas ?

Elle n'aurait seulement pas pu le porter jusqu'au bout, leur deuil ! Elle mourut à la Chandeleur, toute seule, un soir, sans lumière, alors que les voisins, qui la savaient fatiguée, avaient arrêté leur musique et faisaient des crêpes.

Elle mourut non pas d'une maladie, mais de toutes et d'aucune, comme meurent les bêtes qui s'ennuient, et, puisque ses biens étaient en viager, il n'y eut personne pour hériter d'elle, personne non plus pour entretenir désormais à Saint-Mesmin la froide flamme de haine qui avait fait vivre pendant vingt ans les deux sœurs Sirouet.

Les Sables-d'Olonne (Vendée), 9 janvier 1945.

MADAME QUATRE ET SES ENFANTS

Il y eut un peu de retard, ce soir-là. On put même croire que la scène n'aurait pas lieu. A peine un accrochage, au moment où Raymonde posait sur les tables les soupières pleines d'un liquide onctueux, d'un rose de haute couture. Quelqu'un dit, à une table près du poêle :

— Soupe à la citrouille !

Et, justement parce que cela venait d'une table privilégiée, d'une des deux tables presque collées au poêle, peut-être aussi, simplement, parce qu'elle se trompait, Mme Quatre murmura en servant ses deux garçons à pleine louche :

— Votre soupe préférée, mes enfants. De la soupe à la tomate !

Et c'était sa voix de « quand elle était bien lunée ».

— C'est de la soupe à la citrouille ! protesta l'aîné.

Car les enfants, n'est-ce pas ? croient plus volontiers les étrangers que leurs parents.

— Tais-toi, Jean-Claude.

— Ce n'est pas de la soupe à la tomate ! C'est de la soupe à la citrouille !

— Je te dis que c'est...

Mais elle venait de goûter à son tour et elle préféra clore l'incident par un impératif :

— On ne parle pas à table !

Elle était vexée, évidemment. Elle aurait bien voulu se retourner pour voir si les gens souriaient. Il était sûr qu'elle continuait à penser à son erreur, à ces sourires qu'elle sentait toujours derrière son dos, aux tables près du poêle.

Alors, comme soudain la radio déraillait, qu'un vague tango, par suite de Dieu sait quelles interférences, se transformait en une musique grinçante dont nul n'eût pu deviner les instruments, elle leva vivement son visage étroit, fixa l'appareil d'un regard courroucé, comme si ce cube de bois verni, tapi dans son coin, avec une faible lumière dans son cadran, se fût mis contre elle à son tour, l'eût fait exprès de l'accabler de ces notes barbares.

— Qu'est-ce que c'est ! lança-t-elle.

Et Raymonde, qui passait chargée d'assiettes, de murmurer avec un coup d'œil complice aux autres tables :

— Le poste est vieux... Il se dérègle tout le temps...

Près du poêle, les gens étaient cramoisis de chaleur. Les effluves chauds leur arrivaient en pleine figure, faisaient briller leurs yeux, cuisaient leurs jambes. Un jeune couple avait même eu le cynisme de reculer sa table, alors que Mme Quatre, entre la fenêtre aux volets mal joints que secouait la tempête et la porte à chaque instant ouverte de l'office, avait le nez bleu de froid sous la poudre.

On entendait la mer qui battait furieusement contre le remblai, le vent qui s'engouffrait dans la rue et faisait claquer une persienne à l'étage, le poêle qui avait des ronflements brusques, le bruit plus proche des fourchettes sur les assiettes.

Ils étaient dix, pas plus, dans la salle à manger de la pension *Notre-Dame*, aux Sables-d'Olonne, en plein décembre. La radio, dans son coin, continuait à grignoter de la musique, tantôt en sourdine, tantôt, elle aussi, avec une frénésie soudaine.

Des gens qui ne se connaissaient pas, sinon pour avoir mangé plusieurs fois dans cette salle à proximité les uns des autres, se lançaient des regards complices, simplement parce qu'ils avaient assisté, les soirs précédents, aux scènes de Mme Quatre et de ses enfants.

— Rien ce soir... disaient ces regards.

— Le coup de la soupe a fait long feu...

— Attendez... Qui sait ?... Elle a le nez bleu et les lèvres pincées...

Ailleurs, en d'autres moments, surtout sans ses deux gamins, on l'eût peut-être trouvée jolie. Peut-être même certains des messieurs présents lui eussent-ils fait la cour ? Qui sait ? Elle n'était pas plus mal qu'une autre. Le profil un peu long, un peu aigu ; des yeux d'un bleu délavé qui avaient le défaut de devenir soudain fixes, aux instants, précisément, où Mme Quatre soupçonnait les gens de se moquer d'elle. Elle avait le tort de laisser ses cheveux platinés lui tomber sur la nuque comme une petite fille. Elle s'habillait court, trop court, c'était flagrant. Du matin au soir, elle portait ce manteau de fourrure — qui ressemblait à une peau d'ours — d'où émergeaient de longues jambes.

Tout cela n'est pas une raison, ni le teint mauve que la poudre donnait à son nez, pour...

Huit heures. Le carillon Westminster qui sonnait les huit coups. Une voix câline, en même temps, qui sortait de la boîte vernie, si câline qu'elle semblait s'en prendre à chacun en particulier.

— *Aqui Radio-Andorra...*

On n'espérait plus. Chacun pensait à autre chose, regardait dans son assiette un morceau de raie au beurre noir, piquait du bout de sa fourchette les câpres d'un vert sombre. Et alors, vlan ! Le bruit sec d'une gifle. Presque aussitôt un vacarme de chaises remuées. Mme Quatre était debout. Elle essayait de soulever par un bras le plus jeune des gamins qui garait encore son visage et qui hurlait.

— Au lit... Au lit tout de suite... Tu entends ?...

Ah ! ce n'était plus la même voix. Elle était furieuse, haletante, surtout que le gamin, qui avait sept ans, était déjà lourd. Il s'était laissé tomber par terre. Elle le soulevait à moitié, comme un pantin en chandail et en pantalon de ski. D'un de ses pieds, il avait accroché un pied de la table et, tandis qu'elle traînait son fils vers la porte, la table suivait, tout le monde regardait, chacun s'efforçait en vain de garder son sérieux.

Elle les regardait à son tour, autant qu'ils étaient, avec honte, avec défi.

— Je te dis que tu vas te coucher tout de suite... Jean-Claude... tiens la table...

Mais Jean-Claude, l'aîné, avec ses dix ans, restait assis sur sa chaise, les jambes ballantes, tandis que la table s'éloignait insensiblement de lui.

Elle était maigre. Elle n'avait peut-être pas de santé. Il fallait pourtant qu'elle en vînt à bout.

— Est-ce que tu vas...

Vlan ! Une autre gifle. A son tour, elle recevait un coup de pied et, à y regarder de près, on se serait aperçu qu'elle avait envie de pleurer.

— Est-ce que tu vas... Ouvre la porte, Jean-Claude...

Jean-Claude se décidait à l'ouvrir. Elle ramassait le plus jeune, l'ennemi, n'importe comment. Il se débattait. Il était déjà trop fort pour elle.

— Marche devant... Plus vite que ça...

Allons ! Elle avait gagné la première manche. Elle était parvenue à extraire son garçon de la pièce. Maintenant, ils étaient dans l'escalier, tous les deux, et les bruits qui en parvenaient révélaient clairement que la lutte continuait.

Du moins pouvait-on sourire à l'aise, échanger des regards et des impressions. A voix basse, bien entendu, à cause de l'aîné qui était toujours là et qui avait repris sa place à table.

Elle n'en ferait jamais rien ! Pas plus de l'aîné que du plus jeune. Et, au fond, c'était sa faute à elle. Elle ne savait pas s'y prendre. Ils étaient espiègles, certes. Tous les enfants ne sont-ils pas espiègles ? Pourquoi manquait-elle à ce point d'autorité ?

Elle se battait avec eux ! Elle se battait littéralement ! Maintenant encore, la bataille continuait dans l'escalier.

— Je te dis de te lever... Tu entends ?... Tu vas te lever tout de suite ou alors...

— Vous nous donnerez du vin, Raymonde...

— Tout de suite, monsieur... Du même ?

Le dîner se poursuivait. La voix si câline à la radio conseillait affectueusement de ne pas terminer ce repas sans une dragée dépurative, en vente chez tous les bons pharmaciens.

Qu'est-ce qui arrivait ? On courait, au premier, juste au-dessus des têtes. On courait comme dans une poursuite qui s'achevait par un claquement de porte.

— Jean-Jacques... Jean-Jacques... Veux-tu ouvrir tout de suite ?...

C'était dans le couloir des chambres, où il y avait la chambre 4, celle de la maman, puis la chambre 5, celle des deux gamins, et enfin, juste en face, la porte des cabinets.

On hésita un instant à localiser les bruits et on finit par comprendre : Jean-Jacques avait réussi à atteindre les cabinets et à tirer le verrou derrière lui.

— Si tu n'ouvres pas im-mé-di-a-te-ment...

Elle ébranlait la porte. Elle menaçait. Sa voix devenait insinuante :

— Écoute, Jean-Jacques... Si tu ouvres, je te promets...

Il n'ouvrait pas. Il ne bougeait pas. Il ne disait rien. Immobile dans le réduit sans lumière, assis sur la lunette.

La voix de la mère, là-haut, parla de serrurier et de commissaire de police. L'aîné, qu'on oubliait de servir, ou plus simplement curieux, quittait la salle à manger et s'engageait dans l'escalier.

— Va tout de suite te coucher, toi...

— Mais...

Qui sait si cette voix pointue, aussi fausse, par moments, que celle de la radio tout à l'heure, n'était pas pleine de sanglots qui ne trouvaient pas leur chemin dans une gorge trop serrée ?

— Si tu ne me donnais pas le mauvais exemple à ton frère...

— Quelle famille, mon Dieu ! soupira quelqu'un en bas.

— Ces gamins sont terribles, et elle n'a aucune autorité sur eux. Elle ne sait pas s'y prendre. Tantôt elle est tout miel, et tantôt, pour un oui ou un non, ils reçoivent une gifle sans avoir eu le temps de voir d'où elle vient...

— On se demande qui est le plus à plaindre...

Après la raie, il y eut des côtelettes avec de la purée et des choux de Bruxelles. Puis le fromage. Enfin des pommes, et, tandis qu'on épluchait celles-ci, on entendait toujours, de temps en temps, la voix de Mme Quatre, dans son corridor, devant la porte des cabinets.

— Je te promets que si tu ouvres je ne te ferai rien...

L'enfant reniflait. Il se passa encore du temps. On parla d'autre chose. Chacun s'installa plus ou moins près du feu. Enfin Mme Quatre parut alors qu'on ne s'y attendait plus, les traits figés, le nez moins mauve sous une nouvelle couche de poudre.

Elle les regarda avec un vague sourire, un commencement de sourire plutôt, qu'on sentait prêt à se transformer en une grimace de colère. Mais chacun gardait son sérieux, s'occupait d'autre chose.

— Pas de raie, dit-elle à Raymonde qui lui avait laissé son couvert. Qu'est-ce qu'il y a d'autre ?

Elle ne pouvait s'empêcher de penser que certaines gens abusent en entourant si étroitement le poêle qu'ils ne laissent pas la moindre chaleur pour les autres. Des gens qui n'ont pas froid, qui le font exprès, pour bien marquer leur droit, leur supériorité sur elle qui n'a que la chambre 4 et qui est arrivée la dernière à la pension *Notre-Dame*.

C'était sur elle que s'abattait invariablement la mauvaise chance. La persienne qui claqua toute la nuit au rythme brutal de la tempête, c'était celle de sa chambre, de sorte qu'elle ne ferma l'œil qu'au petit jour. Et alors, chacun se donna le mot pour ouvrir et refermer bruyamment la porte d'en face, et cela finissait chaque fois par un vacarme de chasse d'eau.

Sa fenêtre donnait non sur la mer, mais sur une ruelle plus ou moins bien famée et, quand elle s'habillait, une vieille femme, en face, la regardait d'un œil critique et comme soupçonneux. C'était elle aussi qui avait dans sa chambre le papier peint le plus sombre, d'une désolante couleur punaise.

Pourtant, elle faisait tout son possible.

— Lave-toi derrière les oreilles, Jean-Pierre... Laisse ton frère tranquille...

Voyons ! Pas dès le matin ! Elle voulait être gaie. Elle chantait une ronde.

— Chantez avec moi, tous les deux...

Et les pensionnaires qui les entendaient chanter se regardaient du même air que quand ils les entendaient se chamailler. Ils chantaient à tue-tête, tous les trois. Elle chantait, elle, comme une petite fille. Elle les embrassait, les roulait tendrement sur le lit.

— Sur-le-pont-d'A-vi-gnon...

Ils dansaient, ma parole ! Ils faisaient une ronde, entre le lit et la toilette, dans la chambre en désordre. Une porte claquait. Ah ! ces portes...

— Jean-Claude... Où vas-tu ?...

Elle endossait sa peau d'ours, son chapeau ridicule, comme on en porte peut-être à Paris, mais comme on n'en affiche pas en plein hiver aux Sables-d'Olonne. De hauts, d'invraisemblablement hauts talons prolongeant ses longues jambes lui donnaient l'air d'être montée sur des échasses.

Et après ? Ils s'en allaient tous les trois, dans les embruns, bras dessus, bras dessous. Elle se retournait, triomphante, vers la pension *Notre-Dame*, narguant ces imbéciles qui se moquaient d'elle et de ses enfants.

Puis un des garçons s'en revenait tout seul, une joue rouge, et allait s'enfermer dans sa chambre. Un quart d'heure plus tard, la mère apparaissait.

— Jean-Claude ?

— Il est en haut...

— Et Jean-Pierre ?

— On ne l'a pas vu... Il n'était pas avec vous ?

Elle montait.

— Tu n'as pas vu ton frère, Jean-Claude ?... Ouvre-moi !... Va chercher ton frère...

A ses bons moments, elle souriait comme tout le monde. Peut-être seulement son sourire n'était-il jamais bien établi sur ses lèvres. Il était provisoire comme un soleil de mars qui se montre, hésitant, entre deux averses. Mais ces soleils-là ne sont-ils pas les plus tendres ?

Les pensionnaires, dix fois par jour, se retrouvaient dans la salle à manger chauffée, car les chambres ne l'étaient pas. Ils se disaient bonjour, échangeaient des phrases, des journaux, des livres. Pourquoi se taisaient-ils ou changeaient-ils de conversation quand elle arrivait ?

Alors, bien entendu, son sourire disparaissait, son nez devenait plus long, ses lèvres plus minces, elle attrapait n'importe quoi à lire et croisait les jambes dans un coin.

Une fois, à sept heures et demie, le soir, elle s'était assise ainsi près du poêle. Raymonde dressait les couverts. Évidemment, ce n'était pas sa table, mais on ne mangeait pas encore et, en dehors des repas, cette place était à tout le monde.

Elle lisait. Elle voyait bien que les pensionnaires s'installaient les uns après les autres. De la soupe fumait déjà sur une table. Le jeune couple dont elle occupait la place était descendu. Il restait debout, n'osant rien dire.

On l'observait. Raymonde elle-même l'épiait, attendant son départ pour servir. Le jeune couple ne savait où se mettre.

Elle continua à lire, exprès. Pourquoi serait-ce toujours à elle de faire les premiers pas ?

— Jean-Pierre... Jean-Paul... Venez ici, mes enfants...

Elle était tendre, exquisement. Elle les serrait tous les deux contre ses genoux, contre sa poitrine, joue à joue.

— Vous vous êtes bien amusés ? Où est ton livre, Jean-Claude ?

Jusqu'à huit heures moins vingt, exactement. Alors, seulement, elle se leva.

— A table, mes enfants !

Ce qui n'empêcha pas la scène, un peu plus tard, parce que Jean-Claude ne voulait pas manger sa soupe aux poireaux. Longtemps, à voix basse, avec une discrétion imprévisible, elle le sermonna, le supplia. Puis le ressort se détendit avec sa soudaineté habituelle. Elle saisit le nez de son fils, comme on saisit l'anse d'un pot, lui renversa la tête en arrière et, le maintenant ainsi par les narines pincées, lui ordonnant de tenir la bouche ouverte, elle y enfourna les cuillerées les unes après les autres.

Elle reçut force coups de pied dans les tibias, sans broncher. L'enfant portait des galoches à semelles de bois. Et, quand elle redescendit ce soir-là, ses deux fils couchés, comme elle en avait l'habitude, on put voir des taches violacées sous les bas de soie.

D'aucuns pensaient qu'elle était un peu folle, qu'en tout cas elle manquait de stabilité.

Il y avait un mois qu'elle était là, malgré l'hiver, malgré le temps. Elle ne parlait pas de s'en aller, et cependant tout lui était hostile : sa chambre, dans le couloir des cabinets, les bonnes qui se plaignaient de ce que les gamins missent tout sens dessus dessous, Raymonde, dont elle compliquait le service, tout le monde, et les choses elles-mêmes, la pluie qui se mettait à tomber au moment où elle voulait sortir, le vent qui soufflait en tempête quand elle avait la migraine, le journal qu'on ne retrouvait jamais au moment où elle désirait le lire et jusqu'à son livre, le seul qu'on lui vît jamais à la main, qu'elle lisait par petits coups et qui, à ce train-là, devait lui durer tout l'hiver et que le chat s'amusa candidement à déchiqueter...

Un matin, on lui annonça qu'il y avait une lettre pour elle. Au moment de la lui remettre, on s'aperçut qu'on l'avait montée par erreur dans une autre chambre. Il fallut attendre le retour du monsieur du 2. Encore heureux qu'il ne l'eût pas décachetée sans prendre garde à l'adresse !

Elle la lut d'un coup d'œil rapide et pointu.

— Soyez gentils, mes enfants...

Puis elle monta dans sa chambre, où on l'entendit marcher pendant une heure. On dut aller lui demander si elle ne descendait pas déjeuner.

Les volets verts

Première édition : Presses de la Cité, 1950.

PREMIÈRE PARTIE

1

C'était curieux : l'obscurité qui l'entourait n'était pas l'obscurité immobile, immatérielle, négative, à laquelle on est habitué. Elle lui rappelait plutôt l'obscurité presque palpable de certains de ses cauchemars d'enfant, une obscurité méchante qui, certaines nuits, l'attaquait par vagues ou essayait de l'étouffer.

— Vous pouvez vous détendre.

Mais il ne pouvait pas encore remuer. Respirer seulement, ce qui était déjà un soulagement. Son dos était appuyé à une cloison lisse dont il n'aurait pu déterminer la matière et, contre sa poitrine nue, pesait l'écran dont la luminosité permettait de deviner le visage du docteur. Peut-être était-ce à cause de cette lueur que l'obscurité environnante semblait faite de nuages mous et enveloppants ?

Pourquoi l'obligeait-on à rester si longtemps dans une pose inconfortable, sans rien lui dire ? Tout à l'heure, sur le divan de cuir noir, dans le cabinet de consultation, il gardait sa liberté d'esprit, parlait de sa vraie voix, sa grosse voix bourrue de la scène et de la ville, s'amusait à observer Biguet, le fameux Biguet qui avait soigné et soignait encore la plupart des personnages illustres.

C'était un homme comme lui, à peu près de son âge, sorti de rien aussi, un paysan dont la mère était jadis servante dans une ferme du Massif central.

Il n'avait pas la voix de Maugin, ni sa taille, sa carrure, sa large gueule carrée, mais, trapu, le poil hirsute, il sentait encore le terroir et continuait à rouler les *r*.

— Pouvez-vous rester exactement comme vous êtes pendant quelques minutes ?

Maugin dut tousser pour s'éclaircir la gorge et répondre que oui. Malgré sa demi-nudité et le froid contact de l'écran, des gouttes de sueur lui giclaient de la peau.

— Vous fumez beaucoup ?

Il eut l'impression que le professeur posait cette question sans nécessité, sans conviction, seulement pour le mettre à l'aise, et se demanda s'il allait lui en poser une autre, plus importante, qu'il attendait depuis le début de la consultation.

Ce n'était pas un rendez-vous comme un autre. Il était sept heures du soir et la secrétaire du médecin était partie depuis longtemps.

Maugin connaissait Biguet pour l'avoir rencontré deux ou trois fois, à des premières ou à des réceptions. Tout à l'heure, brusquement, alors qu'il y pensait depuis des mois, il s'était décidé à lui téléphoner.

— Cela ne vous ennuierait pas trop de jeter un coup d'œil sur mon cœur ?

— Vous jouez en ce moment, n'est-ce pas ?

— Chaque soir, avec matinée le samedi et le dimanche.

— Vous tournez ?

— Tous les jours au studio des Buttes-Chaumont.

— Cela vous arrangerait de passer chez moi entre six heures et demie et sept heures ?

Il s'était fait conduire par la voiture du studio, comme d'habitude. Cette clause était stipulée dans tous ses contrats et lui économisait les frais d'une auto et d'un chauffeur, car il n'avait jamais appris à conduire.

— Au *Fouquet's*, monsieur Emile ?

Les gens qui étaient en contact fréquent avec lui croyaient malin de l'appeler M. Emile, comme si le nom de Maugin était trop gros pour leur gorge. Certains, qui ne l'avaient rencontré que deux fois, s'écriaient lorsqu'il était question de lui :

— Ah ! oui. Emile !

Il avait répondu non. Il pleuvait. Enfoncé dans le capitonnage de la voiture, il regardait d'un œil glauque les rues mouillées, les lumières déformées par la glace, les vitrines, pauvres d'abord, d'une banalité laide, des quartiers populeux, crémeries, boulangeries, épiceries et bistrots, surtout bistrots, puis les magasins plus brillants du centre.

— Tu me déposeras au coin du boulevard Haussmann et de la rue de Courcelles.

Comme par hasard, alors qu'ils traversaient la place Saint-Augustin, la pluie se mettait à tomber si dru, en grosses gouttes rebondissantes, que le pavé ressemblait à la surface d'un lac.

Il avait hésité. C'était facile d'arrêter la voiture en face de la maison du professeur. Mais il savait bien qu'il ne le ferait pas. Il était six heures quand il avait bu deux verres de vin dans sa loge du studio et, déjà, le malaise commençait, un vertige, une angoisse dans la poitrine, comme jadis quand il avait faim.

— Vous descendez ici ?

Le chauffeur était surpris. Il n'y avait, au coin de la rue, que le magasin d'un tailleur dont les volets étaient fermés. Mais, quelques maisons plus loin, dans la rue de Courcelles, Maugin reconnaissait la devanture mal éclairée d'un bistrot pour chauffeurs.

Il ne voulut pas y entrer devant Alfred, attendit un moment debout, énorme, au coin du boulevard, avec de l'eau qui emplissait déjà le bord relevé de son chapeau et ruisselait sur ses épaules.

La voiture s'éloigna, mais ce fut pour s'arrêter quelques mètres plus loin, justement, en face du bistrot dans lequel Alfred, tête basse, les épaules rentrées se précipita.

Sans doute avait-il soif, lui aussi, ou besoin de cigarettes ? Au moment de pousser la porte, il s'était tourné dans la direction de Maugin, et celui-ci, par contenance, se dirigeait vers la première porte cochère, comme si c'était là qu'il avait affaire, puis, l'ayant franchie, attendit, dans l'obscurité du porche, que la voiture s'éloignât.

Après, il était entré au bar où les conversations avaient cessé, tout le monde avait regardé en silence le grand Maugin qui, la moue maussade, la voix enrouée, grognait :

— Un rouge !

— Un bordeaux, monsieur Maugin ?

— J'ai dit un rouge. Vous n'avez pas de gros rouge, ici ?

Il en avait bu deux verres. Il en buvait toujours deux coup sur coup, chacun d'un trait, et il avait dû déboutonner son pardessus pour prendre la monnaie dans sa poche.

Est-ce que le Dr Biguet avait senti son haleine, tout à l'heure, lorsqu'il l'auscultait ? Est-ce que, comme les autres, il lui poserait la question ?

Se rendait-il compte que, depuis que Maugin avait le torse coincé entre deux surfaces rigides et que l'obscurité faisait de lui un aveugle, ils n'étaient plus deux hommes à égalité ?

Il devait en avoir l'habitude. Les autres, le président du Conseil, les grands capitaines d'industrie, les académiciens, les hommes politiques et les princes étrangers qui faisaient le voyage pour le consulter étaient-ils d'une pâte différente ?

— Respirez normalement, sans effort. Ne bougez surtout pas la poitrine.

D'abord, il n'y avait eu que deux bruits dans la pièce, le souffle régulier du médecin et le tic-tac de sa montre dans la poche de son gilet. Maintenant, dans l'univers des nuées noires, on entendait un curieux grattement, que Maugin n'identifia pas tout de suite et qui lui rappela le grincement de la craie sur le tableau noir, dans l'école de son village. Il baissa la tête avec précaution, aperçut, comme un ectoplasme, le visage attentif, la main laiteuse du professeur, et comprit qu'il était occupé à dessiner sur la plaque fluorescente ou sur une feuille transparente qu'il y avait appliquée.

— Vous n'avez pas froid ?

— Non.

— Vous êtes né à la campagne ?

— En Vendée.

— Bocage ou marais ?

— Tout ce qu'il y a de plus marais. Marais mouillé.

Un peu plus tôt, dans le cabinet de consultation, cela se serait probablement passé autrement. Maugin était assez curieux du professeur qui, dans sa sphère, était à peu près aussi éminent que lui dans la sienne.

Il ne l'avait pas fait exprès de s'arrêter un instant sous la voûte et d'examiner la loge de la concierge. (Car, ici, c'était une concierge, alors que chez lui, avenue George-V, c'était un homme en uniforme prétentieux.)

Il gardait encore l'esprit libre, à ce moment-là, un peu trop libre même, peut-être parce qu'il tenait à se prouver que son cœur ne le préoccupait pas outre mesure.

Rien que le fait d'habiter le boulevard Haussmann était un signe. Cela sentait davantage la vraie bourgeoisie, celle qui se sait solide, qui n'a plus besoin de jeter de la poudre aux yeux, qui se préoccupe davantage de son confort que des apparences. Il n'y avait pas de colonnes corinthiennes dans le hall, et l'escalier n'était pas en marbre blanc, mais en vieux chêne couvert d'un épais tapis rouge.

Seul dans l'ascenseur, il en avait profité pour souffler sur la paume de ses mains et la respirer ensuite, afin de s'assurer qu'il ne sentait pas trop la vinasse.

Cela constituait un hommage, de la part de Biguet, de lui avoir donné rendez-vous en dehors de ses heures habituelles, sans sa secrétaire, sans son assistante. Avait-il compris que Maugin ne pouvait risquer de voir les journaux du lendemain annoncer qu'il était gravement malade ?

Ce n'était pas non plus la domestique qui lui avait ouvert la porte, mais le docteur en personne qui portait un veston d'intérieur en velours noir et semblait ainsi accueillir un ami. Une seule lampe était allumée dans le salon où brûlaient paisiblement des bûches.

— Comment allez-vous, Maugin ?

Il ne lui disait pas monsieur, ce qui était encore très bien, car ils avaient tous les deux dépassé ce cap-là.

— Je suppose que le théâtre vous réclame et que vous n'avez pas beaucoup de temps à me donner. Si vous voulez, nous irons tout de suite dans mon cabinet.

Il avait entrevu un piano à queue, des fleurs dans un vase, un portrait de jeune fille encadré d'argent. Et, derrière les portes closes, de chêne sombre, il devinait la vie ordonnée et chaude d'un vrai foyer.

— Retirez votre veston et votre chemise.

C'était si peu l'heure des consultations que le professeur dut allumer lui-même un radiateur à gaz.

Il n'avait pas rempli de fiche, lui avait fait grâce de l'interrogatoire habituel.

— Fichtre ! s'était-il écrié en tâtant les muscles de Maugin, une fois celui-ci étendu sur le divan noir. Je vous savais solide, mais je ne m'attendais pas à cela.

N'en avait-il pas autant lui-même sous le velours de son veston ?

— Aspirez.

Il ne posait pas de questions. Est-il besoin d'en poser aux gens qui viennent trouver Biguet ?

— Expirez.

Le stéthoscope se promenait, tout froid, sur la poitrine couverte de longs poils.

— Vous pissez facilement ? Vous vous relevez souvent la nuit ?

Et ce n'était pas seulement l'énorme torse qui l'intéressait, pas seulement la carcasse de Maugin, et les viscères qu'elle contenait, mais l'homme... dont, comme tout le monde, il connaissait la légende. Il se tenait assis devant lui, les genoux écartés, penché en avant, et l'acteur le regardait avec une curiosité à peu près égale.

— J'aimerais jeter un coup d'œil là-dedans au fluoroscope. Ne vous rhabillez pas. J'espère qu'il ne fera pas trop froid à côté.

Il y faisait, au contraire, étouffant.

Maintenant, son crayon, ou sa craie, crissait dans le silence que rythmaient leurs deux souffles. Paris, la pluie dans les rues où les réverbères mettaient des étoiles, le théâtre, là-bas, à la porte duquel des gens devaient déjà faire la queue, tout avait sombré dans un gouffre pour ne laisser vivre que cette obscurité qui oppressait Maugin de plus en plus, au point de lui donner envie de s'échapper.

— Soixante ans ?

— Cinquante-neuf.

— Gros baiseur ?

— Je l'ai été. Cela me prend encore, par crises.

Il ne lui parlait toujours pas de boissons, ni d'ailleurs de son cœur, de ce qu'il avait pu découvrir depuis une demi-heure déjà que durait l'examen.

— Beaucoup de films en perspective ?

— Cinq à tourner cette année.

On était en janvier. Celui qu'il terminait comptait sur son contrat de l'année précédente.

— Au théâtre ?

— Nous jouons *Baradel et Cie* jusqu'au 15 mars.

Depuis quatre ans, on reprenait chaque hiver la pièce qui avait dépassé la millième représentation.

— Cela vous laisse le temps de vivre ?

Il retrouva un peu de sa vraie voix, maussade et agressive, pour grommeler :

— Et vous ?

Est-ce que Biguet avait le temps de vivre, ailleurs qu'à son cours, qu'à l'hôpital, que dans les quatre ou cinq cliniques où il avait des patients et que dans son cabinet de consultation ?

— Votre père est mort jeune ?

— Quarante.

— Cœur ?

— Tout.

— Votre mère ?

— Cinquante-cinq ou soixante, je ne sais plus, dans une salle commune d'hôpital.

Est-ce que l'immeuble du boulevard Haussmann, la loge aux meubles cirés, le salon au feu de bûches et au piano à queue, et jusqu'au veston de velours du docteur, lui pesaient sur l'estomac ? En voulait-il à Biguet d'avoir eu la discrétion de ne pas parler de vin ou d'alcool ?

Ou était-ce seulement le silence du professeur qui l'irritait, son calme, sa sérénité apparente, ou encore sa chance de se trouver de l'autre côté de l'écran ?

Il eut en tout cas l'impression de se venger de quelque chose en prononçant :

— Vous voulez savoir comment mon père est mort ?

Le plus gros de son amertume, de cette méchanceté qui épaississait sa voix, ne venait-il pas de l'incident d'Alfred, des minutes humiliantes passées sous un porche en attendant que la voie du bistrot fût libre, des deux verres de vin avalés en défiant du regard les clients médusés ?

— Je devrais dire « comment il a crevé », car cela s'est passé comme pour une bête. Pis que pour une bête.

— Baissez un tout petit peu l'épaule gauche.

— Je peux parler ?

— A condition que vous ne changiez pas de position.

— Cela vous intéresse ?

— J'ai traversé plusieurs fois le marais vendéen.

— Alors, vous savez ce qu'on appelle là-bas des cabanes. Certaines huttes africaines, au village nègre de l'exposition coloniale, étaient plus confortables et plus décentes. Vous y étiez en hiver ?

— Non.

— Vous auriez compris pourquoi les lits vendéens sont si hauts qu'il faut un escabeau pour y grimper. Quand l'eau des canaux a fini d'envahir les prés, elle gagne les cabanes, et il nous est arrivé de passer des semaines dans notre lit, mes sœurs et moi, sans pouvoir en sortir parce qu'il y avait de l'eau tout autour. Les maraîchers, en général, sont pauvres. Mais dans notre hameau, et à une lieue à la ronde, il n'y avait qu'un homme à vivre de la charité communale : mon père.

Il semblait ajouter :

« — Parle de ta mère qui était servante, après ça ! »

— Vous avez bougé l'épaule gauche.

— Comme ceci ?

— Un peu plus haut. C'est bien.

— Je vous embête ?

— Pas du tout.

— Il était journalier, mais trouvait rarement de l'embauche, car, le soleil à peine levé, il était déjà ivre. C'était devenu, dans le pays, une manière de personnage, et on lui payait à boire pour rigoler. Quand je dis mon père, je n'en sais rien, car on venait voir ma mère comme on va au bordel, avec cette différence que c'était moins loin et moins cher qu'à Luçon.

— Il est mort dans son lit ?

— Dans une flaque d'eau, en janvier, à quelques pas du cabaret où il avait fait son plein. Il est tombé le visage dans la boue et ne s'est pas relevé. J'avais quatorze ans à l'époque. Il y avait de l'eau partout. Ma mère m'a envoyé à sa recherche avec une lanterne. Le vent venait de la côte. J'ai aperçu un fanal sur le canal, l'ombre d'un bateau. J'ai entendu des voix. J'ai crié et on m'a répondu. Des hommes ramenaient mon père sur qui ils avaient buté en sortant du cabaret.

» J'ai demandé, en touchant du froid au fond de la plate :

» — Il est passé ?

Alors, ils se sont regardés en ricanant.

» — Faut pas qu'il soit passé, a dit l'un d'eux.

» — Il est tout froid.

» — Froid ou pas froid, cela le regarde, mais, pour nous, il n'est pas mort tant qu'on n'a pas franchi la limite. Il trépassera dans son village, garçon, pas dans le nôtre. On n'a pas envie, chez nous, de payer les funérailles à des gueux étrangers.

» Seulement, quand ils ont voulu le débarquer chez nous, ceux du pays se sont fâchés.

» — Ramenez-le où il est mort.

» — Qui est-ce qui dit qu'il est mort ? Est-ce que seulement le docteur l'a vu ?

C'était sa fameuse voix. C'était son accent qui n'était l'accent de nulle part et qui lui appartenait en propre. Jamais, à la scène, les mots n'étaient venus aussi lourds, d'aussi profond, avec une telle simplicité et une telle sécheresse.

— C'est cette nuit-là que je suis parti. Je ne sais pas ce qu'ils en ont fait.

— A quatorze ans ?

— J'avais, dans ma poche, les cinq sous que Nicou m'avait donnés pour caresser ma sœur.

Il eut un scrupule, car ce n'était pas tout à fait vrai, mais il aurait fallu donner trop d'explications et le fait aurait perdu de sa force.

Gaston Nicou, à peu près du même âge que lui, avait une sœur, Adrienne, âgée de quinze ans, au visage nigaud et au gros corps tout gercé.

— Donne-moi cinq sous, lui avait dit une fois Nicou, et je te laisse jouer avec ma sœur. Pour dix sous, je te permets de la saillir, mais je sais que tu n'auras jamais les dix sous !

Maugin les avait volés, non pas une fois, mais plusieurs. Il prenait la fille, sous les yeux indifférents de son camarade qui faisait tinter les pièces dans sa poche.

L'idée ne lui était pas venue que sa sœur aînée, Hortense, était du même âge qu'Adrienne et qu'il aurait pu en tirer profit. C'est seulement quand il l'avait trouvée, troussée jusqu'au ventre, avec Nicou, que le sens de la justice lui avait fait réclamer de l'argent.

— Cinq sous pas plus, avait accepté son camarade. Avec elle, il n'y a pas moyen d'aller jusqu'au bout. Je ne sais pas ce qu'elle a qui empêche.

La sueur lui coulait sur la peau. Le visage du docteur, dans son auréole, devenait plus net, comme sur le verre dépoli d'un appareil photographique qu'on met au point, une main blanche déclenchait un déclic et, soudain, ils recevaient tous deux la lumière crue à la figure.

— Nous pouvons retourner à côté.

Biguet tenait une feuille épaisse, transparente, marquée de gros traits de crayon bleu. Evitait-il, exprès, de regarder Maugin ou n'était-il plus curieux de son aspect extérieur, après l'examen qu'il venait d'effectuer ?

Il le laissait se rhabiller, s'installait à son bureau, sous la lampe, cherchait une règle, traçait de nouveaux traits.

— Mauvais ?

Il leva enfin la tête vers l'acteur qui se tenait debout devant lui, monumental, tel que tout le monde le connaissait, avec sa face large, ses traits d'empereur romain, ses gros yeux qui semblaient laisser tomber par lassitude un regard immobile, sa moue enfin, qui n'était qu'à lui et qui évoquait à la fois un dogue hargneux et un enfant déconfit.

— Votre cœur n'a pas de lésion.

Ça, c'était le bon. Ensuite ? Le mauvais ?

— L'aorte, bien qu'un peu grosse, garde suffisamment de souplesse.

— Donc pas d'angine de poitrine.

— Pas pour le moment. L'électrocardiogramme le confirmera.

Cette fois, il dit à voix haute, sans prendre la peine de feindre le détachement :

— Vous avez cinquante-neuf ans, Maugin. C'est ce que vous m'avez déclaré tout à l'heure. Moi, c'est un cœur de soixante-quinze ans que j'avais sous les yeux.

Cela ne fit pas de bruit. Ce ne fut qu'une bulle dans la gorge de Maugin, qui ne bougea pas, ne tressaillit pas, resta exactement le même.

— J'ai compris.

— Remarquez qu'un homme de soixante-quinze ans a encore du temps devant lui, parfois beaucoup de temps.

— Je sais. On voit de loin en loin la photographie d'un centenaire dans le journal.

Biguet le regardait gravement, sans fausse commisération.

— Autrement dit, je peux vivre, à condition d'être prudent.

— Oui.

— De ne me livrer à aucun excès.

— De ne pas vivre à une vitesse accélérée.

— De prendre des précautions.

— Quelques-unes.

— C'est le régime que vous m'ordonnez ? Pas de femmes, pas de tabac, pas d'alcool. Et, je suppose, pas trop de travail non plus, ni d'émotions ?

— Je ne vous prescris aucun régime. Voici le contour de votre cœur. Cette poche, c'est le ventricule gauche, et vous le voyez, ici, en rouge, tel qu'il devrait être à votre âge. Vous êtes un homme étonnant, Maugin.

— Pas de pilules, pas de drogues ?

Les rideaux, aux fenêtres, étaient probablement épais, car ils ne laissaient rien percer de la vie du dehors et on ne devinait même pas que Paris grouillait au-delà.

— Vous avez cinq films à faire, m'avez-vous dit. Et la pièce à jouer jusqu'au 15 mars. Qu'est-ce que vous pouvez changer à votre genre de vie ?

— Rien !

— De mon côté, ce qui est de mon pouvoir est de vous éviter la douleur ou le désagrément des spasmes.

Il griffonnait une formule sur un bloc, arrachait le feuillet et le lui tendait.

— Vous ne croyez pas que vous avez suffisamment pris votre revanche ?

Il avait compris. Il en avait eu une à prendre aussi, mais probablement avait-il considéré qu'il était quitte le jour où, à vingt-huit ans, il était devenu le plus jeune agrégé en médecine.

Que leur restait-il à se dire ? Aucun des deux ne voulait regarder sa montre. Maugin ne pouvait pas demander au professeur combien il lui devait. Le dîner, lui, attendait au-delà des portes lourdes et bien huilées, et peut-être la cuisinière s'impatientait-elle devant un rôti qui serait trop cuit ?

— Un homme de soixante-quinze ans n'est pas nécessairement un homme fini.

Il valait mieux s'en aller. Ils allaient se trouver obligés, l'un comme l'autre, de prononcer des phrases banales.

— Je vous remercie, Biguet.

C'était la première fois qu'il l'appelait ainsi et c'était plus difficile que, pour son interlocuteur, de l'appeler Maugin, peut-être parce qu'on était habitué à voir le nom de l'acteur, sans le monsieur, dans les journaux et sur les affiches.

Une poignée de main sans insistance, presque sèche, par pudeur, par décence.

— N'hésitez jamais à me téléphoner.

Il ne lui proposait pas non plus de le rencontrer sur un autre plan, de l'avoir à dîner, par exemple. C'était très bien.

Alors qu'ils se tenaient tous les deux dans l'encadrement de la porte, il se contenta de lui frapper l'épaule en prononçant :

— Vous êtes un grand bougre, Maugin !

Il ne s'attarda pas pour voir la pesante silhouette se diriger vers l'ascenseur, appuyer sur le bouton d'appel, aussi solitaire, soudain, dans ce corridor d'un immeuble du boulevard Haussmann que dans le désert oppressant des espaces planétaires.

Une main moite, un peu plus tard, appuyait sur le bec-de-cane du bistrot de la rue de Courcelles et le patron, à son bar, s'efforçant de ne pas paraître surpris, disait trop vite :

— Un coup de rouge, monsieur Maugin ?

Il gardait la bouteille après l'avoir servi, comme s'il connaissait ses habitudes, alors que l'acteur était entré chez lui ce jour-là pour la première fois, et Maugin regardait fixement cette bouteille.

Il n'avait pas remarqué si la pluie avait cessé ou non, mais le drap de son manteau était couvert de gouttelettes. Il n'avait pas eu le temps de dîner. Il n'en aurait plus le temps. Les premiers spectateurs devaient commencer à chercher leur place dans les travées encore vides du théâtre où leurs voix résonnaient.

— La même chose ?

Il leva les yeux vers l'homme au visage couperosé, bleuâtre, un paysan aussi, qui avait dû venir à Paris comme cocher ou comme domestique.

On lisait dans son regard une sorte de familiarité complice. Il était laid. Son expression était ignoble. On le sentait tout fier d'être là, d'être lui, la bouteille à la main, à verser à boire au grand Maugin qui avait les prunelles troubles.

— Hein ! s'écrierait-il tout à l'heure, la porte à peine refermée. Vous l'avez vu ! C'est lui, mais oui. Il est comme ça. C'est tous les soirs pareil. Les gens, dans la salle, ne s'en aperçoivent pas. Il paraît qu'il ne peut pas jouer autrement.

Maugin serra son poing posé sur le zinc du comptoir ; le serra si fort que les jointures devinrent livides, car cette main-là était tentée d'arracher la bouteille des mains du bonhomme et de la lui écraser sur la tête.

Cela lui était arrivé, une fois. La police avait été embarrassée. Le petit Jouve, son secrétaire, avait couru les salles de rédaction afin d'éviter que l'incident s'ébruitât.

Le marchand de vin se demandait pourquoi il restait ainsi immobile, à fixer le vague, à respirer fort, et il poussa un soupir de soulagement en le voyant vider son verre d'un trait, son second verre, puis le tendre à nouveau.

— C'est bon ?

Même cette question, accompagnée d'un sourire visqueux, qu'on ne lui épargnait pas !

Il but le troisième verre en fermant les yeux. Il en but un quatrième et, alors seulement, se redressa de toute sa taille, bomba le torse, gonfla ses joues, redevint tel qu'on était habitué à le voir.

Il contempla autour de lui les visages qui flottaient dans le brouillard et il avait sa moue aux lèvres, sa fameuse moue à la fois féroce et piteuse qui finit par produire son effet, qui les fit rire comme elle faisait rire les salles, d'un rire nerveux de gens qui ont eu un peu peur.

Il n'oublia rien de la légende, pas même son avarice, et, comme pour leur faire plaisir, pour leur donner bonne mesure, tira la monnaie de sa poche pièce à pièce, la comptant et ne s'en séparant que comme à regret.

La petite goutte trouble qui tremblait à ses cils quand, tout à l'heure, il avait redressé la tête, avait eu le temps de sécher et personne ne l'avait vue.

Il tonnait, comme en scène, à la cantonade :

— Taxi !

Et un chauffeur, qui buvait du calvados dans un coin, saisit sa casquette et se leva précipitamment.

— A votre service, monsieur Maugin.

Il pleuvait toujours. Il était tout seul, dans le noir, au fond du taxi, et les vitres déformaient les lumières, en faisaient des traits aigus qui s'entrecroisaient, des flèches, parfois des gerbes d'étoiles.

Sur toutes les colonnes Morris, il pouvait voir les grosses lettres noires des affiches détrempées : « Maugin »... « Maugin »... Et encore « Maugin » à la suivante. « Maugin », en plus gros, sur une palissade.

Enfin « Maugin », en lettres lumineuses, sur la marquise du théâtre.

— Votre courrier, monsieur Maugin... disait le concierge, à l'entrée des artistes.

— Bonsoir, monsieur Maugin... s'empressait le régisseur.

Les gamines, qui jouaient les dactylos dans le troisième tableau, s'écartaient et le suivaient des yeux.

— Bonsoir, monsieur Maugin...

Le jeune Béhar, aux longs cheveux, qui sortait du Conservatoire, et que ses trois répliques faisaient trembler chaque fois qu'il entrait en scène, saluait avec émotion.

— Bonsoir, monsieur Maugin...

Maria, son habilleuse, petite, grosse comme une toupie, ne lui disait pas bonsoir, affectait de ne pas le regarder, continuait à ranger dans la loge, ne consentait à jeter les yeux sur lui que par le truchement du miroir alors qu'il s'installait à sa table de maquillage.

— Vous êtes beau, oui. Où êtes-vous encore allé traîner ?

Ils avaient le même âge et passaient leur temps à se chamailler comme des écoliers. De temps en temps, il la flanquait à la porte, embauchait une autre habilleuse, tenait bon trois ou quatre jours et, quand il avait fini de bouder, envoyait Jouve chez Maria avec mission de la ramener coûte que coûte.

— M. Cadot est passé il y a quelques instants. Il ne pouvait pas attendre, parce que sa femme est malade. Il paraît que, cette fois-ci, c'est grave. Il essaiera de venir vous voir à la fin de la soirée.

Les doigts enduits de blanc gras, il massait lentement son visage, et ses yeux fixaient ses yeux dans la glace.

2

Trois fois, quatre fois, il salua, bougon, pressé d'en finir avec une corvée, et le public, qui aurait été dérouté de le voir sourire, trépignait de plus belle. Comme chaque soir, il alla chercher Lydia Nerval, et son geste pour reporter sur elle une partie des applaudissements était une parodie presque cynique du geste consacré.

A quoi bon feindre ? Les spectateurs étaient-ils là pour elle ou pour lui ? C'était un bout de femme quelconque, agaçante à force de remuer de l'air, de percher haut sa voix, de croire que c'était arrivé. Elle lui avait fait du charme, au début. Une fois qu'elle l'avait attiré dans sa loge, elle lui avait posé carrément la question :

— Alors, non ?

Et comme il prenait son air balourd, ce qu'on appelait son air d'éléphant :

— Je te déplais, Emile ?

Il s'était mis à tripoter le bout de sein ainsi qu'il l'aurait fait d'un gland de rideau.

— Tu as la chair molle, petite !

Depuis cet incident, elle ne lui adressait plus la parole qu'en scène et, le rideau baissé, ils s'ignoraient.

— Quelqu'un vous attend devant votre loge, monsieur Emile !

C'était après le deuxième acte, qui se passait au bagne. Il portait l'uniforme rayé, et une perruque à cheveux ras faisait ressortir ses traits comme taillés dans un bois trop dur.

— On n'a pas pris le temps de fignoler ! avait dit un loustic.

— Quelqu'un pour vous, monsieur Emile !

— Je sais, petit.

C'était tous les jours la même rengaine. Des gens tambourinaient déjà à la porte de fer qui communiquait avec la salle, et quelqu'un finirait par l'ouvrir. Ils avaient tous une carte de visite impressionnante, étaient quelque chose d'important en province ou à l'étranger, car la plupart des Parisiens avaient défilé depuis longtemps.

Il descendit l'escalier tournant, reconnut Cadot qui l'attendait avec anxiété à la porte de sa loge et qui ouvrit la bouche en le voyant approcher. Il l'arrêta à la fois du geste et de la voix.

— Tout à l'heure !

Il entra, referma la porte à clef derrière lui, dit, sans chercher Maria des yeux, sachant qu'elle était là :

— La bouteille !

Aussi peu aimable que lui, elle alla prendre le cognac dans le placard, le lui tendit d'un air dégoûté. Il n'avait pas besoin de verre, et elle le savait. Il ne se gênait plus pour elle, semblait, au contraire, le faire exprès de boire au goulot d'une façon ignoble, presque obscène, pour lui donner un haut-le-cœur et l'entendre grommeler entre ses dents :

— Si ce n'est pas malheureux de voir ça !

Ce soir-là, elle ajouta :

— Mon mari en est mort, mais lui, au moins, avait l'excuse de travailler toute la journée à la Halle aux Vins.

Au début, et pendant plusieurs mois, il s'était ingénié à lui cacher le flacon, dont il avait besoin dès le second entracte, parfois déjà au premier. Il l'avait placé successivement dans tous les coins non seulement de la loge, mais du sous-sol, dans les poches de ses vêtements de ville et de scène, sous le linge des tiroirs, dans la corbeille à papier et même sur l'appui extérieur de la lucarne qui donnait sur une impasse, et il attendait pour boire d'être derrière le rideau qui divisait la loge en deux, évitant le bruit du bouchon, les glouglous.

Bientôt, il avait retrouvé la bouteille, chaque soir, placée en évidence sur sa table de maquillage. Il avait fait semblant de ne pas s'en apercevoir, et Maria s'était décidée la première à en parler.

— Vous allez jouer longtemps à cache-cache comme un gamin ? Nous avons l'air fin, tous les deux !

On avait déjà frappé plusieurs fois à la porte, discrètement. Quelqu'un essaya de l'ouvrir. Il avala une dernière lampée et tendit la bouteille sans rien dire, dans le vide. Maria savait ce que cela signifiait et la cacha pendant qu'il passait un peignoir maculé de fards.

— Ouvre !

Ils n'étaient que quatre ou cinq, dont deux en smoking, et une femme en robe du soir. Sans les regarder, Maugin retirait sa perruque et procédait à un nouveau maquillage, hochant mécaniquement la tête aux compliments habituels.

Cadot était toujours là, dans l'étroit couloir, à attendre que les visiteurs s'en allassent, et Maugin lui lançait par instants un coup d'œil curieux.

A cent reprises, il avait tenté de dire, à ces gens qui envahissaient la loge avec des mines de visiteurs dans un musée :

« Messieurs-dames, vous m'emmerdez ! Je viens de jouer deux actes et j'en ai un troisième, particulièrement dur, à jouer. Lorsque vous vous déciderez enfin à me foutre la paix, j'aurai tout juste le temps de passer la jaquette dans laquelle vous me verrez ensuite et Maria m'étranglera une fois de plus en nouant ma cravate. »

Il pensait, avec l'air de les écouter, des tas de choses de ce genre-là :

« Vous avez bien dîné ? Tant mieux ! Moi pas. Je n'ai pas dîné du tout. Je suis allé voir Biguet. Le fameux Biguet, oui, le professeur. Vous connaissez de nom, n'est-ce pas ? Un homme célèbre aussi, en effet. Mais, lui, on ne va pas le regarder sous le nez pour voir comment il est fait à la ville, ni lui demander des autographes. On lui demande, à lui, des cardiogrammes. Oui, môssieu ! Des *car-di-o-grammes* ! Avec une belle poche flasque en guise de ventricule gauche ! »

Cadot se hissait sur la pointe des pieds, pour voir par-dessus les épaules, nerveux, impatient, et il avait la tête d'enfant de chœur la plus réussie que Maugin eût jamais rencontrée !

« T'énerve pas, mon garçon ! Ton tour viendra et on te dessinera des choses sur la poitrine, au crayon bleu ! »

Un mois plus tôt, alors que le même Cadot sortait de sa loge, Maugin avait demandé à Maria, avec un sérieux qui l'avait frappée :

— Vous avez déjà contemplé une plus parfaite tête de con ?

— Je le trouve gentil, bien élevé, sans doute trop bien élevé pour vous. C'est cela qui vous chiffonne ?

Il avait failli lui lâcher le paquet. Mais à quoi bon ?

Quelqu'un s'en allait avec force salutations et il hochait la tête, prononçait en y mettant la componction mécanique d'un mendiant qui reçoit la charité :

— Merci, monsieur. Merci, madame.

Puis il leur montrait un sourire figé. Tiens ! En jetant un coup d'œil sur la carte posée devant lui, il apprenait que c'était le maire d'une capitale étrangère qui venait de sortir de la sorte. Et les autres ? Toujours le même flan !

— Merci, monsieur. Merci, monsieur.

Il se retenait de dire :

« Mon bon monsieur ! »

Il avait hâte de boire un coup, et il fit fermer la porte au nez de Cadot.

— Bouteille !

— Qu'est-ce que vous avez, ce soir ?

— Ce soir, ma bonne Maria, j'ai soixante-quinze ans !

— Cela ne va décidément pas mieux.

— Non. Cela ne va pas mieux. A présent, aide-moi à me mettre à poil.

Il choisissait exprès les mots qui la choquaient. On frappait timidement.

— Vous ne voulez pas que je le fasse entrer ?

— Pour qu'il me parle de sa femme malade ? Si encore il faisait un effort pour se rendre intéressant en inventant de nouvelles histoires. C'est la quantième fois qu'il nous sort la femme malade ? Cinquième ? Sixième ?

— Ce n'est pas sa faute. Tout le monde n'a pas la chance d'être bâti à chaux et à sable.

— C'est vrai ça ! Passe-moi la bouteille.

— D'ailleurs, la dernière fois, elle n'était pas malade. Elle était sur le point d'accoucher.

— Pour la cinquième fois en six ans !

— Vous voudriez aussi avoir le monopole de faire des enfants ?

Alors, soudain, il devint rouge, se fâcha pour de bon, et elle recula effrayée.

— Je ne prétends à aucun monopole, vous entendez ? Quant aux enfants, cela ne regarde que moi ! Moi ! *Moi !* Et si vous voulez le savoir, *madame* Pinchard...

Il se tut, la regarda en coin, se regarda de la même façon dans le miroir :

— Ma cravate !

— Vous disiez ?

— Je ne disais rien. Passe-moi la bouteille.

— Si vous tenez absolument à vous faire mal...

— C'est déjà fait ! Merci quand même !

Il en avait bu quatre fois autant que les autres soirs et il avait le souffle court, les yeux brillants. Il entendait frapper les trois coups, mais il n'entrait en scène que plusieurs minutes après le lever du rideau. Ce qui l'exaspérait, c'était cette sorte de grattement humble à sa porte.

Les yeux de Maria questionnaient :

— J'ouvre ?

Et ce n'était peut-être qu'à cause d'elle qu'il ne prononçait pas le mot, qu'il s'obstinait, l'œil méchant, tout en brossant son huit-reflets d'un revers de manche.

Le troisième acte était commencé. L'éclat de rire de la salle leur parvenait par vagues. C'était le seul rire de toute la pièce qu'il ne provoquait pas, et cela le faisait toujours grimacer.

— Cela va être à vous.

— Vous allez peut-être me souffler mes répliques ?

— Dans l'état où vous êtes, ce ne serait pas superflu.

Il ouvrit la porte brutalement, et Cadot, qui y était appuyé, faillit s'abattre tête première sur le plancher.

— Tu écoutais ?

— Je vous jure, monsieur Maugin...

— Tu jureras plus tard. Laisse-moi passer.

Deux fois, dans le couloir, il se retourna pour le regarder et, quand il entra en scène, la canne à la main, l'œillet à la boutonnière, il grommelait encore :

— Tête de con !

Le public, de confiance, éclatait en applaudissements.

— Il a passé tout le temps dans le couloir ? Avoue que tu l'as fait entrer.

— Je n'ai pas eu à me donner cette peine, car, plutôt que de perdre son temps ici, il a couru à l'hôpital.

— Quel hôpital ?

— Je n'en sais rien.

Un instant, il imagina Cadot, courant sous la pluie dans les rues sombres, se faufilant, essoufflé, entre les voitures.

Puis, en pensée, il situa les divers hôpitaux dans l'espace.

— Il n'a pas eu le temps d'aller jusqu'au plus proche hôpital et d'en revenir. Ou, alors, il a pris un taxi.

— Il n'a pas pris de taxi.

— Peut-être bien.

Parce que ce n'était pas un homme à prendre un taxi, parce qu'il n'y penserait même pas, parce que ces gens-là attendraient plutôt un autobus pendant une demi-heure sous un réverbère.

— Peut-être me suis-je trompée et m'a-t-il dit qu'il allait téléphoner à l'hôpital.

On trichait toujours. On essayait toujours de le mettre dedans.

— Fais-le entrer.

Elle se dépêcha d'ouvrir la porte avant qu'il change d'avis.

— Je vous demande pardon d'avoir insisté, monsieur Maugin...

— Je sais. Assieds-toi.

Maugin le regarda s'asseoir du bout des fesses sur le bord de la chaise, haussa les épaules, se frictionna le visage d'une serviette-éponge.

— Viviane...

— Tout à l'heure.

— C'est que...

— J'ai dit : tout à l'heure ! Tu es pressé, n'est-ce pas ? Tout le monde est pressé. Maria aussi est pressée de rentrer chez elle, pour donner à manger à ses chats. Mais moi, moi, que je sois pressé ou non, on s'en moque !

— Je vous demande pardon, monsieur Maugin.

Maugin se retenait de lui donner des claques. Il en était encore, après des années, à se demander si c'était un vicieux ou un authentique imbécile.

— Tu as vu ta mère ?

Pourquoi cette question faisait-elle rougir le gamin ?

— Elle est à l'hôpital, près de ta femme ?

— Non, monsieur Maugin.

— Tu ne peux pas dire autre chose que monsieur Maugin ?

— Pardon monsieur.

— Qu'est-ce qu'elle raconte, ta mère ?

— Elle ne raconte rien. Elle n'est pas bien non plus. Ce sont ses varices.

— Elle ne t'a chargé d'aucune commission pour moi ?

— Non, monsieur. C'est-à-dire...

— Parle !

— Vous êtes de mauvaise humeur, ce soir, et je crains...

— Dis donc, petit ! Est-ce que tu es venu ici, dans *ma* loge, pour juger de *mon* humeur ?

— Ce n'est pas ce que j'ai voulu dire. Je me suis mal exprimé.

Maugin était sûr que, derrière son dos, Maria adressait au jeune homme des signes d'encouragement.

— Alors, ta mère ?

— Elle m'a chargé de vous dire que, pour l'amour de Dieu...

— Qu'elle commence par lui ficher la paix, au bon Dieu ! Il en a probablement assez, lui aussi, qu'on le mette à toutes les sauces. Continue.

— C'est vraiment grave, cette fois, monsieur Maugin.

— Qu'est-ce qui est grave ?

— Viviane. Le docteur prétend qu'il faudra probablement lui enlever les ovaires et...

— Suffit ! J'ai horreur qu'on parle de ces cochonneries-là.

C'était vrai. D'ailleurs, il ne jouait pas un rôle. Il n'en jouait jamais tout à fait, même à la scène, même à l'écran. De sa vie, il n'avait pu entendre parler sans une rétraction des nerfs de certaines opérations, de certains organes, surtout féminins.

Les questions d'accouchement l'écœuraient dans le strict sens du mot, et Cadot en avait d'habitude plein la bouche, insistait comme à plaisir.

Un soir, Maugin avait dit à Maria :

— Tu ne trouves pas qu'il sent le caca de bébé ?

— Votre enfant, qu'est-ce qu'il sent ?

Il s'était renfrogné sans insister.

— Mon chapeau !

— N'oubliez pas qu'après-demain, il y a matinée.

Cela voulait dire qu'on était jeudi, qu'une semaine de plus était presque finie.

— Suis-moi, toi !

Il était un des derniers à quitter le théâtre, car il restait en scène jusqu'au baisser du rideau et mettait du temps à se démaquiller et à se changer. Son pardessus était encore humide, l'impasse, qui aboutissait à la loge du concierge, pleine de flaques d'eau dans lesquelles Cadot pataugeait bravement pour marcher à sa hauteur.

— Tu ne t'es jamais posé une question, petit ?

— Quelle question ?

Maugin frissonna, frappé par le courant d'air de la rue, avisa un café à comptoir, juste en face.

— Entrons ici.

— C'est que...

— Je sais. Tu es pressé. Moi aussi. Et bien plus que tu ne peux l'imaginer !

Le jour, c'était Adrien Jouve, son secrétaire (qu'il n'appelait, par ironie, que môssieu Jouve), qui lui servait de souffre-douleur. Lui aussi était un garçon bien élevé, toujours frémissant de zèle.

« Vous êtes un crétin, môssieu Jouve ! »

Peut-être qu'un Biguet comprendrait ça. Ils étaient trop polis, trop bien astiqués. Ils croyaient ou faisaient semblant de croire tout ce qu'on voulait leur mettre dans la tête. Des enfants de chœur, c'était le mot qui convenait. Ils étaient contents d'eux par-dessus le marché, sûrs de suivre le droit chemin, comme dans la procession, d'être des modèles d'hommes à coller sur les images.

Celui-ci, à trente-trois ans, était employé au Crédit Lyonnais, dans une agence qu'on semblait avoir ouverte exprès pour lui, au fond du quartier Popincourt, en face du Père-Lachaise.

Il avait déniché Viviane, Dieu sait où, une petite mal portante, avec un œil légèrement de travers, qui lui pondait un enfant chaque année et avalait plus de médicaments que de viande rouge.

— Combien d'enfants as-tu au juste ?

— Cinq, monsieur.

— Deux vins rouges, garçon !

— Merci. Pas pour moi.

— J'ai dit deux vins rouges. Dans de grands verres.

Il buvait du cognac au théâtre, parce que cela produit le même effet sous un volume réduit. Il se sentait mieux, après le contact râpeux du vin sur sa langue, dans sa gorge.

— Bois !

Etait-ce vraiment de la méchanceté ? Si Cadot ne savait pas, peut-être. Mais, s'il savait, c'était Cadot qui était une petite crapule.

Maugin n'avait jamais osé lui poser la question. D'ailleurs, cela ne servirait à rien, car l'autre ne manquerait pas de mentir. Il lui avait déjà menti (des petits mensonges honteux pour des petites sommes).

Il y avait eu, pendant tout un temps, le pavillon de Bécon-les-Bruyères, « qui allait permettre au ménage de réaliser des économies et de se libérer de ses dettes ».

— Si seulement je pouvais verser une certaine somme d'un seul coup !

Les réparations, ensuite. Le toit. La plomberie défectueuse. La nécessité de paver la cour où l'eau qui stagnait devenait un danger pour la santé de Viviane et des enfants.

Puis, tout à coup, Cadot annonçait qu'il venait de vendre le pavillon « pour payer les frais, beaucoup plus impérieux, d'hôpital ».

Derrière tout ça se profilait, noire et menue comme une chaisière d'église pauvre, avec son pas feutré qui faisait toujours croire qu'elle était en chaussons, Juliette Cadot et son odeur de jupons dont elle imprégnait le logement de la rue Caulaincourt.

Sans un hasard, elle serait peut-être, elle serait probablement devenue Mme Maugin, et le crétin qui s'efforçait de boire son verre de vin sans tousser s'appellerait Maugin, au lieu de Cadot.

C'était son fils. Vraisemblablement. Plus que vraisemblablement, car ils avaient l'un et l'autre une forme de nez qu'on ne rencontre pas tous les jours dans la rue, avec la différence que, chez le garçon, ce nez-là était collé sur la face inconsistante de sa mère.

Pouvait-il expliquer à Maria que cela lui faisait mal jusqu'aux tripes de regarder l'inévitable Cadot ? Rien ne décourageait celui-ci. Un soir que Maugin l'avait flanqué à la porte de sa loge, il l'avait retrouvé une heure plus tard sur son seuil de l'avenue George-V.

Il tenait de sa mère. Ils appartenaient tous les deux à la race des gens à qui on se fatigue de donner des coups de pied au derrière, parce qu'ils ne réagissent pas.

— Dans une heure, monsieur Maugin...

Il était minuit. Le café était lugubre, avec les grosses gouttes d'eau qui formaient une frange, dehors, en tombant du vélum, du mouillé dans la sciure du plancher, et quelques consommateurs abrutis qu'une lumière trop crue rendait blafards.

Dans une heure, quoi ? On allait opérer Viviane ? Ne pas l'opérer ? Il aurait pu, pour couper court, demander :

« Combien ? »

Car en fin de compte, cela se traduisait en chiffres. Payer ou ne pas payer. Il payait une fois sur deux, ou sur trois. Les fois qu'il ne payait pas, il en avait pour plusieurs jours à ne pouvoir décrocher son téléphone sans entendre la voix de Juliette.

Elle l'avait poursuivi jusqu'au studio, très « veuve pauvre, mais digne » dans ses vêtements noirs. Devant les gens, elle baissait les yeux et l'appelait M. Maugin. Puis, quand ils étaient seuls, elle voilait son regard de larmes comme il ne l'avait jamais vu réussir au théâtre, posait une main sèche sur son bras et murmurait en le contemplant à travers le liquide :

— Emile !

Elle avait tout raconté au gamin, ce n'était pas possible autrement. Elle avait eu soin de lui donner le prénom d'Emile !

— Saleté !

— Vous dites ?

— Rien. Je dis : saleté !

— Vous ne voulez pas m'écouter ? Si vous croyez que je mens, accompagnez-moi à l'hôpital. Vous pourrez la voir, parler au médecin. Il vous dira...

Lui aussi avait les larmes aux yeux tandis qu'il regardait avec angoisse l'horloge au-dessus du bar. Si c'était joué, c'était bien joué. On sentait l'impatience monter, le gagner jusqu'aux moelles, mollir ses jambes, agiter ses genoux.

— Deux autres du même, garçon !

— Je vous en supplie !

Maugin croyait entendre la voix de Juliette expliquant au gamin :

— Cet homme-là, vois-tu, c'est ton père. Il n'a pas toujours été riche et célèbre. Il fut un temps où, faute d'un toit, il se glissait chaque soir dans ma chambre comme un voleur.

Pendant huit jours exactement. C'était vrai.

— J'étais jeune, naïve et pure...

Elle était vierge, c'était également vrai, et son corps avait déjà un goût de vieille fille ou de veuve.

Il l'avait rencontrée sur l'impériale de l'omnibus, à l'époque où il y avait encore des omnibus à Paris, et il portait un complet à carreaux, des souliers jaunes très pointus et un canotier à fond plat. Peut-être avait-elle conservé la photo qu'on avait prise d'eux à la foire de Montmartre ?

Il passait un tour de chant dans un café-concert du boulevard Rochechouart où on le payait avec des demis et des sandwiches. Quant à elle, elle travaillait chez une couturière, rue Notre-Dame-de-Lorette, et partageait sa chambre avec une amie.

— Flanque ton amie à la porte !

Il était deux fois grand et large comme elle, et, dans la rue, elle se suspendait à son bras avec des airs tendres qui imitaient les cartes postales d'alors.

Il se souvenait fort bien de la chambre, dans une espèce de pension de famille où il lui fallait entrer sans être vu et où, lorsqu'il n'était pas sorti avant six heures du matin, il était obligé de passer la journée sans faire de bruit.

Par chance, un imprésario racolait pour une tournée dans les Balkans, le genre de tournées qu'on laisse en panne après quelques semaines ou quelques mois en emportant la caisse. Il était parti sans rien dire, économisant les adieux et les larmes.

Lorsqu'il était revenu, deux ans plus tard, son nom, sur les affiches — en petites lettres, tout en bas —, avait été Alain de Breuille.

Il avait fallu du temps — et de l'estomac, et du souffle — pour devenir Emile Maugin d'abord, enfin Maugin tout court, du temps aussi pour trouver, à la porte de sa loge, dans un théâtre du quartier des Ternes, une petite dame de quarante ans qui portait le deuil.

Il en avait quarante-trois, et la tête d'affiche.

— Vous ne me remettez pas, monsieur Maugin ?

Il ne la « remettait » pas du tout et était tout disposé à lui signer son programme.

— Juliette ! prononçait-elle alors avec un sourire ému.

— Eh bien ! oui, Juliette. Après ? je vous écoute, madame.

— La rue Notre-Dame-de-Lorette !

— Oui...

— La pension de Mme Vacher !

Il avait retenu à temps un « merde » qui lui montait aux lèvres, car ce nom-là l'éclairait enfin.

— N'ayez pas peur, monsieur Maugin. Ce n'est pas pour moi que je suis venue. J'ai beaucoup souffert, mais je devine ce que doit être la vie d'un artiste.

Elle avait tellement souffert dans son grand amour déçu que, deux ans après son départ, elle avait épousé un certain Cadot, qui avait une bonne place dans l'administration, avec une pension à la clef.

— C'était pour le petit, vous comprenez ? Cadot a été très bien. Il a tout de suite offert de le reconnaître et de lui donner son nom.

Elle parlait de l'enfant comme d'un bébé, et c'était déjà un garçon de dix-huit ans qui « venait de débuter dans une banque et dont les chefs se montraient fort satisfaits ».

— Je voudrais tant que vous le voyiez ! C'est votre portrait vivant !

Et lui, l'original, est-ce qu'il était mort ?

Le lendemain, elle se tenait avec le jeune homme au premier rang et venait le lui présenter à l'entracte. Cadot était mort, laissant la fameuse pension à sa femme.

— M. Maugin est un ami d'enfance, Emile. N'est-ce pas, monsieur Maugin ? Ne t'étonne pas s'il m'arrive d'oublier le chemin qu'il a parcouru et de l'appeler Emile. Il m'a connue toute petite.

La garce !

— Je suis sûre qu'il s'intéressera à toi et qu'il fera son possible pour t'aider dans la vie.

Et le nigaud de réciter :

— Je vous en suis d'avance reconnaissant, monsieur Maugin, et je m'appliquerai, de mon côté, à mériter une telle faveur.

Il lui avait acheté une montre pour commencer, parce qu'il « avait tellement peur d'être en retard à son bureau qu'il n'en prenait plus le temps de manger ».

Hein ! Depuis, il avait fait des petits. Il allait continuer à en fabriquer si, tout à l'heure, le médecin ne se décidait pas à enlever les ovaires de Viviane.

Ce qu'ils devaient rigoler, tous les deux, la mère et le fils, quand ils se retrouvaient face à face dans la punaiserie de la rue Caulaincourt, portes fermées, rideaux tirés ! Car ils tiraient sûrement les rideaux, par crainte que les gens d'en face les voient rire comme des bossus ! En public, ces êtres-là, ça ne rit pas. Au mieux, cela épingle un sourire morose.

N'est-ce pas, monsieur mon fils ?

— Bois !

— Je...

Il lui fourrait presque le verre dans la main, l'hypnotisait du regard.

— Garçon !

— De grâce !

— Garçon ! La même chose !

Il avait ses gros yeux et il le savait bien, car il les voyait dans la glace. Il savait aussi qu'il allait devenir méchant, parce qu'il avait mal, parce qu'il avait eu mal toute la soirée. Pas à son cœur. Pas dans sa poitrine. Et pourtant cela faisait mal dans sa chair aussi, partout, au plus profond de lui.

Qu'est-ce qu'ils diraient, tous, toutes ces larves qui attendaient Dieu sait quoi en sirotant leur consommation et en regardant dans le vide, qu'est-ce qu'ils diraient s'il s'asseyait par terre, ici, dans la sciure, ou dans la pluie au bord du trottoir, en poussant le grand cri de lassitude qu'il retenait depuis si longtemps, ou un braiment, comme un âne qu'il était ?

— Je suis fatigué. Fa-ti-gué, comprenez-vous ?

Fatigué à mourir. Fatigué d'être un homme. Fatigué de se porter. Fatigué de voir et d'entendre des Cadot et d'avoir à les charger sur ses épaules par surcroît.

Est-ce qu'ils regardaient, eux, à lui faire du mal ? Est-ce que quelqu'un avait jamais eu pitié de lui ? L'avait-on vu aller demander poliment à qui que ce soit de l'aider ?

— Ma femme est malade, mon bon monsieur !

Il avait eu des femmes, il en avait même eu trois, sans compter cette punaise de Juliette, et la dernière l'attendait dans son lit.

Cela le frappa soudain, alors qu'il fixait le miroir double derrière les bouteilles, de penser qu'il y avait quelqu'un dans son lit, quelqu'un d'étranger à lui, qui dormait, transpirait, respirait dans ses draps.

— Bois, nom de Dieu !

D'habitude, il s'arrêtait bien avant. C'est au théâtre qu'il avait, sans s'en rendre compte, avalé beaucoup plus que sa dose de cognac. Il commençait à vaciller et avait conscience que tout le monde le regardait, que tout le monde regardait avec mépris — ou avec pitié, ce qui était pis — le grand Maugin se saouler la gueule.

— Je vais te dire quelque chose, jeune homme...

— Oui, monsieur.

— Tu es une sale petite crapule et je t'emmerde ! Payez-vous garçon !

Dans la rue, il entendit des pas derrière lui et il se serait peut-être mis à courir si un taxi en maraude ne s'était pas arrêté au bon moment. Cela se passa comme dans un rêve, comme dans une scène de film minutieusement réglée. Il put, juste à temps, claquer la portière devant le visage hébété de Cadot.

— Où voulez-vous aller, monsieur Maugin ?

Le chauffeur le connaissait. Tout le monde le connaissait.

— Où il vous plaira. Ailleurs ! Nulle part !

Et, sur le moment, ces trois derniers mots lui parurent sublimes.

— Ailleurs ! Nulle part !

Il les répétait à mi-voix, les ruminait, seul dans son coin humide, comme s'ils éclairaient enfin le douloureux mystère du monde.

3

On lui touchait l'épaule. Une voix répétait pour la troisième fois, ou la quatrième, chaque fois plus insistante :

— Monsieur, il est sept heures.

Il avait entendu le déclic du commutateur électrique et il était conscient de l'obscurité du dehors, de l'hiver, de l'oasis de lumière sirupeuse et de chaleur que formait sa chambre. Il percevait l'odeur du café que Camille, debout à côté de son lit, lui tendait sur un plateau, mais refusait encore de remonter tout à fait à la surface, par peur de ce qui l'attendait, s'efforçait au contraire de nager vers les profondeurs tièdes et sombres qui sentaient sa sueur.

Ne pouvait-il pas se porter malade, appeler Biguet, par exemple, qui signerait un certificat pour le studio ? Maugin ne le ferait pas, il le savait. Il ne l'avait jamais fait. Il grognait, tirait la patte, et n'en arrivait pas moins le premier sur le plateau, où il était obligé d'attendre les petits crabes.

Il essayait d'entendre s'il pleuvait encore, puis, toujours sans ouvrir les yeux, étendait le bras dans le lit immense qu'il tâtait de la main, ne rencontrait, à la place d'Alice, qu'un vide froid. Pour s'assurer qu'il n'avait pas rêvé, il cherchait l'endroit où auraient dû se trouver les oreillers de sa femme et où il n'y avait rien.

Il n'avait pas rêvé. Et il faudrait faire face à d'autres réalités plus désagréables que celles-là, si désagréables que, de peur, il se sentait réellement malade.

— Monsieur...

Alors, sur son visage crayeux aux traits boursouflés, ce fut, instantanément, son expression maussade, hargneuse, de tous les matins.

— Il est sept heures, je le sais. Après ?

C'était sa voix aussi, plus rocailleuse que jamais. Il se savait laid, dégoûtant, avec ses cheveux rares qui collaient à sa peau moite et son haleine qui empestait. Il se redressait péniblement, s'asseyait, adossé aux oreillers, lançait un coup d'œil méfiant à Camille qui lui souriait.

Savait-elle ce qui s'était passé ? Avait-elle remarqué l'absence des deux oreillers d'Alice ? Celle-ci lui avait-elle parlé ? Peut-être, alors qu'il restait à l'abri dans le cercle lumineux de sa chambre, bien des choses avaient-elles déjà changé dans la maison ?

Il s'effraya à l'idée qu'Alice pourrait être partie avec l'enfant.

— Il pleut ?

On n'ouvrait pas les volets avant le grand jour et il n'entendait rien.

— Seulement quelques gouttes, monsieur.

Il avait couché deux fois avec elle et l'avait dit à sa femme. Alice n'était pas jalouse, n'avait pas à l'être. La première fois, il l'avait à peine fait exprès : Camille était dans la maison depuis trois ou quatre jours et il l'avait pelotée, pour voir ; elle s'était coulée dans ses bras tout de suite, les lèvres ouvertes, la langue déjà pointée. En jouissant, elle criait :

— Chéri ! Oh ! Chéri... Chéri ! Oh !...

— Vous ne buvez pas votre café ?

Il hésitait. De s'asseoir dans son lit lui donnait le mal de mer et il craignait que le café le fît vomir. L'idée de vomissure lui rappelait quelque chose et soudain il se revit, à genoux dans la salle de bains, devant la cuvette éclaboussée. Il en avait mis partout, et sur ses vêtements. Avait-on nettoyé la salle de bains ? Qui ?

Il en voulait à Camille d'être comme tous les jours, comme si rien ne s'était passé.

— Quel complet mettrez-vous, monsieur ? Votre bain est prêt.

Il avait eu un valet de chambre, autrefois, mais cela le gênait davantage de se mettre nu devant un homme que devant une femme. Il se sentait humilié.

— Vous ne mangez pas ?

— Non. Passe-moi ma robe de chambre.

Le regard qu'il lançait aux murs, aux meubles autour de lui, était plein de ressentiment. Il n'avait jamais pu s'habituer à l'appartement dans lequel il vivait depuis près de vingt ans. C'était pourtant lui qui l'avait choisi, pour épater sa seconde femme. Sa seconde femme légitime. Consuelo. Il avait alors quarante ans et, s'il n'était pas encore la grande vedette de l'écran, il était célèbre au théâtre. Il avait bien failli, au lieu de l'avenue George-V, choisir l'avenue du Bois !

Les chambres étaient vastes, sonores ; on avait beau y entasser des meubles, des objets inutiles, elles paraissaient toujours vides. Du temps de Consuelo, qui était Sud-Américaine, tout était meublé en style espagnol ancien, avec des tas de pièces provenant de vieilles églises, des angles dorés, des prie-Dieu, des stalles comme celles dans lesquelles on voit les chanoines à l'office.

Il en restait, par-ci par-là. On trouvait de tout, y compris des malles et, au milieu du salon, sur un tapis aux tons passés, un parc d'enfant qui sortait des grands magasins du Louvre.

— Mon complet bleu ! décida-t-il avant de refermer la porte de la salle de bains.

Il commença par se regarder dans la glace, ouvrit la pharmacie où il conservait un flacon de cognac. Ce n'était pas par plaisir, ni par vice, qu'il en buvait à cette heure-ci, mais parce que c'était indispensable s'il voulait se tenir debout. C'était mauvais. Cela le brûlait. Il eut plusieurs haut-le-cœur qui lui mirent les larmes aux yeux et enfin il rota, se sentit mieux, se glissa, l'instant d'après, dans la baignoire.

— Je peux entrer, monsieur ?

— Entre !

— C'est M. Adrien qui demande si vous êtes d'accord pour la scène. Il paraît que vous comprendrez ce que ça veut dire. Il doit téléphoner au studio, car ils ont besoin de savoir si on la tourne ce matin ou non.

— On la tourne.

C'était un défi. Cette histoire durait depuis huit jours et mettait tout le monde à cran, aux Buttes-Chaumont. Le film était à peu près terminé. Il restait, outre les raccords habituels, une scène à deux personnages sur laquelle on n'arrivait pas à s'entendre.

Il ne voulait pas de la scène telle qu'elle figurait au scénario et qu'on prétendait lui faire tourner.

— Je la jouerai comme je l'entends ou je ne la jouerai pas.

Seulement, quand on lui avait demandé comment il prétendait la jouer, il n'avait rien trouvé de précis à répondre.

— Le texte ne colle pas. Il faut trouver autre chose.

— Quoi ?

— Je vous dirai ça demain.

Il y avait maintenant une semaine qu'il remettait ainsi au lendemain et que, parfois, dans un coin du studio ou dans sa loge, il essayait « sa » scène sans trouver le joint.

— Camille !

— Oui, monsieur.

— La nurse est là ?

Il savait que non, qu'elle n'arrivait qu'à huit heures, mais c'était un moyen détourné de parler de sa femme, ou plutôt d'inciter la fille à en parler.

— Non, monsieur. Pas encore.

Il ouvrit la bouche, ne posa pas la question.

— Ah bon...

Consuelo était devenue, à Bruxelles, la femme d'un gros banquier, et on la voyait souvent à Paris, où elle s'habillait, de plus en plus chargée de bijoux. Tant mieux pour elle ! Dommage, seulement, qu'elle n'eût pas emporté le bric-à-brac qu'elle lui avait fait acheter, pas même la harpe dont elle s'était toquée pendant deux semaines et qui était encore près d'une des fenêtres du salon.

— Camille.

— Oui, monsieur.

— Mon secrétaire téléphone ?

— Oui, monsieur. Il est dans le bureau de monsieur.

Cela ne la choquait pas de le voir nu, blanc et noir, dans la baignoire. Elle devait avoir un amant, peut-être plusieurs, car elle était plus avertie qu'une professionnelle. Leur racontait-elle comment Maugin était, tout nu ? Et comment il faisait l'amour ? Et ce qui l'excitait ?

Il ne voulait toujours pas penser à la nuit. Il faudrait bien y venir, comme il avait fini par ouvrir les yeux, mais il avait besoin, avant, de se mettre d'aplomb.

— Camille !

— Monsieur.

— Passe-moi le dos au gant de crin.

C'était le supplice quotidien de la femme de chambre, car il fallait frotter fort, toujours plus fort, à faire gicler le sang de la peau. Comme elle disait, elle en avait les bras qui tombaient.

— Vous avez bien dormi, Camille ?

— Oui, monsieur. Merci. Je dors toujours bien.

— Vous m'avez entendu rentrer ?

— Non, monsieur.

Il avait espéré, par elle, apprendre à quelle heure il était arrivé à la maison. Il devait être très tard, car il se souvenait d'avoir vu fermer les volets de la petite boîte de la rue de Presbourg. Il ne se rappelait pas y être allé, ni être descendu du taxi qu'il avait pris en laissant Cadot sur le trottoir, mais il gardait une image assez nette de la boîte qu'on fermait, dont les musiciens sortaient en même temps que lui.

Il était gonflé, à ce moment-là, se sentait énorme, puissant, une sorte de surhomme, un super Maugin entouré de fidèles respectueux. Qu'est-ce qu'il leur avait dit ?

Il se revoyait assis sur un haut tabouret, dans un coin du bar, le dos au mur, et des gens venaient lui parler, lui mettre un verre dans la main ; il y avait des groupes, aux tables, avec de jolies femmes, et on l'invitait à s'y asseoir, mais il ne bougeait pas, consentait seulement à parler plus haut, à lancer quelques répliques, de loin, comme il aurait parlé de la scène à la salle, comme il le faisait jadis au music-hall, quand il prenait un spectateur à partie et soulevait des tempêtes de rires.

Puis il se tournait vers Bob, le barman, laissait tomber, la bouche en coin :

— Les cons !

Après... Non ! Pas tout de suite. C'était trop humiliant, plus écœurant que le goût du vin qui lui remontait jusqu'aux narines et l'obligeait à se gargariser à nouveau d'une gorgée d'alcool.

Il avait des quantités de problèmes, mais il fallait avant tout savoir au sujet d'Alice. Le tour de Viviane viendrait après. Quant à ce qui avait pu se passer au *Presbourg,* cela ne pressait pas. On l'attendait au studio et il jouerait sa scène, ce matin. C'était indispensable. C'était le seul moyen de se retrouver.

— Camille !

— Oui, monsieur.

— Un nœud bleu à pois blancs.

Il ne l'avait pas bousculée, ne lui avait rien dit de méchant. En regardant les muscles de sa croupe jouer sous la soie noire, il questionna :

— Comment fais-tu pour ne pas avoir d'enfant ?

— Comme tout le monde, monsieur. J'ai la chance que ça réussisse. Je touche du bois.

— Camille !

— Monsieur.

— Couche-toi.

— Comme ça, maintenant ?

— Comme ça ! Maintenant !

Une bouffée venait de lui venir, il savait bien pourquoi. Ce n'était pas beau non plus. C'était même assez sale, mais cela le purgeait.

Après, il se sentait la tête plus vide, les jambes molles, avec du vague dans la poitrine, mais il était content de l'avoir fait.

— Quelle heure est-il ?

— Huit heures moins le quart.

— La voiture est à la porte ?

— Je suppose, monsieur. Vous voulez que je regarde ?

Il ne s'occupa plus d'elle. Il avait choisi un complet bleu croisé, une chemise en soie blanche, un nœud de cravate à pois. Il avait son traditionnel chapeau rond sur la tête et des restes de talc aux joues, quand il poussa la porte de l'ancienne chambre d'amis qui était devenue la nursery. C'était au bout du couloir, à l'autre extrémité de l'appartement. Il ne fit que pousser le battant de quelques centimètres, vit Alice, debout, en blanc, qui sortait Baba de son bain.

Elle était toute fraîche, dans cette tenue de nurse qu'elle adoptait le matin et la gamine tourna la tête vers lui, attendant gravement son sourire pour y répondre.

Il n'osa pas. Il ne voulait pas rencontrer le regard de sa femme, ni voir si elle avait pleuré, si elle pleurait encore. Il s'éclaircit la voix pour lancer aussi naturellement que possible :

— A tout à l'heure !

Il faudrait, un jour ou l'autre, une explication. Il ne savait même pas au juste comment c'était arrivé. Il était rentré et c'était incroyable qu'il ait pu tourner la clef dans la serrure. Il s'était déshabillé au milieu de la chambre à coucher où Alice, éveillée, le regardait sans mot dire, et il avait semé ses vêtements un peu partout.

Elle ne lui adressait pas de reproches. Elle ne lui en adressait jamais. Et c'était très bien qu'elle comprît qu'elle n'avait pas à lui en adresser. Mais c'était justement à ces reproches qu'elle ne formulait pas qu'il était plus sensible, comme au fait, par exemple, qu'elle lui disait d'une voix calme, gentille, sans trace de larmes qu'elle aurait sans doute souhaité verser.

— Tu ne veux pas que je t'aide ?

— Non !

Il lui en voulait de rester couchée et lui en aurait voulu davantage si elle s'était levée. Il s'avait qu'elle avait peur qu'il éveille la petite, ou qu'il aille se montrer à l'enfant dans l'état où il était, et, parce qu'elle n'osait pas le laisser voir, il enrageait, humilié.

Elle avait l'âge de la femme de chambre, vingt-deux ans, et, quand il l'avait connue, elle n'en avait pas vingt. Elle suivait, pendant le jour, les cours du Conservatoire et, le soir, au théâtre, elle était une des petites dactylos du troisième tableau qui n'avaient chacune qu'une ou deux répliques.

Il avait mis des semaines à la remarquer, car elle n'était pas de la première distribution de la pièce et elle avait commencé par remplacer une camarade malade. Ce qui l'avait fait s'occuper d'elle, c'était sa bouche, qui ne ressemblait pas aux autres bouches féminines, il n'aurait pu dire pourquoi. Les lèvres étaient presque d'égale épaisseur, avec quelque chose d'inhabituel dans leur ourlet qui donnait une expression douce et soumise à toute la physionomie.

Un soir, il lui avait tapoté les fesses, gentiment, sans qu'elle se crût obligée de se rebiffer. Il avait ses bons gros yeux, à la fois gourmands et candides.

— On soupe ensemble, petite ?

— Si vous y tenez vraiment, monsieur Maugin...

— Parce que, à toi, cela ne te fait pas plaisir ?

— Je ne sais pas comment vous expliquer, monsieur Maugin. Je crains surtout que ce ne soit pas gai pour vous.

Il l'avait emmenée quand même, dans un cabaret peu connu de Montparnasse, et avait immédiatement commandé du champagne. Presque toutes y avaient passé, comme ça, et, le lendemain, elles ne se croyaient pas autorisées à se montrer familières.

— Je vous ai averti que ce ne serait pas agréable pour vous, monsieur Maugin. Autant vous dire tout de suite qu'il n'y aura pas de « tout à l'heure ». Vous comprenez ce que je veux dire. J'attends un bébé.

Elle était souriante et simplette en disant ça, mais elle avait les yeux humides.

— Cela ne se voit pas encore. Je ne suis enceinte que de deux mois.

— Le père ?

— Il n'en sait rien. Il n'a pas besoin de le savoir. Ce serait trop long à vous expliquer. Il est heureux comme il est. Je n'ai pas le droit de compliquer sa vie.

— Et le bébé, ça ne complique pas la vôtre ?

— C'est différent.

— Vous avez l'air contente ?

— Je le suis.

— D'avoir un bébé d'un homme qui...

— Oui. Peut-être d'avoir un bébé tout court.

Il avait horreur du champagne, et elle n'y toucha pas non plus, refusa ses cigarettes.

— Pas dans mon état.

On aurait dit qu'elle jouait à la femme enceinte, à la future maman, et c'était la première fois que Maugin était aussi dérouté devant une femme.

Il fit sa grosse voix :

— C'est fort bien, cet enfant, il faudra l'élever.

— Le nourrir, l'habiller...

Elle ne gagnait pas, au théâtre, de quoi faire plus d'un repas par jour.

— Vous le voyez encore, lui ?

— Non.

— Pourquoi ?

— Je ne veux pas qu'il sache.

— Vous l'aimez toujours ?

— Peut-être moins. C'est difficile à expliquer.

Pendant des semaines, il avait joué à lui adresser, même en scène, de petits signes qu'elle seule pouvait comprendre et il lui avait fait obtenir un bout de rôle dans son film.

— Vous tenez vraiment à devenir actrice ?

— Non.

— Alors, pourquoi avez-vous commencé ?

— Parce que la vie était monotone à la maison.

— Vous êtes de Paris ?

— De Caen. Mon père est pharmacien.

Il s'était habitué à la chercher des yeux dès qu'il arrivait au théâtre, et lui apportait des bonbons, faute de steaks qui lui auraient fait plus de bien, mais qu'il n'osait pas lui offrir.

— Dites-donc, ma petite Alice. Je ne sais pas si c'est parce que je suis dans le secret, mais il me semble que cela commence à se voir.

— Une camarade me l'a dit à midi.

— Alors ?

— Je ne sais pas.

Est-ce que, sacrebleu, celle-ci jouait un rôle aussi ?

— Si je vous promettais de n'être pour vous...

C'était lui qui rougissait, qui bégayait, qui, à cinquante-sept ans, avait l'air d'un éléphantesque nigaud.

— ...Il me semble qu'on pourrait s'arranger. Pour la forme, vous comprenez ?... Cela donnerait un nom à l'enfant... Et, pour vous...

Cadot, jadis, celui qui était mort, l'homme à la pension, avait-il été comme ça ? Eh ! il n'y pouvait rien ! C'était plus fort que lui ! Il en arrivait à regarder ce ventre-là comme si c'était le Saint-Sacrement.

— C'est oui ?

Ils s'étaient mariés à la mairie du VIIIe, un matin de juin, et étaient partis tout de suite pour la Côte d'Azur où il avait un film à tourner. Après, il l'avait laissée dans un petit village de Provence où elle avait accouché vers le milieu de l'hiver, puis elle l'avait rejoint à Paris avec l'enfant.

L'enfant, c'était Baba, à qui, ce matin, il n'avait pas osé sourire parce que, la nuit, il avait fait de la peine à sa mère.

Cela l'avait pris dans la salle de bains, où il s'était senti malade et où il avait essayé en vain d'amortir des bruits répugnants. Il s'était nettoyé de son mieux et il se souvenait avec une sorte de honte de son visage dans la glace.

Est-ce qu'il n'avait pas parlé au jeune Cadot de la femme qui l'attendait dans son lit ? Cela devait être le point de départ. Quand, après coup, des matins comme celui-ci, il se mettait à chercher, il finissait presque toujours par retrouver le cheminement inconscient de sa pensée.

Il avait pensé à l'autre Cadot, le faux père.

Et, rue de Presbourg, il avait beaucoup parlé, trop parlé, sur un ton dégagé, à la fois hautain et ironique, en lançant des clins d'œil au barman. Il avait prononcé des phrases stupides dans ce genre :

— Un artiste et un barman, c'est cousins ! Cela vit l'un comme l'autre des vices des gens et ça doit s'y connaître en crapules.

Il disait ce mot-là assez haut pour que les consommateurs l'entendent et il se rappelait vaguement que le patron, un petit Italien large d'épaules, était intervenu pour éviter la bagarre. Qu'avait-il dit au consommateur en habit, accompagné de deux femmes, qui s'était soudain approché du bar et qu'il s'était empressé d'emmener dans un coin ? Sans doute :

— Voyons ! Voyons ! Vous connaissez M. Maugin, le grand acteur, et vous n'allez pas faire un esclandre. Quand il est dans cet état...

Peut-être avait-il ajouté :

— On ne frappe pas un homme qui...

Il avait aussi mal parlé des femmes, prétendant que toutes, autant qu'elles sont, ne rêvent que de l'état de veuvage pour lequel elles se sentent nées.

— Elles sont là, dans notre lit, à attendre que nous crevions pour occuper enfin toute la place !

Alice était là, derrière la porte, dans son lit, justement, et il avait honte de se présenter devant elle, vacillant, sentant mauvais, vieux et malade.

Alors, poussant le battant d'un geste brusque, il l'avait regardée de haut en bas et avait prononcé, la voix graillonneuse :

— T'es-tu jamais demandé ce que tu faisais dans *mon* lit ?

Un temps, comme au théâtre, puis, deux tons plus bas :

— Moi, je suis en train de me poser la question.

Il était resté debout, à attendre une réplique, des larmes, une scène qui lui aurait détendu les nerfs, mais, simplement, sans bruit, elle s'était levée, avait pris ses deux oreillers et s'était dirigée vers la porte.

Elle ne lui avait pas souhaité le bonsoir. Elle ne lui avait rien dit. Elle avait dû, plus tard, revenir dans la salle de bains pour la nettoyer. Et, ce matin, elle était toute propre, toute nette, vêtue de blanc immaculé, dans la chambre de Baba.

Il se dirigeait vers le vestibule, à pas mous, ouvrait la bouche pour appeler Jouve, quand la porte de la nursery s'entrebâilla derrière lui et une voix dit naturellement :

— Tu rentres dîner ?

Elle savait que, quand il travaillait au studio, il ne rentrait pas déjeuner, mais qu'il trouvait parfois le temps de venir manger un morceau et se changer avant le théâtre.

Ces mots qu'elle venait d'articuler, tout bêtes qu'ils étaient, faillirent le faire pleurer et il n'osait pas se retourner par peur de laisser voir sa grosse gueule toute brouillée, il hésitait à parler tant sa gorge était serrée, lâchait, très vite :

— Peut-être...

Puis, d'une voix claironnante, à la cantonade :

— Je vous attends, môssieu Jouve !

Le même Alfred, qui l'avait déposé la veille au soir au coin de la rue de Courcelles, fumait sa cigarette au volant de la limousine, dans le matin sale gonflé de crachin.

— Ecoute bien ce que je te dis, petit. Tu vas téléphoner à la mère Cadot. Tu as son numéro ?

— Oui, patron.

Et le petit Jouve tirait de sa poche un joli calepin rouge.

— Tu lui demanderas des nouvelles de Viviane. Tu retiendras le nom ?

— Je connais.

— Si elle s'étonne que je ne téléphone pas moi-même, raconte-lui que je ne me sens pas bien.

— C'est vrai ?

Jouve avait remarqué, dès l'avenue George-V, que Maugin avait une sale tête, mais il avait eu soin de n'en pas parler. Les jours comme celui-ci, il était préférable de marcher sur des œufs, et cela ne suffisait pas toujours à éviter l'explosion.

— Alfred est encore là ?

— Il est dans la cour.

— Dis-lui d'aller porter tout de suite cette ordonnance chez un pharmacien et de ne pas revenir sans le médicament.

Il savait que, dans une heure environ, il aurait sa crise, qu'il en aurait pour un quart d'heure ou vingt minutes à se sentir mourir, jusqu'à ce qu'enfin ce qu'il appelait « sa bulle » éclatât en un rot plus ou moins bruyant. On allait voir si la drogue de Biguet agissait. Combien le professeur lui demanderait-il pour sa visite ? Certains prétendaient qu'il fixait ses honoraires selon la fortune du client. Et les journaux ne manquaient pas, presque chaque semaine, de citer les cachets astronomiques de Maugin, lançant ainsi tous les tapeurs à ses trousses.

Deux jours plus tôt, un couple de braves gens lui avait écrit d'une petite ville des Charentes.

« Nous avons soixante ans. Nous avons travaillé toute notre vie. Nous rêvons maintenant d'une petite maison à nous pour nos vieux jours. Justement, nous en avons trouvé une qui ferait notre affaire et, si vous vouliez, vous qui êtes si riche, nous envoyer par retour la somme de... »

Ils ne parlaient pas de rembourser, mais de prier pour lui !

— Tu n'as pas eu la mère Cadot ?

— On ne répond pas.

— Sonne encore.

Pendant ce temps-là, il devenait petit à petit, à l'aide de fards et d'une défroque, le personnage qu'il allait jouer. Jamais il n'avait tant houspillé les tailleurs que pour ce rôle-là, et il avait fini par acheter le costume d'occasion dans une maison de la rive gauche.

— Monsieur-Tout-le-Monde ! Vous ne comprenez pas, non ? Quelqu'un qu'on a l'impression de rencontrer chaque jour dans la rue. Quelqu'un qui vous rappelle votre beau-frère, ou votre agent d'assurances...

Le plus étonnant, c'est que, avant même qu'il se serve des crayons gras, son visage d'empereur romain semblait déjà perdre ses angles ; les lignes fondaient, devenaient molles et fuyantes, l'expression devenait banale, avec de la veulerie, un peu d'espoir, de la méfiance et, peut-être, une vacillante lueur de bonté.

— On ne répond toujours pas, patron. J'ai demandé à la surveillante de sonner elle-même. Il n'y a sûrement personne.

— Quelle heure est-il ?

— Neuf heures moins cinq.

A neuf heures, il serait sur le plateau, où ils étaient déjà une trentaine à s'agiter.

— Prends, dans l'annuaire, la liste des hôpitaux.

— Des hôpitaux ?

— Quel mot ai-je prononcé ?

On aurait dit qu'à cause du costume, du maquillage, sa voix avait changé aussi, et son regard.

— Tu téléphoneras de ma part à chacun. Cite mon nom, car, autrement, on ne te répondrait peut-être pas. Je sais comment ils sont. Tu demanderas s'ils ont chez eux une certaine Viviane Cadot. Je ne connais pas le nom de sa maladie, mais c'est dans le ventre, une maladie de femme. Il était question de l'opérer cette nuit.

Il jeta un regard navré vers la cour, affreuse, désespérante, sous la pluie, qu'il devait traverser pour gagner le studio B où on tournait ce matin. Le décor était en place depuis longtemps ; une salle à manger de petites gens, avec la machine à coudre devant la fenêtre aux rideaux de guipure.

Laniaud, le metteur en scène, se montrait inquiet, les commanditaires, dans un coin — l'un d'eux, un Juif hongrois, portait une pelisse — étaient de glace.

— Ecoute, Emile, fit Laniaud en l'attirant à l'écart. J'ai travaillé toute la nuit avec le scénariste et le dialoguiste. Lis ça. Ça se tient. Je ne prétends pas que ce soit fameux, mais ça se tient, et il faut qu'on en finisse.

Maugin rendit les feuillets sans les lire, sans un mot.

— Qu'est-ce que tu comptes faire ?

— Jouer la scène comme le type la vivrait.

— Et jeter la femme par la fenêtre ?

Il en avait été question. Toutes les solutions avaient été discutées. C'était un épisode très court, presque muet, mais essentiel, car le reste du film reposait sur lui, et, comme d'habitude, on avait commencé par le plus facile, surtout par les scènes techniques, à décors et à figuration.

— Il n'y a pas cent façons de réagir, quand on apprend qu'on est cocu, mon petit Emile. Tu n'as jamais été cocu, toi ?

Maugin le regarda lourdement, s'approcha de l'actrice qui tenait le rôle de la femme. Elle avait ving-cinq ans. Ce n'était qu'une *starlet,* car, lorsqu'on engageait Maugin, on rattrapait sur le reste de la distribution une partie de la dépense.

— Prête, petite ?

— Oui, monsieur Maugin.

C'était sa carrière qui était en jeu, et elle tremblait de se voir engagée dans ces complications. Elle s'était fait la tête d'une ménagère un peu trop coquette et, avec son visage chiffonné, elle était assez dans la peau du rôle.

— Laniaud ! Tu veux que je la joue, *ma* scène ?

Et on entendit, comme sur un navire, s'entrecroiser les appels et les commandements. Les projecteurs éclairèrent les deux feuilles du décor, y compris la porte, avec l'amorce d'un escalier.

Pendant ces préparatifs, Maugin rôdait, à son habitude, et on pouvait croire qu'il se pénétrait de son personnage alors que, la main sous son veston, il tâtait la place de son cœur en se demandant quand la crise allait commencer.

— Prêts ?

— Prêt pour le son !

Il n'y avait que lui, sur le plateau, à avoir l'air absent, à ruminer dans sa solitude, et pourtant, au moment donné, le chapeau sur la tête, aux lèvres une pipe qu'il n'allumait que pour la circonstance, il se trouva à la place exacte qu'il devait occuper.

— Claquettes !

Il venait d'apprendre, par un camarade, que sa femme le trompait avec un freluquet du voisinage. Il avait bu en route et il atteignait, un peu haletant, le palier (qu'on ne voyait pas encore, car la porte était fermée), poussait le battant, restait immobile en regardant sa femme qu'il surprenait à essayer des sourires devant un miroir.

Dans le scénario, figurait la réplique :

« — Putain ! »

Mais lui ne disait rien, restait là, les bras ballants, tellement immobile, comme sans jouer, que l'opérateur crut que cétait un faux départ et faillit cesser d'enregistrer.

Il regardait sa femme avec un calme extraordinaire, et la petite actrice, réellement prise de peur, cherchait d'instinct un appui autour d'elle.

Elle allait pourtant ouvrir la bouche, prononcer le mot prévu au scénario :

« — Jacques ! »

Mais elle ne le disait pas parce qu'il ne lui laissait pas dire, parce qu'il était devenu un monolithe d'où émanait une force envoûtante.

C'était lui qui parlait, presque tout bas :

« — Viens ici ! »

Et, comme elle hésitait pour de bon :

« — Viens ici, petite... »

Alors, doucement, sa main gauche saisissait à la fois la nuque et une poignée de cheveux blonds, délicatement, mais irrésistiblement, il lui renversait la tête en arrière, en la regardant bien en face, comme s'il la découvrait, en se penchant à mesure, et son poing droit, fermé, se levait, restait en suspens.

Lentement toujours, les doigts de cette main s'ouvraient, devenaient des griffes, des pinces implacables qui s'abaissaient vers le visage aux yeux exorbités.

Puis, alors qu'on s'y attendait le moins, à l'instant où cette main allait saisir la chair pour la meurtrir, un nuage passait sur ses traits, les brouillait et...

« — Va ! »

Sans heurt, sans brutalité, cette masse, qui aurait écrasé un colosse, poussait la fille dans l'escalier.

On ne la voyait plus, elle n'était plus dans le champ, quand il prononçait enfin, tout bas, d'une voix sans expression, le corps dégonflé, le fameux mot du scénario :

« — Putain ! »

Il y eut un long silence avant que Laniaud criât, en se levant d'une détente, comme pour reprendre contact avec la réalité :

— Coupez !

Le Juif hongrois et son associé, dans leur coin, se regardaient sans rien dire, et la petite actrice sanglotait contre un décor, sans raison.

— Tu as le courage de recommencer tout de suite, Emile ?

On avait tourné certaines scènes, surtout celles qui comportaient un grand nombre de partenaires, jusqu'à dix fois. La moyenne, pour Maugin, était de quatre.

— Alfred est là ?

Le chauffeur était rentré au moment où la lampe rouge s'éteignait à la porte du studio ; Adrien Jouve aussi.

— Une seule fois, décida-t-il sans qu'on protestât.

Il alla se cacher derrière un décor pour avaler un comprimé, en même temps qu'une gorgée d'alcool dont il avait une bouteille plate dans sa poche. Quand il rentra dans le champ, Jouve, séparé de lui par les projecteurs et par des câbles, fit mine de se faufiler.

Il lui commanda par un signe de rester où il était.

— Après !

La main en cornet, le secrétaire questionnait :

— Quoi ?

— *Après !*

Docile, banal comme son personnage, il se tourna vers le metteur en scène, attendant le signal.

4

— Morte ?

Il était tellement sûr de la réponse qu'il fronça les sourcils, méfiant, en voyant Jouve lui adresser un signe négatif.

— Elle est à l'hôpital Debrousse, rue de Bagnolet dans le XXe.

— Petit, j'ai habité dans le XXe arrondissement avant que tu sois né, avant que l'idée soit seulement venue à tes parents qu'ils pourraient un jour se rencontrer pour te faire.

Jouve lui avait jeté sur les épaules un plaid qu'il emportait toujours au studio, car Maugin sortait, en nage, les fards fondus par la sueur, de la fournaise des projecteurs. En fin de compte, ce matin, on avait tourné la scène, non pas deux, mais cinq fois, et c'était sur sa demande qu'on avait recommencé.

La première fois, à cause de sa partenaire qui, maintenant qu'elle connaissait son rôle, avait manifesté son effroi trop tôt. Une autre fois, quelqu'un avait été pris d'une quinte de toux et, enfin, c'était Maugin qui s'était senti mou, distrait.

Les projecteurs éteints, les visages devenaient gris, les vêtements ternes, et le studio ressemblait à une gare après un bombardement. Les commanditaires montaient dans leur auto. Les autres se dirigeaient, par groupes, vers la cantine.

— On essaie les raccords cet après-midi ? questionna Laniaud. Si tu es trop fatigué, je ferai aujourd'hui ceux pour lesquels je n'ai pas besoin de toi.

— Je ne suis pas fatigué.

Au fait, il n'avait pas eu de crise, enfin de vraie crise. Une ou deux fois, il s'était senti chavirer, mais c'était passé tout de suite et il commençait à croire en la drogue de Biguet.

— Allons dans ma loge, petit.

— Vous ne mangez pas un morceau ?

— Tu me feras apporter un sandwich de la cantine.

Il lui fallait toujours un certain temps pour redevenir lui-même et c'est d'une voix presque indifférente qu'il dit, en s'étendant sur une chaise longue :

— Raconte.

— Elle n'est pas morte, mais elle ne va pas bien. Je crois avoir compris que c'est très mauvais.

Jouve se demandait s'il pouvait parler franchement ou s'il devait prendre des précautions.

— J'ai eu l'infirmière-chef du pavillon au bout du fil. Elle m'a annoncé qu'on l'a opérée la nuit dernière.

— A quelle heure ?

— Vers minuit.

Donc, quand Maugin se trouvait avec Cadot, dans le café sinistre, après le théâtre, à forcer l'autre à boire du vin rouge qui l'écœurait.

— Après ?

— Rien. On attend. Elle n'a pas encore repris connaissance et c'est ce qu'il y a d'inquiétant. Ils l'ont mise sous une tente à oxygène.

— Ils doivent être tous là-bas.

— Pardon ?

— Je dis, puisque cela t'intéresse (et il enflait la voix, bourru, affirmant ainsi qu'il retrouvait sa personnalité), je dis que son mari et sa belle-mère sont là, sans doute aussi des frères et des belles-sœurs si elle en a, à encombrer la chambre et les couloirs.

— Je ne sais pas.

— Passe-moi le stylo.

Il n'avait jamais sur lui de quoi écrire, habitué qu'il était à ce qu'on lui tendît une plume ou un porte-mine, et Jouve en gardait toujours un assortiment dans sa poche.

— Va à la cantine et demande à Joséphine de me faire porter du café noir et un sandwich au jambon, sans gras.

Il préférait être seul pour remplir le chèque, hésita sur la somme à y inscrire, pensa à un chiffre qui lui parut trop haut, un autre trop bas, fit une moyenne. Quand Jouve revint, il lui réclama une enveloppe et écrivit le nom de Cadot.

— Cela fait près de deux heures que tu as téléphoné, n'est-ce pas ?

— Plus que ça, patron.

— Rappelle l'hôpital. Essaie d'avoir des nouvelles fraîches.

Il ne s'était pas démaquillé ni changé, pour les raccords ; il jouerait le même rôle. La loge était miteuse, avec un radiateur à gaz qui lui rappela sa visite au professeur Biguet et sa suée derrière la plaque de verre.

Jouve parlait dans l'appareil, poliment, avec des phrases recherchées qui faisaient hausser les épaules à Maugin. Plaçant la main sur le micro, il souffla :

— Elle est morte. Qu'est-ce que je dis ?

La question lui parut tellement stupide qu'il ne put qu'écarquiller les yeux. La conversation finie, seulement, il grogna :

— Je le savais. La vieille chipie prétendra que c'est ma faute, que « c'est moi qui l'ai tuée ». On l'a bien opérée, n'est-ce pas ?

— Oui.

— A minuit ?

— A minuit dix. Ils viennent de me le confirmer. En elle-même, l'opération a parfaitement réussi.

Donc, il n'y était pour rien. Argent ou pas argent, l'opération aurait eu lieu tout comme ; la seule différence, c'est que Cadot se serait probablement trouvé près de sa femme au moment où on l'emmenait sur un chariot dans la salle d'opération.

A quoi cela aurait-il avancé ?

— Tu vas dire à Alfred de te conduire à l'hôpital. Tu trouveras bien le pavillon. Tu y rencontreras plus que sûrement le dénommé Cadot.

— Celui que j'ai déjà vu au théâtre ?

— C'est le même.

Un soupçon passa dans son regard et il se demanda un moment si son secrétaire n'en savait pas plus long qu'il ne voulait le montrer.

— Il t'est arrivé de lui parler, au théâtre ?

— Il m'a parfois demandé si vous étiez là, ou si vous alliez bientôt arriver.

— Tu lui remettras cette enveloppe.

— Il y a une réponse ?

— Ou bien il la prendra, ou bien il ne la prendra pas.

Il ajouta inutilement :

— Je m'en fous.

— Pas de fleurs ?

Il n'y avait pas pensé. Il remarqua, sardonique :

— Voilà l'avantage d'avoir reçu une bonne éducation. On pense aux fleurs et à la couronne.

— Des fleurs sont préférables, à mon avis.

— Attends. Pendant que tu y es d'aller chez le fleuriste...

Il hésita. Tant pis !

— Tu feras porter une douzaine de roses à ma femme.

— Sans carte ?

— Tu me vois envoyer ma carte à ma femme ?

Est-ce ainsi que cela se fait dans le beau monde ?

— Pardon. Elle saura évidemment que cela vient de vous.

— Evidemment !

Il n'avait pas fini le mot qu'il se ravisait.

— Mets ma carte quand même.

Puis il rappelait Jouve.

— Ne la mets pas. Elle saura. Ne perds pas ton temps en route.

Il attendit que Jouve fût sorti, que la serveuse eût apporté le café et le sandwich.

— Fatigué, monsieur Maugin ?

Est-ce qu'elle savait seulement ce que ce mot-là signifie ? Elle croyait être fatiguée, le soir, parce qu'elle avait lavé quelques douzaines de bols et d'assiettes et qu'elle était restée debout toute la journée.

Seul, enfin, à côté du sandwich dont il n'avait pas envie, il saisit le téléphone, composa le numéro de l'avenue George-V, attendit, assez mal à l'aise pour penser que, cette fois, la crise commençait.

— Allô !

C'était la voix qu'il connaissait bien, et elle ajoutait, naturellement :

— Ici, Mme Maugin.

Ces deux mots-là le frappaient pour la première fois et il ne disait rien, avait l'impression d'entendre le silence, sur la ligne, de sentir l'espace qui le séparait de l'avenue George-V.

— Qui est à l'appareil ?

Sa voix s'enroua quand il répondit :

— C'est moi.

Et, fonçant soudain :

— Je voulais savoir si la petite est tout à fait bien. Il m'a semblé, hier, qu'elle commençait un rhume.

Alice se taisait à son tour. Etait-elle fâchée ? Emue ?

— Baba va très bien. Je viens de la coucher pour sa sieste, disait-elle enfin.

— Tant mieux ! Tant mieux !

— C'était stupide. Il avait l'impression de se voir dans la glace et il avait encore sa tête ahurie de Monsieur-Tout-le-Monde.

— Tu dîneras à la maison ?

— Je crois que oui. On vient de tourner la fameuse scène, tu sais ?

— Content ?

— Très content.

Il avait conscience d'avoir réussi, ce matin-là, une des plus belles créations de sa carrière. Des millions de spectateurs seraient empoignés, des gamins, qui allaient à l'école aujourd'hui, la verraient dans dix ans, dans vingt ans, une fois grands, et on leur dirait :

— C'est un des rôles les plus étonnants de Maugin.

Du « grand » Maugin. On l'appelait déjà ainsi. Plus tard, avec le recul, il grandirait encore.

Est-ce qu'Alice en avait conscience ? Il n'avait presque pas bu, ce matin. Ses idées n'étaient pas troublées par le vin ou l'alcool. Il était à froid. Ne pourrait-il pas lui faire comprendre que cette scène, par exemple, qui ferait probablement époque dans l'histoire du cinéma et dont les électriciens et les machinistes étaient en train de s'entretenir à la cantine, il ne l'aurait peut-être pas réussie si, la veille...

Et il n'y avait pas que la veille. Il y avait les fois précédentes. Il y avait toutes les autres petites saletés.

On disait :

« Le ''grand Maugin''. »

On disait :

« Un chef-d'œuvre ! »

On écrivait les mots « humain », « poignant », et les imbéciles qui l'avaient vu la nuit faire le clown rue de Presbourg...

Cela lui était égal, mais il aurait aimé savoir s'il n'avait pas fait trop de mal à Alice. L'appartement lui semblait lointain et vide, il l'y sentait sans protection, sans rien, plus exactement, pour la retenir. Ne se demandait-elle pas, elle aussi, ce qu'elle faisait là ?

La nurse, Mme Lampargent, était froide comme une vertu théologale, occupée de préséances, indignée quand la femme de chambre ne lui parlait pas à la troisième personne. La cuisinière...

— Allô !

— Oui...

— Tu es triste, petite ?

— Non.

Il se montrait gauche, balourd. Il se sentait coupable et, en même temps, il avait l'impression qu'on commettait une injustice à son égard. Pas spécialement Alice. Et encore ! Pourquoi, par exemple, cette petite Baba était-elle d'un autre, d'un homme qu'il ne connaissait pas, qu'il ne voulait pas connaître, mais auquel, elle, elle pensait sûrement chaque fois qu'elle regardait sa fille ?

— Ici, il pleut, dit-il en fixant les vitres.

— Ici aussi.

— Je vais te laisser.

Puis un mot bête, qui l'aurait fait hausser les épaules si un autre l'avait prononcé devant lui :

— Soigne-toi bien !

Il avait oublié de lui annoncer les fleurs. Il était à nouveau seul et il se mit à grignoter son sandwich d'un air dégoûté.

Tout à l'heure, après la scène ratée par la faute de sa partenaire, la jeune fille était tellement effondrée qu'on s'était demandé si elle allait pouvoir continuer. Il l'avait emmenée, une main sur l'épaule, vers les lointains déserts du studio et, tandis qu'ils erraient tous les deux, elle un mouchoir à la main, parmi les décors démantibulés, il lui racontait une histoire, comme à une petite fille, pour la remonter. Peut-être, au fond, était-ce un tout petit peu pour se remonter lui-même aussi ? Cela l'empêchait en tout cas de penser à sa crise.

— Vous êtes déjà allée à la Foire du Trône, petite ?

Il avait essayé de lui faire comprendre pourquoi ce n'était plus la foire d'autrefois, quand les haut-parleurs n'avaient pas encore remplacé les limonaires aux personnages en bois peint qui battaient de la grosse caisse et que les manèges étaient éclairés par des lampes à arc qui vous crevaient les yeux.

— C'est là, dans une horrible baraque en toile peinte, que j'ai paru pour la première fois en public. J'avais dix-sept ans.

Elle le regardait, surprise, oubliant le rôle qu'elle allait jouer à nouveau dans quelques minutes et sa carrière qui en dépendait.

— J'étais aussi grand qu'aujourd'hui, presque aussi large, et, ce soir-là, j'avais faim. Quand j'avais faim, rien d'autre ne comptait. Un gros bifteck et des frites ! Pendant des années, cela a été mon idéal. Des malabars, sur une estrade, annonçaient une prime de cinq francs pour l'amateur qui mettrait Eugène-le-Turc sur les deux épaules en lutte libre.

» — Tous les coups sont permis, mesdames, messieurs. A vous, militaire !

» Mais le militaire à qui on faisait mine de lancer le gant crasseux s'enfonçait prudemment dans la foule.

» J'ai levé la main. On m'a emmené pour me déshabiller dans un coin obscur, entre des cloisons de toile.

» — Je suppose que t'es affranchi ? Tu te laisses tomber au deuxième round et on te donne dix sous à la sortie. Sinon...

» — Sinon ?

» — Je ne te conseille pas de faire la petite tête !

» J'avais décidé que j'aurais les cent sous et j'ai mis Eugène-le-Turc sur les deux épaules, bien qu'il m'ait à peu près arraché une oreille avec les dents.

» Devant le public, on m'a remis une belle pièce en argent, puis, au moment où je retournais dans le cagibi obscur pour me rhabiller, ils se sont jetés sur moi à trois ou quatre.

» Non seulement ils m'ont repris la pièce que je venais de gagner, mais encore un couteau presque neuf que j'avais en poche.

Elle le regardait comme les enfants qui ne veulent jamais croire qu'une histoire est finie.

— C'est tout, petite. Venez. Nous allons jouer la scène du cocu et je suis sûr que vous la jouerez fort bien.

Elle ne devait pas voir le rapport. Il n'aurait pas pu l'expliquer lui-même. Il le sentait, sans plus. Il y avait, entre ceci et cela, des fils à peine visibles. Il avait reçu plus que son compte de coups de poings sur la gueule, voilà, et même des coups de vache.

Quand il avait raconté cette histoire-là à Alice, car il la lui avait racontée aussi, un soir qu'elle était enceinte et qu'ils promenaient son gros ventre à Nice, près du Casino de la Jetée, elle avait murmuré en lui caressant la main :

— Pauvre Emile !

Elle n'avait pas compris non plus. Ou, plutôt, chacune comprenait son histoire autrement, comme elle pouvait. Est-ce parce qu'il ne la racontait jamais à des hommes ? Alfred, le chauffeur, par exemple, réagirait sûrement en sifflant, une flamme amusée dans les yeux :

— Les vaches !

Jouve, comme Cadot, s'étonnerait :

— Vous ne vous êtes pas plaint à la police ?

Et ces deux-là ne penseraient sûrement pas que le couteau, dans sa poche, était à cran d'arrêt.

Yvonne Delobel, sa première femme, avait dit entre ses dents, en le regardant d'un air excité :

— J'aurais aimé te voir te battre avec ce sauvage. J'espère que tu lui as fait bien mal, au moins ? Est-ce vrai que, dans ces luttes-là, on a le droit de tordre les parties ?

Elle ne s'était pas retenue longtemps de prononcer le mot tout cru. Et pourtant, les journaux l'appelaient « la grande dame du théâtre » ! C'était réellement une grande dame à sa façon, une grande Madame, et aucune actrice, aujourd'hui, n'osait prétendre l'égaler en talent.

Il lui avait fait du mal, à celle-là aussi. Certains des vieux admirateurs d'Yvonne Delobel murmuraient encore que c'était lui qui l'avait tuée.

L'envie lui venait de composer à nouveau le numéro de l'avenue George-V, de parler à Alice. Dans le placard de sa loge, à deux pas de lui, il y avait une demi-douzaine de bouteilles pleines de vin rouge, et personne, à cette heure-ci, n'oserait le déranger ; on n'aurait pas besoin de lui sur le plateau avant deux heures et demie, et tout le monde savait que c'était le moment sacré de sa sieste.

Il s'était détendu, comme pour s'assoupir, ses yeux mi-clos fixant le rougeoiement du radiateur à gaz qui lui brûlait un peu les paupières. Il s'aperçut qu'il avait machinalement croisé les mains sur sa poitrine, pensa qu'on avait dû joindre de la même façon celles de Viviane, qu'on avait joint jadis celles d'Yvonne, qu'on lui en ferait autant un jour, et il changea vite de position.

Est-ce que Cadot allait refuser le chèque ? Ou bien continuerait-il à venir le taper de temps en temps, dans les couloirs du théâtre, avec une morne obstination.

Qu'il accepte ou qu'il refuse, il y aurait des gens, plus tard — ne fût-ce que la grand-mère ! — pour raconter aux enfants, en leur montrant son portrait :

« — Cet homme-là, la nuit où ta maman est morte... »

Il avait rencontré Viviane une seule fois, un soir que Cadot la lui avait amenée au théâtre, peu avant leur mariage, pour la lui présenter, comme s'il attendait sa bénédiction, et il serait incapable de la reconnaître, sinon, peut-être, à cause de ses yeux qui louchaient.

Si Cadot acceptait le chèque au lieu de le lui retourner avec indignation, il était de taille à l'inviter à venir voir sa femme dans la chambre mortuaire et à se froisser s'il n'y allait pas.

Même des journaux habituellement gentils avec lui avaient trouvé le moyen de glisser une note malveillante, jadis, parce qu'il n'avait pas assisté aux obsèques d'Yvonne Delobel.

Or, quand elle était morte, il y avait près de trois ans qu'ils étaient divorcés et qu'elle vivait avec un autre !

Elle, en tout cas, si l'on se préoccupe encore de ces questions-là dans l'autre monde, devait avoir compris. Elle avait déjà compris une bonne partie de son vivant, mais pas tout. Peut-être était-il comme ça, lui aussi, lucide pour ceci, aveugle pour cela, et faisait-il souffrir sans le savoir ?

D'Yvonne, ou de lui, qui avait fait le plus de mal à l'autre ?

Elle était célèbre et il ne l'était pas quand ils s'étaient connus. Cela, tout le monde l'avait souligné. Beaucoup la considéraient comme l'égale de Sarah Bernhardt, alors qu'il jouait encore les comiques dans les revues de music-hall.

Seulement, elle avait quarante-cinq ans sonnés et il en avait trente à peine. Elle n'avait vu en lui qu'une sorte de taureau magnifique et puissant.

— Vous êtes un type, Maugin ! était-elle venue lui dire dans sa loge. J'avoue que je suis désireuse de mieux vous connaître.

Elle était petite, menue, d'une extraordinaire délicatesse de traits, d'une distinction que les couriéristes qualifiaient d'exquise.

Cela ne l'avait pas empêchée, le premier soir, comme il le faisait maintenant avec une figurante, de l'emmener dans son appartement de la rue Chaptal.

Pendant six ans, il avait partagé sa vie, en tout cas son lit, et, dès le début, elle avait eu si peur de le perdre qu'elle avait exigé qu'ils se marient.

Il ne savait plus pourquoi il pensait tout à coup à elle.

Ah ! si, à cause d'Alice, qui devait passer une journée mélancolique et grise dans leur appartement, à cause de l'autre aussi, la Viviane aux cinq enfants, à qui on avait enlevé les ovaires et qui ne s'était pas réveillée, à cause des vins rouges de Cadot, peut-être même à cause de la petite à qui, tout à l'heure, pour la remonter, il avait raconté l'aventure de la Foire du Trône.

Il lui arrivait de boire avant de connaître Yvonne Delobel, mais elle buvait plus que lui. Le plus drôle, c'est qu'alors qu'elle était à peu près ivre tous les soirs, elle lui avait interdit l'alcool.

— C'est différent, expliquait-elle avec son cynisme souriant. Une femme qui a bu a des possibilités accrues de jouissance, tandis qu'un mâle devient lourd et impuissant.

Or, c'est le mâle qu'elle était allée chercher dans sa loge de music-hall et qu'elle avait épousé, un mâle épais, brutal, dont elle caressait parfois, des heures durant, le corps muscle par muscle.

— Raconte-moi encore l'histoire d'Eugène-le-Turc.

Elle interrompait son récit aux bons endroits.

— Tu saignais fort ?

Elle lui rappelait au besoin un détail qu'il oubliait et elle l'avait obligé à fouiller sa mémoire, nuit après nuit, pour y retrouver des aventures violentes ou sordides.

— Explique-moi encore ce que Nicou faisait à ta sœur. Attends ! Je vais me mettre dans la même pose qu'elle et tu me le feras...

Elle avait tout lu, tout connu. Elle avait fréquenté et fréquentait encore les quelques douzaines d'hommes illustres qui, pour l'Histoire, sont comme le condensé d'une génération. Elle continuait à mener sa propre vie, traînant son taureau derrière elle. Parfois, elle s'amusait de ses gaucheries.

— Il faudra que je t'apprenne à t'habiller, Emile. Tu as une idée trop personnelle des accords de couleurs !

Lui apprendre à manger aussi, à se tenir dans un salon. Elle essayait de lui faire lire les bons auteurs, mais ne soupçonnait pas qu'il pouvait être ou devenir quelqu'un par lui-même.

Elle le trouvait plus à sa place au music-hall qu'au théâtre, sauf peut-être dans les gros vaudevilles du Palais-Royal.

Lui en avait-il voulu ? Longtemps, il avait cru, comme tant de gens, qu'elle était en quelque façon sa bienfaitrice et il craignait tellement de la peiner qu'il se retenait de trousser les bonnes comme il en mourait d'envie.

Elle était maladivement jalouse. Quand elle ne jouait pas elle-même, elle venait le surprendre au music-hall et allait jusqu'à payer un machiniste pour lui rapporter ce que Maugin faisait.

Certains soirs, trouvant l'alcool trop lent à agir, elle prenait de l'éther, et ces nuits-là finissaient par de dramatiques crises d'hystérie.

Deux fois, il l'avait quittée. Les deux fois, elle était venue se mettre à genoux dans sa chambre d'hôtel, suppliant, se traînant, menaçant de se tuer séance tenante, et, les deux fois, il l'avait suivie, tête basse, le cœur gros.

Elle ne s'était pas tuée, cependant, quand il avait soudain disparu de la circulation, abandonnant la scène pour un temps, se cachant comme un voleur, ni quand il l'avait fait prier par son avoué de demander le divorce.

Quelques mois plus tard, il l'avait rencontrée avec un autre, son sosie par la taille et par la carrure, mais avec une face stupide de garçon boucher. Elle le savait. Elle avait pâli, lui avait souri avec amertume.

Une première cure de désintoxication n'avait réussi que pour un temps assez court.

En sortant de la seconde, un an plus tard, amaigrie, vieillie de dix ans, elle était morte d'une dose trop brutale de morphine.

Il tressaillit, fit un mouvement instinctif pour se raccrocher à quelque chose, ouvrit sur la pièce vide des yeux qu'il ne se souvenait pas d'avoir fermés, effrayé comme un enfant de se retrouver seul.

Il eut peur de mourir, tout à coup. Il lui sembla que son sang ne battait plus de la même façon que d'habitude dans ses artères, que sa vision devenait trouble, et il se mit à prendre son pouls, se tournant vers la fenêtre pour s'assurer qu'on l'entendrait de l'allée s'il avait besoin d'appeler.

On ne voyait que la pluie, le mur en brique sombre d'un studio, une porte de fer peinte en rouge et le toit luisant d'une auto.

Il avait dû s'assoupir un moment, sans doute faire un cauchemar qu'il essayait en vain de se rappeler. Il se souvenait de tout ce qu'il avait pensé au sujet d'Yvonne, mais il y avait eu autre chose après, d'effrayant, se terminant par une glissade dans le vide.

« — Couillon ! »

C'était bien sa voix, un peu changée parce qu'elle résonnait dans la loge vide, mais sa voix quand même.

Et, le matin, il avait réussi sa scène. Cela, c'était tangible. A l'heure qu'il était, on avait développé la pellicule, et Laniaud devait être occupé à la projeter.

Lui n'avait pas besoin de la voir. Il savait.

Il savait aussi qu'il avait besoin de se lever, de marcher jusqu'au placard et de se verser un plein verre de vin. C'était i-né-luc-ta-ble. Il venait, à l'instant même, d'en avoir la preuve.

Yvonne Delobel, encore, le lui avait démontré la première. Cela s'était passé un dimanche qu'ils ne jouaient ni l'un ni l'autre, un de ces dimanches glauques qu'on a l'impression de regarder à travers une boule de verre. Ils étaient sortis, contre leur habitude, et elle avait choisi un fiacre, un de ceux qui promènent les amoureux et les jeunes mariés au bois de Boulogne, avait donné à voix basse ses instructions au cocher.

— Où allons-nous ?

— Tu verras.

C'était, pour elle, comme ce matin-ci pour lui, un jour où elle n'avait pas bu, un jour de gueule de bois qui suivait une nuit déchaînée. Ils avaient la chair vide, la peau meurtrie, avec des taches roses sensibles à l'air du dehors, des yeux que blessait la lumière crue.

Le fiacre avait traversé Neuilly, s'était, cahin-caha, dirigé vers Bougival, cependant que l'actrice, perdue dans ses pensées, ne disait rien.

A gauche, avait-elle ordonné une fois au bord de la Seine.

Elle essayait de lire les réactions de Maugin dans ses yeux et il n'en avait pas d'autres qu'un sommeil presque douloureux.

C'était l'été — la plupart des théâtres étaient fermés et cela leur valait ce dimanche creux — et des couples se livraient au canotage.

— Arrêtez, cocher.

Et à lui, à mi-voix :

— Regarde derrière cette haie.

Il voyait une maison blanche, spacieuse, immaculée, avec des volets verts et un toit d'ardoises, au milieu d'un jardin aux pelouses soignées, aux allées ratissées avec soin.

— Qu'est-ce que tu penses ?

Il ne savait pas, se demandait où elle voulait en venir.

— Ce sont des gens que tu connais ?

— C'est la maison dont j'ai toujours rêvé, dont je rêvais déjà quand je n'étais qu'une petite fille.

— Elle est à vendre ?

— Je l'ai achetée.

— Alors ?

— Je l'ai revendue.

De sa voix sourde, mais ardente, contenue, qui avait fait d'elle une incomparable « Dame aux Camélias », elle expliquait, une main crispée sur son bras, sans quitter le fiacre pendant que le cheval reniflait la verdure.

— C'était cinq ans avant de te connaître. Je suis passée par ici et je l'ai vue, exactement pareille à mon rêve de paix, de beauté sereine. Elle n'était pas à vendre et j'ai remué ciel et terre pendant des mois jusqu'à ce qu'on me la cédât, puis j'y ai apporté tout ce que devait contenir ma maison idéale.

Elle l'avait soudain regardé avec impatience, avec, peut-être, un soupçon de colère.

— Tu n'as jamais rêvé d'une maison aux volets verts ?

— Je ne m'en souviens pas. Non.

— Quand tu étais petit ?

Il préféra ne pas répondre.

— C'est vrai que, toi, tu es une brute. Tu n'as jamais non plus eu envie d'une femme douce qui te donnerait des enfants.

Il se taisait toujours, renfrogné.

— Peut-être auras-tu ça un jour, ricana-t-elle.

Et, presque furieuse :

— Je suis venue. J'ai essayé de vivre ici. La première semaine, j'ai hurlé de désespoir. La seconde, je me suis enfuie et je n'ai jamais remis les pieds entre ces murs.

Il avait bu ses deux verres de vin et hésitait à reboucher la bouteille.

— Tu comprendras plus tard, avait-elle soupiré, dépitée de son dimanche gâché. Filez, cocher. A Paris !

Dans la foule, dans les lumières, dans la fièvre. Avant qu'ils aient parcouru deux kilomètres, elle s'était arrêtée pour boire dans une guinguette.

Voilà ! On avait dit d'elle, on disait encore : « l'inoubliable artiste ».

On disait de lui : « le grand Maugin ».

Il plaisanta platement, s'adressant à la bouteille ;

« — Viens ici, petite ! »

Et, avec l'air de lui tordre le cou, il faisait couler le liquide bleuâtre dans son verre.

— Qui est là ?

— Moi, patron.

Il ne se rappelait pas avoir fermé la porte à clef.

— Le chèque ? questionna-t-il à Jouve une fois entré.

— Quel chèque ?

— Je veux dire la lettre.

— Vous avez dit qu'il n'y avait pas de réponse.

— Il l'a acceptée ?

— Il l'a prise, oui.

— Il savait de qui elle était ?

— Je le lui ai dit. D'ailleurs, il m'a reconnu.

— Qu'est-ce qu'il a raconté ? Où était-il ?

— Dans la cour de l'hôpital, avec la vieille Cadot et une femme qu'il m'a présentée comme sa belle-sœur. J'ai oublié son nom.

— Il pleurait ?

— Il avait pleuré, cela se voyait. Ses yeux étaient rouges, son nez aussi. Ils tenaient chacun un parapluie à la main.

— C'est tout ?

— Il m'a prié de vous annoncer qu'il n'a pas encore pu fixer la date de l'enterrement, mais qu'il vous la fera savoir.

— Il n'a pas ouvert l'enveloppe devant toi ?

— Il en a eu envie. Il a failli. Mais la vieille dame lui a adressé un signe, en lui désignant la belle-sœur. Au moment où je m'éloignais, il a couru après moi pour me dire qu'il comptait sur moi aussi.

— Pour quoi faire ?

— Pour assister aux obsèques.

— Eh bien ! tu vois. C'est gentil, ça ! Il a eu des remords de ne pas t'avoir convié. C'est sa tournée, à cet homme !

— Patron !

Jouve le regardait d'un air soudain anxieux.

— Quoi ? Qu'est-ce qu'il y a ?

— Rien. Vous m'aviez paru tout drôle, il y a un instant.

— Et maintenant ?

— Je ne sais plus. Non. C'est fini. Vous avez eu mal quelque part ?

— J'ai eu mal aux volets verts, môssieu Jouve !

La bouteille était encore là, et le verre.

— On n'a pas commencé les raccords ? prononça le secrétaire, faute d'oser parler de ce qui le préoccupait, et par crainte du silence.

— Comme tu vois !

— A propos, j'ai envoyé les roses avenue George-V.

— Des roses, oui.

Il avait parlé sans savoir. Le mot, après coup, le frappait.

— Ah ! les roses !...

On ne pouvait deviner s'il était ironique, amer, ou seulement songeur. Il retrouvait en tout cas son froncement de sourcils pour questionner :

— Combien ?...

— Une douzaine...

— Je ne te demande pas si tu as compté les fleurs. Je te demande combien tu les as payées.

— Je ne les ai pas payées. Je les ai fait porter à votre compte.

— Sans demander le prix, comme ça, en grand seigneur ! De sorte que ces voleurs pourront me compter ce qu'ils voudront.

— J'ai pensé...

— Je t'ai interdit de penser, môssieu Jouve !

Il reprenait vie, petit à petit. Les rouages s'engrenaient. Encore un verre de vin et, à tout hasard, une pilule. Il y a des gens qui ne meurent pas à soixante-quinze ans, qui atteignent quatre-vingts et davantage. Il y a même des centenaires.

Il ne dépasserait pas la dose, aujourd'hui. Cela lui arrivait rarement de dépasser la dose.

Juste assez pour être d'aplomb sur ses grosses jambes et pour ne pas s'embarrasser de conneries de volets verts et compagnie.

— Tu as déjà eu envie d'une maison blanche à volets verts, toi ?

— Je ne sais pas, patron. Peut-être, un jour, une maisonnette dans le Midi, pas trop loin de la mer...

— Et une femme ? Des mioches ?

Le hasard le fit regarder Jouve à ce moment-là, et il fut surpris de le voir rougir comme une fille.

— Dis donc, tu es amoureux, toi ?

Du coup, les oreilles du jeune homme devenaient cramoisies.

— Dis-moi son nom.

— Personne, patron.

— Tu refuses de me dire son nom ?

Il s'emportait, habitué qu'il était à la docilité de son entourage.

— Je vous jure...

— Je t'ordonne de me dire son nom, tu entends ?

C'était absurde ! Il devait être parfaitement grotesque. Il ne savait pas lui-même ce qui lui prenait et voilà que son front se plissait, que ses yeux devenaient plus petits et plus aigus, soupçonneux, que sa bouche s'ouvrait pour une phrase qu'il ne prononça pas.

Il fit seulement :

— Ah !

Et, s'asseyant devant la table pour rafraîchir son maquillage, il ajouta sèchement :

— Va leur dire que je suis prêt à commencer.

Il le suivit du regard, dans la glace.

Dix fois, dans l'après-midi, au cours des prises de vues, il se surprit à l'épier, et chaque fois qu'il eut à parler de lui à quelqu'un il l'appela « l'idiot ».

5

Elle l'aidait à faire comme si rien ne s'était passé. Quand il était allé dire bonsoir à Baba, elle l'avait suivi dans la nursery, s'était tenue contre lui, le touchant légèrement, pendant la série de grimaces. Il y en avait un important répertoire, accru chaque semaine, que l'enfant connaissait par cœur et réclamait dans l'ordre, sensible aux moindres nuances.

— Porte-moi, maintenant.

Sur les épaules d'abord, puis sur la tête. Aujourd'hui, Alice ne lui disait pas, bien qu'il fût plus tard que d'habitude :

— Prends garde de ne pas trop l'exciter. Elle devrait déjà dormir.

En rentrant, il avait remarqué qu'on avait changé l'ampoule brûlée dans le lustre du vestibule et en avait été touché. C'était un lustre ancien, lourd et tarabiscoté — il faisait partie de l'héritage Consuelo —, et, depuis deux mois au moins, une des ampoules, grillée, y laissait une ombre déplaisante. Chaque soir, en rentrant, il fronçait les sourcils, ou grognait, ou poussait un profond soupir, selon son humeur.

— Camille le casserait et je ne peux pas obliger la cuisinière à monter sur une échelle. Quant à moi, tu sais que j'ai le vertige.

L'ampoule était remplacée pourtant, bien que leur échelle fût démantibulée. Il y avait un bon petit dîner, et ils évitaient l'un comme l'autre toute allusion à des sujets déplaisants. Avant de se mettre à table, il était allé jeter un coup d'œil dans la chambre, avait noté que les quatre oreillers se trouvaient sur le grand lit.

— Tu n'es pas trop fatigué ?

— On a fait du bon travail. On ne tourne pas demain.

— N'oublie pas que tu as matinée.

— Mais je n'aurai pas à me lever pour aller au studio.

La salle à manger ressemblait à une sacristie, il lui arrivait de se demander ce qu'ils faisaient là tous les deux, pourquoi cette maison, ces meubles, ce décor, qui ne correspondaient ni à leurs goûts ni à leur vie. Puis il se disait qu'il en serait de même ailleurs.

Il se réjouissait, ce soir, de voir Alice souriante, et que tout soit apaisé, qu'elle lui raconte, de sa voix naturelle, ce que Baba avait fait pendant la journée.

— Tu rentres tout de suite après le théâtre ?

Elle se reprit aussitôt :

— Pardon.

Il l'embrassa au front, tendrement, avant de partir, et, en attendant l'ascenseur, il avait vraiment l'impression qu'il laissait derrière lui une part importante de lui-même. Il s'était souvent demandé s'il l'aimait. Il n'était pas sûr de croire à l'amour. Ce soir, en pensant à elle, qu'il avait laissée dans le petit salon, près des roses rouges que l'éclairage magnifiait, il se sentait troublé, avait hâte d'être de retour.

Il fut de bonne humeur avec Maria elle-même qui, par esprit de contradiction, se montra grognon.

— Vous avez des nouvelles de cette pauvre Mme Cadot ?

— La mère ou la fille ?

— La femme de M. Cadot, tiens ! Ne faites pas l'imbécile. Comment va-t-elle ?

— Elle ne va plus du tout, ma pauvre Maria. Elle est morte.

— Vous dites cela presque gaiement.

— Je me suis laissé raconter jadis qu'une personne meurt à chaque seconde ou à chaque minute, j'ai oublié. Figure-toi qu'on doive porter le deuil, ou seulement avoir une pensée triste pour chacune ! Pense qu'au même moment il y a des milliers, des millions de gens occupés à faire l'amour.

— Ça ne prouve pas pour l'humanité !

— C'est plus gai que de mourir et cela permet à cette humanité de ne pas disparaître.

— M. Cadot doit être effondré.

— A plat, ma pauvre Maria, en bouillie, sous son parapluie, qu'il tient tristement comme un cierge. Ne me passe pas la bouteille.

— Vous dites ?

— Je dis : ne me passe pas la bouteille. Pas de cognac ce soir.

— Cela ne vous empêchera pas d'en réclamer au second entracte en affirmant que vous êtes exténué, incapable de jouer la pièce jusqu'au bout sans ça !

— Mauvaise langue !

C'est exact qu'après le second acte il hésita.

— Maria !

— Oui, monsieur Maugin.

— Non !

— Vous la voulez ou vous ne la voulez pas ?

— Je ne la veux pas. Fais entrer les touristes !

C'est le nom qu'il leur donnait quand il était de bonne humeur. Il lui arrivait alors de leur adresser un petit discours, comme un guide expliquant un monument historique.

— Vous voyez ce miroir, qui n'a l'air de rien, sur lequel des générations de mouches ont fait prosaïquement caca : il a reflété autrefois le visage du grand Mounet-Sully. Ce rideau de cretonne — disons qu'il est pisseux — a passé sa jeunesse dans la loge de Réjane, et ce qui dépasse, en dessous — car c'est là derrière que je me déshabille —, ce sont mes pantoufles.

Les gens trouvaient ça drôle.

— Quant à Maria, c'est elle-même une curiosité presque nationale, car, avant de finir au théâtre, de mal finir, elle a été la cuisinière de Paul Painlevé, celui qui était si distrait.

Il s'amusait en scène, à mettre ses camarades dans l'embarras, changeant les répliques, grommelant à mi-voix des réflexions saugrenues. Il affola son partenaire pendant cinq bonnes minutes, au cours d'une scène difficile, en lui répétant sans cesse, tout bas :

— Ta braguette !

L'autre, les mains chargées d'une pile de livres, ne pouvait pas vérifier sa toilette — qui était d'ailleurs correcte — et ne savait comment se tenir, n'osant se montrer au public que de profil. C'était justement celui qui obtenait un éclat de rire au troisième acte et, au fond, cela constituait un peu de vengeance.

Laniaud lui téléphona, alors qu'il se rhabillait.

— Tu fais quelque chose, Emile ?

— Non.

— Viens nous retrouver au *Maxim's*. Je suis avec une bande de Hollywood.

— Tant mieux, parce que, moi, je vais me coucher.

Il ne trouva pas de taxi au bout de l'impasse, descendit la rue à pied et eut un coup d'œil méchant pour le café de la veille. Il ne pleuvait plus. Le pavé restait mouillé, luisant, comme verni. Ce n'est qu'en arrivant à la Trinité qu'il put héler une voiture.

— Où dois-je vous conduire, monsieur Maugin ?

— Chez moi.

— C'est toujours avenue George-V ?

Il était tenté de faire un crochet par la rue de Presbourg, car il avait envie de savoir exactement ce qui s'était passé la veille. Il commençait déjà à penser qu'il n'était pas si malheureux que ça, sur son tabouret, le dos au mur, dans le coin du bar. Cela remuait. Cela vivait.

Ce qui l'écrasait, chez lui, dans n'importe quel chez lui, c'était le silence, l'immobilité de l'air, un certain calme irrémédiable, comme si le temps était suspendu à jamais. Il éprouvait une sensation semblable en regardant, du dehors, d'autres intérieurs. Et ce n'était pas nouveau. Il avait toujours ressenti ce malaise.

Quand, du trottoir, par exemple, il apercevait une famille autour de la table qui éclairait les visages comme sur un tableau de Rembrandt, c'était un peu, pour lui, comme si cette scène-là était fixée une fois pour toutes, comme si les personnages, le père, la mère, les enfants, la bonne debout, étaient figés jusqu'à la consommation des siècles.

Les murs, les portes fermées, lui donnaient un sentiment d'insécurité, d'angoisse. Il savait que ce n'était pas ça qu'Yvonne avait voulu dire avec sa maison aux volets verts, mais, pour lui, c'était ça. Il avait peur des albums de famille, avec leurs pages de parents morts, les pages de vivants qui, une fois entrés là-dedans, n'étaient déjà plus que des demi-vivants.

— Celui-ci, c'était ton oncle Marcel.

Mais le bébé, vers la fin, couché sur sa peau de chèvre, était un oncle en puissance aussi et finirait un jour sur une des premières pages.

Au coin des Champs-Elysées, il frappa à la vitre, entra au *Fouquet's,* où il dut s'arrêter à presque toutes les tables pour serrer les mains qui se tendaient et où cela sentait la fourrure mouillée.

— Un petit vin rouge, monsieur Emile ?

Le barman n'en servait qu'à lui ; il resta là dix minutes, debout, à regarder les gens, à penser au *Presbourg,* à hésiter à boire un second verre.

Il ne le fit pas, franchit en soupirant la voûte de sa maison et regarda d'un œil féroce les colonnes de marbre du vestibule, l'escalier solennel qui avait l'air d'attendre un cortège. Le premier étage était occupé par des bureaux, une compagnie de cinéma qui se maintenait depuis des années à l'extrême bord de la faillite, et au second il y avait un couple d'Américains — ils avaient trois voitures et deux chauffeurs — ; au troisième, un comte ; au quatrième, enfin, les locataires changeaient à peu près à chaque terme.

— Tu n'es pas couchée ?

— J'ai pensé que tu serais content que je t'attende.

— Et si je n'étais pas rentré ?

— J'aurais continué à lire.

Sans qu'il lui demande rien, elle était allée lui verser un verre de vin, et cela faisait drôle de voir le gros rouge dans du cristal taillé, le vin n'avait pas le même goût.

Il aurait aimé lui dire des mots tendres, pour la remercier, pour qu'elle sente qu'il n'était pas une brute, pour effacer tout à fait le souvenir de la nuit. Mais il ne savait même pas où se mettre. Il allait et venait, cherchant sa place, sentant qu'elle comprenait qu'il n'était pas chez lui, qu'il ne l'avait jamais été, qu'ils ne formaient pas un vrai ménage.

— Que dirais-tu demain, de déjeuner en ville tous les deux ?

— J'en serais heureuse. Mais n'as-tu pas un rendez-vous ?

— A onze heures, avec Weill. Je n'ai pas envie de déjeuner avec lui.

Lourd de sommeil, il se retenait de bâiller, le sang à la tête, les paupières picotantes.

— Tu veux que nous nous couchions ?

— Ma foi...

Est-ce qu'elle aurait aimé faire l'amour ? C'était évidemment plus gentil. Cela aurait ressemblé davantage à une réconciliation. En se déshabillant, il se demandait s'il en aurait le courage, regrettait d'avoir pris la femme de chambre, le matin. Alice savait-elle qu'il avait baisé Camille ce jour-là, alors qu'elle était encore dans la nursery ? Est-ce qu'elle comprendrait pourquoi ?

Il la rejoignit au lit, hésita, s'approcha d'elle d'une façon qu'elle connaissait. Les deux lumières étaient allumées sur les tables de nuit. Le reste de la pièce était peuplé d'ombres, comme la salle de radiographie du professeur Biguet.

— Tu n'es plus triste ? souffla-t-il.

— Je n'ai pas été triste.

— Pourquoi ?

— Je savais bien.

— Qu'est-ce que tu savais ?

— Je te connais, Emile. Avoue que tu as sommeil.

— Oui.

— Que tu n'as pas envie de faire l'amour ?

Car il avait commencé à la caresser sans conviction.

— Je me le demande.

— Fais un gros dodo.

— Et toi ?

— Moi aussi.

— Un dodo paisible ?

— Oui.

— Heureuse ?

— Oui.

Ce fut elle qui éteignit les deux lumières, les enferma soudain dans le noir et l'immobilité.

Deux fois, avant de s'endormir, il tendit la main pour s'assurer qu'il n'était pas seul, toucha de la chair chaude.

Tu ne dors pas ? chuchota-t-elle.

— Presque.

Il avait un peu peur, parce qu'il se rappelait que, tout à l'heure, dans sa loge des Buttes-Chaumont, il avait involontairement joint les mains sur sa poitrine alors qu'il somnolait. Or c'est probablement dans cette chambre-ci, dans ce lit-ci qu'il mourrait, ou qu'on l'installerait une fois mort. Le lit datait de plusieurs siècles, peut-être de Charles Quint, avec des armoiries sculptées sur les panneaux. Du temps de Consuelo, les colonnes et les rideaux y étaient encore. Tel qu'il était maintenant, il restait impressionnant et l'on sentait que des tas de gens y avaient vécu leur agonie, y avaient été étendus, couleur de cire, éclairés par des cierges, pour la dernière parade.

— Tu dors ?

On aurait dit qu'elle devinait ses peurs infantiles et elle s'arrangea pour le toucher comme elle l'avait fait tout à l'heure dans la nursery, comme par mégarde. Il dut s'endormir le premier et un assez long temps s'écoula avant qu'on l'accusât.

Il ne niait d'ailleurs pas avoir tué. Le fait, en lui-même, n'avait pas d'importance à ses yeux, ni aux yeux de ceux qui le questionnaient. Cela se passait sur un autre plan, beaucoup plus élevé, mais, ce qui l'angoissait, c'est qu'ils n'avaient pas l'air de comprendre ses explications.

— Faites un effort et vous verrez que c'est tout simple, leur disait-il. Vous pourriez essayer vous-mêmes et vous sauriez que c'est *i-né-luc-ta-ble*. J'avais levé la main comme ceci, le poing fermé, remarquez-le. C'est pendant qu'il se rapprochait du visage que mon poing s'est ouvert, de lui-même, et que les doigts ont commencé à s'écarter, jusqu'au moment où ils se sont posés sur la gorge.

Ces gens-là n'avaient pas d'expert « technique », alors que pour le moindre film on en engage une flopée. Cela l'indignait qu'ils n'aient pas encore songé à créer ce poste.

Au début, il était à peu près sûr que c'était Alice qu'il avait tuée. Enfin, c'était indiqué. Puis en reconnaissant Cadot dans le prétoire, vêtu de noir, le parapluie suspendu à son bras, il avait compris qu'il s'agissait de Viviane.

Cela changeait la question, évidemment, surtout qu'il ne connaissait pas la maison où habitait Viviane.

Or, la maison, c'était l'essentiel de sa défense. Ils ne comprenaient pas ça non plus, restaient de bois pendant qu'il s'efforçait de leur expliquer le rôle de la maison.

— Ainsi, moi, j'en ai eu une...

Bon ! Voilà qu'il ne savait plus si c'était de l'avenue George-V qu'il parlait ou de la cabane dans le marais, où son lit, l'hiver, devenait une île « entourée d'eau de tous côtés ». Peut-être même était-ce l'appartement de la rue Chaptal où Yvonne était morte ?

— Je n'y étais plus, vous comprenez ? Celui qui y était, c'était l'autre, le successeur.

Cela non plus n'atteignait pas leur entendement. Pour eux, l'autre et lui, c'était tout un, plus exactement ils semblaient considérer, dans leur logique particulière, que l'autre n'était qu'une sorte de doublure — ils avaient dit le mot doublure comme s'ils appartenaient au monde du théâtre — *dont il continuait à être responsable.*

— Non, messieurs ! Je n'accepte pas la proposition.

Et une voix lançait derrière lui, joyeusement :

— La proposition est rejetée. Au suivant !

Seulement, le suivant, c'était encore lui. Il fallait, avec ces gens-là, s'y prendre d'une autre façon. Puisqu'ils n'étaient pas sensibles aux arguments de la raison, il essayerait de leur toucher le cœur. Cela devait être prévu, puisqu'on lui apportait tout naturellement une bouteille de vin rouge.

— Toute ma vie, messieurs, je me suis efforcé...

Pourquoi le petit Jouve, qui venait de lui servir le vin, prenait-il un air honteux, comme gêné de voir Maugin s'enferrer ?

Et c'était vrai qu'il s'enferrait. S'efforcer à quoi ?

— J'ai lutté...

Lutté contre quoi ?

— J'ai...

Quoi ? Quoi ? Quoi ? La question, échappée malencontreusement de ses lèvres, résonnait, amplifiée, comme un concert de corneilles, et tout le monde répétait, le visage sévère, avec la voix croassante des oiseaux noirs :

— Quoi ? Quoi ? Quoi ?

Cela constituait, paraît-il, la condamnation. Il fallait le croire, puisqu'on s'écartait pour laisser avancer le bourreau. C'était le Dr Biguet, en blouse blanche de chirurgien, une calotte blanche sur la tête, son stéthoscope autour du cou. Il hochait la tête en marchant et soupirait :

— Je vous l'avais dit.

— Pardon ! Vous m'avez promis soixante-quinze ans.

— Derrière, mon ami, derrière ! Pas devant !

Et, tout bas, ennuyé :

— Jouez la scène proprement, mon vieux Maugin, mon grand Maugin. Ici, on a horreur des « raccords ».

Ses yeux étaient ouverts. Il était sûr de n'avoir pas crié. Il n'avait même pas haleté, puisque Alice ne s'était pas réveillée. Il sentait dans son lit comme une menace sournoise, enveloppante, et, doucement, sans bruit, il glissa une jambe, puis l'autre, hors des draps. Elle soupira au moment où il soulageait le sommier de son poids, mais parce qu'elle n'avait pas dormi beaucoup la nuit précédente, peut-être pas du tout, son sommeil était lourd.

Il n'osait pas allumer, et pourtant la lumière l'aurait rassuré. Il cherchait à tâtons le fauteuil dans la ruelle, un ridicule fauteuil comme pour une scène de couronnement, qui datait de la même époque que le lit, noir et doré, plaqué de blasons aussi, avec une garniture de velours râpé.

Il ne dormait plus, ne rêvait donc plus. Son cauchemar était fini et se dissipait par bribes. Dans quelques instants, il ne s'en souviendrait même pas. Or, de ces visages de rêve qui commençaient à s'effacer, il y en avait un qui, au contraire, se détachait, se précisait d'une façon étonnante, celui du personnage qui se tenait à côté du juge, et il était sûr qu'il l'avait vu quelque part, qu'il avait un rapport avec des événements récents et pénibles.

Il tendait la main avec précaution pour atteindre le verre d'eau sur la table de nuit, et le même visage entra dans la vie de tous les jours, devint un grand jeune homme blond, d'un blond très clair, doré, qui portait un col à pointes cassées, une cravate blanche, un habit noir merveilleusement coupé.

C'était le consommateur accompagné de deux femmes qui, au *Presbourg,* avait tenté de s'approcher de lui pour lui réclamer des explications et que le patron avait entraîné dans un coin. Il pouvait avoir une trentaine d'années. Il était rose, bien portant, soigné comme un animal de luxe. Il devait faire du cheval au Bois, du tennis et de la natation à Bagatelle, du golf à Saint-Cloud.

Maugin sentit une vague de hargne lui monter à la gorge contre cet homme-là et contre ses pareils qui venaient le féliciter avec une familiarité condescendante les soirs de générale.

Il était à l'aise dans sa peau, lui, l'homme blond, à l'aise dans sa maison, dans la vie, à l'aise toujours, partout.

— Où es-tu, Emile ?

Dressée dans le lit, Alice cherchait le commutateur, regardait avec étonnement Maugin assis, la moue méchante, dans son fauteuil sorti d'une toile de Vélasquez.

— Qu'est-ce qu'il y a ?

— J'avais chaud. Je me suis levé un moment.

Il but un verre d'eau, lentement.

— Tu n'es pas malade ? Tu ne veux pas que j'appelle le docteur ?

— Je suis très bien.

C'était passé.

— Tu sais, petite, je ne suis pas si méchant que j'en ai l'air.

— Qui a jamais dit que tu étais méchant ?

— Moi.

— Tu es fou, Emile. Tu es le meilleur des hommes.

— Non, mais je ne suis pas non plus le plus mauvais. Un jour, si j'ai le temps, je t'expliquerai.

Les mots « si j'ai le temps » ne la frappèrent pas ; elle crut qu'il faisait allusion à ses journées trop remplies.

— Tu veux un somnifère ?

— Je n'en ai pas besoin ? Je vais dormir.

Il dormit, en effet, jusqu'au matin. Quand il n'allait pas au studio, on ne l'éveillait pas à sept heures. Il avait le temps, de son lit, d'entendre s'orchestrer les bruits amortis de la maison. Il ne sonna pas Camille pour lui apporter son petit déjeuner, mais il alla, en robe de chambre, les cheveux collés au front, dans la nursery ou Mme Lampargent venait d'arriver.

Pour amuser sa femme, il fit une grimace dans le dos de la nurse, puis se rendit dans la cuisine où la cuisinière détestait qu'il se serve lui-même son café « parce qu'il en répandait partout ».

Il ne pleuvait plus. Le sol n'était plus mouillé. Les trottoirs, les maisons, le ciel étaient d'un gris dur qui rappelait la Toussaint, rien n'y manquait, même pas le vent dans les cheminées.

C'était rare qu'il eût le loisir de flâner et il retardait le moment de son bain pour rester le plus possible en robe de chambre et en pantoufles.

La plupart de ses films comportaient une scène en robe de chambre, que les metteurs en scène y introduisaient parce qu'on l'y savait irrésistible. Une des malles d'osier, des trente-deux malles d'osier, dans la chambre de derrière, contenait toutes les robes de chambre qu'il avait portées à la scène et à l'écran.

Celle d'aujourd'hui était en soie épaisse, maintenue par une lourde cordelière. Il les aimait en soie, et les gens qui souriaient, dans la salle, ne se figuraient pas qu'il avait porté sa première robe de chambre à trente-deux ans, dans un sketch comique, que jusqu'à l'âge de vingt-huit ans il n'avait possédé ni pyjama ni chemise de nuit, qu'il dormait dans sa chemise de jour et que, faute de pantoufles, il glissait, pour vaquer à sa toilette, ses pieds nus dans ses souliers délacés.

Depuis, rituellement, à chaque film ou à chaque pièce, il se faisait payer une robe de chambre par le producteur ou le directeur. C'était une petite revanche. Et Perugia lui confectionnait, toujours « à leur compte », des pantoufles assorties, dont il possédait un plein placard.

De quoi l'appartement aurait-il l'air, *le lendemain ?* Oui ! enfin ! Le lendemain du jour ou de la nuit où... il valait mieux ne pas penser le mot. Est-ce qu'il y aurait beaucoup de désordre ? Alice se réfugierait sans doute dans la petite pièce, à côté de la nursery, où elle avait dormi la veille.

— Madame n'est pas visible ! répondrait Camille en prenant son rôle au sérieux.

Les journalistes entreraient quand même, et les photographes. Cette vieille garce de Juliette Cadot se faufilerait au premier rang et ce serait le moment ou jamais, pour elle, de faire payer les chaises ! Et Cadot ? Peut-être encore en deuil de sa femme ? (Il toucha du bois.) Maria, son habilleuse, trouverait tout de suite le chemin de la cuisine, où elle se servirait une tasse de café en se laissant tomber sur une chaise « à cause de ses pauvres jambes ».

Est-ce que sa sœur Hortense viendrait aussi, très digne, comme préparée par son veuvage ?

Il y avait des mois, des années, qu'il ne l'avait pas vue, et c'était aujourd'hui un temps comme pour elle. Il ne savait pas pourquoi, d'ailleurs, mais les rares fois qu'il était allé la voir à Villeneuve-Saint-Georges, ç'avait été comme on se rend au cimetière.

Il hésita. Il lui était arrivé de penser à elle dans les derniers jours et, l'avant-veille, il en avait parlé à Biguet — c'était, en effet, celle de ses sœurs que Nicou avait tripotée et qui lui avait rapporté cinq sous.

— Allô ! L'*Hôtel de l'Etoile ?* Je voudrais parler à môssieu Jouve, s'il vous plaît. J comme Jules, O comme Oscar, U comme urinoir, V comme... Excusez, mademoiselle. Je ne savais pas que vous aviez compris.

Longtemps, il avait vécu à l'hôtel lui aussi, comme Jouve, et, à ces époques-là, il ressentait une furieuse envie d'un intérieur à lui, regardait les façades et les familles sous la lampe comme un mendiant regarde la vitrine des charcutiers.

— Oui, patron.

— Je te dérange ? Elle est encore au lit ?

— Mais il n'y a personne, patron. Je vous jure !

— Cela m'est égal.

— Pas à moi.

Il tiqua, se souvenant du tout petit incident de la veille, de la rougeur de Jouve, dans sa loge.

— Tu vas téléphoner à Weill que je n'irai pas à son rendez-vous.

— Moi non plus ?

— Vas-y si tu veux, mais ne promets rien.

— Je passe vous voir avenue George-V ?

— C'est superflu.

— Vous êtes sûr que vous n'aurez pas besoin de moi ?

— Sûr, môssieu Jouve. Je vous salue !

L'insistance du garçon était explicable, car chaque fois que Maugin lui donnait congé, c'était pour le rappeler une heure ou deux plus tard, pour le faire chercher dans tous les endroits qu'il fréquentait, parfois pour l'éveiller au beau milieu de la nuit.

— Alice !

— Oui.

— Adrien va passer la journée à la campagne avec sa bonne amie.

— Il a une bonne amie ?

— Tu ne le savais pas ? Une splendide rousse, avec des seins comme ça.

— Je ne voyais pas du tout Jouve avec une femme.

— Avec quoi, alors ? Avec un homme ?

— Peut-être.

Elle avait le visage innocent. Elles ont toutes le visage innocent. Consuelo aussi, qui le trompait avec tous les garçons à cheveux gominés et à la peau mate et qui courait ensuite se confesser dans des églises invraisemblables pour lesquelles elle avait un flair spécial, choisissant ses « directeurs de conscience » dans un de ces ordres biscornus, dont la plupart des gens ne soupçonnent pas l'existence.

Quand il se livrait sur elle à certaines fantaisies, elle prononçait sérieusement, avec son accent qui rendait la chose beaucoup plus drôle :

— C'est un péché, Emile !

Au restaurant, elle lui arrêtait la main.

— Tu vas commettre un péché mortel. Nous sommes vendredi.

Elle vivait dans un monde où le péché occupait une place considérable, où c'était une sorte de personnage et elle s'ingéniait à l'amadouer, à faire bon ménage avec lui.

Quelquefois, quand il venait de la prendre et qu'elle n'avait pas eu le temps de jouir, elle demandait :

— Fais-moi le péché, maintenant.

Le plus fort, c'est qu'elle avait fini, non par lui faire peur ou par lui donner des scrupules, mais, quand même, par le troubler, par insinuer en lui un certain sentiment de culpabilité.

— Le courrier est arrivé, petite ?

— Je l'ai mis sur le bureau de Monsieur.

Yvonne Delobel, elle, lui avait inculqué la notion de volets verts. Ce n'était pas grave. N'empêche qu'après l'une et l'autre il n'était plus tout à fait le même homme.

Le péché, les volets verts, cela entraînait des tas de conséquences inattendues qu'on ne voyait pas du premier coup d'œil.

En était-il de même de ce qu'il faisait, de ce qu'il disait à longueur de journée ?

Bon ! Ça y était ! Il s'était pressé, le bougre ! Un large faire-part, avec sa bande noire qui tachait les mains, la petite croix gravée, et toute une ribambelle de noms, des Aupin, des Legal, des Pierson, des Meurel...

« ... *Ses père, mère, sœurs, frères, cousins, cousines, petits-cousins...* »

Quel serait le palmarés, pour lui ? Pas Cadot, certainement. On n'aurait pas ce culot-là. Ni la mère Cadot, à plus forte raison. Il y aurait Alice et Baba, puis...

Ce n'était pas une si mauvaise idée d'aller dire bonjour à Hortense, mais il faudrait prendre son bain tout de suite, payer un taxi jusqu'à Villeneuve-Saint-Georges, ou alors passer près d'une heure dans le métro. Il préférait errer dans l'appartement, en les regardant agir les unes et les autres. Toutes, y compris Alice, étaient gênées par sa présence, par le fait qu'il était inoccupé, qu'il se campait au beau milieu d'une pièce pour les voir travailler.

— Tu ne t'habilles pas ?

— Tout à l'heure.

— Je croyais que tu avais un rendez-vous ?

— Je l'ai décommandé.

— Tu te sens bien ?

— Admirablement.

Il joua avec la petite, devant Mme Lampargent qui prenait un air pincé. C'était curieux que sa sœur Hortense, qui avait montré son derrière à tous les garçons du village, soit devenue la dame respectable qu'elle était à présent. Par quoi elle avait passé, il ne le savait au juste, mais il savait qu'elle avait été bonne à tout faire chez un libraire et laveuse de vaisselle dans un restaurant.

Aujourd'hui, c'était Mme veuve Rolland, qui habitait la plus grosse et la plus solide maison de Villeneuve, une maison de pierre, du siècle dernier, avec des grilles autour du jardin, solide et sombre comme un coffre-fort.

Le portrait de Léon Rolland, le feu mari, de son vivant mandataire aux

Halles, et qui portait de grosses moustaches, vous guettait dans toutes les pièces, entouré d'une cour d'inconnus et d'inconnues de plus petit format, tous du côté Rolland ou Bournadieu. (La mère de Rolland était une Bournadieu, d'Agen.)

Hortense n'en avait pas moins gardé le contact avec ses sœurs et c'est par elle qu'il avait appris ce qu'elles étaient devenues.

— Pas une qui ait mal tourné ! proclamait-elle fièrement. Et pas une qui soit dans la misère !

— Peut-être que notre père et notre mère en ont assez fait pour purger plusieurs générations ?

— Je ne te permets pas de parler ainsi, devant moi, de nos parents.

Elise, la plus jeune, qui marchait à peine quand il était parti, était la femme d'un patron pêcheur de La Rochelle.

— Ce qui la désole, c'est de n'avoir pas d'enfants. Ils sont heureux quand même. Ils se sont fait construire une jolie maison dans le quartier de la Genette.

— Et Marthe ?

Elle tenait une crémerie, à Lyon. Comment elle avait abouti à Lyon, Hortense aurait probablement pu l'expliquer, mais il ne tenait pas à le savoir.

— Un de ses fils va venir faire sa médecine à Paris.

— Sans doute passera-t-il me voir ?

— C'est naturel, non ? Tu es son oncle !

Ce mot l'ahurissait, lui faisait presque peur, lui donnait un peu la même sensation d'enlisement, de glu, que son lit la nuit dernière.

— Quant à Jeanne...

Car il y en avait encore une, mariée à un colon, au Maroc, et il n'était pas trop sûr qu'elle ne fut pas arrivée là-bas par le chemin des maisons de tolérance.

— Tu vois que tu n'as pas à rougir de la famille. Tout le monde ne peut pas être acteur.

Il n'irait pas voir Hortense ce matin, c'était décidé. Il n'avait envie de rien, que de grogner tout à son aise, et il alla grogner un peu dans la cuisine avant d'en être chassé par le grand nettoyage du samedi.

Il y a des jours, comme ça, où tout est immobile, où tout paraît éternel — ou inexistant. Au fond, cela vaudrait mieux : inexistant !

— Je crois, Emile, qu'il serait temps que tu t'habilles. En tout cas, si tu as toujours l'idée de m'emmener déjeuner en ville.

Elle lui souriait comme à un grand enfant, et c'était elle, la pauvre, qui avait à peine vingt-deux ans, qui commençait tout juste la montée.

— Allô ! Le *Café de Paris* ? Vous me retiendrez une table pour deux, dans le fond. La banquette. Ici, Maugin... Maugin, oui. Merci, petit.

Ce n'était pas pour faire plaisir à Alice qu'il l'emmenait au *Café de Paris,* car elle n'aimait pas ces restaurants-là. Lui non plus. Il en avait assez du *Maxim's,* du *Fouquet's,* d'*Armenonville,* où on rencontre toujours les mêmes types, qui ont l'air de tourner en rond comme des chevaux de bois.

Seulement, de temps en temps, cela lui faisait du bien, justement, d'aller les regarder sous le nez pour voir comment ils étaient bâtis. Du bien ou du mal. Cela le mettait en rogne. Mais peut-être qu'un jour il finirait par attraper leur truc ?

Il y avait des années qu'il les observait et il n'en avait pas encore vu un seul éclater de rire — ou éclater en sanglots — en se regardant dans la glace ou en regardant les copains.

Car c'était une sorte de gang. Lui, on le laissait entrer, s'asseoir, grogner, jouer son bout de rôle, et on venait même lui serrer la main.

— Comment ça va, Emile ?

Ou bien :

— Pas mal, dis donc, ton film, celui avec le machin, le chose, le type qui se jette à la flotte... Tu as trouvé le filon, toi !... On te voit à Longchamp ?

Il avait envie de répondre :

— Non, môssieu ! Je ne vais pas à Longchamp, moi ! Je suis un honnête homme, moi, et un honnête homme, ça travaille ! Je suis un couillon, moi, môssieu, à qui il arrive encore de croire à ce qu'on lui raconte. Et je souris poliment à la bonne dame... Pardon, monsieur le juge... Bonjour, monsieur le ministre... Mes excuses, mon cher maître...

» Ce n'est pas vrai, je n'y crois pas.

» Seulement, moi, môssieu, j'agis comme si j'y croyais.

» Moi, môssieu, cela me gêne de ne pas y croire.

» Ou de ne plus y croire tout à fait.

» A moins que ce soit d'y croire un peu.

» Et, depuis des années, j'attends de voir si, des fois, un de vous autres ne va pas se sentir mal à l'aise et manger le morceau...

Suffit ! C'était idiot ! Il était grand temps de boire les deux verres de vin auxquels il avait droit. Il était en retard sur l'horaire.

Il ouvrit la porte de la salle de bains de sa femme et, de trouver celle-ci dans la baignoire, cela lui donna des idées. Seulement, elle n'aimerait pas ça alors qu'elle avait à s'habiller pour déjeuner en ville. Il n'avait pas envie de Camille. La veille, il en avait eu pour des heures à être imprégné de son odeur, et c'était exact que les rousses sentent.

— Tu t'habilles ?

— Oui, je m'habille. Je m'habille, petite !

Pour lui faire plaisir. Il faisait des quantités de choses pour être agréable aux gens, puis, après coup, leur en voulait.

« — Couillon ! »

Il se mit à siffler, retira son pyjama pendant que l'eau coulait dans son bain.

— Le téléphone, monsieur.

— Qui me demande au téléphone ?

— M. Jouve.

Il y alla, tout nu, le ventre en avant, n'eut pas la chance de rencontrer Mme Lampargent.

— Comment ? Si je ne veux pas déjeuner ? Dis à Weill que je déjeune avec *ma femme*. Non, monsieur. Avec ma femme toute seule et non avec elle et M. Weill. On ne se mélange pas, nous. Salutations.

C'était toujours ça, car Weill était justement un des types auxquels il pensait un peu plus tôt.

C'était amusant de s'habiller tous les deux en même temps, les deux salles de bains ouvertes, et il jouait à se façonner des masques grotesques avec de la mousse. Alice riait.

Elle lui noua sa cravate. Elle portait un joli tailleur noir qui la rendait toute jeunette et ce fut encore plus charmant quand elle souleva Baba pour l'embrasser avant de partir.

Ils prirent un taxi, à l'angle des Champs-Elysées. Un peu de jaune, dans les nuages, laissait l'espoir que le soleil existait encore quelque part et qu'il reviendrait.

— *Café de Paris.*
— Bien, monsieur Maugin.
— Votre table est retenue, monsieur Maugin.
— Par ici, monsieur Maugin.
— Salut, Emile !
— Bonjour, toi...

Il atteignait la table, toujours la même, au fond, d'où il pouvait voir la salle entière. Alice s'asseyait la première, tandis qu'il marquait un temps avant de s'installer, immense, regardant de haut en bas autour de lui.

On repoussait enfin la table devant eux comme pour les enfermer.

— Qu'est-ce que tu as ?

Alice ne voyait pas la carte que le maître d'hôtel lui tendait, mais fixait au-delà un point précis dans la salle, un couple, qui déjeunait, une fort jolie femme, qui le savait, qui se savait parée à la perfection, jusqu'au moindre diamant, et un grand jeune homme aux cheveux dorés qui lui parlait à mi-voix, un sourire au coin des lèvres, en les observant à travers l'espace.

C'était le type du *Presbourg*. Et de son rêve.

6

Il n'aurait pas osé espérer qu'elle serait si brave ni surtout que son premier geste serait de poser sa main gantée sur la sienne. Il comprit qu'il lui fallait un effort pour fermer les yeux et, pendant un assez long moment, elle garda les paupières très serrées, les traits immobiles, avec seulement une palpitation des narines, un frémissement du coin des lèvres.

Maintenant, c'était passé : elle regardait le maître d'hôtel, même si elle ne le voyait pas ou le voyait flou.

— Si je peux me permettre une suggestion, madame, je vous conseillerais un léger soufflé suivi d'une caille sur canapé.

— Tout à l'heure, grogna Maugin, la voix rauque, avec un geste expressif de la main.

— Madame ne prendra pas un cocktail, en attendant ?

— Foutez-nous la paix !

Les deux mains, sur la banquette, changeaient de position et la grosse patte de Maugin couvrait la main toujours gantée d'Alice, la caressait doucement. C'était une façon, au milieu de cette foule, de parler à sa femme. C'était une façon, aussi, pour lui, de s'astreindre à un calme relatif. Il respirait fort, attendait que son souffle fût plus régulier pour, de sa main libre, commencer à repousser la table.

— Je vais lui casser la gueule !

— Je t'en supplie, Emile ! Pour moi !

Elle lui était reconnaissante de lui avoir fait grâce des questions. Il ne lui avait pas demandé :

« — C'est lui ? »

Il n'avait pas eu besoin d'un dessin pour comprendre. Le couple, en face, s'occupait toujours d'eux. Le menton posé sur ses doigts repliés, l'homme parlait, regardant Maugin et sa femme de ses yeux mi-clos, à travers la fumée de sa cigarette, et, au pli moqueur, un peu méprisant de ses lèvres, à la façon dont il laissait tomber les syllabes, on pouvait presque reconstituer son discours.

Ils n'étaient pas sur le point de partir. Ils n'avaient mangé que les hors-d'œuvre et on leur apportait une bouteille de chambertin. Il était impossible de rester ainsi, tout le temps d'un repas, avec Alice qui tremblait, ne savait pas où poser le regard, gardait Dieu sait à quel prix, sur le visage, un sourire de bonne compagnie.

— Maître d'hôtel !

Il employait sa grosse voix, comme s'il était en scène, se dressait de toute sa taille, bousculant la table qui l'emprisonnait et que le maître d'hôtel ne retirait pas assez vite à son gré.

— Viens, petite.

— Vous ne déjeunez pas, monsieur Maugin ?

— Je ne peux pas manger avec, devant moi, des têtes qui me coupent l'appétit.

C'est à peu près au milieu de la salle qu'il avait prononcé ces mots, en détachant les syllabes, en donnant son poids à chacune, et, alors que tout le monde avait les yeux fixés sur lui, Maugin le faisait exprès de regarder le blondinet bien en face. Il marquait un temps, pour lui permettre de réagir s'il en avait envie, puis, comme l'autre ne bougeait pas, il faisait passer sa femme devant lui et se dirigeait vers la porte.

Le gérant l'y rejoignait, ému.

— J'espère, monsieur Maugin, que rien, chez nous, ne vous a déplu ?

— Seulement un galapiat à qui j'aurai sûrement tiré les oreilles avant longtemps.

Pour une fois qu'il invitait sa femme à déjeuner en ville en tête à tête !

Avenue de l'Opéra, il lui tenait la main sur l'épaule d'un geste protecteur, et il avait toujours son souffle court et chaud de grosse bête furieuse.

— C'est un mufle !

Quelques pas.

— Un galapiat !

Quelques pas encore et il la regardait en coin, la voyait toute blanche, prête à défaillir.

— Excuse-moi, petite. Je ne devrais pas te dire ça !

— Ce n'est pas pour lui.

— Pour qui, alors ? Comment, ce n'est pas pour lui ? Qu'est-ce que cela signifie ?

— Que ce n'est pas à cause de lui que j'ai mal.

— A cause de qui ?

— De toi.

— Comment, de moi ? Qu'est-ce que j'ai fait, moi ?

Il s'était arrêté au milieu du trottoir et les passants qui le reconnaissaient se retournaient sur eux.

— Viens, Emile. Je me suis mal exprimée. C'est à toi que cela fait mal. Et c'est parce que cela te fait mal...

Il était trop ému, tout à coup, pour continuer sur ce sujet.

— Il faut quand même que nous mangions. Entrons ici.

C'était le premier restaurant venu, à la façade peinte en vert, dans une rue transversale. On les plaça près de la fenêtre et il poussa vers sa femme la carte polycopiée.

— Commande.

Jadis, quand il avait timidement parlé de l'épouser et de reconnaître l'enfant qu'elle attendait, elle avait longtemps refusé, puis, enfin, avait posé une condition.

— Promets-moi que tu ne chercheras jamais à savoir qui c'est.

— Et toi ? Tu ne chercheras pas à le revoir ?

— Jamais.

Il n'en avait plus été question. Il y avait pensé, parfois, surtout les derniers temps, surtout quand il jouait avec Baba et qu'il lui faisait des grimaces, mais l'homme n'en restait pas moins comme théorique et il évitait de lui donner une forme concrète.

La forme concrète, il l'avait, à présent !

— Qu'as-tu commandé ?

— Des tripes.

Elle arrangeait son maquillage, comme pour se faire un nouveau visage, comme on se lave les mains après avoir touché des mains sales.

— Tu vois, Emile, tu aurais mieux fait de déjeuner avec Weill.

On l'avait placé dans un courant d'air, évidemment, et des pardessus qui sentaient le chien mouillé lui pendaient le long des épaules.

— Tu es sûre, Alice, que cela ne t'a pas fait de chagrin ?

— Pas pour moi.

— Tu savais ?

— Je n'avais pas d'illusions.

Ce n'était pas dramatique. C'était sale, de cette petite saleté de tous les jours qui rapetisse les gens et la vie. L'autre, qui déjeunait avec une jolie femme — ce n'était sûrement pas la sienne —, avait dû dire en les voyant entrer, en voyant l'énorme silhouette de l'acteur qui traversait la salle, traînant tout l'air avec lui :

« — Tiens, le cocu ! »

Du bout des dents, comme on mordille, comme on crache un petit morceau de bois. La veille pour se rendre au studio, Maugin portait un complet croisé, bleu marine ; il ne serait pas passé inaperçu, même dans ce costume, mais il aurait été moins voyant qu'avec le veston de tweed à grands carreaux qu'il avait choisi ce matin. Peut-être avait-on dit :

« — Le clown ! »

Il le faisait exprès d'en avoir l'air. Quant aux cocus c'était presque sa spécialité, c'était de sa carrure, de son âge, et il les jouait sans cesse à la scène et à l'écran. Il les jouait même de telle sorte qu'il avait créé une nouvelle tradition, que le cocu avait cessé d'être simplement comique et, qu'entre deux éclats de rire, on voyait des gens se moucher dans la salle.

Alice se figurait-elle que c'était pour ça qu'il avait voulu casser la gueule au galapiat ?

« — Deux mois avant qu'il se marie, je couchais avec la gamine qu'il a épousée. »

Peut-être avait-il ajouté des détails intimes ? Allez donc ! Va jusqu'au bout, petit saligaud de luxe ! Entre les hors-d'œuvre et le coq au vin, le temps de griller une cigarette et de finir le verre de château-yquem.

« — Comme sa fille est née après six mois de mariage... Calcule ! »

Mais oui ! Montre tes jolies dents ! C'est tellement rigolo !

Même ici, pour faire du genre, on leur servait les tripes sur des petits réchauds individuels, qui étaient en cuivre au lieu d'être en argent.

— Mange ! commanda-t-il.

Il oubliait que c'était lui qui aimait les tripes.

— Je vais essayer.

Il avait encore besoin de se retenir, car l'envie le prenait par bouffées de laisser sa femme ici un moment, de retourner au *Café de Paris* et de saisir par la peau du cou ce freluquet qui venait, en si peu de temps, de bouleverser tant de choses.

— Tu m'accompagneras au théâtre, cet après-midi.

— Je ne peux pas, Emile. C'est le jour de sortie de Mme Lampargent.

— Tu lui téléphoneras, d'ici, que tu ne peux pas rentrer avant ce soir.

— Tu sais comme elle est.

— Bon ! Je vais lui téléphoner moi-même.

Il y alla tout de suite, traversa la petite salle où il paraissait démesuré. Elle continuait à le voir, par la porte vitrée de la cabine, qui parlait d'un air buté.

Elle n'avait pas pleuré, et il lui en était reconnaissant. Il trouvait ça très bien. Il revenait, mystérieux, après avoir parlé dans un coin à la serveuse au tablier douteux, et, un moment plus tard, on leur apportait une bouteille de vin du Rhin qu'elle préférait.

— A notre *santé*, petite !

Comme tout à l'heure, elle serra les paupières très fort. Il ajouta en lui cherchant la main :

— A Baba !

Sa voix avait molli sur la dernière syllabe. Il ne fallait pas. C'était bête. Il se secouait.

— Tout ce qu'il mérite, c'est, quand je le rencontrerai, le plat de la main sur la figure.

Il aurait aimé la faire rire. Il savait qu'on reviendrait là-dessus, bien des fois sans doute, mais, pour le moment, on devait éviter d'en parler, d'y penser.

— Je t'ai dit que Viviane était morte ?

— Viviane ?

— La femme de Cadot.

Il faillit, pour la distraire, lui raconter la véritable histoire de Cadot, mais il se rendit compte à temps qu'elle n'était pas drôle.

— Sais-tu, Alice, que je crois bien que je t'aime ?

Alors, ils s'apercevaient tous les deux en même temps qu'il ne lui avait jamais dit ça sérieusement. Ils étaient mariés depuis près de deux ans et il n'avait jamais été question de leur amour. Dans le Midi, avant la naissance de Baba, ils vivaient comme de bons camarades, comme, plus exactement, étant donné leur différence d'âge, un oncle et une nièce. Parfois, d'ailleurs, il s'amusait à dire aux gens :

— Ma nièce !

Il s'était trouvé embarrassé, à Paris quand elle était venue le rejoindre avec l'enfant, ne sachant quelle chambre lui donner, car la pièce voisine de la nursery était étroite et ouvrait sur la cour.

— Il faut vraiment que j'aie une chambre ? avait-elle demandé.

Elle avait été plus longue à s'occuper des domestiques, qui l'impressionnaient un peu.

— Maria va être heureuse de te voir et vous pourrez bavarder toutes les deux, pendant que je serai en scène.

Il s'efforçait de lui présenter ça comme une distraction.

— Bois, petite. Il n'est pas bon ?

Il en buvait aussi, bien qu'il n'aimât pas le vin blanc. Il avait été sur le point de se commander une carafe de gros rouge, mais elle aurait pu se méprendre, croire qu'il buvait pour une autre raison.

C'était elle qui, de temps en temps, regardait l'heure.

— Il faut que nous nous dépêchions, Emile.

Drôle de déjeuner. Ils n'étaient ni l'un ni l'autre dans la vie de tous les jours. Ils avaient l'impression d'être en voyage, de prendre un repas dans une ville inconnue, et cela continuait à leur sembler étrange de sortir de ce restaurant et de monter dans un taxi.

Il avait promis de ne pas lui demander le nom de l'homme et il ne le lui demanderait pas, même à présent qu'il connaissait son visage. Pour le savoir, il suffirait de questionner le maître d'hôtel du *Café de Paris,* ou le barman du *Presbourg.* Maugin avait dû le rencontrer maintes fois sans lui prêter attention.

— Il va neiger ! prononça-t-il avec conviction.

Et c'était tellement inattendu, tellement contre toute évidence, malgré la blancheur glauque du ciel, qu'Alice le regarda et faillit éclater de rire.

— Pauvre Emile !

— Pourquoi pauvre ?

— Parce que tu as des tas de gens sur les épaules et que personne n'essaie de t'épargner de la peine.

— Qui est-ce qui me fait de la peine ?

— Même moi !

— Tu trouves que nous avons l'air fin à prendre des allures de catastrophes à cause d'un petit crétin qui faisait le beau au restaurant ? Chauffeur ! Eh bien ! Chauffeur...

— Quoi, monsieur ? Vous m'avez dit au théâtre...

— A l'entrée des artistes.

Un chauffeur qui ne l'avait pas reconnu, qui le regardait payer avec indifférence, préoccupé seulement du pourboire.

— Salut ! cria-t-il au concierge en passant devant la loge vitrée.

S'il avait le malheur, d'ici ce soir, de boire seulement une bouteille de vin, il ferait un monde de cette histoire-là. Il savait même, d'avance, tout ce qu'il penserait. Au fond, il le pensait déjà, mais pas de la même façon, sans prendre les choses au tragique.

— Devine qui je t'amène, Maria ?

— Oh ! *madem...* madame Maugin !

— Tu peux l'appeler Alice comme avant, va !

— Ce que vous avez changé !

— Changé ? grogna-t-il.

— Je veux dire qu'elle est devenue plus fine, plus dame. Il ne faut pas que j'oublie de vous dire, monsieur Emile, qu'on vient à l'instant de téléphoner pour vous.

— Qui ça ?

— M. Cadot.

— Encore ?

— Il s'excuse de ne pas passer vous voir, mais il espère que vous comprendrez.

— J'aime mieux ça.

— Il a besoin de savoir si vous comptez assister à l'enterrement parce que, dans ce cas, il retiendra une voiture de plus.

— Un second corbillard ?

— Tais-toi, Emile !

— Bon ! S'il rappelle, dis-lui que je regrette, que j'aurais adoré ça, mais que mon docteur me défend d'assister aux enterrements à cause de mon cœur.

Et comme sa femme le regardait, surprise, inquiète :

— C'est une blague, bien entendu.

— Il m'a semblé, ce matin, te voir prendre des comprimés.

— Pour la voix.

Le peignoir sur les épaules, il se maquillait, en pensant que l'après-midi serait long, puis qu'il faudrait dîner, qu'il y aurait encore la soirée à passer. Allait-il garder Alice avec lui tout ce temps-là ?

Il voulait éviter de la laisser seule, mais ils ne pensaient pas moins à la chose, chacun de son côté, et il faudrait qu'ils finissent par en parler.

— En scène dans dix minutes, monsieur Emile ! vint annoncer le régisseur.

Ce fut en scène, vers la fin du premier acte, alors qu'il était entouré des cinq dactylos, qu'il se rendit compte de la gaffe qu'il avait commise en voulant être malin. Il avait amené sa femme ici pour lui changer les idées, pour l'empêcher de penser à l'autre. Bon !

Or, c'était au théâtre, plus que probablement, si on s'en rapportait aux dates, qu'elle avait connu ce type-là, quand elle jouait une des cinq dactylos.

C'était sans doute un soir qu'il l'avait attendue à l'entrée des artistes qu'il lui avait fait un enfant.

— Crétin !

— Pardon ?

Il renchaînait, jouait plus bourru que d'habitude, mâchant des phrases. Cela n'avait aucune importance. Cela arrivait qu'on expédiât la matinée en vitesse, par-dessus la jambe, surtout le samedi.

Qu'allaient-ils faire le lendemain, et les jours suivants ? Et cette nuit, quand ils rentreraient, quand elle ouvrirait la porte de la nursery pour embrasser Baba ?

— Tu n'as pas l'air dans ton assiette, lui dit Lecointre, après le baisser du rideau.

Il avait connu Lecointre entre vingt et trente ans et c'était le seul de cette époque-là à s'être accroché à lui, humblement, avec tant de discrétion que Maugin lui trouvait toujours une utilité dans ses pièces, parfois une figuration ou quelques répliques dans ses films.

Il avait un visage de famine, d'un blanc crayeux, des yeux cernés jusqu'au milieu des joues. Il s'était mis au vin rouge, lui aussi, mais évitait d'entrer dans les bistrots où Maugin se trouvait.

Il finirait clochard. C'était le genre d'homme à ça. Sans son camarade, il coucherait déjà sous les ponts et il lui arrivait de passer la nuit dans un commissariat, calme et poli, de sorte qu'on évitait de le bousculer.

— Le foie ? questionna-t-il en se glissant à sa suite entre les portants.

— Je n'ai jamais eu mal au foie.

— Tu te souviens de Gidoin ?

— Celui qui...

— Chut !

— Celui qui devait nous graver de faux billets de banque ? reprit-il à voix haute. Et puis après ? Du moment que nous n'avons pas réussi et que nous ne les avons pas mis en circulation ?

— Pour toi, ça n'a peut-être pas d'importance, mais, moi, je suis parfois en contact avec la police. Je te disais... Ah ! oui, nous parlions de toi, la nuit dernière, avec Gidoin...

— Il vit encore ? Il lui reste quelques lambeaux de poumons ?

Car leur camarade Gidoin se plaignait déjà, à vingt-cinq ans, d'avoir « les poumons entièrement rongés ». A l'appui de ses dires, il exhibait ses radiographies comme il l'aurait fait de diplômes. Les pommettes roses, il toussait, plié en deux, se tenant le ventre à pleines mains.

« — Moi qui ne ferai pas de vieux os... »

— Il a un petit atelier, au fond d'une cour, rue du Mont-Cenis. Il grave des vues de la place du Tertre et du Sacré-Cœur et les vend de table en table dans les cafés. Il n'en a plus pour longtemps et il aimerait te voir. Il n'ose pas venir te déranger. Il ne descend plus de la Butte. Si tu voulais, un soir...

Ils étaient arrivés près de la loge et Maugin tendait l'oreille, son front se rembrunissait, il reconnaissait la voix de Jouve, celle d'Alice, et tous deux avaient l'air de s'entretenir presque gaiement.

— On verra ça, dit-il distraitement à Lecointre. Excuse-moi.

Il tourna le bouton sans bruit, poussa le battant. Jouve, appuyé à la table de maquillage, les bras croisés, une cigarette aux doigts, avait une animation que Maugin ne lui connaissait pas, se montrait à son aise, presque pétillant, sans trace de timidité.

Quand il regarda sa femme à son tour, elle avait eu le temps, si c'était nécessaire, de prendre une contenance.

Ce qui le frappait le plus, c'était l'atmosphère cordiale, quasi familiale, qui régnait, avec Maria, elle-même plus gaie que d'habitude.

Le temps qu'il entre et c'était comme si sa masse chassait de la pièce cet air léger. Ils se figeaient, tous les trois, le petit Jouve décollait ses fesses de la table, laissait pendre les bras, Maria allait prendre dans le placard la perruque de forçat.

— J'ai une proposition ferme de Weill, patron, beaucoup plus avantageuse que celles qu'il a faites jusqu'ici. Il rachète votre contrat à la Société Siva et vous en signe un autre, de trois ou de six ans, pour un nombre de films que vous fixerez vous-même.

— C'est de cela que tu t'entretenais avec ma femme.

— Je...

Elle venait à la rescousse.

— Il me disait qu'il avait découvert un théâtre de marionnettes, tu ne devinerais jamais où ?

Il n'avait pas envie de le savoir. Il ne s'occupait pas de marionnettes. Avaient-ils aussi parlé de la femme rousse avec qui son secrétaire était censé passer le week-end ?

— Tu répondras à Weill que je ne signe rien du tout.

— Il n'est pas pressé. Il tient à vous voir personnellement avant que vous preniez une décision.

— Il ne me verra pas, et ma décision est prise.

Pourquoi, sur ces derniers mots, sa voix s'était-elle enflée et pourquoi prenait-il un ton dramatique pour ajouter :

— Compris ?

On aurait dit qu'il les défiait, sa femme aussi bien que le petit Jouve et que l'habilleuse, qu'il défiait Weill par la même occasion, et d'autres, tout un monde grouillant, visible pour lui seul.

— Bouteille !

Il s'impatienta parce que Maria jetait un regard interrogateur à Alice et que celle-ci avait l'air de répondre :

— Donnez-la-lui.

C'était encore plus difficile, plus compliqué que dans son rêve. Et le pis, c'est que c'était sans cesse à recommencer.

En verrait-il jamais la fin ? Il était heureux, tout à l'heure, presque heureux, dans le restaurant dont il ne savait même pas le nom, à boire du vin du Rhin avec Alice, à poser délicatement sa grosse patte sur la main de sa femme, pour lui faire sentir qu'il était là, qu'il la protégeait, qu'il était fier d'elle parce qu'elle s'était montrée si brave.

Maintenant, il laissait peser sur la loge un regard vide, ou trop plein de choses inexprimables, et il allait à nouveau se montrer méchant ; il en avait envie.

Est-ce que, quand son amant était dans la salle — et il pensait le mot exprès —, Alice allait le contempler par le petit trou du rideau ? Toutes les débutantes font ça. Les gens des fauteuils ne voient qu'un œil, que l'intéressé reconnaît, et il sourit stupidement, statisfait d'être en quelque sorte de connivence avec le théâtre.

C'était l'autre qui avait raison : un cocu !

Un vrai ! Pas un de ses cocus à lui, qui mettait la larme à l'œil aux spectatrices. Un cocu tout bête, tout cru, qui prenait une petite fille dans son lit et qui se figurait que c'était arrivé.

La preuve, c'est qu'ils étaient plus gais, comme soulagés d'un poids, quand il n'était pas là ; que Jouve, du coup, paraissait vraiment un homme, parvenait à les faire sourire, que Maria prenait d'instinct l'air protecteur d'une vieille maquerelle émoustillée.

Il observait dans la glace sa gueule dont il soulignait les traits pour en faire la gueule de forçat du deuxième acte et, sans le grossissement indispensable du théâtre, il n'aurait rien eu à changer.

— Ça vous ferait mal de parler ?

Le mot tombait au milieu d'un profond silence, et ils en étaient gênés.

— Je lui dis que non ?

— C'est ça ! Va vite le lui dire !

— Vous n'avez pas besoin de moi, demain ?

— Pas le moins du monde.

— Dans ce cas, je me retire.

Ce mot évoqua une image obscène et il ouvrit la bouche, se ravisa à temps.

— Au revoir.

— Au revoir, la chaise. Au revoir, le mur. Au revoir, *la porte !*

— Tu l'as fait exprès de te montrer dur avec lui ?

Allait-il l'être avec elle aussi ? Pour lui demander pardon demain, bégayer au téléphone et lui envoyer une douzaine de roses ?

Il n'était qu'un vieux con — soixante-quinze ans, avait dit Biguet, qui était un connaisseur — et il n'avait qu'à se tenir tranquille.

Des types comme Lecointre et Gidoin ne faisaient pas tant de chichis, finissaient en beauté, si l'on peut dire. Avec le courant qui les emportait doucettement.

Et c'était Merlaut qui était mort, car il faut toujours que quelqu'un paie, le fils d'un herboriste d'Orléans qui se croyait doué pour le chant et qui arrivait parfois à se faufiler dans les chœurs de l'Opéra, les soirs où l'on avait besoin de beaucoup de monde.

Il était dans le coup des faux billets que Gidoin n'avait jamais réussis et avait pris ça au sérieux, s'était cru un dur, s'était fait arrêter deux ans plus tard pour traites qu'il avait signées au nom d'un de ses oncles et s'était enfin pendu en prison, avec des bandes découpées dans sa chemise.

— Envoyez la petite classe !

Il savait ce que c'était, le samedi après-midi, quand on frappait à la porte, à l'entracte : des jeunes filles et des collégiens qui venaient faire signer leur album d'autographes. Il y avait des grosses filles, des maigres, des audacieuses, des timides, il en existait peut-être une dans le lot qui deviendrait la raison de vivre d'un homme, peut-être aussi une artiste comme Yvonne Delobel, d'autres qui ne seraient rien du tout, de la figuration, ou qui iraient tout à l'heure se faire caresser l'entre-jambe derrière une porte cochère.

Il signait, d'une grosse écriture qui, d'un mot, remplissait la page. La porte restait ouverte. Le régisseur passait.

— Germain !

— Oui, monsieur Emile.

— Le directeur est là ?

— Il doit se trouver au contrôle.

— Tu veux le faire appeler, vieux ?

La bouteille de cognac était sur la table ; il l'avait reçue tout à l'heure des mains de Maria et n'y avait pas encore porté les lèvres.

— Fini, la petite classe ! Sortez, maintenant. Il faut que j'enlève ma culotte.

Et, comme elles avaient des regards vers Alice et vers Maria :

— Ça, c'est ma femme. Oui ! Ma femme ! Elle peut rester. L'autre, la petite grosse aux jambes enflées, c'est mon habilleuse et elle a passé l'âge. Compris ? Maintenant, filez !

Et à Maria :

— Combien de minutes ?

— Il vous en reste douze avant d'entrer en scène.

— C'est assez.

Alice, assise derrière lui, un peu de côté, le regardait dans le miroir, et chacun d'eux voyait la tête de l'autre de travers. C'était drôle. Comme ça, le visage légèrement déformé, elle avait tout à fait l'air d'une petite bourgeoise, et il aurait pu lui donner un autographe, à elle aussi.

— Je te fais remarquer que je n'ai pas encore bu, que c'est *avant* de boire que j'ai décidé de faire monter Cognat.

Il déboucha la bouteille, avala un long trait, la lança dans le panier à papier où elle continua de couler.

— Entrez, monsieur le directeur. Asseyez-vous. Pardon, il n'y a plus de chaise ; ne vous asseyez pas. Garraud va bien ?

— Je suppose. Il y a longtemps que je ne l'ai vu.

— C'est un tort. Vous devriez lui téléphoner tout de suite et le prier d'être ce soir au théâtre avant la représentation.

En trois ans, Garraud, qui était sa doublure, n'avait pas eu dix fois l'occasion de jouer le rôle de Baradel.

— Vous voulez dire que vous ne viendrez pas ?

— Exactement.

— Vous ne vous sentez pas bien ?

— Cela dépend.

— Je ne vous comprends pas.

— Si c'est en ami que vous me posez la question, je vous réponds que je ne me suis jamais senti aussi bien. Mais, si c'est le directeur qui parle, je vous enverrai, en conformité avec mon contrat, un certificat de mon médecin attestant que je suis un homme fichu.

Il adressa un clin d'œil à Alice, enchaîna, debout, passant de l'autre côté du rideau pour enfiler son costume de forçat :

— C'est tout, mon vieux Cognat. Je pars pour le Midi. Amis ?

— Vous avez une raison ?

— J'en ai cent mille.

— Dites-moi seulement la principale.

— J'en ai marre.

— Vos films ?

— Aussi ! J'en ai marre, Cognat, et je vais faire, à cinquante-neuf ans, pour la première fois de ma vie, une chose extraordinaire : je vais me reposer.

Le directeur regardait Alice comme pour obtenir d'elle confirmation de la nouvelle.

— C'est tellement inattendu...

— Oui.

— Le public...

Il apparut dans sa tenue du deuxième acte, le visage dur et buté.

— Suis-moi, petite. Tu te tiendras sagement à côté du pompier, que je te voie.

Les gamines de tout à l'heure, les gens de la matinée du samedi ne savaient pas. Ils voyaient Maugin, Maugin dans *Baradel et Cie*.

De temps en temps, celui-ci envoyait un clin d'œil vers la coulisse où Alice se retenait de pleurer.

A certain moment, passant près de Lecointre, il annonça à voix basse :

— Je les mets !

De sorte que le vieil acteur regardait, lui aussi, Alice d'un air interrogateur. En savait-elle plus long que lui ? Qu'avaient-ils compris l'un et l'autre ?

Maugin ajoutait davantage au texte que d'habitude, avec l'air de jongler, d'envoyer vers les cintres des balles difficiles qu'il rattrapait sans effort. Au troisième acte, il se déchaîna à tel point que les acteurs ne savaient plus où ils en étaient de leurs répliques.

Sa voix enfla plus que jamais pour lancer :

« — Cette crapule de Baradel ! »

Et jamais il n'avait aussi bien réussi le dégonflage de ses joues, de tout son être, aussitôt après, pour balbutier en baissant la tête et en fixant le bout de ses souliers :

« — Pauvre vieux ! »
Il dit un autre mot. Il dit :
« — Pauvre merde ! »
Un éclat de rire, après un instant de stupeur, jaillit de la salle ; les acteurs, en scène, ne parvinrent pas tous à garder leur sérieux.
— Viens.
— Tu me fais peur, Emile.
— A moi aussi.
— Tu as vraiment l'intention de partir ?
Il pensa à l'autre, qu'elle cherchait jadis par le trou du rideau, et risposta, méfiant :
— Toi aussi, tu vas prétendre que je n'ai pas le droit de me reposer ?
— Non, mais...
— Mais quoi ?
Ils atteignaient la loge.
— Je ne voudrais pas que ce soit à cause de moi.
— Ce n'est pas à cause de toi.
— De quoi ?
Alors, haussant ses épaules monumentales, il fit une réponse à laquelle Maria se signa furtivement :
— De Dieu le Père !
Il aurait pu se baisser pour reprendre la bouteille dans le panier à papier, car il y restait un peu de cognac. Il hésita, n'osa pas et commença à se démaquiller en grognant.

DEUXIÈME PARTIE

1

Il regardait, écœuré, à dix mètres de fond, les bêtes qui se comportaient à peu près comme des vaches, dans un décor pas tellement différent de certaines campagnes. La verdure sombre ondulait, se couchait parfois comme au passage d'une brise, et la plupart des poissons restaient immobiles, à brouter ou à digérer ; certains changeaient de place, lentement, pour s'immobiliser à nouveau, reniflant parfois un de leurs semblables au passage.
C'était la population du plateau, et ceux-là n'étaient pas très gros ; leur dos était sombre, et ils ne laissaient voir un éclat d'argent que quand ils se retournaient en partie et montraient leur ventre.
Les gros étaient plus bas, dans la vallée, une crevasse étroite, claire, presque lumineuse, à cause de la coulée de sable qui en formait le fond.

Différentes races y vivaient, à des étages différents, chacune avec ses manières ; les tout gros n'étaient que des ombres rapides, au ras du sol, et, un peu plus haut, d'un creux de rocher, on parvenait, en remuant convenablement l'appât, à faire sortir la tête méfiante d'un vieux congre.

Cela donnait le vertige à Maugin, lui donnait mal au cœur. Il regardait ailleurs, et le vertige persistait un bon moment. La mer était d'huile, d'un bleu épais, plaqué de doré, mais elle n'en respirait pas moins d'une vaste respiration calme, insensible, et c'est ce qu'il détestait le plus, ce mouvement lent dont, une fois à terre, il ne parvenait pas à se débarrasser de la journée et qui, la nuit, faisait encore tanguer son lit.

Le soleil était déjà haut, cuisant. La peau nue de ses épaules et de sa poitrine brûlait.

— Je crois que tu devrais éviter les coups de soleil, lui avait dit Alice.

Au début, il se détournait avec dégoût de ceux qui se faisaient griller sur la plage, se retournant comme sur une poêle quand un côté était à point, pas seulement des jeunes, des gigolos et des petites madames, mais des hommes mûrs, des vieillards, des gens qui dirigeaient de grosses affaires, avaient d'importantes responsabilités et cependant jouaient à ça le plus sérieusement du monde, avec préméditation, chaussant des lunettes spéciales qui leur donnaient l'air de pêcheurs d'éponges et s'enduisant le corps d'huile.

— J'ai trop chaud, avait-il soupiré une fois en enlevant sa chemise, avec un coup d'œil hésitant à Joseph.

— Vous aurez plus chaud la peau nue.

— Et la brise, alors ?

— Et le soleil ?

Avec le temps, il arriverait à « leur ressembler ». Que lui manquait-il encore ? Il avait déjà le bateau. Il avait Joseph, qui portait une casquette de capitaine. Il n'emportait pas encore de longue-vue à bord, mais il y en avait une à la villa, près de la fenêtre de sa chambre.

Hier, quand ils étaient rentrés au port, un peu avant onze heures du matin, il avait annoncé à Joseph :

— Pas de pêche, demain.

— Vous croyez ça, vous, monsieur Emile ?

— Je ne crois pas. Je sais. Parce que c'est moi qui décide, non ?

— Nous verrons bien, hé ?

Car ici, tout Maugin qu'il était, on le taquinait et l'on ne se gênait pas pour le mettre en boîte. De passer un jour, cela suffisait pour rompre la routine et se prouver lui-même qu'il pouvait employer son temps autrement s'il en avait envie.

Puis, le matin, il avait été réveillé par les bruits de la maison, par les bruits du dehors, par le soleil, par les mouches, par la vie qui se précipitait dans sa chambre à travers les fenêtres ouvertes, presque aussi grouillante qu'au fond de l'eau. Il n'avait pas besoin de sortir de son lit pour voir la mer, une partie des murs blancs d'Antibes, les bateaux qui sortaient du port.

— Mon café, Camille !

Ce qui lui plaisait, c'était, sans se laver, sans se raser, comme les autres, d'enfiler les pantalons en toile bleue, une chemise blanche, des espadrilles.

— L'« automobile » est en bas ?

Il avait fallu acheter une voiture aussi parce que la villa, au Cap-d'Antibes, était située trop loin de la ville pour qu'on puisse s'y rendre à pied. Par une sorte d'amour-propre, il ne disait jamais, avec une emphase ironique, que l'« automobile ».

Et le « choffeur » Arsène ! Une espèce de gouape qui avait toujours l'air de se moquer de lui et qui couchait certainement avec Camille. Il ne fichait rien les trois quarts de la journée. Personne ne fichait rien, ici, le jardinier non plus, le père Fredin, qu'on lui avait imposé en lui louant la villa, ni Joseph, qui était en train de retirer sa ligne avec un gros séran rose au bout.

Quel besoin avait-il, chaque fois qu'il prenait un poisson, de se montrer goguenard ?

— Vingt-trois ! annonçait-il. Et vous, patron ? Viens ici, petit, que je t'opère !

L'opérer, c'était lui enfoncer deux doigts dans les ouïes pour lui faire cracher l'hameçon et l'amorce, après quoi il le glissait dans le vivier qu'il remettait à l'eau.

— Pas de touche, monsieur Emile ?

— Je ne pêche pas.

— Vous faites seulement prendre l'eau à votre ligne ? Je parie que, si je la retirais, il y aurait quelque chose au bout.

Maugin la retira lui-même, persuadé qu'il n'y avait rien, et quand il la sortit de l'eau il vit un petit poisson déjà fatigué, un séran aussi, moitié moins lourd que celui de Joseph.

C'était une fatalité. Jamais, lui, il ne capturait de poissons de taille impressionnante, ou alors c'étaient des « diables », des saletés couvertes d'épines qu'il n'osait pas toucher et dont il n'arrivait pas à enlever l'hameçon.

— Vous découragez pas, monsieur Emile. Ça viendra. Voyez M. Caussanel. Quand il est arrivé de Béziers, il y a dix ans, il ne distinguait pas un gobie d'une girelle.

Caussanel était-il plus âgé que lui ? Il se le demandait. De trois ou quatre ans, peut-être ? C'était un ancien marchand de vin en gros qui n'avait pas tellement oublié son métier puisqu'il était parvenu à refiler une barrique à Maugin.

Il était là, un peu plus loin, sous un parasol. Car il avait installé un parasol sur son bateau. Il s'asseyait sur une vraie chaise.

Tout le monde était là. C'était, dans son genre, comme la terrasse du *Fouquet's* à l'heure de l'apéritif.

On se regardait. On s'adressait de petits signes. Quand on voyait quelqu'un prendre beaucoup de poissons, on s'en approchait avec l'air de rien.

— Ça mord, par ici ?

— Pas trop.

Caussanel était plus petit que lui, moins large, mais plus gros, avec un ventre tout rond qu'il portait orgueilleusement. Non seulement on l'avait accepté comme pêcheur, mais l'après-midi on l'introduisait dans la partie de boules, à l'ombre des deux maisons roses.

Etait-ce là ce qu'il était, Maugin, en train de devenir ?

— Pourquoi ne vas-tu pas pêcher, Emile ? lui disait-on quand il traînait, grognon, dans la maison. Cela te changerait les idées.

De voir Joseph, qu'il payait plus cher qu'un ouvrier spécialisé, prendre des poissons à son nez et se moquer de lui ? De contempler le fond de l'eau où toutes ces bêtes avaient l'air plus affairées à vivre que les hommes ?

Et comme c'était fin ! Exactement comme si, de là-haut, un bon Dieu à la retraite laissait pendre des crochets invisibles avec des biftecks au bout pour attraper les humains, des bottes de foin pour attraper les vaches !

Les poissons, ça ne criait pas. Ça ne saignait pour ainsi dire pas. L'hameçon, en se retirant, faisait craquer des cartilages. Du brun sortait du petit trou de l'abdomen. Et l'on tripotait tout ça, caca compris. On maniait des vers gluants qu'on enfilait vivants, ou des bernard-l'ermite dont il fallait casser la coquille avec un marteau sur un banc de bateau, arracher les pattes, la tête, ne garder que la panse rose.

L'odeur aussi, les jours comme aujourd'hui, sans un souffle de brise, lui donnait la nausée. Le bateau puait. Ses mains puaient. Il avait l'impression que même le vin blanc, dans la bonbonne qu'on laissait tremper le long du bord pour le rafraîchir, sentait la marée et les vers.

C'était inutile d'annoncer à Joseph qu'il ne viendrait plus. Que ferait-il d'autre ? Il pouvait voir sa villa, là-bas, parmi le vert épais des arbres, celle dont le toit était entouré de balustres blancs et dont les fenêtres étaient ouvertes. Parfois un petit personnage venait s'agiter dans le cadre d'une de ces fenêtres et c'était à peu près comme de voir les poissons mettre le nez à leur trou de rocher.

— On rentre ? annonça-t-il.

— Deux minutes, que j'attrape celui que je sens au bout de ma ligne.

On n'avait que faire de tout ce poisson-là. La plupart du temps, la cuisinière le jetait, car le Cap-d'Antibes n'est pas un endroit où l'on donne sa pêche aux voisins. Est-ce qu'il en avait, des voisins ? Il ne savait même pas leur nom. On en parlait d'après les inscriptions : « Villa del Mar », à droite ; « Les Marguerites », à gauche.

— Vous voulez me passer la bonbonne, monsieur Emile ?

Ils buvaient au même goulot ! Joseph, pourtant, ne le touchait pas de ses lèvres, élevant la bonbonne fort au-dessus de sa tête, la penchant juste dans le bon angle et laissant couler le liquide au fond de sa gorge.

Maugin en était même arrivé à boire du vin blanc, un vin épais et lourd, moins écœurant malgré tout que du vin rouge qu'on a trimbalé pendant des heures au soleil. Il avait essayé le rouge et l'avait vomi.

C'était sous le crâne que ça lui tapait, le vin ou le soleil, ou la mer, et il lui arrivait de regarder celle-ci avec haine, et parfois avec une vague terreur, à cause de tout ce qu'il y découvrait. (Les fleurs qui mangent des petits poissons par exemple.)

Il aurait mieux fait de ne la voir que comme sur les cartes postales, de la Croisette, à Cannes, ou, à Nice, de la Promenade des Anglais, avec des palmiers rassurants, des lampadaires, et des balustrades, sans jamais constater de près que c'était un monde encore plus compliqué que le nôtre, plus féroce et plus désespéré.

Est-ce que les gens ne s'en rendaient pas compte ? Pour Caussanel, par exemple, ce n'était qu'une question de poids. Il emportait une balance romaine dans son bateau, de sorte qu'il pouvait annoncer en arrivant au port :

— Huit livres et quart !

Quant à M. Bouton, c'était sûrement de la sénilité. Caussanel habitait une petite maison, à Antibes même, et l'on ne pouvait pas appeler ça une villa. Il avait sa femme avec lui, qui lui tenait lieu de bonne, et vivait modestement. Les Bouton, au contraire, étaient propriétaires, au Cap-d'Antibes, d'une grande villa soigneusement entretenue, un peu plus loin que chez Maugin. Lui était un tout petit homme maigre, toujours vêtu d'un complet blanc, coiffé d'un casque colonial. Il était raide comme un jouet, avec des mouvements saccadés qui faisaient penser à des jointures rouillées. Quand on le voyait avec sa femme sur la route, on avait l'impression qu'elle devait le remonter de temps en temps pour le remettre en marche.

Tous les jours, à six heures du matin, au moment où les premières cloches sonnaient à Antibes, ils sortaient du port à bord de leur bateau dont le moteur avait un bourdonnement reconnaissable, plus aigu que les autres. Ils n'allaient pas loin, toujours aux alentours de la même bouée. Assise à l'avant, Mme Bouton ne s'occupait ni du bateau, ni de la pêche, ni de la mer. Un casque de liège sur ses cheveux gris, elle tricotait, sans doute pour ses petits-enfants, tandis que M. Bouton écrasait patiemment des moules avec une grosse pierre, les répartissait entre ses paniers, qu'il jetait ensuite à l'eau, chacun d'eux attaché à un filin à l'autre bout duquel il y avait une bouée.

Lorsqu'il avait mouillé un panier, il remettait le moteur en marche, allait jeter le suivant un peu plus loin, puis le suivant encore, et ainsi de suite jusqu'à douze. Cela formait un large cercle de lièges qui flottaient sur l'eau huileuse et il recommençait le tour pour les retirer l'un après l'autre.

Il ne prenait, ne pouvait prendre que des girelles, des petits poissons brillants, rayés de bleu et de rouge, longs de quinze à vingt centimètres, bons à faire la soupe ou, au mieux, une friture pleine d'arêtes.

Mangeaient-ils chaque jour la soupe ou la friture ?

Trois fois, quatre fois, cinq fois par matin, il remplissait ses paniers avec une calme et sereine obstination, sans un coup d'œil aux autres pêcheurs, au ciel, ni au paysage, et c'était par hasard qu'on savait son nom, qu'on avait appris qu'il avait été, qu'il était encore propriétaire d'une des plus grandes filatures du Nord.

Maugin finirait-il par poser des gireliers ?

Il n'avait même pas quelqu'un à qui s'en prendre. Au début, personne ne lui avait conseillé de pêcher. C'était de son propre chef que, dès les premiers jours, il était allé rôder autour du port.

Cet idiot de Jouve lui avait dit :

— Vous devriez essayer le golf, patron.

Parbleu ! Commencer, à son âge, à frapper sur une petite balle blanche avec des bâtons compliqués qu'un gamin lui porterait dans un sac à ses initiales ! Il les voyait, quand il se rendait en voiture à Cannes ou à Nice.

Des terrains d'un vert incroyable, mieux arrosés que n'importe quel potager, peignés comme des chiens de luxe, avec des petits trous, des petites pancartes et des gens qui marchaient pleins d'importance derrière la balle ! Ces gens-là aussi étaient des personnages, certains même illustres. Et il y avait le pavillon du club. Il fallait être membre du club.

Il aurait plutôt joué aux boules. Qui sait s'il n'attendait pas avec un certain dépit qu'on vînt l'y inviter ?

Il avait commencé par regarder les pêcheurs qui réparaient leurs filets, assis dans leur bateau ou sur la pierre chaude du quai, tendant les mailles à l'aide de leur gros orteil.

Puis, petit à petit, il s'était mis à examiner les embarcations, surtout celles des amateurs.

— Un tour en mer, monsieur Maugin ? lui avait proposé un type en chandail rayé qui n'était autre que Joseph.

Il n'y était pas allé ce matin-là. Le lendemain, il avait vu des hommes comme lui, en tout cas de son âge, de son embonpoint, sortir seuls du port à la barre de leur barque. Cela paraissait plus facile à conduire qu'une auto et cela traçait sur l'eau des courbes gracieuses.

— Le tour de la baie, monsieur Maugin ?

Joseph l'avait eu. Il lui avait fait tenir le gouvernail, bien entendu, et, en effet, c'était facile, c'était agréable, on entendait le glouglou de l'eau le long de la coque.

— C'est vrai que vous allez construire dans le pays ?

— Qui est-ce qui a dit ça ?

— Tout le monde. Il paraît que vous avez acheté un terrain.

Il ne l'avait pas acheté, mais il était sur le point de le faire.

— Dans ce cas, il vous faudra un bateau.

Ce qui lui avait paru évident, à ce moment-là. Parce qu'il ne vivait plus à Paris, où ses producteurs le fournissaient en voitures, il avait été obligé d'acheter une « automobile ». Pour des raisons similaires, un bateau était nécessaire au bord de la mer.

— Surtout ouvrez l'œil et ne vous laissez pas posséder !

On était passé devant la villa alors qu'Alice était à la fenêtre avec Baba et il leur avait adressé un petit signe protecteur. Puis, près d'une pointe rocheuse, Joseph lui avait lancé, l'air excité :

— Mettez vite le moteur au ralenti. La manette à votre gauche, oui. Il n'y a qu'à la pousser au second cran. Attention ! Faites un tour sur vous-même afin de repasser au même endroit...

Pieds nus, il évoluait à son aise sur l'embarcation, comme un acrobate dans les agrès, marchant sur le plat-bord sans faire chavirer le bateau, qui n'avait pas plus de cinq mètres. Il avait saisi une sorte de javelot à plusieurs dents, une foëne, qu'il brandissait au-dessus de sa tête.

— Un peu à droite... Encore... Il y a du fond, n'ayez pas peur...

Il avait lancé l'engin, dont le manche était resté en partie hors de l'eau, et, quand il était venu le retirer, après une autre évolution, un magnifique loup frétillait au bout.

— C'est facile, vous voyez. Vous le porterez à votre femme.

Il avait acheté le bateau et ils n'avaient jamais plus pris de loups. Tout l'après-midi, Joseph jouait aux boules ou, sur le quai, racontait des histoires aux touristes.

Cela coûtait cher. Jamais Maugin n'avait dépensé autant d'argent. Il en donnait à tout le monde pour ne rien faire, et on lui en réclamait toujours davantage, toujours pour d'excellentes raisons.

Même Mme Lampargent qu'il avait fallu augmenter de cent pour cent afin de la décider à quitter Paris où elle avait une fille mariée et des petits-enfants — on l'avait maintenant à table à tous les repas, de sorte qu'il n'était pour ainsi dire plus jamais seul avec Alice !

Celle-ci, à présent, était occupée du matin au soir. C'était à croire qu'il fallait l'activité d'un régiment pour aider un seul homme à vivre.

Ils avaient une nouvelle cuisinière. Celle de Paris avait refusé de quitter la capitale.

— Sans Paris, je mourrais.

Or elle ne sortait de l'appartement qu'une fois par mois et c'était pour aller voir de la famille à Courbevoie !

Il y avait une seconde femme de chambre aussi, Louise, parce que Mme Lampargent, vivant entièrement à la maison, donnait plus de travail. Il existait une question du linge, du repassage, et une question des provisions.

— Tu vas en ville, Emile ? Cela t'ennuierait qu'Arsène s'arrête juste un instant à l'épicerie ? J'ai téléphoné la commande. Le paquet est prêt.

On envoyait Arsène à Nice pour aller chercher des choses qu'on ne trouvait, semblait-il, ni à Antibes ni à Juan-les-Pins. Il fallait conduire Jouve au train ou aller le chercher à la gare. On devait compter enfin avec les gens qu'il trouvait installés chez lui quand il revenait de la pêche.

— Allô ! Vieil Emile. Une surprise, hein ? On passait et l'on s'est dit que tu nous ferais la bouillabaisse. Tu connais ma femme. Je te présente ma belle-sœur et son mari...

Joseph triomphait.

— Est-ce que je vous avais annoncé que je l'aurais ? Et ce n'est pas un séran, celui-là. C'est une grosse bé-bête !

Cela tirait fort, en effet, en zigzags, et enfin Joseph sortait de l'eau une énorme rascasse aux yeux lugubres.

— Maintenant, monsieur Emile, vous pouvez retirer le grappin.

Car, à bord, c'était le plus souvent Joseph qui commandait. Maugin se levait, les épaules écarlates, presque saignantes, se penchait pour tirer le grappin, regardait encore une fois le paysage sous-marin auquel il adressait une grimace — en même temps qu'à son image, car il se voyait, flottant, déformé, sur le miroir de la mer — et il poussait tout à coup un juron, levait le pied, manquait de perdre l'équilibre.

— Qu'est-ce qui vous arrive ?

— Une saleté d'hameçon ! gronda-t-il.

A travers la toile des espadrilles, un gros hameçon s'était enfoncé dans son pied et, quand Joseph l'eut aidé à l'en arracher, il resta un large cercle rosé sur le tissu.

Cela se passait un mardi, à dix heures et quelques minutes du matin, le premier mardi de juin, quatre mois après leur installation au Cap-d'Antibes.

A une encablure, Caussanel, son parasol refermé, était occupé, lui aussi, à mettre son moteur en marche. Le juge, plus loin, devait être assoupi au fond de son bateau bleu. Quant aux Bouton, elle tricotait, et lui avait encore une demi-douzaine de paniers à ramasser.

Maugin n'avait pas bu plus d'un litre de vin. C'était à cause du soleil qu'il était rouge. Joseph lui avait dit :

— Je vous ai toujours recommandé de replier votre ligne avant de faire n'importe quoi.

Arsène, avec l'auto chargée de victuailles, attendait au port depuis un moment. A la villa, c'était le jour du repassage et Alice était obligée d'y mettre la main si elle voulait que les bonnes en finissent.

Il faisait chaud. La chaleur émanait plus encore de l'eau que du ciel, et la houle plate, imperceptible, qui laissait juste une frange en forme de dentelle sur les rochers du cap, lui avait donné mal au cœur.

Il ne savait pas s'il était malheureux, mais il se sentait mal dans sa peau, et, en mettant pied à terre, il s'étonna de ne pas voir Jouve, qui était sûrement arrivé de Paris, et qu'Arsène devait prendre à la gare en passant.

— M. Jouve a préféré marcher jusqu'à la villa. Ses bagages sont dans le coffre arrière.

L'« automobile » était une grosse machine américaine surchargée de chromes.

Deux fois, entre le quai et l'auto, il marqua un temps d'arrêt, et ce n'était pas à cause de son pied, qui ne le faisait pas encore souffrir. C'était une habitude qu'il avait prise, il n'aurait pas pu dire quand au juste, dès le début, sans doute, de son séjour dans le Midi. Il se sentait plus gros, bien que son poids n'eût pas changé.

Ses cuisses lui paraissaient si épaisses qu'il marchait en écartant les jambes pour qu'elles ne frottent pas l'une contre l'autre. Comme essoufflé, il s'arrêtait de temps en temps, la bouche ouverte à la façon des poissons.

Il avait dû faire ça, la première fois, parce que le jardin de la villa était en pente raide. Il tenait la tête levée pour regarder les fenêtres, où il apercevait presque toujours Baba, s'arrêtait, et cela lui permettait de souffler.

Maintenant, il le faisait n'importe où ; même en terrain plat. Il avait pris d'autres habitudes, comme de boire du vin blanc, non seulement à bord de la *Girelle* (le nom aurait mieux convenu au bateau de Bouton, qui avait appelé le sien l'*Albatros),* mais au petit bar à devanture bleue, au coin du port, chez Justin.

En réalité, il buvait moins qu'à Paris, en tout cas pas davantage, mais il arrivait que cela lui fît plus d'effet, et un effet différent. Peut-être à cause du soleil, il était vite alourdi, avec des maux de tête, une nausée presque permanente qui lui coupait l'appétit.

Il faisait de longues siestes, dans sa chambre, fenêtres ouvertes, poursuivi par le bruissement de la mer et le chant des cigales, s'éveillait maussade, et, s'il continuait à s'en prendre à tout le monde autour de lui, c'était avec moins d'assurance, sournoisement, aurait-on dit, peut-être un peu honteusement.

En somme, les autres ne faisaient pas grand-chose pour gagner leur argent, mais à lui ne faisait rien du tout.

A la pêche, Joseph, qui était né à quelques maisons du phare et qui connaissait le moindre trou au fond de la mer jusqu'à trois milles au large, était naturellement plus malin que lui.

Arsène aussi, dans son auto.

— Vous ne croyez pas que le moteur chauffe, Arsène ?

— Non, monsieur.

— Cela sent le caoutchouc brûlé !

— C'est la route.

Tout le monde connaissait quelque chose mieux que lui.

— On n'arrose pas, aujourd'hui ?

— Inutile de gaspiller l'eau. Nous aurons un orage ce soir.

Huit fois sur dix, le jardinier, qui avait un visage de crétin, tombait juste.

— Non, monsieur, lui répondait Oliva, la cuisinière. On ne met pas de truffes dans le coq au vin.

Il était encore Maugin, bien sûr. Au port, tout le monde le regardait. Des voitures passaient au ralenti devant la villa, s'arrêtaient parfois tout à fait, et il y avait des gens qui le photographiaient. On l'apostrophait parfois, sur la place du Marché.

— Vous permettez, une seconde, monsieur Maugin ? Cela ne vous ennuie pas que ma femme et le petit posent à côté de vous ?

On ne le prenait quand même pas trop au sérieux. Caussanel lui avait dit, malin :

— C'est un chic métier ! Si j'avais su, quand j'étais jeune, que le cinéma deviendrait une industrie sérieuse... Mais, en ce temps-là, tout le monde était persuadé que c'était de la rigolade...

Et Joseph :

— Moi, ce qui m'aurait plu, c'est de passer ma vie parmi les actrices. Ce que vous avez dû vous en farcir !

Il en parlait au passé. Et c'était presque vrai. Maugin ne dormait plus dans le même lit qu'Alice, sans que ce fût la faute de personne. Cela s'était fait parce que la villa était ainsi disposée.

Il avait rêvé d'une petite maison qu'on peut remplir de sa propre odeur et il avait fini par louer une vaste baraque style 1900, avec des tas de pièces, de recoins, de petits salons, de boudoirs — et même une salle de billard au sous-sol ! Tout cela était d'un blanc crémeux, tout, les plafonds surchargés, les balustres, la pergola, l'espèce de pont qui reliait, à hauteur du premier étage, le bâtiment principal au pavillon. Les meubles étaient riches, massifs, de lignes fuyantes.

— Si vous deviez les faire faire aujourd'hui !... avait dit avec admiration l'agent de location.

C'était là, d'ailleurs, une idée que personne n'aurait plus. Maugin n'avait pas choisi. Ils avaient vraiment besoin de toutes ces pièces-là. Cela paraissait ahurissant, mais ils s'en étaient aperçus en visitant d'autres villas vacantes.

— Où mettrons-nous Mme Lampargent ?

Car il était indispensable que celle-ci eût sa chambre à côté de celle de Baba.

— Et Jouve, quand il viendra ?

Il avait gardé Jouve. Il lui était nécessaire. Au début, il avait envisagé de le laisser la plupart du temps à Paris, d'où il ne ferait que de rares voyages dans le Midi.

Il était presque tout le temps là.

— Et le repassage ? demandait Alice à l'agent de location. Où fait-on le repassage dans cette maison ?

— Je suppose que les gens qui l'habitaient donnaient leur linge à laver au-dehors.

Ici, on avait tout. Seulement, la principale chambre à coucher, la mieux située, comportait un lit théoriquement prévu pour deux personnes, mais trop étroit pour Maugin et Alice.

— Nous pourrons toujours faire venir le nôtre de Paris.

En attendant, Alice s'était installée dans la chambre voisine, car il n'y avait pas, dans la pièce, de place suffisante pour un second lit. Il avait pris l'habitude de faire de longues siestes, de lire des scénarios, le soir, dans son lit, en sirotant son dernier verre de vin, de vivre plus salement. Il n'avait plus parlé du lit de Paris, d'où on avait déménagé quantité d'autres objets, petit à petit, en jurant chaque fois que c'était fini.

— Dans le Midi, nous n'aurons besoin de rien.

Chaque semaine, ou presque, on recevait de nouvelles malles sur lesquelles il se jetait avidement.

Dans huit jours, s'il ne changeait pas encore d'avis à la dernière minute, le terrain serait acheté, à la Garoupe, et l'architecte commencerait ses plans dont il avait esquissé les grandes lignes.

— Attendez-moi un moment !

Il allait boire un coup chez Justin, avec Joseph qui l'attendait sur le seuil comme si c'était une obligation.

— Vous devriez emporter les poissons, monsieur Emile. Il y a au moins deux jours que vous n'en avez pas mangé. Votre femme aime ça.

Il fit poser le sac dans la voiture, pour ne pas rentrer les mains vides. Quand il allait à la pêche ou en revenait, il s'installait à côté du chauffeur. Autrement, il occupait la banquette du fond.

Lorsqu'il descendit de l'auto, son pied commençait à lui faire mal, mais pas exagérément, et ce n'est pas à cause de ça qu'il s'arrêta deux fois en gravissant la pente. Il avait remis sa chemise. Il ne voyait ni Jouve ni sa femme, ce qui l'agaça, de sorte qu'il n'alla pas dire bonjour à Baba dont il entendait la voix sous les citronniers, tout en haut du jardin.

— Où est Adrien ?

Il était entré dans la cuisine, où Alice était occupée avec la cuisinière à orner un gâteau.

— Ne viens pas ici, Emile. Je n'ai pas vu Adrien. Je le croyais avec toi. Sors vite avec tes poissons. Monte prendre ton bain et te faire beau.

Dans l'escalier aussi, il s'arrêtait au moins une fois pour reprendre son souffle.

— Camille ! cria-t-il. Mon bain !

Il faisait moins fréquemment l'amour. C'était encore avec elle que cela lui arrivait le plus souvent. Pourtant, il la soupçonnait de coucher avec Arsène, peut-être aussi avec Joseph, et il avait peur qu'elle lui donne une maladie.

Avec sa femme, ce n'était pas le même genre de plaisir. Cela se passait sur un autre plan, dans un domaine différent. Il n'avait jamais fait l'amour avec Alice comme avec les autres.

Quant à Louise, la nouvelle bonne, il n'avait pas encore osé aller jusqu'au bout. Elle se laissait tripoter et il lui baissait même sa culotte, mais elle restait absente, le regard ailleurs, sans montrer de plaisir ou de déplaisir, de sorte qu'il était un peu gêné.

Deux fois, dans la cuisine, il avait baisé Oliva, qui avait au moins quarante ans et dont les jupons sentaient l'ail. Celle-là réagissait différemment. Elle en avait senti passer d'autres. Elle riait comme si on la chatouillait, sans se retourner, puis disait, prête à se secouer ainsi qu'une poule :

— Vous avez fini ? Ce n'est pas trop tôt. Vous auriez mangé du rôti brûlé.

Peut-être que cela lui manquait ? Il ne savait pas. Il n'y avait probablement pas que ça qui lui manquait.

Biguet, à qui il avait écrit longuement — une lettre à la main, qu'il n'avait pas dictée et qu'il avait jetée lui-même à la poste —, lui avait répondu :

« Je crois que le mieux est de continuer l'expérience pendant un certain temps encore. Il est trop tôt pour juger des résultats. »

Biguet n'avait pas paru emballé par sa résolution. Sa lettre, qu'il avait détruite, était guindée, pleine de réticences.

« Le moral, dans votre cas, joue probablement un rôle plus important que les organes. Surtout, évitez l'*ennui*. »

Il avait souligné le mot, car, lui aussi, avait écrit à la main, ce que Maugin avait apprécié.

— Qu'est-ce que monsieur a au pied ?

Il venait de se déshabiller dans la salle de bains où Camille préparait son rasoir et sa crème.

— On dirait que ça enfle, remarqua-t-il.

— Vous avez été piqué par une bête ?

— Par un hameçon.

— Vous feriez mieux de mettre un désinfectant dessus.

Il regrettait, en regardant dans la glace, d'avoir, les derniers temps, exposé son torse au soleil, car, tout nu, le bas du corps était livide, obscène.

— Est-ce que je suis dégoûtant, Camille ?

— Pas plus qu'un autre, monsieur. Les hommes, ce n'est pas à les regarder qu'on prend son plaisir.

— Ça t'arrive de prendre du plaisir avec moi ?

— Presque chaque fois. Sauf quand vous me laissez en plan.

— Tu veux maintenant ?

— J'ai du travail à la lingerie ; mais si vous faites vite...

— Merci.

— Vous êtes fâché ?

— Pas du tout. Je n'en avais pas envie non plus. Montre ton derrière, que je voie si j'ai envie.

Elle le montra, rebondi dans la culotte de jersey.

— Ça va, merci.

Cela lui faisait un peu peur, maintenant, de faire l'amour dans certaines poses, car, après un moment, il sentait une contraction dans la poitrine et était persuadé que c'était son cœur. Avec sa femme, cela arrivait chaque fois, peut-être parce qu'il y mettait plus d'ardeur, plus d'émotion, peut-être parce que, malgré lui, il était toujours impressionné, et aussi parce que la peur le hantait de ne pas lui donner de jouissance.

Elle l'aimait bien, il en était persuadé, mais probablement qu'elle l'aimait « autrement », en s'efforçant de ne pas le lui laisser voir pour lui épargner du chagrin.

Avec l'autre, le blondinet, elle s'était fait faire un enfant, en sachant à quoi s'en tenir, et elle ne lui en voulait pas, il était sûr qu'elle ne lui en avait même pas voulu de l'incident du *Café de Paris*.

Est-ce qu'une femme l'avait jamais aimé de cette sorte, de cet amour-là ? L'envie d'un enfant de lui ne serait jamais venue à Yvonne Delobel, par exemple. Juliette Cadot n'avait pas fait le sien exprès. C'était par bêtise. Quant à Consuelo, elle le laissait à peine finir pour se précipiter dans la salle de bains où on aurait dit qu'elle ouvrait tous les robinets à la fois.

Il s'habillait en blanc comme M. Bouton, plus exactement en crème, des vêtements amples, très flous, qui, il le remarquait lui-même, lui donnaient l'air d'un éléphant.

Tiens ! L'auto revenait. Il entendait claquer la portière et il ne se souvenait pas d'avoir envoyé Arsène en ville. Le chauffeur avait dû ramener quelqu'un, car des pas grinçaient sur le gravier. Maugin achevait sa toilette, grognon, après avoir bu un verre de vin rouge, car il gardait quelques bouteilles dans le placard de sa chambre comme, autrefois, dans sa loge des Buttes-Chaumont.

— Tu es prêt, Emile ? criait Alice, au bas de l'escalier.

Il boitait. Il avait mis de la teinture d'iode sur la plaie à peine visible qui, sans doute à cause de la chaussure, le faisait un peu souffrir.

Au bas des marches, il eut l'intuition d'un grand événement inhabituel et, comme il pénétrait dans le grand salon, Baba, tout en blanc, un nœud de ruban dans ses cheveux, un gros bouquet d'œillets rouges sur les bras, s'avança en esquissant une révérence maladroite.

— Bon... Bon anniver... versaire, papa !

Alice derrière, un peu rose, avec des fleurs aussi, et un petit paquet ficelé ; un Jouve gêné, encombré d'un colis, un colis énorme ; et enfin Mme Lampargent, digne, souriante pour une fois, qui lui tendait une boîte minuscule contenant sûrement une médaille.

Il y avait plein de fleurs dans la salle à manger, un foie gras sur la table, un dîner fin, et le gâteau qu'on avait essayé de lui cacher tout à l'heure arriva garni de six bougies allumées.

Une par dizaine ! Ce furent ces bougies qui déclenchèrent le choc et il éprouva soudain le besoin de se moucher, chercha des yeux Baba qui mangeait à table pour la première fois, puis Alice dont les prunelles étaient aussi brillantes que les siennes.

Son regard glissa vite sur la vieille dame, se posa enfin sur Adrien Jouve qui baissa la tête et, juste à ce moment, il ressentit au pied droit le premier élancement.

2

Il avait beau être gros et lourd, remplir le lit de sa masse, suer le vin et l'alcool, il ne se sentait pas moins, cet après-midi-là, dans le plus secret de son être, là où la raison et le respect humain perdent leurs droits, comme un enfant faible et sans défense. Et, comme un enfant, il luttait contre le sommeil qui le gagnait par vagues, s'obstinait à épier les bruits de la maison en se demandant si « elle » viendrait l'embrasser.

Ce n'était pas l'habitude qu'elle pénétrât dans sa chambre à l'heure de la sieste et probablement, un autre jour, aurait-elle été mal reçue. Il ne lui avait rien dit pour l'inviter à venir aujourd'hui. Il ne croyait avoir laissé voir aucune tristesse. Juste le petit moment d'émotion lorsqu'il avait découvert les six bougies dont les flammes dansantes éclairaient le visage de Baba.

La fête s'était bien passée. Tout le monde avait été gentil avec lui et, de son côté, il s'était efforcé de leur rendre semblable gentillesse. On avait pris le café sur la terrasse, devant la mer, exactement comme sur les photographies de familles célèbres que publient les magazines.

La médaille de Mme Lampargent — car c'était bien une médaille — était un saint Christophe destiné à l'« automobile », il avait tout de suite appelé Arsène pour qu'il l'installe sur le tableau de bord.

Jouve avait commandé dans une maison de yachting un taud en toile blanche pour la *Girelle*, avec des montants amovibles, et le bateau, ainsi gréé, aurait l'air d'une gondole. Il y avait même des glands qui pendaient tout autour, comme aux derniers fiacres de Nice.

Jouve avait cru bien faire et s'était donné beaucoup de mal.

Quand à Alice, elle lui avait offert un objet dont il avait envie depuis vingt ans et qu'il ne se serait jamais payé, il aurait été en peine de dire pourquoi : un stylo en or massif.

Cela devait coûter un prix fou et, en fin de compte, c'était avec son argent qu'elle l'avait acheté, puisqu'elle n'avait pas de fortune personnelle. Il avait parlé avec envie, quelques semaines plus tôt, d'un directeur de journal qui avait reçu un stylo en or pour ses cinquante ans de journalisme et avait précisé, en lisant l'écho, que l'objet avait été fait par l'orfèvre Mauboussin.

— Moi, avait-il grommelé, les gens m'envoient des boîtes de cigares, parce que je ne fume pas !

Comment s'y était-elle prise ? Il lui donnait de l'argent pour le ménage, pour les domestiques, pour ses robes et ses dépenses personnelles, mais il se montrait assez regardant. Ce cadeau indiquait, en somme, que le coulage était possible et il avait préféré ne pas y penser, en bas ; il essayait, aujourd'hui, de ne penser à rien de déplaisant.

Au moment où il allait monter, Jouve avait dit :

— Je suppose que vous préférez que je vous entretienne de l'affaire Weill après la sieste ?

Ce n'était pas à cause de cela, pas tout à fait à cause de cela, qu'il avait répondu :

— Cela me rappelle qu'il faut que tu ailles à Nice avec la voiture.

Jouve n'avait rien remarqué. Alice, elle, avait été un peu gênée, comme chaque fois que Maugin s'arrangeait pour éloigner Adrien de la maison et l'empêcher de rester seul avec elle. Souvent, elle en devenait gauche, au point qu'on aurait pu lui trouver des apparences de culpabilité. Elle exagérait tellement les précautions pour ne pas se trouver en tête à tête avec le secrétaire qu'elle se mettait dans des situations équivoques.

Jouve avait sa chambre dans le pavillon, celui qu'on pouvait atteindre par le fameux pont entre les deux bâtisses. Alice, en parfaite maîtresse de maison, aurait dû aller de temps en temps s'assurer que les bonnes l'entretenaient convenablement et qu'il n'y manquait rien. Or, c'était le seul endroit où elle ne mettait jamais les pieds et quand, dans le jardin, Baba jouait de ce côté, elle s'empressait de la rappeler. Elle évitait de regarder par les fenêtres qui donnaient sur le pavillon. A table, elle s'efforçait de n'avoir pas à demander le sel ou le poivre à Jouve, et quand, prévenant, il lui offrait de l'eau, par exemple, elle préférait dire non et s'en passer.

Maugin s'était tourné vers elle.

— Ce soir, je te conduis voir mon film.

C'était le dernier film qu'il avait tourné à Paris, celui qu'il avait terminé la veille de leur départ et qu'on donnait deux jours au *Palais de la Méditerranée.*

— Si cela te fait plaisir, nous dînerons en ville tous les deux, puis nous irons au cinématographe.

— Comment veux-tu que je m'habille ?

Il avait tenu à pousser la gentillesse jusqu'au bout, puisque c'était le jour.

— En robe du soir. Cela nous permettra, si nous en avons envie, d'aller boire ensuite une bouteille de champagne au casino.

Tant pis ! Il se mettait en smoking. Elle avait si rarement l'occasion de porter ses robes du soir !

Il envoyait Jouve retenir les places, et personne n'osait lui faire remarquer que c'était inutile, qu'il suffisait de téléphoner. Ce qui comptait, ce qui était le petit problème de chaque jour, c'est que Jouve ne fût pas dans la maison pendant sa sieste.

— Allons ! A tout à l'heure, mes enfants...

Il n'y avait rien eu d'autre. Ou, plutôt, ce qu'il y avait eu, c'était en dedans de lui et Alice n'était pas censée l'avoir deviné.

Viendrait-elle quand même ? Il n'était pas nu comme les autres après-midi et il avait endossé un pyjama propre. Il avait même arrangé ses cheveux qui, quand ils lui collaient au front, lui donnaient l'air dur et buté.

Baba était couchée. Mme Lampargent devait lire le journal sur son balcon (chacun, dans la maison, avait son balcon). C'était toujours elle qui attrapait les journaux la première, comme s'ils devaient un jour lui apporter une nouvelle capitale. Au fait, au moment où il allait monter, Oliva s'était avancée en s'essuyant les mains à son tablier.

— Je vous souhaite un heureux anniversaire, monsieur.

— Merci, petite.

Il avait bien fallu serrer les mains humides. Camille lui en avait dit autant dans l'escalier.

Il était une vieille bête de soixante ans, et sa lèvre inférieure se gonflait comme celle d'un bébé qui va pleurer parce qu'on le laisse seul dans son berceau !

Il avait entendu l'auto s'éloigner, emmenant Jouve. Qu'est-ce qu'Alice faisait encore en bas ? Rien ne la retenait plus à la cuisine. Il ne l'entendait pas aller et venir. Si elle tardait encore un peu, il serait endormi, car il avait bu beaucoup de vin à table et on avait servi la chartreuse avec le café pour que cela fasse davantage fête.

L'affaire Weill allait peut-être lui donner une excuse pour aller à Paris. Il n'y resterait pas longtemps. Il n'avait pas envie de s'éloigner longtemps ; cela lui faisait même un peu peur de se trouver là-bas, rien qu'avec Jouve.

Il ne quittait plus la maison qu'à contrecœur, sans s'en avouer la raison, sinon à des moments comme celui-ci, les yeux fermés, quand il n'avait plus le plein contrôle de ses pensées.

Ce qui l'effrayait, c'était l'idée de mourir tout seul, dans l'auto, par exemple, dans la rue, dans un café, ou dans un bateau, en tête à tête avec Joseph, en vue de la maison si proche et pourtant inaccessible. Il ne lisait plus certaines pages des journaux par crainte d'y trouver des récits de morts subites.

Alice ne s'en doutait pas. Il ne lui avait parlé de rien. Elle ignorait sa visite au professeur Biguet et les lettres qu'ils avaient échangées. Elle croyait vraiment que les comprimés qu'il avalait régulièrement lui avaient été prescrits pour sa gorge.

— Tous les acteurs se soignent la gorge, tu dois savoir ça.

Son cœur battit. Il entendait un bruit de souris dans l'escalier, près ou loin, il était incapable d'en juger, et il devait être plus assoupi qu'il ne croyait puisqu'elle lui effleura le front alors qu'il ne la pensait pas encore dans la chambre.

— Dors... Excuse-moi... J'ai seulement voulu t'embrasser, être nous deux une seconde...

Il ouvrit les yeux, la vit dans le soleil qui auréolait son visage et prononça, convaincu :

— Tu es belle !

— Chut !

— Je suis content que tu sois venue.

— J'aurais aimé que nous fêtions ton anniversaire tous les deux, tous les trois, mais ce n'était pas possible. Tu n'as pas été trop déçu ?

Elle parlait bas et il chuchota aussi, s'efforçant de ne pas trop se réveiller.

— Non.

— Tu n'es pas malheureux avec moi ?

Elle se penchait sur son lit comme s'il était un petit garçon fiévreux et prenait sa main dans la sienne.

— Je suis heureux... essaya-t-il de dire.

Elle fit de nouveau :

— Chut !

Elle savait que ce n'était pas vrai, que ce n'était pas possible, qu'il faisait de son mieux, comme elle.

— Je suis venue te dire que je t'aime, Emile.

Il ferma les yeux et sa pomme d'Adam saillit, sa lèvre inférieure s'avançait.

— Nous sommes si heureuses, Baba et moi, et nous voudrions tant ton bonheur ! Peut-être ne suis-je pas toujours adroite. Pardonne-moi.

C'était lui qui aurait voulu lui demander pardon, à cause de Jouve. Il savait, depuis toujours, qu'elle n'était pas amoureuse d'Adrien, qu'elle le regardait comme un camarade. Il savait aussi que celui-ci lui avait voué à lui, Dieu sait pourquoi, une vénération et un dévouement qui avaient résisté à toutes les avanies. Et, s'il arrivait aux deux jeunes gens de comploter, d'échanger quelques mots en cachette, c'était, comme aujourd'hui, pour lui préparer une surprise, lui éviter des tracas, peut-être pour se communiquer leurs inquiétudes à son sujet ?

Etait-ce sa faute si cela suffisait à le torturer, s'il avait soixante ans, s'ils étaient jeunes l'un et l'autre ? Etait-ce sa faute si la seule idée qu'un homme respirait dans la même pièce que sa femme lui donnait des sueurs froides ?

Et si, chaque fois, cela le faisait penser à l'autre, au saligaud ?

Il savait son nom, maintenant. Il n'en avait pas parlé à Alice, mais il était persuadé qu'elle l'avait deviné. Il ne s'en était pas occupé personnellement, car ils avaient quitté Paris tout de suite, le dimanche, c'est-à-dire le lendemain de sa dernière représentation au théâtre, sans presque rien emporter, comme s'ils fuyaient.

Ici, à l'hôtel d'abord, où ils avaient habité huit jours — il avait plu tout le temps et, découragés, ils avaient failli repartir —, puis à la villa, il avait tenu bon cinq semaines avant d'écrire à Lecointre pour le charger de la mission.

Il avait appris le nom, l'adresse, bien d'autres détails qu'il aurait préféré ignorer.

« Comte Philippe de Jonzé, 32 ter, rue Villaret-de-Joyeuse. »

Il connaissait surtout la rue à cause d'une maison de passe.

Depuis qu'il savait, il avait remarqué que sa femme ne prononçait jamais le prénom de Philippe, même quand il s'agissait d'un de leurs amis, par exemple, qui habitait Juan-les-Pins, et qu'elle appelait par son nom de famille ou qu'elle s'arrangeait pour désigner autrement.

Jamais non plus la rue Villaret-de-Joyeuse n'était mentionnée, ni l'Ecole normale.

Jouve avait eu le malheur de parler d'un camarade qui avait fait ses études rue d'Ulm, et Alice, aussitôt, avait changé de sujet de conversation.

Même le ministère des Beaux-Arts...

C'est là que le Jonzé travaillait, comme attaché de cabinet, et, contrairement à ce qu'on aurait pu penser, il n'y était pas entré à cause de son nom ou de son père.

Ce n'était pas non plus de la noblesse plus ou moins dédorée qui se replie sur un vieux château. Ils étaient riches. Depuis des générations, les Jonzé étaient dans les forges, les aciéries, les chemins de fer. C'étaient des « durs », plus durs encore que les Weill et tous les requins du cinéma.

A cause du ministère des Beaux-Arts, Maugin ne voulait plus de la rosette qu'on lui avait promise pour le 14 Juillet.

— Avoue, Emile, que c'est pour me faire plaisir que tu sors ce soir.

— Je t'assure que j'ai vraiment envie de voir ce qu'ils ont fait du film.

— Mais pas de te mettre en smoking ! Tu as horreur de t'habiller.

— Cela me changera de mes pantalons de pêcheur.

— Tu es sûr que tu ne préfères pas y aller en veston ?

Elle dressa l'oreille. Le père Fredin était en train de siffler dans le jardin, juste sous les fenêtres, et le son montait, obsédant, aigre, filé, dans l'air immobile. Cent fois, cela avait fait bondir Maugin hors de son lit.

— Vous ne pouvez pas taire votre gueule, quand je dors ?

Un jour le bonhomme lui avait répondu :

— Je vous demande pardon. Je ne pense jamais que les gens dorment.

— Je vais aller le faire taire, dit-elle.

— Non.

Il la retenait. C'était pour le vieux aussi. Fredin ne fumait pas, ne buvait pas, n'avait plus de famille et couchait dans une cabane à lapins. Il sifflait, du matin au soir, et, quand on le faisait taire, recommençait un peu plus tard sans le savoir.

— Je ne dors quand même pas.

— Tu vas dormir.

— Je ne crois pas.

— Pourquoi ?

Que pouvait-il lui dire de plus ? Ils mettaient chacun autant de douceur, autant de chaleur qu'ils pouvaient dans les syllabes qu'ils prononçaient et qui, en elles-mêmes, n'avaient pas d'importance. De ce qu'ils pensaient, il était interdit d'en parler.

— Tu finiras pas être heureux, tu verras !

— Oui.

— Tu l'as tellement mérité !

— Sans blague ?

— Tais-toi. Ne bouge plus. Garde les yeux fermés. Dors.

Elle lui embrassait les paupières, le front. Sans doute à cause d'un souvenir d'enfance, elle y traçait une croix avec le pouce.

— Dors...

Il ne l'entendit pas s'éloigner. Elle dut rester à son chevet, immobile, retenant son souffle, jusqu'à ce qu'il fût endormi, comme elle le faisait avec

Baba, mais, presque aussitôt, le sifflet du père Fredin le ramena au Cap-d'Antibes et il se retrouva tout seul, chaud et mouillé, dans son lit inconfortable, avec un nouvel élancement au pied droit.

« Ce n'est pas le type qu'on s'imagine, lui avait écrit Lecointre. Je me suis souvenu que j'ai eu un oncle dans la rousse et j'ai fait mon enquête comme un vrai flic. »

Sans doute le pauvre bougre s'était-il déguisé, pour mieux gagner son argent. Car Maugin, bien entendu, lui avait envoyé un mandat « pour ses frais ».

« Pas roman populaire pour deux sous, le jeune comte. Je dis jeune par rapport à nous, mais il a trente-deux ans. C'est un fort en thème, un bûcheur, le contraire d'un jeune homme qui fait la noce. Je le sais par un de ses anciens camarades de Normale.

» Le père, lui, est un vieux de la vieille, un pur. Je crois qu'il est général de réserve par-dessus le marché. C'est tout juste s'il ne porte pas une redingote pour se rendre à ses conseils d'administration et il fait des armes chaque matin, monte à cheval au Bois, déjeune à son cercle, avenue Hoche. Je ne croyais pas que ça existait encore ailleurs qu'au théâtre.

» Le gamin aurait pu entrer dans les affaires que contrôle son papa, mais il a préféré s'engager dans les spahis au sortir de l'école et il a passé cinq ou six ans dans le désert.

» Quand il est revenu à Paris, il s'est brouillé tout à fait avec le vieux en travaillant dans une maison d'édition de la rive gauche et en épousant une dactylo.

» C'est grâce à l'influence de l'éditeur qu'il est entré au ministère et, maintenant, il a deux enfants. Il n'est pas riche. On prétend qu'il prépare un livre, je ne sais pas sur quoi.

» Il héritera un jour de son père, dont il est l'enfant unique, mais il a des chances d'attendre longtemps et il tire le diable par la queue, car il a gardé des goûts dispendieux et est assez porté sur les femmes. Il a des dettes un peu partout... »

Si le pauvre Lecointre avait su quel mal chaque mot faisait à Maugin, il aurait fourni moins de détails. Il y en avait des pages. D'autres lettres avaient suivi, car il tenait à en donner à son ancien camarade pour son argent. Au fond, c'était un scrupuleux, comme la plupart des pauvres types.

« Son dada est de vivre dans les milieux d'artistes... »

Parbleu ! Et après ! Qu'est-ce que ça pouvait lui faire ? Est-ce qu'il avait soixante ans, oui ou non ? Avec un cœur de soixante-quinze et, en guise de ventricule gauche, une sorte de poire blette et sans ressort.

Il puait le vin, puait le vieil homme. Il lui arrivait de le faire exprès de « les » dégoûter, d'épier les réactions dans leurs yeux. Il n'y avait qu'Oliva — qui sentait l'ail par tous les trous — à oser lui lancer :

— Vous sentez le fond de barrique !

Dans le tiroir de son bureau — car il avait un vrai bureau, avec un balcon qui donnait sur la mer — il y avait une lettre bordée de noir, de Cadot, évidemment.

« C'est avec tristesse que j'ai appris votre départ, mais, si le repos au bord de la mer doit vous être salutaire et vous réjouir le cœur, je ne peux que m'en féliciter avec vous. »

Ce n'était pas mal tourné, après tout. Mais cela ne continuait pas tout à fait aussi bien :

« J'hésite à ternir votre ciel méditerranéen avec mes petits tracas, mais à qui les confierais-je, sinon à vous, qui m'avez toujours prêté une oreille si attentive et indulgente ?

» Depuis que ma femme nous a quittés (et je vous remercie une fois encore de tout ce que vous avez fait pour elle), je suis devenu une sorte de phénomène social, dont la place n'a pas été prévue dans le monde d'aujourd'hui : un veuf avec cinq enfants.

» Essayez de vous figurer ce que cela représente de complications, vous à qui la Providence a donné un beau bébé souriant à la vie. Ma mère, les premières semaines, a fait de son mieux pour s'occuper des petits et est venue s'installer chez moi. C'est une femme âgée, vous le savez, souffrant de maintes infirmités... »

Bref, Juliette avait renoncé et avait regagné sa tanière de la rue Caulaincourt.

« Des voisines m'ont donné un coup de main. Des voisins se sont montrés compréhensif et généreux. Dans un quartier modeste comme le nôtre, chacun n'en a pas moins ses soucis... »

Au fait ! Il lui fallait encore trois pages d'une écriture menue et soignée de maître d'école pour en arriver au fait : il avait déniché « une seconde mère pour les enfants », veuve aussi, à peine âgée de trente-cinq ans, « alerte et jouissant d'une santé parfaite ».

Il avait hésité, à cause de la mémoire de la chère morte.

« Mais son devoir... »

Seulement... Car il y avait un seulement. Et c'était ici que lui, Maugin, entrait enfin en scène. Thérèse (c'était la candidate) hésitait à s'engager dans des conditions aussi précaires et, pour tout dire, aussi décourageantes. Elle sortait d'une famille de commerçants, des Auvergnats, autant qu'il put comprendre.

« Comme elle le fait justement remarquer, mes efforts au bureau me mèneront à quoi ? Je ne suis qu'un rouage si modeste que ceux qui nous dirigent ignorent jusqu'à mon existence. Qu'au contraire nous entreprenions, alors que nous sommes encore jeunes, une affaire à notre compte, où nous puissions l'un et l'autre mettre le meilleur de nous-mêmes... »

Il l'avait trouvée, l'affaire. C'était une épicerie, « très bien située », à Charenton, dans un quartier plein d'avenir, presque en face de l'écluse « qui fournirait une clientèle régulière de mariniers ».

Maugin n'en avait rien dit à Alice ni à personne. Il avait payé l'épicerie et avait reçu en échange une lettre encore plus longue et une photographie de toute la famille en rang devant la boutique.

Le plus inattendu, c'est que Juliette Cadot, la vieille punaise, lui en avait presque voulu de sa générosité subite.

« Je me demande si vous avez agi sagement en transformant de but en blanc la vie de ce garçon, qui n'a que trop tendance à croire en lui et qui, en trois semaines, n'a pas trouvé une seule fois le temps de venir prendre de mes nouvelles. Quant à cette femme, dont je ne veux rien dire encore... »

Pitié, Seigneur ! Il n'avait pas fait ça par bonté. Il n'était pas bon. Il n'avait aucune envie d'être bon, au contraire. Alice se trompait.

Elle était montée dans sa chambre. Elle l'avait embrassé au front, sur les paupières, elle lui avait fait une petite croix, mais elle ne savait pas ce qu'il pensait à ce moment-là.

Il pensait qu'il y aurait au moins quelqu'un près de lui quand le moment arriverait, voilà !

Il avait la frousse de mourir seul, « comme un chien ».

C'était moins beau, hein ? Alors, si elle se mettait à tourner autour de Jouve ou à penser à son blondinet, il risquait...

Il n'avait pas dormi, à peine quelques minutes, et le jardinier sifflait toujours quelque part, faute de savoir mieux ; des jeunes gens en cache-sexe se donnaient des airs d'acrobates sur une planche tirée par un canot automobile.

Faites du bruit ! Il n'y en avait pas assez avec la mer, les cigales, le sifflet du père Fredin, les mouches, et Baba qui se mettait de la partie et pleurait devant une fenêtre ouverte.

Jouve rentrait. La portière claquait. Le gravier crissait. C'était un orchestre.

Il se leva, saumâtre, fit une grimace en mettant le pied droit par terre et vida ce qui restait dans la bouteille — du vin tiédi qui tournait à vinaigre.

— Je te rejoins au bureau, môssieu Jouve, cria-t-il par la fenêtre.

Il enfila une robe de chambre, se rinça le visage, passa le peigne dans ce qui lui restait de cheveux.

— Tu as les places ?

— Oui, patron.

— Une loge où on ne nous regardera pas comme des animaux du Jardin des Plantes ?

— Oui, patron. Tout au fond.

C'était aussi par peur des incendies qu'il tenait à être au fond de la salle.

— Weill ?

— Il vous assigne. Il a refusé de me recevoir et même de me répondre au téléphone, m'a fait dire par sa secrétaire de m'adresser à son avoué.

— Tu y es allé ?

— Non. Je suis allé voir Me Audubon, qui m'a conseillé de n'en rien faire.

— Qu'est-ce qu'il dit, Audubon ?

C'était son avocat.

— Il dit...

— Eh bien ?

— Il dit que vous perdrez sûrement et que vous feriez mieux d'accepter un compromis avec Weill.

— Non !

— Celui-ci a acheté le contrat à la Société Siva et c'est donc à lui que vous devez cinq films cette année.

— Sauf qu'une clause me permet de refuser les scénarios qui me déplaisent.

— Il vous en a envoyé douze en quatre mois.

— Ils sont idiots.

— Parmi les douze, il y en a deux que vous vous êtes déclaré prêt à tourner, en décembre dernier. Vous l'avez écrit, à cette époque, à la Société Siva. Il possède la lettre dans ses dossiers. Me Audubon prétend que, dans ces conditions, aucun tribunal ne vous donnera raison, surtout que Siva vous a versé une forte avance.

— Weill est un voleur !

— Comme dit Me Audubon : c'est un homme d'affaires.

Il tenait le mauvais bout, il le savait, mais s'entêtait, contre toute évidence. En coup de tête, il avait décidé de partir pour la Côte d'Azur et, depuis qu'il s'y trouvait, il refusait tous les sujets qu'on lui proposait.

— Et si j'étais malade !

— Nous avons étudié le cas. Ce serait différent. La compagnie que Weill représente nommerait un médecin de son choix pour vous examiner, et celui-ci, d'accord avec votre médecin personnel, choisirait un troisième praticien qui jouerait le rôle d'expert.

— Audubon est contre moi !

— Il voudrait venir vous voir et vous parler, mais il est retenu à Paris pour un bon mois et, à ce moment-là, il sera probablement trop tard.

— Ne dis rien à ma femme aujourd'hui. C'est inutile de lui gâcher sa journée. J'irai à Paris demain.

— Vous m'emmenez ?

— Oui, môssieu Jouve, je t'emmène !

Cette histoire le tracassait plus qu'il ne voulait le montrer, car elle pouvait lui coûter très cher. Il ne manquait pas d'argent, certes. Méfiant, il en avait dans quatre ou cinq banques différentes, surtout de l'or, qu'il allait placer lui-même dans les coffres à son nom.

Mais il était beaucoup moins riche qu'on ne le croyait et que les journaux le racontaient avec une exaspérante complaisance. La plupart du temps, les chiffres cités n'étaient qu'un bluff des compagnies de cinéma. Et les impôts prenaient la plus grande part.

Ce qu'on oubliait aussi, c'est qu'il n'y avait pas plus de dix ans que le cinéma lui apportait de grosses sommes.

Jusqu'à l'âge de cinquante ans, il n'avait vécu que du théâtre.

Jusqu'à quarante ans, il avait eu des échéances difficiles.

Jusqu'à trente ans, il avait crevé de faim.

Comprenez-vous, monsieur le comte de Jonzé, qui-trouvez-amusant-de-fréquenter-les-artistes ?

Il n'avait pas le droit d'être malade, lui ! Il n'avait pas le droit d'être mourant sans le faire constater par messieurs les experts !

Une jolie expertise ! Pourquoi pas une autopsie ?

— Je suppose que j'ai ma soirée libre, patron ?

— Pourquoi demandes-tu ça ?

— Parce que j'ai rencontré un ami d'enfance qui est professeur de lycée à Juan-les-Pins et que j'en profiterais pour aller bavarder avec lui.

Il était cinq heures. Il fallait traîner jusqu'à six, puis s'habiller, prendre l'auto, s'installer dans un restaurant et examiner sans appétit la carte tendue par le maître d'hôtel, une belle grande carte, la plus grande possible, avec des noms compliqués qui mettent l'eau à la bouche des nigauds.

— Vous boitez ?

— Non.

Il trouva sa femme à la lingerie, où elle avait « un point à faire » à sa robe du soir, parce qu'une heure de sortie, pour une femme, cela représente des heures, quand ce ne sont pas des jours, de préparation. C'était curieux qu'elle n'eût pas besoin de passer chez le coiffeur.

— Tu t'ennuies ?

— Non. J'ai chaud.

— Tu boites ?

Il dit à nouveau, impatient :

— Non !

C'était l'heure où il aurait dû aller prendre son verre à Antibes, près du jeu de boules, mais, pour cela, il aurait fallu s'habiller une première fois, revenir ensuite se mettre en smoking. Il avait été imprudent de proposer de sortir en smoking.

Il tournait en rond dans la pièce, comme un gamin qui va faire une bêtise. Il la fit.

— Je vais demain à Paris.

Elle tressaillit, leva vivement la tête.

— Ah !... Tu viens de décider cela ?

Il savait qu'il lui gâchait sa journée, comme il avait si bien recommandé à Jouve de ne pas le faire, et il savait aussi qu'il l'avait fait exprès, peut-être parce que c'était trop calme dans la lingerie.

— Nous venons de discuter l'affaire Weill. Audubon veut me voir.

— Pourquoi n'est-ce pas lui qui vient ?

— Il ne peut pas quitter Paris en ce moment. Et Weill me poursuit.

Tout cela, c'étaient des mots, et ils le sentaient tous les deux. Il y avait des semaines que cette menace de voyage était dans l'air, sans qu'ils en parlent ni l'un ni l'autre.

Qu'est-ce qu'Alice pensait qu'il voulait aller faire là-bas ? Pourquoi ce voyage, qui n'avait rien d'extraordinaire ou de hasardeux, l'inquiétait-il ?

— Tu pars en voiture ?

— Je prends le train, avec Adrien.

Elle ouvrit la bouche, changea d'avis, et une bonne minute s'écoula avant la question qu'il prévoyait.

— Je ne peux pas t'accompagner ?

— Et Baba ?

— Mme Lampargent s'en occupera.

— C'est inutile. Je ne fais qu'aller et venir.

— Combien de jours resteras-tu absent ?

— Quatre jours... Cinq...

Le plus curieux, c'est que ce voyage lui faisait aussi peur qu'à elle et que, d'avoir cité un chiffre, il crut nécessaire de toucher du bois en cachette.

Depuis qu'ils avaient quitté si précipitamment Paris, il évitait d'y retourner, ne fût-ce que pour vingt-quatre heures, et c'était Jouve qui voyageait à sa place.

Dans son esprit, Dieu sait pourquoi, ce n'était pas un déplacement comme un autre. Il passait son temps à pester contre Antibes, contre la mer, le bateau, Joseph, la villa et le jardinier, et, cependant, il hésitait à s'éloigner comme si, ailleurs, il devait cesser d'être en sécurité.

— Je vais dire à Jouve de téléphoner à la gare pour retenir nos places.

— Il ne l'a pas encore fait ?

Elle devina qu'il s'était décidé tout à coup et s'inquiéta davantage.

— Réfléchis, Emile.

— A quoi ?

— A rien. Je suis folle. Ne fais pas attention. Nous sommes si bien ici...

— Je passe voir Jouve au bureau et je monte m'habiller.

— Je serai prête dans une demi-heure.

Il portait toujours, avec le smoking, à cause de son énorme nuque, des chemises d'épaisse soie souple au col très bas. Cela lui donnait beaucoup d'allure, d'autorité. Il s'était rasé une seconde fois, et la blancheur du linge faisait ressortir le hâle du visage.

Il se trouva presque beau.

— Tu es magnifique, Emile !

Ses souliers vernis lui faisaient un peu mal, surtout le droit, mais il n'en dit rien. Il ne dit pas non plus que, pour ne pas sentir la vinasse, il venait de boire un plein verre de fine. Son mouchoir était discrètement parfumé. Il alla embrasser Baba qui était déjà au lit et qui le regarda avec des yeux surpris.

Sa mère, elle, était toute vaporeuse dans une robe à volants d'organdi et, par contraste avec Maugin, ses épaules paraissaient plus blanches, presque anémiques. Elle portait le collier de perles qu'il lui avait acheté lors de la naissance de l'enfant, comme si...

— Cela ne vous ennuie pas de me laisser tomber place Macé, où je trouverai un autobus ?

On emmena Jouve, qui s'assit à côté du chauffeur. L'intérieur de la voiture était moelleux. Le soleil couchant mettait partout du rouge un peu violacé. L'« automobile » glissait sans bruit, sans secousses, et Alice avait posé la main sur celle de Maugin qui se tenait plus droit que d'habitude.

Cela ressemblait vraiment à une petite fête comme celles que les bourgeois s'offrent aux occasions importantes. Jouve les quitta. La voiture glissa à nouveau.

— A quelle heure pars-tu, demain ?

— Nous prendrons le train de onze heures et arriverons à Paris pour nous coucher.

— Je suppose que tu ne comptes pas t'installer avenue George-V ?

C'était la première fois, depuis qu'il vivait avec Alice, qu'il allait descendre à l'hôtel, à Paris, et il ne savait pas lequel choisir.

— J'irai probablement au *Claridge.*

— Tu me téléphoneras ?

— Oui. Pas souvent, car les communications sont chères. Je t'appellerai dès mon arrivée pour te dire que tout va bien.

Il se demanda de quoi la villa aurait l'air sans lui. Il était jaloux. Est-ce qu'on y sentirait moins de contrainte ? Entendrait-on fredonner et rire ?

— Conduisez-nous au *Cintra,* Arsène.

Pour l'apéritif. Comme tout le monde. Il bombait le torse, s'essayait la voix.

— Deux Martinis, jeune homme.

Des gens venaient lui parler, qu'il connaissait plus ou moins, et il prenait son air grognon, protecteur.

Il ne recommença pas la bêtise de Paris et choisit, pour dîner, un restaurant italien où ils étaient face à face à une petite table, avec une lampe à abat-jour orangé entre eux deux. Cette fois, il avait commandé du vin du Rhin pour elle et, pour lui, un fiasco de chianti rouge.

A cause des Martinis et de la chaleur, ils étaient tous les deux très roses, les yeux brillants. Ils étaient beaux. Ils jouaient à Monsieur qui sort Madame. Mais chaque fois qu'ils étaient sur le point de se regarder en face, il y en avait un des deux, pas toujours le même, pour détourner les yeux.

Pourquoi ? De quoi avaient-ils peur ? C'était comme s'ils craignaient l'un et l'autre de se laisser prendre en défaut.

Peut-être chacun, au lieu de vivre simplement cette soirée-là, la regardait-il se dérouler avec l'attention qu'on apporte aux événements qui prendront une place importante dans le souvenir ?

Ils ne voulaient pas en avoir l'air. Ils posaient pour l'avenir, étaient tendres, enjoués, plaisantaient du bout des dents.

— Allons voir ce sacré Maugin dans son film.

Le nom s'étalait sur les murs, avec une image de Maugin, la main crispée au-dessus d'un visage renversé de femme.

— Les gens doivent s'attendre à ce que j'étrangle la petite devant eux, et certains seront sûrement déçus à la sortie.

On les regardait passer tous les deux, dans le hall du *Palais de la Méditerranée.* On les suivait de loin. Le directeur attendait en personne pour les conduire à leur loge.

— J'ai cru aller au-devant de votre désir en n'annonçant pas votre présence, monsieur Maugin. Cependant, des gens vous ont vu. On sait que vous êtes ici et j'espère que vous ne m'en voudrez pas si, après le film, vous êtes l'objet de...

Il avait dû acheter des fleurs pour Alice, qu'on lui remettrait tout à l'heure. Et il aurait à se pencher sur le rebord de la loge pour saluer. Elle aussi.

Les actualités finissaient. Son nom, énorme, était projeté sur l'écran, puis une ribambelle de noms toujours plus petits, pour finir par le maquilleur et l'accessoiriste.

Monsieur-Tout-le-Monde se mettait à vivre, en noir et blanc, dans les décors de tous les jours, avec, presque visible sur ses épaules, le poids de sa vie d'homme.

Il fut frappé, soudain, de la ressemblance de la petite actrice avec sa femme. Pas une ressemblance de traits, mais quelque chose de moins apparent à première vue et de plus profond, comme une ressemblance de destinée. Cela le mit mal à l'aise et il commença à trouver gênante cette insistance d'Alice à poser sa main sur la sienne. Il remua sa chaise. Ne sachant pas d'où ce bruit provenait, des spectateurs firent :

— Chut !...

Il faillit se fâcher, se calma, souffrit de son pied droit et retira sa chaussure.

Les scènes où on le voyait conduire la locomotive lui rappelaient les journées passées à piétiner dans la neige, en décembre, à Levallois, où l'on avait mis une machine et une voie de garage à leur disposition, avec de vrais mécaniciens, bien entendu.

Puis ce fut le bistrot, le retour à son logement, l'escalier, la porte qu'il ouvrait d'une poussée brusque, le cri muet de sa femme.

Au fond de la loge, c'était sa vraie femme qu'il croyait voir ainsi terrorisée, c'était à elle qu'il commandait de l'écran :

« — Viens ! »

Il répétait :

« — Viens ici, *petite* ! »

Il avait son bras sur le dossier de la chaise, derrière Alice, et de sa main, dans le noir, faisait exactement la même chose que sa main agrandie sur la toile.

Le plus curieux, c'est qu'Alice le savait, qu'il la sentait tendue, retenant son souffle, dans l'attente de ce qu'il allait décider.

Pas plus que l'autre, elle n'osait bouger.

Comme l'autre, elle acceptait.

Il n'y avait pas de projecteurs braqués sur eux, pas d'ingénieur du son, pas de claquettes. Des nuages noirs les entouraient comme dans le cabinet de Biguet pendant la radiographie. Les doigts s'écartaient, se rapprochaient, et il devinait la pâle clarté des perles sur le cou de sa femme, respirait fort, sentait la sueur lui couler entre les épaules.

Au lieu de Paris ?

Ce n'était pas une pensée. C'était trop flou pour ça, et pourtant, comme dans son rêve du jugement, c'était très explicite : *cela* ou Paris. Il avait le choix. On lui donnait le choix.

Il lui sembla que la scène durait des heures, toujours comme le cauchemar ; et, quand la main ne se referma pas, quand l'homme, sur l'écran, poussa sa femme vers l'escalier sans se donner la peine d'être brutal, il eut l'impression de revoir enfin la lumière, bien que le film continuât, qu'on n'eût pas encore éclairé la salle.

Il irait à Paris.

Il ne regardait plus l'écran, se penchait, grognait parce qu'il avait de la peine à remettre sa chaussure dans l'obscurité, cependant qu'Alice tirait un mouchoir de son sac.

Les applaudissements éclataient. Les lumières aussi, et six cents visages étaient tournés vers la loge où, penché en avant, il achevait de remettre son soulier.

Il se leva, salua. Les gens trépignaient, et il en vit qui pleuraient encore. Alice ne se levait pas. C'était la première fois que le hasard lui faisait partager une ovation destinée à Maugin et elle ne savait comment agir ; il lui prenait le bras, une ouvreuse en gris souris s'approchait de la balustrade pour lui tendre des œillets pourpres.

Les gens ne se décidaient pas à quitter les rangs de fauteuils et il entraînait Alice dehors, lui disait :

— Et voilà, petite !

Très pâle, comme étourdie, elle s'efforçait de sourire par-dessus les fleurs, tandis qu'il se détachait d'elle pour aller signer les programmes que des mains lui tendaient tout le long du couloir.

3

Il avait bu et dormi tout le long du chemin. Jusqu'à Laroche, il s'était morfondu, parce qu'on annonçait un retard probable, puis le train avait rattrapé le temps perdu et la grosse horloge lumineuse marquait dix heures quarante au moment où l'on entrait en gare.

— Tu porteras mes bagages au *Claridge* et tu me retiendras un appartement.

Vous préférez que je ne vous dérange pas de bonne heure, demain matin, et que j'attende votre coup de téléphone ?

— C'est ça : attends !

— Je prends un rendez-vous avec Mᵉ Audubon ?

Il avait regardé Jouve, l'air absent, comme s'il ne se rappelait pas qu'il était venu à Paris pour l'affaire Weill.

Les mains vides, il suivait la foule qui marchait vers le tunnel et la plupart des têtes se tournaient vers lui. Il montait en taxi, surpris de voir tant de gens aux terrasses, des hommes en manches de chemise.

— Au Châtelet. A l'entrée des artistes.

Il y avait justement une place libre pour la voiture non loin de la porte et il put rester dans le fond de l'auto, tassé sur lui-même, à regarder d'un œil torve la foule qui sortait du théâtre par la grande porte. Ici aussi, dans le temps, il avait fait de la figuration dans *Michel Strogoff* et dans *Le Tour du monde en quatre-vingts jours* ; c'était à cette époque-là le théâtre qui payait le plus mal, celui où l'on rencontrait les gueux les plus gueux, peut-être à cause de la proximité des Halles, ou parce qu'on avait besoin de beaucoup de monde — il y avait parfois plus de cent personnes en scène — et que n'importe qui faisait l'affaire. Il y avait attrapé des puces. Il avait attrapé autre chose aussi, d'une petite figurante.

Ils commençaient à sortir, hommes et femmes, dans des vêtements râpés, la plupart tout fiers cependant d'appartenir au théâtre et gardant exprès des traces de maquillage.

— Jules ! cria-t-il par la portière au moment où Lecointre, affairé, sortait à son tour.

Le pauvre diable regardait en tous sens, se demandait qui pouvait l'appeler, et d'où, apercevait enfin la main qui s'agitait hors de l'auto. Alors, reconnaissant Maugin, il s'exclamait extatique :

— C'est toi ! *Tu es venu !*

Comme s'il s'agissait d'un miracle.

— Monte.

— Je ne croyais pas que ma lettre irait si vite, ni surtout que tu serais libre.

Maugin se taisait. Son camarade devait faire allusion à une lettre qu'il n'avait pas eu le temps de recevoir avant son départ. Sa dernière lettre, au sujet du freluquet, datait de près de deux mois, celle dans laquelle il annonçait, par un *post-scriptum,* qu'après la fin de *Baradel et Cie,* il avait obtenu un « petit rôle » au Châtelet.

— Tu veux qu'on aille le voir tout de suite ? Tu viens juste de débarquer ?

Maugin tricha, sans raison, en n'avouant pas qu'il ignorait de quoi il s'agissait. Il attendait de deviner et, tout de suite, cela devint facile.

— Cette fois-ci, vois-tu, il n'en a vraiment plus pour longtemps. D'après le docteur, c'est une question d'heures plutôt que de jours. Tu ne vas pas le reconnaître !

Sûrement ! Il y avait trente ans qu'il n'avait pas vu Gidoin, à qui il en avait toujours voulu dans son for intérieur de n'avoir pas réussi les faux billets.

— Comme il n'a personne pour le soigner, je me suis installé dans son atelier, où je couche comme je peux, mais je suis bien obligé de le quitter pour me rendre au théâtre.

— Place du Tertre, chauffeur.

— C'est chic d'être venu. Tu ne peux pas savoir le bien que ça va lui faire. Je suis persuadé qu'il partira plus content. Ces derniers temps, il a parlé à plusieurs reprises de toi et des amis d'autrefois, entre autres d'une petite que je ne connais pas et qui paraît avoir tenu une place importante dans sa vie. Par moments, il n'a pas sa tête à lui, et c'est assez pénible. Il croit qu'on veut l'emmener à l'hôpital, me prend pour un infirmier et se débat au risque de se faire du mal. Au fait, tu n'as jamais dû y aller, toi ?

— Où ?

— A l'hôpital. Je ne te vois pas malade. Victor a fait la plupart des hôpitaux de Paris et en a gardé la frousse d'y mourir. Je crois que je serais comme lui, que j'aimerais encore mieux finir dans la rue. Qu'est-ce que tu dis ?

— Je ne dis rien.

— Tu sais combien il me reste en poche pour le soigner ?

Il sortit sa main, qu'il montra à plat dans la demi-obscurité du taxi, avec quelques pièces de monnaie sur la paume.

— J'ai vendu mon pardessus et le sien. Nous n'avons plus de montre depuis longtemps ni l'un ni l'autre et, la nuit, pour savoir l'heure, je dois attendre que sonne l'horloge du Sacré-Cœur. Excuse-moi de te dire ça. Tu m'as envoyé plus d'argent que tu ne m'en devais. Tu es heureux, là-bas ?

Maugin grogna.

— La petite va bien ? Ta femme aussi ? J'ai souvent pensé à toi, depuis ton départ. Sais-tu que, de nous tous, tu es le seul qui sois devenu un homme à peu près comme les autres ? Tu es un acteur, bien sûr, et même un grand type, je le dis sans amertume ni jalousie. Ceux qui prétendent que tu dois ton succès à la chance sont des crétins qui n'y connaissent rien. Mais, ce qui m'a frappé, en y réfléchissant, c'est qu'en même temps tu aies une famille, une vraie maison, tu comprends ce que je veux dire ?

Maugin regardait durement les rues par où l'on passait et où, partout, des gens rentraient du cinéma ou du théâtre, où rares étaient les coins à ne pas lui rappeler quelque chose, tandis que la voix cassée de Lecointre était, à son oreille, comme la ritournelle obsédante d'un vieil orgue de Barbarie.

— Sais-tu ce que nous devrions faire, Emile, ce que tu devrais faire, toi qui n'en es pas à ça près. Nous nous arrêterions quelque part et tu lui achèterais une bonne bouteille de gnole. On lui défend d'en boire, mais, au point où il est arrivé, ça n'a plus d'importance. Je lui apporte un litre de rouge de temps en temps, quand j'ai les moyens, mais ce n'est plus assez fort pour lui, tu comprends ? Il lui faut du raide, pas même de la fine : du calvados ou du marc.

Ils trouvèrent un magasin ouvert boulevard Rochechouart, une charcuterie aussi, tout à côté.

— Qu'est-ce que tu crois qui lui fera plaisir ? Commande.

Ses vêtements trop bien coupés le gênaient, et son gros portefeuille, et le taxi qui attendait au bord du trottoir. Il oubliait que ce n'était pas pour cela qu'il était allé attendre Lecointre à la sortie du Châtelet.

— Je ne sais pas s'il pourra encore manger.

— Achète quand même.

Il y avait un zinc, au coin, un vrai, bien miteux, à l'éclairage trouble, avec des têtes de pauvres types qui, pour la plupart, ne coucheraient pas dans un lit, et, à cause de ce que Lecointre venait de lui dire, il commanda du marc, en avala deux verres coup sur coup.

— C'est une chance que je sois allé chez lui un matin, la semaine dernière. Ça l'avait pris la veille, et il aurait pu y passer sans que personne le sache.

C'était l'heure où les rues commençaient, pour Maugin, à avoir du goût et une odeur, surtout ces rues-là, qui n'avaient pas tellement changé, où d'autres ombres avaient remplacé les leurs sur les pavés et devant les vitrines de charcutiers.

La place du Tertre, elle, ressemblait à une foire, bondée d'étrangers installés aux terrasses qui envahissent tout l'espace — avec quelques pauvres types chevelus qui traînaient leur carton à dessin de table en table, des musiciens et des chanteurs, et même, au coin, un mangeur de feu au torse moulé dans un tricot bleu de marin.

— Ce n'était pas comme ça de notre temps, dis donc, Emile ! Tu gardes ton taxi ? Alors, qu'il tourne à gauche et fasse quelques mètres dans la rue du Mont-Cenis.

Un peu avant d'arriver aux escaliers de pierre, Lecointre, les bras chargés de paquets, suivi de Maugin qui portait les bouteilles, franchit une porte basse et suivit, dans l'obscurité, une étroite allée à ciel ouvert qui aboutissait à une cour encombrée de planches.

— L'atelier, à droite, est celui d'un menuisier. Au-dessus habite une Russe qui danse dans les cabarets.

On était loin de la foire, loin de Paris, dont on n'entendait plus rien, dont on ne voyait, dans le ciel, que le reflet orangé. Des murs au crépi craquelé, de l'eau sale qui stagnait dans l'allée et, au fond de celle-ci, la lueur indécise d'une lampe à pétrole dont on avait mis la mèche au plus bas.

— Il n'y a pas d'électricité dans la cour, tu comprends ? C'était une remise qu'il a arrangée.

Le pan de façade était presque entièrement vitré, avec beaucoup de carreaux remplacés par du carton. Sur une sorte de divan sans pieds, un simple sommier posé à terre, on apercevait une forme humaine recroquevillée, un visage barbu, deux yeux immenses qui fixaient le noir du dehors.

— C'est moi, Victor !

Lecointre ouvrait la porte, allait lever la mèche de la lampe.

— C'est Noël, aujourd'hui, vieux ! Devine qui je t'amène ? Regarde-le bien. C'est lui. C'est Maugin.

Y avait-il encore de la chair sous la barbe, sous les cheveux longs ? Les yeux dévoraient le visiteur avec un reste de méfiance.

— C'est sûr qu'il ne vient pas me chercher ? Tu as juré, Jules ! N'oublie pas !

— Puisque je te dis que c'est notre ami Maugin, de qui tu parlais encore avant-hier. Tu as oublié ?

— Répète !

La voix était basse, caverneuse, la gorge encombrée de glaires. Il toussait, une main sur la bouche, l'autre sur son ventre creux auquel le pantalon était retenu par une ficelle.

— Emile Maugin ! Et il t'apporte du nanan. Attends seulement que j'ouvre la bouteille et tu vas renifler ça !

Il n'y avait pas de chaise dans l'atelier, rien qu'une table couverte de plaques de cuivre, d'outils, de gravures sales, avec deux verres sans transparence. Le long du mur, c'était Lecointre, sans doute, qui s'était fait un lit de trois caisses recouvertes d'une paillasse et d'un morceau de couverture.

— Je me rappelle ! prononça enfin Gidoin. *C'est le chanteur.*

Et c'était vrai. C'était étonnant d'entendre ce mot-là jaillir tout à coup du passé où l'on aurait pu le croire oublié. Gidoin, sur sa paillasse, venait de faire un saut de quarante ans en arrière et de les entraîner tous les deux dans le monde où il vivait sa vie mystérieuse de moribond.

Pour un temps, en effet, dans leur bande, Maugin avait été le « chanteur » et, à cette époque-là, il était persuadé que c'était sa destinée. Il chantait dans les cafés-concerts de troisième ordre, où il fallait des poumons solides pour couvrir les fracas des bocks et des plateaux. Il chantait en habit noir, les cheveux partagés au milieu de la tête par une raie et collés sur les tempes. Il portait un camélia à la boutonnière, un camélia artificiel, car il n'aurait pas pu se payer chaque soir une fleur fraîche, et il lui arrivait de le nettoyer avec de la térébenthine avant d'entrer en scène.

— Ainsi, tu as fait ton chemin ! disait Gidoin en essayant, avec la maladresse d'un nourrisson, de se soulever sur les mains.

Il n'y parvenait pas, le regardait de côté, la moitié du visage écrasée sur sa couche.

— Bois, vieux.

Lecointre l'aidait sans dégoût, soulevait la tête, écartait les poils de la barbe, laissait couler le liquide dans la gorge comme du lait, tandis que Gidoin tendait une main malhabile pour retenir la merveilleuse bouteille.

— Tu en veux, Maugin ?

— Pas maintenant.

Même pour leur faire plaisir à tous les deux, il n'en avait pas le courage. Est-ce à cause de cela qu'il avait eu tant de répugnance à monter à Paris ? Savait-il obscurément ce qu'il y viendrait chercher, ce qu'il y trouverait ?

— Attends... que je... reprenne...

— Mais oui. Mais oui. Ne t'excite pas.

— ... ma...

— Nous avons le temps. Repose-toi.

— ... respi... ration...

Cela le soulageait d'avoir réussi et il pouvait se laisser aller à une quinte de toux.

— Pardon.

— On sait ce que c'est, va !

— Lui pas.

Et il y avait un reproche dans le regard qu'il gardait fixé sur Maugin, un peu comme s'il l'avait accusé d'être un renégat.

— Peut-être qu'il a oublié.

— Quoi ?

— Attends... Donne-moi d'abord la...

La bouteille. Pourquoi pas ? Il s'interrompait de boire pour fredonner tout bas :

« *Un petit gamin, enfant des faubourgs...* »

Son regard, comme un défi, restait accroché à la haute silhouette du visiteur et sa voix reprenait, fausse, râpeuse :

« *... Sur les grands boul'vards et les plac's publiques...*
... Venait, aux passants, offrir chaque jour
Un modeste lot d'jouets mécaniques... »

Il trouvait un peu d'énergie pour hausser le ton, imitant l'emphase de l'époque.

« *C'étaient des soldats, peints et chamarrés,*

De toutes les arm's et de tous les grades,
Faisant manœuvrer leur sabre doré,
Militairement, comme à la parade.
Et le... »

— Assez, vieux. Tu vas te fatiguer.

Lecointre craignit-il que Maugin fût vexé par cette évocation ?

— Laisse-le faire.

Ils n'auraient d'ailleurs pas pu le réduire au silence, car le graveur s'excitait.

« *... Et le gamin adorait ses joujoux,*
Presque à la folie.
Mais il devait, hélas ! les vendre tous,
Pour gagner sa vie... »

Le plus étrange, c'est que Maugin ne se rappelait pas les paroles de cette rengaine, qu'il avait pourtant chantée des centaines de fois. Il retrouvait avec stupeur chez Gidoin ses propres intonations d'antan, des tics qu'il avait oubliés.

« *... Et chaque fois que l'un d'eux s'en allait,*
O ! douleur atroce,
Un long sanglot, en silence, gonflait
Son cœur de gosse ! »

Pourquoi Gidoin lui en voulait-il autant ? Il n'avait sans doute pas toute sa lucidité, mais on sentait que son attitude n'était pas seulement provoquée par la fièvre.

— Maintenant, repose-toi, Victor. Notre camarade Maugin a fait un long chemin pour venir te voir.

— Lui ?

— C'est lui qui t'a apporté à boire, et des tas de bonnes choses. Tu as faim ?

Il fit signe que non, s'efforçant de retrouver les autres couplets. Un petit riche s'arrêtait avec sa gouvernante devant les jouets étalés, choisissait le plus grand, le plus beau, l'officier à cheval que le vendeur gardait précieusement pour lui. Il l'achetait, et, remué par le déchirement de l'enfant :

« *Je te l'achète, et puis, ne pleure plus :*
Je te le donne ! »

Les mouchoirs sortaient tout seuls des poches, à cette époque-là ; et, pour le troisième couplet, on envoyait à Maugin un feu vert qui faisait bien sinistre, car cela se passait au cimetière. Le fils de riche était « mort de la poitrine » et le petit pauvre, pieusement, apportait ses soldats sur la tombe.

« *...*
... jouer au paradis,
Avec les anges ! »

Maugin, soudain, se sentit si mal à l'aise qu'il faillit boire à la bouteille, comme Lecointre, malgré sa répulsion. Il n'aurait pas pu toucher non plus à un des verres graisseux et pourtant il était pris de vertige, son pied lui faisait très mal, il avait des démangeaisons sur les bras, sur la poitrine.

— Ainsi, tu as fait ton chemin !

C'était dit avec aigreur, avec un mépris souverain.

— Peut-être, si tu fréquentes le beau monde, as-tu l'occasion de rencontrer Béatrice ?

Lecointre faisait signe à Maugin de ne pas prendre garde à ce bavardage de mourant.

— Tu ne te souviens pas de Béatrice non plus ? C'était pourtant à l'époque de ta chanson, quand tu venais dans mon atelier, rue Jacob. Vois-tu, moi, c'est la seule femme que j'ai eue dans ma vie.

Gidoin ne déraisonnait pas, comme Lecointre, qui ne les connaissait pas encore en ce temps-là, le pensait. Béatrice avait existé, Maugin s'en souvenait, une très jeune fille, boulotte avec une fossette au menton et des cheveux qui frisottaient.

Elle posait à l'Académie Jullian. Pendant un temps, elle avait partagé l'atelier de Gidoin, qui avait un visage enfantin, de grands yeux noirs « qui faisaient penser à l'Andalousie », et portait une étrange veste noire boutonnée jusqu'au cou, avec une lavallière.

« — Il est bien gentil, tu comprends, mais quand nous sommes ensemble, c'est pour me parler de la lune et des étoiles, ou de la lutte éternelle entre Dieu et l'Ange. Tu sais qu'il n'est pas tout à fait un homme ? »

Elle le lui apprenait.

« — Il ne peut pas. Ce n'est pas sa faute. Il en a envie. Il essaie et je l'ai aidé comme j'ai pu. Il a fini par pleurer sur ma poitrine comme si j'étais sa mère. »

Est-ce que Gidoin, le Gidoin d'aujourd'hui, celui qui était en train de mourir et qui venait d'avouer qu'il n'avait jamais eu d'autres femmes dans sa vie, savait que Maugin avait couché avec Béatrice, et tous leurs amis, aussi, et d'autres qu'il ne connaissait pas ?

— Elle m'a quitté pour un sculpteur qui a eu le prix de Rome, et elle l'a suivi là-bas, en Italie, où elle a épousé un comte très riche.

Encore un comte !

— Elle doit avoir des enfants, peut-être des petits-enfants ! Quelqu'un m'a dit, il y a bien quinze ans, qu'il l'avait rencontrée avenue du Bois et qu'elle paraissait être du quartier.

Cela se pouvait bien.

— Elle était encore très belle.

Il tendait la main vers la bouteille, et Lecointre hésitait, demandait conseil, du regard, à Maugin.

Leur camarade était en train de se tuer, c'était clair. Ils le tuaient. Maugin était venu d'Antibes pour l'achever avec une bouteille de marc.

— Tu es sûr que tu ne l'as jamais revue ?

— Je le jure.

— Tu ne mens pas ?

Son regard proclamait sans ambages qu'il avait toujours considéré le « chanteur » comme un homme capable de mentir.

— Si j'en avais le temps, je graverais ton portrait.

Une quinte de toux l'interrompait pendant plusieurs minutes, mais il ne perdait pas l'étrange fil de ses pensées.

— Ton portrait d'avant !

Le pauvre Lecointre, surmontant son respect humain, avait déballé un des paquets de charcuterie et mangeait honteusement, en détournant la tête.

— Il faut que je m'en aille, prononça Maugin avec effort.

— Il a son taxi à la porte.

Ce mot-là fit froncer les sourcils de Gidoin et sans doute lui rendit-il sa terreur de l'hôpital.

— Si c'est pour m'emmener qu'il est venu...

— Mais non ! Calme-toi ! Il a voulu te voir.

— Il m'a vu.

— Oui. Il reviendra.

Le regard de Lecointre était suppliant.

— Je reviendrai demain.

— Ah ! oui, demain...

Il ricana, fut pris d'un frisson et se recroquevilla sur lui-même, dans la pose d'un fœtus, au point qu'on pouvait difficilement croire qu'il avait encore la taille d'un homme.

— Jules, appela-t-il.

— Oui.

— Tu restes, toi ? Bois un coup. Il faut que nous restions tous les deux pour boire. Le « chanteur » n'a qu'à s'en aller. Il ne se souvient plus de sa chanson. Je graverai son portrait, tu verras demain. Tu sais ce que tu m'as promis. Demain, nous irons...

Maugin s'éloignait du divan sur la pointe des pieds, gagnait la porte, faisait signe à Lecointre qu'il partait. Dehors, dans la cour obscure, il demeura un long moment immobile, à reprendre vie, et, en marchant, il heurta des épaules les murs de l'impasse. Il devait avoir l'air d'un homme ivre, ou d'un homme malade, car le chauffeur descendit de son siège pour lui ouvrir la portière en demandant :

— Ça va, monsieur Maugin ?

— Ça va.

— Du rhumatisme ?

Sans doute avait-il boité.

— Un hameçon.

— Je ne savais pas que vous étiez pêcheur aussi. Où voulez-vous aller ?

Il ne savait plus. Tout était changé. Pour se raccrocher à sa première idée, il faillit se faire conduire rue de Presbourg, ou même dire au chauffeur de passer lentement rue Villaret-de-Joyeuse. Mais, avant tout, il avait besoin de boire.

— Arrête-moi devant un bistrot.

Et, comme le taxi ralentissait place du Tertre :

— Non. Dans un vrai. Plus bas.

Le chauffeur, pour une raison ou pour une autre, au lieu de descendre la rue Lepic, passait par la place Constantin-Pecqueur, par la rue Caulaincourt et c'était là que Juliette Cadot habitait, il connaissait le numéro de l'immeuble, mais ne savait pas lequel c'était. Plus bas, la brasserie aux rideaux crème, *Chez Manière,* avait été son port d'attache, où il venait souper presque chaque soir, au temps de ses premiers succès au music-hall. Il en était encore un client assidu, un de ceux que le patron tutoyait et qui attendaient pieusement l'heure de la fermeture, quand il avait rencontré Yvonne Delobel.

C'était étrange. A cause de quelques phrases de Gidoin, de quelques regards, tout cela était mort brusquement ce soir. Plus exactement, c'était comme si cela n'avait pas existé, comme si cela avait été vécu par un autre, ou comme si ce n'était qu'un film qu'il avait regardé en spectateur.

Lecointre ne devait rien avoir compris à ce qui s'était passé rue du Mont-Cenis.

L'autre, le moribond, savait ce qu'il faisait en parlant du chanteur. Et les souvenirs qui lui revenaient par bouffées brûlantes avaient, eux, un goût, une odeur. La vie, en ce temps-là, n'était pas en toile peinte.

Il frappait à la vitre, place Clichy, faisait arrêter la voiture pour contempler l'entrée d'une impasse, surpris qu'il était de la voir exister encore ; des filles, au coin, faisaient le trottoir.

Eh bien ! il avait habité ici, tout un temps, à *La Boule d'Or,* un hôtel meublé de dernier ordre, qui n'avait pas l'eau courante, ni le tout-à-l'égout, qui était encore éclairé au gaz et où l'on ne mettait des draps dans les lits que contre un supplément de quelques centimes.

Il portait la raie au milieu et ne sortait pas sans un couteau à cran d'arrêt qu'il affûtait pendant des heures. Il balançait ses larges épaules en marchant, faisant saillir ses muscles et effrayait les bourgeois en les regardant férocement entre les deux yeux.

Il vivait avec Maud, qui portait une jupe plissée en satin noir comme en ont encore certaines marchandes des Halles, un corsage brodé avec un col à baleines et un chignon sur le sommet de la tête. Peu importe combien de fois elle lui avait payé à souper. Il lui était arrivé aussi de recevoir de l'argent d'elle sans jamais parler de le rembourser, et c'était elle qui lui avait acheté son premier complet à carreaux, à la Samaritaine, le complet qu'il portait sur le dos quand il avait rencontré Juliette Cadot sur l'impériale de l'omnibus.

Le bar, au coin de l'impasse, avait gardé son nom d'autrefois. *L'Oriental,* mais il avait été modernisé et des glaces remplaçaient les mosaïques.

— Attends-moi.

C'est là qu'il alla boire, avec l'envie de se saouler tout seul. Pour ça, il aurait fallu qu'on ne le connaisse pas, que les gens ne se tournent pas vers lui et qu'il ne devine pas sur toutes les lèvres :

« — C'est Maugin ! »

Eh bien ! quoi, Maugin ? Gidoin avait raison. Est-ce que le chanteur n'avait pas son mot à dire, lui aussi ?

— Un marc !

Les verres étaient épais, rugueux à la lèvre, le marc mauvais, et sans doute n'était-il pas meilleur jadis.

— Vous êtes revenu, monsieur Maugin ?

On savait même où il était, ce qu'il faisait. On avait publié sa photographie dans son bateau, avec Joseph, et on lui avait fait tenir une grosse daurade par la queue comme s'il venait de la sortir de l'eau.

— C'est vrai que vous ne voulez plus tourner de films ?

— Qui a dit ça ?

— J'ai oublié. Sans doute le journal. Ce serait malheureux, vu qu'il n'y en a pas deux comme vous.

Est-ce que cela lui faisait encore plaisir ? Il se grattait. Il lui semblait que tout son sang s'était porté à sa peau et la douleur lui faisait tenir la jambe raide.

Peut-être Gidoin était-il déjà mort ! Peut-être Lecointre était-il ivre à son chevet, sans savoir ! Les gens ne se doutaient de rien, les taxis continuaient à déverser des étrangers et des provinciaux à deux pas, place du Tertre, et, au *Lapin Agile,* des malins habillés comme on l'était de son temps, chantaient les chansons qu'ils n'avaient pas oubliées. Peut-être l'un d'eux chantait-il encore la sienne, celle des deux petits garçons, le riche et le pauvre, avec la scène du cimetière en point d'orgue !

— La même chose !

Jouve devait croire que c'était à cause d'un rendez-vous qu'il l'avait quitté si brusquement à la gare. Qu'est-ce qu'il pouvait penser de lui au juste, Jouve, qui ne connaissait que le Maugin des dix dernières années.

— Vous me permettrez peut-être d'offrir ma tournée, monsieur Maugin ?

Cela finissait toujours ainsi. On ne lui fichait pas la paix. Il avait promis de téléphoner à Alice dès son arrivée. Il ne fallait pas oublier de le faire, tout à l'heure, du *Claridge.*

Son chauffeur lui ouvrait encore une fois la portière et il en était vexé.

— Descends par la rue Blanche. Non, par le boulevard des Batignolles.

Cela avait été son quartier aussi, et on aurait dit que c'étaient les mêmes femmes qui erraient dans l'ombre à proximité de la lumière trouble des meublés.

— Au *Claridge* !

Il en avait assez. Il avait sommeil. Il se sentait malade. Il se sentait sale, après sa visite dans la crasse de la rue du Mont-Cenis. Et cela lui rappelait le temps où il allait chaque semaine prendre un bain pas loin d'ici, dans un établissement surchauffé, plein de vapeur, qui sentait la lessive et les pieds.

— Vous êtes à Paris pour quelques jours, monsieur Maugin ? Excusez-moi de vous demander ça, mais dans ce cas je pourrais me mettre à votre disposition et vous faire un prix à la journée.

Il dit oui, sans savoir pourquoi, sans avoir bien entendu. Il était persuadé qu'il avait la fièvre. Il avait emmené le chauffeur dans un autre bar, place des Ternes, et la tête lui tournait, les glaces lui renvoyaient l'image de ses joues rouges, de ses yeux brillants. Il se sentait osciller comme, au soir de la mort de Viviane, dans le café où il avait retenu Cadot.

Il verrait sûrement Cadot. Demain, les journaux allaient annoncer son arrivée, et Cadot finirait par le trouver.

— La même chose.

— Ne prenez pas ça de mauvaise part, monsieur Maugin, mais pas pour moi. Il faut que je vous conduise et je dois rentrer à Bagnolet.

Il ne se souvenait pas s'il avait bu les deux verres. Cela se pouvait. Le reste était vaseux. Il avait serré la main du chauffeur, qui avait refusé d'être payé puisqu'il devait revenir le lendemain. Le pisteur du *Claridge* l'avait accueilli et il avait essayé de marcher droit le long du hall, jusqu'au bureau du concierge.

— Bonsoir, monsieur Maugin. C'est un plaisir de vous revoir chez nous. Cela fait combien d'années, maintenant ? Vous avez le 303.

— Sur les Champs-Elysées ?

— Hélas ! non. Le sous-directeur aurait bien voulu, mais il m'a prié de vous dire que c'est absolument impossible, aujourd'hui. Nous avons notre hôtel plein de touristes ; mais demain s'il y a un départ...

— Le bar est ouvert ?

— Il est passé deux heures, monsieur Maugin.

Il ne s'était pas rendu compte de la fuite du temps. Malgré les glaces, les dorures, les lumières, c'était sinistre, peut-être parce que vide et silencieux. Un type en uniforme l'attendait à la porte de l'ascenseur comme pour le renfermer dans une trappe.

— Il n'y a pas une jolie fille par ici ?

Il avait demandé une jolie fille, c'était certain, mais ce n'était sûrement pas parce qu'il en avait envie. Peut-être parce qu'il avait peur de monter tout seul à son appartement !

— Pas à cette heure, monsieur Maugin, mais, si vous le désirez, je peux donner un coup de téléphone.

Il s'était retrouvé dehors, descendant lourdement les Champs-Elysées et parlant à mi-voix.

Il en rencontra une dont les cheveux oxygénés ressortaient dans l'ombre et faisaient illusion ; il était allé la regarder de près et elle avait fait de son mieux pour sourire gentiment. Elle était déjà vieille. C'était une triste, une résignée. Elle n'insista pas. Peut-être l'avait-elle reconnu ! Elle retourna s'adosser à une façade, dans l'attente de nouveaux pas.

Il descendit jusqu'au Rond-Point.

— Vous n'avez pas une cigarette ?

— Je regrette, petite. Je ne fume pas.

Celle-ci portait un tailleur bleu, une toque blanche sur les cheveux. Elle avait l'air bien élevée.

— Oh ! pardon, monsieur Maugin...

— Pardon de quoi ?

— Je ne sais pas. Je ne vous avais pas reconnu.

— Tu t'ennuies ?

— C'est-à-dire que...

— Tu veux venir avec moi au *Claridge* ?

— Vous croyez qu'on me laissera entrer ?

Il l'avait emmenée, et il boitait ; elle ne marchait pas beaucoup plus facilement que lui sur ses talons trop hauts et elle devait avoir les pieds endoloris. Le concierge de nuit avait froncé les sourcils, mécontent, mais n'avait rien osé dire.

— Voici votre clef, monsieur Maugin.

— Vous me ferez monter à boire, jeune homme.

— Du champagne ?

La petite lui dit à voix basse :

— Pas pour moi, vous savez !

— Du cognac ! répondit-il. Je suppose que vous n'avez pas de vin rouge ?

— Il y a probablement du bordeaux.

— Une bouteille.

On lui avait apporté les deux, le cognac et une bouteille de médoc, sur un grand plateau d'argent, avec de la glace, de l'eau gazeuse, une demi-douzaine de verres de tailles différentes.

— Mettez ça là !

La gamine, qui avait ouvert la porte de la salle de bains, s'émerveillait :

— Dites, monsieur Maugin, est-ce cela vous ennuierait que je commence par prendre un bain ?

Assis au bord d'un des deux lits, il regardait sa cheville devenue aussi grosse que son genou. Quand il fut déshabillé, il découvrit qu'il avait des plaques rouges un peu partout sur le corps et pensa d'abord qu'il avait attrapé les puces du mourant.

L'eau coulait dans la baignoire. Il voyait, par terre, dans l'entrebâillement de la porte, une paire de bas et du linge.

— Je ne vous empêche pas de prendre votre bain, monsieur Maugin ?

Il entendit, mais ne se donna pas la peine de répondre. Il regardait les deux bouteilles, les verres, puis son pied, ses cuisses, son ventre. Il savait qu'il oubliait quelque chose, mais c'est en vain que, l'air sombre et buté, il se demandait quoi.

C'était Gidoin, en tout cas, qui avait raison en parlant du « chanteur ». Les autres n'avaient rien compris.

Il but du cognac d'abord, puis du vin rouge, avec l'air de chercher lequel des deux il choisirait. Il dut rester longtemps ainsi, car la petite eut le temps de prendre son bain et d'apparaître intimidée, peut-être justement par ce bain imprévu, tenant une serviette sur son ventre, ses petits seins en poire se balançant légèrement.

— Vous n'êtes pas couché ?

Il la regardait, comme s'il ne l'avait jamais vue, comme si elle n'existait pas, fixait à nouveau son pied d'un œil perplexe.

— Vous voulez que je passe la nuit ?

Pourquoi donc l'aurait-il amenée ? Pour se laver à l'eau chaude ?

— Vous préférez que je me couche ?

— Dans ce lit-là, oui.

Elle s'y glissa d'un mouvement vif, se demanda si elle pouvait se couvrir, ramena le drap progressivement.

Elle le voyait se frotter les cheveux, à rebrousse-poil, se gratter la poitrine, le ventre, en revenir toujours à son pied.

Puis elle ne vit plus rien. Elle dormait.

Les lampes étaient encore allumées quand on la réveilla en touchant du doigt son épaule nue et maigre, mais il y avait déjà une lueur blanchâtre derrière les rideaux.

— Lève-toi, petite.

Il avait le visage congestionné, les yeux si gros, si luisants, qu'elle eut peur.

— Téléphone... Appelle... Qu'on fasse venir un docteur... Tu entends ?... Un docteur...

Il était toujours assis au bord du lit, les pieds sur la carpette, comme quand elle s'était endormie, mais il avait dû se coucher, car les draps étaient fripés et il y avait un creux au milieu du matelas.

— Vite, petite... Un docteur... soufflait-il avec l'air de se retenir à deux mains pour ne pas basculer en avant.

Sans s'inquiéter de ce qu'elle était nue, elle décrocha le téléphone.

Une horloge sertie dans la cloison, au-dessus d'un miroir, marquait quatre heures dix.

4

Gidoin, à son entrée, eut un sourire malin, très subtil, tout de suite noyé dans sa barbe. En même temps, il lui avait adressé un clin d'œil, peut-être pour le mettre à l'aise, peut-être aussi pour s'excuser de ce qui s'était passé rue du Mont-Cenis. Il n'était pas sale du tout, ni mal soigné. Sa barbe avait beau être blanche, ou plutôt gris-jaune, il avait un visage joufflu et ses yeux andalous.

Un instant, Maugin crut que c'était lui le juge, vraisemblablement à cause de la barbe, mais il constata bientôt que son ancien camarade n'était même pas un des personnages importants et qu'il appartenait à « la troisième série ».

C'était un « jugement » beaucoup plus complet que la dernière fois ; il semblait entendu que c'était définitif, irrévocable, mais cela se passait sans méchanceté, on pourrait dire sans solennité ni raideur. Et si, au début, il avait eu l'impression qu'il y avait foule, il se rendait compte, à présent, qu'il connaissait à peu près tout le monde.

On ne l'accueillait pas. Les gens ne se précipitaient pas pour le voir en chuchotant :

« — C'est Maugin ! »

Pourtant, quelque chose dans l'expression des physionomies indiquait qu'on l'attendait, peut-être depuis longtemps, non seulement avec une certaine curiosité, mais avec le « préjugé favorable ».

Ce qui l'avait le plus dérouté, ç'avait été d'entendre une grosse voix lancer avec un accent de terroir :

— T'es menteux, t'es tricheux, t'es chapardeux, t'es virulent comme la gale, mais t'es bâti pour faire un fameux gars !

C'était le forgeron : il était d'autant plus surpris de le trouver ici, qu'en quarante ans il n'avait probablement pas pensé à lui deux fois. Il y a des gens, comme ça, qui vous sortent de la mémoire, et c'était le cas de Le Gallec. Leur rencontre datait de ses quatorze ans, quand il était parti de son village. Il s'était arrêté, entre autres endroits, dans un bourg des environs de Nantes, où il avait fait croire au forgeron qu'il était âgé de seize ans. Le Gallec avait le visage noir et chiquait. Tous les deux travaillaient à l'enclume le torse nu, et Maugin était plus spécialement chargé du soufflet. Quant à Mme Le Gallec, toute petite et toute ronde, elle le forçait à manger quatre bols de soupe à chaque repas sous prétexte qu'il était à « l'âge ingrat ».

La présence du forgeron au « jugement », où il ne se trouvait pas par hasard, mais où il occupait une place plus en vue que Gidoin, dans « la seconde série », lui fournissait une indication qui allait peut-être le mettre sur la voie d'une vérité longtemps poursuivie en vain.

Il n'en était pas sûr, et ce n'était pas le moment de s'emballer. Mais, la veille, par exemple, il croyait encore, à cause de la farce de Gidoin, que c'était surtout le « chanteur » qui comptait.

Or ce n'était pas vrai. Le saut qu'il avait fait dans le passé n'était pas suffisant, et le forgeron, accompagné de sa femme endimanchée et tout émue, en était la preuve.

Cette époque-là était beaucoup plus « conséquente » et il se demandait comment il avait pu vivre si longtemps sans s'en rendre compte.

Cela ne se passait d'ailleurs pas sur un seul plan, mais sur deux, et cela aussi, il l'avait soupçonné voilà longtemps, surtout dans son enfance, ,mais il n'y avait pas cru, ou il avait feint de ne pas y croire.

Il savait fort bien qu'un jeune docteur non rasé était venu le voir dans son appartement du *Claridge* (il se souvenait même du numéro 303), alors que la petite était rhabillée et se tenait près de la porte, son sac à la main, comme si elle était entrée par hasard, en passant. Le sous-directeur aussi était monté — ou descendu, car il devait dormir au huitième étage — sans faux col ni cravate, ce qui était un événement inouï, et Maugin avait surpris un regard que le docteur lui lançait et qui voulait dire :

— Oh ! Oh ! C'est sérieux ! C'est vilain !

Le médecin questionnait la fille ;

— Il y a longtemps qu'il est dans cet état ?

Elle ne savait pas, évidemment, et, quant à lui, il se pouvait qu'il fût encore en état de parler, mais il n'en avait plus envie. L'idée ne lui venait pas et, d'ailleurs, on ne s'adressait plus à lui.

Ce qui le tracassait, c'est qu'il avait quelque chose à fairre, de vraiment sérieux, et qu'il avait oublié quoi. Il avait très mal non seulement au pied, mais dans toute la moitié droite de son corps, particulièrement vers la nuque. Il savait qu'il gémissait, qu'il louchait vers la seringue qu'on préparait pour lui faire une piqûre.

On n'attendait pas que celle-ci produisît son effet pour parler librement en sa présence.

— Il a de la famille à Paris ?

— Sa femme doit être sur la Côte d'Azur, d'où il est arrivé hier au soir.

— Il faudrait le transporter immédiatement dans une clinique, car je suppose qu'il préférerait une clinique privée à l'hôpital ? Savez-vous s'il a des sentiments religieux ?

— Je ne crois pas.

— A mon avis, c'est à Saint-Joseph qu'il serait le mieux, et ils ont justement de la place.

Il n'était pas tout à fait sûr du saint. Joseph ou Antoine ? Non ! Plutôt Jean-Baptiste, une clinique qu'il connaissait parce qu'un auteur dramatique célèbre y était mort et qu'il était allé le voir, à Passy.

La question était futile. Il savait déjà, à ce moment-là, que les choses, sur ce plan, n'avaient plus grande importance, mais cela l'intéressait de les regarder en curieux. Il se souciait de menus détails. Par exemple, il n'avait rien donné à la fille, et M. Hermant, le sous-directeur, n'y penserait sûrement pas, le docteur non plus, de sorte qu'elle n'aurait rien eu pour sa nuit, sauf le bain.

Ces gens-là téléphoneraient. Le sous-directeur, anxieux de mettre sa responsabilité à couvert, s'affairait, ramassait les affaires qui traînaient et les fourrait dans la valise qu'il fermait avec une clef prise dans la poche du pantalon de Maugin.

Maugin n'était pas inquiet. Il arrivait que la douleur, sous l'effet de la drogue, devînt voluptueuse. Encore un détail qui l'avait frappé et qui prouvait sa lucidité : le coup d'œil du médecin aux bouteilles, puis celui qu'il avait lancé, à lui, comme on émet un sifflement d'admiration.

Il se souvenait moins des infirmiers, du brancard, du hall, qu'on avait dû traverser, à moins, comme c'était probable, qu'on l'eût sorti par-derrière. Mais il revoyait très bien l'immeuble où il devait à présent se trouver, le vaste ascenseur, aménagé pour les civières et les lits des malades, et qui fonctionnait au ralenti. Il avait vu passer une bonne sœur en cornette qui ne s'était pas occupée de lui.

Ces personnages-là n'étaient que sur un seul plan, le plan numéro un, tandis que certains, comme Adrien Jouve, ou comme le professeur Biguet, existaient à la fois sur les deux plans.

Il ne savait pas tout. Surtout, il n'avait aucune notion du temps qui s'écoulait, des heures, peut-être des jours, qui ne signifiaient plus rien. Comment Jouve était-il arrivé à Saint-Joseph ou à Saint-Jean-Baptiste ? Mystère. Sans doute, dès le matin, avait-il téléphoné au *Claridge* pour demander si « M. Maugin était éveillé ».

Il avait dû s'affoler quand on lui avait répondu qu'il n'était plus là et qu'on lui avait donné l'adresse de la clinique. Et, à son arrivée, Maugin avait déjà une fiche accrochée à son lit, on l'avait lavé depuis longtemps, vêtu d'une drôle de chemise de nuit fendue par-derrière du haut en bas et nouée avec des cordons comme un tablier ; on lui avait pris du sang dans des pipettes, on l'avait passé à la radiographie, en montant pour cela son lit, par l'ascenseur, à un autre étage, où trois docteurs au moins s'étaient penchés sur lui.

Il avait fort bien entendu Jouve questionner d'une voix piteuse :

— Il a sa connaissance ?

— Il est dans le coma.

— Pour longtemps ?

Pas de réponse. Un curieux silence, un vrai silence d'hôpital, avec des vagues chaudes émises par la fièvre et les radiateurs.

— Il faut que je téléphone à sa femme. Que dois-je lui dire ? Je suppose qu'il vaut mieux qu'elle vienne ?

Cela était indifférent à Maugin, car Alice était là aussi, mais sur le plan numéro deux, assez loin d'ailleurs, ce qui l'avait troublé : dans la quatrième ou cinquième série. Il avait beau se dire qu'on avait suivi l'ordre chronologique, il pressentait que ce n'était pas tout à fait exact ; que d'autres considérations jouaient, encore mystérieuses.

— Elle essaiera d'avoir une place dans l'avion, mais ce ne sera pas facile, à cause des régates de dimanche dernier.

C'est vrai qu'il y avait eu des régates à Cannes et qu'il n'y était pas allé. Rien que ce mot de régates, prononcé sérieusement, le faisait sourire, sur le second plan.

Malgré ce qu'il appelait leur enjouement, il se méfiait encore, car, puisqu'il s'agissait d'un « jugement », il allait avoir à répondre d'une faute. On ne lui avait pas dit si on entendrait des plaintes individuelles et il se tournait vers les uns et les autres, dérouté de les voir réunis. Il se sentait terriblement nouveau, avait envie de s'en excuser.

Yvonne Delobel, qui n'avait jamais été plus spirituelle et plus intense, mais d'une intensité différente, lui rappelait certains remords qui l'avaient tourmenté. Pas à cause de ce que les gens avaient raconté de lui. Les remords, il les avait ressentis le jour où il avait compris qu'Yvonne — comme Consuelo, comme presque tous ceux qui l'avaient approché pendant un certain temps — avait eu une influence sur son comportement futur.

Consuelo avec son goût du péché.

Yvonne avec ses volets verts. (Il n'y avait pas de volets verts, à Antibes. Ils étaient bleus. Mais n'était-ce pas tout comme ?)

Juliette Cadot, elle, lui avait donné l'horreur de ce que les gens appellent la vertu.

Elles étaient toutes là et, puisque nos actes influent sur le destin d'autrui, il était évident qu'il en avait été ainsi pour ses actions à lui.

Il plaiderait. Il demanderait pardon, en toute sincérité. Il n'avait jamais pensé que les mots qu'il prononçait, les gestes qu'il faisait — quelquefois pour le seul plaisir de remuer de l'air — étaient un peu comme les cailloux qu'on jette dans une mare et qui tracent des ronds toujours plus grands.

Auprès de qui devait-il s'excuser ? Peut-être le juge n'était-il pas arrivé, ou bien étaient-ils tous juges et votaient-ils, après coup, comme un jury.

Contrit, il regardait Yvonne Delobel et elle lui adressait des signes de tête. Non ! Elle ne remuait pas la tête. Elle ne parlait pas non plus. Personne ne parlait réellement, mais on se comprenait mieux qu'avec des mots.

Yvonne se moquait gentiment de lui, à cause de son idée de remords. Elle lui laissait entendre que ce n'était pas ça du tout, qu'ici, on ne s'occupait pas de ces vétilles. Au fond, elle le traitait encore d'une façon protectrice. Elle avait l'air de vouloir le mettre sur la voie sans en dire plus que la consigne ne le permettait.

Peut-être commençait-il à comprendre la règle du jeu ? Le « jugement », c'était ça : il devait trouver tout seul, sans que personne lui souffle.

Alice se tenait très loin alors qu'il était question d'elle sur l'autre plan, avec des mots qui résonnent dans les oreilles et frappent les tympans comme des plombs de chasse. Biguet parlait. On était allé le chercher. Comment avait-on pensé à lui ? C'était un mystère encore, car Maugin n'avait parlé à personne de sa visite au professeur. Peut-être Jouve lisait-il ses lettres, y compris ses lettres personnelles ? Ou bien Biguet avait-il d'autres patients à la clinique et, en venant les voir, avait-il appris la présence de Maugin ?

— Son cœur ne supportera pas deux cent cinquante centimètres cubes, prononça-t-il.

Puis à Jouve :

— Sa femme est avertie ?

— Je n'ai pas osé l'affoler. Je lui ai dit que c'était sérieux, sans plus. Elle a voulu prendre l'avion. Elle vient de me téléphoner qu'il n'y a pas une seule place disponible. Comme il était trop tard pour le train de onze heures, elle prendra le Pullman de nuit.

Que de complications, les pauvres ! Et lui qui ne savait toujours pas ce qu'il avait oublié ! Il s'était pourtant rappelé le chauffeur, qui avait dû venir l'attendre à la porte du *Claridge* et à qui il n'avait pas payé sa course de la nuit. Il y avait autre chose, qui ne lui revenait pas en mémoire et dont il se souviendrait sans doute quand il retrouverait le loisir de s'occuper de ce plan-là. On le tripotait comme un nouveau-né à qui on ne demande pas son avis. Il n'en était pas vexé, au contraire.

Il devait avoir les yeux fermés et, pourtant, il avait parfois l'impression qu'il regardait avec une curiosité tranquille, un peu dédaigneuse, ou protectrice, comme Yvonne regardait les gens.

La question des séries était autrement excitante et il avait encore du travail considérable à accomplir s'il voulait gagner son « jugement » à temps. Qui était chargé de limiter le temps ? Il l'ignorait. Gidoin, par les airs qu'il prenait, aurait aimé faire croire que c'était lui, mais ce n'était probablement pas vrai.

La présence du forgeron, à un échelon supérieur à celui occupé, entre autres, par des femmes qui avaient été ses épouses, lui fournissait matière à réflexion. Autour de Le Gallec, c'était grouillant d'autres gens qu'il aurait pu appeler, pour simplifier, les « quatorze à vingt », ceux qu'il avait connus de quatorze à vingt, quand il faisait un peu tous les métiers au petit bonheur la chance, sans se préoccuper de ce qui adviendrait de lui.

Eh bien ! dans l'espace de quarante ans, il ne lui était presque jamais arrivé d'évoquer ces personnages-là autrement qu'en rêve. Et encore ! Eveillé, il les chassait, si par hasard ils lui revenaient à l'esprit. Il en avait honte, ressentait une gêne, peut-être un sentiment de culpabilité ?

Or voilà qu'on le faisait remonter beaucoup plus loin encore et que M. Persillange apparaissait, non comme un petit figurant anodin, ainsi qu'on aurait pu s'y attendre, mais comme un personnage de la première série.

Ce n'était pourtant que l'instituteur de son village et dont, la veille, il aurait été incapable de retrouver le nom — comme il avait été incapable de citer les paroles de la chanson.

M. Persillange avait sa barbiche, son lorgnon, ses manches de lustrine noire, ses yeux de bouc malicieux :

— Vous êtes encore occupé à rêver, Maugin ?

Il tressaillit. Il tressaillait toujours quand M. Persillange l'interpellait à brûle-pourpoint, parfois avec un coup sec de sa règle sur le pupitre, et il avait l'impression de s'être échappé par la fenêtre qui donnait sur le ciel et sur l'eau dormante des marais.

Devait-il lui demander pardon ? C'était cruel de ne pas se sentir aidé, mais il admettait que c'était « indispensable ». Il avait beau être Maugin, ici on ne pouvait pas se permettre des tours de faveur et, d'ailleurs, il n'en demandait pas.

Pourquoi ne leur dirait-il pas qu'il n'en avait jamais demandé, qu'il avait toujours fait son possible, sans ménager sa peine, et que, s'il avait le ventricule gauche comme une poire blette, c'était justement pour s'être débattu ?

Ils avaient compris ça. Il oubliait qu'ici il n'était pas nécessaire de parler. Ils souriaient en hochant la tête, preuve qu'il n'y était pas encore. Et c'était intéressant de constater la gradation des sourires, qui n'étaient pas les mêmes d'un bout à l'autre.

Alice, par exemple, qui devait se hisser sur la pointe des pieds et qui tenait Baba sur son épaule pour qu'elle pût voir aussi, n'avait qu'un demi-sourire, encore teinté d'inquiétude, peut-être d'incompréhension, tout comme Cadot qui, non loin d'elle, était préoccupé par sa nouvelle femme et par sa marmaille, et regardait tout le temps sa montre en fronçant les sourcils, comme si on lui faisait rater l'heure de son bureau.

On avait certainement eu une raison pour les convoquer. Si c'était pour le tranquilliser ?

Le sourire de Maria, l'habilleuse, était plus franc. On aurait dit qu'elle avait deviné depuis longtemps, et il avait envie de lui demander pardon pour toutes ses méchancetés, pour tous les gros mots, choisis exprès afin de la mettre en rogne.

Il fallait croire que c'était sans importance, car elle l'encourageait du regard. Consuelo aussi, et Yvonne, et, en somme, tout le monde, plus particulièrement ceux de la première série, qu'il reconnaissait à peine. Sa sœur Hortense en faisait partie, et les plus petites, qu'il avait peu connues jadis, dont il ne s'était jamais inquiété, paraît-il, et qui pourtant paraissaient fort avant dans le secret. L'abbé Cœur était là, qui lui avait fait faire sa première communion et lui avait offert le livre de messe que son père ne voulait pas lui payer.

— Il n'y a rien à tenter avant que l'injection ait produit son effet.

Ça, c'étaient les autres, et il se demanda un instant, sans s'y attarder, si, sur ce plan-là, on avait averti Cadot, Juliette, Maria, tout le monde. Est-ce que Joseph était allé pêcher sans lui ?

Il avait horriblement chaud, beaucoup plus chaud qu'à bord de la *Girelle,* avec la même envie de vomir. Il devait lui arriver de remuer, peut-être de gémir ou de crirer, car, de temps en temps, on lui faisait une piqûre à la cuisse et la douleur redevenait agréable.

Il fallait avertir Audubon et Weill que le procès n'aurait pas lieu, que tout était arrangé et qu'ils auraient tous les certificats médicaux qu'ils voudraient.

Non ! Ce n'était pas la peine. Ceux-là ne comptaient pas, n'avaient rien à voir avec le « jugement » et il lui fallait coûte que coûte trouver la solution du problème.

— Mon père, je m'accuse...

C'était l'abbé Cœur qui lui avait appris ça — il n'avait prononcé la formule qu'une fois, quand il s'était confessé pour sa communion — et voilà que l'abbé Cœur souriait en hochant la tête.

Ce n'était donc pas encore ça, pas les péchés dont il avait étudié la liste pour l'oublier ensuite. Il en était satisfait, au fond, mais cela compliquerait la question.

Il était coupable, sans l'ombre d'un doute. Il le savait. Il l'avait pour ainsi dire su toute sa vie.

Il avait senti, en tout cas, qu'il n'était pas en règle, que quelque chose clochait, ne tournait pas rond, quelque chose contre quoi il luttait plus ou moins consciemment.

Un peu comme s'il avait nagé de toutes ses forces dans un courant violent pour atteindre un but invisible, la terre ferme, ou une île, ou simplement un radeau.

Il rougissait, confus. Car il avait été grand et fort. Il était le plus grand et le plus fort de tous, comme le forgeron l'avait si bien dit. Or, il n'était arrivé nulle part. Il n'avait pas atteint le but. Il levait des yeux timides vers le curé.

— C'est cela ?

Pas encore.

Ils étaient au moins trois, maintenant, à le triturer, à lui ouvrir la bouche avec une cuiller ou un instrument de métal, et même à toucher ses parties génitales dont Yvonne, autrefois, faisait tant de cas.

Ce n'était pas cela non plus ? Il s'en était douté.

Quelle était alors la faute qu'il avait commise ? De se tromper de but, de vouloir être Maugin, toujours plus Maugin, un Maugin de plus en plus important ? Il allait leur en expliquer la raison et ils comprendraient.

Il avait fait ça pour fuir. Oui ! Pour fuir. Le mot était juste. Il avait passé sa vie à fuir. A fuir quoi ? Cela devient gênant de répondre devant les gens de la première série, surtout qu'il y apercevait son père et sa mère qui ne paraissaient pas mal vus le moins du monde.

Bon ! Tant pis ! Il les avait fuis, eux, et il avait fui l'école de M. Persillange, et la sœur de Nicou, et Nicou, et les autres, et l'abbé Cœur, et le village, les prés sous l'eau et les canaux glauques.

Après, il avait fui le forgeron et sa grosse femme. Il les avait fuis tous, les uns après les autres, et, quand il ne voyait plus rien à fuir, il se mettait à boire pour les fuir encore.

Parfaitement ! Cela ne devenait-il pas lumineux ?

Il avait faim et il fuyait la faim. Il vivait dans les mauvaises odeurs des hôtels borgnes et il fuyait la nausée. Il avait fui le lit des femmes qu'il avait possédées parce qu'elles n'étaient que des femmes et, une fois seul, il buvait pour se fuir lui-même.

Il avait fui toutes les maisons qu'il avait habitées et où il se sentait prisonnier, fui jusqu'à Antibes, fui Antibes... Il avait — pardon, Gidoin — fui l'atelier puant de la rue du Mont-Cenis.

Seigneur ! Combien il avait pu fuir de choses et comme il se sentait éreinté !

Etait-ce enfin ça ? Est-ce que la règle était de rester, d'accepter ? Il était indispensable qu'on l'aide, au point où il en était, car cela devenait de plus en plus difficile.

Que les autres, en bas, cessent de tripatouiller sa carcasse, qu'ils en finissent de chuchoter autour de lui. Qu'on l'aide ! C'était urgent. Il allait tout rater, peut-être par la faute de quelques minutes, après en avoir tant fait.

Les séries... Il avait bien compris, tout à l'heure, qu'elles devaient lui fournir une indication, et il les regardait les unes après les autres, avec tous les visages encourageants tournés vers lui dans l'attente. Cela le peinait de voir Alice, qui lui aurait sans doute soufflé la réponse, incapable de l'aider parce qu'elle ne savait pas non plus.

Tout ce qu'elle faisait, tout ce qui était en son pouvoir, c'était de tenir Baba au-dessus de sa tête pour qu'il la vît encore, comme elle le faisait à la fenêtre, quand il rentrait de la pêche.

Il avait été dur, parfois méchant, presque toujours égoïste.

Pourquoi cela les faisait-il rire ? Ils ne le prenaient pas au sérieux et on aurait juré, à les voir, qu'on était en train de jouer aux devinettes. Il ne s'était pas donné tant de mal toute sa vie durant pour venir en fin de compte jouer aux devinettes avec des gens qui connaissaient d'avance la solution.

Sa grand-mère, Dieu sait pourquoi, se mettait à écosser des pois. Il entendit d'abord le bruit qu'ils faisaient en tombant par quatre ou par cinq dans un seau où ils rebondissaient et il la reconnut parfaitement. Il se souvenait encore mieux d'elle en fermant les yeux, sentait alors la pierre fraîche du seuil sous son derrière nu, une mouche qui remuait ses pattes dans la confiture restée sur sa joue. Le ciel était d'un bleu uni, baigné d'un soleil qui pétillait, qui transperçait ses paupières, sous lesquelles des images passaient ; des objets ou des êtres mystérieux, qu'il n'avait jamais revus ensuite, franchissaient l'espace d'un horizon à l'autre, en ligne droite ou en zigzags, avec parfois des arrêts imprévus, comme pour le regarder.

Pourquoi sa grand-mère, qui ne savait ni lire ni écrire, prenait-elle un air si malin, si sûr d'elle et de lui ? Il avait à peine trois ans quand elle était morte.

— Je n'ai jamais voulu fuir, déclara-t-il soudain en rougissant un peu, parce qu'il avait l'impression de se parjurer, de dire exactement le contraire de ce qu'il avait confessé auparavant, ce qui devait être grave.

Mais il était de si bonne foi qu'ils devaient le sentir.

Il les regardait avec des yeux neufs, les uns après les autres, de la première série à la dernière, adressait un clin d'œil rassurant à Alice, car la vérité était si évidente qu'il avait envie de se mettre à rire.

Cela devait être la nuit, sur l'autre plan ; tout était silence ; on avait mis Jouve hors de la chambre : Alice n'était pas arrivée, n'arriverait pas avant le matin.

D'ici là, il aurait trouvé la solution.

« L'infection, avait dit tout à l'heure un des autres, est en train de gagner les centres... »

Ici, des mots difficiles que Jouve devait comprendre puisqu'il s'était mis à sangloter tout haut, avec des hoquets : c'est alors qu'on l'avait fait sortir.

Il était fort possible que, sur la Butte, Gidoin, le sale, celui qui buvait du marc à la bouteille comme au biberon et qui le regardait méchamment en fredonnant sa chanson, ne fût pas encore tout à fait mort.

Quant à l'autre Gidoin, il souriait toujours, mais cela ne signifiait rien.

La preuve, c'est qu'il avait envie de sourire aussi et que, s'il ne le faisait pas, c'est qu'il n'était pas encore tout à fait sûr. (Il avait envie de toucher du bois, mais il n'y en avait pas à sa portée, il n'en voyait nulle part.)

Une autre preuve de sa soudaine liberté d'esprit, c'est le coup d'œil qu'il lança au comte, présent aussi, et qui avait l'air d'un petit jeune homme tout ce qu'il y a de plus quelconque.

Il était temps de parler.

— J'ai cherché quelque chose qui n'existe pas, commença-t-il beaucoup trop vite, comme les mauvais acteurs qui craignent de rater leur réplique.

Et, tout de suite, levant la main :

— Non ! Attendez ! Encore un instant. Ce sont les mots qui ne viennent pas, mais je sais. Ce que je...

C'était fou ce que cela pouvait être lumineux, exaltant. Ses rêves, parbleu, les fameux rêves qu'il faisait en regardant le ciel près de sa grand-mère qui écossait des petits pois, puis à l'école, devant la fenêtre ouverte sur le marais...

« Donnez-moi les mots, Seigneur, donnez-moi tout de suite les quelques mots indispensables. Vous savez bien qu'il faut que je fasse vite, vite... »

L'infirmière était molle et rousse. Il reconnaissait l'odeur de rousse. Pourquoi se mettait-elle à lui parler comme à un petit enfant ?

Il n'avait pas fini. Il avait cherché quelque chose. Parce qu'il n'avait pas confiance. Parce que...

Est-ce qu'on n'allait pas l'aider ? Est-ce qu'on lui laisserait tout rater, comme il avait tant raté de choses dans sa vie ? Il ne fallait pas qu'il rate celle-ci. Ce ne serait pas juste...

— Mon père, je m'accuse...

C'était si simple, pourtant, et point n'était besoin de trente-deux malles d'osier, d'un bateau, d'une « automobile », ni des milliers de verres qu'il avait bus honteusement.

Sur l'épaule d'Alice, Baba le regardait de ses grands yeux limpides, et voilà qu'elle se mettait à sourire, à agiter ses bras potelés.

Qu'est-ce qu'il avait poursuivi avec tant de passion, de rage ?

— Une seconde infirmière !

Il n'était pas sûr de parler. Cela n'avait pas d'importance.

En même temps qu'il courait pour attraper Dieu sait quoi, il fuyait. Voilà !

Et, ce qu'il fuyait...

Etait-ce là ? Est-ce qu'on allait lui accorder son « jugement » ?

Ils se levaient, pêle-mêle, comme à l'école à l'heure de la récréation. Ils se levaient trop tôt. Il n'avait pas fini. Il n'avait pas encore dit le principal.

— Un *Pater* et dix *Ave*, bredouilla, dans un sourire, l'abbé Cœur en passant près de lui.

— Mais, monsieur le curé...

Ce n'était pas juste non plus. C'était trop facile. Et si, faute d'être fait sérieusement, le « jugement » allait n'être pas valable ?

— Ecoutez... Ce que je poursuivais et ce que je fuyais, voyez-vous, c'était...

Quel chemin pour en arriver là ! Toute une vie d'homme ! Il en avait les jambes tremblantes, la sueur ruisselait de son front, de tout son corps. Il avait monté la pente trop vite et son cœur n'en pouvait plus, avait des ratés. Une, deux, trois... Un vide... Quatre, cinq, six... Encore un, plus long, comme si ça n'allait pas revenir.

Ses yeux étaient ouverts. Il voyait. L'infirmière rousse était penchée sur lui, dans une lumière tamisée.

— ... Sept, huit, neuf...

Son corps se raidissait comme s'il avait voulu faire le pont et, soudain, il eut honte, il sentit que les larmes giclaient, balbutia, sans pouvoir se servir de ses mains, qu'il ne retrouvait pas, pour se cacher le visage :

— Pardon, madame... J'ai fait caca...

Les yeux restèrent ouverts, avec le mouillé des larmes sur la paupière, tandis que la nurse tendait le bras pour atteindre un bouton électrique.

Il était une heure dix du matin.

Jouve dormait, sur une banquette, dans la salle d'attente de la clinique.

Alice était dans le train, entre Marseille et Lyon.

Quand elle ouvrit la portière, à Paris, elle vit un gros titre noir, en première page de tous les journaux :

« MAUGIN EST MORT »

Carmel by the Sea (Californie), 27 janvier 1950.

Tante Jeanne

Première édition : Presses de la Cité, 1951.

Tante Jeanne

A la gare de Poitiers, où elle avait changé de train, elle n'avait pu résister. Dix fois, traînant à bout de bras sa valise, que les gens accrochaient au passage, elle était passée devant la buvette. Le malaise, dans sa poitrine, était vraiment angoissant et, plus elle approchait du but, plus souvent cela la reprenait. C'était comme une grosse boule d'air — certainement aussi grosse qu'un de ses seins — qui montait vers sa gorge en comprimant les organes et cherchait une issue, cependant qu'elle attendait, anxieuse, immobile, le regard fixe, avec, à certain moment, la certitude qu'elle allait mourir.

Elle boirait un café. Elle s'était promis de ne boire qu'un café, puis, une fois au comptoir, devant le serveur aux manches retroussées qui lavait les verres, elle avait balbutié en se sentant monter le rouge aux joues :

— Je ferais mieux de prendre un petit verre de cognac. Je ne me sens pas bien. Sans doute est-ce la chaleur ?

Il faisait vraiment très chaud. On était en août, et l'express qui l'avait amenée de Paris était bondé de gens qui partaient en vacances.

Furtivement, fouillant son sac pour y chercher de la monnaie, elle avait balbutié :

— Servez-m'en un autre.

Ce n'était pas à cause de cela qu'elle avait l'impression que tout le monde la regardait. Cette impression-là, elle l'avait déjà tout à l'heure, dans le rapide. Un petit garçon accompagné de ses parents l'avait fixée pendant un temps qui lui avait paru interminable et l'avait mise si mal à l'aise qu'elle en avait eu une de ses crises.

C'était la fatigue. C'était tout. C'était l'âge aussi. Et pas seulement l'âge, mais l'usure. Elle était une vieille bête et elle n'avait pas le courage d'imiter les vraies bêtes qui, elles, vont se cacher dans un coin pour mourir.

Il y avait d'autres vieilles femmes dans le train, de plus vieilles qu'elle, qui montraient largement leur dos et une partie de leur poitrine et qui allaient faire les petites folles sur le sable des plages.

Le tortillard de jadis n'existait plus. On prenait encore la correspondance sur la même voie, semblable à une voie de garage, tout au bout des quais, mais, au lieu des vieux wagons surélevés d'autrefois, une micheline argentée attendait, qui, dans les campagnes où elle filait sans bruit, poussait de temps en temps un bref mugissement.

Elle avait espéré qu'elle arriverait la nuit tombée : il lui aurait été plus facile de se glisser furtivement dans la grand-rue et de raser les maisons. Mais, à sept heures du soir, à cause de l'heure d'été, le ciel était encore d'un bleu lumineux, teinté du rouge équivoque du soleil couchant. Les vaches, dans les prés, faisaient de grandes ombres violettes, et des reflets aveuglants mettaient dans les carreaux des fermes comme des gerbes de feu.

Déjà, petite fille, cette heure-là, où l'on sent une menace de néant ou d'éternité, lui faisait peur — elle la comparait au purgatoire de son catéchisme —, et elle revoyait encore, par les vitres de sa chambre, le feuillage figé du tilleul dont chaque feuille était dessinée comme sur une gravure, elle se souvenait des bruits de la maison, qui s'amplifiaient insensiblement jusqu'à ce qu'un craquement du parquet ciré devînt une explosion dans le silence.

Elle suçait des pastilles de menthe, pour dissiper l'odeur de l'alcool. Et du coup, pour la troisième fois au moins depuis Paris, elle éprouva le besoin de se frotter les joues avec son mouchoir afin d'effacer les dernières traces de rouge. Elle avait d'abord décidé de ne pas en mettre du tout, peut-être de ne pas mettre de poudre, puis, au dernier moment, quand, tout habillée, elle s'était vue dans la glace, elle avait eu honte de sa face lunaire. Il ne fallait pas non plus qu'elle fît peur, qu'elle leur donnât, en arrivant, l'impression d'une moribonde ou d'un fantôme.

Sa robe était très bien, toute simple, son chapeau d'aussi bon goût que possible pour un chapeau bon marché, et elle portait un manteau léger sur le bras.

Même dans la micheline, elle n'avait reconnu personne. Il est vrai qu'elle osait à peine regarder les gens, qu'elle se cherchait encore une échappatoire.

« Si l'*Hôtel de l'Anneau d'Or* n'existe plus, je reprendrai le train ce soir. »

Puis, comme c'était samedi soir et qu'il y avait beaucoup de monde sur les routes :

« S'il n'y a pas de chambre libre, je ne chercherai pas ailleurs. »

Maintenant que ce n'était plus qu'une question de minutes, la boule gazeuse ne quittait plus sa poitrine. Quand le train s'arrêta, dans la petite gare qui avait à peine changé, elle n'osait pas se lever parce que c'était le moment de la crise où elle croyait invariablement mourir. Elle se trouva pourtant sur le quai où, malgré le jour, on venait d'allumer les lampes, et un homme en casquette à visière luisante fit un geste vers sa valise en disant :

— Taxi ?

Elle ne vit rien, en somme. Cela se passa trop vite. Il n'y avait pas de taxis à la gare, autrefois, non plus que toutes ces autos particulières qui encombraient la place.

— A l'*Hôtel de l'Anneau d'Or*.

La portière claqua. Elle aperçut des maisons qui lui parurent toutes petites, une rue dont on atteignit presque aussitôt le bout, près du pont.

— Vous n'avez pas de gros bagages à prendre à la consigne ?

Elle avait hâte de se sentir à l'abri, à l'intérieur, et elle tenait la tête penchée pour empêcher les passants de la voir en face. Il n'était pas possible que ce soient encore les mêmes propriétaires, M. et Mme Loiseau (Mme Loiseau, Mathilde, portait une perruque) : ils avaient au moins soixante-dix ans quand elle était partie. Elle eut le temps d'entrevoir un bâtiment neuf, sur la droite, une aile qu'on avait récemment ajoutée, et elle eut l'impression qu'il y avait davantage de tables de fer entre les lauriers en caisses de la terrasse.

— Une seule personne ?

— Une seule.

— C'est pour la nuit ou pour quelques jours ?

— Peut-être pour quelques jours.

Elle ne savait pas. C'était improbable qu'elle passât plus d'une nuit à l'hôtel. C'était même à peu près inconcevable, mais elle avait l'impression, par ces petites tricheries, de conjurer le mauvais sort.

— Le dix-sept est libre, Martine ?

— Le locataire est parti, mais je ne sais pas si on a eu le temps de faire la chambre.

C'étaient des jeunes, qui ne devaient pas être mariés depuis longtemps et qui semblaient jouer à l'hôtelier et à l'hôtelière. Elle criait, au bas de l'escalier :

— Olga ? Le dix-sept est-il prêt ?

— Oui, madame.

La voyageuse remplit sa fiche, au nom de Martineau, bien entendu, Jeanne Martineau, cinquante-sept ans, née... Née ici ! Pas à l'*Hôtel de l'Anneau d'Or,* mais à moins de cent mètres, juste de l'autre côté du pont. Elle avait évité de regarder dans cette direction en traversant le trottoir. Peut-être sa chambre donnerait-elle sur la rivière ? Probablement pas. Pas une chambre d'une personne. Surtout un samedi soir, au mois d'août.

Les vieux Loiseau, qu'on appelait Philémon et Baucis, n'avaient certainement jamais imaginé que des femmes erreraient un jour dans leur établissement vêtues en tout et pour tout d'une petite culotte en toile et d'une sorte de soutien-gorge ; et pourtant, pour une bonne part, c'étaient des mères de famille ; un homme, lui, avait le torse nu, couvert de longs poils bruns, un coup de soleil saignant sur l'épaule.

— On dîne dans quinze minutes, annonça le propriétaire (ou le gérant).

Dans la bousculade, on oublia de lui monter sa valise et elle ne réclama pas, la coltina elle-même jusqu'au second étage, soulagée de faire une entrée aussi discrète. La servante, Olga, ne sut même pas, apparemment, qu'elle était là, car elle ne vint pas lui offrir ses services.

Le dix-sept donnait sur la cour, où les écuries de jadis avaient été transformées en garages. L'air bleuissait, s'épaississait comme une fumée. Pourquoi ne se coucherait-elle pas tout de suite ? Avec trois ou quatre comprimés, elle finirait par s'endormir.

Par habitude, elle défit sa valise et en rangea le contenu dans le placard et dans l'armoire. Puis elle se rafraîchit le visage et, sans allumer la lampe, s'assit sur l'unique fauteuil, dur, étroit, d'un bleu électrique, qui faisait penser à un étalage de grand magasin.

Du temps passa, pendant lequel la nuit s'établit insensiblement et, insensiblement aussi, les bruits s'ajoutèrent aux bruits, toujours plus nets et plus distincts, ceux de la salle à manger surtout où, fenêtres larges ouvertes, on avait commencé à servir le dîner, les bruits de la terrasse où des gens continuaient à boire dans la fraîcheur du soir, des portes qui claquaient, une mère impatiente qui mettait son enfant au lit et, d'une voix aigre, le menaçait de Dieu sait quoi s'il ne s'endormait pas aussitôt. Puis malgré le roulement des autos sur la route, malgré les klaxons, elle perçut le son plus frêle, presque flûté, de la rivière, une sorte de sifflement amical, à l'endroit où les eaux se séparent le long de la pile du pont.

— Je suis fatiguée ! prononça-t-elle tout haut.

Sa voix lui tint compagnie. Elle répéta, presque attendrie :

— Mon Dieu ! que je suis fatiguée !

Fatiguée à mourir. Fatiguée à s'asseoir sur un seuil, n'importe où, dans la rue, sur un quai de gare, et à se laisser aller au fil du courant.

Elle était grosse. Elle se sentait monstrueusement grosse, et il lui fallait porter, mouvoir toute cette chair molle qui l'écœurait, qu'elle ne reconnaissait pas pour sienne.

La grosse Jaja !

Non ! Pas ce mot-là. Elle ne devait plus penser à ce mot-là, ou alors elle n'aurait pas le courage.

Le noir de la nuit pénétrait, par vagues, par la fenêtre, lui faisait peur, mais elle n'avait pas la force de se lever pour aller tourner le commutateur électrique ; elle restait là, endolorie, à bercer son mal, comme quand on joue avec une dent malade. Ce n'était pas seulement à cause des deux verres de Poitiers qu'elle se dégoûtait. Elle avait honte d'être ici, d'être revenue, d'attendre quoi ? d'espérer quoi ?

A cause du malaise dans sa poitrine, elle serrait son sein gauche dans sa main, et c'était doux, c'était chaud, une sensation presque voluptueuse finissait par l'envahir, de l'humidité perlait à ses paupières closes tandis qu'elle répétait d'une autre voix, avec la moue de quelqu'un qui va pleurer :

— Que je suis donc fatiguée !

Elle avait dormi là, dans le fauteuil, sans comprimés, et, quand elle s'était brusquement réveillée, les bruits de l'hôtel s'étaient amortis. Elle avait fait jaillir la lumière aiguë de l'ampoule, regardé sa montre.

Il était neuf heures dix. Elle avait faim, une faim si impérieuse qu'elle finit par descendre, la démarche hésitante, comme une coupable, et par se glisser dans la salle à manger, où il n'y avait plus que la moitié des lumières et où deux femmes dressaient les tables pour le lendemain matin.

Elle marchait sans bruit, parce que c'était son habitude, parce qu'elle était restée légère malgré son embonpoint, et aussi parce qu'elle était gênée. Elle s'approchait d'une des serveuses en robe noire et en tablier blanc, et celle-ci se retournait, surprise par sa présence, la fixait un moment, s'exclamait :

— Jeanne !

Elle ajoutait, pour mieux se convaincre :

— Jeanne Martineau !

Toutes les deux se regardaient comme si elles avaient à se cacher, comme quand, au couvent, elles guettaient l'arrivée possible d'une bonne sœur.

— Tu m'as reconnue ?

— Tout de suite, oui. Pourquoi ? Tu ne m'as pas reconnue, toi ?

— Oui. La fille Hotu. Mais je ne retrouve pas ton prénom.

— Pourtant, on s'en moquait assez. Désirée ! Qu'est-ce que tu fais ici ? Tu es venue voir ton frère ?

Elle n'osa pas demander : « Il vit encore ? »

Elle dit :

— Il est là ?

— Bien sûr. Il a même failli être nommé maire il n'y a pas si longtemps. Sans je ne sais quelles histoires qui sont arrivées au dernier moment...

Elle se rendit seulement compte qu'elles étaient toutes les deux debout dans la salle à manger, qu'une des deux était une cliente et l'autre une serveuse.

— Tu étais venue chercher quelque chose ? Tu es à l'hôtel ?

— Oui. Je n'ai pas dîné. J'ai eu faim.

— Je vais arranger ça. Il est trop tard pour qu'on te serve le menu complet. Et on te comptera sûrement ton dîner au prix de la carte. Cela ne te dérange pas ?

— Non.

— Tu ferais mieux de t'asseoir, car la patronne est assez chipie. Ce sont des gens de Paris qui viennent tout juste de reprendre l'affaire, et on sent qu'ils ne sont pas du métier. Qu'est-ce que tu désires manger ?

— Ce que tu voudras.

— Il ne reste pas de rosbif, mais je peux t'apporter du jambon et de la salade de pommes de terre. Si tu tiens à la soupe... Je te préviens qu'elle n'est pas bonne. Tu as appris l'accident arrivé à Julien ?

Elle faillit répéter le nom sans comprendre. Puis elle se souvint qu'elle avait un neveu, dont elle avait oublié le prénom et qui devait maintenant être grand.

— Pauvre garçon, continuait Désirée. C'était le meilleur de la famille. Pardon...

— Tu peux !

— Se tuer aussi bêtement, à un endroit qu'il connaissait pourtant bien, où il ne se passe pas de mois sans accident... Au virage du Loup-Pendu, tu sais, juste après le moulin !... Et sa femme qui était dans l'auto... C'est miracle qu'elle n'ait pas fait une fausse couche... L'enfant est né avant terme, mais les médecins de Poitiers l'ont sauvé... Tu n'étais pas au courant ?

— Non... Si.

— Je reviens dans une minute...

Il y avait... Voyons !... Elle avait cinquante-sept ans... Elle avait quitté le couvent un peu après ses dix-sept ans... Avait-elle revu Désirée Hotu ensuite ? Peut-être deux ou trois fois, par hasard, dans les premières années qui avaient suivi. Elle n'en était même pas sûre, car les Hotu tenaient une ferme assez loin de la ville et Désirée n'avait jamais été de ses amies intimes. Cela faisait donc, en gros, quarante ans.

Or elles s'étaient reconnues toutes les deux. Jeanne aurait juré que la voix de son ancienne condisciple, sa façon de parler n'avaient pas changé. Elles s'étaient tutoyées sans s'en rendre compte, comme si elles n'avaient jamais été séparées.

Elle n'avait même pas eu la curiosité de demander à Désirée par quel concours de circonstances elle était maintenant serveuse à l'*Anneau d'Or*, alors que les Hotu étaient autrefois de riches fermiers.

— J'ai déniché quelques sardines et des radis par lesquels tu peux toujours commencer. Tu bois du vin ? Rouge ? Blanc ? Il vient probablement de chez ton frère.

Elle ne paraissait pas malheureuse. Elle était maigre, elle, avec une poitrine plate et pas de hanches sous son tablier. C'était curieux, car, au couvent, c'était probablement la plus grosse fille de la classe, honteuse de ses bras boudinés et de ses jambes énormes.

— Tu es au pays pour quelque temps ?

— Je ne sais pas encore. Je ne crois pas.

— Tu as des enfants ?

Elle fit non de la tête.

— Pardon. Moi, j'en ai eu trois, mais j'en ai perdu deux.

Elle disait cela comme on constate un fait.

— Ma fille vit en Algérie avec son mari. C'est un brave garçon, travailleur, et je suis sûre qu'ils s'en tireront. Je finis de mettre mes couverts et je reviens te parler.

Elle n'avait pas pu le faire, et Jeanne en avait été soulagée, elle aurait eu de la peine à dire pourquoi. Pendant dix bonnes minutes, elle avait mangé en silence, sans appétit, alors qu'elle avait si faim tout à l'heure, regardant les deux serveuses vaquer à leur besogne dans une lumière pauvre de coulisses. De temps en temps, Désirée se tournait vers elle pour lui lancer un coup d'œil complice et, quand elle avait apporté le jambon elle avait dit à mi-voix :

— Mange vite, qu'on ne voie pas que je t'en ai mis trois tranches !

Un peu plus tard, la chipie, comme elle appelait la patronne, s'était montrée dans l'encadrement de la porte.

— Vous avez fini, Désirée ?

— Dans un instant, madame. Il me reste à servir le dessert et le café.

— Emma s'en chargera. Oscar a besoin de vous à l'office.

Désirée prit le temps de lui souffler avant de partir :

— Elle me rappelle la Mère Supérieure. Tu te souviens ? Je te reverrai.

A côté, dans la salle du café, dont la patronne avait laissé la porte entrouverte, on entendait le heurt des billes sur le billard, les voix des joueurs de cartes, et la fumée montait des pipes et des cigares, s'étirait autour des lampes, mêlant l'odeur du tabac à l'odeur de bière et d'alcool.

C'est cette odeur-là qui tenta Jeanne, alors que, cette fois, elle ne ressentait aucun malaise. Elle ne lutta presque pas. Elle n'aurait pas osé s'adresser à son ancienne compagne. Mais la fille qui la servait à présent était jeune, anonyme.

— Vous croyez que je pourrais avoir un petit verre de cognac ?

— Je vais vous envoyer le garçon.

Elle appela, tournée vers l'entrebâillement de la porte :

— Raphaël ! Un cognac !

Il apporta la bouteille. C'était un jeune aussi, blond et frisé, encore gauche dans un gilet précédemment porté par quelqu'un qui avait du ventre.

— Un instant, jeune homme ! dit-elle d'une voix différente, plus sourde, comme cassée, en s'apprêtant à vider son verre d'un trait.

Puis, familière, en le lui tendant :

— La même chose ! On ne marche pas sur une seule jambe !

Elle avait dit ça avec un petit rire vulgaire, dont elle eut honte, et faillit, une fois seule à sa table, seule dans la salle à manger préparée pour le lendemain, ne pas toucher au second verre. Elle se leva même, bien décidée, mais, au dernier moment, elle se pencha et jeta en quelque sorte l'alcool dans le fond de sa gorge.

Elle entendit sonner les messes, et elle reconnaissait les cloches des deux paroisses, celles, plus grêles, de l'hospice des vieillards. Une fille affairée lui avait monté son petit déjeuner sur un plateau, et on entendait partout des portes claquer, des robinets couler, des bruits de chasse d'eau.

Elle se sentait encore moins brave, dans la lumière du jour qui emplissait sa chambre peinte en jaune, et elle traîna longtemps au lit, puis à sa toilette. Peut-être Désirée couchait-elle à l'hôtel (sans doute dans les petites chambres au-dessus du garage) et pourrait-elle lui demander de venir la voir ?

Désirée lui avait appris que Julien était mort, qu'il avait été marié, que sa femme avait donné naissance à un enfant. Mais elle n'avait parlé de personne d'autre. Elle croyait, bien entendu, que son amie savait. Or Jeanne ne savait rien. La veille, elle ignorait encore si son frère était vivant.

Ce qui était venu jusqu'à elle, à une époque où il lui arrivait encore de correspondre avec les siens, c'était le mariage de son frère avec la fille du Dr Taillefer, Louise, qui était au couvent en même temps qu'elle, mais dans les petites classes, de sorte qu'elle n'en gardait que le souvenir d'une gamine aux tresses dans le dos, une noiraude, si elle ne se trompait pas, au nez pointu, aux yeux insolents.

Comment était-elle à présent ? Elle devait avoir atteint la cinquantaine, comme Robert. Robert était certainement devenu gros, car, jeune homme, il avait déjà tendance à engraisser.

Jeanne mit de la poudre, l'essuya, en remit et, parce qu'elle se voyait une figure de papier, passa un doigt teinté de rouge sur ses pommettes. Cela donnait mauve, elle ne savait pas pourquoi. Elle avait essayé tous les tons de rouge et invariablement, sur son visage, cela virait au mauve.

— Un vieux clown ! dit-elle pour elle-même.

Ce n'était pas la peine de passer la journée à se donner du courage. Elle avait parcouru des milliers et des milliers de kilomètres pour venir ici. Elle y était. Il n'y avait plus qu'à franchir le pont, à marcher droit vers la porte cochère, dans laquelle s'ouvrait une porte plus petite. Jadis, les battants étaient peints en vert sombre, vert bouteille, disait son père, les volets aussi : la maison en blanc, un blanc crémeux qui faisait plus chaud, plus riche que le blanc cru des autres maisons. Elle soulèverait le marteau de cuivre, et le bruit se répercuterait sous la voûte, à la façon d'une volée de cloches.

Elle entendrait des pas. Des pas d'homme ? Des pas de femme ? La question était bête. Les pas de la bonne, évidemment, une bonne qui ne la connaîtrait pas et qui, si elle était stylée, demanderait :

— Qui dois-je annoncer ?

Elle y était. Elle avait fait tout cela, d'un élan, d'une haleine. Elle se trouvait de l'autre côté du pont. Le marteau avait résonné, à gauche, au-delà de la maison ; sur le long mur aveugle des entrepôts, elle pouvait lire en lettres noires : « Robert Martineau, vins en gros. » Et, comme jadis, il y avait des barriques vides sur le trottoir. Seul le prénom était changé. Avant, c'était celui de son père : Louis. Et il y avait toujours eu la mention « Défense d'afficher ».

Une voix, à l'intérieur, cria :

— On a sonné, Alice !

— Je sais ! Je ne peux pas descendre !

Des pas menus, précipités. Un verrou que l'on tirait. Une femme mince, toute vêtue de noir, chapeautée, gantée, un livre de messe à la main.

— Vous sortiez ? dit machinalement Jeanne.

— Non. Je rentre de la messe. Qu'est-ce que c'est ?

Elle était agitée, nerveuse, peut-être inquiète. Elle ne s'était pas encore donné la peine de regarder la visiteuse en face.

— Vous êtes madame Martineau, la femme de Robert ?

— Oui.

— Il me semblait bien vous **avo**ir reconnue. Nous étions ensemble au couvent, bien que vous soyez plus jeune que moi.

On aurait dit que l'autre, grignotée par ses pensées, n'écoutait pas.

— Je suis Jeanne Lauer.

— Ah !

Elle hésita, comme quelqu'un qui ne sait où poser un fardeau encombrant.

— Entrez ! Je me demande dans quel état vous allez trouver la maison. La bonne nous a quittés hier sans prévenir. Il devait en arriver une autre ce matin, et je ne vois personne. Robert est je ne sais où. Voilà cinq minutes que je le cherche partout.

Elle poussa une porte, appela :

— Robert ! Robert ! C'est ta sœur Jeanne !

Puis, comme si elle pensait à autre chose :

— Votre mari n'est pas avec vous ?

— Il est mort il y a quinze ans.

— Ah ! Julien est mort aussi, vous savez ?

— On me l'a appris hier.

— Parce que vous êtes arrivée hier ?

— Hier au soir, oui, trop tard pour vous déranger.

Sa belle-sœur n'insista pas. Elle retirait ses gants, son chapeau, entrait dans des pièces que Jeanne ne reconnaissait pas, qui avaient été transformées, meublées autrement, et qui avaient perdu leur odeur en même temps que leur aspect.

— Je me demande où est passé Robert. Je l'ai quitté le temps d'aller à la messe, et je l'ai chargé de recevoir la nouvelle bonne si elle se présentait. Comme il fallait faire vite, j'ai téléphoné à une agence de Poitiers et ils m'ont promis qu'ils m'enverraient quelqu'un par le premier train du matin. Elle devrait être ici depuis longtemps. Robert ! Robert !... Excusez-moi de vous recevoir si mal... Ma maison est toute en l'air et je me demande si j'en sortirai jamais...

Quelqu'un, une jeune femme en noir, elle aussi, se pencha sur la rampe.

— Qui est-ce ? demanda-t-elle sans voir Jeanne.

— La sœur de Robert. Ta tante Jeanne, qui vivait en Amérique du Sud. C'est bien en Amérique du Sud, Jeanne ? Je ne sais plus. Il y a si longtemps... Dis-moi, Alice, tu n'as pas vu Robert ? Je suis passée au bureau, et il n'y est pas...

— Le bureau est toujours au fond de la cour ? questionna Jeanne.

— Oui. Pourquoi ? Tu ne l'as pas entendu sortir, Alice ?

— Il n'est sûrement pas sorti. J'aurais entendu la porte. Mais je crois me souvenir qu'il est monté. Bon ! voilà que ça recommence...

Des cris perçants s'élevaient dans une des chambres du premier étage, des cris de bébé, et tous les traits de Louise se crispèrent comme sous le coup d'une névralgie.

— Ne m'en veuillez pas, Jeanne. Vous devez me prendre pour une folle. Mais si ! Je le sais bien ! Et parfois, moi-même, je me demande si nous ne sommes pas un peu fous. Mais comment voulez-vous que je m'en tire toute seule dans cette grande maison ? Les bonnes s'en vont les unes après les autres. La dernière ne s'est même pas donné la peine d'annoncer son départ. Hier, après le déjeuner, alors que la vaisselle n'était pas faite ni la table desservie, je me suis aperçue qu'elle n'était plus là et que ses affaires avaient disparu de sa chambre. Le bébé hurle comme s'il le faisait exprès. Tout à l'heure, sa mère n'en voudra pas moins sortir, sous prétexte qu'elle n'a pas l'âge de rester enfermée, et me le plantera sur les bras. Quant à ma fille, je ne sais pas où elle est, et Henri est parti hier soir avec la voiture. Si seulement Robert...

On la sentait sur le point d'éclater en sanglots, de s'effondrer sur la première chaise venue, mais elle repartait déjà, toute petite, toute tendue, dans l'immensité de la maison, gravissait l'escalier, appelait :

— Robert ! Robert !

Sa bru ouvrait une porte et lui lançait aigrement :

— Comment voulez-vous que j'endorme le petit si vous criez comme ça ?

— Vous entendez, Jeanne ? C'est moi qui crie ! C'est toujours moi ! Je ne vous ai même pas proposé de manger ou de boire quelque chose. C'est tout de même étrange que Robert ne réponde pas. Il n'est pas sorti, car il ne sortirait pas nu-tête, et j'ai vu son chapeau dans l'entrée. Il n'est pas au bureau, ni dans les chais. D'ailleurs, il n'a rien à y faire le dimanche. Montez, Jeanne. Venez avec moi. Vous pourrez vous rafraîchir dans ma salle de bains...

Même les marches de l'escalier avaient été remplacées et ne grinçaient plus. Les portes, jadis sombres et vernies, étaient peintes en blanc. Les murs étaient clairs. Tout était clair. Il n'y avait plus d'ombre nulle part. Louise jetait sur le lit défait son chapeau qu'elle avait gardé à la main et ramassait un pyjama d'homme qui traînait sur le tapis.

— J'ai honte, mais je n'y peux rien. Il y a des moments comme ça, où tout se ligue contre moi, et parfois cela dure des semaines, des mois. Si seulement je savais où Robert...

Elle s'engagea dans l'escalier du second étage, où jadis étaient les chambres d'enfants et le grenier qui servait de salle de jeu. On l'entendait marcher à pas précipités, ouvrir les portes une à une, lancer chaque fois :

— Robert !

Elle refermait la porte, recommençait plus loin :

— Robert !

Elle atteignit le grenier, au fond du couloir, poussa le battant et cria d'une voix stridente :

— Robert !

Puis, tout de suite après :

— Jeanne !... Alice !... Quelqu'un !... Vite !

Elle se tenait, toute noire, recroquevillée, contre le mur blanc, les épaules rentrées, la moitié de la main enfoncée dans sa bouche.

La lumière, comme jadis, ruisselait d'une large fenêtre en pente aménagée dans le toit, avec une tringle qui pendait et permettait de soulever le châssis.

Il y avait eu un temps où Jeanne devait monter sur une caisse pour toucher cette tringle du bout des doigts, puis un temps où il lui suffisait de se soulever sur la pointe des pieds. Au-dessus de la lucarne était fixé un gros crochet, comme un crochet de boucherie, et on aurait été en peine de savoir à quoi il avait jamais servi.

C'est à ce crochet-là que Robert avait assujetti une corde et qu'il s'était pendu.

Il était très gros, comme sa sœur, peut-être même plus gros qu'elle. Il portait un complet de laine fine, mais avait encore ses pantoufles du dimanche matin, et l'une d'elles avait glissé de son pied.

Une caisse vide, qui lui avait servi d'escabeau, était renversée sur le plancher, et, tout près, traînait une feuille de papier portant un mot au crayon bleu :

« Pardon. »

Louise enfonçait toujours davantage son poing dans sa bouche et en devenait violette, comme si elle allait étouffer. La voix d'Alice, en bas, criait :

— Qu'est-ce que c'est ?... Est-ce que je dois monter ?

— Apportez un grand verre d'eau fraîche, oui ! répondit Jeanne, qui fut surprise elle-même de la résonance de sa voix.

Elle ajouta après un instant :

— Et un couteau... Ou de gros ciseaux... Vite !...

L'enfant s'était remis à glapir. Louise regardait sa belle-sœur avec des yeux hagards de bête.

Robert oscillait doucement au bout de sa corde, et un pinceau de soleil, glissant le long de son épaule curieusement déformée, mettait un carré lumineux sur un cheval de bois gris pommelé, à la crinière arrachée, dont le regard de porcelaine était fixé sur le mort.

2

Elle devait se souvenir, par la suite, des moindres événements, des attitudes, des gestes, mais pas de leur ordre chronologique exact. Bien sûr, elle se revoyait soulever le marteau de la porte, dans le soleil un peu sirupeux de dix heures du matin — un soleil de dimanche — et, à ce moment-là, elle était une vieille femme qui n'en pouvait plus, qui demandait grâce ; elle se faisait penser au chien errant qui s'arrête, indécis, devant un seuil de ferme, s'attendant aussi bien à des coups qu'à une écuelle de soupe. Peut-être était-elle encore plus vide, plus flottante, quand, grosse et essoufflée, elle suivait dans l'escalier sa petite belle-sœur brune, qui la menait Dieu sait où.

Mais pourquoi, après, au lieu de faire boire à Louise le verre d'eau qu'Alice venait d'apporter, lui en avait-elle lancé le contenu à la figure ? Cela avait été un réflexe. Quelque chose, soudain, l'avait écœurée dans le visage convulsé de Louise, de qui elle entendait les ongles gratter le plâtre du mur.

Et l'autre, la bru, qui paraissait nue dans sa robe noire, qui l'était sans doute, qui, à cette heure, n'était encore ni peignée, ni lavée, se cachait les yeux de la main gauche en tendant de la droite un couteau de cuisine, puis, dès que Jeanne l'eut saisi, s'élança vers l'escalier en disant :

— Je ne peux rester avec un mort. C'est plus fort que moi.

— Téléphonez au moins à un médecin.

— Le Dr Bernard ?

— N'importe quel médecin. Celui qui sera ici le plus vite.

Il faut croire qu'Alice l'avait fait. Elle avait dû descendre d'une haleine jusqu'au rez-de-chaussée, car on entendait toujours le bébé crier au premier étage, et les glapissements ne cessèrent pas pendant tout le temps qui suivit. Après son coup de téléphone, donné de la salle à manger — Jeanne le sut plus tard —, Alice n'était pas restée à attendre dans la maison, mais était allée se poster sur le trottoir.

Le visage de Louise, quand elle avait reçu l'eau froide, avait exprimé une incrédulité presque comique, puis, dans ses yeux, comme dans ceux d'une petite fille battue, avait passé un éclair de haine. Elle n'était pas sortie tout de suite. Elle avait dû rester un certain temps collée au mur. Ce n'est qu'une fois le corps de Robert étendu sur le plancher que Jeanne s'était retournée, ouvrant la bouche pour parler, et s'était aperçue qu'elle se trouvait seule dans le grenier avec le mort.

Elle était très calme. Elle n'avait pas l'impression de penser, d'avoir à réfléchir, à prendre des décisions. Elle agissait comme si on lui avait dicté ses gestes depuis toujours. Il y avait, dans un coin du grenier, derrière une pile de livres, un vieux miroir au cadre noir et or, au tain tout piqueté de roux, et elle était allée le chercher, avait remarqué qu'il était beaucoup plus lourd qu'il ne paraissait l'être, avait renversé quelques livres en l'apportant près de son frère, et avait eu une certaine peine à le pencher vers les lèvres violettes de Robert.

Presque aussitôt, il y avait eu des pas dans l'escalier, des pas d'homme, rapides, mais calmes, rassurants. Une voix disait :

— Je trouverai le chemin. Occupez-vous du bébé.

C'est à ce moment-là que le nom qu'elle avait entendu prononcer tout à l'heure lui revint à la mémoire et prit forme. Ils avaient eu, jadis, pendant de longues années, un caviste au nez bourgeonnant qui s'appelait Bernard, mais que les enfants, pour quelque raison mystérieuse, appelaient Babylas. Il était tout petit, très large et très gros. Il portait toujours des pantalons trop amples, dont le fond mou lui pendait jusque sous les cuisses, faisant ses jambes encore plus courtes. Est-ce que Babylas n'était pas le nom d'un cochon dressé qu'ils avaient vu dans un cirque ?

Il vivait en bordure de la ville, près du Chêne Vert, et avait six ou sept enfants qui venaient parfois le chercher après son travail.

Elle sut, en apercevant le docteur, qu'il était un de ces enfants-là, qu'il était encore gamin quand elle était partie et qu'elle avait son prénom sur le bout de la langue.

— Je crois qu'il est mort, docteur. J'ai cru bien faire en coupant la corde. Je n'ai pas pu empêcher que sa tête heurte le plancher. Il m'a glissé des mains. Mais je pense que cela n'a pas eu d'importance.

Il devait avoir de quarante à quarante-deux ans et, contrairement à son père, il était grand et maigre, mais avec les cheveux du même blond que Babylas. Pendant qu'il posait sa trousse sur le plancher sur lequel il s'était agenouillé, elle osa questionner, bien qu'il ne se fût pas occupé d'elle, qu'il ne l'eût même pas saluée :

— Vous êtes Charles Bernard, n'est-ce pas ?

Le nom lui revenait tout à coup. Le médecin fit oui de la tête et, ajustant son stéthoscope, laissa glisser sur elle un coup d'œil rapide.

— Je suis sa sœur, Jeanne, expliqua-t-elle. Je suis arrivée ce matin. Plus exactement, j'ai débarqué du train hier au soir, mais je ne voulais pas les déranger, et j'ai passé la nuit à l'*Anneau d'Or*.

Cela la frappa soudain qu'elle aurait pu sonner à la porte de son frère la veille et qu'elle l'aurait encore vu vivant. Par enchaînement d'idées, elle se rappela la salle à manger à moitié éclairée de l'hôtel, Raphaël qui lui versait à boire, et le souvenir des deux verres de cognac lui donna un sentiment de culpabilité.

— Il n'y a rien à tenter, constata le docteur en se redressant. Voilà plus d'une heure qu'il est mort.

— Sans doute est-il monté ici dès que ma belle-sœur est partie pour la grand-messe ?

Ils entendaient toujours les cris du bébé, et le docteur sourcilla imperceptiblement en regardant dans la direction du palier.

— Louise était avec moi il y a encore un moment, expliqua-t-elle. Elle a reçu un choc terrible.

— Nous ferions mieux de descendre. Savez-vous s'il a laissé un message ?

Le corps recouvrait la plus grande partie de la feuille de papier, dont un coin seulement dépassait ; elle parvint à la faire glisser le long du plancher de façon à laisser voir le seul mot écrit en grandes lettres : « Pardon. »

L'attitude de Charles Bernard ne la frappa pas tout de suite. On ne se rendait pas compte de ce qui maintenait les nerfs dans un état presque douloureux : c'étaient les cris perçants du bébé, au premier étage, que l'écho de tous les murs de la maison multipliait en les amplifiant encore.

Le médecin était un homme froid, maître de lui, aux gestes mesurés, très sobre dans l'expression de ses sentiments. Mais c'était quand même un fils Bernard, qui avait connu toute la famille, qui avait joué, enfant, dans la cour de la maison et qui s'était certainement caché derrière les tonneaux des chais. Or il n'avait marqué aucune surprise en découvrant Robert Martineau pendu dans son grenier. Le laconique visage du mort ne l'avait pas fait sourciller. A peine était-il devenu un peu plus sombre, comme un homme qui voit s'accomplir un événement fatal.

S'était-il seulement étonné de trouver Alice sur le trottoir et de ne pas apercevoir Louise près de son mari ?

De revoir Jeanne ici, après tant d'années, dans des circonstances aussi exceptionnelles, ne le surprenait apparemment pas non plus.

Il répéta :

— Descendons.

Au premier étage, d'autorité, il ouvrit la porte de la chambre d'où venaient les cris d'enfant. La mère était couchée à plat ventre sur le lit défait, le visage enfoui dans les coussins, les doigts dans les oreilles, tandis que le bébé, accroché aux barreaux de son lit, hurlait à en perdre le souffle.

Sans rien demander à personne, Jeanne le souleva, le tint contre son épaule, et les cris faiblirent peu à peu pour faire place à des râles dans le fond de la gorge, puis à des soupirs.

— Il n'est pas malade, docteur ?

— Il ne l'était pas la dernière fois que je suis venu, il y a trois jours. Il n'y a pas de raison apparente pour qu'il le soit.

De ne plus entendre les cris, la mère, déroutée, se calmait, tournait à moitié la tête, montrait un œil entre ses cheveux en désordre. Puis elle se levait d'un bond souple et secouait la tête pour remettre sa chevelure dans ses plis.

— Je m'excuse, docteur. Je suis une mauvaise mère, je le sais. On me le répète assez. C'est plus fort que moi : je ne peux pas l'entendre crier ! Tout à l'heure, quand je suis remontée, je crois que j'aurais été capable de lui briser la tête contre le mur. Pensez que cela dure depuis le matin, que j'ai tout fait, tout essayé.

Elle regardait Jeanne avec une surprise soupçonneuse.

— Maintenant qu'il est dans d'autres bras que les miens, il se calme. Je vous l'ai toujours dit, mais vous n'avez pas voulu me croire. C'est moi qui ne lui vaux rien.

Le regard de Jeanne et celui du médecin se croisèrent et il y eut en même temps, chez tous les deux, une certaine gêne, comme un commencement de complicité.

— Où est votre belle-mère ?

— Je l'ignore. Je l'ai entendue descendre et tripoter en bas, puis remonter, aller et venir, ouvrir et fermer les portes. Je crois qu'elle a fermé la sienne à clef, ce qui signifie que, pendant des heures, elle ne voudra voir personne.

On aurait dit qu'ils se comprenaient à mi-mot, qu'ils parlaient de choses familières, qui n'avaient en tout cas rien d'étrange ou d'exceptionnel.

— Vous étiez dans la maison quand votre beau-père est monté au grenier ?

— J'étais ici. Le bébé criait déjà. Il crie depuis son biberon du matin, bien que je lui aie donné sa potion. J'ai entendu des pas dans l'escalier, et je ne m'en suis pas inquiétée. Puis ma belle-mère est rentrée de la messe et a appelé son mari un peu partout. Presque tout de suite, on a frappé le marteau et...

Regardant Jeanne, elle chercha un mot. Elle ne voulait visiblement pas dire madame. Elle n'osait pas non plus l'appeler par son prénom et le mot tante ne lui était pas encore familier.

— ... et *elle* est entrée.

— Il est nécessaire de prévenir la police.

— Pourquoi, puisqu'il s'est tué ?

— C'est la règle. Je puis téléphoner d'ici au commissaire et l'attendre, car il voudra me voir.

— Il y a un téléphone dans la chambre de mes beaux-parents.

Elle se ravisa.

— J'oubliais que ma belle-mère s'est enfermée.

— Je téléphonerai d'en bas. Ne vous dérangez pas. Je sais où est l'appareil. En attendant, j'aimerais que vous décidiez Mme Martineau à venir me parler.

Il ne dit rien à Jeanne, qui le suivit. Elle le suivit avec l'enfant apaisé, presque endormi sur son épaule, et ni elle ni le docteur ne s'en étonnèrent. Elle ne reconnaissait plus la maison, car on n'avait pas seulement changé le mobilier et la décoration des pièces, mais aussi abattu des cloisons. Elle avait encore son chapeau sur la tête, et ce n'est qu'en pénétrant dans la salle à manger qu'elle s'en débarrassa d'une main et le posa sur la table, sans déranger l'enfant.

— Allô ! Le commissaire de police ? C'est vous, Marcel ? Je suppose que le commissaire n'est pas à son bureau, ce matin ? Pouvez-vous me dire où j'ai des chances de le toucher. Ici, Dr Bernard.

C'était curieux d'entendre le petit Bernard d'autrefois, qu'elle n'avait connu qu'en culottes courtes taillées dans les vieilles culottes de son père, parler à présent avec cette tranquille autorité. Sans doute habitait-il une jolie maison neuve et était-il marié ? Elle était presque sûre qu'il avait des enfants, que le coup de téléphone d'Alice l'avait atteint alors qu'il rentrait, lui aussi, de la grand-messe.

— Je vais essayer de l'avoir au bout du fil, merci.

Et il appela paisiblement un autre numéro.

— Madame Gratien ? C'est le Dr Bernard qui parle. Merci. Et vous ? On m'apprend que le commissaire est chez vous et j'aimerais lui dire deux mots. Excusez-moi de vous déranger, mais c'est important. Je vous remercie. J'attends.

Pour la première fois, en somme, l'écouteur toujours à l'oreille, il s'adressa personnellement à Jeanne. Pourquoi en fut-elle impressionnée ? Il n'y avait rien de particulier dans son regard, ni dans sa voix. Il n'appuyait pas sur les mots pour souligner ses intentions. Ceux qu'il prononçait étaient tout simples, et pourtant ils prenaient, ce matin-là, une importance spéciale. Elle avait l'impression d'en saisir toute la portée, tout le poids, et elle savait, en répondant, que ses réponses seraient comprises au-delà des syllabes.

Ce qu'il lui demanda pouvait sembler banal.

— Vous êtes revenue pour quelque temps ?

— Je ne sais pas encore au juste. Ce matin, je ne savais pas du tout.

— Vous avez vu le reste de la famille ?

— Seulement ma belle-sœur Louise et sa bru. Elles paraissaient très fatiguées toutes les deux n'est-ce pas ?

Elle ajouta après une hésitation :

— Est-ce que mon frère, lui aussi, était très fatigué ?

Il n'eut pas le temps de répondre, car le commissaire, qu'on était allé chercher au fond du jardin, où il était en train de pêcher dans la rivière, était à l'appareil.

— Allô ! Hansen ! Ici, Bernard. Très bien, merci. Je vous appelle de chez Martineau. Robert Martineau s'est pendu ce matin dans son grenier. Il est mort, oui. Quand je suis arrivé, il était déjà trop tard. Non, il n'y avait rien à tenter. A cause de son poids, une vertèbre cervicale a cédé. J'aimerais mieux ça, si cela vous était possible, oui. Je vous attends ici en commençant mon rapport.

Jeanne ne posa pas à nouveau sa question qui lui parut superflue. Il ne lui reparla de rien. Le bébé était endormi, le visage rond, la respiration encore un peu sifflante.

— Je crois que vous devriez essayer de décider votre belle-sœur à vous ouvrir.

— Vous craignez quelque chose ?

Il ne répondit pas à cette question-là non plus, mais il ne paraissait pas inquiet et se contenta d'ajouter :

— Le commissaire voudra certainement lui parler. Il ne peut guère faire autrement.

Peut-être le silence de la cuisine, dont la porte était ouverte comme la plupart des portes de la maison, le frappa-t-il à cet instant, car il demanda encore :

— La bonne n'est pas ici ?

— Il paraît qu'elle est partie hier sans rien dire. Ils en attendaient une autre ce matin, qui n'est pas venue.

Pas de commentaires. Il avait tiré un bloc de sa trousse et, décapuchonnant lentement son stylo, se disposait à écrire sur un coin de la table.

— Peut-être l'enfant ne se réveillerait-il pas si vous le couchiez. Vous pouvez toujours essayer. Il est lourd.

Pour la seconde fois, elle s'engagea dans l'escalier qu'elle montait lentement, sans heurts, en tenant une épaule plus haute que l'autre, à cause du bébé, dont elle sentait contre elle le corps chaud et moite. Au premier, elle ne prit pas la peine de frapper. Alice avait ouvert la fenêtre qui donnait sur le quai et, penchée en avant, sa mince robe noire pincée entre ses cuisses, elle fumait une cigarette dont on voyait la fumée se mêler à sa chevelure.

Au bruit que fit Jeanne en étendant avec précaution l'enfant dans son lit, elle se retourna et lança, maussade :

— Vous en avez déjà assez ? Si vous le lâchez, il va se réveiller et crier de plus belle.

— Chut !

— Comme vous voudrez. Quant à ma belle-mère, elle ne répond pas. Vous pouvez toujours essayer de lui faire entendre raison. Peut-être aurez-vous plus de chance que moi.

— Elle pleure ?

La gamine haussa les épaules, car c'était davantage une gamine qu'une femme, avec un corps inachevé et souple d'adolescente, de cheveux fous qui tombaient sans cesse sur ses yeux et qu'elle renvoyait en arrière d'un mouvement impatient, ressemblant à un tic.

— Vous allez voir que Madeleine rentrera quand tout sera fini !

Jeanne ne savait pas exactement qui était Madeleine, mais cela devait être la fille de Louise à laquelle celle-ci avait fait allusion. Elle avait parlé aussi d'un fils. Ni l'un ni l'autre n'était là.

Elle alla frapper à la porte d'une chambre qui avait été celle de son père et de sa mère, la chambre, elle y pensa tout à coup, dans laquelle elle et ses frères étaient nés.

— Louise. C'est moi, Jeanne. Le Dr Bernard dit qu'il faut absolument que tu ouvres, parce que le commissaire va arriver et voudra te parler.

Un silence, d'abord. A peine comme un grattement dans la direction du lit.

— Ecoute-moi, Louise. C'est indispensable que tu fasses un effort, que tu te montres à la hauteur...

Elle ne s'apercevait pas qu'elle s'était mise à tutoyer sa belle-sœur, pour la seule raison qu'elle était sa belle-sœur.

— Tout à l'heure, sans doute, des gens viendront te présenter leurs condoléances. Tes enfants vont rentrer.

Elle perçut une sorte de rire amer.

— Ouvre-moi seulement un moment, que je puisse te parler...

Louise avait dû marcher sur la pointe des pieds, comme une chatte, car Jeanne, qui avait l'oreille collée à la porte, n'entendit aucun bruit et fut désarçonnée quand le battant céda soudain.

— Qu'est-ce que tu me veux ?

Elle était méconnaissable. Les cheveux défaits, son visage paraissait maintenant plus irrégulier, les traits plus affaissés, et la robe noire, dégrafée, laissait voir du linge et une partie des seins blancs et mous.

Elle regardait Jeanne durement, méchamment, avec, aux lèvres, un étrange pli qui exprimait une sorte de satisfaction sadique, et lui lançait de tout près, de si près que l'autre reçut des gouttelettes de salive :

— Qu'est-ce que tu es venue chercher, hein ? Ose le dire ! Ose donc le dire !

Tout de suite, Jeanne sut, mais elle ne bougea pas, ne répondit pas. Sa découverte la rendait immobile, sans voix, sans réaction. Elle avait reconnu l'odeur. Elle reconnaissait aussi ces yeux-là, qui semblaient se dévorer eux-mêmes, ce visage tourmenté, ces gestes à la fois saccadés et las.

— Veux-tu que je le dise, moi, ce que tu es venue chercher ? Tu es arrivée hier, n'est-ce pas ? Et sans doute ton pauvre frère le savait-il. Peut-être lui as-tu écrit pour annoncer ton arrivée ou lui as-tu téléphoné ? Peut-être quelqu'un est-il venu lui dire qu'il t'avait rencontrée en ville ? Ne fais pas l'innocente, va ! Tu as compris ! Mais si, tu m'as fort bien comprise. Tu n'ignores pas que c'est toi, avec tes airs de revenante, qui l'as tué !

Elle fit mine de retourner vers son lit en désordre et, sans regarder sa belle-sœur, chercha un mot capable d'exprimer son sentiment. Elle en trouva un, bien ordurier, qu'elle gronda entre ses dents :

— Charogne !

Puis, comme si cela lui avait rendu de la vigueur, elle fit à nouveau face, repartit de plus belle.

— Ne te gêne pas, Jeanne ! Réclame des comptes ! Qu'est-ce que tu attends ? Fais tout vendre ! Tu as raison. Probablement que tout ce qu'il y a ici t'appartient. Je l'ai toujours senti, vois-tu, parce que je suis une femme et que j'ai des antennes. Je savais que tu reviendrais un jour et que tu aurais cet air-là. Tu avais beau faire la morte, je n'y croyais pas, et d'ailleurs quelqu'un t'a rencontrée dans un des sales pays où tu vivais. Alors réclame ta part de succession. Réclame des comptes. Exige ! Tu sais que tu as le droit d'exiger. Ton frère n'a sans doute pas eu le courage de t'apprendre lui-même qu'il ne reste pas grand-chose, qu'il ne reste peut-être que des dettes. Mais, pour aujourd'hui, mon lit est encore à moi et personne ne m'en fera sortir. Va dire cela au commissaire. Raconte-lui ce que tu voudras. Mais f...-moi la paix, entends-tu, f...-moi la paix !

Elle avait lancé les derniers mots d'une voix aiguë à s'en déchirer la gorge, et elle referma la porte si violemment que Jeanne la reçut sur son front, auquel elle porta machinalement la main.

Quand elle se retourna, Alice était derrière elle, calme et narquoise, comme si elle n'avait rien entendu ou comme si elle était habituée à ces sortes de discours. Rallumant une cigarette à celle qu'elle venait de finir et qu'elle écrasa du talon sur le parquet ciré, elle dit :

— Vous vous habituerez ? Demain, elle ne s'en souviendra plus, ou bien elle vous demandera pardon en pleurant et vous dévidera le chapelet de ses malheurs.

— A quelle heure le bébé prend-il son prochain repas ?

— Vous vous y connaissez ? Je croyais que vous n'aviez pas eu d'enfants. Il est au régime de trois repas. Le second est à midi.

— Que mange-t-il ?

— Son biberon. Le lait est dans le Frigidaire. Puis des légumes en purée. Vous comptez vous en occuper ?

Jeanne arriva en bas juste au moment où l'auto du commissaire s'arrêtait devant la porte cochère, qu'elle alla ouvrir. Ce n'était pas un homme du pays. Il n'existait aucune famille de son nom. Il était à peu près de l'âge du médecin et il la prit pour la bonne, se contenta de lui demander en passant :

— Le Dr Bernard est toujours ici ?

— Il vous attend dans la salle à manger.

Par discrétion, elle les laissa seuls. Et, peut-être parce qu'elle ne savait où se tenir, elle pénétra dans la cuisine. C'était maintenant une cuisine moderne comme on en voit dans les catalogues et aux vitrines, toute blanche, avec des appareils perfectionnés, qui ne ressemblait en rien à la cuisine de jadis. Elle ouvrit le Frigidaire, dont elle inventoria machinalement le contenu et, voyant un rosbif tout préparé, entouré de sa barde de lard, elle jeta un coup d'œil à l'horloge, mania un moment, hésitante, les boutons de la cuisinière électrique.

La souillarde, derrière, qui donnait sur la cour, existait encore, mais les murs avaient été laqués de blanc, les légumes et les fruits étaient rangés sur des étagères blanches.

Les deux hommes montaient et on entendait le murmure de leurs voix décroître dans le haut de la maison. Elle vit, dans l'évier, des tasses encore baveuses de café au lait, des assiettes sales, des couverts. Elle se souvint qu'il en traînait dans les chambres aussi, qu'elle n'avait pas pensé à descendre.

Son geste fut instinctif. Elle ne réfléchit pas, ne discuta pas avec elle-même. Ce n'est qu'après coup qu'elle eut une moue plutôt triste. Un tablier bleu pendait derrière la porte et elle le décrocha, le passa autour de son cou, noua les cordons sur ses reins. Elle n'avait pas besoin de retrousser ses manches courtes. L'eau coula, presque tout de suite chaude, puis bouillante, du robinet, et, sans chercher, elle mit la main sur le savon en poudre, sur les torchons, tandis que la vapeur se posait déjà sur les vitres. Les assiettes, en se heurtant, faisaient un bruit familier, et elle fut toute surprise, plus tard, d'entendre quelqu'un tousser à la porte restée ouverte.

C'était le commissaire de police.

— Excusez-moi pour tout à l'heure. J'ignorais qui vous étiez. Permettez-moi de vous présenter mes condoléances. Le Dr Bernard me dit qu'il serait peut-être préférable de ne pas déranger Mme Martineau ce matin, et je le comprends. Voulez-vous lui transmettre l'expression de mes sentiments et lui dire que je ferai tout ce qui est en mon pouvoir pour réduire les formalités au minimum ?

— Le corps doit-il rester là-haut ?

— Ce n'est pas indispensable, étant donné l'évidence. Il est plus que probable qu'il ne sera pas question d'autopsie. Vous pouvez donc, dès maintenant, avertir les pompes funèbres, et je crois — il eut un coup d'œil à la vaisselle fumante qu'elle essuyait — que ce serait la première chose à faire, vu la saison.

Le docteur se tenait debout derrière lui, impassible, avec l'air d'enregistrer calmement ce qui se passait.

— Je ne pense pas que votre belle-sœur ait besoin de moi aujourd'hui, dit-il. Si cependant cela arrivait, vous pourrez m'appeler chez moi toute la journée.

Elle répondit simplement :

— Merci.

Il était onze heures et demie quand le représentant des pompes funèbres se présenta avec deux de ses hommes. Par acquit de conscience, elle alla frapper à la porte de sa belle-sœur, mais ne reçut pas de réponse. Elle n'avait pas pensé à retirer son tablier. Ses mains sentaient l'oignon.

— Le mieux à faire serait sans doute de l'installer dans la chambre bleue, dit-elle après un coup d'œil aux pièces du premier étage.

Et Alice, qui l'avait suivie, de grommeler avec mauvaise humeur :

— C'est la chambre de Mad.

— Et la chambre qui suit ?

— Celle de Henri.

— Un des deux n'aura qu'à dormir au second. On ne peut pas laisser le corps là-haut.

— Vous vous arrangerez avec eux. Pour ce qui est de moi, je ne coucherai pas dans la maison cette nuit.

Jeanne ne lui répondit pas, et les croque-morts descendirent le corps avec lequel ils s'enfermèrent.

Une large banderole était tendue en travers de la rue, de l'autre côté du pont ; des groupes stationnaient sur le trottoir, qu'on voyait avec une netteté étonnante par les fenêtres ouvertes ; la terrasse de l'*Anneau d'Or* était bondée, et les cheveux frisés de Raphaël passèrent un instant dans le soleil. Il y avait une course cycliste, et on attendait les premiers coureurs, qui étaient annoncés en haut de la côte.

— Où Madeleine est-elle allée ? questionna Jeanne.

— Vous croyez qu'elle me fait ses confidences ?

— Quand est-elle partie ?

— Ce matin, un peu avant que le bébé s'éveille. Il était peut-être six heures.

— Toute seule ?

— Bien sûr que non. On est venu la chercher en auto. J'ai entendu corner sur le quai. Puis elle est descendue.

— Qui était-ce ?

— Des amis.

— Quels amis ?

— Des garçons, en tout cas. Vous le lui demanderez quand elle rentrera. Tout ce que je sais, c'est qu'elle était en short, car il ne manque aucune robe dans un placard.

— Y a-t-il des chances qu'elle rentre de bonne heure ?

— Plutôt de bonne heure demain. Je parierais qu'elle est allée se baigner à Royan.

— Et son frère ?

— Vous avez entendu ce que sa mère vous a dit. Henri a encore une fois chipé la voiture. Je ne sais pas comment il a trouvé la clef, car son père l'avait cachée.

— Quel âge a-t-il ?

— Henri ? Dix-neuf ans.

— Et Madeleine ?

— Vous êtes leur tante et vous ne le savez pas ? C'est vrai que...

Elle se mordit la lèvre, en le faisant exprès, pour que ce soit très visible.

— C'est vrai que quoi ?

— Rien. Cela ne me regarde pas. Si je comprends bien, vous êtes revenue pour vivre dans la maison ?

Elle fixait le tablier bleu de sa tante, ajoutait sans attendre la réponse, tant cela lui paraissait évident :

— Quant à moi, si vous voulez le savoir, j'ai vingt ans depuis la semaine dernière, et j'ai vécu tout juste cinq mois avec mon mari. Peut-être comprenez-vous ce que cela veut dire ?

— Je crois que le bébé se réveille.

— Parbleu ! toujours le bébé ! Puisque vous avez plus de chance que moi avec lui, vous feriez mieux d'y aller.

— Je descends finir de préparer son repas et, pendant ce temps-là, tu le garderas. Tu as compris ?

Elle n'avait jamais été si calme, et sa nièce n'ouvrit même pas la bouche pour protester, se contenta, derrière son dos, de lui adresser une grimace et, avant de se diriger vers la chambre où l'enfant remuait, alluma une nouvelle cigarette.

Quand Jeanne ouvrit le four, il y eut comme une musique dans la cuisine, le grésillement de la sauce dont elle arrosait le rôti, qui était à la maison un peu ce que le chant des grillons est à la nuit dans la campagne. Des couvercles tremblotaient sur les casseroles d'où fusait de la vapeur.

— C'est ça ! Commence à crier, espèce d'insupportable ! Du moment que c'est ta mère, tu hurles. Si tu ne te tais pas, je vais te porter à ta tante Jeanne...

Celle-ci ne sourit pas, ne sourcilla pas, passa seulement le coin de son tablier sur son front couvert de gouttelettes.

Le représentant des pompes funèbres était là, un carnet à la main.

— Je ne veux pas vous bousculer, et j'apprécie parfaitement la situation, mais il s'agit de la liste...

Elle ne comprit pas.

— Il y aura un grand nombre de faire-part à envoyer, car M. Martineau était fort connu, fort estimé dans tout le pays. Pour les clients, je pourrai m'arranger demain avec le comptable.

— J'en parlerai tout à l'heure à ma belle-sœur.

— Tâchez qu'elle ne tarde pas trop. Quant à la question religieuse...

— Mon frère était pratiquant ?

— Je ne le pense pas. Non. Mais il avait, à coup sûr, des sentiments chrétiens.

C'était un tout jeune homme, qui faisait son possible pour avoir l'air grave.

— Je suis persuadé que Mme Martineau désirera une absoute.

— Je croyais que c'était impossible, que l'Eglise, en cas de suicide, n'accepterait pas de...

— Excusez-moi, mais je connais la question. Vous avez raison, en principe. Certains points n'en sont pas moins à envisager, et je sais qu'ils seront examinés avec bienveillance. Il est possible, n'est-ce pas, qu'un homme qui attente à sa propre vie ne soit pas, à la minute précise où il agit, sain de corps et d'esprit ; auquel cas l'Eglise se montre compréhensive. Même dans le cas contraire, pour autant que le décès n'ait pas suivi immédiatement le geste — et quelques secondes suffisent —, la contrition pleine et entière a eu le temps d'intervenir. Je m'excuse de ces détails techniques. Si vous le permettez, j'en parlerai au curé, officieusement, et je vous ferai connaître son point de vue.

— Je vous remercie.

Elle oubliait de le reconduire. Les deux croque-morts attendaient sous la voûte. C'était un geste oublié depuis longtemps d'aller refermer la porte et, comme jadis, elle poussa le verrou.

C'est en rentrant dans la maison qu'elle ressentit une lourdeur dans les reins, une courbature générale, et elle resta un bon moment comme à ne savoir que faire au milieu de la cuisine. Sur une étagère, à portée de la main, étaient rangées les épices et des bouteilles qui servaient pour la préparation de certains mets. L'étiquette d'une de ces bouteilles portait le mot « Madère » en lettres dorées, et Jeanne eut un mouvement qu'elle arrêta à temps. Elle n'avait eu qu'à penser à la buvette de la gare de Poitiers, aux cheveux blonds de Raphaël. Puis elle avait revu la maigre silhouette de Désirée dans la salle à manger à l'éclairage de sacristie ; elle avait cru entendre sa voix monotone lui débitant les nouvelles.

« J'ai eu trois enfants, mais j'en ai perdu deux... »

Sa chambre, son lit dans lequel elle était restée enfoncée aussi longtemps que possible, à respirer son odeur de vieille femme, et les bruits de l'hôtel qui montaient vers elle, les autos dehors, les portes qui claquaient, les robinets, les chasses d'eau, les femmes en short qui allaient et venaient, et les enfants qu'on grondait.

C'était la première fois depuis longtemps qu'elle avait mal au dos. Il est vrai qu'elle n'était plus habituée à monter des escaliers. Elle avait passé des heures dans le train. Le bateau avait essuyé une tempête, et Jeanne avait été malade ; elles étaient six dans une cabine de troisième classe. Elle ne s'était pas attardée à Paris. Elle avait été droit devant elle, sans savoir au juste pourquoi, sans savoir même ce qu'elle voulait ou ce qu'elle espérait. Si elle s'était arrêtée, elle avait le sentiment très net qu'elle n'aurait pas eu la force de repartir.

Qu'elle était fatiguée, Seigneur ! Et ses jambes avaient enflé, comme toujours dans ces cas-là. Elle n'avait pas eu le temps, ce matin, de s'apercevoir qu'elle avait mal aux pieds, et pourtant elle avait gardé tout le temps ses chaussures neuves, achetées exprès pour se présenter ici.

Le bébé criait. C'était un rappel à l'ordre. Et, au premier étage, Alice, qui avait vingt ans, se penchait sur la rampe, lançait d'une voix revêche :

— Il me semblait que vous alliez lui monter à manger !

D'un geste qui devenait déjà automatique, elle se passa le tablier sur le front, eut un sourire vague et répondit en prenant un bol dans le buffet :

— C'est prêt dans un instant. Je viens...

3

Il devait être environ deux heures quand le soleil commença à se coucher, et c'est vers le même moment qu'il y eut trois ou quatre coups de vent subits qui gonflèrent les rideaux et firent claquer les portes, après quoi l'air devint immobile et oppressant, et le resta jusqu'au premier coup de tonnerre, qui n'éclata que beaucoup plus tard.

Ces courants d'air, coïncidant avec le départ d'Alice et couvrant les autres bruits, firent que Jeanne ne s'en aperçut qu'au dernier moment. La jeune femme n'avait plus parlé de sa répulsion à coucher dans une maison où il y avait un mort, et on pouvait croire que c'étaient des paroles en l'air, prononcées sous le coup de l'émotion du matin.

Assise au bord de son lit, qu'elle n'avait pas fait, mais sur lequel elle avait jeté le couvre-lit, les jambes croisées, les cheveux en partie dans la figure, elle avait regardé Jeanne nourrir le bébé, avec l'air de penser très loin et, vers la fin, elle avait paru s'humaniser.

Jeanne avait remarqué :

— En somme, c'est mon petit-neveu et je ne sais pas encore son nom.

Et elle avait répondu :

— On a d'abord eu l'intention de l'appeler Julien, comme son père ; mais cela m'a effrayée de lui donner le nom de quelqu'un qui est mort de mort violente. Je suis un peu superstitieuse, c'est plus fort que moi. Alors ma belle-mère a insisté pour qu'on l'appelle Robert, comme son mari. Tout le monde dit Bob. Je n'aime pas ça, mais j'ai fini par faire comme les autres. Je n'ai jamais compris pourquoi il est si désagréable avec moi. Au fond, ce n'est pas un enfant tellement difficile. On dirait qu'il ne m'aime pas. Je suis sûre que, si j'essayais maintenant de lui donner le reste de son repas, il se mettrait à hurler.

— Probablement parce que vous êtes nerveuse.

— Vous croyez qu'il le sent ?

— J'en suis sûre.

L'enfant, une fois nourri, s'était endormi presque aussitôt.

— Venez manger, maintenant, Alice.

Sans espérer réussir, Jeanne était allée parler à sa belle-sœur à travers la porte toujours fermée de sa chambre.

— Le déjeuner est prêt, Louise. Tu peux descendre quand tu voudras. Si tu préfères, je te monterai quelque chose.

Elles n'avaient été que deux à table, dans la salle à manger où Jeanne avait dressé trois couverts, et Alice avait été surprise que ce fût un vrai repas. Après, elle n'avait pas proposé de desservir ni d'aider à la vaisselle. Avec l'air d'errer sans but, elle avait d'abord traversé la cour et disparu un moment dans le bureau — ce n'est que beaucoup plus tard que sa tante comprit que c'était pour téléphoner sans être entendue.

Elle était ensuite remontée dans sa chambre, apparemment sans idée précise. Le bébé n'était pas réveillé. Le feuillage des arbres commençait à frémir. Puis il y avait eu trois petits coups de klaxon en face de la maison. Le temps, à peine, de prendre conscience de ce qui se passait, et Jeanne entendait la porte d'entrée s'ouvrir et se refermer, puis le bruit de la voiture qui s'éloignait.

Elle avait fini tranquillement son ouvrage. A cause du vent, elle avait fait le tour de la maison pour fermer les fenêtres, et elle était entrée dans la chambre bleue où, en attendant d'installer une chapelle ardente, on avait étendu son frère.

Les gens des pompes funèbres avaient fort bien fait les choses. La lumière, filtrée par les stores baissés, était jaune et douce, et l'air avait déjà l'immobilité majestueuse des chambres mortuaires. Un bandeau blanc entourait la tête de Robert et lui maintenait la mâchoire, mais ce qu'on voyait du visage avait perdu la ricanante horreur d'après la pendaison. On lui avait passé une chemise blanche légèrement empesée et ce blanc éclatant tranchait avec le blanc cireux des chairs et des bougies non allumées.

Jeanne n'avait pas peur des morts. Elle approcha une chaise au chevet de son frère, s'y assit comme pour bavarder avec lui, les mains sur son giron, la tête un peu penchée, et plusieurs fois il arriva à ses lèvres de remuer, comme si elle lui adressait vraiment la parole.

Pauvre gros garçon ! Car il était encore devenu plus gros et plus mou qu'elle ne l'avait prévu. A l'école, ses camarades l'appelaient Boule-de-Gomme ; et il faisait semblant d'en rire, mais il en était très affecté, et elle l'avait vu pleurer en cachette. Il était rose, à cette époque-là, d'un rose presque insolent, les yeux naïfs, la chair saine et candide.

C'était le benjamin, qu'on ne prenait pas au sérieux. Ils avaient deux frères, Maurice et Gaston, et tous les deux avaient été tués à quelques jours d'intervalle pendant le premier mois de la guerre, en 1914.

Robert, qui était alors au collège, voulait à toutes forces s'engager et avait été mortifié, secrètement beaucoup plus touché qu'on ne l'avait cru, quand, deux ans plus tard, il avait passé le conseil de révision et avait été réformé.

— Ils n'ont même pas pu me dire pourquoi ! s'indignait-il, cependant que leur père haussait les épaules.

Pauvre gros garçon, oui ! Il tremblait et bégayait devant leur père ; il était timide avec les filles. Peut-être parce que son père buvait sec, Robert avait atteint ses vingt ans sans avoir touché un verre d'alcool et n'avait fumé sa première cigarette, pour faire comme les autres, qu'à l'Université, où il avait passé deux ans.

Jeanne se demandait dans quelles circonstances il avait rencontré Louise et surtout comment il en était tombé amoureux ; comment il s'y était pris pour le lui dire. Elle était déjà partie, à cette époque-là, et correspondait très peu avec sa famille ; elle avait seulement appris qu'ils étaient mariés, puis qu'ils avaient leur premier enfant, Julien, celui qui devait trouver la mort dans un accident d'auto.

La grande maison était vide et silencieuse autour d'eux. Quelque part, derrière sa porte verrouillée, Louise dormait probablement d'un sommeil pesant.

Jeanne dut se lever, parce que le bébé s'agitait dans son lit.

— A toi, mon bonhomme ! Je suis sûre que tu vas faire ton petit possible pour être gentil avec ta vieille tante Jeanne !

On aurait dit que Bob comprenait. Il la regardait sérieusement, sans avoir du tout peur d'elle, sans trop s'étonner de la voir à son chevet. Il se laissait soulever dans ses bras, puis, pendant qu'elle changeait sa couche, jetait un coup d'œil autour de lui et, comme rassuré, la regardait à nouveau en fronçant les sourcils avant de lui sourire.

— La maison est bien calme, tu vois ? Tout à l'heure, tante Jeanne te donnera ton dîner et te mettra au lit.

C'est en sortant de la chambre, en pénétrant dans les pièces où les stores n'étaient pas baissés, qu'elle avait vu le ciel lourd, couleur de cendre, la rue où régnait un faux crépuscule et où les costumes clairs, les maisons blanches étaient devenus crayeux, livides.

A quatre heures, les éclairs commencèrent à zébrer les nuages les plus noirs, qui semblaient suspendus au-dessus de la gare, mais on n'entendait pas encore le tonnerre, et il n'y avait pas de pluie ; l'air restait figé, gluant.

— Il faudrait pourtant que tante Jeanne trouve le temps de courir à l'hôtel chercher sa valise !

Elle faillit traverser le pont avec le bébé sur les bras, mais un sentiment obscur l'empêchait de quitter la maison et, faute de pouvoir se changer, elle resta dans ses vêtements qui lui collaient au corps, avec ses souliers qui lui faisaient mal et qu'elle retirait parfois, quand elle était assise.

C'est à quatre heures et demie que la sonnerie du téléphone résonna, et elle hésita à répondre, se demanda si sa belle-sœur ne répondrait pas elle-même à l'appareil de sa chambre. La sonnerie insistait, devenait un vacarme, et Bob commençait à s'agiter. Alors elle le prit sur son bras, gagna la salle à manger, où elle décrocha le récepteur.

— Allô ! C'est toi, Alice ? Ici, Henri. Mon père est à la maison ?

Elle avait l'intention de le détromper, mais il ne lui en donna pas le temps. Les questions se suivaient à un rythme haletant et, derrière lui, on entendait de drôles de bruits, comme des bruits de machines.

— De quelle humeur est-il ? Est-ce que maman est près de lui ? C'est très important que je sache. Où est-il ? Qu'est-ce qu'il fait ? Qu'est-ce qu'il a dit quand il n'a pas trouvé la voiture ?

— Alice est sortie, put-elle prononcer.

Il y eut un silence, et on sentait que le garçon, à l'autre bout du fil, était désemparé.

— Qui est à l'appareil ? demanda-t-il, méfiant.

— Tante Jeanne, la sœur de ton père.

— Celle qui était en Amérique du Sud ? Vous êtes à la maison ? Je veux parler à mon père.

— Ce n'est pas possible maintenant.

— Il faut que je lui parle tout de suite. C'est de toute première importance. Il est sorti ?

— Non.

— Alors, quoi ? Pourquoi ne voulez-vous pas me le passer ?

Sa voix devenait impatiente, agressive.

— Parce qu'il ne peut pas t'écouter.

— Il est malade ? C'est parce que je suis parti avec l'auto ?

— Non.

Une hésitation.

— Maman a fait des siennes ?

— Ton papa est mort, Henri.

Un silence, à nouveau, plus long, plus impressionnant, puis la voix mate du gamin qui disait à quelqu'un, près de lui :

— Mon père est mort.

— Tu es toujours à l'appareil ? Tu m'écoutes ?

— Oui. Où est maman ?

— Ta maman est couchée.

Il grommela entre ses dents :

— Je comprends.

— Où es-tu en ce moment ? Pourquoi téléphonais-tu à ton père ?

Elle eut l'impression qu'il pleurait, moins peut-être de chagrin que parce qu'il était dérouté, avec la sensation que tout s'écroulait autour de lui.

— Je suis loin. Je ne sais pas ce que je vais faire. Je ne peux pas rentrer.

— Où es-tu ?

— Dans un petit village du Calvados, à plus de trois cents kilomètres de la maison. La voiture a eu une panne, quelque chose de sérieux, dans la transmission. Il y a plus d'une heure que les gens du garage y travaillent. Je n'arrivais pas à obtenir la communication. Je ne sais pas ce qu'il y a sur la ligne. On ne me laissera pas repartir avec l'auto si je ne paie pas la réparation, et je n'ai plus d'argent. Je voulais que mon père dise au garagiste...

— Appelle-le à l'appareil.

Quand elle eut promis à l'homme qu'il serait payé, elle entendit à nouveau la voix du gamin.

— Merci, tante.

— Tu es seul ?

Il hésita.

— Non.

— Avec des amis ?

— Un ami et deux amies. Autant vous le dire, puisque vous le saurez quand même.

— Tu me promets de conduire avec beaucoup de prudence ?

— Oui.

— Je t'attendrai toute la nuit. Ne te presse pas.

— Merci.

Ils se turent à nouveau, puis, ne sachant plus que se dire, chacun raccrocha.

— Je crois qu'il me faut encore te changer, toi, petit pisseur !

L'escalier, une fois de plus, plus haut et plus dur que dans ses souvenirs. Quand elle redescendit, elle posa le bébé sur le sol, dans la cuisine, pendant qu'elle préparait son repas, et il se traîna gentiment autour d'elle, jouant avec ses pieds. Elle eut le temps de lui donner à manger, de faire sa toilette et de le mettre au lit avant que l'orage éclatât enfin, et les premiers coups de tonnerre la trouvèrent qui mangeait un morceau de fromage dans la cuisine. Elle avait dû allumer les lampes. Elle n'avait pas éclairé dans les autres pièces, de sorte que le reste de la maison était plongé dans l'ombre.

Tout de suite, l'eau du ciel tomba en cataractes, rebondissant sur le toit de zinc du bureau, sur les pavés de la cour, qui devenaient noirs et luisants, sur l'appui des fenêtres, engorgeant les gouttières où l'on entendait des glouglous. Les éclairs succédaient aux éclairs et, à certains moments, les éclats du tonnerre étaient si violents que le ciel avait l'air de se fendre.

C'est sans doute à cause du vacarme qu'elle n'entendit rien d'autre et qu'elle sursauta en se retournant et en voyant sa belle-sœur, pâle, les yeux cernés et brillants, dans l'encadrement de la porte. Elle était descendue à tâtons dans l'obscurité, n'osant pas, par peur de la foudre, toucher aux commutateurs électriques.

Louise ne savait que dire ni où se mettre. On aurait cru qu'elle n'était pas chez elle, qu'elle se sentait comme une intruse. Elle ne portait plus sa robe noire du matin, mais une robe de chambre d'un violet sombre, qu'elle serrait autour de sa taille comme si elle avait froid.

Jeanne eut un peu honte d'être surprise là, assise à manger, et son premier mouvement fut de se lever comme si elle s'était sentie en faute.

— Reste, dit Louise en attirant vers elle une des chaises laquées et en s'asseyant sur le bord.

— Henri a téléphoné.

— Je sais.

— Tu as entendu la conversation ?

— Oui.

— J'hésitais sur ce que je devais faire. J'ai préféré tout lui dire.

— Tu as eu raison. Autant qu'il sache dès maintenant.

— Tu veux manger un morceau ?

— Je n'ai pas faim.

— Tu n'as rien pris depuis ce matin.

— Je n'ai pas faim.

Elle sursauta à un coup de tonnerre plus déchirant, et ses lèvres se mirent à remuer comme si elle balbutiait une prière.

— Jeanne !

— Oui.

— J'ai peur !

— Peur de quoi ?

— De l'orage ! De la mort ! Alice est partie ?

— Oui.

— Je savais qu'elle s'en irait, qu'elle n'oserait pas dormir dans la maison et qu'elle n'emmènerait pas le bébé. J'ai peur, Jeanne !

— Tu n'as rien à craindre.

— Ecoute ! C'est juste au-dessus de nous.

On entendit en effet un craquement d'arbre dans un des jardins proches. N'y tenant plus, les nerfs à fleur de peau, Louise se leva d'une détente brusque, marcha de long en large, à pas saccadés.

Après un petit coup d'œil en coin à Jeanne, qui n'avait pas bougé, elle lâcha :

— Tu me méprises, n'est-ce pas ?

— Mais non, Louise.

— Alors tu as pitié de moi. C'est la même chose.

— Tu n'as pas besoin de pitié.

— Tu dis ça et tu penses le contraire. Tu sais fort bien que tu penses le contraire ! J'ai peur, Jeanne ! Pourquoi Robert a-t-il fait ça ? Ne me réponds pas que c'est ma faute. Ce n'est pas vrai ! Je te jure que ce n'est pas vrai ! Il faut me croire, Jeanne. Il est indispensable que quelqu'un me croie.

» Ce matin, j'étais folle. Je ne me souviens plus de tout ce que je t'ai dit, mais c'était certainement vilain. Je voulais te faire mal. J'avais besoin de te faire mal. Parce que j'étais très malheureuse. Tu ne me crois pas ?

— Mais si.

— Tu es sûre que toutes les fenêtres sont bien fermées ?

— J'ai fait le tour de la maison.

— Tu es allée au second aussi ?

— Je suis allée au second.

— Et lui ?

— Le nécessaire a été fait. On l'a installé dans la chambre bleue.

— Je sais. J'ai entendu.

— Tu ne veux pas venir le voir avec moi ?

Elle cria :

— Surtout pas ça ! Je ne peux pas. Tu ne comprends donc pas que c'est au-dessus de mes forces ? J'ai peur ! Je te répète que j'ai peur, que je meurs de peur, et tu ne veux pas m'entendre.

— Tu devrais t'asseoir.

— Je suis incapable de rester assise. Tout le corps me fait mal. Ma tête...

— Je vais te préparer une tasse de café.

— Tu es gentille.

Et, comme Jeanne mettait l'eau à chauffer, elle murmura pensivement :

— Pourquoi fais-tu tout ça ? Pourquoi es-tu venue justement aujourd'hui ? On dirait que tu savais comment ça allait dans la maison et que tu as voulu...

Son visage changea, les traits se tendirent ; elle eut à nouveau les yeux inquisiteurs qu'elle avait déjà petite fille.

— Tu ne savais rien, par hasard ?

— Non. Je suis venue parce que...

Mais sa belle-sœur ne l'écoutait pas, suivait sa pensée, et Jeanne aurait été en peine de finir sa phrase.

— Personne ne t'a écrit ?

— Non.

— Ton frère ne s'est jamais plaint de moi ?

— Il y a plus de vingt ans que je n'ai pas reçu de ses nouvelles. Il ne savait même pas où j'étais !

C'était curieux. Même le son de la voix de Louise changeait selon les phases de l'orage. Au plus violent des éclairs et du tonnerre, elle devenait humble, suppliante, pitoyable, et dès qu'une accalmie lui rendait l'espoir que cela allait finir, elle se raffermissait, à nouveau mate, incisive. Sa tête, alors, se penchait en avant, et elle regardait en dessous.

— Avoue que tu savais que ton père est mort ?

— J'ai lu l'annonce, par hasard, dans un journal français.

— En Amérique du Sud ?

Elle sentit que c'était un piège, pas même adroit.

— Non. Au Caire.

— C'est donc vrai que tu as vécu au Caire ?

— Pourquoi ?

— Pour rien.

N'avait-elle pas dit ce matin que quelqu'un avait rencontré Jeanne ? Elle en savait plus long qu'elle ne voulait en avoir l'air.

— C'était l'annonce du notaire ?

Jeanne, là-bas, ne lisait guère que les journaux français qui lui tombaient sous la main par hasard, et il lui arrivait, parce que c'était rare, de les lire de la première à la dernière ligne. C'est ainsi qu'un jour son regard était tombé sur une annonce, à la rubrique des avis personnels.

Maître Bigeois, notaire à Pont-Saint-Jean, recherche pour importante succession Jeanne-Marie-Hortense Martineau, née à Pont-Saint-Jean le 5 juin 1894. Ecrire urgence ou avertir les autorités consulaires.

— Pourquoi n'as-tu pas donné signe de vie ?

Elle hésita, murmura avec lassitude :

— Je ne le sais pas moi-même.

— Tu as compris qu'il s'agissait de ton père ?

— Oui. Il n'existait pas d'autre succession possible. Mais il était quand même trop tard pour que je vienne à l'enterrement. Il y avait deux mois qu'il était mort.

— Tu n'avais pas besoin d'argent ?

— A quoi bon parler de tout ça ?

— Je te demande pardon de ce que je t'ai dit ce matin. Je savais que ce n'était pas vrai, que ce n'était pas pour cette raison-là que tu es revenue.

— Merci. Deux morceaux de sucre ?

— Un seul. Surtout pas de lait.

— Tu n'aimerais pas que je te prépare un sandwich ? Il y a du rôti froid.

— Je n'ai pas faim. Cela recommence, Jeanne !

Et, comme celle-ci se dirigeait vers la porte pour écouter si le bébé ne pleurait pas :

— Reste près de moi. Il ne faut pas me laisser toute seule. Je t'ai fait beaucoup de peine ?

— Non.

— Qu'est-ce que le Dr Bernard t'a dit de moi ?

— Il n'a pas parlé de toi.

— Il n'a pas insisté pour me voir ?

— Il m'a recommandé de ne pas te déranger.

— Et Alice ?

Elle suivait son idée, lentement, obscurément. Les coups de tonnerre, les éclairs lui faisaient parfois perdre le fil, mais elle ne tardait pas à le retrouver et repartait avec patience.

— Qu'est-ce qu'Alice t'a raconté ?

— Qu'elle était trop nerveuse pour avoir des enfants et que son fils ne l'aimait pas.

— Mais de moi ? Je suis sûre qu'elle t'a parlé de moi.

Jeanne savait si bien ce qui la tracassait, ce qu'elle aurait voulu savoir ! Mais comment lui dire qu'elle avait compris toute seule, qu'elle avait à peine été étonnée, qu'elle-même, la veille au soir, à la gare de Poitiers, puis à nouveau dans la salle à manger mal éclairée où elle venait d'écouter le bavardage de Désirée...

Sa belle-sœur prononçait soudain avec conviction :

— Je suis une mauvaise femme, Jeanne !

Et il y avait certainement en elle, à ce moment, une part de sincérité.

— Mais non ! Personne n'est tout à fait bon ni tout à fait mauvais.

— Moi, je voudrais être tout à fait bonne. Toute ma vie, j'ai essayé d'être bonne. Personne ne le croit, ne l'a jamais cru. Tout le monde me déteste. Robert, même, depuis des années, ne me regardait plus comme avant, et je sentais qu'il n'avait plus d'espoir. On aurait dit qu'il y avait un mur entre nous, ou plutôt une vitre. Quand je pleurais, pour une raison ou pour une autre, ou parce que j'étais découragée, son père avait l'habitude de hausser les épaules et de me dire froidement, en me montrant la porte :

» — Toi, va faire tes grimaces dans ta chambre !

» Il croyait que je le faisais exprès, que je jouais la comédie, alors que je n'ai jamais joué la comédie de ma vie.

Un nouveau coup de tonnerre la fit s'agripper au bras de sa belle-sœur, et elle lui lança, haletante, suppliante :

— Il ne faut pas partir, Jeanne ! Il ne faut pas me mépriser, il ne faut pas croire qu'il n'y a que du mauvais en moi. Quand je suis arrivée dans cette maison, j'étais toute jeune, toute pure, pleine de bonne volonté. Je voulais que chacun fût heureux. J'étais persuadée que j'étais capable de rendre tout le monde heureux. Sais-tu comment ton père m'a tout de suite appelée ?

» — La petite Taillefer !

» Et tu te rappelles comment il parlait, comme tous les mots qu'il prononçait prenaient de l'importance.

» Même Baba, la bonne qu'ils avaient à ce moment-là, me méprisait et, quand je voulais faire quelque chose, me prenait l'objet des mains.

» — Laissez ça !

» Comme si je n'étais capable de rien ! Comme si je n'étais pas chez moi, mais en pension.

» Ecoute, Jeanne ! Voilà que cela se rapproche encore une fois. L'orage tourne autour de la ville. Le vieux Bernard prétendait que c'est la rivière qui les attire... Qu'est-ce que je disais ? Je ne sais plus où j'en étais. Je sens que je t'ennuie...

— Bois ton café.

— Oui... Il est trop chaud... Même mes enfants... Tu verras comment ils sont avec moi... Quant à Alice elle n'a qu'une idée, qu'un désir : quitter la maison le plus tôt possible. Et elle est prête à abandonner son enfant, s'il le faut. Je me demande si elle reviendra après l'enterrement. Tu crois qu'elle reviendra, toi ?

— J'en suis persuadée.

— Moi pas. Six semaines après la naissance de son fils, je l'ai surprise, un soir...

L'éclair les enveloppa d'une lumière si vive que la maison entière en fut illuminée et, cette fois, elles purent vraiment croire que la foudre était sur elles ; Louise se jeta à genoux, cramponnée à deux mains à la robe de sa belle-sœur.

— Nous allons tous mourir, tu vois bien...

Et Jeanne, debout, ne pouvait rien faire d'autre que lui caresser distraitement les cheveux.

— Je crois que Bob appelle, dit-elle après un moment.

— Il n'a pas peur, lui. Il ne sait pas. Il est trop petit. Je vous demande pardon, mon Dieu !

— Chut !

— Qu'est-ce qu'il y a ?

Et, comme Jeanne bougeait, elle la suivait en se traînant sur les genoux.

— Non. C'est un volet qui bat. Je croyais que c'était l'enfant.

Elle comprenait fort bien que sa belle-sœur était jalouse de l'attention qu'elle accordait au bébé, que, d'un moment à l'autre, cela deviendrait de la rage.

— Relève-toi et bois ton café. Si la foudre doit nous frapper...

— Tais-toi, je t'en supplie !

— Alors, sois calme. Tout à l'heure, Henri va rentrer. Sans doute ta fille reviendra-t-elle ce soir, elle aussi, et il faudra lui apprendre ce qui s'est passé.

— Ils ne s'occupent pas plus de moi qu'ils ne s'occupaient de leur père. Ou, plutôt, il leur arrivait encore, de temps en temps, de ménager leur père, d'avoir peur de lui faire de la peine, tandis qu'avec moi...

— Tu broies du noir, Louise.

— Qu'est-ce que tu veux dire ?

— Rien. Ce que je dis. Tu te fais souffrir, comme par plaisir, au lieu de regarder les choses en face.

— Tu es sûre que tu n'as pas voulu insinuer autre chose ? Avoue qu'Alice t'a parlé.

— Même pas. Le Dr Bernard non plus. Ni personne. J'ai simplement senti ton haleine quand tu m'as ouvert la porte de ta chambre, ce matin, et j'ai compris.

— Je te dégoûte ?

— Non.

— Pourquoi ?

— Parce que je sais ce que c'est.

— Tu ne crois pas que c'est ma faute ?

— Non.

— Que je suis lâche ?

— Seulement faible.

— J'ai tout essayé. Il m'arrive de rester des jours, une semaine, parfois deux, sans y toucher. Pendant ces périodes-là, je fais exprès qu'il n'y en ait pas dans la maison, et j'évite d'aller dans le chai. Je n'en peux plus, Jeanne. Je suis à bout. Je ne suis bonne à rien. Je ne sers à rien. Je ne suis utile à personne. C'est moi qui aurais dû mourir...

— Ne parle pas de ça.

— Si, il faut que j'en parle, parce que, depuis ce matin, il y a une pensée qui me ronge. Je n'ai pas dormi une seule minute. J'ai entendu tous les bruits. Je guettais tes pas. Tout le temps, je pensais à la même chose, tout le temps je me posais la même question. Réponds-moi franchement. Il y a des années et des années que tu ne l'as pas vu, mais c'était ton frère.

» Est-ce ma faute, dis ? Est-ce que c'est à cause de moi qu'il a fait ça ?

» Il vaut mieux me le dire, vois-tu. Si je dois vivre avec ce doute-là, ce sera trop terrible. J'ai besoin que quelqu'un me pardonne...

— Tu es toute pardonnée.

— Tu me pardonnes, toi ?

— Je n'ai rien à te pardonner.

— Tu me pardonnerais au nom de ton frère ?

— Je suis persuadée qu'il ne t'en a jamais voulu. La preuve, c'est que c'est lui qui, avant de partir, t'a demandé pardon.

Elle murmura songeuse :

— C'est vrai !

Mais elle se battait encore avec ses pensées tantôt noires tantôt grises, et elle avait l'air de chercher farouchement une issue. Une lueur d'espoir ne durait que quelques instants et la laissait plus abattue.

— C'est parce que Robert était bon. Moi, je ne suis pas bonne. J'ai essayé. Je n'ai pas pu. Je ne pourrai jamais. Il ne faut surtout pas me quitter, Jeanne. Je ne veux pas rester seule dans cette maison. J'ai peur du regard de mon fils et de ma fille quand ils rentreront. Ce matin, tu l'as vu, Alice n'a pas eu un mot de compassion pour moi. Personne n'en a jamais eu.

» Si, Robert ! Et lui-même s'est lassé. Voilà ce qui s'est passé, comprends-tu ? Il a espéré. Puis il a deviné que cela ne servait à rien, qu'il n'y avait plus rien à faire, et il s'est enfermé. Pendant des années, je l'ai vu s'enfermer

toujours davantage. Il lui arrivait encore de rire, de plaisanter, mais seulement quand il y avait des étrangers ou qu'il se croyait seul avec les enfants.
Il lui arrivait encore, comme par mégarde, de chantonner en s'habillant, et
il suffisait que j'entre dans la chambre pour qu'il reprenne son air absent.

— Tu te fais certainement des idées.

— Je pourrais presque dire avec exactitude quand ça a commencé.
Presque tout de suite après la mort de son père, il y a dix ans. Les enfants
étaient jeunes, les affaires prospères. On gagnait beaucoup d'argent et c'est
à ce moment-là que nous avons entrepris, joyeusement, de moderniser la
maison... Jeanne !... C'est le pont !...

Mais ce n'était pas le pont, en face de la maison, qui avait reçu la foudre,
et on entendait à nouveau la pluie crépiter. Elles étaient toutes les deux dans
la cuisine blanche, éclatante de lumière, tandis que le reste de la maison était
noir autour d'elles, et l'idée ne leur venait ni à l'une ni à l'autre d'aller
s'asseoir ailleurs.

— Il faudrait, si je dois dormir ici, que je téléphone à l'*Anneau d'Or*
pour les avertir.

— Surtout, ne téléphone pas pendant l'orage. C'est trop dangereux.

— Je pourrai y faire un saut quand ce sera fini et rapporter ma valise.

Elle décrocha le tablier, qui était déjà devenu *son* tablier, le noua derrière
sa taille.

— Qu'est-ce que tu fais ?

— Je vais préparer le dîner.

— Pour qui ?

— Pour toi, pour moi, pour tes enfants quand ils rentreront.

— Et s'ils rentrent tard dans la nuit ?

Elle ne répondit pas et se mit au travail. Louise restait debout, appuyée à
l'évier, avec l'air de se sentir inutile, à regarder sa belle-sœur aller et venir.

— Je ne sais pas comment tu fais.

— Comment je fais quoi ?

A quoi bon expliquer ? Jeanne aussi avait compris. Mais elle aurait été
bien en peine de répondre. Ou alors, cela aurait été si long !

— Une autre tasse de café ?

— Merci. Tu es bonne.

— Il y a une seule chose que je n'ai pas trouvée dans la maison. C'est la
boîte à ordures. Avant, elle était à gauche de la porte, dans la cour.

Louise fit deux pas, ouvrit une porte de tiroir laqué qui commandait un
dispositif perfectionné.

— Qu'est-ce que je peux faire pour t'aider ? demanda-t-elle sans conviction.

— Rien. Assieds-toi. L'orage passe.

— Tu crois ?

— Il finira par passer. J'ai promis à l'employé des pompes funèbres de
lui téléphoner ce soir au sujet des faire-part. Il a besoin de la liste le plus tôt
possible. Pour les clients, il s'arrangera demain matin avec le comptable. Il
espère obtenir de l'Evêché qu'il y ait une absoute.

Louise ne comprit pas tout de suite. Ses pupilles, à ces moments-là, comme quand elle devenait soupçonneuse, se rapetissaient, ainsi que celles des chats, jusqu'à n'être plus qu'un tout petit point brillant.

— Ah, oui ! Je n'avais pas pensé à ça.

Elles ne s'apercevaient pas que le calme se rétablissait peu à peu autour d'elles, que la pluie ne tombait plus qu'en gouttes espacées et que le silence de la nuit enveloppait la cuisine et la maison.

De temps en temps, Jeanne allait jusqu'à la porte restée entrouverte, pour écouter si le bébé, là-haut, ne pleurait pas.

4

Jusqu'au jour de l'enterrement, le mercredi, Louise n'eut pas d'autre crise. Elle donnait l'impression de se tenir sur la défensive, comme quelqu'un qui a pris une résolution, et Jeanne remarqua qu'elle avait retiré toutes les bouteilles de la circulation, y compris la bouteille de madère.

Quand les enfants étaient rentrés, le dimanche soir après l'orage, à une demi-heure d'intervalle à peine, leur mère était si vide qu'elle n'avait pas réagi et qu'elle n'avait joué, dans son coin, qu'un rôle muet de spectatrice.

Henri était arrivé le premier. Il avait la clef de la maison et était entré en coup de vent, vers dix heures, laissant l'auto dehors, sous la lune qui venait de paraître. Ce qui l'avait le plus dérouté, au premier abord, c'est l'absence de lumière partout ailleurs que dans la cuisine, où les deux femmes étaient restées en tête à tête. Il ne portait pas de chapeau. Il avait les cheveux blonds et drus, les yeux clairs de son père, mais il était beaucoup plus petit, large d'épaules, l'attitude décidée.

Sur le seuil, recevant brusquement la lumière vive dans les yeux, il avait froncé les sourcils, mécontent, peut-être sans s'en rendre compte, de ne pas retrouver l'atmosphère de la maison telle qu'il la connaissait, de voir sa mère assise à un coin de table là où c'était, d'habitude, la place de la servante, avec, près d'elle, une grosse femme au visage lunaire qui le regardait tranquillement.

C'est sur un ton agressif, presque accusateur, qu'il lança :

— Comment est-ce arrivé ?

Et parce que, machinalement, il s'était adressé à sa tante, il se tourna vers sa mère.

— Tu étais là ?

Jeanne comprit que Louise en avait peur, qu'elle se faisait toute petite, comme une coupable, et c'est elle qui répondit :

— Ta mère était à la messe.

— Il n'y avait personne à la maison ?

— Il y avait Alice, qui était occupée avec le bébé.

— Il a eu une attaque ?

Il respirait fort, se tenait les jambes un peu écartées et, s'il parlait si haut, c'est peut-être parce qu'il était prêt à s'effondrer.

— Il est préférable qu'on te traite comme un homme et qu'on te dise tout de suite la vérité, Henri. Ne crie pas. Ne t'affole pas. Ton père s'est pendu...

En arrivant, il était rouge d'émotion et à cause du grand air de la route. D'une seconde à l'autre, sans transition, on le vit devenir blanc, s'immobiliser complètement, et sa pomme d'Adam fit un bond apparent dans sa gorge.

Sa tante, sans même avoir paru bouger, se trouva près de lui et lui posa la main sur l'épaule.

— Tu vas être un homme, n'est-ce pas, Henri ?

Il accepta un instant cet attouchement, puis, repoussant la main d'un geste rageur, plongea en quelque sorte dans l'obscurité de la maison, et on l'entendit se coucher de tout son long sur les marches de l'escalier, où il sanglota bruyamment.

Sa mère pendant ce temps-là, se tassait sur sa chaise, les mains jointes, les doigts blêmes aux jointures à force de se crisper et, quand elle ouvrit la bouche, Jeanne, prévoyant qu'elle allait crier, lui dit avec une autorité presque brutale :

— Surtout, tais-toi. Ou alors, si tu es incapable de te dominer, monte dans ta chambre.

Elle était restée à écouter, sans bouger, sans faire de bruit, les sanglots du gamin, tantôt violents comme des cris, tantôt sourds comme des pleurs d'enfant. Parfois ils s'apaisaient tout à fait, ainsi qu'il arrivait au bébé, pour repartir avec plus de force, et Jeanne, de qui la belle-sœur ne détachait pas son regard, ne bougea que pour mettre la soupe au feu.

Après quoi, elle gagna enfin le couloir où on entendit le déclic du commutateur électrique, la voix douce mais ferme de la vieille femme.

— Viens le voir, maintenant. Il est là-haut. Essaie de ne pas faire trop de bruit, afin de ne pas réveiller Bob.

Les commutateurs furent tournés les uns après les autres, tandis que Louise tremblait, seule dans la cuisine où on ne s'occupait plus d'elle.

Les voix, dans le lointain de la maison, n'étaient plus qu'un chuchotement.

— N'aie pas peur, Henri. Il ne t'en voulait pas. Il n'en voulait à personne. Avant de partir, il vous a demandé pardon.

Le garçon restait collé, toujours livide, au chambranle de la porte et n'osait pas avancer.

— Embrasse-le.

Elle l'accompagna jusqu'au lit, sans perdre le contact avec lui, et s'éloigna, un bras autour de ses épaules, quand, après qu'il eut effleuré de ses lèvres le front de son père, elle le sentit se raidir.

— Viens.

Sur le palier, il protesta :

— Je ne veux pas descendre.

— Viens. On ne peut pas parler ici.

Il finit par marcher devant elle, et c'est lui qui entra le premier dans la cuisine, en évitant de regarder sa mère.

— Je suis sûre que tu n'as pas mangé.

— Je ne mangerai pas.

— Tu vas prendre, tout au moins, un bol de soupe. Demain, on aura besoin de toi. On aura beaucoup besoin de toi, à présent.

On aurait dit que c'était la présence de sa mère qui le gênait et que c'est à cause d'elle qu'il ne voulait pas avoir l'air de mollir. Comme un enfant bouduer, il répéta :

— Je ne mangerai quand même pas.

C'est seulement pendant qu'elle le servait sans tenir compte de ce qu'il disait, qu'il regarda avec curiosité cette femme qu'il ne connaissait pas et qu'il trouvait installée dans sa maison. Elle agissait, lui parlait comme si elle avait été là de tout temps, et sa mère la laissait faire sans protester, miraculeusement calme et silencieuse, alors qu'il s'était attendu à la trouver dans tous ses états.

— Mange.

Il eut une seconde d'hésitation, une velléité de révolte, mais finit par baisser le front sur son assiette.

Il mangeait toujours, machinalement, quand sa sœur, qui n'avait pas la clef, remua timidement le marteau du portail, cependant qu'une voiture, qui n'avait fait que stopper un instant, s'éloignait dans la nuit.

— J'y vais ! dit-il en se levant d'une détente. C'est Mad.

Il fonça vers la voûte. On le laissa faire. Le frère et la sœur restèrent un certain temps à parler bas, avec de longs silences, dans l'obscurité du vestibule. Puis on vit une forme claire, deux longues jambes nues passer très vite dans la lumière, et il y eut des pas rapides dans l'escalier.

Henri rentra seul, annonça en se rasseyant :

— Elle savait.

Louise voulut lui poser une question, mais le regard de sa belle-sœur la fit taire, et c'est de lui-même qu'il expliqua, parce qu'il avait besoin de parler :

— Ils se sont fait arrêter par la police alors qu'ils roulaient trop vite à l'entrée de la ville. L'agent leur a demandé leurs papiers. Il a reconnu Mad et s'est étonné de la trouver là, alors que son père était mort.

— Elle va descendre ?

— Je crois. Elle est allée s'habiller.

— Mais...

Jeanne pensait tout à coup que c'était la chambre de la jeune fille qui servait de chambre mortuaire. Henri comprit.

— Je le lui ai dit. Elle est montée quand même.

Un peu plus tard, il demanda :

— Alice n'est pas ici ?

— Elle est partie. Elle reviendra le jour de l'enterrement.

Ce mot-là faillit le faire pleurer à nouveau, mais il se contenta de renifler à plusieurs reprises. Maintenant qu'il avait mangé il ne savait plus que faire ni quelle contenance prendre.

— Il vaudrait peut-être mieux que tu rentres la voiture ?

— C'est vrai. Je l'avais oubliée.

— Reste ici, toi, dit Jeanne à Louise.

Il y avait plus de dix minutes que Madeleine était là-haut, et sa tante monta l'escalier une fois de plus. Elle vit de la lumière dans la chambre bleue, dont elle poussa doucement la porte.

La jeune fille avait passé une robe sombre, bleu marine, et son short mouillé, sa chemisette de coton blanc, étaient encore par terre.

Elle était assise sur une chaise, dans le coin le plus éloigné du lit, les genoux ramenés contre elle, les coudes sur les genoux, le menton dans les mains, et elle regardait fixement son père.

Elle ne pleurait pas. Elle n'eut pas un tressaillement, pas un mouvement à l'entrée de sa tante, qu'elle sembla ignorer jusqu'au moment où, comme elle l'avait fait pour le jeune homme, celle-ci voulut lui poser la main sur l'épaule. Alors, d'un geste vif, brutal, Madeleine la repoussa, et Jeanne ne fut pas sûre qu'elle n'avait pas eu l'intention de la frapper.

— Il faut descendre.

Pas un mot. Pas un regard.

— Tu ne peux pas rester ici, Madeleine. Je suis ta tante Jeanne. Ta maman est en bas avec ton frère.

Une voix sifflante prononça :

— Je n'ai pas le droit de rester avec mon père, non ?

— Pas maintenant, Mad. Il faut descendre.

Elle la suivit, mais il était évident que ce n'était pas par soumission. C'était plutôt par défi. Il y avait quelque chose de hautain, de méprisant dans son obéissance.

Dans la cuisine, ce n'est pas à sa tante qu'elle s'adressa, mais à sa mère, et sa voix n'était pas plus douce ni plus respectueuse.

— C'est vrai que tu as besoin de moi ?

— Tu pourrais me parler autrement, Mad.

— Chut... intervint Jeanne. Tu dois manger, Madeleine. Après cela, tu iras te coucher dans la chambre de ton frère, qui s'installera au second étage, à moins que tu préfères y monter toi-même.

Ses lèvres frémissaient, tandis qu'elle regardait durement sa tante, et Henri en fut frappé quand il entra, avec encore à la bouche la cigarette qu'il avait allumée dans la cour.

— Qu'est-ce qu'il y a, Mad ? demanda-t-il.

— Rien. On m'a dit qu'on avait besoin de moi, et je suis descendue. Puisque ce n'est pas vrai...

Il eut une velléité de la retenir, mais n'insista pas, et elle monta à nouveau.

Jeanne, ce soir-là, n'eut pas l'occasion de prévenir l'hôtel, ni de faire apporter sa valise. Elle se contenta de retirer sa robe et de se coucher en combinaison sur le lit inoccupé d'Alice, à côté de l'enfant dont elle écouta longtemps la respiration avant de s'endormir.

C'est Bob qui l'éveilla, vers six heures du matin, alors qu'un pâle soleil d'après la pluie perçait les stores. Pour ne pas déranger les autres, elle descendit tout de suite avec l'enfant et lui prépara son repas, se fit à elle-même une tasse de café et, à sept heures, le bébé sur les bras, elle franchissait le pont, pénétrait à l'hôtel de l'*Anneau d'Or*.

Les patrons, qui avaient veillé tard, comme tous les dimanches, n'étaient pas descendus. Dans la salle du café, Raphaël, non rasé, était occupé à balayer la sciure de bois qui recouvrait le plancher, entre les tables sur lesquelles les chaises étaient empilées.

— Est-ce que Désirée est là ? lui demanda-t-elle.

— A cette heure-ci, elle doit être en train de manger, car les clients ne vont pas tarder à sonner pour les petits déjeuners. Le lundi, il y en a toujours qui partent de bonne heure.

— Voulez-vous l'avertir que Jeanne désirerait lui dire deux mots ?

Il y avait des glaces tout autour des banquettes, et elle s'y voyait avec le bébé étonné sur le bras. Cela ne la fit pas sourire, et, si son visage exprimait un sentiment, c'était une tranquille résignation.

— Jeanne ! s'écriait Désirée, surprise, en la trouvant debout entre les tables et en regardant curieusement le bébé qu'elle ne connaissait pas.

— C'est mon petit-neveu, le fils de Julien, expliqua-t-elle. Je n'avais personne à qui le confier, et je l'ai emmené avec moi. Ils dorment encore...

— J'ai entendu parler hier de ce qui s'est passé ! C'est épouvantable, ma pauvre Jeanne. Toi qui venais exprès pour voir ton frère ! Et tu étais ici, la veille au soir...

Jeanne se rendait compte qu'elle avait probablement tort d'agir comme elle le faisait, qu'un jour cela créerait des complications, sinon des conflits, mais elle parait au plus pressé.

— Je suis venue te demander un service, Désirée. N'accepterais-tu pas, ne fût-ce que pour un temps, de travailler chez ma belle-sœur ? Je t'aiderai autant que je le pourrai. Je ne peux pas tenir la maison toute seule et...

— Je sais. Je comprends. Mais...

Elle hésitait. Elles bavardèrent un bon moment, à mi-voix, pendant que Raphaël continuait son travail autour d'elles, puis, avec l'espoir que la patronne serait enfin descendue, Désirée disparut dans la direction des cuisines. Quand elle revint, près d'un quart d'heure plus tard, elle fit de loin un petit signe auquel son amie comprit que tout allait bien, car ce signe-là était un des signes cabalistiques qu'elles employaient au couvent.

— La mère supérieure a fini par accepter. J'ai décidé une fille, qui n'était ici que pour le week-end, et qui allait partir, à rester à ma place. Comme on ne m'aime pas beaucoup, on n'a pas trop insisté pour me garder. Si tout va bien, je serai là-bas avant dix heures. En attendant, Raphaël va t'accompagner avec ta valise. J'ai dit que tu reviendrais pour la note. Maintenant qu'ils savent qui tu es...

Louise n'était descendue qu'à huit heures et demie, plus lasse, plus pâlote que la veille.

— Tu n'as pas vu les enfants ?

— Pas encore. Je suppose qu'ils dorment.

— Tu es sortie ? Il me semble que j'ai entendu la porte.

— Je suis allée jusqu'à l'hôtel, et j'ai demandé à Désirée, qui était au couvent en même temps que nous, de venir nous donner un coup de main, tout au moins pendant quelques jours. Elle est serveuse à l'*Anneau d'Or*. Elle s'est arrangée avec la propriétaire.

— Elle a accepté ? s'étonna Louise. Il y a si longtemps que les filles du pays refusent de travailler chez nous !

Elle ne protesta pas contre l'initiative de sa belle-sœur. Elle acceptait les événements. Elle accepta tout ce que Jeanne proposa ou décida, avec l'air de s'en remettre désormais à elle.

— Je ne sais même pas où Mad a dormi.

— Elle est restée debout, à une fenêtre du second étage, jusqu'aux environs de deux heures du matin. Je me suis endormie avant qu'elle se couche.

— Et Henri ?

— Je ne crois pas qu'il se soit éveillé de la nuit.

— Il a essayé de parler à sa sœur, hier soir, mais elle l'a renvoyé.

Il y eut un coup de téléphone du commissaire de police et un autre des pompes funèbres, au moment où l'unique reporter du journal local, qui était absent de la ville la veille, se présentait à la porte. Désirée arriva juste à temps pour que Jeanne se déchargeât du bébé qu'elle avait gardé sur le bras.

— D'ici une demi-heure, si je ne suis pas libre, tu essaieras de l'endormir, mais ce ne sera probablement pas facile.

Malgré le soleil, on avait, dans la maison, l'impression d'une journée tout en grisaille. Chacun se sentait mou, la tête vide, comme quand on a beaucoup pleuré, et pourtant, en définitive, il y avait eu très peu de larmes ; Louise, contre toute attente, faisait la brave, essayait de se rendre utile, et parfois il lui arriva, comme les jours suivants, d'adresser à sa belle-sœur un sourire forcé.

Elle voulait être gentille — comme elle avait tant voulu être bonne ! Peut-être avait-elle conscience, dans la maison soudain si calme, qu'un mot de trop, un geste maladroit suffiraient à ramener la fièvre et à déclencher de nouveaux vacarmes.

Elle allait prudemment, à pas feutrés, avec des gestes mesurés, comme on évolue dans un hôpital ou dans une chambre de malade.

Jeanne ne vit pas descendre les deux enfants. Un homme, qu'elle ne connaissait pas, était entré dans la maison par la cuisine, un homme d'une trentaine d'années, qu'elle devina être le comptable, et qui demanda à voir Louise.

Il s'entretint assez longtemps avec celle-ci dans une des pièces du rez-de-chaussée.

— Jeanne ! Tu n'es pas occupée ? Tu peux nous donner un moment ?

L'employé des pompes funèbres attendait sa liste, dans la première pièce où il se tenait debout, très raide, son chapeau à la main.

— Je te présente M. Sallenave, notre comptable, en qui Robert avait toute confiance. Il m'apprend de mauvaises nouvelles, et je ne sais que faire. Je n'y connais rien. Je ne sais plus où j'en suis. J'abandonne. Ne crois pas que je veuille te laisser tout sur le dos, Jeanne. Mais je crois préférable que tu t'entretiennes avec lui au bureau.

Et, se tournant vers lui :

— Vous pouvez mettre ma belle-sœur au courant, monsieur Sallenave. Elle est de la famille. Elle est plus forte que moi. Peut-être trouvera-t-elle une solution ?

Avant de traverser la cour, Jeanne recommanda :

— N'oublie pas la liste, Louise !

— Je vais la faire tout de suite.

— Je vous écoute, monsieur Sallenave, bien que, malgré ce que vous a dit ma belle-sœur, les affaires de mon frère ne me regardent pas.

De toute la maison, seuls le bureau et les chais n'avaient pas changé, et il y avait toujours la même cloison vitrée entre la pièce où Robert travaillait l'avant-veille encore et celle qui avait de tout temps été occupée par le comptable. Mieux, c'était le même poêle à charbon que Jeanne avait connu enfant et sur lequel il lui arrivait, quand son grand-père était en tournée, de venir faire griller des châtaignes. Aux crochets d'une étagère de bois noir pendaient les mêmes topettes en argent bosselé, qu'on décrochait quand il s'agissait de faire déguster les vins et les alcools aux clients.

— Je suppose que la situation est très mauvaise, n'est-ce pas ? Il vaut mieux que je vous pose tout de suite une question. Est-ce que vous croyez que mon frère s'est suicidé pour des raisons financières ?

C'était un homme simple et probablement très franc, sorti d'une famille humble, et qui avait beaucoup travaillé. Il devait avoir des convictions, des idées arrêtées, et certains mots lui faisaient peur ; le mot suicide le choqua si visiblement que Jeanne regretta de l'avoir prononcé.

— Il est certain que M. Martineau a subi de gros revers et que, surtout depuis un an ou deux, il avait à faire face à des échéances difficiles, comme c'est le cas aujourd'hui. Il ne pouvait pas ignorer que, ce matin, on présentait certaines traites, mais, puisque vous me demandez mon avis, je ne crois pas que cela aurait suffi.

— Je voudrais vous questionner davantage, monsieur Sallenave, car je pense que cela ira plus vite ainsi. Je connais très peu de choses aux affaires, rien du tout à celles de mon frère, et j'ai besoin de me faire une idée de la situation.

— Je suis à votre service.

— Il y a plus de trente-cinq ans que j'ai quitté la maison et, à cette époque-là, le commerce était prospère. Il semble l'avoir été longtemps encore. A quel moment les difficultés ont-elles commencé ?

— Je comprends ce que vous voulez dire, et ce n'est pas facile de vous répondre exactement, car ce n'est pas arrivé tout d'un coup. A la mort de monsieur votre père, juste avant la guerre, alors que je venais d'entrer ici comme commis, les choses allaient bien, sans plus. On vivait, comme nous disons à la campagne. Puis la guerre est venue, et vous savez sans doute que le prix du vin a augmenté considérablement en un laps de temps très court, presque du jour au lendemain.

Il choisissait ses mots, voulant être à la fois sincère et objectif, mais en même temps gêné d'avoir à effleurer certains sujets.

— M. Robert a gagné beaucoup d'argent, dit-il avec une certaine solennité.

— En se livrant au marché noir ?

Cette fois, elle l'avait fait exprès d'employer ce mot tabou, faute de quoi ils auraient perdu un temps infini à tourner autour de la question.

— Ce n'est pas tout à fait exact. Cela dépend du point de vue auquel on se place. Il est certain que le commerce, pendant un temps, ne s'est pas pratiqué d'une façon strictement régulière. A cause des réglementations, qu'il aurait été impossible d'observer sans fermer la maison, on était obligé de tenir des livres d'une manière qui, en d'autres temps, aurait pu avoir des conséquences graves.

— Je crois que j'ai compris. Et c'est pendant la guerre que la maison a été transformée ?

— Elle avait besoin de réparations. M. Louis n'avait jamais accepté qu'on y touche ni qu'on la modernise. Grâce à la monnaie d'échange que constituait le vin, il était facile à M. Robert de se procurer des matériaux devenus rares et parfois presque introuvables.

— Que s'est-il passé ensuite ?

— Vous étiez en France, à la Libération ?

— Non.

— Pendant quelques jours, et même quelques semaines, on a craint des troubles, et il est arrivé à M. Robert, comme à beaucoup d'autres, de recevoir des lettres de menace. Un certain comité, qui s'est constitué alors, a parlé de l'envoyer dans un camp de concentration. Puis l'ordre s'est rétabli assez vite.

— Est-ce alors que les affaires ont commencé à mal marcher ?

— A vrai dire, non. Le commerce restait florissant. Il a fallu presque deux ans avant que les véritables ennuis commencent, et cela a coïncidé avec la période électorale.

— Mon frère s'occupait de politique ?

— Pas exactement. Il était très généreux, très large. A cause de sa position, il s'estimait plus ou moins tenu de donner de l'argent à la caisse de tous les partis. Il en a distribué beaucoup, croyez-moi, plus qu'il n'aurait dû le faire, et je me demande si ce n'est pas ce qui lui a attiré ses ennuis. Peut-être par prudence, comme on prend une assurance, il avait versé des fonds au parti communiste comme aux autres, mais cela ne lui a servi à rien. Une campagne a commencé, qui en visait d'autres que lui. Un lundi, je m'en souviens, alors qu'on ne s'attendait à rien de pareil, nous avons reçu une petite note du contrôleur des contributions demandant des éclaircissements sur une déclaration vieille de quatre ans.

» M. Robert y est allé lui-même. Il était au mieux avec le maire et avec des personnes influentes, et cela a eu l'air de s'arranger.

» Si vous voulez mon avis, c'est une longue période d'incertitude continuelle, de crainte et d'espoir qui l'a démonté.

» Il gardait sa bonne mine, paraissait plein d'allant et de confiance. Il n'y en avait pas moins quelque chose de changé.

» Je ne sais pas si vous connaissez M. Bourgeois ?

— Gaston Bourgeois ?

A treize ans, c'était déjà un ami de Robert, un garçon maigre et studieux, toujours fourré dans les livres.

— Il est professeur de philosophie au Lycée. Il était très intime avec votre frère, et c'était probablement son seul ami véritable. Or, après la guerre, du jour au lendemain, M. Bourgeois a cessé de le voir et de le saluer. D'autres ont agi de même pendant un certain temps, puis ont changé d'avis. Quelques-uns se sont excusés ensuite. Cela m'est très difficile, madame, de parler de ces choses-là, mais vous m'avez dit que vous vouliez comprendre.

— Je vous en prie, Monsieur Sallenave. En somme, mon frère n'avait pas la conscience tout à fait tranquille.

— C'est trop dire, mais il n'était peut-être pas toujours à son aise. Alors qu'ici les choses paraissaient arrangées, c'est de Poitiers, puis de Paris, quelques semaines plus tard, à l'échelon supérieur, que sont venus de nouveaux ennuis. M. Robert a fait plusieurs fois le voyage et, chaque fois, il annonçait qu'il avait obtenu gain de cause. Ils n'en ont pas moins envoyé un inspecteur qui s'est installé ici à ma place, et qui, pendant près de deux mois, sans pour ainsi dire desserrer les dents, sinon pour poser des questions précises, a fait une révision de tous les livres, examiné tous les papiers qu'il pouvait trouver.

» Pendant ce temps-là, M. Robert courait partout, mettait en jeu des influences et distribuait l'argent à pleines mains.

» Cela n'a servi à rien. L'inspecteur a gagné la partie.

» Je pourrai un jour, si vous le désirez, vous expliquer le mécanisme des amendes et de diverses pénalités. Si votre frère avait été obligé de payer la totalité de ce qu'on lui réclamait, il y serait à peine arrivé en vendant la maison et les meubles.

» Il a fini par obtenir une transaction non seulement avec le fisc, mais avec l'administration de la régie, qui s'était mise de la partie.

» Depuis, les affaires continuent. Elles sont excellentes. Mais il y a un trou qu'on n'arrive jamais à combler et, à chaque échéance, ce sont les mêmes incertitudes et les mêmes jongleries. Vous avez connu la maison avant moi. Le chiffre d'affaires de ce temps-là serait probablement à multiplier aujourd'hui par cinquante, sinon par cent.

» Eh bien ! madame, ce matin encore, ma caisse est vide, absolument vide ! Pour les grosses échéances, je peux, à la rigueur, m'arranger. Le plus difficile, c'est de trouver l'argent liquide, les quelques milliers de francs pour les petites, pour les dépenses courantes qui, celles-là, n'attendent pas.

» Il en est ainsi depuis deux ans au moins, deux fois chaque mois.

» Je ne peux pourtant pas aller déclarer à la banque, qui accepte encore, en hésitant, d'escompter nos traites, que j'ai un besoin absolu d'une dizaine de milliers de francs avant midi et que je ne sais où les prendre. Si je ne paie pas, on racontera tout à l'heure, comme vous l'avez vous-même envisagé, que M. Robert s'est suicidé parce qu'il était acculé à la faillite.

— Vous avez dit cela à ma belle-sœur ?

— A peu près. Pas en termes si précis.

— Qu'a-t-elle répondu ?

— Qu'elle ne pouvait rien faire. Elle m'a conseillé de vous en parler.

— Vous vous tireriez vraiment d'affaire, ce matin, avec dix mille francs ?

— Pas tout à fait. Tout à l'heure, je vous ai cité un chiffre en l'air, plutôt une évaluation grossière. Mais...

Il feuilleta quelques papiers, fit une addition en marge.

— Avec treize mille cinq cents francs, j'irais au plus pressé.

— Je vous les apporterai dans un instant.

Toute sa fortune, contenue dans son sac à main, se montait à dix-huit mille francs. C'était de l'argent qu'elle était venue chercher, elle aussi ; Louise ne s'était pas tellement trompée.

Elle n'avait jamais eu l'intention de réclamer sa part. Elle arrivait plutôt en mendiante, parce qu'elle se sentait vieille et fatiguée, qu'elle s'était trop privée, qu'elle n'avait plus la force de travailler.

— Je vous remercie, dit M. Sallenave avec conviction, comme si c'était un service personnel qu'elle lui rendait.

Elle lui sourit.

Il y avait beaucoup de monde autour du pont et certains s'étaient installés à la terrasse de l'*Anneau d'Or,* où ils buvaient des chopines de vin blanc en attendant la formation du cortège.

Après de longs pourparlers, pendant lesquels on avait deviné le jeu d'influences contradictoires, l'Evêché avait décidé qu'il n'y aurait pas d'absoute, mais seulement une bénédiction sur le parvis de l'église Saint-Jean.

Sur la place du marché, cinquante carrioles au moins étaient dételées, brancards en l'air, comme un jour de foire, qui avaient amené les fermiers des environs et tour à tour chacun franchissait le portail drapé de noir pour venir s'incliner devant le cercueil.

Vêtu de drap mat, Henri, qui, depuis le matin, avait le sang aux joues, se tenait tête basse près des cierges et jetait un regard en dessous à ceux qui venaient lui serrer la main, tandis que sa mère, toute petite à côté de lui, le visage couvert d'un voile, un mouchoir roulé en boule dans le creux de la main, parvenait à remercier les gens d'un sourire triste qui tirait le coin de ses lèvres.

Alice était là, accompagnée de ses parents. Son père était caissier dans une banque de Poitiers, et ils avaient amené leur fils âgé d'une douzaine d'années, qu'on ne savait où mettre.

Ce n'est qu'à la dernière minute que Mad avait accepté de participer à cette parade et, sans doute par protestation, elle regardait en face, sans broncher, comme elle l'aurait fait au théâtre, ceux qui défilaient et venaient lui présenter leurs condoléances.

D'une voix nette, sans baisser le ton le moins du monde, elle leur répondait :

— Merci beaucoup.

Ou :

— Vous êtes trop aimable.

Pendant trois jours, elle n'avait pas proposé une seule fois ses services. Dès le lundi matin, quand Jeanne l'avait trouvée à table en revenant du bureau, elle avait affecté de traiter sa tante, tout naturellement, comme une nouvelle domestique. Pas exactement, car il lui arrivait d'adresser la parole à Désirée pour lui demander quelque chose, tandis qu'avec Jeanne elle n'entrait jamais en contact la première, feignant d'ignorer qu'elle était là ou de prendre pour acquis que, par un mystérieux concours de circonstances qui ne l'intéressait pas, il y avait désormais, errant dans la maison, une vieille femme au visage lunaire.

C'était si flagrant qu'il arrivait à son frère d'en être gêné, impatienté, et de lui adresser de petits signes derrière le dos de Jeanne.

Celle-ci parlait-elle à la jeune fille, Mad se tournait vers elle, l'air étonné.

— Pardon ?

Elle faisait néanmoins ce qu'on lui demandait de faire, mais d'une façon si impersonnelle que cela en devenait une insulte.

Il ne se passa rien avant la bénédiction sur le parvis, à laquelle il avait été décidé que les femmes assisteraient, comme elles auraient assisté à l'absoute. La crise n'éclata que plus tard, alors que le cortège s'acheminait lentement vers le cimetière et que Louise, accompagnée de sa fille, d'Alice et de sa mère, d'une vieille cousine Taillefer, de Mme Lallemant et de deux ou trois autres, venait de rentrer à la maison.

Jeanne y était restée pour aider Désirée, car elles avaient à préparer le repas pour une vingtaine de personnes, qui ne repartiraient que le soir, et en outre, il y avait, comme toujours, à s'occuper du bébé.

C'est justement comme elle venait d'endormir celui-ci que Jeanne, en descendant, trouva, dans le salon, plein de l'odeur des chrysanthèmes, les femmes qui avaient accompagné sa belle-sœur. Elle avait croisé dans l'escalier Alice, montant sous prétexte de voir Bob. Mad ne se donnait pas la peine de faire les honneurs de la maison et restait assise dans un coin, près de la fenêtre, l'air boudeur, son chapeau sur les genoux.

Il régnait une certaine gêne dans la pièce, et Jeanne, s'apercevant que Louise n'était pas là, passa dans la cuisine, demanda à Désirée :

— Tu n'as pas vu ma belle-sœur ?

Elle la chercha pendant un bon moment, ne la trouva pas, décida de servir un verre d'apéritif accompagné de gâteaux secs. Tout avait été préparé sur des plateaux. De grandes casseroles mijotaient sur le feu, et la table, avec toutes ses rallonges, était dressée dans la salle à manger. Il y avait même une boîte de cigares sur la cheminée.

— Tu veux m'aider un instant, Madeleine ?

Celle-ci se leva lentement, et, jetant son chapeau sur le fauteuil qu'elle quittait, la rejoignit.

— Sois assez gentille pour passer ce plateau. Tu ne sais pas où est ta mère ?

Tout cela était un peu fantomatique. Des hommes, sous la voûte, grimpés sur les échelles, déclouaient les draperies à larmes d'argent. On traînait avec soi, de pièce en pièce, une odeur de fleurs à moitié fanées et de cierges, à laquelle commençait déjà à se mêler celle des apéritifs. La mère d'Alice parlait d'une voix égale, monotone, et la vieille cousine Taillefer, en face d'elle, dodelinait de la tête en tenant son verre devant son menton poilu.

Le hasard fit que Mad et sa tante se retrouvèrent en même temps dans la cuisine et qu'elles y furent occupées, chacune de son côté, pendant quelques instants.

Ce fut la jeune fille qui, tout à coup, dressa la tête. Jeanne ne comprit pas tout de suite ce qui se passait. Mad était déjà sortie de la pièce quand elle reconnut, venant du salon, la voix de Louise, et ce n'était pas la voix des derniers jours, c'était sa voix véhémente et tragique du dimanche soir, sa voix de pendant l'orage.

— ... Toute ma vie, j'ai voulu être bonne... Toute ma vie...

Jeanne se précipita aussi vite qu'elle put. Pas assez vite, pourtant, pour rattraper Mad à temps. Elle entendait :

— ... Je sais bien que tout le monde me méprise...

Et, quand elle atteignit la porte du salon, la jeune fille, toute droite, tendue dans sa robe noire, ses longues jambes gainées de soie noire, ses talons martelant le parquet ciré, traversait la pièce en diagonale, passait sans s'excuser devant les dames interloquées et, s'arrêtant net en face de sa mère, lui appliquait sa main sur le visage.

En même temps, elle parlait, d'une voix incisive.

— Va dans ta chambre.

On voyait Louise lever les bras comme pour se protéger de nouveaux coups, regarder sa fille d'un œil implorant.

— Ne me frappe pas ! Je t'en supplie, ne me frappe pas !...

— Dans ta chambre !... répétait l'autre.

Elle était d'une tête plus grande que sa mère, qu'elle poussait devant elle.

— Laisse-moi au moins leur dire...

— Va !

Et elle suivait dans l'escalier Louise qui trébuchait sur les marches. On entendait, un peu plus tard, le bruit d'une porte que l'on refermait, une clef qui tournait dans une serrure et qu'on en retirait.

Madeleine avait enfermé sa mère...

5

Elle put craindre jusqu'au bout que les Fisolle, les parents d'Alice, ne s'en aillent pas, qu'ils le fassent exprès, sachant qu'il y avait des chambres libres dans la maison, de rater leur train.

Dans le courant de l'après-midi, elle avait bien remarqué Roger Fisolle, le père, en conversation avec le comptable, au milieu de la cour, et elle l'avait vu lui passer, d'un geste à la fois familier et condescendant, un cigare qu'il avait certainement pris dans une boîte du salon.

Elle n'y avait attaché aucune signification. Les hommes, pour la plupart, qui avaient bien bu et bien mangé, parlaient presque aussi fort qu'à un repas de noces, le teint animé, les yeux brillants. Rares étaient ceux qui n'étaient pas allés faire un tour dans les chais, d'où on les voyait ressortir en serrant gravement la main du caviste.

Mais c'est du bureau que, vers six heures, Jeanne avait vu sortir Fisolle, important et soucieux.

Le gamin avait été insupportable et, quant à Mme Fisolle, c'est elle qui, en l'absence de Louise, toujours enfermée dans sa chambre, avait virtuellement présidé le repas, parlant d'abondance des « études de sa fille, que le mariage avait malheureusement interrompues ».

— Après, il était trop tard, n'est-ce pas ?

Elle voulait dire « après la mort de Julien ».

— C'est terrible de se trouver seule, à vingt ans à peine, avec la responsabilité d'un enfant.

Le gamin était parti de son côté, après avoir réclamé de l'argent pour aller acheter de la crème à la glace, tandis qu'eux restaient les derniers dans la maison en désordre où traînaient des verres sales et des bouteilles, et où la fumée des cigares, à la fin, était aussi dense que dans un estaminet.

Alice n'avait pas, un instant, proposé d'aider au ménage et, comme Bob se mettait à crier dès qu'elle s'occupait de lui, c'était Jeanne qui en avait pris soin presque tout le temps.

Le train pour Poitiers était à sept heures quarante, et il était près de sept heures quand Jeanne, en passant devant la porte ouverte du salon, aperçut les parents Fisolle, debout, parlant à voix basse, cependant qu'Alice essayait d'entraîner son frère, qui suçait un cornet de crème glacée.

— Vous voulez entrer un instant, Jeanne ? avait dit Mme Fisolle, qui l'avait appelée par son prénom dès le début, à la fois comme une parente et comme une domestique, mais sans doute davantage comme une domestique. Emmène ton frère, Alice. Allez faire un tour dans la cour ou sur le quai, mais ne vous éloignez pas, car il va être temps de partir.

Elle expliqua encore, en attendant que ses enfants fussent sortis de la pièce :

— Roger se demandait s'il ne valait pas mieux attendre à demain, mais nous pouvons encore avoir notre train et nous n'avons pas apporté nos affaires pour la nuit.

Maintenant qu'ils n'étaient plus qu'entre grandes personnes, elle encourageait du regard son mari dont les moustaches sentaient le vin et le cigare, et qui, sans doute pour changer, avait allumé une pipe recourbée.

— Avant que tu parles, je veux dire encore un mot à Jeanne, car il faut qu'elle comprenne que, si c'est à elle que nous nous adressons, c'est parce que, sans qu'Alice ait eu besoin de trahir des secrets, nous avons bien vu que c'est elle qui a pris la direction de la maison. Et, entre nous, ce n'est pas malheureux. Ce matin, j'ai failli mourir de honte.

Jeanne, debout, en tablier, car elle avait passé une partie de la journée à aider Désirée au ménage, attendait sans broncher.

— Vas-y, maintenant, Roger.

Fisolle toussait, tirait de petits coups sur sa pipe.

— C'est très simple, et je pense que la question que j'ai à poser est toute naturelle. J'en ai touché deux mots au comptable, qui est un garçon sérieux, autant que j'en puisse juger, mais qui, à cause de sa position, est évidemment tenu à une certaine discrétion. Il s'agit, en somme, de savoir quand nous nous réunirons chez le notaire.

Jeanne continuait à le regarder sans étonnement, mais sans l'aider, et il s'efforçait de prendre le ton détaché d'un homme d'affaires.

— Virtuellement, la succession de Robert Martineau est ouverte. J'ignore sous quel régime il était marié, mais j'ai tout lieu de penser que c'est sous le régime de la communauté réduite aux acquêts. D'une façon comme d'une autre, une part revient maintenant aux enfants et, étant donné certaine situation, certaine situation dont nous avons eu encore une manifestation lamentable, ce matin, je pense que, plus tôt des mesures seront prises et mieux cela vaudra. Bien entendu, M. Sallenave, comme je m'y attendais, a été assez évasif quand je l'ai questionné sur l'état des affaires.

— Vous lui avez demandé la permission d'examiner les livres ?

Il rougit, se hâta d'affirmer :

— Je n'ai pas du tout insisté. Bien que je sois un peu du métier, je comprends que...

— Si je comprends bien, de mon côté, vous désirez que votre fille touche sa part dès à présent ?

Ce fut la mère qui répondit, agressive, se contenant avec peine.

— C'est naturel, non ? Il n'y a pas longtemps que vous êtes revenue dans cette maison, mais vous en avez vu assez, je suppose, pour vous rendre compte que c'est une maison de fous, pour ne pas dire pis. Si on ne vous l'a pas encore dit, apprenez que nous n'avons jamais été partisans du mariage de notre fille avec Julien. Nous avions décidé de lui faire faire des études, nous l'avions envoyée à l'Université, et ce n'était pas pour qu'elle soit forcée d'abandonner après la seconde année. Ce n'était qu'une enfant, qui ne connaissait rien de la vie.

» Lui, plus âgé de quatre ans, avait une certaine expérience et aurait dû savoir. Il n'en a pas moins abusé de sa faiblesse. Et si, finalement, nous avons consenti au mariage, croyez que c'est parce que nous ne pouvions faire autrement.

» Il est mort — Dieu ait son âme ! — et elle a continué à vivre dans cette maison à cause de l'enfant. Elle n'y a trouvé ni l'appui ni l'affection auxquels elle avait le droit de s'attendre. Quant aux exemples, vous les avez eus sous les yeux ! Les servantes elles-mêmes s'en vont toutes après quelques jours.

» Laisse-moi parler, Roger. Je sais ce que je fais. Je n'ignore rien des reproches qu'on essaie d'adresser à Alice. Je n'ai pas les yeux dans ma poche et, aujourd'hui encore, j'ai bien compris ce qui se passait.

» On lui en veut, en somme, de ne pas servir de bonne à tout faire. Or, si elle ne le fait pas, c'est en partie parce que je le lui interdis. Je n'ai pas dressé ma fille à laver la vaisselle et, si elle ne l'a jamais lavée chez moi, ce n'est pas pour commencer chez les autres.

» Il y a encore des choses dont je parlerai si cela devient nécessaire. Tant mieux si vous me comprenez. En attendant, elle restera ici puisque c'est sa maison.

» Ce que je peux vous dire, c'est qu'elle défendra ses droits, et mon mari vous a posé tout à l'heure une question à laquelle vous n'avez pas répondu.

— Vous désirez que la succession soit ouverte ?

— C'est exact. Et que les comptes soient examinés de près par des personnes compétentes n'ayant aucun lien avec les Martineau. Il sera temps, ensuite, de voir si une autre question ne se posera pas. Maintenant que nous vous avons dit ce que nous avions à dire, je répète que le plus tôt sera le mieux. L'avenir d'un enfant en bas âge ne peut pas dépendre d'une femme qui n'a pas toute sa raison, et il existe des endroits spéciaux où l'on s'occupe de ces gens-là.

— Très bien, répondit simplement Jeanne. J'en parlerai demain matin à ma belle-sœur, et le notaire vous tiendra au courant.

Mme Fisolle ouvrit la fenêtre pour appeler sa fille, qui était sur le trottoir avec le gamin.

— Tu nous accompagnes à la gare, Alice ?

Un peu plus tard, on les vit tous les quatre qui traversaient le pont, puis qui se mettaient à marcher très vite le long de la grand-rue, le garçon se laissant traîner.

Pas plus que sa mère, Madeleine n'avait reparu de la journée, ce qui n'avait pas étonné Jeanne. Quant à Henri, il avait fait, en quelque sorte, son apprentissage d'homme. Maintenant qu'il était chef de famille, tout le monde avait affecté de le traiter comme tel et, à certain moment, sa tante l'avait vu fumer un cigare au milieu d'un groupe. Il avait gravement reconduit les invités les uns après les autres jusqu'à la porte cochère, et sa démarche, vers la fin, était un peu vacillante.

— Désirée, tu n'as pas vu Henri ?

— Si tu t'arrêtais un moment de jouer les chiens de chasse ? Depuis que tu es levée, je ne t'ai pas vue assise un instant, sinon pour donner le biberon au bébé.

— Et toi, tu t'es assise ?

— Moi, j'ai l'habitude.

A ce mot, une idée, tout à coup, la frappa, Jeanne s'en aperçut. Elle remarqua que, dès cet instant, son ancienne condisciple la regarda, avec comme un vague soupçon dans les yeux.

— Tu ferais mieux d'aller t'étendre et, demain matin...

— Je veux savoir ce que fait Henri.

Elle monta dans les chambres, constata que Madeleine avait repris possession de la sienne, la chambre bleue, dont la porte était fermée à clef. Henri n'était pas dans la maison et, en descendant, elle vit par une fenêtre qu'il y avait de la lumière dans le bureau.

Elle traversa la cour, poussa la porte vitrée, trouva le gamin penché en avant sur le bureau de son père et pleurant à chaudes larmes, la tête dans ses bras repliés. Il sentait le vin, lui aussi. Quand elle le toucha, il leva la tête, mais ne la repoussa pas.

— Ils sont partis ? questionna-t-il d'une voix théâtrale, en affectant de refouler ses larmes.

— Ils sont partis. Tout le monde est parti.

Il ricana :

— Quelle comédie ! Ils sont venus enterrer mon père, qui était leur parent ou leur ami, puis ils ont mangé, ils ont bu, ils ont fumé ses cigares, ils en ont mis dans leurs poches, et, à la fin, ils racontaient des histoires cochonnes. Pauvre papa ! Pendant ce temps-là, ma mère...

— Chut, Henri !

— Après tout, je ne vaux pas mieux qu'elle. Où étais-je quand papa est mort ? Qu'est-ce que je faisais ? Maintenant, je suis ici, à la place qui a été celle de mon grand-père, et je ne suis bon à rien. Tous m'ont répété aujourd'hui, en me donnant des tapes dans le dos :

» — Te voilà un homme, Henri ! Tu as des responsabilités. On compte sur toi !

Le monde, à cause du vin, devait lui apparaître comme à travers un verre grossissant, et tout devenait démesuré : ses sentiments, sa voix, ses gestes.

— Vous êtes forte, vous, tante Jeanne ! C'est à cause de ça qu'on vous déteste et qu'il m'arrive de vous détester. Ou plutôt je voudrais le faire parce que vous n'avez pas les petites lâchetés de tout le monde.

— Tu crois ça ? dit-elle, presque riant.

— Moi, je suis lâche. Je suppose que je tiens de maman. Mad la méprise, mais je sais que ce n'est pas sa faute. Est-ce sa faute, tante, si elle est comme ça ?

— Non, Henri.

— Et moi, est-ce ma faute ? Est-ce que je serai capable, un jour, d'être un homme comme mon père ? Vous pensez que c'est par lâcheté qu'il s'est tué ? Il y en avait, aujourd'hui, qui avaient l'air de prétendre que c'est parce qu'il faisait de mauvaises affaires.

— Personne ne connaît la raison.

— Vous non plus ?

— Moi non plus.

— Vous l'aimiez ?

— Oui.

— Peut-être que je vous aimerai aussi.

Honteux de ces mots-là, il se leva, affecta de ricaner.

— Je commence à parler comme maman, vous voyez ! Je ferais mieux de me taire.

— Viens.

— Oui.

Dans la cour, le grand air dut le déranger, car il dit d'une voix redevenue enfantine :

— Je crois que je vais rester un peu dehors. Vous voulez bien ?

Il ne faisait pas tout à fait noir, mais, quand Jeanne le regarda par la fenêtre de la cuisine, il n'était qu'une vague silhouette dans le clair-obscur, et elle ne fut pas sûre qu'il vomissait au pied du tilleul.

— Tu ne veux vraiment pas te reposer ?

— Pas avant que la maison ait à nouveau l'air d'une maison.

Et elle se remit à l'ouvrage, sans cesser de sentir le regard curieux de Désirée dans son dos. La vérité, c'est que, si elle s'était arrêtée, elle n'aurait sans doute pas pu embrayer à nouveau. Il en était ainsi depuis trois jours, et elle en arrivait à se demander comment, quand elle avait débarqué du train, elle avait pu se croire si fatiguée. Cela lui paraissait incroyable qu'à la gare de Poitiers, par exemple, elle ait pu se tenir la poitrine à deux mains en pensant qu'elle allait mourir.

Depuis on ne lui laissait pas un instant de répit. Si, par hasard, elle s'asseyait, avec l'espoir d'un court repos, quelqu'un surgissait, qui avait besoin d'elle, ou c'était le bébé qui se mettait à crier, le téléphone qui sonnait, ou, simplement, à vrai dire, un besoin qui lui était venu de sortir d'elle-même et d'aller de l'avant sans jamais permettre au ressort de se détendre.

— Bob n'a pas bougé ?

— Non.

— Sa mère n'est pas rentrée ?

Alice ne rentra qu'à neuf heures du soir, sans fournir d'explication, et il est probable qu'elle avait rencontré un garçon en route, car elle avait le teint animé, et le rouge de ses lèvres était délayé autour de sa bouche.

— Je n'ai pas faim, annonça-t-elle. On a beaucoup trop mangé aujourd'hui. Je monte.

— Bonsoir, Alice.

Celle-ci voyait les deux femmes aux prises avec un travail exténuant, mais feignit de ne pas s'en apercevoir.

— Tu ne te couches pas, Henri ?

Il errait dans les pièces du rez-de-chaussée, morose, l'estomac pas d'aplomb, et, de temps en temps, venait regarder faire sa tante et Désirée. Il lui était arrivé plusieurs fois, comme machinalement, d'apporter à la cuisine un verre ou un cendrier qui traînaient sur un appui de fenêtre.

— J'irai me coucher tout à l'heure.

— Monte avec moi. J'ai une commission à te faire.

Il fut gêné de l'air mystérieux et tentateur que prenait Alice, car c'était flagrant pour tout le monde qu'il s'agissait d'une histoire de fille. Il y alla pourtant, n'osant pas faire autrement, dit bonsoir à sa tante, mais, par pudeur, le fit d'un ton sec. Et, à cause de Bob, c'est dans sa chambre à lui que tous les deux s'enfermèrent.

— Et voilà ! soupira Désirée. Nous sommes tranquilles, à présent !

C'était curieux de voir comment, élevée au même couvent que Jeanne, elle avait pris facilement des attitudes, voire une mentalité de domestique. Même vis-à-vis de son ancienne amie, ses manières avaient peu à peu changé en l'espace de trois jours. Elle ne se comportait plus avec autant de familiarité, ni surtout avec autant de franchise. Il lui arrivait certes encore, par exemple, derrière le dos de Louise, d'adresser à Jeanne des signes excédés ou ironiques, ou de hausser les épaules au passage d'Alice. Mais, obligée de travailler pour les autres, elle s'était mise dans la peau de son personnage et, pour elle, Jeanne avait beau être du matin au soir en tablier, à faire n'importe quelle besogne, y compris les plus sales, elle n'en était pas moins ni chair ni poisson.

La petite réflexion qu'elle avait faite tout à l'heure au sujet du bébé lui avait mis une idée dans la tête, qui la tarabustait. Elles étaient toutes les deux jusqu'aux coudes dans l'eau savonneuse, aux prises avec des piles de vaisselle dignes d'un restaurant, et Désirée se demandait visiblement comment en arriver où elle voulait en venir.

— Tu aimes les enfants ?

— Beaucoup. Surtout les tout-petits.

— C'est drôle. Tu n'en as jamais eu, et pourtant tu t'y prends comme si tu t'y connaissais, et il y a des mères de famille qui n'ont pas ton tour de main. On dirait que tu as l'habitude.

— Oui.

— Ah ! Ton mari avait des sœurs ou des frères mariés ? Je croyais que vous aviez passé votre vie dans les pays chauds.

— A peu près. Mais on fait des enfants là-bas comme ailleurs. J'en ai soigné pendant trois ans. J'étais gouvernante dans une famille où il y en avait cinq, et l'aîné avait dix ans.

— Je ne savais pas. J'ai toujours pensé que Lauer était riche, qu'il t'avait laissé une fortune.

— Non.

— C'était en Amérique du Sud ?

— En Egypte. Pas loin du Caire. Je travaillais chez des Belges. Le mari était ingénieur dans une raffinerie de sucre.

— Tu devais être bien traitée ?

Elle ne répondit pas. Les assiettes, dans ses mains, succédaient aux assiettes et, chaque fois qu'on en posait une, cela faisait un bruit familier ; de temps en temps, elle levait un coude pour essuyer ses yeux, où l'eau chaude mettait de la buée entre les cils.

— Pourquoi es-tu partie ?

— Ce sont eux qui sont partis.

— Ils sont retournés en Belgique ? Ils ne t'ont pas emmenée ?

— Ils ne pouvaient pas se permettre ces frais-là. C'était au début de la guerre.

— Qu'est-ce que tu as fait, après ? Je te demande pardon. Je ne devrais pas te poser ces questions-là. Moi, tu comprends, je n'ai pas honte. Tout le monde sait que mon mari a été fusillé parce qu'il avait trafiqué avec les Allemands et que ses biens ont été confisqués. Pendant longtemps, on n'a voulu de moi nulle part, pour n'importe quel travail. Toi, c'est différent.

— C'est différent, oui. Moi, je l'ai voulu.

— Je ne comprends pas ce que tu veux dire.

— Que je suis partie parce que j'avais décidé de partir.

— Partir d'ici ? C'est de cela que tu parles ? Quand tu étais jeune fille ?

— Quand j'ai eu vingt et un ans. Exactement vingt et un ans. Le jour de ma majorité.

— Je ne savais pas ça. J'avais entendu dire que tu avais quitté la maison parce que ton père refusait de te laisser épouser Lauer.

— C'est plus ou moins vrai aussi.

— Tu ne t'es jamais réconciliée avec ton père ?

— Nous ne nous sommes pas revus.

— Cela ne te faisait rien d'être si loin, sans contact avec ta famille ?

— J'ai correspondu quelque temps avec Robert, qui me donnait des nouvelles.

— Tu crois qu'il était malheureux avec sa femme ?

— Je ne sais pas.

— Tout à l'heure, j'avoue que je l'ai plainte. Peu importe l'état dans lequel elle s'était mise, sa fille n'avait pas le droit d'agir comme elle l'a fait, surtout en public, à plus forte raison un jour comme aujourd'hui. A propos, j'ai retrouvé la bouteille. Sais-tu où ta belle-sœur était pendant que nous la cherchions ? Dans les cabinets de l'entresol, où je n'ai jamais vu personne aller. Il y a, derrière la porte, au ras du plancher, une sorte de placard, ou plutôt de trappe, qui sert à je ne sais quoi.

Jeanne se souvint de ce coin-là, dont elle n'avait jamais connu l'origine non plus et où, quand elle jouait avec ses frères, il lui était arrivé de cacher des objets.

— Il doit y avoir longtemps qu'elle y met ses provisions. La bouteille vide était dehors, près de la cuvette, mais, dans le placard, j'ai trouvé trois bouteilles pleines et deux autres bouteilles vides. Ce n'est pas du vin qu'elle boit, c'est du cognac et de l'armagnac. Ma belle-mère avait des cachettes, aussi. Elle, c'était de l'argent qu'elle y mettait, à l'insu de son mari et de ses enfants.

Encore une bonne heure de travail, peut-être deux, et le rez-de-chaussée sentirait le propre.

— Tu ne vas pas nettoyer le plancher ce soir ?

— Si.

— A quoi bon ?

— Pour que demain matin, quand ils descendront, la maison ait son aspect habituel. Je suis peut-être maniaque. Je pense que c'est très important. C'est un peu pour cette raison-là que les Anglais s'habillent pour dîner, même dans le désert.

— Tu les as vus ?

— J'en ai vu en Egypte. En Argentine aussi.

Elle prononçait des mots, comme ça, mais ils ne correspondaient pas à ses préoccupations, et Désirée n'avait aucune idée des images qu'ils évoquaient à l'esprit de Jeanne.

On entendit un léger bruit dans l'escalier, là-haut, et elles eurent toutes les deux le même réflexe ; lever la tête vers le plafond comme si elles pouvaient voir à travers. Puis elles se tournèrent vers la porte et constatèrent que c'était Henri qui était descendu, en pyjama et en robe de chambre, les cheveux défaits comme quelqu'un qui s'est déjà couché. Mais il était bien éveillé, surexcité.

— Tante Jeanne ! Mad est en train de faire ses bagages.

— Comment le sais-tu ?

— En quittant Alice, j'ai voulu aller lui dire bonsoir. Il y avait de la lumière sous la porte, et elle a refusé de m'ouvrir. Sans y attacher d'importance, je me suis mis au lit. A travers la cloison, je l'ai entendue aller et venir, et cela m'a empêché de dormir. Elle ouvrait les tiroirs, les uns après les autres, puis elle a traîné quelque chose de lourd par terre, et j'ai compris que c'était une malle qu'elle a dû aller chercher au second étage cet après-midi, quand personne ne faisait attention à elle. Je suis retourné frapper chez elle et lui ai annoncé que si elle ne me laissait pas entrer, j'allais descendre t'avertir. Elle a fini par tourner la clef dans la serrure.

» Elle est presque prête. Son manteau de voyage est sur son lit. Je lui ai demandé où elle comptait aller et elle m'a répondu que cela ne me regardait pas.

— Tu as essayé de la faire rester ?

— Je lui ai dit qu'elle était folle, qu'elle n'avait pas le droit de faire ça, qu'elle ne savait pas où aller et que, d'ailleurs, elle n'avait pas d'argent.

— Qu'a-t-elle répondu ?

— Que c'était son affaire.

— Elle ne t'a donné aucune explication ?

Il rougit, et elle comprit qu'elle ne pouvait pas lui demander de trahir sa sœur.

— Il ne faut pas qu'elle parte, tante. Il y a des choses que vous ne savez pas et que je sais. Si elle s'en va, ce sera terrible, et c'est moi qui en serai responsable.

— Tu étais très ami avec elle ?

— Pendant un temps, oui.

— Vous sortiez ensemble ?

Il détourna la tête comme s'il devinait sa pensée.

— Oui.

— Il y a combien de temps de ça ?

— Deux ans. A peu près deux ans.

— Viens avec moi, Henri.

Elle le conduisait dans le petit salon, d'où l'on pouvait apercevoir une partie du couloir. C'était un salon Louis XVI, éclairé par des ampoules murales en forme de bougies. Il ne l'avait suivie qu'à contrecœur et, maintenant, il avait le visage cramoisi, comme s'il s'attendait à une épreuve très désagréable qu'il craignait depuis longtemps, restait debout, les mains dans les poches de sa robe de chambre, à fixer le plancher.

— Je veux seulement te poser une question ou deux, en tête à tête, parce que, si nous voulons empêcher Mad de s'en aller, il est indispensable que je sache. Ou plutôt non. Je crois que tu aimeras mieux que je ne te demande rien, que je dise ce que je pense et, si je me trompe, il te suffira de m'arrêter.

— Elle va descendre.

— Elle ne peut pas quitter la maison sans passer par le couloir, et nous la verrons. Quand Madeleine a commencé à sortir avec toi, il y a deux ans, tu avais dix-sept ans. Elle avait donc quinze ans. Je suppose qu'à cette époque-là tu ne prenais pas encore l'auto de ton père.

— Non.

— Où alliez-vous ?

— Au cinéma, et dans l'auto de mes amis.

— Donc, des amis plus âgés que toi.

— Oui.

— L'autre nuit, vous êtes partis, deux garçons et deux filles. Cela devait être à peu près comme cela se passait il y a deux ans ? Il est probable que ta sœur a voulu se conduire avec les garçons comme les filles que tu emmènes se conduisent avec toi ?

— Je ne voulais pas.

— J'en suis persuadée. Et c'est parce qu'elle sentait que cela te déplaisait qu'elle a commencé à sortir sans toi.

— Il y a environ un an.

— Tu connais ses amis ?

— Pas tous.

— Je parierais que ce ne sont pas des garçons de ton âge.

— Non.

Il avait les oreilles écarlates et il devait passer par le moment le plus pénible de sa vie, un moment auquel il avait souvent pensé dans ses cauchemars.

— Ce sont des hommes plus âgés, n'est-ce pas, peut-être des hommes mariés ? Et, sans doute, dans les tiroirs de ta sœur, y a-t-il des objets qu'elle cache, des cadeaux qu'on lui a faits et qu'elle a préféré ne pas montrer à tes parents ?

— Comment le savez-vous ?

— C'est tout, Henri. Tu peux remonter dans ta chambre. Ou bien, si tu crains que Mad te fasse des reproches parce que tu es venu m'avertir, attends en bas. Seulement, quand elle descendra, laisse-nous seules.

— Je me demande maintenant si j'ai bien fait de vous parler.

— Tu as bien fait.

— C'est votre rôle de dire ça, évidemment, mais...

Elle s'apprêtait à reprendre son travail quand il la rejoignit et, maintenant, il était vraiment fiévreux. Comme, où ils se trouvaient, on pouvait les entendre de la cuisine, il demanda d'une voix brouillée :

— Vous ne voulez pas revenir un moment ?

Ce fut elle qui le suivit ; il l'emmena dans le coin le plus reculé du petit salon, où il se tint longtemps en silence, sans oser la regarder. Il s'efforçait d'avoir le courage pour lâcher le gros morceau, mais c'était dur et elle ne pouvait pas l'aider. Enfin, il balbutia d'une voix à peine perceptible, les doigts emmêlés :

— Cela ne s'est pas passé tout à fait comme je vous l'ai dit.

— Tu ne m'as rien dit. C'est moi qui ai parlé tout le temps, qui ai essayé de deviner.

Il tendait l'oreille, effrayé à l'idée que sa sœur pourrait descendre et avoir un entretien avec sa tante avant qu'il ait parlé.

— Il y a deux ans, je me moquais d'elle.

— Pourquoi ?

— Parce qu'elle restait toujours seule à la maison ou qu'elle n'avait que des amies embêtantes. Quand je rentrais, je faisais exprès de lui raconter que nous nous étions bien amusés, même si ce n'était pas vrai.

— Tu lui racontais tout ?

— Pas tout.

— Je comprends.

— Pas au début. Je lui disais qu'elle était une sainte nitouche et qu'elle resterait vieille fille.

— Elle avait quinze ans ?

— J'étais bête. Je ne savais pas encore ce que je faisais.

— Avoue que tu venais tout juste de découvrir ce que c'est qu'une fille.

— A peu près. Alors, elle s'est mise à me demander pourquoi je ne l'emmènerais pas avec moi.

— Que lui as-tu répondu ?

— Que ce n'était pas pour elle, pas pour les sœurs.

— Elle a compris ?

— Non. Je lui ai expliqué qu'elle ne s'était seulement jamais laissé embrasser par un garçon et que, dans notre bande, toutes le faisaient. Je ne sais plus pourquoi j'ai dit ça. J'avais comme un besoin de lui parler de ces choses-là. Je lui citais le nom de mes amies qui permettaient tout ce qu'on voulait et elle s'indignait, prétendant que ce n'était pas vrai, me traitant de menteur. Alors, je lui ai donné des détails.

— Tous les détails ?

— A peu près. Sauf les trop sales. C'est elle, ensuite, qui a pris l'habitude de me questionner et, quand je rentrais tard, je la trouvais qui m'attendait dans l'obscurité de ma chambre. Un jour elle m'a déclaré :

» — Je veux que, dimanche prochain, tu m'emmènes.

» J'ai été interloqué et j'ai essayé de la faire changer d'avis.

» — Tu sais ce que tu devras accepter.

» — Puisque tu prétends que toutes mes amies le font !

» — Pas toutes !

» — La plupart. C'est la même chose.

» Personne, tante, n'a jamais su tout ça, et je vous jure que cela m'a souvent empêché de dormir, que je sentais que cela finirait mal et que, maintenant encore, quand j'y pense, le soir, je suis pris de peur.

» Je ne sais pas comment j'ai pu agir ainsi. J'étais un gamin.

Elle ne sourit pas.

— J'ai fini par l'emmener avec moi et, au début, je vous donne ma parole d'honneur que je ne croyais pas qu'elle ferait comme les autres. On se figure toujours qu'avec une sœur ce sera différent.

— Cela n'a pas été différent, dit posément tante Jeanne.

— Non. C'est moi qui ai eu honte. Il y a des amis que j'ai cessé de voir à cause de ça. Elle aussi, je pense, a eu honte devant moi et a préféré aller de son côté. Depuis un an, je ne sais pour ainsi dire plus ce qu'elle fait. Quand elle rentre, elle me regarde d'un air narquois. D'autres fois, surtout le matin, j'ai l'impression qu'elle me déteste. Voilà pourquoi il ne faut absolument pas qu'elle parte. C'est moi qui suis responsable. Si elle s'en va, je crois que je ferai comme papa.

— Dis-moi, Henri, est-ce que ton père savait ?

— Pour Madeleine ?

Il hésita une fois de plus.

— Un dimanche matin que je n'étais pas allé à la messe et que Mad était sortie, j'ai vu la porte de sa chambre ouverte, alors que j'allais descendre pour chercher une tasse de café. J'ai aperçu mon père qui s'y trouvait et, quand il m'a entendu, il a refermé vivement le tiroir, a feint de chercher quelque chose et m'a dit je ne sais plus quoi d'un air gêné. J'avais bien vu quel tiroir il avait refermé et, un peu plus tard, je suis allé l'ouvrir à mon tour. En dessous du linge qu'il contenait, j'ai trouvé un appareil dont les femmes se servent pour leur toilette intime.

Il ne savait plus où regarder.

— Ton père ne lui a pas parlé ?

— Je ne sais pas. Je ne crois pas. Elle a continué de sortir.

— Il ne t'a pas parlé non plus ?

— De quoi ? De Mad ?

— De toi.

— Il a essayé au début.

— Et ensuite ?

— Peut-être qu'il a compris que cela ne servirait à rien. Peut-être que...

— Que quoi ?

Des larmes lui jaillirent enfin des yeux ; il ne fit aucun geste pour les essuyer et elles durent le soulager.

— Je ne sais pas, moi. J'y ai pensé presque tout le temps ces derniers jours. Je m'étais souvent demandé pourquoi il n'était pas plus sévère. Je me vantais à mes camarades d'avoir un chic type de père. Il avait peut-être peur que nous partions, Mad et moi ?... Ou bien... qu'on ne l'aime plus ?...

Pour la première fois, à travers le liquide chaud de ses larmes, il la regarda bien en face, et on aurait dit qu'il était sur le point de se jeter contre sa poitrine. Etait-ce un reflet qu'on voyait dans ses prunelles, ou une toute petite étincelle de joie ?

Par peur de mollir, sans doute, il s'efforça de plaisanter :

— Moi aussi, dit-il, voilà que maintenant j'ai peur que Mad s'en aille ! C'est pour cela que je suis descendu et que je vous ai révélé tous nos secrets. Ce n'est pas beau, n'est-ce pas ? Si vous saviez comme je me dégoûte ! Est-ce que vous croyez encore que vous parviendrez à la retenir ?

— Chut !

Une porte s'ouvrait, au premier, sans qu'on prît la précaution d'éviter le bruit. On en faisait beaucoup, au contraire, car on traînait une malle sur le tapis, et on commençait à la faire glisser le long des marches.

Jeanne laissa son neveu dans le petit salon, dont elle referma la porte derrière elle, et se trouva debout au pied de l'escalier, à regarder Madeleine qui, en manteau à carreaux, maintenait la malle par la poignée et se retenait à la rampe de l'autre main pour l'empêcher de dégringoler, descendant les marches une à une, avec chaque fois une courte pause.

Mad vit sa tante, elle aussi, n'eut pas l'air ni surprise ni ennuyée de la trouver sur son chemin ; elle continuait à descendre les marches et, à chacune, le poids de la malle donnait une forte secousse à son bras.

Elle prenait son temps, tout à son effort, le bout de la langue entre les lèvres. Le moment allait venir où elles seraient près l'une de l'autre, où l'une d'elles devrait s'effacer, et Jeanne ferma la porte de la cuisine, de sorte qu'elles pouvaient croire qu'il n'y avait plus qu'elles à se mesurer dans la maison.

Encore huit, encore sept marches... Encore trois, encore deux... La malle toucha enfin le paillasson et, d'un effort, en s'arc-boutant au mur, Madeleine parvint à la dresser sans que sa tante fasse un mouvement pour l'aider.

Les lèvres de la jeune fille frémissaient un tout petit peu, mais son regard était ferme, tandis qu'elle arrivait de plain-pied avec Jeanne, et alors celle-ci dit le plus naturellement du monde :

— Tu as téléphoné pour appeler un taxi ?

— Ce n'est pas la peine. Je vais aller en chercher un devant l'hôtel.

— C'est vrai que, maintenant, il doit y en avoir.

Elle la laissa passer, retira son tablier, marcha à son tour, et Mad entendit qu'il y avait d'autres pas que les siens à résonner sur les dalles du vestibule.

Mais c'est seulement en ouvrant la porte vitrée donnant sur la voûte qu'elle se retourna.

— Où allez-vous ?

Et, comme si c'était tout simple, Jeanne répondit :

— Avec toi. Chercher le taxi.

6

Elle fit un rêve qu'elle avait fait déjà une fois, à l'âge d'onze ou douze ans, quand elle avait eu les oreillons, une année qu'avec sa mère et ses frères elle passait ses vacances dans une pension de famille au bord de l'océan. Elle avait la sensation d'être soudain monstrueusement grosse, grosse à remplir la chambre de sa masse et, le plus angoissant, c'est qu'elle était d'une matière molle spongieuse, pareille à de la chair de champignon, si peu consistante qu'elle aurait pu flotter dans l'espace.

Ce n'était pas tout à fait un rêve, car, comme c'était arrivé la première fois, elle avait conscience d'être dans son lit, dans sa chambre. Elle savait que c'était sa chambre de jeune fille, que le papier à fleurs bleues et roses n'existait plus et avait été remplacé par un papier moderne uni, d'un ton neutre. Ce n'était plus son gros lit d'acajou non plus, dont elle aimait caresser les bords lisses, mais un divan bas, sans boiseries apparentes, et il ne subsistait de l'ancien mobilier que la petite commode toute simple, rustique, avec un pied recollé, qui était miraculeusement restée à sa place entre les deux fenêtres.

Sans doute avait-on fait une vente publique de tous les vieux meubles de la maison, et Dieu sait s'il y en avait ! Quelqu'un avait-il acheté la petite table qu'elle avait transformée en coiffeuse ? Toute jeune, elle rêvait d'une coiffeuse et, vers l'âge de quinze ans, comme on refusait de lui en acheter une, elle avait habillé une table de bois blanc d'une cretonne à volants, qui tombait jusqu'à terre, fixé sur le dessus un miroir à trois faces, dont elle avait peint le cadre en gris pâle. Ses frères appelaient cette coiffeuse « la crinoline ».

Elle ne pouvait pas avoir les oreillons puisqu'elle les avait déjà eus. A son âge, cela aurait été ridicule, comme la vieille Mme Dubois, la marchande de parapluies, qui avait eu la coqueluche à soixante-huit ans et en était morte. On le faisait exprès, à l'époque, de demander à son mari :

— De quoi est-elle partie ?

— De la coqueluche.

Et cela paraissait si drôle qu'on se mordait les lèvres pour ne pas rire.

Jeanne avait mis le réveil sur six heures du matin, elle s'en souvenait dans son sommeil ; elle entendait le tic-tac, savait que c'était important qu'il sonne, que la journée serait capitale, et c'est pourquoi son gonflement l'angoissait tellement.

Pourquoi la journée serait capitale, elle n'arrivait pas à s'en souvenir. Cela lui reviendrait à son réveil. Pourvu, mon Dieu ! qu'elle ne soit pas malade !

Elle sombrait pour un temps dans un sommeil sans transparence, en sortait à moitié et retrouvait la notion des heures qui s'écoulaient, de la nuit qui s'étirait, qui n'en finirait pas, du tic-tac imperturbable du réveil. Quand la sonnerie éclata enfin et la délivra, elle savait depuis un bon moment qu'il faisait jour, et elle aurait pu prévoir, presque à la seconde près, à quel instant le mécanisme se déclencherait.

Elle était bien dans son lit et c'était sa chambre. Le soleil était là, derrière le store jaune. Un train sifflait à la gare. Mais, tout de suite, le sentiment de délivrance disparut, et elle rejeta les couvertures pour regarder ses jambes, qu'elle sentait lourdes et endolories sur le matelas.

Elle aurait dû prévoir que cela arriverait. Les médecins le lui avaient annoncé depuis longtemps, car cela s'était déjà produit, en moins fort, en moins soudain, sauf la première fois. Ses jambes avaient tellement enflé pendant la nuit qu'on ne voyait plus trace de genoux, et l'œdème rendait la peau luisante, couleur de bougie. Quand elle pressait avec le doigt, cela formait un creux dans cette matière qu'elle ne reconnaissait pas pour sa chair et une tache plus blanche qui mettait tout un temps à s'effacer.

Le plus grave, c'est qu'elle savait maintenant pourquoi la journée devait être si importante, pourquoi, la veille, malgré la mauvaise humeur que Désirée avait fini par laisser percer, elle avait tenu à ce que tout fût propre et en ordre dans la maison avant de monter se coucher.

Il fallait tout de suite essayer ses pieds, aussi enflés que ses jambes, simplement descendre, s'il n'y avait que cela de possible, et s'asseoir dans un fauteuil, car il n'était pas question de mettre même des pantoufles.

Prudemment, en conjurant le sort, elle tâta la carpette, se souleva un peu en s'aidant des mains et, malgré la douleur, parvint à se tenir debout. Mais, si elle avait fait un pas, elle serait tombée, et elle n'osa pas essayer s'imaginant par terre, toute seule dans sa chambre, en chemise, les cheveux sur le dos, obligée de crier pour alerter la maison.

Assise à nouveau au bord du lit, elle faillit pleurer, oubliant qu'elle était une vieille bête. Tout le monde dormait encore, au premier étage, mais peut-être, par chance, Désirée n'était-elle pas encore descendue ? Elle avait gardé de la campagne l'habitude de se lever tôt et elle passait fort peu de temps à sa toilette, pressée qu'elle était de boire son café au lait.

Qu'est-ce que Jeanne ferait si son ancienne condisciple était déjà en bas ? Il n'existait pas de bouton de sonnerie au second. On mettrait peut-être des heures, sachant qu'elle s'était couchée tard et qu'elle était fatiguée, avant de s'inquiéter d'elle. Elle guettait les bruits. La chambre de Désirée était de l'autre côté du corridor, car elle avait choisi d'elle-même une des chambres mansardées qui servaient aux bonnes et qui donnaient sur la cour.

Pendant dix bonnes minutes, elle n'entendit rien, et elle n'osait pas remuer, par crainte de ne pas entendre ; elle se demandait s'il ne serait pas plus prudent de se traîner jusqu'à la porte, à quatre pattes au besoin, pour être sûre de ne pas rater Désirée au passage.

Heureusement qu'elles s'étaient couchées aussi tard l'une que l'autre, bien après minuit. Enfin lui parvint un bruit de robinet, de pas mous, et elle sut qu'elle n'aurait plus longtemps à attendre.

— Désirée ! appela-t-elle d'une voix assourdie, quand une porte s'ouvrit.

Elle tenait une pantoufle à la main, prête à la lancer contre sa propre porte en guise de signal si par hasard on ne l'entendait pas.

— Désirée !

Les pas s'arrêtèrent, repartirent.

— Désirée !

Celle-ci fit enfin demi-tour, colla son oreille à la porte, pas trop sûre qu'on l'eût appelée.

— Entre. La porte n'est pas fermée à clef.

Son amie la regarda curieusement, avec une sorte d'hébétude, comme si c'était la dernière chose du monde à laquelle elle se serait attendue.

— Qu'est-ce que tu as ? Tu ne te sens pas bien ?

Elle n'avait pas observé les pieds et les jambes et, prise de pudeur, Jeanne, qui était restée assise au bord du lit, se glissa vite sous les draps.

— Entre et ferme la porte. Ne parle pas trop fort. Pour ce qui est de moi, il n'y a rien d'inquiétant. J'ai eu ça plusieurs fois ces dernières années, et cela disparaît en quelques jours. Il faudra seulement que tout à l'heure, vers huit heures, par exemple, avant qu'il commence ses visites, tu téléphones au Dr Bernard pour lui demander de venir. Recommande-lui de ne pas s'arrêter en bas avant de monter et, si tu peux le faire passer sans qu'on le voie, cela vaudra encore mieux.

— Je t'avais prévenue que tu en faisais trop !

— Oui. Ne parlons plus de ça, veux-tu ? C'était nécessaire, et il est heureux que ce soit fait. Seulement, ma pauvre Désirée, je vais avoir terriblement besoin de toi, et je me demande combien de fois tes pauvres jambes vont avoir à monter les deux étages aujourd'hui.

— Je te soignerai de mon mieux. J'ai l'habitude. Mon mari...

— Il ne s'agit pas de me soigner. Le docteur va m'ordonner un médicament, et il n'y aura qu'à attendre qu'il produise son effet. Ce n'est même pas douloureux. L'important, aujourd'hui, c'est que je dois être tenue au courant de ce qui se passe en bas. C'est, en somme, leur premier jour, comprends-tu ? et l'avenir en dépend.

— Je crois que je comprends, mais je trouve que tu te tracasses bien pour des gens qui...

— Je te demande comme un service personnel de faire avec soin tout ce que je vais te dire.

— Pour toi, bien sûr que je le ferai.

— Avant tout, il importe que tu sois de bonne humeur. Il n'est pas nécessaire de rire et de chanter, mais je voudrais que, quand ils descendront, ils aient une impression de détente, que la table soit coquettement servie, que le café soit savoureux. Essaie d'avoir des croissants chauds. Tu as le temps d'en faire venir de la boulangerie.

— Tu espères qu'ils vont se mettre à table en famille ?

— Peu importe ce qu'ils feront, mais cela compte que la table soit dressée pour la famille, que chacun y trouve tout de suite sa place, sa serviette. Peut-être vaudrait-il mieux mettre mon couvert aussi.

— Si ce sont tes idées...

C'était évidemment trop compliqué pour elle.

— Le bébé va sûrement pleurer, et, malgré tout ce que tu peux penser de sa mère, essaie de le calmer, car ses cris suffisent à mettre les nerfs de toute la maisonnée à vif. Tu peux me l'apporter ici, si tu ne sais qu'en faire. Je suis incapable de me lever, mais je jouerai avec lui sur mon lit, et rien ne m'empêche de lui donner à manger.

— C'est tout ?

— Non. Quand M. Sallenave arrivera — il arrive d'habitude à huit heures et demie —, tu lui feras une commission de ma part, en t'assurant qu'il est seul dans le bureau.

— Qu'est-ce que je dois lui dire ? De venir te voir ?

— D'éviter, au contraire, de le faire, à moins que ce soit indispensable. Mais, dans la matinée, peu de temps après que Henri aura déjeuné, j'aimerais qu'il vienne le chercher, en lui disant, comme si c'était tout naturel, qu'il a besoin d'un coup de main. Qu'il trouve n'importe quelle besogne à lui donner. Il ne serait pas mauvais qu'il lui demande son avis au sujet de questions peu importantes. Surtout, qu'il le fasse asseoir à la place de son père.

— Ça, j'ai compris, encore que je doute que ça prenne, et je te répète que tu te fais du mauvais sang pour...

— Ce n'est pas tout. Il y aura un autre coup de téléphone à donner, plus tard, quand ma belle-sœur sera montée me voir.

— Tu espères qu'elle viendra ?

— Peut-être. Tu avertiras alors Mᵉ Bigeois, le notaire, que la sœur de Robert Martineau désire lui parler, mais qu'elle ne peut malheureusement pas se rendre chez lui.

— C'est tout ?

— Oui.

— Qu'est-ce que tu veux manger ?

— Ce n'est pas important. Je ferais mieux de ne pas manger du tout, car on va m'interdire le sel.

— Je te ferai de la cuisine sans sel.

— Ce sera pratique ! Comme si tu n'avais pas déjà assez de travail ! Va, maintenant, ma pauvre Désirée. J'espère que ce ne sera pas long. Ce n'est qu'aujourd'hui que je te demande de monter aussi souvent que possible. Demain, le pli sera pris. Je pense à tes jambes aussi, va ! Passe-moi seulement mon peigne, une serviette mouillée et la bouteille d'eau de Cologne qui est sur la commode. La chambre sent déjà le malade. Quand je suis comme ça, mon odeur m'écœure, et j'imagine sans peine ce que cela doit être pour les autres !

Ce fut la plus étrange des journées. Elle y avait beaucoup pensé, la veille, avant de s'endormir, s'efforçant de prévoir les éventualités, de décider d'avance de ce qu'elle ferait dans chacun des cas. Elle savait qu'ils allaient se réveiller un peu honteux, mal à l'aise dans leur peau, fâchés avec eux-mêmes, comme au lendemain d'une sale orgie, et qu'alors tout serait difficile, dangereux, les mots, les attitudes, le simple fait de s'asseoir pour manger ou de poser son regard ici plutôt que là.

C'est pourquoi elle avait tant tenu à ce que tout fût en ordre, que la maison fût accueillante, et elle avait compté qu'elle serait là pour éviter, sans en avoir l'air, les moindres possibilités de heurts.

Or elle était clouée dans sa chambre, tout en haut de la maison, sans autre lien avec le reste du monde que Désirée, et Désirée ne serait que trop encline à montrer, en bas, un visage revêche, à leur faire payer ses fatigues de la veille.

C'est d'abord la ville qui s'éveilla, au loin, du côté de la gare, puis, à huit heures, il y eut le vacarme de la grande porte des chais que le caviste ouvrait tous les matins, suivi du roulement de fûts vides dans la cour pavée.

A ce moment-là, Désirée était déjà montée une fois, pour lui apporter du café au lait et une tartine qu'elle ne mangea pas.

— Qu'est-ce que je réponds si on me demande ce que tu as ?

— Que je suis fatiguée, que je ne me sens pas dans mon assiette, mais que je descendrai plus tard.

— Mais ce n'est pas vrai !

— Cela ne fait rien. Dis-le. Comment se fait-il que je n'aie pas entendu Bob pleurer ?

— Quand sa mère est descendue pour chauffer la bouteille, elle l'avait sur le bras. Je lui ai proposé de le garder, mais elle avait l'air décidée à s'en occuper elle-même. Pour le moment, elle est en train de lui fredonner des chansons.

Sans doute, sur le conseil de ses parents, pour ne pas donner prise au moment où ils prévoyaient une lutte.

— Tu devrais réinstaller le parc à jouer, mais pas dans le petit salon, où personne ne se tient jamais et où l'enfant semble être en pénitence. Mets-le dans la salle à manger.

— Cela prendra de la place.

— Justement. Qu'il soit bien en évidence.

— Si c'est ton idée.

Contre toute attente, Louise fut la première à descendre, et Jeanne, qui avait demandé qu'on laissât sa porte ouverte, l'entendit qui écoutait sur le palier avant de se risquer dans l'escalier.

Puis, un peu plus tard, ce fut Henri qui pénétra à son tour dans la salle à manger et enfin le docteur souleva le marteau de la porte cochère. Il n'était pas possible, à ce moment-là, qu'il passe inaperçu. Il parla un certain temps à quelqu'un, au rez-de-chaussée ; Jeanne ne savait pas à qui, puis elle entendit son pas régulier dans l'escalier, et il s'arrêta un instant, par discrétion, avant de se montrer dans l'encadrement de la porte ouverte.

— Je peux entrer ?

— Je vous en prie, docteur.

Il était aussi calme que le dimanche matin, aussi froid en apparence. Depuis six heures, la paupière gauche de Jeanne avait eu le temps d'enfler. C'était un petit bobo supplémentaire. Cela ressemblait à une piqûre d'abeille, mais il ne s'y trompa pas et, avançant une chaise, se mit tout de suite en devoir de prendre sa pression artérielle.

— Ce n'est pas la première fois ?

— Non. Cela m'est arrivé en Egypte, il y a dix ans, en moins fort. Puis trois ou quatre fois à Istanbul.

— Les jambes ?

Il les palpa, fit jouer les orteils, rabattit la couverture.

— On vous a examiné le cœur récemment ?

— Il y a deux mois, un peu avant que je m'embarque. Il paraît qu'il n'est pas en trop mauvais état et qu'il n'y a rien à craindre maintenant de ce côté-là. Ma belle-sœur vous a parlé ?

— Je ne l'ai pas vue. J'ai seulement rencontré son fils.

— Il sait que vous êtes venu pour moi ?

— Il aurait été difficile de le cacher.

— Comment est-il ?

— Calme, les traits un peu tirés.

— Il ne vous a rien dit ?

— Il m'a demandé de ne pas quitter la maison sans lui parler.

Il soupira en remettant le stéthoscope dans son étui.

— Vous connaissez le régime ?

— Pas de sel. Très peu de viande. Pas d'épices. Pas de café ni de thé. Prendre, toutes les deux heures, avec un grand verre d'eau, un des comprimés que vous allez m'ordonner.

Elle lui sourit.

— C'est bien cela ?

— Vous oubliez le principal.

— Ne pas marcher, je sais.

— Je suppose que je vais remettre l'ordonnance à la bonne ? Ou préférez-vous que je vous fasse envoyer directement le médicament de la pharmacie ?

— Cela vaudrait mieux, si cela ne vous dérange pas trop. Avec moi sur le dos par-dessus le marché, Désirée aura fort à faire aujourd'hui. Dites-moi, docteur, combien de temps croyez-vous que...

— Combien de temps êtes-vous restée couchée, la dernière fois ?

— Une semaine, mais...

— Comptez-en deux. Peut-être un tout petit peu moins.

Il n'avait pas cessé de l'observer, comme il l'avait fait le dimanche, mais cette fois elle eut à plusieurs reprises l'impression qu'il allait laisser tomber son masque de froideur. Encore, tandis qu'il marchait vers la porte, il commença à se retourner, reprit son chemin en se contentant de dire :

— Je passerai vous voir demain dans la journée.

Pendant tout le temps qu'il avait été là, Jeanne n'avait pu guetter les bruits comme elle l'aurait voulu — assez, cependant, pour que le médecin enregistre le fait, elle l'avait bien vu, et c'est peut-être à ce moment-là qu'il avait été le plus tenté de lui parler.

Il ne s'arrêta pas longtemps en bas ; la grande porte se referma tout de suite, et il devait y avoir plusieurs personnes à table dans la salle à manger, les allées et venues de Désirée et les heurts de faïence le lui faisaient supposer.

Une demi-heure s'écoula avant que quelqu'un montât l'escalier et c'étaient les pas de son ancienne camarade, qui fit gentiment un effort pour ne pas se montrer essoufflée.

— Qu'est-ce qu'il t'a dit ? questionna-t-elle en s'asseyant sur le coin d'une chaise.

— Que ce ne sera rien, comme je le prévoyais.

— Cuisine sans sel ?

— Sans sel ni poivre, si tu en trouves le temps. Que font-ils, en bas ?

— D'abord, je suis allée voir le comptable, comme tu me l'avais dit. Il a eu tout de suite l'air de comprendre. Il est venu il y a quelques minutes à peine.

— Qui est dans la salle à manger ? Attends. Ma belle-sœur est descendue la première. T'a-t-elle parlé ?

— Quand elle est arrivée en bas, elle avait plutôt l'air d'un fantôme que d'une personne vivante, et elle faisait si peu de bruit que j'ai mis du temps à m'apercevoir qu'elle était là. On aurait dit qu'elle avait peur de quelqu'un, qu'elle était prête à courir s'enfermer dans sa chambre si on essayait de lui faire du mal. Elle a paru surprise en ne te voyant pas dans la cuisine, et elle a jeté un coup d'œil en passant, et elle s'est dirigée vers la salle à manger ; je lui ai apporté tout de suite du café chaud, de sorte qu'elle n'a eu qu'à s'asseoir.

» — Ma belle-sœur n'est pas descendue ? a-t-elle demandé.

» Et, comme je lui répondais ce que tu m'as dit de répondre, Henri est arrivé à son tour. Je lui ai versé son café à lui aussi. Il a murmuré un vague bonjour sans regarder sa mère. J'ai apporté des croissants chauds et... attends... je ne m'y retrouve plus, dans toutes ces allées et venues. C'est à force de vouloir me rappeler que je m'embrouille. Ah ! oui, le docteur a frappé le marteau. Je me suis précipitée et, quand nous sommes entrés dans le couloir, Henri s'est levé pour venir voir qui c'était. Ils ont causé un moment, le docteur et lui. Pendant qu'il était en haut, Alice est descendue à son tour, habillée, cette fois, lavée et coiffée, avec toujours le bébé sur le bras et, voyant le parc dans la salle à manger, a essayé d'y mettre Bob. Il a commencé par pleurer. Afin de donner à sa mère le temps de déjeuner, j'ai un peu joué avec lui, et il s'est si bien habitué qu'ensuite j'ai pu continuer de servir.

— Ils ont parlé, à table ?

— Pas beaucoup. Je crois que Henri a fait allusion à toi et au docteur. Bon ! Celui-ci est redescendu, toujours froid comme une couleuvre, et ton neveu l'a suivi sous la voûte, puis sur le trottoir.

— C'est pour cela que je ne l'ai pas entendu s'arrêter.

— Henri est revenu par la cuisine et m'a recommandé sérieusement de te monter les médicaments dès qu'ils arriveront et de te préparer des plats sans sel ni épices. Il est rentré dans la salle à manger, et, par la porte ouverte, j'ai vu qu'il prenait un air soucieux, important, pour faire part aux autres de la nouvelle.

» Là-dessus, le comptable est arrivé et a traversé la cuisine, comme si c'était du grave, en me demandant à voix haute :

» — M. Henri est là ?

» — Dans la salle à manger.

» — Vous croyez que je peux le déranger ?

» — J'en suis persuadée.

» Je ne suis pas entrée, parce que j'avais peur de ne pas garder mon sérieux. Ils ont retraversé la cuisine tous les deux, et le gamin m'a annoncé, affairé :

» — Voulez-vous dire à ma tante que j'aurais voulu monter tout de suite pour prendre de ses nouvelles, mais que M. Sallenave a besoin de moi pour un travail urgent ? Dès que j'aurai un instant, j'irai la voir. Qu'elle se soigne bien. Qu'elle n'essaie surtout pas de se lever.

— C'est tout ? demanda Jeanne, qui n'était qu'à moitié rassurée, mais qui ne pouvait s'empêcher de sourire. Que fait à présent ma belle-sœur ?

— Elle va et vient, comme un insecte qui cherche un endroit où se poser. Elle s'est arrêtée une fois ou deux devant le parc de Bob qu'elle trouve sans cesse sur son chemin, mais ne s'est pas encore décidée à jouer avec lui.

— Alice ?

— Mange encore, en lisant son journal.

— Et Madeleine ?

— J'ai entendu du bruit dans sa chambre en passant. Elle n'est pas encore descendue. Est-ce que je téléphone au notaire ?

— Pas avant que je te le dise.

— Tu ne veux pas manger ?

— A midi, si tu trouves un moment, tu me feras un plat de légumes, des haricots verts, par exemple, s'il y en a dans la maison, ou n'importe quoi. Personne n'a téléphoné ?

— Non.

— Merci, Désirée.

— Il n'y a pas de quoi. Tu ferais mieux d'essayer de dormir. Je vais fermer la porte.

— Surtout, ne fais pas ça ! protesta-t-elle, effrayée.

Et, l'autre à peine partie, elle se mettait de nouveau à tendre l'oreille, se tenant de travers dans son lit pour mieux entendre. Elle comprenait que c'était pour Mad le plus difficile, et qu'elle hésitât à descendre, et c'était bien ce qui inquiétait Jeanne.

Heureusement que non seulement la grosse malle était défaite, mais que Jeanne et Désirée avaient pris la peine, passé minuit, de la monter dans la chambre du second, où étaient empilés les bagages, les vieilles chaussures et les vieux vêtements.

Cette histoire de la malle, pour Désirée, avait été comme le coup de grâce, et Jeanne avait vu le moment où son amie refuserait net de l'aider.

— Tu trouves que cela a du bon sens, au milieu de la nuit, de coltiner une malle vide dans les escaliers, alors qu'il y a partout de la place à revendre ?

Cela avait beaucoup d'importance, au contraire, et Madeleine, elle, l'avait compris. Qui sait si cette malle dans le chemin n'était pas ce qui l'avait fait le plus hésiter, la veille ?

La tante et la nièce n'avaient à peu près rien dit, et c'est une promenade presque silencieuse qu'elles avaient faite dans l'obscurité de la ville.

Bien plus qu'aujourd'hui, un mot aurait suffi à tout briser et, de sa vie, Jeanne n'avait été aussi calme en apparence, aussi tendue intérieurement que quand elle franchissait le pont au côté de la jeune fille à qui elle imposait sa présence.

Mad, à ce moment-là encore, marchait à grands pas décidés, en regardant droit devant elle, comme si elle voulait ignorer qu'elle n'était pas seule. Elle avait l'air de dire :

« Accompagnez-moi si vous voulez. Je ne peux pas vous en empêcher, puisque le trottoir appartient à tout le monde, mais vous perdez votre temps et votre peine. »

Elle était encore sur son élan, sûre d'elle-même. Elle avait reçu le premier choc quand elle s'était aperçue que, contre son attente, pour une raison quelconque, par un hasard miraculeux, il n'y avait pas de taxi aux alentours de l'*Anneau d'Or.*

Elle s'était arrêtée net, à quelques pas de la terrasse, dont elle évitait la lumière, sans doute parce qu'elle était gênée de se montrer en manteau écossais, le soir de l'enterrement de son père.

Quelques consommateurs prenaient encore le frais. Une jeune femme, en culotte courte, fumait une cigarette, affalée dans un fauteuil d'osier, une jambe repliée de telle sorte qu'on lui voyait presque l'entrecuisse, et elle riait sans cesse d'un rire énervant, en soufflant la fumée vers les deux hommes installés devant elle. Par les grandes baies, on apercevait, dans la fumée, les têtes des habituels joueurs de cartes, parmi lesquels il y avait probablement des hommes qui avaient été les camarades d'enfance de Jeanne.

— Je crois qu'il ne nous reste qu'à aller en chercher un à la gare, avait constaté la tante avec bonne humeur.

Elle veillait à ce qu'il n'y eût pas la moindre ironie dans sa voix. Il fallait franchir le cap de la terrasse, éviter à tout prix que Mad pût faire demi-tour et rentrer à la maison pour appeler une voiture par téléphone.

La femme de la terrasse avait quelque chose de si agressif, de si révoltant dans sa pose et dans son rire, que c'est peut-être par une sorte de défi inconscient que Madeleine se décida à passer.

Et maintenant elles marchaient dans la lumière des réverbères, traversant des zones sombres, puis des zones de clarté pâle, enfin des zones plus brillantes à mesure qu'on s'éloignait de l'un pour se rapprocher peu après du suivant. Quelqu'un, un homme, un ouvrier, qui allait sans doute prendre son travail de nuit, marchait à leur hauteur sur le trottoir opposé, et, tout le long du chemin, le bruit scandé de ses pas accompagna leur marche.

Jeanne ne disait toujours rien, et Mad poursuivait sa route à côté d'elle, les mains enfoncées dans les poches, sans regarder à droite ni à gauche.

La tante, elle, regardait les maisons, les magasins dont, pour la plupart, les volets étaient baissés, mais dont elle pouvait lire les noms sur les enseignes. Une banque à la façade en béton blanc avait remplacé la boutique de chapeaux des sœurs Cairel, en même temps que le magasin de parapluies de la vieille Mme Dubois, qui était morte de la coqueluche. Ces gens-là, et d'autres, étaient morts. Il devait y avoir, au cimetière, tout un quartier de gens que Jeanne avait connus. Et il y en avait à présent qui n'existeraient plus un jour quand, à son tour, Madeleine aurait son âge et passerait par aventure dans ces mêmes rues.

Il y aurait probablement aussi une autre Désirée pour lui dire d'une voix monotone comme l'eau qui coule :

« Germaine Doncœur, tu te souviens, celle qui avait tant de taches de rousseur qu'elle ressemblait à un pain bien cuit ? Elle s'est mariée, a repris le commerce de ses parents, et elle a maintenant sept enfants. Sa fille aînée est la femme du député, et un de ses fils est gouverneur aux colonies. »

La rue était longue, en pente assez douce ; on passait devant un hôtel jadis miteux qui avait mauvaise réputation du temps de Jeanne et qui, maintenant, peint à neuf, portait un nom qu'elle ne connaissait pas.

C'était son silence, elle le savait, qui agaçait sa nièce et qui rendait son pas plus irrégulier. Mais elle était encore loin d'avoir gagné la partie, et elle retenait son souffle comme une équilibriste qui accomplit un tour difficile.

Au début, elles avaient marché à la même allure que l'homme de l'autre trottoir. C'était machinal, comme quand on se trouve à hauteur d'une musique militaire. Il faisait de longues enjambées. Le temps devait le presser.

Ce qu'il fallait, c'était rompre le rythme, et cela couperait, par la même occasion, l'élan de Mad. Cela ne pouvait pas venir de Jeanne. Cela devait venir — et à son insu — de la jeune fille, qui semblait toujours tirée en avant par un fil invisible.

Un moment vint où, parce qu'elle était essoufflée et ne voulait pas le laisser voir, la tante avala sa salive, et le contact entre elles était devenu si intime à travers leur silence que Mad tressaillit, tourna légèrement la tête.

— Vous m'avez parlé ?

— Non, pourquoi ?

— Je croyais.

Cela avait ralenti d'un rien leur allure et bientôt l'homme qui les avait entraînées se trouva avoir assez d'avance sur elles pour que le martèlement de ses talons ne fût plus une obsession.

Madeleine, sa tante en était sûre, était en train, justement à cause du mutisme de celle-ci, de se faire à elle-même le discours qu'elle s'attendait à subir.

Comme on ne lui disait rien, comme sa partenaire était muette et qu'elle mettait son point d'honneur à ne pas parler la première, elle n'avait personne à qui répondre.

La gare bouchait la perspective, tout en haut de la rue, avec quelques lampes plus brillantes que les autres, et la fumée d'un train de marchandises qui montait, plus claire que le ciel, derrière le toit. Là-bas, il y aurait sûrement des taxis, deux ou trois sans doute. Il ne restait que deux cents mètres à parcourir. C'était le même chemin que, dans des dispositions d'esprit différentes, les Fisolle, tiraillant le gamin par la main, avaient parcouru tout à l'heure, dans le soleil couchant.

Leurs pas, depuis un moment, n'étaient plus à l'unisson. Ce n'était rien, et pourtant Madeleine s'efforça de s'accorder, comme un soldat dans le rang, n'y arriva pas et ralentit deux ou trois fois la cadence.

Même alors, elles n'avaient parlé de rien. Elles n'avaient surtout pas parlé, comme la jeune fille avait dû s'y attendre, d'un autre départ, qui avait eu lieu jadis, d'une autre adolescente qui avait quitté la maison crème du pont.

Des pas dans la rue. Des réverbères vers la lumière desquels elles marchaient pour s'en éloigner ensuite et viser une autre lumière.

La démarche souple et nette d'une jeune fille et la démarche d'une vieille grosse femme qui ne se laissait pas distancer, qui était toujours là, à la même hauteur, inexorablement, empêchant l'autre de se regarder vivre, de prendre une attitude, de penser à elle-même.

Cela tenait à si peu de choses ! A presque rien. Jeanne le savait et n'osait plus respirer. Elle ne priait pas, parce qu'elle ne savait pas prier, mais elle tendait sa volonté, avec l'impression que c'était de la force de celle-ci et de sa continuité que tout dépendait.

L'homme de l'autre trottoir avait atteint la gare. C'était peut-être lui qui allait conduire à travers la nuit des campagnes le train de marchandises qui faisait de la fumée ? L'absence de ses pas laissait un vide dans la rue, et on entendit avec plus de netteté ceux de Mad et de sa tante qui n'étaient plus à l'unisson.

Alors, soudain — et cela fit comme une bulle d'air qui éclatait enfin dans la gorge de Jeanne —, la jeune fille s'arrêta, l'espace d'une seconde, tourna les talons et, avant d'avoir rejoint en sens inverse le réverbère qu'elles venaient à peine de dépasser, dit avec rancune :

— Vous croyez que vous avez gagné ?

— Non.

Elles se turent encore sur le chemin du retour. Les gens, à l'*Anneau d'Or,* avaient quitté la terrasse, et la femme aux cuisses nues était accoudée à une fenêtre de l'hôtel, avec un homme qui se déshabillait derrière elle. On voyait toujours les têtes immobiles des joueurs de cartes derrière les deux baies vitrées.

Le pont. Mad ralentissait. Jeanne, qui devinait pourquoi, prononçait simplement :

— Désirée nous aidera à remonter la malle.

Henri, heureusement, ne se montra pas. Il était resté à attendre dans l'obscurité du petit salon, et sa sœur ne soupçonna pas qu'il était là, à tout entendre.

— Tu veux nous donner un coup de main, Désirée ?

— Pour quoi faire ?

— Pour monter cette malle au premier.

Elle marcha sur le pied de son amie afin de l'empêcher de faire des réflexions.

— Entrons-la dans la chambre.

— Elle n'est pas bien sur le palier ?

— Non.

Car il fallait encore que Mad la vidât, le soir même, absolument, et sa tante l'aida, évitant d'avoir l'air de s'intéresser à son contenu.

— Nous monterons la malle vide au second, Désirée et moi. Elle n'est pas lourde. Tu peux refermer ta porte. Bonsoir, Mad.

Celle-ci hésita, tournée vers le mur, dit du bout des lèvres :

— Bonsoir.

C'était tout.

Ce matin, elle n'était pas encore descendue. C'était difficile de descendre. Elle avait dû maintes fois épier à la porte les allées et venues de la maison. Sans doute avait-elle faim. Sa mère était en bas. Elle ne savait pas où était son frère. Savait-elle que sa tante gardait la chambre ?

Elle avait probablement reconnu la voix du Dr Bernard, les pas de Désirée dans l'escalier.

Il était près de dix heures, et la rampe craquait soudain, puis une marche de l'escalier au milieu duquel quelqu'un s'arrêtait.

Pour la plupart des gens, ensuite, cela aurait été le silence, mais Jeanne écoutait tellement qu'elle percevait le tic-tac d'une horloge dans une des chambres du premier.

Elle arrangea le drap sur elle, passa les deux mains derrière sa nuque pour mettre un peu d'ordre dans ses cheveux décolorés, respira un bon coup, sourit, et dit enfin :

— Entre.

Madeleine, debout dans le corridor, n'avait qu'un pas à faire.

7

— Assieds-toi.

Elle lui désignait la chaise basse que le Dr Bernard avait occupée tout à l'heure, et une hésitation chez sa nièce, un rien, comme une de ces radiations qu'enregistre la pointe ultra-sensible de certains appareils, lui fit ajouter :

— Avant ça, veux-tu me rendre le service de baisser les stores ? Je crois que la lumière trop vive finit par me fatiguer les yeux.

Ce n'était pas vrai, mais elle savait que Madeleine était entrée dans cette chambre un peu comme dans un confessionnal, et il valait mieux l'isoler du décor ensoleillé de la ville. Elle portait à nouveau une robe noire, et elle sentait le bain ; elle était d'une netteté remarquable, les cheveux lissés avec un soin particulier. Elle n'avait presque pas mis de poudre, pas du tout de rouge à lèvres.

Elle paraissait très jeune ainsi, très pensionnaire, si on ne regardait pas la courbe pleine de ses hanches et de son ventre qui faisait déjà d'elle une femme.

— Assieds-toi, répéta-t-elle, comme la jeune fille était encore debout, la main sur le dossier de la chaise.

Elles se turent, mais non plus comme la veille au soir. On aurait dit, cette fois, que c'était une sorte de méditation à deux, grave et pudique. Madeleine ne regardait pas encore sa tante en face, mais fixait la main de celle-ci, enflée, bleuâtre, qui reposait sur la couverture, et Jeanne voyait ses longs cils qui battaient régulièrement ; elle savait que le menton finirait par se lever, que jusqu'alors il ne fallait rien dire.

Et, en effet, sa nièce montra tout son visage, sans sourire, sans défi, avec seulement une expression de lassitude.

— Qu'est-ce que vous pensez de moi ? demanda-t-elle d'une voix à laquelle sa volonté ne permettait pas de trembler.

— Je pense, Mad, qu'à l'heure qu'il est j'ai devant moi une petite fille qui donnerait tout au monde pour se sentir propre.

Alors, les yeux s'agrandirent, se mouillèrent.

— Comment le savez-vous ? eut-elle tout juste le temps de bégayer avant de s'abattre sur la main de sa tante et de se mettre à pleurer.

Il n'était pas encore temps de répondre. Il n'y avait rien à répondre tout de suite, et ces larmes-là, chaudes, abondantes, qui coulaient comme de source, étaient trop précieuses pour les arrêter. Mad gardait son visage collé sur la vieille main enflée, et les soubresauts de son corps se communiquaient au lit, tandis que, de sa main libre, Jeanne jouait rêveusement avec les souples cheveux bruns.

— Pour... quoi... commençait la jeune fille entre deux hoquets. Pour... quoi ?...

Elle sourit, malgré elle, de son impuissance à articuler les mots, pleura à nouveau, mais déjà, sous les larmes, son visage était plus lumineux.

Elle reprenait son souffle, petit à petit, avec encore des hoquets qui lui coupaient la parole.

— C'est bête ! Je n'ai jamais pleuré comme ça devant personne.

On aurait dit qu'elle se posait la même question que le Dr Bernard, ou presque, en observant sa tante dont l'œil gauche était toujours enflé. D'autres se la posaient aussi, Louise, son fils, M. Sallenave lui-même, chacun différemment, et il y avait jusqu'à Désirée à être intriguée et à poser des colles.

C'est à leur question à tous, peut-être plus encore qu'à sa nièce, que la vieille femme souriait d'un sourire triste et un peu mystérieux. Mais Mad ne pouvait pas le deviner. Elle était encore à l'âge où l'on rapporte tout à soi-même.

— Pourquoi m'avez-vous fait confiance ?

— Sans doute parce que je savais que je ne serais pas déçue.

— C'est la première fois que quelqu'un me fait confiance. Savez-vous ça aussi ? Tout le monde se méfie de moi, toujours. J'étais encore petite fille quand j'entendais ma mère me répéter :

» — Je parie que tu mens !

» Et papa, quand l'envie me prenait de lui faire une caresse, me demandait avec un sourire :

» — Qu'est-ce que tu veux ? De quoi as-tu besoin ?

» Vous, vous n'avez rien dit. Vous ne m'avez pas interrogée. Vous ne m'avez adressé aucun reproche.

— Ne t'en es-tu pas chargée ?

— Oui. Comment est-il possible que vous l'ayez deviné ? Personne n'a pu rien dire, parce que personne ne me croit capable d'avoir des remords, ou même des sentiments. On se figure que je suis dure, ambitieuse, préoccupée uniquement de moi-même et de mon plaisir. De mon plaisir surtout, n'est-ce pas ?

Et là, comme une fausse note, jaillit un petit rire, ironique et amer, qui faisait mal.

— Henri a dû vous parler de mon plaisir, de mes plaisirs, de mes sales plaisirs. En descendant hier au soir, il m'a annoncé qu'il allait tout vous raconter, pour être sûr que vous m'empêcheriez de partir. Je m'attendais à vous voir surgir dans ma chambre, indignée, des reproches plein la bouche, décidée à me faire honte de ma conduite. Or vous n'avez rien dit. Vous ne me dites rien.

» Si ! vous avez compris que je me sentais sale ! Tenez ! Ce matin, je me suis lavée farouchement, comme s'il y avait des choses qu'on peut effacer. Et, chaque fois que je rentrais, je prenais un bain. Vous allez vous moquer de moi. Je me lavais même les cheveux et j'en avais pour une partie de la nuit à les sécher.

Elle s'était dressée, depuis que son débit était devenu plus rapide, plus haché ; elle marchait à travers la chambre, s'arrêtait pour regarder sa tante avec curiosité.

— Vous ne me demandez pas pourquoi j'ai fait ça ?

— Non.

— Vous le savez ? Moi, je me demande si je le sais moi-même, et parfois je pense que c'est justement par besoin de me salir.

Elle regarda les murs autour d'elle avec une sorte d'exaspération.

— Cette maison, toujours, et la vie qu'on y mène, les phrases qu'on y prononce, les petites préoccupations de chacun... Est-ce que c'était déjà ainsi de votre temps ?

— Avec cette différence que mon père, à moi, que tu as connu, nous élevait d'une façon infiniment plus stricte, que nous n'avions pas le droit de parler à table, de quitter la salle à manger sans permission, de sortir sans être accompagné d'une bonne. Il n'était pas davantage permis de le contredire ni d'être en retard d'une seule minute pour un repas. Si j'étais descendue en pantoufles et en robe de chambre, je pense que je me serais fait gifler, mais l'idée ne m'est jamais venue d'essayer. Elle ne serait venue à personne. A sept heures et demie, je devais avoir fait mon lit, ma chambre, et être prête.

— Vous êtes partie, dit Mad, tout bas, timidement, mais comme si ça expliquait tout.

— A vingt et un ans.

— Et avant ?

— J'ai attendu.

— Vous n'avez jamais rien fait avant ?

— Non.

— Rien de rien ?

— Rien de rien.

— Pourquoi ?

— Je ne sais pas, Mad.

— Vous n'en aviez pas l'occasion ?

— On a toujours de ces occasions-là.

— Par religion ?

— A seize ans, je ne croyais plus à la religion.

— Par...

— Oui. Le mot que tu as employé tout à l'heure. Par propreté. A cause de l'idée que j'avais de la propreté. Peut-être aussi parce que je savais que mon père faisait ça avec toutes les bonnes et qu'un jour, en rentrant précipitamment dans la cave, je l'y avais surpris.

— Mon père n'était pas ainsi. Je ne crois pas. Cela a dû être épouvantable.

— Oui. Je n'avais que treize ans, et j'ai été très impressionnée.

Elle ajouta en souriant :

— Je me souviens de m'être juré que jamais je ne subirais ça d'aucun homme. Plus tard, j'ai compris que cela pouvait être très beau, à condition...

— A condition d'aimer, acheva Mad avec amertume. Et, moi, je n'ai jamais aimé. Je ne sais même pas si j'en ai jamais eu l'envie. En tout cas, je n'en serais plus capable. Les hommes me dégoûtent et quelquefois, quand je suis avec eux, j'ai la sensation de me venger. Ce n'est pas vrai, évidemment. Je ne venge rien du tout. Je me cherche des excuses. Il n'aurait pas fallu que je commence, comprenez-vous ? Et j'ai commencé pour faire comme les autres.

» Ou plutôt non. Ce n'est pas encore cela. Je voulais en faire plus que les autres. J'ai toujours eu l'ambition de faire plus et mieux que les autres. A l'école, jusqu'à l'avant-dernière année, j'ai été la première dans toutes les classes. Cette année-là, le hasard a voulu que je fusse seulement seconde, et, l'année suivante, je n'ai pas essayé de travailler, je l'ai fait exprès de rester dans les dernières.

— Je sais. J'ai toujours été la première.

— Jusqu'au bout ?

— Par orgueil, probablement. Je disais par fierté.

— C'est par orgueil aussi que vous avez attendu vingt et un ans ?

— Probablement.

— Alors qu'à cause du même sentiment, moi, je commençais à quinze ans ! C'est drôle de parler comme ça à une tante. Je n'aurais jamais cru cela possible. C'est hier soir, au moment d'atteindre le haut de la grand-rue, que j'ai compris. J'ai failli me jeter dans vos bras tout de suite après être rentrée, mais il m'a semblé que vous n'en aviez pas envie.

— Tu ne t'es pas trompée.

— Pourquoi ?

— Parce que tu étais encore sur tes nerfs, que tu avais besoin de te calmer. Maintenant, d'ailleurs, il serait plus sage que tu descendes manger un morceau et que tu reviennes. Tu n'as pas encore pris ton café, n'est-ce pas ?

— Je n'en ai pas besoin.

— Tu remonteras immédiatement.

— Ce ne serait plus la même chose.

— Dans ce cas, tu vas aller jusqu'au bout du corridor et crier à Désirée de me monter un bol de lait et une tartine. A moins que tu préfères des croissants ? Il y en a.

— Vous croyez ?

— Oui.

— Je dis que c'est pour vous ?

— Oui.

— Je n'ose pas l'appeler ainsi à travers la maison.

— Si c'est pour moi, elle ne s'en formalisera pas. Elle sait que je suis malade.

Elles ne parlèrent presque pas en attendant Désirée, et il y avait, dans leur silence, une sorte de complicité presque amusée.

— Je pense que je peux lever les stores, à présent ? Vous ne devez plus avoir mal aux yeux ? Est-ce que je me trompe ?

— Non.

— Vous croyez que Désirée sait ?

— J'ai tout lieu de penser que non.

— Cela m'est égal, d'ailleurs. Il y en a suffisamment qui savent. A certains moments, je m'en vantais presque ; je le faisais exprès de m'afficher.

Elles se turent, car Désirée arrivait avec le plateau, étonnée, le posait sur le lit.

— Tu as faim, maintenant ?

Et soupçonneuse, elle jeta un coup d'œil à la jeune fille.

— Que se passe-t-il en bas ?

— Rien. Le bébé dort. Henri est toujours au bureau. Madame — elle avait dit Madame à cause de la jeune fille — est avec le notaire.

— Tu lui as téléphoné ?

— Non. Il vient d'arriver. Il n'a pas demandé à te parler. Il n'a pas fait allusion à toi. Il s'est fait annoncer à Mme Martineau.

— Je te remercie.

— Tu veux quand même tes légumes à midi ? Il est passé onze heures.

— Cela ne fait rien.

— Tu as pris ton médicament ?

Elle s'en alla enfin, et Mad n'attendit qu'un regard de sa tante pour se précipiter vers le plateau.

— Avoue que tu avais très faim ?

— J'avoue.

— C'est à cause de ta mère que tu n'es pas descendue ?

— En partie. J'aimerais que vous me disiez ce que je dois faire. Est-ce qu'il vaut mieux lui demander pardon ?

— A mon avis, il est préférable de ne rien dire, de faire comme si rien ne s'était passé.

— Vous m'en voulez ? C'est très laid ?

— Tu sais fort bien ce que tu en penses, Mad, et cela suffit.

— Il y a tant de choses que je pense et dans lesquelles je ne me retrouve pas ! Tenez ! Même tout ce que je vous ai dit ce matin. Je me demande tout à coup si c'est vraiment sincère, si ce n'est pas de la comédie. Un jour, peut-être que je vous montrerai mon journal.

— Tu tiens un journal ?

— Il y a longtemps que je n'y ai plus rien écrit. C'était surtout *avant*. Mais, certains jours que j'étais trop écœurée, il m'est arrivé de le reprendre, d'y mettre tout ce que je pensais de moi. Ce n'est pas beau, vous savez ! Je vous ai dit...

» Je ne sais même plus ce que je vous ai dit. Je savais que vous m'écouteriez, que vous me croiriez ; je savais que vous vous intéressiez à moi. Cela, je l'ai senti dès votre premier regard. Et, tout d'abord, j'ai voulu vous intriguer. Peut-être, au fond, est-ce pour vous parler comme je l'ai fait tout à l'heure que je suis restée ? Je tenais à vous montrer que je valais la peine qu'on s'occupe de moi et je m'acharnais à ne pas vous décevoir. C'est maintenant que je dis la vérité, tante.

» Je suis une sale. Je suis une vicieuse.

» Quand vous m'avez parlé de votre père et de la servante, dans la cave, j'ai baissé la tête pour que vous ne me voyiez pas rougir, parce que, moi, j'ai fait juste le contraire. C'est moi qui, le soir, me relevais de mon lit pour aller regarder par la serrure dans l'espoir de voir quelque chose.

— Et tu as vu ?

— Non. Ils éteignaient la lumière. Mais j'écoutais et je me faisais des idées. Et, toute seule dans mon lit, dès l'âge de treize ans, je me couchais sur le ventre d'une certaine façon.

— Je sais.

— Vous aussi ?

Sa tante ne fit qu'un mouvement du menton.

— Les filles, à votre école, racontaient déjà des saletés comme elles en racontent maintenant ?

— Certaines, oui.

— Et faisaient des dessins ?

— Probablement.

— A quatorze ans, je connaissais tous les mots qu'on n'a pas le droit de prononcer, et je savais ce qu'ils voulaient dire, cependant qu'à la maison on me croyait toute innocente. Cela me faisait assez enrager de voir mes frères se cacher dans les coins pour chuchoter entre eux et éclater de rire sans vouloir me dire de quoi ils riaient. Julien est parti presque tout de suite pour l'université de Poitiers. Je ne le voyais pas beaucoup, et il me traitait en gamine. Il ne s'apercevait pas que je grandissais. Mais Henri est à peine plus âgé que moi, juste deux ans, et je me suis arrangée pour le faire parler.

— Et pour qu'il t'emmène avec lui.

— Oui. C'est ainsi que ç'a commencé. Mais je suis sûre que, sans Henri, la même chose se serait produite, seulement un peu plus tard.

Elle ajouta sérieusement en regardant sa tante :

— Je crois que je suis une vicieuse. Il n'y a rien à faire.

Puis, excitée :

— Ce n'est pas tellement la chose en soi, vous savez bien ce que je veux dire. La plupart du temps, cela ne me fait même pas plaisir. Et je sais, avant de commencer, qu'après je serai dégoûtée.

— Tu commences quand même ?

— Oui. C'est pourquoi je dis que je suis vicieuse. Je fais ça pour ne pas rester à la maison, pour sortir en auto ; je le ferais rien que pour me montrer à mes amies, dans la grand-rue, avec des hommes, surtout en voiture découverte. C'est malin, n'est-ce pas ? Et pour m'asseoir à une terrasse de café, comme la femme que vous avez vue hier. Car, moi aussi, je fais ça, et c'est pourquoi j'ai eu tellement honte en passant. Quand ce sont les autres, cela a l'air si bête et si répugnant !

» Si bête, surtout ! Simplement pour que les hommes s'intéressent à vous, s'excitent, vous emmènent sur les plages, dans les casinos, dans les dancings, vous fassent boire des cocktails et vous embrassent avec une bouche qui sent l'alcool, la respiration toujours plus courte, et à la fin, tremblant sur leurs pattes de derrière, vous renversent sur un vilain lit d'hôtel, quand ce n'est pas au bord de la route ou dans le fond de l'auto.

» Pourquoi est-ce que j'accepte ça, tante ?

Sans doute aurait-elle préféré, à présent, que les stores fussent à nouveau baissés, qu'il n'y eût plus devant elle le panorama lumineux de la ville, la grand-rue avec ses magasins, l'*Anneau d'Or* avec sa terrasse, où des touristes étaient déjà assis à l'ombre pour l'apéritif.

— Il y a des fois que je rentre sans oser me toucher avec les mains avant de les avoir passées à la pierre ponce et, la nuit, j'ai encore dans la bouche le goût d'une salive étrangère. Longtemps, je suis allée me confesser, parfois tout de suite après. Un jour, le prêtre m'a demandé si je ne prenais pas un plaisir sensuel à lui détailler mes péchés, et j'ai compris qu'il avait raison. Je ne crois pas que c'était sensuel, mais c'était encore une façon de me rendre intéressante et je pense qu'il m'arrivait d'essayer de voir à travers la grille si je l'avais troublé.

» Et vous ne trouvez pas que je suis vicieuse ?

» Je reste toute la semaine à la maison, je cherche à m'intéresser à quelque chose, et peut-être que, si j'étais bonne dans un domaine quelconque, que si j'étais, par exemple, une musicienne de talent, ou une artiste peintre, n'importe quoi, rien ne m'arriverait plus.

» Mais je suis moyenne en tout, même au tennis, même en natation. Alors, dès le vendredi, je téléphone. Il y en a un, que j'ai rencontré par hasard à Royan, que je n'ai qu'à appeler au bout du fil pour qu'il vienne tout de suite de Paris, où il habite avec sa femme et ses trois enfants. C'est avec lui que j'étais dimanche. Qu'est-ce que vous dites ?

— Je ne dis rien.

Peut-être ses lèvres avaient-elles remué ? Peut-être avait-elle balbutié pour elle-même :

— Pauvre !

— Avouez que vous êtes découragée et que c'est beaucoup plus laid que ce à quoi vous vous attendiez. Et tenez ! Je dirai absolument tout. Ça, je m'étais juré de ne jamais en parler à personne, même à un prêtre, parce que j'ai trop honte et que, rien que d'y penser, cela me donne un malaise physique. Il m'arrive... c'est si difficile à dire !... Ne me regardez pas... Il m'arrive de le faire exprès qu'il y ait un autre homme pour nous regarder... Vous comprenez ce que je veux dire !... Il nous voit faire et s'énerve... Et, moi, je veux qu'il m'admire, qu'il devienne fou d'envie, qu'il pense qu'il n'y a que moi au monde capable de...

Elle pleura pour la seconde fois, mais différemment de la première, sans sanglots, sans se cacher le visage, sans souci de montrer ses traits défigurés par une sorte de rictus.

Ces larmes-là, qu'elle laissait couler librement tout en parlant, atteignaient, pour le contourner, le coin de ses lèvres et venaient trembler un instant à la base du menton, tandis qu'elle poursuivait, d'une voix qui ressemblait à celle de sa mère en crise :

— Comment voulez-vous, après ça, que j'espère jamais être propre, avoir un homme à moi, qui me traite comme une vraie femme et qui me fasse des enfants ? Je ne sais même pas si je peux encore en avoir !

» J'ai dû, il n'y a pas si longtemps, aller voir un docteur, pas le Dr Bernard, un docteur d'une autre ville, qui a refusé de m'aider. Je me suis glissée, le soir, dans une maison écœurante où une vieille femme m'a fait ce que vous savez. Tout cela sans que personne ne sache ! Et, la nuit suivante, il fallait que nul n'entende rien dans la maison ! J'aurais pu mourir toute seule dans ma chambre un oreiller sur ma figure parce que j'avais peur de crier. Et l'argent à trouver coûte que coûte pour payer la vieille...

» Depuis, il y a des choses qui ne vont pas, qui ne sont pas comme elles devraient être. Voilà des mois que j'ai mal et je m'obstine à continuer, comprenez-vous ça, vous qui comprenez tout ?

» Les hommes ne s'aperçoivent de rien. Ils sont tout fiers, tout heureux ! S'ils savaient seulement ce que je pense d'eux et à quel point je peux les haïr ! Surtout quand je les vois, tout près, les yeux dans les yeux, avec une certaine expression sur leur visage !

» Je suis malheureuse, tante, et cela est vrai, il faut le croire. Je vous supplie de me croire, même si, pour le reste, il m'est arrivé de vous mentir ou d'arranger la vérité.

» Et c'est vrai aussi que je donnerais n'importe quoi pour être propre, pour redevenir propre et pour le rester. J'ai dix-sept ans, tante. Je les ai eus le mois dernier. Je suis un monstre. Je suis...

— Tu es une femme, ma petite.

Il y eut un choc, et Mad, soudain immobile, la regarda, incrédule, sourcils froncés. Elle réfléchit un moment, en faisant un effort de compréhension, avant de questionner, presque défiante :

— Qu'est-ce que vous voulez dire ?

— Rien d'autre que ce que j'ai dit. Ton frère est un homme. Ton père, ton grand-père étaient des hommes et pas plus que des hommes. Ta maman est une femme. Tu es une femme, et Alice en est une aussi.

— Alice, elle, peut faire tout ce qui lui passe par la tête sans avoir honte.

— Qu'en sais-tu ?

— Au premier coup que cela lui est arrivé, elle a décroché un mari.

— Il est mort.

— N'empêche qu'elle est madame et qu'elle a une situation.

— Qu'en sais-tu ?

— Vous répétez toujours ça. Moi, je sais que la plupart des gens ne se créent pas de problèmes et sont satisfaits d'eux-mêmes, sinon entièrement heureux.

— Je répète encore une fois : qu'en sais-tu ?

Alors, perdant patience, elle se révolta.

— Allez-vous prétendre que, vous aussi, vous avez honte de vous-même ?

— Moi aussi.

— Pourquoi ?

— Pour beaucoup de raisons, pour toute une vie qu'il serait trop long de te raconter, que je te raconterai un jour si tu en as encore envie ; aujourd'hui, je ne t'en dirai que la fin, que ce qui est tout récent, presque d'hier.

» Dimanche matin, une vieille grosse femme à face de lune frappait à la porte de cette maison et, parce que c'était la tante Jeanne, personne ne s'est demandé ce qu'elle venait faire.

— C'est vrai.

— Or tante Jeanne venait ici, honteusement, pour chercher un dernier asile, parce qu'elle était tombée si bas, elle était si lasse et si écœurée d'elle-même qu'elle ne mendiait plus qu'un coin pour attendre la fin.

» C'était sa dernière chance, et elle venait de loin, épuisée, osant à peine espérer voir le bout de son voyage.

» A Poitiers, Jeanne, entre deux trains, ta tante Jeanne, pour se donner du courage, ou plutôt avec l'excuse de se donner du courage, a bu deux verres de cognac à la buvette, en se cachant, en s'assurant qu'on ne la regardait pas.

— Comme maman.

— Et, le soir, en face d'ici, à l'*Anneau d'Or*, il a fallu coûte que coûte qu'elle en boive un autre, puis un autre encore et, si elle n'est pas venue plus tôt dimanche matin, c'est parce qu'elle avait la gueule de bois.

Le mot, par sa vulgarité, fit sursauter la jeune fille.

— A Paris, où elle n'a passé qu'une nuit, tante Jeanne a fini par entrer dans un bar crapuleux et, au comptoir, parmi les hommes, s'est mise à boire dans des verres épais et gras. Et avant ça, à Istanbul...

— Tante !

— Il faut que tu écoutes ceci, qui est pour toi, Mad. A Istanbul, tante Jeanne, qui avait déjà fait l'apprentissage du métier de servante...

— Comme Désirée...

— A Istanbul, tante Jeanne faisait le dernier, le tout dernier des métiers, celui que les hommes eux-mêmes méprisent et pour lequel ils ont trouvé le mot le plus dur, un métier pour lequel, dans la plupart des pays du monde, on va en prison.

— Vous...

Elle se méprenait, regardait, incrédule, le gras visage de Jeanne, son corps informe sous le drap.

— Non. Ce n'est pas ce que tu penses. C'est moi qui recevais les clients en souriant, leur demandais leurs goûts, avec des mots précis, des sourires entendus, prometteurs, et qui, claquant des mains comme une maîtresse d'école, appelais au salon un rang de filles en chemise, qu'ils se mettaient à tâter comme à la foire.

Madeleine, tête basse, ne trouvait plus rien à dire. Sa tante non plus ne parla pas pendant un bon moment, les yeux fixés sur un pigeon ardoisé qui s'était posé sur l'appui extérieur de la fenêtre.

— Tu as compris, maintenant ?

Elle fit « oui » de la tête.

— Qu'est-ce que tu as compris ?

— Je ne sais pas. Tout.

— Tu peux encore me regarder ?

Mad leva les yeux, mais elle avait hésité. Son regard était grave, troublé.

— Tu vois ! Tu ne pourras plus pleurer sur ma main comme tu l'as fait ce matin. Mais je pense que cela valait mieux.

— Vous avez bien fait, dit-elle en avalant sa salive avec effort.

On sentait à présent qu'elle avait envie de quitter cette chambre où elles étaient restées trop longtemps toutes les deux, où elles avaient mis à nu des choses trop secrètes.

— Tu peux descendre. J'espère que le notaire n'est pas parti. Dis à ta maman que je voudrais la voir, qu'elle peut monter avec lui.

— Oui, tante.

— Avant de t'en aller, passe-toi de l'eau fraîche sur les yeux et remets-toi un peu de poudre. Sois assez gentille aussi pour me donner mon eau de Cologne, veux-tu ?

Mad la prit sur le petit meuble qui était à la même place quarante ans plus tôt, quand Jeanne avait l'âge de sa nièce ; Jeanne ne put s'empêcher de le lui dire.

— C'était ma commode quand j'étais jeune fille. C'était ma chambre. Va ! Va vite !

— Merci.

Elle avait du mal à partir. C'était presque aussi difficile que ç'avait été difficile de venir. Elle restait les bras ballants au milieu de la pièce, faisait trois pas raides vers la porte. Après un instant, elle se retournait, soudain décidée, marchait vers le lit et, se penchant, posait ses lèvres sur la grosse main, qui sentait maintenant l'eau de Cologne.

Jeanne faillit lui dire, à cause du parfum :

» Moi aussi, j'essaie de me faire propre, tu vois ! »

Mais cela aurait sonné faux. Le silence valait mieux. Simplement les pas de la jeune fille qui s'éloignait, lentement d'abord, puis qui, soudain, au milieu de l'escalier, se mettait à sauter les marches comme n'importe qui à son âge.

Elle l'entendit, en bas, qui lançait à sa mère, avant même d'atteindre le petit salon :

— Maman ! Tante Jeanne demande que...

Le reste se perdit, parce que la porte s'était refermée.

Il n'y avait plus que la grosse Jaja, tout enflée, dans son lit, l'œil gauche tuméfié comme si elle avait reçu des coups, comme quelque ivrognesse, sur qui, dans la rue, les parents empêchent leurs enfants de se retourner.

Elle se sentait les lèvres et la gorge sèches. Sa main, machinalement, comme dans le train, se posait sur la chair molle et chaude du sein, à peu près à la place du cœur, et elle pensa au petit placard de l'entresol où Louise cachait ses bouteilles, se demanda si Désirée accepterait...

Puis elle se laissa glisser dans les draps, oubliant le notaire, oubliant tout, ferma les yeux, épuisée, et ses lèvres dessinèrent plutôt qu'elles ne prononcèrent le mot :

— Propre !

8

Il montait trois ou quatre marches, lentement, d'un pas ferme, puis s'arrêtait, non pas le visage anxieux ou crispé de quelqu'un qui souffre du cœur, ni essoufflé, mais en homme qui, en toutes circonstances, ménage son effort, et il restait un certain temps immobile, à regarder le mur ou les marches de l'escalier devant lui.

Louise, qui le suivait, et qui était chaque fois surprise, qui ne savait quelle contenance prendre, toute petite, en contrebas, avait essayé de lui parler, par contenance.

— Les marches sont raides, avait-elle murmuré au premier arrêt, avec l'air de s'excuser.

Il ne s'était pas retourné, n'avait pas répondu, et son dos semblait proclamer son mépris pour les remarques banales ou superflues.

Une seconde fois, elle avait essayé, pour elle, parce qu'elle était gênée.

— Si j'avais su que ma belle-sœur tomberait malade, je l'aurais installée au premier étage. C'est elle qui a choisi sa chambre.

Il n'avait toujours pas bronché. A ce train-là, ils n'en finissaient pas de gravir les marches. Quel âge le notaire Bigeois pouvait-il avoir ? Jeanne avait d'abord pensé que c'était le fils de celui qu'elle avait connu et qu'enfant elle considérait déjà comme un vieillard. Il devait approcher de ses quatre-vingt-dix ans, s'il ne les avait pas. Il se tenait encore très droit, et son teint était d'un rose de bébé, qui paraissait presque artificiel sous ses cheveux blancs coupés en brosse.

— Le notaire peut entrer, Jeanne ?

— Mais oui.

Il entra, avec le même regard impersonnel, la même attitude que s'il visitait une maison à vendre, se trouva après quelques instants à regarder Jeanne avec une curiosité toute professionnelle. On avait l'impression, tant c'était flagrant, qu'il le faisait exprès de ne pas être poli, d'user au strict minimum des menues civilités qui sont monnaie courante. Au lieu de lui dire bonjour, de lui demander en termes vagues et banaux des nouvelles de sa santé, il ne prononça qu'un mot, avec peut-être la joie de certains vieillards qui voient des gens plus jeunes qu'eux accablés par la maladie :

— Hydropisie ?

Elle se souvenait qu'elle avait été une petite fille devant lui, qu'il l'impressionnait déjà à cette époque-là, et c'est presque en petite fille qu'elle répondit :

— Ce n'est pas grave. Un peu de repos et je serai debout.

— C'est ce qu'on dit toujours.

— Cela m'est déjà arrivé.

Elle avait vu que Louise était préoccupée, non pas abattue d'une façon plus ou moins vague ou hystérique, comme elle l'avait été les derniers jours, mais comme quelqu'un qui se trouve soudain en face de problèmes précis.

— M. Bigeois ne voulait pas monter. J'ai insisté pour qu'il te répète ce qu'il vient de me dire.

— Asseyez-vous, monsieur Bigeois.

Il ne voulut pas de la chaise basse qui se trouvait au pied du lit et qu'elle lui désignait. Il la porta ailleurs, alla en chercher une autre dans un coin de la chambre et, avant de s'asseoir, l'examina comme pour s'assurer de sa solidité ou pour l'évaluer.

— Vous avez lu mon annonce, n'est-ce pas ? attaqua-t-il tout de suite.

Sans attendre de réponse, il poursuivit :

— Pour des raisons qui vous regardent et que je connais, vous avez préféré vous laisser passer pour morte. Vous avez fait fi de la succession, pensant que vous ne reviendriez jamais, et vous voyez que vous avez fini par revenir.

— Pas pour la succession, se hâta-t-elle de protester. Si je vous ai demandé de bien vouloir monter...

Elle tenait à lui expliquer, à expliquer à Louise, que son intention, justement, était d'y renoncer d'une façon définitive, si, légalement, c'était encore nécessaire, mais il lui coupa la parole.

— Au point où les choses en sont arrivées, peu importe ce que vous aviez ou n'aviez pas l'intention de faire.

Personne, probablement, ne connaissait aussi bien que lui les familles de la région et leurs secrets. Ce n'est pas seulement pour les Martineau qu'il avait connu les parents et les grands-parents, et il savait par cœur l'histoire des moindres murs de la ville.

De quoi se vengeait-il en parlant d'une voix glacée, sous laquelle on sentait comme le goût des catastrophes, en tout cas une sorte de délectation !

Peut-être parce que Jeanne était couchée et que son visage enflé, son œil tuméfié la rendaient pitoyable. Louise essaya d'amortir le choc.

— Le notaire Bigeois vient de m'apprendre de mauvaises nouvelles.

— Je sais. J'ai eu une longue conversation avec M. Sallenave.

Le notaire haussa les épaules, méprisant.

— Le petit Sallenave ne sait rien du tout.

Interloquée, elle questionna :

— Vous voulez parler de l'action des Fisolle ?

— Les Fisolle n'ont aucune importance. M. Fisolle m'a téléphoné ce matin à l'étude pour me demander d'ouvrir la succession, et je lui ai répondu qu'elle était large ouverte.

— C'est beaucoup plus grave que tu ne le supposes, Jeanne.

Louise était plus calme, plus maîtresse d'elle-même que les autres jours. On la sentait abattue, mais elle ne se laissait pas aller à la dérive.

— Nous allons être obligés de vendre.

— Vendre la maison ?

— Oui, madame, intervint le vieillard. La maison avec ce qu'elle contient, les chais et le fonds de commerce. Et le trou qui restera à boucher sera encore assez grand pour que Robert Martineau, s'il avait vécu, se trouve en face de sérieux ennuis. Mon rôle n'est ni de l'approuver ni de le désapprouver, et il y a longtemps que je n'attends plus rien des gens. Le connaissant comme je le connaissais, j'ai prévu, quand il m'a quitté, samedi, la solution qu'il choisirait.

— Vous pensez que c'était la plus facile ?

Il garda un silence hautain. Le regard dont il enveloppait la grosse femme couchée en face de lui ne l'était pas moins. Il prit le temps de toussoter, de tirer son mouchoir de sa poche, et dit, comme si ces mots avaient un sens que lui seul comprenait :

— J'ai connu son grand-père, j'ai connu son père, j'ai connu ses frères et je l'ai connu. Je connais ses enfants.

— Pourquoi est-il allé vous voir ?

— Pourquoi vient-on un samedi soir après la fermeture de l'étude ?

Elle ignorait si, en bas, avec Louise, il s'était montré plus humain ou plus prolixe. En tout cas, l'entretien avait duré très longtemps. Il devait considérer cette répétition à laquelle on le contraignait comme superflue, et il le lui faisait payer.

— Je sais que mon frère avait besoin d'argent. Lundi matin, il n'y avait pas un centime dans la caisse.

— Mais, lundi, M. Sallenave m'a remis de l'argent ! s'exclama Louise, qui comprit soudain et fixa sa belle-sœur d'un air gêné.

— En général, dit le notaire, on appelle besoins d'argent des besoins qui, à la rigueur, peuvent être satisfaits. Passé un certain cap, un certain chiffre, passé une certaine proportion entre ce qui manque et ce qu'on pourrait se procurer, je ne sais plus comment cela s'appelle, et vous emploierez le mot qu'il vous plaira. Le comptable se casse la tête sur de petites additions et s'effraie comme un enfant. C'est d'ailleurs encore un enfant, et je me souviens de son grand-père quand il vendait des légumes aux portes. Vous êtes revenue à un mauvais moment, mademoiselle Martineau, et il aurait sans doute mieux valu pour vous que vous restiez où vous étiez.

Il avait appuyé sur le mademoiselle, ne l'avait pas appelée Mme Lauer, sachant certainement qu'elle n'avait jamais été mariée. Elle se rappela qu'il avait été le notaire et l'ami de la tante de François Lauer.

— J'ai attendu jusqu'après l'enterrement pour satisfaire à mes obligations. Je ne comprends pas bien pourquoi Mme Martineau a tenu à ce que je monte vous répéter ce que je lui ai appris.

— Qu'est-ce que Robert vous a dit, samedi ?

— Ce qu'on dit invariablement en pareil cas. Il était effondré et on l'aurait été à moins. Il ne voyait aucune issue, il n'y en avait logiquement aucune ; il s'obstinait à en chercher, avec l'air de croire, parce que j'étais son notaire et surtout parce que j'étais celui de son père, que j'allais accomplir un miracle.

— De combien avait-il besoin ?

— Plusieurs millions. En liquidant l'actif au plus haut prix, avec le maximum de chance, on arrivera à peu près à la moitié. C'est pourquoi j'ai répondu tout à l'heure à M. Fisolle qu'à mon avis la succession était toute réglée. Les héritiers n'ont guère que la ressource de renoncer à leurs droits, faute de quoi ils se trouveront en face d'une dette écrasante, que leur vie ne suffira pas à payer.

— Comment a-t-il fait ça ?

— J'attendais la question. Votre belle-sœur me l'a posée. On me la pose chaque fois. Les gens vivent dans la même maison, dorment dans le même lit, ou séparés seulement par des cloisons, se voient trois fois par jour pour les repas et sont tout surpris, un beau jour, de ne rien savoir les uns des autres.

— Vous oubliez que j'ai quitté la ville il y a trente-sept ans.

— Je m'en souviens fort bien. C'est moi qui ai conseillé à votre père de ne rien faire pour vous retrouver, ce qui était d'ailleurs dans son caractère.

J'étais sûr aussi que l'annonce, que la loi, plus tard, me contraignit de publier, serait sans effet.

— Vous saviez où j'étais ?

Il la regarda sans répondre et on avait l'impression, quand il regardait quelqu'un de la sorte, que ce regard venait d'un autre monde, figé, glacé, en blanc et noir, sans nuances.

Il attendait, résigné, les questions inévitables, tirait un gros chronomètre de sa poche, en remontait le mouvement.

— Vous n'avez rien à me dire en particulier ?

Cela parut le surprendre.

— Pourquoi ? Ce que j'avais à dire, je l'ai dit à sa femme.

— Vous auriez pu vouloir la ménager.

Cette supposition était tellement extravagante, il le montrait par son attitude, qu'elle en rougit, humiliée.

— Je vous demande pardon. Je regrette à présent de vous avoir imposé la corvée et la fatigue de monter deux étages. Nous nous trouvons en plein drame de famille et je fais de mon mieux pour...

— Il n'y a pas de drame de famille.

— Bien ! fit-elle, pincée.

— Il y a des gens qui réussissent et des gens qui ratent. Il y en a qui montent et d'autres qui descendent. Le petit couple, en face, qui vient de reprendre l'*Anneau d'Or,* est en train de monter. Le gamin était garçon de café et sa femme est la fille de pauvres Italiens. Dans dix ans, ils auront acheté deux ou trois maisons en ville ou des fermes à la campagne. Si ce n'était pas un peu trop tôt, ce seraient des acquéreurs pour cet immeuble, dont ils feraient probablement une annexe à leur hôtel.

Le sujet devait lui plaire, car il n'y avait plus besoin de le presser de parler.

— Votre grand-père, lui aussi, était un homme qui montait.

Il existait deux photographies de lui dans l'album. Sur l'une, il était représenté avec une veste de chasse à boutons de bronze, des jambières de cuir, un fusil à la main, un chien à ses pieds et, le visage barré d'une moustache sombre aux pointes effilées, il avait assez la mine d'un braconnier prêt à abattre les gendarmes.

C'était lui qui tenait l'*Anneau d'Or,* alors que le pont n'était encore qu'un pont de bois, que les berges de la rivière n'étaient pas empierrées et qu'il n'y avait qu'une auberge où s'arrêtaient les rouliers. Il ne savait ni lire ni écrire. Comme les abattoirs n'étaient pas construits à cette époque, c'est dans la remise qu'on venait tuer les bœufs, et les veaux, dont on lavait les peaux dans la rivière.

Sur cette photographie-là, imprimée sur une mince couche de métal mordoré, il avait une quarantaine d'années, mais, sur la seconde, c'était un vieillard à la peau finement ridée entre ses favoris blancs, aux traits encore durs, qui visait visiblement à la dignité.

A cette époque, il avait déjà acheté les terrains sur lesquels se dressait la maison actuelle et avait bâti les premiers chais.

Son fils, le père de Jeanne, avait repris le commerce de vins, abandonnant l'auberge qui, dans d'autres mains, était devenue l'hôtel actuel.

Louis était un homme grand et fort, sanguin, qui buvait sec, mais qu'elle n'avait jamais vu ivre. Sa femme était morte en donnant naissance à Robert, le plus jeune des garçons, et le veuf s'était fort bien consolé avec les bonnes.

— Votre père, lui aussi, montait, continuait la voix impersonnelle du notaire. Et, peut-être y aurait-il encore des Martineau sur la bonne pente, si vos deux frères aînés, Gérard et Emile, n'avaient pas été tués à la guerre de 1914.

Il connaissait l'histoire de la famille sur le bout des doigts et n'était pas fâché de le faire voir.

— Il n'est resté que Robert, qui a fait ce qu'il a pu, s'est maintenu tant bien que mal et, à certain moment, grâce aux circonstances, a cru qu'il était de taille à aller à son tour de l'avant. J'ai cinquante histoires de la même sorte à vous raconter, sans aller chercher en dehors d'un rayon de vingt-cinq kilomètres. Il restait une chance. On ne veut rien affirmer. Julien aurait peut-être fait quelque chose. Il avait de l'ambition. A tout le moins, il serait devenu avocat à Poitiers, voire à Paris, peut-être magistrat ?

Il posa un petit comprimé blanc sur sa langue et, développant son mouchoir, souffla bruyamment, regardant ensuite le tissu avec intérêt.

— Votre belle-sœur m'a demandé mon opinion sur l'avenir de ceux qui restent, et je la lui ai donnée. Je ne crois pas que, la maison vendue, il soit question de continuer à habiter le pays. Henri a été recalé deux fois au bachot et ne peut plus se représenter. Comme il n'a aucun métier, aucune connaissance spéciale, qu'il s'indignerait probablement si on lui parlait de s'embaucher comme valet de ferme, il finira fatalement dans un bureau. Ce sera à Poitiers ou dans une autre grande ville.

» Je suppose que sa mère voudra l'accompagner. Madeleine gagnera un peu d'argent comme vendeuse dans un magasin, comme manucure ou comme n'importe quoi.

» Quant à vous, vous avez tenu le coup jusqu'ici et vous ne serez sans doute pas en peine.

» Reste l'autre.

C'est à ce moment seulement que Jeanne soupçonna qu'il y avait peut-être une raison particulière, valable, à la dureté du vieillard, que ce n'était pas seulement une perversion sadique qui le poussait à être cruel.

— Quelle autre ?

Elle regarda Louise qui savait déjà, car elle détourna la tête.

— La mère de l'autre enfant, dit-il satisfait de son effet. Votre frère, depuis un certain temps, avait un second ménage, dans un faubourg de Poitiers, dans une petite maison qu'il n'a pas achetée, mais seulement louée, malheureusement pour celle qui l'habite.

— Qui est-ce ?

— Vous ne la connaissez pas. Elle n'est pas du pays. C'est une gamine quelconque, issue de petites gens, qui vendait des gants dans un magasin de la ville.

— Elle est jeune ?

— Vingt-deux ans.

Tournée vers sa belle-sœur, Jeanne questionna :

— Robert allait la voir souvent ?

— Chaque fois qu'il prétendait partir en tournée.

— Tu le savais ?

— Un jour, j'ai trouvé un hochet de bébé dans la poche de son pardessus et j'ai pensé que c'était peut-être pour Bob et qu'il avait oublié de le lui donner. Mais plus tard, dans son portefeuille, j'ai découvert une ordonnance d'un pédiatre de Poitiers que nous ne connaissons pas.

— Tu lui en as parlé ?

— Oui, avoua Louise en désignant le notaire, demandant ainsi à sa belle-sœur de ne pas insister en sa présence. C'est déjà une vieille histoire.

— Quel âge a l'enfant, monsieur Bigeois ?

— Deux ans, mademoiselle. Il s'appelle Lucien, car sa mère s'appelle Lucienne. Mais ne pensez pas que ce soit à cause d'eux que Robert a commis des imprudences. Si l'une des deux maisons lui coûtait cher et lui causait des soucis, ce n'était pas celle-là, qui n'a que trois pièces et où on vit modestement, mais celle-ci. Quand il a rencontré cette jeune fille, d'ailleurs, la dégringolade avait commencé, et c'est probablement parce que votre frère vivait dans l'insécurité et dans l'angoisse qu'il a cherché un peu de paix auprès d'elle.

— Je crois que je comprends.

Il fit un geste signifiant que cela n'avait aucune importance à ses yeux que cette grosse revenante lunaire comprît ou ne comprît pas ce qui s'était passé dans l'âme de son frère.

— Votre belle-sœur m'a demandé tout à l'heure comment son mari avait pu laisser sa famille dans une situation si dramatique. Je suppose que vous allez me poser la même question ?

— Non.

— Je vous aurais répondu en vous demandant à mon tour qui a jamais fait quoi que ce soit pour lui, pour alléger son fardeau, rendre sa tâche moins lourde.

— Je sais.

— Cette personne ne demande rien.

— Elle a continué à travailler ?

— Votre frère ne le lui permettait pas, en partie à cause du bébé, en partie parce que le plus souvent, c'était à l'improviste qu'il allait la voir. C'est d'elle, surtout, que, samedi soir, il m'a parlé.

Louise ne protestait pas, regardait fixement le pied du lit, le menton dans sa main.

— Je n'ai rien pu faire pour elle non plus ni pour l'enfant, ni pour personne. Dès mardi, le lendemain de la visite que je lui ai rendue...

— Vous êtes allé la voir lundi ?

Elle se demandait si elle découvrait en lui un nouvel homme.

— Qui se serait chargé de lui annoncer la nouvelle ?

— Mon frère vous avait demandé de le faire ?

— Il m'avait prié, si jamais il lui arrivait quelque chose, d'aller là-bas et de faire en sorte qu'on ne garde pas de lui un trop mauvais souvenir. Dès mardi matin, dis-je, elle s'est mise à chercher du travail. Mardi soir, elle m'a téléphoné qu'elle en avait trouvé. Quant à la façon dont votre frère a perdu son argent, et beaucoup plus que son argent, il serait long et oiseux de répéter l'explication technique que j'ai fournie à sa femme. Au lieu d'acheter du vin et de le vendre à ses clients, comme c'était son métier, il a spéculé, considérant que c'était le seul moyen de rétablir une situation compromise par ses démêlés avec le fisc.

» Il a acheté à terme, je ne sais pas si vous savez ce que cela veut dire, sur le papier, toujours par plus grosses quantités, à la fin par chargements presque entiers, et c'est la face de l'affaire que le jeune Sallenave, dans sa naïveté, n'a jamais soupçonnée, parce que ces transactions-là se faisaient par l'intermédiaire d'un agent de change de Poitiers et ne passaient pas par ses petites écritures.

» La Chambre a voté, le mois dernier, une nouvelle loi sur les vins et, d'une heure à l'autre, les cours se sont effondrés ; cela a représenté pour Robert la débâcle brutale, qui serait arrivée tôt ou tard, mais qu'il aurait peut-être retardée pendant des mois ou des années.

» C'est demain que la saisie aura lieu, que les poursuites doivent être engagées ; il le savait dès samedi. Comme vous le voyez, il y avait peu de solutions à envisager. Deux, à mon avis. Trois, si vous voulez, mais il n'a même pas examiné la troisième.

— Quelle était la troisième ?

— Accepter son sort. Faire face aux événements et, probablement, aller en prison.

— Et les deux autres ?

— Il a choisi une des deux.

— Reste celle qu'il a repoussée.

— Oui. Et jusqu'à ce que le petit Bernard me téléphone, dimanche un peu avant midi...

— Le docteur vous a téléphoné ?

— Je l'avais averti.

— De ce qui allait se passer ?

— De ce qui pourrait se passer. Il y a longtemps que Bernard était au courant. Il était le médecin de votre frère et, quand l'enfant a été sur le point de naître, c'est par lui qu'il s'est fait examiner pour s'assurer qu'il n'avait aucune maladie héréditaire. Votre frère craignait aussi d'être trop vieux.

— Le Dr Bernard savait ! répéta-t-elle, l'esprit absent.

Peut-être était-il resté chez lui exprès, le dimanche matin, à attendre ? Elle en revint au point où ils en étaient avant qu'il fût question du docteur.

— La dernière solution ?

— J'ai cru qu'il partirait peut-être pour l'étranger avec la femme et l'enfant et qu'il recommencerait à neuf ; il lui restait cette possibilité de vie.

Elle avait tout à coup l'impression de comprendre. Ce n'était pas encore très net dans son esprit. Sa pensée procédait par images, et elle n'avait pas eu le temps de mettre de l'ordre dans celles-ci pour en faire un tout cohérent.

Il y avait eu, en face, à la place de l'immeuble en brique rose de l'*Anneau d'Or,* un estaminet pour charretiers de passage, avec, au bord de l'eau, une baraque en planches où, deux fois la semaine, on venait tuer les bestiaux.

Il y avait eu plus tard, sur le fond bleu du ciel, de l'autre côté du pont, la maison qu'elle avait connue, et ces Martineau-là avaient bâti.

Mais, après Louis, il ne restait rien à faire dans cette maison, que Robert, enfant, considérait comme une prison, où il semblait qu'aucun détail, désormais, ne pouvait être changé.

Elle avait fui, peut-être, en partie, à cause de ça, et Robert était resté. Et, passé la quarantaine, il était encore, dans les chambres demeurées telles qu'il les avait toujours connues, un enfant qui tremblait devant son père. Quant à Louise, elle était la bru qu'on tolère et qu'on épie, la petite Taillefer, la fille d'un médecin excentrique qui s'intéressait à tout, sauf à ses malades.

La guerre, soudain, après la mort du père, et l'argent qui se mettait à entrer dans la caisse comme par miracle, la possibilité, grâce à lui, de tout casser, de tout remonter à neuf, de faire quelque chose, enfin !

— Pauvre Robert, dit-elle.

— Oui, fit le notaire en écho. Il n'a pas eu le courage.

Il n'expliqua pas ce qu'il entendait par là, s'il s'agissait du courage de partir, de se secouer, de se libérer de tout ce qui s'était raccroché à lui, entassant souci sur souci, rancœur sur rancœur, tout cela formant avec le temps un poids si lourd qu'il ne se sentait plus la force de le porter.

M. Bigeois avait regardé Louise en parlant, et Jeanne se souvenait de la scène que sa belle-sœur avait faite le dimanche et qui n'était que la répétition de multiples scènes précédentes, du coup de téléphone que Henri avait donné d'un petit village de Normandie comme il en avait donné d'autres, de la silhouette de Madeleine, en short mouillé, se glissant honteusement dans le couloir, d'Alice se mettant à crier plus fort que son bébé et tentée de lui écraser la tête sur le mur.

— Je suppose, dit-elle, que ma belle-sœur ne peut compter sur aucun argent ?

— Absolument aucun. Elle a le droit d'emporter ses effets strictement personnels, un lit par personne et, à la rigueur, une table et quelques chaises.

— Quand ?

— Le jugement de saisie sera prononcé demain matin, et l'huissier se présentera le jour suivant pour apposer les scellés. Je serai ici. Henri se trouve émancipé presque automatiquement par la mort de son père, mais il reste la question de Mad, qui n'a pas dix-huit ans, et pour qui il faudra désigner un tuteur. Mme Martineau vous donnera de plus amples détails, car je crois que nous avons envisagé tous les points intéressants.

Il se leva, s'inclina dans la direction du lit, et, quand il releva la tête, Jeanne surprit une petite lueur, sans doute d'ironie, dans ses yeux.

— Je vais vous reconduire, proposa Louise.

— Si cela vous arrange, encore que je connaisse la maison depuis plus longtemps que vous.

— Je remonte tout de suite, Jeanne.

— Merci.

Désirée fut en haut avant elle, avec une assiette de haricots verts.

— Alors, vous déménagez ?

— Qui t'a parlé de ça ?

— J'ai entendu une partie de leur conversation, et je ne m'attends pas à être payée.

— Je te demande pardon. Je ne savais pas.

— Cela n'a pas d'importance. Je ne dis pas que c'est ta faute. Seulement, il faudra que je cherche une nouvelle place. Les patrons de l'*Anneau d'Or* ne me reprendront pas, maintenant que la saison touche à sa fin, et ce sera la même chose dans tous les hôtels. Je n'ai jamais beaucoup aimé travailler pour des particuliers.

Elle restait aux écoutes à la porte.

— Ta belle-sœur monte. Je te laisse. Qu'est-ce que tu vas faire dans cette pagaye ? Tu as un peu d'argent de côté, au moins ? Chut !... Je reviendrai tout à l'heure...

Elle ne put s'empêcher de lancer en riant, avec quand même un reste de rancune :

— Toi qui tenais tant à ce que nous passions une partie de la nuit à nettoyer la maison comme pour une noce ! Et qui me recommandais ce matin encore de marcher sur des œufs !

Elle croisa dans l'escalier Louise qui vint s'asseoir sur la chaise que le notaire avait occupée, regardant en silence manger sa belle-sœur. Elle avait dépassé le point où l'on s'inquiète, où l'on s'agite. Devant elle, il n'y avait pour ainsi dire plus de questions.

En somme, tout s'était simplifié. Il ne restait que, noir sur blanc, les quelques lignes nettes que le notaire Bigeois avait tracées avec une féroce allégresse.

— Tes enfants savent ?

— Pas encore. Henri vient seulement de rentrer du bureau. Il m'a parlé, soucieux, de je ne sais quelle commande qu'il n'est pas d'avis de livrer et m'a demandé si on mangeait, parce que M. Sallenave l'attend à deux heures.

— Mad ?

— Elle joue avec le petit. Je ne sais pas ce que tu lui as fait, mais elle paraît toute joyeuse. C'est elle qui a insisté pour donner le biberon à Bob. Qu'est-ce que le docteur t'a dit ?

— C'est vrai que je suis toujours impotente dans mon lit ! Au fait, comme je ne fais plus partie de la succession, je n'aurai pas droit à un lit.

— Tu as le cœur de plaisanter ?

— Je te demande pardon. Ce n'était pas mon intention. Mais, vois-tu, je m'étais fait tant de mauvais sang !

— Pour nous ?

— Pour vous, pour moi, pour des tas de choses. Je ne sais pas pourquoi je m'étais mis en tête, à peine dans la maison, que j'avais un rôle à jouer.

— Tu l'as joué.

Louise avait-elle compris avec quels soins infinis, depuis le dimanche, Jeanne était parvenue à garder la maison dans un calme relatif, et toute sa peine pour que, ce matin, chacun s'y retrouve chez soi ?

— Je commençais à le jouer, et je me suis prise au sérieux. Pour une raison que je ne m'explique pas, je partais de la notion maison. Il me semblait que, tant que les murs étaient là, tant que tout était en ordre, chaque chose à sa place, tant que la vie allait son train-train quotidien, le malheur était conjuré. C'est bête, et je n'aurais probablement abouti à rien. J'avais l'air d'oublier que c'est à cause de cette même maison que je suis partie autrefois.

— Et Robert ? Tu crois aussi que c'est...

— Qu'est-ce qu'il t'a dit ?

— Quand ?

— Quand tu lui as parlé de l'ordonnance et du bébé ?

— Il a commencé par me mentir, par prétendre que ce n'était qu'un accident, une aventure sans importance, qui avait mal tourné, qu'il n'était même pas sûr d'être le père, mais qu'il était forcé de faire son devoir.

— Tu l'as cru ?

— Oui. Je n'imaginais pas qu'autre chose fût possible. C'est quand je lui ai demandé de ne plus mettre les pieds à Poitiers, d'envoyer chaque mois l'argent à cette fille par la poste, qu'il a éclaté.

— Il t'a avoué qu'il l'aimait ?

— Oui ! Et s'il ne m'avait avoué que cela ! Cela a été, après tant d'années, un déballage affreux, et on aurait dit qu'un flot de haine longtemps contenue coulait enfin de sa bouche. Il m'a crié qu'il ne m'avait jamais aimée, qu'il ne m'avait épousée que parce que son père voulait une femme dans la maison, et il a ajouté qu'il m'avait choisie, comme par protestation, parce que j'étais justement le genre de femme que son père ne pouvait pas sentir.

— Il n'a pas parlé des enfants ?

— Oui, mais je n'écoutais déjà plus, ce n'était plus possible, je serais devenue folle, j'avais l'impression qu'il me haïssait depuis toujours et que, depuis toujours, il me rendait responsable de tout ce qui allait mal dans la maison.

— Il y a combien de temps que cette scène a eu lieu ?

— La première, il y a trois mois. Quelques autres ont suivi.

— La vie a continué comme par le passé ?

— Qu'est-ce que tu aurais voulu que je fasse ?

— Evidemment ! murmura Jeanne en regardant attentivement sa belle-sœur.

— J'ai obtenu qu'il promette de ne jamais nous quitter.

— Il a promis ça ?

— Il a juré.

— Pourquoi ?

— A cause des enfants.

— Et l'autre ?

— Quel autre ?

— L'autre enfant.

— Ce n'est pas de ma faute s'il a fait un enfant à cette fille. Tu me regardes, tout à coup, comme ton frère le faisait les derniers temps. Le notaire, tout à l'heure, s'est montré à peine poli et paraissait enchanté de m'annoncer de mauvaises nouvelles. Est-ce que j'étais sa femme, oui ou non ?

— D'un certain point de vue, évidemment.

— Est-ce que je suis la mère de ses enfants ?

Jeanne soupira.

— Mais oui ! Mais oui, Louise ! Ne nous disputons pas. Je ne sais pas pourquoi nous parlons de ça.

— Avoue que tu m'en veux.

— De quoi ?

— De tout, de ce que tu sais, de ma façon d'être, de la façon dont Henri et Mad se comportent. Je sens que c'est moi que tu rends responsable.

— Qu'est-ce que tu vas faire ?

— Puis-je faire autre chose que ce que le notaire a dit ? As-tu une idée, toi ? Il n'y a même pas ici de quoi payer notre train à tous pour quitter la ville. Peut-être ai-je le droit de revendre des bijoux, mais je n'en possède guère. A la rigueur, ma cousine me prêtera quelques milliers de francs, en m'infligeant un long discours et en me faisant signer des papiers. Tu la connais. Elle était hier à l'enterrement. Elle est aussi avare que riche.

— Quand comptes-tu parler à Henri et à Madeleine ?

— Je ne sais pas. Je voulais justement te demander de le faire. Ils ont l'air d'avoir plus confiance en toi qu'en moi. Henri, ce matin, à cause de ce que tu as dû lui dire, a été presque poli avec moi, et Mad n'est plus la même depuis qu'elle est descendue de ta chambre. Je me demande comment faire avec Désirée.

— Ne t'inquiète pas. Elle partira ce soir ou demain. Elle ne s'attend pas à être payée.

— Et toi, qu'est-ce que tu feras ?

— Tu as entendu le verdict de M. Bigeois. Continuer, puisque j'en ai l'habitude.

— Continuer quoi ? Pourquoi ne pas rester avec nous ?

C'est à cela qu'elle voulait en venir, et elle feignait d'attendre la réponse de Jeanne sans anxiété.

— Tu n'as pas peur d'une bouche de plus à nourrir sur ce que tes enfants vont gagner ?

— Je compte travailler aussi.

— A quoi ?

— Je ne sais pas. Dame de compagnie, ou bien caissière, n'importe quoi. Tu tiendrais la maison.

— Et mes grosses jambes ?

— Tu dis toi-même que cela disparaîtra dans quelques jours.

— Et si cela recommence ?

— On te soignera.

— J'y penserai, Louise, je te le promets. J'y avais déjà pensé. C'est inouï tout ce que j'ai pensé depuis ce matin.

— Tu parles tout à coup comme Mad.

— Que veux-tu dire ?

— Comme Mad quand elle est redescendue. On aurait dit qu'elle était débarrassée de ses soucis et qu'elle se sentait soudain légère. Le peu qu'elle m'a dit, elle l'a fait en se jouant, comme si cela n'avait plus d'importance.

Toi aussi, tu as l'air de ne plus prendre les choses au sérieux. Tu es là, qui plaisantes.

— Je ne plaisante pas, Louise. Seulement, tout comme pour toi, le nombre de chemins à choisir diminue considérablement. Bientôt, sans doute, il n'y en aura plus qu'un, qu'il faudra prendre bon gré, mal gré.

Au même moment, son visage se rembrunit, parce que cette question de choix lui rappelait les trois solutions du notaire et celle que son frère avait choisie ; celle, surtout, qu'il avait rejetée.

— Va manger. Les enfants doivent t'attendre. Tu me les enverras tout à l'heure.

— Les deux à la fois ?

Elle réfléchit un instant.

— Pourquoi pas ? Au point où nous en sommes...

Il n'était plus question de marcher sur la pointe des pieds.

9

Quand le Dr Bernard arriva, à huit heures et demie, il dut faire le tour par la cour et par la cuisine, car on n'avait pas entendu le marteau, tant la maison était en proie à une fièvre qui faisait penser à un départ en vacances. On avait ouvert toutes les fenêtres, comme si c'était un symbole, et les portes claquaient, des courants d'air faisaient voleter des papiers ; malles et valises étaient traînées dans les chambres et dans les escaliers, sans souci des tapis, et les voix faisaient écho comme si la maison avait déjà été vide. Louise elle-même, encore en peignoir et en pantoufles, participait à cette frénésie dans laquelle il y avait comme l'allégresse du carnage.

Pour un peu, on aurait cassé joyeusement la vaisselle.

Cela avait commencé la veille dans l'après-midi, tout de suite après la conversation que Jeanne avait eue avec son neveu et sa nièce. Et cette conversation même avait été marquée d'une touche de gaieté, tout au moins de soulagement. Louise avait eu tort de s'en effrayer d'avance, comme elle s'effrayait de tout. Jeanne savait, elle, que la nouvelle d'un changement, quel qu'il fût, serait accueillie comme une aubaine pour ne pas dire comme une délivrance.

— On va vendre la maison, avait-elle commencé par leur dire en les observant.

— Où habitera-t-on ?

C'était Mad qui avait tout de suite demandé :

— Vous venez avec nous ?

Mais ce n'était pas nécessairement parce qu'elle en avait envie. Peut-être cela lui faisait-il un peu peur, maintenant qu'elle avait tant parlé, d'avoir toujours un témoin à ses côtés.

— Je ne sais pas encore.

— Quand est-ce qu'on part ?

— Probablement demain. Cela dépendra du succès de la démarche de votre mère.

Car Louise, en grand deuil, venait de sortir pour aller rendre visite à sa vieille cousine, qui habitait un peu en dehors de la ville.

— On ne reviendra plus jamais ici ?

— Non.

— On va à Paris ?

— A Paris ou à Poitiers. Le notaire, ce matin, a apporté de mauvaises nouvelles. Vous êtes ruinés.

— Ah !

Ce mot-là ne signifiait encore, pour eux, rien de tangible.

— On doit tout vendre, sauf vos effets personnels.

— L'auto aussi ?

— L'auto aussi.

— Comment déménagera-t-on ?

— Par le train.

Ils l'avaient écoutée avec un intérêt relatif, tandis qu'elle leur parlait de la saisie et, tout de suite lorsqu'elle avait précisé qu'ils n'avaient plus d'argent, Henri avait annoncé :

— Je vais travailler.

— Ta mère compte sur toi. Sur Mad aussi.

— Je chercherai une place de reporter. On peut préparer les bagages ?

C'est ce qui les passionnait. Couper le fil. Partir. Ils auraient sans remords saccagé la maison, dans leur impatience de commencer tout de suite une nouvelle vie et de ne rien laisser subsister de l'ancienne.

— Tu m'aides à descendre les malles, Mad ?

— Descendez-les si vous voulez, mais laissez-en pour votre mère.

Quand Louise était rentrée, elle les avait trouvés à l'ouvrage, et ils lui avaient lancé gaiement, comme si elle ne le savait pas :

— On part !

Henri avait insisté :

— Allons à Paris, maman. Je veux être reporter, et c'est à Paris que j'ai des chances d'entrer dans un journal.

— Nous allons à Poitiers.

— Pourquoi ?

— Parce que c'est à Poitiers que nous aurons un logement.

Elle monta pour mettre Jeanne au courant, et Louise, elle aussi, semblait avoir coupé tous les fils avec la maison dans laquelle elle évoluait déjà comme dans une maison étrangère.

— Au fond, vois-tu, j'ai eu la chance que ma cousine Marthe ait été secrètement ravie de ce qui arrive. Elle n'a jamais aimé les Martineau. C'est une vieille querelle entre elle et eux, et elle se trouve en quelque sorte triompher :

» — Je l'ai toujours dit à ton père ! m'a-t-elle répété. Je savais que cela finirait ainsi.

» Grâce à ça, j'en ai obtenu plus que ce que j'espérais. Surtout quand je lui ai parlé du second ménage de Robert.

— Tu le lui as dit ?

Jeanne comprenait que c'était par calcul, par diplomatie, justement pour faire davantage plaisir à la vieille dame et la mettre dans des dispositions plus favorables.

— Elle m'a offert un logement qui est justement libre dans une des maisons qu'elle possède à Poitiers. Elle est propriétaire de presque toute une rue. C'est dans un quartier ouvrier, près de la voie de chemin de fer, mais cela vaut mieux que rien, et, ce dont j'avais le plus peur, c'était de me trouver à la rue.

— Tu devras payer un loyer ?

— Dès que je serai en mesure de le faire, évidemment.

— Elle t'a donné de l'argent ?

— Un peu.

Elle ne cita pas de chiffres, préférant rester dans le vague, ce qui indiquait qu'elle avait obtenu davantage que les quelques milliers de francs qu'elle escomptait le matin. C'était maintenant son argent à elle, et elle commençait à le défendre.

— Les enfants ont l'air de prendre la chose presque gaiement.

— Ils s'imaginent que ce sera une partie de plaisir, une sorte de pique-nique. Henri n'a regretté que l'auto.

— Tu as pris une décision ?

— Il faut d'abord que je parle au Dr Bernard.

— Quand vient-il ?

— Demain matin.

— J'ai annoncé à ma cousine que nous partirions demain avant midi, afin de ne plus être ici quand on viendra poser les scellés et que la nouvelle sera connue de toute la ville. Je vais commencer à emballer mes affaires. Tu n'as besoin de rien ?

Ils avaient travaillé tard et, du dehors, cela devait paraître étrange de voir de la lumière à toutes les fenêtres. Désirée était sortie une heure pour se présenter à une adresse où on demandait une cuisinière, car elle s'était déjà mise à lire les petites annonces.

— Je commence après-demain dans ma nouvelle place. Je pense que ce ne sera pas trop dur, bien que la patronne soit à peu près sourde. Tu pars avec eux ?

— Je ne sais pas, Désirée.

» Pour le moment, c'est tout feu tout flamme. Dans deux jours, quand il faudra nettoyer la nouvelle maison, préparer les repas, laver la vaisselle, ils commenceront à se regarder de travers et à se disputer. Je n'ai pas vu Alice et son bébé.

— M. Taillefer est venu les chercher. Alice a téléphoné à son père. Il a dû prendre un taxi, ou trouver un ami ayant une voiture, car j'ai entendu une auto. Il n'est pas monté, n'a parlé à personne, a attendu sous la voûte, pendant que sa fille descendait elle-même ses affaires. Je ne crois pas qu'elle ait dit au revoir.

» Bon débarras ! Qu'est-ce que tu veux que je te monte à manger ?

Sa vaisselle terminée, Désirée était revenue s'asseoir au chevet de Jeanne avant d'aller se coucher.

— Cela te fait souffrir, tes jambes ?

— Pas quand je suis étendue au chaud. Je les sens seulement comme deux boulets.

— Evidemment, si tu n'as pas d'économies, ni de pension, tu n'as rien d'autre à faire que rester avec eux. Mais je te plains ! Tu seras pis qu'une servante. A peine debout, on te laissera sur le dos tout le travail de la maison et, s'il t'arrive encore de tomber malade, il n'y aura personne pour te soigner. Sans compter que, comme je commence à les connaître, ils ne tarderont pas à te reprocher le pain que tu manges. C'est toujours comme ça, d'ailleurs. Ma belle-mère, qui cachait des billets de banque un peu partout, savait ce qu'elle faisait en ne voulant dépendre de personne, et je me demande ce qu'elle serait devenue si elle n'avait pas eu son magot en réserve, car son mari a tout mangé avant de mourir.

Elle se sentait de plain-pied avec Jeanne, maintenant, et en profitait. Les rôles étaient même renversés, car c'était elle qui avait son avenir plus ou moins assuré.

— Tu es passée à l'hôtel pour payer ta note ?

— Pas encore, et j'avoue que j'allais l'oublier.

— Moi, à ta place, je crois qu'en fin de compte j'essaierais de me faire admettre dans une institution. Il en existe où l'on est fort bien.

Elle avait évité de dire un asile.

— Et, au moins, comme ça, on ne doit rien à personne. Je ne te vois pas travailler pour les autres.

— J'y penserai, Désirée.

— Tu as dû avoir une drôle de vie, en voir de toutes les couleurs.

— Oui.

— C'est vrai que Lauer ne t'a jamais épousée ?

— Qui te l'a dit ?

— J'ai entendu les enfants qui en parlaient, et j'ai été toute surprise. Ils ont dû l'apprendre par leur mère.

— Qui le tenait du notaire Bigeois ! acheva Jeanne. Les nouvelles vont vite. C'est vrai.

— Pourquoi ? Il ne t'aimait pas ? Je pensais que vous aviez vécu ensemble jusqu'à sa mort.

— Nous vivions ensemble. Seulement, il était déjà marié.

— Il avait abandonné sa femme ? Pourquoi ?

— Il prétendait que cela avait été une erreur. Il attachait peu d'importance au mariage. Moi aussi. Je ne suis pas partie d'ici pour me marier.

— Mais tu savais, en t'en allant, que tu vivrais avec lui ?

— Je serais partie autrement aussi.

— Qu'est-ce que tu aurais fait ?

— N'importe quoi. Je voulais être une femme libre. J'étais orgueilleuse.

— Tu l'es encore, n'est-ce pas ?

— Tu crois ? C'est possible. Orgueilleuse ou très humble. Peut-être que cela revient au même ? J'avais rencontré Lauer quand il passait un congé chez sa tante.

— Est-ce qu'il n'était pas beaucoup plus âgé que toi ?

— Pas beaucoup. Dix ans. Il écrivait dans les journaux, s'intéressait à des tas de choses. Il était vraiment très intelligent et cultivé.

— Pourquoi êtes-vous partis pour l'Amérique du Sud ?

— Par coup de tête. Un soir, dans un bar, quelqu'un lui a proposé d'aller là-bas prendre la direction d'un journal, qu'un groupe d'exportateurs envisageaient de fonder. Il a dit oui. Nous nous sommes embarqués une semaine plus tard avec juste assez d'argent pour payer le passage, et nous devions en toucher d'autre à Buenos Aires. Cela t'amuse ?

— Je m'étais figuré ta vie autrement.

— Il y a eu des hauts et des bas. Ce journal-là n'a jamais paru, et nous avons vécu tout un temps dans un hôtel crasseux, en nous demandant si le Consulat ne serait pas obligé de nous rapatrier, puis Lauer a quand même fondé un journal, un journal politique, et il y a eu ensuite l'histoire des quinze mille fusils. C'est une belle histoire, mais il serait trop long de te la raconter en détail. A cette époque-là, les pays d'Amérique du Sud et, dans chaque pays, les différents partis, étaient sans cesse en quête d'armes pour déclencher des guerres ou des coups d'Etat.

» C'était un commerce lucratif, mais la difficulté était de débarquer la marchandise et de la livrer aux acheteurs. Quelqu'un, dans un bar encore, car le plus clair de notre temps se passait dans les hôtels et dans les bars, a raconté à Lauer qu'il disposait de quinze mille fusils à bord d'un bateau, dans je ne sais quel port, et lui a promis une grosse commission s'il parvenait à les vendre.

» Le problème était de les faire passer d'un port dans l'autre, malgré les règlements.

» Alors nous avons commencé à vendre des fusils. Je dis nous, car il m'est souvent arrivé de jouer mon rôle.

— Pourquoi ris-tu ?

— C'était presque une opérette. C'est drôle, vu de loin. Drôle et lamentable. Ces fusils-là, que je n'ai jamais vus, qui n'ont peut-être jamais existé réellement, nous les avons vendus je ne sais combien de fois, à des factions différentes. Nous vivions sur les fusils, comme nous disions, parfois fastueusement. Le bateau sur lequel ils se trouvaient, ou étaient censés se trouver, battait pavillon grec, et il s'est promené longtemps le long de la côte, de Panama à la Terre de Feu, sans jamais parvenir à débarquer sa cargaison.

» Nous touchions notre commission et, au dernier moment, un empêchement surgissait, un cyclone, une révolution, ou une enquête de la police, qui se mettait à établir une surveillance.

— Lauer le faisait-il exprès ?

— Peut-être. Nous étions reçus en grande pompe par des ministres et par des généraux puis, soudain, il fallait changer en vitesse de climat. A la fin, il est devenu urgent de quitter le continent, où nous aurions fini par être mis en prison, sinon fusillés pour aide aux rebelles.

» Nous nous sommes embarqués pour La Havane, et Lauer est parvenu, car il portait beau, à impressionner le ministre de France, qui l'a pris tout un temps sous sa protection. Pour les gens, j'étais Mme Lauer. On parlait, cette fois, de fonder non plus un journal, mais un magazine, qui se chargerait de la propagande française pour tous les pays d'Amérique latine.

— Vous avez dû repartir ?

— Pour Le Caire, sans même emporter nos bagages, car nous devions je ne sais combien de semaines à notre hôtel.

— Tu n'étais pas malheureuse ?

— C'est moi qui l'avais voulu.

— Tu l'aimais encore ?

Jeanne la regarda et, sans répondre directement :

— Je le connaissais si bien ! Je connaissais toutes ses petites faiblesses, toutes ses lâchetés, et Dieu sait s'il en avait !

— Tu les lui disais ?

— Oui.

— Vous vous disputiez ?

— Presque chaque nuit. Ensuite il me battait.

— Et tu le laissais faire ?

— Il m'arrivait de lui débiter ses vérités pour qu'il me batte.

— Ça je ne peux pas le comprendre.

— Cela ne fait rien. J'étais partie, n'est-ce pas ? De mon plein gré, ne l'oublie pas. Et, quand on a commencé à dégringoler, c'est parfois une volupté de s'enfoncer, exprès, toujours davantage.

— Un peu comme si, pour mon plaisir, alors que ce n'était pas nécessaire je m'étais embauchée comme serveuse !

— Si tu veux.

— Tu ne l'aimais pas, mais tu le suivais, et tu lui obéissais comme un chien.

— Oui. Et nous buvions tous les deux, surtout les derniers temps de sa vie. Nous passions la plus grande partie de nos nuits à boire, après quoi nous nous disputions. Il est mort en trois semaines, d'une pleurésie, à l'hôpital.

— Sans rien te laisser. C'est alors que tu es entrée chez tes Belges ?

— A peu près. Pas tout de suite.

Elle rougit, ne précisa pas. Si elle avait essayé d'un autre moyen d'existence, elle préférait ne pas en parler, ni y penser.

— C'est tout, Désirée. Va te coucher. Je te devais bien ça. Tu m'as rendu service et tu as assez tourné autour du pot. Tu peux maintenant te dire que je l'ai cherché, et c'est toujours une consolation.

Au moment de la quitter, Désirée, qui ruminait depuis quelques instants sur le pas de la porte, soupira :

— Au fond, tu es bien de la famille !

— Entrez, docteur. Soyez assez gentil pour fermer la porte, car j'aurai peut-être des questions à vous poser, que personne n'a besoin d'entendre.

Voilà longtemps, n'est-ce pas, que vous n'avez vu autant de vie dans la maison ?

— Vous partez avec eux ? questionna-t-il en rabattant le drap.

— Je veux d'abord savoir ce que vous pensez de mes jambes. Elles ont un peu désenflé depuis hier. Elles commencent à tourner au bleu. Tout à l'heure, je suis parvenue à me traîner toute seule jusqu'au cabinet de toilette.

Il posait le bout de ses doigts, par-ci par-là, sur l'enflure, dessinant des ronds blancs qu'il regardait disparaître lentement, le front soucieux.

— Je voudrais vous examiner sérieusement le cœur.

Il s'y employa, pendant dix bonnes minutes, changeant la serviette de place sur la poitrine nue et le dos, faisant respirer Jeanne, plus fort, plus fort encore, moins fort, puis retenir son souffle, respirer à nouveau.

— Alors, docteur ?

— Vous aviez raison. Il n'est pas mauvais. Je ne crois pas qu'un électro-cardiogramme s'impose.

— Pourquoi paraissez-vous inquiet ?

— Je vous ai demandé quelles étaient vos intentions. D'après ce que l'on m'a dit en bas, votre belle-sœur et les enfants partent tout à l'heure pour Poitiers.

— C'est exact. Et je ne suis pas en état de voyager, n'est-ce pas ?

— Il n'est pas possible, en effet, que vous entrepreniez le voyage dans les conditions où il va se faire. Comme vous ne pouvez pas non plus rester ici, je vais m'arranger pour qu'on vous transporte tout à l'heure à l'hôpital.

Il lui jeta un coup d'œil, croyant qu'elle allait broncher au mot hôpital, changer d'attitude, pleurer, se plaindre, ou encore se révolter. Elle continuait de lui sourire.

— Asseyez-vous un moment, docteur.

— J'ai de nombreuses visites à faire. Je ne peux vous donner que quelques minutes.

— C'est pourtant vous qui, depuis dimanche, avez envie de me poser des questions. Vous ne l'avez pas fait, parce que vous avez eu peur de me froisser ou de me peiner. Peut-être aussi parce que vous ne voulez pas avoir l'air de vous intéresser à la vie privée de vos clients. Je vais vous mettre à l'aise en vous posant une question précise. En supposant qu'une fois debout je me remette à travailler, comme je l'ai fait ces derniers jours, combien de temps me donnez-vous avant d'avoir une rechute ?

— Quelques semaines au plus.

— Et après ?

— Vous vous coucherez, vous recommencerez, et vous serez obligée de vous mettre au lit à nouveau. Cela arrivera de plus en plus fréquemment, surtout l'été.

— A peu près la moitié du temps couchée ?

— Pas tout de suite.

— Et après ?

— Cela s'aggravera avec les années.

— Combien d'années avant d'être complètement impotente ?

— Cela dépend des soins que vous prendrez. Si vous allez avec eux, quatre ou cinq ans au plus. D'autre part...

— Dites !

— Si vous ne les accompagnez pas, je me demande ce qu'il adviendra du garçon et de la sœur.

— Que feriez-vous, à ma place ?

— Permettez-moi de ne pas répondre.

— En somme, me voilà rendue presque exactement au même point que mon frère, docteur. J'ai, moi aussi, comme le notaire Bigeois le disait ce matin, en parlant de Robert, à choisir entre deux solutions, entre trois exactement. L'asile, où je vivrais en paix et où l'on prendrait soin de mes jambes. La famille, où je serais la servante et où je deviendrais une charge insupportable chaque fois que je serais malade.

— Oui.

— Je ne mentionne pas la troisième.

— Non.

— Je crois que le notaire en a voulu à Robert de son choix.

— Il espérait autre chose.

— Qu'il parte, je sais. Et vous ?

— Nous n'avons pas nécessairement le même point de vue, Mᵉ Bigeois et moi.

— Vous trouvez que Robert a eu raison ?

— Je suis catholique.

— Cela signifie que, pour lui, c'était la prison. Donc, pour moi, l'asile ?

— En tant que médecin, c'est ce qu'il est de mon devoir de vous conseiller.

— Et, en tant qu'homme et que catholique, vous préféreriez que je consacre ce qui me reste à vivre à essayer de maintenir un peu d'ordre dans la famille.

— Vous le pouvez.

— Je peux, à force de ruse et de soins, les empêcher de s'entre-déchirer et de se déchirer eux-mêmes. Je peux empêcher Louise de boire pendant un certain temps et surtout éviter que ses crises tournent en scènes grandguignolesques qui font mal à tout le monde. Qui sait ? Je peux, à la rigueur, avec les années, faire en sorte que Henri se résigne à n'être qu'un bon petit employé et lui donner le goût de sa médiocrité, la fierté de son travail. C'est bien le rôle dans lequel vous me voyez, n'est-ce pas ? Je peux même, qui sait ? décider Mad à épouser un brave type sans qu'elle lui hurle tout de suite à la face sa propre indignité. Louise, petit à petit, se mettra à me détester, mais me ménagera pour ne pas avoir à faire la vaisselle, pour ne pas entendre crier autour d'elle et par crainte de rester seule un jour. Les enfants ne tarderont pas à m'en vouloir des confidences qu'ils m'ont faites et qu'ils me feront encore quand ils n'en pourront plus, ou simplement quand ils auront envie de se rendre intéressants.

» Je serai tante Jeanne, levée la première, couchée la dernière, à qui on peut tout dire, tout demander, et qui reste toujours impassible et, plus tard, si Henri ou Mad ont des enfants...

— Je crains d'être obligé de vous quitter, dit-il en se levant.

— Samedi aussi, je parierais que le notaire Bigeois a fini par interrompre le discours de mon frère. N'ayez pas peur. Ce n'est pas une menace.

— Ma profession consiste à soigner les malades.

— Je sais. Et, par-dessus vos verres, vous jetez un regard curieux, mais pudique, aux hommes et aux femmes qu'ils sont quand même.

— Je vous enverrai l'ambulance vers la fin de la matinée. Nous reprendrons cette conversation à l'hôpital.

— Vous oubliez que je suis indigente et que je serai dans la salle commune.

Il tenait la main sur le bouton de la porte, hésitait à sortir.

— De toute façon... commença-t-il.

Il s'interrompit.

— Non ! je ne veux pas vous influencer. Je vous verrai là-bas.

— Je ne demanderais pas mieux que de rester pour te soigner, Jeanne. Mais tu connais la situation aussi bien que moi ? Promets-moi seulement que tu viendras nous rejoindre. Je t'ai mis l'adresse dans ton sac. Il n'y a pas le téléphone. Tu n'auras qu'à envoyer un télégramme, et Henri ira te chercher à la gare, qui est à deux pas.

Mad, elle, embrassa sa tante sur la joue et lui glissa à l'oreille :

— Je vous aime. Je veux que vous veniez.

— A bientôt, tante, dit Henri, qui regardait par la fenêtre le camion s'éloigner avec les malles.

La porte cochère s'était à peine refermée que Désirée lançait avec soulagement en apparaissant :

— Et voilà ! la maison est vide ! Et tout ce qui est dedans, tous ces meubles, tous ces bibelots, tous ces appareils qui ont coûté les yeux de la tête et pour lesquels un homme s'est fait tant de souci, tout cela n'appartient pour ainsi dire plus à personne. Demain, on commencera à visiter, à ouvrir les placards, les tiroirs. J'ai connu ça chez nous, car je suis restée jusqu'au bout, et j'ai assisté à la vente. Il y a des gens qui viennent en sachant qu'ils n'achèteront rien, par plaisir.

— Que dit M. Sallenave ?

— Il a l'air d'un chien sans maître. Il continue, Dieu sait pourquoi ? à se pencher sur ses écritures et à se tracasser à leur sujet, comme s'il tenait à remettre un devoir bien propre, sans ratures. Et toi ? Tu t'es décidée ?

— Pas encore tout à fait.

— Une institution, crois-moi ! La plus mauvaise vaut encore mieux que le reste. N'écoute pas le docteur.

— Comment sais-tu ce que pense le Dr Bernard ?

— Parce que ça se voit sur sa figure et que je connais ce genre d'homme-là. Je suis sûre que, chez lui, il n'y a pas un grain de poussière et que la bonne n'a même pas une soirée par semaine.

— Désirée !

— Qu'est-ce que tu veux ?

— Tu te souviens du placard ?

— Le placard aux bouteilles ?

— Oui.

— Eh bien ?

— Ne proteste pas. Ne me demande pas d'explication. Louise n'a pas dû y penser. Tu m'as dit qu'il en restait trois pleines.

— Tu veux ?...

— Que tu m'en montes une, oui. Inutile d'aller chercher un verre à la cuisine. J'ai mon verre à dents.

— Tu crois vraiment que je dois le faire ?

— Oui.

— Qu'est-ce qu'ils diront, quand tu arriveras à l'hôpital et qu'ils sentiront ton haleine ?

— Ils ont l'habitude, va !

— Tu l'exiges ?

— Je l'exige. N'aie pas peur.

Elle souriait drôlement en écoutant les pas de Désirée dans l'escalier.

— Donne ! Je l'ouvrirai moi-même. J'ai plus l'habitude que toi. Passe-moi le verre qui est dans le cabinet de toilette.

Son ancienne condisciple du couvent la regardait curieusement faire, choquée, déçue, mais pas tellement étonnée après ce que Jeanne lui avait raconté de sa vie.

Elle s'était laissé impressionner par Jeanne, au début, mais c'était fini.

— Tu ne mets pas d'eau ?

C'était laid à voir, cette grosse femme alitée qui buvait dans son verre à dents, à grandes gorgées qui lui brûlaient la poitrine et qui, soudain, se mettait à tousser à en perdre le souffle. Elle faisait signe à son amie de lui taper dans le dos, gémissait un instant, la respiration rauque, poussait enfin un soupir et retrouvait instantanément son étrange sourire.

— Cela va mieux.

— Tu vas être saoule ?

— Je ne sais pas. Pourquoi ?

— C'est ce que tu cherches ?

Elle ne répondit pas. Puis, un peu plus tard, elle dit, avec toujours cette expression à la fois béate et terriblement ironique sur le visage :

— Il faut que je prenne une décision, n'est-ce pas ?

— Tu ne vas pas faire comme ton frère, au moins ?

— Non. Justement.

Son teint était animé. Ses yeux brillaient dans leur eau.

— Je crois même que je n'irai pas à l'asile.

C'est avec elle-même qu'elle était en train de converser, et Désirée ne devait plus être pour elle qu'une silhouette noire et blanche dans le soleil.

— Vous êtes des gens trop compliqués pour moi.

— Ecoute...

— Bien sûr que je t'écoute ! Mais il faut que je m'assure que l'ambulance n'est pas en bas.

— J'irai les rejoindre, dans huit ou dix jours, dès que je serai d'aplomb sur mes deux jambes. Je parierais que ce sera plus tôt.

— Avoue que tu es comme tout le monde, que tu as peur de rester seule.

— Non.

— Tu n'as pas peur non plus de mourir ?

Jeanne souriait toujours, et ce sourire-là exaspérait Désirée, qui en avait des tentations de devenir méchante.

— Tu es trop fière pour aller à l'asile !

— Mais non.

— Alors, tu vas me faire croire que c'est pour leur bien ?

— Il n'est pas du tout sûr que je leur fasse du bien. Je pense qu'en fin de compte j'ai compris le notaire. Il a vécu plus longtemps que moi. Chacun finira par se caser, de toute façon, et par se faire une vie à sa mesure.

— On fait ce qu'on peut ! riposta Désirée, comme si elle se sentait atteinte.

— On fait ce qu'on peut, c'est ce que je dis. On essaie tant bien que mal de se mettre en paix avec soi-même.

— Tu n'es pas en paix avec toi ?

— Je l'étais quand je traînais Bob sur le bras le long des escaliers et que j'avais toute la maison à surveiller pour éviter Dieu sait quelle catastrophe.

— Cela n'a servi à rien. C'est comme ton grand nettoyage de mercredi soir, après l'enterrement. Quand je pense que tu...

— Qu'en sais-tu ?

— Avoue que c'est un peu comme avec Lauer, et que tu fais ça pour...

— ... pour me lever le matin la première et que le café soit prêt et la table mise quand les autres se lèvent, pour que les planchers soient propres et la maison accueillante, pour avoir les bras dans l'eau de vaisselle et pour, au moment de vaciller de fatigue, m'apercevoir que je n'ai pas fini, qu'on n'a jamais fini ; c'est pour, au moment où l'on s'écrase dans son lit en croyant mourir d'épuisement, se mettre à penser à la tâche du lendemain et guetter le sommeil des autres...

— Pour être esclave, quoi ! On voit que tu n'as pas été assez longtemps en service et que tu ne connais pas les gens.

— Il ne s'agit pas des gens. Il s'agit...

Elle se versa un plein verre d'alcool, qu'elle regarda avec une sorte de jubilation mélancolique.

— Tu vois, c'est le dernier ! L'envie m'a prise, d'essayer une fois encore et...

Elle trempa les lèvres dans le cognac, puis, d'un geste calme, jeta le verre sur le plancher.

— Comme tu l'as dit, la maison n'appartient plus à personne. Il n'y aura pas besoin de nettoyer. Ce n'est pas l'ambulance qu'on entend ?

— Je les fais monter ?

— Oui. N'aie pas peur. Je serai sage. Mon haleine va peut-être les surprendre, mais, dès demain à l'hôpital, je serai la plus douce des malades, et tout le monde se mettra à m'aimer. Je me soignerai si bien que je serai debout avant huit jours, et j'irai les rejoindre. Il me reste assez d'argent dans mon sac. Je serai tante Jeanne...

Désirée était sortie en haussant les épaules et, toute seule, la vieille femme perdit son sourire, regarda autour d'elle, apeurée, écouta les pas dans l'escalier, puis les heurts de la civière contre les murs, et ses mains se crispaient sur les draps comme si, à la dernière minute, elle essayait de se raccrocher à la maison, à cette chambre, à la petite commode qu'elle regardait une dernière fois.

— Tante Jeanne... murmura-t-elle, comme on essaie un nouveau nom.

Deux grands gaillards la regardaient de haut en bas, avec l'air de supputer son poids, échangeaient un clin d'œil ; le plus brun des deux disait, tandis qu'elle fermait les paupières :

— On y va ?

— On y va ! répondit joyeusement l'autre.

Shadow Rock Farm, Lakeville (Connecticut), 8 septembre 1950.

Les mémoires de Maigret

Première édition : Presses de la Cité, 1951.

1

*Où je ne suis pas fâché de l'occasion qui se présente de
m'expliquer enfin sur mes accointances avec le nommé Simenon*

C'était en 1927 ou 1928. Je n'ai pas la mémoire des dates et je ne suis pas
de ceux qui gardent soigneusement des traces écrites de leurs faits et gestes,
chose fréquente dans notre métier, qui s'est avérée fort utile à quelques-uns
et même parfois profitable. Et ce n'est que tout récemment que je me suis
souvenu des cahiers où ma femme, longtemps à mon insu, voire en cachette,
a collé les articles de journaux qui me concernaient.

A cause d'une certaine affaire qui nous a donné du mal cette année-là —
je pourrais sans doute retrouver la date exacte, mais je n'ai pas le courage
d'aller feuilleter les cahiers.

Peu importe. Mes souvenirs, par ailleurs, sont précis quant au temps qu'il
faisait. C'était une quelconque journée du début de l'hiver, une de ces
journées sans couleur, en gris et blanc, que j'ai envie d'appeler une journée
administrative, parce qu'on a l'impression qu'il ne peut rien se passer
d'intéressant dans une atmosphère aussi terne et qu'on a envie, au bureau,
par ennui, de mettre à jour des dossiers, d'en finir avec des rapports qui
traînent depuis longtemps, d'expédier farouchement, mais sans entrain, de
la besogne courante.

Si j'insiste sur cette grisaille dénuée de relief, ce n'est pas par goût du
pittoresque, mais pour montrer combien l'événement, en lui-même, a été
banal, noyé dans les menus faits et gestes d'une journée banale.

Il était environ dix heures du matin. Le rapport était fini depuis près d'une
demi-heure, car il avait été court.

Le public le moins averti sait maintenant plus ou moins en quoi consiste
le rapport à la Police Judiciaire, mais, à cette époque-là, la plupart des
Parisiens auraient été en peine de dire quelle administration était logée quai
des Orfèvres.

Sur le coup de neuf heures donc, une sonnerie appelle les différents chefs
de service dans le grand bureau du directeur, dont les fenêtres donnent sur
la Seine. La réunion n'a rien de prestigieux. On s'y rend en fumant sa pipe
ou sa cigarette, la plupart du temps un dossier sous le bras. La journée n'a
pas encore embrayé et garde pour les uns et les autres un vague relent de
café au lait et de croissants. On se serre la main. On bavarde, au ralenti, en
attendant que tout le monde soit là.

Puis chacun, à son tour, met le patron au courant des événements qui se
sont produits dans son secteur. Certains restent debout, parfois à la fenêtre,
à regarder les autobus et les taxis passer sur le pont Saint-Michel.

Contrairement à ce que le public se figure, on n'entend pas parler que de
criminels.

— Comment va votre fille, Priollet ? Sa rougeole ?

Je me souviens avoir entendu détailler avec compétence des recettes de cuisine.

Il est question de choses plus sérieuses aussi, évidemment, par exemple du fils d'un député ou d'un ministre qui a fait des bêtises, qui continue à les accumuler comme à plaisir et qu'il est urgent de ramener à la raison sans esclandre. Ou bien d'un riche étranger récemment descendu dans un palace des Champs-Elysées et dont le gouvernement commence à s'inquiéter. D'une petite fille ramassée quelques jours plus tôt dans la rue et qu'aucun parent ne réclame, encore que tous les journaux aient publié sa photographie.

On est entre gens du métier, et les événements sont envisagés du strict point de vue du métier, sans paroles inutiles, de sorte que tout devient fort simple. C'est en quelque sorte du quotidien.

— Alors, Maigret, vous n'avez pas encore arrêté votre Polonais de la rue de Birague ?

Je m'empresse de déclarer que je n'ai rien contre les Polonais. S'il m'arrive d'en parler assez souvent, ce n'est pas non plus qu'il s'agisse d'un peuple particulièrement féroce ou perverti. Le fait est simplement qu'à cette époque la France, manquant de main-d'œuvre, importait les Polonais par milliers pour les installer dans les mines du Nord. Dans leur pays, on les ramassait au petit bonheur, par villages entiers, hommes, femmes et enfants, on les entassait dans des trains un peu comme, à d'autres époques, on recrutait la main-d'œuvre noire.

La plupart ont fourni des travailleurs de premier ordre, beaucoup sont devenus des citoyens honorables. Il n'y en a pas moins eu du déchet, comme il fallait s'y attendre, et ce déchet, pendant un temps, nous a donné du fil à retordre.

J'essaie, en parlant ainsi, d'une façon un peu décousue, de mes préoccupations du moment, de mettre le lecteur dans l'ambiance.

— J'aimerais, patron, le faire filer pendant deux ou trois jours encore. Jusqu'ici, il ne nous a menés nulle part. Il finira bien par rencontrer des complices.

— Le ministre s'impatiente, à cause des journaux...

Toujours les journaux ! Et toujours, en haut lieu, la peur des journaux, de l'opinion publique. Un crime est à peine commis qu'on nous enjoint de trouver tout de suite un coupable coûte que coûte.

C'est tout juste si on ne nous dit pas après quelques jours :

— Fourrez quelqu'un en boîte, n'importe qui, en attendant, pour calmer l'opinion.

J'y reviendrai probablement. Ce n'était d'ailleurs pas du Polonais qu'il s'agissait ce matin-là, mais d'un vol qui venait d'être commis selon une technique nouvelle, ce qui est rare.

Trois jours plus tôt, boulevard Saint-Denis, en plein midi, alors que la plupart des magasins venaient de fermer leurs portes pour le déjeuner, un camion s'était arrêté en face d'une petite bijouterie. Des hommes avaient débarqué une énorme caisse, qu'ils avaient posée tout contre la porte, et étaient repartis avec le camion.

Des centaines de gens étaient passés devant cette caisse sans s'étonner. Le bijoutier, lui, en revenant du restaurant où il avait cassé la croûte, avait froncé les sourcils.

Et, quand il avait écarté la caisse, devenue très légère, il s'était aperçu qu'une ouverture avait été découpée dans le côté touchant la porte, une autre ouverture dans cette porte, et que, bien entendu, ses rayons avaient été mis au pillage, ainsi que son coffre-fort.

C'est le genre d'enquête sans prestige qui peut demander des mois et qui exige le plus d'hommes. Les cambrioleurs n'avaient pas laissé la moindre empreinte, ni aucun objet compromettant.

Le fait que la méthode était neuve ne nous permettait pas de chercher dans telle ou telle catégorie de malandrins.

Nous avions tout juste la caisse, banale, encore que de grand format, et depuis trois jours une bonne douzaine d'inspecteurs visitaient tous les fabriquants de caisses et, en général, toutes les entreprises utilisant des caisses de grand modèle.

Je venais donc de rentrer dans mon bureau, où j'avais commencé à rédiger un rapport, quand la sonnerie du téléphone intérieur résonna.

— C'est vous, Maigret ? Vous voulez passer chez moi un instant ?

Rien de surprenant non plus. Chaque jour, ou presque, il arrivait au grand patron de m'appeler une ou plusieurs fois dans son bureau, en dehors du rapport : je le connaissais depuis l'enfance, il avait souvent passé ses vacances près de chez nous, dans l'Allier, et il avait été un ami de mon père.

Et ce grand patron-là, à mes yeux, était vraiment le grand patron dans toute l'acception du terme, celui sous lequel j'avais fait mes premières armes à la Police Judiciaire, celui qui, sans me protéger à proprement parler, m'avait suivi discrètement et de haut, celui que j'avais vu, vêtu de noir, coiffé d'un chapeau melon, se diriger, tout seul, sous les balles, vers la porte du pavillon dans lequel Bonnot et sa bande tenaient tête depuis deux jours à la police et à la gendarmerie.

Je veux parler de Xavier Guichard, aux yeux malicieux et aux longs cheveux blancs de poète.

— Entrez, Maigret.

Le jour était si terne, ce matin-là, que la lampe à abat-jour vert était allumée sur son bureau. A côté de celui-ci, dans un fauteuil, je vis un jeune homme qui se leva pour me tendre la main quand on nous présenta l'un à l'autre.

— Le commissaire Maigret. M. Georges Sim, journaliste...

— Pas journaliste, romancier, protesta le jeune homme en souriant.

Xavier Guichard sourit aussi. Et celui-là possédait une gamme de sourires qui pouvaient exprimer toutes les nuances de sa pensée. Il avait aussi à sa disposition une qualité d'ironie perceptible pour ceux-là seuls qui le connaissaient bien et qui, par d'autres, le faisait parfois prendre pour un naïf.

Il me parlait avec le plus grand sérieux, comme s'il s'agissait d'une affaire d'importance, d'un personnage de marque.

— M. Sim, pour ses romans, a besoin de connaître le fonctionnement de la Police Judiciaire. Comme il vient de me l'exposer, une bonne partie des drames humains se dénouent dans cette maison. Il m'a expliqué aussi que ce sont moins les rouages de la police qu'il désire se voir détailler, car il a eu l'occasion de se documenter par ailleurs, que l'ambiance dans laquelle les opérations se déroulent.

Je ne jetais que de petits coups d'œil au jeune homme, qui devait avoir dans les vingt-quatre ans, qui était maigre, les cheveux presque aussi longs que ceux du patron, et dont le moins que je puisse dire est qu'il ne paraissait douter de rien — et certainement pas de lui-même.

— Vous voulez lui faire les honneurs de la maison, Maigret ?

Et, au moment où j'allais me diriger vers la porte, j'entendis le Sim en question prononcer :

— Je vous demande pardon, monsieur Guichard, mais vous avez oublié de dire au commissaire...

— Ah ! oui. Vous avez raison. M. Sim, comme il l'a souligné, n'est pas journaliste. Nous ne courons pas le risque qu'il raconte dans les journaux des choses qui ne doivent pas être publiées. Il m'a promis, sans que je le lui demande, de n'utiliser ce qu'il pourra voir ou entendre ici que dans ses romans et sous une forme suffisamment différente pour que cela ne nous crée aucune difficulté.

J'entends encore le grand patron ajouter gravement, en se penchant sur son courrier :

— Vous pouvez avoir confiance, Maigret. Il m'a donné sa parole.

N'empêche que Xavier Guichard s'était laissé embobeliner, je le sentais déjà et j'en ai eu la preuve par la suite. Pas seulement par la jeunesse audacieuse de son visiteur, mais pour une raison que je n'ai connue que plus tard. Le patron, en dehors de son service, avait une passion : l'archéologie. Il faisait partie de plusieurs sociétés savantes et avait écrit un gros ouvrage (que je n'ai jamais lu) sur les lointaines origines de la région de Paris.

Or notre Sim le savait, je me demande si c'était par hasard, et avait eu soin de lui en parler.

Est-ce à cela que je dus d'être dérangé personnellement ? Presque chaque jour, quelqu'un se voit octroyer, au Quai, la « corvée de visite ». La plupart du temps, il s'agit d'étrangers de marque, ou appartenant plus ou moins à la police de leur pays, parfois simplement d'électeurs influents venus de province et exhibant fièrement une carte de leur député.

C'est devenu une routine. C'est tout juste si, comme pour les monuments historiques, il n'existe pas un petit laïus que chacun a plus ou moins appris par cœur.

Mais, d'habitude, un inspecteur fait l'affaire, et il faut qu'une personnalité commence à être de première grandeur pour qu'on dérange un chef de service.

— Si vous voulez, proposai-je, nous monterons d'abord au service anthropométrique.

— A moins que cela vous dérange beaucoup, je préférerais commencer par l'antichambre.

Ce fut mon premier étonnement. Il disait cela gentiment, d'ailleurs, avec un regard désarmant, en expliquant :

— Vous comprenez, je voudrais suivre le chemin que vos clients suivent d'habitude.

— Dans ce cas, il faudrait commencer par le Dépôt, car la plupart y passent la nuit avant de nous être amenés.

Et lui, tranquillement :

— J'ai visité le Dépôt la nuit dernière.

Il ne prit pas de notes. Il n'avait ni carnet ni stylo. Il resta plusieurs minutes dans la salle d'attente vitrée où, dans des cadres noirs, sont exposées les photographies des membres de la police tombés en service commandé.

— Combien en meurt-il par an, en moyenne ?

Puis il demanda à voir mon bureau. Or le hasard voulut qu'à cette époque des ouvriers fussent occupés à réaménager celui-ci. J'occupais provisoirement, à l'entresol, un ancien bureau du plus vieux style administratif, poussiéreux à souhait, avec des meubles en bois noir et un poêle à charbon du modèle qu'on voit encore dans certaines gares de province.

C'était le bureau où j'avais fait mes débuts, où j'avais travaillé pendant une quinzaine d'années comme inspecteur, et j'avoue que je gardais une certaine tendresse à ce gros poêle dont j'aimais, l'hiver, voir la fonte rougir et que j'avais pris l'habitude de charger jusqu'à la gueule.

Ce n'était pas tant une manie qu'une contenance, presque une ruse. Au milieu d'un interrogatoire difficile, je me levais et commençais à tisonner longuement, puis à verser de bruyantes pelletées de charbon, l'air bonasse, cependant que mon client me suivait des yeux, dérouté.

Et il est exact que, lorsque j'ai disposé enfin d'un bureau moderne, muni du chauffage central, j'ai regretté mon vieux poêle, mais sans obtenir, sans même demander — ce qui m'aurait été refusé — de l'emmener avec moi dans mes nouveaux locaux.

Je m'excuse de m'attarder à ces détails, mais je sais plus ou moins où je veux en venir.

Mon hôte regardait mes pipes, mes cendriers, l'horloge de marbre noir sur la cheminée, la petite fontaine d'émail, derrière la porte, la serviette qui sent toujours le chien mouillé.

Il ne me posait aucune question technique. Les dossiers ne paraissaient pas l'intéresser le moins du monde.

— Par cet escalier, nous allons arriver au laboratoire.

Là aussi, il contempla le toit en partie vitré, les murs, les planchers, le mannequin dont on se sert pour certaines reconstitutions, mais il ne s'occupa ni du laboratoire proprement dit, avec ses appareils compliqués, ni du travail qui s'y faisait.

Par habitude, je voulus expliquer :

— En agrandissant quelques centaines de fois n'importe quel texte écrit et en comparant...

— Je sais. Je sais.

C'est là qu'il me demanda négligemment :

— Vous avez lu Hans Gross ?

Je n'avais jamais entendu prononcer ce nom. J'ai su, par la suite, qu'il s'agissait d'un juge d'instruction autrichien qui, vers 1880, occupa la première chaire d'instruction criminelle scientifique à l'Université de Vienne.

Mon visiteur, lui, avait lu ses deux gros volumes. Il avait tout lu, des quantités de livres dont j'ignorais l'existence et dont il me citait les titres d'un ton détaché.

— Suivez-moi dans ce couloir, que je vous montre les sommiers, où sont rangées les fiches de...

— Je sais. Je sais.

Il commençait à m'impatienter. On aurait dit qu'il ne m'avait dérangé que pour regarder des murs, des plafonds, des planchers, que pour nous regarder tous avec l'air d'effectuer un inventaire.

— A cette heure-ci, nous allons trouver foule à l'anthropométrie. On doit en avoir fini avec les femmes. C'est le tour des hommes...

Il y en avait une vingtaine, tout nus, ramassés au cours de la nuit, qui attendaient leur tour de passer à la mensuration et à la photographie.

— En somme, me dit le jeune homme, il ne me reste à voir que l'Infirmerie Spéciale du Dépôt.

Je fronçai les sourcils.

— Les visiteurs n'y sont pas admis.

C'est un des endroits les moins connus, où les criminels et les suspects passent, devant les médecins légistes, un certain nombre de tests mentaux.

— Paul Bourget avait l'habitude d'assister aux séances, me répondit tranquillement mon visiteur. Je demanderai l'autorisation.

En définitive, je n'en gardai qu'un souvenir banal, banal comme le temps de ce jour-là. Si je ne m'arrangeai pas pour abréger la visite, c'est d'abord à cause de la recommandation du grand patron, ensuite parce que je n'avais rien d'important à faire et que cela tuait quand même un certain nombre de minutes.

Il se trouva repasser par mon bureau, s'assit, me tendit sa blague à tabac.

— Je vois que vous êtes fumeur de pipe aussi. J'aime les fumeurs de pipe.

Il y en avait, comme toujours, une bonne demi-douzaine étalées, et il les examina en connaisseur.

— Quelle est l'affaire dont vous vous occupez à présent ?

De mon ton le plus professionnel, je lui parlai du coup de la caisse déposée à la porte de la bijouterie et fis remarquer que c'était la première fois que cette technique était employée.

— Non, me dit-il. Elle l'a été il y a huit ans à New-York, devant un magasin de la Huitième Avenue.

Il devait être content de lui, mais je dois dire qu'il n'avait pas l'air de se vanter. Il fumait sa pipe gravement, comme pour se donner dix ans de plus que son âge, comme pour se mettre de plain-pied avec l'homme déjà mûr que j'étais alors.

— Voyez-vous, monsieur le commissaire, les professionnels ne m'intéressent pas. Leur psychologie ne pose aucun problème. Ce sont des gens qui font leur métier, un point, c'est tout.

— Qu'est-ce qui vous intéresse ?

— Les autres. Ceux qui sont faits comme vous et moi et qui finissent, un beau jour, par tuer sans y être préparés.

— Il y en a très peu.

— Je sais.

— En dehors des crimes passionnels...

— Les crimes passionnels ne sont pas intéressants non plus.

C'est à peu près tout ce qui émerge dans ma mémoire de cette rencontre-là. J'ai dû lui parler incidemment d'une affaire qui avait requis mes soins quelques mois plus tôt, justement parce qu'il ne s'agissait pas de professionnels, dans laquelle il était question d'une jeune fille et d'un collier de perles.

— Je vous remercie, monsieur le commissaire. J'espère que j'aurai le plaisir de vous rencontrer à nouveau.

A part moi, je me disais : « J'espère bien que non. »

Des semaines passèrent, des mois. Une seule fois, en plein hiver, j'eus l'impression de reconnaître le dénommé Sim dans le grand couloir de la Police Judiciaire, où il faisait les cent pas.

Un matin, je trouvai sur mon bureau, à côté de mon courrier, un petit livre à couverture horriblement illustrée comme on en voit chez les marchands de journaux et entre les mains des midinettes. Cela s'intitulait : *La Jeune Fille aux Perles,* et le nom de l'auteur était Georges Sim.

Je n'eus pas la curiosité de le lire. Je lis peu et jamais de romans populaires. Je ne sais même pas où je mis la brochure imprimée sur du mauvais papier, probablement au panier, et je fus quelques jours sans y penser.

Puis un autre matin, je trouvai un livre identique à la même place sur mon bureau, et, désormais, chaque matin, un nouvel exemplaire faisait son apparition à côté de mon courrier.

Je mis un certain temps à m'apercevoir que mes inspecteurs, en particulier Lucas, me lançaient parfois des coups d'œil amusés. Lucas finit par me dire, après avoir longtemps tourné autour du pot, un midi que nous allions prendre l'apéritif ensemble à la *Brasserie Dauphine :*

— Voilà que vous devenez un personnage de roman, patron.

Il sortit le bouquin de sa poche.

— Vous avez lu ?

Il m'avoua que c'était Janvier, le plus jeune de la brigade, à cette époque, qui, chaque matin, plaçait un des bouquins sur mon bureau.

— Par certains traits, cela vous ressemble, vous verrez.

Il avait raison. Cela me ressemblait comme le dessin crayonné sur le marbre d'une table de café par un caricaturiste amateur ressemble à un être en chair et en os.

Je devenais plus gros, plus lourd que nature, avec, si je puis m'exprimer ainsi, une pesanteur étonnante.

Quant à l'histoire, elle était méconnaissable, et il m'arrivait, dans le récit, d'employer des méthodes à tout le moins inattendues.

Le même soir, je trouvai ma femme avec le livre entre les mains.

— C'est la crémière qui me l'a remis. Il paraît qu'on parle de toi. Je n'ai pas encore eu le temps de le lire.

Qu'est-ce que je pouvais faire ? Comme le nommé Sim l'avait promis, il ne s'agissait pas d'un journal. Il ne s'agissait pas non plus d'un livre sérieux, mais d'une publication à bon marché à laquelle il aurait été ridicule d'attacher de l'importance.

Il avait employé mon véritable nom. Mais il pouvait me répondre qu'il existe sur terre un certain nombre de Maigret. Je me promis seulement de le recevoir assez sèchement si d'aventure je le rencontrais à nouveau, tout en étant persuadé qu'il éviterait de mettre les pieds à la Police Judiciaire.

En quoi je me trompais. Un jour que je frappais à la porte du chef sans avoir été appelé, pour lui demander un avis, il me dit vivement :

— Entrez, Maigret. J'allais justement vous téléphoner. Notre ami Sim est ici.

Pas gêné du tout, l'ami Sim. Absolument à son aise, au contraire, une pipe plus grosse que jamais à la bouche.

— Comment allez-vous, monsieur le commissaire ?

Et Guichard de m'expliquer :

— Il vient de me lire quelques passages d'un machin qu'il a écrit sur la maison.

— Je connais.

Les yeux de Xavier Guichard riaient, mais c'était de moi, cette fois, qu'il avait l'air de se payer la tête.

— Il m'a dit ensuite des choses assez pertinentes qui vous intéressent. Il va vous les répéter.

— C'est très simple. Jusqu'ici, en France, dans la littérature, à de rares exceptions près, le rôle sympathique a toujours été tenu par le malfaiteur, tandis que la police se voit ridiculisée, quand ce n'est pas pis.

Guichard hochait la tête, approbateur.

— Exact, n'est-ce pas ?

Et c'était exact, en effet. Pas seulement dans la littérature, mais aussi dans la vie courante. Cela me rappelait un souvenir assez cuisant de mes débuts, de l'époque à laquelle je « faisais » la voie publique. J'étais sur le point d'arrêter un voleur à la tire, à la sortie du métro, quand mon homme se mit à crier je ne sais quoi — peut-être : « Au voleur ! »

Instantanément, vingt personnes me tombèrent dessus. Je leur expliquai que j'appartenais à la police, que l'individu qui s'éloignait était un récidiviste. Je suis persuadé que tous me crurent. Ils ne s'en arrangèrent pas moins pour me retarder par tous les moyens, laissant ainsi à mon tireur le temps de prendre le large.

— Eh bien ! reprenait Guichard, notre ami Sim se propose d'écrire une série de romans où la police sera montrée sous son vrai jour.

Je fis une grimace qui n'échappa pas au grand patron.

— A peu près sous son vrai jour, corrigea-t-il. Vous me comprenez ? Son livre n'est qu'une ébauche de ce qu'il envisage de faire.

— Il s'y est servi de mon nom.

Je croyais que le jeune homme allait se montrer confus, s'excuser. Pas du tout.

— J'espère que cela ne vous a pas choqué, monsieur le commissaire. C'est plus fort que moi. Lorsque j'ai imaginé un personnage sous un nom déterminé, il m'est impossible de le changer. J'ai cherché en vain à accoupler toutes les syllabes inimaginables pour remplacer celles du mot Maigret. En fin de compte, j'y ai renoncé. Cela n'aurait plus été *mon* personnage.

Il dit *mon* personnage, tranquillement, et, le plus fort, c'est que je n'ai pas bronché, peut-être à cause de Xavier Guichard et du regard pétillant de malice qu'il tenait fixé sur moi.

— Il ne s'agit plus, cette fois, d'une collection populaire, mais de ce qu'il appelle... Comment avez-vous dit, monsieur Sim ?

— Semi-littérature.

— Et vous comptez sur moi pour...

— J'aimerais vous connaître davantage.

Je vous l'ai dit en commençant : il ne doutait de rien. Je crois bien que c'était sa force. C'est en partie grâce à cela qu'il était déjà parvenu à mettre dans son jeu le grand patron qui s'intéressait à tous les spécimens d'humanité et qui m'annonça sans rire :

— Il n'a que vingt-quatre ans.

— Il m'est difficile de bâtir un personnage si je ne sais pas comment il se comporte à tous les moments de la journée. Par exemple, je ne pourrai pas parler de milliardaires tant que je n'en aurai vu un, en robe de chambre, prendre son œuf à la coque du matin.

Cela se passait il y a bien longtemps et je me demande maintenant pour quelle raison mystérieuse nous avons écouté tout ça sans éclater de rire.

— En somme, vous voudriez...

— Vous connaître davantage, vous voir vivre et travailler.

Bien entendu, le patron ne me donnait aucun ordre. Je me serais sans doute rebiffé. Pendant tout un temps, je n'ai pas été trop sûr qu'il ne m'ait pas monté un canular, car il avait gardé dans le caractère un certain côté Quartier latin, du temps où le Quartier latin aimait encore les farces.

Probablement est-ce pour ne pas avoir l'air de prendre cette affaire trop au sérieux que je dis en haussant les épaules :

— Quand vous voudrez.

Alors le Sim de se lever, enchanté.

— Tout de suite.

Encore une fois, avec le recul, cela peut paraître ridicule. Le dollar valait je ne sais quelles sommes invraisemblables. Les Américains allumaient leur cigare avec des billets de mille francs. Les musiciens nègres sévissaient à Montmartre, et les riches dames mûres se faisaient voler leurs bijoux dans les thés dansants par des gigolos argentins.

La Garçonne atteignait des tirages astronomiques, et la police des mœurs était débordée par les « partouzes » du Bois de Boulogne qu'elle osait à peine interrompre par crainte de déranger dans leurs ébats des personnages consulaires.

Les cheveux des femmes étaient courts, les robes aussi, et les hommes portaient des souliers pointus, des pantalons serrés aux chevilles.

Cela n'explique rien, je le sais. Mais tout fait partie du tout. Et je revois le jeune Sim entrer le matin dans mon bureau, comme s'il était devenu un de mes inspecteurs, me lancer gentiment : « Ne vous dérangez pas... », et aller s'asseoir dans un coin.

Il ne prenait toujours pas de notes. Il posait peu de questions. Il aurait eu plutôt tendance à affirmer. Il m'a expliqué par la suite — ce qui ne signifie pas que je l'aie cru — que les réactions de quelqu'un à une affirmation sont plus révélatrices que ses réponses à une question précise.

Un midi que nous allions prendre l'apéritif à la *Brasserie Dauphine*, Lucas, Janvier et moi, comme cela nous arrivait fréquemment, il nous suivit.

Et, un matin, à l'heure du rapport, je le trouvai installé dans un coin du bureau du patron.

Cela dura quelques mois. Quand je lui demandai s'il écrivait, il me répondit :

— Des romans populaires, toujours pour gagner ma vie. De quatre heures à huit heures du matin. A huit heures, j'ai fini ma journée. Je n'entreprendrai les romans semi-littéraires que quand je me sentirai au point.

Je ne sais pas ce qu'il entendait par là, mais, après un dimanche où je l'invitai à déjeuner boulevard Richard-Lenoir et où je le présentai à ma femme, il cessa soudain ses visites quai des Orfèvres.

Cela faisait drôle de ne plus le voir dans son coin, se levant quand je me levais, me suivant quand je m'en allais et m'accompagnant pas à pas à travers les bureaux.

Dans le courant du printemps, je reçus un « carton » pour le moins inattendu.

*Georges Sim a l'honneur de vous inviter au baptême de son bateau, l'*Ostrogoth*, auquel M. le curé de Notre-Dame procédera mardi prochain, au square du Vert-Galant.*

Je n'y suis pas allé. J'ai su, par la police du quartier, que pendant trois jours et trois nuits une bande d'énergumènes avait mené grand tapage à bord d'un bateau amarré au beau milieu de Paris et arborant le grand pavois.

Une fois, en franchissant le Pont-Neuf, je vis le bateau en question et, au pied du mât, quelqu'un qui tapait à la machine, coiffé d'une casquette de capitaine au long cours.

La semaine suivante, le bateau n'était plus là, et le square du Vert-Galant avait repris son visage familier.

Plus d'un an après, je recevais une autre invitation, écrite cette fois sur une de nos fiches dactyloscopiques.

Georges Simenon a l'honneur de vous inviter au bal anthropométrique qui sera donné à la Boule Blanche *à l'occasion du lancement de ses romans policiers.*

Le Sim était devenu Simenon.

Plus exactement, se sentant peut-être désormais une grande personne, il avait repris son vrai nom.

Je ne m'en préoccupai pas. Je n'allai pas au bal en question et je sus le lendemain que le préfet de police s'y était rendu.

Par les journaux. Les mêmes journaux qui m'apprenaient, en première page, que le commissaire Maigret venait de faire une entrée bruyante dans la littérature policière.

Ce matin-là, quand j'arrivai au *Quai* et que je montai le grand escalier, je ne vis que des sourires goguenards, des visages amusés qui se détournaient.

Mes inspecteurs faisaient tout leur possible pour garder leur sérieux. Mes collègues, au rapport, feignaient de me traiter avec un respect nouveau.

Il n'y eut que le grand patron à se comporter comme si rien ne s'était passé et à me demander, l'air absent :

— Et vous, Maigret ? Vos affaires en cours ?

Dans les boutiques du quartier Richard-Lenoir, pas un commerçant ne manquait de montrer le journal à ma femme, avec mon nom en gros caractères, et de lui demander, impressionné :

— C'est bien votre mari, n'est-ce pas ?

C'était moi, hélas !

2

Où il est question d'une vérité qu'on appelle toute nue
et qui ne convainc personne et de vérités « arrangées »
qui font plus vrai que nature

Quand on a su que j'écrivais ce livre, puis que l'éditeur de Simenon m'avait offert de le publier, avant de le lire, avant même que le premier chapitre en fût terminé, j'ai senti, chez la plupart de mes amis, une approbation quelque peu hésitante. Ils se disaient, j'en suis sûr : « Voilà Maigret qui y passe à son tour ! »

Au cours des quelques dernières années, en effet, trois au moins de mes anciens collègues, de ceux de ma génération, ont écrit et édité leurs mémoires.

Je m'empresse de faire remarquer qu'ils ont suivi, en cela, une vieille tradition de la police parisienne, qui nous a valu, entre autres, les mémoires de Macé et ceux du grand Goron, tous deux chefs, en leur temps, de ce qu'on appelait alors la Sûreté. Quant au plus illustre de tous, le légendaire Vidocq, il ne nous a malheureusement pas laissé de souvenirs de sa main que nous puissions comparer avec les portraits que les romanciers ont tracés de lui, souvent en le désignant sous son nom véritable, ou bien, comme dans le cas de Balzac, en lui donnant le nom de Vautrin.

Ce n'est pas mon rôle de défendre mes collègues, mais je n'en réponds pas moins en passant à une objection que j'ai entendue souvent.

— A les lire, m'a-t-on dit, ils auraient été au moins trois à trouver la solution de chaque cause célèbre.

On me citait en particulier l'affaire Mestorino, qui fit grand bruit naguère.

Or je pourrais me mettre sur les rangs, moi aussi, car une affaire de cette envergure requiert la collaboration de tous les services. Quant à l'interrogatoire final, ce fameux interrogatoire de vingt-huit heures qu'on cite aujourd'hui en exemple, nous avons été, non quatre, mais six au moins à nous relayer, à reprendre les questions une à une, de toutes les façons inimaginables, gagnant chaque fois un petit bout de terrain.

Bien malin, dans ces conditions, celui qui dirait lequel d'entre nous, à un moment donné, a poussé le déclic qui a amené les aveux.

Je tiens à déclarer, d'ailleurs, que le titre de mémoires n'a pas été choisi par moi et a été mis en fin de compte, faute d'un autre mot que nous n'avons pas trouvé.

Il en est de même (je souligne ceci en corrigeant les épreuves) des sous-titres, de ce qu'on appelle, paraît-il, les têtes de chapitres, que l'éditeur m'a demandé la permission d'ajouter après coup, pour des raisons typographiques, m'a-t-il dit gentiment ; en réalité, je pense, pour donner un peu de légèreté à mon texte.

De toutes les tâches que j'ai accomplies quai des Orfèvres, la seule sur laquelle j'aie jamais renâclé a été la rédaction des rapports. Cela tient-il à un souci atavique d'exactitude, à des scrupules avec lesquels j'ai vu mon père se battre avant moi ?

J'ai souvent entendu la plaisanterie presque classique :

— Dans les rapports de Maigret, il y a surtout des parenthèses.

Probablement parce que je veux trop expliquer, tout expliquer, que rien ne me paraît simple ni résolu.

Si l'on entend par mémoires le récit des événements auxquels j'ai été mêlé au cours de ma carrière, je crains que le public soit déçu.

En l'espace de près d'un demi-siècle, je ne pense pas qu'il y ait eu plus d'une vingtaine d'affaires vraiment sensationnelles, y compris celles auxquelles j'ai déjà fait allusion : l'affaire Bonnot, l'affaire Mestorino, plus l'affaire Landru, l'affaire Sarret et quelques autres.

Or mes collègues, mes anciens chefs dans certains cas, en ont parlé longuement.

Pour les autres enquêtes, celles qui étaient intéressantes en elles-mêmes, mais n'ont pas eu la vedette dans les journaux, Simenon s'en est chargé.

Cela m'amène où je voulais en venir, où j'essaie d'en venir depuis que j'ai commencé ce manuscrit, c'est-à-dire à la vraie raison d'être de ces mémoires qui n'en sont pas, et je sais moins que jamais comment je vais m'exprimer.

J'ai lu jadis dans les journaux qu'Anatole France, qui devait être à tout le moins un homme intelligent et qui maniait volontiers l'ironie, ayant posé pour un portrait devant le peintre Van Dongen, non seulement avait refusé livraison de celui-ci une fois le tableau achevé, mais avait interdit de l'exposer en public.

C'est vers la même époque qu'une actrice célèbre a intenté un procès sensationnel à un caricaturiste qui l'avait représentée sous des traits qu'elle jugeait outrageants et dommageables à sa carrière.

Je ne suis ni académicien, ni vedette de la scène. Je ne crois pas avoir des susceptibilités exagérées. Jamais, au cours de mes années de métier, il ne m'est arrivé d'envoyer une seule rectification à la presse, laquelle ne s'est pourtant pas fait faute de critiquer mes faits et gestes ou mes méthodes.

Il n'est plus donné à tout le monde de commander son portrait à un peintre, mais chacun, de nos jours, a au moins l'expérience des photographes. Et je suppose que chacun connaît ce malaise qui nous prend devant une image de nous-même qui n'est pas tout à fait exacte.

Comprend-on bien ce que je veux dire ? J'ai un peu honte d'insister. Je sais que je touche à un point essentiel, ultra-sensible, et, ce qui m'arrive rarement, j'ai soudain peur du ridicule.

Je crois qu'il me serait à peu près égal qu'on me dépeigne sous des traits complètement différents des miens, au point, si on y tient, de friser la calomnie.

Mais j'en reviens à la comparaison de la photographie. L'objectif ne permet pas l'inexactitude absolue. L'image est différente sans l'être. Devant l'épreuve qu'on vous tend, vous êtes souvent incapable de mettre le doigt sur le détail qui vous choque, de dire *ce* qui n'est pas vous, *ce* que vous ne reconnaissez pas comme vôtre.

Eh bien ! pendant des années, tel a été mon cas en présence du Maigret de Simenon, que je voyais grandir chaque jour à mon côté, au point qu'à la fin des gens me demandaient de bonne foi si j'avais copié ses tics, d'autres si mon nom était vraiment le nom de mon père et si je ne l'avais pas emprunté au romancier.

J'ai essayé d'expliquer tant bien que mal comment les choses se sont passées au début, innocemment, en somme, sans que cela parût tirer à conséquence.

L'âge même du gamin que le bon Xavier Guichard m'avait présenté un jour dans son bureau m'aurait plutôt donné l'envie de hausser les épaules que de me méfier.

Or, quelques mois plus tard, j'étais bel et bien pris dans un engrenage dont je ne suis jamais sorti et dont les pages que je noircis maintenant ne me sauveront pas tout à fait.

— De quoi vous plaignez-vous ? Vous êtes célèbre !

Je sais ! Je sais ! On dit ça quand on n'est pas passé par là. Je concède même qu'à certains moments, dans certaines circonstances, ce n'est pas désagréable. Pas seulement à cause des satisfactions d'amour-propre. Souvent pour des raisons d'ordre pratique. Tenez ! rien que pour décrocher une bonne place dans un train ou dans un restaurant bondé, ou pour ne pas avoir à faire la queue.

Pendant tant d'années, je n'ai jamais protesté, pas plus que je n'ai envoyé de rectifications aux journaux.

Et je ne prétends pas, tout à coup, que je bouillais en dedans, ni que je rongeais mon frein. Ce serait exagéré, et je déteste l'exagération.

Je ne m'en suis pas moins promis qu'un jour je dirais tranquillement, sans humeur comme sans rancune, ce que j'ai à dire et que je mettrais une fois pour toutes les choses au point.

Et ce jour-là est arrivé.

Pourquoi ceci s'intitule-t-il *Mémoires* ? Je n'en suis pas responsable, je le répète, et le mot n'est pas de mon choix.

Il ne s'agit en réalité ni de Mestorino, ni de Landru, ni de l'avocat du Massif Central qui exterminait ses victimes en les plongeant dans une baignoire remplie de chaux vive.

Il s'agit plus simplement de confronter un personnage avec un personnage, une vérité avec une vérité.

Vous allez voir tout de suite ce que certains entendent par vérité.

C'était au début, à l'époque de ce bal anthropométrique qui a servi, avec quelques autres manifestations plus ou moins spectaculaires et de bon goût, au lancement de ce qu'on commençait déjà à appeler les « premiers Maigret », deux volumes qui s'intitulaient : *Le Pendu de Saint-Pholien* et *Monsieur Gallet décédé*.

Ces deux-là, je ne le cache pas, je les ai lus tout de suite. Et je revois Simenon arrivant dans mon bureau le lendemain, content d'être lui, avec plus d'assurance encore, si possible, que précédemment, mais avec, quand même, une petite anxiété dans le regard.

— Je sais ce que vous allez me dire ! me lança-t-il alors que j'ouvrais la bouche.

Et de m'expliquer en marchant de long en large :

— Je n'ignore pas que ces livres sont bourrés d'inexactitudes techniques. Il est inutile d'en faire le compte. Sachez qu'elles sont voulues, et je vais vous en donner la raison.

Je n'ai pas enregistré tout son discours, mais je me rappelle la phrase essentielle, qu'il m'a souvent répétée par la suite, avec une satisfaction confinant au sadisme :

— La vérité ne paraît jamais vraie. Je ne parle pas seulement en littérature ou en peinture. Je ne vous citerai pas non plus le cas des colonnes doriques dont les lignes nous semblent rigoureusement perpendiculaires et qui ne donnent cette impression que parce qu'elles sont légèrement courbes. C'est si elles étaient droites que notre œil les verrait renflées, comprenez-vous ?

Il aimait encore, en ce temps-là, faire étalage d'érudition.

— Racontez n'importe quelle histoire à quelqu'un. Si vous ne l'arrangez pas, on la trouvera incroyable, artificielle. Arrangez-la, et elle fera plus vrai que nature.

Il claironnait ces derniers mots comme s'il s'agissait d'une découverte sensationnelle.

— Faire plus vrai que nature, tout est là. Eh bien ! moi, je vous ai fait plus vrai que nature.

Je demeurai sans voix. Sur le moment, le pauvre commissaire que j'étais, le commissaire « moins vrai que nature », n'a rien trouvé à répondre.

Et lui, avec une abondance de gestes et une pointe d'accent belge, de me démontrer que mes enquêtes, telles qu'il les avait racontées, étaient plus plausibles — peut-être bien a-t-il dit plus exactes ? — que telles que je les avais vécues.

Lors de nos premières rencontres, à l'automne, il ne manquait pas d'assurance. Le succès aidant, il en débordait, il en avait à revendre à tous les timorés de la terre.

— Suivez-moi bien, commissaire...

Car il avait décidé de laisser tomber le « monsieur ».

— Dans une véritable enquête, vous êtes parfois cinquante, sinon plus, à vous occuper de la recherche du coupable. Il n'y a pas que vous et vos inspecteurs à suivre une piste. La police, la gendarmerie du pays entier sont alertées. On travaille dans les gares, au départ des paquebots et aux frontières. Je ne parle pas des indicateurs, encore moins des amateurs qui se mettent de la partie.

» Essayez, dans les deux cents ou les deux cent cinquante pages d'un roman, de donner une image à peu près fidèle de ce grouillement ! Un roman-fleuve n'y suffirait pas, et le lecteur serait découragé après quelques chapitres, brouillant tout, confondant tout.

» Or, dans la réalité, qui est-ce qui empêche cette confusion de se produire, qui est-ce qui s'y retrouve, chaque matin, mettant chacun à sa place et suivant le fil conducteur ?

Il me toisait triomphalement.

— C'est vous, vous le savez bien. C'est celui qui dirige l'enquête. Je n'ignore pas qu'un commissaire de la Police Judiciaire, un chef de brigade spéciale, ne court pas les rues en personne pour aller interroger les concierges et les marchands de vin.

» Je n'ignore pas non plus que, sauf des cas exceptionnels, vous ne passez pas vos nuits à battre la semelle sous la pluie dans les rues désertes, à attendre que telle fenêtre s'éclaire ou que telle porte s'entr'ouvre.

» N'empêche que c'est exactement comme si vous étiez là vous-même, n'est-il pas vrai ?

Que répondre à cela ? D'un certain point de vue, c'était logique.

— Donc, simplification ! La première qualité, la qualité essentielle d'une vérité est d'être simple. Et j'ai simplifié. J'ai réduit à leur plus simple expression les rouages autour de vous sans que, pour cela, le résultat soit changé le moins du monde.

» Où cinquante inspecteurs plus ou moins anonymes grouillaient en désordre, je n'en ai gardé que trois ou quatre ayant une personnalité propre.

J'essayai d'objecter :

— Les autres ne sont pas contents.

— Je n'écris pas pour les quelques douzaines de fonctionnaires de la Police Judiciaire. Lorsqu'on écrit un livre sur les instituteurs, on mécontente, quoi qu'on fasse, des dizaines de milliers d'instituteurs. Il en serait de même si on écrivait sur les chefs de gare ou sur les dactylos. Où en étions-nous ?

— Aux différentes sortes de vérités.

— J'essayais de vous démontrer que la mienne est la seule valable. Voulez-vous un autre exemple ? Il n'y a pas besoin d'avoir passé dans ce bâtiment les journées que j'y ai passées pour savoir que la Police Judiciaire, faisant partie de la Préfecture de Police, ne peut agir que dans le périmètre de Paris et, par extension, dans certains cas, du département de la Seine.

» Or, dans *Monsieur Gallet décédé,* je raconte une enquête qui s'est déroulée dans le Centre de la France.

» Y êtes-vous allé, oui ou non ?

C'était oui, bien entendu.

— J'y suis allé, c'est vrai, mais à une époque où...

— A une époque où, pendant un certain temps, vous avez travaillé, non plus pour le quai des Orfèvres, mais pour la rue des Saussaies. Pourquoi troubler les idées du lecteur avec ces subtilités administratives ?

» Faudra-t-il, pour chaque enquête, expliquer en commençant : « Ceci se passait en telle année. Donc Maigret était attaché à tel service. »

» Laissez-moi finir...

Il avait son idée et savait qu'il allait toucher un point faible.

— Etes-vous, de par vos habitudes, vos attitudes, votre caractère, un homme du quai des Orfèvres ou un homme de la rue des Saussaies ?

J'en demande pardon à mes collègues de la Sûreté Nationale, parmi lesquels je compte de bons amis, mais je n'apprends rien à personne en admettant qu'il y a, mettons une rivalité, pour ne pas dire plus, entre les deux maisons.

Admettons aussi, ce que Simenon avait compris depuis le début, qu'en ce temps-là surtout il existait deux types de policiers assez différents.

Ceux de la rue des Saussaies, qui dépendent directement du ministre de l'Intérieur, sont plus ou moins amenés par la force des choses à s'occuper de besognes politiques.

Je ne leur en fais pas grief. J'avoue simplement que, pour ce qui est de moi, je préfère n'en pas être chargé.

Notre champ d'action, quai des Orfèvres, est peut-être plus restreint, plus terre à terre. Nous nous contentons, en effet, de nous occuper des malfaiteurs de toutes sortes et, en général, de tout ce qui est inclus dans le mot « police » précisé par le mot « judiciaire ».

— Vous m'accorderez que vous êtes un homme du Quai. Vous en êtes fier. Eh bien ! j'ai fait de vous un homme du Quai. J'ai essayé d'en faire l'incarnation. Va-t-il falloir, pour des minutes, parce que vous avez la manie de l'exactitude, que je rende cette image moins nette en expliquant qu'en telle année, pour des raisons compliquées, vous avez provisoirement changé de maison, ce qui vous a permis de travailler aux quatre coins de la France ?

— Mais...

— Un instant. Le premier jour que je vous ai rencontré, je vous ai déclaré que je n'étais pas journaliste, mais romancier, et je me souviens avoir promis à M. Guichard que jamais mes récits ne constitueraient des indiscrétions susceptibles d'attirer des difficultés à ses services.

— Je sais, mais...

— Attendez donc, Maigret, sacrebleu !

C'était la première fois qu'il m'appelait comme ça. C'était la première fois aussi que ce gamin me faisait taire.

— J'ai changé les noms, sauf le vôtre et celui de deux ou trois de vos collaborateurs. J'ai pris soin de changer aussi les localités. Souvent, pour plus de précautions, j'ai changé les relations de famille des personnages entre eux.

» J'ai simplifié, et parfois il ne reste qu'un seul interrogatoire là où vous avez dû en faire subir quatre ou cinq, que deux ou trois pistes là où, au début, vous en avez eu dix devant vous.

» Je prétends que c'est moi qui ai raison, que c'est ma vérité la bonne.

» Je vous en ai apporté une preuve.

Il me désigna une pile de bouquins qu'il avait déposés sur mon bureau en arrivant et auxquels je n'avais pas prêté attention.

— Ce sont les livres écrits par des spécialistes sur des questions policières au cours des vingt dernières années, des récits vrais, de cette sorte de vérité que vous aimez.

» Lisez-les. Pour la plupart, vous connaissez les enquêtes que ces livres racontent par le détail.

» Eh bien ! je parie que vous ne les reconnaîtrez pas, justement parce que le souci d'objectivité fausse cette vérité qui est toujours, qui *doit* toujours être simple.

» Et maintenant...

Allons ! J'aime mieux en venir tout de suite à l'aveu. C'est à ce moment-là, justement, que j'ai su où le bât me blessait.

Il avait raison, parbleu, sur tous les points qu'il venait d'énumérer. Je me moquais, moi aussi, qu'il ait réduit le nombre des inspecteurs, qu'il m'ait fait passer des nuits sous la pluie à la place de ceux-ci et ait confondu, volontairement ou non, la Sûreté Nationale avec la Police Judiciaire.

Ce qui me choquait, au fond, et que je ne voulais pas encore m'avouer à moi-même, c'était...

Bon Dieu ! que c'est difficile ! Souvenez-vous de ce que je vous ai dit du monsieur devant sa photographie.

Ne prenons que le détail du chapeau melon. Tant pis si je me couvre de ridicule en avouant que ce détail idiot m'a fait souffrir plus que tous les autres.

Quand le jeune Sim est entré pour la première fois au quai des Orfèvres, j'avais encore un chapeau melon dans mon armoire, mais je ne le portais plus qu'à de rares occasions : pour des enterrements ou des cérémonies officielles.

Or il se fait que, dans mon bureau, était pendue une photographie prise quelques années plus tôt lors de je ne sais quel congrès et sur laquelle j'étais représenté avec ce maudit chapeau.

Ce qui me vaut encore aujourd'hui, lorsqu'on me présente à des gens qui ne m'ont jamais vu, de m'entendre dire :

— Tiens ! Vous avez changé de chapeau.

Quant au fameux pardessus à col de velours, ce n'est pas avec moi, mais avec ma femme que Simenon a eu, un jour, à s'en expliquer.

J'en ai eu un, je l'admets. J'en ai même eu plusieurs, comme tous les hommes de ma génération. Peut-être m'est-il arrivé, vers 1927, un jour de grand froid ou de pluie battante, de décrocher un de ces vieux pardessus-là. Je ne suis pas coquet. Je me soucie assez peu de l'élégance. Mais, peut-être à cause de cela, j'ai l'horreur de me singulariser. Et mon petit tailleur juif de la rue de Turenne n'a pas plus envie que moi qu'on se retourne dans la rue à mon passage.

« Est-ce ma faute si je vous vois ainsi ? » aurait pu me répondre Simenon, comme le peintre qui fait un nez de travers ou des yeux bigles à son modèle.

Seulement le modèle en question n'est pas tenu de vivre toute sa vie face à face avec son portrait, et il n'y a pas des milliers de gens pour croire désormais qu'il a le nez de travers ou les yeux bigles.

Tout ceci, je ne le lui dis pas ce matin-là. Pudiquement, je me contentai de prononcer en regardant ailleurs :

— Etait-il indispensable de *me* simplifier aussi ?

— Au début, mais oui. Il faut que le public s'habitue à vous, à votre silhouette, à votre démarche. Je viens sans doute de trouver le mot. Pour le moment, vous n'êtes encore qu'une silhouette, un dos, une pipe, une façon de marcher, de grommeler.

— Merci.

— Les détails apparaîtront peu à peu, vous verrez. Je ne sais pas le temps que cela prendra. Petit à petit, vous vous mettrez à vivre d'une vie plus subtile, plus complexe.

— C'est rassurant.

— Par exemple, jusqu'ici, vous n'avez pas encore de vie familiale, alors que le boulevard Richard-Lenoir et Mme Maigret constituent une bonne moitié de votre existence. Vous n'avez encore fait que téléphoner là-bas, mais on vous y verra.

— En robe de chambre et en pantoufles ?

— Et même dans votre lit.

— Je porte des chemises de nuit, dis-je avec ironie.

— Je sais. Cela vous complète. Même si vous vous étiez adapté aux pyjamas, je vous aurais mis une chemise de nuit.

Je me demande comment cette conversation aurait fini — probablement par une bonne dispute — si on ne m'avait annoncé qu'un petit indicateur de la rue Pigalle demandait à me parler.

— En somme, dis-je à Simenon, au moment où il tendait la main, vous êtes content de vous.

— Pas encore, mais cela viendra.

Est-ce que je pouvais lui déclarer que je lui interdisais, désormais, de se servir de mon nom ? Légalement, oui. Et cela aurait donné lieu à ce qu'on appelle un procès bien parisien qui m'aurait couvert de ridicule.

Le personnage se serait appelé autrement. Il n'en serait pas moins resté moi, ou plus exactement ce moi simplifié qui, à en croire son auteur, allait progressivement se compliquer.

Le pis, c'est que le bougre ne se trompait pas et que, chaque mois, pendant des années, j'allais trouver dans un livre à couverture photographique un Maigret qui m'imitait de plus en plus.

Si encore cela n'avait été que dans les livres ! Le cinéma allait s'en mêler, la radio, la télévision plus tard.

C'est une drôle de sensation de voir sur l'écran, allant, venant, parlant, se mouchant, un monsieur qui prétend être vous, qui emprunte certains de vos tics, prononce des phrases que vous avez prononcées, dans des circonstances que vous avez connues, que vous avez vécues, dans des cadres qui, parfois, ont été minutieusement reconstitués.

Encore avec le premier Maigret de l'écran, Pierre Renoir, la vraisemblance était-elle à peu près respectée. Je devenais un peu plus grand, plus svelte. Le visage, bien entendu, était différent, mais certaines attitudes étaient si frappantes que je soupçonne l'acteur de m'avoir observé à mon insu.

Quelques mois plus tard, je rapetissais de vingt centimètres et, ce que je perdais en hauteur, je le gagnais en embonpoint, je devenais, sous les traits d'Abel Tarride, obèse et bonasse, si mou que j'avais l'air d'un animal en baudruche qui va s'envoler au plafond. Je ne parle pas des clins d'œil entendus par lesquels je soulignais mes propres trouvailles et mes finesses !

Je ne suis pas resté jusqu'au bout du film, et mes tribulations n'étaient pas finies.

Harry Baur était sans doute un grand acteur, mais il avait vingt bonnes années de plus que moi à cette époque, un facies à la fois mou et tragique.

Passons !

Après avoir vieilli de vingt ans, je rajeunissais de presque autant, beaucoup plus tard, avec un certain Préjean, à qui je n'ai aucun reproche à faire — pas plus qu'aux autres, — mais qui ressemble beaucoup plus à certains jeunes inspecteurs d'aujourd'hui qu'à ceux de ma génération.

Tout récemment enfin, on m'a grossi à nouveau, grossi à m'en faire éclater, en même temps que je me mettais, sous les traits de Charles Laughton, à parler la langue anglaise comme ma langue maternelle.

Eh bien ! de tous ceux-là, il y en a au moins un qui a eu le goût de tricher avec Simenon et de trouver que ma vérité valait mieux que la sienne.

C'est Pierre Renoir, qui ne s'est pas vissé un chapeau melon sur la tête, mais qui a arboré un chapeau mou tout ordinaire, des vêtements comme en porte n'importe quel fonctionnaire, qu'il soit ou non de la police.

Je m'aperçois que je n'ai parlé que de détails mesquins, d'un chapeau, d'un pardessus, d'un poêle à charbon, probablement parce que ce sont ces détails-là qui m'ont choqué les premiers.

On ne s'étonne pas de devenir un homme, puis un vieillard. Mais qu'un homme coupe simplement les pointes de ses moustaches et il ne se reconnaît pas lui-même.

La vérité, c'est que j'aime mieux en finir avec ce que je considère comme de menues faiblesses avant de confronter sur le fond les deux personnages.

Si Simenon a raison, ce qui est fort possible, le mien paraîtra falot et filandreux à côté de sa fameuse vérité simplifiée — ou arrangée, — et j'aurai l'air du monsieur grincheux qui retouche lui-même son portrait.

Maintenant que j'ai commencé, par le vêtement, il faut bien que je continue, ne fût-ce que pour ma tranquillité personnelle.

Simenon m'a demandé récemment — au fait, il a changé, lui aussi, depuis le gamin rencontré chez Xavier Guichard, — Simenon m'a demandé, dis-je, l'air un peu goguenard :

— Alors ? Ce nouveau Maigret ?

J'ai essayé de lui répondre par ses paroles de jadis.

— Il se dessine ! Ce n'est encore qu'une silhouette. Un chapeau. Un pardessus. Mais c'est son vrai chapeau. Son vrai pardessus ! Petit à petit, peut-être que le reste viendra, qu'il aura des bras, des jambes, qui sait, un visage ? Peut-être même se mettra-t-il à penser tout seul, sans l'aide d'un romancier.

Au fait, Simenon a maintenant à peu près l'âge que j'avais lorsque nous nous sommes rencontrés pour la première fois. A cette époque-là, il avait tendance à me considérer comme un homme mûr et même, au fond de lui, comme un homme déjà vieux.

Je ne lui ai pas demandé ce qu'il en pensait aujourd'hui, mais je n'ai pas pu m'empêcher de remarquer :

— Savez-vous qu'avec les années vous vous êtes mis à marcher, à fumer votre pipe, voire à parler comme *votre* Maigret ?

Ce qui est vrai et ce qui me fournit, on me le concédera, une assez savoureuse vengeance.

C'est un peu comme si, sur le tard, il commençait à *se* prendre pour *moi* !

3

*Où j'essayerai de parler d'un docteur barbu qui a eu son influence
sur la vie de ma famille et peut-être, en fin de compte,
sur le choix de ma carrière*

Je ne sais pas si, cette fois, je trouverai le ton, car, ce matin, j'ai déjà rempli mon panier à papiers de pages déchirées les unes après les autres.

Et, hier soir, j'ai été sur le point d'abandonner.

Pendant que ma femme lisait ce que j'avais écrit dans la journée, je l'observais en feignant de lire mon journal, comme d'habitude, et à certain moment j'ai eu l'impression qu'elle était surprise, puis, jusqu'à la fin, elle me lança des petits coups d'œil étonnés, presque peinés.

Au lieu de me parler tout de suite, elle est allée silencieusement remettre le manuscrit dans le tiroir, et cela a pris du temps avant qu'elle prononce, en s'efforçant de rendre sa remarque aussi légère que possible :

— On dirait que tu ne l'aimes pas.

Je n'avais pas besoin de lui demander de qui elle parlait et cela a été mon tour de ne pas comprendre, de fixer sur elle mes plus gros yeux.

— Qu'est-ce que tu racontes ? m'exclamai-je. Depuis quand Simenon ne serait-il plus notre ami ?

— Oui, évidemment...

Je cherchais ce qu'elle pouvait avoir derrière la tête, essayais de me rappeler ce que j'avais écrit.

— Je me trompe peut-être, ajouta-t-elle. Je me trompe sûrement, puisque tu le dis. Mais j'ai eu l'impression, en lisant certains passages, que tu assouvissais une vraie rancune. Comprends-moi. Pas une de ces grosses rancunes qu'on avoue. Quelque chose de plus sourd, de plus...

Elle n'ajouta pas le mot, — ce que je fis pour elle : « ... de plus honteux... »

Or, Dieu sait si, en écrivant, c'était loin de mon esprit. Non seulement j'ai toujours entretenu avec Simenon des relations les plus cordiales, mais il n'a pas tardé à devenir l'ami de la famille, et nos rares déplacements d'été ont été presque tous pour aller le voir dans ses domiciles successifs, quand il vivait encore en France : en Alsace, à Porquerolles, en Charente, en Vendée, et j'en passe. Peut-être même, si, plus récemment, j'ai accepté une tournée semi-officielle qu'on m'offrait à travers les Etats-Unis, n'était-ce que parce que je savais le rencontrer en Arizona où il vivait alors.

— Je te jure... commençai-je gravement.

— Je te crois. Ce sont les lecteurs qui ne te croiront peut-être pas.

C'est ma faute, j'en suis persuadé. Je n'ai pas l'habitude de manier l'ironie et je me rends compte que je dois le faire lourdement. Or, justement, j'avais voulu traiter avec légèreté, par une sorte de pudeur, un sujet difficile, plus ou moins pénible à mon amour-propre.

Ce que j'essaie de faire, en somme, c'est ni plus ni moins que d'ajuster une image à une autre image, un personnage, non pas à son ombre, mais à son double. Et Simenon a été tout le premier à m'encourager dans cette entreprise.

J'ajoute, pour tranquilliser ma femme, qui est d'une fidélité presque sauvage dans ses amitiés, que Simenon, comme je l'ai dit hier en d'autres termes, parce que je plaisantais, n'a plus rien du jeune homme dont l'assurance agressive m'avait parfois fait tiquer, qu'au contraire c'est lui, à présent, qui est devenu volontiers taciturne, qui parle avec une certaine hésitation, surtout des sujets qui lui tiennent à cœur, craignant d'affirmer, quêtant, je le jurerais, mon approbation.

Ceci dit, vais-je encore le chiner ? Un tout petit peu, malgré tout. Ce sera sans doute la dernière fois. L'occasion est trop belle, et je n'y résiste pas.

Dans les quelque quarante volumes qu'il a consacrés à mes enquêtes, on compterait probablement une vingtaine d'allusions à mes origines, à ma famille, quelques mots sur mon père et sur sa profession de régisseur, une mention du collège de Nantes où j'ai fait une partie de mes études, d'autres, très brèves, à mes deux années de médecine.

Or c'est le même homme à qui il a fallu près de huit cents pages pour raconter son enfance jusqu'à l'âge de seize ans. Peu importe qu'il l'ait fait sous forme de roman, que les personnages soient exacts ou non, il n'en a pas moins cru que son héros n'était complet qu'accompagné de ses parents et grands-parents, de ses oncles et de ses tantes dont il nous rapporte les travers et les maladies, les petits vices et les fibromes, et il n'y a pas jusqu'au chien de la voisine qui n'ait droit à une demi-page.

Je ne m'en plains pas, et, si je fais cette remarque, c'est une façon détournée de me défendre à l'avance de l'accusation qu'on pourrait me faire de parler des miens avec trop de complaisance.

Pour moi, un homme sans passé n'est pas tout à fait un homme. Au cours de certaines enquêtes, il m'est arrivé de consacrer plus de temps à la famille et à l'entourage d'un suspect qu'au suspect lui-même, et c'est souvent ainsi que j'ai découvert la clé de ce qui aurait pu rester un mystère.

On a dit, et c'est exact, que je suis né dans le Centre, non loin de Moulins, mais je ne me souviens pas qu'il ait été précisé que la propriété dont mon père était régisseur était une propriété de trois mille hectares sur laquelle on ne comptait pas moins de vingt-six métairies.

Non seulement mon grand-père, que j'ai connu, était un de ces métayers, mais il succédait à trois générations au moins de Maigret qui avaient labouré la même terre.

Une épidémie de typhus, alors que mon père était jeune, a décimé la famille qui comportait sept ou huit enfants, n'en laissant survivre que deux, mon père et une sœur, qui devait par la suite épouser un boulanger et aller se fixer à Nantes.

Pourquoi mon père est-il allé au lycée de Moulins, rompant ainsi avec des traditions si anciennes ? J'ai tout lieu de croire que le curé du village s'est intéressé à lui. Mais ce n'était pas la rupture avec la terre, car, après deux années dans une école d'agriculture, il est revenu au village et est entré au service du château comme aide-régisseur.

Je ressens toujours une certaine gêne à parler de lui. J'ai l'impression, en effet, que les gens se disent :

« Il a gardé de ses parents l'image qu'on s'en fait quand on est enfant. »

Et, longtemps, je me suis demandé à moi-même si je ne me trompais pas, si mon esprit critique n'était pas en défaut.

Mais il m'est arrivé de rencontrer d'autres hommes comme lui, surtout parmi ceux de sa génération, la plupart du temps dans la même condition sociale, qu'on pourrait dire intermédiaire.

Pour mon grand-père, les gens du château, leurs droits, leurs privilèges, leur comportement ne se discutaient pas. Ce qu'il en pensait au fond de lui-même, je ne l'ai jamais su. J'étais encore jeune quand il est mort. Je n'en reste pas moins persuadé, en me souvenant de certains regards, de certains silences surtout, que son approbation n'était pas passive, qu'elle n'était même pas toujours de l'approbation, ni de la résignation, mais qu'elle procédait, au contraire, d'une certaine fierté et surtout d'un sentiment très poussé du devoir.

C'est ce sentiment-là qui a subsisté chez des hommes comme mon père, mêlé à une réserve, à un besoin de décence qui a pu faire croire à de la résignation.

Je le revois fort bien. J'ai gardé de lui des photographies. Il était très grand, très maigre, et sa maigreur était accentuée par des pantalons étroits que des jambières de cuir recouvraient jusqu'au-dessous des genoux. J'ai toujours vu mon père en jambières de cuir. C'était pour lui une sorte d'uniforme. Il ne portait pas la barbe, mais de longues moustaches d'un blond roux dans lesquelles, l'hiver, quand il rentrait, je sentais en l'embrassant de petits cristaux de glace.

Notre maison se dressait dans la cour du château, une jolie maison en briques roses, à un étage, qui dominait les bâtiments bas où vivaient plusieurs familles de valets, de palefreniers, de gardes, dont les femmes, pour la plupart, travaillaient au château comme blanchisseuses, comme couturières ou comme aides de cuisine.

Dans cette cour-là, mon père était une sorte de souverain à qui les hommes parlaient avec respect en retirant leur casquette.

Une fois par semaine environ, il partait en carriole, au début de la nuit, parfois dès le soir, avec un ou plusieurs métayers, pour aller vendre ou acheter des bêtes dans quelque foire lointaine dont il ne revenait que le lendemain à la tombée du jour.

Son bureau était dans un bâtiment séparé, avec, sur les murs, des photographies de bœufs et de chevaux primés, les calendriers des foires et, presque toujours, se desséchant à mesure que l'année s'avançait, la plus belle gerbe de blé récoltée sur les terres.

Vers dix heures, il traversait la cour et pénétrait dans un domaine à part. Contournant les bâtiments, il gagnait le grand perron que les paysans ne franchissaient jamais et passait un certain temps derrière les murs épais du château.

C'était pour lui, en somme, ce que le rapport du matin est pour nous à la Police Judiciaire, et, enfant, j'étais fier de le voir, très droit, sans trace de servilité, gravir les marches de ce perron prestigieux.

Il parlait peu, riait rarement, mais, quand cela lui arrivait, on était surpris de lui découvrir un rire jeune, presque enfantin, de le voir s'amuser de plaisanteries naïves.

Il ne buvait pas, contrairement à la plupart des gens que je connaissais. A chaque repas, on lui mettait à table une petite carafe qui lui était réservée, remplie à moitié d'un léger vin blanc récolté dans la propriété, et jamais je ne lui ai rien vu prendre d'autre, même aux mariages ou aux enterrements. Et, dans les foires, où il était obligé de fréquenter les auberges, on lui apportait d'office une tasse de café dont il était friand.

A mes yeux, c'était un homme, et même un homme d'un certain âge. J'avais cinq ans quand mon grand-père est mort. Quant à mes grands-parents maternels, ils habitaient à plus de cinquante kilomètres de là, et nous ne faisions le voyage que deux fois par an, de sorte que je les ai peu connus. Ce n'étaient pas des fermiers. Ils tenaient, dans un bourg assez important, une épicerie flanquée, comme c'est souvent le cas à la campagne, d'une salle de café.

Je n'affirmerais pas, aujourd'hui, que cela n'a pas été la raison pour laquelle nos rapports avec la belle-famille n'étaient pas plus étroits.

J'avais un peu moins de huit ans quand j'ai fini par m'apercevoir que ma mère était enceinte. Par des phrases surprises au hasard, par des chuchotements, j'ai plus ou moins compris que l'événement était inattendu, qu'après ma naissance les médecins avaient décrété que de nouvelles couches étaient improbables.

Tout cela, je l'ai surtout reconstitué par la suite, morceau par morceau, et je suppose qu'il en est ainsi de tous les souvenirs d'enfance.

Il y avait à cette époque, au village voisin, plus important que le nôtre, un médecin à barbe rousse et pointue qu'on appelait Gadelle — Victor Gadelle, si je ne me trompe pas — dont on parlait beaucoup, presque toujours avec des airs mystérieux, et, probablement à cause de sa barbe, à cause aussi de tout ce qui se disait sur lui, je n'étais pas loin de le prendre pour une sorte de diable.

Il existait un drame dans sa vie, un vrai drame, le premier qu'il m'ait été donné de connaître et qui m'a fort impressionné, d'autant plus qu'il devait avoir une profonde influence sur notre famille, et, par là, sur toute mon existence.

Gadelle buvait. Il buvait plus que n'importe quel paysan du pays, pas seulement de temps en temps, mais tous les jours, commençant le matin pour ne s'arrêter que le soir. Il buvait assez pour répandre, dans la chaleur d'une pièce, une odeur d'alcool que je reniflais toujours avec dégoût.

En outre, il était peu soigné de sa personne. On peut même dire qu'il était sale.

Comment, dans ces conditions, pouvait-il être l'ami de mon père ? C'était pour moi un mystère. Le fait est qu'il venait souvent le voir, bavarder avec lui dans notre maison et qu'il y avait même un rite, celui, dès son arrivée, de prendre, dans le buffet vitré, un carafon d'eau-de-vie qui ne servait guère que pour lui.

Du premier drame, je n'ai presque rien su à l'époque. La femme du Dr Gadelle a été enceinte, et cela devait être pour la sixième ou la septième fois. A mes yeux, c'était déjà une vieille femme, alors qu'elle avait probablement une quarantaine d'années.

Que s'est-il passé le jour de l'accouchement ? Il paraît que Gadelle est rentré chez lui plus ivre que d'habitude, qu'en attendant la délivrance, au chevet de sa femme, il a continué à boire.

Or l'attente a été plus longue que la normale. On avait emmené les enfants chez des voisins. Vers le matin, comme rien ne se produisait, la belle-sœur, qui avait passé la nuit dans la maison, s'était absentée pour aller jeter un coup d'œil chez elle.

Il paraît qu'on a entendu des cris, un vacarme, des allées et venues chez le docteur.

Quand on y est entré, Gadelle pleurait dans un coin. Sa femme était morte. L'enfant aussi.

Et, longtemps après, je devais encore surprendre les commères qui se murmuraient à l'oreille, avec des mines indignées ou consternées :

— Une vraie boucherie !...

Pendant des mois, il y eut un cas Gadelle, qui faisait l'objet de toutes les conversations et qui, comme il fallait s'y attendre, divisait le pays en deux camps.

Certains — et ils étaient nombreux — allaient à la ville, ce qui était alors un vrai voyage, pour consulter un autre médecin, tandis que quelques-uns, indifférents ou confiants quand même, continuaient à appeler le docteur barbu.

Mon père ne m'a jamais fait de confidences sur ce sujet. J'en suis donc réduit aux conjectures.

Gadelle, c'est certain, n'a jamais cessé de venir nous voir. Il entrait chez nous comme par le passé, au cours de ses tournées, et le geste restait le même pour poser devant lui le fameux carafon à bord doré.

Il buvait moins, cependant. On prétendait qu'on ne le voyait plus jamais ivre. Une nuit, dans la plus lointaine des métairies, il fut appelé pour un accouchement et s'en tira honorablement. En rentrant chez lui, il passa par chez nous, et je me souviens qu'il était très pâle ; je revois mon père lui serrer la main avec une insistance qui n'était pas dans sa manière, comme pour l'encourager, comme pour lui dire : « Vous voyez que ce n'était pas désespéré. »

Car mon père ne désespérait jamais des gens. Je ne lui ai jamais entendu prononcer un jugement sans appel, même quand la brebis galeuse du domaine, un métayer fort en gueule, dont il avait dû dénoncer les malversations au château, l'avait accusé de je ne sais quelles manigances malpropres.

Il est certain que, si, après la mort de sa femme et de l'enfant, personne ne s'était trouvé pour tendre la main au docteur, c'était un homme perdu.

Mon père l'a fait. Et, quand ma mère a été enceinte, un certain sentiment qu'il m'est difficile d'expliquer, mais que je comprends, l'a obligé à aller jusqu'au bout.

Il a pourtant pris des précautions. Deux fois, dans les derniers temps de la grossesse, il a emmené ma mère à Moulins pour consulter un spécialiste.

Le terme est arrivé. Un valet d'écurie, à cheval, est allé chercher le docteur vers le milieu de la nuit. On ne m'a pas fait quitter la maison où je suis resté enfermé dans ma chambre, terriblement impressionné, bien que, comme tous les gamins de la campagne, j'aie eu très jeune une certaine connaissance de ces choses.

Ma mère est morte à sept heures du matin, alors que l'aube se levait, et, quand je suis descendu, le premier objet qui ait attiré mon regard, malgré mon émotion, a été le carafon sur la table de la salle à manger.

Je restais enfant unique. Une fille des environs est venue s'installer à la maison pour faire le ménage et prendre soin de moi. Je n'ai jamais vu, depuis, le Dr Gadelle franchir notre seuil, mais jamais non plus je n'ai entendu mon père dire un mot à son sujet.

Une période très grise, confuse, a suivi ce drame. J'allais à l'école du village. Mon père parlait de moins en moins. Il avait trente-deux ans, et ce n'est que maintenant que je me rends compte de sa jeunesse.

Je n'ai pas protesté lorsque j'eus mes douze ans et qu'il fut question de m'envoyer comme interne au lycée de Moulins, où il était impossible de me conduire chaque jour.

Je n'y suis resté que quelques mois. J'y étais malheureux, complètement étranger dans un monde nouveau qui me paraissait hostile. Je n'en ai rien dit à mon père, qui me ramenait à la maison tous les samedis soir. Je ne me suis jamais plaint.

Il a dû comprendre, car, aux vacances de Pâques, sa sœur, dont le mari avait ouvert une boulangerie à Nantes, vint soudain nous voir, et je m'aperçus qu'il s'agissait d'un plan déjà échafaudé par correspondance.

Ma tante, qui avait le teint très rose, commençait à s'empâter. Elle n'avait pas d'enfant et s'en chagrinait.

Pendant plusieurs jours, je l'ai vue tourner maladroitement autour de moi comme pour m'apprivoiser.

Elle me parlait de Nantes, de leur maison près du port, de la bonne odeur du pain chaud, de son mari qui passait toute la nuit dans son fournil et qui dormait pendant la journée.

Elle se montrait très gaie. J'avais deviné. J'étais résigné. Ou, plus exactement, car je n'aime pas ce mot-là, j'avais accepté.

Nous avons eu, mon père et moi, une longue conversation, en nous promenant dans la campagne, un dimanche matin après la messe. C'est la première fois qu'il m'a parlé comme à un homme. Il envisageait mon avenir, l'impossibilité pour moi d'étudier au village, l'absence pour moi, si je restais interne à Moulins, de vie familiale normale.

Je sais aujourd'hui ce qu'il pensait. Il se rendait compte que la compagnie d'un homme comme lui, qui s'était replié sur lui-même et vivait le plus souvent avec ses pensées, n'était pas souhaitable pour un garçon qui, lui, attendait encore tout de la vie.

Je suis parti avec ma tante, une grosse malle tressautant derrière nous, dans la carriole qui nous conduisait à la gare.

Mon père n'a pas pleuré. Moi non plus.

C'est à peu près tout ce que je sais de lui. Pendant des années, à Nantes, j'ai été le neveu du boulanger et de la boulangère et je me suis presque habitué à un homme dont je voyais chaque jour la poitrine velue dans la lumière rougeoyante du four.

Je passais toutes mes vacances avec mon père. Je n'ose pas dire que nous étions l'un pour l'autre des étrangers. Mais j'avais ma vie personnelle, mes ambitions, mes problèmes.

C'était mon père, que j'aimais, que je respectais, mais que je n'essayais plus de comprendre. Et cela a duré des années. En est-il toujours ainsi ? J'ai une certaine tendance à le penser.

Lorsque la curiosité m'est revenue, il était trop tard pour poser les questions que j'aurais alors tant voulu poser, que je me reprochais de ne pas avoir posées quand il était encore là pour me répondre.

Mon père était mort, à quarante-quatre ans, d'une pleurésie.

J'étais un jeune homme, j'avais commencé mes études médicales. Les dernières fois que j'étais allé au château, j'avais été frappé par la roseur des pommettes de mon père, par ses yeux qui, le soir, devenaient brillants, fiévreux.

— Y a-t-il eu des tuberculeux dans la famille ? ai-je demandé un jour à ma tante.

Et elle, comme si je parlais d'une tare honteuse :

— Jamais de la vie, voyons ! Tous étaient forts comme des chênes ! Ne te souviens-tu pas de ton grand-père ?

Je m'en souvenais, justement. Je me rappelais certaine toux sèche qu'il mettait sur le compte du tabac. Et, aussi loin que je remontais dans mes souvenirs, je revoyais à mon père les mêmes pommettes sous lesquelles un feu avait l'air de couver.

Ma tante, elle aussi, avait ces roseurs-là.

— A toujours vivre dans la chaleur d'une boulangerie ! rétorquait-elle.

Elle n'en est pas moins morte du même mal que son frère, dix ans plus tard.

Quant à moi, de retour à Nantes, où je devais aller rechercher mes affaires avant de commencer une nouvelle existence, j'ai hésité longtemps avant de me présenter au domicile personnel d'un de mes professeurs et de lui demander de m'ausculter.

— Aucun danger de ce côté-là ! me rassura-t-il.

Deux jours après, je prenais le train pour Paris.

Ma femme ne m'en voudra pas, cette fois, si j'en reviens à Simenon et à l'image qu'il a créée de moi, car il s'agit de discuter un point qu'il a soulevé dans un de ses livres, un des plus récents, et qui me touche particulièrement.

C'est même un des points qui m'ont le plus chiffonné — et je ne parle pas des petites questions vestimentaires ou autres que je me suis amusé à soulever.

Je ne serais pas le fils de mon père si je n'étais assez chatouilleux en ce qui concerne mon métier, ma carrière, et c'est justement de cela qu'il s'agit.

J'ai eu l'impression, parfois, l'impression désagréable, que Simenon essayait en quelque sorte de m'excuser aux yeux du public d'être entré dans la police. Et je suis certain que dans l'esprit de certains je n'ai accepté cette profession que comme un pis-aller.

Or il n'y a pas de doute, en effet, que j'avais commencé mes études de médecine et que j'avais choisi cette profession de mon plein gré, sans y être poussé par des parents plus ou moins ambitieux, comme c'est souvent le cas.

Il y avait des années que je n'y pensais plus et je ne songeais pas à me poser de questions à ce sujet quand, justement, à cause de quelques phrases écrites sur ma vocation, le problème s'est petit à petit imposé à moi.

Je n'en ai parlé à personne, pas même à ma femme. Aujourd'hui, il me faut surmonter certaines pudeurs pour mettre les choses au point ou essayer de le faire.

Dans un de ses livres donc, Simenon a parlé de « raccommodeur de destinées », et il n'a pas inventé le mot, qui est bien de moi, que j'ai dû lâcher un jour que nous bavardions ensemble.

Or je me demande si tout n'est pas venu de Gadelle, dont le drame, je m'en suis rendu compte par la suite, m'avait frappé beaucoup plus que je ne pensais.

Parce qu'il était médecin, parce qu'il avait failli, la profession médicale s'est trouvée revêtir à mes yeux un prestige extraordinaire, au point de devenir une sorte de sacerdoce.

Pendant des années, sans m'en rendre compte, j'ai essayé de comprendre le drame de cet homme aux prises avec un destin hors de sa mesure.

Et je me rappelais l'attitude de mon père à son égard, je me demandais si mon père avait compris la même chose que moi, si c'était pour cela que, quoi qu'il lui en coûtât, il lui avait laissé jouer sa chance.

De Gadelle, insensiblement, je suis passé à la plupart des gens que j'avais connus, des gens simples, presque tous, à la vie nette en apparence, et qui pourtant avaient eu un jour ou l'autre à se mesurer avec la destinée.

Qu'on n'oublie pas que ce ne sont pas des pensées d'homme fait que je m'efforce de traduire ici, mais le cheminement d'un esprit de gamin, puis d'adolescent.

La mort de ma mère m'apparaissait comme un drame tellement stupide, tellement *inutile !*

Et tous les autres drames que je connaissais, tous ces ratages me plongeaient dans une sorte de désespoir furieux.

Personne n'y pouvait-il rien ? Fallait-il admettre qu'il n'y eût pas quelque part un homme plus intelligent ou plus averti que les autres — que je voyais plus ou moins sous les traits d'un médecin de famille, d'un Gadelle qui n'aurait pas failli — capable de dire doucement, fermement :

— Vous faites fausse route. En agissant ainsi, vous allez fatalement à la catastrophe. Votre vraie place est ici et non là.

Je crois que c'est cela : j'avais l'obscur sentiment que trop de gens n'étaient pas à leur place, qu'ils s'efforçaient de jouer un rôle qui n'était pas à leur taille et que, par conséquent, la partie, pour eux, était perdue d'avance.

Qu'on n'aille surtout pas penser que je prétendais devenir un jour cette sorte de Dieu le Père.

Après avoir cherché à comprendre Gadelle, puis à comprendre le comportement de mon père à son égard, je continuais à regarder autour de moi en me posant les mêmes questions.

Un exemple qui fera sourire. Nous étions cinquante-huit dans ma classe, certaine année, cinquante-huit élèves provenant de milieux divers, avec des qualités, des ambitions, des défauts différents. Or je m'étais amusé à tracer en quelque sorte le destin idéal de tous mes condisciples et, dans mon esprit, je les appelais : « L'avocat… Le percepteur… »

Je m'ingéniais aussi tout un temps à deviner de quoi les gens qui m'approchaient finiraient par mourir.

Comprend-on mieux pourquoi j'ai eu l'idée de devenir médecin ? Le mot police, pour moi, à cette époque, n'évoquait que le sergent de ville du coin de la rue. Et, si j'avais entendu parler de police secrète, je n'avais pas la moindre idée de ce que cela pouvait être.

Et, tout à coup, je devais gagner ma vie. J'arrivai à Paris sans même une vague notion de la carrière que j'allais choisir. Etant donné mes études inachevées, je ne pouvais guère espérer d'autre chance que d'entrer dans un bureau, et c'est dans cet esprit que, sans enthousiasme, je me mis à lire les petites annonces des journaux. Mon oncle m'avait offert, mais en vain, de me garder à la boulangerie et de m'enseigner son métier.

Dans le petit hôtel où j'habitais, rive gauche, vivait, sur le même palier que moi, un homme qui m'intriguait, un homme d'une quarantaine d'années à qui je trouvais, Dieu sait pourquoi, une certaine ressemblance avec mon père.

Au physique, en effet, il était aussi différent que possible de l'homme blond et maigre, aux épaules tombantes, que j'avais toujours vu en jambières de cuir.

Il était plutôt petit, trapu, brun de poil, avec une calvitie précoce qu'il cachait en ramenant soigneusement ses cheveux vers le front, des moustaches noires aux pointes roulées au fer.

Il était toujours vêtu de noir, correctement, portait un pardessus à col de velours, qui explique certain autre pardessus, et une canne à pommeau d'argent massif.

Je crois que la ressemblance avec mon père résidait dans son maintien, dans une certaine façon de marcher sans jamais presser le pas, d'écouter, de regarder, puis, en quelque sorte, de se renfermer en lui-même.

Le hasard me fit le rencontrer dans un restaurant à prix fixe du quartier ; j'appris qu'il y prenait presque chaque jour son repas du soir et je me mis, sans raison précise, à désirer faire sa connaissance.

C'est en vain que j'essayai de deviner ce qu'il pouvait faire dans la vie. Il devait être célibataire, puisqu'il vivait seul à l'hôtel. Je l'entendais se lever le matin, rentrer le soir à des heures irrégulières.

Il ne recevait jamais personne et, la seule fois que je le rencontrai en compagnie, il était en conversation, au coin du boulevard Saint-Michel, avec un individu qui marquait si mal qu'on l'aurait sans hésiter, à l'époque, qualifié d'apache.

J'étais sur le point de trouver une place dans une maison de passementerie de la rue des Victoires. Je devais me représenter le lendemain avec des références que j'avais demandées par écrit à mes anciens professeurs.

Ce soir-là, au restaurant, mû par je ne sais quel instinct, je me décidai à me lever de table juste au moment où mon voisin de palier remettait sa serviette dans son casier, de sorte que je me trouvai à lui tenir la porte.

Il avait dû me remarquer. Peut-être devina-t-il mon désir de lui parler, car il m'accorda un regard appuyé.

— Je vous remercie, dit-il.

Puis, comme je restais debout sur le trottoir :

— Vous rentrez à l'hôtel ?

— Je crois... Je ne sais pas...

Il faisait une belle nuit d'arrière-saison. Les quais n'étaient pas loin, et on voyait la lune se lever au-dessus des arbres.

— Seul à Paris ?

— Je suis seul, oui.

Sans demander ma compagnie, il l'acceptait, l'admettait comme un fait accompli.

— Vous cherchez du travail ?

— Comment le savez-vous ?

Il ne se donna pas la peine de répondre et glissa un cachou entre ses lèvres. Je devais comprendre bientôt pourquoi. Il était affligé d'une mauvaise haleine et le savait.

— Vous venez de province ?

— De Nantes, mais je suis originaire de la campagne.

Je lui parlais avec confiance. C'était à peu près la première fois, depuis que j'étais à Paris, que je trouvais un compagnon, et son silence ne me gênait pas du tout, sans doute parce que j'étais habitué aux silences bienveillants de mon père.

Je lui avais raconté presque toute mon histoire quand nous nous sommes trouvés quai des Orfèvres, de l'autre côté du pont Saint-Michel.

Devant une grande porte entr'ouverte, il s'arrêta, me dit :

— Voulez-vous m'attendre un instant ? Je n'en ai que pour quelques minutes.

Un agent de police en uniforme était en faction à la porte. Après avoir fait un moment les cent pas, je lui demandai :

— N'est-ce pas le Palais de Justice ?

— Cette entrée est celle des locaux de la Sûreté.

Mon voisin de palier s'appelait Jacquemain. Il était célibataire, en effet, je l'appris ce soir-là pendant que nous déambulions le long de la Seine, franchissant plusieurs fois les mêmes ponts, avec, presque toujours, la masse du Palais de Justice qui nous dominait.

Il était inspecteur de police et me parla de son métier, brièvement comme mon père l'aurait fait du sien, avec la même fierté sous-jacente.

Il a été tué trois ans plus tard, avant que j'accède moi-même à ces bureaux du quai des Orfèvres devenus prestigieux à mes yeux. Cela s'est passé du côté de la Porte d'Italie, au cours d'une rixe. Une balle, qui ne lui était même pas destinée, l'a frappé en pleine poitrine.

Sa photographie existe encore, avec d'autres, dans un de ces cadres noirs surmontés de la mention : « Mort pour le service. »

Il m'a peu parlé. Il m'a surtout écouté. Ce qui ne m'a pas empêché, vers onze heures du soir, de lui dire d'une voix tremblante d'impatience :

— Vous croyez vraiment que c'est possible ?

— Je vous donnerai une réponse demain soir.

Il ne s'agissait pas, évidemment, d'entrer de plain-pied à la Sûreté. Ce n'était pas encore l'époque des diplômes, et chacun devait commencer dans le rang.

Ma seule ambition était d'être accepté, à n'importe quel titre, dans un des commissariats de Paris, d'être admis à découvrir moi-même une face du monde que l'inspecteur Jacquemain n'avait fait que me laisser entrevoir.

Au moment de nous quitter, sur le palier de notre hôtel, qui a été démoli depuis, il me demanda :

— Cela vous ennuierait beaucoup de porter l'uniforme ?

J'ai eu un petit choc, je l'avoue, une courte hésitation qui ne lui a pas échappé et qui n'a pas dû lui faire plaisir.

— Non... ai-je répondu à voix basse.

Et je l'ai porté, pas longtemps, sept ou huit mois. Comme j'avais de longues jambes et que j'étais très maigre, très rapide, si étrange que cela puisse paraître aujourd'hui, on m'a donné un vélo et, pour m'apprendre à connaître un Paris où je me perdais sans cesse, on m'a chargé de délivrer les plis dans les différents bureaux officiels.

Simenon a-t-il raconté ça ? Je ne m'en souviens pas. Pendant des mois, juché sur ma bicyclette, je me suis faufilé entre les fiacres et les omnibus à impériale, encore traînés par des chevaux, qui, surtout quand ils dévalaient de Montmartre, me faisaient une peur épouvantable.

Les fonctionnaires portaient encore des redingotes et des chapeaux hauts de forme et, à partir d'un certain grade, arboraient la jaquette.

Les agents, pour la plupart, étaient des hommes d'un certain âge, au nez souvent rougeoyant, qu'on voyait boire le coup sur le zinc avec les cochers et dont les chansonniers se moquaient sans vergogne.

Je n'étais pas marié. Mon uniforme me gênait pour faire la cour aux jeunes filles, et je décidai que ma vraie vie ne commencerait que le jour où j'entrerais non plus comme messager porteur de plis officiels, mais comme inspecteur, par le grand escalier, dans la maison du quai des Orfèvres.

Lorsque je lui parlai de cette ambition, mon voisin de palier ne sourit pas, me regarda d'un air rêveur et murmura :

— Pourquoi pas ?

Je ne savais pas que j'irais si tôt à son enterrement. Mes pronostics sur les destinées humaines laissaient à désirer.

4

Où je mange les petits fours d'Anselme et Géraldine au nez
et à la barbe des Ponts et Chaussées

Est-ce que mon père, mon grand-père se sont jamais demandé s'ils auraient pu être autre chose que ce qu'ils étaient ? Avaient-ils eu d'autres ambitions ? Enviaient-ils un sort différent du leur ?

C'est drôle d'avoir vécu si longtemps avec les gens et de ne rien savoir de ce qui paraîtrait aujourd'hui essentiel. Je me suis souvent posé la question, avec l'impression d'être à cheval entre deux mondes totalement étrangers l'un à l'autre.

Nous en avons parlé, il n'y a pas si longtemps, Simenon et moi, dans mon appartement du boulevard Richard-Lenoir. Je me demande si ce n'était pas la veille de son départ pour les Etats-Unis. Il était tombé en arrêt devant la photographie agrandie de mon père, qu'il a pourtant vue pendant des années au mur de la salle à manger.

Tout en l'examinant avec une attention particulière, il me lançait de petits coups d'œil scrutateurs, comme s'il cherchait à établir des comparaisons, et cela le rendait rêveur.

— En somme, finit-il par dire, vous êtes né, Maigret, dans le milieu idéal, au moment idéal de l'évolution d'une famille, pour faire un grand commis, comme on disait jadis, ou, si vous préférez, un fonctionnaire de grande classe.

Cela m'a frappé, parce que j'y avais déjà pensé, d'une façon moins précise, surtout moins personnelle, j'avais noté le nombre de mes collègues qui provenaient de familles paysannes ayant depuis peu perdu le contact direct avec la terre.

Simenon continuait, avec presque l'air de le regretter, de m'envier :

— Moi, je suis en avant d'une génération. Il faut que je remonte à mon grand-père pour trouver l'équivalent de votre père. Mon père, lui, était déjà à l'étage fonctionnaire.

Ma femme le regardait avec attention, s'efforçant de comprendre, et il prit un ton plus léger pour ajouter :

— Normalement, j'aurais dû accéder aux professions libérales par la petite porte, par le bas, peiner pour devenir médecin de quartier, avocat ou ingénieur. Ou alors...

— Alors quoi ?

— Etre un aigri, un révolté. C'est la majorité, nécessairement. Sinon, il y aurait pléthore de médecins et d'avocats. Je crois que je suis de la souche qui fournit le plus grand nombre de ratés.

Je ne sais pas pourquoi cette conversation me revient tout à coup. C'est probablement parce que j'évoque mes années de début et que j'essaie d'analyser mon état d'esprit à cette époque-là.

J'étais seul au monde. Je venais d'arriver dans un Paris que je ne connaissais pas et où la richesse s'étalait plus ostensiblement qu'aujourd'hui.

Deux choses frappaient : cette richesse, d'une part, et, d'autre part, la pauvreté ; et j'étais du second côté.

Tout un monde vivait, sous les yeux de la foule, une vie d'oisiveté raffinée, et les journaux rendaient compte des faits et gestes de ces gens-là qui n'avaient d'autres préoccupations que leurs plaisirs et leurs vanités.

Or pas un moment je n'ai eu la tentation de me rebeller. Je ne les enviais pas. Je n'espérais pas leur ressembler un jour. Je ne comparais pas mon sort au leur.

Pour moi, ils faisaient partie d'un monde aussi différent que celui d'une autre planète.

Je me souviens que j'avais alors un appétit insatiable, qui était déjà légendaire lorsque j'étais enfant. A Nantes, ma tante racontait volontiers qu'elle m'avait vu manger, en rentrant du lycée, un pain de quatre livres, ce qui ne m'avait pas empêché de dîner deux heures plus tard.

Je gagnais très peu d'argent, et mon grand souci était de satisfaire cet appétit qui était en moi ; le luxe ne m'apparaissait pas aux terrasses des cafés célèbres des boulevards, ni aux vitrines de la rue de la Paix, mais, plus prosaïquement, à l'étalage des charcuteries.

Je connaissais, sur les chemins que j'avais l'habitude de prendre, un certain nombre de charcuteries qui me fascinaient et, du temps où je circulais encore dans Paris en uniforme, juché sur ma bicyclette, je calculais mon temps pour gagner les quelques minutes nécessaires à y acheter et à dévorer sur le trottoir un morceau de saucisson ou une tranche de pâté, avec un petit pain pris à la boulangerie d'à côté.

L'estomac satisfait, je me sentais heureux, plein de confiance en moi. Je faisais mon métier en conscience. J'attachais de l'importance aux moindres tâches qui m'étaient confiées. Et il n'était même pas question d'heures supplémentaires. Je considérais que tout mon temps appartenait à la police, et cela me semblait tout naturel qu'on me tienne au travail quatorze ou quinze heures d'affilée.

Si j'en parle, ce n'est pas pour me donner du mérite, c'est au contraire, justement, parce qu'autant que je me rappelle c'était un état d'esprit courant à l'époque.

Peu de sergents de ville avaient un autre bagage qu'une instruction primaire. A cause de l'inspecteur Jacquemain, on savait, en haut lieu — mais moi je ne savais pas encore qui savait, ni même qu'on savait, — que j'avais commencé des études supérieures.

Après quelques mois, je fus fort surpris de me voir désigné pour un poste qui m'apparaissait comme inespéré : celui de secrétaire du commissaire de police du quartier Saint-Georges.

Ce métier-là, pourtant, à l'époque, avait un nom peu reluisant. Cela s'appelait être le chien du commissaire.

On me retirait mon vélo, mon képi et mon uniforme. On me retirait aussi la possibilité de m'arrêter à une charcuterie au cours de mes missions à travers les rues de Paris.

J'ai particulièrement apprécié le fait d'être en civil le jour où, passant sur le trottoir du boulevard Saint-Michel, j'entendis une voix me héler.

C'était un grand garçon en blouse blanche qui courait après moi.

— Jubert ! m'écriai-je.

— Maigret !

— Qu'est-ce que tu fais ici ?

— Et toi ?

— Ecoute. Je n'ose pas rester dehors maintenant. Viens me prendre à sept heures à la porte de la pharmacie.

Jubert, Félix Jubert, était un de mes camarades à l'école de médecine de Nantes. Je savais qu'il avait interrompu ses études en même temps que moi, mais, je crois, pour d'autres raisons. Sans être un cancre, il avait l'esprit assez lent, et je me souviens qu'on disait de lui :

— Il étudie à s'en faire pousser des boutons sur la tête, mais il n'en sait pas davantage le lendemain.

Il était très long, osseux, avec un grand nez, de gros traits, des cheveux roux, et je l'ai toujours connu le visage couvert, non pas de ces petits boutons d'acné qui désespèrent les jeunes gens, mais de gros boutons rouges ou violets qu'il passait son temps à couvrir de pommades et de poudres médicamenteuses.

Je suis venu l'attendre le soir même à la pharmacie où il travaillait depuis quelques semaines. Il n'avait pas de famille à Paris. Il vivait, du côté du Cherche-Midi, chez des gens qui prenaient deux ou trois pensionnaires.

— Et toi, qu'est-ce que tu fais ?

— Je suis entré dans la police.

Je revois ses yeux violets, clairs comme des yeux de jeune fille, qui essayaient de cacher leur incrédulité. Sa voix était toute drôle tandis qu'il répétait :

— La police ?

Il regardait mon complet, cherchait malgré lui de l'œil l'agent en faction au coin du boulevard, comme pour établir une comparaison.

— Je suis secrétaire du commissaire.

— Ah ! bon. Je comprends !

Est-ce par respect humain ? N'est-ce pas plutôt par incapacité de m'expliquer et à cause de son incapacité à comprendre ? Je ne lui avouai pas que, trois semaines plus tôt, je portais encore l'uniforme et que mon ambition était d'entrer à la Sûreté.

Secrétaire, à ses yeux, aux yeux de beaucoup de gens, c'était parfait, c'était honorable ; j'étais bien propre, dans un bureau, devant des livres, un porte-plume à la main.

— Tu as beaucoup d'amis à Paris ?

En dehors de l'inspecteur Jacquemain, je ne connaissais pour ainsi dire personne, car, au commissariat, j'étais encore un nouveau qu'on observait avant de se livrer à lui.

— Pas de petite amie non plus ? Qu'est-ce que tu fais de tout ton temps libre ?

D'abord, je n'en avais pas beaucoup. Ensuite, j'étudiais, car, pour atteindre plus vite mon but, j'étais décidé à passer les examens qui venaient d'être institués.

Nous avons dîné ensemble, ce soir-là. Dès le dessert, il me disait, d'un air prometteur :

— Il faudra que je te présente.

— A qui ?

— A des gens très bien. Des amis. Tu verras.

Il ne s'expliqua pas davantage le premier jour. Et, je ne sais plus pourquoi, nous sommes restés plusieurs semaines sans nous revoir. J'aurais pu ne pas le revoir du tout. Je ne lui avais pas donné mon adresse. Je n'avais pas la sienne. L'idée ne me venait pas d'aller l'attendre à la sortie de sa pharmacie.

C'est le hasard, encore, qui nous mit face à face, à la porte du Théâtre-Français, où nous faisions tous les deux la queue.

— C'est bête ! me dit-il. Je croyais t'avoir perdu. Je ne sais même pas à quel commissariat tu travailles. J'ai parlé de toi à mes amis.

Il avait une façon de parler de ces amis-là qui aurait pu laisser supposer qu'il s'agissait d'un clan tout à fait à part, presque d'une secte mystérieuse.

— Tu as un habit, au moins ?

— J'en ai un.

Il était inutile d'ajouter que c'était l'habit de mon père, quelque peu démodé, puisqu'il lui avait servi à son mariage, que j'avais fait arranger à ma taille.

— Vendredi, je t'emmènerai. Arrange-toi pour être libre sans faute vendredi soir à huit heures. Tu sais danser ?

— Non.

— Cela ne fait rien. Mais il serait préférable que tu prennes quelques leçons. Je connais un bon cours, pas cher. J'y suis allé.

Cette fois, il avait pris note de mon adresse et même du petit restaurant où j'avais l'habitude de dîner quand je n'étais pas de service, et le vendredi soir il était dans ma chambre, assis sur mon lit, pendant que je m'habillais.

— Il faut que je t'explique, afin que tu ne fasses pas de gaffes. Nous serons les seuls, toi et moi, à ne pas appartenir aux Ponts et Chaussées. C'est un vague cousin à moi, que j'ai retrouvé par hasard, qui m'a introduit. M. et Mme Léonard sont charmants. Leur nièce est la plus délicieuse des jeunes filles.

J'ai compris tout de suite qu'il en était amoureux et que c'était pour me montrer l'objet de sa flamme qu'il m'emmenait presque de force.

— Il y en a d'autres, n'aie pas peur, me promit-il. De très agréables.

Comme il pleuvait et qu'il importait de ne pas arriver crottés, nous avions pris un fiacre, le premier fiacre que j'ai pris à Paris sans une raison professionnelle. Je revois nos plastrons blancs quand nous passions devant les becs de gaz. Et je revois Félix Jubert arrêter la voiture devant une boutique de fleuriste afin de garnir nos boutonnières.

— Le vieux monsieur Léonard, m'expliquait-il, Anselme, comme on l'appelle, est à la retraite depuis une dizaine d'années. Avant cela, c'était un des plus hauts fonctionnaires des Ponts et Chaussées, et il arrive encore que ses successeurs viennent le consulter. Le père de sa nièce appartient, lui aussi, à l'administration des Ponts et Chaussées. Et pour ainsi dire toute leur famille.

A sa façon de parler de cette administration-là, on sentait que, pour Jubert, c'était en quelque sorte le paradis perdu, qu'il aurait tout donné pour n'avoir pas dilapidé de précieuses années à étudier la médecine et pour se lancer à son tour dans la carrière.

— Tu verras !

Et je vis. C'était boulevard Beaumarchais, pas loin de la place de la Bastille, dans un immeuble déjà vieux, mais confortable, assez cossu. Toutes les fenêtres du troisième étage étaient éclairées, et le regard de Jubert, en descendant du fiacre, m'indiqua clairement que c'était là qu'allaient se dérouler les mondanités annoncées.

Je n'étais pas très à mon aise. Je regrettais de m'être laissé emmener. Mon col à pointes cassées me gênait ; j'avais l'impression que ma cravate se mettait sans cesse de travers et qu'une des queues de mon habit avait tendance à se redresser comme le panache d'un coq.

L'escalier était peu éclairé, les marches couvertes d'un tapis cramoisi qui me parut somptueux. Et, aux fenêtres des paliers, il y avait des vitraux que je considérai longtemps comme le dernier mot en matière de raffinement.

Jubert avait étendu une couche plus épaisse d'onguent sur son visage boutonneux, et je ne sais pourquoi, cela lui donnait des reflets violets. Il tira religieusement un gros gland en passementerie qui pendait devant une porte. Nous entendions, à l'intérieur, un murmure de conversations, avec ce rien d'aigu dans les voix et dans les rires qui indique l'animation d'une réunion mondaine.

Une bonne en tablier blanc vint nous ouvrir, et Félix, tendant son pardessus, fut tout heureux de prononcer, comme un familier des lieux :

— Bonsoir, Clémence.

— Bonsoir, monsieur Félix.

Le salon était assez grand, pas très éclairé, avec une profusion de tentures sombres et, dans la pièce voisine, visible par une large baie vitrée, les meubles avaient été poussés contre les murs de façon à laisser le parquet libre pour les danses.

Protecteur, Jubert me conduisait vers une vieille dame à cheveux blancs assise à côté de la cheminée.

— Je vous présente mon ami Maigret, de qui j'ai eu l'honneur de vous entretenir et qui brûlait du désir de vous apporter personnellement ses hommages.

Sans doute avait-il répété sa phrase tout le long du chemin et s'assurait-il que je saluais convenablement, que je n'étais pas trop embarrassé, qu'en somme je lui faisais honneur.

La vieille dame était délicieuse, menue, les traits fins, le visage vif, mais je fus dérouté quand elle me dit avec un sourire :

— Pourquoi n'appartenez-vous pas aux Ponts et Chaussées ? Je suis sûre qu'Anselme va le regretter.

Elle s'appelait Géraldine. Anselme, son mari, était assis dans un autre fauteuil, tellement immobile qu'on semblait l'avoir apporté là, d'une pièce, pour l'exposer comme une figure de cire. Il était très vieux. J'ai appris plus tard qu'il avait largement dépassé les quatre-vingts ans et que Géraldine les avait atteints.

Quelqu'un jouait du piano en sourdine, un gros garçon boudiné dans son habit à qui une jeune fille en bleu pâle tournait les pages. Je ne la voyais que de dos. Quand on me présenta à elle, je n'osai pas la regarder en face tant j'étais dérouté d'être là, à ne savoir que dire ni où me mettre.

On n'avait pas commencé à danser. Sur un guéridon, il y avait un plateau avec des petits fours secs, et un peu plus tard, comme Jubert m'abandonnait à mon sort, je m'en approchai, je ne sais pas encore aujourd'hui pourquoi, pas par gourmandise, certainement, car je n'avais pas faim et je n'ai jamais aimé les petits fours, probablement par contenance.

J'en pris un machinalement. Puis un autre. Quelqu'un fit :

— Chut !...

Et une seconde jeune fille, en rose celle-ci, qui louchait légèrement, se mit à chanter, debout à côté du piano, auquel elle s'appuyait d'une main tandis que de l'autre elle maniait un éventail.

Je mangeais toujours. Je ne m'en rendais pas compte. Je me rendais encore moins compte que la vieille dame m'observait avec stupeur, puis que d'autres, remarquant mon manège, ne détachaient plus de moi leur regard.

Un des jeunes gens fit à mi-voix une remarque à son voisin et on entendit à nouveau :

— Chut !...

On pouvait compter les jeunes filles par les taches claires parmi les habits noirs. Il y en avait quatre. Jubert, paraît-il, essayait d'attirer mon attention sans y parvenir, malheureux de me voir saisir les petits fours un à un et les manger consciencieusement. Il m'a avoué plus tard qu'il avait eu pitié de moi, qu'il était persuadé que je n'avais pas dîné.

D'autres ont dû le penser. La chanson était finie. La jeune fille en rose saluait, et tout le monde applaudissait ; c'est alors que je m'aperçus que c'était moi qu'on regardait, debout que j'étais à côté du guéridon, la bouche pleine, un petit gâteau à la main.

J'ai failli m'en aller sans m'excuser, battre en retraite, fuir littéralement cet appartement où s'agitait un monde qui m'était si totalement étranger.

A ce moment-là, dans la pénombre, j'aperçus un visage, le visage de la jeune fille en bleu, et, sur ce visage, une expression douce, rassurante, presque familière. On aurait dit qu'elle avait compris, qu'elle m'encourageait.

La bonne entrait avec des rafraîchissements, et, après avoir tant mangé, à contretemps, je n'osai pas prendre un verre alors qu'on m'en offrait.

— Louise, tu devrais passer les petits fours.

C'est ainsi que j'appris que la jeune fille en bleu s'appelait Louise et qu'elle était la nièce de M. et Mme Léonard.

Elle servit tout le monde avant de s'approcher de moi et, me désignant je ne sais quels gâteaux sur lesquels il y avait un petit morceau de fruit confit, me dit avec un regard complice :

— Ils ont laissé les meilleurs. Goûtez ceux-là.

Je ne trouvai à répondre que :

— Vous croyez ?

Ce furent les premiers mots que nous échangeâmes, Mme Maigret et moi.

Tout à l'heure, quand elle lira ce que je suis en train d'écrire, je sais fort bien qu'elle va murmurer en haussant les épaules :

— A quoi bon raconter ça ?

Au fond, elle est enchantée de l'image que Simenon a tracée d'elle, l'image d'une bonne « mémère », toujours à ses fourneaux, toujours astiquant, toujours chouchoutant son grand bébé de mari. C'est même à cause de cette image, je le soupçonne, qu'elle a été la première à lui vouer une réelle amitié, au point de le considérer comme de la famille et de le défendre quand je ne songe pas à l'attaquer.

Or, comme tous les portraits, celui-là est loin d'être exact. Lorsque je l'ai rencontrée, ce fameux soir, c'était une jeune fille un peu dodue, au visage très frais, avec, dans le regard, un pétillement qu'on ne voyait pas dans celui de ses amies.

Que se serait-il passé si je n'avais pas mangé les gâteaux ? Il est fort possible qu'elle ne m'aurait pas remarqué parmi la douzaine de jeunes gens qui étaient là et qui tous, sauf mon ami Jubert, appartenaient aux Ponts et Chaussées.

Ces trois mots : « Ponts et Chaussées », ont gardé pour nous un sens presque comique, et il suffit qu'un de nous les prononce pour nous faire sourire ; si nous les entendons quelque part, nous ne pouvons, maintenant encore, nous empêcher de nous regarder d'un air entendu.

Il faudrait, pour bien faire, donner ici toute la généalogie des Schoëller, des Kurt et des Léonard, dans laquelle je me suis longtemps embrouillé, et qui représente la famille « du côté de ma femme », comme nous disons.

Si vous allez en Alsace, de Strasbourg à Mulhouse, vous en entendrez probablement parler. C'est un Kurt, je crois, de Scharrachbergheim, qui a été le premier, sous Napoléon, à établir la tradition quasi dynastique des Ponts et Chaussées. Il paraît qu'il a été fameux en son temps, s'est allié à des Schoëller qui appartenaient à la même administration.

Les Léonard, à leur tour, sont entrés dans la famille, et depuis, de père en fils, de frère en beau-frère ou en cousin, tout le monde, ou presque, fait partie du même corps, au point qu'on a considéré comme une déchéance le fait qu'un Kurt soit devenu un des plus gros brasseurs de Colmar.

Tout cela, ce soir-là, je ne faisais encore que le deviner, grâce aux quelques indications que Jubert m'avait données.

Et, quand nous sommes sortis, par une pluie battante, négligeant cette fois de prendre un fiacre que nous aurions d'ailleurs eu de la peine à trouver dans le quartier, je n'étais pas loin de regretter à mon tour d'avoir mal choisi ma carrière.

— Qu'est-ce que tu en dis ?

— De quoi ?

— De Louise ! Je ne veux pas te faire de reproches. La situation n'en était pas moins embarrassante. Tu as vu avec quel tact elle t'a mis à l'aise, sans en avoir l'air ? C'est une jeune fille étonnante. Alice Perret est plus brillante, mais...

Je ne savais qui était Alice Perret. De toute la soirée, je n'avais connu que la jeune fille en bleu pâle qui, entre les danses, venait bavarder avec moi.

— Alice est celle qui a chanté. Je crois qu'elle ne tardera pas à se fiancer avec le garçon qui l'a accompagnée, Louis, dont les parents sont très riches.

Nous nous sommes quittés très tard, cette nuit-là. A chaque ondée, nous entrions dans quelque bistro encore ouvert pour boire un café et nous mettre à l'abri. Félix ne consentait pas à me lâcher, me parlant d'abondance de Louise, essayant de me forcer à reconnaître que c'était la jeune fille idéale.

— Je sais que je n'ai pas beaucoup de chances. C'est parce que ses parents voudraient lui trouver un mari dans les Ponts et Chaussées qu'ils l'ont envoyée chez son oncle Léonard. Tu comprends, il n'y en a plus de disponibles à Colmar ou à Mulhouse, ou alors ils appartiennent déjà à la famille. Voilà deux mois qu'elle est arrivée. Elle doit passer tout l'hiver à Paris.

— Elle le sait ?

— Quoi ?

— Qu'on lui cherche un mari dans les Ponts et Chaussées.

— Bien entendu. Mais cela lui est égal. C'est une jeune fille très personnelle, beaucoup plus que tu ne peux le penser. Tu n'as pas eu le temps de l'apprécier. Vendredi prochain, tu essayeras de lui parler davantage. Si tu dansais, ce serait déjà plus facile. Pourquoi, d'ici là, ne prendrais-tu pas deux ou trois leçons ?

Je ne pris pas de leçons de danse. Heureusement. Car Louise, contrairement à ce que pensait le brave Jubert, ne détestait rien autant que de tournoyer au bras d'un cavalier.

C'est à deux semaines de là que se passa un petit incident auquel, sur le moment, j'attachai une grande importance — et qui en eut peut-être, mais dans un sens différent.

Les jeunes ingénieurs qui fréquentaient chez les Léonard formaient une bande à part, affectaient d'employer entre eux des mots qui n'avaient de sens que pour les gens de leur confrérie.

Est-ce que je les détestais ? C'est probable. Et je n'aimais pas leur obstination à m'appeler le commissaire de police. C'était devenu un jeu qui me lassait.

— Hé ! commissaire... me lançait-on d'un bout à l'autre du salon.

Or, cette fois-là, alors que Jubert et Louise bavardaient dans un coin, près d'une plante verte que je revois encore, un petit jeune homme à lunettes s'approcha d'eux et leur confia quelque chose à voix basse, avec un coup d'œil amusé dans ma direction.

Quelques instants plus tard, je demandai à mon ami :

— Qu'est-ce qu'il a raconté ?

Et lui, gêné, évasif :

— Rien.

— Une méchanceté ?

— Je t'en parlerai dehors.

Le garçon à lunettes répéta son manège dans d'autres groupes, et tout le monde semblait beaucoup s'amuser à mes dépens.

Tout le monde sauf Louise, qui, ce soir-là, refusa plusieurs danses, qu'elle passa à causer avec moi.

Une fois dehors, je questionnai Félix.

— Qu'est-ce qu'il a dit ?

— Réponds-moi d'abord franchement. Qu'est-ce que tu faisais avant d'être secrétaire du commissaire ?

— Mais... J'étais dans la police...

— Avec un uniforme ?

Voilà ! C'était la grosse affaire. Le type à lunettes avait dû me reconnaître pour m'avoir vu en tenue de sergent de ville.

Imaginez maintenant un agent de police parmi ces messieurs des Ponts et Chaussées !

— Qu'est-ce qu'elle a dit ? demandai-je, la gorge serrée.

— Elle a été très chic. Elle est toujours très chic. Tu ne veux pas me croire, mais tu verras...

Pauvre vieux Jubert !

— Elle lui a répliqué que l'uniforme t'allait certainement beaucoup mieux qu'il ne lui aurait été à lui.

Je ne suis quand même pas allé boulevard Beaumarchais le vendredi suivant. J'ai évité de rencontrer Jubert. C'est lui qui, à quinze jours de là, est venu me relancer.

— A propos, on s'est inquiété de toi, vendredi.

— Qui ?

— Mme Léonard. Elle m'a demandé si tu étais malade.

— J'ai été très occupé.

J'étais sûr que, si Mme Léonard avait parlé de moi, c'était parce que sa nièce...

Allons ! Je ne crois pas utile d'entrer dans ces détails-là. Je vais déjà avoir assez de mal à obtenir que tout ce que je viens d'écrire n'aille pas au panier.

Pendant près de trois mois, Jubert a joué son rôle sans se douter de rien, sans d'ailleurs que nous essayions de le tromper le moins du monde. C'était lui qui venait me chercher à mon hôtel et qui me faisait mon nœud de cravate sous prétexte que je ne savais pas m'habiller. C'était lui encore qui me disait, quand il me voyait seul dans un coin du salon :

— Tu devrais t'occuper de Louise. Tu n'es pas poli.

C'était lui qui, quand nous sortions, insistait :

— Tu as tort de croire que tu ne l'intéresses pas. Elle t'aime beaucoup, au contraire. Elle me pose toujours des questions à ton sujet.

Vers Noël, l'amie qui louchait s'est fiancée avec le pianiste, et on a cessé de les voir boulevard Beaumarchais.

Je ne sais pas si l'attitude de Louise commençait à décourager les autres, si nous étions moins discrets que nous croyions l'être. Toujours est-il que, chaque vendredi, l'assistance était un peu moins nombreuse chez Anselme et Géraldine.

La grande explication avec Jubert eut lieu en février, dans ma chambre. Ce vendredi-là, il n'était pas en habit, je le remarquai tout de suite. Il avait l'air amer et résigné de certains grands rôles de la Comédie-Française.

— Je suis venu *quand même* faire ton nœud de cravate ! me dit-il avec un rictus.

— Tu n'es pas libre ?

— Je suis complètement libre, au contraire, libre comme l'air, libre comme je ne l'ai jamais été.

Et, debout devant moi, ma cravate blanche à la main, son regard plongeant dans le mien :

— Louise m'a tout dit.

Je tombai des nues. Car, à moi, elle n'avait encore rien dit. Je ne lui avais rien dit non plus.

— De quoi veux-tu parler ?

— De toi et d'elle.

— Mais...

— Je lui ai posé la question. Je suis allé la voir exprès, hier.

— Mais quelle question ?

— Je lui ai demandé si elle voulait m'épouser.

— Elle t'a répondu que non ?

— Elle m'a répondu que non, qu'elle m'aimait beaucoup, que je resterais toujours son meilleur ami, mais que...

— Elle t'a parlé de moi ?

— Pas précisément.

— Alors ?

— J'ai compris ! J'aurais dû comprendre dès le premier soir, quand tu mangeais les petits fours et qu'elle te regardait avec indulgence. Quand les femmes regardent avec cette indulgence-là un homme qui se comporte comme tu le faisais...

Pauvre Jubert ! Nous l'avons perdu de vue presque tout de suite, comme nous avons perdu de vue tous ces messieurs des Ponts et Chaussées, en dehors de l'oncle Léonard.

Pendant des années, nous n'avons pas su ce qu'il était devenu. Et j'avais près de cinquante ans quand, un jour, sur la Canebière, à Marseille, j'entrai dans une pharmacie pour acheter de l'aspirine. Je n'avais pas lu le nom sur la devanture. J'entendis une exclamation :

— Maigret !

— Jubert !

— Qu'est-ce que tu deviens ? Je suis bête de te poser la question puisque je le sais depuis longtemps par les journaux. Comment va Louise ?

Puis il me parla de son fils aîné qui, par une gentille ironie du sort, préparait son examen des Ponts et Chaussées.

Avec Jubert en moins boulevard Beaumarchais, les soirées du vendredi devenaient de plus en plus clairsemées et souvent, maintenant, il n'y avait personne pour tenir le piano. Dans ces occasions-là, c'était Louise qui jouait et moi qui tournais les pages pendant qu'un couple ou deux dansaient dans la salle à manger devenue trop grande.

Je ne crois pas avoir demandé à Louise si elle acceptait de m'épouser. La plupart du temps, nous parlions de ma carrière, de la police, du métier d'inspecteur.

Je lui dis combien je gagnerais quand je serais enfin nommé au quai des Orfèvres, ajoutant que cela prendrait encore au moins trois ans et que, jusque-là, mon traitement serait insuffisant pour entretenir dignement un ménage.

Je lui racontai aussi les deux ou trois entrevues que j'avais eues avec Xavier Guichard, déjà le grand patron, qui n'avait pas oublié mon père et m'avait plus ou moins pris sous sa protection.

— Je ne sais pas si vous aimez Paris. Car, vous comprenez, je serai obligé de passer toute ma vie à Paris.

— On peut y mener une existence aussi tranquille qu'en province, n'est-ce pas ?

Enfin, un vendredi, je ne trouvai aucun des invités, seulement Géraldine qui vint m'ouvrir elle-même la porte, vêtue de soie noire, et qui me dit avec une certaine solennité :

— Entrez !

Louise n'était pas dans le salon. Il n'y avait pas de plateau avec des gâteaux, pas de rafraîchissements. Le printemps était venu, et on ne voyait pas non plus de feu dans l'âtre. Il me semblait qu'il n'y avait rien à quoi me raccrocher et j'avais gardé mon chapeau à la main, gêné de mon habit, de mes escarpins vernis.

— Dites-moi, jeune homme, quelles sont vos intentions ?

Cela a probablement été un des moments les plus pénibles de ma vie. La voix me paraissait sèche, accusatrice. Je n'osais pas lever les yeux et ne voyais, sur le tapis à ramages, que le bord d'une robe noire, le bout d'une chaussure très pointue qui dépassait. Mes oreilles devinrent rouges.

— Je vous jure... balbutiai-je.

— Je ne vous demande pas de jurer. Je vous demande si vous avez l'intention de l'épouser.

Je la regardai enfin et je crois n'avoir jamais vu un visage de vieille femme exprimer autant d'affectueuse malice.

— Mais bien sûr !

Il paraît — on me l'a assez raconté par la suite — que je me levai comme un diable à ressort, que je répétai d'une voix plus forte :

— Bien sûr !

Que je criai presque, une troisième fois :

— Bien sûr, voyons !

Elle n'éleva même pas la voix pour appeler :

— Louise !

Et celle-ci, qui se tenait derrière une porte entr'ouverte, entra, toute gauche, aussi rouge que moi.

— Qu'est-ce que je t'avais dit ? prononça la tante.

— Pourquoi ? intervins-je. Elle ne le croyait pas ?

— Je n'étais pas sûre. C'est tante...

Passons, car je suis persuadé que la censure conjugale couperait le passage.

Le vieux Léonard, lui, je dois le dire, a montré moins d'enthousiasme et ne m'a jamais pardonné de ne pas appartenir aux Ponts et Chaussées. Très vieux, quasi centenaire, cloué dans son fauteuil par ses infirmités, il hochait la tête en me regardant, comme s'il y avait quelque chose qui clochait désormais dans la marche du monde.

— Il faudra que vous preniez un congé pour aller à Colmar. Que penseriez-vous des vacances de Pâques ?

C'est la vieille Géraldine qui écrivit aux parents de Louise, en plusieurs fois — pour les préparer au choc, comme elle disait, — afin de leur annoncer la nouvelle.

A Pâques, je n'ai obtenu que tout juste quarante-huit heures de congé. J'en ai passé la plus grande partie dans les trains qui n'étaient pas aussi rapides alors qu'aujourd'hui.

J'ai été reçu correctement, sans délire.

— Le meilleur moyen de savoir si vos intentions à tous deux sont sérieuses est de vous tenir éloignés l'un de l'autre pendant quelque temps. Louise restera ici cet été. A l'automne, vous reviendrez nous voir.

— J'ai le droit de lui écrire ?

— Sans exagération. Par exemple, une fois par semaine.

Cela paraît drôle à présent. Cela ne l'était pas du tout en ce temps-là.

Je m'étais promis, sans que cela révèle la moindre férocité cachée, de choisir Jubert comme garçon d'honneur. Quand je suis allé pour le voir à la pharmacie du boulevard Saint-Michel, il n'y était plus et on ne savait pas ce qu'il était devenu.

J'ai passé une partie de l'été à chercher un appartement et j'ai trouvé celui du boulevard Richard-Lenoir.

— En attendant quelque chose de mieux, tu comprends ? Quand je serai nommé inspecteur...

5

Qui traite un peu pêle-mêle des chaussettes à clous, des apaches, des prostituées, des bouches de chaleur, des trottoirs et des gares

Voilà quelques années, il a été question, entre quelques-uns, de fonder une sorte de club, plus probablement un dîner mensuel, qui devait s'appeler le « Dîner des Chaussettes à clous ». On s'est réuni pour l'apéritif, en tout cas, à la *Brasserie Dauphine.* On a discuté aux fins de savoir qui serait ou ne serait pas admis. Et on s'est demandé fort sérieusement si ceux de l'autre maison, je veux dire de la rue des Saussaies, seraient considérés comme des nôtres.

Puis, ainsi qu'il fallait s'y attendre, les choses en sont restées là. A cette époque, nous étions encore au moins quatre, parmi les commissaires de la Police Judiciaire, à être assez fiers du nom de « chaussettes à clous » qui nous a été donné jadis par des chansonniers et que certains jeunes inspecteurs à peine sortis des écoles employaient parfois entre eux pour désigner ceux des anciens qui sont passés par le cadre.

Autrefois, en effet, il fallait de nombreuses années pour acquérir ses galons et les examens ne suffisaient pas. Un inspecteur, avant d'espérer de l'avancement, devait avoir usé ses semelles à peu près dans tous les services.

Il n'est pas facile de donner aux nouvelles générations une idée à peu près exacte de ce que cela signifiait.

« Souliers à clous » et « grosses moustaches », ces mots venaient tout naturellement aux lèvres lorsqu'on parlait de la police.

Et, ma foi, j'ai, moi aussi, pendant des années, porté des souliers à clous. Non pas par goût. Non pas, comme les caricaturistes semblaient l'insinuer, parce que nous considérions ces chaussures comme le summum de l'élégance et du confort, mais pour des raisons plus terre à terre.

Deux raisons, exactement. La première, c'est que notre traitement nous permettait tout juste, comme on disait, de nouer les deux bouts. J'entends souvent parler de la vie joyeuse, sans souci, des premières années du siècle.

Les jeunes citent avec envie les prix de cette époque, le *londrès* à deux sous, le dîner avec vin et café à vingt sous.

Ce qu'on oublie, c'est que, au début de sa carrière, un fonctionnaire gagnait un peu moins de cent francs.

Lorsque j'étais à la voie publique, j'arpentais, dans ma journée, qui était souvent une journée de treize ou quatorze heures, des kilomètres et des kilomètres de trottoir par tous les temps.

De sorte que le problème du ressemelage des chaussures a été un de nos premiers problèmes conjugaux. Quand, en fin de mois, j'apportais mon enveloppe à ma femme, elle faisait de son contenu un certain nombre de petits tas.

— Pour le boucher... Pour le loyer... Pour le gaz...

Il ne restait presque rien pour constituer la dernière pile de pièces blanches.

— Pour tes souliers.

Le rêve était toujours d'en acheter de neufs, mais cela restait longtemps un rêve. Souvent, j'étais des semaines sans lui avouer qu'entre les clous mes semelles, devenues poreuses, buvaient avidement l'eau du ruisseau.

Si j'en parle ici, ce n'est pas par rancœur, c'est gaîment, au contraire, et je crois que c'est nécessaire pour donner une idée de la vie d'un fonctionnaire de la police.

Il n'existait pas de taxis, et les rues en eussent-elles été encombrées qu'ils nous auraient été inaccessibles, comme l'étaient les fiacres que nous n'utilisions qu'en de rares circonstances.

Au surplus, à la brigade de la voie publique, notre métier était justement d'arpenter les trottoirs, d'être dans la foule, du matin au soir ou du soir au matin.

Pourquoi, quand j'y repense, ai-je surtout un souvenir de pluie ? A croire que, pendant des années, il n'a fait que pleuvoir, à croire qu'à cette époque-là les saisons n'étaient pas les mêmes. C'est évidemment parce que la pluie ajoutait à notre tâche quelques épreuves supplémentaires. Il n'y avait pas seulement les chaussettes qui s'imbibaient. Il y avait les épaules du manteau qui se transformaient petit à petit en compresses froides, le chapeau qui dégoulinait, les mains bleuies qu'on enfonçait dans les poches.

Les rues étaient moins éclairées qu'à présent. Un certain nombre d'entre elles, dans la périphérie, n'étaient pas pavées. Le soir, les fenêtres dessinaient dans le noir des carrés jaunâtres, les maisons étant encore en grande partie éclairées au pétrole, quand ce n'était pas, plus pauvrement encore, à la chandelle.

Et il y avait les apaches.

C'était une mode, tout autour des fortifications, de jouer du couteau dans l'ombre, et pas toujours pour le profit, pour le portefeuille ou la montre du bourgeois.

Il s'agissait surtout de se prouver à soi-même qu'on était un homme, une « terreur », d'épater les petites pierreuses à jupes noires plissées et à gros chignon qui faisaient le trottoir sous un bec de gaz.

Nous n'étions pas armés. Contrairement à ce que l ‑‑‑blic imagine, un policier en civil n'a pas le droit d'avoir un revolver dans ‑ poche et si, dans certains cas, nous en portons un, c'est contre les règlements et sous notre entière responsabilité.

Les jeunes ne pouvaient pas se le permettre. Il existait un certain nombre de rues, du côté de La Villette, de Ménilmontant, de la Porte d'Italie, où l'on hésitait à s'engager et où le vacarme de nos propres pas nous faisait parfois battre le cœur.

Le téléphone est resté longtemps aussi un mythe inaccessible à nos budgets. Il n'était pas question, lorsque j'étais retardé de plusieurs heures, d'appeler ma femme au bout du fil pour l'en avertir, de sorte qu'elle passait des soirées solitaires, sous le bec Auer de notre salle à manger, à guetter les bruits de l'escalier et à réchauffer quatre ou cinq fois le même dîner.

Quant aux moustaches des caricatures, elles sont vraies aussi. Un homme sans moustaches ne passait-il pas pour un larbin ?

J'en avais d'assez longues, acajou, un peu plus sombres que celles de mon père, terminées par des pointes effilées. Par la suite, elles se sont raccourcies jusqu'à n'être plus que des brosses à dent, avant de disparaître complètement.

Il est de fait, d'ailleurs, que la plupart des inspecteurs arboraient de grosses moustaches d'un noir de cirage comme on en voit sur les caricatures. Cela tient à ce que, pour une raison mystérieuse, la profession, pendant tout un temps, a surtout attiré les originaires du Massif Central.

Il est peu de rues de Paris dans lesquelles je n'ai traîné mes semelles, l'œil aux aguets, et j'ai appris à connaître tout le petit peuple du trottoir, depuis le mendigot, le joueur d'orgue de Barbarie et la marchande de fleurs, jusqu'au spécialiste du bonneteau et au voleur à la tire, en passant par la prostituée et la vieille ivrognesse qui coule la plupart de ses nuits dans les postes de police.

J'ai « fait » les Halles, la nuit, la place Maubert, les quais et le dessous des quais.

J'ai « fait » aussi les foules, qui constituent le grand boulot, la Foire du Trône et la Foire de Neuilly, les courses à Longchamp et les manifestations patriotiques, les défilés militaires, les visites de souverains étrangers, les cortèges en landaus, les cirques ambulants et la Foire aux Puces.

Après quelques mois, quelques années de ce métier, on a en tête un répertoire étendu de silhouettes et de visages qui y restent gravés pour toujours.

Je voudrais — mais c'est difficile — donner une idée à peu près exacte de nos relations avec cette clientèle, y compris avec ceux qu'il nous arrivait périodiquement d'emmener au violon.

Inutile de dire que le côté pittoresque avait tôt fait de ne plus exister pour nous. Notre regard, dans les rues de Paris, devient par nécesité un regard professionnel, qui s'accroche à certains détails familiers, saisit telle ou telle particularité et en tire les conséquences.

Ce qui me frappe le plus, au moment de traiter ce sujet, c'est le lien qui se noue entre le policier et le gibier qu'il est chargé de traquer. Avant tout, chez le policier, sauf dans certains cas très rares, il y a une absence absolue de haine ou même de rancune.

Absence de pitié aussi, dans le sens que l'on donne d'habitude à ce mot. Nos relations, si l'on veut, sont strictement professionnelles.

Nous en voyons trop, on le concevra sans peine, pour pouvoir encore nous étonner de certaines misères et de certaines perversions. De sorte que nous n'avons pas de colère pour les secondes, mais pas non plus, devant les premières, le serrement de cœur du passant non averti.

Ce qui existe, ce que Simenon a essayé de rendre sans y parvenir, c'est, si paradoxal que cela puisse paraître, une sorte d'esprit de famille.

Qu'on ne me fasse pas dire ce que je ne dis pas. Nous sommes des deux côté de la barricade, c'est entendu. Mais aussi nous sommes jusqu'à un certain point dans le même bain.

La prostituée du boulevard de Clichy et l'inspecteur qui la surveille ont tous les deux de mauvais souliers et tous les deux ont mal aux pieds d'avoir arpenté des kilomètres de bitume. Ils ont à subir la même pluie, la même bise glacée. Le soir, la nuit ont pour eux la même couleur, et tous les deux voient, presque d'un œil identique, l'envers de la foule qui s'écoule autour d'eux.

Il en est bien ainsi dans une foire où le voleur à la tire se faufile parmi cette foule. Pour lui, une foire, une réunion quelconque de quelques centaines d'individus signifie, non pas réjouissances, chevaux de bois, cirques de toile ou pain d'épice, mais un certain nombre de portefeuilles dans des poches candides.

Pour le policier aussi. Et l'un comme l'autre reconnaissent du premier coup d'œil le provincial content de lui qui fera la victime idéale.

Combien de fois ne m'est-il pas arrivé de suivre pendant des heures certain « tireur » de mes connaissances, la Ficelle, par exemple, comme nous l'appelions ! Il savait que j'étais sur ses talons, que j'épiais ses moindres gestes. Il savait que je savais. De mon côté, je savais qu'il savait que j'étais là.

Son métier était de s'approprier malgré tout un portefeuille ou une montre, le mien de l'en empêcher ou de le prendre sur le fait.

Eh bien ! il arrivait à la Ficelle de se retourner et de me sourire. Je lui souriais aussi. Il lui arrivait même de m'adresser la parole, de soupirer :

— Ce sera dur !

Je n'ignorais pas qu'il était « raide comme un passe-lacet », qu'il ne mangerait le soir qu'à condition de réussir.

Il n'ignorait pas davantage mes cent francs de traitement mensuel, mes souliers percés et ma femme qui m'attendait avec impatience.

Celui-là, je l'ai arrêté au moins dix fois, gentiment, en lui disant :

— Tu es fait !

Et il en était presque aussi soulagé que moi. Cela voulait dire qu'il mangerait au poste et coucherait à l'abri. Il y en a qui connaissent si bien la maison qu'ils demandent :

— Qui est de service cette nuit ?

Parce que certains les laissent fumer, d'autres pas.

Pendant un an et demi, les trottoirs m'ont paru un endroit idéal, car on m'avait désigné ensuite pour les grands magasins.

Au lieu de la pluie, du froid, du soleil, de la poussière, j'ai passé mes journées dans un air surchauffé, dans des relents de cheviotte, de coton écru, de linoléum et de fil mercerisé.

Il y avait alors, de distance en distance, dans les allées séparant les rayons, des bouches de chaleur qui vous envoyaient de bas en haut des bouffées sèches et brûlantes. C'était fort bien quand on arrivait mouillé. On s'installait sur une bouche de chaleur et, tout de suite, on répandait un nuage de vapeur.

Après quelques heures, on rôdait de préférence autour des portes qui, en s'ouvrant, laissaient chaque fois pénétrer un peu d'oxygène.

Il importait d'avoir l'air naturel. D'avoir l'air d'un client ! Ce qui est facile, n'est-ce pas, quand tout un étage n'est encombré que de corsets, de lingerie féminine ou d'écheveaux de soie ?

— Puis-je vous demander de me suivre sans faire de scandale ?

Certaines comprenaient tout de suite et nous accompagnaient sans mot dire dans le bureau du directeur. D'autres le prenaient de haut, répondaient d'une voix perçante ou encore piquaient une crise de nerfs.

Pourtant, ici aussi, nous avions à faire à une clientèle régulière. Que ce fût au Bon Marché, au Louvre ou au Printemps, on retrouvait certaines silhouettes familières, des femmes entre deux âges pour la plupart, qui enfouissaient des quantités inimaginables de marchandises diverses dans une poche aménagée entre leur robe et leurs jupons.

Un an et demi, avec le recul, cela ne me paraît pas grand'chose. A l'époque, chaque heure m'était à peu près aussi longue qu'une heure passée dans l'antichambre d'un dentiste.

— Tu es aux Galeries, cet après-midi ? me demandait parfois ma femme. J'ai justement quelques petites choses à y acheter.

Nous ne nous parlions pas. Nous faisions semblant de ne pas nous reconnaître. C'était délicieux. J'étais heureux de la voir aller, toute fiérote, de rayon en rayon, en m'adressant parfois un discret clin d'œil.

Je ne crois pas qu'elle se soit jamais demandé, elle non plus, si elle aurait pu épouser autre chose qu'un inspecteur de police. Elle connaissait les noms de tous mes collègues, parlait familièrement de ceux qu'elle n'avait jamais vus, de leurs manies, de leurs succès ou de leurs échecs.

J'ai mis des années à me décider, un dimanche matin que j'étais de service, à l'introduire dans la fameuse maison du quai des Orfèvres, et elle a été sans étonnement. Elle évoluait comme chez elle, cherchait des yeux les détails qu'elle connaissait si bien par ouï-dire.

Sa seule réaction a été :

— C'est moins sale que je n'aurais cru.

— Pourquoi serait-ce sale ?

— Les endroits où ne vivent que des hommes ne sont jamais de la même propreté. Et ils ont une odeur.

Je ne l'ai pas invitée au Dépôt, où, en fait d'odeur, elle aurait été servie.

— C'est la place de qui, ici, à gauche ?

— De Torrence.

— Celui qui est si gros ? J'aurais dû m'en douter. Il est comme un enfant. Il s'amuse encore à graver ses initiales dans le bois de la table.

» Et celui qui a tant marché, le père Lagrume ?

Puisque j'ai parlé de souliers, autant raconter l'histoire qui avait apitoyé ma femme.

Lagrume, le père Lagrume, comme nous l'appelions, était notre aîné à tous, bien qu'il n'ait jamais dépassé le grade d'inspecteur. C'était un homme long et triste. L'été, il était affligé du rhume des foins et, dès les premiers froids, sa bronchite chronique lui donnait une toux caverneuse qu'on entendait d'un bout à l'autre des locaux de la Police Judiciaire.

Heureusement qu'il n'était pas souvent là. Il avait eu l'imprudence de dire un jour, en parlant de sa toux :

— Le médecin me recommande le grand air.

Depuis, il était servi. Il avait de grandes jambes, de grands pieds, et c'est à lui qu'on confiait les recherches les plus invraisemblables à travers Paris, celles qui vous obligent à parcourir la ville dans tous les sens, jour après jour, sans même l'espoir d'un résultat.

— Il n'y a qu'à confier ça à Lagrume !

Tout le monde savait ce que cela voulait dire, sauf le bonhomme, qui inscrivait gravement quelques indications dans son calepin, emportait son parapluie roulé sous le bras et s'en allait après un petit salut à la ronde.

Je me demande maintenant s'il n'était pas parfaitement conscient du rôle qu'il jouait. C'était un résigné. Il avait, depuis des années et des années, une femme malade qui l'attendait le soir pour faire le ménage dans leur pavillon de banlieue. Et, quand sa fille s'est mariée, je crois que c'est lui qui se relevait la nuit pour s'occuper du bébé.

— Lagrume, tu sens encore le caca d'enfant !

Une vieille femme avait été assassinée, rue Caulaincourt. C'était un crime banal, qui ne faisait aucun bruit dans la presse, car la victime était une petite rentière sans relations.

Ce sont presque toujours ces affaires-là les plus difficiles. Confiné dans les grands magasins — et affairé par l'approche de Noël — je n'avais pas à m'en occuper, mais, comme tout le monde dans la maison, j'ai connu les détails de l'enquête.

Le crime avait été commis à l'aide d'un couteau de cuisine qui était resté sur les lieux. Ce couteau constituait le seul indice. C'était un couteau tout ordinaire, comme on en vend dans les quincailleries, dans les bazars, dans les moindres boutiques de quartier, et le fabricant, qu'on avait retrouvé, prétendait qu'il en avait vendu des dizaines de milliers dans la région parisienne.

Il était neuf. On l'avait visiblement acheté pour la circonstance. Il portait encore, au crayon indélébile, le prix inscrit sur le manche.

C'est ce détail qui donna un vague espoir de retrouver le commerçant qui l'avait vendu.

— Lagrume ! Occupez-vous donc de ce couteau.

Il l'enveloppa dans un morceau de papier journal, le mit dans sa poche et partit.

Il partit pour un voyage dans Paris qui devait durer neuf semaines. Chaque matin, il continuait à se présenter à l'heure au bureau, où, le soir, il venait renfermer le couteau dans un tiroir. Chaque matin, on le voyait mettre l'arme dans sa poche, saisir son parapluie et s'en aller avec le même salut à la ronde.

J'ai su le nombre de magasins — l'histoire est devenue légendaire — susceptibles d'avoir vendu un couteau de ce genre. Sans dépasser les fortifications, en s'en tenant aux vingt arrondissements de Paris, c'est vertigineux.

Il n'était pas question d'utiliser des moyens de transport. Il s'agissait d'aller de rue en rue, presque de porte en porte. Lagrume avait en poche un plan de Paris, sur lequel, heure après heure, il biffait un certain nombre de rues.

Je crois qu'à la fin ses chefs ne savaient même plus à quelle tâche on l'avait attelé.

— Lagrume est disponible ?

Quelqu'un répondait qu'il était en mission, et on ne s'occupait plus de lui. C'était un peu avant les fêtes, je l'ai dit. L'hiver était pluvieux et froid, le pavé gluant, et Lagrume n'en promenait pas moins sa bronchite et sa toux caverneuse du matin au soir, sans se lasser, sans se demander si cela avait un sens.

La neuvième semaine, bien après le nouvel an, alors qu'il gelait à pierre fendre, on le vit apparaître à trois heures de l'après-midi, aussi calme, aussi lugubre, sans la moindre étincelle de joie ou de soulagement dans les yeux.

— Le patron est là ?

— Tu as trouvé ?

— J'ai trouvé.

Pas dans une quincaillerie, ni dans un bazar, ni chez un marchand d'articles de ménage. Il les avait tous faits en vain.

Le couteau avait été vendu par un papetier du boulevard Rochechouart. Le commerçant reconnut son écriture, se souvint d'un jeune homme à foulard vert qui lui avait acheté l'arme plus de deux mois plus tôt.

Il en fournit un signalement assez précis, et le jeune homme fut arrêté, exécuté l'année suivante.

Quant à Lagrume, il est mort dans la rue, non pas de sa bronchite, mais d'un arrêt du cœur.

Avant de parler des gares, et surtout de certaine gare du Nord avec laquelle il me semble toujours avoir un vieux compte à régler, il faut que je touche deux mots d'un sujet qui n'est pas sans me déplaire.

On m'a demandé souvent, en me parlant de mes débuts et de mes différents postes :

— Avez-vous fait de la police des mœurs aussi ?

On ne l'appelle plus ainsi aujourd'hui. On dit pudiquement la « Brigade Mondaine ».

Eh bien ! j'en ai fait partie, comme la plupart de mes confrères. Très peu de temps. A peine quelques mois.

Et, si je me rends compte à présent que c'était nécessaire, je n'en garde pas moins de cette époque un souvenir à la fois confus et un peu gêné.

J'ai parlé de la familiarité qui s'établit naturellement entre les policiers et ceux qu'ils sont chargés de surveiller.

Par la force des choses, elle existe aussi bien dans ce secteur-là que dans les autres. Plus encore dans celui-là. En effet, la clientèle de chaque inspecteur, si je puis dire, se compose d'un nombre relativement restreint de femmes que l'on retrouve presque toujours aux mêmes endroits, à la porte du même hôtel ou sous le même bec de gaz, pour l'échelon au-dessus à la terrasse des mêmes brasseries.

Je n'avais pas encore la carrure que j'ai acquise avec les années, et il paraît que je faisais plus jeune que mon âge.

Qu'on se souvienne des petits fours du boulevard Beaumarchais et on comprendra que, dans un certain domaine, j'étais plutôt timide.

La plupart des agents des mœurs étaient à tu et à toi avec les filles dont ils connaissaient le prénom ou le surnom, et c'était une tradition, quand ils les embarquaient dans le panier à salade au cours d'une rafle, de jouer au plus mal embouché, de s'envoyer à la face, en riant, les mots les plus orduriers, les plus obscènes.

Une habitude aussi que ces dames avaient prise était de retrousser leurs jupes et de montrer leur derrière dans un geste qu'elles considéraient sans doute comme l'ultime injure et qu'elles accompagnaient de paroles de défi.

Il a dû m'arriver de rougir, les premiers temps, car je rougissais encore facilement. Ma gêne n'est pas passée inaperçue, le moins qu'on puisse dire de ces femmes étant qu'elles ont une certaine connaissance des hommes.

Du coup, je suis devenu, sinon leur bête noire, tout au moins leur souffre-douleur.

Quai des Orfèvres, on ne m'a jamais appelé par mon prénom, et je suis persuadé que beaucoup de mes collègues ne le connaissent pas... Je ne l'aurais pas choisi si on m'avait demandé mon opinion. Je n'en rougis pas non plus.

S'agit-il d'une petite vengeance d'un inspecteur qui était au courant ?

J'étais plus spécialement chargé du quartier Sébastopol, qui, surtout autour des Halles, était fréquenté alors par des filles de bas étage, en particulier par un certain nombre de très vieilles prostituées dont c'était comme le refuge.

C'était là aussi que les petites bonnes à peine débarquées de Bretagne ou d'ailleurs faisaient leurs premières armes, de sorte qu'on avait les deux extrêmes : des gamines de seize ans que les souteneurs se disputaient et des harpies sans âge qui se défendaient fort bien elles-mêmes.

Un jour, la scie commença — car cela devint tout de suite une scie. Je passais devant une de ces vieilles plantée à la porte d'un hôtel crasseux, quand je l'entendis me lancer en souriant de ses dents gâtées :

— Bonsoir, Jules !

Je crus qu'elle avait lâché le nom au petit bonheur, mais, un peu plus loin, j'étais accueilli par les mêmes mots.

— Alors, Jules ?

Après quoi, quand elles étaient en groupe, elles éclataient de rire et se répandaient en commentaires difficiles à transcrire.

Je savais ce que certains auraient fait à ma place. Il ne leur en fallait pas plus pour en embarquer quelques-unes et pour les boucler à Saint-Lazare le temps de réfléchir.

L'exemple aurait suffi, et l'on m'aurait probablement traité avec un certain respect.

Je ne l'ai pas fait. Pas nécessairement par sens de la justice. Pas non plus par pitié.

Probablement parce que c'était un jeu que je ne voulais pas jouer. J'ai préféré feindre de ne pas entendre. J'espérais qu'elles se lasseraient. Mais ces filles-là sont comme les enfants qui n'en ont jamais assez d'une plaisanterie.

Le fameux Jules fut intégré à une chanson qu'on se mettait à chanter ou à crier à tue-tête dès que je me montrais. D'autres me disaient, quand je vérifiais leur carte :

— Sois pas vache, Jules ! Tu es si mignon !

Pauvre Louise ! Sa grande peur, pendant cette période-là, n'était pas de me voir succomber à quelque tentation, mais de me voir apporter une vilaine maladie à la maison. J'avais attrapé des puces. Quand je rentrais, elle me faisait déshabiller et prendre un bain, tandis qu'elle allait brosser mes vêtements sur le palier ou devant la fenêtre ouverte.

— Tu as dû en toucher, aujourd'hui. Brosse-toi bien les ongles !

Ne racontait-on pas qu'on peut attraper la syphilis rien qu'en buvant dans un verre ?

Cela n'a pas été agréable, mais j'ai appris ce que j'avais à apprendre. N'est-ce pas moi qui avais choisi mon métier ?

Je n'aurais, pour rien au monde, demandé à changer de poste. Mes chefs, d'eux-mêmes, firent le nécessaire, davantage par souci du rendement, je suppose, que par considération pour moi.

Je fus désigné aux gares. Plus exactement je fus affecté à certain bâtiment sombre et sinistre qu'on appelle la gare du Nord.

Comme pour les grands magasins, il y avait l'avantage d'être à l'abri de la pluie. Pas du froid ni du vent, car il n'y a sans doute nulle part au monde autant de courants d'air que dans un hall de gare, que dans le hall de la gare du Nord, et, pendant des mois, j'ai fait, pour les rhumes, concurrence au vieux Lagrume.

Qu'on n'imagine surtout pas que je me plaigne et que je brosse avec une complaisance vengeresse l'envers du décor.

J'étais parfaitement heureux. J'étais heureux quand j'arpentais les rues et je ne l'étais pas moins quand je surveillais les soi-disant kleptomanes dans les grands magasins.

J'avais l'impression d'avancer chaque fois d'un cran, d'apprendre un métier dont la complexité m'apparaissait chaque jour davantage.

En voyant la gare de l'Est, par exemple, je ne peux jamais m'empêcher de m'assombrir, parce qu'elle évoque pour moi des mobilisations. La gare de Lyon, au contraire, tout comme la gare Montparnasse, me fait penser aux vacances.

La gare du Nord, elle, la plus froide, la plus affairée de toutes, évoque à mes yeux une lutte âpre et amère pour le pain quotidien. Est-ce parce qu'elle conduit vers les régions de mines et d'usines ?

Le matin, les premiers trains de nuit, qui s'en viennent de Belgique et d'Allemagne, contiennent généralement quelques fraudeurs, quelques trafiquants au visage dur comme le jour vu à travers les verrières.

Ce n'est pas toujours de la petite fraude. Il y a les professionnels des trafics internationaux, avec leurs agents, leurs hommes de paille, leurs hommes de main, des gens qui jouent gros jeu et sont prêts à se défendre par tous les moyens.

Cette foule-là s'est à peine écoulée que c'est le tour des trains de banlieue, qui ne viennent pas de villages riants comme dans l'Ouest ou dans le Sud, mais d'agglomérations noires et malsaines.

En sens inverse, c'est vers la Belgique, la plus proche frontière, qu'essaient de s'envoler tous ceux qui fuient pour les raisons les plus diverses.

Des centaines de gens attendent, dans la grisaille qui sent la fumée et la sueur, s'agitent, courant des guichets aux salles de bagages, interrogeant du regard les tableaux qui annoncent les arrivées et les départs, mangeant, buvant quelque chose, parmi les enfants, les chiens et les valises, et presque toujours ce sont des gens qui n'ont pas assez dormi, que la peur d'être en retard a énervés, quelquefois simplement la peur du lendemain qu'ils vont chercher ailleurs.

J'ai passé des heures, tous les jours, à les observer, à chercher parmi ces visages un visage plus fermé, des yeux plus fixes, celui d'un homme ou d'une femme qui joue sa dernière chance.

Le train est là, qui va partir dans quelques minutes. Il n'y a plus que cent mètres à franchir, qu'à tendre un billet qu'on tient serré dans sa main. Les aiguilles avancent par saccades sur l'énorme cadran jaunâtre de l'horloge.

Quitte ou double ! C'est la liberté ou la prison. Ou pis.

Moi, avec dans mon portefeuille une photographie, ou un signalement, parfois seulement la description technique d'une oreille.

Il arrive qu'on s'aperçoive au même moment, qu'il y ait un choc de regards. Presque toujours, l'homme comprend du premier coup.

La suite dépend de son caractère, du risque qu'il court, de ses nerfs, voire d'un tout petit détail matériel, d'une porte ouverte ou fermée, d'une malle qui se trouve par hasard entre nous.

Certains essayent de fuir, et c'est la course éperdue à travers les groupes qui protestent ou se garent, à travers les wagons à l'arrêt, les voies, les aiguillages.

J'en ai connu deux, dont un tout jeune homme, qui, à trois mois de distance, ont eu une attitude identique.

Ils ont, l'un comme l'autre, plongé la main dans leur poche, comme pour y prendre une cigarette. Et l'instant d'après, au beau milieu de la foule, les yeux fixés sur moi, ils se tiraient une balle dans la tête.

Ceux-là non plus ne m'en voulaient pas, pas plus que je ne leur en voulais.

Nous faisions chacun notre métier.

Ils avaient perdu la partie, un point, c'est tout, et ils s'en allaient.

Je l'avais perdue, moi aussi, car mon rôle était de les amener vivants devant la justice.

J'ai vu partir des milliers de trains. J'en ai vu arriver des milliers d'autres, avec chaque fois la même cohue, le long chapelet de gens qui se hâtent vers on ne sait quoi.

C'est devenu chez moi un tic, comme chez mes collègues. Même si je ne suis pas de service, si, par miracle, accompagné de ma femme, je pars en vacances, mon regard glisse le long des visages, et il est bien rare qu'il ne finisse pas par s'arrêter sur quelqu'un qui a peur, quelle que soit sa façon de le cacher.

— Tu ne viens pas ? Qu'est-ce que tu as ?

Jusqu'à ce que nous soyons installés dans notre compartiment, que dis-je, jusqu'à ce que le train soit parti, ma femme n'est jamais sûre que les vacances auront vraiment lieu.

— De quoi t'occupes-tu ? Tu n'es pas de service !

Il m'est arrivé de la suivre en soupirant, en tournant une dernière fois la tête vers un visage mystérieux disparaissant dans la foule. Toujours à regret.

Et je ne pense pas que ce soit uniquement par souci professionnel, ni par amour de la justice.

Je le répète, c'est une partie qui se joue, une partie qui n'a pas de fin. Une fois qu'on l'a commencée, il est bien difficile, sinon impossible, de la quitter.

La preuve, c'est que ceux de chez nous qui finissent par prendre leur retraite, souvent contre leur gré, en arrivent presque toujours à monter une agence de police privée.

Ce n'est d'ailleurs qu'un pis-aller, et je n'en connais pas un qui, après avoir grogné pendant trente ans contre les misères de la vie d'un policier, ne soit prêt à reprendre du service, fût-ce gratuitement.

J'ai gardé de la gare du Nord un souvenir sinistre. Je ne sais pas pourquoi, je la revois toujours pleine de brouillard humide et gluant des petits matins, avec sa foule mal réveillée marchant en troupeau vers les voies ou vers la rue de Maubeuge.

Les échantillons d'humanité que j'y ai rencontrés sont parmi les plus désespérés, et certaines arrestations que j'y ai effectuées m'ont laissé plutôt un sentiment de remords qu'un sentiment de satisfaction professionnelle.

A choisir, pourtant, j'aimerais mieux aller reprendre demain ma faction à l'entrée des quais que, dans une gare plus somptueuse, m'embarquer pour quelque petit coin ensoleillé de la Côte d'Azur.

6

Des étages, des étages, encore des étages !

De loin en loin, presque toujours à l'occasion de convulsions politiques, des troubles éclatent dans la rue, qui ne sont plus seulement la manifestation du mécontentement populaire. On dirait qu'à un moment une brèche se produit, que d'invisibles écluses sont ouvertes, et on voit soudain surgir dans les quartiers riches des êtres dont l'existence y est généralement ignorée, qui semblent sortir de quelque cour des miracles et qu'on regarde passer sous les fenêtres comme on regarderait des ruffians et des coupe-jarrets surgir du fond du Moyen Age.

Ce qui m'a le plus surpris, quand ce phénomène s'est produit avec violence à la suite des émeutes du 6 février, c'est l'étonnement exprimé le lendemain par la majorité de la presse.

Cette invasion, pendant quelques heures, du centre de Paris, non par les manifestants, mais par des individus efflanqués qui répandaient autant de terreur qu'une bande de loups, alarmait tout à coup des gens qui, par profession, ont presque autant que nous la connaissance des dessous d'une capitale.

Paris a vraiment eu peur, cette fois-là. Puis Paris, dès le lendemain, l'ordre rétabli, a oublié que cette populace n'avait pas été anéantie, qu'elle était simplement rentrée dans ses terriers.

La police n'est-elle pas là pour l'y maintenir ?

Sait-on qu'il existe une brigade qui s'occupe exclusivement des quelque deux à trois cent mille Nord-Africains, Portugais et Roumis qui vivent dans la zone du XXe arrondissement, qui y campent, pourrait-on dire plus justement, connaissant à peine notre langue ou ne la connaissant pas du tout, obéissant à d'autres lois, à d'autres réflexes que les nôtres ?

Nous avons, quai des Orfèvres, des cartes où des sortes d'îlots sont marqués aux crayons de couleur, les Juifs de la rue des Rosiers, les Italiens du quartier de l'Hôtel de Ville, les Russes des Ternes et de Denfert-Rochereau...

Beaucoup ne demandent qu'à s'assimiler, et les difficultés ne viennent pas de ceux-là, mais il y en a qui, en groupe ou isolés, se tiennent volontairement en marge et mènent, dans la foule qui ne les remarque pas, leur existence mystérieuse.

Ce sont presque toujours des gens bien-pensants, aux petites tricheries, aux petites saletés soigneusement camouflées, qui me demandent, avec un léger frémissement des lèvres que je connais bien :

— Cela ne vous arrive pas d'être dégoûté ?

Ils ne parlent pas de ceci ou cela en particulier, mais de l'ensemble de ceux à qui nous avons à faire. Ce qu'ils aimeraient, c'est que nous leur déballions des secrets bien sales, des vices inédits, toute une pouillerie dont ils pourraient s'indigner en s'en délectant secrètement.

Ceux-là employent volontiers le mot bas-fonds.

— Ce que vous devez en voir, dans les bas-fonds ?

Je préfère ne pas leur répondre. Je les regarde d'une certaine façon, sans aucune expression sur le visage, et ils doivent comprendre ce que cela veut dire, car, en général, ils prennent un air gêné et n'insistent pas.

J'ai beaucoup appris à la voie publique. J'ai appris dans les foires et dans les grands magasins, partout où des foules étaient rassemblées.

J'ai parlé de mes expériences à la gare du Nord.

Mais c'est aux garnis, sans doute, que j'ai le mieux vu les hommes, ceux, justement, qui font si peur aux gens des beaux quartiers quand d'aventure les écluses sont ouvertes.

Les chaussures à clous, ici, n'étaient plus nécessaires, car il ne s'agissait pas tant de parcourir des kilomètres de trottoir que de circuler, si je puis dire, en hauteur.

Chaque jour, je relevais les fiches de quelques dizaines, de quelques centaines d'hôtels, de meublés le plus souvent, où il était bien rare de trouver un ascenseur et où il s'agissait de grimper six ou sept étages dans des cages d'escalier étouffantes, où une âcre odeur d'humanité pauvre prenait à la gorge.

Les grands hôtels aux portes tournantes flanquées de valets en livrée ont leurs drames, eux aussi, et leurs secrets dans lesquels la police va quotidiennement fourrer le nez.

Mais c'est surtout dans des milliers d'hôtels aux noms inconnus, qu'on remarque à peine du dehors, que se terre une population flottante, difficile à saisir ailleurs et qui est rarement en règle.

Nous allions à deux. Parfois, dans des quartiers dangereux, nous étions plus nombreux. On choisissait l'heure à laquelle la plupart des gens étaient couchés, un peu après le milieu de la nuit.

C'était alors une sorte de cauchemar qui commençait, avec certains détails, toujours les mêmes, le gardien de nuit, le patron ou la patronne, couché derrière son guichet, qui s'éveillait de mauvaise grâce et essayait de se mettre d'avance à couvert.

— Vous savez bien qu'ici on n'a jamais eu d'ennuis...

Jadis, les noms étaient inscrits dans des registres. Plus tard, avec la carte d'identité obligatoire, il y a eu des fiches à remplir.

L'un de nous restait en bas. L'autre montait. Certaines fois, malgré toutes nos précautions, nous étions signalés et, du rez-de-chaussée, nous entendions la maison s'éveiller comme une ruche, des allées et venues affairées dans les chambres, des pas furtifs dans l'escalier.

Il arrivait que nous trouvions une chambre vide, le lit encore chaud, et que, tout en haut, la lucarne donnant sur les toits fût ouverte.

D'habitude, nous pouvions atteindre le premier étage sans avoir alerté les locataires et on frappait à une première porte, des grognements répondaient, des questions dans une langue presque toujours étrangère.

— Police !

Ils comprennent tous ce mot-là. Et des gens en chemise, des gens tout nus, des hommes, des femmes, des enfants s'agitaient dans une mauvaise lumière, dans la mauvaise odeur, débouclaient des malles invraisemblables pour y chercher un passeport caché sous les effets.

Il faut avoir vu l'anxiété de ces regards-là, ces gestes de somnambules et cette qualité d'humilité qu'on ne trouve guère que chez les déracinés. Dirai-je une humilité fière ?

Ils ne nous détestaient pas. Nous étions les maîtres. Nous avions — ou ils croyaient que nous avions — le plus terrible de tous les pouvoirs : celui de les renvoyer de l'autre côté de la frontière.

Pour certains, le fait d'être ici représentait des années de ruse ou de patience. Ils avaient atteint la terre promise. Ils possédaient des papiers, vrais ou faux.

Et, cependant qu'ils nous les tendaient, avec toujours la peur que nous les mettions dans notre poche, ils cherchaient instinctivement à nous amadouer avec un sourire, trouvaient quelques mots de français à balbutier :

— Missié li commissaire...

Les femmes gardaient rarement leur pudeur, et parfois on lisait une hésitation dans leur regard, elles avaient un vague geste vers le lit défait. Est-ce que nous n'étions pas tentés ? Est-ce que cela ne nous ferait pas plaisir ?

Pourtant, tout ce monde-là était fier, d'une fierté à part que je n'arrive pas à décrire. La fierté des fauves ?

Au fait, c'est un peu comme des fauves en cage qu'ils nous regardaient passer, sans savoir si nous allions les frapper ou les flatter.

Quelquefois on en voyait un, brandissant ses papiers, qui, pris de panique, se mettait à parler avec volubilité dans sa langue, gesticulant, appelant les autres à la rescousse, s'efforçant de nous faire croire qu'il était un honnête homme, que toutes les apparences étaient fausses, que...

Certains pleuraient et d'autres se tassaient dans leur coin, farouches, comme prêts à bondir, mais en réalité résignés.

Vérification d'identité. C'est ainsi que l'opération s'appelle en langage administratif. Ceux dont les papiers sont en règle sans que cela puisse faire le moindre doute sont laissés dans leur chambre, où on les entend s'enfermer avec un soupir de soulagement.

Les autres...

— Descendez !

Quand ils ne comprennent pas, il faut bien ajouter le geste. Et ils s'habillent, en parlant seuls. Ils ne savent pas ce qu'ils doivent, ce qu'ils peuvent emporter. Il leur arrive, dès que nous avons le dos tourné, d'aller chercher leur trésor dans quelque cachette pour l'enfouir dans leurs poches ou sous leur chemise.

Tout cela, au rez-de-chaussée, forme un petit groupe où on ne parle plus, où chacun ne songe qu'à son propre cas et à la façon dont il va le plaider.

Il existe, dans le quartier Saint-Antoine, des hôtels où, dans une seule chambre, il m'est arrivé de trouver sept ou huit Polonais, dont la plupart étaient couchés à même le sol.

Un seul était inscrit au registre. Le patron le savait-il ? Se faisait-il payer pour les dormeurs supplémentaires ? C'est plus que probable, mais ce sont des choses qu'il est inutile d'essayer de prouver.

Les autres n'étaient pas en règle, comme de juste. Que faisaient-ils quand ils étaient forcés de quitter au petit jour l'abri de la chambre ?

Faute de carte de travail, il leur était impossible de gagner régulièrement leur vie. Or ils n'étaient pas morts de faim. Donc ils mangeaient.

Et il y en avait, il y en a toujours des milliers, des dizaines de milliers dans leur cas.

Trouve-t-on de l'argent dans leurs poches, ou caché au-dessus de quelque armoire, ou, plus souvent, dans leurs souliers ? Il s'agit de savoir comment ils se le sont procuré, et c'est alors le genre d'interrogatoire le plus épuisant.

Même s'ils comprennent le français, ils feignent de ne pas l'entendre, vous regardant dans les yeux d'un air plein de bonne volonté, répétant inlassablement leur protestation d'innocence.

Il est inutile d'interroger les autres à leur sujet. Ils ne se trahiront pas. Ils raconteront tous la même histoire.

Or, en moyenne, soixante-cinq pour cent des crimes commis dans la région parisienne ont des étrangers pour auteurs.

Des escaliers, des escaliers et toujours des escaliers. Pas seulement de nuit, mais de jour, et des filles partout, des professionnelles et des autres, certaines jeunes et splendides, venues, Dieu sait pourquoi, du fond de leur pays.

J'en ai connu une, une Polonaise, qui partageait avec cinq hommes une chambre d'hôtel de la rue Saint-Antoine et leur désignait les mauvais coups à faire, récompensant à sa façon ceux qui avaient réussi, tandis que les autres rongeaient leur frein dans la chambre et, le plus souvent, se jetaient ensuite férocement sur le gagnant épuisé.

Deux d'entre eux étaient des brutes énormes, puissantes, et elle n'en avait pas peur, elle les tenait en respect d'un sourire ou d'un froncement de sourcils ; lors de leur interrogatoire, dans mon propre bureau, après je ne sais quelle phrase prononcée dans leur langue, je l'ai vue gifler tranquillement un des géants.

— Vous devez en voir de toutes les couleurs !

On voit, en effet, des hommes, des femmes, toutes les sortes d'hommes et de femmes, dans toutes les situations inimaginables, à tous les degrés de l'échelle. On les voit, on enregistre et on essaie de comprendre.

Non pas de comprendre je ne sais quel mystère humain. C'est peut-être contre cette idée romanesque que je proteste avec le plus d'acharnement, presque de colère. C'est une des raisons de ce livre, de ces sortes de corrections.

Simenon a essayé de l'expliquer, je le reconnais. Je n'en ai pas moins été gêné de me voir souvent, dans ses livres, certains sourires, certaines attitudes que je n'ai jamais eus et qui auraient fait hausser les épaules à mes collègues.

La personne qui l'a le mieux senti est probablement ma femme. Pourtant, lorsque je rentre de mon travail, il ne lui arrive jamais de me questionner avec curiosité, quelle que soit l'affaire dont je m'occupe.

De mon côté, je ne lui fais pas ce que l'on appelle des confidences.

Je m'assieds à table comme n'importe quel fonctionnaire qui revient de son bureau. Il m'arrivera alors, en quelques mots, comme pour moi-même, de raconter une rencontre, un interrogatoire, de parler de l'homme ou de la femme sur qui j'ai eu à enquêter.

Si elle pose une question, ce sera presque toujours une question technique.

— Dans quel quartier ?

Ou bien :

— Quel âge ?

Ou encore :

— Depuis combien de temps est-elle en France ?

Parce que ces détails ont fini par être aussi révélateurs à ses yeux qu'ils le sont pour nous.

Elle ne m'interroge pas sur les à-côtés sordides ou pitoyables.

Et Dieu sait que ce n'est pas indifférence de sa part !

— Sa femme est allée le voir au Dépôt ?

— Ce matin.

— Elle avait amené l'enfant avec elle ?

Elle s'intéresse plus particulièrement, pour des raisons sur lesquelles je n'ai pas à insister, à ceux qui ont des enfants, et ce serait une erreur de croire que les irréguliers, les malfaiteurs ou les criminels n'en ont pas.

Nous en avons eu un chez nous, une petite fille, dont j'ai envoyé la mère en prison pour le restant de ses jours, mais nous savions que le père la reprendrait dès qu'il serait redevenu un homme normal.

Elle continue à venir nous voir. C'est maintenant une jeune fille, et ma femme est assez fière de lui faire faire le tour des magasins l'après-midi.

Ce que je veux vous souligner, c'est qu'il n'entre, dans notre comportement vis-à-vis de ceux dont nous nous occupons, ni sensiblerie ni dureté, ni haine ni pitié dans le sens habituel du mot.

Nous travaillons sur des hommes. Nous observons leur comportement. Nous enregistrons des faits. Nous cherchons à en établir d'autres.

Notre connaissance est en quelque sorte technique.

Lorsque, encore jeune, je visitais un hôtel borgne de la cave au grenier, pénétrant dans les alvéoles des chambres, surprenant les gens dans leur sommeil, dans leur intimité la plus crue, examinant leurs papiers à la loupe, j'aurais presque pu dire ce que chacun deviendrait.

D'abord, certains visages m'étaient déjà familiers, car Paris n'est pas si grand que, dans un certain milieu, on ne rencontre sans cesse les mêmes individus.

Certains cas, aussi, se reproduisent presque identiquement, les mêmes causes amenant les mêmes résultats.

Le malheureux originaire d'Europe centrale, qui a économisé pendant des mois, sinon des années, pour se payer de faux passeports dans une agence clandestine de son pays et qui a cru en avoir fini quand il a franchi la frontière sans encombre, nous tombera fatalement entre les mains dans un délai de six mois à un an au maximum.

Mieux : nous pourrions le suivre en pensée dès la frontière, prévoir dans quel quartier, dans quel restaurant, dans quel hôtel il va aboutir.

Nous savons par qui il tentera de se procurer la carte de travail indispensable, vraie ou fausse ; il nous suffira d'aller le prendre dans la queue qui s'allonge chaque matin devant les grandes usines de Javel.

Pourquoi nous fâcher, lui en vouloir, quand il en arrive là où il devait fatalement arriver ?

Il en est de même de la petite bonne encore fraîche que nous voyons danser pour la première fois dans certains musettes. Lui dire de rentrer chez ses patrons et d'éviter désormais son compagnon à l'élégance voyante ?

Cela ne servirait à rien. Elle y reviendra. Nous la retrouverons dans d'autres musettes, puis, un beau soir, devant une porte d'hôtel du quartier des Halles ou de la Bastille.

Dix mille y passent chaque année en moyenne, dix mille qui quittent leur village et débarquent à Paris comme domestiques et à qui il ne faut que quelques mois, ou quelques semaines, pour effectuer le plongeon.

Est-ce si différent quand un garçon de dix-huit ou de vingt ans, qui travaillait en usine, se met à s'habiller d'une certaine façon, à prendre certaines attitudes, à s'accouder au zinc de certains bars ?

On ne tardera pas à lui voir un complet neuf, des chaussettes et une cravate en soie artificielle.

Il finira chez nous, lui aussi, le regard sournois ou penaud, après une tentative de cambriolage ou un vol à main armée, à moins qu'il se soit embauché dans la légion des voleurs de voitures.

Certains signes ne trompent jamais, et ce sont ces signes-là, en définitive, que nous apprenions à connaître quand on nous faisait passer par toutes les équipes, arpenter des kilomètres de trottoir, grimper étage après étage, pénétrer dans toutes sortes de taudis et dans toutes les foules.

C'est pourquoi le surnom de « chaussettes à clous » ne nous a jamais vexés, bien au contraire.

A quarante ans, il en est peu, quai des Orfèvres, qui ne connaissent familièrement, par exemple, tous les voleurs à la tire. On saura même où les retrouver tel jour, à l'occasion de telle cérémonie ou de tel gala.

Comme on saura, par exemple, qu'un vol de bijoux ne tardera pas à avoir lieu, parce qu'un spécialiste, qu'on a rarement pris la main dans le sac, commence à être au bout de son rouleau. Il a quitté son hôtel du boulevard Haussmann pour un hôtel plus modeste de la République. Depuis quinze jours, il n'a pas payé sa note. La femme avec laquelle il vit commence à lui faire des scènes et ne s'est plus acheté de chapeaux depuis longtemps.

On ne peut le suivre pas à pas : il n'y aurait jamais assez de policiers pour prendre en filature tous les suspects. Mais on le tient au bout du fil. Les hommes de la voie publique sont avertis d'avoir à surveiller plus particulièrement les bijouteries.

On sait comment il opère. On sait qu'il n'opérera pas autrement.

Cela ne réussit pas toujours. Ce serait trop beau. Il arrive cependant qu'on le prenne sur le fait. Il arrive que ce soit après une entrevue discrète avec sa compagne, à qui on a fait comprendre que son avenir serait moins problématique si elle nous renseignait.

On parle beaucoup, dans les journaux, des règlements de comptes, à

Montmartre ou dans le quartier de la rue Fontaine, parce que les coups de revolver dans la nuit ont toujours, pour le public, quelque chose d'excitant.

Or ce sont les affaires qui, au Quai, nous donnent le moins de souci.

Nous connaissons les bandes rivales, leurs intérêts et les points en litige entre elles. Nous connaissons aussi leurs haines ou leurs rancunes personnelles.

Un crime en amène un autre, par contre-coup. Luciano a-t-il été abattu dans un bar de la rue de Douai ? Les Corses se vengeront fatalement dans un délai plus ou moins court. Et, presque toujours, il y en aura un d'entre eux pour nous passer le tuyau.

— Quelque chose se trame contre Dédé les Pieds plats. Il le sait et ne sort plus qu'accompagné de deux tueurs.

Le jour où Dédé sera abattu à son tour, il y a neuf chances sur dix pour qu'un coup de téléphone plus ou moins mystérieux nous mette au courant de l'histoire dans tous ses détails.

— Un de moins !

Nous arrêtons les coupables quand même, mais cela a peu d'importance, car ces gens-là ne s'exterminent qu'entre eux, pour des raisons qui leur appartiennent, au nom d'un certain code qu'ils appliquent avec rigueur.

C'est à cela que Simenon faisait allusion quand, au cours de notre première entrevue, il déclarait si catégoriquement :

— Les crimes de professionnels ne m'intéressent pas.

Ce qu'il ne savait pas encore, ce qu'il a appris depuis, c'est qu'il y a fort peu d'autres crimes.

Je ne parle pas des crimes passionnels, qui sont la plupart du temps sans mystère, qui ne sont que l'aboutissement logique d'une crise aiguë entre deux ou plusieurs individus.

Je ne parle pas non plus des coups de couteau échangés un samedi ou un dimanche soir entre deux ivrognes de la Zone.

En dehors de ces accidents, les crimes les plus fréquents sont de deux sortes :

L'assassinat de quelque vieille femme solitaire, par un ou plusieurs mauvais garçons, et le meurtre d'une prostituée dans un terrain vague.

Pour le premier, il est rarissime que le coupable nous échappe. Presque toujours, c'est un jeune, un de ceux dont j'ai parlé tout à l'heure, en rupture d'usine depuis quelques mois, avide de jouer les terreurs.

Il a repéré un débit de tabac, une mercerie, un petit commerce quelconque dans une rue déserte.

Parfois, il a acheté un revolver. D'autres fois, il se contente d'un marteau ou d'une clef anglaise.

Presque toujours, il connaît la victime et, une fois sur dix au moins, celle-ci, à un moment ou à un autre, a été bonne pour lui.

Il n'était pas décidé à tuer. Il a mis un foulard sur son visage pour ne pas être reconnu.

Le mouchoir a glissé, ou bien la vieille femme s'est mise à crier.

Il a tiré. Il a frappé. S'il a tiré, il a vidé tout son barillet, ce qui est un signe de panique. S'il a frappé, il l'a fait dix fois, vingt fois, sauvagement croit-on, en réalité parce qu'il était fou de terreur.

Cela vous étonne que, quand nous l'avons devant nous, effondré en essayant encore de crâner, nous lui disions simplement :

— Idiot !

C'est rare que ceux-là n'y laissent pas leur tête. Le moins qu'ils récoltent est vingt ans, quand ils ont la chance d'intéresser à leur sort un maître du barreau.

Quant aux tueurs de prostituées, c'est un miracle quand nous leur mettons la main dessus. Ce sont les enquêtes les plus longues, les plus décourageantes, les plus écœurantes aussi que je connaisse.

Cela commence par un sac, qu'un marinier repêche du bout de sa gaffe quelque part dans la Seine et qui contient presque toujours un corps mutilé. La tête manque, ou un bras, ou les jambes.

Des semaines passent souvent avant que l'identification soit possible. Généralement, il s'agit d'une fille d'un certain âge, de celles qui n'emmènent même plus leur client à l'hôtel ou dans leur chambre, mais qui se contentent d'un seuil ou de l'abri d'une palissade.

On a cessé de la voir dans le quartier, un quartier qui, dès la tombée de la nuit, s'enveloppe de mystère et d'ombres silencieuses.

Celles qui la connaissent n'ont pas envie d'entrer en contact avec nous. Questionnées, elles restent dans le vague.

On finit, tant bien que mal, à force de patience, par connaître quelques-uns de ses clients habituels, des isolés, eux aussi, des solitaires, des hommes sans âge qui ne laissent guère que le souvenir d'une silhouette.

L'a-t-on tuée pour son argent ? C'est improbable. Elle en avait si peu !

Est-ce un de ces vieux-là qui a soudain été pris de folie, ou bien quelqu'un est-il venu d'ailleurs, d'un autre quartier, un de ces fous qui, à intervalles réguliers, sentent approcher la crise, savent exactement ce qu'ils feront et prennent, avec une lucidité incroyable, des précautions dont les autres criminels sont incapables ?

On ne sait même pas combien ils sont. Chaque capitale a les siens qui, leur coup fait, replongent pour un temps plus ou moins long dans la vie anonyme.

Ce sont peut-être des gens respectés, des pères de famille, des employés modèles.

A quoi ils ressemblent exactement, nul ne le sait, et, quand d'aventure on en a pris un, il a presque toujours été impossible d'établir une conviction satisfaisante.

Nous avons des statistiques à peu près précises de tous les genres de crimes.

Sauf d'un.

L'empoisonnement.

Et toutes les approximations seraient fatalement fausses, en trop ou en trop peu.

Tous les trois mois, ou tous les six mois, à Paris ou en province, surtout en province, dans une très petite ville ou à la campagne, le hasard fait qu'un médecin examine de plus près un mort et soit intrigué par certaines caractéristiques.

Je dis hasard, car il s'agit habituellement d'un de ses clients, de quelqu'un qu'il a longtemps connu malade. Il est mort brusquement, dans son lit, au sein de sa famille qui donne toutes les marques traditionnelles de chagrin.

Les parents n'aiment pas entendre parler d'autopsie. Le médecin ne s'y décide que si ses soupçons sont assez forts.

Ou bien, des semaines après un enterrement, c'est une lettre anonyme qui parvient à la police et fournit des détails à première vue incroyables.

J'insiste pour montrer toutes les conditions qui doivent se réunir pour qu'une enquête de ce genre soit ouverte. Les formalités administratives sont compliquées.

La plupart du temps, il s'agit d'une femme de fermier qui attend depuis des années la mort de son mari pour se mettre en ménage avec le valet et qui a été prise d'impatience.

Elle a aidé la nature, comme certaines le disent crûment.

Parfois, c'est l'homme, mais plus rarement, qui se débarrasse ainsi d'une épouse malade devenue un poids mort dans la maison.

On les découvre par hasard. Mais dans combien d'autres cas le hasard ne joue-t-il pas ? Nous l'ignorons. Nous ne pouvons que risquer des hypothèses. Nous sommes quelques-uns, dans la maison, tout comme dans celle de la rue des Saussaies, à penser que, de tous les crimes, en particulier des crimes impunis, c'est celui qui l'emporte en fréquence.

Les autres, ceux qui intéressent les romanciers et les soi-disant psychologues, sont si peu communs qu'ils ne prennent qu'une partie insignifiante de notre activité.

Or c'est celle-là que le public connaît le mieux. Ce sont ces affaires-là que Simenon a surtout racontées et que, je suppose, il continuera à raconter.

Je veux parler des crimes qui sont soudain commis dans les milieux où l'on s'y attendrait le moins et qui sont comme l'aboutissement d'une longue et sourde fermentation.

Une rue quelconque, propre, cossue, à Paris ou ailleurs. Des gens qui ont une maison confortable, une vie familiale, une profession honorable.

Nous n'avons jamais eu à franchir leur seuil. Souvent, il s'agit de milieu où nous serions difficilement admis, où nous ferions tache, où nous nous sentirions gauches pour le moins.

Or quelqu'un est mort de mort violente, et nous voilà qui sonnons à la porte, qui trouvons devant nous des visages fermés, une famille dont chaque membre paraît avoir son secret.

Ici, l'expérience acquise pendant des années dans la rue, dans les gares, dans les garnis, ne joue plus. Ne joue pas non plus cette espèce de respect instinctif des petits à l'égard de l'autorité, de la police.

Personne ne craint d'être reconduit à la frontière. Personne non plus ne va être emmené dans un bureau du Quai pour y être soumis pendant des heures à un interrogatoire à la chansonnette.

Ce que nous avons devant nous, ce sont les mêmes gens bien-pensants qui nous auraient demandé en d'autres circonstances :

— Il ne vous arrive pas d'être écœurés ?

C'est chez eux que nous le sommes. Pas tout de suite. Pas toujours. Car la tâche est longue et hasardeuse.

Quand un coup de téléphone d'un ministre, d'un député, de quelque personnalité importante n'essaie pas de nous mettre hors du chemin.

Il y a tout un vernis de respectabilité à faire craquer petit à petit, il y a les secrets de famille, plus ou moins répugnants, que tout le monde s'entend à nous cacher et qu'il est indispensable de mettre à jour, sans souci des révoltes et des menaces.

Parfois ils sont cinq, ils sont six et davantage à mentir de concert sur certains points, tout en essayant sournoisement de mettre les autres dans le bain.

Simenon me décrit volontiers lourd et grognon, mal à l'aise dans ma peau, regardant les gens en dessous, avec l'air d'aboyer hargneusement mes questions.

C'est dans ces cas-là qu'il m'a vu ainsi, devant ce qu'on pourrait appeler des crimes d'amateur qu'on finit *toujours* par découvrir être des crimes d'intérêt.

Pas de crimes d'argent. Je veux dire pas de crimes commis par besoin immédiat d'argent, comme dans le cas des petites gouapes qui assassinent les vieilles femmes.

Il s'agit, derrière ces façades, d'intérêts plus compliqués, à longue échéance, qui se conjuguent avec des soucis de respectabilité. Souvent cela remonte à des années, cela cache des vies entières de tripotages et de malpropretés.

Quand les gens sont enfin acculés aux aveux, c'est un déballage ignoble, c'est surtout, presque toujours, la terreur panique des conséquences.

— Il est impossible, n'est-ce pas, que notre famille soit traînée dans la boue ? Il faut trouver une solution.

Cela arrive, je le regrette. Certains, qui auraient dû ne quitter mon bureau que pour un cachot de la Santé, ont disparu de la circulation, parce qu'il existe des influences contre lesquelles un inspecteur de police, et même un commissaire, sont impuissants.

— Il ne vous arrive pas d'être écœuré ?

Je ne l'ai jamais été quand, inspecteur du service des garnis, je passais mes journées ou mes nuits à gravir les étages de meublés malpropres et surhabités, dont chaque porte s'ouvrait sur une misère ou sur un drame.

Le mot écœurement ne convient pas non plus à mes réactions devant les quelques milliers de professionnels de toutes sortes qui me sont passés par les mains.

Ils jouaient leur partie et l'avaient perdue. Presque tous tenaient à se montrer beaux joueurs et certains, une fois condamnés, me demandaient d'aller les voir en prison, où nous bavardions comme des amis.

Je pourrais en citer plusieurs qui m'ont supplié d'assister à leur exécution et qui me réservaient leur dernier regard.

— Je serai bien, vous verrez !

Ils faisaient leur possible. Ils ne réussissaient pas toujours. J'emportais dans ma poche leurs dernières lettres, que je me chargeais de faire parvenir avec un petit mot de ma main.

Quand je rentrais, ma femme n'avait qu'à me regarder sans me poser de questions pour savoir comment cela s'était passé.

Quant aux autres, sur lesquels je préfère ne pas insister, elle connaissait aussi le sens de certaines mauvaises humeurs, d'une certaine façon de m'asseoir, le soir en rentrant, et de remplir mon assiette, et elle n'appuyait pas.

Ce qui prouve bien qu'elle n'était pas destinée aux Ponts et Chaussées !

7

D'un matin triomphant comme une trompette de cavalerie et d'un garçon qui n'était plus maigre, mais qui n'était pas encore tout à fait gros

Je peux encore retrouver le goût, la couleur du soleil ce matin-là. C'était en mars. Le printemps était précoce. J'avais déjà l'habitude, chaque fois que je le pouvais, de faire à pied le chemin du boulevard Richard-Lenoir au quai des Orfèvres.

Je n'avais pas de travail dehors, ce jour-là, mais des fiches à classer, aux garnis, dans les bureaux les plus sombres, probablement, de tout le Palais de Justice, au rez-de-chaussée, avec, sur la cour, une petite porte que j'avais laissée ouverte.

Je m'en tenais aussi près que mon travail le permettait. Je me souviens du soleil qui coupait la cour juste en deux et qui coupait aussi une voiture cellulaire en attente. Ses deux chevaux donnaient de temps en temps des coups de sabots sur le pavé, et, derrière eux, il y avait un beau tas de crottin doré, fumant dans l'air encore frisquet.

Je ne sais pourquoi la cour me rappelait certaines récréations au lycée, à la même époque de l'année, quand l'air se met soudain à avoir une odeur et que la peau, lorsqu'on a couru, sent comme le printemps.

J'étais seul dans le bureau. La sonnette du téléphone retentit.

— Voulez-vous dire à Maigret que le patron le demande ?

La voix du vieux garçon de bureau, là-haut, qui a passé près de cinquante ans à son poste.

— C'est moi.

— Alors montez.

Jusqu'au grand escalier, toujours poussiéreux, qui paraissait gai, avec des rayons obliques de soleil comme dans les églises. Le rapport du matin venait de finir. Deux commissaires étaient encore en conversation, leurs dossiers sous le bras, près de la porte du grand patron à laquelle j'allais frapper.

Et, dans le bureau, je retrouvai l'odeur des pipes et des cigarettes de ceux qui venaient de le quitter. Une fenêtre était ouverte derrière Xavier Guichard, qui avait des aigrettes de soleil dans ses cheveux blancs et soyeux.

Il ne me tendit pas la main. Il ne le faisait presque jamais au bureau. Nous étions pourtant devenus amis ou, plus exactement, il voulait bien nous honorer, ma femme et moi, de son amitié. Une première fois, il m'avait invité à aller le voir, seul, dans son appartement du boulevard Saint-Germain. Non pas la partie riche et snob du boulevard. Il habitait, au contraire, juste en face de la place Maubert, un grand immeuble neuf qui se dressait parmi les maisons branlantes et les hôtels miteux.

J'y étais retourné avec ma femme. Tout de suite, ils s'étaient fort bien entendus tous les deux.

Il avait certainement de l'affection pour elle, pour moi, et pourtant il nous a fait souvent du mal sans le vouloir.

Au début, dès qu'il voyait Louise, il regardait sa taille avec insistance et, si nous n'avions pas l'air de comprendre, disait en toussotant :

— N'oubliez pas que je tiens à être le parrain.

C'était un célibataire endurci. En dehors de son frère, qui était chef de la police municipale, il n'avait pas de famille à Paris.

— Allons ! ne me faites pas trop attendre...

Des années avaient passé. Il avait dû se méprendre. Je me souviens qu'en m'annonçant ma première augmentation il avait ajouté :

— Cela va peut-être vous permettre de me donner un filleul.

Il n'a jamais compris pourquoi nous rougissions, pourquoi ma femme baissait les yeux, tandis que j'essayais de lui toucher la main pour la consoler.

Il paraissait très sérieux, ce matin-là, à contre-jour. Il me laissait debout, et je me sentais gêné de l'insistance avec laquelle il m'examinait des pieds à la tête, comme un adjudant, à l'armée, le fait d'une recrue.

— Savez-vous, Maigret, que vous êtes en train d'épaissir ?

J'avais trente ans. Petit à petit, j'avais cessé d'être maigre, mes épaules s'étaient élargies, mon torse s'était gonflé, mais je n'avais pas encore pris ma vraie corpulence.

Cela se sentait. Je devais paraître mou, à cette époque-là, avec quelque chose d'un poupon. Cela me frappait moi-même quand je passais devant une vitrine et que je lançais un petit coup d'œil anxieux à ma silhouette.

C'était trop ou trop peu, et aucun costume ne m'allait.

— Je crois que j'engraisse, oui.

J'avais presque envie de m'en excuser et je n'avais pas encore compris qu'il s'amusait comme il aimait le faire.

— Je crois que je ferais mieux de vous changer de service.

Il y avait deux brigades dont je n'avais pas encore fait partie, celle des jeux et la brigade financière, et cette dernière était mon cauchemar, comme l'examen de trigonométrie, au collège, avait longtemps été la terreur de mes fins d'année.

— Quel âge avez-vous ?

— Trente ans.

— Bel âge ! C'est parfait. Le petit Lesueur va prendre votre place aux garnis, dès aujourd'hui, et vous vous mettrez à la disposition du commissaire Guillaume.

Il l'avait fait exprès de dire cela du bout des lèvres, comme une chose sans importance, sachant que le cœur allait me sauter dans la poitrine et que, debout devant lui, j'entendais dans mes oreilles comme des trompettes triomphantes.

Tout à coup, par un matin qu'on semblait avoir choisi tout exprès — et je ne suis pas sûr que Guichard ne l'ait pas fait, — se réalisait le rêve de ma vie.

J'entrais enfin à la Brigade Spéciale.

Un quart d'heure plus tard, je déménageais en haut mon vieux veston de bureau, mon savon, ma serviette, mes crayons et quelques papiers.

Ils étaient cinq ou six dans la grande pièce réservée aux inspecteurs de la brigade des homicides, et, avant de me faire appeler, le commissaire Guillaume me laissait m'installer, comme un nouvel élève.

— Ça s'arrose ?

Je n'allais pas dire non. A midi, j'emmenais fièrement mes nouveaux collègues à la *Brasserie Dauphine*.

Je les y avais vus souvent, à une autre table que celle que j'occupais avec mes anciens camarades, et nous les regardions avec le respect envieux qu'on accorde, au lycée, aux élèves de première qui sont aussi grands que les professeurs et que ceux-ci traitent presque sur un pied d'égalité.

La comparaison était exacte, car Guillaume était avec nous, et le commissaire aux renseignements généraux vint nous rejoindre.

— Qu'est-ce que vous prenez ? demandai-je.

Dans notre coin, nous avions l'habitude de boire des demis, rarement un apéritif. Il ne pouvait évidemment pas en aller de même à cette table-ci.

Quelqu'un dit :

— Mandarin-curaçao.

— Mandarin pour tout le monde ?

Comme personne ne protestait, je commandai je ne sais plus combien de mandarins. C'était la première fois que j'y goûtais. Dans l'ivresse de la victoire, cela me parut à peine alcoolisé.

— On prendra bien une seconde tournée ?

N'était-ce pas le moment ou jamais de me montrer généreux ? On en prit trois, on en prit quatre. Mon nouveau patron aussi voulut offrir sa tournée.

Il y avait du soleil plein la ville. Les rues en ruisselaient. Les femmes, vêtues de clair, étaient un enchantement. Je me faufilais entre les passants. Je me regardais dans les vitrines sans me trouver si épais que ça.

Je courais. Je volais. J'exultais. Dès le bas de l'escalier, je commençais déjà le discours que j'avais préparé pour ma femme.

Et, dans la dernière volée, je m'étalai de tout mon long. Je n'avais pas eu le temps de me relever que notre porte s'ouvrait, car Louise devait s'inquiéter de mon retard.

— Tu t'es fait mal ?

C'est drôle. A partir du moment exact où je me redressai, je me sentis complètement ivre et en fus stupéfait. L'escalier tournait autour de moi. La silhouette de ma femme manquait de netteté. Je lui voyais au moins deux bouches, trois ou quatre yeux.

On le croira si on veut, c'était la première fois que cela m'arrivait de ma vie et je m'en sentais si humilié que je n'osais pas la regarder ; je me glissai dans l'appartement comme un coupable sans me souvenir des phrases si bien préparées et triomphantes.

— Je crois... Je crois que je suis un peu ivre...

J'avais de la peine à renifler. La table était mise, avec nos deux couverts face à face devant la fenêtre ouverte. Je m'étais promis de l'emmener déjeuner au restaurant, mais je n'osais plus le proposer.

De sorte que c'est d'une voix presque lugubre que je prononçai :

— Ça y est !

— Qu'est-ce qui y est ?

Peut-être s'attendait-elle à ce que je lui annonce que j'avais été mis à la porte de la police !

— Je suis nommé.

— Nommé quoi ?

Il paraît que j'avais de grosses larmes dans les yeux, de dépit, mais sans doute de joie quand même, en laissant tomber :

— A la Brigade Spéciale.

— Assieds-toi. Je vais te préparer une tasse de café bien noir.

Elle a essayé de me faire coucher, mais je n'allais pas abandonner mon nouveau poste le premier jour. J'ai bu je ne sais combien de tasses de café fort. Malgré l'insistance de Louise, je n'ai rien pu avaler de solide. J'ai pris une douche.

A deux heures, quand je me dirigeai vers le quai des Orfèvres, j'avais le teint d'un rose un peu spécial, les yeux brillants. Je me sentais mou, la tête vide.

J'allai prendre place dans mon coin et parlai le moins possible, car je savais que ma voix était hésitante et qu'il m'arriverait d'emmêler les syllabes.

Le lendemain, comme pour me mettre à l'épreuve, on me confiait ma première arrestation. C'était rue du Roi-de-Sicile, dans un garni. L'homme était filé depuis déjà cinq jours. Il avait plusieurs meurtres à son actif. C'était un étranger, un Tchèque, si je me souviens bien, taillé en force, toujours armé, toujours sur le qui-vive.

Le problème était de l'immobiliser avant qu'il ait eu le temps de se défendre, car c'était le genre d'homme à tirer dans la foule, à abattre autant de gens que possible avant de se laisser descendre lui-même.

Il savait qu'il était au bout de son rouleau, que la police était sur ses talons, qu'elle hésitait.

Dehors, il s'arrangeait pour se tenir toujours au milieu de la foule, n'ignorant pas que nous ne pouvions pas prendre de risque.

On m'adjoignit à l'inspecteur Dufour, qui s'occupait de lui depuis plusieurs jours et qui connaissait tous ses faits et gestes.

C'est la première fois aussi que je me suis déguisé. Notre arrivée dans le misérable hôtel, habillés comme nous l'étions d'habitude, aurait provoqué une panique à la faveur de laquelle notre homme se serait peut-être enfui.

Dufour et moi, nous nous sommes vêtus de vieilles hardes et nous sommes restés, pour plus de vraisemblance, quarante-huit heures sans nous raser.

Un jeune inspecteur, spécialisé dans les serrures, s'était introduit dans l'hôtel et nous avait fabriqué une excellente clef de la porte de la chambre.

Nous prîmes une autre chambre, sur le même palier, avant que le Tchèque rentre se coucher. Il était un peu plus de onze heures quand un signal, du dehors, nous annonça que c'était lui qui montait l'escalier.

La tactique que nous suivîmes n'était pas de moi, mais de Dufour, plus ancien dans le métier.

L'homme, non loin de nous, s'enfermait, se couchait tout habillé sur son lit, devait garder au moins un revolver chargé à portée de la main.

Nous n'avons pas dormi. Nous avons attendu l'aube. Si on me demande pourquoi, je répondrai ce que mon collègue, à qui je posai la même question, dans mon impatience d'agir, m'a répondu.

Le premier réflexe du meurtrier, en nous entendant, aurait sans doute été de briser le bec de gaz qui éclairait sa chambre. Nous nous serions trouvés dans l'obscurité et nous lui aurions donné ainsi un avantage sur nous.

— Un homme a toujours moins de résistance au petit jour, m'a affirmé Dufour, ce que j'ai pu vérifier par la suite.

Nous nous sommes glissés dans le couloir. Tout le monde dormait autour de nous. C'est Dufour qui, avec des précautions infinies, a tourné la clef dans la serrure.

Comme j'étais le plus grand et le plus lourd, c'était à moi de m'élancer le premier et je le fis, d'un bond, me trouvai couché sur l'homme étendu dans son lit, le saisissant par tout ce que je pouvais saisir.

Je ne sais pas combien de temps la lutte a duré, mais elle m'a paru interminable. J'ai senti que nous roulions par terre. Je voyais, tout près de mon visage, un visage féroce. Je me souviens en particulier de dents très grandes, éblouissantes. Une main, agrippée à mon oreille, s'efforçait de l'arracher.

Je ne me rendais pas compte de ce que faisait mon collègue, mais je vis une expression de douleur, de rage, sur les traits de mon adversaire. Je le sentis relâcher peu à peu son étreinte. Quand je pus me retourner, l'inspecteur Dufour, assis en tailleur sur le plancher, avait un des pieds de l'homme dans ses mains, et on aurait juré qu'il lui avait donné une torsion d'au moins deux tours.

— Menottes ! commanda-t-il.

J'en avais déjà passé à des individus moins dangereux, à des filles récalcitrantes. C'était la première fois que j'effectuais une arrestation en brutalité et que le bruit des menottes mettait fin, pour moi, à un combat qui aurait pu mal tourner.

Quand on parle du flair d'un policier, ou de ses méthodes, de son intuition, j'ai toujours envie de riposter :

— Et le flair de votre cordonnier, de votre pâtissier ?

L'un et l'autre ont passé par des années d'apprentissage. Chacun connaît son métier, tout ce qui touche à son métier.

Il n'en est pas autrement d'un homme du quai des Orfèvres. Et voilà pourquoi tous les récits que j'ai lus, y compris ceux de mon ami Simenon, sont plus ou moins inexacts.

Nous sommes dans notre bureau, à rédiger des rapports. Car ceci aussi, on l'oublie trop souvent, fait partie de la profession. Je dirais même que nous passons beaucoup plus de temps en paperasseries administratives qu'en enquêtes proprement dites.

On vient annoncer un monsieur d'un certain âge qui attend dans l'antichambre et qui paraît très nerveux, qui veut parler tout de suite au directeur. Inutile de dire que le directeur n'a pas le temps de recevoir tous les gens qui se présentent et qui, tous, tiennent à s'adresser à lui personnellement, car à leurs yeux leur petite affaire est la seule importante.

Il y a un mot qui revient si souvent que c'est une ritournelle, que le garçon de bureau récite comme une litanie : « C'est une question de vie ou de mort. »

— Tu le reçois, Maigret ?

Il existe un petit bureau, à côté du bureau des inspecteurs, pour ces entrevues-là.

— Asseyez-vous. Cigarette ?

Le plus souvent, le visiteur n'a pas encore eu le temps de dire sa profession, sa situation sociale, que nous l'avons devinée.

— C'est une affaire très délicate, tout à fait personnelle.

Un caissier de banque, ou un agent d'assurances, un homme à la vie calme et rangée.

— Votre fille ?

Il s'agit ou de son fils, ou de sa fille, ou de sa femme. Et nous pouvons prévoir à peu près mot pour mot le discours qu'il va nous débiter. Non. Ce n'est pas son fils qui a pris de l'argent dans la caisse de ses patrons. Ce n'est pas sa femme, non plus, qui est partie avec un jeune homme.

C'est sa fille, une jeune fille de la meilleure éducation, sur qui il n'y a jamais eu un mot à dire. Elle ne fréquentait personne, vivait à la maison et aidait sa mère à faire le ménage.

Ses amies étaient aussi sérieuses qu'elle. Elle ne sortait pour ainsi dire jamais seule.

Cependant, elle a disparu en emportant une partie de ses affaires.

Que voulez-vous répondre ? Que six cents personnes, chaque mois, disparaissent à Paris et qu'on n'en retrouve qu'environ les deux tiers ?

— Votre fille est très jolie ?

Il a apporté plusieurs photographies, persuadé qu'elles seront utiles pour les recherches. Tant pis si elle est jolie, car le nombre de chances diminue. Si elle est laide, au contraire, elle reviendra probablement dans quelques jours ou dans quelques semaines.

— Comptez sur nous. Nous ferons le nécessaire.

— Quand ?

— Tout de suite.

Il va nous téléphoner chaque jour, deux fois par jour, et il n'y a rien à lui répondre, sinon que nous n'avons pas le temps de nous occuper de la demoiselle.

Presque toujours, une brève enquête nous indique qu'un jeune homme habitant l'immeuble, ou le garçon épicier, ou le frère d'une de ses amies, a disparu le même jour qu'elle.

On ne peut pas passer Paris et la France au peigne fin pour une jeune fille en fugue, et sa photographie ira seulement, la semaine suivante, s'ajouter à la collection de photographies imprimées qu'on envoie aux commissariats, aux différents services de la police et aux frontières.

Onze heures du soir. Un coup de téléphone du centre de Police-Secours, en face, dans les bâtiments de la police municipale, où tous les appels sont centralisés et viennent s'inscrire sur un tableau lumineux qui occupe la largeur d'un mur.

Le poste du Pont-de-Flandre vient d'être prévenu qu'il y a du vilain dans un bar de la rue de Crimée.

C'est tout Paris à traverser. Aujourd'hui, la Police Judiciaire dispose de quelques voitures, mais, avant, il fallait prendre un fiacre, plus tard un taxi, qu'on n'était pas sûr de se faire rembourser.

Le bar, à un coin de rue, est encore ouvert, avec une vitre brisée, des silhouettes qui se tiennent prudemment à une certaine distance, car, dans le quartier, les gens aiment autant passer inaperçus de la police.

Les agents en uniforme sont déjà là, une ambulance, parfois le commissaire du quartier ou son secrétaire.

Par terre, dans la sciure de bois et les crachats, un homme est recroquevillé sur lui-même, une main sur sa poitrine, d'où coule un filet de sang qui a formé une mare.

— Mort !

A côté de lui, sur le sol, une mallette qu'il tenait à la main au moment de sa chute s'est ouverte et laisse échapper des cartes pornographiques.

Le tenancier, inquiet, voudrait se mettre du bon côté.

— Tout était calme, comme toujours. La maison est une maison tranquille.

— Vous l'avez déjà vu ?

— Jamais.

C'était à prévoir. Il le connaît probablement comme ses poches, mais il prétendra jusqu'au bout que c'était la première fois que l'homme pénétrait dans son bar.

— Que s'est-il passé ?

Le mort est terne, entre deux âges, ou plutôt sans âge. Ses vêtements sont vieux, d'une propreté douteuse, le col de sa chemise est noir de crasse.

Inutile de chercher une famille, un appartement. Il devait coucher à la petite semaine dans les meublés de dernier ordre, d'où il partait pour faire son commerce dans les environs des Tuileries et du Palais-Royal.

— Il y avait trois ou quatre consommateurs...

Il est superflu de demander où ils sont. Ils se sont envolés et ne reviendront pas pour témoigner.

— Vous les connaissez ?

— Vaguement. De vue seulement.

Parbleu ! On pourrait faire ses réponses pour lui.

— Un inconnu est entré et s'est installé de l'autre côté du bar, juste en face de celui-là.

Le bar est en fer à cheval, avec des petits verres renversés et une forte odeur d'alcool bon marché.

— Ils ne se sont rien dit. Le premier avait l'air d'avoir peur. Il a porté sa main à sa poche pour payer...

C'est exact, car il n'y a pas d'arme sur lui.

— L'autre, sans un mot, a sorti son feu et a tiré trois fois. Il aurait sans doute continué si son revolver ne s'était pas enrayé. Puis il a enfoncé tranquillement son chapeau sur son front et est parti.

C'est signé. Il n'y a pas besoin de flair. Le milieu dans lequel il faut chercher est particulièrement restreint.

Ils ne sont pas tant que ça à s'occuper du trafic des cartes transparentes. Nous les connaissons presque tous. Périodiquement, ils nous passent par les mains, purgent une petite peine de prison et recommencent.

Les souliers du mort — qui a les pieds sales et les chaussettes trouées — portent une marque de Berlin.

C'est un nouveau venu. On a dû lui faire comprendre qu'il n'y avait pas place pour lui dans le secteur. Ou encore il n'était qu'un sous-ordre à qui on confiait de la marchandise et qui a gardé l'argent pour lui.

Cela prendra trois jours, peut-être quatre. Guère plus. Les « garnis » vont être mis tout de suite à contribution et, avant la nuit prochaine, sauront où logeait la victime.

Les « mœurs », nantis de sa photographie, feront une enquête de leur côté.

Cet après-midi, dans les alentours des Tuileries, on arrêtera quelques-uns de ces individus qui offrent tous la même camelote aux passants, avec des airs mystérieux.

On ne sera pas très gentil avec eux. Jadis, on l'était encore moins qu'aujourd'hui.

— Tu as déjà vu ce type-là ?

— Non.

— Tu es sûr de ne l'avoir jamais rencontré ?

Il existe un petit cachot bien noir, bien étroit, une sorte de placard plutôt, à l'entresol, où l'on aide les gens de cette sorte à se souvenir, et il est rare qu'après quelques heures ils ne donnent pas de grands coups dans la porte.

— Je crois que je l'ai aperçu...

— Son nom ?

— Je ne connais que son prénom : Otto.

L'écheveau se dévidera lentement, mais il se dévidera jusqu'au bout, comme un ver solitaire.

— C'est un pédé !

Bon ! Le fait qu'il s'agisse d'un pédéraste restreint encore le champ des investigations.

— Il ne fréquentait pas la rue de Bondy ?

C'est presque fatal. Il y a là certain petit bar que hantent plus ou moins tous les pédérastes d'un certain niveau social — le plus bas. Il en existe un autre rue de Lappe, qui est devenu une attraction pour touristes.

— Avec qui l'as-tu rencontré ?

C'est à peu près tout. Le reste, quand on tiendra l'homme entre quatre murs, sera de lui faire avouer et signer ses aveux.

Toutes les affaires ne sont pas aussi simples. Certaines enquêtes prennent des mois. On ne finit par arrêter certains coupables qu'après des années, parfois par hasard.

Dans tous les cas, ou à peu près, le processus est le même.

Il s'agit de *connaître*.

Connaître le milieu où un crime est commis, connaître le genre de vie, les habitudes, les mœurs, les réactions des gens qui y sont mêlés, victimes, coupables et simples témoins.

Entrer dans leur monde sans étonnement, de plain-pied, et en parler naturellement le langage.

C'est aussi vrai s'il s'agit d'un bistro de La Villette ou de la Porte d'Italie, des Arabes de la Zone, des Polonais ou des Italiens, des entraîneuses de Pigalle ou des mauvais garçons des Ternes.

C'est encore vrai s'il s'agit du monde des courses ou de celui des cercles de jeu, des spécialistes des coffres-forts ou des vols de bijoux.

Voilà pourquoi nous ne perdons pas notre temps quand, pendant des années, nous arpentons les trottoirs, montons des étages ou guettons les voleuses de grands magasins.

Comme le cordonnier, comme le pâtissier, ce sont les années d'apprentissage, à la différence qu'elles durent à peu près toute notre vie, parce que le nombre des milieux est pratiquement infini.

Les filles, les voleurs à la tire, les joueurs de bonneteau, les spécialistes du vol à l'américaine ou du lavage des chèques se reconnaissent entre eux.

On pourrait en dire autant des policiers après un certain nombre d'années de métier. Et il ne s'agit pas des chaussures à clous ni des moustaches.

Je crois que c'est dans le regard qu'il faut chercher, dans une certaine réaction — ou plutôt absence de réaction — devant certains êtres, certaines misères, certaines anomalies.

N'en déplaise aux auteurs de romans, le policier est avant tout un professionnel. C'est un *fonctionnaire*.

Il ne joue pas un jeu de devinettes, ne s'excite pas à une chasse plus ou moins passionnante.

Quand il passe une nuit sous la pluie, à surveiller une porte qui ne s'ouvre pas ou une fenêtre éclairée, quand, aux terrasses des boulevards, il cherche patiemment un visage familier, ou s'apprête à interroger pendant des heures un être pâle de terreur, il accomplit sa tâche quotidienne.

Il gagne sa vie, s'efforce de gagner aussi honnêtement que possible l'argent que le gouvernement lui donne à chaque fin de mois en rémunération de ses services.

Je sais que ma femme, quand, tout à l'heure, elle lira ces lignes, hochera la tête, me regardera d'un air de reproche, murmurera peut-être :

— Tu exagères toujours !

Elle ajoutera sans doute :

— Tu vas donner de toi et de tes collègues une idée fausse.

Elle a raison. Il est possible que j'exagère un peu en sens contraire. C'est par réaction contre les idées toutes faites qui m'ont si souvent agacé.

Combien de fois, après la parution d'un livre de Simenon, mes collègues ne m'ont-ils pas regardé, l'air goguenard, entrer dans mon bureau !

Je lisais dans leurs yeux qu'ils pensaient : « Tiens ! Voilà Dieu le Père ! »

C'est pourquoi je tiens tant à ce mot de fonctionnaire, que d'autres jugent amoindrissant.

Je l'ai été presque toute ma vie. Grâce à l'inspecteur Jacquemain, je le suis devenu au sortir de l'adolescence.

Comme mon père, en son temps, est devenu régisseur du château. Avec la même fierté. Avec le même souci de tout connaître de mon métier et d'accomplir ma tâche en conscience.

La différence entre les autres fonctionnaires et ceux du quai des Orfèvres, c'est que ces derniers sont en quelque sorte en équilibre entre deux mondes.

Par le vêtement, par leur éducation, par leur appartement et leur façon de vivre, ils ne se distinguent en rien des autres gens de la classe moyenne et partagent son rêve d'une petite maison à la campagne.

La plus grande partie de leur temps ne s'en passe pas moins en contact avec l'envers du monde, avec le déchet, le rebut, souvent l'ennemi de la société organisée.

Cela m'a frappé souvent. C'est une situation étrange qui n'est pas sans, parfois, me causer un malaise.

Je vis dans un appartement bourgeois, où m'attendent de bonnes odeurs de plats mijotés, où tout est simple et net, propre et confortable. Par mes fenêtres, je n'aperçois que des logements pareils aux miens, des mamans qui promènent leurs enfants sur le boulevard, des ménagères qui vont faire leur marché.

J'appartiens à ce milieu, bien sûr, à ce qu'on appelle les honnêtes gens.

Mais je connais les autres aussi, je les connais assez pour qu'un certain contact se soit établi entre eux et moi. Les filles de brasserie devant lesquelles je passe, place de la République, savent que je comprends leur langage et le sens de leurs attitudes. Le voyou qui se faufile dans la foule aussi.

Et tous les autres que j'ai rencontrés, que je rencontre chaque jour dans leur intimité la plus secrète.

Cela suffit-il à créer une sorte de lien ?

Il ne s'agit pas de les excuser, de les approuver ou de les absoudre. Il ne s'agit pas non plus de les parer de je ne sais quelle auréole, comme cela a été la mode à certaine époque.

Il s'agit de les regarder simplement comme un fait, de les regarder avec le regard de la connaissance.

Sans curiosité, parce que la curiosité est vite émoussée.

Sans haine, bien sûr.

De les regarder, en somme, comme des êtres qui existent et que, pour la santé de la société, par souci de l'ordre établi, il s'agit de maintenir, bon gré mal gré, dans certaines limites et de punir quand ils les franchissent.

Ils le savent bien, eux ! Ils ne nous en veulent pas. Ils répètent volontiers :

— Vous faites votre métier.

Quant à ce qu'ils pensent de ce métier-là, je préfère ne pas essayer de le savoir.

Est-il étonnant qu'après vingt-cinq ans, trente ans de service, on ait la démarche un peu lourde, le regard plus lourd encore, parfois vide ?

— Il ne vous arrive pas d'être écœuré ?

Non ! Justement ! Et c'est probablement dans mon métier que j'ai acquis un assez solide optimisme.

Paraphrasant une sentence de mon professeur de catéchisme, je dirais volontiers : un peu de connaissance éloigne de l'homme, beaucoup de connaissance y ramène.

C'est parce que j'ai vu des malpropretés de toutes sortes que j'ai pu me rendre compte qu'elles étaient compensées par beaucoup de simple courage, de bonne volonté ou de résignation.

Les crapules intégrales sont rares, et la plupart de celles que j'ai rencontrées évoluaient malheureusement hors de ma portée, de notre champ d'action.

Quant aux autres, je me suis efforcé d'empêcher qu'elles causent trop de mal et de faire en sorte qu'elles payent pour celui qu'elles avaient commis.

Après quoi, n'est-ce pas ? les comptes sont réglés.

Il n'y a pas à y revenir.

8

La place des Vosges, une demoiselle qui va se marier
et les petits papiers de Mme Maigret

— En somme, a dit Louise, je ne vois pas tellement de différence.

Je la regarde toujours d'un air un peu anxieux quand elle lit ce que je viens d'écrire, m'efforçant de répondre d'avance aux objections qu'elle va me faire.

— De différence entre quoi ?

— Entre ce que tu racontes de toi et ce que Simenon en a dit.

— Ah !

— J'ai peut-être tort de te donner mon opinion.

— Mais non ! Mais non !

N'empêche que, si elle a raison, je me suis donné un mal inutile. Et il est fort possible qu'elle ait raison, que je n'aie pas su m'y prendre, présenter les choses comme je me l'étais promis.

Ou alors la fameuse tirade sur les vérités fabriquées qui sont plus vraies que les vérités nues n'est pas seulement un paradoxe.

J'ai fait de mon mieux. Seulement il y a des tas de choses qui me paraissaient essentielles au début, des points que je m'étais promis de développer et que j'ai abandonnés en cours de route.

Par exemple, sur un rayon de la bibliothèque sont rangés les volumes de Simenon que j'ai patiemment truffés de marques au crayon bleu, et je me faisais d'avance un plaisir de rectifier toutes les erreurs qu'il a commises, soit parce qu'il ne savait pas, soit pour augmenter le pittoresque, souvent parce qu'il n'avait pas le courage de me passer un coup de téléphone pour vérifier un détail.

A quoi bon ! Cela me donnerait l'air d'un bonhomme tatillon, et je commence à croire, moi aussi, que cela n'a pas tellement d'importance.

Une de ses manies qui m'a le plus irrité, parfois, est celle de mêler les dates, de placer au début de ma carrière des enquêtes qui ont eu lieu sur le tard, et vice versa, de sorte que parfois mes inspecteurs sont tout jeunes alors qu'ils étaient pères de famille et rassis à l'époque en question, ou le contraire.

J'avais même l'intention, je l'avoue maintenant que j'y ai renoncé, d'établir, grâce aux cahiers de coupures de journaux que ma femme a tenus à jour, une chronologie des principales affaires auxquelles j'ai été mêlé.

— Pourquoi pas ? m'a répondu Simenon. Excellente idée. On pourra corriger mes livres pour la prochaine édition.

Il a ajouté sans ironie :

— Seulement, mon vieux Maigret, il faudra que vous soyez assez gentil pour faire le travail vous-même, car je n'ai jamais eu le courage de me relire.

J'ai dit ce que j'avais à dire, en somme, et tant pis si je l'ai mal dit. Mes collègues comprendront, et tous ceux qui sont plus ou moins du métier, et c'est surtout pour ceux-là que je tenais à mettre les choses au point, à parler, non pas tant de moi que de notre profession.

Il faut croire qu'une question importante m'a échappé. J'entends ma femme qui ouvre avec précaution la porte de la salle à manger où je travaille, s'avance sur la pointe des pieds.

Elle vient de poser un petit bout de papier sur la table avant de se retirer comme elle était entrée. Je lis, au crayon :

« Place des Vosges. »

Et je ne peux m'empêcher de sourire avec une intime satisfaction, car cela prouve qu'elle aussi a des détails à rectifier, tout au moins un, et, en définitive, pour la même raison que moi, par fidélité.

Elle, c'est par fidélité à notre appartement du boulevard Richard-Lenoir, que nous n'avons jamais abandonné, que nous gardons encore maintenant, bien qu'il ne nous serve que quelques jours par an depuis que nous vivons à la campagne.

Dans plusieurs de ses livres, Simenon nous faisait vivre place des Vosges sans fournir la moindre explication.

J'exécute donc la commission de ma femme. Il est exact que, pendant un certain nombre de mois, nous avons habité la place des Vosges. Mais nous n'y étions pas dans nos meubles.

Cette année-là, notre propriétaire s'était enfin décidé à entreprendre le ravalement dont l'immeuble avait besoin depuis longtemps. Des ouvriers ont dressé devant la façade des échafaudages qui encadraient nos fenêtres. D'autres, à l'intérieur, se mettaient à percer des murs et les planchers pour installer le chauffage central. On nous avait promis que cela durerait trois semaines au plus. Après deux semaines, on n'était nulle part, et juste à ce moment-là une grève s'est déclarée dans le bâtiment, grève dont il était impossible de prévoir la durée.

Simenon partait pour l'Afrique, où il devait passer près d'un an.

— Pourquoi, en attendant la fin des travaux, ne vous installeriez-vous pas dans mon appartement de la place des Vosges ?

C'est ainsi que nous y avons vécu, au 21, pour être précis, sans que l'on puisse nous taxer d'infidélité à notre bon vieux boulevard.

Il y a eu une époque, aussi, où, sans m'en avertir, il m'a mis à la retraite, alors que je n'y étais pas encore et qu'il me restait à accomplir plusieurs années de service.

Nous venions d'acheter notre maison de Meung-sur-Loire et nous passions tous les dimanches que j'avais de libres à l'aménager. Il est venu nous y voir. Le cadre l'a tellement enchanté que, dans le livre suivant, il anticipait sur les événements, me vieillissait sans vergogne et m'y installait définitivement.

— Cela change un peu l'atmosphère, m'a-t-il dit, quand je lui en ai parlé. *Je commençais à en avoir assez du quai des Orfèvres.*

Qu'on me permette de souligner cette phrase, que je trouve énorme. C'est *lui*, comprenez-vous, lui qui commençait à en avoir assez du *Quai,* de *mon* bureau, du travail quotidien à la Police Judiciaire !

Ce qui ne l'a pas empêché par la suite et qui ne l'empêchera probablement pas dans l'avenir de raconter des enquêtes plus anciennes, toujours sans fournir de dates, me donnant tantôt soixante ans et tantôt quarante-cinq.

Ma femme, à nouveau. Ici, je n'ai pas de bureau. Je n'en ai pas besoin. Quand il m'arrive de travailler, je m'installe à la table de la salle à manger, et Louise en est quitte pour rester dans la cuisine, ce qui ne lui déplaît pas. Je la regarde, croyant qu'elle veut me dire quelque chose. Mais c'est un autre petit papier qu'elle tient à la main, qu'elle vient timidement déposer devant moi.

Une liste, cette fois-ci, comme quand je vais à la ville et qu'elle m'écrit sur une page déchirée de carnet ce que j'ai à lui rapporter.

Mon neveu vient en tête, et je comprends pourquoi. C'est le fils de sa sœur. Je l'ai fait entrer dans la police, jadis, à un âge où il croyait avoir le feu sacré.

Simenon a parlé de lui, puis le gamin a soudain disparu de ses livres, et je devine les scrupules de Louise. Elle se dit que, pour certains lecteurs, cela a dû paraître équivoque, comme si son neveu avait fait des bêtises.

La vérité est toute simple. Il ne s'est pas montré aussi brillant qu'il l'avait espéré. Et il n'a pas résisté longtemps aux insistances de son beau-père, fabriquant de savon à Marseille, qui lui offrait une place dans son usine.

Le nom de Torrence vient ensuite sur la liste, le gros Torrence, le bruyant Torrence (je crois que, quelque part, Simenon l'a donné pour mort à la place d'un autre inspecteur, effectivement tué à mes côtés, celui-là, dans un hôtel des Champs-Elysées).

Torrence n'avait pas de beau-père dans le savon. Mais il avait un terrible appétit de vie en même temps qu'un sens des affaires assez peu compatible avec l'existence d'un fonctionnaire.

Il nous a quittés pour fonder une agence de police privée, une agence fort sérieuse, je le dis tout de suite, car ce n'est pas toujours le cas. Et pendant longtemps il a continué à venir au Quai nous demander un coup de main, un renseignement, ou simplement respirer un peu l'air de la maison.

Il possède une grosse auto américaine qui s'arrête de temps en temps devant notre porte et, chaque fois, il est accompagné d'une jolie femme, toujours différente, qu'il nous présente avec la même sincérité comme sa fiancée.

Je lis le troisième nom, le petit Janvier, comme nous l'avons toujours appelé. Il est encore au Quai. Sans doute continue-t-on à l'appeler le petit ?

Dans sa dernière lettre, il m'annonce, non sans une certaine mélancolie, que sa fille va épouser un polytechnicien.

Enfin Lucas qui, lui, à l'heure qu'il est, est probablement assis comme d'habitude dans mon bureau, à ma place, à fumer une de mes pipes qu'il m'a demandé, les larmes aux yeux, de lui laisser comme souvenir.

Un dernier mot termine la liste. J'ai d'abord cru que c'était un nom, mais je ne parviens pas à le lire.

Je viens d'aller jusqu'à la cuisine, où j'ai été tout surpris de trouver un soleil épais, car j'ai fermé les volets pour travailler dans une pénombre que je crois favorable.

— Fini ?

— Non. Il y a un mot que je ne peux pas lire.

Elle a été toute gênée.

— Cela n'a aucune importance.

— Qu'est-ce que c'est ?

— Rien. N'y fais pas attention.

Bien entendu, j'ai insisté.

— La prunelle ! m'a-t-elle avoué enfin en détournant la tête.

Elle savait que j'allais éclater de rire, et je n'y ai pas manqué.

Quand il s'agissait de mon fameux chapeau melon, de mon pardessus à col de velours, de mon poêle à charbon et de mon tisonnier, je sentais bien qu'elle considérait comme enfantine mon insistance à rectifier.

Elle n'en a pas moins griffonné, en le faisant exprès d'être illisible, j'en suis sûr, par une sorte de honte, le mot « prunelle » au bas de la liste, et c'est un peu comme quand, sur la liste des courses à faire en ville, elle ajoute un article bien féminin, qu'elle ne me demande d'acheter qu'avec quelque gêne.

Simenon a parlé de certaine bouteille qu'il y avait toujours dans notre

buffet du boulevard Richard-Lenoir — qu'il y a maintenant encore ici —
et dont ma belle-sœur, suivant une tradition devenue sacrée, nous apporte
une provision d'Alsace lors de son voyage annuel.

Il a écrit étourdiment que c'était de la prunelle.

Or c'est de l'eau-de-vie de framboise. Et, pour un Alsacien, cela fait,
paraît-il, une terrible différence.

— J'ai rectifié, Louise. Ta sœur sera contente.

J'ai laissé, cette fois, la porte de la cuisine ouverte.

— Rien d'autre ?

— Dis aux Simenon que je suis en train de tricoter des chaussons pour...

— Mais il ne s'agit pas d'une lettre, voyons !

— C'est vrai. Note-le pour quand tu leur écriras. Qu'ils n'oublient pas
la photo qu'ils ont promise.

Elle ajouta :

— Je peux mettre la table ?

C'est tout.

Meung-sur-Loire, le 27 septembre 1950.

INDEX

Cette liste répertorie « romans »
et « Maigret » (indiqués par la lettre M).

Chaque titre est suivi du lieu et de la date de sa rédaction[1],
du nom de l'éditeur
et de l'année de la première édition.

---

1. La plupart des manuscrits des romans parus chez Fayard et Gallimard ayant été
dispersés ou ayant disparu, et peu d'entre eux portant mention des lieux et dates de
rédaction, ces précisions avaient été reconstituées longtemps après par l'auteur ou par ses
proches ; mais elles comportaient de nombreuses lacunes ou erreurs. Aussi ces données
biographiques ont-elles été vérifiées — et le cas échéant complétées ou rectifiées — au vu
des recherches les plus récentes.
   Nous donnons ici les dates conformes à la tradition et, entre crochets, les rectifications
établies par les deux savants biographes/bibliographes que sont Pierre Deligny et Claude
Menguy. (Cet index a été revu et complété à l'occasion de l'édition du Centenaire.)

Tous les romans

M **L'affaire Saint-Fiacre,** « Les Roches Grises », Cap-d'Antibes (Alpes-Maritimes), janvier 1932. Fayard, 1932. TOUT SIMENON 17

L'aîné des Ferchaux, Saint-Mesmin-le-Vieux (Vendée), 7 décembre 1943. Gallimard, 1945. TOUT SIMENON 25

M **L'ami d'enfance de Maigret,** Épalinges (Vaud), 24 juin 1968. Presses de la Cité, 1968. TOUT SIMENON 14

M **L'amie de Madame Maigret,** Carmel by the Sea (Californie), 22 décembre 1949. Presses de la Cité, 1950. TOUT SIMENON 4

L'Ane Rouge, « La Richardière », Marsilly (Charente-Maritime), automne 1932, Fayard, 1933. TOUT SIMENON 18

Les anneaux de Bicêtre, « Noland », Échandens (Vaud), 25 octobre 1962. Presses de la Cité, 1963. TOUT SIMENON 11

Antoine et Julie, « Shadow Rock Farm », Lakeville (Connecticut), 4 décembre 1952. Presses de la Cité, 1953. TOUT SIMENON 6

L'assassin, Hôtel P.L.M., Combloux (Haute-Savoie), décembre 1935. Gallimard, 1937. TOUT SIMENON 20

Au bout du rouleau, Saint Andrews (Nouveau-Brunswick), 5 juin 1946. Presses de la Cité, 1947. TOUT SIMENON 1

M **Au Rendez-Vous des Terre-Neuvas,** à bord de l'*Ostrogoth*, Morsang-sur-Seine (Seine-et-Marne), juillet 1931. Fayard, 1931. TOUT SIMENON 16

Les autres, « Noland », Échandens (Vaud), 17 novembre 1961. Presses de la Cité, 1962. TOUT SIMENON 11

Le bateau d'Émile, recueil de nouvelles. Gallimard, 1954. TOUT SIMENON 25

Bergelon, Nieul-sur-Mer (Charente-Maritime), septembre 1939. Gallimard, 1941. TOUT SIMENON 22

Betty, « Noland », Échandens (Vaud), 12 octobre 1960. Presses de la Cité, 1961. TOUT SIMENON 10

Le bilan Malétras, Saint-Mesmin-le-Vieux (Vendée), 12 mai 1943. Gallimard, 1948. TOUT SIMENON 25

Le blanc à lunettes, « Les Tamaris », Porquerolles (Var), printemps 1936. Gallimard, 1937. TOUT SIMENON 20

La boule noire, « La Gatounière », Mougins (Alpes-Maritimes), 28 avril 1955. Presses de la Cité, 1955. TOUT SIMENON 8

Le bourgmestre de Furnes, Nieul-sur-Mer (Charente-Maritime), automne 1938 [29 décembre 1938]. Gallimard, 1939. TOUT SIMENON 22

La cage de verre, Épalinges (Vaud), 17 mars 1971. Presses de la Cité, 1971. TOUT SIMENON 15

M **Les caves du Majestic,** Nieul-sur-Mer (Charente-Maritime), hiver 1939-1940 [décembre 1939]. Gallimard, 1942. TOUT SIMENON 23

M **Cécile est morte,** Nieul-sur-Mer (Charente-Maritime), hiver 1939-1940 [Fontenay-le-Comte (Vendée), décembre 1940]. Gallimard, 1942. TOUT SIMENON 23

Le cercle des Mahé, Saint-Mesmin-le-Vieux (Vendée), 10 mai 1944. Gallimard, 1946. TOUT SIMENON 25

Ceux de la soif, Punaaiua, Tahiti (Polynésie française), février 1935 [7 mars 1935]. Gallimard, 1938. TOUT SIMENON 20

La chambre bleue, « Noland », Échandens (Vaud), 5 juin 1963. Presses de la Cité, 1964. TOUT SIMENON 12

M **Le charretier de La Providence,** à bord de l'*Ostrogoth*, Nandy près Morsang-sur-Seine (Seine-et-Marne), été 1930. Fayard, 1931. TOUT SIMENON 16

Le chat, Épalinges (Vaud), 5 octobre 1966. Presses de la Cité, 1967. TOUT SIMENON 13

Chemin sans issue, Ingrannes (Loiret), printemps 1936 [« La Lézardière », Anthéor (Var), mars 1936]. Gallimard, 1938. TOUT SIMENON 20

Le Cheval Blanc, « Les Tamaris », Porquerolles (Var), février 1938. Gallimard, 1938. TOUT SIMENON 21

Chez Krull, La Rochelle (Charente-Maritime), 27 juillet 1938. Gallimard, 1939. TOUT SIMENON 21

M **Chez les Flamands,** « Les Roches Grises », Cap-d'Antibes (Alpes-Maritimes), janvier-février 1932. Fayard, 1932. TOUT SIMENON 17

M **Le chien jaune,** château de la Michaudière, Guigneville près La Ferté-Alais (Seine-et-Oise), mars 1931. Fayard, 1931. TOUT SIMENON 16

Le clan des Ostendais, Saint Andrews (Nouveau-Brunswick), 25 juin 1946. Gallimard, 1947. TOUT SIMENON 25

Les clients d'Avrenos, Marsilly, été 1932 [« Les Robert », Porquerolles (Var), mai 1934]. Gallimard, 1935. TOUT SIMENON 19

M **La colère de Maigret,** « Noland », Échandens (Vaud), 19 juin 1962. Presses de la Cité, 1963. TOUT SIMENON 12

Les complices, « La Gatounière », Mougins (Alpes-Maritimes), 13 septembre 1955. Presses de la Cité, 1956. TOUT SIMENON 8

Le confessionnal, Épalinges (Vaud), 21 octobre 1965. Presses de la Cité, 1966. TOUT SIMENON 13

Le coup de lune, Porquerolles (Var), printemps 1933 [« La Richardière », Marsilly (Charente-Maritime), fin septembre 1932]. Fayard, 1933. TOUT SIMENON 18

Le Coup de Vague, Hôtel Bonnet, Beynac (Dordogne), avril 1938. Gallimard, 1939. TOUT SIMENON 21

Cour d'assises, Isola dei Pescatori (lac Majeur, Italie), août 1937. Gallimard, 1941. TOUT SIMENON 22

La main, Épalinges (Vaud), 29 avril 1968. Presses de la Cité, 1968. TOUT SIMENON 14

La maison des sept jeunes filles, Neuilly-sur-Seine (Seine), été 1937 [novembre 1937]. Gallimard, 1941. TOUT SIMENON 22

La maison du canal, « La Richardière », Marsilly (Charente-Maritime), janvier 1933 [mai 1932]. Fayard, 1933. TOUT SIMENON 18

M **La maison du juge,** Nieul-sur-Mer (Charente-Maritime), hiver 1939-1940 [31 janvier 1940]. Gallimard, 1942. TOUT SIMENON 23

Malempin, château de Scharrachbergheim (Bas-Rhin), mars 1939. Gallimard, 1940. TOUT SIMENON 22

La Marie du port, Hôtel de l'Europe, Port-en-Bessin (Calvados), octobre 1937. Gallimard, 1938. TOUT SIMENON 21

Marie qui louche, « Shadow Rock Farm », Lakeville (Connecticut), 17 août 1951. Presses de la Cité, 1952. TOUT SIMENON 5

La mauvaise étoile, recueil de récits-reportages, « La Cour-Dieu », Ingrannes (Loiret), juin 1936 [printemps 1935]. Gallimard, 1938. TOUT SIMENON 20

M **Les Mémoires de Maigret,** « Shadow Rock Farm », Lakeville (Connecticut), 27 septembre 1950. Presses de la Cité, 1951. TOUT SIMENON 4

M **Mon ami Maigret,** « Stud Barn », Tumacacori (Arizona), 2 février 1949. Presses de la Cité, 1949. TOUT SIMENON 3

M **Monsieur Gallet, décédé,** à bord de l'*Ostrogoth*, Nandy près Morsang-sur-Seine (Seine-et-Marne), été 1930. Fayard, 1931. TOUT SIMENON 16

Monsieur La Souris, « Les Tamaris », Porquerolles (Var), février 1937. Gallimard, 1938. TOUT SIMENON 21

La mort d'Auguste, Épalinges (Vaud), 17 mars 1966. Presses de la Cité, 1966. TOUT SIMENON 13

La mort de Belle, « Shadow Rock Farm », Lakeville (Connecticut), 14 décembre 1951. Presses de la Cité, 1952. TOUT SIMENON 6

Le nègre, « Golden Gate », Cannes (Alpes-Maritimes), 16 avril 1957. Presses de la Cité, 1957. TOUT SIMENON 9

La neige était sale, Tucson (Arizona), 20 mars 1948. Presses de la Cité, 1948. TOUT SIMENON 3

Les noces de Poitiers, Saint-Mesmin-le-Vieux (Vendée), hiver 1943-1944. Gallimard, 1946. TOUT SIMENON 25

M **Les nouvelles enquêtes de Maigret,** recueil de nouvelles. Gallimard, 1944. TOUT SIMENON 24 et 25

Nouvelles exotiques. Publiées dans le volume intitulé *Signé Picpus*. Gallimard, 1944. TOUT SIMENON 24

« Nouvelles introuvables » 1931-1934. TOUT SIMENON 18

« Nouvelles introuvables » 1936-1941. TOUT SIMENON 22

Novembre, Épalinges (Vaud), 19 juin 1969. Presses de la Cité, 1969. TOUT SIMENON 14

Composé par Nord Compo, Villeneuve-d'Ascq, Nord
Imprimé par Normandie Roto Impression s.a.s., 61250 Lonrai, France
en septembre 2002 - n° d'impression : 022190
pour Omnibus, 12, avenue d'Italie, 75013 Paris